昆明年鉴

KUNMING YEARBOOK

2021

昆明市人民政府　主办

昆明市地方志编纂委员会办公室　编

云南民族出版社

2021 · 昆明

图书在版编目（CIP）数据

昆明年鉴 . 2021 / 昆明市地方志编纂委员会办公室编 . — 昆明 : 云南民族出版社 , 2021.10
ISBN 978-7-5367-8745-2

Ⅰ . ①昆… Ⅱ . ①昆… Ⅲ . ①昆明 - 2021 - 年鉴
Ⅳ . ① Z527.41

中国版本图书馆 CIP 数据核字（2021）第 214312 号

责任编辑：王　梓
责任校对：马　波
特约校对：黄江南
责任印制：张东平　佘尔昶　曾　刚

昆明年鉴 2021 KUNMING NIANJIAN

书　　名：昆明年鉴 · 2021
作　　者：昆明市地方志编纂委员会办公室　编
出版发行：云南民族出版社
地　　址：昆明市环城西路 170 号云南民族大厦 5 楼
邮政编码：650032
制　　作：昆明美雅奇印务有限公司
印　　刷：云南速盈印刷有限公司
成品尺寸：210mm × 285mm
开　　本：889mm × 1194mm　1 / 16
印　　张：31.25
字　　数：1044 千
版　　次：2021 年 10 月第 1 版
印　　次：2021 年 10 月第 1 次
印　　数：0001~1500
定　　价：360.00 元（含光盘）
审 图 号：云 S（2019）048 号
ISBN 978-7-5367-8745-2

《昆明年鉴（2021）》编辑委员会

顾　问：程连元

主　任：刘佳晨

副主任：夏俊松　李庆平　郭希林　许绍忠　苏　堃

委　员：陈　静　吴　波　钱宏俊　郭志宏　赵小平
　　　　穆仁早　姚振康　戴　彬　字应军　李　洪

《昆明年鉴（2021）》编辑部

总　　编：郭希林

副 总 编：字应军　李　洪　方玉红

编　　辑：李　震　李　萍　杨端如　李　峰　罗桂莲
　　　　　吴焰红　唐荣华　陈智容　林吉旺　李静婕
　　　　　刘光红　梁　涛　易国生

撰稿人员

（按部类顺序排列）

李　震　张向明　晏延花　周　烈　缪满和　王　惠
童　切　田真龙　段映峰　顾建英　赵庆元　杨富刚
吕子凝　付励达　周　锐　刘连进　字应军　牛梦晨
罗林麟　孙　斌　王　旭　尹丽花　马　栋　金　漫
徐　萍　廖柏森　向　茜　陈　琦　杨　杰　王玉珏
陈桓国　袁　媛　李宣达　戴张溶　吴　芮　陈　蓉
陈　敏　李　艳　褚庆存　李　佳　唐顺琼　钟殿龙
林　梓　黄林芝　阮云鹤　雷　珺　张若楠　蒋大胜
马松华　杨万鑫　杨泽飞　田　浩　周　艺　尚　明
洪思琪　王平聚　张孝勤　韩华飞　李梦涛　叶权娜
龙瑞萍　刘德勇　陈美静　渠　琦　夏春阳　任春晓
刘礼祥　严　宇　袁春梅　李　颖　杨裕萍　柳　润
文　波　黄　飞　张君华　任　意　吴立群　刘占赢
赵　飞　李　文　李　虎　董　燕　李正颖　冯正彪
李小舟　赵　娟　尹造文　王虹霁　翟书晓　桂辉涛
于　璐　潘娅婷　崔松云　冯婧媛　范　佳　王庆榆
宗　卫　秦聪俊　叶婷婷　宋永东　王　丹　许歆滢
李金明　李璐宇　林　涛　唐江新　冯　萍　唐嘉琳
丁　悝　张　赟　杨雪莺　漆一桦　陈思元　朱　敏
杨连国　吴焰红　加三益　郑　航　聂东丽　李　波
王　俪　李志宝　田瑞萍　杨加祥　鲁建宏　李　欢
李巧梅

编辑说明

一、《昆明年鉴》是昆明市人民政府主办的地方综合年鉴，是系统反映昆明市情的大型年刊，是集知识、信息、资料为一体的公报性、资料性、权威性工具书。

二、《昆明年鉴》由全市各县（市、区）、各开发（度假）区、各部（委、办、局）、各人民团体及有关驻昆单位撰稿，昆明市地方志编纂委员会办公室昆明年鉴编辑部编辑。

三、《昆明年鉴》坚持辩证唯物主义和历史唯物主义的立场、观点和方法，以马克思列宁主义、毛泽东思想、邓小平理论、“三个代表”重要思想、科学发展观、习近平新时代中国特色社会主义思想为指导，逐年全面系统地记载昆明市经济社会发展历史进程，为海内外了解昆明、建设昆明提供信息资料。

四、本年鉴全面系统地反映2020年在市委、市政府的领导下，昆明市坚持以习近平新时代中国特色社会主义思想为指导，进一步贯彻落实习近平总书记对云南工作的重要指示精神，坚持稳中求进工作总基调，坚持新发展理念，坚持以供给侧结构性改革为主线，坚持以改革开放为动力，推动高质量发展，坚决打赢三大攻坚战，全面做好“六稳”工作，落实“六保”任务，统筹推进稳增长、促改革、调结构、惠民生、防风险、保稳定，坚决打赢新冠肺炎疫情防控的人民战争、总体战、阻击战，高质量打赢全面小康收官战，高水平推进政府治理现代化，全力推动区域性国际中心城市建设征程中所取得的成绩。

五、本年鉴设特载、市情综览、年度概述、大事记、中国共产党昆明市委员会、昆明市人民代表大会常务委员会、昆明市人民政府、中国人民政治协商会议昆明市委员会、中国共产党昆明市纪律检查委员会·昆明市监察委员会、民主党派·工商联（总商会）、工青妇·人民团体、外事·侨务·港澳台事务、军事、法治、经济管理与监督、开发区建设、农·林·水、工业、商业贸易·投资促进、城乡建设与管理、交通·邮政、财税·金融、科学技术、环境保护、文化·旅游、传媒、教育·体育、医疗卫生、社会、人物、县（市、区）概况、附录、索引33个部类。

六、本年鉴采用分类编辑法，以条目为主体，分一、二、三级目。一级目为大类，如“法治”“城乡建设与管理”等；二级目排在一级目之下，如“城乡建设与管理”大类下设“城市规划”“城市管理”等；三级目为撰写单元（条目），用黑体字加【 】做标识。无法划分二级目的个别部类，由一级目、三级目两个层级构成。

七、本年鉴主要数据由市统计局提供。

八、本年鉴提供目录和索引两种检索方法，目录在卷首，索引在卷尾。目录编排到条目、表；索引采用主题分析法，按主题词首字音序排列。

昆明市行政区划图

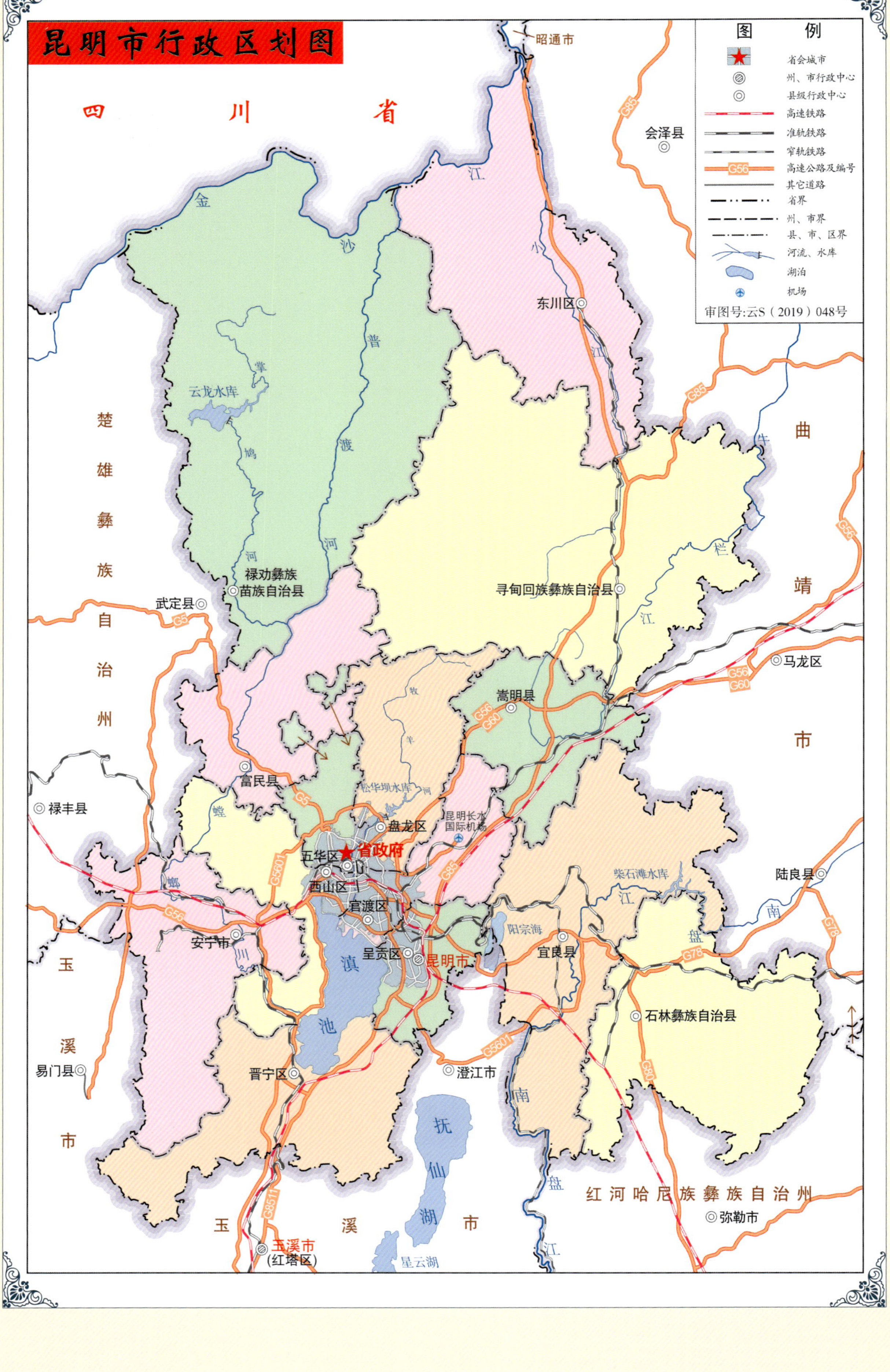
图例
省会城市
州、市行政中心
县级行政中心
高速铁路
准轨铁路
窄轨铁路
高速公路及编号
其它道路
省界
州、市界
县、市、区界
河流、水库
湖泊
机场
审图号:云S（2019）048号
四川省
楚雄彝族自治州
曲靖市
玉溪市
红河哈尼族彝族自治州
昭通市
会泽县
东川区
禄劝彝族苗族自治县
寻甸回族彝族自治县
武定县
马龙区
嵩明县
富民县
禄丰县
盘龙区
昆明长水国际机场
五华区
省政府
西山区
官渡区
陆良县
安宁市
呈贡区
昆明市
宜良县
阳宗海
柴石滩水库
石林彝族自治县
易门县
晋宁区
澄江市
抚仙湖
星云湖
滇池
云龙水库
松华坝水库
弥勒市
玉溪市
(红塔区)
金沙江
小江
普渡河
掌鸠河
牛栏江
南盘江
螳螂川
G5
G56
G60
G85
G78
G80
G5601
G8511

城市荣誉
Honors of Kunming

中国历史文化名城
Famous Historical and Cultural City in China

全国双拥模范城
National Modle City for Mutual Support Between the Military and Civilians

中国优秀旅游城市
Top Tourist City of China

国家园林城市
National Garden City

国家卫生城市
National Healthy City

国家节水型城市
National Water-saving City

全国绿化模范城市
National Model City for Afforestation

联合国宜居生态城市
UN-Recognized Livable Eco-City

中国最具幸福感城市
China's Happiest City

中国最佳休闲宜居绿色生态城市
China's Most Leisurely and Livable Green Eco-city

中国十佳宜居宜业宜游城市
One of China's Top 10 Cities Suitable for Living,Travelling and Starting Business

中国年度文化影响力城市
China's City of Cultural Influence in 2 017

中国国际形象最佳城市
China(Mainland)City of Best International Image

国际花园城市
International Garden City

中国美好生活城市
China's City of Beautiful Life

国家文化和科技融合示范基地
National Demonstration Base for Cultural and Technological Integration

国家文化消费试点城市
National Pilot City for Cultural Consumption

全国十大最具文化影响力城市
One of Top 10 Most Culturally Influential Cities in China

国家文化出口基地
National Base for Cultural Export

全国文明城市
National Civilized City

全国民族团结进步示范市
National Model City for Unity and Progress Among Ethnic Groups

国家森林城市
National Forest City

中国营商环境质量十佳城市
Top 10 Cities for Business Environment Quality in China

（资料来源：2021年版《昆明市情》）

数字昆明（2020）

土地面积：21 012.54 平方千米
所辖县（市、区）：14 个
常住人口：846.30 万人
户籍人口：582.87 万人

地区生产总值：6 733.79 亿元
第一产业增加值：312.35 亿元
第二产业增加值：2 102.93 亿元
第三产业增加值：4 318.51 亿元
三次产业构成：4.6∶31.2∶64.2

商品零售价格总指数：102.3%
居民消费价值总指数：103.1%

一般公共预算收入：650.47 亿元
一般公共预算支出：875.05 亿元

农林牧渔业总产值：519.50 亿元
规模以上工业增加值增速：0.9%
规模以上工业利润总额：282.47 亿元
固定资产投资增速（不含农户）：8.19%

房地产开发投资增速：8.0%
房屋施工面积：11 359.07 万平方米
房屋竣工面积：293.04 万平方米
商品房销售面积：1 878.80 万平方米

社会消费品零售总额：3 070.44 亿元
进出口贸易总额：160.59 亿美元
进口贸易总额：83.15 亿美元
出口贸易总额：77.45 亿美元
实际利用外资：6.62 万美元

接待旅游者总人数：13 641.36 万人次
旅游业总收入：1 900.57 亿元
国内旅游收入：1 896.51 亿元
国家 A 级景区（点）：27 个
5A 级旅游景区：2 个
4A 级旅游景区：11 个

金融机构（含外资）人民币各项存款余额：16 324.65 亿元
住户存款余额：5 962.79 亿元
金融机构（含外资）人民币各项贷款余额：19 740.44 亿元
住户贷款余额：5 034.88 亿元

普通高等学校：52 所
小学：758 所
初中：201 所
普通高中：133 所
中等职业教育学校：80 所

专利授权量：18 372 件
发明专利有效量：11 736 件
登记技术合同：2 505 项
登记科技成果：170 项

公共图书馆：15 个（1 个市级馆，14 个县级馆）
县级广播电视台（站）：9 个
乡镇广电转播站：51 个
博物馆（注册备案）：37 个
文化馆：16 个
文化站：141 个
专业文艺表演团体：2 个
业余文艺表演团体：3 447 个

公路货运周转量：247.48 亿吨千米
公路旅客周转量：47.75 亿人千米
（汽车）公交企业：7 家
公交运营车辆：6 100 辆
公交线路：519 条（含定制公交线路）
乡镇通班车率：100%
建制村通班车率：100%
公共交通机动化出行分担率：60%

医疗卫生机构：5 527 个
医疗卫生机构病床数：6.57 万张
执业医师和执业助理医师：3.35 万人

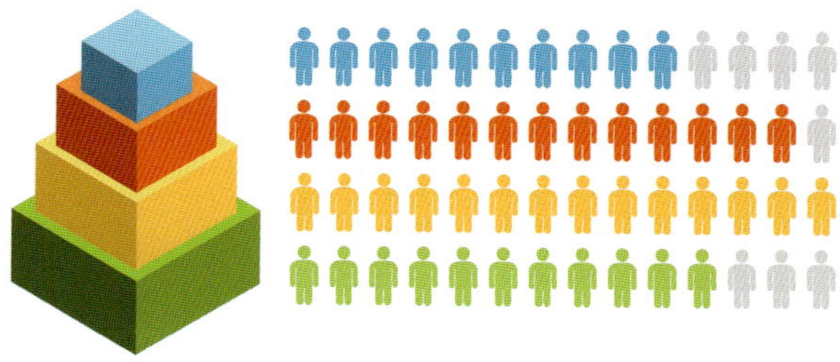

城镇常住居民人均可支配收入：48 018 元
城镇居民人均消费性支出：37 057 元
农村常住居民人均可支配收入：17 719 元
农村居民人均消费性支出：13 810 元
城镇居民人均住房建筑面积：47.42 平方米
农村居民人均住房建筑面积：52.67 平方米

城乡居民社会养老保险参保人数：219.55 万人
城乡基本医疗保险参保人数（不含省直）：441.48 万人
城镇职工参加失业保险人数：125.24 万人
城镇新增就业人员：14.68 万人
城镇失业人员再就业：3.61 万人
城镇登记失业率：4.22%
农村劳动力转移培训：16.95 万人次
农村劳动力转移就业：16.56 万人次

昆明市成功创建全国文明城市

①

②

③

④

① 2020年12月30日，昆明市召开创建全国文明城市总结暨深入推进创建工作大会（李海曦　摄）

② 昆明市表彰“创文”先进集体和先进工作者（李海曦　摄）

③ 市民在“我承诺　我践行　做最美昆明人”的百米长卷上签名（李海曦　摄）

④ 巾帼打捞队队员在船房河打捞垃圾（刘凯达　摄）

⑤ 市民在官渡樱花公园健身（王正鹏　摄）

⑥ 志愿者在滇池路开展服务（李海曦　摄）

⑦ 干净整洁的和平村海鲜生鲜综合市场（刘凯达　摄）

⑧ 由老旧小区改造而成的城市绿地花园（王俊星　摄）

云南省2020年
青年普法志愿者法治文化昆明官渡行
—启动仪式—
①

其他垃圾
②

③

共创文明城市
志愿在行动 爱心在传递
④

云南省志愿服务联合会
第一组
⑤

第二门诊
⑥

⑦

① 云南省2020年青年普法志愿者法治文化昆明官渡行启动仪式在官渡古镇广场举行（王俊星　摄）

② 小学生认真学习垃圾分类规则（王俊星　摄）

③ 志愿者捡拾铁路沿线垃圾（赵　伟　摄）

④ 西山碧鸡广场的志愿者服务亭（李海曦　摄）

⑤ 云南省创建全国文明城市志愿服务昆明集中活动在海埂大坝观景平台启动（王俊星　摄）

⑥ 提升改造后的北京路（黄晓松　摄）

⑦ 巡津新村环路沿线的青砖瓦片浮雕和墙面立体彩绘（杨艳辉　摄）

⑧ 提升改造后的教场路蓝花楹大道成网红打卡点（王俊星　摄）

⑧

全力抗击新冠肺炎疫情

保障抗疫设施与生活物资供应

①

③

④

②

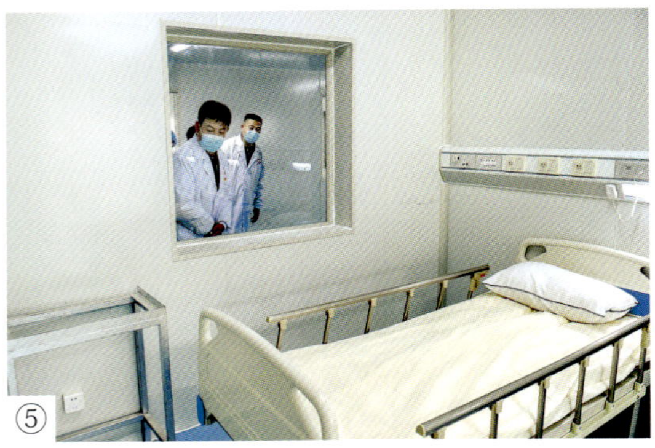

⑤

① 28天建成的昆明版“火神山”应急病房——昆明市第三人民医院长坡院区新冠应急病号项目 （黄晓松　摄）
② 云南奥斯迪实业有限公司制衣厂加班加点生产口罩 （杨艳辉　摄）
③ 金沙派出所民警上门为居民送菜 （杜文蕾　摄）
④ 一心堂捐赠6万个口罩给一线工作者 （李海曦　摄）
⑤ 昆明市第三人民医院长坡院区新冠病毒应急病房 （黄晓松　摄）
⑥ 昆明中药厂有限公司复工复产情况 （李海曦　摄）

⑥

圆满完成援助任务

① 昆明市援助湖北医疗队伍出征宣誓仪式 （市卫健委　提供）

② 由云南专家组成的中国抗疫医疗专家组及中方捐赠的医疗物资抵达老挝首都万象 （凯　乔　摄）

③ 由云南省内9家医院、102名护士组成的护理医疗队赴湖北开展医疗救援工作 （王俊星　摄）

④ 昆明市援助湖北医疗队奔赴武汉 （市卫健委　提供）

⑤ 援助湖北的蔬菜车队从昆明出发 （王俊星　摄）

⑥ 3月18日，云南省援鄂医疗队首批返程人员抵昆 （王俊星　摄）

⑦ 3月22日，云南省754名支援湖北医疗队队员圆满完成任务，载誉归来 （李海曦　摄）

外防输入　内防反弹

①

④

②

⑤

③

⑥

⑦

⑨

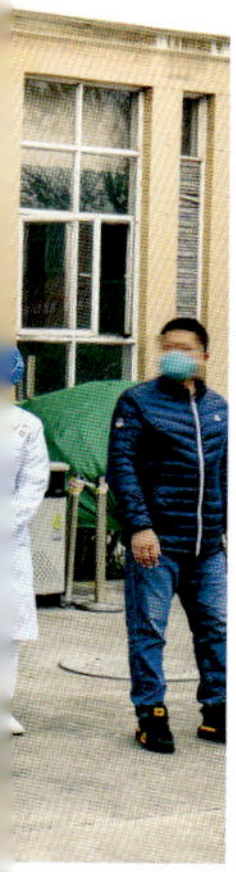

⑧

⑩

① 对由高速路入昆的驾乘人员进行体征信息收集登记（王俊星　摄）

② 对进入长水国际机场的驾乘人员进行登记、体温检测（杨艳辉　摄）

③ 疫情期间关闭多个景区，对滇池大坝进行全面清洗，安排专人投喂海鸥（王俊星　摄）

④ 每天用防尘喷雾机进行消毒（赵　伟　摄）

⑤ 首批4名输入性新型冠状病毒肺炎患者康复出院（刘凯达　摄）

⑥ 游客必须扫码、登记、测量体温后入园（杨艳辉　摄）

⑦ 防疫消毒（李海曦　摄）

⑧ 对区域环境及死角进行消杀（王俊星　摄）

⑨ 市民扫码进入小区（胡　超　摄）

⑩ 地铁站严格检查监测（李海曦　摄）

昆明地铁4号线、6号线二期开通运营

①

②

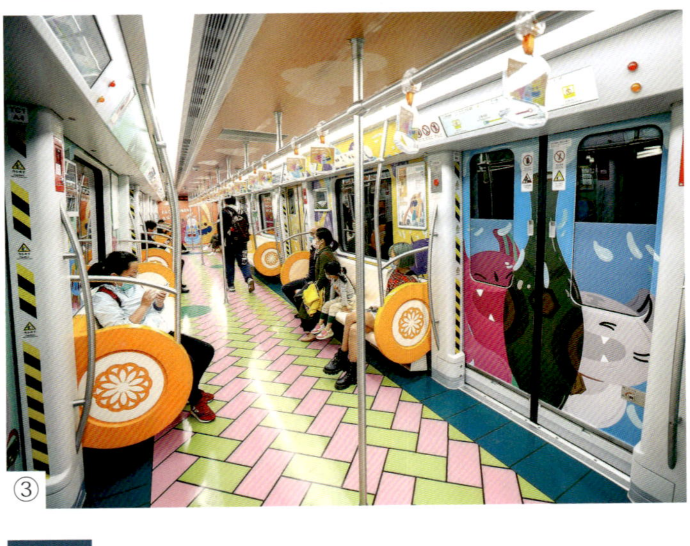
③

④

⑤

⑥

⑦

① 昆明地铁建设展览（李海曦　摄）

② 法式风情的4号线火车北站站（李海曦　摄）

③ “瓦猫”主题列车投入4号线运营（李海曦　摄）

④ 2020年9月23日，地铁4号线、6号线二期开通仪式现场（李海曦　摄）

⑤ 4号线瓦猫（李海曦　摄）

⑥ 连接机场与市区的6号线开通运行（李海曦　摄）

⑦ 乘客在新开通的4号线车站留影（李海曦　摄）

昆明荣获2020年“中国国际化营商环境质量十佳城市”

①

④

②

⑤

③

① 8月6日，国务院副秘书长陆俊华、国务院办公厅电子政务办公室主任卢向东等领导一行7人到昆明市调研深化“放管服”改革优化营商环境工作　（政务服务管理局　提供）

② 9月23日，市政务服务管理局在全国政务服务第三方评估成果发布暨营商环境提升研讨会上荣获全国政务服务“智慧赋能金数奖”　（政务服务管理局　提供）

③ 昆明市政务服务中心大厅服务窗口　（政务服务管理局　提供）

④ 2020年中国国际化营商环境高峰论坛授牌仪式　（政务服务管理局　提供）

⑤《昆明市营商环境报告2020》暨昆明市营商环境十佳案例发布活动　（政务服务管理局　提供）

⑥ 24小时自助服务区　（政务服务管理局　提供）

⑦ 科普机器人投入使用　（昆明日报　提供）

⑧ 昆明市荣获2020年“中国国际化营商环境质量十佳城市”　（政务服务管理局　提供）

⑨“昆易链”荣获“2020中国产业区块链创新奖”之“十佳案例”　（政务服务管理局　提供）

⑥

⑦

⑧

⑨

决战脱贫攻坚取得决定性胜利

①

③

②

④

① 禄劝县发明村农民的旧住房（上图）和新住房（下图） （杨宗友　摄）

② 东川区易地搬迁就业扶贫车间培训实训基地 （李海曦　摄）

③ 一家在旧房（上图）和易地搬迁后的新房（下图）前留影 （杨宗友　摄）

④ 奶牛养殖助农民脱贫增收 （杨宗友　摄）

⑤ 易地搬迁小区 （刘凯达　摄）

⑥ 寻甸县鸡街镇戈姑村乔迁新居 （周　密　摄）

⑦ 新建的两层安居房 （周　密　摄）

⑤

⑥

⑦

①寻甸倘甸镇鲁嘎村统一规划建设的村庄（周　密　摄）

②展销会上的东川洋芋（刘凯达　摄）

③寻甸县羊街镇甸心村党支部牵头与企业签订合作协议，让贫困户参与种植食用菌脱贫致富（杨宗友　摄）

④寻甸县羊街镇小黄坡村在当地政府扶持下大力发展经济林果种植（杨宗友　摄）

⑤禄劝县转龙镇发展天麻种植产业

（昆明日报　提供）

目 录

特 载

市情综览

年度概述

大 事 记

中国共产党昆明市委员会

保密工作

党史编研

档案管理

党校教育

社科管理

昆明市人民代表大会常务委员会

昆明市人民政府

重大事件和重要会议

重要文件

市政府办公室

参事·文史研究

政务服务管理

信访工作

市长热线

地方志工作

社科研究

经济研究

咨询工作

机关事务管理

中国人民政治协商会议昆明市委员会

中国共产党昆明市纪律检查委员会 昆明市监察委员会

民主党派·工商联（总商会）

中国国民党革命委员会昆明市委员会

中国民主同盟昆明市委员会

中国民主建国会昆明市委员会

中国民主促进会昆明市委员会

中国农工民主党昆明市委员会

中国致公党昆明市委员会

九三学社昆明市委员会

计划生育协会

外事·侨务·港澳台事务

外　事

侨　务

港澳台事务

军　事

昆明警备区

武　警

人民防空

法　治

综　述

社会治安综合治理

经济管理与监督

工　业

综　述

装备制造业

消费品工业

材料工业

石油及化工产业

生物医药产业

汽车产业

煤炭工业

电子信息产业

中小企业

电力工业

商业贸易·投资促进

商　贸

对外贸易及外经合作

招商引资

区域合作

粮食购销

供销合作

烟草专卖

红云红河集团

城乡建设与管理

综　述

交通·邮政

交通运输管理

铁路运输及管理

民用航空

城市公交运营及管理

城市交通管理

邮政管理

环境保护

生态文明建设与环境保护

滇池保护

节能与减排

文化·旅游

公共文化服务

文化市场管理

文化遗产保护

人才队伍建设

城乡居民生活

民族工作

宗教工作

住房公积金管理

民政事务

晋　宁　区

富　民　县

宜　良　县

嵩　明　县

石林彝族自治县

附　录

索　引

深入学习贯彻习近平总书记考察云南重要讲话精神
坚定必胜信念　奋勇拼搏攻坚
以高质量发展决战决胜高水平全面小康

——2020年8月3日在市委十一届九次全会第一次全体会议上的报告

程连元

同志们：

这次会议的主要任务是：以习近平新时代中国特色社会主义思想为指导，全面贯彻落实党的十九大和十九届二中、三中、四中全会精神，深入学习贯彻习近平总书记系列重要讲话、指示和考察云南重要讲话精神，认真贯彻党中央决策部署，按照省委十届十次全会的部署要求，总结上半年工作，安排下半年任务，团结动员全市广大党员干部和各族群众，坚定必胜信念，奋勇拼搏攻坚，以高质量发展决战决胜高水平全面小康。

下面，受市委常委会委托，我向全会作报告。

一、坚决贯彻党中央各项决策部署，统筹推进疫情防控和经济社会发展取得积极成效

今年以来，面对复杂严峻的国内外形势，特别是突如其来的新冠肺炎疫情冲击，市委认真学习贯彻习近平总书记考察云南重要讲话精神，坚决按照党中央、省委决策部署，统筹推进疫情防控和经济社会发展，做好“六稳”工作，落实“六保”任务，砥砺奋进、攻坚克难，全市经济社会发展和党的建设取得积极进展。

我们深入学习贯彻习近平总书记考察云南重要讲话精神，以实际行动践行“两个维护”。推进习近平新时代中国特色社会主义思想“六进”宣讲活动，巩固深化“不忘初心、牢记

使命”主题教育成果，教育引导全市党员干部增强“四个意识”、坚定“四个自信”、做到“两个维护”。市级四班子带头示范，用习近平总书记考察云南重要讲话精神统一思想和行动，推动全市学习贯彻往深里走、往实里抓。把习近平总书记考察云南重要讲话精神作为各级党委（党组）理论中心组学习、干部教育培训的必学内容，成立宣讲团开展全方位全覆盖宣传宣讲，迅速掀起学习宣传贯彻热潮。对照习近平总书记考察云南重要讲话，逐条逐项梳理，研究提出贯彻落实的思路、举措，推动讲话精神落地落实、见行见效。

我们全力以赴抓好疫情防控，切实保障群众生命健康安全。第一时间成立应对疫情工作领导小组和专门工作机构，按照重大突发公共卫生事件一级响应要求，动员社会各界打响疫情防控人民战争。市人大常委会及时做出关于依法全力做好疫情防控工作的决定，为疫情防控提供法治保障。市政协、市委统战部广泛动员广大政协委员和统一战线成员，积极捐款捐物、献计出力，齐心协力抗击疫情。全市上下坚持“早发现、早报告、早诊断、早隔离、早治疗”，出台实施一系列科学、精准的应对措施，前移关口、把控源头，牢牢把握外防输入、内防扩散的工作主动权。在全国率先设置留验站对重点人群进行集中隔离观察，按照“五个一”“五个到位”规范做好滞昆旅客管理服务，落实“四有”“七到位”要求做好新冠肺炎疫情社会防控，发挥社区网格管控作用，有效阻止疫情扩散蔓延。28天建成市第三人民医院长坡院区应急病房，组建市级医疗救治专家组，“一人一策”救治患者，在全国较早实现本土确诊病例、疑似病例动态“双清零”，并做到至2020年底确诊病例零死亡、医务人员零感染。先后派出2批次133名医务工作者驰援湖北，圆满完成任务。探索患者院前快速转运流程，制定全国首个新冠肺炎疫情防控领域地方标准。获评《2020城市应急能力报告》A级城市。

我们精准有序推动复工复产，有效促进经济平稳健康运行。分类制订18个行业防控工作方案，出台实施应对疫情稳增长20条、支持实体经济发展20条、促进外贸稳增长23条等政策，分区域、分行业、分时段推进复工复产。政府投放价值1亿元消费券（实际支出6 000万元），带动消费6.07亿元。积极抢抓国家政策机遇，获得地方政府专项债券和抗疫特别国债207.87亿元，总量排名全省第一。市级领导带头进企业、进工地，上门服务、现场办公，帮助企业解决难题。截至6月30日，全市440户市级以上农业龙头企业复工率达到100%，959户规上工业企业复工率达到97%，670家大型餐饮企业复工率达到98.50%，346家限额以上批发企业、330家限额以上零售企业全部恢复营业，54家大型超市全部开业，37个客运站、161条州市道路客运线路全部恢复运营，886家货运企业、280家快递公司全面复工。持续深化供给侧结构性改革，不断巩固“三去一降一补”成果，降低实体经济企业成本120亿元以上。组织开展“不见面”招商、“线上”招商，创新举措展示昆明良好营商环境，提振企业来昆投资信心。542个项目新开工建设，640个市级重点项目、135个省“四个一百”重点项目加快推进。上对龙、瀑布公园城市应急供水工程建成通水，石泸（昆明段）、机场北高速通车运营，地铁4号线、6号线二期不载客试运行，昆玉高速（鸣泉至马金铺段）整治提升改造工程顺利完工。自贸试验区昆明片区各项建设加快推进，乌东德水电站首批机组投产发电，北汽昆明基地项目实现量产、生产新能源汽车2 495辆，生物医药大健康科创中心和高原特色农业科创中心成立运营，全国首个区块链中心（云南省区块链中心）挂牌成立，成功申报首批国家骨干冷链物流基地建设，成为西南地区唯一入选知识产权运营服务体系建设重点城市，南屏步行街入围商务部第二批步行街改造提升试点。上半年，全市地区生产总值同比下降1%、规模以上工业增加值下降3.20%、固定资产投资增长2.70%，这三个指标在二季度均实现正增长，分别增长3.20%、0.80%、17.50%，增速分别比一季度提高8.8个、8.3个、36.6个百分点；社会消费品零售总额下降8.40%，二季度虽然还是负增长（下降3.40%），但降幅比一季度收窄10.6个百分点。主要经济指标逐步回升，经济发展态势企稳向好。

我们分类施策合力攻坚冲刺，加快补齐全面小康弱项短板。对照“户达标、村提升、县清零、整体巩固”目标，以“防返贫、防新贫、稳脱贫、稳增收”为重点，统筹投入中央、省、市财政资金64.75亿元，抓实产业发展、务工增收、兜底保障等工作，全市无返贫和新增贫困发生，脱贫成效得到进一步巩固。统筹推进水、大气、土壤污染防治，纳入国考（省考）的25个地表水断面水质全部达标，主城空气质量优良率达到100%、为近三年同期最好水平。强化政府投资项目融资前置审批，通过加快土地出让、盘活资产资源等方式积极化解存量债务。组织基础教育学校和医疗卫生机构专项招聘优秀高校毕业生，安排3.43亿元失业保险基金援企稳岗，新增城镇就业9.97万人。建立企业“一对一”帮扶机制和用工缺口调度清零机制，累计服务企业7万余户。制定实施普惠性民办幼儿园阶段性扶持政策，帮助民办幼儿园纾困发展；统筹市、县、校三级联动线上教学，做到中小学校“停课不停学”；深入推进“三名”工程，新引进东北师范大学来昆举办附属中小学，组建市级名师工作室44个、名校长基地10个，成立昆一中、武成小学等10余个优质教育集团，新增加、拓展优质学位1万余个。今年，全市高考一本上线率达到29.13%，较2019年提高了1.1个百分点。不断完善公共卫生体系，启动重大传染病救治能力和疾控机构核心能力“双提升”工程建设。深入推进城镇保障房建设和非贫困县农村危房改造，采取分级定租、分级定补等方式解决中低收入家庭住房困难问题。完善“物质类救助”+“服务类救助”社会救助方式，兜住低保、五保、残疾人等群体基本生活底线。市容环境整治提升工程有序实施，全国文明城市创建不断深化，10件惠民实事扎实推进，昆明再次上榜“中国十大美好生活城市”。

我们突出重点狠抓市域治理，着力维护社会大局和谐稳定。启动全国市域社会治理现代化试点工作，完善“五级治理”组织运行体系，推行社区“楼栋长”、乡村“十户长”制度，发动广大群众和多元社会主体积极参与群防群控、联防联控。加快社会治安综合治理中心规范化建设，推动综治中心与网格化服务管理一体化运行，不断完善立体化社会治安防控体系，全市刑事警情同比下降32.20%。大力开展涉疫情矛盾纠纷集中排查化解专项行动，组织实施“四大重点”信访矛盾化解攻坚，全市县以上党政机关信访总量下降9%，晋宁区、寻甸县被认定为全国信访工作“三无”县（区）。持续推动扫黑除恶专项斗争向纵深发展，查处涉黑涉恶腐败和“保护伞”问题53起102人。安全生产形势总体平稳，事故起数和死亡人数分别下降51.60%、44.20%。深化拓展全国民族团结进步示范市创建成果，民族团结进步、宗教和谐和顺的良好局面不断巩固。

我们一以贯之深化从严治党，深入推动政治生态持续净化。强化网上正面宣传和舆论引导，细化完善“113468”责任体系，压紧压实工作责任，意识形态领域平稳可控。启动实施“智慧党建”三年行动计划，推行建立居民小区实体化党支部，全面开展机关党组织和在职党员进社区“双报到双报告”。新冠肺炎疫情发生以来，各级基层党组织积极发挥战斗堡垒作用，广大党员身先士卒，为打赢疫情防控阻击战提供了坚强保障。发挥好职务与职级并行制度作用，突出担当作为选人用人，从疫情防控一线识别优秀干部830名，已提拔83名。成立公务员申诉公正委员会，切实保障公务员合法权益。为103名受到失实举报的党员干部澄清正名，旗帜鲜明为敢于担当、踏实做事、不谋私利的干部撑腰鼓劲。驰而不息纠治“四风”，持续深化基层减负，查处违反中央八项规定精神问题116个、给予党纪政务处分100人，查处形式主义、官僚主义突出问题25个，给予党纪政务处分12人。始终保持惩治腐败高压态势，全市纪检监察机关立案779件，处分620人，移送检察机关81人。持续深入开展“肃流毒、除影响、清源头、树正气”专项行动，以案为鉴、以案促改，坚决肃清秦光荣等流毒影响。

人大、政府、政协、民主党派、群团组织等，紧紧围绕稳增长、疫情防控、脱贫攻坚、生态建设、民生改善等重点工作，团结发动各族各界干部群众攻坚克难、担当奉献，在统筹推进疫情防控和经济社会发展中做出了重要贡献。

在外部环境深刻变化、困难挑战不断增多的情况下，取得这些成绩实属不易。在此，我代表中共昆明市委，向所有关心、支持和参与昆明改革发展的同志们、朋友们，表示衷心的感谢，致以崇高的敬意！

在肯定成绩的同时，我们也要清醒地看到工作中存在的问题和困难。

一是疫情防控积极向好态势正在拓展，但疫情影响还有不确定性。市内本土病例零新增不代表零风险，疫情仍在全球流行，周边国家和地区的疫情持续增长，国内聚集性疫情时有发生，群众的防护意识有所松懈，公共场所消杀、体温检测、扫码登记等常态化防控措施落实不到位，外防输入、内防反弹的压力仍然很大。疫情防控工作中，我们在重大疫情防控体制机制、公共卫生应急管理体系等方面暴露出来许多薄弱环节，还需要下大力气加以解决。

二是生产生活秩序加快恢复，但推进高质量发展的基础和支撑还不牢固。从上半年情况来看，虽然全市地区生产总值、固定资产投资、规模以上工业增加值等主要经济指标增速较一季度大幅提高，但仍然分别低于全省1.5个、0.8个、2.3个百分点。在地区生产总值方面，第二产业、第三产业增加值增速分别低于全省1.9个、1.2个百分点，重点行业中工业、建筑业增加值增速分别低于全省2.6个、0.5个百分点。在固定资产投资方面，交通、文化、教育、卫生等领域投资均呈负增长，房地产、基础设施投资增速分别低于全省1.7个、11个百分点，民间投资增速低于全省1.9个百分点。在规模以上工业增加值方面，工业企业停减产面超过60%，占全市规模以上工业81.6%的七大重点产业增加值增速下降2.4%，烟草制品业、黑色冶金业增加值增速分别低于全省3.7个、25.7个百分点。这些情况，客观上有受疫情影响的因素，但究其深层次原因，还是我们高质量发展的基础不牢、支撑不足。具体表现在：产业转型升级缓慢，新产业、新业态、新商业模式等“新经济”尚处于起步阶段，其增长难以弥补传统产业下拉的影响；科技创新水平较低，产学研用结合不够，人才总量不足，高新技术企业少，全要素生产率低；区域发展不平衡问题比较突出，主城区经济总量大但增长乏力，县域支撑较弱，开发区拉动不足。

三是“三大攻坚战”取得决定性成效，但决胜高水平全面小康仍然不能松劲懈怠。精准脱贫方面，已脱贫地区“造血能力”还不强，“三保障”和饮水安全还需持续发力，新冠肺炎疫情给群众务工收入、农业经营收入造成一定影响，部分已脱贫户、边缘户存在返贫致贫风险。污染防治方面，中央、省生态环境保护督察反馈的164个问题，整改完成率仅为65.2%。滇池湖体水质存在波动，新宝象河、白鱼河、海河、虾坝河、新运粮河、小清河6条河道水质与去年同期相比污染加重，有的县区黑臭水体反弹问题仍然存在。重大风险防范化解方面，房地产、金融领域等涉众型风险隐患点多面广，受新冠肺炎疫情影响，一些企业利润下降致使债务负担加剧，不良贷款率增加，违约风险加大。基层财政运转困难，局部地区政府性债务风险不容忽视。

四是社会大局保持和谐稳定，但民生改善与群众对美好生活的向往相比还有不小差距。部分县区推动教育优先发展不够有力，教育质量仍处于较低水平。从今年的高考成绩来看，嵩明县、寻甸县、富民县一本上线率仅分别为4.16%、5.02%、5.08%，排名全市后三位。优质医疗资源总量不足，结构与布局不合理，基层医疗服务能力较弱。涉法涉诉、征地拆迁、安置补偿、环境污染等领域矛盾和问题不少，交通拥堵、城市内涝等群众反映强烈的问题还未根除。社会治理的整体性、协同性、精准性不足，方式方法缺乏有效创新，特别是基层社会治理体制机制尚不健全，部门职责权限划分模糊，人才缺乏、力量薄弱，工作的专业化、信息化程度不高。

五是党员干部干事创业的精气神明显提振，但彻底改善政治生态仍然任重道远。白恩培、仇和等余毒和秦光荣流毒危害性大、时间性长、影响面广，“污染底泥”和“污染因子”还未彻底清除，党内存在的思想不纯、政治不纯、组织不纯、作风不纯等突出问题还没有得到根本解决，政治规矩意识淡漠问题在一定范围内持续存在，“圈子文化”的顽疾还未彻底根除，以权谋私现象仍然存在，司法领域案件时有发生，人防领域问题突出，“四风”老问题禁而未绝、隐形变异，仍有一些党员干部精神懈怠、“为官不为”，彻底肃清秦光荣等流毒影响、全面修复净化昆明政治生态还需持续用力、久久为功。

二、深入学习贯彻习近平总书记考察云南重要讲话精神，推动党中央大政方针和决策部署落地落实

今年1月，在决胜全面建成小康社会、决战脱贫攻坚的关键时刻，习近平总书记再次亲临云南考察，看望慰问各族干部群众，送来党中央的亲切关怀，做出一系列重要指示。习近平总书记在云南考察期间发表的重要讲话和做出的重要指示，充分肯定了党的十九大以来云南经济社会发展和党的建设取得的成绩，深刻阐述了事关云南发展的方向性、根本性、原则性问题，进一步为新时代云南发展指明前进方向、明确发展目标、赋予重大使命，具有很强的政治性、思想性、针对性和指导性。

习近平总书记这次考察云南重要讲话和重要指示精神，同2015年1月考察云南工作时提出的“一个跨越”“三个定位”“五个着力”的要求，同近年来对云南工作的一系列重要指示批示精神，一脉相承、紧密联系、相互贯通，共同构成了新时代云南发展的行动纲领和根本遵循。我们必须深入学习领会，做到融会贯通、知行合一、学以致用，以省会城市应有的担当作为，不断把习近平总书记为云南擘画的蓝图一步步变为美好现实。要深入学习领会习近平总书记对云南突出特点的科学判断，自觉在全国、全省发展大局中把准方位、明晰方向，坚决打赢脱贫攻坚收官战，全面深入持久开展民族团结进步示范创建，加强生态环境保护，高质量推进区域性国际中心城市建设，更好地承担起新时代的使命。要深入学习领会习近平总书记对推动经济高质量发展等工作的指示要求，树立正确政绩观，处理好稳和进、立和破、虚和实、标和本、近和远的关系，自觉把新发展理念贯穿到经济社会发展全过程，推动昆明高质量发展迈上新台阶。要深入学习领会习近平总书记对抓好生态文明建设等工作的指示要求，树牢绿水青山就是金山银山的理念，驰而不息打好蓝天、碧水、净土三大保卫战，加快把昆明打造成为生态文明建设排头兵示范城市和“美丽中国”典范城市。要深入学习领会习近平总书记对不断增强边疆民族地区治理能力等工作的指示要求，坚定执行维护党中央权威和集中统一领导的各项制度，着力构建系统完备、科学规范、运行有效的制度体系，走出一条具有昆明特色的市域治理现代化路子。要深入学习领会习近平总书记对保障和改善民生、决战脱贫攻坚等工作的指示要求，坚持以人民为中心的发展思想，全力做好普惠性、基础性、兜底性民生建设，持续巩固提升脱贫成果，加快提升民生保障水平，让各族群众有更多获得感、幸福感、安全感。要深入学习领会习近平总书记对践行初心使命、激发奋进新时代的力量等工作的指示要求，坚持不懈用习近平新时代中国特色社会主义思想武装头脑、指导实践、推动工作，牢记初心使命，锤炼忠诚干净担当的政治品格，涵养风清气正的政治生态，坚定不移推动全面从严治党向纵深发展。

学习贯彻习近平总书记考察云南重要讲话精神，一方面，要狠抓当前，统筹推进疫情防控和经济社会发展，扎实抓好“六稳”“六保”工作任务，圆满收官“十三五”，高水平全面建成小康社会；另一方面，要系统谋划、奋力谱写高质量发展新篇章，加快区域性国际中心城市建设，确保习近平总书记重要讲话精神在昆明落地生根、开花结果。

当前，全球新冠肺炎疫情和经济形势仍然严峻复杂，不稳定性不确定性较大。全市上下要切实把思想和行动统一到习近平总书记考察云南重要讲话精神和党中央各项决策部署上来，坚持用全面、辩证、长远的眼光看待当前的困难、风险、挑战，保持战略定力，积极主动作为，因势利导、精准施策，着力在危机中育新机，于变局中开新局。

一要用全面的眼光认清使命任

务，谋划昆明发展。我们要时刻牢记习近平总书记的殷切嘱托，正确认识和把握昆明在全国、全省发展大局中的地位和作用，着力在服务全国、全省发展大局中展现担当。昆明作为"一带一路"建设和长江经济带发展的重要交汇点，加快建设区域性国际中心城市就是我们主动服务和融入国家发展战略的着力点和突破口，我们必须紧盯这个奋斗目标不动摇，坚持一张蓝图绘到底，着力打造"一个枢纽"、加快建设"四个中心"、全面提升"三个品牌"，推动区域性国际中心城市建设迈上新台阶。作为云南的省会城市，我们必须进一步强化省会城市意识，树立省会城市标准，彰显省会城市担当，大力发展首善经济，全面彰显首善格局，着力打造首善环境，努力实现首善民生，切实做到首善治理，充分展示首善作为，当好全省经济社会发展的排头兵、火车头，为推动云南高质量跨越式发展贡献更大力量。城市核心区要着力完善政治、文化、金融、商贸、科创、国际交流等城市功能，提速发展现代服务业，提升城市品质和能级，增强辐射力和影响力；城市功能拓展区要强化配套服务设施建设，加快现代产业和城市人口聚集，促进产城融合发展，进一步提升城镇化水平；城市生态涵养区要加大生态保护力度，着力发展绿色经济，促进乡村振兴和城乡融合发展，加快推进新型城镇化、农业现代化；开发区要全面深化体制机制改革和政策制度创新，大力发展先进制造业和战略性新兴产业，着力打造新型工业化发展的引领区、高水平营商环境的示范区、大众创业万众创新的集聚区、开放型经济和体制创新的先行区。为统一全市发展目标，确保各县（市、区）在区域性国际中心城市建设中主动作为有方向、聚焦发展有目标，形成既协调统一又各具特色、既错位发展又协同并进的发展新格局，市委已经对14个县（市、区）的功能定位、发展方向与重点进行了明确，各县（市、区）要将有关内容纳入"十四五"规划，从规划上明确发展方向，从目标上抓好任务衔接，从措施上推进工作落实。市发展改革委要牵头尽快制定出台优化完善区域功能定位与产业发展布局的指导意见，支持和激励各县（市、区）在结构调整、机制转换等方面各展所长、争先进位。

二要用辩证的眼光看待机遇挑战，积极主动作为。当前，世界大变局加速演变的特征更趋明显，全球动荡源和风险点显著增多，经济全球化遭遇逆流，新冠肺炎疫情全球蔓延令世界经济严重衰退，国际贸易和投资大幅萎缩，全球产业链、供应链受到严重阻断与挑战。国际货币基金组织预测，2020年全球经济将萎缩3%。世界贸易组织预测，2020年全球贸易将缩水13%到32%。世界百年未有之大变局和新冠肺炎疫情的叠加冲击，加上"逆全球化"潮流和美国等国家企图推进"去中国化"，给我国经济发展带来新的挑战。但综合起来看，我国经济总量接近100万亿元，拥有完备的产业体系，拥有超大规模市场优势，拥有巨大的发展韧性、潜力和回旋余地，拥有雄厚物质技术基础和强大供给能力、适应能力、修复能力，疫情冲击和外部环境的变化不会动摇我国长期稳定发展的坚实基础。就昆明而言，当前正处于经济转型关键期、深化改革攻坚期、社会矛盾凸显期，老问题与新问题相互交织，国内与国外风险交叉传递，长期变量与短期因素叠加影响，我们面临着在疫情防控常态化条件下推动经济社会发展的艰巨任务。困难常常伴生希望，挑战往往蕴含机遇。此次疫情虽然对我们推进经济社会发展造成前所未有的冲击，但从现在的情况看，疫情的影响主要在一季度，全市经济发展已经逐渐回归正常轨道，一系列深层次变化正在汇聚成推动经济发展的新动力。首先，随着复工复产加快推进，经济社会发展态势向好，一度被压抑的经济活力正在恢复和释放，为我们带来市场需求持续扩大的机遇。其次，疫情倒逼催生出来的新技术应用、新消费需求、新市场空间和新经济业态，为我们加快产业转型升级、实现"弯道超车"、推进经济高质量发展带来更多良机。第三，昆明正处于新型工业化、信息化、城镇化、农业现代化加速推进阶段，综合交通、产业基础、资源条件、生态环境、改革创新的协同效应正在逐步显现，内外统筹、双向开放的全面开放新格局正在加快形成，加上国家深化宏观政策调节，深入实施各种重大战略，昆明独特的区位优势、资源优势、开放优势将加快转化为发展优势。我们必须坚定信心、沉着应对，科学研判"形"与"势"，辩证把握"危"与"机"，善于顺势蓄势谋势，善于识变求变应变，因势而谋、应势而动，努力在以国内大循环为主体、国内国际双循环相互促进的新发展格局中开拓进取、乘势而上。

三要用长远的眼光处理速度和质量的关系，做好"破"与"立"的文章。党的十八大以来，以习近平同志为核心的党中央直面经济社会发展的主要矛盾和挑战，紧紧围绕我国经济"怎么看"、发展经济"干什么"、做好工作"怎么办"等关键性问题，强调要坚持创新、协调、绿色、开放、共享的发展理念，推动经济高质量发展。这是针对我国经济发展进入新常态开出的有效"药方"。我们必须紧扣党中央决策部署，把正发展方向，走对发展路子。一方面，要正确认识到，高质量发展不是不要发展，不唯GDP（国内生产总值）不是不要合理的增长速度，确保经济平稳运行恰恰是高质量发展的基本要求。只有保持一定的增长速度，才能实现扩大就业、提高收入、改善民生的目标任务，才能为提高经济增长的质量和效益夯实基础。另一方面，更要清醒地认识到，我们要实现的增长，是实实在在和没有水分的增长，是有效益、有质量、可持续的增长。我们必须坚决从不合时宜的思维定式和路径依赖中摆脱出来，坚持质量第一、效益优先，坚持革替旧动能与培育新动能“两条腿走路”，加快从“重视数量”转向“提升质量”、从“规模扩张”转向“结构升级”，推动经济发展质量变革、效率变革、动力变革，努力书写昆明高质量发展的崭新篇章。

三、坚定不移推动高质量发展，确保全面建成小康社会目标任务圆满完成

今年是脱贫攻坚和全面建成小康社会决战决胜之年、“十三五”规划收官之年，做好下半年工作意义重大。我们必须进一步做好“六稳”工作，全面落实“六保”任务，统筹推进疫情防控和经济社会发展，确保“十三五”规划和全面建成小康社会圆满收官。

（一）要进一步细化举措、常态长效，推进疫情防控“常态化”。深刻认识疫情防控的复杂性、严峻性、长期性，科学精准有效抓好常态化疫情防控，持续巩固来之不易的防控成果。要强化外防输入。紧盯周边国家疫情加速蔓延、境内疫情局部反弹等新情况，完善党政军警民“五位一体”疫情防控体系，坚决落实“五个管住”，对国际航班入境人员严格实施闭环管理，加强入境物资检疫检测，牢牢守住外防输入的关口。对国内航班和火车站、公路客运站落地人员，严格落实测温、扫码、登记，以及核查身份和轨迹信息等措施，确保所有入昆重点人员全掌控、不漏管。要注重内防反弹。持续加强对农贸市场、学校、商场、工地、养老机构、福利院、监狱、戒毒所等重点场所的防控。严格规范发热门诊闭环管理，强化医疗机构感染防控。加快提升医疗机构核酸检测能力，满足疫情防控常态化检测需求。深入开展爱国卫生运动，加大传染病防控知识宣传教育，引导市民提高自我防护意识和能力。要提高应急处置能力。推进重大传染病救治能力和疾控机构核心能力“双提升”工程，加快县级疾控中心提升改造，着力解决好应急处置硬件支撑不足的问题。改革完善疾病预防控制、重大疫情防控救治体系，健全公共卫生应急管理体系、应急物资储备体系和应急预案，切实提升重大疫情应急响应能力。要补齐卫生领域短板。加快推进市第二人民医院新院、市妇女儿童医疗保健中心二期和第四批县级医院提质达标等重点项目建设，加强对国家区域医疗中心项目建设的政策支持和服务保障，完成五华、晋宁、安宁等3家国家级紧密型县域医共体试点建设，不断提高医疗卫生服务能力。围绕高素质卫生人才缺乏的问题，大力实施公共卫生人才培养“十百千”工程，完善公共卫生人员准入、使用、待遇保障、考核评价和激励机制，全方位、多领域、多层次补强人才队伍体系。

（二）要进一步整体联动、精准发力，稳住重大项目“压舱石”。充分发挥重大项目对稳增长、补短板、增后劲的支撑作用，抢时间、抢机遇、抢要素，持续扩大有效投资，切实稳住经济发展基本盘。要强化项目谋划。上半年，全市工业、基础设施、教育、文化等领域投资下滑严重，主要原因还是项目储备不足。要密切跟踪国家投资政策导向，围绕国家重大战略和“两新一重”、民生短板等领域，积极谋划储备项目。紧扣全省推进新型基础设施建设4大重点领域22项具体任务，认真谋划5G网络、人工智能、工业互联网、物联网、数据中心、新能源汽车充电桩等新基建项目，充实完善项目库。深入研究、对接落实云南省促进区域协调发展实施方案，抓好陆良至寻甸、晋宁至易门等高速公路项目前期工作，配合省级部门推进昆楚大丽高铁、成昆高铁云南段、深南昆高铁云南段、昆明第二机场等重大项目前期工作。完善重大项目滚动接续机制，确保储备项目转化率达到50%以上。结合“十四五”规划编制，深化研究重大项目专项规划、建设方案，积极向上对接，争取更多项目进入国家、省“十四五”规划的“大盘子”。要细化项目服务。严格执行重点项目包保责任制、定期会办制，主动靠前服务，协调解决项目推进中遇到的困难。下半年，市级统筹安排不低于1.8亿元的项目前期工作经费，重点支持投资贡献大的地区和前期工作完成较好的项目。用好土地占补平衡政策，全年供应土地3.1万亩以上，保障重点项目用地需求。优化再造投资项目前期审批流程，畅通项目审批绿色通道，落实容缺办理机制，推行“不见面审批”，提高项目审批效率。要加快项目进度。按季度制订下达新开工项目计划，确保长水至双龙高速、宝象临空产业园等92个亿元以上项目三季度开工，清水海二期、普洛斯物流产业园等87个亿元以上项目四季度开工，力争长水综合交通枢纽项目年内开工建设。加快推进福宜高速、三清高速、昆钢本部搬迁转型升级等333个亿元以上续建项目，确保宜石高速、腾俊国际陆港仓储中心、中关村电子城科技产业园（二期）、闻泰智能制造（一期）等81个亿元以上项目竣工。对绿色能源产业园等13个进度缓慢的项目，深查原因，强化责任，倒排工期，加快进度。按照“统一规划设计、统一改造、统一管理，进行集中连片改造”的原则，提速城市更新改造，年内启动40个城市更新改造项目，加快推进福德村、龙池村等25个项目，完成200万平方米老旧小区改造，全面完成62条城市道路市容环境整治提升任务。要狠抓招商引资。结合疫情防控常态化新形势，推进招商方式创新，大力开展网上推介、线上洽谈、“云招商”“云签约”，变“面对面”招商为“屏对屏”招商。加强重大项目调度协调和跟踪服务工作，强化对洽谈未签约、签约未落地项目的实时跟踪和动态管理，确保项目早落地、早建设、早投产、早见效。优化招商引资考核，增加重点产业的考核权重，突出对履约率、开工率、建成投产率等指标的考核，着力解决招商引资考核针对性不强的问题，切实提高招商引资实效。

（三）要进一步统筹施策、多措并举，培育新兴产业“增长点”。聚焦产业转型升级，加快发展新经济、新业态、新模式，大力培育经济发展新动能，跑出昆明高质量发展“加速度”。要促进工业稳产达产。鼓励云南中烟及烟叶复烤企业、中石油云南石化等支撑性企业扩销促产，加快推动云南白药、云南铜业等规上企业产能释放。认真落实市级领导挂钩包保龙头骨干企业机制，“一企一策”“一事一策”精准扶持，帮助企业解决用工、原材料供应、物流运输、市场、融资等实际困难，以龙头企业带动产业链上下游各类企业共渡难关。切实执行好减税降费、减租降息和阶段性降本减负政策，加大对中小微企业、民营企业的支持力度，确保各项纾困措施直达基层、直接惠及市场主体。要大力发展新业态。紧盯疫情催生的新业态新模式，积极拓展防疫防护、宅消费等新领域，大力发展智能网联汽车、网络诊疗、在线教育等新业态，加快发展智慧交通物流、智慧金融、智慧文旅等产业。出台支持数字经济发展的政策措施，加快推进云南数字经济开发区、区块链产业示范基地、华为·昆明数字经济智慧园区等重大项目建设，在区块链、人工智能、VR（虚拟现实）/AR（增强现实）技术等重点领域打造产业集群，做大数字经济产业规模。加快国家植物博物馆建设，推进昆明细胞产业园、工业大麻产业园等109个重点项目建设，切实提升健康产业发展能级。晋宁、安宁、宜良、嵩明、石林、滇池度假区要成立工作专班，创新合作方式，加快推进古滇名城民族部落、大连圣亚海洋公园、华强方特、恒大童世界、“七世界”、派拉蒙昆明国际度假区等项目建设，为把旅游过境地转化为目的地提供有力支撑。大力发展基于5G、大数据、云计算的数字创意新业态，加快拾翠民艺园、新华文化创意广场等项目建设，把金鼎文创园建成年产值超50亿元文创园区，把紫云青鸟、云纺文创园建成年产值超20亿元文创园区，实现文创产业创新发展、繁荣发展。加快推进梁王山现代农业公园、富民国家高原云果产业园等项目建设，瞄准苏浙沪、粤港澳等区域有针对性引进农产品生产加工龙头企业，打造绿色食品生产基地，推动高原特色都市现代农业提质增效。要全力推动消费回升。围绕住宿、餐饮业消费复苏缓慢，出行类商品销售大幅下滑等问题，出台促消费稳增长政策措施，推动餐饮、住宿、零售、文化、培训、家政等生活性服务业恢复发展，促进汽车、家电等重点商品消费回补，充分释放消费潜力。出台有针对性的刺激旅游消费措施，利用新媒体、云平台等手段加大旅游营销力度，吸引更多外地游客来昆明旅游，助推旅游市场全面复苏。开展小店经济推进行动，支持个体工商户发展，积极帮助解决租金、税费、社保、融资等方面难题。大力发展直播电商、社群电商、云逛街、无接触配送等新模式，优化线上消费环境，促进线上线下消费融合发展。积极申报国际消费中心城市，有序引导和打造夜间经济、网红经济等消费新热点，推进南屏街、公园1903等特色步行街改造提升，打造恒隆广场、同德广场、官渡古镇等10个以上夜间经济集聚区，年内新引进国内外品牌首店、旗舰店50家以上。改造提升农村流通基础设施，支持电商、快递进农村，构建农村消费市场网络，让农村消费潜力充分释放。

（四）要进一步改革创新、开放合作，激活转型发展“动力源”。坚持全面深化改革、全面扩大开放、全面促进创新，为高质量发展添动力增活力。要增强改革落实力。抓紧谋划贯彻落实党的十九届四中全会重要改革举措实施规划，统筹推进制度改革和制度运行。推进农村综合改革，完成农村集体产权制度改革任务。继续推进供销社综合改革，推动国有企业“一企一策”整合重组方案落地，加快推进云内集团混合所有制改革。深化要素市场化配置改革，建成橡胶、肉牛、红木、高原特色农产品、中药材、食糖等交易中心。要增强创新驱动力。实施科技创新主体培育计划，新增科技型中小企业300家，培育科创板储备企业16家，推动科技型企业数量和质量“双提升”。完善“昆明高校联盟”和“昆明科研院所联盟”运作机制，发挥金砖国家技术转移合作中心作用，建立完善多元化科技创新投入机制和科技成果转化评价体系，把创新成果的研发、中试、转化、推广、应用等环节有效衔接起来，提高科技成果就地转化水平。强化重大科技支撑项目储备，确保信息及芯片产业等6大产业科技创新中心全部挂牌运行。积极引进海内外高层次人才和院士专家，加大力度建设院士专家工作站，集聚高端人才，提升创新能力。要增强开放竞争力。推动昆明市与滇中新区高质量融合发展，支持综合保税区加快发展，推进昆明国际航空枢纽改扩建工程、国家跨境电子商务综合试验区、国家骨干冷链物流基地建设，扩大中欧班列、中越、中亚铁海联运班列辐射范围，推动在老挝、泰国、缅甸设立驻外商务代表处，完善外贸企业跟踪服务机制，确保进出口总额增长高于全国平均水平。拓展与上合组织成员国间的交往，新缔结国际友城（友好交流城市）1座，通过友城平台和国际友城旅游联盟，不断密切与周边国家的经贸合作、文化交流。高质量推动自贸试验区昆明片区建设，年内完成60%的试验任务，加快推动高端制造、航空物流、数字经济、总部经济等重点产业项目落地，着力打造昆明创新开放新高地。要增强环境吸引力。针对《2019中国城市营商环境报告》中反映出来的政务环境维度得分较低的问题，对标上海等先进城市，开展“营商环境提质年”活动，围绕《昆明市全面提升一流营商环境工作方案》（2.0版）制订出台具体实施方案和细则，健全和落实好政务服务“好差评”、营商环境“红黑榜”评价制度，确保政务服务好评率达到90%以上。

依法平等保护国有、民营、外资等各种所有制企业产权和自主经营权，对新技术、新业态、新模式实行包容审慎监管，构建各类市场主体公平竞争的法治环境。坚决依法惩处侵犯知识产权行为，加快建设国家知识产权示范城市。制定实施政商交往正负面清单，划定政商交往尺度，构建亲清型政商关系。

（五）要进一步对标对表、查遗补缺，打好决胜小康“组合拳”。坚持抓重点、补短板、强弱项，不断改善群众生产生活条件，跑好全面建成小康社会的“最后一公里”。要巩固提升脱贫质量。围绕已脱贫群众稳定增收基础薄弱、自我发展能力不足等问题，持续抓好产业扶贫、就业扶贫、消费扶贫，不断巩固“三保障”和饮水安全工作成果，坚决打赢脱贫攻坚收官战。健全完善稳定脱贫长效机制，加快制订监测预警长效工作方案，抓好动态监测和动态帮扶，防止已脱贫群众因后续政策支持不足返贫或因病、因伤、因疫情返贫致贫。针对国家和省普查发现的问题，举一反三、限期整改，确保脱贫攻坚成效经得起历史和人民的检验。要提高生态环境治理成效。围绕中央、省生态环境保护督察部分整改事项推进缓慢的问题，以月为单位列出工作计划，倒排工期，挂图作战，确保按时按质整改到位。继续抓好雨季溢流污染控制、污水处理厂提标改造、污染加重河道水质提升、黑臭水体整治成效巩固等工作，确保滇池全湖水质稳定达到Ⅳ类。扎实推进水污染防治工作，确保牛栏江、螳螂川—普渡河等重点流域国考（省考）断面水质稳定达标。抓好《昆明市大气污染防治条例》立法工作，强化臭氧、可吸入颗粒物等主要污染物治理，确保主城区空气质量稳定在国家二级标准。深入实施生态修复保护工程，确保年内完成滇池流域及西山重点保护区72个矿山和长江经济带（昆明段）废弃露天矿山生态修复。要防范化解重大风险。守正创新做好新形势下的意识形态工作，严密防范和打击境内外敌对势力捣乱破坏活动，坚决捍卫国家政治安全和意识形态安全。加强财政收支管理，优化财力保基本民生、保工资、保运转，防范“三保”兑现风险。严管严控政府债务，强化国企负债规模和资产负债率双重管控，持续做好非法集资重大案件维稳工作，牢牢守住不发生区域性系统性财政金融风险的底线。要促进城乡融合发展。推进呈贡万溪冲、富民石桥村、宜良麦地冲村等都市驱动型乡村振兴实验村建设，评选各级各类美丽乡村50个。扎实推进农村人居环境整治，巩固提升安宁、石林美丽县城创建成果，提速安宁温泉、晋宁古滇、呈贡斗南等特色小镇建设。取消主城区落户限制，放开其他县（市、区）和中心集镇落户限制，完善出台有针对性、有竞争力的政策措施吸引省内外大学生来昆落户，畅通农村籍人口进城落户通道，有序推进农业转移人口市民化，确保常住人口城镇化率达到73%。

（六）要进一步办好实事、惠民为民，织牢基本民生“保障网”。聚焦群众关心关注的操心事、烦心事、揪心事，通堵点、疏痛点、消盲点，不断增进民生福祉。要千方百计稳定和扩大就业。坚持减负、稳岗、扩就业等多措并举，最大限度用好减税降费、金融支持、援企稳岗等政策，加快恢复和稳定就业。严格落实企业扩招、基层就业扩岗等政策，多渠道促进高校毕业生就业创业。加强对退役军人、残疾人、零就业家庭等群体的就业帮扶，加大未外出务工、返乡回流人员的就业扶持力度，确保全年完成农村劳动力转移就业15万人次以上、新增城镇就业14.8万人。要扩大优质教育资源。继续实施“三名”工程，年内引进和培育名师150名。深入推进学区化管理和集团化办学，加快呈贡、安宁、石林义务教育优质均衡发展县创建，提升嵩明、寻甸、富民高中教学质量，创建一级高（完）中2所以上、特色高中18所，持续扩大优质教育资源覆盖面。加快推进城镇小区配套幼儿园规划、建设、移交、办园等情况专项治理，深入实施“一乡两公办”和“一村一幼”项目建设，实现村级幼儿园全覆盖。要加大基本民生保障力度。进一步扩大失业保险保障范围，持续提升城乡低保兜底保障水平，加大对困难群众的临时救助力度，争创并启动长期护理保险制度试点城市建设。提高退休人员基本养老金和城乡居民基础养老金，争创全国普惠托育服务专项行动试点城市，解决好“一老一小”问题。加强农产品保障供应，稳定350万亩粮食播种面积和168万亩蔬菜种植面积，年底前稳步恢复生猪生产，确保老百姓“米袋子”“菜篮子”货足价稳。要决战决胜全国文明城市创建。围绕文明城市创建中存在的材料精准对标不足、城市管理精细不足、群众宣传发动不足等失分较多的问题，突出问题导向、目标导向、为民导向，全面对照测评标准，全力以赴查缺补漏，认真审核把关申报材料，扎实做好迎检准备，确保成功创建为第六届全国文明城市。深入开展市容环境整治，切实抓好交通秩序整治，引导广大市民文明养犬，规范做好引摊入市工作，大力提升城市精细化管理水平。充分利用各种宣传阵地和创新手段，积极引导、动员社会各界参与文明城市创建，切实提高市民对创建工作的知晓率、参与率、满意率。要加快推进市域治理现代化。围绕市域社会治理现代化试点创建工作要求，全面推进17项试点任务，制定市域社会治理现代化试点合格城市测评体系，积极探索具有昆明特色、符合时代特征的市域社会治理现代化新模式。优化社区事项“三个清单”，完善事务准入流程和制度，推进社区减负增效。加强社区志愿者队伍建设，推动志愿者分级分类全面培养。发展“枢纽型”社会组织和社区社会组织，确保每个社区培育社区社会组织5个以上，主城各区、安宁市分别培育社会组织孵化机构1个以上。强化社会治安综合治理，深入开展重点行业领域专项整治，推进扫黑除恶长效常治，确保扫黑除恶专项斗争三年为期目标全面实现。严格落实安全生产责任制，完善应急管理和防灾减灾救灾体制机制，争创国家安全发展示范城市。

（七）要进一步激浊扬清、提神振气，锤炼引领发展“主心骨”。坚定不移全面从严治党，久久为功营造良好政治生态，为决胜全面小康提供坚强保证。要加强思想政治引领。建立和落实不忘初心、牢记使命的制度，建立完善经常性查改违背初心使命问题的长效机制，用初心使命锤炼党员干部忠诚干净担当的政治品格。围绕学习贯彻习近平新时代中国特色社会主义思想和习近平总书记考察云南重要讲话精神，深入开展宣传宣讲、理论研讨，持续抓好“万名党员进党校”培训，分级分类推动党员干部轮训全覆盖。支持人大、政府、政协和监委、法院、检察院依法依章程履行职能，推进军民融合深度发展，充分发挥统一战线、群团组织作用，汇聚团结奋进的思想共识和强大合力。要打造过硬干部队伍。完善三级联动调研、干部考核评价和多渠道发现、识别、举荐干部机制，办好8个专业化能力提升培训班，建设高素质专业化干部队伍。加大年轻干部培养选拔力度，统筹谋划好2021年市县乡村四级党组织换届和2022年人大、政府、政协换届工作，发现和储备一批优秀干部，为换届工作打下坚实基础。持续抓好激励广大干部担当作为各项措施落实，建立防错、容错、纠错“正面清单”，细化操作流程和具体程序，最大限度保护干部的积极性、主动性、创造性。要抓好基层组织建设。深入推进“全国城市基层党建示范城市”建设，深化“智慧党建”工作，拓展“党建引领吹哨报到”“居民区党建”“红色物业”等党建品牌，深入推进农村基层党建“双整百千”四级联创。大力开展“灯下黑”问题专项整治，常态化开展软弱涣散基层党组织整顿，全面完成党支部规范化建设达标创建。统筹推进非公有制经济组织和社会组织分类覆盖工作、互联网重点企业党建，不断扩大基层党的组织覆盖和工作覆盖。推行村（社区）党组织书记“一肩挑”，继续实施村（社区）干部能力素质和学历水平提升行动计划，打造高素质基层党组织带头人队伍。要持之以恒正风肃纪反腐。锲而不舍落实中央八项规定精神，紧盯“四风”特别是形式主义、官僚主义问题，全面检视、靶向治疗，持续为基层松绑减负。一体推进深化纪检体制、监察体制、纪检监察机构“三项改革”，健全和完善监督制度，推进市委巡察全覆盖，深化市县统合巡察，推动各类监督有机贯通、相互协调。持续查办政治问题、经济问题交织的案件，严肃整治攀附贴附、团团伙伙、“钻圈子”“爬山头”等行为，严厉惩处政治骗子和政治掮客。按照“八个坚决肃清”要求坚决肃清秦光荣等流毒影响，清除政治生态的“污染底泥”和“污染因子”，促进政治生态正本清源、海晏河清。

（八）要进一步健全机制、明确导向，用好督查考核“指挥棒”。目前，一些党员干部在思想观念、发展理念上还没有彻底扭转过来，必须加快建立科学的综合评价体系，充分发挥督查考核指挥棒、风向标、助推器作用，引导全市党员干部坚定不移推动高质量发展。要构建高质量发展指标评价体系。出台推动高质量发展的实施意见，建立高质量发展指标体系，科学合理设置差异化指标，有效发挥指标体系的导向作用。对城市核心区，要突出创新驱动、人才集聚、现代服务业发展、开放水平等指标的权重；对城市功能拓展区，要突出三次产业融合发展、城镇化水平提升等指标的权重；对城市生态涵养区，要突出生态文明建设、民生改善等指标的权重；对开发区，要突出园区建设、主导产业培育、质量效益改善等指标的权重。要改进督查考核方式。建立健全督查工作统筹、任务分解、回访调研、情况通报、交办整改等制度，构建务实、管用、高效的高质量发展督查体系，充分运用大数据等技术提高督查效率和质量。把年度考核和平时考核、专项考核、任期考核有机结合起来，全面、客观、动态掌握被考核地区、部门推进高质量发展的实绩实效。要强化考核结果运用。把高质量发展年度综合绩效评价和分领域绩效评价结果，作为领导班子和领导干部综合考核评价、干部奖惩任免的重要依据，特别是在年终目标考核兑现中，要注重拉开档次，真正让干事者受重用、得实惠。

同志们，沧海横流显本色，最是风雨见初心。2020年，是特殊而不平凡的一年。越是在困难的情况下，越要鼓起“越是艰险越向前”的精气神，越要增强“万众一心加油干”的凝聚力。让我们更加紧密地团结在以习近平同志为核心的党中央周围，在省委的坚强领导下，深入学习贯彻习近平总书记考察云南重要讲话精神，坚定必胜信念，奋勇拼搏攻坚，为决胜全面小康、加快区域性国际中心城市建设而努力奋斗！

政府工作报告

——2021年2月2日在昆明市第十四届人民代表大会第六次会议上

代市长　刘佳晨

各位代表：

现在，我代表市人民政府，向大会报告工作，请各位代表连同《昆明市国民经济和社会发展第十四个五年规划和二〇三五年远景目标纲要（草案）》一并审议，并请各位政协委员提出意见。

一、“十三五”时期和2020年工作回顾

“十三五”时期，是昆明发展极不平凡的五年。面对错综复杂的国际形势、艰巨繁重的改革发展稳定任务，特别是新冠肺炎疫情的严重冲击，我们坚决贯彻执行党中央、国务院的决策部署，在省委、省政府和市委的坚强领导下，攻坚克难、团结拼搏，坚定不移推进区域性国际中心城市建设，较好完成“十三五”规划主要目标任务，为开启全面建设社会主义现代化新征程奠定了坚实基础。

五年来，我们践行新发展理念，高质量发展迈出坚实步伐。全市地区生产总值从2015年的4 342.38亿元提高到6 733.79亿元，累计增长40.6%（按可比价格计算），在全国省会城市中的排名从第17位跃升至2019年的第12位。一般公共预算收入从2015年的502.2亿元增加到650.5亿元，累计增长29.5%，税收年均增幅达5.2%，占比达77.2%。城乡居民人均可支配收入分别从2015年的33 955元、11 444元，提高到48 018元和17 719元，累计分别增长41.4%和54.8%。

五年来，我们加快新旧动能转换，转型升级步伐明显加快。三次产业结构调整为4.6∶31.2∶64.2，初步形成多元发展、多极支撑的产业格局。工业经济规模质量稳步提升，规模以上工业增加值年均增长6.8%。新兴产业发展提速，新开工亿元以上工业项目249个、竣工194个，京东方OLED微显示器实现量产，云内动力产值突破100亿元，北汽、江铃新能源汽车建成投产，新能源乘用车制造实现“零”的突破。云南省数字经济开发区挂牌成立，全国首个区块链中心（云南省区块链中心）落地昆明。浪潮、优必选等项目建成投产，首台“云南造”服务器下线。能源产业崛起，石油炼化成为新的支柱产业，乌东德水电站首批机组投产发电。昆明大健康产业示范区扎实推进，昆明国际工业大麻产业园、昆明细胞产业园挂牌成立，中国中药滇中新区产业园、通盈药业生物医药基地等一批大健康产业项目加快建设，大健康产业增加值年均增长10%。服务业成为转型新引擎，社会消费品零售总额由2015年的2 098.42亿元增加到3 070.44亿元，累计增长46.3%。“旅游革命”深入推进，昆明旅游形象整体提升，七彩云南欢乐世界、融创文旅城、石林冰雪海洋世界建成开业，旅游接待人数年均增长7.71%，旅游业总收入年均增长15.26%。建成34个文创园区，文化及相关产业增加值年均增长7.94%。恒隆广场、首创奥莱等21个大型商业综合体投入运营。中国铜业等319家企业总部落户昆明，保有税收亿元以上楼宇48幢，入驻企业税收收入总量较2015年增长1.5倍。高原特色都市现代农业稳步发展，累计38个品牌获得省级绿色食品“10大名品”，新增“三品一标”农产品546个，省级以上农业龙头企业121家，农林牧渔业增加值年均增长5.7%。

五年来，我们着力破解瓶颈制约，三大攻坚战取得决定性成就。围绕“两不愁三保障”，按照“两出两进两对接一提升”工作思路，扎实推进精准扶贫精准脱贫，现行标准下3个贫困县区全部摘帽、404个贫困村全部出列、35.05万名建档立卡人口全部脱贫，决战脱贫攻坚取得决定性胜利。强化政府债务预警风险管控，加快土地出让，盘活资产资源，多渠道筹措偿债资金，累计偿还政府债务426亿元，整体债务风险持续大幅下降，政府债务风险得到有效管控。建立地方金融风险大数据监测预警平台，积极稳妥处置历史案件，持续整治违法借贷活动，守住了不发生区域性系统性风险底线。全力打好蓝天碧水净土保卫战，把滇池治理作为“一把手”工程，实施“上截中疏下泄”等重点项目，累计完成滇池治理规划项目投资107.19亿元，省考以上25个地表水断面达标率从2015年的80%提升至100%，入选国家城市黑臭水体治理示范城市。经开区获批“国家生态工业示范园区”。滇池全湖水质从劣Ⅴ类好转为Ⅳ类，实现了近30年来的最好水质。阳宗海水质恢复到Ⅲ类。主城空气质量优良率保持在98%以上，2020年达到

100%，是2013年执行国家空气质量新标准以后最好水平。全面完成滇池流域"五采区"植被修复工程，水土流失治理面积达1 691平方公里。新增城市绿地1 559.15公顷，森林覆盖率达52.62%。建成草海片区生态湿地2 442亩，提升滇池外海湿地3 656亩，滇池湖滨生物多样性加快恢复。

五年来，我们狠抓改革开放创新，发展动力活力持续增强。扎实推进供给侧结构性改革，化解煤炭产能301万吨，淘汰落后产能555.95万吨。机构改革顺利完成，政府机构由47个精简为37个。开发(度假)园区社会管理职能剥离移交有序推进。国资国企、财税金融、农业农村等重要领域和关键环节改革取得重大进展，公共资源交易监管机制等15项改革经验在全国推广。持续深化"放管服"改革，构建昆明优化营商环境"123+N"机制，在全省率先开展营商环境评价、建立"红黑榜"制度，"一网四中心""七办"模式走在全国前列，荣获2020年中国国际化"营商环境质量十佳城市"。市区融合发展加快，滇中新区经济运行持续向好，地区生产总值从2016年的501.11亿元增长到866.55亿元，累计增长45.5%，在19个国家级新区中排名提升3位。自贸试验区昆明片区设立运行。GMS跨境电子商务交易平台落户昆明，获批跨境电商综合试验区、国家外贸转型升级基地、国家文化出口基地、国家首批文化和旅游消费示范城市。缔结国际友城5座、国际友好交流城市5座，基本实现南亚东南亚国家重要城市国际友城全覆盖。实际利用外资达28.91亿美元，进出口总额达527.5亿美元。南亚东南亚科技服务业合作中心、金砖国家技术转移中心落户昆明，生物医药大健康、高原特色农业、信息及芯片产业等科创中心挂牌运营，国家级、省级国际科技合作基地总量达78家，全社会R&D(全社会研究与试验发展)经费累计投入510亿元，年均增长11.6%。昆明成为国家创新型城市、国家小微企业创业创新基地示范城市、国家知识产权示范城市。

五年来，我们统筹推进规划建设管理，城乡面貌明显改观。积极开展新一轮国土空间规划编制工作，滇池流域地区基本完成"多规合一"，全市实现城乡规划全覆盖。草海、巫家坝、东白沙河、滇池国际会展中心等重点片区建设初具雏形，呈贡新区发展全面提速，晋宁撤县设区，城市格局由单中心向多组团转变。有序实施城市修补和有机更新，推进44个"三旧"改造项目连片开发，翠湖周边等历史文化片区整治取得初步成效，国家植物博物馆建设稳步推进，城市形象品质不断提升。加快推进县域高速公路"能通全通""互联互通"工程建设，宜石、寻沾、新嵩昆等15条高速公路建成通车，绕城高速内环、外环"闭合成圈"，"环线＋射线"骨干路网基本建成，新增高速公路里程606公里，总里程达1 160公里，实现县县通高速。沪昆高铁、云桂铁路开通运营，渝昆高铁加快推进，昆明火车南站建成投入使用。轨道交通加速成网，总运营里程达139.4公里。长水国际机场客运航线达396条、年客运吞吐量达4 800万人次以上，成为国家物流枢纽承载城市和全省唯一的一级物流节点城市。深入开展市容环境整治，完成62条道路整治提升，城市管理精细化智慧化水平不断提高。荣获联合国第18届"国际花园城市"金奖。成功创建为第六届全国文明城市，安宁市、石林县获评县级全国文明城市。全面取消落户限制政策，累计农业转移人口落户城镇69.7万人，户籍人口城镇化率由57%提高到68.7%。深入实施乡村振兴战略，创新实施都市驱动型乡村振兴实验区建设，"美丽县城"、"美丽乡村"、特色小镇建设扎实推进，农村人居环境整治全面铺开，全市乡镇生活垃圾处理设施覆盖率、村庄生活垃圾有效治理率、建制村公交覆盖率均达100%。

五年来，我们坚持以人民为中心的发展思想，民生福祉持续改善。一般公共预算支出72%以上投向民生领域。城镇登记失业率始终控制在4.22%以内。"三名"工程卓有成效，先后引进清华附中等22所名校来昆合作办校30所，本地名校领办、举办、托管145所学校，增加优质学位23万余个，高考一本上线率由18.26%提高到29.13%，人均受教育年限由9.89年提高到11.05年，人民群众对教育的满意度明显提升。国家呼吸区域医疗中心和国家心血管区域医疗中心落地昆明。与北京大学肿瘤医院、中日友好医院等21家高端优质医疗机构开展合作，建成国家级卒中中心5个、胸痛中心4个、创伤救治中心3个。市第二人民医院晋升为三级甲等医院，全市公立医院实现三级甲等全覆盖。人均期望寿命提高至80岁，高于全国平均水平2.7岁。通过第四批国家公共文化服务体系示范区验收，基本建成城乡一体、区域均衡、人群均等的现代公共文化服务体系。上合昆明马拉松赛、滇池国际龙舟争霸赛等国际性赛事的知名度和影响力不断提升。社会保障覆盖面不断扩大，保障水平持续提高，新建保障性安居工程7.29万套，完成17.91万户农村危房改造，困难群众住房条件明显改善。深入开展平安昆明建设，立体化、信息化社会治安防控体系不断健全，扫黑除恶专项斗争三年目标圆满完成，群众安全感满意度由2015年的85.07%上升至94.95%。圆满完成安全工程三年行动计划，安全生产形势稳定向好。成功创建为全国民族团结进步示范市。2016年以来，先后两次被命名为"全国双拥模范城"。连续两年上榜央视"中国十大美好生活城市"。与此同时，第四次经济普查、第七次人口普查圆满完成。工青妇、红十字会、科协、残联等群团组织在社会治理中发挥了积极作用。国家安全、国防动员、人防气象、档案市志、港澳台侨等事业取得新的进步。

五年来，我们坚持依法行政，政府自身建设不断加强。持续推进政府系统全面从严治党向纵深发展，深入开展“肃流毒、除影响、清源头、树正气”专项行动，坚决肃清白恩培、仇和等特别是秦光荣流毒影响。组织开展“三严三实”和“忠诚干净担当”专题教育、“两学一做”学习教育、“不忘初心、牢记使命”主题教育，持之以恒纠治“四风”，大力惩治公共资源交易、土地出让、矿产资源开发等重点领域违法违规行为，持续整治“庸懒散拖”等不作为、慢作为、乱作为问题，干部创业“精气神”不断提振。坚决落实基层减负要求，市本级减少发文35.7%，持续压减一般性支出，“三公”经费支出累计下降54.6%。深入推进依法行政，不断完善地方性法规、政府规章立法体系，提请市人大常委会审议地方性法规40件、制定修订废止政府规章43件。自觉接受人大法律监督、工作监督和政协民主监督，加强与人大代表、政协委员以及民主党派、工商联、无党派人士和人民团体等沟通协商，提高人大代表议案、建议和政协提案办理质量，办理人大代表建议1 924件、政协委员提案2 439件，办结率达100%。

各位代表，刚刚过去的2020年，面对百年未有之大变局深刻演变和突如其来的新冠肺炎疫情叠加影响，我们统筹推进疫情防控和经济社会发展，在大考大战中交出了一份优异的答卷，为“十三五”圆满收官画上句号，全面建成小康社会胜利在望。过去的一年，我们全力抓好习近平总书记考察云南重要讲话精神的贯彻落实，以习近平总书记考察云南重要讲话精神为“纲”和“魂”，结合昆明实际，把贯彻落实工作具体化、项目化，推动高质量发展取得新进步、区域性国际中心城市建设迈出新步伐。我们全力抗击新冠肺炎疫情，制定全国首个新冠肺炎疫情防控领域地方标准，获评《2020城市应急能力报告》A级城市，在全国较早实现本土确诊病例、疑似病例“双清零”，确诊病例零死亡、医务人员零感染。毫不放松抓好“外防输入、内防反弹”工作，坚决落实“五个管住”要求，加快推进“双提升”工程，深入开展爱国卫生“7个专项行动”，疫情防控取得重大战略成果。我们全力保持经济平稳运行，出台实施应对疫情稳增长20条、支持实体经济发展20条、促进外贸稳增长23条等政策，预算安排1亿元消费券，全力推动复工复产复商复市，扎实做好“六稳”工作、落实“六保”任务，主要经济指标逐季回升、扭负为正，全市地区生产总值增长2.3%，固定资产投资增长8.1%，一般公共预算收入增长3.2%。我们全力保障和改善民生，积极应对疫情对就业造成的冲击和影响，打出“稳就业”“保就业”组合拳，支出就业补助资金4.3亿元，提供有效就业岗位18.43万个。10件惠民实事全部完成。

各位代表：“十三五”是昆明经济结构优化升级的五年，是改革开放深入推进的五年，是基础设施更加完善的五年，是城市治理扎实有效的五年，是人民得到更多实惠的五年。五年的成就来之不易，这是省委、省政府坚强领导、亲切关怀的结果，是市委统揽全局、正确领导的结果，是市人大及其常委会、市政协有效监督、鼎力支持的结果，是全市广大干部群众团结奋斗、顽强拼搏的结果。在这里，我代表昆明市人民政府，向全市各族干部群众，向人大代表、政协委员，向各民主党派、各人民团体和各界人士，向中央和省驻昆单位，向驻昆解放军和武警部队官兵，向所有关心支持昆明发展的港澳同胞、台湾同胞、海外侨胞和国际友人，致以崇高的敬意和衷心的感谢！

回顾“十三五”时期的政府工作，我们深切地感到，要推动昆明经济社会高质量发展，必须做到“两个维护”，坚定不移沿着习近平总书记指引的方向奋勇前进；必须坚持一张蓝图绘到底，围绕建设区域性国际中心城市目标持续用力；必须坚持发展第一要务，把新发展理念贯穿政府工作全过程、各领域；必须坚持问题导向，集中力量抓关键、破瓶颈、补短板；必须坚持以人民为中心的发展思想，始终把人民利益作为一切工作的出发点和落脚点。

各位代表：2020年疫情对经济的冲击超出了我们的预期，地区生产总值、规模以上工业增加值增速低于全省平均水平，反映出政府工作还有许多不足。我们清醒地认识到，我市经济社会发展不平衡不充分的问题仍然突出：长期累积的产业结构矛盾依然存在，新兴产业尚未形成有力支撑；科技创新能力不强，政产学研用结合不够；城市国际化程度不高，对外开放步伐还需加快；生态环境质量持续改善的基础还不稳固，滇池、阳宗海水质实现稳定向好压力较大；教育、医疗、社会保障等领域还有不少短板，优质公共服务供给与人民美好生活需要还有很大差距；营商环境有待进一步优化，政府治理体系和治理能力现代化还需大力推进；有些干部工作主动性不强，“等靠要”思想依然突出，“上热下冷”“中梗阻”现象依然存在。对于这些问题，我们将高度重视，下决心认真加以解决，绝不辜负人民的期望和重托。

二、“十四五”时期的主要目标和重点任务

“十四五”时期，是我市开启社会主义现代化建设新征程、实现第二个百年奋斗目标的开局起步期，也是全面贯彻习近平总书记对云南工作重要指示精神、高质量推进区域性国际中心城市建设的关键期。围绕市委十一届十一次全会提出的目标，“十四五”时期昆明发展的指导思想是：高举中国特色社会主义伟大旗帜，全面贯彻党的十九大和十九届二中、三中、四中、五中全会精神，坚持以马克思列宁主义、毛泽东思想、邓小平理论、“三个代表”重要思想、科学发展观、习近平新时代中国特色社会主义思想为指导，深入贯彻习近平总书记考察云南重要讲话精神，统筹推进“五位一体”总体布

局，协调推进“四个全面”战略布局，坚定不移贯彻新发展理念，坚持稳中求进工作总基调，以推动高质量发展为主题，以深化供给侧结构性改革为主线，以改革创新为根本动力，以满足人民日益增长的美好生活需要为根本目的，加快推进新型工业化、信息化、城镇化和农业现代化，统筹发展和安全，加快建设现代化经济体系，全面融入以国内大循环为主体、国内国际双循环相互促进的新发展格局，推进市域治理体系和治理能力现代化，巩固夯实脱贫攻坚和全面建成小康社会成果，奋力开启区域性国际中心城市建设新征程，为把云南建设成为我国民族团结进步示范区、生态文明建设排头兵、面向南亚东南亚辐射中心做出更大贡献。

遵循这一指导思想，今后五年全市经济社会发展的主要目标是：

——区域性国际中心城市建设再上新台阶。区域性国际中心城市建设取得重大进展，综合枢纽基本建成，经济贸易中心、科技创新中心、金融服务中心、人文交流中心辐射力影响力持续增强，“世界春城花都”“历史文化名城”“中国健康之城”品牌更加响亮，产业体系、城市建设、创新创业、公共服务、贸易合作等领域国际化现代化水平全面提速，自贸试验区制度创新、营商环境重点领域进入全国前列，重大开放平台建设取得突破，开放型经济发展水平显著提高，成为面向南亚东南亚辐射中心的核心区。

——生态文明建设再上新台阶。争当生态文明建设排头兵，美丽中国典范城市建设成效显著，生态美、环境美、城市美、乡村美、山水美成为普遍形态，城市空气质量优良天数稳定在省会城市前列，滇池、阳宗海等高原湖泊水质稳定向好，国土空间开发保护格局不断优化，主要污染物排放总量持续减少，建成区绿地率、绿化覆盖率、人均公园绿地面积达到国家生态园林城市指标，城乡人居环境明显改善，生态安全屏障更加牢固，成为国家生态文明建设示范市。

——民族团结进步示范建设和民生福祉再上新台阶。实现更加充分更高质量就业，居民收入增长和经济增长基本同步，教育、医疗、养老等基本公共服务供给更加优质均衡，多层次社会保障体系更加健全，脱贫攻坚成果巩固拓展，乡村振兴战略全面推进，民族团结进步创建成果全面深化，城市民族事务治理能力持续提升，民族关系更加平等团结、互助和谐，各族人民共同富裕取得明显进展，成为高品质幸福美好生活城市。

——高质量发展再上新台阶。高质量发展的体制机制健全完善，经济结构更加优化，支柱产业转型升级步伐加快，战略性新兴产业规模大幅提升，数字经济发展壮大，创新能力显著增强，现代化基础设施建设加快推进，城乡区域发展更加协调，发展质量效益明显提升。人均GDP大幅提高，经济总量跃上万亿台阶，单位GDP能耗和单位GDP建设用地面积持续下降，科技贡献率明显提升，成为贯彻高质量发展的城市典范。

——社会文明程度再上新台阶。社会主义核心价值观深入人心，全国文明城市创建成果持续巩固，人民思想道德素质、科学文化素质、身心健康素质和法治素养明显提高，公共文化服务体系更加完善，文旅融合发展深入推进，民族优秀文化更加繁荣发展，城市人文内涵日益丰富，历史文化名城品牌更加彰显，成为新时代文化高地。

——市域治理现代化能力再上新台阶。重要领域和关键环节改革取得重大成果，社会主义民主法治更加健全，社会公平正义持续彰显，行政效率和公信力显著提升，基层治理水平明显提高，防范化解重大风险体制机制持续健全，突发公共事件应急能力不断增强，自然灾害防御水平明显提升，发展安全保障更加有力，成为全国市域社会治理现代化城市。

围绕上述指导思想和目标，“十四五”时期我们将重点抓好十一个方面的工作：一是坚持创新驱动塑造发展新优势；二是构建更具竞争力的现代经济体系；三是努力创建更加开放的活力昆明；四是构筑区域协调发展新格局；五是全面推进乡村振兴；六是建设韵味浓厚的文化强市；七是提升中国健康之城知名度；八是打造绿色低碳的美丽昆明；九是全面深化改革激发动力；十是共建共享幸福美好城市；十一是提升社会治理和安全保障能力。

三、2021年工作安排

2021年是“十四五”规划的开局之年。我们要立足新发展阶段，贯彻新发展理念，融入新发展格局，奋力拼搏、埋头苦干，为全面建设社会主义现代化开好局起好步，以优异成绩庆祝中国共产党成立100周年。今年经济社会发展主要预期目标建议为：地区生产总值增长8%，固定资产投资增长11%，社会消费品零售总额增长10%，一般公共预算收入增长3.5%，城乡居民人均可支配收入增长与经济增长基本同步，居民消费价格涨幅控制在3.5%以内，城镇登记失业率控制在5%以内，粮食产量稳定在100万吨，万元生产总值能耗降低率完成省下达任务。

围绕上述目标，我们将重点抓好八个方面的工作。

（一）着力补齐短板锻造长板，推动经济高质量发展

夯实工业高质量发展基础。掀起“大抓项目、抓好项目”热潮，实施武钢昆钢环保搬迁转型升级、云南创视界12英寸硅基OLED（有机发光二极管）等100项工业和信息化高质量发展重点项目，启动云铜王家桥项目搬迁改造、滇金公司异地搬迁等82个项目建设，紫光芯云产业园项目（一期）、国药中生云南生物医药产业园等30个项目完工，积极争取将云南炼化一体化项目列入国家石化产业规划布局，启动配套100万吨乙烯装置项目报批。积极推进“互联网+”“大数据+”“机器人+”“标准化+”在烟草、冶金、化工等优势产业领域的融合应用，持续巩固传统产业的优势和市场份额。做好“绿色能源牌”昆明文章，加快推动绿色铝、绿色硅精深加工基地建设，支持北汽、昆明客车等新能源汽车骨干企业释放产能，力争产量达到2万辆。闻泰昆明智能制造产业园建成投产，5G智能手机产量达500万台。云南锗业新材料项目、贵金属产业园一期等项目投产，新材料产业总产值达440亿元。推进五华厂口、宜良木龙、禄劝洗马塘等片区开发建设，完成工业园区基础设施投资50亿元，建设30万平方米工业标准厂房。确保规模以上工业增加值增长8%。

加速发展大健康产业。打好“健康生活目的地”昆明牌，提升“中国健康之城”品牌魅力，加快打造以中药、民族药产业为支柱，以生物制药、化学药、医疗器械产业为主导，以若干健康产品及服务为延伸的“1+3+N”产业新体系。大力推进中国医学科学院疫苗产业基地（二期）、沃森生物科技创新中心等122个大健康产业项目建设，推动血塞通系列、云南白药系列等优势产品提升产能，支持中国医学科学院生物所新冠疫苗生产产能扩大至7 500万剂。鼓励建设涵盖医疗康复、养生保健、健康养老的复合型养生养老服务机构，积极开发复合型健康旅游产品。全面落实行业监管要求，推进昆明国际工业大麻产业园建设、工业大麻产品研发推广、标准制定等工作，新引进30家以上企业入园发展。编制完成《昆明市细胞产业发展规划》，力争引进5家相关企业入驻细胞产业园。大力发展天麻、重楼、当归、党参、附子为主的中药材种植加工业，打造以轿子雪山为核心的滇中高山优质中药材产区。确保生物医药制造业产值达300亿元，大健康产业增加值增长10%以上。

深入实施“数字昆明”建设。坚持以“资源数字化、数字产业化、产业数字化”为抓手。深入推进云南省数字经济开发区、云南省区块链中心建设，力争引进数字经济创新企业100家，打造3～5个区块链示范项目，新认定1～2家数字经济园区。组建昆明市信息通信建设管理办公室，统筹通信行业共建共享。加大5G基础设施建设，新增5G基站1万个，实现主城区5G信号全覆盖，加快与VR/AR、医疗、旅游、智慧办会、刷脸就行等场景结合，拓展5G典型应用，着力解决老年人运用智能技术的“数字鸿沟”。加快浪潮昆明产业园、云南能投数字经济产业园等项目建设。推动工业互联网普及应用，实施工业互联网“三化”改造试点示范项目10个，推进“互联网＋协同制造”企业示范。建设工业互联网国家节点和工业大数据平台。确保数字经济总量达到2 200亿元。

推动现代服务业扩容提质。大力发展总部（楼宇）经济，新增500强总部企业3家、税收亿元楼宇3幢。推动会展业国际化发展，启动会展产业聚集区建设，吸引6家知名企业入驻聚集区，力争2个影响力大的全国会展落地。鼓励支持金融机构增存增贷，引进3家以上中外资金融分支机构，争取利宝保险、渤海银行在昆落地开业，年内完成云南神农农业在上交所主板上市，云南贝泰妮生物科技在深交所创业板上市，确保金融业增加值增长3%。支持王家营铁路集装箱中心站申建国家铁路口岸临时开放，推进国际货运班列双向稳定运行，实现国际运输到发柜数量4 000标准箱。加快物流枢纽承载城市建设，提升商贸服务型国家物流枢纽建设水平，启动空港型、陆港型国家物流枢纽建设。

提升科技创新引领力。围绕六大产业科技创新中心，重点支持30项重大科技项目实现成果转化。建设不少于1万平方米的国际创新中心，力争清云创新汇（昆明）基地、华东师范大学石墨烯量子材料昆明研究院2个新型研发平台落地。深化国际科技合作，依托昆明“金砖国家技术转移中心”，力争引进国际国内先进实用技术成果300项，实现对外国际技术转移50项。强化市场主体创新能力，高新技术企业数量增长10%以上，新认定新型创新平台（企业科技创新中心）、科技创新团队、院士专家工作站、对外科技合作基地、国家（省）引智项目各10个，新增各级企业技术中心40家。力争科技服务业营业总收入达540亿元，全社会R&D经费投入增长12%。深入实施十万大学生留（回）昆、企业家队伍培育计划，新增高技能人才1万人，引进高层次急需人才300名。以昆明科创中心为平台，健全高校、院所和企业之间科技人才双向兼职机制，营造激发科研人员积极性的政策氛围。积极推动国家、省级科研院所建立科研人员职务发明成果权益分享机制，深化科技攻关“揭榜制”、项目经费“包干制”，推行高层次人才年薪制、协议工资制、项目工资制。启动昆明（国际）科技成果转移转化体系建设，引进中国技术市场在昆设立分支机构，实现省、市、县（区）三级科技成果汇交、开放、共享。持续深入实施质量强市战略，建成中国（昆明）知识产权保护中心。

（二）着力扩大内需，强化发展动力支撑

持续扩大有效投资。围绕补短板、强弱项、增动力，强化项目包装，完成不低于4 000亿元投资项目储备，统筹3亿元项目前期工作经费，完善项目立项、土地、规划和环评等前期工作要件，提高项目成熟度，力争年度储备项目转化率达50%以上。以“两新一重”项目、补短板项目、产业集群项目为重点，切实抓好资金、用地、服务等要素保障，实施好一批“十四五”开局重大项目，确保长龙高速、罗泊河水库（清水海二期）等240个重大新开工项目完成投资不低于700亿元，柴石滩灌区、轨道交通5号线等400个重大在建项目完成投资不低于1 800亿元，中关村电子城（昆明）科技产业园二期、官渡区人民医院迁建等60个项目竣工。加快推进普洛斯环普产业园等30个重大工业项目建设，稳步提高工业投资占比。

多措并举扩大消费。实施更大力度促消费政策，鼓励汽车消费、大宗商品消费。推进茶叶、花卉、橡胶、中药材等6个商品交易中心建设。加快国际消费中心城市培育建设。持续推进南屏步行街第二批全国步行街改造提升试点工作，力争2条步行街入围省级示范试点。加快发展高端商业服务业，力争宜家等商业综合体开业，新引进国内外品牌首店、旗舰店50家以上。持续发展夜间经济，推进12个夜经济示范聚集区建设。推进宜良县、石林县电子商务进农村综合示范项目，建设8个以上乡级服务站、60个以上村级服务点，扩大农村消费。持续推进旅游革命“三部曲”，深入实施旅游业高质量发展三年行动计划，加快推进派拉蒙、华强方特、七彩世界、恒大童世界等重大文旅项目建设，积极融入大滇西旅游环线、昆玉红旅游文化带建设，加快安宁玉龙湾、寻甸凤龙湾、呈贡梁王山现代农业公园等5个半山酒店建设，确保晋宁古滇温泉酒店建成运营，打造“昆明旅游更健康”品牌，实现旅游总收入2 090亿元。大力发展文创产业，建立文创产业苗子企业库，培育一批以VR/AR、动漫游戏等为重点的特色文化企业，巩固提升金鼎、紫云青鸟、云纺、拾翠等文创园建设水平，培育5~10个示范文创园区，确保文化及相关产业增加值增长12%以上。

（三）着力深化改革扩大开放，争创高质量发展新优势

推进重点领域改革。在加大供给侧结构性改革的同时，注重需求侧管理，贯通生产、分配、流通、消费各环节，形成需求牵引供给、供给创造需求的动态平衡。依法依规推动落后产能退出，继续开展清理整治转供电环节电价工作，规范涉企收费，持续降低实体经济企业成本。深化国资国企改革，稳步推进政府投融资平台战略重组，基本完成县（市、区）、开发（度假）园区国有企业整合重组。积极谋划滇中城市同城化发展的实施路径，完善昆明市与滇中新区融合发展机制，推动规划共绘、基础共联、资源共享、产业共兴、环境共建，加速构建错位发展、互补融合、联动支撑的格局。

提升对外开放水平。抢抓《区域全面经济伙伴关系协定》推进实施等机遇，加快建设国内循环的重要节点和国际循环的门户枢纽。高质量推动自贸试验区昆明片区创新发展，编制《产业项目准入评价指标体系》，完成改革试点任务43项，形成可复制推广的经验案例。深入推进跨境电商综合试验区、跨境电商展示展销中心等建设，实现跨境电商进出口额增长20%以上。推动市场采购贸易扩面提质增效，力争市场采购贸易总额实现5亿元以上。加快昆明全面深化服务贸易创新发展试点建设。稳住外贸基本盘，确保外贸进出口总额增长15%。鼓励在昆银行业金融机构与境外银行互设本币账户，促进跨境投融资便利化。制定昆明市国际化建设第二阶段五年规划（2021—2025），办好“住在昆明”“海外昆明周”等活动，打造“叫得响”的国际化品牌，在国家主场外交中体现“昆明担当”。深化与南亚东南亚友城交流，在上合组织框架下拓展合作。做好与日本藤泽结好40周年、与缅甸曼德勒结好20周年庆祝活动，力争新缔结国际友好城市（国际友好交流城市）3座。

进一步优化营商环境。对标国际国内先进水平，出台《昆明市优化营商环境办法》，加快打造市场化、法治化、国际化、便利化营商环境。深化“放管服”改革，聚焦开办企业、建筑许可、不动产登记、缴纳税费等21项昆明市营商环境评价一级指标，持续压减便民利民事项办理时限，最大限度缩减审批环节，推动实现涉企经营许可事项“清单之外无审批”，全力把营商环境建成全省最优、全国先进。深化“一部手机办事通”推广运用，持续推动政务服务事项网上可办率不低于95%。健全完善营商环境评价体系，严格落实市场准入负面清单制度，保障各类市场主体依法平等进入市场。落实政商交往正负面清单，着力构建亲清型政商关系。

狠抓招商引资工作。坚持“一把手”招商，市领导、各县（市、区）主要领导全年分别赴省外招商不少于10次。聚焦绿色食品、先进装备制造、生物医药、数字经济等重点产业招商，全年组织精准招商活动不少于10次。发挥招商中介作用，委托10家行业龙头企业、商会、协会或专业机构开展中介招商。发挥社会各界知名企业和知名人士渠道优势，选聘10名以上招商大使。建立昆明市招商引资数字化系统开展大数据招商。推进市属国有企业协同招商。拓展利用外资方式，鼓励企业通过贷款、发行债券等形式从境外融入本外币资金。引进市外到位资金1 540亿元，实际利用外资7亿美元，实际投入亿元以上项目100个、10亿元以上项目10个。

激发民营经济活力。坚定不移支持民营经济发展，全面落实减税降费等纾困惠企政策，深入实施中小企业成长工程和省级民营小巨人培育工程，培育骨干企业、“专精特新”中小企业和省级成长型中小企业30个。建立民营经济统计监测指标体系，完善中小企业社会化公共服务体系。打造中小企业融资服务平台，解决中小企业融资难问题。民营经济增加值达2 800亿元。

（四）着力增强城市综合承载服务能力，全面提升城市品质

坚持城市规划治理科学高效。坚持量水发展、以水定城，结合城市环境容量和综合承载能力，下决心转变“环湖造城、环湖布局”的发展格局，推动人口、产业、建设用地向滇池流域外疏解。完成《昆明市国土空间总体规划（2020—2035年）》编制工作，统筹划定生态保护红线、永久基本农田及城镇开发边界。编制完成《昆明历史文化名城保护规划（2020—2035年）》，构建全要素历史文化名城保护规划体系。落实生态文明建设要求，启动全市国土空间生态修复规划编制，完成滇池流域及阳宗海流域范围内历史遗留矿山生态修复治理647亩。提升资源要素保障，完成新增建设用地报批2万亩，新增收储土地2万亩，完成土地供应3万亩，力争土地出让收入达到800亿元。加快国家植物博物馆、中国普洱茶中心暨普洱茶博物馆项目建设。强化滇池、阳宗海流域等生态敏感地区规划管控，严格建设项目批前审查和批后监管，维护规划的严肃性和权威性。

坚持精品化建设城市。启动渝昆高铁、昆明西客站“站城一体化”建设及昆明长水国际机场改扩建工程征地拆迁工作。续建昆楚（昆明段）、昆倘、福宜、三清、玉楚（晋宁段）等5条高速公路，启动玉溪（易门）至昆明（晋宁）高速建设。加快地铁1号线西北延、2号线二期征地拆迁工作，确保5号线年内实现“三通”。新建城市道路15条、续建16条，打通断头路，启动三环闭合工程和环滇池慢行系统（一期）建设工程。新增公共充电站130座、机动车泊位1.4万个，完成9 100辆新能源巡游出租车配套换电站建设。加快推进昆明都市核心区供水水源安全保障规划重大项目前期和审批工作。编制实施昆明市城市防汛排涝整治新三年行动计划，开展主城区深层排水隧道系统研究，实施海绵城市建设25平方公里。全力实施《城市更新改造行动计划》，推进城市更新改造87个项目，启动33个项目的安置房建设，完成改造项目8个，完善城镇老旧小区基础设施和服务功能，实施236.1万平方米的城镇老旧小区改造工作。加强违法违规建筑治理，拆除违法违规建筑1 500万平方米。实施盘龙江沿线品质提升改造，构建滨江慢行系统，优化植物景观，完善配套设施，打造滨江夜景效果，提升沿江建筑风貌，辐射带动周边发展，把盘龙江打造成为一道靓丽风景线。推进东川港项目建设，协调推进乌东德翻坝运输码头及连接公路落地实施。

高水平办好“两个大会”。全力落实习近平总书记向世界发出的“春城之邀”，突出绿色、安全、智慧理念，大力提升城市品质和市容市貌，实施好50个市容环境提质提升项目，完成62条城市道路优化提升，精心筹划生物多样性展览展示项目，组织好中国·昆明立体花坛大赛，充分展示春城花都形象，加快推进云南民族村、世博园以及7大城市公园提升改造，做好安保维稳、住宿交通、卫生防疫、礼宾接待等服务保障工作，高水平办好COP15和中国国际友好城市大会，提升昆明国际影响力。提高城市管理科学化、精细化、数字化、智慧化水平，落实“1+5+X”网格化工作模式，开展“城市大脑”建设试点，加快智慧交通建设，建成数字交通“一个大脑、三个平台”。巩固提升全国文明城市和国家卫生城市创建成果，形成常态化健康文明提升机制。重点抓好环境整治、垃圾分类等工作，城市生活垃圾无害化处理率保持100%，主城区主次干道、背街小巷装灯率达100%、亮灯率达95%以上，新增城市绿地200公顷以上。

（五）着力全面推进乡村振兴，促进农业农村现代化

巩固拓展脱贫攻坚成果。严格落实“四个不摘”的工作要求，保持主要帮扶政策总体稳定，确保不发生返贫和新增贫困。开展“四个专项行动”，建立救助平台，建立利益联结、股份合作、扶志扶智机制，定制和推广应用“找政府”“找工作”“看病”“上学”等手机App，实现低收入人口帮扶、产业帮扶、村集体经济提升、就业帮扶全覆盖。强化易地扶贫搬迁后续扶持。实施脱贫村提升行动，争取乡村振兴重点帮扶县建设。加强扶贫资产管理。开展“一县九镇”巩固拓展脱贫攻坚成果同乡村振兴有效衔接示范创建，做好体制机制、政策规划、项目资金等全面衔接。

促进乡村产业发展。围绕花卉、蔬菜、中药材等“6+2”重点产业，持续打造“绿色食品牌”。实施“一二三行动”，巩固2个省级“一县一业”示范县建设、推进3个市级示范县创建。发展“产业强镇”，评选市级“一村一品”示范村100个，培育“三品一标”农产品100个以上。加快林下经济发展，实现林下经济产值16.5亿元。推动农业龙头企业高质量发展，实现市级以上农业龙头企业营业收入1 100亿元。大力发展农产品加工，实现农产品加工产值与农业总产值比达2.6∶1。评定示范家庭农场100家以上、农民专业合作社50家以上。实现农林牧渔业总产值535亿元以上。稳定粮食播种面积，建设高标准农田20万亩，实施现代种业提升工程，做好农业种质资源库建设、申报和认定工作，提升优良品种选育能力和良种覆盖率。

开展乡村建设行动。实施乡村振兴“一五十百千”示范创建工程，持续深化“1+5”都市驱动型乡村振兴创新实验区建设。创建10个省级田园综合体、50个精品示范村、100个美丽乡村。启动实施农村人居环境整治提升五年行动，改建农村无害化卫生户厕3万座以上，实施农村生活垃圾分类和资源化利用试点200个，建立常态化收运处置管护机制。完成15座病险水库除险加固，实施3万人农村供水保障工程，争创国家森林乡村100个。开展“干部回乡规划家乡行动”，编制形成有特色、有温度、有感情、可实施的实用性村庄规划，东川区、禄劝县、寻甸县完成80%以上的村庄规划编制，其他县（市、区）完成全部村庄规划编制。继续实施村级集体经济强村工程项目100个以上。支持晋宁区开展农村土地二轮承包到期后再延长30年试点工作，探索农村集体经营性建设用地入市制度，稳妥推进宜良县农村宅基地制度改革试点，探索宅基地所有权、资格权和使用权三权分置。

（六）着力改善生态环境，筑牢绿色发展底色

加强生态文明建设。全面推进国家、省生态文明建设示范市创建和“美丽中国”典范城市建设。推动地方环境标准制定工作，落实最严格水资源管理制度。新增水土流失治理面积220平方公里。推进滇池、阳宗海流域农业绿色发展先行区创建，全力以赴抓好金沙江流域及重点水域“十年禁渔”工作。加大滇池及主要入湖河道禁捕力度。全面推行林长制，实施森林质量提升工程，新增营造林50万亩。

持续抓好污染防治。推进生态环境保护督察整改，确保整改任务按时完成。打好蓝天碧水净土保卫战，实现减污降碳协同效应，确保完成污染防治攻坚战阶段性目标。严格落实水污染防治行动计划，强化细化落实河（湖）长制，抓好滇池、阳宗海、牛栏江、螳螂川等重点流域水污染防治工作，实施筇竹寺防洪截污及生态补水等面山防洪滞蓄工程，完成滇池、牛栏江及阳宗海流域农业农村面源污染防治示范区项目48个，确保松华坝水库等7个饮用水水源地水质稳定达到地表水Ⅲ类以上，滇池全湖水质稳定在Ⅳ类。全面落实《昆明市大气污染防治条例》，确保全市环境空气质量达到国家二级标准，主城区空气质量优良率达到98%以上。打好固体废物及重金属污染治理专项攻坚战，加强土壤污染重点单位监管，开展绿色矿山建设，完成重金属削减目标。

（七）着力办实事促共享，提高保障和改善民生水平

继续做好常态化疫情防控。严格落实“外防输入、内防反弹”和“三减少”“三加强”要求，坚决落实“五个管住”，压紧压实“四方”责任，细化防控措施，加强物资储备和人员准备，抓好重点人群、重点场所、重点环境防控，确保不出现规模性疫情输入和反弹。加强新冠病毒医疗废物处理处置环境监管，确保医疗废物安全处置、污水达标排放。构建平战结合的重大疫情防控救治体系，加快“双提升”工程建设，深入推进爱国卫生“7个专项行动”，争创4个国家级卫生乡镇，稳妥有序开展疫苗接种。

千方百计稳就业。深入实施就业优先战略，破除影响新就业形态的不合理限制，开展全民创业活动，用好“昆明智慧就业”等信息化平台，统筹推进高校毕业生、农民工、退役军人、就业困难人员等重点群体就业创业工作，支持多渠道灵活就业，确保全年提供有效就业岗位14万个，实现城镇新增就业13万人，农村劳动力转移就业10万人，开展职业技能培训20万人次，实名登记高校毕业生就业率达90%以上。

全力以赴保基本民生。深入实施全民参保计划，推进社会保险公共服务平台建设，确保全市基本养老保险参保人数390万人以上，失业保险参保人数130万人以上，工伤保险参保人数140万人以上，城乡基本医疗保险参保人数550万人以上。落实国家社会保险降费减负政策，确保各项社保待遇按时足额支付。开展医保药品和耗材集中带量采购工作，力争集采品种价格平均降幅不低于40%。加快推进DRG付费国家试点及长期护理险试点工作。扩大电子劳动合同试点覆盖面，确保企业劳动合同签订率达到93%以上。全面推广医保电子凭证覆盖应用，确保全市医保电子凭证覆盖率达到40%。先行先试完成医保智能监管等6项试点工作。积极推动社保、医保经办数字化转型，加快推进关系转移、待遇申领、医疗保障等业务一网通办。加强流动人口信息管理平台系统建设，进一步完善流动人口及随迁子女相关政策。加强困境儿童权益保障和农村留守儿童关爱保护，实现城乡医疗救助市级统筹。启动14个县（市、区）级失能照护服务机构项目改造建设，新增护理型床位2 000张，有集中供养意愿的特困老年人集中供养率100%。构建15分钟社区居家养老服务圈，大力发展社区助餐服务，实施失能、残疾、高龄等特殊困难老年人居家适老化改造。坚持房子是用来住的、不是用来炒的定位，促进房地产市场平稳健康发展。规范发展长租房市场。加大城镇保障性安居工程建设，棚户区改造开工建设1.05万套、基本建成0.8万套。按照“一项目一方案”，通过政策引导、行业约束、司法协助、金融支持、市场运作等方式，分类盘活、有效化解房地产“烂尾楼”及遗留问题项目，切实维护群众合法权益。

建设教育高质量发展体系。始终坚持优先发展教育事业，深入实施“三名”工程，年内引进名师50名，新增省一级示范幼儿园2所、一级高完中2所。改善学前教育公民办结构，公费学位占比达50%，公办园和普惠性民办园在园幼儿占比保持在85%以上，全市学前三年毛入园率、户籍适龄儿童少年义务教育巩固率、高中阶段毛入学率分别达99%、93%、96%以上。实施好义务教育薄弱环节改善和能力提升计划，建成校舍7万平方米、运动场7万平方米。扎实开展控辍保学，落实“双线十人制”“动态归零督查制”，确保义务教育阶段辍学学生全面清零、动态归零，阻断贫困代际传递。推进普通高中普及攻坚、扩规提质，加快普通高中新课程新教材国家级示范区建设。推进职普融通、产教融合、中高贯通，支持市属两所高职院校争创“双高”。办好特殊教育、民族教育。全面落实立德树人根本任务，构建“五育并举”育人体系，创新推进教师队伍建设管理，注重抓好思政课、美育、体育、劳动实践、心理健康等教育工作，新增心理健康教育示范校30所，校园足球学校25所。

加快提升医疗卫生水平。把人民健康放在优先发展战略地位，持续增加对市级医疗卫生机构的财政投入。积极争取国家中医区域医疗中心、国家肿瘤区域医疗中心落地昆明，实施基层中医药服务能力提升工程，完成3个县级中医院提质达标、12个心脑血管救助站建设，确保85%的县级

人民医院建成危重孕产妇和危重新生儿救治中心，100%的中心卫生院达到“云南甲级乡镇卫生院”标准。继续实施“关爱妇女儿童健康行动”计划，确保孕产妇死亡率控制在9/10万及以下，婴儿死亡率控制在5‰及以下。支持晋宁区、嵩明县争创国家级慢病示范区，完成33个基层慢病管理中心建设。继续实施卫生科技人才培养“十百千”工程，遴选培养优秀专业技术人才100名，引进名医名院专家工作站（室）5个。加快推进市二院新建项目、云南昆明血液中心呈贡项目、市妇女儿童医疗保健中心二期，启动建设市三院吴井院区、长坡院区、市儿童医院传染病诊疗中心、市疾控中心改扩建等重点项目。建设昆明市卫生应急调度指挥中心、全民健康信息平台，提升突发公共卫生事件应对及全生命周期健康服务水平。

扩大公共文化体育服务供给。擦亮“历史文化名城”名片，完善基层公共文化服务包项目，全面实施“八大工程”，建设“一刻钟文化圈”，高质量提升“春城文化节”“春秋十讲”等文化品牌。抓好翠湖周边历史文化片区提升整治，统筹推进翠湖片区博物馆群落和民间博物馆、名人故居、文化街区、民居民宿建设，将翠湖片区打造成为全国知名、最有特色的文化旅游融合聚集区。推进龙泉宝云片区、官渡古镇博物馆群落建设。加强文化遗产保护和传承利用，实施20项文物保护工程，认定公布第五批市级非遗代表性传承人。围绕建党100周年推出一批文艺精品力作。打造城市社区“15分钟健身圈”，建设全民健身路径90条、农民体育健身工程点30个，打造“春城体育节”“一县（市、区）一品牌、一地一特色”的全民健身品牌。继续办好上合昆明马拉松赛、昆明环滇池自行车邀请赛等大型赛事和昆明市第十二届少数民族传统体育运动会。

推进市域治理现代化。坚持总体国家安全观，坚决化解存量风险、防范增量风险。加强债务管控，有效防范化解政府债务风险。建立健全金融风险预警和处置问责机制，着力构建现代财税金融体制。探索完善群众参与基层社会治理的制度化渠道，支持工青妇、红十字会、科协、残联等群团组织参与社会治理，推广“社会工作专业人才＋志愿者”协作机制，切实做好全国市域社会治理现代化试点合格城市创建工作。坚持和发展新时代“枫桥经验”，强化专职调解员队伍和个人调解工作室建设，努力把矛盾纠纷、风险隐患化解在萌芽状态、化解在基层。高水平推进“平安昆明”建设，加大强制隔离戒毒、社区矫正等工作力度。依法严厉打击各类违法犯罪，降低命案发生率，不断增强群众安全感。扎实推进安全生产专项整治三年行动和安全发展示范城市建设，不断提升应急治理体系和治理能力。以铸牢中华民族共同体意识为主线，推进民族团结由创建全面转向示范，积极引导宗教与社会主义社会相适应，促进宗教和谐。

同时，加强全民国防教育、国防动员、国防后备力量建设、国防基础设施保护和烈士纪念设施建设管理维护。抓好参事、史志、广电、双拥、决策咨询、港澳台侨、防震减灾、气象等工作，着力加强退役军人服务保障。

继续办好10件惠民实事。

（八）着力转变政府职能，建设人民满意的服务型政府

坚持党的全面领导。自觉绷紧讲政治之“弦”，时刻校准讲政治之“标”，主动落实讲政治之“责”，增强“四个意识”、坚定“四个自信”、做到“两个维护”，不断提高政治判断力、政治领悟力、政治执行力。深化“不忘初心、牢记使命”长效机制，以高度的政治自觉、思想自觉、行动自觉，不断提高政府部门谋大局、抓经济、定政策、促改革、抓落实的能力。

全面打造法治政府。深入贯彻习近平法治思想，把政府活动全面纳入法治轨道。做好“八五”普法工作，开展《中华人民共和国民法典》涉及地方性法规、规章、行政规范性文件清理工作，确保应清尽清、应废尽废、应修尽修。落实宪法宣誓制度。依法接受市人大及其常委会的法律监督、工作监督，自觉接受市政协民主监督，主动接受社会和舆论监督。做好常态化“经济体检”工作，加强审计监督和统计监督。强化重大行政决策终身责任追究制度，落实政府法律顾问制度，做好行政应诉工作。推进严格规范公正文明执法，从严规范和约束执法行为，提升执法公信力。

持之以恒改作风。锲而不舍落实中央八项规定精神，驰而不息纠治“四风”，坚决防范“四风”隐形变异新动向，深化拓展基层减负成果，严格规范督查检查考核。大兴调查研究之风，认真解决好群众反映强烈、损害群众利益的突出问题。始终把落实作为开展工作的主要方式，坚持抓具体抓深入，做到一抓到底，务求实效。支持保基层运转，政府带头过“紧日子”，大力压减一般性支出，严控会议差旅等经费。精准有效落实激励机制和容错纠错机制，激励干部职工更好地担当作为、奋发有为。

强化廉洁从政。严格落实党风廉政建设各项规定和“一岗双责”，自觉接受纪律监督、监察监督、派驻监督、巡视监督，紧盯权力运行的各个环节，管好关键人，管住关键事，切实把权力关进制度的笼子。保持预防和惩治腐败的高压态势，狠抓基层正风反腐，永葆人民政府为民务实清廉的政治本色。

各位代表，征程万里风正劲，重任千钧再起航。站在昆明发展的历史新起点，让我们更加紧密地团结在以习近平同志为核心的党中央周围，在省委、省政府和市委的坚强领导下，深入学习贯彻习近平总书记考察云南重要讲话精神，紧紧依靠全市各族人民，坚定信心，迎难而上，锐意进取，善作善成，为奋力开启区域性国际中心城市建设新征程，为夺取全面建设社会主义现代化新胜利做出新的更大贡献！

附件1

昆明市2021年10件惠民实事

1. 继续加大扶贫小额到户贷款扶持力度，实现农村低收入人口享受扶贫小额到户贷款12亿元，新增贷款户5 000户。

牵头单位：市扶贫办

责任单位：各县（市、区）人民政府

2. 促进城乡就业，确保全年提供有效就业岗位14万个，实现城镇新增就业13万人，农村劳动力转移就业10万人，开展职业技能培训20万人次，实名登记高校毕业生就业率达90%以上。

牵头单位：市人力资源和社会保障局

责任单位：各县（市、区）人民政府、开发（度假）区管委会

3. 做好学校晋级升等和义务教育学校办学条件改善，新增省一级示范幼儿园2所、一级高完中2所。建成校舍7万平方米、运动场7万平方米。

牵头单位：市教育体育局

责任单位：各县（市、区）人民政府、开发（度假）区管委会

4. 深入实施全民参保计划，确保全市基本养老保险参保人数390万人以上，失业保险参保人数130万人以上，工伤保险参保人数140万人以上，城乡基本医疗保险参保人数550万人以上。

牵头单位：市人力资源和社会保障局、市医保局

责任单位：各县（市、区）人民政府、开发（度假）区管委会

5. 扩大公共体育服务设施，打造城市社区“15分钟健身圈”，建成全民健身路径90条、农民体育健身工程点30个。

牵头单位：市教育体育局

责任单位：各县（市、区）人民政府、开发（度假）区管委会

6. 实施长期护理保险制度，参保人数达到150万人，为7 000名昆明市失能参保人员提供失能评审服务，将2 500名重度失能人员纳入长期护理保险保障范围。

牵头单位：市医保局

责任单位：市卫生健康委、市财政局、市民政局、市人力资源和社会保障局、市残联

7. 开展公共法律服务工作，全市公共法律服务实体、网络、热线平台为人民群众提供法律服务事项20万件以上，“12348”法律服务咨询热线24小时在线提供服务，全市办理法律援助案件8 000件以上。

牵头单位：市司法局

责任单位：各县（市、区）人民政府、开发（度假）区管委会

8. 实施城镇老旧小区改造，改造老旧小区327个，涉及1 343栋、32 568户，共236.1万平方米。

牵头单位：市住房城乡建设局

责任单位：各县（市、区）人民政府、开发（度假）区管委会

9. 推进停车泊位和农村公路建设，新增机动车泊位1.4万个。新建改建农村公路100公里。

牵头单位：市交通运输局

责任单位：各县（市、区）人民政府、开发（度假）区管委会

10. 优化农村供水工程体系，提升3万农村人口供水保障水平。

牵头单位：市水务局

责任单位：各县（市、区）人民政府、开发（度假）区管委会

附件2

名词解释

1. 绿色食品“10大名品”　包括“10大名茶”“10大名花”“10大名菜”“10大名果”“10大名药材”。

2. 三品一标　指无公害农产品、绿色食品、有机农产品和农产品地理标志。

3. 两不愁三保障　指不愁吃、不愁穿，义务教育、基本医疗和住房安全有保障。

4. 两出两进两对接—提升　指劳动力、农产品走出农村，资源、人才进入农村，对接市场、对接农民意愿，提升农村地区生产组织化程度。

5. 上截中疏下泄　开展城市面山洪水拦截“上截”工程，拦截和滞蓄城市周边面山洪水，减缓城市内涝；开展城市河道改造、主城老旧排水管网提升改造等“中疏”工程，增强主城区河道、排水管网的行洪排水能力，解决部分重点区域的淹积水问题；实施以提升滇池海口闸出流能力为代表的“下泄”工程，提高滇池防洪调度能力。

6. 五采区　指采石、采砂、采矿、取土和砖瓦窑采区。

7. 营商环境“123+N”机制　明确1个目标：高质量打造市场化、法治化、国际化、便利化一流营商环境。夯实2个基础：强化优化营商环境组织领导，对标一流制订营商环境改革方案。紧盯3个环节：构建参评、自评、问题整改闭合机制，实现以评促建、以评促改、以评促优。统筹全领域改革：围绕营商环境评价的指挥棒，实现全市21个一级指标整体提升。

8. 一网四中心　一网，指建立以市政府门户网站为入口，覆盖全市四级政务体系，界面清晰、便捷实用的多层级移动互联网；四中心，指政务服务中心、投资服务中心、公共资源交易中心、党群服务中心。

9. 七办　指昆明审批服务一窗通办、一网通办、就近申办、一次办成、掌上通办、马上办好、全市能办。

10. 多规合一　以五大规划为核心，即国民经济和社会发展规划、城乡规划、土地利用总体规划、环境保护规划以及引导人口发展的基础设施类规划，同时兼顾协调其他部门规划。重点是基于城乡各类空间的衔接与协调工作，是实现城市统筹发展的方法和平台。

11. 三旧改造　指城市旧厂区、旧住宅区和城中村改造。

12.“三名”工程　指名校、名师、

名校长培育引进工程。

13. “三公”经费　指财政拨款支出安排的因公出国（境）经费、公务车辆购置及运行费、公务接待费。

14. 五个管住　把人管住、把村管住、把通道管住、把证件管住、把边境管住。

15. “双提升”工程　指昆明市重大传染病救治能力提升工程，昆明市疾控机构核心能力提升工程。

16. 爱国卫生“7个专项行动”　清垃圾、扫厕所、勤洗手、净餐馆、常消毒、管集市、众参与。

17. 六稳　稳就业、稳金融、稳外贸、稳外资、稳投资、稳预期。

18.六保　保居民就业、保基本民生、保市场主体、保粮食能源安全、保产业链供应链稳定、保基层运转。

19. “三化”改造　指推进企业数字化、网络化、智能化改造升级。

20. 两新一重　指新型基础设施建设，新型城镇化建设，交通、水利等重大工程建设。

21. 旅游革命“三部曲”　整治乱象、智慧旅游、无理由退货。

22. “1+5+X”网格化工作模式　在网格管理中，整合管理、执法、监督等力量，实现“定格、定人、定岗、定责”。“1”即每个网格设置1名网格长；“5”即网格监督员、城管执法人员、社区工作人员、环卫保洁人员和社区民警；“X”即根据工作需要，将各类社区专干、楼栋长社区志愿者、物业管理人员等纳入网格。

23. 一个大脑、三个平台　指构建全市统一的数字交通城市大脑，全面建成智慧交管平台、智慧出行平台、智慧停车平台。

24. 四个不摘　摘帽不摘责任、摘帽不摘政策、摘帽不摘帮扶、摘帽不摘监管。

25.一县九镇　在全市选择1个县（市、区）整县推进脱贫攻坚与乡村振兴有效衔接，不断健全城乡融合发展的体制机制和政策体系，推动城乡资源要素双向流动，把示范县建成全市乡村振兴的样板；在东川区、禄劝县、寻甸县、盘龙区、晋宁区、富民县、宜良县、嵩明县、石林县9个有脱贫任务的县区，聚焦“两不愁三保障”巩固提升脱贫成效，各选择1个乡镇开展示范创建。

26. “6+2”重点产业　按照打造世界一流“绿色食品牌”的要求，大力发展蔬菜、花卉、林果（含林下经济）、山地牧业、特色水产、中药材6个农业特色产业，加快发展茶叶、咖啡2个农产品精深加工产业，促进昆明高原特色现代农业绿色化、有机化、规模化、品牌化发展。

27. 一二三行动　指“一业、两端、三化”，是省委、省政府“十四五”期间，全力打造世界一流“绿色食品牌”，推进农业农村现代化的主抓手，具体是“一县一业”示范县创建，农业种子端和电商端，农业生产设施化、有机化、数字化。

28. 一五十百千　“一五”指选取集聚提升、城郊融合、特色保护等不同类型的6个村分别进行综合实验和单项实验，打造都市驱动型乡村振兴创新实验区。“十百千”指“十四五”期间，要创建乡村振兴示范乡（镇）10个，精品示范村100个，美丽村庄1 000个。

29. “三减少”“三加强”　“三减少”指“减少人员流动、减少人员聚集、减少旅游风险”。“三加强”指“加强个人防护、加强乡村管理、加强定点诊治。”

30. “四方”责任　指疫情防控工作中的属地责任、部门责任、单位责任、个人责任。

31. DRG付费　即一种按照临床治疗相近、医疗资源消耗相近的原则对住院病例进行分组，医保基金和患者个人按照同病组同费用原则，向医院支付医疗费用的付费方式。

32.双线十人制　一条“政府线”：县长、乡镇长、村长、组长、家长等5人，主要履行政府“控辍保学”法定职责，完善行政督促复学机制和义务教育入学联控联保工作机制，包保适龄儿童少年全入学、辍学生全复学；一条“教育线”：教育局局长、中心校（含初级中学）校长、村小学校校长、班主任、教师等5人，主要加强学校管理，增强教学吸引力，落实各项补助政策，包保学生留得住、学得好。

33. 双高　指中国特色高水平高职学校和专业建设计划。

34. 五育并举　指在教育中，突出德育实效，提升智育水平，强化体育锻炼，增强美育熏陶，加强劳动教育，全面发展素质教育，培养德、智、体、美、劳全面发展的社会主义建设者和接班人。

35. “十百千”工程　指昆明市卫生科技人才培养项目，旨在搭建一个卫生人才培养平台，为全市培养储备一批德才兼备，在学术与技术上具有国内、省内、市内领先的医学学科带头人和优秀临床医师。

36. 八大工程　指农村书屋融合发展工程、“春城一家亲”乡村文化走亲工程、民族民间文化传承推广工程、乡镇综合文化站提质增效工程、博物馆总分馆制建设工程、文旅公共服务融合发展工程、公共文化服务“零距离”深化工程、民族节庆网上游工程。

37. 一刻钟文化圈　指步行一刻钟之内，就能享受到免费或优惠的高质量文化休闲服务。

38. 15分钟体育健身圈　在城市社区，居民从居住地步行或骑行不超过15分钟范围内，有可供开展健步走、广场舞、球类运动等群众性体育活动的场地设施。

39. 枫桥经验　党政动手，依靠群众，预防纠纷，化解矛盾，维护稳定，促进发展。

40.“八五”普法　指中央宣传部、司法部关于在公民中开展法治宣传教育的第八个五年规划（2021—2025）。

41. 一岗双责　“一岗”，一个领导干部的职务所对应的岗位；“双责”，一个领导干部既要对所在岗位应当承担的具体业务工作负责，又要对所在岗位应当承担的党风廉政建设责任制负责。

昆明市人民代表大会常务委员会工作报告

——2021年2月3日在昆明市第十四届人民代表大会第六次会议上

昆明市人大常委会副主任 金志伟

各位代表：

我受市人大常委会委托，向大会报告工作，请予审议。

一、市十四届人大五次会议以来的主要工作

2020年是极不平凡的一年。在中共昆明市委的坚强领导下，市人大常委会以习近平新时代中国特色社会主义思想为指导，深入贯彻党的十九大和十九届二中、三中、四中、五中全会及习近平总书记考察云南重要讲话精神，坚持党的领导、人民当家作主、依法治国有机统一，紧扣统筹推进疫情防控和经济社会发展，依法履职尽责，为确保“十三五”规划全面收官、如期打赢脱贫攻坚战、如期全面建成小康社会，高质量推进区域性国际中心城市建设做出积极贡献。

（一）强化政治担当，在践行“两个维护”中保持定力

常委会旗帜鲜明讲政治，不断增强“四个意识”，坚定“四个自信”，做到“两个维护”，始终同以习近平同志为核心的党中央保持高度一致，坚定不移推动党中央、省市委重大决策部署落实落地、见行见效。

始终坚持以政治建设为统领。把深入学习习近平新时代中国特色社会主义思想，与贯彻落实习近平总书记考察云南重要讲话精神贯通起来，提高政治判断力、政治领悟力、政治执行力，自觉在贯彻落实习近平总书记为云南擘画的“努力成为民族团结进步示范区、生态文明建设排头兵、面向南亚东南亚辐射中心”中保持战略定力。在依法履职中，大力弘扬优秀民族文化，加快民族地区发展，促进各民族交往交流交融；全力推动生态文明建设，督促打好蓝天碧水净土保卫战；持续推动“一个枢纽、四个中心、三个品牌”建设，着力提升昆明在对外开放大局中的地位和作用，坚决做到围绕中心、服务大局，推动人大工作更加符合实际，更加贴近群众，更加精准有效。

依法推进新冠肺炎疫情防控。落实“坚定信心、同舟共济、科学防治、精准施策”总要求，及时做出关于依法防控疫情的决定，确保全市各项防控工作在法治轨道上推进；组织开展“打赢防控阻击战，人大代表在行动”系列活动，全市各级人大代表主动担当作为，做疫情防控的表率、为民服务的表率，带动形成抗击疫情的强大合力；市县两级人大联动，对野生动物保护、动物防疫等有关法律和全国人大常委会有关决定的贯彻实施情况进行执法检查，开展基层公共卫生服务专题询问，防范公共卫生安全风险；对全市住宅小区（村组）疫情防控和企业（项目）开（复）工情况进行专项视察；深入开展“以保促稳、稳中求进”专题调研，督促扎实做好“六稳”工作、落实“六保”任务。

助推成功创建全国文明城市。坚持“人民城市为人民，人民城市人民建”的理念，两次向人大代表发出文明城市共创共建共享倡议，充分发挥人大代表来自人民、植根人民优势，最大限度凝聚创建合力；坚持把社会主义核心价值观融入人大立法工作，围绕制定出台的文明行为促进条例，连续两年开展执法检查，引领文明生活新风尚，促进社会文明进步；做出关于厉行节约、制止餐饮浪费的决定，在全社会营造浪费可耻、节约为荣的氛围；持续对生态环境保护、市域社会治理、优化营商环境等工作开展检查视察，助力文明城市品质提升。

巩固民族团结进步示范成果。铸牢中华民族共同体意识，贯彻落实《云南省民族团结进步示范区建设条例》，对民族团结进步由创建向示范转变开展专项视察，进一步巩固和提升民族团结进步示范市创建成果；开展民族文化建设专题调研，提出深度挖掘文化潜力、提升传承发展能力、深入推进文旅融合、加强对外交流与合作的意见和建议，进一步推动民族文化保护与传承；指导石林、禄劝、寻甸三个民族自治县完成自治条例的修正，进一步强化民族团结法治保障。市人大常委会机关荣获全省民族团结进步模范集体称号。

持续强化推进“两个机关”建设。坚持把深入学习贯彻习近平新时代中国特色社会主义思想作为重大政治任务，用党的创新理论武装头脑、指导实践、推动工作；巩固提升“不忘初心、牢记使命”主题教育成果，压实全面从严治党责任，严肃党内政治生活，坚持向市委请示报告制度，确保人大工作正确政治方向；加强能力建设，强化业务培训，开展岗位练兵，增强干部队伍执行力；加强作风建设，严格执行中央八项规定精神及省

市实施细则，落实精文减会要求，力戒形式主义、官僚主义，努力建设全面担负起宪法法律赋予的各项职责的工作机关，同人民群众保持密切联系的代表机关。

（二）突出地方特色，在推进法治昆明建设中持续用力

常委会坚持科学立法、民主立法、依法立法，进一步发挥主导作用，创新立法机制，立良法保善治促发展。全年共制定、修订地方性法规4件，开展立法调研24件，立法后评价1件。

加强生态保护立法。围绕持续改善生态环境质量，制定《昆明市大气污染防治条例》，进一步明确各级各部门监管职责，强化污染防治措施，加强重点区域联防联控，完善应急响应工作体系，强化排污惩治力度，为加快打造生态文明建设排头兵示范城市、美丽中国典范城市提供有力法治保障；开展生态基本控制线管理、地下水保护、城市供水排水管理、柴石滩水库保护、寻甸黑颈鹤自然保护区保护等立法前期调研，为生态环保领域立法奠定基础。

加强民生保障立法。坚持立法为民理念，修订《昆明市爱国卫生工作条例》，新增健康教育和健康促进、环境卫生治理、爱国卫生“七个专项行动”等内容，推动爱国卫生工作从环境卫生治理向全面社会健康管理转变；修订《昆明市老年人权益保障条例》，对基本养老公共服务以及社区养老、农村养老、失能老人养老服务等作出具体规定，扩大对老年人合法权益保障的内容，满足多层次、多样化、个性化养老服务需求；开展社会医疗保险、不动产登记、住房保障、民办教育等立法前期调研，研究推动立法工作不断向民生细微处延伸。

加强基层治理立法。注重发挥人大立法在市域社会治理现代化中的引领推动和保障作用，率先在全省制定《昆明市区（市）人民代表大会常务委员会街道工作委员会工作条例》，对人大街道工委机构性质、领导体制、工作定位、组成人员配备等作出全面系统规定，推动基层人大全面融入市域社会治理；对《昆明市道路交通安全条例》实施情况进行立法后评价；开展社区治理、街道办事处工作、户外广告管理、物业管理、民宿管理、公交客运等立法前期调研，不断完善适应市域社会治理现代化的地方性法规。

健全立法工作机制。深入基层调研，学习借鉴先进发达地区立法工作经验，对标对表、查缺补漏，提出符合昆明实际的中长期立法规划建议；坚持开门立法，基层立法联系点增至9个，收集立法意见和建议210条，采纳63条，进一步畅通公民参与立法渠道；邀请政协委员、民主党派、无党派人士和律师等参与法规论证，实现立法协商与民主协商有效对接；健全立法中涉及重大利益、存在较大争议的重要立法事项引入第三方评估等工作规范，不断创新立法机制。

有序推进备案审查。及时修订规范性文件备案审查规定，将市人大常委会做出的3个决定报请省人大常委会备案；对市人民政府5件政府规章和4件规范性文件进行审查；完成2019年度市人民政府报备的11件规范性文件及县（市、区）人大常委会报备的决议决定审查工作；组织开展民法典涉及的地方性法规、规范性文件专项清理工作；加强对县（市、区）人大常委会备案审查工作的指导，积极推进备案审查工作信息化建设，实现全市备案审查信息系统全覆盖。

（三）增强监督实效，在推动经济社会发展中精准发力

常委会围绕坚决打赢“三大攻坚战”，推动经济社会高质量发展，更好服务全市改革发展大局。全年，共听取和审议专项工作报告28项，开展执法检查8次，专题询问4次，专项工作评议1次，各类调研视察120余次。

紧盯经济发展强化监督。听取和审议昆明市国民经济和社会发展第十三个五年规划纲要实施情况报告，并开展专题询问，提出支持实体经济发展、推动科技创新等审议意见，督促加快补短板、强弱项，推动“十三五”规划目标任务完成；听取和审议滇中新区产业发展情况专项工作报告，提出强化规划衔接、加快配套建设等审议意见，加快推动滇中新区产业集群化发展；听取和审议深化“放管服”改革、优化营商环境议案实施情况专项工作报告，提出加快推进数据资源互联互通、跨部门联合监管等审议意见，促进全市政务服务环境不断改善；听取和审议友城工作情况专项工作报告，提升国际友城交往质量，构建友城工作新格局。

紧盯风险防范强化监督。听取和审议预算执行、国有资产管理情况报告，审查批准财政决算、预算调整方案，将新增政府债务、抗疫特别国债资金等纳入预算管理；听取和审议专项债券使用管理情况报告，针对债券资金闲置、项目储备不足等问题提出意见和建议，督促政府有效压减债务规模，稳妥缓释债务风险，牢牢守住不发生系统性财政金融风险的底线；修订审计查出问题整改工作监督办法，听取和审议审计工作和审计查出问题整改情况报告，督促问题整改落实；深入开展预算联网监督，深化引入第三方机构加强预算审查监督，探索开展部门预算编制和执行情况的跟踪监督，推动提高预算管理法治化、精细化水平。

紧盯脱贫攻坚强化监督。听取和审议产业扶贫、就业扶贫、消费扶贫和村镇规划建设管理情况专项工作报告，提出夯实产业发展基础、拓宽消费渠道等审议意见，推进巩固拓展脱贫攻坚成果同乡村振兴有效衔接；组成5个调研督查组，深入寻甸等3个国家扶贫开发工作重点县的乡（镇、街道）、村（社区），找短板、提对策，开展专项督查；组织协调41家学校、企业和医院，开展消费扶贫行动，助推贫困县区农产品销售；督促完成全市非国贫县（市、区）脱贫攻坚成效专项调查，提出加快农业产业发展、壮大村集体经济等意见，持续提升脱贫攻坚成效。

紧盯污染防治强化监督。听取和审议环境状况和环境保护目标完成、滇池保护治理三年攻坚行动实施及滇池、阳宗海流域“五采区”植被恢复情况报告，持续开展河（湖）长制工作情况专项督察，督促整改落实中央、省生态环境保护督察反馈问题，推动滇池全湖水质保持Ⅳ类，阳宗海水质保持Ⅲ类；听取和审议创建国家生态文明建设示范市、国家森林乡村等专项工作报告，提出聚焦创建目标、对标对表精准发力等审议意见，督促提升全市生态文明建设整体效能；开展《云南省水文条例》执法检查，督促加强水文信息系统建设，强化水文监测结果应用；持续跟踪监督主城区建筑工地扬尘污染防治工作，压实企业主体责任，促进扬尘防治工作常态化。

紧盯市域治理强化监督。听取和审议出租房安全管理及流动人口服务管理、住宅小区物业和房屋中介机构管理情况专项工作报告，并开展专题询问，督促完善配套制度、优化服务管理；对城市市容和环境卫生、客运出租汽车、养犬管理等条例执行情况开展执法检查，夯实基层社会治理基础；听取和审议智慧交通建设情况专项工作报告，提出构建综合交通体系、提升交通安全管理效能等审议意见，推动提高城市精细化管理水平；听取和审议公共法律服务体系建设、认罪认罚从宽制度落实、多元解纷机制及诉讼服务中心两个“一站式”建设情况专项工作报告，提出着力打造“智慧法律服务”，强化诉源治理等审议意见，推动提升优质高效的司法服务；听取扫黑除恶专项工作报告，督促加强源头治理，健全长效工作机制。

紧盯民生福祉强化监督。联合县（市、区）人大常委会对《中华人民共和国食品安全法》执行情况开展执法检查，听取和审议加强食品安全监管情况专项工作报告，督促加快支撑保障能力建设、落实企业主体责任、健全安全监管机制，确保广大人民群众“舌尖上的安全”；专题调研卫生健康、医疗保障工作，加大统筹协调服务力度，督促出台相关政策措施，推动开展国家长期护理险试点城市建设，构建更具温度的医疗服务保障体系；连续4年对市人民政府“10件惠民实事”落实情况开展专项工作评议，持续推动促进城乡就业、提高教育满意度、完善医疗保障、关爱残疾人和困境儿童等人民群众普遍关心关注的热点难点问题的解决，让改革发展成果更多更公平惠及全市人民。

（四）优化服务保障，在发挥代表主体作用上激发活力

常委会尊重代表主体地位，不断夯实活动阵地、创新活动方式、健全网络平台、强化履职管理，支持保障代表依法履职尽责。

着力发挥代表活动阵地作用。持续加强代表活动阵地规范化建设，全面实现“两个必建”目标，严格落实“八有”标准，全市建成市级示范点35个，市人大常委会代表工作站被省人大常委会列为省级示范点；在代表履职服务平台上开通网上代表工作站，率先在全省实现网上代表工作站信息化全覆盖，基本形成人大代表联系群众的线上线下网络格局；完善代表接待、走访群众等工作制度，组织五级人大代表进站活动，加强代表与选民的沟通交流。全年，五级人大代表进站开展活动5 300余人次，接待来访群众29 000余人次，收到群众反映问题10 066个，整理形成议案建议1 460件，督促有关部门解决问题3 897个，代表活动阵地服务代表听民声、解民忧成效明显。

着力服务保障代表依法履职。落实常委会组成人员联系代表制度，组成人员与146名基层代表建立经常性联系；组织各级代表740余人次列席常委会会议，参加法规论证，听取经济社会发展情况，对疫情防控、文明城市创建等重点工作开展执法检查和调研视察，组织昆明市的全国、省人大代表视察自贸区建设；指导县（市、区）人大常委会定期开展代表活动，增强代表履职实效；修订列席市人代会和常委会会议办法，进一步规范列席人员的范围职责；制定代表活动经费管理办法，为代表依法履职提供保障；健全代表履职监督机制，完善代表出席人代会、参加活动、提交议案建议等履职管理，督促代表履职尽责，接受人民群众监督。

着力提升议案建议办理质量。健全代表议案建议办理工作机制和考核奖惩制度，升级网上代表建议办理系统，加大督办检查力度，提高议案建议办理落实率。研究处理市十四届人大五次会议代表提出的6件议案：制定大气污染防治条例的议案办理完成，条例于今年3月1日起正式施行；制定养老服务促进条例的议案完成立法前调研，拟列入2021年立法计划预备项目；创建国家生态文明建设示范市和国家森林乡村两件议案正在有序推进，创建工作完成三年目标阶段性任务；制定突发公共卫生事件应急条例、修订生猪屠宰管理条例两件议案正在开展调研，待条件成熟后启动立法。市十四届人大五次会议以来的357件代表建议已办结并作答复，其中，代表建议办理结果为A类的比例为76.8%，南屏步行街改造提升等5件重点建议有序推进。

一年来，常委会坚持党委决策、人大决定有机统一，依法作出学习宣传实施民法典等决议决定17项；坚持党管干部、依法任免有机统一，任免国家机关工作人员130人次；积极开展经济发展、招商引资、老旧厂房转型升级等各类督查调研，确保市委决策部署落到实处；主动争取全国和省人大常委会工作指导，积极配合开展“十三五”规划实施、代表履职平台建设等调研视察检查活动；加强与外地人大常委会的工作交流，加强与县（市、区）人大常委会的工作联系和协同联动，加强民主法治领域深化改革和人大工作宣传，各项工作取得了新进展、新成效。

各位代表，过去一年成绩的取得，是在习近平新时代中国特色社会主义思想的指引下，在中共昆明市委的坚强领导和省人大常委会的有力指导下，全体人大代表和常委会组成人员积极履职的结果，是“一府一委两院”和各县（市、区）人大常委会密切配合的结果，是全市各族人民和社会各界大力支持的结果。在此，我代表市人大常委会表示衷心的感谢！

同时，我们也清醒认识到，常委会的工作还存在一些问题和薄弱环节。主要表现在：立法机制创新还不够，立法质量和效率还需进一步提高；刚性监督方式运用不多，监督实效还需进一步提升；常委会联系代表、代表联系群众的广度深度不够，服务代表工作还需进一步加强。

各位代表，“十三五”时期，是我市经济社会发展取得显著成效的五年，也是我市民主法治建设取得重大进步的五年。回顾这五年，成绩令人鼓舞，经验弥足珍贵。人大工作只有坚持党的全面领导，才能保持正确政治方向；只有坚持人民至上，才能保证人民当家作主；只有筑牢宪法信仰，才能更好依法履职；只有保持一线状态，才能有所作为大有作为；只有坚持改革创新，才能不断开创人大工作新局面。

二、2021年工作建议

2021年是“十四五”规划开局之年。市人大常委会要坚持以习近平新时代中国特色社会主义思想为指导，在中共昆明市委的坚强领导下，深入贯彻党的十九大和十九届二中、三中、四中、五中全会精神，全面落实习近平总书记关于坚持和完善人民代表大会制度的重要思想及考察云南重要讲话精神，立足新发展阶段，贯彻新发展理念，构建新发展格局，紧紧围绕市委十一届十一次全会确定的目标任务，依法履职、扎实工作，为确保“十四五”开好局起好步做出人大新贡献。

（一）在开启新征程中展现新作为

紧紧围绕“十四五”时期经济社会发展规划和二〇三五年远景目标，聚焦区域性国际中心城市建设，服从服务中心大局，围绕办好《生物多样性公约》第十五次缔约方和第七届中国国际友好城市两个大会，找准依法履职的切入点、着力点，把中央、省市委的决策部署贯彻落实到人大各项工作中，努力在推动经济社会高质量发展中走在前、做示范，扛起人大担当、展现人大作为。

（二）在推进立法上取得新成效

充分发挥地方立法补充先行创制作用，畅通人民群众参与立法的有效途径，完善立法听证、论证、座谈、评估、公开征求意见等机制，积极探索“小切口”立法，突出地方立法特色，推动解决实际问题。加快构建符合区域性国际中心城市建设的地方性法规体系，科学编制五年立法规划和年度立法计划，持续推进社会治理、民生保障、环境保护等重要领域立法。拟制定物业管理、社会医疗保险条例，修订城市供水用水管理条例等地方性法规，开展养老服务促进等立法前期调研，推动经济社会发展和人民生活品质提升。健全完善第三方专家评审机制，拟设立昆明市地方立法研究中心。完善制度，优化流程，强化对县（市、区）人大常委会全面推行规范性文件备案审查工作的指导。

（三）在强化监督上实现新提升

完善监督机制，创新监督方式，围绕区域性国际中心城市建设、事关人民群众关心关注的热点难点问题，切实增强监督的刚性和实效。紧扣高质量发展，主动服务融入以国内大循环为主、国内国际双循环相互促进的新发展格局，推动做好“六稳”工作、全面落实“六保”任务。加大对巩固疫情防控成效、优化营商环境、科技创新、民营经济发展、国有资产管理、重点项目建设等工作的监督力度，助力疫情防控和经济社会统筹发展。紧扣生态文明建设，对土壤污染、固体废物污染环境防治和滇池保护等法律法规执行情况开展执法检查；加强对创建国家生态文明建设示范市和国家森林乡村、生态环境保护、人居环境整治、农业面源污染治理等工作的监督，推动绿色发展。紧扣民生持续改善，加强对巩固脱贫攻坚成果与乡村振兴有效衔接、医疗保险制度体系改革、城镇老旧小区改造、殡葬改革等工作的监督；对市人民政府“10件惠民实事”落实情况进行专项工作评议，增进民生福祉。紧扣市域治理现代化，持续巩固全国文明城市、民族团结进步示范市创建成果，对社区（村）治理、城市管理、爱国卫生“七个专项行动”、法治宣传教育、民事审判、民事检察等工作开展监督，促进市域治理共建共治共享。

（四）在服务代表上迈出新步伐

充分发挥代表活动阵地示范点引领作用，进一步抓好全市代表活动阵地规范化建设；组织代表开展学习培训，不断提高代表履职水平；深化拓展代表活动，提升活动实效；坚持常委会领导联系县（市、区）、常委会组成人员联系代表、代表联系群众制度；健全代表议案建议办理督办机制，加强议案和重点建议办理，继续开展代表建议办理“回头看”，提高代表议案建议办理落实率；根据党中央和省委、市委的统一部署，依法做好市县乡人大换届选举的相关工作。

各位代表，站在“两个一百年”的历史交汇点，让我们更加紧密地团结在以习近平同志为核心的党中央周围，在中共昆明市委的坚强领导下，齐心协力、开拓进取，奋力开启区域性国际中心城市建设新征程，以优异成绩庆祝中国共产党成立100周年！

中国人民政治协商会议昆明市第十三届委员会常务委员会工作报告

——2021年2月1日在政协昆明市第十三届委员会第五次会议上

熊瑞丽

各位委员：

我代表中国人民政治协商会议昆明市第十三届委员会常务委员会，向大会报告工作，请予审议。

一、2020年工作回顾

2020年是决胜全面小康和“十三五”规划收官之年。一年来，在中共昆明市委的坚强领导下，市政协常委会以习近平新时代中国特色社会主义思想为指导，全面贯彻中共十九大和十九届二中、三中、四中、五中全会精神，深入学习习近平总书记考察云南重要讲话精神，认真落实中央、省委、市委政协工作会议精神，坚持团结和民主两大主题，充分发挥专门协商机构作用，紧扣统筹推进疫情防控和经济社会发展，建言资政和凝聚共识双向发力，为高质量打赢全面小康收官战、高标准推进市域治理现代化、推动区域性国际中心城市建设迈上新台阶作出了积极贡献。

一年来，我们深入学习贯彻习近平总书记考察云南重要讲话精神，推动新时代人民政协新实践。通过多层面、多形式的学习活动，深刻认识云南在全国发展大局中的“四个特点”，把总书记对云南发展的重要指示要求，转化为我市政协各参加单位、广大委员的高度共识，转化为推动区域性国际中心城市建设的具体行动。围绕“三个定位”要求，制定年度重点工作安排意见，就经济高质量发展等重大课题深入调研，建言资政，凝聚共识。全年开展重要协商活动28项，网络议政和远程协商22次，得到省市领导批示52次，履职成果转化为市委、市政府的相关文件和工作举措，为推动习近平总书记讲话精神落实为昆明实践，作出了政协贡献。

一年来，我们着力贯彻落实中央、省委、市委政协工作会议精神，干出新时代人民政协新样子。市委高度重视政协工作，全面加强对政协工作的领导，制订出台《关于落实中央、省委和市委政协工作会议主要任务分工方案》，将相关要求细化分解为7个方面56项任务。建立党委、政府、政协办公室联合制发政协年度《重点协商工作计划》的新机制。市政协认真贯彻落实中央、省委、市委政协工作会议精神，召开专项工作推进会，开展督促检查，推动工作任务落到实处。建立习近平新时代中国特色社会主义思想学习座谈会制度。推动市县两级统战部部长兼任政协党组副书记。建立参政议政人才库，首批聘请75名专家，为履职建言提供智力支撑。在4个县区和21个乡（镇、街道）开展“协商在基层”试点工作，推动政协协商与基层协商有效衔接，组织开展协商议事活动200多次，协助解决了一批民生问题。省政协主要领导专门批示，给予充分肯定。

一年来，我们助力统筹疫情防控和经济社会发展，体现新时代人民政协新担当。面对突如其来的新冠肺炎疫情，我们紧跟市委部署，闻令而动，第一时间发出倡议，号召全市政协组织和委员投身疫情防控。广大委员和市海联会理事积极响应，或参与一线抗疫，或捐款捐物、建言献策，委员捐款650多万元，捐赠防疫物资120余万件，反映社情民意154篇，提出战“疫”建议300多条。市政协领导多次带队督导疫情防控和复工复产，召开企业家委员座谈会，凝聚发展共识，传递必胜信心，推动惠企政策落实。疫情防控常态化后，围绕革除滥食野生动物陋习、加快疫苗产业发展、做好“六稳”工作、落实“六保”任务等开展协商议政，助力经济社会长期向好发展。在战“疫”大考中，全市政协组织和委员，体现了家国情怀，交出了政协答卷。

过去的一年，常委会围绕全市中心工作，坚持发扬民主和增进团结相互贯通、建言资政和凝聚共识双向发力，助推区域性国际中心城市建设，各项工作取得明显成效。

（一）旗帜鲜明讲政治，夯实共同思想政治基础

常委会以高度的政治自觉，始终把政治建设摆在首位，通过创新方式和有效工作，切实加强思想政治引领，广泛凝聚共识。

持续抓好理论学习。完善以党组理论学习中心组学习为引领，会议集体学习和专题培训相结合的学习体系，深入学习党的十九届四中、五中全会及其他重要会议精神。制订习近平新时代中国特色社会主义思想学习座谈会学习计划，以界别为基础、专委会为纽带，建立8个学习小组，委员全部编入其中，引导政协各参加单

位和广大委员，把思想和行动统一到中央、省委和市委的决策部署上来，增强“四个意识”，坚定“四个自信”，做到“两个维护”。全年共组织中心组学习9次，专题学习38次，强化思想引领、增进政治共识。

不断加强党的建设。把党的全面领导落实到政协履职的各层面和全过程。市政协党组向市委常委会专题汇报工作6次，召开党组会议12次，确保政协各项工作始终在市委领导下主动负责、协调一致地开展。建立市政协党组成员联系党员常委、党员常委联系党外常委、专委会党支部联系党员委员制度，在重大会议和重要活动中建立临时党委，把“两个全覆盖”落到实处。加强机关党组和基层支部建设，深入开展党员“双报到双报告”、星级支部创建等活动。支持派驻纪检监察组履行监督责任，按照市委巡察反馈意见，认真对照整改，构建风清气正的政治生态。

更加注重凝聚共识。把凝聚共识融入政协各项履职活动之中，发挥好“重要阵地”“重要平台”“重要渠道”作用。深入了解委员思想状况、听取意见和建议，做好团结引导、解疑释惑工作，推动委员思想政治进步和团结引领界别群众相互促进。开办委员学习大讲坛、“微课堂”，搭建凝聚共识平台。通过“政协之窗”“政协之声”、委员专访等形式，加强宣传阵地建设。深入开展“书香政协”活动，打造“委员阅读研学基地”，依托全市138个“委员之家”建设“委员书屋”，将单向的学习思考转化为共同的协商交流，凝聚共识更具成效。

（二）发挥专门协商机构作用，助推区域性国际中心城市建设

常委会紧紧围绕“一个枢纽”“四个中心”“三个品牌”的部署，聚焦高质量发展这一主线，充分发挥专门协商机构作用。

为推动经济高质量发展协商议政。围绕“调结构、促转型、稳增长”精心选题，就我市“十四五”规划编制、承接沿海地区产业转移、促进园区发展、繁荣夜间经济等专题议政建言。在全会期间，委员们就大健康产业集群发展、金融风险防控、帮扶中小微企业等提出建议，市委、市政府主要领导作出批示，把建议分解细化为58项工作进行立项督办。以“提高产业园区在我市经济发展中的支撑作用”为主题，召开议政性常委会会议，提出完善规划定位、节约集约用地、强化人才支撑等8个方面30条建议，为我市园区经济高质量发展提供决策参考。提出培育和大力发展工业大麻产业的建议，呼吁高度关注市场动态和资本动向，做大做强工业大麻产业，助推建立昆明国际工业大麻产业园。

为争当生态文明建设排头兵献计出力。围绕打好污染防治攻坚战、矿山生态修复、塑料污染防治、城市二次供水安全、农村饮用水水源保护、滇池水环境治理开展调研视察和民主监督。针对提升我市“限塑”实效，市委点题、政协破题，学习借鉴杭州等地的先进经验，对我市推进塑料污染防治减量化、无害化、资源化工作，提出进行整体设计、分步实施、强化监督的建议，促进出台了《昆明市关于进一步加强塑料污染防治实施意见》。组织专家参加市级七大公园改造概念方案座谈会，提出重视云投集团参与我市七大公园提升改造工作的建议，促成了该项工作的开展。就我市金沙江流域矿山生态修复工作进行调研，为推进矿山转型升级、绿色发展及科学编制“十四五”专项规划建言献策。市政协继续牵头对滇池、阳宗海流域以外的10个县（市、区）落实“河长制”情况进行督察，开展专项督察工作19次，对小江流域河湖治理工作进行重点督察，促进了河道岸线的划定和生态修复。主席班子成员扎实履行河长职责，开展实地巡河40多次，促进水环境不断改善，9条河道的水质全部达标。

为擦亮历史文化名城品牌汇聚合力。发挥政协优势，深入研究如何做好春城文化大文章，把文化引领工作系统做、做系统。围绕翠湖历史文化片区改造提升、文旅产业发展、红色文化资源保护利用等主题积极履职建言。对全市文化建设和产业发展“510”工程实施情况开展民主监督，提出理论研究和项目推进同步、规划制定和项目策划同步、文化事业和文化产业同步等意见。开展加强农村公共文化建设促进乡风文明调研，为我市创建第四批国家公共文化服务体系示范区贡献智慧。就天文产业发展进行调研，提出挖掘天文资源、推广天文科普、发展天文产业、打造天文科技中心的建议，着力擦亮凤凰山云南天文台这块金字招牌。按照市委要求，开展以歌曲传唱宣传昆明的专题研究，提出创作城市组歌“唱响昆明”的工作方案，并就创作的组织、形式、名称等提出具体建议，相关部门予以采纳，为提升春城影响力提供了政协方案。

为推进中国健康之城建设贡献力量。针对中国健康之城建设的弱项和短板，围绕优质医疗资源供给、基层医疗卫生服务水平提升、养老服务业发展等开展调研视察。为满足群众日益增长的医疗需求，市政协把引进优质医疗资源列入重点协商议题。主动邀请省卫健委、市直有关部门，就北京大学肿瘤医院引进工作进行专题协商，促进达成了国家肿瘤区域医疗中心落地昆明的共识。持续关注乡镇卫生院发展，市政协与7个市级部门专题沟通协商，推动印发了昆明市《关于进一步加强乡镇卫生院建设的通知》，解决了乡镇卫生院“差额转全额”的财政保障问题，将“两个允许”政策落到实处，确保我市农村医疗卫生工作的公益性，调动了基层医疗卫生工作者的积极性。

（三）践行履职为民理念，助力民生改善和社会治理

常委会把民生问题作为履职着力点，聚焦人民群众的操心事、烦心事、揪心事，努力为保障和改善民生建诤言、献良策。

聚力打赢脱贫攻坚战。聚焦决战

决胜脱贫攻坚，市政协积极参与全市脱贫攻坚总攻行动。主席班子成员深入东川区、寻甸县、禄劝县挂钩联系乡镇，围绕建立脱贫长效机制和摘帽县区核查验收，开展现场调研帮扶，助推补短板强弱项。组成7个民主监督组，就产业扶贫、就业扶贫、教育扶贫、健康扶贫等重点工作开展民主监督，巩固脱贫成果。持续开展政协系统“六个助推”和“九个一”扶贫活动，实施产业扶贫项目97个，开展义诊等活动140多次，帮助就业997人，资助贫困生243人，为我市决战决胜脱贫攻坚贡献政协力量。

合力创建全国文明城市。市政协机关和广大委员深度参与创文工作，开展民主监督、社情民意反映、志愿行动等形式多样的活动。按照市委部署，对创文工作开展专项督查，组成由市政协领导带队、各部门参加的3个督查组，采取“线上＋线下、明察＋暗访、督查＋推动”等方式，深入主城各区，针对市容市貌、交通秩序、城市精细化管理和爱国卫生“七个专项行动”等工作开展现场督查，先后督促检查40多次，发现问题、督促整改，对突出的问题形成专报，促进难题解决。开展“文明城市齐心创·人民政协在行动”活动，就执法管理、文明社区建设等30项具体工作把脉开方，全力推动我市创建为第六届全国文明城市。

大力助推市域治理现代化。围绕提升应急管理能力、多元解纷机制建设、乡村治理、安全生产、法治建设等方面开展工作，把人民政协制度优势转化为市域治理效能。召开专题议政性常委会会议，就“加强应急管理机制建设，提高我市应对公共危机的能力”开展协商，提出完善应急管理体制、健全应急保障体系、打造防控阵地等5个方面20条建议，在随后出台的《昆明市加强应急救援队伍建设实施方案》中得到采纳吸收。就建立多元解纷机制进行重点协商，为我市构建渠道多元、方便快捷的解纷工作新格局，提出运用多元方式解决纠纷的思路、途径、方法等建议，在《昆明市加强基层多元解纷机制建设工作方案》等多个文件中得到采纳。对我市“十四五”政府规章立法规划、2021年立法计划和7项地方性法规、规章的制定和修订，开展对口协商，为科学民主立法提供参考。

（四）发挥统战组织作用，画好团结奋斗同心圆

常委会认真做好团结各界、解疑释惑、协调关系、理顺情绪的工作，广泛汇聚团结奋斗正能量。

搭建党派团体参政议政平台。密切与各民主党派、工商联、有关人民团体的联系，开展联合调研，加强走访联谊。将党派团体纳入政协学习培训总体安排，组织参加《政府工作报告》等重要协商讨论，在政协为党派团体搭建学习培训平台、知情明政平台、参政议政平台。一年来，党派团体共提交集体提案84件，反映社情民意342条，党派团体作用得到充分发挥。

促进民族团结宗教和顺。围绕民族团结进步示范市建设、少数民族村寨易地搬迁后可持续发展开展协商，促进各民族交往交流交融，铸牢中华民族共同体意识，推动民族地区经济社会发展。策划出版《绣云南》图书，助推刺绣产业发展，促进少数民族文化传承保护和脱贫致富。开展佛、道教商业化治理调研视察，发挥宗教界代表人士作用，积极引导宗教与社会主义社会相适应。

服务和促进昆明对外开放。围绕招商引资、自贸区建设、云台经济交流、医疗国际化发展、“一带一路”人文交流等加强对外合作与交流。主席班子成员积极参加赴省外招商引资，拜访绿地全球商贸港、安缦酒店等企业，宣传推介昆明，签订合作协议，跟踪促进签约落地。开展金砖国家技术转移中心建设专题协商，就科技创新、技术合作等进行研讨交流，助力打造科技成果转化平台，推动技术成果转化运用。开展惠台政策落实情况调研，促进台资企业在昆发展。发挥市海联会作用，为企业“走出去”牵线搭桥，组织国际商事仲裁中心专家到云南外国语学校、新知集团提供涉外法律咨询和服务，助力教育和文化企业在老挝、缅甸、马来西亚等国家更好发展。

（五）注重发挥优势和特色，做好政协经常性工作

常委会以增强履职实效为导向，抓好提案、社情民意反映、文史等工作，促进经常性工作有特色、出实效。

加强提案工作，体现协商性。做好“提、立、办、督”等各环节工作。全年审查立案470件，已全部办结。注重提案全程协商，使提案办理成为知情明政、沟通协调、形成共识的过程，推动提案办理由注重满意率向注重采纳落实率转变。市委市政府领导领办、市政协领导督办的《关于健全民营经济统计监测指标体系的建议》等6件重点提案，办理成效明显，推动了一批民生和发展问题的解决。

发挥社情民意“直通车”作用，突出及时性。各党派团体高度重视反映社情民意工作，广大委员和政协工作者深入一线和基层，关注民生、倾听呼声，向群众宣传解释政策，对重要社情民意早发现、早收集、早反映，让党政领导及时了解情况和解决问题。全年收集社情民意信息659条，编印《社情民意》50期，建立儿童青少年抑郁症防治体系等一批社情民意信息得到重视，转化为具体的工作措施。

做好文史工作，彰显特色性。坚持以文化人、以文育人、以文培元，编辑完成《昆明读本》姊妹篇《春城记忆撷英》，留住城市印记，传承历史文化。出版《昆明文史资料选辑》第70辑，收录脱贫攻坚“三亲”史料，记录和反映政协人奋斗足迹。继续推动徐霞客游线标志地寻找与论证，激发历史文化的时代价值。组织地名街名专家，就恢复“碧鸡山”名称、66条道路命名等工作进行咨询论证。挖掘地名文化内涵，征编《昆明地名研究》，为地名命名提供理论支撑。

（六）顺应新时代新要求，全面加强政协自身建设

常委会立足政协工作的新特点、新要求，强化制度建设，不断提升服务能力，为履职尽责提供有力保障。

制度建设不断完善。把制度机制建设作为推进专门协商机构建设的基础性工作来抓，建立走访看望委员制度，实行常务委员提交年度履职报告工作制度；完善领导班子成员联系党派团体和常务委员制度；制定《对口协商活动实施办法(试行)》；修订《委员履职工作规则》《提案工作条例》等5项制度性文件，推动政协工作的制度化、规范化、程序化。

委员队伍建设得到加强。召开半年经济运行、党风廉政建设等工作情况通报会，搭建知情明政平台。组织全体委员“看昆明”，实地考察滇中新区、呈贡信息产业园，参观西南联大研究院附属学校等优质教育资源，委员们对昆明的发展充满信心，纷纷表示将为昆明经济社会发展履职尽责。举办委员履职能力提升培训班，开展委员履职量化考评，进一步增强了委员的使命感和责任感。

合作交流深入开展。密切四级政协联动，拓展横向交流。配合全国政协、省政协来昆调研视察13次，接待考察交流来宾47批。邀请市政府领导和相关部门，参加昆明贵阳南宁与红河桂林黔南“3+3”政协跨区域协商会议、滇中五州市政协合作机制会议，召开旅游精品线路发布会，推动区域经济合作发展。出台《加强对县(市、区)政协工作联系的意见》，召开全市政协工作经验交流会，加强对县级政协的工作指导。

信息化建设和新闻宣传成效显著。加快“一库两端五系统”信息化建设，实现“网络议政、远程协商”省、市、县三级政协互联互通，政协信息化水平稳步提升。把握新闻舆论导向，利用传统媒体和网站、微博、微信等新媒体平台，对市政协工作及委员履职情况进行全方位宣传报道，发出“政协声音”，讲好“昆明故事”。市政协被评为全省政协系统新闻宣传工作先进单位。

各位委员，我们深切感到，过去一年取得的成绩，是中共昆明市委坚强领导的结果，是市人大常委会、市政府大力支持的结果，是全市各部门、各县(市、区)政协和社会各界配合支持的结果，凝结了政协各参加单位和全体委员的智慧和汗水。在此，我代表市政协常委会对大家表示衷心的感谢，并致以崇高的敬意！

同时，我们也感到工作中还存在一些不足，如协商渠道还需进一步拓展，凝聚共识的方法途径还需进一步探索，界别优势作用还需进一步发挥，制度建设还需进一步完善。对此，我们将高度重视，切实加以改进。

二、2021年工作任务

2021年是实施“十四五”规划、开启全面建设社会主义现代化国家新征程的第一年。市政协工作的总体要求是：以习近平新时代中国特色社会主义思想为指导，全面贯彻中共十九大和十九届二中、三中、四中、五中全会精神，深入贯彻中央政协工作会议精神和习近平总书记考察云南重要讲话精神，在中共昆明市委的坚强领导下，按照市委十一届十一次全会的安排部署，紧紧围绕实现“十四五”规划和二〇三五年远景目标，充分发挥专门协商机构作用，坚持发扬民主和增进团结相互贯通、建言资政和凝聚共识双向发力，团结动员参加政协的各党派团体和各族各界人士，立足新发展阶段、贯彻新发展理念、构建新发展格局，为奋力开启区域性国际中心城市建设新征程贡献智慧和力量。

（一）全面加强党的领导，牢牢把握正确政治方向

中国共产党的领导，是成立政协时的初心所在，是人民政协事业发展进步的根本保证。习近平总书记强调，人民政协要把坚持党的领导贯穿政协全部工作之中，切实落实党中央对人民政协工作的各项要求。我们必须进一步提高政治判断力、政治领悟力、政治执行力，把党的领导全面落实到政协工作全过程和各方面。要把学习贯彻中共十九届五中全会精神，与学习贯彻习近平总书记考察云南重要讲话精神，中央、省委、市委政协工作会议精神结合起来，切实把思想和行动统一到中央、省委、市委各项决策部署上来，增强“四个意识”、坚定“四个自信”、做到“两个维护”。要完善习近平新时代中国特色社会主义思想学习座谈会制度；要深入开展读书活动，打造“书香政协”学习平台和品牌。要加强政协系统党的建设，发挥好政协党组、机关党组、基层党支部在政协党建中的作用，使“两个全覆盖”落实落细。召开全市政协系统党建工作推进会。开展庆祝建党100周年系列活动，引导广大委员和政协各参加单位，增进对中国共产党的政治认同、思想认同、理论认同和情感认同，更加紧密团结在党的周围。

（二）加强专门协商机构建设，围绕我市“十四五”开好局起好步履职尽责

人民政协作为专门协商机构，要牢固树立“商以求同、协以成事”的理念，围绕区域性国际中心城市建设，把协商民主贯穿于履职全过程，“建”出质量，“专”出水平，“商”出特色。要按照我市“十四五”规划部署，围绕“一区一兵一中心”的发展目标，为推动我市高质量发展协商建言。聚焦创新发展，就主动融入“国内大循环、国内国际双循环”、科技创新、人才强市、投融资平台债务化解和“大文创”等重大问题协商议政。聚焦协调发展，就“新基建”建设、推进乡村振兴、巩固拓展脱贫攻坚成果、历史文化名城保护、促进滇中五州市协同发展建言献策。聚焦绿色发展，就城市地下水资源保护、建筑工地粉尘污染、市级七大公园提升改造、爱国卫生“七个专项”行动等议题协商建言。聚焦开放发展，抢抓国家主场外交的重大机遇，以《生物多样性公约》第十五次缔约方大会和中国国际友好城市大会在昆召开为契机，就生物多样性保护、扩大招商引资、拓展国际旅游市场、优化营商环境、涉外法律服务等工作献计出力。聚焦共享发展，就统筹疫情防控和经济社会发展、创新社会治理、高质量教育体系建设、翠湖历史文化片区文化建设、"五馆"建设以及人民群众关心的就医就学就业和养老等民生问题聚智献策。

（三）广泛凝聚共识，汇聚改革发展强大合力

人民政协要把凝聚共识作为一项重要工作来抓，深刻领会凝聚共识的丰富内涵：各党派团体和各族各界人士接受中国共产党的主张是凝聚共识，中国共产党采纳并集中大家的意见和建议也是凝聚共识；在政协内部为共同目标而工作是凝聚共识，把党的方针政策宣传好解读好也是凝聚共识；说理说服、增信释疑是凝聚共识，理顺情绪、化解矛盾也是凝聚共识。要创新凝聚共识载体，在协商议题设置、程序安排、成果反映中体现凝聚共识的要求；在调研视察中，多做宣传政策、引导预期的工作；在提案办理和社情民意反映中，突出凝聚共识导向。要拓宽凝聚共识渠道，支持各党派团体参政议政，邀请党外知识分子、非公有制经济人士、新的社会阶层人士参加政协协商活动。经常走访民族宗教界代表人士，宣传党的民族宗教政策，围绕民族地区文物保护、宗教场所"五进"等工作凝聚共识。要拓宽交往面，广泛联系各层面、各领域的专家学者，特别是教育、医疗、科技和文史博、生态环保领域的专家，为昆明发展汇聚智慧。要扩大朋友圈，发挥市海联会作用，加强与国际友人和海外华人华侨等各界人士的联系交流，积极为昆明缔结更多友好城市牵线搭桥，为区域性国际中心城市建设汇聚力量。

（四）强化委员责任担当，促进政协工作高质量发展

政协委员从界别中产生，代表界别群众参与国是、履行职责，这是荣誉，更是责任。今年是"十四五"开局之年，委员们要继续保持饱满的热情和十足的干劲，把事业放在心上，把责任扛在肩上，参政议政、为民履职。委员要旗帜鲜明讲政治，政治立场不含糊，政治原则不动摇，关键时候站得出、敢发声。委员要按照"懂政协、会协商、善议政，守纪律、讲规矩、重品行"的要求，充分发挥好界别优势、专业特长，将各领域的专业优势转化为履职优势。要加强参政议政人才库建设，把更多有能力、高水平的各界人才团结起来，使委员参政与专家建言相得益彰。要加强委员服务管理，办好委员讲坛讲座，强化委员学习培训，做好委员履职考核，确保委员参政有渠道、说话有平台、建言有成效。

（五）坚持强基固本，不断提升工作能力和服务水平

健全的工作机制是人民政协履职的前提和保障，要抓住制度建设这个"牛鼻子"，立足于新发展阶段政协工作实际，进一步完善协商工作规则，拓宽履职渠道，创新工作方法。制定《加强和促进凝聚共识工作的实施意见》《界别协商活动实施办法》等制度，保障工作有序开展。加强干部队伍建设，建立学习型机关，着力提升调查研究质量、办文办会质量、协商建言质量、服务保障质量。加强专委会联系界别、服务委员工作，发挥基础性作用。加快政协信息化进程，推进"数字政协"建设。抓好党风廉政建设，支持派驻纪检监察组工作。加强对县（市、区）政协工作的联系和指导，强化协同联动，积极推进"协商在基层"工作，促进政协工作向基层延伸。

各位委员，宏伟蓝图已绘就，砥砺奋进正当时。让我们更加紧密地团结在以习近平同志为核心的中共中央周围，在中共昆明市委的坚强领导下，携手同心、团结奋进，不断开创新时代人民政协事业的新局面，聚焦新发展目标，践行新发展理念，为奋力开启区域性国际中心城市建设新征程做出积极贡献，以优异成绩庆祝中国共产党成立100周年！

推动新时代昆明纪检监察工作高质量发展为开启区域性国际中心城市建设新征程提供坚强保障

——2021年2月7日在中国共产党昆明市第十一届纪律检查委员会第六次全体会议上的工作报告

杨大庆

同志们：

我代表中国共产党昆明市第十一届纪律检查委员会常务委员会向第六次全体会议作工作报告，请予审议。

这次全会的主要任务是：以习近平新时代中国特色社会主义思想为指导，深入贯彻党的十九大和十九届二中、三中、四中、五中全会精神，学习贯彻习近平总书记重要讲话和十九届中央纪委五次全会精神，贯彻落实省纪委十届六次全会和市委十一届十一次全会部署，总结2020年工作，部署2021年任务。市委对这次全会十分重视，市委常委会会议专题传达学习十九届中央纪委五次全会和省纪委十届六次全会精神，研究全市党风廉政建设和反腐败工作。省委常委、市委书记、滇中新区党工委书记程连元在今天上午的大会上做了讲话，我们要认真学习领会，坚决抓好贯彻落实。

一、2020年，全市纪检监察机关充分发挥监督保障执行、促进完善发展作用，在防控疫情斗争、决胜全面建成小康社会等大战大考中忠诚履职尽责，各项工作坚定稳妥、扎实推进

2020年是极不平凡的一年，面对复杂严峻的国内外形势，特别是突如其来的新冠肺炎疫情冲击，市委坚持以习近平新时代中国特色社会主义思想为指导，统筹推进疫情防控、经济社会发展，决战脱贫攻坚、决胜全面小康取得决定性成就。伴随着全面建成小康社会、实现第一个百年奋斗目标的伟大奋斗历程，在省纪委省监委和市委的坚强领导下，全市各级纪检监察机关增强“四个意识”、坚定“四个自信”、做到“两个维护”，忠实履行党章和宪法赋予的职责，一体推进疫情防控、经济社会发展、监督执纪执法，一体推进不敢腐、不能腐、不想腐，一体推进纪检监察“三项改革”，着力肃清白恩培、仇和特别是秦光荣流毒影响，充分发挥监督保障执行、促进完善发展作用，全市纪检监察工作在高质量发展上迈出坚实步伐，党风廉政建设和反腐败斗争不断向纵深发展。

（一）强化政治监督，践行“两个维护”坚决有力

把党的政治建设摆在首位。市纪委常委会牢牢把握纪检监察机关政治属性，一以贯之学习贯彻习近平新时代中国特色社会主义思想，重点围绕习近平总书记考察云南重要讲话精神、《习近平谈治国理政（第三卷）》等主题，开展8次集中学习研讨，发挥领学促学作用。持续跟进学习习近平总书记重要讲话、重要指示批示精神和党中央、中央纪委国家监委有关会议、文件精神，召开常委会会议专题传达13次，切实把思想和行动统一到党中央的决策部署上来。认真学习贯彻党的十九届五中全会精神，深刻领会把握新发展阶段对纪检监察工作的新要求，以新理念引领新实践。

突出重点开展政治监督。严明政治纪律，坚决纠正政治意识淡化、政治功能缺失等问题，查处违反政治纪律案件29件32人。紧紧围绕贯彻“三个定位”“五个着力”、区域性国际中心城市建设等重大决策，打好“三大攻坚战”、滇池保护治理、生物多样性大会筹备等重大工作部署强化政治监督，把“两个维护”落到实处。紧贴党中央部署，突出阶段性监督重点精准出击，深入排查冒名顶替上大学问题线索，集中开展领导干部违规借贷问题专项整治，督促农村乱占耕地建房问题整改，对毁林种植破坏森林资源问题进行联合督查，一项一项盯住抓、抓到位。开展历史文化遗产保护工作专项监督，对官渡区文物破坏问题进行严肃追责，督促全市集中开展自查自纠，推动城市更新改造项目规划增设“历史文化遗产保护专篇”，擦亮昆明历史文化名城“金名片”。

稳慎有效做好疫情防控监督。自觉服从服务于疫情防控工作大局，针对疫情防控不同阶段特点，坚持派单出击、一线监督、联席办理，统筹兼顾、张弛有度开展监督检查，对一般性问题以警示教育和督促整改为主，提醒谈话、批评教育占追责处理人数的92.7%，推动党员干部凝心聚力、众志成城、共克时艰，市纪委市监委被评为“云南省抗击新冠肺

炎疫情先进集体”。

（二）创新理念方式，监督工作更加精准有效

推动“两个责任”贯通融合。把履行协助职责和监督专责有机结合，组织县（市）区、开发（度假）区党（工）委书记专题报告履行主体责任情况，协助市委开展党风廉政建设责任制检查考核，对考核评定为基本合格的单位党政主要负责人、纪委书记（纪检监察组长）进行约谈，严肃问责落实“两个责任”不力的党组织27个、党员领导干部389名，推动履职尽责。加大对同级和下级党组织特别是“关键少数”的监督力度，开展市管干部任前廉政谈话11批412人次，回复党风廉政意见171批5 634人次，查处“一把手”违纪违法58人，嵩明县、滇池旅游度假区开展同级监督具体化试点，积极探索同级监督有效路径。

提升监督科学性精准度。深化运用“1+4+2+X”单元制监督机制，整合力量，实现联合、联谋、联动，强化“动车组”效应。出台监督工作分色管理办法，对监督单元组和人员按考核分值高低，划分为蓝、绿、黄、红四种颜色予以激励或惩处，以有形量化提升监督质效。充分运用信息技术手段构建监督支点，建成使用覆盖市县两级的检举举报平台处置子平台和覆盖派驻纪检监察组、乡镇一级的检举举报平台基层版，整合“单元制监督管理系统”和“节假日纪律作风监督检查报表系统”等分散资源，打破“信息孤岛”，实现监督成果共享互通。优化升级“昆明市党风政风监督管理平台”，收录全市100多家责任单位“廉情”数据，形成《“廉情画像”分析报告》。安宁建立政治生态分析研判机制，宜良建设“科级干部廉政档案信息库”，西山开发“纪检监察监督数据分析系统”，构建以科技为支撑、以制度为保障的“智慧监督”新模式。

深化政治巡察和巡视巡察整改。紧扣“三个聚焦”监督重点，穿插使用常规巡、“专项”巡、统合巡等方式，提前一年完成本届市委任期内巡察全覆盖任务，全市村级巡察覆盖率达100%。研发“巡视巡察数据分析系统”，提升巡察质效，受到中央巡视办、省纪委省监委肯定。落实巡察反馈“双汇报”“双出席”制度，针对巡察发现的领域性和突出性问题，向相关市级领导印送《“一岗双责”提示函》，压实分管领域整改责任。全力做好省委巡视昆明11个县（市）区有关工作，督促抓好巡视反馈意见整改落实。

推动监督既有力度又有温度。坚持惩前毖后、治病救人，综合考虑事实证据、思想态度和量纪执法标准，准确妥善运用“四种形态”处理4 943人次，第一、第四种形态分别占65.3%、9.9%，惩治极少数、管住大多数的成效更加显现。推进政治关爱式谈话，提高与监督对象见面率，增强监督仪式感、神圣感。禄劝邀请县级分管领导参与提醒谈话，把“第一种形态”落到实处。统筹用好教育、帮扶手段，帮助干部变“有错”为“有为”。晋宁对48名受处分人员进行回访教育，引导他们放下包袱、轻装上阵。结合专案查办，在公检法系统、市强制隔离戒毒所召开警示大会，动员敦促相关人员限期说清问题，对拉住“组织挽救的手”、主动说明情况者依规依纪依法从宽处理，有力唤醒违纪违法党员干部对党的忠诚、对组织的信任。在纪律震慑和政策感召下，全市共有40人向纪检监察机关主动投案，157人主动交代问题，取得了良好的政治效果、纪法效果和社会效果。

（三）坚持“三不”一体，标本兼治效应逐步显现

坚持“严”的主基调不动摇。突出重点削减存量、零容忍遏制增量，全市各级纪检监察机关立案1 668件，留置164人，处分党员和公职人员1 524人，移送检察机关201人，挽回经济损失5.6亿元，处置问题线索数、立案件数均为全省第一。严肃查处了陈波、蒋天喜、李荣华、郭静雨等一批“不收敛、不收手”典型，成功追回携款潜逃17年的建设银行光华街储蓄所原所长杨磊夫妻二人，严的氛围日渐浓厚。把留置点建设作为反腐败斗争的基础性工作来抓，完成市级留置场所建设并投入使用，组建省市共用留置看护支队，晋宁区建成市级留置分点。制定留置场所管理办法，探索研发“留置业务综合管理平台”，实现监管分离、全程管控。创新留置数据分析系统，可视化研判全市职务违法犯罪基本情况，为审查调查插上科技翅膀。出台办案成本核算管理规定，建立“‘两书’督办+提醒约谈”督促机制，提高问题线索处置率，助推审查调查提质增效。

坚决肃清秦光荣流毒影响。严格落实“八个坚决肃清”要求，依规依纪依法处置相关问题和线索。持续开展“肃流毒、除影响、清源头、树正气”专项行动，在全市深入推进警示教育和家风教育“三个一”系列活动，组织12.41万名党员、干部观看《政治掮客苏洪波》《围猎・行贿者说》等警示片，会同妇联等部门开展“传承好家风、好家训”“廉政家访”等主题活动。加大对行贿者的打击力度，移送检察机关38人，协助职能部门制定《昆明市构建亲清政商关系行为清单》，斩断“围猎”与甘于被“围猎”的利益链，修复净化政治生态持续向深层发力。

推进系统综合施治。深挖案件背后的深层次问题，向有关职能部门发出纪检监察建议338份，督促堵塞漏洞、健全制度。盘龙推动以案促改制度化、常态化，做实做细查办案件“后半篇文章”。加大典型案例剖析和宣传力度，《“天网”下终结的漫漫逃亡路》警示教育片在中央纪委国家监委网站、云南卫视“清风云南”栏目同步播出，引起强烈反响。举办面向公众开放的“清风沐春城・廉韵润人心”廉洁文化展，观展人数达3.73万人次。深入挖掘廉政资源，在全市提升打造基层党风廉政建设示范点108个，以点带面，放大廉政教育效果。制订《重要敏感舆情应对处置预案》，组建专职信息员队伍，建立黄、红、橙三色预警制度，定期分析研判，强化网络舆情监督。改版升级“清风春城”微信公众号，融合运用网报刊媒体平台，及时发布信息，通报典型案例，讲好反腐倡廉“昆明故事”。五华打造朱德旧居廉政教育示范基地，呈贡依托“呈贡融媒App”加强党风廉政宣传教育，营造正风肃纪反腐良好氛围。

（四）深化专项治理，人民群众“获得感”显著增强

助力巩固脱贫成效。持续深化扶贫领域腐败和作风问题专项治理，处置办结问题线索1 789件，问责209人，党纪政务处分227人。紧盯中央专项巡视“回头看”、脱贫攻坚成效考核等发现问题整改情况开展“小巡查”，市纪委市监委班子成员带队对脱贫摘帽县开展蹲点监督，现场协调处置问题255个，督促有关部门解决76个，推动脱贫成效不断巩固提升。禄劝开展挂牌督战专项监督检查，东川、寻甸对贫困村（社区）开展提级监督，以铁纪清风护航决战决胜。

深入整治群众反映强烈问题。坚决铲除涉黑涉恶腐败和“保护伞”，自扫黑除恶专项斗争开展以来，受理问题线索2 961件，立案439件，党纪政务处分334人，移送司法74人。开展人防系统腐败问题专项治理，处置问题线索193件，追责问责94人，立案47人，留置4人。坚持分行业分领域深入排查，常态长效治理“微腐败”，聚焦与群众生活息息相关的食品药品安全、教育医疗、生态环保等方面突出问题，查处侵害群众利益问题1 421件，处理1 974人。安宁建立村（社区）“小微权力”清单，嵩明、石林等地推动完善村（居）务监督体系，官渡针对城市化快速推进实际，紧盯征地拆迁、违建等重点领域加强监督执纪审查，切实让人民群众“有感”。

（五）持续纠治“四风”，作风建设成果巩固拓展

持之以恒落实中央八项规定精神。紧盯重要时间节点，列出问题清单，在全市开展“交叉式”“推磨式”检查，持续纠治违规发放津补贴、收送红包礼金、私车公养等问题，查处违反中央八项规定精神问题249个，追责392人，通报曝光典型案例52起，释放越往后执纪越严的强烈信号。认真贯彻落实习近平总书记重要指示精神，严查享乐、奢靡问题，坚决制止餐饮浪费行为。坚持整治突出问题和堵塞漏洞并重，制订贯彻落实中央八项规定精神正负面清单实施方案，督促主责部门积极作为，织密监督网。

坚决整治形式主义官僚主义。深化治理贯彻党中央和省委、市委决策部署只表态不落实、维护群众利益不担当不作为、困扰基层的形式主义等突出问题，查处形式主义、官僚主义问题69件，处理107人，查处在重大改革、重要工作中推拖滑绕、敷衍塞责等不作为、慢作为、乱作为问题461个，处分141人。持续深化政风行风“春城热线”工作，组织43家单位上线，收到市民反映问题718件，办结率达到99%。

激励干部担当作为。认真落实“三个区分开来”要求，坚持实事求是、依规依纪依法精准问责，对近三年来问责件办理质量大起底、大检查，及时纠正、解决问责泛化虚化随意化问题，旗帜鲜明为实干者“撑腰”。进一步健全完善澄清保护机制，综合运用书面、会议、通报、当面等方式，为218名党员干部澄清正名。安宁制定尽职免责实施办法，对2名领导干部容错免责，给敢闯敢试敢担当者吃下“定心丸”。

（六）勇于自我革命，规范化法治化水平不断提升

深化纪检监察体制改革。出台深化市纪委市监委派驻机构改革实施意见，赋予派驻机构监察权，对33个派驻（出）机构人、财、物实行统一管理，逐步配齐配强市管企业、市属院校纪委书记。制定派驻机构监督检查审查调查措施协作配合办法，加强联动协作，推动监督全覆盖从“有形”走向“有效”。市级派驻纪检监察组立案211件，同比上升22.67%，派驻监督“探头”作用逐步提升。

推进工作流程再造。建立市纪委市监委机关每月工作例会制度，健全责任落实机制，有计划、有重点推进工作稳步有序落实。以定期报送工作要点的形式，督促各县（市、区）纪委书记、各派驻纪检监察组组长聚焦主责主业。规范公文审批流程，梳理汇编内部管理制度，出台工作经费支出管理办法，健全重大事项报告和请假报备制度，推动按规定、按原则、按程序开展工作。富民制定审批“路线图”，规范审查调查措施使用。

从严自我监督管理。全面落实机关党建工作责任制，规范执行“三会一课”制度，出台临时党支部管理办法，市纪委市监委22个党支部全部完成“三星级”达标创建，战斗堡垒作用充分发挥。建立纪检监察干部廉政档案和干部日常考核评价制度，制定干预执纪执法工作备案和责任追究办法，围绕纪检监察干部队伍建设开展“蹲点式”调研，14个县（市、区）单独设立纪检监察干部监督室，切实强化自我监督。市纪委市监委选聘10名特约监察员，主动接受社会监督。坚持刀刃向内，常态化整治纪律作风，严肃查处纪检监察干部违纪违法行为，党纪政务处分7人，严防“灯下黑”。

建设高素质专业化队伍。坚持以高素质队伍促进高质量发展，持续深化全员学习、全员培训、全员考试、全员大练兵，广泛开展传帮带、青老共建，对典型案例复盘辨析，提升技战术水平，孙小果案专案组受到中央、省表彰，4名先进个人受到省纪委省监委表彰，宣传报道综合考核全省排名第一。拓宽选人用人渠道，系统内提拔交流县处级干部35人，系统内外交流10人，推动“一池水走活”。加强机关文化建设，建立干部荣誉退休制度，分级开展谈心谈话，增强队伍凝聚力，营造团结干事的良好氛围，市纪委市监委机关成功创建

"全国文明单位"。

二、清醒认识反腐败斗争的形势任务，深刻把握新时代纪检监察工作高质量发展的特点规律

在总结成绩的同时，我们也要清醒看到，全市党风廉政建设和反腐败斗争形势依然严峻复杂，一些领域违纪违法案件仍然易发多发，形式主义、官僚主义，不担当、不作为等问题在一些党员干部身上依然存在，损害群众利益的不正之风屡禁不止，全面从严治党依然任重道远。全市纪检监察工作也还存在一些问题和不足，有的纪检监察机关对纪检监察工作高质量发展的内涵和路径把握不准，政治监督措施不具体，日常监督办法不多，监督"有形覆盖"已初具规模，但"有效覆盖"还未完全形成；有的对问责工作的政治性、严肃性认识不够，追责问责不精准，泛化虚化随意化；有的基础性工作不扎实，作风不严、底数不清；有的问题线索管理不规范、处置效率不高，查办案件"后半篇文章"做得不深不细；少数纪检监察干部能力素质跟不上新形势新任务新要求，走不出"舒适区"，看问题、做决策、抓工作还是老观念、老套路、老办法，个别人甚至执纪违纪。

对这些问题，我们必须高度重视、清醒面对，主动适应新形势新要求，辨清大局、判明大势、着眼大事，在理念思路、体制机制、政策策略、方法举措等方面不断深化规律性认识，持续推动昆明纪检监察工作高质量发展。

（一）学习贯彻习近平新时代中国特色社会主义思想，是纪检监察机关忠诚履职之本，必须长期坚持、深化运用

总结过去一年纪检监察工作的生动实践，我们深刻认识到，以习近平同志集中统一领导是我们推进各项事业顺利前进的根本保证，习近平新时代中国特色社会主义思想是我们战胜各种艰难险阻的强大思想武器，只有真学真懂真信真用，不断增强"四个意识"、坚定"四个自信"、做到"两个维护"，纪检监察工作才能沿着正确的道路行稳致远。在全面建设社会主义现代化国家新征程中，我们必须旗帜鲜明讲政治，始终把学懂弄通做实习近平新时代中国特色社会主义思想作为第一位的政治任务，自觉坚定地把"两个维护"贯穿纪检监察工作始终，确保昆明纪检监察事业始终朝着正确政治方向前进。

（二）以人民为中心的根本政治立场，是纪检监察工作高质量发展的价值取向，必须始终坚守、自觉践行

民心是最大的政治，是党领导和执政的最宝贵资源，正风肃纪反腐事关民心所向。党的十八大以来，全市纪检监察机关坚决查处和纠正发生在群众身边的腐败和作风问题，着力整治"蝇贪"，彻查涉黑涉恶腐败和"保护伞"，赢得了人民群众的信赖和拥护。实现新时代纪检监察工作高质量发展，必须始终把实现好、维护好、发展好最广大人民根本利益作为纪检监察工作的出发点和落脚点，坚持人民群众反对什么、痛恨什么，就坚决防范和纠正什么，更加突出整治群众身边腐败和作风问题，持续推进全面从严治党向基层一线延伸，保障党的惠民富民政策落地落实，让群众的获得感成色更足、幸福感更可持续、安全感更有保障。

（三）监督保障执行、促进完善发展，是新时代纪检监察工作高质量发展的重要经验，必须精准把握、贯通运用

监督保障执行、促进完善发展，既是纪检监察机关的基本职责定位，也是服务保障高质量发展的有效路径，赋予了纪检监察工作更高的使命、更深的内涵。当前，决胜全面建成小康社会取得决定性成就，全面建设社会主义现代化国家新征程即将开启，市委十一届十一次全会确立了到2035年建成区域性国际中心城市的远景目标。我们必须始终对国之大者心中有数，准确把握进入新发展阶段、构建新发展格局、推进中国式现代化对纪检监察工作提出的新任务新要求，自觉把纪检监察工作置于党和国家全局、省委市委中心工作中谋划部署推进。

（四）规范化法治化是纪检监察机关忠实履行职责使命的关键所在，必须持续推进、带头遵循

习近平总书记强调，推进反腐败工作规范化、法治化，前提是纪检监察工作自身运行要规范化、法治化。纪检监察机关作为政治机关、执纪执法机关，必须自觉践行习近平法治思想，善于运用法治思维和法治方式履行职权，不断强化法治意识、程序意识、证据意识，把每一个案件都办成经得起历史检验的铁案。必须不断完善纪检监察工作制度，严格规范自身权力运行，依规依纪依法履职尽责，带动督促各级党组织和全体党员、国家公职人员增强制度意识、强化制度执行，不断彰显纪检监察工作的严肃性、权威性和公信力。

三、坚持稳中求进、坚定稳妥，把"严"的主基调长期坚持下去，扎实推进2021年纪检监察工作

2021年是实施"十四五"规划、开启全面建设社会主义现代化国家新征程的第一年，也是我们党成立100周年，做好纪检监察工作责任重大。今年工作的总体要求是：坚持以习近平新时代中国特色社会主义思想为指导，全面贯彻党的十九大和十九届二中、三中、四中、五中全会精神，学习贯彻十九届中央纪委五次全会精神，增强"四个意识"、坚定"四个自信"、做到"两个维护"，坚持稳中求进工作总基调，立足新发展阶段，贯彻新发展理念，构建新发展格局，以推动高质量发展为主题，坚定不移全面从严治党，坚持和完善党和国家监督体系，忠实履行党章和宪法赋予的职责，有力推动党中央决策部署有效落实，围绕现代化建设大局发挥监督保障执行、促进完善发展作用，一体

推进不敢腐、不能腐、不想腐，深化纪检监察体制改革，扎实推进规范化法治化建设，切实加强干部队伍建设，为“十四五”开好局、开启区域性国际中心城市建设新征程提供坚强保障，以优异成绩庆祝建党100周年。

站在实现“两个一百年”奋斗目标的历史交汇点，党的十九届五中全会审议通过制定“十四五”规划和二〇三五年远景目标的建议，擘画了我国未来发展的宏伟蓝图。市委十一届十一次全会为我们做好今年和“十四五”乃至更长一个时期的工作理清了思路、明确了目标任务。全市各级纪检监察机关要深刻理解党中央因时因势做出的重大战略决策，正确认识昆明在全国、全省发展大局中的地位和作用，主动适应新时代新阶段新要求，找准服务保障现代化国家建设的结合点着力点，尽职尽责做好正风肃纪反腐各项工作，发挥全面从严治党引领保障作用，以纪检监察工作高质量发展保障和促进昆明各项事业高质量发展。

（一）更加突出政治监督，坚定自觉地做到“两个维护”

强化思想政治引领。健全市纪委常委会集体学习制度，把学习习近平总书记重要讲话和重要指示批示精神作为第一议题，及时跟进学、深入思考学、联系实际学。组织开展庆祝中国共产党成立100周年系列活动，扎实开展党史学习教育，结合十九大以来决胜全面小康、决战脱贫攻坚、防控新冠肺炎疫情等实践，把学习习近平新时代中国特色社会主义思想同回顾总结纪检监察工作光辉历程、宝贵经验和优良传统联系起来，同贯彻落实习近平总书记两次考察云南重要讲话精神结合起来，把自己摆进去、把职责摆进去、把工作摆进去，在持续学思践悟中把握正确方向。

坚守政治监督根本定位。聚焦“两个维护”，认真贯彻执行省纪委省监委《政治监督工作指引》，采取任何措施首先考虑政治效果，审查调查首先从政治纪律和政治规矩查起，着力纠正政治偏差，坚决防止落实“两个维护”标签化、口号化。健全贯彻党中央重大决策部署督查问责机制，重点围绕习近平总书记重要指示批示精神和考察云南重要讲话精神，围绕贯彻新发展理念、构建新发展格局、推动高质量发展、守住安全发展底线等重大决策，围绕解决好“三农”问题、加快农业农村现代化等部署要求，聚焦贯彻落实“十四五”规划、区域性国际中心城市建设、常态化疫情防控等重点任务，加强监督检查，督促落实到位。以强烈的政治担当抓好中央巡视云南反馈问题整改落实，加强对省委第十一轮巡视反馈意见整改情况的跟踪检查，确保反馈问题改到位、改彻底，以实际行动体现“两个维护”。

强化管党治党责任落实监督。从基础制度严起，从日常规范抓起，压紧压实党组织管党治党政治责任和书记第一责任人责任。建立完善政治生态分析评估、政治素质“画像”等制度，向市委定期报告《廉情动态》，推动政治生态分析研判规范化、常态化。从严从实加强对市、县、乡党委换届工作监督，把好选人用人关，落实“纪检监察机关意见必听，反映问题线索具体、有可查性的信访举报必查”要求，过细过硬做好廉洁意见回复工作，严明换届纪律，严肃查处拉票贿选、买官卖官、跑官要官、说情打招呼等行为，营造风清气正的换届环境。

（二）加强统筹协同，以高质量监督为治理现代化赋能

推动党内监督和各类监督贯通融合。不断健全完善纪律监督、监察监督、派驻监督、巡察监督统筹衔接制度机制，积极探索实践党内监督与国家机关监督、民主监督、司法监督、群众监督、舆论监督协调贯通的方法路径，实现信息互通、力量互融、措施互助、成果互享，形成互补互促的监督合力。认真落实党中央和中央纪委、省纪委确定的纪检监察体制改革任务，加强市县两级派驻机构队伍建设，有序推进市管企业、市属院校纪检监察机构改革的制度配套，完善监察权运行机制，把所有党员和行使公权力的公职人员置于严密监督之下。围绕监督检查、审查调查等关键环节，加强对下级纪委监委、派驻机构的领导。突出“专项工作报告”的定位，坚持自上而下，依法依规、稳妥有序做好监委向本级人大常委会报告专项工作。

加强对关键少数的有效监督。将对“一把手”监督和领导班子监督作为关键环节，监督各级党组织和党员干部严格执行民主集中制，坚持和完善昆明市党政“一把手”监督办法、党风廉政建设责任制检查考核制度、党委书记专题报告落实全面从严治党主体责任情况、上一级纪委书记定期与下一级党委书记谈话制度，总结推广同级监督具体化试点经验，探索上级纪委同下级党委班子成员集体谈话等监督方式，督促“一把手”和领导班子主动自觉接受监督，推动上级“一把手”抓好下级“一把手”。发挥民主生活会对“一把手”的监督作用，督促各级党组织“一把手”带头在民主生活会上将个人重大事项、巡视巡察反馈、组织约谈函询等事项以及经济责任履行情况和审计发现问题整改等情况做出说明，着力破解对“一把手”监督和同级监督难题。

精准有效做深做实日常监督。把监督挺在前面，综合运用谈话函询、检查抽查、列席民主生活会、受理信访举报等方式，完善和运用好“蹲点式”调研、“体验式”监督等做法，拓展监督方式、前移监督关口、培植监督常态，推动监督下沉、监督落地、监督于问题未发之时。加强信息化建设，积极探索运用互联网技术和信息化手段开展监督，用系统固化工作流程、用平台提高工作效率、用网络打破信息壁垒，装上监督“传感器”，实现“智慧监督”、精准监督。紧盯监督发现的问题不放，通过从严查处、督促整改、跟踪回访等方式，提升日常监督发现问题、预警提醒、推动整改的实效，督促党员干部习惯在受监督的环境下工作生活。

充分发挥巡察利剑作用和联系群众纽带功能。坚守政治巡察定位，重点围绕贯彻党的十九届五中全会精神、实施“十四五”规划、执行换届纪律等加强政治监督，适时开展巡察“回头看”。贯彻落实中央《关于加强巡视巡察上下联动的意见》，推进巡视巡察深度融合、上下贯通，推动巡察与其他监督统筹衔接。建立健全巡察整改促进机制、评估机制，压实党委（党组）巡察整改主体责任，落实落细整改日常监督，推动巡察监督、整改、治理有机贯通。坚持把群众路线贯穿巡察工作全过程，拓展巡视巡察数据分析系统功能，充分发挥“码上巡察”作用，拓宽群众反映问题渠道，推动“短平快”解决问题。

（三）坚定不移纠治“四风”，大力营造风清气正的干事创业环境

更严更细落实中央八项规定及其实施细则精神。深刻把握作风建设规律，通过抓具体、抓细节、抓重点、抓难点，对巡察、信访和执纪审查中发现的“四风”问题线索专项处置，持续纠治收送电子红包、私车公养、转入“地下”的吃喝歪风等问题，坚决防反弹回潮、防隐形变异、防疲劳厌战。把监督节约粮食、坚决制止餐饮浪费行为作为重要任务，坚决遏制公款消费中的违规违纪违法现象。督促有关职能部门细化规定，健全完善落实中央八项规定精神长效机制。

深化整治形式主义官僚主义。坚持从领导机关和领导干部抓起、改起，对贯彻党中央决策部署做选择、搞变通、打折扣等突出问题，特别是搞“包装式”落实、“标签式”落实、“洒水式”落实、“一刀切式”落实等形式主义官僚主义突出表现，盯住不放、精准施治，典型案例一律通报曝光，防止不良习气、不严不实做法成风成势。推动健全完善为基层减负的长效机制，巩固拓展治理文山会海、优化改进督查检查考核等成果，弘扬求真务实的作风，营造苦干实干的氛围。

激发党员干部内生动力。坚持实事求是、依规依纪依法，把握政策策略、贯通纪法情理，准确运用“四种形态”，做到“三个区分开来”，既用监督加压，严肃查处胡干蛮干、违纪违法的干部，又用信任加力，精准有效把容错纠错机制落到实处。制定受处分人员跟踪回访办法，常态化做好跟踪回访工作。以纪律手段保障党员权利，严肃查处诬告陷害行为，及时做好澄清正名，旗帜鲜明地保护改革者、宽容失误者，不断释放激励担当作为的正能量。

（四）始终坚持人民至上，保障党的惠民富民、共同富裕政策落实

巩固发展扶贫领域腐败和作风问题专项治理成果。持续加强对各项惠民富民、共同富裕政策措施落实情况的监督检查，综合运用督办督查、通报曝光、约谈问责等工作手段，强化对巩固“四个不摘”政策成果的监督，督促各级各部门做深做实后续工作，确保全面脱贫与乡村振兴传递好“交接棒”。持续推进村（社区）提级监督工作，整合基层党组织、乡（镇、街道）纪（工）委和派出监察室、村（居）务监督委员会等监督力量，发挥人民群众的监督主体作用，激活基层监督“神经末梢”。

聚焦群众痛点难点焦点。拓宽群众监督渠道，推进传统方式和信息化条件下检举控告机制有效衔接，不断完善“信、访、电、网、微”立体受理体系，为群众反映问题、表达诉求创造更加便利的条件。坚持重心下移、力量下沉，深入排查、优先调查群众反映强烈的问题，严厉惩治发生在教育医疗、养老社保、生态环保、安全生产、食品药品安全、执法司法等领域的腐败和作风问题，坚决惩处涉黑涉恶“保护伞”，坚决查处贪污侵占、吃拿卡要等违纪违法行为，加大典型案件督查督办、直查直办和通报曝光力度，让人民群众在全面从严治党中感受到公平正义。

（五）以“三不”一体的理念、思路和方法深化标本兼治，持续巩固放大政治生态向上向善的态势

保持反腐败高压态势不放松。坚持无禁区、全覆盖、零容忍，重遏制、强高压、长震慑，重点查处政治问题和经济问题交织的腐败案件，聚焦政策支持力度大、投资密集、资源集中的领域和环节，坚决查处基础设施建设、项目审批、国企改革、公共资源交易、科研管理等方面的腐败问题，以及“雅贿”“影子股东”等隐性腐败。深化金融领域反腐败工作，保障防范化解重大金融风险。持续惩治国有企业腐败问题，加大对政法系统腐败惩治力度，高度关注年轻干部违纪违法问题。坚持受贿行贿一起查，探索推行行贿人“黑名单”制度，严肃查处多次行贿、巨额行贿行为，坚决破除权钱交易的关系网。精准制定追逃防逃追赃策略，坚决斩断腐败分子外逃后路。

把好案件质量生命线。严格执行查办案件以上级纪委监委领导为主的规定，建立案件查办联动协作机制，整合委机关监督检查室、审查调查室和派驻机构、县（市、区）纪委监委的工作资源和人员力量，实现“多兵种联合作战”。坚持用事实和证据说话，从严落实纪律审查、监察调查等实体性要求和程序性规范，建立健全案件质量评查制度和案件质量责任制，全力打造“铁案工程”。以《中国共产党问责条例》为遵循，严格落实启动、调查、报告、审批、实施等问责程序，对问责事实是否清楚、问责结果是否恰当、问责执行是否到位等关键环节，不定期开展自查自纠、交叉检查、随机抽查，及时纠偏改错，确保问责精准、规范。把深入细致的思想政治工作贯穿执纪执法全过程，唤醒审查调查对象党纪国法意识，从思想深处认识错误，真心悔过。坚持公正文明办案，突出“走读式”谈话安全和留置场所安全，完善安全风险整体防控机制，加强留置看护队伍教育管理，牢牢守住审查调查安全底线。

深化以案为鉴、以案促改。把握“惩、治、防”的辩证统一关系，建立健全以案改治理、以案改监管、以案改制度、以案改作风的工作机制，制定具体工作办法，打造发现问题、处置问题和促进整改的完整闭环，发挥查处一案、警示一片、治理一域的综合效用。对个性化问题，注重研究分析症结所在，有针对性地向相关地方和单位发出纪检监察建议书，督促补齐制度短板，堵塞监管漏洞。对全市一定范围内存在的普遍性问题，及时开展专项检查、集中整治，一个问题一个问题解决、一个领域一个领域治理。加大典型案例通报曝光力度，做到见人、见事、见细节。深化以案为鉴，用好用足案件资源“活教材”，制作震慑力大、针对性强、“代入感”深的忏悔录、警示片，以案说纪说法。抓实处分决定送达、执行，强化现场警示教育，让身边人受到触动、警醒、知止。

深入实施“清廉昆明”建设。教育引导党员领导干部坚决反对特权思想和特权行为，严格管好家属子女，严格家风家教。对新任职领导干部加强廉政谈话和提醒，督促落实规范领导干部配偶、子女及其配偶经商办企业行为规定，以上率下、严格执行。实施“清源工程”，推进对社会中介组织、各领域招投标行为等专项整治，规范政商关系。以党政机关和党员领导干部为重点，在全市广泛开展“知纪明规懂法”教育活动。坚持共建共创，市县乡村四级联动，在全市推进清廉机关、清廉企业、清廉村居、清廉学校、清廉医院等“清廉单元”建设，以点带面、示范带动，形成“人人是环境、个个是生态”的良好氛围。创新表达方式，拓展传播载体，在昆明电视台开设“清风春城会客厅”“媒体问政”等栏目，充分展示激浊扬清在昆明的实践成果，打造具有昆明“辨识度”的党风廉政宣传教育品牌，把清正廉洁的理念和措施覆盖到各行各业。

（六）从严从实加强自身建设，打造政治素质高、忠诚干净担当、专业化能力强、敢于善于斗争的纪检监察铁军

锤炼过硬政治品格。带头加强党的政治建设，带头提高政治判断力、政治领悟力、政治执行力，建设政治过硬的模范机关，在践行“两个维护”中走在前、做表率。深入学习贯彻习近平新时代中国特色社会主义思想，提高把握新发展阶段、贯彻新发展理念、构建新发展格局的政治能力，始终从政治和全局的高度思考和谋划纪检监察工作，知责于心、担责于身、履责于行。

锻造硬核业务能力。坚持边学习、边调研、边工作、边总结，以问题为导向，列出专项课题，由市纪委市监委班子成员牵头开展专题调研。精准实施专业化培训，整合“党校+高校”“省内+省外”资源，丰富拓展培训方式，增强培训实效。强化“实战练兵”“以干代练”，推进案例复盘辨析常态化制度化，有计划地安排新进机关的干部、年轻干部参与接访，到监督检查、审查调查、巡察、审理等工作中实践锻炼，全面提升履职能力。坚持好干部标准，把政治标准放在第一位，不断健全干部培养选拔考核评价体系，大力提拔重用想干事、能干事、干成事的干部。加强对基层纪检监察干部队伍建设的领导和指导，认真谋划部署换届工作，选优配强县（市、区）纪委监委领导班子。

磨砺严实纪律作风。自觉接受最严格的约束和监督，持续加强源头管控，以制度管理、流程管理、清单管理为抓手，进一步建章立制，以更高的标准和要求推动管理规范化、法治化。严格执行监督执纪工作规则、监督执法工作规定，落实问题线索集中管理和打听案情、过问案件、说情干预登记备案及责任追究等规定，全面排查和堵塞各环节的漏洞，确保严格按照权限、规则和程序履行职责。动态更新纪检监察干部廉政档案，充分发挥组织部、机关党委、干部监督室和特约监察员作用，有针对性地教育管理监督纪检监察干部，既管“工作圈”，也管“生活圈”“社交圈”。压实班子、分管领导、部门领导责任，带领督促各级纪检监察干部坚决改进工作作风，全面提高工作效率。强化正向激励，健全完善干部关爱机制，紧扣干部所需所盼，从思想、事业、待遇、健康等方面打好关心关爱“组合拳”。以郭志宏、冯学忠、武长青等案件为反面典型，深入开展警示教育，经常打扫庭院、清理门户，坚决查处滥用职权、干预插手市场经济活动等违纪违法问题，坚决防止家人、亲属利用纪检监察干部影响力谋取私利，持续整治“灯下黑”，回答好“谁来监督监督者”的问题，以打铁必须自身硬的品格和本色，让党放心、人民信赖。

同志们，新时代呼唤新担当，新使命引领新作为。让我们更加紧密地团结在以习近平同志为核心的党中央周围，坚守使命担当、忠诚履职尽责，奋力谱写纪检监察工作高质量发展新篇章，为建设区域性国际中心城市做出新的更大贡献，以优异成绩庆祝中国共产党成立100周年！

市情综览

自然地理

昆明位于云南省中部地区，东经102°10′～103°40′、北纬24°23′～26°33′。南北长237.50千米，东西宽152千米，总面积21 012.54平方千米，是云南省的省会，西南地区的中心城市之一。地处中国—东盟自由贸易区、澜湄合作区域、泛珠三角经济圈交汇点，是中国面向南亚、东南亚乃至中东、南欧、非洲的前沿和重要门户，具有“东连黔桂通沿海，北经川渝进中原，南下越老达泰柬，西接缅甸连印巴”的独特区位优势。

市域地处云贵高原，总体地势北部高，南部低，由北向南呈阶梯状逐渐降低。中部隆起，东西两侧较低。以湖盆岩溶高原地貌形态为主，红色山原地貌次之。大部分地区海拔在1 500～2 800米。城区坐落在滇池坝子，平均海拔1 891米，三面环山，南濒滇池，湖光山色交相辉映。

昆明属低纬度高原山地季风气候，冬无严寒，夏无酷暑，四季如春，年平均气温15℃左右，年均日照2 200小时左右，无霜期240天以上，年均降水量约1 000毫米，鲜花常年开放，草木四季常青，是著名的“春城”“花城”，是休闲、旅游、度假、居住的理想之地。

（市志办）

建置沿革

昆明具有悠久的历史、灿烂的文化，是国务院公布的首批24个历史文化名城之一。约3万年前，即有人类生活在滇池地区。战国至东汉初，滇池周围的“滇人”建立滇国，创造了独具特色的“滇文化”。公元前109年，西汉设益州郡，将滇池地区纳入中原王朝版图。765年，南诏国筑拓东城，为昆明建城之始。大理国时称鄯阐城。拓东城、鄯阐城分别为南诏国、大理国的东京。1276年，昆明称中庆城，首次成为省会。明代，大量移民进入云南，昆明汉族人口首次超过本地世居居民。明末清初，李定国等农民起义军、永历帝、吴三桂先后在昆明或建立政权，或建立皇宫。1911年的“重九起义”，推翻了清朝在云南的统治。1905年，昆明自辟为商埠。1910年，滇越铁路修通，使昆明成为一个开放城市。1915年，昆明爆发“护国首义”，全国响应。1919年，设云南市政公所，为昆明设市的发端。1922年，改设昆明市政公所。1928年8月1日，成立昆明市政府。

抗战时期，昆明成为支撑中国抗

战的经济、文化、军事重镇之一，成为著名的"民主堡垒"。1949年12月9日，昆明和平解放。

（市志办）

行政区划

截至2020年末，昆明市辖7区、1县级市、6县（含3个民族自治县），设3个国家级开发（度假）区和昆明阳宗海风景名胜区：昆明市国家级经济技术开发区（托管阿拉、洛羊街道办事处）、昆明市高新技术开发区（托管马金铺街道办事处、黑林铺街道办事处部分、丰宁街道办事处部分、普吉街道办事处部分）、昆明市滇池旅游度假区（托管大渔街道办事处及前卫、福海街道办事处部分）；昆明市阳宗海风景名胜区（托管七甸、汤池街道办事处和玉溪市澄江县阳宗镇），昆明市设80街道办事处、43镇、16乡（含4个民族乡），按行政区划建制共辖139个乡（镇、街道）。2010年5月，玉溪市澄江县阳宗镇移交昆明市托管，全市实际辖140个乡（镇、街道）。

表1　2020年昆明市行政区划一览表

县（市、区）		街道	乡	镇	名称
1	呈贡区	10			龙城街道、斗南街道、吴家营街道、乌龙街道、洛龙街道、雨花街道、马金铺街道、洛羊街道、大渔街道、七甸街道
2	五华区	10			华山街道、护国街道、大观街道、龙翔街道、莲华街道、丰宁街道、红云街道、黑林铺街道、普吉街道、西翥街道
3	盘龙区	12			拓东街道、鼓楼街道、东华街道、联盟街道、金辰街道、青云街道、龙泉街道、茨坝街道、双龙街道、松华街道、滇源街道、阿子营街道
4	官渡区	10			关上街道、吴井街道、金马街道、太和街道、官渡街道、小板桥街道、大板桥街道、矣六街道、六甲街道处、阿拉街道
5	西山区	10			西苑街道、金碧街道、永昌街道、前卫街道、福海街道、棕树营街道、马街街道、海口街道、碧鸡街道、团结街道
6	东川区	2	1	6	铜都街道、碧谷街道、汤丹镇、因民镇、阿旺镇、乌龙镇、拖布卡镇、红土地镇、舍块乡
7	晋宁区	2	2（民族乡）	4	昆阳街道、宝峰街道、晋城镇、二街镇、上蒜镇、六街镇、双河彝族乡、夕阳彝族乡
8	安宁市	9			连然街道、金方街道、八街街道、县街街道、太平新城街道、温泉街道、草铺街道、青龙街道、禄脿街道
9	富民县	2		5	永定街道、大营街道、罗免镇、赤鹫镇、东村镇、款庄镇、散旦镇
10	宜良县	3	2（民族乡）	4	匡远街道、南羊街道、汤池街道、北古城镇、狗街镇、马街镇、竹山镇、耿家营彝族苗族乡、九乡彝族回族乡
11	嵩明县	2		3	嵩阳街道、杨桥街道、小街镇、杨林镇、牛栏江镇
12	石林县彝族自治县	3	1	3	鹿阜街道、石林街道、板桥街道、西街口镇、长湖镇、圭山镇、大可乡
13	禄劝县彝族苗族自治县	2	6	9	屏山街道、崇德街道、撒营盘镇、茂山镇、翠华镇、团街镇、中屏镇皎平渡镇、乌东德镇、九龙镇、转龙镇、云龙乡、汤郎乡、马鹿塘乡、则黑乡、乌蒙乡、雪山乡
14	寻甸县回族彝族自治县	3	4	9	仁德街道、塘子街道、金所街道、羊街镇、柯渡镇、倘甸镇、功山镇、河口镇、七星镇、先锋镇、鸡街镇、风合镇、六哨乡、甸沙乡、联合乡、金源乡
	合计	80	16（含4个民族乡）	43	

表2　昆明市开发(度假)区辖区表

国家级(省级)开发(度假)区		街道	乡	镇	托管区域名称
1	经济技术开发区	2			呈贡区洛羊街道、官渡区阿拉街道
2	高新技术开发区	1			呈贡区马金铺街道，五华区黑林铺街道(部分)、丰宁街道(部分)、普吉街道(部分)
3	滇池旅游度假区	3			呈贡区大渔街道，西山区前卫街道(部分)、福海街道(部分)
4	阳宗海风景名胜区	2		1	昆明市呈贡区七甸街道、宜良县汤池街道，玉溪市澄江县阳宗镇
全市辖：7区、1县级市、6县(含3个民族自治县)，设80街道、43镇、16乡(含4个民族乡)。设：3个国家级开发(度假)区和昆明阳宗海风景名胜区(省级)。2010年5月，玉溪市澄江县阳宗镇移交昆明市托管(截至2020年12月31日)					

(市民政局)

人口　民族

2020年，昆明市常住人口846万。其中，城镇常住人口674万人，占79.67%；乡村人口172万人，占20.33%。户籍总人口582.88万人。其中，城镇人口400.55万人，占户籍总人口的68.72%。人口自然增长率3.48‰。

2020年末，全市有3个自治县、4个民族乡、341个少数民族聚居行政村；少数民族户籍人口96.22万人，较2019年末增加1.55万人，占全市户籍总人口的16.50%，增加0.13个百分点；少数民族流动人口51.40万人。人口最多的世居少数民族彝族有49.42万人，占全市少数民族人口的51.35%；人口最少的布依族有5 744人，占全市少数民族人口的0.59%。

(市民宗局)

气象年度特点

2020年，昆明市气温较常年平均偏高，降水量稍少，日照时数偏多，属于雨量稍欠、光热资源充足的年景。年内，春季旱情偏轻，雨季开始期较常年偏晚至特晚，主汛期降水量偏少，秋季局部地区出现连阴雨天气。

冬季阶段性低温，中前期雨雪天气明显。昆明市12个国家气象站平均气温为10.2℃，较常年同期偏高0.8℃。2019年12月上旬、2020年2月中旬出现阶段性低温，其中12月上旬，昆明全市平均气温7.1℃，较历史同期偏低2.3℃；2月中旬，全市平均气温10.0℃，较历史同期偏低1.1℃。12月7日，全市出现低温霜冻天气，昆明主城、嵩明、宜良、石林和寻甸县当日最低气温打破建站以来12月上旬最低气温纪录。2019年12月2～5日、27～28日，受冷空气影响，全市出现降温降水天气过程，高海拔地区出现雨雪天气。1月24～26日，受冷空气和南支槽的共同影响，全市出现降雪天气，宜良、石林、嵩明、寻甸县、呈贡城区及高海拔山区有积雪，昆明主城、晋宁、东川区出现雨夹雪。

入汛前降水偏少，部分地区气象干旱凸显。入汛前(3～6月)全市平均降水量为167毫米，较常年同期偏少135毫米，偏少45%。根据省气候中心监测，雨季开始前昆明市出现不同程度的气象干旱，其中禄劝、富民、嵩明、宜良、寻甸县和呈贡、东川区春季初夏干旱较常年稍偏重，其余县(市、区)接近常年。嵩明、宜良县和呈贡区出现10天以上的重度气象干旱，禄劝和寻甸县出现20天以上的特旱天气。

主汛期强降水异常偏多，降水时间集中。主汛期期间，全市12个国家气象站共出现大雨(日降雨量≥25毫米)及以上天气过程106站次，较常年同期偏多37站次，其中暴雨(日降雨量≥50毫米)23站次，较常年同期偏多6站次。强降水过程时间集中，区域性特征明显，主要出现在6月中旬、7月中上旬和8月中旬，其中7月1、2日，共出现10站次暴雨、10站次大雨天气。8月17日，出现8站次暴雨，4站次中到大雨天气。

秋季前期强降水集中，局部有连阴雨天气。秋季中后汛期(9～10月)时段，全市平均降水量为193毫米，较常年同期偏多7毫米，偏多幅度为4%，其中9月中旬，全市平均降水量为88毫米，占后汛期降水量的45%。出现大雨及以上12站次，暴雨及以上5站次，2站次大暴雨。秋季前期降水过程频繁，导致全市雨日数较多，宜良县和呈贡区在9月下旬出现8天的连阴雨天气。

2020年末，昆明气温波动大，干冷天气过程明显。12月，共出现3次冷空气过程，其中12月18～20日，受强冷空气影响，全市出现断崖式降温，嵩明县出现日平均气温最大降温，降温幅度达12.2℃，宜良和寻甸县出现日最高气温最大降温，降温幅度为18.3℃。三次冷空气过程，仅在上旬4日出现小到中雨天气，其余两次均为干冷空气影响过程，降水不明显。

(市气象局)

2020年昆明市组织机构及负责人名录

中共昆明市委

书　　记　程连元
副 书 记　王喜良（至12月）
　　　　　刘佳晨（12月起）
　　　　　杨正晓（6月起）
　　　　　刘　智（至4月）
常　　委　杨　皕
　　　　　杨正晓
　　　　　杨大庆（9月起）
　　　　　李建阳
　　　　　金幼和
　　　　　刘申寿
　　　　　夏俊松
　　　　　张海泉
　　　　　张　斌
　　　　　孙　群（6月起）
　　　　　金彦江（挂职，至4月）
　　　　　胡宝国（挂职，至12月）
秘 书 长　夏俊松
副秘书长　张　攀
　　　　　徐正林
　　　　　李　亮
　　　　　宋晓林（至8月）
　　　　　高宇明（至8月）
　　　　　杜　文
　　　　　任碧成（8月起）
　　　　　唐丽霞（挂职，8月起）

昆明市人大常委会

主　　任　拉玛·兴高（至11月）
副 主 任　金志伟
　　　　　常　敏
　　　　　戚永宏
　　　　　马凤伦
　　　　　毕惠芝
　　　　　何建升（5月起）
秘 书 长　吴庆昆（至1月）
　　　　　李庆平（5月起）
副秘书长　杨志华
　　　　　李　强
　　　　　崔　猛（至1月）
　　　　　陈　敏（至1月）
　　　　　胡建军

昆明市人民政府

市　　长　王喜良
常务副市长　张　斌
副 市 长　周建忠（至10月）
　　　　　赵学农
　　　　　高中建
　　　　　王　冰
　　　　　周红斌
　　　　　刘永禄
　　　　　李康平（10月起）
　　　　　胡宝国（挂职，至12月）
　　　　　孙　群（挂职，6月起）
秘 书 长　郭希林
副秘书长　甘　红
　　　　　李　江
　　　　　郭沫彪
　　　　　吴忠林
　　　　　都　吉
　　　　　龚询木（至4月）
　　　　　刘　鲁（至9月）
　　　　　史文洁
　　　　　李德鸿（6月起）
　　　　　周文杰（10月起）
　　　　　边慧夏（挂职）
　　　　　杨　清（挂职）
　　　　　杨　杰（挂职，至1月）

政协昆明市委员会

主　　席　熊瑞丽
副 主 席　刘绍安
　　　　　夏　静（至5月）
　　　　　朱　燕
　　　　　董　林
　　　　　胡炜彤
　　　　　李冰晶
　　　　　焦　林（5月起）
秘 书 长　许绍忠
副秘书长　鲁云宏
　　　　　李　鸿
　　　　　何　燕（至10月）
　　　　　赵春泉（至1月）
　　　　　冯美琼
　　　　　杨武振（1月起）

中共昆明市纪律检查委员会

书　　记　杨正晓（至9月）
　　　　　杨大庆（9月起）
副 书 记　郑　楠
　　　　　何衍雄（至7月）
　　　　　张　林
　　　　　王玉萍（10月起）
常　　委　土绍芳（至7月）
　　　　　王玉萍（至10月）
　　　　　苏　堃
　　　　　杨　力（5月起）
秘 书 长　苏　堃

昆明市监察委员会

主　　任　杨正晓（至9月）
副主任、代理主任　杨大庆（9月起）
副 主 任　郑　楠
　　　　　何衍雄（至7月）
　　　　　张　林
　　　　　王玉萍（10月起）
委　　员　土绍芳（至7月）
　　　　　杨　力
　　　　　董国新
　　　　　韩红兵（6月起）
　　　　　景碧昆（6月起）
　　　　　文　燚（10月起）

昆明市中级人民法院

院　　长　董国权
副 院 长　周传彪（至12月）
　　　　　夏静良
　　　　　李志昆
　　　　　付锡勇
　　　　　孟　静

昆明市人民检察院

检 察 长　李晓红
副检察长　毕春华（至7月）
　　　　　赵　明
　　　　　张　黎
　　　　　绪　伟
　　　　　邓水云
　　　　　贾永强（10月起）

城郊地区人民检察院

检 察 长　彭君明

昆明市委各部委办局

办公室

主　　任　张　攀
副 主 任　郭琴贤
　　　　　曾　清
　　　　　任碧成（至8月）
　　　　　赵　龙（至8月）
　　　　　邱　锝
　　　　　高　鸣（12月起）
　　　　　王　剑（12月起）

目督办

主　　任　徐正林

信息综合室

主　　任　王占鑫

专用通信局

局　　长　张光磊

档案局（馆）

局（馆）长　刘毅秋
副局（馆）长　李蜀昆

国家密码管理局

局　　长　王　琳
副 局 长　房文利（至8月）

保密办（国家保密局）

主　　任　王建荣（至7月）
　　　　　房文利（8月起）
副 主 任　黄玉林

组织部

部　　长　刘申寿
常务副部长　余祖林
副 部 长　葛　宁
　　　　　何文明
　　　　　张玉宁（兼）
　　　　　胡　蓉（5月起）
　　　　　杨正山（1月起）
　　　　　唐　琪（1月起）
部务委员　胡　蓉（至5月）
　　　　　赵　武
　　　　　张　云（5月起）

市委基层党建工作协调小组办公室

主　　任　李荣文

党员教育中心

主　　任　高　杰

非公有制经济组织和社会组织工作委员会

书　　记　葛　宁
副 书 记　李荣文（1月起）
　　　　　马　谦（1月起）
　　　　　郎　佳（1月起）
　　　　　赵　平（1月起）
　　　　　武红毅（1月起）
　　　　　张　宏（1月起）
　　　　　吕　丽（1月起）
　　　　　毕　强（1月起）

老干局

局　　长　张玉宁
副 局 长　张　宏
　　　　　唐晓越（至12月）

宣传部

部　　长　金幼和
常务副部长　马　谦
副 部 长　李富贵
　　　　　陈　波
　　　　　黄　杰（至7月）
　　　　　曾　华
　　　　　姚晓怡（12月起）
　　　　　王雁鹏（12月起）
专职副主任　姚晓怡

市政府新闻办

主　　任　黄　杰（至7月）
　　　　　王雁鹏（12起）

文明办

主　　任　李富贵
副 主 任　张　剑（至10月）
　　　　　王文萍
　　　　　王雁鹏（至12月）

新闻出版局（版权局）

局　　长　曾　华

市委网络安全和信息化委员会办公室（市互联网信息办公室）

主　　任　陈　波
副 主 任　吴豫昆
　　　　　苏瑞琪
　　　　　单红霞（7月起）

网格化综合监督指挥中心

主　　任　龙　苗（至12月）
副 主 任　潘文胜

统战部

部　　长　杨　亩
常务副部长　陈铸武
副 部 长　毕昆闽（至5月）
　　　　　冉德涛
　　　　　王　蓉
　　　　　毕春华（7月起）
　　　　　张　竞（5月起）
部务委员　应江辉

台　办

主　　任　王　蓉
副 主 任　高云龙（至8月）

政法委

书　　记　李建阳
常务副书记　郎　佳
副 书 记　李晓红（兼）
　　　　　董国权（兼）
　　　　　周建忠（兼，至10月）
　　　　　李康平（兼，12月起）
　　　　　朱彬彬（至10月）

彭海滨
祝建昆
谭宜波
委务委员　夏　佳（至7月）
欧阳咏梅

党校
校　　长　刘　智（至4月）
杨正晓（7月起）
常务副校长　李　康
副 校 长　陈向红（至12月）
陈　涛（至7月）
李启斌
晋玉芬（12起）
容国玲（12起）
党委副书记　苏秀琼（至8月）

政研室（改革办）
主　　任　戴惠明
副 主 任　李　玥
田东山
杨春蓉
李正兴
吴永婷

编办
主　　任　唐　琪（至1月）
黄　梅（1月起）
副 主 任　黄　梅（至1月）
戚本福
鲁文勇
陈　健（7月起）

市直机关工委
书　　记　夏俊松
常务副书记　陈光辉
副 书 记　唐继文（至8月）
赵　平
詹绍洪

党史研究室
主　　任　高建明（12月起）
副 主 任　李光勇
张鹏升

信访局
局　　长　都　吉
副 局 长　韩　扬
柯旭波
王培林
付　群

昆明市人大常委会各机构

办公室
主　　任　李庆平（至6月）
副 主 任　申开银（至7月）
李　莉
郑云宏（7月起）
和银凤（12月起）

法制委员会
主任委员　刘文义
副主任委员　杨　棱
张翼昆

监察和司法委员会
主任委员（主任）　兰　昆（至1月）
崔　猛（5月起）
副主任委员　陈　刚
杨红娟

财政经济委员会
主任委员（主任）　陈　浩（5月起）
副主任委员　王　雷
袁　勤

城乡建设环境保护委员会
主任委员（主任）　柳　伟
副主任委员　杨玺生
钱洪生（4月起）

教育科学文化卫生委员会
主　　任　曾令衡（5月起）
副 主 任　陈　泓
何金典

农业与农村委员会
主　　任　马慈明（至3月）
储汝明（5月起）
副 主 任　陈　敏（1月起）

社会建设委员会
主　　任　和松华
副 主 任　强东育
张永萍（10月起）

民族宗教事务委员会
主　　任　丁　伟（至5月）
马汝恒（5月起）
副 主 任　张丽仙
段跃红

人事代表工作委员会
主　　任　艾树祥
副 主 任　王本晋
张昆丽（至12月）
李　莉（12起）

预算审查工作委员会
主　　任　吴卫东

外事华侨工作委员会
主　　任　李　勤
副 主 任　李红萍

机关党委
书　　记　李庆平
专职副书记　彭华芳（1月起）

昆明市政府各委办局

办公室
主　　任　甘　红
副 主 任　杨秀峰
符光曙
谭云芬
万晓琪
何　松
单　诚（挂职）
周　驰（挂职）

发展和改革委员会
党组书记　杨文志
主　　任　郭志宏
副 主 任　左　晖
田　斌
梅俊辉（至12月）

赖昱辉（7月起）
李　源（6月起）

能源局
局　　长　施云怀

粮食和物资储备局
局　　长　魏　乾（至1月）
副 局 长　杨亚娟
　　　　　常顺启（至7月）

工业和信息化局
局　　长　赵小平
副 局 长　徐增雄
　　　　　周正和（至6月）
　　　　　阳书文
　　　　　黄吉先
　　　　　李卫红
　　　　　李海明（7月起）

无线电管理办公室
主　　任　赵小平（兼）

大数据管理局
局　　长　赵小平（兼）
副 局 长　徐增雄

中小企业局
主　　任　赵小平（兼）

教育体育局
局　　长　穆仁早
副 局 长　吕　丽
　　　　　方　宁
　　　　　蒋坚桥
　　　　　孙红昆
　　　　　龚利春（至4月）
　　　　　杨文佳（6月起）
总 督 学　孙　晖

招生考试院
院　　长　张文伟（至8月）

科学技术局（外国专家局）
党组书记　寸　东
局　　长　王　键
副 局 长　朱　燕
　　　　　郭越媛（至8月）
　　　　　邹　可
　　　　　付思华

民族宗教事务委员会
主　　任　毕昆闽（至5月）
　　　　　毕春华（7月起）
副 主 任　陈　浩
　　　　　刀福东
　　　　　夏　梦
　　　　　李菊艳

公安局
局　　长　周建忠（至10月）
　　　　　李康平（10月起）
副 局 长　张庆星
　　　　　苏少明
　　　　　金志锋（10月起）
　　　　　张持恒（至9月）
　　　　　袁弘强（至10月）
　　　　　杜俊超（至5月）
　　　　　伏思良
　　　　　赵大围
　　　　　李　韬（6月起）
　　　　　王　展（挂职，8月起）
党委书记　周建忠（至10月）
　　　　　李康平（10月起）
副 书 记　张庆星
　　　　　段庆颖

交警支队
支 队 长　李海峰
政　　委　杨　明
副支队长　毕　伟（至3月）
　　　　　缪永春
　　　　　阚永富
　　　　　尹绍东（3月起）

财政局
局　　长　徐毅清（至10月）
　　　　　陈　静（12月起）
副 局 长　李笠非
　　　　　魏云辉
　　　　　邹荣付
　　　　　王　燕
　　　　　梁　勇
　　　　　万　鹏（4月起）
　　　　　陈　杰（挂职）
　　　　　曹明华（挂职）

国库支付中心
主　　任　邬素梅（1月起）

民政局
局　　长　袁培文（1月起）
副 局 长　肖向飞
　　　　　何艳波
　　　　　马承斌
　　　　　胡国海（6月起）

救助管理站
站　　长　赵加伟（至10月）

退役军人事务局
局　　长　朱　伟
副 局 长　仲　华
　　　　　杨秀光
　　　　　梁　平

军队离退休干部白马庙干休所
所　　长　李吉荣
党委书记　张文玉（至1月）

市服务中心
主　　任　张文玉（1月起）

司法局
局　　长　刘　毅
副 局 长　周红玉
　　　　　李继华
　　　　　秦　芸
　　　　　赵　勇（至4月）
　　　　　汪　敏
　　　　　魏　巍
　　　　　朱广祥
党委书记　刘　毅
副 书 记　秦　芸

人力资源和社会保障局
局　　长　唐　琪
副 局 长　杨　雄（至2月）
　　　　　郭加强
　　　　　黄文浩
　　　　　赵云川
　　　　　赵　磊
　　　　　鲁朝风（9月起）
党委专职副书记　施国文（3月起）

社会保险局
局　　长　吴　俊

人才服务中心
主　　任　渠　渊

劳动就业服务局
局　　长　万正文

劳动仲裁院
院　　长　王　静

城乡居民养老保险局
局　　长　付　明（9月起）
劳动监察支队
支 队 长　张万聪

自然资源和规划局
局　　长　王　涛
副 局 长　敖　梅
胡光普
谢　卫
牟　辉
刘建明
车俊宇
段文华
何　斌
梁源原
周文杰（至10月）
杨先春（挂职）
自然资源副总督察　苑立华
执法支队
副支队长　高　原
政　　委　郭嵘桦
征地处
处　　长　张　燕

生态环境局
局　　长　赵　文
副 局 长　高志刚
虎　龙
艾发伟（6月起）
和　矛（至5月）
陈　军
施学东（8月起）
督察专员　邹银伟（8月起）

住房和城乡建设局
局　　长　陈　汉
副 局 长　黄　捷
朵　雯
李　航
胡龙嘉
戴　伟（6月起）

交通运输局
局　　长　何毅刚
副 局 长　陈　勇
袁　俊
彭　伟（至10月）
钱允江（兼）
游　苇
许云华（6月起）
国防动员委员会交通战备办公室
主　　任　何毅刚（兼）
地方民航发展局
局　　长　彭　伟（至10月）

农业农村局
局　　长　毕　强
副 局 长　倪　森（至4月）
习再兰
王昆华（至12月）
袁　玲
刘正海
但文德（至12月）
杨朝云
畜牧兽医局
局　　长　但文德（兼，至12月）
烤烟生产办公室
主　　任　包正星

林业和草原局
局　　长　张正平（至8月）
高宇明（8月起）
副 局 长　杨景先
张建坤
耿成兴
马陆章（至12月）

水务局
局　　长　储汝明（至3月）
副 局 长　龚询木（4月起）
刘锐钢
杨金仑
熊国志
卢文霞
陈辉阳
搬迁安置办公室
主　　任　王彦平（至10月）
副 主 任　杨　力（至4月）
韩小艳（至10月）
市防汛抗旱办公室
主　　任　沈建昆（4月起）
计划和节约用水办公室
主　　任　熊国志（兼）
水政监察支队
支 队 长　徐鹏明
柴石滩地区水资源管理局（柴石滩水库灌区工程建设管理局）
局　　长　李红兵
副 局 长　张为国
罗　琦

投资促进局
党组书记　高　庚
局　　长　董　辉
副 局 长　边　莹
史任川
林岸立
孙晓强（至12月）
招商引资考核办公室
专职副主任　史任川（兼）

商务局
局　　长　徐郑锋（至7月）
刘　鲁（8月起）
副 局 长　杨志武
黄　焰
完同良
赵　斌
盖文博
商务行政执法支队
支 队 长　张革胜

市场监督管理局
党组书记　潘开平（12月起）
局　　长　潘开平（至12月）
李德鸿（12月起）
副 局 长　姜　柯
顾云顺
李　凌
王贵平
梁承波（至12月）
陆　弋
邓永斌
金　明
叶　明
张建华
药品总监　杨子江
食品总监　陈柄旭
食品药品稽查支队
支 队 长　佴　岗（至12月）

食品药品检验所

所　　长　　曾剑平

文化和旅游局

党组书记　　杨明俊
局　　长　　戴　彬
副 局 长　　李安民（至4月）
　　　　　　林克俭（至7月）
　　　　　　李　燕
　　　　　　孙　健
　　　　　　王明瑶
　　　　　　钱　进（6月起）

云南陆军讲武堂文物管理所

所　　长　　杨　竣（4月起）

博物馆

馆　　长　　陈　浩（8月起）
　　　　　　田　建（至6月）

卫生健康委员会

党委书记　　张云海
副 书 记　　王保定（至12月）
主　　任　　马　涛
副 主 任　　张必明
　　　　　　王保定（至12月）
　　　　　　王庆华
　　　　　　普娅馨
　　　　　　李庆玲

卫生计生综合监督局

局　　长　　李红飙

医疗保障局

局　　长　　闫晓陵
副 局 长　　李卫明
　　　　　　李　勇
　　　　　　张博然（4月起）

审计局

局　　长　　陈　静
副 局 长　　陈　林
　　　　　　杜建宝（至12月）
　　　　　　后文杰（至8月）
　　　　　　智　云（4月起）
　　　　　　童福军
总审计师　　龚迎燕

领导干部任期经济责任审计工作联席会议办公室

主　　任　　杨　俊（8月起）

市政府重点建设项目稽查办公室

主　　任　　郑　红
稽查特派员　　赵歌平（至12月）
　　　　　　李　燕
　　　　　　钟　燕
　　　　　　付一民（至1月）

市政府国有企业监事会

主　　席　　张顺朝
　　　　　　钟长富
　　　　　　蔡继林（至3月）
　　　　　　张宗能（至8月）

应急管理局

局　　长　　张洪安
副 局 长　　张　伟
　　　　　　钱树森
　　　　　　昂　浩
　　　　　　章　智
　　　　　　雷炳成
党委书记　　张洪安（12月起）

安全生产监察支队

支 队 长　　李洪平

统计局

局　　长　　吴　波
副 局 长　　张　蕾
　　　　　　白雄文
　　　　　　黄海风（至8月）
　　　　　　郑文琪
　　　　　　杨建伟（1月起）
党组书记　　欧明锋

普查中心

主　　任　　马　稳（1月起）

城市管理局

局　　长　　陈剑平
副 局 长　　邓卫东（至12月）
　　　　　　王　俊
　　　　　　董建平（至1月）
　　　　　　赵志德
　　　　　　陈庆能（1月起）
　　　　　　保艳琼（1月起）
　　　　　　夏　佳（7月起）

城市管理综合行政执法支队

支 队 长　　邓卫东（至12月）
　　　　　　王　俊（12月起）
政　　委　　朱靖文
副支队长　　张明维
　　　　　　陈猛军
　　　　　　邹军明

滇池管理局（滇池保护委员会办公室）

局　　长　　付　文
副 局 长　　陈志强
　　　　　　吴朝阳
　　　　　　唐运宏
　　　　　　李应书
　　　　　　申开银（7月起）
　　　　　　潘继征（挂职，1月起）
总工程师　　余仕富

滇池管理综合行政执法总队

政　　委　　沈惠文

滇池管理渔业行政执法处

处　　长　　李勇云

滇池水生态管理中心

主　　任　　高　鑫

外事办公室

主　　任　　张晓明
副 主 任　　汪　浩
　　　　　　何云屏
　　　　　　习　青

国资委

主　　任　　陈　春
副 主 任　　张　宏
　　　　　　李世新（至12月）
　　　　　　高明媛
　　　　　　马振华（至8月）

研究室

主　　任　　朱尧绯（至8月）
副 主 任　　孙时映（至12月）
　　　　　　张鸿飞
　　　　　　陈垠宏（至7月）

金融办

主　　任　　李俊民
副 主 任　　付　文
　　　　　　顾　巍
　　　　　　董　姣
　　　　　　杨晖宇
　　　　　　陈　超（至10月）

扶贫办

主　　任　周开龙
副 主 任　程幼昆
　　　　　张连荣
　　　　　任熙忠
　　　　　袁亭聚
　　　　　苏瑞琪（挂职，8月起）

人防办

主　　任　陈国惠（至8月）
　　　　　李文斌（9月起）
副 主 任　张　慧（至8月）
　　　　　茹春荣（至8月）
　　　　　周丽玲（9月起）
　　　　　赵彦良（9月起）
　　　　　刘多利（兼，1月起）

政务服务管理局

局　　长　李　江
副 局 长　杨俊杰
　　　　　李　锐
　　　　　张　健（至5月）
　　　　　郑连刚
　　　　　何　珺（9月起）

公共资源交易管理局

局　　长　张　健（兼，至5月）
　　　　　杨俊杰（兼，12月起）

公共资源交易中心

主　　任　吴剑明

供销社

主　　任　李德荣（至10月）
　　　　　王彦平（11月起）
副 主 任　林　颖
　　　　　胡明良
　　　　　和　矛（7月起）
监事会主任　赵应良

社科院

院　　长　赵　龙（9月起）
副 院 长　陈勇强
　　　　　冯　瑞（10月起）

住房公积金管理中心

主　　任　陈友俊
副 主 任　杨克军（至8月）
　　　　　段　兴
　　　　　杨昌琴
　　　　　徐卿盛（10月起）
总会计师　曾牡卉
铁路分中心主任　陆周明
主城区管理部主任　张云燕（10月起）

地方志办公室

主　　任　母正荣
副 主 任　字应军
　　　　　李　洪

机关事务管理局

局　　长　肖　樱
副 局 长　杨　勇
　　　　　朱绍格（至6月）
　　　　　安　彬
　　　　　赵国华（1月起）
　　　　　陈垠宏（7月起）
　　　　　付力群（8月起）

防震减灾局

局　　长　靳树才
副 局 长　蒋静蓉（至7月）
　　　　　郭　沁（4月起）
　　　　　陈国惠（9月起）

昆明市政协各机构

办公室

主　　任　鲁云宏
副 主 任　杨武振（至1月）
　　　　　毕　猛
　　　　　丁　宗

委员联络委员会

主　　任　谭爱苹
副 主 任　李　霞

提案委员会

主　　任　张丽琼
副 主 任　王增桂

经济和农业农村委员会

主　　任　李昆敏（至1月）
　　　　　赵春泉（1月起）
副 主 任　严世清

人口资源环境和城乡建设委员会

主　　任　焦延田
副 主 任　张　骞

教科卫体委员会

主　　任　尹　俊
副 主 任　李　云

社会和法制委员会

主　　任　吕　志
副 主 任　冯月波

民族和宗教委员会

主　　任　木志群

文化文史和学习委员会

主　　任　苏国有

港澳台侨和外事委员会

主　　任　庞博河
副 主 任　孙美丽

研究室

主　　任　张海峰
副 主 任　黄爱玲
　　　　　李远芳

驻昆有关单位

税务局

局　　长　贺　伟（至3月）
　　　　　梁兴涛（3月起）
副 局 长　和志刚
　　　　　范一非（至9月）
　　　　　王　斌（至9月）
　　　　　袁　忠（至3月）
　　　　　申晓静（至9月）
　　　　　杨春龙
　　　　　罗继富
　　　　　康　焰
　　　　　陈智荣（挂职）
总会计师　孔胜昔
总经济师　滕世贤（至9月）
　　　　　白建伟

邮政管理局
局　　长　　钱允江

气象局
局　　长　　张成稳
副 局 长　　王占良
　　　　　　赵元茂

水文水资源局
局　　长　　肖　林

昆明供电局
总 经 理　　王昌照（至6月）
　　　　　　杨剑锋（6月起）
副总经理　　李仁杰
　　　　　　何　涛（至2月）
　　　　　　陈　勇（7月起）
　　　　　　万官泉（7月起）
　　　　　　谢一工
　　　　　　段尚琪（1月起）
　　　　　　叶利东（2月起）
总会计师　　陆映梅（至2月）
　　　　　　唐　莉（1月起）

国家统计局昆明调查队
队　　长　　黄　锷
副 队 长　　王瑞玲（至9月）
　　　　　　毛一恒（7月起）
　　　　　　王云华

新闻单位、大专院校

昆明报业传媒集团（昆明日报社）
董 事 长　　姚　宏
党委书记　　姚　宏
副 书 记　　钱丽雯（至7月）
社　　长　　姚　宏
副 社 长　　张稼文
　　　　　　刘光平
总　　编　　姚　宏
副 总 编　　闵晓阳
　　　　　　彭　涛
　　　　　　刘光平

昆明信息港管委会
主　　任　　张稼文

昆明广播电视局
局　　长　　汪明涛
副 局 长　　谷少华
　　　　　　李继刚

昆明广播电视台
董 事 长　　房旭东
台　　长　　房旭东
副 台 长　　李树荣（至1月）
　　　　　　罗力争（至8月）
　　　　　　蔡　毅
　　　　　　吕永平
　　　　　　郑良欢

昆明广播电视网络有限责任公司
执行董事　　田　文
总 经 理　　刘一涛
常务副总经理　赵丽蓉
副总经理　　罗　焰
　　　　　　马　黎
　　　　　　温继红
党委书记　　田　文
副 书 记　　刘一涛
　　　　　　杨　斌
纪委书记　　侯立阳

国有企业

烟草专卖局
党委书记　　田泽华
纪委书记　　孙　波
局　　长　　田泽华
副 局 长　　陈　智

烟草公司
经　　理　　田泽华
副 经 理　　杨永平
　　　　　　谢　敏（至11月）
总会计师　　王永振（至6月）

昆明公交集团有限责任公司
董 事 长　　苗献军
总 经 理　　闫　忠
副总经理　　姜　犹（至11月）
　　　　　　徐　昆
　　　　　　马　力（8月起）
党委书记　　苗献军
总会计师　　付继芳

开发（度假）区

昆明高新技术产业开发区管委会
党工委书记　陈　勇
副 书 记　　王　迅
　　　　　　陈思瑾
管委会主任　王　迅
副 主 任　　王冕一
　　　　　　张学平
　　　　　　向　明（9月起）

中国（云南）自由贸易区昆明片区
党工委书记　赵学锋
副 书 记　　李河流（兼）
　　　　　　何云虹（兼）
管委会主任　李河流
副 主 任　　王月冲（兼）
　　　　　　王桂泽（兼）
　　　　　　徐　春（兼）
　　　　　　李　勇（兼）
　　　　　　赵　昆（挂职）

昆明经济技术开发区管委会
党工委书记　赵学锋
副 书 记　　李河流
　　　　　　何云虹
管委会主任　李河流
副 主 任　　王月冲
　　　　　　王桂泽
　　　　　　徐　春（兼）
　　　　　　李　勇

昆明滇池旅游度假区管委会
党工委书记　武　斌
副 书 记　　熊　坚
管委会主任　徐毅清（9月起）
副 主 任　　成　民
　　　　　　王　军
　　　　　　肖新华
　　　　　　李　波

空港经济区

党工委书记　和丽川

副　书　记　魏　乾

管光茂

纪工委书记　曹志坚（至3月）

李文龙（3月起）

管委会主任　魏　乾

副　主　任　李云周（兼，至4月）

朱恒俊（至4月）

金　雄

张洁滔（4月起）

赵　亮（4月起）

蒋稳先（4月起）

高体兴（4月起）

昆明阳宗海管委会

党工委书记　袁培文（至1月）

郝国栋（7月起）

副　书　记　郝国栋（至6月）

张　磊（9月起）

管委会主任　袁培文（至1月）

郝国栋（7月起）

副　主　任　孙继华

金炯平

肖真雷

巨春良

洪志华

嵩明杨林经济开发区管委会

党工委书记　杨相来（至8月）

陈　伟（8月起）

专职副书记　李绍文

副　书　记　李进波（兼）

纪委书记　李绍文（兼）

管委会主任　杨相来（至8月）

陈　伟（8月起）

副　主　任　董　辉（至1月）

杨明和（4月起）

李永山（4月起）

民主党派

民革市委

主任委员　邓水云（兼）

副主任委员　邵云华

刀福东（兼）

周　迅（兼）

民盟市委

主任委员　刘　龚（兼）

副主任委员　李　霞

赵　坚（兼）

陈垠宏（兼）

刘海燕（兼）

张韶维（兼）

民建市委

主任委员　高中建（兼）

副主任委员　陈湘榆

张汉举（兼）

石　磊（兼）

民进市委

主任委员　王　键（兼）

副主任委员　余　平

田　峰（兼）

靳　宇（兼）

许　睿（兼）

邓国谊（兼）

农工党市委

主任委员　马　涛（兼）

副主任委员　徐　辉

戴　彬（兼）

马　俊（兼）

吴继昆（兼）

致公党市委

主任委员　李冰晶（兼，至9月）

董　辉（9月起）

副主任委员　王延春（兼，至9月）

谷　欣（兼，至9月）

李　蔚（兼，至9月）

高云龙（9月起）

阮　勇（兼，9月起）

魏　明（兼，9月起）

杨旭东（兼，9月起）

九三学社市委

主任委员　张铁松（兼）

副主任委员　杨　伟

段　伟（兼）

成　钢（兼）

唐　翀（兼）

人民团体

总工会

主　　席　戚永宏

常务副主席　赵健吾

副　主　席　李　祥

李俊涛

刘　辉

何树升（9月起）

团市委

书　　记　王彦彦

副　书　记　黄　斌

林　勤（至10月）

王乂丫

妇联

主　　席　张　姝

副　主　席　王朝晖

王学艳

郭丽辉（8月起）

李树燕（挂职，10月起）

社科联

主　　席　龚志龙

副　主　席　赵　勇

张震鸿（6月起）

科协

主　　席　盛　军

常务副主席　齐　江

副　主　席　张学华（至3月）

何文林

张　波（9月起）

潘瑞林（9月起）

文联

主　　席　陆毅敏

副　主　席　刘云坤

周海霞

工商联（总商会）

主　　席　董　林

常务副主任　冉德涛

副 主 席　訾贵金
范莉华

侨联
主　　席　尹朝晖（8月起）
副 主 席　毕娇娇
张倩倩（8月起）

台联
会　　长　李为民
专职副会长　万　方
党组书记　朱家健（至7月）

残联
理 事 长　马文森（至1月）
杨　雄（1月起）
副理事长　庞　文（至8月）
廖海滨（5月起）
陇　猷（8月起）

红十字会
会　　长　周红斌
常务副会长　杨　凡（至12月）
副 会 长　冯　浩（至12月）

市计生协会
会　　长　周红斌
常务副会长　普跃英
副 会 长　潇　潇
李跃文

县（市、区）

五华区
区委书记　陈　伟（至9月）
梁　崑（9月起）
副 书 记　杨泽松
王秀江
人大常委会主任　苏天福
副 主 任　王　勇
布艳芬（至2月）
余　彦（至2月）
期丽琼（至2月）
邹新宇（5月起）
姚丽芳（5月起）
和　旭（5月起）
代理区长　王秀江（至5月）
区　　长　王秀江（5月起）
常务副区长　李　宁
副 区 长　郭　颖
何跃龙
李克武
徐　静
朱显福（至5月）
李德荣（5月起）
政协主席　凡　群
副 主 席　许萍森
孙　骥
陈达祥（至1月）
马文浩（5月起）
纪委书记　马汝恒（至5月）
郭　涛（7月起）
监察委主任　马汝恒（至5月）

盘龙区
区委书记　孙　杰
副 书 记　沃　磊
朱金玉
人大常委会主任　汪宏昌
副 主 任　张云燕
喻星源（至5月）
张有为
陈雁兵（至5月）
袁庆华（5月起）
区　　长　沃　磊
常务副区长　段　超
副 区 长　易迎霞（至1月）
张　波
马　伟
成　钢
刘晓航
赫诗锦（挂职，至7月）
蒋晓庆（8月起）
政协主席　陶建宇
副 主 席　武　梅（至5月）
肖　毅
耿　琏（至5月）
赵云昆
刘美仙（5月起）
张　德（5月起）
纪委书记　汪洪忠
监察委主任　汪洪忠（5月起）

官渡区
区委书记　和丽川
副 书 记　周　燕
钱宏俊
人大常委会主任　刘利升
副 主 任　郭玉英（至1月）
石玲红
李洑生
汤　澎
钱曙民（5月起）
区　　长　周　燕（5月起）
代理区长　周　燕（至5月）
常务副区长　赵　昆
副 区 长　储云川（至8月）
李　韬（至7月）
马春梅
费劲松（至3月）
李雄彬
娄张祥（7月起）
黄忠梁（3月起）
马建坤（10月起）
政协主席　刘峻松
副 主 席　李　武（至1月）
丁健琳（至1月）
张汉举
袁纪文
李建勋（5月起）
费劲松（5月起）
纪委书记　周定龙
监察委主任　周定龙（5月起）

西山区
区委书记　王　忠
副 书 记　陈瑞斌（至10月）
陈　净
朱　滔（10月起）
人大常委会主任　李　增
副 主 任　刘　伟
矣志高
李金义
孔　卫
区　　长　陈瑞斌（至10月）
代理区长　朱　滔（10月起）
副 区 长　朱　滔（10月起）
田　峰
陈　晓
罗　东（至5月）

杨　凯
李　辉（5月起）
贾海虹
政协主席　章　震
副主席　李正良
舒静涛
赵钰梅
明志新
纪委书记　谭先权（至1月）
土绍芳（7月起）
监察委主任　谭先权（至7月）

呈贡区

区委书记　尹旭东
副书记　张先宝
李友华
徐贵明（挂职）
人大常委会主任　马宏途
副主任　张明华
杨莲芝（至1月）
杨旭海
高艳萍
区长　张先宝
常务副区长　浦　泰（至8月）
副区长　王　丹
张建文
王　刚（至7月）
杨　云
郭静雨（至5月）
朱　明（7月起）
汪　峰（7月起）
政协主席　杨绍斌
副主席　杨跃云（至5月）
赵　津
王毅强
岳绍萍（至1月）
张　雁（5月起）
刘　燚（5月起）
纪委书记　余利鸿
监察委主任　余利鸿

东川区

区委书记　胡江辉
副书记　陈　江
李德鸿（至5月）
黄　杰（7月起）
人大常委会主任　尹加华
副主任　马　俊（至1月）
李思禾
吴云惠（至1月）
阳卉仙（5月起）
杨　宏（5月起）
周自开（5月起）
区长　陈　江
副区长　赵国明
翁　磊
颜　静
赖昱辉（至7月）
黄大龙
晏　寅（5月起）
李顺朝（10月起）
秦智韬（挂职）
胡　明（挂职，10月起）
季　赟（挂职）
马　俊（挂职，至8月）
政协主席　张家福
副主席　孙庆辉
刘忠良（5月起）
邹　康（至1月）
陈勤龙
李泓运
纪委书记　刘　彬
监察委主任　刘　彬

安宁市

市委书记　张勤勋
副书记　毕绍刚
王胜章（至8月）
浦　泰（8月起）
人大常委会主任　尹贵生
副主任　李国祥
曹忠昌
蔡志勇
王　燕
代理市长　毕绍刚（至5月）
市长　毕绍刚（5月起）
副市长　刘文先
王　梅
倪　红（挂职，至7月）
张才兴
韩富国（至3月）
孙　凯（挂职，5月起）
王志敏
张纪辉（5月起）
政协主席　耿玉立
副主席　夏荣生
李玉平
张　辉
胡毅洁
纪委书记　景碧昆（至5月）
陈泰宇（5月起）
监察委主任　陈泰宇（5月起）

晋宁区

区委书记　李福军
副书记　徐　波（至7月）
杨万洪
人大常委会主任　李飞鸿
副主任　李德政
赵丽娟（至1月）
李树功（至1月）
刘　艳
杨迎春（5月起）
张玉昆（ 5月起）
区长　徐　波（至7月）
代理区长　杨万洪（7月起）
常务副区长　吕　丰
副区长　李绍荣
李云良
陈海清
李雁遐
娄张祥（至7月）
熊定卫（挂职，至4月）
杨卫平（7月起）
政协主席　普鸿昌
副主席　肖子建（至1月）
夏维林
肖红良
李永红
杨睿宗（5月起）
纪委书记　钱德剑（至5月）
母微涛（7月起）
监察委主任　母微涛（7月起）

富民县

县委书记　李旭东（至9月）
副书记　王　磊
张津华
人大常委会主任　杨　超
副主任　张向阳
张玉美

何万强
石　固（5月起）
代理县长　王　磊（至5月）
县　　长　王　磊（5月起）
常务副县长　周晓贤
副 县 长　徐玫娟
刘建军
李　辉（至5月）
王九飚
唐洪发
周　明（5月起）
孙　源（挂职）
政协主席　徐世荣
副 主 席　熊　军
彭学云
彭跃东
杨立清
纪委书记　石惠玲（至5月）
曹　圣（5月起）
监察委主任　石惠玲（至5月）
曹　圣（5月起）

宜良县

县委书记　李绍俊
副 书 记　刘中政
吴智峰
人大常委会主任　张贵平
副 主 任　杨云章
李秀英
马明良
李奉纲
县　　长　刘中政
常务副县长　李跃忠（5月起）
副 县 长　王亚芳（至3月）
孙自林
李德荣（至5月）
杨洪坤
刘春菊
李锦昌
丁　杰
李富平（5月起）
政协主席　段　富
副 主 席　王　刚
许正斌
马丽波
刘海燕
纪委书记　涂国尧
监察委主任　涂国尧（5月起）

嵩明县

县委书记　杨相来（至7月）
陈　伟（7月起）
副 书 记　李进波
霍　延
人大常委会主任　姚富正
副 主 任　洪志伟（至1月）
杨晓影
桂志芬
王天寿
杨燕宏（5月起）
代理县长　李进波（至5月）
县　　长　李进波（5月起）
副 县 长　董　辉（至1月）
胡国海（至5月）
艾发伟（至5月）
潘　智
杨绍聪
孔令梅
苏志云（兼）
李剑锋（7月起）
于　磊（挂职）
政协主席　李俊彪
副 主 席　普菊珍
李　贞
邵晓松
杨　伦
纪委书记　徐　斌
监察委主任　徐　斌（5月起）

石林彝族自治县

县委书记　梁　崑（至9月）
陈瑞斌（9月起）
副 书 记　普建勇
黄世建（至1月）
李雁昆（3月起）
人大常委会主任　张忠贵
副 主 任　杨春宝
潘佳良
毕福祥（至1月）
王　虹
宗家富（5月起）
县　　长　普建勇
常务副县长　余　春
副 县 长　苏云波（至1月）
张持恒（至1月）
周春林
殷　瑕
王斌宁
周　蔚（5月起）
桂　明（7月起）
政协主席　者培仙
副 主 席　刘琴龙
潘华光
李　湖
毕宏志
纪委书记　张　晖
监察委主任　张　晖

禄劝彝族苗族自治县

县委书记　焦　林
副 书 记　李开德
王亚芳（3月起）
人大常委会主任　张光文
副 主 任　朱淑芬
吴明泽
张成武（至1月）
刘琴芬（至1月）
付秀美（5月起）
王开富（5月起）
县　　长　李开德
常务副县长　张大福（至10月）
副 县 长　闫国勋
李植红
王丕兴
李兴翠
张世斌
李　俊（挂职，至8月）
刑军善（挂职）
吴振华（挂职）
政协主席　张庆学
副 主 席　张　怡
赵　明
张运平（至1月）
王永云
李永超（5月起）
纪委书记　阮世伟
监察委主任　阮世伟（5月起）

寻甸回族彝族自治县

县委书记　何健升
副 书 记　马　郡

王　军
人大常委会主任　张永萍（至10月）
副　主　任　赵文富（至7月）
杨朝旺
张光凤
马全亮（5月起）
县　　长　马　郡
常务副县长　李东华（至10月）
副　县　长　郭　沁（至4月）
朱选高
何盛龙（挂职，至8月）
方元升（挂职）
董玉国（挂职）
马加斌
王嘉懿
杨正龙
龙晶晶（3月起）
李彦垒（挂职，5月起）
政协主席　肖正坤
副　主　席　周利辉
方正平
马仲敏
赵德伟
纪委书记　郭　松
监察委主任　郭　松（5月起）

（资料由撰稿单位提供，李震整理，市委组织部审核）

年度概述

概　况

2020年，昆明市面对国内外形势深刻变化和新冠肺炎严重冲击，坚持以习近平新时代中国特色社会主义思想为指导，认真贯彻落实习近平总书记考察云南重要讲话精神，统筹做好疫情常态化防控和经济社会发展各项工作，着力抓“六稳”，促“六保”，全年经济运行持续稳定恢复，主要指标全面回升，产业复苏太势较好，发展质效持续改善。全市地区生产总值6 733.79亿元，同比增长2.30%，增速较前三季度加快1.20个百分点，并呈现逐季加快恢复态势。分产业看，第一产业增加值312.35亿元，增长5.60%；第二产业增加值2 102.93亿元，增长1.40%；第三产业增加值4 318.51亿元，增长2.50%。三次产业结构4.6：31.2：64.2，第一、二、三产业对经济增长的贡献率分别为9.80%、22.50%、67.70%，分别拉动全市GDP增长0.2、0.5和1.6个百分点。

全市工业增加值1 324.98亿元，比上年增长0.7%。规模以上工业增加值增长0.9%。一般公共预算收入650.47亿元，增长3.2%。其中，税收收入515.38亿元，增长1.2%，占一般公共预算收入的比重79.2%。一般公共预算支出875.05亿元，增长6.6%。其中，民生支出635.82亿元，占全市一般公共预算支出的比重72.7%。固定资产投资（不含农户）经上年增长8.1%；社会消费品零售总额3 070.44亿元，下降3.6%；城镇和农村常住居民人均可支配收入分别达48 018元和17 719元，分别增长3.7%和8.3%；全年居民消费价格比上年上涨3.1%；至年末，全市城镇登记失业率4.22%，农村劳动力转移就业16.56万人次。

经济建设

2020年，昆明市面对错综复杂国际形势、艰巨繁重改革发展任务以及新冠肺炎疫情严重冲击，科学统筹疫情防控和经济社会发展，扎实做好“六稳”工作，全面落实“六保”任务，实现经济稳步复苏向好和社会事业全面进步。

经济发展持续向好。2020年，全市一般公共预算收入完成650.47亿元，同比增长3.20%，其中，税收收入515.38亿元，增长1.20%，税收收入占全市一般公共预算收入79.20%，非税收入135.09亿元，增长11.90%。保民生力度加大，全市一般公共预算支出完成875.05亿元，增长6.60%，民生支出占一般公共预算支出比重为72.70%。其中，教育支出增长5.40%，卫生健康支出增长11.40%，住房保障支出增长61.0%。城镇常住居民人均可支配收入48 018元，增长3.70%；农村常住居民人均可支配收入17 719元，增长8.30%。就业保持总体稳定，城镇登记失业率4.22%。企业效益平稳增长，全市规模以上工业企业利润总额250.89亿元，同比增长10.6%，资产负债率55%，同比下降1个百分点。在有效应对疫情基础上实现经济平稳增长，主要经济指标完成情况好于预期，2020年全市地区生产总值6 733.79亿元，增长2.30%，增速从一季度下降5.60%，到上半年下降1%，到前三季度增长1.10%，再到全年增长2.30%，呈现总体回稳、逐季加快、复苏向好态势。

有效发挥投资关键作用。2020年，昆明市固定资产投资增速为8.10%，高于全省0.40个百分点，三次产业投资增速分别为35.80%、7.90%、7.80%。稳投资力度不断加大。全年新增入库项目1 417个，同比增长41.90%。抢抓国家政策“窗口期”，强化资金要素保障，全年争取地方政府专项债券183.66亿元、抗疫特别国债17.92亿元，向上争取资金达230.30亿元。投资结构呈现优化趋势。75个项目入选省工业转型升级“3个100”重点项目库，闻泰智能制造产业园（一期）等51个亿元以上项目开工，云南绿色能源产业园、紫光芯云产业园等188个亿元以上项目加快建设，工业和信息化投资增长13.20%。新型基础设施建设加快推进，国产化整机服务器生产线等62个重点项目完成投资超过265亿元。民间投资活力增强，增长10.50%，占全部投资比重53.20%，较上年同期提高1.20个百分点。社会民生领域投资增势强劲，水利投资增长27.80%，卫生投资增长23.50%，农业投资增长20.60%。重点项目稳步推进。开展“重大项目攻坚提速”专项行动，640个市级重点项目完成投资3 104.60亿元，完成年度计划104%。其中，重点在建项目完成投资2 480.90亿元，完成年度计划111%；重点新开工项目完成投资623.70亿元，完成年度计划83%；72项重点前期项目有序推进。

消费市场持续复苏。积极开展各类促消费活动，安排1亿元财政资金发放消费券，有力推进消费回暖，全市社会消费品零售总额3 070.44亿元，降幅收窄至3.6%，与全省持平。线上销售高速增长，通过公共网络实现商品销售增长72.50%，跨境电商交易额增长180%。生活必需品保持平稳增长，粮油食品类增长7.40%，饮料类增长16%。消费升级类商品增长较好，金银珠宝类增长8.90%，中西药品类增长6.80%，通信器材类增长7.70%，汽车类降幅收窄至2.30%。南屏步行街入围国家第二批改造提升试点街区，夜间经济入列全国十强。都市主题游乐项目、特色小镇、乡村旅游成为新的旅游增长点，入选首批国家文化和旅游消费示范城市。

产业基础不断夯实。高原特色都市现代农业提质增效。全年蔬菜总产量332.57万吨、外销占比79.70%，鲜切花产量73.03亿枝、同比增长9.10%。27个品牌和企业入选云南“10大名品”“10强企业”“20佳创新企业”。工业新增长点加速培育。健全支持制造业高质量发展政策体系，规模以上先进装备制造业增加值增长16.40%。加快生物医药转型发展，昆明国际工业大麻产业园揭牌，昆明细胞产业园开园，细胞产业“一园一院六中心”建设有序推进。能源产业迅速崛起，乌东德水电站首批机组投产发电，电力热力的生产和供应业增加值增长21.10%。高新区获批全国先进制造业与现代服务业融合发展试点区域。安宁工业园区成功创建国家级绿色园区。服务业发展势头较好。昆明大健康产业地图上线运行，鹏瑞利健康城、泰康之家健康城等122个大健康产业项目加速建设。文旅融合发展提速，2个旅游村入选国家重点乡村特色旅游村，新增市级文创产业园区10家，授牌认定首批市级VR/AR产业园4家，入选首批国家文化和旅游消费示范城市。首批国家骨干冷链物流基地落户昆明，昆明商贸服务型国家物流枢纽入选国家物流枢纽建设名单。金融业增加值达到771.6亿元，增长3.4%。新认定总部企业21户，保有税收亿元楼宇48幢、千万元楼宇57幢。数字经济蓬勃发展。全国首个省级区块链中心（云南省区块链中心）挂牌成立，“刷脸就行”工程应用场景不断扩大。浪潮云南智能制造生产基地正式投产，填补了全省PC、服务器、整机制造空白。新建5G基站10 032个，重点区域、重点场景5G信号连续覆盖。入选全国特色型信息消费示范城市。

政治建设

2020年，昆明市始终把学习贯彻习近平新时代中国特色社会主义思想和习近平总书记考察云南重要讲话精神作为首要政治任务，教育引导全市党员干部增强“四个意识”、坚定“四个自信”、做到“两个维护”。

加强党的政治建设，巩固拓展“不忘初心、牢记使命”主题教育成果，抓实“寻标对标达标创标”行动，扎实开展“双报到双报告”工作。深入开展“以案促改”警示教育和“肃流毒、除影响、清源头、树正气”专项行动，坚决肃清白恩培、秦光荣、仇和等流毒影响。旗帜鲜明坚持党管宣传、党管意识形态、党管媒体，调整充实市委宣传思想工作领导小组和市委意识形态工作领导小组。持之以恒正风肃纪，深化拓展基层减负工作。制订学习贯彻《中国共产党宣传工作条例》实施方案，制定出台《中共昆明市委关于加强和改进党的新闻舆论工作的实施意见》《昆明市党务政务公开新闻发布管理实施办法》《昆明市人民政府新闻发布会实施方案》《关于推动县级融媒体中心建设的实施意见》等系列制度文件，进一步完善坚持正确导向的舆论引导工作机制。按照“政治过硬、本领高强、求实创新、能打胜仗”要求，加强宣传思想战线领导班子、干部队伍、专业人才建设。以增强脚力、眼力、脑力、笔力“四力”为重点，大力实施“六大行动”，加强思想淬炼、政治历练、实践锻炼、专业训练。以党性教育、能力提升、业务培训为重点，组织培训班4期，培训370余人。以文化名家暨“四个一批”人才工程为龙头，统筹推进各领域人才建设，大力培养全媒体人才。抓好乡镇宣传委员队伍建设，全市139个乡(镇、街道)全部按副科级配备乡(镇、街道)宣传委员，本科及以上学历人员占比达97.8%。

持续深化文化供给侧结构性改革，着力抓好城乡居民扩大文化消费试点，扎实推进国家公共文化服务体系示范区创建，文化惠民工程取得新成效。深入实施文化建设和产业发展“510”工程，认定扶持拾翠民艺园、云纺文创园等市级文创园区30家，积极培育VR/AR产业新业态。文艺精品创作不断加强，打造创意昆明、昆明民族时装周等一批具有鲜明辨识度的城市文化品牌。稳步推进区域性国际人文交流中心建设，提升国家文化出口基地建设水平，国际友城“朋友圈”日益扩大，文化对外影响力和国际传播能力不断增强。组织开展“南亚东南亚媒体昆明行”、澜湄万里行中外媒体大型采访活动，外宣杂志《看昆明》及微信公众号对外辐射功能日益凸显，一批高质量新媒体产品在全网形成刷屏效应。精心策划开展《生物多样性公约》第十五次缔约方大会(COP15)系列宣传，滇池清、春城绿、昆明蓝的生态底色更加亮眼，连续两年上榜“中国十大美好生活城市”。扎实做好《习近平谈治国理政(第三卷)》学习使用，在全省率先推行线上学习、评审、比赛“三位一体”方式，精心组织“新时代新作为新篇章”系列学习活动。全省首个市级平台“学习强国”昆明学习平台顺利上线，举办学习达人评选、知识竞赛、元旦灯光秀等系列活动。建立“1+1+5+1”宣传工作机制，创新推出社会宣传“十有工作法”，全市“报、台、网、微、端、屏”全媒联动、融合发力。深入开展“决胜全面小康、决战脱贫攻坚”等重大主题宣传，召开10场系列新闻发布会，开设“打赢脱贫攻坚战　全民共圆小康梦”“以高质量发展决战决胜高水平全面小康”等专题专栏30余个。

注重抓好调查研究。紧扣全市中心工作和市委决策部署，以精品意识深入调查研究，大胆创新探索，聚焦区域性国际中心城市建设的战略性、前瞻性问题，聚焦贯彻落实习近平总书记考察云南重要讲话精神、高质量推进区域性国际中心城市建设，以及事关全市改革发展稳定的全局性问题和市委领导关注的热点难点问题，围绕党办业务工作、自贸区昆明片区发展、生态文明建设、营商环境等方面组织完成20项调研课题，形成《数字昆明背景下加强虚拟现实(AR/VR)技术融合应用的对策研究》等一批优秀研究成果，并积极促进调研成果转化为市委工作思路和具体举措，为市委、市政府改革决策提供参考。加强干部队伍建设。严格选人用人程序和标准，注重德才兼备、实干实绩、人事相宜、人岗相适。2020年，推荐提拔正处级领导干部3名、副处级领导干部6名，选拔任用科级领导干部9名(正科级4名、副科级5名)，平职交流科级干部20名。按照公务员职务与职级并行规定，晋升二级调研员2名、三级调研员2名、四级调研员1名、一级主任科员22名、二级主任科员2名、三级主任科员7名、四级主任科员24名、档案专业初级职称2人，进一步优化干部队伍结构。

文化建设

2020年是昆明市创建第四批国家公共文化服务体系示范区冲刺攻坚之年，昆明市立足保持全省文化建设排头兵地位和建设领先西部、示范全国的公共文化服务体系示范区奋斗目标，全市各级有关部门对标创建、补齐短板，完善设施、丰富内容，在文化服务、管理和品牌创建等方面积极探索创新，打造公共文化服务“昆明模式”。

2020年，市级累计下达1 154.5万元资金支持3个县级馆、11个乡(镇、街道)文化站、112个行政村(社区)综合性文化服务中心实施新建(改扩建)工程，并将乡、村两级公共文化设施达标建设纳入2020年全市目标军令状，确保完成“十三五”期间乡(镇、街道)文化站、行政村(社区)综合性文化服务中心全部达标的目标。基层公共文化服务专项资金由人均17元增至人均20元，全市安排基层公共文化服务包专项资金从2019年10 974万元增至12 911万元，年均增长17.65%。完成第五次全国文化馆评估定级工作。组织专家对14个县(市、区)级文化馆进行实地和线上评估，经初评，14个县(市、区)文化馆均达到三级以上标准。下拨全市美术馆、公共图书馆、文化馆(站、室)免费开放补助资金1 359万元，保障全市公共文化设施的免费开放工作。

2020年，市图书馆新增图书18 137种共43 350册，馆藏总计1 159 853册(不含电子书)，接待读者53.7万人，外借书刊读者12万人次，39万册次，电子阅览室免费开放时长达600余小时，接待读者6 000余人次，接受个人及社会各界捐赠图书398种809册，完成272册38 388页古籍数字化工作，168册22 388页民国文献数字化工作，732册30万页的地方文献数字化工作。全年开展全民阅读推广活动12场，参与人数201 480人；举办讲座37场，受益听众1 623人次；展览14场，观展人数73 540人；线上PC端展览400余场及每周更新一期微信端展览。全市15个公共图书馆、16个文化馆、139个乡(镇、街道)文化站、1 676个行政村(社区)综合性文化服务中心向残疾人、农民工及外来务工子女、留守儿童、妇女等特殊群体免费开放，免费提供公共文化服务。

投资680余万元全面完成市、县两级公共图书馆文化馆总分馆和数字化建设，完成全市2个市级中心馆、28个县级总馆、139个乡(镇、街道)公共图书馆、文化馆分馆建设，实现总分馆体系的县、乡两级全覆盖，并积极向村级延伸，共打造村级公共图书馆服务点537个，文化馆服务点1 676个，构建起全市公共图书馆文化馆“市级区域中心馆—县级总馆—乡(镇、街道)分馆—行政村(社区)基层服务点”四级公共文化服务网络。建成全省首个、西部领先的覆盖14个县(市、区)文化馆、139个乡(镇、街道)文化站的昆明市文化馆数字文化服务平台。将全市农家书屋藏书编入全市图书借阅管理系统，实现县域范围内图书借阅的通借通还，市级投入300万元资金用于部分农家书屋的书目更新和书目录入设备购置。建成市文化馆、图书馆6个地方特色资源数据库。

依据上位法律、法规和昆明文物工作实际，起草并印发《落实关于加强文物保护利用改革的若干意见的任务分工方案》，明确全市2035年以前关于文物保护利用改革的任务分工；与市财政局联合印发《昆明市文物保护利用专项资金管理暂行办法》。截至2020年底，昆明市博物馆馆藏文物总号数10 257件套，实际数量21 147件，其中2020年度新增藏品107件套，新增实际数量189件。文物新增具体情况如下：新增书画20件套，实际数量22件；新增近现代文物25件套，实际数量39件；新增瓷器文物27件，实际数量57件；新增杂项文物7件套，实际数量8件；新增陶器文物2件，实际数量2件；新增少数民族服饰20件套，实际数量55件；新增飞虎队文物1件；新增民俗文物5件。及时完成以上文物的整理、除尘、分类、编号、登记、上账、入库、入柜、上架等工作。

生态文明建设

2020年，昆明市严格贯彻落实生态文明体制改革领域内的重大决策部署，对生态文明体制改革专项小组42项改革任务进行细化分解、统筹推进。启动国家、云南省生态文明建设示范市创建工作，编制《昆明市创建国家生态文明建设示范市工作方案》，成立由昆明市委书记、市长任双组长的昆明市生态文明建设示范市创建工作领导小组，高位统筹推进创建工作。

蓝天保卫战。按照“预防为主、防治结合”原则，印发实施《2020年昆明市大气污染防治工作目标任务》，着力解决以颗粒物(PM10、PM2.5)、二氧化氮(NO_2)和臭氧(O_3)为主控污染物的大气污染问题。组织编制《昆明市大气污染防治条例》，印发实施《关于划定高排放非道路移动机械禁止使用区域的通告》，对高污染燃料、机动车、非机动车使用区域进行划定，减少大气面源污染。与国内知名科研院所合作开展《昆明市环境空气臭氧污染来源解析及细颗粒物——臭氧协同防治路径研究》，印发实施《昆明市环境空气质量提升保障及臭氧防控工作方案》。印发实施《昆明市环境空气重污染应急预案》，统一预警分级，做好重污染天气应急工作。2020年，昆明市主城空气质量优良率100%，昆明市环境空气质量达到国家二级标准。

碧水保卫战。严格贯彻落实水污染防治行动计划，深入推进以滇池治理、长江流域(昆明段)大保护为重点的水污染防治。印发实施《2020年度昆明市水污染防治工作目标任务》，昆明市政府与各县(市、区)政府签订《2020年度昆明市各县(市、区)地表水断面目标责任书》。推进入河排污口溯源整治，针对昆明市水务局移交的377个入河排污口信息名录，开展进一步深入核查工作，编制完成《昆明市入河排污口核查报告》和昆明市入河排污口信息表和名录，组织监测力量对金沙江干流及主要支流165个无责任主体入河排污口开展水质监测。持续推进集中式饮用水水源地攻坚战，制订《昆明市1000人以上乡镇级集中式饮用水水源地保护区划定工作方案》，完成“千吨万人”饮用水水源地及“1000人以上乡镇级饮用水水源地”划定工作。2020年，滇池全湖水质Ⅴ类(其中，外海水质Ⅴ类，草海水质Ⅳ类)，阳宗海水质稳定保持Ⅲ类。纳入国考(省考)25个地表水断面水质全部达标、达标率100%，优良水体19个、优良率76.0%，超额完成国家和省下达40%的目标，劣Ⅴ类水体全面消除。

净土保卫战。强化“土十条”实施调度管理，印发实施《2020年度昆明市土壤污染防治工作目标任务》，加强土壤污染重点监管单位监管、建设用地土壤污染风险防控、典型污染场地治理与修复示范，开展23个地下水国考点监测工作。制定《昆明市建设用地土壤污染状况调查报告评审办事指南(试行)》，完成495个重点行业企业用地土壤污染状况基础信息调查。制订《推进昆明市农村生活污水治理实施方案》，开展县(市、区)农村生活污水治理专项规划编制，推进不同类别农村生活污水防治。完成地下加油灌防渗改造1 630个，改造完成率100%，停工停产16个。抓好新修订《中华人民共和国固体废物污染环境防治法》的贯彻落实，持续推进固体废物及重金属污染治理攻坚战，制定《昆明市固体废物及重金属污染治理攻坚战考核实施细则》。完成工业固废堆存场所整治9家、“清废行动”问题点位整治18个。加快东川区10个重金属项目建设，完工6个、正在开工建设4个。出台《昆明市城镇污水处理厂污泥处置环境影响跟踪监测技术规范》《昆明市城镇污水处理厂污泥处置环境监察规范》《昆明市城镇污水处理厂污泥处置环保竣工验收技术规范》3个地方标准。疫情防控期间切实加强新型冠状病毒医疗废物处理处置环境监管，收集处置医疗废物9 000余吨。

（资料来源：2021年《昆明市政府工作报告》，2021年版《昆明市情》及相关委办局年鉴资料，由市志办年鉴处整理。）

大 事 记

编辑：李　震

2020年昆明市10件大事

1. 习近平总书记到昆明考察调研

1月20日，中共中央总书记、国家主席、中央军委主席习近平到昆明考察调研。习近平总书记先后到滇池星海半岛生态湿地、昆明国际会展中心年货市场、国立西南联合大学旧址等地，实地察看滇池保护治理情况和春节前夕市场供应情况，听取云南省和昆明市关于加强生态环境保护、筑牢西南生态安全屏障总体情况汇报，并在昆明国际会展中心展厅外广场上，向云南群众、向全国各族人民、向港澳台同胞和海外侨胞致以新春祝福。

2. 昆明市发布全国首个新冠肺炎疫情防控领域标准

2月10日，昆明市发布中国首个新冠肺炎疫情防控领域标准。在新冠肺炎疫情防控工作中，云南省急救中心积极探索、不断完善新冠肺炎疑似、确诊或主诉发热症状相关病人的呼救受理和转运工作流程及规范，形成新冠肺炎疫情院前呼救响应规范，并向昆明市市场监管局申报立项，制定《新冠肺炎疫情院前呼救响应指南》地方标准。2月6日，紧急立项后，昆明市市场监督管理局和云南省急救中心组织行业专家、标准化专家共同起草标准，经反复修改、完善、专家技术审查、征求意见，形成《新冠肺炎（NCP）疫情院前呼救响应指南》标准文本，2月10日，昆明市政府同意批准发布。该标准对规范新冠肺炎疫情院前急救呼救处置等内容做出统一规定，旨在通过科学判断及时对呼叫患者做出准确甄别，实施及时有效地精准救治，是中国首个发布新冠肺炎疫情院前呼救响应标准，也是新冠肺炎疫情防控领域中国首个发布的标准。

3. 全国首个区块链中心（云南省区块链中心）落地昆明

3月15日，由云南省人民政府主办的全国首个区块链中心——云南省区块链中心挂牌仪式在昆明市五华科技产业园举行。阿里巴巴科技（北京）有限公司、杭州趣链科技有限公司、中思博安科技（北京）有限公司、圣加南生物科技有限公司等24家顶级区块链企业作为首批入驻企业入驻中心，初步形成“龙头聚集、平台多元、投资活跃、活动丰富”的产业发展环境。云南省区块链平台是全省统一区块链服务平台，旨在通过打造云南省绿色食品“十大名品”溯源系统、工业大麻监管系统、跨境电商产品溯源系统、电子病历信息共享系统、住房维修资金管理系统、区块链电子凭证、区块链供应链金融、司法存证固证等行业应用场景，助力数字云南整体升级。云南省区块链中心成立，将加速企业聚集，繁荣发展生态，催生更多区块链产业，成为云南数字经济发展高地。依托于云南省发改委、阿里云和蚂蚁区块链的国内首个省级区块链平台——云南省区块链平台同步上线。云南省区块链产业联盟同步成立，38家国内外企业加入，作为全国首个省级层面推出的区块链溯源商品码——“孔雀码”也在挂牌仪式上正式发布。

4. 乌东德水电站大坝工程全线贯通

6月13日，金沙江乌东德水电站大坝工程坝顶大坝1号表孔连接段浇筑至988高程，标志着世界第七大、中国第四大水电站——乌东德水电站大坝完成最后一仓混凝土浇筑任务，大坝工程全线贯通。乌东德水电站位于四川省会东县和云南省昆明市禄劝县交界处的金沙江河道上，是中国在全面建成小康社会决胜阶段建设的首座千万千瓦级水电站。2017年3月16日，乌东德水电站大坝首仓浇筑，并首次运用全坝段低热水泥、4.5米高升层模板以及智能通水、智能灌浆等多项史无前例的技术创新，攻克“无坝不裂”业界“顽症”。2020年5月28日，电站首批机组启动试运行，6月4日，电站水库成功蓄水至945米，实现第二阶段蓄水目标，7月，首批机组投产发电。预计2021年底全部机组投产发电。

5. 北汽昆明基地首批地产车批量交付

6月16日，北汽（昆明）项目“绿动云南战略联盟”签约暨地产车批量交车仪式在北汽昆明生产基地举行，首批地产车——BEIJING-EU5和BEIJING-EU7正式亮相。北汽昆瑞项目是云南省首个拥有乘用车、商用车和改装车资质的项目，首个拥有新能源汽车和传统汽油车资质的项目。昆明基地定位于新能源汽车，瑞丽基地重在辐射东南亚市场。北汽昆明生产基地产品定位于新能源乘用车，是北汽第一个纯新能源汽车生产基地。北汽与云南能投、昆明中北交通旅游集团、昆明发展投资集团、南方电网云南电动、滴滴出行、奥动、北汽财务共同签署“绿动云南战略联盟”协议，将整合企业和地方政府两大资源，在交通智能化、出行网联化等方面建立互惠互利发展平台。省委常委、市委书记程连元，副省长董华，北汽集团党委书记、董事长徐和谊出席仪式。

6. 浪潮云南智能制造生产基地成立

6月23日，浪潮云南智能制造生产基地揭牌暨产品正式下线活动举行。生产基地首台PC、服务器产品正式下线，标志着数据中心所需全部硬件产品实现“云南造”，填补服务器、PC、整机产品在云南省生产制造空白。浪潮（云南）智能制造生产基地位于昆明呈贡信息产业园万溪核心区，是集全球领先制造工艺与智能技术为一体的浪潮服务器和PC终端研发制造基地。云南省和昆明市相关领导、浪潮集团领导、浪潮生态伙伴和有关企业人员出席生产基地揭牌暨投产仪式。

7. 昆明荣获2020年“中国国际化营商环境质量十佳城市”

8月30日，第二届中国国际化营商环境高峰论坛暨《2020中国城市营商环境投资评估报告》发布会在北京举行。昆明市在政务管理效力、产业发展实力、商业可塑活力、社会发展推动力、城市品牌影响力等指标中脱颖而出，荣获2020年“中国国际化营商环境质量十佳城市”奖。近年来，市委、市政府高度重视营商环境建设，成立由市委书记、市长任双组长的优化提升营商环境工作领导小组，坚持“抓环境就是抓发展”，围绕“一个枢纽”（区域性国际综合枢纽）、“三个品牌”（世界春城花都、历史文化名城、中国健康之城）、“四个中心”（区域性国际经济贸易中心、科技创新中心、金融服务中心、人文交流中心），实施优化营商环境10大行动，扎实推进“营商环境提质年”，营商环境改革从1.0提升到2.0，全力打造市场化、法治化、国际化、便利化一流营商环境。在全国首创“一网四中心”和政务“七办”服务，企业群众“一网、一门、一次”办所有事；开办企业“零成本”1天可开业，新建商品房“交房即交证”，一般性社会投资项目70天完成，用电报装“一键式”接入，燃气报装“零见面”，用水报装“零材料”；营商环境更优化，云南省州（市）营商环境排名第一。

8. 昆明地铁4号线、6号线二期开通运营

9月23日，昆明地铁4号线、6号线二期开通初期运营。4号线起于昆明主城区西北部金川路站，止于呈贡新城昆明南火车站，途经五华、高新、盘龙、官渡、经开、呈贡6个行政区，线路全长43.40千米，设车站29座。6号线二期工程起于东风广场塘子巷，全长7.28千米，设置有塘子巷站、岔街站、东郊路站、菊华站4站4区间，与6号线一期工程相连，极大地方便了市民旅客出行换乘需求。两条新线开通新增运营里程50.70千米。至此，昆明市地铁运营里程达到139.40千米，形成连接主城与机场、主城与高铁站、主城与4大客运站换乘的轨道交通大动脉。

9. 昆明市成功创建全国文明城市

11月10日，中央文明办公布第六届全国文明城市入选城市名单和复查确认保留荣誉称号前五届全国文明城市名单，昆明市、石林县成功入

列，安宁市通过复查确认保留全国文明城市荣誉称号。12月30日，昆明市召开创建全国文明城市总结暨深入推进创建工作大会。省委常委、市委书记程连元，省委宣传部副部长、省文明办主任宣宇才，市长王喜良出席大会，共同为昆明市“全国文明城市”揭牌。

10. 脱贫攻坚战取得决定性胜利

2020年，昆明市在实现3个贫困县全部摘帽，404个贫困村全部出列，9.58万户35.05万建档立卡贫困人口全部脱贫基础上，以决战决胜脱贫攻坚总攻行动为工作统领，以“防返贫、防新贫、稳脱贫、稳增收”为重点，扎实推进百日总攻、百日提升、百日巩固行动，全面完成“户户达标、村村提升、县县清零、整体巩固”目标任务。健全动态监测和帮扶机制，对脱贫不稳定户、边缘易致贫户开展动态监测和针对性帮扶，全市无返贫人口和新增贫困人口。全力克服疫情影响，落实产业扶贫、就业扶贫、消费扶贫和兜底保障等帮扶措施，3个摘帽县农村常住居民人均可支配收入增幅均超过8.70%。高质量完成普查工作，3个摘帽县顺利通过脱贫攻坚普查检验，被核查对象均符合脱贫标准。

（李 震）

2020年大事记

1月

3日，东川区人民政府与长江生态环保集团签订共抓长江大保护合作框架协议。市长王喜良，副市长刘永禄会见长江生态环保集团一行并出席签约仪式。

6日，市委书记程连元主持召开市委审计委员会2020年第一次会议。市领导王喜良、杨正晓、张斌、郭希林等参加会议。

7日，市长王喜良率队到市人大常委会、市政协，就2020年《政府工作报告（征求意见稿）》征求意见和建议。市人大常委会领导班子及各工作委员会主任、市政协领导班子和各民主党派、工商联、有关人民团体负责人、市政府领导班子及市级有关部门负责人参加会议。

8日，市委、市政府召开2020年滇池保护治理工作会暨第一次河（湖）长会议。市领导程连元、王喜良、刘智、熊瑞丽等参加会议。

同日，昆明海外利益保护高端论坛在昆明开幕。市委常委、副市长胡宝国出席论坛并致辞。

13日，昆明召开全市安全生产、道路交通和消防安全工作会议。市领导王喜良、张斌、周建忠等出席会议。

同日，昆明市暨滇中新区“不忘初心、牢记使命”主题教育总结会议召开。市委常委，市人大常委会、市政府、市政协党员领导，以及有关方面负责人参加会议。

14日，省委副书记王予波带队到昆明市实地调研人大代表工作。市领导刘智、金志伟等陪同调研。

15日，2020年市委经济工作会议召开。市领导程连元、王喜良、张斌、熊瑞丽等参加会议。

同日，昆明市举行地铁线网控制中心和昆明地铁质量安全监控中心揭牌仪式。市领导程连元、夏俊松、高中建等参加仪式。

16日，昆明市举行2020年春节招待会。王喜良、刘智、熊瑞丽等市领导以及孟加拉人民共和国驻昆明总领事莫哈默德·拓黑杜尔·伊斯兰，柬埔寨王国驻昆明总领事叶伟罗，缅甸联邦共和国驻昆明总领事吴彤昂觉，越南社会主义共和国驻昆明总领事阮忠孝及夫人，泰王国驻昆明总领事馆领事兼代理总领事游华鹏，老挝人民民主共和国驻昆明总领事馆教育领事玛尼苏，法国驻成都总领事馆科教专员白沙出席招待会。

17日，省政协主席李江率队到禄劝县走访慰问困难党员和群众并调研禄劝县政协工作。省政协秘书长刘建华、市政协主席熊瑞丽参加走访调研。

19日，“守好民族团结生命线·续写民族团结誓词碑”主题活动在云南民族村民族团结广场举行。国家民委监督检查司副司长李钟协，云南省民族宗教事务委员会主任李四明，市人大常委会主任拉玛·兴高，市委常委、市委统战部部长杨皕，副市长刘永禄，普洱市副市长李荣出席活动。国家民委授予昆明市“全国民族团结进步示范市”牌匾。

同日，中国共产党昆明市第十一届纪律检查委员会第五次全体会议举行。市委常委，市人大常委会、市政府、市政协领导，市中级人民法院院长、市人民检察院检察长出席会议，有关方面负责人参加会议。

20日，中共中央总书记、国家主席、中央军委主席习近平到昆明考察调研。习总书记先后到滇池星海半岛生态湿地、昆明国际会展中心年货市场、国立西南联合大学旧址等地进行考察调研，并做出一系列重要指示。中央、省、市有关领导陪同考察。

同日，昆明市第十四届人民代表大会常务委员会第二十三次会议审议《昆明市人民政府关于提请审议昆明市与孟加拉国加济布尔市缔结友好城市关系的议案》，同意昆明市与孟加拉国加济布尔市缔结友好城市关系。

21日，市长王喜良率队到寻甸县调研脱贫攻坚工作，走访慰问贫困群众。市领导赵学农、郭希林等陪同调研。

22日，市长王喜良率队走访慰问昆明市部分老领导、驻昆部队、困难党员、低保户、困难企业和职工等。市领导金志伟、刘绍安、郭希林等参加走访慰问。

23日，市委书记程连元率队到市公安局听取全市春节安保工作情况，视频调度检查社会面安保情况。市领导李建阳、夏俊松、周建忠等参加。

26日，市委、市政府召开新型冠状病毒感染肺炎疫情防控专题会议。市领导程连元、王喜良、金幼和、夏俊松、周红斌等参加会议。

同日，市长王喜良带队现场检查新型冠状病毒感染的肺炎疫情源头防控工作。相关市领导参加检查。

28日，市应对新型冠状病毒感染肺炎疫情工作领导小组第一次会议召开，对全市疫情防控工作进行再研究、再动员、再部署。程连元、王喜良、刘智、张斌、周建忠、郭希林等市领导参加会议。

同日，昆明市召开新闻发布会，通报开展新型冠状病毒感染的肺炎疫情防控工作进展情况。

30日，市委书记、滇中新区党工委书记程连元率队到新亚洲体育城社区、星体花园北区、春晖小区颐达园、耀龙康城小区，调研全市新型冠状病毒感染肺炎疫情防控工作。市领导夏俊松参加调研。

同日，市长王喜良到安置滞留旅客定点酒店调研，实地了解酒店住宿设施和疫情防控措施落实情况。

31日，省委书记陈豪，省长阮成发率队到五华区、盘龙区部分社区实地检查疫情防控工作。省市领导宗国英、程连元、刘慧晏、李玛琳等参加检查慰问。

同日，市长王喜良率队实地调研全市新型冠状病毒感染的肺炎疫情防控工作，看望慰问奋战在一线工作人员。市领导张斌、周红斌、郭希林等参加调研。

同日，市长王喜良率队调研全市应对新型冠状病毒感染的肺炎疫情物资保障工作。相关市领导参加调研。

2月

3日，市人大常委会主任拉玛·兴高带队到云南奥斯迪实业有限公司，看望慰问奋战在疫情防控物资生产一线工人。市人大常委会副主任金志伟、常敏参加慰问活动。

4日，由省内9家医院102名护士组成护理医疗队从昆明出发，统一乘飞机到湖北开展医疗救援工作。

6日，省委常委、省委组织部部长李小三带队在嵩明县检查指导疫情防控工作。

10~12日，市委书记程连元率队到云内动力股份有限公司、云南铝业股份有限公司、安宁市、呈贡区、高新区调研部分企业复工复产情况。相关省市领导参加调研。

12日，市长王喜良率队调研全市部分企业复工复产情况。高中建、郭希林等市领导参加调研。

14日，市委副书记刘智率队到盘龙区、石林县和禄劝县开展调研，检查指导新冠肺炎疫情防控措施落实情况，调研脱贫攻坚、企业复工复产、春耕备耕等工作。副市长赵学农，市农业农村局、市卫生健康委、市扶贫办等部门负责人参加。

17日，省委书记陈豪率队在昆明市检查指导复工复产阶段新冠肺炎疫情防控，调研改革发展稳定各项工作情况。省市领导宗国英、程连元、刘慧晏等参加指导和调研活动。

18日，市委书记程连元率队到安宁市调研疫情防控工作。夏俊松、周红斌等市领导参加调研。

19日，市应对疫情工作领导小组第二次会议召开。市领导程连元、王喜良、刘智、夏俊松、刘永禄、郭希林等参加会议。

同日，市扫黑除恶专项斗争领导小组2020年第一次会议召开。市委书记程连元出席会议并讲话，王喜良、刘智、杨正晓等市领导参加会议。

20日，市脱贫攻坚推进会暨2020年市农村扶贫开发工作领导小组第一次会议召开。市领导程连元、王喜良、周红斌等参加会议。

21日，市人大常委会主任拉玛·兴高带队调研高新区、经开区部分医药企业。市人大常委会副主任金志伟、常敏等参加调研。

24日，省委副书记王予波调研昆明网络人士统战工作。市领导程连元、杨皕陪同调研。

3月

3日，市长王喜良率队到云南白药集团，实地调研口罩生产线，听取宝相大健康产业园区情况汇报，并现场解决企业发展中的困难和问题。

4日，昆明市举行2020年一季度重点项目集中开工暨牛栏江城市供水应急工程开工仪式，128个项目集中开工，总投资535.90亿元。2020年，计划投资188.10亿元。市领导程连元、王喜良、刘智、拉玛·兴高、夏俊松等出席开工仪式。

同日，嵩明县2020年一季度重点项目集中开工仪式在杨林经开区云港苑建设项目施工现场举行，总投资45.95亿元的12个重点项目集中开工。

5日，2020年昆明市“春城志愿我先行”“3·5”学雷锋志愿服务活动在呈贡区融媒体中心指挥调度中心举行。市领导刘智、杨皕、金幼和等参加活动。

6日，昆明市最后一名新冠肺炎确诊患者从云南省传染病医院康复出院，至此，昆明市53例确诊患者全部治愈康复出院。

同日，市人大常委会主任拉玛·兴高带队到省林业和草原科学院调研对接农产品深加工等事宜。

7日，昆明医科大学第一附属医院互联网医院上线运行。

9日，市长王喜良率队对入滇河道洛龙河上游河长制落实及水污染防治各项工作推进情况进行调研。副市长赵学农参加调研。

同日，第五届“春天在哪里 昆明告诉你”主题活动开启。

11日，昆明市创建全国文明城市工作推进会暨2020年第一次调度会召开。市领导程连元、王喜良、刘智、拉玛·兴高、郭希林等参加会议。

同日，《中国（云南）自由贸易试验区管理办法》正式施行。

12日，昆明市政府与中国农业银行云南省分行举行座谈会，双方就进一步深化政银融资合作和推进双方战略合作关系进行友好交流。市领导王喜良、张斌、赵学农、郭希林等参加座谈会。

同日，省人大常委会副主任、省总工会主席王树芬率省总调研组到昆明市调研工会社会工作者专业人才队伍建设和服务企业复工复产等情况。

13日，省委副书记王予波率队在昆明市调研“三农”工作。市领导刘智、夏俊松等陪同调研。

同日，由中铁十二局集团承建的中老昆（明）万（象）铁路万和隧道贯通。

15日，由云南省人民政府主办全国首个区块链中心——云南省区块链中心挂牌仪式在昆明市五华科技产业园举行。省市领导阮成发、宗国英、杨杰、王喜良等参加挂牌仪式。

同日，由自然资源部副部长、国家自然资源副总督察库热西率队的国家复工复产调研工作组到昆明了解企业复工复产进展情况。

16日，市委书记程连元率队调研河道治理工作情况。赵学农、刘永禄等市领导参加调研。

18日，市人大常委会主任拉玛·兴高带队巡查大观河综合整治情况。

19日，市委书记程连元率队到昆明市高新区、经开区调研民营企业复工复产情况。相关市领导参加调研。

24日，市委书记程连元率队调研城市供水水源保障和武倘寻（武定至倘甸至寻甸）高速公路项目建设情况。夏俊松、胡宝国、赵学农等市领导参加调研。

24～25日，市委书记程连元率队到禄劝县、东川区、寻甸县，开展脱贫攻坚挂牌督战和检查督导工作。夏俊松、胡宝国、赵学农等市领导参加调研。

29日，中国抗疫医疗专家组从昆明启程到老挝协助开展疫情防控工作。

30～31日，省委副书记王予波到昆明市嵩明县、富民县调研。市领导程连元、刘智参加调研。

4月

1日，《联合国气候变化框架公约》第十五次缔约方会议昆明市筹备工作领导小组会议召开。市领导程连元、王喜良、赵学农、周红斌等参加会议。

3日，晋宁区产业新城综合开发项目在晋城镇举行开工仪式。相关市领导参加开工仪式。

8日，市人民政府与建设银行云南省分行就深化政银企合作开展交流座谈。市领导王喜良、张斌、郭希林等及建设银行云南省分行党委书记、行长杨中仑出席会议。

9日，市人大常委会主任拉玛·兴高带队督导调研禄劝县脱贫攻坚工作情况。市人大常委会副主任金志伟参加督导调研。

9～10日，市委书记程连元主持召开市委书记专题会议，听取昆明市暨滇中新区2020年重点行业稳投资工作计划汇报。市领导王喜良、刘智、夏俊松等参加会议。

12日，云南省选派中国到老挝抗疫医疗专家组一行12人完成任务回国返回昆明。

14日，市长王喜良会见京东集团副总裁黄东升一行。相关市领导参加会见。

同日，市长王喜良会见新松机器人投资有限公司产业发展集团总经理王平一行。相关市领导参加会见。

15日，市委书记程连元会见恒大旅游集团董事长段胜利一行。相关市领导参加会见。

同日，市委书记程连元会见中国国际能源集团控股有限公司党委书记、董事局主席吴国迪一行。市委常委、市委秘书长夏俊松，副市长高中建参加会见。

16日，省委常委、省委组织部部长、阳宗海省级湖长李小三参加阳宗海面山绿化植树造林活动，并深入阳宗海南岸湿地、阳宗海保护宣传教育中心、阳宗大河等地，就阳宗海水环境综合治理工作进行调研指导。市领导王喜良、刘申寿、赵学农、郭希林等参加活动。

17日，市长王喜良率队到东川区、禄劝县、寻甸县开展脱贫攻坚挂牌督战现场调研，并召开挂牌督战座谈会，市人大常委会主任拉玛·兴高参加座谈会。

同日，中国（云南）自由贸易试验区昆明片区2020年第一批建设项目集中开工。13个项目合计总投资92.70亿元，分别是工业类项目7个、总部经济类项目1个、生态环保类项目4个、基础设施类项目1个。

20～21日，市委书记程连元率昆明市党政代表团到迪庆藏族自治州考察，并出席2020年昆迪对口帮扶友好合作座谈会。昆明市领导程连元、夏俊松、胡宝国，迪庆州领导余胜祥、杨梓江、程鹏参加上述活动。

21日，市长王喜良率队到高新区调研工业投资项目推进情况。相关市领导参加调研。

24日，市委书记程连元会见国家电投集团云南国际电力投资公司党委书记、执行董事徐树彪一行，双方就加强合作进行深入交流。市领导夏俊松、张斌等参加会见。

26日，中老昆（明）万（象）铁路重点控制性工程——新平隧道安全按期贯通。

29日，市人大常委会主任拉玛·兴高带队调研中国（云南）自由贸易试验区昆明片区、经开区，现场为园区产业发展、重点项目建设、企业发展出思路、解难题，并了解经开区人大代表联络室工作情况。

同日，昆明市召开2020年全市脱贫攻坚问题整改暨决战决胜脱贫攻坚总攻行动推进会议。市领导拉玛·兴高、周红斌、赵学农等参加会议。

30日，昆明市召开生态环境保护督察工作领导小组会议。市领导程连元、王喜良、夏俊松、郭希林等参加会议。

5月

1日，昆明滇润生态环境科技有限责任公司开通圆通桥停靠点（桃源广场中心码头）—希桥酒店附近水域—鸿城赛特附近水域—圆通桥停靠点（桃源广场中心码头）段夜航游船。

7日，市委书记程连元率队到五华区调研胜利堂和翠湖周边历史文化片区整治提升工作情况。市领导夏俊松、高中建等参加调研。

同日，市委书记程连元率队调研昆明市医疗国际化工作情况。市领导夏俊松、周红斌参加调研。

9日，昆明市政府与中国科学院南京地理与湖泊研究所签订合作框架协议。副市长赵学农参加签约仪式。

10日，昆明市云上2020年中国品牌日地方特色活动在昆明市新闻中心举行。

13日，昆明市2020年传承好家风好家训主题活动在昆明妇女创业创新示范中心举办。

14～16日，中国人民政治协商会议昆明市第十三届委员会第四次会议在昆明会堂召开。市政协主席熊瑞丽代表政协昆明市第十三届委员会常务委员会做工作报告。会议审议通过《中国人民政治协商会议昆明市第十三届委员会第四次会议议程》。市委、市人大常委会、市政府、市政协领导班子成员参加会议。

同日，昆玉高速公路鸣泉至马金铺段整治提升改造工程主线通车。

15～17日，昆明市第十四届人民代表大会第五次会议在昆明国际会展中心召开。市长王喜良代表市人民政府作《政府工作报告》，听取市人大常委会、市中级人民法院和市人民检察院工作报告。会议以书面形式审查昆明市2019年国民经济和社会发展计划执行情况与2020年国民经济和社会发展计划草案的报告、昆明市2019年地方财政预算执行情况和2020年地方财政预算草案的报告，审议云南滇中新区2019年经济发展报告。大会表决通过《昆明市第十四届人民代表大会第五次会议选举办法》《昆明市第十四届人民代表大会第五次会议通过昆明市第十四届人民代表大会有关专门委员会组成人员人选办法》，分项表决通过有关专门委员会主任委员人选名单。市委、市人大常委会、市政府、市政协领导班子成员参加会议。

18日，第十四届昆明市人民政府第五次全体会议举行。会上，王喜良与各县（市、区）、开发（度假）园区负责人，各副市长分别与市级相关部门负责人签订2020年度主要工作目标责任书。市领导张斌、赵学农、郭希林等出席会议。

19日，省文明办率中央、省、市相关新闻媒体到昆明，对全市创建全国文明城市工作进行专题采访报道。

20日，由云南生物医药企业自主生产的全国首个、全球第二个13价肺炎球菌多糖结合疫苗云南首批接种发布会在昆明举行。

22日，昆明市启动“2020·5·22国际生物多样性日——助推生物多样性保护建设美丽中国典范城市”系列活动。

26日，市委书记程连元会见圆中控股集团董事长袁福林一行，双方就开展合作进行深入交流。夏俊松、胡宝国等市领导参加会见。

29日，市委书记程连元率队调研滇池保护治理工作情况。省住房城乡建设厅、云投集团有关领导，市领导夏俊松、赵学农等参加调研。

30日，云南在建最大地铁枢纽站——昆明地铁4号线火车北站完工。建成后的4号线火车北站将实现与5号线同台换乘，与2号通道换乘，连通昆明地下交通，方便市民出行。

6月

1日，云南省暨昆明市2020年“安全生产月”活动启动仪式在巫家坝片区举行。

2日，中国邮政昆明—曼谷国际货运航线开通。

同日，云南昆明血液中心呈贡建设项目在呈贡区洛龙街道举行奠基仪式。

3日，市政府召开2020年滇池保护治理“三年攻坚”指挥部工作例会暨第二次河（湖）长会议。市领导程连元、王喜良、拉玛·兴高、熊瑞丽等参加会议。

同日，“中国华侨国际文化交流基地”授牌仪式在云南陆军讲武堂历史博物馆举行。

4日，市委书记程连元在昆明会见绿地集团执行总裁、绿地香港董事局主席兼行政总裁陈军一行，双方就进一步加强合作进行深入交流。吕永栋、李树勇等市领导参加会见。

8日，市委书记程连元带队到上海市普陀区对接东西部扶贫协作工作，并举行2020年普陀区昆明市东西部扶贫协作签约仪式，共商对口帮扶工作。昆明市领导夏俊松、胡宝国、何健升、赵学农，普陀区领导周艳、杨元飞参加上述活动。

9日，市委书记程连元带队走访上海市定点扶贫单位，先后到华东理工大学、华东师范大学考察交流，畅叙友情，共话合作。市领导夏俊松、胡宝国等参加上述活动。

10日，昆钢入围全球50大钢铁企业榜单。

同日，敏实控股集团董事会主席秦荣华一行应邀到昆明市考察投资工作。

11日，市委书记程连元在昆会见北京韩国人会会长朴镛熙一行。双方就推动务实合作进行深入交流。市领导夏俊松、胡宝国等参加会见。

同日，市长王喜良会见中国银行云南省分行行长胡兴安一行并就银政合作、银企合作、金融服务地方经济建设等进行座谈。市领导张斌、孙群、郭希林等参加座谈。

同日，市长王喜良与法国南锡市市长、中国驻斯特拉斯堡总领事进行视频会议，三方围绕加强友城合作、同心抗疫、共谋发展等话题进行会谈。

同日，世界第七、中国第四大水电站——乌东德水电站大坝工程全线贯通，标志着世界首座300米级低热水泥混凝土特高拱坝主体工程完工，电站总装机容量1 020万千瓦，首批机组于7月投产发电。

15日，市长王喜良率队到珠海与中央定点帮扶单位南光（集团）有限公司座谈，副市长赵学农、市政府秘书长郭希林参加座谈。

同日，市人大常委会主任拉玛·兴高率市、县（市、区）两级人大常委会组成第一调研组开展“以保促稳、稳中求进”专题调研。金志伟、马凤伦等市领导参加调研。

16日，北汽（昆明）项目“绿动云南战略联盟”签约暨地产车批量交车仪式在嵩明杨林经开区的北汽昆明基地总装车间举行。德宏州委副书记、州长卫岗及有关州市领导，张斌、吕永栋等昆明市和云南滇中新区领导，省级有关部门领导出席仪式。

18日，省人大常委会副主任李培带队到昆明调研中国（云南）自由贸易试验区昆明片区改革创新发展和建设面向南亚东南亚辐射中心情况。市领导拉玛·兴高、孙群、常敏等陪同调研。

同日，省人大常委会副主任、省总工会主席王树芬率队到昆明市调研全市非公企业建会入会、构建和谐劳动关系等重点工作推进情况。

19日，省委书记陈豪、省长阮成发、省委副书记王予波、省政协主席李江等党政军领导到昆明市晋宁区参加义务植树活动。省委常委，省人大常委会、省人民政府、省政协领导，省高级人民法院院长，省人民检察院检察长，驻滇解放军和武警部队领导及市级部门相关领导参加植树活动。

同日，省委书记陈豪、省长阮成发率队到昆明市调研文化旅游产业发展和重点文旅项目建设等工作。省市领导宗国英、程连元、刘慧晏、王喜良、夏俊松等参加调研。

20日，中老昆（明）万（象）铁路和平隧道贯通。

21日，云南省第七次全国人口普查综合试点在安宁市启动。省统计局党组书记、局长李灿和，市委常委、常务副市长张斌出席启动仪式并讲话。

23日，浪潮云南智能制造生产基地揭牌暨投产仪式在昆明举行。省市相关领导、浪潮集团领导、浪潮生态伙伴和有关企业人员共同出席生产基地揭牌暨投产仪式。

同日，市长王喜良率队调研昆明轨道交通集团及地铁4号线、6号线二期开通运营准备工作。副市长高中建参加调研。

28日，省委副书记王予波率队在昆明市调研市县乡三级党校工作。市领导杨正晓、刘申寿等参加调研。

30日，呈贡区举行信息产业园2020年“新基建”项目集中开工暨签约仪式。5个项目集中开工，预计总投资76.28亿元，9家企业集中签约，预计总投资40.68亿元。相关省市领导参加签约仪式。

7月

1日，省委书记陈豪、省长阮成发率队调研昆明市城市更新改造工作并召开座谈会。省市领导程连元、刘慧晏、王显刚、王喜良等参加座谈会。

同日，市人大常委会主任拉玛·兴高率队调研五华区民族团结进步示范创建、消费扶贫、就业扶贫等工作。市委常委、副市长孙群参加调研。

同日，昆明市举行灾害事故紧急救援队成立大会暨授旗仪式。市委常委、常务副市长张斌向昆明市灾害事故紧急救援队授旗。

2日，盘龙区人民政府与东北师范大学举行合作办学签约仪。市委常委、副市长胡宝国出席仪式。

2～3日，省人大常委会常务副主任和段琪率队到昆明开展“以保促稳、稳中求进”专题调研。市领导拉玛·兴高、马凤伦、李庆平等参加调研。

3日，省委书记陈豪率队到滇中新区（安宁市）调研产业发展等工作。省市领导宗国英、程连元、刘慧晏等参加调研。

同日，昆明市2020年“文明家庭”创建——廉洁家庭家风建设主题活动在盘龙区同德广场举行。

6日，市委书记程连元，市长王喜良会见上海普陀区委书记曹立强带领的普陀区党政代表团一行，并就2020年东西部扶贫协作工作进行座谈交流。市领导杨正晓、夏俊松、赵学农等参加座谈。

同日，昆明连续两年上榜“中国十大美好生活城市”。

7日，市委书记程连元会见中信海洋直升机股份有限公司党委书记、董事长杨威一行，双方就进一步加强合作进行深入交流。市领导夏俊松、张斌等参加会见。

8日，昆明市召开创建全国文明城市决战决胜动员大会。省市领导程连元、宣宇才、王喜良、张斌等参加会议。

9日，昆明生物医药大健康科创中心和高原特色农业科创中心成立仪式在云南省农垦集团高特公司举行。程连元、王喜良、夏俊松等市领导及部分科研院所、驻昆高校领导参加仪式。

10日，云南首个诉前委派调解服务中心在五华区人民法院揭牌成立。

15日，省人大常委会副主任纳杰率队到寻甸县对昆明市贯彻实施《中华人民共和国动物防疫法》开展执法检查。市领导拉玛·兴高、马凤伦、赵学农等陪同执法检查。

同日，以“共建共享美丽家园 志愿服务温暖人心”为主题的云南省创建全国文明城市志愿服务集中活动在昆明滇池大坝启动。

同日，昆明市推动长江经济带发展工作会议召开。

16日，省人大常委会调研组到嵩明县专题调研昆明市台湾同胞投资保护工作。

同日，云南省抗疫先进典型报告团巡回报告启动仪式暨《众志成城抗击疫情》邮折捐赠仪式在昆明医科大学第二附属医院举行。

17日，市委书记程连元带队督导检查全国文明城市创建工作。市领导金幼和、夏俊松、周建忠、方兴国等参加督导检查。

18日，2020年昆明自驾游推介会在四川攀枝花举行。

同日，昆明市2020年全民健身系列活动暨春城体育节定向春城城市定向赛在新亚洲体育场举行。

20日，华为（昆明）数字经济学院落地呈贡信息产业园区。

21日，昆明市举行“春融同心·民营企业家进机关”暨昆明市营商环境监督员聘任仪式。市领导杨皕、孙群出席仪式并与参会民营企业家进行座谈。

22日，首届多多农研科技大赛决赛在昆明启动。

23日，市委书记程连元会见中国铁道建筑集团公司党委书记、董事长，中国铁建股份公司党委书记、董事长陈奋健一行。市领导夏俊松、张斌等参加会见。

同日，市委书记程连元会见深兰科技集团董事长陈海波一行。市领导夏俊松、张斌等参加会见。

同日，省扶贫开发领导小组到寻甸县开展2020年脱贫攻坚督查。

28日，省委书记陈豪率队到昆明市调研基层党建工作情况。程连元、李小三、刘慧晏等省市领导参加调研。

29日，庆祝中国共产党成立99周年昆明·北京朝阳共建惠民工程，中国艺术家基层惠民培育孵化基地昆明中心成立揭牌仪式公益演出在昆明剧院举行。

31日，市长王喜良会见缅甸联邦共和国驻昆明总领事吴彤昂党。副市长胡宝国参加会见。

8月

1日，昆明市京昆社会建设服务指导中心揭牌仪式在官渡区社会组织孵化中心举行。

3日，中国共产党昆明市第十一届委员会第九次全体会议在昆明举行。

4日，省委副书记王予波率队到昆明市调研精神文明创建工作情况。杨正晓、金幼和、方兴国等市领导陪同调研。

同日，市人大常委会主任拉玛·兴高率队督导检查昆明市创建全国文明城市工作。市领导杨皕、刘永禄、方兴国等参加督导检查。

同日，新华大数据发布2020避暑城市榜单，昆明市荣登2020避暑城市榜单榜首。

5日，市委书记程连元率队调研滇池综合信息管理平台建设情况。市领导夏俊松、赵学农等参加调研。

同日，市委书记程连元率队调研昆明主城区防汛排涝工作情况。市领导夏俊松、赵学农、刘永禄等参加调研。

7日，市长王喜良率队实地巡查洛龙河、阳宗海，调研滇池保护治理工作并现场督查全国文明城市创建情况。市领导赵学农、郭希林参加。

同日，省人大常委会立法调研组到昆明市开展《云南省建设面向南亚东南亚辐射中心促进条例》立法调研。

同日，2020年中国医疗器械行业（商业）高峰论坛在昆明举办。相关市领导出席论坛。

同日，昆明市人民政府与中国长江三峡集团举行助力脱贫攻坚捐赠仪式。副市长赵学农出席仪式。

12日，市委书记程连元会见华润集团副总经理、华润燃气控股有限公司董事局主席王传栋一行，双方就加强合作进行深入交流。市领导夏俊松、张斌等参加会见。

18日，中国（云南）自由贸易试验区昆明片区举办招商大会，57个项目集中签约，涉及投资金额269亿元。

19日，市委书记程连元会见全国政协常委、全国工商联副主席、正泰集团董事长南存辉一行，双方就加强合作进行深入交流。相关市领导参加会见。

同日，市委书记程连元、市长王喜良会见中国中铁股份有限公司董事长张宗言一行。市政府秘书长郭希林参加会见。

20日，市委书记程连元、市长王喜良会见万科集团董事会主席郁亮一行。市领导夏俊松、郭希林等参加会见。

23日，2020年昆明市科技活动周启动仪式在安宁市新时代文明实践中心举行。

24日，市长王喜良会见山东名流集团董事长、山东名流餐处装备股份有限公司董事长周本留一行。刘永禄、郭希林等市领导参加会见。

同日，市长王喜良会见云投集团党委书记、董事长邱录军一行。市政府秘书长郭希林参加会见。

25日，省人大常委会副主任李培率队在昆督察滇池流域开展九大高原湖泊河（湖）长制工作落实情况。市人大常委会主任拉玛·兴高、副市长赵学农陪同督察。

26日，市人民政府、西山区人民政府、环球融创会展文旅集团有限公司在昆明签订彩云湾梦想小镇项目合作框架协议。程连元、王喜良、夏俊松、郭希林等市领导，马云公益基金会创始人、湖畔大学校长马云，融创中国董事会主席孙宏斌，环球融创会展文旅集团董事长邓鸿出席签约仪式。

28日，市委书记程连元、市长王喜良率队对62条道路整治提升情况进行现场督导检查。市领导金幼和、夏俊松、高中建、方兴国等参加督导检查。

同日，市委书记程连元在昆明会见上海合作组织秘书长弗拉基米尔·诺罗夫一行。市领导夏俊松、胡宝国及昆明学院有关领导参加会见。

30日，昆明荣膺2020“中国国际化营商环境质量十佳城市”。

31日，昆明市人民政府与交通银行云南省分行举行座谈会。市领导王喜良、张斌、郭希林及交通银行云南省分行党委书记、行长栾立冰出席座谈会。

9月

1日，2020年昆明市全国“质量月”诚信教育活动启动仪式暨“春城质量号”地铁专列发车仪式在昆明举行。

西藏自治区供销合作社与云南省供销合作社在昆明举行座谈会暨战略合作框架协议签订仪式。

2日，市长王喜良会见中国邮政储蓄银行党委委员、副行长徐学明一行，就进一步深化政银合作、金融服务地方经济等内容进行座谈。市领导高中建、郭希林等参加座谈。

3日，市委书记程连元会见全国工商联副主席、苏宁控股集团董事长张近东一行，双方就进一步深化合作进行交流。相关市领导参加会见。

同日，市长王喜良会见南光（集团）有限公司董事长傅建国一行。市领导杨正晓、胡宝国、郭希林等参加会见。

同日，2020创新数据基础设施峰会在昆明举行。省市领导刘洪建、张斌及华为公司高级副总裁、中国区总裁鲁勇出席峰会。

4日，市长王喜良会见阿里巴巴集团副总裁任庚一行，双方围绕推进昆明智慧交通建设进行座谈交流。市公安局局长周建忠参加会见。

同日，2020西南直播电商峰会在昆明举行。

8日，市人大常委会主任拉玛·兴高率队到呈贡区沐春园小区及周边开展创文督查工作。市领导常敏、李庆平等参加督查。

同日，昆明市政府与招商银行昆明分行就政银合作、银企合作、金融服务地方经济建设等内容进行深入交流座谈。张斌、郭希林等市领导参加座谈。

同日，“春城花都　好享昆明”文化旅游推介会在湖南长沙举行。

10日，国务院扶贫开发领导小组办公室在昆明召开脱贫攻坚考核评估工作会议。国务院扶贫办副主任夏更生，省市领导王予波、陈舜、王喜良、赵学农等参加会议。

13日，中（国）老（挝）昆（明）万（象）铁路唯一跨境隧道——友谊隧道贯通。

14日，昆明市举行国际工业大麻产业园揭牌仪式。省市领导程连元、董保同、王喜良、夏俊松等出席揭牌仪式。

14～18日，市人大常委会主任拉玛·兴高率市招商委第四组到珠三角地区开展精准招商活动。

15～16日，市委书记程连元率队到临沧市考察，并出席两地交流座谈会。临沧市与昆明市相关领导参加上述活动。

16日，昆明市召开“金融支持昆明市经济社会高质量发展”座谈会。市长王喜良出席会议并讲话，副市长孙群代表市人民政府与中国人民银行昆明中心支行签署合作备忘录。

同日，市长王喜良会见中国航天科工集团党组书记、董事长袁洁一行。市委常委、副市长孙群参加会见。

17日，市委书记程连元会见中国中车股份有限公司副总裁余卫平一行，双方就进一步加强合作进行深入交流。相关市领导参加会见。

同日，市长王喜良率队到武成小学和黄冈中学昆明分校调研全市教育工作。副市长胡宝国参加调研。

22日，市人大常委会调研昆明市“中国健康之城”建设推进情况和干细胞产业发展情况。

23日，昆明地铁4号线和6号线二期载客试运营。两条新线开通新增运营里程50.70千米。

同日，昆明市获2020年全国政务服务“智慧赋能金数奖”。

24日，省委组织部部长李小三到昆明市安宁市调研。市委组织部部长刘申寿陪同调研。

同日，临沧市考察团到昆明考察交流，共叙友情、共商合作、共谋发展。临沧市与昆明市相关领导参加考察。

25日，市政协专家库成立仪式暨专家咨询会在昆明召开。

29日，云南省第五届“兴滇人才奖”表彰奖励大会在昆明举行。

30日，昆明市委、市政府在昆明抗战胜利纪念堂举行2020年烈士纪念日向人民英雄敬献花篮仪式。

10月

1日，昆明火车站南广场改造工程完工并投入使用。

同日，昆明绕城高速公路东南段通车。

7日，成昆铁路扩能改造工程峨眉至米易段八月岭隧道贯通。

9日，省人大常委会副主任王树芬率队到昆明视察滇中引水工程建设情况。市领导拉玛·兴高、马凤伦、刘永禄陪同视察。

12日，市长王喜良率队调研滇池流域水环境保护治理“十三五”规划未完成项目。市领导赵学农、郭希林参加调研。

13日，市委书记程连元主持召开《生物多样性公约》第十五次缔约方大会昆明市筹备工作专题调度会。省市领导张纪华、王喜良、杨正晓、周建忠等参加会议。

15日，昆明细胞产业园开园仪式在昆明滇池国家旅游度假区大渔片区举行。省级有关部门领导和程连元、王喜良、张斌、夏俊松、郭希林等市级领导参加仪式。

同日，2020年全国大众创业、万众创新活动周云南分会场启动仪式在昆明呈贡信息产业园云上小镇举行。

15～21日，2020年全国大众创新、万众创业活动云南分会场在昆明启动。

17日，昆玉高速富有立交桥及收费站开通运行。

19日，中央巡视工作领导小组“讲师团”在昆明举办巡视指导督导专题培训会。

20日，昆明市第八次被命名为“全国双拥模范城”。

中泰高等教育合作论坛暨中泰高等教育联盟成立大会在昆明海埂会堂举办。

21日，昆明市公共图书馆、文化馆分别为14个县（市、区）文化馆、图书馆授牌。

22日，市委书记程连元率队到中粮集团有限公司考察，并与中粮集团有限公司党组书记、董事长吕军进行座谈，就开展合作进行友好交流。相关市领导参加座谈。

同日，市人大常委会主任拉玛·兴高率队调研公安交通管理工作情况。市人大常委会秘书长李庆平参加调研。

23日，昆明市生物医药领域新物种企业招商恳谈会在北京举行。北京市长城企业战略研究所创始人、所长王德禄，昆明市领导程连元、张斌、夏俊松等出席会议。

26日，云南省新能源汽车推广和充电基础设施建设签约仪式在昆明举行。昭通、德宏、西双版纳、大理、丽江、普洱等6个州市政府以及昆明市公安局与云南省能投集团签署战略合作协议。

27日，省委副书记王予波率队深入调研督导滇池、阳宗海保护治理情况。市领导王喜良、杨正晓、赵学农等陪同调研。

同日，市长王喜良会见香港长桑集团总经理柯长泰、以晴集团董事长周以晴一行。

同日，2020年中国（云南）数字经济与金融开放创新高峰论坛在昆明举行。

28日，云南政法融媒体中心启动仪式在昆明海埂会堂举行。

11月

2日，市长王喜良率队到呈贡信息产业园、高新区调研重点项目推进情况。相关市领导参加调研。

4日，中共昆明市委召开昆明市“十四五”规划工作暨2020年度市级各民主党派、工商联、人民团体专题调研协商座谈会，听取部分专家学者，以及各民主党派、工商联和统战人士代表对“十四五”规划工作意见和建议。

6日，云南新闻界庆祝记者节暨表彰报告会在昆明举行。

10日，昆明市、石林县入列中央文明办公布第六届全国文明城市入选城市名单和复查确认保留荣誉称号前五届全国文明城市名单，安宁市通过复查确认保留全国文明城市荣誉称号。

同日，学习贯彻党的十九届五中全会精神中央宣讲团报告会在昆明举行。

11日，云南省昆明空港区举行项目集中签约仪式。签约项目18个，投资协议总金额约46亿元。分别涵盖电子信息、装备制造、生物医药、飞机维修、医疗器械、文体旅游等产业。

同日，省委常委、省委统战部部长张国华率队调研昆明市统战工作情况。市委常委、市委统战部部长、市委社会工委书记杨皛陪同调研。

13日，市委书记程连元一行到呈贡区龙城街道城内社区，开展学习贯彻党的十九届五中全会精神基层宣讲活动。金幼和、夏俊松等市领导参加宣讲。

14日，国家发展改革委法规司司长杨洁及公共资源交易平台整合共享工作联合调研组一行到昆明调研营商环境及公共资源交易平台整合工作。

15日，第七届中法环境月西南地区闭幕式暨中法文化交流周活动启幕仪式在昆明举行。

16日，昆明市迎接《生物多样性公约》第十五次缔约方大会（COP15）系列宣传活动启动仪式在滇池大坝举行。

18日，以“双循环经济格局下的沿边金融发展：新挑战与新机遇”为主题的2020年国家金融与发展（昆明）国际峰会在昆明举行。

同日，2020年中国汽车技术发展（昆明）国际论坛在昆明举行。

24日，市长王喜良率队到昆明国际工业大麻产业园进行现场调研并召开座谈会。市领导张斌、郭希林等参加调研。

同日，以“法治合作与探索”为主题的云南省第二届滇峰法治论坛在昆明举行。

25日，市长王喜良率队到昆明市细胞产业园调研。市领导张斌、郭希林等参加调研。

同日，昆明社会治理交流培训中心在中共昆明市委党校挂牌成立。

同日，“学习强国”昆明学习平台上线运行。

26日，昆明市第四批国家公共文化服务体系示范区创建验收集中评审会召开。

29日，市委书记程连元、市长王喜良率昆明市考察团到安徽省合肥市考察巢湖保护治理工作。合肥市委书记虞爱华、市长凌云及昆明市领导夏俊松、赵学农、郭希林，官渡区、西山区、呈贡区、晋宁区和市级有关部门主要负责人参加考察。

同日，全国优势特色产业集群现场推进会在昆明举行。

30日，石安公路（安宁段）主线试通车。

30日～12月2日，市委书记程连元、市长王喜良率昆明市党政代表团到浙江省杭州市学习考察。

12月

2日，第五届“春城创业荟”创业创新大赛总决赛暨颁奖典礼在昆明举行。46个项目获得121万元资助金，获得“春城创业奖”。

3日，“万物生长　万物和谐——云南生物多样性保护宣传周”媒体行活动在中国科学院昆明植物研究所启动。

4日，以“深入学习贯彻习近平法治思想　大力弘扬宪法精审”为主题的昆明市2020年国家宪法日主题宣传周活动启动仪式，在呈贡区新落成的全省首个宪法主题公园——昆明市宪法主题公园举行。

5日，由上海合作组织睦邻友好合作委员会、上海合作组织秘书处、昆明市政府主办，昆明市外办、昆明市教育体育局承办的“2020上合青年职业教育与创新创业高端圆桌会暨研讨会”在昆明市举行。

同日，云南省暨昆明市“12·5”国际志愿者日·爱国卫生“7个专项行动”新时代文明实践志愿服务集中活动在西山区碧鸡广场举行。

6日，市委书记程连元在昆明会见上海合作组织秘书长弗拉基米尔·诺罗夫一行，双方就进一步深化合作进行友好交流。塔吉克斯坦驻华大使佐希尔·萨义德佐达等上合组织成员国驻华外交官，上合组织副秘书长，昆明市领导夏俊松、孙群参加会见。

同日，2020年上合昆明马拉松线下跑起跑仪式在滇池大坝举行。市领导夏俊松、张斌、周红斌，以及来自印度、哈萨克斯坦、吉尔吉斯斯坦、巴基斯坦、俄罗斯、塔吉克斯坦等国外交官和上合组织秘书处代表出席起跑仪式。

10日，由中共昆明市委宣传部、中国新闻出版研究院传媒杂志社共同主办的2020年中国融媒体发展论坛在昆明开幕。

11日，市长王喜良会见中国铝业集团总经理、党组副书记刘祥民一行。中国铝业集团领导刘建平、许波，相关市领导参加会见。

16日，市委书记程连元率队到“数字云南”展示中心调研。相关市领导参加调研。

同日，市长王喜良率队到玉溪市考察调研，并签订《同城化发展合作框架协议》。昆明市领导张斌、赵学农、郭希林以及玉溪市张德华、王志新、李朝伟等领导参加活动。

17日，昆明市创建全国民族团结进步示范市工作表彰大会在昆明会堂召开。

27日，2020年昆明环滇池高原自行车邀请赛在昆明会堂前广场开赛。

30日，昆明市创建全国文明城市总结暨深入推进创建工作大会召开。

31日，市委书记程连元会见中建三局集团有限公司党委书记、董事长陈卫国一行。夏俊松、高中建、李树勇等市领导参加会见。

（李　震）

中国共产党昆明市委员会

编辑：陈智容

重要事件

【重要会议】 **市委常委会会议** 全年召开市委常委会会议45次，讨论研究议题436项。及时传达学习习近平总书记重要讲话和党中央、国务院以及省委、省政府重大决策部署，重要会议文件精神。严格贯彻落实民主集中制，在重大事项决策、重要干部任免、重要项目安排、大额度资金使用等方面坚持集体讨论，广开言路、集思广益，依靠集体智慧和科学程序决策。

市委理论学习中心组学习 全年召开市委理论学习中心组学习9次。把学习贯彻习近平新时代中国特色社会主义思想作为首要政治任务，深入学习党的十九大，十九届二中、三中、四中、五中全会精神，着力把深入学习宣传贯彻习近平总书记考察云南重要讲话精神作为重中之重，增强“四个意识”，坚定“四个自信”，做到“两个维护”，紧密结合思想和工作实际，学以致用、用以促学、学用相长，为决战脱贫攻坚、决胜全面建成小康社会，高质量推进区域性国际中心城市建设提供思想保障、精神动力和智力支持。

市委全面深化改革委员会会议 全年召开市委全面深化改革委员会会议4次，会议传达中央和省委全面深化改革委员会会议精神，研究审议相关改革方案。

市委审计委员会会议 1月6日，市委审计委员会2020年第一次会议召开。省委常委、市委书记、滇中新区党工委书记程连元主持会议，王喜良、杨正晓、张斌等市领导参加会议。8月19日，市委审计委员会2020年第二次会议召开。省委常委、市委书记、滇中新区党工委书记程连元主持会议，杨正晓、夏俊松等市领导参加会议。

2020年滇池保护治理工作会暨河(湖)长会议 1月8日，2020年滇池保护治理工作会暨第一次河(湖)长会议召开。市委书记程连元出席会议并讲话，市委副书记、市长王喜良主持会议，刘智、熊瑞丽等市领导参加会议。6月3日，2020年滇池保护治理“三年攻坚”指挥部工作例会暨第二次河(湖)长会议召开。市委书记程连元主持会议，王喜良、拉玛·兴高、熊瑞丽等市领导参加会议。9月25日，2020年滇池保护治理指挥部第三季度工作例会暨第三次河(湖)长会议召开。市委书记程连元出席会议并讲话，市长王喜良主持会议，杨正晓、拉玛·兴高、熊瑞丽等市领导参加会议。

昆明市暨滇中新区“不忘初心、牢记使命”主题教育总结会议 1月

13日，昆明市暨滇中新区“不忘初心、牢记使命”主题教育总结会议召开。省委常委、市委书记、滇中新区党工委书记程连元，省委第一指导组组长周本贞出席会议并讲话，市长王喜良主持会议，市级有关领导参加会议。

2020年市委经济工作会议 1月15日，2020年市委经济工作会议召开。市委书记程连元出席会议并讲话，市长王喜良主持会议，熊瑞丽、张斌、高中建等市领导参加会议。

市纪委十一届五次全会 1月19日，市纪委十一届五次全会召开。市委书记程连元出席会议并讲话，市委常委、市纪委书记、市监委主任杨正晓主持会议，王喜良、刘智、熊瑞丽等市领导参加会议。

昆明市新型冠状病毒感染肺炎疫情防控专题会议 1月26日，昆明市新型冠状病毒感染肺炎疫情防控专题会议召开。市委书记程连元主持会议，王喜良、金幼和、夏俊松、周建忠等市领导参加会议。

市应对疫情工作领导小组会议 1月28日，昆明市应对新型冠状病毒感染肺炎疫情工作领导小组会议召开。市委书记程连元主持会议，王喜良、刘智等市领导参加会议。2月19日，市应对疫情工作领导小组第二次会议召开。市委书记程连元主持会议，王喜良、刘智等市领导参加会议。

平安昆明建设领导小组会议 2月19日，平安昆明建设领导小组2020年第一次会议召开。市委书记程连元出席会议并讲话，市长王喜良主持会议，刘智、拉玛·兴高、熊瑞丽等市领导参加会议。10月15日，平安昆明建设领导小组2020年第二次会议召开。市委书记程连元出席会议并讲话，市长王喜良主持会议，杨正晓、拉玛·兴高、李建阳等市领导参加会议。

市扫黑除恶专项斗争领导小组会议 2月19日，昆明市扫黑除恶专项斗争领导小组2020年第一次会议召开。市委书记程连元出席会议并讲话，市长王喜良主持会议，刘智、杨正晓等市领导参加会议。6月9日，昆明市扫黑除恶专项斗争领导小组2020年第三次会议暨办公室第二次主任会议以电视电话会议形式召开。7月13日，昆明市扫黑除恶专项斗争领导小组2020年第四次会议召开。市委书记程连元出席会议并讲话，市委常委、市委政法委书记李建阳主持会议，金幼和、刘申寿等市领导参加会议。10月28日，昆明市扫黑除恶专项斗争领导小组第三次推进会暨“决战冲刺、打赢收官战”动员会召开。会议贯彻落实全国、全省扫黑除恶专项斗争第三次推进会和市委常委会会议精神，研究部署扫黑除恶专项斗争收官阶段重点任务举措。市委政法委书记李建阳出席会议并讲话。

脱贫攻坚暨市农村扶贫开发工作领导小组会议 2月20日，市脱贫攻坚推进会暨2020年市农村扶贫开发工作领导小组第一次会议召开。市委书记程连元出席会议并讲话，市长王喜良主持会议，刘智、刘申寿等市领导参加会议。3月10日，市委常委会（扩大）会议暨2020年市农村扶贫开发工作领导小组第二次会议召开。市委书记程连元主持会议，王喜良、刘智、拉玛·兴高、熊瑞丽等市领导参加会议。7月14日，2020年昆明市农村扶贫开发工作领导小组第三次全体（扩大）会议召开。市委书记程连元出席会议并讲话，市长王喜良主持会议，杨正晓、拉玛·兴高、熊瑞丽等市领导参加会议。

全市宣传文化工作会议 2月26日，全市宣传文化工作会议召开。市委书记程连元出席会议并讲话，市委常委、市委宣传部部长金幼和主持会议，毕惠芝、周红斌、刘绍安等市领导参加会议。

市委农村工作会议 2月28日，市委农村工作会议召开。市委书记程连元出席会议并讲话，市长王喜良主持会议，刘智、拉玛·兴高、熊瑞丽等市领导参加会议。

昆明市创建全国文明城市工作推进会暨2020年第一次调度会 3月11日，昆明市创建全国文明城市工作推进会暨2020年第一次调度会召开。市委书记程连元出席会议并讲话，市长王喜良主持会议，刘智、拉玛·兴高、熊瑞丽等市领导参加会议。

2020年市人才工作领导小组（扩大）会议暨书记述人才工作会议 3月12日，2020年市人才工作领导小组（扩大）会议暨书记述人才工作会议召开。市委书记程连元主持会议，王喜良、刘智等市领导参加会议。

市直机关党的建设工作会议 3月13日，市直机关党的建设工作会议召开。市委书记程连元出席会议并讲话，市委常委、市委组织部部长刘申寿主持会议，杨正晓、金幼和、夏俊松等市领导参加会议。

《生物多样性公约》第十五次缔约方大会昆明市筹备工作领导小组会议 4月1日，《生物多样性公约》第十五次缔约方大会昆明市筹备工作领导小组会议召开。省委常委、市委书记、滇中新区党工委书记程连元主持会议，中科院昆明植物研究所党委书记、副所长李宏伟出席会议，王喜良、夏俊松等昆明市领导参加会议。

国家植物博物馆规划建设指挥部会议 4月1日，国家植物博物馆规划建设指挥部第五次会议召开。省委常委、市委书记、滇中新区党工委书记程连元主持会议，中科院昆明分院院长周杰，中科院昆明植物研究所党委书记、副所长李宏伟出席会议，夏俊松、张斌等昆明市领导参加会议。7月20日，国家植物博物馆规划建设指挥部第六次会议召开。省委常委、市委书记、滇中新区党工委书记程连元主持会议，中国工程院院士、清华大学建筑学院院长、清华大学建筑设计研究院院长庄惟敏，中科院昆明分院院长周杰，中科院昆明植物研究所党委书记、副所长李宏伟，中科院西双版纳热带植物园主任陈进，中科院昆明动物研究所副所长李心祥出席会议，王喜良、夏俊松等昆明市领导参加会议。

市级各民主党派、工商联和有关人民团体专题调研协商座谈会 4

月2日，市级各民主党派、工商联和有关人民团体专题调研协商座谈会召开。市委书记程连元出席会议并讲话，市委常委、市委统战部部长杨皕主持会议，王喜良、刘智、拉玛·兴高、熊瑞丽、夏俊松等市领导参加会议。

市委全面依法治市委员会第二次会议 4月15日，市委全面依法治市委员会第二次会议召开。市委书记程连元主持会议，拉玛·兴高、熊瑞丽等市领导参加会议。

2020年市委国家安全委员会第一次全体会议 4月30日，2020年市委国家安全委员会第一次全体会议召开。省委常委、市委书记、滇中新区党工委书记程连元主持会议，市委国家安全委员会副主任、常务委员、委员参加会议。

2020年党的建设工作领导小组会议暨第一次党建工作例会 5月6日，2020年党的建设工作领导小组会议暨第一次党建工作例会召开。市委书记程连元主持会议，金幼和、刘申寿、夏俊松等市领导参加会议。

2020年市委社会建设工作暨全国市域社会治理现代化试点创建工作会议 5月8日，2020年市委社会建设工作暨全国市域社会治理现代化试点创建工作会议召开。市委书记程连元出席会议并讲话，市长王喜良主持会议，拉玛·兴高、熊瑞丽、杨皕、李建阳等市领导参加会议。

昆明市创建全国文明城市决战决胜动员大会 7月8日，昆明市创建全国文明城市决战决胜动员大会召开。省委常委、市委书记、滇中新区党工委书记程连元出席会议并讲话，省委宣传部副部长、省文明办主任宣宇才出席会议并讲话，市长王喜良主持会议，杨正晓、拉玛·兴高、熊瑞丽等市领导参加会议。

2020年市委外事工作委员会全体会议 7月13日，2020年市委外事工作委员会全体会议召开。市委书记程连元主持会议，金幼和、夏俊松、胡宝国等市领导参加会议。

市委议军会议暨市国动委第十三次全体会议 7月31日，市委议军会议暨市国动委第十三次全体会议召开。市委书记程连元主持会议，王喜良、金幼和、刘申寿、张海泉等市领导参加会议。

中国共产党昆明市第十一届委员会第九次全体会议 8月3日，中国共产党昆明市第十一届委员会第九次全体会议召开。全会由市委常委会主持。市委书记程连元代表市委常委会向全会做报告并做总结讲话，总结市委十一届八次全会以来的主要工作，分析当前形势，对下半年工作进行安排部署。全会书面通报中共昆明市委关于贯彻落实省委肃清秦光荣流毒影响重要部署推进全面从严治党工作情况。市委委员56人，候补委员1人出席全会。市纪委委员、市监委委员、有关方面的负责人和部分省、市基层党代表列席会议。

全市城市更新改造工作推进会 9月25日，全市城市更新改造工作推进会召开。市委书记程连元出席会议并讲话，市长王喜良主持会议，杨正晓、高中建等市领导参加会议。

2020年度昆明市县(市、区)、开发(度假)区党(工)委书记向市委专题报告落实全面从严治党主体责任情况会议 10月10日，2020年度昆明市县(市、区)、开发(度假)区党(工)委书记向市委专题报告落实全面从严治党主体责任情况会议召开。市委书记程连元主持会议，杨正晓、杨大庆、刘申寿等市领导参加会议。

《生物多样性公约》第十五次缔约方大会昆明市筹备工作专题调度会 10月13日，《生物多样性公约》第十五次缔约方大会昆明市筹备工作专题调度会召开。省委常委、市委书记、滇中新区党工委书记程连元主持会议，省生态环境厅厅长张纪华出席会议，王喜良、杨正晓等昆明市领导参加会议。

全市信访安保维稳工作会议 10月15日，全市信访安保维稳工作会议召开。市委书记程连元出席会议并讲话，市委政法委书记李建阳主持会议，市中级人民法院院长董国权、市人民检察院检察长李晓红等有关领导参加会议。

昆明市“十四五”规划工作暨2020年度市级各民主党派、工商联、人民团体专题调研协商座谈会 11月4日，昆明市“十四五”规划工作暨2020年度市级各民主党派、工商联、人民团体专题调研协商座谈会召开。省委常委、市委书记、滇中新区党工委书记程连元出席会议并讲话，北京师范大学二级教授宋贵伦、国家发改委国家信息中心经济预测部主任张宇贤、省委政策研究室副主任陈云波、省宏观经济研究院院长黄云平、云南民族大学党委副书记刘荣出席会议，市委统战部部长杨皕主持会议，王喜良、杨正晓、熊瑞丽、夏俊松、张斌、金志伟等昆明市领导出席会议。

昆明市2020年度落实党风廉政建设责任制检查考核动员会 11月6日，昆明市2020年度落实党风廉政建设责任制检查考核动员会召开。市委书记程连元出席会议并讲话，市长王喜良主持会议，杨正晓、熊瑞丽等市领导参加会议。

市委退役军人事务工作领导小组第二次会议暨昆明市2020年双拥工作领导小组会议 11月16日，市委退役军人事务工作领导小组第二次会议暨昆明市2020年双拥工作领导小组会议召开。市委书记程连元出席会议并讲话，市长王喜良主持会议，张海泉、任兴格等有关领导参加会议。

第二十八次全国部分城市关心下一代工作座谈会 11月25日，第二十八次全国部分城市关心下一代工作座谈会召开。中国关工委主任顾秀莲出席会议并讲话，省委常委、市委书记、滇中新区党工委书记程连元、省关工委主任张百如出席会议并致辞，中国关工委常务副主任闵振环、任茂东，省关工委常务副主任刀林荫、鲍德珠、莫泰尧、蒋莉、文元红出席会议，市委组织部部长刘申寿主持会议，毕惠芝、刘绍安等昆明市领导参加会议。

中国共产党昆明市第十一届委员会第十一次全体会议 12月15日，中国共产党昆明市第十一届委员会第十一次全体会议召开。全会由市委常委会主持。市委书记程连元代表市委常委会向全会做报告并做总结讲话。全会听取和讨论市委党的建设工作专题报告、市委落实全面从严治党主体责任情况专题报告，审议通过《中共昆明市委关于制定昆明市国民经济和社会发展第十四个五年规划和二〇三五年远景目标的建议》。全会决定批准拉玛·兴高、杨文惠辞去中国共产党昆明市第十一届委员会委员职务。市委委员55人、候补委员1人出席会议。市纪委委员、市监委委员、有关方面的负责人和部分省、市基层党代表列席会议。

昆明市创建全国民族团结进步示范市工作表彰大会 12月17日，昆明市创建全国民族团结进步示范市工作表彰大会召开。省委常委、市委书记、滇中新区党工委书记程连元出席大会并讲话，市长王喜良主持会议，杨正晓、杨皕、杨大庆、李建阳、金幼和、刘申寿、夏俊松、孙群、毕惠芝、刘永禄、刘绍安等市领导参加会议。

市委城市管理委员会第二次会议 12月24日，市委城市管理委员会第二次会议召开。市委书记程连元主持会议，王喜良、夏俊松、刘永禄等市领导参加会议。

昆明市创建全国文明城市总结暨深入推进创建工作大会 12月30日，昆明市创建全国文明城市总结暨深入推进创建工作大会召开。省委常委、市委书记、滇中新区党工委书记程连元，省委宣传部副部长、省文明办主任宣宇才出席会议，市委副书记杨正晓主持会议，王喜良、熊瑞丽等市领导参加会议。

【重要调研】 1月30日，省委常委、市委书记、滇中新区党工委书记程连元率队到新亚洲体育城社区、星体花园北区、春晖小区颐达园、耀龙康城小区调研全市新型冠状病毒感染肺炎疫情防控工作，市领导夏俊松参加调研。

2月10日，市委书记程连元率队到云内动力股份有限公司、云南铝业股份有限公司调研复工复产情况。

2月11日，省委常委、市委书记、滇中新区党工委书记程连元率队到中石油云南石化有限公司、云南天安化工有限公司、昆明钢铁控股有限公司调研企业复工复产情况，云南省工业和信息化厅厅长赵永平，金幼和、夏俊松等昆明市领导参加调研。

2月12日，省委常委、市委书记、滇中新区党工委书记程连元率队到云南白药集团股份有限公司、中国医学科学院医学生物学研究所、昆明中药厂有限公司、闻泰昆明智能制造产业园项目(一期)调研企业复工复产情况。

2月18日，市委书记程连元率队到昆明市第三人民医院长坡院区、连然街道吾悦广场项目施工现场、温泉街道羊角社区北塔居民小组调研疫情防控工作，夏俊松、周红斌等市领导参加调研。

3月16日，市委书记程连元率队到广普大沟一级支流鸡普沟、盘龙区金色大道—北辰大道排洪箱涵汇流区调研河道治理工作，赵学农、刘永禄等市领导参加调研。

3月16日，市委书记程连元率队到南屏步行街柏联百盛购物中心、同德昆明广场购物中心、西华公园、融创文旅城调研景区和商业场所复工情况，金幼和、夏俊松等市领导参加调研。

3月19日，市委书记程连元率队到云南晨农集团有限公司、云南奥斯迪实业有限公司、昆明克林轻工机械(集团)股份有限公司调研企业复工复产情况，夏俊松、张斌、赵学农等市领导参加调研。

3月24日，市委书记程连元率队到云龙水库、罗泊河水库调研城市供水水源保障工作，夏俊松、胡宝国、赵学农等市领导参加调研。

3月24日，市委书记程连元率队调研武倘寻(武定至倘甸至寻甸)高速公路建设情况，夏俊松、胡宝国、赵学农等市领导参加调研。

5月7日，市委书记程连元率队到云南瑞奇德医院调研昆明市医疗国际化工作，夏俊松、周红斌等市领导参加调研。

5月7日，市委书记程连元率队到五华区调研胜利堂和翠湖周边历史文化片区整治提升工作，夏俊松、高中建等市领导参加调研。

5月29日，省委常委、市委书记程连元率队到新宝象河(官渡区段)、瀑布公园、第十四水质净化厂、湖滨路大泊口、虾坝河入湖口、南冲河(高新区段)、茨巷河入湖口调蓄池调研滇池保护治理工作，省住房城乡建设厅、云投集团有关人员，夏俊松、赵学农等昆明市领导参加调研。

8月5日，市委书记程连元率队到滇池管理局调研滇池综合信息管理平台建设情况，夏俊松、赵学农等市领导参加调研。

8月5日，市委书记程连元率队到牛街庄隧道淹水点、官渡区海河水系淹水点、国贸路与金汁路交叉口淹水点调研昆明主城区防汛排涝工作，夏俊松、赵学农、刘永禄等市领导参加调研。

8月28日，市委书记程连元率队调研红塔东路、大观路、金碧路、滇池路、西园路、西昌路等62条道路整治提升情况，王喜良、金幼和等市领导参加调研。

9月2日，市委书记程连元率队到市创文总指挥部、市网格化综合监督指挥中心调研创建全国文明城市工作情况，杨正晓、金幼和等市领导参加调研。

12月16日，市委书记程连元率队到“数字云南”展示中心，调研昆明市“数字云南”项目建设情况，相关市领导参加调研。

【重要活动】 1月15日，昆明地铁线网控制中心和昆明地铁质量安全监控中心揭牌仪式举行。省委常委、市委书记、滇中新区党工委书记程连元宣布昆明地铁线网控制中心和昆明地铁质量安全监控中心启用，并为两中心揭牌，夏俊松、高中建等市领导参加仪式。

1月19～21日，习近平总书记再次到云南考察。1月20日，习近平总书记来到昆明，先后到滇池星海半岛生态湿地、昆明国际会展中心年货市场、国立西南联合大学旧址等地进行考察调研，并做出一系列重要指示。中央、省、市有关领导陪同考察。

1月21日，市委书记程连元率队走访慰问部分老领导、困难群众和困难老党员，夏俊松参加走访慰问。

1月23日，市委书记程连元率队到昆明市公安局调研全市春节安保工作，视频调度检查社会面安保情况，李建阳、夏俊松、周建忠等市领导参加检查。

2月17日，省委书记陈豪率队到滇中新区、中国（云南）自由贸易试验区昆明片区和昆明国际花卉交易中心检查指导复工复产阶段新冠肺炎疫情防控，调研改革发展稳定各项工作并召开座谈会。省、市有关领导参加检查指导和调研活动。

3月4日，2020年一季度重点项目集中开工暨牛栏江城市供水应急工程开工仪式举行。市委书记程连元出席仪式，王喜良、刘智、拉玛·兴高、熊瑞丽、金幼和、夏俊松、张斌、高中建、刘永禄等市领导参加仪式，并共同为项目培土奠基。

4月20～21日，省委常委、市委书记、滇中新区党工委书记程连元率昆明市党政代表团赴迪庆藏族自治州考察，并出席2020年昆迪对口帮扶友好合作座谈会，夏俊松、胡宝国等昆明市领导参加考察并出席座谈会。

6月8～9日，省委常委、市委书记、滇中新区党工委书记程连元率队走访上海市普陀区、华东理工大学等定点扶贫单位，共商对口帮扶工作，夏俊松、胡宝国、何健升、赵学农等昆明市领导参加走访。

6月30日，昆明呈贡信息产业园2020年“新基建”项目集中开工暨签约仪式举行。省委常委、市委书记、滇中新区党工委书记程连元，副省长董华出席仪式，省、市有关部门领导参加仪式，并共同为项目培土奠基。

7月1日，省委书记陈豪、省长阮成发率队到五华区陈家营片区、盘龙区东白沙河片区、官渡区五里多片区、西山区老螺蛳湾片区调研昆明市城市更新改造工作并召开座谈会，省、市有关领导参加调研及座谈会。

7月9日，昆明生物医药大健康科创中心和高原特色农业科创中心成立仪式举行。省委常委、市委书记、滇中新区党工委书记程连元出席仪式，并向中国工程院院士朱有勇、中国科学院院士郝小江颁发昆明科创中心首席科学家聘书，王喜良、夏俊松、赵学农、周红斌等市领导参加仪式。

7月28日，省委书记陈豪率队到云南九机科技有限公司、五华区丰宁街道虹山中路社区调研基层党建工作并召开座谈会，省、市有关领导参加调研并出席座谈会。

8月26日，昆明市人民政府、西山区人民政府、环球融创会展文旅集团有限公司签订彩云湾梦想小镇项目合作框架协议。省委常委、市委书记、滇中新区党工委书记程连元，马云公益基金会创始人、湖畔大学校长马云，融创中国董事会主席孙宏斌，环球融创会展文旅集团董事长邓鸿出席签约仪式，夏俊松、赵学农、高中建、周红斌等昆明市领导参加仪式。

9月14日，昆明国际工业大麻产业园揭牌仪式举行。市委书记程连元出席仪式，并为昆明国际工业大麻产业园揭牌，省、市有关领导出席揭牌仪式。

9月23日，昆明轨道交通4号线、6号线二期正式开通初期运营。省委常委、市委书记、滇中新区党工委书记程连元出席开通仪式，并宣布昆明轨道交通4号线、6号线二期开通，市长王喜良，市人大常委会主任拉玛·兴高，市高速公路地铁及铁路建设工作督导组组长、原副市长李江，副组长、市人大常委会原副主任田翎，副组长、市政协原副主席陆玉珍，以及中铁开发投资集团有限公司、北京城建集团有限责任公司、中国铁建股份有限公司有关领导出席仪式。

9月24日，临沧市委书记杨浩东，临沧市委副书记、市长张之政率考察团到昆考察，并与昆明市相关部门就开放型经济、经贸活动、旅游、选派干部挂职锻炼、媒体宣传、大健康产业发展等方面的具体合作事宜进行交流对接。省委常委、市委书记、滇中新区党工委书记程连元陪同考察，王喜良、刘申寿等昆明市领导参加考察或工作对接。

10月15日，昆明细胞产业园开园仪式举行。市委书记程连元出席仪式，市长王喜良为昆明细胞产业园“六中心”授牌，夏俊松、张斌、胡宝国等市领导参加仪式。

10月22日，省委常委、市委书记、滇中新区党工委书记程连元率队到中粮集团有限公司考察，并与中粮集团有限公司党组书记、董事长吕军进行座谈交流。

10月23日，昆明市生物医药领域新物种企业招商恳谈会在北京举行。省委常委、市委书记、滇中新区党工委书记程连元出席会议并讲话，夏俊松、张斌等市领导参加恳谈会。

11月29～30日，省委常委、市委书记、滇中新区党工委书记程连元，市委副书记、市长王喜良率昆明市考察团赴安徽省合肥市考察巢湖保护治理工作，夏俊松、赵学农等市领导参加考察。

11月30日～12月2日，省委常委、市委书记、滇中新区党工委书记程连元，市委副书记、市长王喜良率昆明市党政代表团赴浙江省杭州市学习考察，李建阳、金幼和、夏俊松、赵学农、李康平、周红斌等市领导参加考察。

12月6日，2020年上合昆明马拉

松线下跑起跑仪式举行。上海合作组织秘书长弗拉基米尔·诺罗夫出席仪式并致辞，省委常委、市委书记、滇中新区党工委书记程连元宣布起跑，塔吉克斯坦驻华大使佐希尔·萨义德佐达、上合组织睦邻友好合作委员会副主席崔丽和省、市有关领导出席起跑仪式。

【重要会见】 4月15日，省委常委、市委书记、滇中新区党工委书记程连元会见恒大旅游兼恒大健康董事长段胜利一行。

4月15日，省委常委、市委书记、滇中新区党工委书记程连元会见中国国际能源集团控股有限公司党委书记、董事局主席吴国迪一行，夏俊松、高中建等市领导参加会见。

4月24日，省委常委、市委书记、滇中新区党工委书记程连元会见国家电投集团云南国际电力投资公司党委书记、执行董事徐树彪一行，夏俊松、张斌等市领导参加会见。

5月26日，省委常委、市委书记、滇中新区党工委书记程连元会见圆中控股集团董事长袁福林一行，夏俊松、胡宝国等市领导参加会见。

6月4日，省委常委、市委书记、滇中新区党工委书记程连元会见绿地集团执行总裁、绿地香港董事局主席兼行政总裁陈军一行。

6月11日，省委常委、市委书记、滇中新区党工委书记程连元会见北京韩国人会会长朴镛熙一行，夏俊松、胡宝国等市领导参加会见。

7月7日，省委常委、市委书记、滇中新区党工委书记程连元会见中信海洋直升机股份有限公司党委书记、董事长杨威一行，夏俊松、张斌等市领导参加会见。

7月23日，省委常委、市委书记、滇中新区党工委书记程连元会见深兰科技集团董事长陈海波一行，夏俊松、张斌等市领导参加会见。

8月12日，省委常委、市委书记、滇中新区党工委书记程连元会见华润集团副总经理、华润燃气控股有限公司董事局主席王传栋一行，夏俊松、张斌等市领导参加会见。

8月19日，省委常委、市委书记、滇中新区党工委书记程连元会见全国政协常委、全国工商联副主席、正泰集团董事长南存辉一行。

8月20日，省委常委、市委书记、滇中新区党工委书记程连元会见万科集团董事会主席郁亮一行，王喜良、夏俊松、郭希林等市领导参加会见。

8月28日，省委常委、市委书记、滇中新区党工委书记程连元会见上海合作组织秘书长弗拉基米尔·诺罗夫一行，昆明学院党委书记陈永明，市领导夏俊松、胡宝国参加会见。

9月3日，省委常委、市委书记、滇中新区党工委书记程连元会见全国工商联副主席、苏宁控股集团董事长张近东一行，夏俊松、高中建等市领导参加会见。

9月17日，省委常委、市委书记、滇中新区党工委书记程连元会见中国中车股份有限公司副总裁余卫平一行。

12月6日，省委常委、市委书记、滇中新区党工委书记程连元会见上海合作组织秘书长弗拉基米尔·诺罗夫一行。

12月31日，省委常委、市委书记、滇中新区党工委书记程连元会见中建三局集团有限公司党委书记、董事长陈卫国一行。

（市委办公室）

市委办公室

【党的建设】 严格落实《中国共产党党和国家机关基层组织工作条例》，以党的政治建设为统领推动机关党的建设，教育引导广大干部职工坚定理想信念，筑牢思想根基，永葆对党绝对忠诚的政治品格，努力当好践行“两个维护”的“排头兵”。忠诚践行“两个维护”。巩固深化“不忘初心、牢记使命”主题教育成果，把学习贯彻习近平新时代中国特色社会主义思想和习近平总书记考察云南重要讲话精神作为首要政治任务，引导职工践行“五个坚持”，增强“四个意识”，坚定“四个自信”，做到“两个维护”。严明纪律规矩，严格执行重大事项请示报告制度，高质量服务保障中央巡视组巡视云南工作，积极配合市委第一巡察组开展市委办公室政治巡察工作。采取重温入党誓词、过政治生日等形式，扎实抓好党性教育、政治机关意识教育，锤炼党员干部绝对忠诚的政治品格。持续强化理论武装。扎实推进“两学一做”学习教育常态化制度化，制订2020年理论学习中心组学习计划，组织开展中心组学习8次，推动“关键少数”发挥领学促学作用。全覆盖组织3期“万名党员进党校”培训，11个青年理论学习小组组织学习30余次。开展“书香机关读书交流活动”2次，购买发放《习近平谈治国理政（第三卷）》等理论书籍2 000余册，抓实“微党课”“微讲堂”，灵活运用“学习强国”“云岭先锋”等学习平台，推动理论武装持续走深走实。全面抓实机关党建。认真贯彻《中国共产党支部工作条例（试行）》，落实“智慧党建”三年行动计划，提升“云岭先锋”使用率，推进基层组织建设在线化、数字化、规范化。严格程序发展党员，确定入党积极分子1名，批准预备党员转正1名。抓实抓细主题党日活动，组织机关党组织和在职党员到社区“双报到双报告”，177名在职党员到居住社区开展志愿服务380余人次。巩固党支部规范化建设成果，报送的“三内”固堡垒、“三外”强先锋案例获全国“互联网＋党建”典型案例三等奖，是云南省唯一获奖案例。严抓党风廉政建设。强化严字当头、一严到底的鲜明导向，全力支持配合驻市委办公室纪检监察组监督执纪，推动各级各类监督贯通联动、一体落实。深入贯彻落实中央八项规定精神，坚决整治表态多调门高、行动少落实差等突出问题，以及不作为、慢作为、假作为、乱作为等不良风气。全面查找廉政风险点，认真制定针对性防控措施，着力构建权责清晰、措施有力的廉政风险防控体系。深入开展“肃流毒、除影响、清源头、树正气”专项行动，举办反腐专题讲座，组织观看专题教育片《围猎》、庭院剧《钱南园》，以涂力军、何清帆、蔡德生案等案例开展警示教育，参观“清风沐春城、廉韵润人心”廉洁文化展，教育引导职工引以为戒，坚决肃清秦光荣等流毒影响，持续修复净化政治生态。深化运用“四种形态”特别是“第一种形态”，对苗头性、倾向性问题及时谈话提醒。守好意识形态阵地。把意识形态工作纳入重要议事日程、党建工作重点内容、班子民主生活会和述职报告重要内容，压紧压实意识形态工作主体责任，推动意识形态各项工作落地落实。

【服务大局】 紧紧围绕党中央和省委、市委的决策部署，通过文稿写作、信息服务、公文办理和调查研究等方式，想大事、谋全局、献良策，切实发挥好“参谋部”作用。注重抓好以文辅政。聚焦深入学习贯彻习近平总书记考察云南重要讲话精神、高质量推进区域性国际中心城市建设、打赢“三大攻坚战”、滇池保护治理等重点工作，深入研究上级决策部署，充分借鉴吸收外地先进经验，发现新问题、提出新举措，切实提升以文辅政水平。2020年，起草各类文稿440余篇200余万字，完成市委专题会议纪要（备忘录）70余篇。起草的市委十一届九次、十一次全会报告及结束时的讲话、习近平总书记考察云南重要讲话精神辅导报告、党的十九届五中全会宣讲等重要文稿得到市委领导肯定，获得广泛好评。注重抓好信息服务。认真思考、深入分析，为市委决策提供深层次、有价值、有分量的信息服务。《基层反映医保政策不合理制约乡镇卫生院发展》等信息被中办采用；《昆明市公共服务质量总体满意度位居全国前列》等信息获得省委主要领导肯定性批示。共上报中办信息300条，质量系数居全国262个直报点第16位；上报省办信息5 160条，得分位居全省16个州市第1名。强化应急值守，共接报、处置全市范围内自然灾害、刑事案件、生产安全事故等各类突发事件2 762起，报送突发事件信息1 471条。注重抓好公文办理。及时安全地处理流转公文、报批文件、信函电报，办理的1万余份文电信函做到“零时差、零失误、零扯皮”。严格落实“非必要、不配套”的发文要求，加强综合统筹，增强文件制定工作的科学性和计划性。共制发各类公文1 037件。其中，“昆发”“昆通”“昆办发”“昆办通”等公文185件，“昆干”类人事任免公文699件，“市委”便笺类公文48件，“市委办公室”便笺类公文105件。完善党内规范性文件前置审查、下备一级审查体系。向省委办公厅报备市委规范性文件57件，收集整理各级各部门报备党内规范性文件563件。注重抓好调查研究。紧扣全市中心工作和市委决策部署，以精品意识深入调查研究，大胆创新探索，聚焦区域性国际中心城市建设的战略性、前瞻性问题，聚焦贯彻落实习近平总书记考察云南重要讲话精神、高质量推进区域性国际中心城市建设，以及事关全市改革发展稳定的全局性问题和市委领导关注的热点难点问题，围绕党办业务工作、中国（云南）自由贸易试验区昆明片区发展、生态文明建设、营商环境等方面组织完成20项调研课题，形成《数字昆明背景下加强虚拟现实（AR/VR）技术融合应用的对策研究》等一批优秀研究成果，并积极促进调研成果转化为市委的工作思路和具体举措，为市委、市政府改革决策提供参考。

【综合协调】 充分发挥市委办公室沟通上下、协调左右、联系各方的枢纽作用，主动做好对上级部门的汇报对接，加强横向协调、纵向联系，强化服务保障职能，不断提高服务保障质效，切实做到协调有方、服务周到、保障有力。强化统筹协调。筹办市级五机关秘书长联席会议9次，切实增强“五办”之间的工作衔接、相互沟通、配合协作，进一步增强工作的预见性和主动性。合理配置各方资源，有力凝聚各方力量，圆满完成习近平总书记和省委、省政府主要领导到昆明考察调研，以及广西壮族自治区党政代表团在昆明考察等重要活动服务保障工作。2020年，筹备市委全会、市委经济工作会议等重要会议活动262次，收集处理上级领导和重要宾客到昆明活动报告139份。强化保密工作。狠抓涉密文件规范管理，确保文件收发管理快捷稳妥、保密安全。办理中央、省级文件432项、共1.90万余份。抓紧抓实专用通信工作，做好电视会议服务保障和OA系统建设。全年共保障中央、省、市级电视会议32场1 355人次；OA系统建设覆盖全市186个单位、部门，办公效率有效提升。严格落实保密工作要求，对95家单位开展保密检查指导。积极主动担当全省信息创新工程试点市工作任务，统筹抓好方案制订、基础环境建设、业务应用系统建设、设备管理、网络维护、终端替代等工作，信息创新工程年度任务圆满完成。强化国安工作。切实发挥好市委国安办职能作用，推动国家安全工作的决策部署落地落实。强化后勤保障。把保障中央政令畅通同党委工作高效运转结合起来，把日常保障同重点保障结合起来，把政务保障同事务保障结合起来，统筹抓好接待服务、后勤保障、财务管理、车辆保障等工作，为市委工作高效运转提供重要支撑。圆满完成第二十八次全国部分城市关心下一代工作座谈会等1 300余名来宾到昆明考察调研、检查指导、合作交流、洽谈投资的保障工作。强化档案管理。切实履行好档案行政管理职能，开展实地执法检查，做好档案中介机构备案、专项档案督导和工程项目档案验收工作；常态化做好档案收集保管利用工作，有序推进“昆明市档案信息共享云平台”项目建设和“采集10万条民国时期档案文件级目录条目”工作，档案信息化水平持续提升。2020年，完成25家档案工作规范化管理示范单位的认定及复查，对160余家单位开展档案业务指导，接收16批次实体档案19.62万件、电子文件141.19万页，接待查阅利用2 190人次。强化疫情防控。认真贯彻新冠肺炎疫情防控要求，在市级部门率先紧急召集全体职工返岗工作，高标准完成疫情应急值班、文电办理、综合调度、督查问效等工作任务，确保上级关于新冠疫情防控的决策部署落地落实。组织动员各级党组织和广大党员干部挺身而出、扎实工作、经受考验，党员干部自发捐款58 950元，40名职工主动提交请战书，14名党员前往一线开展工作，充分发挥表率作用。

【督促检查】 坚持目标导向、问题导向、结果导向，做到真督实查、敢督敢查、善督善查、严督严查，有力保障政令畅通、决策部署落地见效。抓实决策督查服务发展大局。全面督查落实中央、省委、市委有关决策部署，立项督查中央、省委决策部署事项456件，立项督查市委全会、市委常委会决定事项589件，立项督查省委主要领导批示22件、市委主要领导批示892件，强化372项建议和470项提案办理的督促检查，做到次次有督办、件件有答复、项项都满意。突出重点督查助推攻坚突破。服务保障市级领导带队的10个督导组共开展26轮次经济社会发展集中督查，帮助县区现场解决一批实际困难。对全市640个重大项目推进情况进行深入督查，针对存在的问题及时提出意见和建议，并督促责任部门抓好落实。强化滇池治理督查，督促“一河一策”治理要求和河长制落到实处。强化创建全国文明城市督查，积极做好优化营商环境、空气质量、网格化管理等各项工作的督查问效，共向市委、市政府报送各项督查工作专报、报告30份。改进目标考核树立鲜明导向。优化指标设置，将省对市考核指标纳入全市综合考核，并单独设立“争先进位”指标，鼓励市级部门的重点工作“全国有影响、单项争第一、整体上台阶”。优化考核方式，形成以日保周、以周保月、以月保季、以季保年工作机制，对能通过平时工作情况报送、电子台账报送、服务对象评价等方法确定考评结果的，不再组织考核；年终确需进一步查阅记录、台账的，归口集中统一进行，切实减轻基层负担。优化结果运用，完善考核计分办法，规范加扣分项目，强化考核约束及结果运用，实现与全省综合考评工作的统一。

【干部队伍建设】 坚持正确选人用人导向，严格干部选拔任用程序，注重能力素质提升，从严从实管理监督干部，干部队伍的综合素质得到进一步增强。全力打造“三化”机关。在规范化建设方面，完善文稿起草、公文办理、调研工作、会议活动承办、督促检查等58项制度，促进工作流程规范化。在精细化建设方面，制定“三化”建设考评操作规程，实行月考评、季通报、年总考制度，将“三化”考评结果与评优评先、干部任用挂钩，促进管理方法精细化。在信息化建设方面，稳步推进督查模块、市级领导活动管理、节假日值班管理、全市通讯录等全市联动模块，开发室务会、事务办理、考勤、电子工资条等内部“办事”模块，进一步巩固信息化办公成果。通过“三化”机关建设，职工责任意识不断增强，工作效率、工作作风和服务质量进一步提升。全面提升能力水平。圆满完成在苏州举办的2020年昆明市党委系统办公室干部综合能力提升专题培训班和档案业务培训，协调参加昆明市县处级领导干部学习贯彻习近平新时代中国特色社会主义思想高质量推进区域性国际中心城市建设专题培训班、开放型经济发展专题培训班等各类培训班43期，参训干部86人次。协调安排接收60名市级部门、县(市、区)党委办公室业务骨干跟班学习，选派5名干部挂职。先后抽调借出9名干部到省委办公厅、省政府办公厅、省发展改革委等部门学习锻炼。加强干部队伍建设。严格选人用人程序和标准，注重德才兼备、实干实绩、人事相宜、人岗相适。2020年，推荐提拔正处级领导干部3人、副处级领导干部6人，选拔任用科级领导干部9名(正科级4人、副科级5人)，平职交流科级干部20人。晋升二级调研员2人、三级调研员2人、四级调研员1人、一级主任科员22人、二级主任科员2人、三级主任科员7人、四级主任科员24人、档案专业初级职称2人，进一步优化干部队伍结构。持续深化文明创建。推动机关党建与文明单位创建一体部署、一体落实，大力弘扬和践行社会主义核心价值观，编发文明礼仪手册，开展“关爱滇池”志愿服务、“我们的节日”等活动，建好党员活动室、文明讲堂、机关党建文化长廊等阵地，用好微信、微博、电视、报纸等媒体平台，大力宣传社会主义核心价值观，推动机关党的建设与文明单位创建相互促进、相得益彰，圆满完成市委办公室申报第六届全国文明单位复评任务。持之以恒转变作风。充分发挥整治形式主义为基层减负专项工作机制作用，严格按照“月通报、季点评、科学调度”原则推进工作。2020年，市本级发文1 899件、召开会议478次，同比分别减少8%；全年共开展85项督查检查考核，同比精简3项。深入开展“提神振气”工程和“三亮三表率一模范机关”创建活动，启动“寻标对标达标创标”行动，持续提振干部队伍干事创业“精气神”。派出4名驻村扶贫队员，安排182名干部挂钩帮扶寻甸县务嘎村和东川区新乐村、蚂蟥箐村、竹山村等4个村557户建档立卡贫困户。

（市委办公室）

全面深化改革

【概况】 2020年，昆明市以习近平新时代中国特色社会主义思想为指导，全面贯彻党的十九大和十九届三中、四中、五中全会精神，推进全面深化改革向纵深发展，各领域改革有序推进，改革成效不断显现，克服疫情不利影响，扎实推进各项改革任务，为融入新发展格局贡献新的改革力量。市委深化改革工作要点共安排年度改革任务128项，完成91项，待省级出台28项，正在推进9项，20项重大改革事项全面完成，形成制度成果380个，争取和承接国家改革试点26项，省级改革试点27项，均已制订方案并启动实施，部分试点取得阶段性成效。改革经验做法中，获国家发文推广11项，省级发文推广7项，入选国家层面优秀改革案例7项。

【多项并举深化改革】 高位统筹，压实改革责任。与各改革专项小组、各级各部门签订改革工作目标责任书，逐层逐级压实改革责任。召开市委全面深化改革委员会会议4次，学习传达中央和省委全面深化改革委员会会议精神10次，审议通过改革方案文件28个，听取各地各部门改革工作汇报13次，确保工作顺利开展。精心谋划，绘制改革蓝图。研究制定《市委全面深化改革委员会2020年工作要点》，明确128项年度改革任务和20项重大改革事项，确定责任领导、牵头单位、责任人、完成时限，确保任务落实到位。严格督察，推动改革落地。通过组织开展全面督察、专项督察，实现对改革任务的全过程跟踪督察、全过程管理控制。宣传培训，营造改革氛围。积极总结基层创新举措和成功经验，编印《昆明改革信息》22期，共43篇，昆明改革影响力不断提升。

【经济体制改革】 聚焦增添发展新动能，经济体制改革快速推进。强化疫后经济发展政策支撑。及时出台昆明市支持企业有效应对疫情稳定经济增长20条、促进外贸稳增长12条、稳定就业工作18条、餐饮行业互助应急贷款19条等政策措施，筹措2亿元的稳增长政策资金，发放1亿元的消费券，发放稳岗补贴5.40亿元，稳定就业岗位79.60万个，切实做好“六稳”“六保”工作，促进疫后经济有序恢复。深化供给侧结构性改革。出台高质量发展、数字经济发展政策措施，推进8大数字经济创新平台挂牌运营，做好“三去一降一补”和减税降费工作，全年共化解煤炭产能135万吨，清欠民营企业、中小企业账款11.22亿元，减免小规模纳税人增值税7.30亿元，阶段性减免企业社会保险费50亿元以上。深化科技体制改革。有序推进国家知识产权示范城市建设，成功入围西部唯一国家知识产权运营服务体系建设重点城市。深化科技成果“三权”改革，搭建专业科技成果转化平台15个，促进科技成果转化900余项，全市科技进步贡献率突破60.30%。昆明国家广告产业园被国家版权局成功授予“全国版权示范园区”称号。优化营商环境。启动全省唯一企业登记全程电子化全覆盖工作试点。不断健全优化营商环境“123+N”机制，开办企业、办理建筑许可等6项关键指标达到上海标准，政务服务和招标投标两个指标入选《中国营商环境报告2020》典型案例，“昆易链”获评年度中国产业区块链创新奖十佳案例和全国优秀公共采购案例，昆明被评为“中国国际化营商环境质量十佳城市”，城市公共服务质量满意度在全国31省份160个城市中位居西南地区第一、省会城市第二、全国第七。推进国企财税金融改革。贯彻落实国有企业改革三年行动实施方案，探索国企“两制监管”试点，云内动力混合所有制改革有序推进。推动区域性国际金融服务中心建设，金融风险大数据预警平台建成运行，国际金融小镇首批入驻企业达17家。全面实施预算绩效管理，进一步推进市以下财政事权与支出责任划分改革，财政管理工作获国务院办公厅督察激励。深化增值税、个人所得税等改革，智能办税、征管档案电子化工作成为全省标杆，土地增值税管理新模式在全国交流推广。

【开放型经济体制改革】 聚焦提升对外开放的层次和水平，开放型经济体制改革率先突破。加快中国（云南）自由贸易试验区昆明片区建设。中国（云南）自由贸易试验区昆明片区挂牌1年来，累计形成26项可复制推广实践案例，打造国际商事法律服务、跨国联动运输的昆明经验模式，76项改革试点任务100%实施，签约项目113个，总投资565亿元，新增注册企业15 127户。拓展开放合作平台。获批成为首批国家骨干冷链物流基地，成功入选国家物流枢纽建设名单，成为西部地区第一个商贸服务型国家物流枢纽，以跨境贸易为代表的4条供应链创新与应用试点经验获得国家八部委推广。着力培育贸易新业态新模式。加快推进跨境电商综合试验区建设，成为国家深化服务贸易创新发展试点城市。

【农村综合改革】 聚焦推进乡村振兴，农村综合改革不断深化。不断激发农业农村发展活力。基本完成农村集体产权制度改革和农村承包地确权登记颁证，宜良、富民、安宁、石林先后完成全国农村集体产权制度改革试点任务，宜良产改经验、陈家渡社区产改做法在全国推广。健全完善稳定脱贫长效机制。构建五级防贫监测预警及动态帮扶机制，统筹推进行业扶贫政策，深化中央定点扶贫和东西部扶贫协作，脱贫攻坚实现“户达标、村提升、县清零、整体巩固”目标，全市无返贫和新增贫困人口，3个摘帽县区顺利通过国家脱贫攻坚普查检验，脱贫攻坚成果持续巩固，东川易地扶贫搬迁经验做法获国家发展改革委发文推广。深入推进农业供给侧结构性改革。加大新型农业经营主体培育力度，全市农业龙头企业累计达511家、家庭农场10 249个、农民专业合作社4 560个。启动实施“一五十百千”实验计划，积极推进乡村振兴实验示范区建设。大力发展高原特色农业，晋宁、寻甸创建为云南省“一县一业”示范县，宜良被列为“全国电子商务进农村综合示范县”，嵩明创建为“全国农村创新创业典型县”。

【民主法治和社会体制改革】 聚焦促进社会公平正义，民主法治和社会体制改革稳步实施。持续加强民主政治建设。对标上海不断完善地方立法体系建设，有效推进疫情防控法治化，率先在全省建立市人大代表活动阵地，开创独具特色的代表工作新模式，地方立法工作和引入第三方机构加强人大预算审查监督等做法获省人大肯定。推动民主监督常态化，探索开展“协商在基层”试点工作，市政协、宜良县政协、五华区政协“协商在基层”经验在全省政协系统“协商在基层”工作推进会上做经验交流。着力巩固和提升全国民族团结进步示范市成果，推进民族团结进步由创建全面转向示范，促进各民族和睦相处、和衷共济、和谐发展。提升市域治理现代化水平。全面开展全国市域社会治理现代化试点合格城市创建，着力做强综治中心、做活社区自治、做优基层网格、做实资源整合，创新探索市域社会治理现代化的做法在全国市域社会治理现代化试点工作会上做经验交流。西山区获评全国安全感百佳县市，晋宁旧寨村获评“全国乡村治理示范村”。深化司法体制综合配套改革。加快推进民事诉讼程序繁简分流改革及标准化集约执行工作模式试点，健全多元纠纷解决机制。

【生态文明体制改革】 聚焦打造美丽中国典范城市，生态文明体制改革稳步推进。持续推进污染防治。全面深化河（湖）长责任制，滇池保护治理“十三五”规划及三年攻坚行动圆满收官。制定《昆明市大气污染防治条例》等系列政策措施，多措并举积极防控大气污染。农用地和建设用地土壤污染风险得到有效防控。深入开展城乡环境综合整治。编制实施城市生活垃圾分类管理实施规划及城乡生活垃圾分类工作方案，生活垃圾分类收集覆盖率不断上升。

【城市规划建设管理体制改革】 聚焦提升城市品质，城市规划建设管理体制改革扎实推动。优化国土空间规划编制。健全规划工作机制，深入推进“两规融合”“多规合一”，探索地下空间专项规划，抓紧实施城市总规修编，完成多项专项规划编制，优化城市功能布局，促进全市城乡建设的有序开展。加强城市管理。制定城市精细化管理标准，建立管理清单、责任清单和网格清单，逐步实现城市管理领域标准规范全覆盖。完成国家城市综合管理服务平台建设试点任务，安宁城市管理工作和官渡城市清扫保洁模式获省住建厅发文推广。提高城市建设水平。编制实施推进世界春城花都建设2020年工作方案，建设美丽公园、美丽河道，持续擦亮城市品牌。优化廉租住房、公共租赁住房、共有产权住房、征收安置住房“四位一体”住房保障体系，保障性住房覆盖面达26%。深化土地供给改革，全面推进节约集约用地，作为“土地集约节约利用成效较好、闲置土地少且用地需求量较大的地方”获国务院办公厅督查激励，获奖新增建设用地计划指标2 000亩。

【民生领域改革】 聚焦提升人民群众幸福感和获得感，民生领域改革不断加强。完善公共卫生应急体系。制订昆明市疾病预防控制能力、卫生应急能力、重大传染病防治能力提升工作方案和突发公共卫生事件、突发公共事件医疗卫生救援应急预案等“三提升＋两预案”方案、文件，制定全国首个新冠肺炎疫情防控领域标准，推广使用疫情防控排查系统及疫情监控系统，疫情防控取得阶段性成效。加快大健康产业示范区建设，与首都医科大学等6家国内顶尖医疗机构签订医疗卫生合作协议，做实做细分级诊疗、家庭医生签约服务，在全省率先开展0～3岁婴幼儿照护服务示范创建试点，安宁医共体建设“1+2+x”模式获省肯定推广。加快文化体制改革。加快区域性国际人文交流中心及“国家文化出口基地”建设，11个文化出口项目获“国家文化出口重点项目”。扎实推进第四批国家公共文化服务体系示范区创建，全面完成“十三五”期间综合性文化服务中心建设任务。建立健全文明城市创建体制机制，成功创建成为第六届全国文明城市。加快推进传统媒体和新兴媒体融合发展，18个县级融媒体中心全部挂牌运营，加快推进昆明市VR/AR产业发展联盟筹建工作。新时代文明实践中心试点工作稳步推进，全市共建成文明实践中心12个。正式加入世界旅游联盟，宜良成功创建为首批省级全域旅游示范区。推进教育优质均衡发展。构建“2+11”教育现代化制度体系，促进教育均等化，率先通过国家义务教育基本均衡验收，义务教育巩固率保持在99%以上。深化产教融合校企合作，2所职中被命名为国家示范校，3所学校被评为省级现代学徒制试点单位。稳妥推进义务教育招生制度改革，义务教育阶段全面实现免试入学，促进教育公平。持续实施“三名”工程，全年新引进名师84人，评选认定2名“名校长”，组建名校长基地10个、名师工作室44个。

【党的建设制度和纪检体制改革】 聚焦营造风清气正的政治生态环境，党的建设制度和纪检体制改革全面发力。创新党建体制机制。推动“智慧党建”三年行动计划，推进居民小区党建工作，深化“吹哨报到”改革，全面开展机关党组织和在职党员“双报到双报告”，夯实党执政的基层基础，全市智慧党建经验做法在全省工作推进会上做经验交流。深化各领域群团改革，有效凝聚群团力量，安宁产业工人队伍建设改革工作在全省现场推进会上做经验交流。完善人才引进培育体系，全年引进各领域高层次人才532人、高层次人才团队36个。深化纪检监察体制改革。探索建立受贿行贿一起查工作机制，健全完善“不敢、不想、不能”的反腐工作机制。创新市、县两级上下联动统合巡察制度，相关做法获得省纪委肯定性批示。建设巡视巡察数据分析系统，首创政治体检报告书，提升上下联动巡察质效的经验做法获上级纪委、监委的肯定推广。实施“提级监督”和建立“一报一单四色两平台”做法被中纪委推广交流。

（张向明）

组织工作

【思想政治建设】 扎实开展党的十九届四中全会精神和习近平总书记考察云南重要讲话精神教育培训。举办2020年昆明市领导干部培训日专题讲座第2讲，市委主要领导以“深入学习贯彻习近平总书记考察云南重要讲话精神，推动昆明高质量发展”为题，对全市2 800余名领导干部进行专题辅导。分6期举办“昆明市领导干部深入学习贯彻党的十九届四中全会精神和习近平总书记考察云南重要讲话精神研讨班”，培训干部2 736人。持续深化习近平新时代中国特色社会主义思想教育培训。开展2期昆明市县处级领导干部“学习贯彻习近平新时代中国特色社会主义思想，高质量推进区域性国际中心城市建设专题培训班”，培训市管干部474名。持续推进“万名党员进党校”，截至2020年10月底，共举办培训班880期，累计培训普通党员17.68万人，培训基层党组织书记1.77万人。进一步严肃组织生活。落实领导干部参加组织生活季度报告、年度公示、定期统计、组织提醒四项制度。截至2020年9月底，全市县处级以上党员领导干部参加“三会一课”13 511次，其中讲党课2 836次，与党员谈心谈话20 878人次，参加主题党日10 182次。

【改革创新助推党建工作】 突出改革创新，助推各领域党建全面提升。全面完成党支部规范化建设达标创建。坚持抓两头带中间，增加先进支部、提升中间支部、整顿后进支部，分领域推进达标创建工作，经过三年持续推进，全市近2万个基层党组织全部达标。在疫情防控中充分发挥党组织战斗堡垒作用。全市共有16 601个党组织、15 954名党组织书记、108 718名党员投入到新冠肺炎疫情防控战“疫”一线，组建党员志愿服务队6 410支、临时党组织258个，58 876名党员主动递交请战申请书，全市29万余名党员捐款4 165万余元支持抗疫。各级组织系统及时划拨党费1 119.97万元，用于基层党组织开展疫情防控工作及慰问战斗在疫情防控一线的基层党员干部。抓实村（社区）“两委”换届准备工作。市级及各个县（市、区）全部组建工作专班，先后召开5次部务会研究部署换届准备工作。组建2个调研组全覆盖所有县（市、区）开展换届调研，累计收集到问题28个、建议25条，梳理汇总后形成7条意见和建议报省换届专班参考。对全市1 707个村（社区）逐一“过筛子”，排查确定重点难点村（社区）253个，梳理形成经验做法、问题隐患、意见和建议“三张清单”。培育和选树昆明市第一批18个社区“名书记”工作室，调整撤换不胜任现职务的村（社区）党组织书记84人。储备6 036名村（社区）后备力量，实施人才回引计划，确定回引1 369人，计划推荐参加换届选举676人，对表现优秀的11人直接选拔担任村（社区）党组织书记。市、县两级安排专项资金7 200余万元采取聘用制方式为每个村（社区）配备1名35岁以下的书记助理或主任助理。探索开展居民小区党建工作。制定出台《关于全面开展居民小区党建工作的指导意见》，在全市推行建立实体化的居民小区党支部，截至2020年10月底，已组建小区党支部766个，覆盖居民小区2 468个，实现组织覆盖率52%、工作覆盖率100%。深化“党建引领、吹哨报到”工作。全面建立“社区吹哨、街道部门报到”“街道吹哨、县区部门报到”“县区吹哨、市级部门报到”三级“吹哨报到”工作体系，截至2020年10月底，全市三级“党建引领、吹哨报到”共1.72万次，一大批县区长期想解决而无法解决的难题得到有效解决。创新开展“双报到双报告”工作。制定《关于全面开展机关党组织和在职党员进社区“双报到双报告”工作的意见（试行）》，推动全市机关党组织和在职党员进社区真报到、报实到、解难题。截至2020年10月底，党员到社区开展报到服务6 029次，切实为社区解决实际问题。推进“智慧党建”。形成昆明市智慧党建“一中心两系统”项目建设方案，推进市级“智慧党建”可视化调度指挥中心建设和全市随机调研系统、双向视频会议系统建设。

【干部工作】 统筹“选育管用”，抓实高素质专业化干部队伍建设。围绕中心服务大局选配干部。加大在疫情防控、脱贫攻坚一线选拔任用干部力度，年内，研究任免处级领导干部844人次。从疫情防控一线识别优秀干部830人，提拔82人。2名贫困县的县委书记提拔担任副厅级领导职务，从脱贫攻坚一线择优提拔6名优秀干部担任处级领导，平职重用3名处级干部，各县（市、区）从脱贫攻坚一线提拔使用27名科级干部。健全完善领导班子及干部队伍建设工作制度。制定出台《昆明市关于2019—2023年全国党政领导班子建设规划的实施意见》，提出17项具体措施，为提升全市党政领导班子和干部队伍建设系统化科学化水平提供遵循和制度依据。制定市级下派挂职干部日常管理5项制度，进一步加强市级下派挂职干部跟踪管理工作。加强优秀年轻干部培养。统筹选派市级机关79名45岁以下科级干部到县（市、区）和企事业单位挂职锻炼，从贫困县区选派4名年轻干部到上海市普陀区培养锻炼，19名定向选调生到贫困村（社区）担任驻村扶贫工作队员或到贫困县区乡（镇、街道）班子挂职锻炼。主城5区以外各县（市、区）选派有培养潜力的年轻干部到部分市直部门和主城5区跟班学习锻炼。围绕提升专业化能力精准开展培训。举办为期1年的8个专业化能力研修班，精准化为各行业各系统培养356名高素质、专业化的骨干队伍。围绕市委重点工作，举办自贸试验区（昆明片区）建设专题培训班、昆明市统计工作研讨班、昆明市脱贫攻坚业务专题培训班等重点班次，培训各行业业务骨干898人。从严从实管理监督干部。对424名干部个人有关事项报告开展抽查，对报告不一致的48人依规依纪严肃处理。做好信访举报受理工作，共收到12380举报件34件，100%按规定进行查核处理或转办处理，接到关于8名干部的任前公示举报，对其中4名干部暂缓任用。不断提升公务员管理水平。落实职级晋升11项负面清单，截至2020年10月底，全市晋升职级11 369人次，各县（市、区）“套转即超”四级调研员已消化348人，二级主任科员已全面完成消化任务，全市743名“老参公”单位人员得到妥善分流，3个园区全面完成机构编制事项规范。

【人才工作】 围绕发展需要，全面提升人才引进培养质量。突出重点领域引才育才。制定《鼓励省外高校毕业生到昆就业创业实施办法（试行）》，全年全市机关事业单位直接提供新就业岗位11 082个。聚焦全市产业、企业、事业人才需求，引进各领域高层次人才532人、高层次人才团队36个，新落地高新企业75家。成功聘请3位院士作为政府特聘参事，实施外籍专家引智项目40个。对市属重点学校、医疗机构引进和培养后备人才给予政策支持，引进后备人才160人。充分发挥人才工作载体作用。组织开展第五届“春城创业荟”创育业创新大赛，报名项目500余个，4万余人参赛，各类媒体宣传报道130余次。积极探索高校院所科技成果转化“揭榜制”“包干制”项目，促进在昆高校和科研院所的科技成果就地转化。扎实开展人才扶贫工作。出台《鼓励引导人才向艰苦边远地区流动的九条措施》，促进人才向基层一线流动。持续做好“互联网+”电商专业人才培训工作，年内培养不少于3 000人。实施“特岗教师计划”和市级免费师范生工程，认真做好“三区”人才支持计划，放宽乡村教师职称评审条件。加强服务保障。制定《进一步加强做好在昆院士服务工作若干规定》，拍摄制作人才专题宣传片，持续开展“春城创业号”地铁宣传，开办2020年昆明市高层次专家研修班，努力营造拴心留人的人才发展环境。

【自身建设】 加强自身建设，打造过硬组工干部队伍。用党的科学理论“铸魂”。部班子带头开展理论中心组学习8次，常态化落实组织系统定期学习制度，开展定期集中学习6次，对习近平总书记考察云南重要讲话精神和十九届四中、五中全会精神及时跟进学习，涵养和提升组工干部的政治素质。开展专业化培训“提能”。通过“讲、练、比、评”的形式举办为期3天的公文写作能力和处理能力提升培训班，开展现场实训、组织集中阅卷、设立红黑榜、评比优秀学员，起到激励先进，鞭策落后的培训效果。开展模范机关创建“增效”。新冠肺炎疫情严重期间，部领导牵头组成11个工作组，对全市重点村（社区）实行“点对点”挂钩联系和调研走访，为基层协调解决1.16万个口罩、600升酒精、23个红外线测温仪。推进“寻标对标达标创标”行动，开展3次“先锋处室”评选和表彰，大力营造“人人当先锋、个个争第一”的浓厚干事氛围。加强监督管理转作风。部主要领导讲授“培育公道正派的‘红色基因’”专题党课，教育组工干部坚守公道正派的立身之本。召开职工家属座谈会，组织职工家属到昆明市纪律教育基地参观学习，切实把严管和厚爱的要求延伸到干部家属身上。开展机关处室作风表现民主评议和履职责任民主评议8次，严格要求组工干部每月到基层、服务对象中开展工作不少于5天，切实改进作风。

（市委组织部）

公务员管理

【优化公务员队伍专业结构】 深入分析昆明市经济社会发展的人才需求，认真梳理公务员队伍专业结构的缺项短板，精准施策，重点考录国际经济贸易、城市规划建设、生物医药与大健康等急需紧缺的硕士研究生以上高层次专业人才，指导各县（市、区）根据发展功能定位和面临主要任务分析研判专业需求，提出有针对性的考录计划，进一步优化队伍专业结构。坚持基层导向，对乡（镇、街道）“应招尽招”，有力充实基层公务员队伍力量。2020年，全市共招录公务员421人，其中，市级机关20人，占4.80%；县级机关148人，占35.20%；乡（镇、街道）253人，占60%。明确把公开遴选作为市级机关补充工作力量、面向基层选人用人的主要渠道，改进公务员遴选方式，重点考察解决实际问题的能力，全年市级机关共遴选补充公务员90人，建立“招录到基层去、遴选从基层来”的人才选拔培养体系。

【提升公务员队伍能力素质】 紧紧围绕市委、市政府中心工作，以提高公务员队伍的制度执行力和治理能力需求为导向，认真抓好公务员初任培训、任职培训、在职培训、专门业务培训等“四类培训”工作，切实提高公务员的履职能力和工作水平。指导各单位建立新录用公务员“一对一”帮带培养机制，指导帮助新录用公务员尽快熟悉情况，进入工作状态。全年共开展3期初任公务员培训，共培训436人；落实昆迪合作有关内容，迪庆州30名新录用公务员参加培训，切实增强两地干部队伍交流和能力提升；共开展2期新提拔科级干部任职培训，涉及54个部门317人。

【树立正确激励导向】 职务与职级并行工作由制度入轨全面转入常态化管理以来，昆明市把干得好不好、有没有工作实绩作为确定晋升人选的重要标准，旗帜鲜明树立正确导向，不搞论资排辈，不搞平衡照顾，激发队伍干事创业热情。2020年，对217名年度考核连续为优秀的干部优先晋升职级，对410名在脱贫攻坚和疫情防控一线表现突出的干部晋升职级。坚持公开透明，开展分类摸底和民主推荐测评，实行负面清单管理，全市共有61名有负面清单情形的干部被取消晋升资格。截至2020年12月31日，全市79个市级机关（单位）、464个县（市、区）级单位、78个乡镇机关完成第二轮职级晋升。职级晋升工作保持良好局面，在全市营造出鼓励改革创新、干事创业的良好氛围。

【强化公务员激励约束】 细化考核指标，规范考核程序，开展平时考核和年度考核备案审核工作。2020年，全市科级及四级调研员以下公务员参加年度考核36 062人，确定为优秀等次6 644人，称职等次28 453人，基本称职7人，不称职43人，不定等次915人。深化“人民满意的公务员”活动，加大对在重大活动、重要专项工作、重大工程项目中做出突出贡献的公务员和公务员集体的及时性表彰奖励力度，推动形成尊崇先进、学习先进、争当先进的良好氛围。年内共向省委组织部上报8名在防疫一线表现突出的公务员作为“全国人民满意公务员”候选人，推荐1名在脱贫攻坚一线表现突出的公务员作为“全国最美公务员”候选人，记个人二等功3人，个人三等功6人，个人嘉奖29人。严格执行《云南省公务员工作监督检查办法（试行）》，加强对全市各单位公务员日常管理工作的监督检查，督促各单位规范建立人事管理制度，严格执行公务员法及各项配套法规政策。

【统一管理规范】 会同机构编制部门，对全市613家参照管理单位信息进行确认核对，上报省委组织部全部通过重新认定审批。严格执行编制审批限额，建立参照管理单位机构编制事项调整协同配合工作机制，涉及调整增加编制数额的，机构编制部门与同级组织部门沟通后按程序报省委组织部审批。按照《云南省公务员登记办法》有关规定，对2020年度经过考录、军转等方式进入公务员队伍的人员进行公务员（参公）登记审批，共进行公务员登记审批882人次，参公登记审批86人次。对因退休、死亡、开除、调出机关（单位）的人员进行退出审核备案，共备案1 715人。强化方案审核、严把关键环节、推进备案监督和试用期考核管理，规范全市选人用人机制，全年共审核102家单位科级干部选拔任用方案，办理科级干部任职备案796人，办理科级干部试用期满任职备案93人。推进“云南省公务员管理信息系统”建设，全市各级机关已完成系统机构编制和人员基础信息维护，已通过该系统审批办理公务员日常管理业务2 509项，公务员调动、综合管理类公务员职级职数设置（变更）备案、公务员录用、工资福利、公务员登记、退出管理等日常业务已逐步转入线上办理。

（市委组织部）

老干部工作

【离退休干部情况】 截至2020年12月31日，昆明市共有离休干部1 257人（其中党员966人），其中，红军时期1人，抗战前期11人，抗战后期47人，解放战争时期1 198人；行政机关390人、事业305人、企业562人；离休干部平均年龄91岁；待遇为副省单项（医疗）待遇1人、正厅级（含享受待遇）2人、副厅级（含享受待遇）33人、正县（处）级107人、副县（处）级638人、科级及其他476人。其中，按省（部）长级标准报销医疗费待遇1人，按副省（部）长级标准报销医疗费待遇12人。全市共有退休干部61 987人，其中，行政机关16 352人，事业34 956人，企业10 679人；待遇为正厅级38人，副厅级107人，正县级1 671人，副县级5 987人，正、副乡科级及以下54 184人。

【工作机构及人员】 市、县两级党委老干部局15个；市直机关、事业单位、企业单位老干部工作处、办、科84个，其中，机关49个，事业单位26个，企业9个。全市专职从事老干部工作人员357人（不含工勤人员），其中，研究生学历27人，大学本科以上学历240人，专科学历68人，高中（中专）以下学历22人；年龄30岁以下15人、31～40岁84人、41～50岁140人、51～59岁107人，60岁及以上11人。另有兼职老干部工作人员1 271人。

【老干部局长会议】 2月28日，2020年全市老干部局长会议以视频会议形式在市、县同步召开。会议由市委组织部副部长、市委老干部局局长张玉宁主持。市委常委、市委组织部部长刘申寿出席会议并讲话。会议深入学习贯彻习近平总书记考察云南重要讲话精神、党的十九届四中全会精神和市委十一届八次全会精神，以全国离退休干部"双先"表彰大会和全国、全省老干部局长会议及全市组织部长会议精神为指导，全面总结2019年工作，安排部署2020年任务，切实把中央和省委、市委关于离退休干部工作的新部署新要求落到实处，推进全市离退休干部工作高质量发展。市委老干部局领导班子成员，局机关各处室、局属各单位主要负责人和市关工委办公室主任在主会场参会，14个县(市、区)委常委、组织部部长及老干部工作部门有关人员在分会场参加会议。

【疫情防控工作】 坚决贯彻落实习近平总书记关于做好新型冠状病毒感染的肺炎疫情防控工作的重要指示精神及省、市应对疫情工作领导小组的部署要求，筑牢疫情防控"六张网"精准守护离退休干部身体健康和生命安全。筑牢志愿服务力量网。成立党员先锋志愿服务队，加强涉老公共场所的通风、消毒、杀菌、清洁等工作，及时帮助离退休干部解决疫情防控期间的实际问题和困难。筑牢思想稳定防护网。发出《致全市离退休干部、老同志倡议书》，倡导全市广大离退休干部、老同志带头讲政治顾大局、做好个人防护、配合防疫工作、倡导健康生活，正确辨别核实各类信息，做到不信谣、不传谣、不造谣，共同维护社会稳定。筑牢联防联控保护网。下发通知暂停全市各级老干部活动中心、老年大学及各涉老社团等公共学习活动场所开放，严格控制聚集性活动，有效避免因人群聚集而带来传染风险。筑牢精准服务保障网。下发《关于在防控新型冠状病毒感染的肺炎疫情工作中做好助老服务的通知》，及时调整助老服务模式，要求助老员将原来的上门服务改为以电话、微信、短信等电子信息手段加强沟通。筑牢疫情防控关爱网。积极争取各方面支持，为离退休干部协调口罩、酒精等防疫物资并送到家中，让老干部们在严峻疫情下，感受到党委、政府的关心关爱。筑牢疫情防控信息宣传网。利用"昆明老干"微信公众号推送中央和省、市委关于疫情防控的重要指示精神及新型冠状病毒肺炎防疫知识，及时向离退休干部、老同志通报全省全市疫情防控的最新进展和要求，积极做好正面宣传引导。

【政治思想建设】 坚持疫情防控与工作推进"两不误"，创新方式方法组织老干部学习党的十九届四中全会和全国、全省离退休干部"双先"表彰大会以及省委、市委重要会议精神，引导老干部进一步增强"四个意识"、坚定"四个自信"、做到"两个维护"。"零接触"组织活动。"七一"前夕，组织"颂歌献给党""向党说句心里话""书画创作""线上文艺演出""重温入党誓词"等"云庆祝"活动，精选制作的"昆明市离退休干部庆祝建党99周年微视频"，被"学习强国"云岭党建专栏、"云岭先锋"党建栏目及"昆明信息港"转载播出，在社会上引起强烈反响，观看点击人数达2万余人次，点赞3 000余人次。"零距离"送学上门。将《习近平新时代中国特色社会主义思想　习近平总书记考察云南重要讲话精神》《习近平总书记在统筹推进新冠肺炎疫情防控和经济社会发展工作部署会议上的讲话》《习近平总书记在决战决胜脱贫攻坚座谈会上的讲话》等学习资料汇编成册送到离退休干部手中，让老干部们居家学习"不停步"、政治思想"不滑坡"。精心评选"微党课"。组织全市广大离退休干部以"微党课"的形式解读党的创新理论成果、宣讲离退休干部"双先"事迹和身边典型、推介"春城银发"助力脱贫攻坚典型事例，传递时代"好声音"。及时通报情况。召开昆明市市级老领导阳宗镇行政区划调整工作情况通报会、副厅级以上离退休干部情况通报会和禄劝县、寻甸县脱贫攻坚工作情况通报会，组织离退休老干部代表参加"我看脱贫攻坚新成就"专题调研座谈会，及时向老领导通报经济社会发展等情况，认真听取老领导意见和建议，让老干部知情明政促发展。举办专题读书班。在省老干部活动中心呈贡银园举办昆明市市级老领导理论读书班和主题党日活动，邀请专家教授讲授习近平总书记考察云南重要讲话精神和全国两会精神；开展主题党日活动，组织市级老领导参观云南省离退休干部党性教育基地，学习中国共产党建党历史，重温入党誓词。举办离退休干部党支部书记培训班和副县

2020年5月30日，市委老干部局在乌龙社区开展"有信仰、讲奉献、爱昆明"主题宣讲进社区活动
（市委老干局　供稿）

以上离退休干部读书班，50余名离退休老党员现场参加学习培训，2.72万人次通过观看线上直播参加学习。在建党节前夕向全市3万余名离退休干部党员发放“政治生日卡”，勉励离退休干部党员珍惜光荣历史、不忘革命初心、永葆政治本色，坚定不移跟党走。

【发挥作用情况】 充分发挥广大离退休干部的政治优势、经验优势、威望优势，组织引导老干部为党和人民事业增添正能量。以节日文化为契机，走进基层传正能。坚持开展“奋进新时代　新春送祝福——昆明市离退休干部文化走基层文艺演出”、昆明市离退休干部“迎新春·送祝福”义务送春联活动，开展送戏下乡、送祝福下乡、送法律知识下乡等文化惠民活动，用群众喜闻乐见的文艺作品宣传党的方针政策，宣传全市经济社会发展取得的成绩和发生的变化。以实际行动践初心，众志成城助抗疫。在抗击疫情捐款活动中，全市超过1.77万名离退休干部参与捐款，筹集善款247万余元。广大离退休老干部充分发挥自身的独特优势，主动加入防疫志愿者队伍，点赞发声、宣传引导、排查人员、帮助邻里，为社区防疫工作助力。以“春城银霞人才库”为依托，志愿服务献余热。制定《昆明市离退休干部志愿服务管理暂行办法》，开展昆明市离退休干部志愿服务队伍“优秀志愿服务项目”“最美春城银霞志愿服务队”和“最美春城银霞志愿服务之星”评选，鼓励和支持离退休干部志愿者积极参与社会治理、基层治理，通过调解矛盾、宣讲教育、志愿服务等方式，协助基层做好群众工作，助力社会治理体系和治理能力现代化。以先进典型为标杆，引领风尚促和谐。举行“敬老爱老孝老先进事迹报告会”，组织“老有所为先进个人”“敬老先进个人”“孝老先进个人”“疫情期间发挥正能量先进个人”“向张桂梅同志学习先进个人”代表做事迹报告和交流发言，影响带动在全社会形成知荣辱、讲文明、促和谐的良好社会风尚。

【信息化建设】 顺势而为、与时俱进推进“信息化”建设。举办“云党课”开辟学习教育新路径。邀请中共云南省委党校科社教研部讲师吕波，通过现场视频直播为老年大学全校师生做“深刻把握丰富内涵　准确领会精神实质——学习习近平总书记考察云南重要讲话精神”专题讲座，共吸引校内外3.56万人次的关注，点赞人数达到1.30万余次，留言达到数千条。市企管办为老干部们举办“在疫情大考中彰显中国优势”的“云党课”，解决疫情期间离休干部党支部“三会一课”不能正常开展的难题。开展“云课堂”实现“停课不停学”。制订《昆明老年大学疫情期间“停课不停学”实施方案》，与中国老年大学协会合作开通“网上老年大学”空中课堂，通过学校公众号“微课堂”录制推出72门课程共2 995集视频“精品课”，为老干部足不出户学习提供丰富优质的教学资源。昆明老年大学的46个专业、174个班级，昆明老年大学呈贡校区的30个专业、83个班级共1万余名老年学员参与网课学习。开设“云展厅”搭建作用发挥新平台。昆明市老干部活动中心利用微信公众号组织开展“银耀春城　同心抗疫”文艺作品线上征集活动，共征集全市43家老干部工作部门报送的书法、绘画、诗词、诗歌、朗诵、演唱、曲艺、快板、剪纸、音频视频等抗疫作品1 350余件，推出“以艺抗疫”文艺作品网络主题展19期，部分优秀作品被中国老干部微信公众平台、《中国老年报·最美夕阳红才艺抗疫情》栏目、“中国网++”等网络媒体平台采用展播。开启“云办公”提升服务管理水平。市企管办针对高龄离休干部出行不便、行动困难的实际，在各网点安装触控一体机，利用互联网组织离休干部开展学习活动。使用腾讯文档建立走访登记、健康体检统计、工作信息收集、已故离休干部信息登记、生日慰问信息登记等“云办公”工作制度，实现让数据多跑路，工作人员少跑腿，离休干部不出门。

【精准化服务】 围绕统筹推进疫情防控工作需要和老干部实际需求，开展针对性、个性化、亲情式精准服务，把党和政府的关心关爱落到实处。开展“大下访”活动。下发《关于开展精准服务离休干部“大下访”活动的通知》，对离休干部和已故离休干部无固定收入配偶进行普访，全面梳理离休干部的个人基本信息、家庭情况、婚姻状况、子女情况、身体健康状况等信息，督促各项生活待遇政策落实。精准落实待遇政策。不断提升离退休干部生活待遇标准，及时转发执行《省委组织部〈关于进一步加强易地安置离休干部服务管理工作的意见〉的通知》，督促协调相关部门做好易地走访慰问工作，提高易地安置离休干部的走访慰问金标准，由原来的2 000元/人·年提高至3 000元/人·年；提高“建初”（中华人民共和国成立初期参加革命）干部生活补助标准，将符合中组部《关于对1949年10月1日至所在地解放期间参加革命工作的退休干部在生活上给予适当照顾的通知》和云南省《关于对我省建国初期参加革命工作的部分退休干部在生活上给予适当补贴的意见》规定的退休干部生活补助由1 418元、1 381元分别提高至1 489元和1 450元。提升离休干部的医疗保障水平，与市级相关部门协调配合，从2021年起将离休干部医疗统筹标准由8.80万元/人·年提高至9.30万元/人·年。及时转发省级文件，提高红军时期和其他时期已故离休干部无固定收入配偶补助标准，分别从1 500元/人·年和1 200元/人·年提高到2 000元/人·年和1 500元/人·年。精准开展走访慰问活动。在春节、“七一”、老年节组织全市老干部工作部门开展走访慰问活动，在中国人民抗日战争暨世界反法西斯战争胜利75周年和中国人民志愿军抗美援朝出国作战70周年之际，分别对抗日战争时期及以前参加革命工作的62位老干部和118位参加过抗美援朝出国作战离退休干部入户走访慰问。精准做好特困帮扶工作。春节、建党节、老年节均开展“送温暖”走访慰问活动，共走访慰问离退休干部及遗属近500人次，发放慰问金28.15万元。为巡津街18号院和拓东路528号院既有住宅增设7部电梯，对活动室进行内部提升改造，切实为市级老领导解决学习生活困难。精准做好老干部去世善后相关工作。出台《关于进一步规范厅级及以上干部逝世后丧事办理工作的通知》，及时按规定向省级相关部门报告，指导和配合相关单位妥善做好老干部离世善后工作。精准做好企业离休干部服务工作。认真落实企业离休干部各项待遇政策，开展“一人一策”精准服务，邀请律师为30余名离休干部及家属开展法律咨询活动，对离休干部遗产分配、产权纠纷等问题做解答。

2020年7月21日，昆明市举行全市离退休干部工作“比学赶超”暨盘龙区干部荣誉退休仪式　　（市委老干局　供稿）

【规范化建设】 以“示范创建”推动老干部工作规范化建设。开展“示范党支部”创建工作。召开2020年重点任务推进会，启动2017年度市级离退休干部“示范党支部”复核工作；整理编印2019年度评审创建的45家市级离退休干部“示范党支部”经验交流材料，为全市离退休干部党建工作提供经验借鉴。开展“示范老年大学”创建工作。印发《关于评选2020年“昆明市老年大学市级示范校”的通知》，督促还未评审创建为市级“老年大学示范校”的县（市、区）继续开展示范创建。开展“示范老干部活动中心（室）”创建工作。制定下发《关于开展首批全省“示范老干部活动中心（室）”评审工作的通知》《关于在全市老干部活动中心（室）中开展第二批市级老干部活动“示范中心（室）”创建工作的实施方案》，督促各县（市、区）加大基础设施建设力度。试点推行干部荣誉退休制度。在嵩明县试点推行包含“举行退前专题谈话、举办荣退仪式、进行政策宣讲、组织健康体检、上门家访关爱、引导作用发挥、开展常态培训”等7项内容的《干部荣誉退休制度》，从思想政治、政策待遇、身体健康、精神引导、纪律约束等不同方面，落实对退休干部的关怀激励。

【学习活动阵地建设】 按照有利于离退休干部“就近学习、就近活动、就近得到关心照顾、就近发挥作用”的“四就近”原则，大力推进基层离退休干部学习活动阵地建设。加大社区老年学校的建设力度。印发《关于推进昆明市社区老年学校建设的实施方案》，2020年在全市建成61家社区老年学校。开展“银发先锋之家”创建工作。下发《关于做好全市离退休干部“银发先锋之家”建设工作的通知》，全年在全市建成62个“银发先锋之家”，为离退休干部发挥作用助力疫情防控、脱贫攻坚、滇池保护、社会基层治理、全国文明城市创建等搭建新平台。加强离退休干部文体社团建设。组织老干部社团开展年检工作，为昆明地区离退休人员协会等6家老干部社会组织划拨经费40万元，确保老干部社会组织活动的正常开展。对市老干部书画协会、市老干部艺术协会、市老干部诗词协会的换届工作进行指导，对协会负责人兼任社会组织进行审批。

（晏廷花）

宣传思想文化

【理论武装】 深入推进学习教育。坚持把学习贯彻习近平新时代中国特色社会主义思想和习近平总书记考察云南重要讲话精神作为首要政治任务，教育引导全市党员干部增强“四个意识”、坚定“四个自信”、做到“两个维护”。广泛深入学习宣传贯彻党的十九届五中全会精神，以理论学习中心组学习为龙头统筹抓好党员干部学习。市委理论学习中心组开展专题学习9次，示范带动全市各级党组织抓好理论学习。扎实做好《习近平谈治国理政（第三卷）》学习使用，在全省率先推行线上学习、评审、比赛“三位一体”方式，精心组织“新时代新作为新篇章”系列学习活动。全省首个市级平台“学习强国”昆明学习平台顺利上线运行，推出阅读量10万次以上稿件56篇，全市18个县级融媒体中心全部上线运行并统一接入市级管理平台，“以市带县”的“昆明模式”得到中宣部肯定。举办学习达人评选、知识竞赛、元旦灯光秀等系列活动。广泛开展宣传普及。聚力“头条、首页、首屏工程”，先后开设“沿着习近平总书记指引的方向　接续奋斗谱写好中国梦的昆明篇章”等专题专栏，累计发稿1万余篇。特别是习近平总书记考察云南期间，推出长篇通讯和昆正平文章，在《昆明日报》推出24版特刊《牢记嘱托　昆明答卷》，得到社会各界充分肯定和广泛赞誉，把总书记的亲切关怀、谆谆嘱托、殷切期望传递给每一位干部群众。组织多层次多形式宣传宣讲，推动全市学习贯彻往深里走、往实里抓。建强市、县两级宣讲团，组建“春城青年宣讲团”，在全省率先建立“红色之声”理论宣讲网络直播基地，围绕习近平总书记考察云南重要讲话精神、学习贯彻党的十九届五中全会精神等重大主题开展理论宣讲3 000多场，受众达52万人次。深入开展“有信仰、讲奉献、爱昆明”宣传活动，精心组织“我最喜爱的习近平总书记的一句话”微宣讲，开展“党的创新理论我来讲”理论宣讲大赛，策划推出一批重点理论评论文章、理论专题片、电视理论节目、公益广告。切实加强研究阐释。市委常委班子带头开展学习贯彻习近平新时代中国特色社会主义思想和习近平总书记考察云南重要讲话精神调查研究，推出《深入学习习近平考察云南重要讲话精神，高质量推动区域性国际中心城市建设》《以大开放促进大发展》《争当生态文明建设排头兵示范城市》等一批理论文章，编辑出版《昆明市学习习近平新时代中国特色社会主义思想理论研讨会文集》。制定《昆明市新型智库建设管理办法(试行)》，深入推进新型智库建设，建立一批名师工作室、研究基地、示范基地。

【新闻舆论工作】 围绕全面建成小康社会、决战脱贫攻坚、昆明“十三五”成就、高质量发展、生态文明建设等主题，协调中央媒体密集发声、省、市媒体全面发力、新媒体平台集群聚焦，刊发各类新闻稿件7.50万余篇(条)，全面反映昆明市经济社会发展取得的显著成就。加强抗击新冠肺炎疫情宣传教育引导。及时成立舆情监测和宣传工作领导小组，建立“1+1+5+1”宣传工作机制，创新推出社会宣传“十有工作法”，全市“报、台、网、微、端、屏”全媒联动、融合发力。组建防疫宣传微信群1.50万余个，制作发放宣传资料350万余份，覆盖全市2 529个村组社区。充分利用应急广播体系和农村“大喇叭”开展疫情防控宣传。在全省率先推出“新冠肺炎疫情地图”“机器人疫情播报”，连续召开19场专题新闻发布会，邀请专家、学者开展栏目访谈，组织中央、省、市媒体记者深入抗疫一线采访报道。其中，《昆明市委书记看望119名滞留游客　还去入驻酒店检查设施》《武汉莫慌　昆明挺你》《用光影记录逆行战士》等报道和新媒体作品播放量突破千万。全市8.40万名志愿者、1 300余个志愿服务团队深入一线助力疫情防控。组织策划《同心战“疫”　春满大地》抗击新冠肺炎疫情特别节目，组织文艺工作者因地制宜为疫情防控斗争创作多种形式的文艺作品1 640余件。突出抓好抗击新冠肺炎疫情宣传报道，构建抗疫“全媒体传播矩阵”，推动各类文艺作品创作，汇聚全市上下同心抗疫、共克时艰的强大力量。助推文化企业复工复产，组织开展昆明市云上2020年中国品牌日地方特色活动，组织文化企业参加深圳文博会、长三角文博会、“创意云南”文博会等线上线下活动。中共昆明市委宣传部获“云南省抗击新冠肺炎疫情先进集体”称号。营造全面建成小康社会、决战脱贫攻坚的浓厚氛围。建立“1+1+7”宣传工作机制，深入开展“决胜全面小康、决战脱贫攻坚”等重大主题宣传，召开10场系列新闻发布会，开设《打赢脱贫攻坚战　全民共圆小康梦》《以高质量发展决战决胜高水平全面小康》等专题专栏30余个。推出东川张顺东、李国秀夫妇等为代表的一批全国先进典型，提振自立自强的信心勇气，脱贫群众精神风貌焕然一新。习近平总书记在全国脱贫攻坚总结表彰大会上点名表扬张顺东、李国秀夫妇自强不息的战贫脱贫精神。组织做好“走向我们的小康生活”“百城千县万村”等调研采访，累计刊发新闻稿件7.50万余篇(条)。广泛组织开展“决胜小康　奋斗有我”等群众性主题宣传教育，深化“自强、诚信、感恩”主题实践活动，创新开展“六个百家”活动，开展脱贫攻坚“三讲三评”6 400余场次。精心组织开展脱贫攻坚奔小康舞蹈创作展示、优秀剧目展演、书法美术摄影展览等活动。举办第四届“云南·昆明网络文化节”，推出“云”聚力量助脱贫奔小康网红集市等40余项网络文化活动，点击量超过3.50亿次，“爱心助农之网络扶贫活动”成功入选2020年全国网络扶贫案例。组织推荐石林县成功申报国家数字乡村试点县(市、区)。开展“文化大篷车·千乡万里行”惠民演出1 715场，惠及人数达140万余人。凝聚高质量推进区域性国际中心城市建设的磅礴力量。围绕中央、省、市中心工作和系列重要会议，策划重大主题宣传30多组，开设专题专栏50余个，组织中央和省、市主流媒体开展集中采访20多次，举办首场市委新闻发布会，在中央和省级主要新闻媒体刊播重要新闻稿件1.65万篇(条)。强化网上正面宣传，首次发布《2020年度昆明市网络综合传播指数报告》，“昆明发布”微博矩阵全年发布信息17.90万余篇，点击量超41亿次。深入推进媒体融合向纵深发展，整合各级资金6 300余万元，推动全市18个县级融媒体中心全部上线运行并统一接入市级管理平台，全媒体综合传播力、影响力、公开、爆款等指数均位居全省第一，“掌上春城”客户端在11个主流安卓应用市场下载量达616万次，位居全国市级党媒第七位、西部第二位，昆明报业集团获“十三五”中国报业媒体融合创新单位奖。高规格举办第三届中国融媒体发展论坛，到会媒体和企业300余家，全网点击观看近3 000万次。围绕住房、教育、医疗、就业等热点问题，召开新闻发布会160余场。积极主动开展对外宣传，打造集外文网站、国际社交平台账号、英文微信公众号、外宣杂志等为一体的国际传播矩阵。组织开展“南亚东南亚媒体昆明行”、澜湄万里行中外媒体大型采访活动，办好面向南亚、东南亚的中英双语外宣杂志《看昆明》及微信公众号。对外辐射功能日益凸显，一批高质量新媒体产品在全网形成刷屏效应。精心策划开展《生物多样性公约》第十五次缔约方大会（COP15）系列宣传，打造COP15全媒体传播平台，滇池清、春城绿、昆明蓝、四季花的生态底色更加亮眼，成为昆明最靓丽的名片，连续两年上榜“中国十大美好生活城市”。网络宣传出新出彩，“昆明发布厅”获评“2020年度中国优秀政务新媒体”，在省级以上媒体和新媒体发布重要新闻稿件近1.80万篇（条），多角度讲好昆明故事，全方位展现昆明形象，知名度、美誉度大幅提升。

【意识形态工作责任体系】 市委主要领导出席全市宣传文化工作会议并讲话，与有关责任人签订责任书，进一步深化落实意识形态领域“113468”责任体系。发挥巡察和专项检查作用，压紧压实意识形态工作责任制，制度机制更加健全完善。严格落实“六纳入、两报告、两通报”制度，市委常委会专题研究意识形态工作4次，市委意识形态工作领导小组召开专题会、分析研判会等4次，推动意识形态工作与市委中心工作同部署、同落实、同检查、同考核。修订《党委（党组）意识形态工作责任制实施细则》，制定出台《党委（党组）网络安全工作责任制实施细则》《关于在巡察中加强意识形态工作责任制落实情况监督检查的指导意见》等文件，开展3轮巡察意识形态专项检查、1次专项督查，督促整改问题94个。分析研判更加科学精准。建立健全舆情风险评估机制，完善风险防范化解、部门协作、多渠道信息收集报送、重大舆情会商研判等制度。加强舆情信息搜集研判，全年上报《每日舆情》《每日要情》信息1.11万篇，被中宣部、省委宣传部采用1 876篇。修订《昆明市突发公共事件舆论引导应急预案》，制定《网络舆情联动处置办法》《重大网络舆情联席会议制度》《新形势下推进昆明市网络评论队伍建设实施细则》，组建网评队伍，在正面宣传、舆论引导等方面同向发力，有效引导涉疫情、热点敏感问题和突发事件的社会舆论，有力维护全市意识形态安全。加强各类阵地建设管理，建立健全网络综合治理体系，积极营造清朗的网络空间，各类阵地更加巩固规范。依法加强和防范处置重点境外非政府组织和宗教势力渗透破坏。印发《关于加快昆明市网络综合治理体系建设的实施意见》，开展网络直播、“自媒体”平台等8个专项整治行动，加强网络安全保障体系建设，积极推进市网络安全应急指挥中心建设，开展“剑网行动”，加强网络平台监管和执法工作，举办网络安全宣传周活动，统筹实施信息系统等级保护测评检查和应急演练。严格管理新闻出版、广播影视、文化市场，进一步加强对论坛、讲坛、讲座、讲堂、年会、报告会、研讨会等阵地的建设管理。扎实推进“扫黄打非”工作，深入开展“正道”“新风”集中行动，实施“清源”“固边”“净网”“护苗”“秋风”五大专项行动，破获的4个案件入选全省“十大精品案件”，建成基层站点1 839个，进基层实现全覆盖，安宁市晓塘社区被评为“全国扫黄打非进基层示范标兵站点”，“8·20专案组”被全国“扫黄打非”办评为先进集体。推进软件正版化，昆明“4·10销售侵权盗版出版物案”作为全省版权第一案，受到中宣部国家版权局表彰。

【创建全国文明城市】 以全国文明城市创建为龙头，深化文明村镇、文明单位、文明家庭、文明校园等群众性精神文明创建活动，不断强化措施、完善机制、注重实效，推动创建向农村拓展延伸，推动经济建设、政治建设、文化建设、社会建设和生态文明建设取得丰硕成果，推进全域文明、全面文明、全体文明迈上新台阶，走出一条具有昆明特色的文明创建之路。昆明市以参评省会城市第一名的成绩成功创建为第六届全国文明城市，石林县成为全省第一个获评“全国文明城市”的少数民族自治县，安宁市因复检成绩优异受到全国通报表扬；5个村镇获第六届全国文明村镇称号，11家单位获第六届全国文明单位称号，5个家庭获第二届全国文明家庭称号，3家单位获第二届全国文明校园称号。昆明市创建工作受到省委、省政府嘉奖。在创建过程中，全体市民众志成城，用心血和汗水、奉献和付出赢得金字招牌，干部精神状态空前提振，城市综合实力大为增强，城乡环境面貌焕然一新，社会文明程度大幅提升，群众幸福指数稳步提高。注重德法兼治。坚持把培育和践行社会主义核心价值观贯穿创建全过程，立足“先塑文明人、再建文明城”的理念，着力用好氛围熏陶人、好典型引导人、好风尚教育人。在全省率先颁布实施《文明行为促进条例》，探索推进昆明市新时代文明实践中心云平台建设，建成新时代文明实践中心（所、站）1 386个、新时代文明实践行业站点1 800余个，安宁、呈贡、石林3个县级实践中心被列为全国试点。培育时代新人。深化理想信念教育，加强公民道德建设，积极开展“德润春城”道德实践、遵规守礼文明劝导等活动，推进社会公德、职业道德、家庭美德、个人品德建设。2020年，有11人获评全国道德模范提名奖，27人获评云南省道德模范，50人获评中国好人，103人获评云南好人，推出1 500多名昆明市道德模范、昆明好人，建成一批道德模范和身边好人宣传展示长廊。建成市级青少年法治教育示范基地49个、未成年人心理健康辅导中心（站）10个、青少年校外教育活动中心13个、乡村学校少年宫100所，未成年人思想道德建设测评成绩连续三年保持参评省会城市第一名。弘扬文明新风。深入实施文化传承、文明交通、文明旅游、文明上网、移风易俗“五大行动”，深化拓展“我们的节日”主题活动，开展“不文明行为随手拍”等实践活动。120万名春城志愿者服务活跃在大街小巷，爱心公益、疫情防控、节俭养德等实践活动广泛开展，“百千万”滇池卫士志愿服务成为特色品牌，“礼让斑马线”“使用公筷公勺”“排队一米线”成为市民的自觉行动，推动全社会制止餐饮浪费、培养节约习惯。

【文化强市建设】 提升公共文化服务质效。持续深化文化供给侧结构性改革，扎实推进国家公共文化服务体系示范区创建，不断优化公共文化服务供给，深化城乡居民扩大文化消费试点，文化惠民工程深入推进，文化遗产保护利用持续强化，基本建成城乡一体、区域均衡、人群均等的现代公共文化服务体系。持续提升打造“春城文化节”系列群众文化活动，组织开展各类群众文化活动4 380场次，惠及群众300余万人次。昆明市3家阅读机构成功获评云南省2020年全民阅读示范基地。推进文艺精品创作生产。聚焦脱贫攻坚、全面小康、抗击疫情等重大现实题材和历史题材，先后投入440余万元，重点扶持市级文艺精品创作项目16个，评选推出广播电视和优秀影视作品103件。协助拍摄《我们的西南联大》《彩云归来是霓裳》《青春不悔》等重大历史题材和扶贫题材影视剧。3个剧目在云南省花灯滇剧艺术周展演中获奖，8部作品在云南省“奋斗杯”评选中获奖。策划出版《文化昆明》系列精品图书，组织开展“春城飞花令——昆明美好花事花拍活动”，组织“唱响昆明”歌曲征集活动，征集原创歌曲300余首。严格落实各级农村公益电影帮扶资金489万元，全年放映公益电影1.32万余场，245万余人次观影。推动文化创意产业高质量发展。研究制定《关于促进昆明文化创意产业快速发展的实施办法》等系列文件，整合省、市专项资金1 431万元扶持项目40个，认定扶持拾翠民艺园、云纺文创园等市级文创园区10家。加快“510”工程项目建设，33个项目基本建成，14个项目加快推进。区域性国际人文交流中心建设稳步推进，推动建设重点项目31个，文化对外影响力和国际传播能力不断增强。提升国家文化出口基地建设水平，7家文化企业和7个项目分别入选年度国家文化出口重点企业和重点项目。加快推进“一二·一”纪念馆、云南陆军讲武堂、昆明市聂耳纪念馆3个全国爱国主义教育基地和柯渡红军长征纪念馆文化基因库建设工作，有序推进有线电视网络整合发展。成立产业发展领导小组，组建产业发展联盟，认定命名云上小镇等4家市级产业园，举办专家论坛等系列活动，积极培育VR/AR产业新业态。组织开展“创意昆明”系列主题活动线上线下展览展示活动，举办C20城市文创行业合作发展联盟业务对接交流会、第三届“金茶花”文创设计大赛、丝路云裳·2020昆明民族时装周等系列文化活动，形成一批具有鲜明辨识度的城市文化品牌。

【自身建设】 坚定不移推进全面从严治党。加强党的政治建设，巩固拓展“不忘初心、牢记使命”主题教育成果，抓实“寻标对标达标创标”行动，扎实开展“双报到双报告”工作。深入开展“以案促改”警示教育和“肃流毒、除影响、清源头、树正气”专项行动，坚决肃清白恩培、秦光荣、仇和等流毒影响。旗帜鲜明坚持党管宣传、党管意识形态、党管媒体，调整充实市委宣传思想工作领导小组和市委意识形态工作领导小组。持之以恒正风肃纪，深化拓展基层减负工作。加强宣传思想文化领域制度建设。制订学习贯彻《中国共产党宣传工作条例》实施方案，制定出台《中共昆明市委关于加强和改进党的新闻舆论工作的实施意见》《昆明市党务政务公开新闻发布管理实施办法》《昆明市人民政府新闻发布会实施方案》《关于推动县级融媒体中心建设的实施意见》等系列制度文件，进一步完善坚持正确导向的舆论引导工作机制。打造过硬宣传思想工作队伍。按照“政治过硬、本领高强、求实创新、能打胜仗”的要求，加强宣传思想战线领导班子、干部队伍、专业人才建设。以增强脚力、眼力、脑力、笔力“四力”为重点，大力实施“六大行动”，加强思想淬炼、政治历练、实践锻炼、专业训练。以党性教育、能力提升、业务培训为重点，组织培训班4期，培训370余人。以文化名家暨“四个一批”人才工程为龙头，统筹推进各领域人才建设，大力培养全媒体人才。抓好乡镇宣传委员队伍建设，全市139个乡（镇、街道）全部按副科级配备乡（镇、街道）宣传委员，本科及以上学历人员占比达97.80%。

（周　烈）

统一战线

【完善大统战工作格局】 坚持围绕维护核心、不忘初心、服务中心、凝聚人心的“四心”工作定位，深入落实统战工作责任制，构建大统战格局，促进全市政党关系、民族关系、宗教关系、阶层关系、海内外同胞关系和谐，为高质量建设区域性国际中心城市凝聚人心、汇聚力量。市委常委会13次专题研究统战工作，召开市委统战工作领导小组会议、全市统战部长会议等研究部署统战工作。市委统战部部长兼任市政协党组副书记。发挥统战工作领导小组“龙头”作用，完善制度机制，召开会议2次。完善党员领导干部与统一战线代表人士联系交友和谈心交流等制度，市、县领导结对联系统一战线代表人士和重点民营企业（商会）。恢复市社会主义学院工作机构，增设院领导班子。成立昆明市宗教事务管理服务中心，筹建昆明市中华职业教育社。将统战工作纳入市、县两级和各部门党建考核，纳入县、乡党委书记述职内容，全市各级党组织统战工作意识明显增强，大统战工作格局持续巩固。昆明市统一战线工作考核连续5年排名全省第一。市委统战部被国务院授予全国民族团结进步模范集体称号，市民族宗教委被省政府表彰为云南省第八届民族团结进步模范集体。

【夯实统一战线共同思想政治基础】 坚持网上舆论引导和网下思想工作相结合，提升社会主义意识形态在统一战线领域的凝聚力和引领力，依托“春融同心”网宣矩阵开展凝心聚力抗击疫情、助力决战脱贫攻坚等宣传10余次，发布稿件1 600多篇，广大统一战线成员在新时代中国特色社会主义建设的生动实践中不断增进政治认同、思想认同、理论认同和情感认同。深入开展民主党派“不忘合作初心、继续携手前行”主题教育和民营经济人士“理想信念”教育，通过座谈交流、学习辅导、专题宣讲等多种形式，引导广大统一战线成员深入学习贯彻习近平总书记考察云南重要讲话精神和习近平总书记在企业家座谈会、党外人士座谈会上的讲话精神，学习贯彻党的十九届五中全会精神，省委十届十次、十一次全会精神，市委十一届十次、十一次全会精神，进一步增强“四个意识”、坚定“四个自信”、做到“两个维护”，不断夯实共同思想政治基础，凝聚团结奋进强大力量。

【服务中心大局】 围绕“聚力新时代，服务新发展”，不断强化统一战线服务中心服务大局的能力，把统一战线资源优势作用转化为推动全市经济社会发展的强大合力。“十三五”期间，聚焦高质量发展，牵线搭桥引资引智引才，累计组织开展“双招”“双引”“双进”活动55次，促进项目签321.70亿元；聚焦社会治理创新，推进民族工作与社会治理融合，构建各民族相互“嵌入式”社区，打造各族群众共建共治共享社会治理共同体；聚焦脱贫攻坚和全面小康，组织开展“统一战线聚力脱贫攻坚战”行动，实施“同心”扶贫项目577个，直接投入和协调引进各类扶贫资金7亿元，受帮扶村813个，受帮扶贫困群众15.61万人；聚焦新冠肺炎疫情防控，凝心聚力共克时艰，发布正能量文章及短视频730余篇（条），捐款捐物1.05亿元，民营经济领域减免商户租金1.72亿元，为高校毕业生提供就业岗位6 000余个，统战成员中300余名医卫工作者勇做“最美逆行者”；聚焦公益事业发展，推进光彩事业行动，动员广大统一战线成员为贫困群众捐款捐物1.34亿元，资助贫困学生7.71万人，免费义诊贫困群众10.30万人次，免费为3 517名贫困群众实施白内障复明手术；聚焦祖国和平统一，深化昆台交流融合发展，制定《关于进一步加强对台招商引资工作的意见》，吸引台胞来昆投资、创业；聚焦深化改革，围绕民主法制领域改革任务深入调研，确保各项改革任务按时完成。

2020年11月11日，省委统战部部长张国华（中）一行到昆明市调研统战工作

（市委统战部　供稿）

【创新统战工作方式方法】 积极适应新时代统战工作面临的新形势新任务新要求，以“春风化雨、润物无声”的工作理念和“春融万物、海纳百川”的工作格局，探索项目化、品牌化、精准化、信息化、社会化“五化”工作途径，打造“春融同心”品牌，推动统战工作理念创新、机制创新和实践创新，形成新时代统战工作的昆明模式。通过项目化方式，累计建设国家民族团结教育基地、铸牢中华民族共同体意识主题教育馆（教育基地）、社会主义核心价值观主题公园（广场）、网络人士统战工作实践创新示范基地、海外“昆明书屋”、对台交流基地、统战文化基地等项目300余个。紧扣“春融同心”工作品牌创建，实施“春融同心·建功、文化、e+、新能量、政商直通车、金侨、智库、两岸一家亲”八大工程，创新工作载体。以数字化提升工作精准度，建立党外干部信息库、党外代表人士信息库。拓展信息化手段，构筑“互联网e+”网络统战融媒体矩阵，形成“报网端微视”五位一体宣教网，累计发

布宣传稿1.50万余篇，浏览量500余万次，“昆明统战”微博连续3年登上人民日报“全国十大统战部微博”排行榜。探索社会化途径，将统一战线工作与推进全市社会治理体系和治理能力现代化有机结合，探索参与基层社会治理的有效途径和方法，整合各方资源，助力构建共建共治共享的社会治理共同体，累计70%的社区成立了协商议事委员会，50名统一战线成员受聘“市民河长”。

【统战工作提质增效】 参政党建设水平和履职效能实现新提升。制定昆明市贯彻落实参政党建设意见文件、民主党派代表人士队伍建设规划、民主党派基层组织换届工作流程、市级民主党派机关目标管理绩效考核办法。致公党昆明市委会顺利换届。市级各民主党派向各级人大、政协提交建议39件、提案613件。民族团结进步事业谱写新篇章。制定《关于巩固和提升民族团结进步示范市创建成果　铸牢中华民族共同体意识的实施意见》，与德宏州、怒江州建立创建联盟。搭建“服务联系、信息共享、创业就业帮扶、纠纷调处、法律援助”五位一体的城市社区少数民族服务平台。深入实施中华民族共同体意识宣传教育“七进”行动，建立民族团结进步网上展厅，累计打造主题教育馆2个、“红石榴”街区1条、现场教学点19个和示范学校195所。宗教中国化昆明实践获得新进展。“五进”宗教活动场所深入开展，创建和谐寺观教堂125所，在全省率先为5个全市性宗教团体选聘法律顾问。全市宗教领域保持和顺良好局面。民营经济“两个健康”实现新发展。制定《关于构建“亲”“清”政商关系的实施意见》《昆明市构建亲清政商关系行为清单》《关于昆明市工商联所属商会改革发展的实施意见》和《昆明市领导干部挂钩联系民营企业工作方案》等。巩固“商会＋企业＋支部”党建联盟，建立党组织的商（协）会达144家，组织创建“三星级”党组织72个。开展理想信念教育实践活动，与民营企业家交心谈心，加强企业家特别是新生代企业家的团结引导工作。拓展民营经济代表人士数据库，综合评价民营经济人士465人。组织民营企业评议30个职能部门，推荐20名民营企业家担任营商环境特约监督员。推进“万企帮万村”等光彩事业行动，引导民营企业争做“四个典范”，17名企业家被评为全省百名优秀民营企业家，通报表扬共战疫情、万企帮万村先进民营企业和集体200家。新的社会阶层人士和党外知识分子统战工作迈入新阶段。召开网络人士统战工作会，制定《加强互联网行业党的建设工作的实施意见》《加强网络人士统战工作实施方案》和《网络人士统战工作实践创新基地创建方案》等。新设立市级工作站点38个，累计达264个。持续推进官渡区自由职业人员统战工作示范基地、呈贡区“同心·云上云”基地2个全国重点项目建设，建立昆明市网络人士联谊会，成功创建网络人士实践创新基地省级6个、市级20个。举办“我是新阶人”主题讲坛暨“咖位网坛”网络公开课活动2期，线上直播观看人数达120万人，微博话题关注量高达698万人次。组织开展送温暖献爱心、志愿服务、基层公益行等活动10余次。启动无党派人士认定工作。搭建平台载体，引领无党派人士发挥积极作用。港澳台海外统战工作焕发新活力。制定《关于促进昆台经济文化交流合作的若干措施》等文件。以“云”为媒，开展“山海云上云·昆台花植设计嘉年华”“山珍海味·记住乡愁——昆台美食文化”线上线下交流活动，厚植两岸同胞精神纽带。建立市委统战部、市人大、市政协、市外办、市侨联等单位联系沟通常态机制。市侨联圆满完成换届。建设昆明新侨创新创业基地网络平台。召开全市社区侨务工作示范点经验交流会。建立海外“昆明书屋”，深化文化教育交流，传播中华文化。走访慰问散居困难归侨侨眷，妥善办理来电来访。统一战线代表人士队伍实现新发展。初步建成具备查询、筛选、统计、分析等功能的党外干部信息系统。市委组织部与市委统战部建立党外干部工作联席会议制度和党外领导干部信息共享制度。制定民主党派市委会、市工商联、市侨联、市台联干部人事管理工作规程。协同市委组织部推荐、考察十三届市政协增补委员37人，新聘市政府参事和文史研究馆馆员2人，举办统一战线系统教育培训13期，培训1 030人。

2020年7月15日，市委统战部部长杨丽（中）到禄劝县开展脱贫攻坚巩固提升暨迎接普查工作调研
（市委统战部　供稿）

【强化党建引领】 机关政治建设实现新提升。认真贯彻落实《中共中央关于加强党的政治建设的意见》精神，举办理论中心组学习8次，召开专题民主生活会3次，彻底肃清白恩培、秦光荣等流毒影响，进一步站稳政治立场，增强“四个意识”、坚定“四个自信”、做到“两个维护”。创建“五强五带头”模范机关，打造政治坚定、业务精通、作风过硬的干部队伍。汇编统一战线工作常用法律法规，编制修订内部管理制度，各项工作制度化、科学化、规范化水平全面提升。

全面从严治党责任落实落细。将全面从严治党工作和统战业务工作同谋划、同部署、同落实，部务会专题研究8次，听取汇报2次。结合“两学一做”教育实践活动和“不忘初心、牢记使命”主题教育常态化，通过中心组学习、“万名党员进党校”、知识竞赛、在线学习等形式学习贯彻党的理论方针政策法规。建立部班子成员联系党支部和在职党员结对离退休党员制度。优化提升“春融同心　共铸繁荣”党建品牌，新创建成功“五星级示范党支部”1个（累计2个）、市级行政中心党建示范带示范点1个（累计2个）。严肃党内政治生活，严格落实“三会一课”、主题党日等党的组织生活基本制度，部班子成员参加双重组织生活，民主生活会、组织生活会质量不断提升。党风廉政建设呈现良好态势。深入开展党风廉政建设和反腐败工作，为统战工作提供坚强政治保证、作风保证和纪律保证。制定《廉政风险防控实施办法（试行）》，组织查找廉政风险点28个，制定预防措施86条。开展廉政教育和警示教育。严格贯彻落实中央八项规定精神，深入整治“四风”、领导干部违规借贷和收受红包等问题。市委统战部2020年党风廉政建设责任制工作在全市74个市级单位年度考核中排名第一。

（缪满和）

机构编制管理

【发挥机构编制职能作用】 统筹新冠肺炎疫情防控和经济社会发展，以促进高校毕业生就业创业、补齐基础教育和公共卫生短板为重点，着力破解有限编制资源与发展需求的矛盾，充分发挥编制资源的使用效益。深入贯彻落实中央和省、市“稳就业”“保就业”部署要求，强化基础教育学校用编保障，保障县级基础教育学校专项招聘用编2 500余人；结合开发（度假、园）区社会事务移交工作要求，保障3个开发（度假、园）区基础教育用编687人。强化公共卫生系统用编保障，分配下达事业编制186人，用于加强全市传染病救治、疾病预防控制、妇幼保健等公共卫生事业机构编制保障；实施县域内医疗卫生机构编制备案制，推动县域医疗服务和人员一体化管理，建立医疗卫生人员“下沉、流动、共享”的用人机制。强化政策性专项用编保障，在做好两个专项招聘的基础上，按照促进高校毕业生就业创业的要求，切实做好事业单位招聘及政策性安置用编保障工作，结合实际冻结事业编制空编2 900余人，重点用于特岗教师、公费师范生、定向医学毕业生等政策性安置用编需求；落实《昆明市2020年促进高校毕业生就业创业十条措施》重要举措，为公开招聘2 000名事业单位人员提供编制保障。

【做好机构改革后续工作】 完善党对各方面各领域的全面领导，在纪检监察领域，配合完成纪检监察体制改革和市纪委市监委派驻机构改革，推动纪检监察全覆盖工作。在政法领域，在乡（镇、街道）的领导职数范围内，按副科级配备1名政法委员抓政法工作。推进机构职能人员全面深度融合，制定印发市科技局等9家政府工作部门“三定”规定，完成昆明市地下水、融资担保公司行业管理、流动人口和出租房屋、城市排水、城市道路桥梁（隧道）管理等职责调整。全力开展清理整治党政机关部门办企业工作，实现政企分开、政府公共管理主业本位回归的改革目标，有力推动各部门全面正确履行“三定”规定。深化综合行政执法体制改革，在组建农业农村、生态环境保护、交通运输、文化市场综合行政执法支队以及县（市、区）综合行政执法大队的基础上，积极配合主管部门起草实施方案，扎实推进职责整合和人员编制锁定工作，完成农业综合行政执法队伍的组建。加强机构编制监督检查，全面落实《中国共产党机构编制工作条例》，加大对“条条干预”等违纪违规行为的纠正力度，全年共整改消化违纪违规问题2件、政策性超编问题56件，查处纠正市工业和信息化局“条条干预”违纪违规行为。印发市委编办《关于开展机构编制监督检查评估工作的通知》，对3个县（市、区）、39家市级机关事业单位实地开展监督检查评估，针对督查评估中发现的问题提出整改建议。进一步了解掌握机构改革后市级部门职能职责履行情况，对新组建政府工作部门“三定”规定落实情况进行调研评估。全面核准市级机关和事业单位595家、3万余人的机构和人员编制信息，健全完善机构编制实名制数据库，规范数据管理使用，加强统计分析，切实维护机构编制工作的严肃性和权威性。

【重要领域体制机制改革】 推进基层整合审批服务执法力量改革，以“两办”名义印发《昆明市推进基层整合审批服务执法力量任务清单》，突出试点引领，分别选取五华区丰宁街道、龙翔街道和西山区金碧街道、棕树营街道，采取完善体制、健全机制两种方式，开展“一枚印章管审批服务”“一支队伍管执法”试点，为统筹推进基层整合审批服务执法力量改革提供借鉴和实践基础。深化经济发达镇行政管理体制改革试点，以市政府名义印发《嵩明县小街镇行政管理体制改革方案的通知》，明确的6个方面19项改革任务正在稳妥有序推进中。推进开发区管理体制改革，按照省委、省政府优化提升全省各类开发区和省委编委清理规范开发区管理机构的工作部署，完成涉及昆明市的15个开发区管理机构（含滇中新区直管区3个）的清理规范工作。统筹推进相关配套改革，配合相关部门完成森林公安机关管理体制调整工作、群团机构编制调整、行业协会商会脱钩等相关改革工作。

【事业单位改革工作】 完成经营类事业单位改革收尾工作，全市23家生产经营类事业单位已全部完成改革。坚持“瘦身”与“健身”相结合，做好事业单位机构编制保障，着力整合机构编制资源，撤销5家事业单位，收回空编122人。推动社会事业发展，组建昆明仲裁委员会办事机构，稳妥完成明信公证处整体改制工作，规范市委党校以及东川、安宁、富民等9个县（市、区）委党校领导职数设置。提升登记管理和赋码工作水平，统筹安排疫情防控期间登记赋码相关工作，推行“网上办”“电话办”等不见面办理方式，按时完成市级316家事业单位年度报告审查和公示工作。进一步规范党政机关统一社会信用代码赋码颁证和事业单位法人登记工作，明确赋码颁证、法人登记工作的具体办理流程和材料提交等事项。继续做好事业单位法人公示信息抽查工作，随机抽取13家事业单位进行现场核查，强化事中事后监管。加大机构编制管理创新力度，探索建立和实施全市中小学教职工编制区域统筹、动态调整机制，制定《昆明市中小学教职工编制市级统筹跨区域动态调整暂行办法》。加强市级事业单位编制管理，盘活用好现有编制资源，制定《昆明市市级事业单位周转编制管理暂行办法》。

【自身建设】 认真抓好2020年党建暨党风廉政建设工作，深入推进“不忘初心、牢记使命”主题教育；完成机关党建文化墙和党员活动室建设；组织开展警示教育和“六个严禁”等专项整治活动；积极配合接受市委巡察并完成巡察整改任务；机关工青妇完成换届；成功创建“瘦身健身　砥砺前行”机构编制特色党建品牌，机关三支部创建为“四星级”示范党支部，退休支部创建为“三星级”党支部。扶贫工作不断推进，选派1名定向选调生驻村扶贫，为2个扶贫点协调项目资金32万元。健全完善内部管理制度规范，修订完善《机关财务管理办法》等制度。严格执行内控内审制度，加强廉政风险点管控。加强干部队伍建设。组建青年学习小组，组织年轻干部加强理论业务学习；举办井冈山党性教育培训班和浙江大学·昆明市机构编制系统业务能力提升班等；修订完善《市委编办绩效考核实施办法（试行）》，持续推进干部考核精准化、差异化，激励干部创先争优；严格执行党政领导干部选拔任用工作各项规定，配合完成处级领导干部选拔任用、三级调研员职级、科级干部交流提拔使用、试用期满转正考核等相关工作，进一步优化干部队伍结构，激发干部干事创业“精气神”。制定印发《关于进一步加强机构编制调查研究工作的通知》，建立常态化、制度化的调查研究工作机制，培养在研究状态下工作的习惯，年内形成58篇调研报告。大力提高机构编制工作宣传水平，办好昆明市委编办政务微博和《昆明机构编制信息》等宣传平台，2020年发布政务微博800余条；被“中国机构编制网”采用信息37篇，同比增长94.70%；被“云南机构编制网”采用信息283篇，同比增长150%。

（王　惠）

机关党建

【思想政治建设】 以习近平新时代中国特色社会主义思想为指导，深入贯彻落实党的十九大和十九届二中、三中、四中、五中全会精神和习近平总书记考察云南重要讲话精神，牢固树立政治机关意识，坚决把“两个维护”落到实处。认真贯彻落实习近平总书记在中央和国家机关党的建设工作会议上的讲话精神以及省直、市直机关党的建设工作会议精神。3月20日，工委组织召开2020年市直机关党的工作会议，及时统筹谋划机关党建工作，并督促指导《中共昆明市委关于加强和改进全市机关党的建设的实施意见》的学习宣传和贯彻落实。有效开展“四个一”（“一批宣讲”“一次征文”“一次演讲”“一次竞赛”）活动，努力促进学习习近平总书记重要讲话精神在市直机关落地落实，举办“机关大课堂”4讲和市直机关“万名党员进党校”、入党发展对象培训班、入党积极分子培训班。认真贯彻落实全面从严治党要求，制订分工方案、责任清单，明确职能职责。严肃党内政治生活，工委班子成员带头执行“三会一课”、主题党日、民主评议党员和领导干部党支部工作联系点制度，建立党支部工作联系点317个，参加党支部组织生活160余次，其中“三会一课”53次、主题党日活动43次，与党员谈心谈话55次。全年举行理论中心组学习9次，完成13个专题学习。认真落实意识形态工作主体责任，将意识形态工作列入2020年度党建工作要点，加强内宣和外宣，每季度开展1次意识形态责任分析研判，每半年形成1次专题报告。

【理论武装】 组织开展学习习近平新时代中国特色社会主义思想知识竞赛，发放学习资料2 000册、电子书47份，市税务局代表队在决赛中获得三等奖的好成绩。举办“创新奋进　担当作为”主题演讲比赛，来自46家市直机关的83名参赛选手参加比赛。开展“新时代新作为新篇章”主题学习活动，47家直属单位共上报稿件159篇，6 648名在职党员注册使用“学习强国”平台。加强阵地建设，对工委宣传主阵地昆明机关党建网进行改版，优化调整和增设板块，对市直机关工委微信公众号、官方微博加强运营维护管理，强化内容审核和更新，持续做好公益广告刊播，工委电子屏滚动宣传普法和疫情防控视频、宣传图片、宣传口号等1 000余小时。加大机关党建宣传工作力度，其中昆明机关党建网发布党建信息1 474条，昆明市级机关工委官方微博发布信息1 000余条次，昆明机关党建微信公众号发布信息95条，《昆明机关党建宣传》发布18期，省直机关工委官方网站“云南机关党建”采用昆明市委市直机关工委工作信息17篇，“学习强国”平台采用1篇，新浪网采用1篇，《昆明日报》采用6篇，《昆明宣传》采用1篇。完成昆明机关党建网网站来源稿件的审核工作，全年审核、修改所属党组织上报的党建信息1 000余条，向“云岭先锋”昆明集群上传信息402篇，向“昆明组工”平台报送信息25篇。突出书香机关建设，认真开展全民阅读活动，联合市委党校、市政务服务管理局开展2020年“4·23世界读书日”系列活动。深化群众性精神文明创建，推荐评选2020年度“昆明好人”，市交通运输局王伟等5名个人被授予抗击新冠肺炎疫情“昆明好人”称号，推荐市委老干局等5家单位申报“云岭好家风”示范点。

【组织建设】 推进党支部标准化规范化建设，对2018年、2019年度党支部规范化创建工作进行“回头看”，完成2020年295个党组织达标创建任务，3年共完成达标创建959个，累计完成100%。做好2020年度“四星级”“五星级”示范党支部遴选、初审工作，共推荐上报11个“五星级”示范党支部，19个“四星级”示范党支部，市统计局第四党支部被命名为省级规范化建设“示范党支部”。整顿软弱涣散基层党组织，按照“一支部一对策”制订整顿方案，由机关工委5名班子成员对年内摸排确定的6个软弱涣散党组织分别进行挂钩指导、督促整改提升，6个软弱涣散党组织全部完成整顿验收。提升机关党建品牌创建质量和水平，推进“市级行政中心党建示范带”建设，对已命名的38个党建品牌和58个示范点进行优化提升，将提升效果明显的35个党建品牌编印成《市直机关党建品牌集锦》。推荐的昆明市委办公室机关党委“‘三内’固堡垒、‘三外’强先锋”党建案例在中央和国家机关工委旗帜杂志社、信息中心联合举办的“互联网+党建”典型案例征集展示活动中获三等奖。提升党员教育培训质量。制定出台《昆明市委市直机关2019—2023年党员教育培训工作规划》。深化“万名党员进党校”培训，截至2020年10月底，完成普通党员进党校培训14 869人，其中基层党组织书记进党校培训963人，占96.30%。认真开展“党课开讲啦”活动，领导干部讲党课362次，领导干部上讲堂411次，听课党员6 430人。分级分类开展基层党务工作者培训，先后举办2020年市直机关入党积极分子培训班、2020年全市机关党务干部履职能力示范培训班、市直机关省管领导干部所在党支部书记培训班等8期培训班。批准设立市市场监督管理局、市审计局、市人大常委会3个党校教学点，抓好党校教学点建设。全面推进“智慧党建”工作，制订《2020年度市直机关“智慧党建”工作方案》，将推进“智慧党建”工作纳入各单位党的建设总体布局。为各基层党组织订购140套党建盒子和85套党建信息化平台USB-key。举办市直机关“智慧党建”业务培训班。做好党员发展和管理工作，制订2020年发展党员工作计划，对发展党员工作实行全程纪实和全程管控，确定市自然资源规划局机关党委等7家党组织为发展党员工作联系点，发展新党员138人。重视党员关爱慰问工作，开展春节专项慰问和纪念建党99周年“七一”专项慰问，走访慰问生活困难党员和老党员共330人。开展好纪念建党99周年“八个一”系列活动（一次演讲比赛、一次慰问送温暖活动、一次主题党日活动、一次党组织书记讲党课活动、一次党员志愿服务活动、一次结对帮扶活动、一次“模范机关”创建“提升月”活动、一次党支部规范化建设“推进月”活动），引导广大党员干部增进爱党情怀、恪尽兴党职责。严格落实基层党组织按期换届提醒督促机制，78家基层党组织按期换届，做到届满一家换届一家。深化“两新”组织分类覆盖，指导所属7家直属单位对9个行业及领域的“两新”组织进行摸底排查，形成行业领域数据库，开展“两个覆盖”工作。全面完成国企党建工作，将国企党建工作纳入机关党建目标考核细则。

【党风廉政建设】 严格落实党风廉政建设责任制，压实领导工作责任，明确工委党风廉政建设领导班子、主要领导、班子成员和各部（室）的责任，向市委、市纪委专题报告工委落实党风廉政建设责任制工作自检自查2次。主要领导做到“四个亲自”，带头践行“四种形态”，特别是运用“第一种形态”，经常对班子成员、部门领导和职工开展谈心谈话，让“红红脸、出出汗”成为常态。开展廉政提醒谈话2人次、班子集体廉政谈话1次、谈心谈话15人次，上廉政专题党课1次，建立联席会议制度，召开党风廉政建设工作联席会议1次。班子成员严格落实“一岗双责”责任制，认真履行分管范围内党风廉政建设主要领导责任，经常与分管处室的党员交心谈心和廉政谈话，全年班子成员进行廉政责任提醒谈话22次，7次听取分管部室党风廉政建设工作情况汇报，对分管部（室）党风廉政建设责任制工作落实情况进行检查考核，班子成员带队检查考核分管部（室）各2次。加强工委廉政风险防控，专题研究确定7个廉政风险防控点，评定廉政风险防控等级，制定廉政风险防控措施，确定廉政风险防控责任领导、责任部门、责任人。开展“肃流毒、除影响、清源头、树正气"专项行动，认真贯彻落实省、市委关于肃清秦光荣流毒影响的重要部署，落实"八个坚决肃清"要求，组织领导干部集中观看《政治掮客苏洪波》警示教育片，主要领导为全体党员干部讲授题为"肃流毒、除影响、清源头、树正气专项行动"廉政专题党课。积极创建党风廉政建设示范点，制订《工委党风廉政建设示范点创建方案》，持续深入开展"扫黑除恶"专项斗争。开展经常性党风廉政建设宣传教育，5次组织学习传达市纪委《典型案例通报》，组织观看警示教育片、廉政教育剧《钱南园》，组织参观"清风沐春城·廉韵润人心"清廉昆明廉政文化展，到市委党校纪律教育基地开展廉政教育活动，在领导干部中认真开展警示教育和家风教育"三个一"系列活动。严格落实工委关于"三重一大"事项集体决策制度实施细则，凡涉及"三重一大"的事项都提交工委会集体讨论研究决定，严格落实主要领导末位表态制度，严格执行工委《经费管理使用规定》。贯彻落实中央"八项规定"，坚决反对形式主义、官僚主义，转文风、会风，树新风，切实做好为基层减负工作。

【党建效能】 高质量开展"模范机关"创建活动和"四标"行动，联合市委组织部及时印发工作方案，将"模范机关"创建活动和"四标"行动纳入2020年基层党建重点项目清单，召开推进会督促落实；工委调研组先后到市发改委等25家单位开展调研指导，督促各单位结合实际细化方案，落细落实各项工作，进一步深化机关党建"提神振气"工程和"三亮三表率一模范"机关创建活动。组织市级党组织和在职党员当好"抗疫先锋"，与市委组织部联合下发《关于组织在职党员有序参与社区（村）疫情防控的通知》，鼓励、号召、组织市直机关党员干部积极投身疫情防控一线，为共联攻坚社区捐赠抗疫物资2批次，为挂钩扶贫点捐献物资2批次，14 361名党员自愿捐款228万元。指导直属党组织深入开展机关党组织和在职党员到社区"双报到双报告"工作，47个党组织已全部到社区报到，开展服务活动312次。5 585名在职党员中已有4 930名到常住地报到的党员，开展志愿服务9 541次。主动融入服务全国文明城市创建工作，与市委组织部联合下发《"文明城市齐心创·共产党员在行动"工作方案》，加强全市创建全国文明城市社会志愿服务工作，安排14个直属党组织在创文期间以"5+x"（即发出倡议、主题宣传、示范带动、文明实践、自觉行动）的形式积极支持参与文明城市创建。

【群团工作】 加强对机关工会、共青团、妇女群团组织的领导，做到党群工作同步谋划、同步推进、同步实施。推动机关文化建设，开展市直机关第十九届保龄球比赛、市直机关工作人员计算机应用技能竞赛、职工气排球比赛、单身职工联谊活动、昆明地标穿越城市定向越野挑战赛和"制止餐饮浪费，节约从我做起"主题签名等活动。持续开展"四个一、四关爱"和第16期职工医疗互助活动，按期完成医疗互助的申报及缴费，走访看望慰问重特大病困难职工10人。做好推荐评选，激励职工创先争优，4人被评为云南省第二十三届先进工作者、1人被评为"最美职工"，5个集体创建成为2020年昆明市"工人先锋号"，推荐出3家四星级、4家五星级文体活动中心上报市总工会。组织开展"3·5"学雷锋日集中志愿服务、庆祝三八国际妇女节家庭才艺VCR评选、"同悦书香·相伴成长"家庭亲子阅读、市直机关"文明家庭"建设、"女性大讲坛"暨"花耀文明实践·芬芳你我同行"花卉艺术培训等活动。开展6期青年主题联学活动、青年联谊活动。指导7家团组织、4家青委会的换届选举工作，推荐4家单位申报昆明市星级青年文明号，复核评审8家单位为优秀青年文明号。

【扶贫工作】 扶真贫、真扶贫、真脱贫，推进脱贫攻坚巩固提升与乡村振兴有效衔接，投入帮扶资金14.72万元助力挂钩联系点解决实际问题，2020年经常性常态化入户开展帮扶活动，为挂钩联系的寻甸县柯渡镇引进肉牛养殖项目，持续选派业务精干的2名干部开展驻村扶贫，巩固脱贫成效。

【改革工作】 加强统筹领导，成立工委深化改革工作领导小组，制订《市委市直机关工委2020年度全面深化改革目标任务分解落实方案》，围绕推进落实《中共昆明市委关于加强和改进全市机关党的建设的实施意见》和制订出台《关于深化"模范机关创建"的实施方案》两个自选改革任务召开3次专题会议。召开县（市、区）机关党建工作联席会1次，14个县（市、区）机关党工委围绕贯彻落实《中共昆明市委关于加强和改进全市机关党的建设的实施意见》开展研讨交流。工委班子成员对《中共昆明市委关于加强和改进全市机关党的建设的实施意见》的落实情况开展随机调研21次，做到47家市直机关党组织全覆盖，推动文件精神的贯彻落实。对机关党组织书记配备情况进行排查，严格按照《中共昆明市委关于加强和改进全市机关党的建设的实施意见》要求进行落实。4月24日与市委组织部联合下发《关于在市直机关深入开展创建"模范机关"的实施方案》，方案设置正向、反向指标体系和考核评价方式，以5个方面22项正向标准为主要指标，逐条逐项细化和量化创建标准。

（童　切）

保密工作

【宣传教育】 认真贯彻落实中央和省、市《"七五"保密法治宣传教育规划》，结合"七五"保密普法规划实施情况的检查验收，着力强化保密"两识”教育，丰富方法手段，筑牢反窃密、防泄密的思想防线。突出抓好保密教育培训，全年共举办全市保密业务培训班2期，全市各级各单位保密工作分管领导、专兼职保密员、涉密人员、初任公务员和军队转业干部900余人参加培训。应邀到市委办公室、市委统战部、市委党校等单位和宜良、嵩明等县区，结合各单位理论学习中心组学习、履职培训、公务员初任培训等开展保密专题授课共40次。提升保密宣教工作的多样性，编发“保密提醒信”5.30万余封，网站保密“两识”内容1.80万余条。加强面向社会的广泛宣传，积极对接普法主管单位，动员基层保密部门，紧抓“4·15”全民国家安全教育日、“12·4”法治宣传日、9月“保密宣传月”等重要时间节点，举办面向全社会的保密法治宣传教育“六进”活动。全年全市共编发手机保密提醒短信7.8万余条，编发微信、微博保密提醒2.3万余条，编辑保密宣传栏109期，张贴保密宣传标语867条，电子显示屏保密宣传280余次。

【保密技术防范】 坚持科技强密，强化科技对新时代保密工作的支撑和引领作用，积极推进保密科技发展各项重点工作，加强技防能力。严格按照保密管理要求，指导机关各部门和各县（市、区）开展保密日常自检自查和抽查工作。认真做好2020年保密科技项目建设工作，不断强化技术防范能力。完成市保密技术服务中心建设任务，保密技术服务水平稳步推进。

【保密监督检查】 落实依法行政要求，全面推进依法行政，明确保密行政执法责任主体、责任事项、履责方法，推进保密行政执法工作规范开展。进一步严格执法标准，规范执法程序，严肃查处保密违法违规案事件，加强常态化保密监管，督促各单位认真落实保密法律法规，不断巩固安全保密防线。

（田真龙）

党史编研

【征编资政】 出版《中共昆明市委执政纪要（2019）》《中国共产党昆明历史大事记（2019）》《口述昆明（第十四辑）——献礼全面建成小康社会》《中国共产党昆明历史读本（1926～1950）》等4部党史书籍，编辑发行《昆明党史》季刊4期。夯实党史正本三卷前期专题研究工作，开展“昆明市国有企业改革与多种所有制共同发展（1978～2012）”“昆明市流通、财税、金融改革与发展（1978～2012）”“昆明市社会主义民主与法制（1978～2012）”“昆明经济体制改革（1978～2012）”“昆明社会事业建设（1978～2012）”“昆明市党的建设（1978～2012）”等专题研究工作。分别赴五华、盘龙、安宁、石林、寻甸等县（市、区），对党史正本编撰工作进行调研指导，督促全市所有县（市、区）2020年内完成党史正本第二卷编撰出版工作。完成庆祝云南解放70周年征文活动。编辑《滇池之畔不忘初心》，开展《昆明革命老区通览》和新冠肺炎疫情防控史料收集和编研工作。审读《中共云南省委志（昆明部分）》《中国共产党盘龙历史第二卷（1950～1978）》《中国共产党云南省石林历史第二卷（1950～1978）》《中共安宁市历史大事记（2006.01～2015.12）》《禄劝红色记忆》等5部书籍和云南地下党建党旧址展陈改版大纲，并出具审读意见和建议。

【宣传教育】 将《昆明党史》季刊扩大发行到部分市属中学和市委党史研究室联系的城市社区及农村党组织，并向部分单位赠送党史书籍。向各县（市、区）下发《关于印发〈开展党史、新中国史、改革开放史、社会主义发展史学习教育活动方案〉的通知》，在全市党史系统内开展“四史”学习教育活动。结合机关党组织和在职党员“双报到双报告”工作，到新闻里社区、中庄社区开展“四史”宣讲。把全市“地方党史进校园”活动整合纳入历史学科开展，从2020年秋季学期开始，面向全市免费发放《中国共产党昆明历史读本（1926～1950）》近4万册，作为初中二年级学生课外历史学科配套辅助读物。以《昆明党史》季刊为宣传主阵地，在2020年第1期季刊中设立抗疫专栏，对各县（市、区）党史部门参加疫情防控工作情况进行登载，宣传抗疫正能量，凝聚抗疫合力。截至2020年12月31日，分别在“昆明党史网”、“昆明党史”微信公众号、“昆明党史”微博等媒体更新发布微信425条、网站信息963条、微博2 070条。《昆明市委党史研究室组织庆祝云南解放70周年征文成果丰硕》《昆明市委党史研究室发挥主业优势服务主题教育》《鲜红的五星红旗插上光荣的城市》《她如花一般的生命消逝在朝阳喷薄欲出的那一刻》《党的统一战线在云南解放过程中的实践》《高原播火先驱云岭初心永存》《昆明市革命老区县从建党到解放的光辉历程》等文章被“中共云南党史网”和《云南中共党史研究》《云南档案》《昆明党建》《春城银霞》等采用，面向全省、全市做经验交流。

【革命遗址保护】 陪同省委党史研究室主任苏红军、副主任杨林兴、二级巡视员杨军一行3次赴东川区拖布卡镇的树桔渡红军长征纪念馆和革命烈士陵园实地调研，深入了解当前工作中存在的困难和问题，并就如何建设好树桔渡红军长征纪念馆提出针对性意见和建议。向14个县（市、区）下发组织申报2020年度省级革命遗址保护项目的通知，安排专人指导相关县（市、区）按照“精选项目，突出重点”的原则开展革命遗址保护工作，积极争取省、市革命遗址专项保护经费共145万元，其中，省级补助110万元，市级补助35万元。下拨晋宁党史陈列馆建设经费5万元；禄劝翠华周恩来长征路居旧址暨干部团驻地旧址修缮经费70万元；石林圭山红色教育基地建设经费10万元；东川树桔渡红军长征纪念馆60万元。截至2020年12月31日，省、市补助经费全部下拨到位，修缮保护工作已于2020年内完成。完成未被收录于《云南省革命遗址通览》《昆明市革命遗址通览》的其他革命旧址和纪念场馆设施32处的资料收集工作。

【创新研究成果形式】 2020年是全面建成小康社会实现之年，是全面打赢脱贫攻坚战收官之年，按照全面深化改革工作要求，市委党史研究室进一步改进和加强党史研究工作机制，创新党史研究成果形式，出版《口述昆明（第十四辑）——献礼全面建成小康社会》一书，向全面建成小康社会献礼。该书征集稿件总数近300篇，总字数100万字左右，其中，从14个县（市、区）委党史研究室（史志办）征集到稿件200多篇，特别是东川、禄劝、寻甸3个“摘帽县”的党史研究室（史志办）精心组织，共上报稿件170余篇。市委党史研究室结合该书3个栏目设置，优中选优挑选出60篇稿件汇编成册，采用撰写脱贫攻坚情况报告、收集脱贫攻坚口述史、脱贫攻坚大事记等方式详细记录脱贫攻坚历程和重大历史事件，通过形式多样的历史资料，生动准确地记述了全市脱贫攻坚历程。

（段映峰）

档案管理

【“十三五”昆明市档案工作亮点】 建立昆明特色的档案法治体系。“十三五”期间，昆明市档案局以加强档案法治体系建设为抓手，制定出台《昆明市政府立法档案管理办法》《昆明市不动产登记档案管理办法》《昆明市学生资助档案管理办法（试行）》等档案规章，形成以《中华人民共和国档案法》为核心，《云南省档案条例》和《昆明市档案条例》为基础，《昆明市档案中介服务机构管理办法》《昆明市电子文件管理与归档办法》《昆明市城乡建设档案管理规定》3部政府规章和17部规范性文件为重要补充的具有昆明特色的档案法制体系，数量在全国省会城市中名列前茅。其中，《昆明市档案中介服务机构管理办法》作为全国第一部以政府规章形式出台的档案中介机构管理法规，代表昆明市政府，顺利通过政府立法后第三方评估。该成果曾在2017年5月中国档案学会召开的档案中介服务管理专题研讨会上，被作为主旨发言内容。2017年12月，“昆明市档案中介服务机构管理办法研究”获得云南省档案优秀成果二等奖（一等奖空缺）；《昆明市政府立法档案管理办法》《昆明市不动产登记档案管理办法》《昆明市学生资助档案管理办法（试行）》等，均为全省相关领域档案管理工作的首部规范。

依法治档水平全面提升。昆明市档案局加强依法行政监督检查工作，每年定期开展档案执法检查，“十三五”期间，共组织6次专项检查，检查对象包括全市14家县（市、区）档案局（馆），500余家市级机关、企事业单位以及档案服务中介机构；以《中华人民共和国档案法》《云南省档案条例》《昆明市档案条例》等档案法律法规贯彻落实情况为重点检查内容，下发情况通报6次、整改通知书1份，有效杜绝违法违纪情况发生，推进全市档案事业的法制化进程，全面提升依法治档和普及档案法律法规的效果；针对社会公众，市档案局官方网站专设“依法行政”栏目内容，定期将档案法律法规以及依法履职情况等在该板块公示宣传。

县级综合档案馆建设稳步推进。“十三五”期间，在各级党委、政府有力支持下，昆明市县级国家综合档案馆建设稳步推进，全市14个县级馆均已启动新馆建设，其中，五华、盘龙、官渡、晋宁、安宁、嵩明、寻甸、宜良、富民、石林10个县级综合档案馆新馆建设已经完成并投入使用；禄劝已完成新馆建设，正在安装档案装具及安防、办公设施设备；西山、呈贡、东川新馆已开工建设。中央补助资金已到位8 398万元，市级配套资金已到位5 895.87万元，为县级国家综合档案馆建设提供有力保障。

【法治宣传】 2020年，昆明市档案局不断深化档案法治宣传，档案法律法规宣传进一步深入人心。全市联动开展“国际档案日”主题宣传活动。昆明市档案局联合云南省档案局赴寻甸县开展档案脱贫攻坚志愿服务下乡，开展档案知识、档案法律法规宣传活动，并到乡镇向建档立卡户发放家庭档案袋，帮助建档立卡户开展精准扶贫家庭档案收集整理；在昆明地铁1、2、3、6号线滚动播放以“档案见证小康路，聚焦扶贫决胜期”为主题的档案工作宣传片，通过全市1 000余块气象信息平台发布宣传标语，推送“国际档案日”宣传短信；在官方网站设立档案政策法规专栏，宣传、解读最新档案法律法规资讯，刊登档案法律法规内容及档案执法情况。

【疫情防控档案】 2020年，昆明市档案局在全省各州市中率先制定《关于做好新型冠状病毒肺炎疫情防控文件材料收集归档移交工作的通知》，由市应对新型冠状病毒感染肺炎疫情工作领导小组指挥部办公室下发全市贯彻执行。加强对疫情防控材料收集归档工作的业务指导，举办全市疫情防控档案工作专项培训会，全力保障疫情防控档案应收尽收、应归尽归，齐全完整地纳入国家档案资源体系。同时，全市档案战线的职工纷纷上报请战书，积极捐款、献血，为抗击疫情贡献力量。

【“双创”工作】 2020年，昆明市档案局全力开展“国家级节约型公共机构示范单位”“昆明市公共机构节水型单位”创建工作，“昆明市公共机构节水型单位”已通过昆明市节水办的现场验收，“节约型公共机构示范单位”以昆明市第一名成绩通过市、省及国家级初验，昆明市档案馆成为云南省首家被授予“国家级节约型公共机构示范单位”称号的档案馆。认真做好创建全国文明城市、民族团结示范市及“COP15”(《生物多样性公约》第十五次缔约方大会)昆明市筹备相关工作。按照市委、市政府安排部署，昆明市档案局派出业务骨干积极参与昆明创建全国文明城市、民族团结进步示范市及“COP15”工作，规范档案资料收集，为昆明市重大活动、重要工作做出积极贡献。

【人事档案处置工作】 2020年，昆明市档案局深入开展国有企业退休人员人事档案处置工作，参与制订《昆明市国有企业退休人员社会化管理工作实施方案》《昆明市国有企业退休人员社会化管理实施办法》，参与昆明市国有企业退休人员社会化管理服务平台的开发。制定《昆明市国有企业退休人员人事档案集中移交管理工作操作办法》。开展昆明市档案系统专题业务培训，对中船重工集团、大唐云南公司、中铁二十五局、云锡控股、云南交投云岭建设公司、中石油、中石化、昆明铁路局集团等数十家在昆国有企业进行业务指导，确保达到国有企业退休人员社会化管理“接得住、交得稳、管得好”的工作要求。

【信息化建设】 2020年，昆明市档案信息化建设取得实效。全面推进“昆明市档案信息共享云平台建设”一期项目建设，会同监理方与项目承建方驻单位项目组抓紧推进项目建设，加快软件系统搭建进度、组织开展专家评审，抓紧完成项目涉及辅助设备采购。一期项目已经基本建设完成，并顺利通过监理方软件技术测评和专家组评审初步验收，进入上线试运行阶段；做好2020年度《昆明新闻》(声像)采集工作，共录制《昆明新闻》255期，编辑录入数据库《昆明新闻》1 926条，新增数据量达到294G；顺利推进2020年度国家重点档案目录基础体系建设任务，完成民国历史档案条目采集著录92 544条，索引质检86 029条。数据经抽查采集质量良好，确保“采集10万条民国档案文件级目录条目”的目标任务在年内顺利完成；做好馆藏档案数字化，完成2020年度馆藏档案原文75万页数字化转换原文扫描的目标任务。

【利用服务】 昆明市、县两级国家综合档案馆“十三五”时期共接待查阅利用16.53万人次，查阅利用档案资料59.98万件次。昆明市档案馆在全市范围内建立婚姻档案跨馆查询联动机制，实现全市14个县(市、区)档案馆婚姻档案跨馆利用服务。与成都市、福州市档案馆分别签订《婚姻(民生)档案跨馆利用服务工作协议书》，开展婚姻档案跨省查阅利用服务工作。

【档案抢救与保护】 2020年，昆明市档案馆积极做好国家重点档案抢救保护工作。克服人员配备不足、技术人员缺乏等困难，采取工作外包等各种方法，确保重点馆藏档案的抢救保护工作的开展。已对32全宗29目“民国云南省合作金库办事处”15卷2 248页、81全宗1目“民国南菁中学”21卷共4 148页破损严重的档案采取手工修裱方式进行加固修复，共完成6 396页、36卷馆藏历史档案的修复工作。昆明市档案馆“十三五”期间共完成37 261页馆藏民国重点档案抢救修复工作。

【档案工作规范化】 2020年，昆明市档案局持续推进档案工作规范化。昆明市15个国家综合档案馆均完成档案工作规范化管理示范档案馆认定、复查工作；机关事业单位档案工作规范化管理示范单位认定565家，复查786家；企业档案工作规范化管理示范单位认定10家，复查14家。

【精准扶贫档案工作】 2020年，昆明市档案局围绕党的十九大提出的“乡村振兴”战略，加强精准扶贫档案工作，对寻甸县16个乡(镇、街道)、173个行政村的精准扶贫档案开展专项实地检查，配合市扶贫办赴东川区、禄劝县对县级脱贫攻坚档案进行专项指导；与官渡区紧密协作，官渡区关上社区被列为国家18个“档案工作服务乡村振兴战略”试点建设社区之一，其成功经验在全国“村级档案服务乡村振兴经验交流会”上进行交流，成为云南省唯一试点建设社区。

【干部队伍建设】 “十三五”时期，昆明市档案局以优化学习、全面提升全市档案干部业务能力和素质为重点，不断加大教育培训力度，全面推进干部队伍建设。共举办各类档案基础业务培训、档案法治培训、机关档案管理培训等244期，共培训学员1.99万人次；举办昆明市首届档案职业技能竞赛，全市近700名档案人员参加预赛，56名选手进入决赛。

(顾建英)

党校教育

【概况】 中共昆明市委党校为“一校三院”体制，即中共昆明市委党校、昆明市行政学院、昆明市社会主义学院、昆明市青年干部学院，是市委的重要部门，在昆明市党的干部教育事业中发挥着重要作用，是培训轮训党员干部的主渠道和主阵地。2020年，市委党校先后获评全国、全省节约型公共机构示范单位，昆明市青年干部学院被授予中国青年工作院校协会2019～2020年度“协会年度贡献奖”称号。

【教学培训】 聚焦主业主课，提高培训质量。全年共举办培训班394期，培训学员47 050人次，其中，主体班次113期共15 602人。专职教师校内外授课2 442场次，其中校内授课1 074场次、校外授课1 368场次，共培训10万余人次。教师授课满意率达96.97%。完成“昆明市领导干部培训日”专题讲座9讲，“时代知识前沿讲座”2讲。昆明市纪律教育基地讲解438场次，接待20 953人；昆明市党建主题馆讲解206场次，接待10 240人次；铸牢中华民族共同体意识主题教育馆讲解58场次，接待2 712人次。昆明市党建主题馆被中国人民解放军火箭军政治部认定为“火箭军理想信念教育基地”，成为昆明市首个挂牌的火箭军理想信念教育基地。抓好学科建设，丰富教学资源。截至2020年12月31日共有校内专题库684个。自编教材3本，新开发现场教学点16个。完成第二届全省干部教育培训好课程、好案例、好故事推荐报送工作，向省委组织部报送好课程6个，好案例2个，好故事5个。开发完成“传统文化十讲”和“公共管理十讲”公共课，并将“传统文化十讲”讲稿编印为《延续文化基因　萃取思想精华——传统文化系列专题讲座》学习读本。内培外引结合，丰富教师资源。搭建教学平台，对每期进入党校的委托班次，均安排校内教师讲授不少于一次的党性教育理论课；向市委组织部推荐校内教师参与主体班次和重点班次课程讲授，提升党校教师知名度。举办2期师资和教学管理人员培训班，分赴浙江大学和安徽金寨干部学院参加培训。发挥4个名师工作室作用，发表理论文章20余篇，在核心期刊发表1篇，课题研究38项，2项决策咨政报告获市级领导批示。选聘9位省内外政治素质硬、理论水平高、善于课堂讲授的客座教授，新入库36名外聘教师，充实教师资源。延伸教学课堂，拓展培训外延。开展主题多样、内容多元的现场教学，完成对官渡区金马街道党群服务中心、官渡电子商务产业园、呈贡区斗南花卉产业园、云上小镇大数据双创基地、宜良县匡远街道党群服务中心、陈家渡社区、西山区石龙坝水电站、大商汇等23个现场教学点的调研。新开发16个现场教学点，重点打造昆明梁王山高原特色农业小镇教学点。安排各级各类现场教学164场次，听众1.49万人次。坚持开展送学下乡、送教上门，外派教师到党校分校教学点和乡（镇、街道）党校宣讲1 260讲，推动习近平新时代中国特色社会主义思想、党的十九届四中、五中全会精神、习近平总书记考察云南重要讲话精神及时进课堂、进机关、进企业、进社区、进校园、进农村，充分发挥好党校作为干部教育培训的主渠道和主阵地作用。编印本土案例，发放教材读本。征集昆明市科级干部任职班第18、19期调研报告257篇，昆明市第23期中青年干部培训班案例和调研报告45篇，编印系列学习读本，修订《党内法规选编（2020版）》上下册。670间学员宿舍上架《中国共产党党内法规选编（2020年修订版）》《习近平谈治国理政》《中华人民共和国密码法》《中华人民共和国国家安全法》《传染病宣传画本》等教材读本。

2020年11月25日，昆明市委党校举行“昆明社会治理交流培训中心”授牌仪式

（市委党校　供稿）

【科研资政】 课题立项44项，其中，省哲学社会科学规划项目课题1项，省委党校课题4项，省党建研究会调研课题立项4项，市、区级课题10项，昆明市党校系统课题25项。借力省、市媒体主动发声。2020年，市委党校教师共发表文章44篇，其中，核心期刊3篇、《云南日报》2篇、《社会主义论坛》19篇、《昆明日报》14篇、其他期刊3篇、市委办信息处约稿3篇。抓实抓好科研咨政。做好创建全国民族进步示范市“六进”和“昆明脱贫精神：推动省会城市高质量均衡发展的力量源泉”课题研究。编辑出版《实践与跨越》3辑，刊登文章57篇。围绕昆明改革发展的热点、难点问题，完成调研报告8篇、《2019年中共昆明市委执政纪要》案例8篇、《党校智库内参》8期，6篇咨政报告获市领导批示。

【服务保障】 做好综合服务保障。筹办秋季开学典礼、庆祝“七一”建党节、教师节、全市党校校（院）长会议等会议。协调完成好中央党校（国家行政学院）副校（院）长李毅，省委副书记、省委党校校长王予波，省委党校党委委员、副校长马金书到昆明调研等相关工作。加强县（市、区）委党校建设发展，与省财政厅、省委党校协调，申报5个县（市、区）委党校办学能力提升省级财政专项建设补助，初审通过安宁市、富民县、禄劝县3家，最后核拨安宁市委党校、禄劝县委党校各500万元，共1 000万元。这是昆明市党校系统建校几十年来首次获得省级财政专项补助，激发全市老旧县级党校的基础设施建设动力，有效地推进全市党校系统整体建设发展和提升。配合做好海南、陕西西安等省、市委党校和部分县（区）委党校到昆明市委党校调研的相关工作。有序推进目标管理绩效考核、市委督查、督办、党委信息、保密宣传、机要、档案等工作。进一步完善财务管理。开展2019年度部门决算、内控报告和2021年度预算编报，安排2020年度收支预算。完成“一上预算”上报和2020年度部门预算公开及汇算清缴、个税整改、税务迁转。上报自检自查报告，配合市审计局完成专项审计疑点调查和问题整改情况报送及2021年“基本支出”预算复审。推动信息化建设。利用“智慧校园”系统保障培训211期2.92万人次，会议、活动39场次。承接网络直播课程、腾讯会议系统异地授课等教学方式的保障任务，完成“校外预约授课系统”“校外自主办学系统”“学员考试系统”的开发和上线使用，完善智慧校园系统功能开发和相关功能118项。完成智慧校园迁移至政务云、二期建设项目终验、校园360°全景更新、委托培训班次教学活动考核认定修改等。提升后勤服务水平。做好餐饮、住宿、会议、安保等服务保障，学员评价均达95.50分以上。严格做好校园疫情防控、安保、消防、食品安全、“四害”消杀等工作。完成学校教学楼大厅出口改造、报告厅顶灯改造、教学楼大厅屏风浮雕制作、财务处办公室防盗门安装等10项提升改造工程。完成餐厅食品经营许可证法人变更，制定《安全工作责任书》《采购管理办法》《固定资产管理规定》等规章制度，提升规范化管理水平。做好图书信息工作。编辑《党政领导参阅》35期、《参考信息》10期，编撰《市委党校年鉴（2020年）》。采购图书750余册，编辑新书推荐10期359种，知网文章推送90期，编发微信27期文章119篇。接待读者1 732人次，借阅图书4 101册。

【党的建设】 抓实党建工作。夯实制度建设基础，制定“一个要点、一个计划、一份责任书、三个清单”。深入推动政治思想建设，组织开展党委理论学习中心组和在职干部理论学习，落实党委班子讲党课、“三会一课”、主题党日、民主生活会制度，持续深入开展“万名党员进党校”培训。规范组织建设，2020年，组织宣传处党支部、科研图书党支部、教务培训党支部被评选为优秀党支部，党建示范带品牌建设入选《昆明市市级行政中心党建示范带党建品牌集锦》。开展“寻标对标达标创标”行动，派出2期师资培训班，分赴西安和杭州参加培训。依托“云岭先锋”“学习强国”“学习微平台”等信息化手段，启动“智慧党建”，助力开展党建工作。多渠道开展依法治市宣传，制作展板35幅，校园文化长廊75幅，张贴创文宣传画500张，开展《中华人民共和国宪法》《中华人民共和国国家安全法》《中华人民共和国反间谍法》和“扫黑除恶”等专题宣传教育，发挥好阵地作用。深入开展党风廉政建设。落实自身建设主体责任，开展组织生活231次、提醒谈话22次，对6个党支部开展年度交叉检查考核。依规管党治党紧抓监督责任，完成领导干部个人事项报告、领导干部违规借贷、因私出国、“一人多证”等专项整治。强化纪律作风建设，开展廉洁文化主题活动，通过“清风党校”微信群、“学习微平台”公众号等平台宣传党风廉政内容。宣传思想文化和意识形态工作有效推进。深化理论武装，召开理论学习中心组研讨会8次，把意识形态工作纳入党委班子成员民主生活会、述职报告、履行党建责任制内容和干部年度考核、党支部党建交叉检查考核、党的纪律监督检查范围。参加2次市级演讲、宣讲比赛，获一等奖1名、二等奖1名、优秀奖2名。组织开展“新时代新作为新篇章”主题学习活动、习近平新时代中国特色社会主义思想知识竞赛，提升党员队伍政治党性修养和履职能力。依托媒体合作，加强总结宣传，凝聚特殊时期抗击疫情正能量，通过智慧校园、党校学习微平台、云南电视台和《昆明日报》等渠道传播疫情防控工作中的好人好事，弘扬社会正能量，工作信息被“学习强国”《昆明组工》《昆明日报》“掌上春城”等刊载，云南电视台专题采访报道。弘扬先进典型，开展“学传统、送新风”等活动，评选出3个“巾帼文明示范岗”、8名“巾帼建功标兵”和6个“最美家庭”，1人获抗击新冠肺炎疫情“昆明好人”称号。深化创文和民族团结进步示范单位创建，上报创文台账资料、简报23篇、总结3篇，被推荐申报第八批全国民族团结进步示范单位和昆明市全国民族团结进步示范市创建工作先进集体。

【队伍建设】 严格落实制度保障，对初级、中级职称评审委员会进行换届，对昆明市党校系统17名优秀教师、5名优秀培训管理者进行表扬，组织完成16人的职级晋升。拓宽人才成长渠道，选派1名正科级干部到中共富民县委党校挂职副校长，吸收3名基层县区党校教师参与党校教学科研工作。开展事业人员竞聘上岗，选拔9名管理岗位人员。落实激励措施，调动积极性，1名教师获2020年“昆明青年五四奖章”。党史党建教研部主任、教授缪雨被授予昆明市有突出贡献优秀专业技术人才称号，被聘为昆明市委、市政府法律专家咨询委员会委员，昆明市党员教育教学资源评审专家组成员。

【基层服务】 选派4名驻村工作队员到扶贫挂钩点开展工作。举办新任驻村工作队员和乡镇干部履职能力提升培训班1期。投入24万元工作经费，组织165名教职工参与脱贫攻坚帮扶工作，集中开展4次进村入户走访，捐款捐物折合人民币19万余元，开展消费扶贫，购买帮扶村特色农产品，助力贫困户增收致富。市委党校帮扶的寻甸县先锋镇打磨箐村、东川区乌龙镇坪子村、水井村、大村子4个挂包联系点286户建档立卡贫困户全部脱贫。开展工会群团工作，组织开展无偿献血、“万名党员进社区”和“双报到双报告”等志愿服务活动。

（赵庆元）

社科管理

【概况】 2020年，昆明市社科联在市委、市政府的坚强领导下，在云南省社科联的指导帮助下，以学习、宣传、贯彻党的十九大，十九届四中、五中全会，省委十届九次全会，市委十一届八次全会精神为主线，以重大理论问题和重要现实问题的研究为着力点，团结和带领全市哲学社会科学工作者，围绕“高质量打赢全面小康收官战，高标准推进市域治理现代化”的总要求，扎实推进理论武装、智库建设、课题研究、学术交流、社科普及、社团管理和机关建设等工作，为构建中国特色昆明特点的哲学社会科学、全力推动区域性国际中心城市建设贡献智慧和力量。

【科研工作】 围绕高质量打赢全面小康收官战，高标准推进市域治理现代化，全力推动区域性国际中心城市建设迈上新台阶的工作总体要求和部署，全年面向全市征集、发布指南、受理申报和立项社科规划研究课题20项。按课题研究时限，完成评审、验收2019年度社科规划研究课题17项。

【科普工作】 8月23日，市社科联在安宁市参加主题为“科技战疫　创新强国”的科普宣传周活动，发放《中华人民共和国国家安全法》《中华人民共和国反间谍法》《云南省社会科学普及条例》《茶在你身边》等法律法规和科普宣传读本1 000册；发放《昆明社会科学》期刊、《昆明市2017年度社科规划课题成果选》等600余册，深受广大市民的好评。组织开展2020年昆明市决战决胜脱贫攻坚社科普及暨理论宣传系列活动。邀请省、市、县三级专家组成先进典型宣讲团分别到东川、禄劝、寻甸、嵩明、晋宁、宜良等县区宣讲社科知识，用朴实“接地气”的语言宣讲“脱贫光荣”的思想观念和卫生健康的生活方式，同步推动物质脱贫与精神脱贫。

【学会工作】 认真贯彻落实《昆明市社会团体管理办法》，积极配合市民政局开展业务主管的社科学会、协会和研究会的年度检审工作和社会组织基本信息的采集。强化市属学会、协会和研究会管理。建立和落实学会年检管理制度、学会活动报备制度、学会联系制度。8月7日，市社科联组织召开“2020年昆明市社科学会秘书长培训工作会”，对昆明市2020年社科学会、协会和研究会的管理工作做安排部署，提高市属各社科学会、协会、研究会秘书长理论水平和业务能力。

【学术交流活动】 参与滇、黔、桂三省（区）社科联第六届南盘江流域发展论坛。组织市属社科专家、学者围绕“决战脱贫攻坚、决胜全面小康”主题进行理论研讨，为巩固脱贫攻坚成果，做好后续扶持文章贡献社科力量。收到论文10余篇，评审上报一等奖1篇、二等奖2篇、三等奖3篇。9月5日，市社科联组织昆明云南陆军讲武堂研究会、昆明滇池泛亚文化研究会联合举办“昆明社科界纪念中国人民抗日战争胜利75周年座谈会”，云南师范大学教授吴宝璋、云南省军区政治部原副主任梁蜀生、二战史专家戈叔亚等在会上做交流发言。加大与外省社科联交流合作。与洛阳市社科联就区域性国际人文中心发展进行交流。

【意识形态工作】 以马克思主义为指导，突出主旋律，弘扬正能量，加强对社科社团学术活动的管理。加强对意识形态工作进行分析研判，按时上报意识形态工作情况。各社科学会、研究会、协会举办哲学社会科学会议和活动，必须严格执行报批程序。属于学会内部议事的会议和活动（如理事会、常务理事会等），由学会领导班子研究决定；属于学会系统内部的会议和活动（如会员代表大会、学术年会或研讨会），须书面报本学会挂靠单位党组（党委）同意，再报市社科联审批。各社科学会举办全市性哲学社会科学会议和活动，必须书面报市社科联同意，再报市委宣传部审批。各社科学会举办有外国学者和港澳台学者参加的会议和活动，必须提前把拟邀请的外国学者和港澳台学者名单报市社科联审核，并分别报市外办、市台办、市港澳办审核。

【党风廉政建设】 认真研究部署党风廉政建设和反腐败工作，全面落实从严治党主体责任。认真落实市委关于“三重一大”要求，修改完善《市社科联贯彻落实“三重一大”制度的决定》。坚持重大事项报告制度，严格执行党务公开，利用市社科联网站、公示栏，做好党务公开，接受广大党员监督。组织认真学习十九届中央纪委四次全会、省纪委十届五次全会精神和《中共中央关于坚持和完善中国特色社会主义制度、推进国家治理体系和治理能力现代化若干重大问题的决定》《习近平谈治国理政（第三卷）》《2020年习近平考察云南重要讲话精神》《中共中央关于加强党的政治建设的意见》《习近平关于“不忘初心、牢记使命”重要论述选编》《中国共产党党内重要法规汇编》《中国共产党问责条例》《中华人民共和国民法典》等。认真组织警示教育和市纪委《典型案例通报》，以身边典型事例警示教育党员干部，引导全体人员树立正确的世界观、人生观、价值观和政绩观，筑牢拒腐防变的思想防线。

2020年6月11日，昆明市社会科学界联合会第三次代表大会召开（市社科联 供稿）

【机关党建工作】围绕强化政治功能、提升组织力、解决突出问题、推进重点任务落实目的，抓基层打基础，突出抓好党支部建设和党员队伍建设。巩固提高"不忘初心、牢记使命"主题教育成果。按照"一支部一对策"的原则，狠抓党支部建设，压实工作责任，提升机关党建工作质量，激发干部队伍干事创业精气神。开展"寻标对标达标创标"活动，提升机关党员干部服务基层、服务群众的能力。以建设"服务型"党组织为抓手，围绕"创建全国文明城市"工作，党支部启动"文明行为主题月"主题党日活动、在职党员进社区"双报到双报告"活动，提升机关党员干部服务基层、服务群众的能力。严格党内政治生活制度。市社科联党支部坚持重在平时、严在细节，严格执行"三会一课"、党员活动日、党费日、党员党性分析和民主评议党员、警示教育等党内生活制度，强化党员纪律和规矩意识。落实机关党建工作责任制，将党建目标责任制纳入年度目标考核的重要内容，融入各项工作之中，与业务工作同安排、同部署、同检查、同落实，认真落实《市社科联党组落实"三重一大"实施细则》，加强对权力的监督和制约，实现党组决策的科学化、制度化。组织职工到官渡区明通社区开展志愿服务活动和"关爱滇池·春城志愿者在行动"活动，发挥党员在关爱滇池、保护滇池中的先锋模范作用。

【信息化建设】"昆明市社会科学界联合会"互联网站运行正常，市属各社科学会、协会和研究会以及广大社科专家、学者能够通过此平台查找社科研究项目及理论研究成果。

【组织建设】根据《昆明市社会科学界联合会章程》相关规定，经市委同意，6月11～12日召开昆明市社会科学界联合会第三次代表大会，修改《昆明市社会科学界联合会章程》，选举昆明市社科联第三届委员会常务委员、副主席、主席。选举结果：

主席：龚志龙；副主席：赵勇、张震鸿；兼职副主席：李正兴、李正彪、陈勇强、阳正伟；常务委员：阳正伟、李正兴、李正彪、杨富刚、张官云、张震鸿、陈垠宏、陈勇强、赵勇、龚志龙、缪雨。

【成果出版情况】全年编辑出版发行《昆明社会科学》4期。编辑出版《2018年度社科规划课题成果选》。2020年5月，市社科联编辑出版《茶在你身边》科普宣传读物，让更多的人了解茶，了解云南茶，爱上云南茶。完成昆明市2020年度哲学社会科学优秀成果资助工作，资助出版昆明学院阳正伟所著《隔空传音：清代晚期史书写中的东林话语研究》一书。

表3　2020年昆明市社科联规划立项课题一览表

编号	项目名称	负责人	所在单位	资助经费（万元）	成果形式	预计完成时间
KSGH2001	建设生态文明排头兵的背景下“十四五”昆明市打造专业水环境治理国有企业的思考	朱　滔	昆明滇投公司	4	研究报告	2021年4月
KSGH2002	马克思主义在意识形态领域指导地位的制度化研究	董文倩	市委党校	3.5	研究报告	2021年5月
KSGH2003	昆明市加快推进市域社会治理能力现代化研究	梁　园	市委党校	3	研究报告	2021年5月
KSGH2004	提升昆明区域性国际中心城市消费个性魅力研究	赵　斌	市商务局	4	研究报告 咨询报告	2020年11月
KSGH2005	疫情之后推动昆明投资经济回升对策研究	陈晓磊	市社科院	4	研究报告	2021年6月
KSGH2006	昆明市制造业数字化转型发展的对策研究	李君婷	九三学社昆明市委	3.5	研究报告 咨询报告	2021年6月
KSGH2007	昆明市晋宁区“一县一业”花卉产业高质量发展研究	李　光	晋宁区委	3.5	研究报告	2020年12月
KSGH2008	后脱贫时代昆明市构建新型减贫治理格局探索研究	郑朝灿	东川区委宣传部	4	研究报告	2020年12月
KSGH2009	提升昆明市区域国际化医疗服务水平对策研究	杨　媛	云南天外天律师事务所	3	研究报告 咨询报告	2021年6月
KSGH2010	昆明市构建现代环境治理体系对策研究	陈自娟	昆明学院	3.5	研究报告 咨询报告	2021年6月
KSGH2011	美丽滇池建设及评估体系创建研究	李　徽	昆明学院	3	研究报告	2021年6月
KSGH2012	昆明市再生水利用问题及对策研究	熊国志	市节水办	4	研究报告	2020年12月
KSGH2013	滇池保护治理的司法路径检视与完善	张　黎	市检察院	4	研究报告 咨询报告	2021年5月
KSGH2014	云南自贸区昆明片区知识产权制度改革创新研究	张惠瑶	昆明学院	3.5	研究报告	2021年5月
KSGH2015	创新昆明移民新区基层社会治理体系研究	马升红	九三学社昆明市委	4	研究报告 咨询报告	2020年12月
KSGH2016	公共安全舆论引导的治理思维研究	徐孟志	市社科院	3	研究报告	2021年5月
KSGH2017	昆明市生物安全形势及对策研究	高　军	市社科院	3.5	研究报告	2021年4月
KSGH2018	昆明市贫困地区教育脱贫工作绩效评估及优化对策研究	杨春梅	市教科院	3	研究报告 咨询报告	2021年5月
KSGH2019	昆明市职业教育国际化发展的对策研究	李瑞林	昆明铁道职业技术学院	3.5	研究报告 咨询报告	2020年12月
KSGH2020	昆明市红色文化资源开发利用及发展对策研究	毕娇娇	市侨联	3.5	研究报告	2021年3月

（杨富刚）

昆明市人民代表大会常务委员会

编辑：陈智容

【市十四届人大五次会议】 市十四届人大五次会议于2020年5月15～17日在昆明国际会展中心召开。会议应出席代表451人，实际到会代表422人。昆明市选举产生的云南省第十三届人大代表，市委有关部门负责人，市人大常委会有关人员，市政府、市监委和市“两院”有关领导、部门负责人，部分县（市、区）委、人大常委会、政府及部分人民团体负责人，部分驻昆单位、企业负责人等58人列席会议。市政协委员列席听取政府工作报告。邀请市级民主党派、工商联、侨联、台联负责人参加开幕式。

会议听取和审议《昆明市人民政府工作报告》《昆明市人民代表大会常务委员会工作报告》《昆明市中级人民法院工作报告》和《昆明市人民检察院工作报告》；审查和批准《昆明市2019年国民经济和社会发展计划执行情况与2020年国民经济和社会发展计划草案的报告》，批准2020年国民经济和社会发展计划；审查和批准《昆明市2019年地方财政预算执行情况和2020年地方财政预算草案的报告》，批准2020年市本级财政预算；审议云南滇中新区2019年经济发展情况报告（书面）；审议《关于昆明市创建国家生态文明建设示范市的议案》和《关于推进昆明市国家森林乡村创建的议案》，做出相关决议。

会议收到代表10人以上联名提出的议事原案10件，其中，财政经济方面2件、城市建设与环境资源方面4件、教育科学文化卫生方面1件、农业农村方面2件、社会建设方面1件。收到代表提出的建议、批评和意见337件。

【常委会会议】 全年召开常委会会议11次，依法做出《昆明市人民代表大会常务委员会关于依法全力做好当前新型冠状病毒肺炎疫情防控工作的决定》《昆明市人民代表大会常务委员会关于深入学习宣传和贯彻实施〈中华人民共和国民法典〉的决定》《昆明市人民代表大会常务委员会关于厉行节约、制止餐饮浪费的决定》等重大事项决议决定17项。坚持党管干部、依法任免有机统一，依法任免地方国家机关工作人员130人次。

【立法工作】 市人大常委会围绕全市改革发展稳定大局，坚持科学立法、民主立法、依法立法，进一步发挥主导作用，创新立法机制，立良法保善治促发展。全年共制定、修订地方性法规4件，立法前期调研24件，立法后评价1件。

加强生态保护立法，围绕持续改善生态环境质量，制定《昆明市大气污染防治条例》，为加快打造生态文明建设排头兵示范城市、美丽中国典

2020年3月19日，市人大常委会举行第二批基层立法联系点授牌和新增法律顾问聘任仪式（市人大常委会　供稿）

范城市提供有力法治保障。加强民生保障立法，坚持立法为民理念，修订《昆明市爱国卫生工作条例》，新增健康教育和健康促进、环境卫生治理、爱国卫生“七个专项行动”等内容；修订《昆明市老年人权益保障条例》，对基本养老公共服务以及社区养老、农村养老、失能老人养老服务等做出具体规定。加强基层治理立法，注重发挥人大立法在市域社会治理现代化中的引领推动和保障作用，率先在全省制定《昆明市区（市）人民代表大会常务委员会街道工作委员会工作条例》，推动基层人大全面融入市域社会治理。开展地下水保护、城市供水排水管理、柴石滩水库保护、寻甸黑颈鹤自然保护区保护、社会医疗保险、不动产登记、民办教育、街道办事处工作、社区治理等立法前期调研。对《昆明市道路交通安全条例》实施情况进行立法后评价。

【人大监督】 市人大常委会紧盯经济发展、风险防范、脱贫攻坚、污染防治、市域治理、民生福祉等方面强化监督，持续增强监督实效，在推动经济社会发展中精准发力。全年，共听取和审议专项工作报告28项，开展执法检查8件，专题询问4次，专项工作评议1次，各类调研视察120余次。

听取和审议预算执行情况、国有资产管理情况、专项债券使用管理情况、滇中新区产业发展情况、产业扶贫、就业扶贫、消费扶贫和村镇规划建设管理情况、环境状况和环境保护目标完成情况、滇池保护治理三年攻坚行动实施及滇池阳宗海流域“五采区”植被恢复情况、创建国家生态文明建设示范市、国家森林乡村、食品安全监管情况、智慧交通建设情况、多元解纷机制及诉讼服务中心两个“一站式”建设情况等28项专项工作报告。

对《中华人民共和国野生动物保护法》《中华人民共和国动物防疫法》贯彻执行情况开展执法检查，落实野生动物管控责任；对《云南省水文条例》贯彻执行情况开展执法检查，督促加强水文信息系统建设，强化水文监测结果应用；联合县（市、区）人大常委会对《中华人民共和国食品安全法》贯彻执行情况开展执法检查；对昆明市城市市容和环境卫生、客运出租汽车、养犬管理、献血、文明行为促进等条例的贯彻执行情况开展执法检查。全年共开展各项执法检查8件。

对住宅小区物业和房屋中介机构管理、出租房安全管理、流动人口服务管理工作情况、全市街道（乡、镇）、村（社区）基层公共卫生服务情况、昆明市国民经济和社会发展第十三个五年规划纲要实施情况等开展专题询问4次。

2020年8月12日，市人大常委会调研组对“十三五”规划纲要实施情况专题询问（李会　摄）

持续开展河(湖)长制工作情况专项督察，督促整改落实中央、省生态环境保护督察反馈问题；组成调研督查组深入国家扶贫开发工作重点县的乡(镇、街道)、村(社区)开展专项督查；组织协调学校、企业和医院，开展消费扶贫行动，助推贫困县区农产品销售，推进巩固拓展脱贫攻坚成果同乡村振兴有效衔接；持续跟踪监督主城区建筑工地扬尘污染防治工作，促进扬尘防治工作常态化。

对市人民政府“10件惠民实事”落实情况开展专项工作评议，持续推动促进城乡就业、提高教育满意度、完善医疗保障、关爱残疾人和困境儿童等人民群众普遍关心关注的热点难点问题的解决。全年共开展各类专题调研视察120余次。

【代表工作】 市人大常委会充分尊重代表主体地位，不断优化服务保障，夯实活动阵地、创新活动方式、健全网络平台、强化履职管理，支持保障代表依法履职尽责。全市建成市级示范点35个，市人大常委会代表工作站被省人大常委会列为省级示范点。开通网上代表工作站，率先在全省实现网上代表工作站信息化全覆盖，基本形成人大代表联系群众的线上线下网络格局。完善代表接待、走访群众等工作制度，组织五级人大代表进站活动，加强代表与选民的沟通交流。落实常委会组成人员联系代表制度，组成人员以多种形式与146名基层代表建立经常性联系。组织各级代表740余人次列席常委会会议，参加法规论证，听取经济社会发展情况。组织昆明市的全国、省人大代表对自贸区建设、疫情防控、文明城市创建等重点工作开展执法检查和调研视察。指导县(市、区)人大常委会定期开展代表活动，增强代表履职实效。修订列席市人代会和常委会会议办法，进一步规范列席人员的范围职责。制定代表活动经费管理办法，为代表依法履职提供保障。健全代表议案建议办理工作机制和考核奖惩制度，加大督办检查力度，提高议案建议办理落实率，研究处理市十四届人大五次会议代表提出的议案6件。市十四届人大五次会议以来的357件代表建议已办结，5件重点建议办理有序推进。

【依法推进新冠肺炎疫情防控】 市人大常委会积极落实“坚定信心、同舟共济、科学防治、精准施策”总要求，及时做出关于依法防控疫情的决定，确保全市各项防控工作在法治轨道上推进；组织开展“打赢防控阻击战，人大代表在行动”系列活动，全市各级人大代表主动担当作为，做疫情防控的表率、为民服务的表率，带动形成抗击疫情的强大合力；市、县两级人大联动，对野生动物保护、动物防疫等有关法律和全国人大常委会有关决定的贯彻实施情况进行执法检查，开展基层公共卫生服务专题询问，防范公共卫生安全风险；对全市住宅小区(村组)疫情防控和企业(项目)开(复)工情况进行专项视察；深入开展“以保促稳、稳中求进”专题调研，督促扎实做好“六稳”

2020年7月15日，市人大常委会召开昆明市人大代表活动阵地作用发挥推进会 （潘文频　摄）

工作、落实“六保”任务。

【助推创建全国文明城市】 市人大常委会两次向人大代表发出文明城市共创共建共享倡议，充分发挥人大代表来自人民、植根人民优势，最大限度凝聚创建合力；坚持把社会主义核心价值观融入人大立法工作，围绕制定出台的《昆明市文明行为促进条例》，连续两年开展执法检查，引领文明生活新风尚，促进社会文明进步；做出关于厉行节约、制止餐饮浪费的决定，在全社会营造浪费可耻、节约为荣的氛围；持续对生态环境保护、市域社会治理、优化营商环境等工作开展检查视察，助推文明城市品质提升。

【巩固民族团结进步示范成果】 市人大常委会铸牢中华民族共同体意识，贯彻落实《云南省民族团结进步示范区建设条例》，对民族团结进步由创建向示范转变开展专项视察，进一步巩固和提升民族团结进步示范市创建成果；开展民族文化建设专题调研，提出深度挖掘文化潜力、提升传承发展能力、深入推进文旅融合、加强对外交流与合作的意见和建议，进一步推动民族文化保护与传承；指导石林、禄劝、寻甸三个民族自治县完成自治条例的修正，进一步强化民族团结进步法治保障。市人大常委会机关获全省民族团结进步模范集体称号。

表4 市人大常委会2020年度主要工作概览表

一、地方立法

形式	地方性法规名称
制定（2件）	《昆明市大气污染防治条例》 《昆明市区（市）人大常务委员会街道工作委员会工作条例》
修订（2件）	《昆明市爱国卫生工作管理条例》 《昆明市老年人权益保障条例》
搁置（1件）	《昆明市公安机关警务辅助人员条例》
立法后评价（1件）	《昆明市道路交通安全条例》

二、监督工作

（一）执法检查（8件）

时间	内容
4月16日	《中华人民共和国野生动物保护法》贯彻执行情况
4月16日	《中华人民共和国动物防疫法》贯彻执行情况
3月25～26日	《云南省水文条例》贯彻执行情况
4月2日	《昆明市城市市容和环境卫生管理条例》贯彻执行情况
6月8日	《昆明市献血条例》贯彻执行情况
6月4日	《昆明市客运出租汽车管理条例》贯彻执行情况
7月22～23日	《昆明市文明行为促进条例》贯彻执行情况
7月22～23日	《昆明市养犬管理条例》贯彻执行情况

（二）听取和审议专项工作报告（28件）

时间	内容
6月29～30日昆明市第十四届人大常委会第二十八次会议（6件）	《昆明市人民政府关于2019年度环境状况和环境保护目标完成情况的报告》
	《昆明市人民政府关于友城工作推动区域性国际中心城市建设情况专项工作报告》
	《昆明市人民政府关于公共法律服务体系建设情况的专项工作报告》
	《市人民政府关于我市2019年度监管企业国有资产管理情况的专项工作报告》
	《昆明市人民政府关于全市落实产业扶贫、就业扶贫和消费扶贫工作的专项工作报告》
	《昆明市人民政府关于食品安全监管工作情况的专项工作报告》

续表

时间	内容
8月27～28日昆明市第十四届人大常委会第三十次会议（10件）	《昆明市人民政府关于昆明市2019年度市级预算执行和其他财政收支的审计工作（审计查出问题整改情况）报告》
	《关于昆明市2020年上半年国民经济和社会发展计划执行情况的报告》
	《昆明市2020年上半年地方财政预算执行情况报告》
	《关于昆明市2019年地方财政决算的报告》
	《昆明市人民政府关于村镇规划建设管理情况的专项工作报告》
	《昆明市人民政府关于智慧交通建设情况的专项工作报告》
	《昆明市人民政府关于住宅小区物业和房屋中介机构管理工作情况的专项工作报告》
	《昆明市人民政府关于出租房安全管理、流动人口服务管理工作情况的专项工作报告》
	《昆明市人民政府关于滇池保护治理三年攻坚行动实施情况及滇池阳宗海流域“五采区”植被恢复情况的专项工作报告》
	《昆明市国民经济和社会发展第十三个五年规划纲要实施情况报告》
10月29～30日昆明市第十四届人大常委会第三十二次会议（8件）	《云南滇中新区关于2020年产业发展情况的专项工作报告》
	《昆明市人民政府深化“放管服”改革、优化营商环境议案实施情况的专项工作报告》
	《昆明市2019年政府新增专项债券管理使用情况专项工作报告》
	《昆明市人民政府关于创建国家生态文明建设示范市情况专项工作报告》
	《昆明市人民政府关于创建森林乡村情况专项工作报告》
	《昆明市中级人民法院关于多元解纷机制、诉讼服务中心两个“一站式”建设情况的专项工作报告》
	《昆明市人民检察院关于认罪认罚从宽制度落实情况的专项工作报告》
	《市人民政府关于街道（乡镇）、村（社区）基层公共卫生服务情况专项工作报告》
12月30～31日昆明市第十四届人大常委会第三十三次会议（4件）	《昆明市人民政府、市中级人民法院、市人民检察院开展扫黑除恶专项斗争情况的专项工作报告》
	《昆明市人民政府关于民族团结进步由创建向示范转变情况的专项工作报告》
	《昆明市人民政府2020年“10件惠民实事”落实情况的专项工作报告》
	《昆明市人民政府关于2019年度市级预算执行和其他财政收支审计查出问题整改情况的报告》

（三）专题询问（4次）

时间	内容	基本情况
8月28日	昆明市人民政府关于住宅小区物业和房屋中介机构管理工作情况	市第十四届人大常委会第三十次会议举行联组会议，对住宅小区物业和房屋中介机构管理进行专题询问。常委会组成人员围绕居住小区私搭乱建、楼道乱堆杂物、消防通道侵占、电动自行车“飞线充电”、破坏绿化带种菜、饲养烈性犬、狗粪便不及时清理、老旧小区配套设施不全、基础设施严重老化等方面进行询问，市政府相关部门负责人针对提问进行回答。此次专题询问，积极督促市政府及相关部门完善法律依据，规范管理法律支撑；加大宣传力度，营造依法管理服务氛围；坚持以人为本，全面提升管理服务水平；健全组织机构，充分完善监督管理机制；坚持创先争优，加强企业品牌建设；强化协同联动，建立部门齐抓共管，共同缔造全市人民满意的幸福美好家园
8月28日	昆明市人民政府出租房安全管理、流动人口服务管理工作情况	市第十四届人大常委会第三十次会议举行联组会议，就昆明市人民政府出租房安全管理、流动人口服务管理工作情况进行专题询问。市人大常委会组成人员围绕《昆明市流动人口服务管理条例》（简称《条例》）在贯彻落实中存在的问题，以及流动人口和出租房屋管理信息化建设、出租房登记备案、专职协管员配备等问题进行询问，市政府相关部门负责人针对提问进行回答。此次专题询问，积极督促市政府及相关部门提高政治站位，压实工作责任；贯彻落实《条例》，完善配套制度；强化科技支撑，加强平台建设；狠抓队伍建设，优化服务管理，推进全市流动人口和出租房屋服务管理工作水平不断提高

续表

时间	内容	基本情况
10月29日	全市街道（乡、镇）、村（社区）基层公共卫生服务情况	市第十四届人大常委会第三十二次会议举行联组会议，就全市街道（乡、镇）、村（社区）基层公共卫生服务情况进行专题询问。市人大常委会组成人员围绕基层医疗机构设施不健全、公共卫生服务能力及质量有待提升、配套政策和财政补助落实不到位、宣传力度不够等问题进行询问，市政府相关部门负责人针对提问进行回答。此次专题询问，积极督促市政府及相关部门坚守人民至上理念，全力保障生命健康安全；加大投入保障力度，切实增强前哨预警能力；强化高位统筹协调，提升医卫网底建设水平；健全完善机制体制，强化基层人才队伍建设；坚持改革创新推动，加快基层公卫事业发展，不断提升基层公共卫生服务能力水平，努力创造全市基层公共卫生事业发展新辉煌
10月29日	昆明市国民经济和社会发展第十三个五年规划纲要实施情况	市第十四届人大常委会第三十二次会议举行联组会议，就昆明市国民经济和社会发展第十三个五年规划纲要实施情况开展专题询问。市人大常委会组成人员围绕城镇常住居民和农村常住居民人均可支配收入、森林蓄积量指标完成困难，滇池、阳宗海水污染综合防治和黑臭水体污染综合整治，以及新冠肺炎疫情后出现的新情况新问题等方面进行提问，市政府相关部门负责人针对提问进行回答。此次专题询问，积极督促市政府及其相关部门进一步支持实体经济发展、推动科技创新、补齐民生短板、促进协调发展、推进生态环境保护、加强规划的实施，采取有力措施确保规划纲要目标任务如期完成，确保昆明市“十三五”规划圆满收官和全面建成小康社会目标如期实现

（四）工作评议（1次）

时间	内容	基本情况	测评结果
12月31日昆明市第十四届人大常委会第三十三次会议	市人民政府2020年“10件惠民实事”落实情况	市十四届人大常委会第三十三次会议举行联组会议，对市人民政府2020年“10件惠民实事”落实情况进行专项工作评议，听取工作情况报告，开展满意度测评。	测评共发放测评表33张，收回33张，测评结果： 1.“巩固提升脱贫攻坚成果”得分9.67分；2.“促进城乡就业”得分9.28分；3.“提高群众对教育的满意度”得分9.22分；4.“完善参保人医疗保障待遇”得分9.28分；5.“关爱残疾人和困境儿童”得分9.36分；6.“加快养老服务体系建设”得分9.16分；7.“实施‘四化’行动”得分9.34分；8.“加快停车泊位建设和农村客运发展”得分9.22分；9.“继续推进农村厕所革命”得分9.21分；10.“保障人民群众食品安全”得分9.26分。测评总分93分，测评结果为优秀

三、讨论决定重大事项

序号	决议决定名称	通过日期
1	昆明市人大常委会关于昆明市与孟加拉国加济布尔市缔结友好城市关系的决定	2020年1月20日昆明市第十四届人大常委会第二十三次会议通过
2	昆明市人大常委会关于接受吴庆昆、兰昆、周凡三名同志辞职的决定	
3	昆明市人民代表大会常务委员会关于依法全力做好当前新型冠状病毒肺炎疫情防控工作的决定	2020年2月12日昆明市第十四届人大常委会第二十四次会议通过
4	昆明市人大常委会关于接受马慈明同志辞职的决定	2020年4月28日昆明市第十四届人大常委会第二十六次会议通过
5	昆明市人大常委会关于接受祖国平辞去云南省第十三届人民代表大会代表职务的决定	
6	昆明市人民代表大会常务委员会关于召开昆明市第十四届人民代表大会第五次会议的决定	
7	昆明市人大常委会关于接受丁伟同志辞职的决定	2020年5月13日昆明市第十四届人大常委会第二十七次会议通过
8	昆明市人民代表大会常务委员会关于深入学习宣传和贯彻实施《中华人民共和国民法典》的决定	2020年6月29～30日昆明市第十四届人大常委会第二十八次会议通过

续表

序号	决议决定名称	通过日期
9	昆明市人大常委会关于批准昆明市 2020 年市级财政专项预算调整方案的决议	2020 年 8 月 27 ~ 28 日昆明市第十四届人大常委会第三十次会议通过
10	昆明市人大常委会关于批准昆明市 2019 年度市级财政决算的决议	
11	昆明市人大常委会关于接受杨正晓同志辞去昆明市监察委员会主任职务的决定	2020 年 9 月 11 日昆明市第十四届人大常委会第三十一次会议通过
12	昆明市人大常委会关于杨大庆同志为昆明市监察委员会代理主任的决定	
13	昆明市人大常委会关于接受刘智同志辞去云南省第十三届人民代表大会代表职务的决定	
14	昆明市人民代表大会常务委员会关于对《昆明市人民政府关于提请审议玉溪市澄江市阳宗镇行政区划调整至昆明市呈贡区管辖的议案》的决议	2020 年 10 月 29 ~ 30 日昆明市第十四届人大常委会第三十二次会议通过
15	昆明市人民代表大会常务委员会关于厉行节约、制止餐饮浪费的决定	
16	昆明市人民代表大会常务委员会关于批准昆明市 2020 年市级财政预算调整方案的决议	2020 年 12 月 30 ~ 31 日昆明市第十四届人大常委会第三十三次会议通过
17	昆明市人大常委会关于召开市十四届人大六次会议的决定	

四、人事任免（130 人次）

时间	任命（58 人次）	免职（72 人次）
2020 年 1 月 20 日昆明市第十四届人大常委会第二十三次会议（任 5 免 1）	人　大：陈　敏、李　莉 政　府：唐　琪、袁培文、董　辉	人　大：陈　敏
2020 年 2 月 27 日昆明市十四届人大常委会第二十五次会议（免 10）		检察院：滕　丽、刘　勤、厉柡虹、张建波、王松柏、殷　灵、朱　立、杨志刚、马　伟、杨竹芳
2020 年 4 月 28 日昆明市第十四届人大常委会第二十六次会议（任 9 免 13）	人　大：钱洪生 法　院：杨　强、徐建斌、屈艳婷、白　皓、郭　佳、方　玲、彭　韬、王　虹	政　府：储汝明 法　院：毕正雄、徐建斌、屈艳婷、黄　红、曾蕙菁、杨星灿、王　虹、陈　斌、陈寒梅、郑　健 检察院：许绍伟、肖　克
2020 年 6 月 30 日昆明市第十四届人大常委会第二十八次会议通过（任 10 免 11）	人　大：杨志华 政　府：孙　群 监　察：景碧昆、韩红兵 检察院：朱　立、欧灵军、陈　育、王　辉、赵云争、马　伟	人　大：李庆平、崔　猛 政　府：毕昆闽 法　院：张兆龙、刀文兵、张昆华、姚永祥 检察院：王　辉、陈　育、陈　屹、李丽华
2020 年 7 月 30 日昆明市第十四届人大常委会第二十九次会议（任 4 免 6）	人　大：郑云宏 政　府：毕春华 法　院：起　俊、郑　宏	人　大：申开银 政　府：徐郑锋 监　察：何衍雄、土绍芳 法　院：刘建伟 检察院：毕春华
2020 年 9 月 11 日昆明市第十四届人大常委会第三十一次会议（任 1）	监　察：杨大庆	

续表

时间	任命（58人次）	免职（72人次）
2020年10月30日昆明市第十四届人大常委会第三十二次会议（任23免15）	人　大：张永萍 政　府：李康平、高宇明、李文斌、刘　鲁 监　察：王玉萍、文　燚 法　院：刘晓媛、刘　涛、蔡　芸、朱　欢、吕　磊、张　锐、颜瑶瑶、姚　丹、汪雁冰、杨晓萍 检察院：贾永强、闫晓东、吴　蕾、杨　芮、雷　珺、李　勇	政　府：周建忠、陈国惠、张正平、朱尧绯 法　院：起　俊、华　虹 检察院：叶　飞、杨瑞云、张建农、傅晓宁、丁　义、罗　旭、施　浩、钱正驹、高晨曦
2020年12月31日昆明市第十四届人大常委会第三十三次会议（任5免16）	人　大：李　莉、和银凤 政　府：陈　静、李德鸿 法　院：毕建华	人　大：张昆丽、李　莉 政　府：胡宝国、徐毅清、潘开平 法　院：周传彪、孙　建、马　芸、李能熊 检察院：袁　刚、谭　虹、傅铁迅、贾永强、陈　育、闫晓东、李　勇

五、代表重点建议（5件）

建议编号	建议标题	代表团	领衔代表	建议分类	办理状态
145037	关于尽快启动地铁9号线古滇支线建设，并抓紧做好9号线中长期规划的建议	晋宁区代表团	杨萍芬	城建交通	已办结
145046	关于推进中石油云南石化炼化一体化转型升级项目的建议	安宁市代表团	吴　凯	经济建设	已办结
145067	关于提升南屏街、正义路步行街片区“夜经济”品质，打造全国知名步行街的建议	五华区代表团	黄　骏	经济建设	已办结
145151	关于以云南民族村为轴心，在滇池国家旅游度假区打造“全国民族团结进步示范主体公园”的建议	西山区代表团	常　敏	党群综合	续办（B类）
145344	关于请昆明市有关部门督促加快推进在昆明市公园1903建设聂耳音乐厅的建议	盘龙区代表团	倪红春	教科文卫	已办结

（吕子凝）

昆明市人民政府

编辑：陈智容

重大事件和重要会议

【生物多样性公约第十五次缔约方大会云南省筹备领导小组办公室举行新闻媒体见面会】 1月10日，生物多样性公约第十五次缔约方大会云南省筹备领导小组办公室举行新闻媒体见面会，邀请联合国生物多样性公约秘书处代理执行秘书伊丽莎白·穆雷玛介绍有关情况。昆明市市长王喜良主持见面会。

【习近平总书记到云南昆明考察调研】 1月19～21日，中共中央总书记、国家主席、中央军委主席习近平到云南腾冲、昆明等地考察调研。1月20日，习近平总书记先后前往滇池星海半岛生态湿地和昆明国际会展中心，实地察看滇池保护治理情况和春节前夕市场供应情况，听取云南省和昆明市关于加强生态环境保护、筑牢西南生态安全屏障总体情况的汇报，并在昆明国际会展中心展厅外广场上，向云南群众、向全国各族人民、向港澳台同胞和海外侨胞致新春祝福。

【中国昆明市与孟加拉国加济布尔市缔结友好城市关系】 1月20日，昆明市第十四届人民代表大会常务委员会第二十三次会议审议《昆明市人民政府关于提请审议昆明市与孟加拉国加济布尔市缔结友好城市关系的议案》，同意昆明市与孟加拉国加济布尔市缔结友好城市关系。

【2020年一季度重点项目集中开工暨牛栏江城市供水应急工程开工仪式】 3月4日，昆明市举行2020年一季度重点项目集中开工暨牛栏江城市供水应急工程开工仪式，128个项目集中开工，总投资535.90亿元，2020年计划投资188.10亿元。省委常委、市委书记、滇中新区党工委书记程连元，市委副书记、市长王喜良，市委副书记刘智，市人大常委会主任拉玛·兴高，市政协主席熊瑞丽出席开工仪式。此次集中开工，是昆明市深入贯彻落实党中央、国务院和省委、省政府关于统筹做好疫情防控与经济社会发展工作的一系列重要会议和指示精神的具体举措，旨在推进全市投资项目全面开工复工，促进投资持续稳步增长，切实做到疫情防控与经济社会发展“两手抓”“两促进”，确保2020年一季度经济平稳开局。

【北汽（昆明）项目“绿动云南战略联盟”签约暨地产车批量交车】 6月16日，北汽（昆明）项目“绿动云南战略联盟”签约暨地产车批量交车仪式在昆举行。这一云南汽车产业发展进程中的里程碑事件，既是京滇地企合作初步成果展示，更是云南汽车产业勇攀高峰、跨越发展的新起点。省委常委、市委书记、滇中新区党工委书记程连元，副省长董华，北汽集团党委书记、董事长徐和谊出席仪式。北汽昆明生产基地产品定位于新能源乘用车，主要面向网约车、出租车、公务车、驾培车和对私用户等市场。

【陈豪、阮成发到昆调研】 6月19日，省委书记陈豪、省长阮成发率队到昆明市调研文化旅游产业发展和重点文旅项目建设等工作，强调要瞄准国际化、高端化、特色化、智慧化发展方向，抓实抓好重点文旅项目招商引资和落实落地，努力推动全省文化旅游产业加快转型升级、走在全国前列。

7月1日，省委书记陈豪、省长阮成发率队调研昆明市城市更新改造工作，要求昆明市各级各部门认真学习领会习近平总书记考察云南重要讲话精神以及关于推进新型城镇化建设和城市工作的重要论述，贯彻落实党中央、国务院决策部署，按照体现新发展理念、推动高质量发展、创造高品质生活要求，以城市更新改造为重点，整体提升人居环境和城市品质，彰显城市让生活更美好，更好满足群众对美好生活的需要，进一步加快昆明市城市更新改造步伐，努力走在全省前列，为全省积累经验，做出示范。

【浪潮云南智能制造生产基地揭牌】 6月23日，浪潮云南智能制造生产基地揭牌暨产品正式下线活动在昆举行，副省长董华、浪潮集团董事长兼CEO（首席执行官、执行总裁）孙丕恕、市长王喜良出席活动。浪潮（云南）智能制造生产基地位于昆明呈贡信息产业园万溪核心区，是集全球领先的制造工艺与智能技术为一体的浪潮服务器和PC（个人计算机）终端研发制造基地。浪潮（云南）智能制造生产基地落地昆明呈贡信息产业园区，填补服务器、PC、整机产品在云南省生产制造的空白，有利于加快推动昆明呈贡信息产业园区建设辐射南亚东南亚区域性国际数字经济产业示范区、云南省数字经济开发区。

【2020年“新基建”项目集中开工暨签约仪式】 6月30日，2020年“新基建”项目集中开工暨签约仪式在呈贡信息产业园举行，省委常委、市委书记程连元，副省长董华，市委副书记、市长王喜良出席仪式。此次集中开工的“新基建”项目共有5个，包括云南能投数字经济（呈贡）产业园、昆明数码港国际软件园、云南电力技术科技创新园、云大启迪科技园、宝相大健康产业园，项目总投资76.28亿元。园区项目涉及网络基础设施、软件外包、大数据、物联网、新技术、大健康等领域。

【昆明生物医药大健康科创中心和高原特色农业科创中心成立】 7月9日，昆明生物医药大健康科创中心和高原特色农业科创中心举行成立仪式。中国科学院院士郝小江、中国工程院院士朱有勇分别出任昆明生物医药大健康科技创新中心、昆明高原特色农业科技创新中心首席科学家。两中心将发挥昆明资源丰富、研发链条完整的优势，借助国家、省、市级工程技术研究中心、重点实验室、院士工作站、科技创新团队等技术研发创新平台，整合昆明市科技研发资源，开展产学研合作，推动更多先进技术研发创新和成果转化，实现人才、数据、资源共享。同时，通过精准集聚昆明市科技创新要素与资源，支持一批重点科技项目，汇集一批业内顶尖专家人才，打造一批产业科技创新平台，不断拓展科技交流合作渠道，实现昆明科技全产业精准、高效以及多元化快速发展，成为科技创新新引擎。省委常委、市委书记程连元出席仪式，并向中国科学院院士郝小江、中国工程院院士朱有勇颁发昆明科创中心首席科学家聘书。市长王喜良在仪式上致辞。

【2020年创新数据基础设施峰会】 9月3日，2020年创新数据基础设施峰会在昆明举行，“政产学研用”各界齐聚一堂，共商如何围绕新基建推动云南省数字经济提速发展，释放新基建的数据价值，共创“数字云南”新高度。副省长刘洪建，华为公司高级副总裁、中国区总裁鲁勇，常务副市长张斌出席峰会并致辞。峰会以“新基建·‘数字云南’产业新高度”为主题，广邀各行业领导、生态伙伴、学术专家，面向智慧金融、智慧政务、智慧交通、智慧旅游、智慧医疗和5G+工业互联网等领域，共同探讨云南省数字经济发展趋势与机会，分享数字化转型优秀实践，展示最新数据基础设施解决方案，共建产业生态。

【昆明国际工业大麻产业园揭牌】 9月14日，昆明国际工业大麻产业园揭牌仪式在中国（云南）自由贸易试验区昆明片区（昆明经开区）举行。市委书记程连元、市长王喜良出席仪式，共同为昆明国际工业大麻产业园揭牌。工业大麻产业是云南省、昆明市决策部署的一个生物制造新兴产业，也是昆明市与全球同步领先发展的、不可多得的一个优势产业。依托云南资源独特、政策先行的优势，结合自贸试验区的先行先试政策，昆明具备将工业大麻产业打造成为全国工业大麻的发展先行区、产业示范区和产业高地的条件。

【昆明地铁4号线、6号线二期开通运营】 9月23日，昆明地铁4号线、6号线二期正式开通初期运营，两条新线开通新增运营里程50.70千米。至此，昆明市地铁运营里程达到139.40千米，形成连接主城与机场、主城与高铁站、主城与四大客运站换乘的轨道交通大动脉。

【昆明细胞产业园开园】 10月15日，昆明细胞产业园在滇池国家旅游度假区大渔片区开园。作为昆明打造“中国健康之城”的重要抓手，昆明细胞产业园将打造全国一流的细胞产业聚集区以及科技孵化平台，引领细胞产业高质量健康发展。未来几年，昆明细胞产业园将联合多个国家级平台，全方位打造产业孵化平台，从存储、研发、生产、运输、治疗到装备为一体成熟的细胞全产业链，实现临床需求、研发制造、应用发展的紧密联动，以期成为立足西南、面向全国、辐射南亚东南亚的研发转化中心、创业创新平台、一流细胞产业科技创新中心与技术策源地。省委常委、市委书记程连元，市长王喜良，省级有关部门领导出席仪式。

【2020年全国大众创业、万众创新活动】 10月15～21日，2020年全国大众创新、万众创业活动云南分会场在昆明启动。活动期间，云南省级各部门、各州市人民政府、企业、高校、双创平台紧密联动，以“创新引领创业·创业带动就业——智汇八方·共创滇峰”为主题，举行系列政策咨询、创业培训、融资对接、项目路演等丰富多彩的双创活动。省委常委、常务副省长宗国英，市委常委、常务副市长张斌出席启动仪式并致辞。

【2020年中国（云南）数字经济与金融开放创新高峰论坛】 10月27日，以“创新开放产业驱动”为主题的2020年中国（云南）数字经济与金融开放创新高峰论坛在昆明举行，来自国内数字经济、金融资本领域的专家学者和商界人士围绕论坛主题，分享数字经济发展经验、交流数字经济未来走势，为云南数字经济、自由贸易试验区高质量发展建言献策。论坛期间，中国（云南）自由贸易试验区昆明片区（昆明经开区）管委会与临沧边境经济合作区管委会进行签约，就进一步加强中国（云南）自由贸易试验区与边境经济合作区的联动与发展达成共识。同时，7家投行（机构）、7家孵化企业代表分别与阿里巴巴淘宝大学云南（东盟）商业人才孵化基地进行合作协议签约。

【2020年国家金融与发展（昆明）国际峰会】 11月18日，以“双循环经济格局下的沿边金融发展：新挑战与新机遇”为主题的2020年国家金融与发展（昆明）国际峰会在昆举行。此次峰会聚集国内多位著名金融经济专家和学者，就“双循环”新经济格局下，昆明如何更好建设区域性国际金融服务中心等方面建言献策。市长王喜良出席峰会并致辞。

【2020年上合青年职业教育与创新创业高端圆桌会暨研讨会】 根据《中长期青年发展规划（2016—2025年）》总体目标和《上合组织成员国元首致青年共同寄语》提出的“吸引青年参与创业和创新项目以提高他们的就业率”的具体倡议，12月5日，2020年上合青年职业教育与创新创业高端圆桌会暨研讨会在昆举行。上合组织秘书长弗拉基米尔·诺罗夫、上合组织轮值主席国塔吉克斯坦驻华大使佐希尔·萨义德佐达率上合使团参加本次活动。上合组织睦邻友好合作委员会副主席崔丽，中国国际青年交流中心副主任贾铁松，昆明市政协主席熊瑞丽，中国—上合青年交流中心联络处主任何昊宸等出席研讨会开幕式并致辞。昆明市副市长孙群主持开幕式并致辞。

【创建全国民族团结进步示范市工作表彰大会】 12月17日，昆明市创建全国民族团结进步示范市工作表彰大会在昆明会堂召开，市委、市政府授予中共五华区委统战部等50个集体“昆明市创建全国民族团结进步示范市工作先进集体”称号，授予刘洪文等100名个人“昆明市创建全国民族团结进步示范市工作先进个人”称号。市委书记程连元出席会议，市长王喜良主持会议。全国民族团结进步示范市的成功创建，推动全市民族团结进步事业的创新发展以及各民族交往交流交融的和谐发展，为全省建设全国民族团结进步示范区发挥有力的促进作用。

【昆明市成功创建全国文明城市】 11月10日，中央文明办公布第六届全国文明城市入选城市名单和复查确认保留荣誉称号的前五届全国文明城市名单，昆明市、石林县成功入列，安宁市通过复查确认保留全国文明城市荣誉称号。12月30日，昆明市召开创建全国文明城市总结暨深入推进创建工作大会。省委常委、市委书记程连元，省委宣传部副部长、省文明办主任宣宇才，市长王喜良出席大会，共同为昆明市“全国文明城市”揭牌。下一步，昆明市将认真总结创建工作经验，不断加强城市精细化管理，提高城市治理能力和治理水平，推动城乡环境面貌、社会公共秩序、公共服务水平和群众生活品质明显改善，推动市民文明素质和城市文明程度持续提升，由“创建文明城市”向“建设城市文明”不断迈进。

【新冠肺炎疫情防控】 2020年，昆明市全力抗击新冠肺炎疫情，制定全国首个新冠肺炎疫情防控领域地方标准，获评《2020城市应急能力报告》A级城市，在全国较早实现本土确诊病例、疑似病例动态“双清零”：确诊病例动态零死亡，医务人员动态零感染。毫不放松抓好“外防输入、内防反弹”工作，坚决落实“五个管住”要求，加快推进“双提升”工程，深入开展爱国卫生“7个专项行动”，疫情防控取得重大成果。昆明市王胤佳等39名个人获“云南省昆明市抗击新冠肺炎疫情先进个人”称号，昆明市第三人民医院等25个单位获“云南省昆明市抗击新冠肺炎疫情先进集体”称号。

【脱贫攻坚战取得全面胜利】 2020年是决战脱贫攻坚、决胜全面小康之年，是“十三五”收官之年。昆明市严格按照“四个不摘”工作要求，坚持“两出两进两对接一提升”工作思路，在实现3个贫困县全部摘帽，404个贫困村全部出列，9.58万户35.05万建档立卡贫困人口全部脱贫的基础上，以决战决胜脱贫攻坚总攻行动为工作统领，以“防返贫、防新贫、稳脱贫、稳增收”为重点，扎实推进百日总攻、百日提升、百日巩固行动，全面完成“户户达标、村村提升、县县清零、整体巩固”目标任务。健全动态监测和帮扶机制，对脱贫不稳定户、边缘易致贫户开展动态监测和针对性帮扶，全市无返贫人口和新增贫困人口。全力克服疫情影响，落实产业扶贫、就业扶贫、消费扶贫和兜底保障等帮扶措施，3个摘帽县农村常住居民人均可支配收入增幅均超过8.70%。高质量完成普查工作，3个摘帽县顺利通过脱贫攻坚普查检验，被核查对象均符合脱贫标准。

【市人民政府常务会议】 2020年，市人民政府坚持依法决策、科学决策、民主决策，共召开24次常务会议。会议结合昆明市发展的实际需要，主要研究疫情防控、脱贫攻坚、乡村振兴、生态文明建设、重大风险防范、营商环境、招商引资、数字经济、工业发展、自贸区发展建设、房地产发展、服务业发展、大健康产业发展、农业农村发展、城乡融合发展、城市规划、城市建设、城市管理、社会保障、社会治理、城市更新改造、医疗卫生、国有企业改革、教育工作、人才工作、就业创业工作、交通运输、公路建设、滇池保护治理、阳宗海保护治理、食品药品安全、市容环境提升整治、新能源汽车产业发展、大麻产业发展、细胞产业发展等重要工作和事项。研究讨论《滇池保护治理规划（2018—2035年）（送审稿）》《阳宗海保护治理规划（2018—2035年）（送审稿）》《昆明市人民政府关于进一步加强农村饮水安全保障工作的实施意见（送审稿）》《昆明市滇池船舶准入管理办法（草案）》《昆明市人民政府关于坚决打赢新冠肺炎疫情阻击战全力稳企业稳发展二十条政策措施（送审稿）》《昆明市限价商品住房处置工作方案（送审稿）》《中国（云南）自由贸易试验区昆明片区产业发展规划编制工作方案（送审稿）》《昆明市2020年稳定就业工作的若干措施（送审稿）》《关于建立健全城乡融合发展体制机制和政策措施的实施意见（送审稿）》《中国（云南）自由贸易试验区昆明片区实施方案（送审稿）》《昆明市党政领导干部食品安全责任清单（送审稿）》《昆明市城市生活垃圾分类管理实施规划（2019—2035年）（送审稿）》《关于加强工程运输车辆管理工作的实施方案（送审稿）》《昆明市落实关于切实保护关心爱护一线医务人员十二条措施的工作方案（送审稿）》《昆明市关于进一步加强2020年政府债务、隐性债务管理化解到期债务风险的实施方案（送审稿）》《昆明市2020年防范化解市属投融资公司债务风险工作实施方案（送审稿）》《昆明市2020年度防范化解地方金融风险实施方案（送审稿）》《昆明市易地扶贫搬迁“稳得住”实施方案（送审稿）》《昆明市全面提升一流营商环境工作方案（送审稿）》《关于加快电动汽车充电基础设施建设实施意见（送审稿）》《昆明市发放消费券实施方案（送审稿）》《昆明市重大传染病救治能力提升工程实施方案(送审稿)》《昆明市疾控机构核心能力提升工程实施方案（送审稿）》《昆明市突发公共卫生事件应急预案（送审稿）》《昆明市突发公共事件医疗卫生救援应急预案（送审稿）》《关于落实云南省支持烟草产业高质量发展若干政策措施的实施意见（送审稿）》《关于支持实体经济发展的若干措施（送审稿）》《全面落实疫情防控一线城乡社区工作者关心关爱措施的实施方案(送审稿)》《昆明市国有退休人员社会化管理工作实施方案（审议稿）》《关于促进中国（云南）自由贸易试验区昆明片区高质量发展的支持政策（送审稿）》《关于支持数字经济发展的若干政策（试行）（送审稿）》《昆明市2020年促进高校毕业生就业创业十条措施（送审稿）》《昆明市进一步加强乡镇卫生院工作的意见（送审稿）》《昆明市改革和完善疫苗管理体制工作方案（送审稿）》《昆明市产业和驻外招商机构设置方案（送审稿）》《昆明市招商引资工作实绩综合考评办法（试行）（送审稿）》《规范昆明市天然气配气价格方案（送审稿）》《昆明市推进爱国卫生“7个专项行动”方案（送审稿）》《昆明市食品企业总部和食品加工产业培育实施办法（试行）（送审稿）》《昆明市村（社区）青年人才培养计划实施方案（试行）（送审稿）》《昆明市事业单位工作人员调配管理办法（送审稿）》《昆明市43个千吨万人饮用水水源保护区划定方案（送审稿）》《昆明市城市更新改造行动计划（送审稿）》《支持城市更新改造的指导意见（送审稿）》《昆明市高质量发展工业大麻产业八条措施（送审稿）》《云龙水库水质提升行动方案（2020—2025年）（送审稿）》《昆明市推进“一县一业”打造世界一流“绿色食品牌”指导意见（送审稿）》《昆明市全面深化服务贸易创新发展试点工作实施方案（送审稿）》《昆明市高质量发展细胞产业十条措施（送审稿）》《关于促进生物医药产业高质量发展的若干措施（试行）（送审稿）》《昆明市招商大使聘任管理办法（送审稿）》《昆明市创建国家生态文明建设示范市工作方案（送审稿）》《关于创新推进教师队伍建设管理的实施意见（送审稿）》《昆明市数字交通建设总体工作方案（送审稿）》《昆明市人民政府关于贯彻落实〈国家医疗保障局财政部关于扩大长期护理保险制度试点的指导意见〉的工作方案（送审稿）》《昆明市支持肉（奶）牛产业加快发展若干措施（送审稿）》《昆明市新能源汽车消费券发放实施方案（送审稿）》《COP15昆明市容环境保障提质提升工作实施方案（送审稿）》《昆明市脱贫攻坚与乡村振兴有效衔接示范创建工作方案（送审稿）》《昆明市城乡医疗救助管理实施办法（送审稿）》《昆明市加强基层多元解纷机制建设工作方案(送审稿)》《昆明市主城区供水价格调整方案(送审稿)》《昆明市基础设施"双十"重大工程县域高速公路"互联互通"工程实施方案(送审稿)》等。

【昆明市十四届人民政府第五次全体会议】 2020年5月18日召开。会议强调，要进一步统一思想、凝聚共识，攻坚克难、狠抓落实，扎实做好"六稳"工作，全面落实"六保"任务，切实采取有效措施对冲新冠肺炎疫情影响，确保完成全年经济社会发展各项目标任务。会上，市政府主要领导与各县(市、区)人民政府、各开发(度假)区管委会负责人签订2020年度主要工作目标责任书；各副市长分别与市级有关部门负责人签订2020年度主要工作目标责任书。

(市政府办公室办文处)

重要文件

【政府令】 1月9日印发第153号政府令，公布《昆明市政府投资建设项目审计办法》，自2020年3月1日施行，对昆明市各级审计机关实施政府投资建设项目的审计监督做出明确规定。

1月19日印发第154号政府令，公布《昆明市滇池船舶准入管理办法》，自2020年3月1日起施行，对昆明市进入滇池的船舶(渔业捕捞船舶除外)准入的资格条件、程序等做出明确规定。

4月22日印发第155号政府令，公布《昆明市人民政府立法工作规定》，自2020年6月1日起施行，对市人民政府拟订提请市人民代表大会及其常务委员会审议的地方性法规草案和制定规章的程序进行明确规定。

8月10日印发第156号政府令，公布《昆明市商品交易市场管理办法》，自2020年9月11日起施行，对昆明市行政区域内商品交易市场的规划、建设、开办、经营管理、场内交易及其监督管理活动做出明确规定。

8月10日印发第157号政府令，公布《昆明市集贸市场管理办法》，自2020年9月11日起施行，对昆明市行政区域内集贸市场的规划、建设、开办、经营管理、场内交易及其监督管理活动等做出明确规定。

【通知·意见】 1月14日印发《昆明市人民政府关于命名保留及撤销依法行政示范单位的决定》，命名昆明市市场监督管理局等19家单位为"昆明市依法行政示范单位"，继续保留宜良县人民政府等35家单位的"昆明市依法行政示范单位"称号，并撤销禄劝县公安局"昆明市依法行政示范单位"称号。

2月16日印发《昆明市人民政府关于印发支持企业有效应对疫情稳定经济增长若干政策的通知》，从提高防控物资保障能力、加大金融支持力度、稳定职工队伍、减轻企业负担等方面提出20条具体措施，引导全市企业有序复工复产。

2月20日印发《昆明市人民政府关于进一步加强农村饮水安全保障工作的实施意见》，围绕全面提升农村饮水安全保障水平的目标，从总体要求、重点工作、保障措施等方面进行安排部署。

2月27日印发《昆明市人民政府关于公布第七批市级文物保护单位的通知》，将龙川桥等15项古建筑、仁和祥宅院等22项近现代重要史迹及代表性建筑、明永历帝殉国处碑等7项石窟寺及石刻、金砂山古墓群等2项古墓葬、滇川驿道三村段1项古遗址确定为第七批市级文物保护单位。

2月29日印发《昆明市人民政府关于废止昆明市被征地人员基本养老保险办法的通知》，结合昆明市实际，决定自2020年3月1日起，废止《昆明市被征地人员基本养老保险办法》(昆明市人民政府公告第13号)。

5月12日印发《昆明市人民政府关于落实云南省支持烟草产业高质量发展若干政策措施的实施意见》，就促进全市烟草产业转型升级、提质增效，实现高质量可持续发展，从做精烤烟生产、做强卷烟制造、做优市场营销服务发展、强化政策措施等方面提出具体措施。

6月10日印发《昆明市人民政府关于加强基础研究和应用基础研究实施办法的通知》，为进一步加快昆明市基础研究与应用基础研究融通发展，大幅提升原始创新能力，为重点产业发展提供技术源泉和人才储备，从总体思路、基本原则、总体目标、主要任务、保障措施等方面进行安排部署。

6月17日印发《昆明市人民政府 云南滇中新区管理委员会 民航云南安全监督管理局关于公布昆明长水国际机场净空保护区的通告》，为进一步加强昆明长水国际机场净空保护区管理，保障飞行安全，调整昆明长水国际机场净空保护区为昆明长水国际机场跑道中线两侧各10千米和跑道端外各20千米的区域。2013年10月29日公布施行的《昆明市人民政府、民航云南安全监督管理局关于公布昆明长水国际机场净空保护区域的通告》同时废止。

6月28日印发《昆明市人民政府关于印发昆明市土地储备支出核算管理办法的通知》，为规范土地储备支出核算，促进土地市场健康发展，对土地储备支出核算的构成、认定、拨付及其他要求进行明确规定。

6月30日印发《昆明市人民政府关于印发支持实体经济发展的若干措施的通知》，在重大项目建设、工业经济发展、服务业健康发展、培育增长新动能、优化营商环境等方面提出20条具体措施。

7月16日印发《昆明市人民政府关于印发昆明市促进中国(云南)自由贸易试验区昆明片区高质量发展若干政策的通知》，从打造一流国际营商环境、支持改革先行先试、统筹财税支持发展、强化要素支撑、促进科技研发创新和人才激励等方面进行安排部署。自印发之日起实施，有效期至2024年12月31日。

8月5日印发《昆明市人民政府关于印发昆明市支持数字经济发展的若干政策（试行）的通知》，为加快“数字昆明”建设，推动数字经济发展，从支持数字经济基础建设和资源数字化、支持产业数字化改造及应用示范、培育数字产业化聚集区、优化数字经济营商环境等方面提出具体政策措施。自2020年8月5日起施行，有效期3年。

8月13日印发《昆明市人民政府关于印发昆明市推进爱国卫生“7个专项行动”方案的通知》，为全面改善城乡人居环境，围绕行动目标，通过建立组织领导，开展“裸露垃圾全消除、公共厕所全达标、洗手设施全配套、餐饮服务环境卫生全改善、公共场所清洁消毒全覆盖、农（集）贸市场环境卫生全提升、健康文明生活方式全参与”7个专项行动，更好地保障人民生命安全和身体健康。

8月26日印发《昆明市人民政府关于印发昆明市知识产权运营服务体系建设实施方案的通知》，为深入实施知识产权强国战略，促进知识产权市场化运营，围绕指导思想、基本原则、工作目标、主要任务、实施步骤等方面进行安排部署。

9月1日印发《昆明市人民政府关于主城建成区禁止活禽交易宰杀及规范禽产品经营的通告》，为切实保障禽产品质量安全和公共卫生安全，根据有关法规，决定在昆明市主城（五华区、盘龙区、西山区、官渡区、呈贡区）建成区禁止活禽交易、宰杀，规范禽产品经营。自2020年9月1日起实施。

9月29日印发《昆明市人民政府关于推进健康昆明行动的实施意见》，为提高全民健康水平，通过开展全方位干预健康影响因素、维护全生命周期健康、防控重大疾病、优化健康服务等主要行动，力争到2022年居民主要健康指标接近世界发达国家水平，到2030年居民主要健康指标达到世界发达国家水平，健康公平基本实现。

9月30日印发《昆明市人民政府关于公布第五批市级非物质文化遗产名录的通知》，为继承和弘扬民族优秀传统文化，将汤池民间传说“粗糠宝”等33项第五批市级非物质文化遗产名录和板凳龙舞等8项市级非物质文化遗产扩展项目名录予以公布。

11月13日印发《昆明市人民政府关于宣布失效一批市人民政府文件的决定》，对1998～2012年期间以市人民政府和市政府办公厅名义印发的文件（政府规章、规范性文件除外）进行全面清理，对与现行法律法规不一致、已被新规定涵盖或替代、调整对象已消失、工作任务已完成或者适用期已过的1 225件文件宣布失效。

11月18日印发《昆明市人民政府关于推进“一县一业”打造世界一流“绿色食品牌”的指导意见》，为全力推动决战脱贫攻坚、决胜全面建成小康社会，积极推进农业绿色发展、打造世界一流“绿色食品牌”，围绕总体要求、主要目标、主要任务、主要措施和组织保障做出安排部署。

12月7日印发《昆明市人民政府关于印发昆明市全面深化服务贸易创新发展试点实施方案的通知》，为推进服务贸易改革、开放、创新，促进对外贸易结构优化和高质量发展，围绕总体要求、试点任务、特色产业领域、组织实施等方面进行安排部署。

12月24日印发《昆明市人民政府印发关于全面开展长期护理保险制度试点工作方案的通知》，为积极应对人口老龄化，健全昆明市社会保障体系，以重度失能人员长期护理保障问题为重点，创新长期护理保险管理机制，推进长期护理服务行业建设，力争在“十四五”期间，基本建立为长期失能人员的基本生活照料和与之密切相关的医疗护理提供服务、资金保障的社会保险制度，满足群众多层次社会保障需求。

12月29日印发《昆明市人民政府关于印发昆明市失地农民社会保障金缴纳标准的通知》，对《昆明市人民政府关于进一步明确征地工作有关问题的通知》中“失地农民社会保障金的缴纳标准”进行调整，规定自2021年1月1日起，新组件报批的昆明市建设项目用地按每亩2万元的标准收取失地农民社会保障金。

【表彰·奖励】 1月10日印发《昆明市人民政府关于表彰3家市属企业2019年度成功发行美元债券的通报》，对昆明轨道集团、昆明交投公司、昆明城投公司等3家企业予以表彰。

4月13日印发《昆明市人民政府关于表彰第九届昆明市市长质量奖及提名奖荣誉称号企业（组织）的通知》，授予昆明市生态环境科学研究院、云南师范大学附属小学、云南昆明血液中心“第九届昆明市市长质量奖”称号；授予云南昆船电子设备有限公司、安宁中学、昆明三川电线电缆有限公司“第九届昆明市市长质量奖提名奖”称号。

9月7日印发《昆明市人民政府关于认定昆明市第十四届杰出园丁和优秀园丁的通知》，认定朱志红等10名教师为昆明市第十四届“杰出园丁”，车应森等100名教师为昆明市第十四届“优秀园丁”。

（市政府办公室办文处）

市政府办公室

【党建工作】 2020年，市政府办公室坚持以习近平新时代中国特色社会主义思想为指导，深入学习贯彻党的十九大、十九届五中全会和习近平总书记考察云南重要讲话精神，认真贯彻落实市委全会精神和市两会的安排部署，有力提升党建工作规范化水平，为推动办公室各项工作任务顺利完成提供坚强的政治、思想和组织保证。制订年度党建工作计划，落实全面从严治党主体责任规定，确保党中央和省委、市委各项决策部署落到实处。党员领导干部带头落实双重组织生活、讲党课等各项制度，严肃规范党内政治生活。2020年，市人民政府主要领导带头为挂钩联系党支部讲授党课4次，党员领导干部累计讲党课46次。召开巡察整改专题民主生活会，党组班子成员主动认领市委第十一轮巡察反馈的意见，扎实做好市委第十一轮巡察对市政府机关党组反馈意见的整改工作。突出党支部政治功能，以扎实开展、积极参与党的组织生活为基本要求，评选表彰3个先进党支部、16名优秀党务工作者和14名优秀共产党员。扎实开展党员培训工作，安排基层党组织书记、党员、发展对象参加市委组织部、市委市直机关工委等部门组织的培训8期，组织市政府办公室党员干部赴市委党校参加培训班2期，赴井冈山举办培训班1期，实现基层党组织书记全员轮训，党务干部和在职党员100%进党校培训。创新理论学习形式，组织开展党组理论学习中心组学习8次，联合市公安局、市税务局等部门，以"主题党日"、庆祝建党99周年、知识竞赛、演讲比赛等形式，扎实开展组织活动，不断增强党员参与活动、学习知识的热情。持续做好市政府办公室党建文化走廊更新改造工作，邀请全国好人、昆明好人等先进典型到市政府办公室开展宣讲2期，进一步营造良好的机关党建和机关文化氛围。严格执行集体决策制度，党建工作重要事项均由党组会议、机关党委委员会议集体研究决定。全年共召开8次党组会议、9次党委委员会议专题研究党建工作。扎实开展党支部标准化建设，2020年，创成"五星级"党支部2个，"四星级"党支部1个，接收预备党员4人，预备党员转正2人，实有党员268人。领导干部带头参与志愿服务，积极开展"双报到双报告"、关爱滇池等志愿服务活动，到结对共建社区、洛龙河、地铁站等开展志愿服务活动8次，为社会主义精神文明建设贡献力量。面对突如其来的疫情，全体党员全力投身疫情防控工作，昆明市人民政府办公室以优异的工作表现被省委、省政府授予"抗击疫情先进集体"称号。

【党风廉政建设】 充分发挥党组主体责任，认真履行保护、惩处、监督、教育职能，党组成员扎实落实"一岗双责"，党员主动做出廉政承诺，积极推进党风廉政建设和反腐败工作。全面落实党风廉政建设责任制，把党组成员、各处（室）及有关单位纳入党风廉政建设考核目标，形成层层有压力，人人有责任的工作氛围，有效落实党风廉政建设责任制。针对机构改革后的实际，对各处室及有关单位廉政风险点进行全面排查，进一步织密廉政风险防控网。通过组织党员观看警示教育片、集中学习、讨论交流、撰写心得体会等形式，使党员干部牢固树立正确的权力观和利益观，警惕腐朽思想的侵蚀，自觉做到廉洁自律，不断增强廉洁从政的政治自觉性和行动自觉性。教育引导党员干部严格自我约束，自觉接受监督，不断提升深化运用"四种形态"，特别是"第一种形态"的能力，让红脸出汗成为常态。2020年，党组成员运用"第一种形态"提醒谈话共125人次。

【组织人事】 根据市委编办批复，新设立"流动人口和出租房屋管理处""参事文史处"，撤销"参事处""文史处"。全年市政府机关党组研究干部人事议题77项。严格执行干部选拔任用条例有关规定，选优配齐配强中层干部，从严管理监督干部，重视廉政考察。经过比选择优和干部选拔任用程序，提拔11名科级领导干部，科级干部平级交流6人，32人试用期满正式任职。开展3轮职级晋升工作，18人晋升职级。全年完成2名公务员公开遴选、4名公务员考试录用和19名职工调入工作，办理调出、退休人员手续10人。规范整理全体职工和离退休人员人事档案，加强人事制度建设和管理，压实涉密人员登记管理，强化新冠肺炎疫情常态下的人员管理。按照省委组织部、市委组织部要求，全年选派厅级干部10人次参加调训，9名厅级干部参加云南省领导干部深入学习贯彻党的十九届四中全会精神和习近平总书记考察云南重要讲话精神研讨班；选派54名县处级干部参加昆明市领导干部深入学习贯彻党的十九届四中全会精神和习近平总书记考察云南重要讲话精神研讨班，6名县处级干部分别参加业务培训。组织72名职工分别参加各类培训班8次，全体职工"干部在线学习"参学率100%。

【调查研究】 市政府办公室高度重视调查研究工作，把调查研究作为做好工作的基本功。2020年，紧紧围绕市委、市政府中心工作，组织并会同有关部门结合实际对统筹推进疫情防控和经济社会发展、法治政府建设、COP15筹备、推进脱贫攻坚成果与乡村振兴有效衔接、滇池保护治理、大健康产业发展、城市更新改造、爱国卫生"七个专项行动"、数字经济、营商环境、城乡生活垃圾分类、数字交通、教育和医疗卫生事业补短板等工作进行深入调查研究，形成一批高质量的调研报告，为市委、市政府决策提供参考和依据，充分发挥参谋助手作用。

【综合协调】 紧扣市政府办公室职能职责，围绕全市中心工作，协助市政府领导班子统筹抓好疫情防控、经济社会发展、脱贫攻坚、综合交通建设、生态文明建设、深化"放管服"改革、地方政府专项债券立项、COP15筹备、爱国卫生"七个专项"行动、全国文明城市创建、全国民族团结进步示范市创建、中国（云南）自由贸易试验区昆明片区建设等重要工作，尤其是在健全完善流动人口和出租房屋服务管理工作制度、推进城镇老旧小区改造工作、62条道路市容环境整治提升等方面，充分发挥办公室综合协调作用，推进政务运转顺畅高效。协调有关部门做好上级领导来昆调研、重点项目集中开工、2020

创新数据基础设施峰会、2020年中国（云南）数字经济与金融开放创新高峰论坛、2020年国家金融与发展（昆明）国际峰会、2020年昆明网球公开赛、2020年“上合”昆明马拉松、2020年昆明高原环滇池自行车邀请赛等重大活动的服务保障。主动加强与市级有关部门的协调和沟通，参与完成市委全会、市两会，市政府全会、市政府党组会议、市政府常务会议、市政府领导专题会等全市性重要会议的筹备和服务，合理安排会议议程，保证会议顺利召开。

【法治建设】 成立市政府办公室依法治市领导小组，统筹推动法治政府建设各项工作有序开展。建立市政府办公室法制员队伍管理机制，内设处室（单位）各确定1名法制员。完成4件市人民政府行政规范性文件合法性审核，并向省政府备案；完成市级各部门、各县（市、区）人民政府制发的23件行政规范性文件备案。组织开展4次行政规范性文件清理，在昆明市政府信息公开门户网站及时更新，实现目录和文本的动态化、信息化管理。严格执行《重大行政决策程序暂行条例》及法律顾问工作等制度，选聘2家律师事务所担任法律顾问，协助处理法律事务，完成36件合同审查，出具书面审查意见333条，涉及合同金额1 400余万元。持续推进学法用法制度化、规范化、常态化，积极引导干部职工通过手机App开展在线学法活动。开展“12·4”宪法宣传周活动，34名新提拔科级干部、新入职人员参加宪法宣誓仪式，16名新任职科级干部参加法律知识考试。认真开展“4·15”国家安全教育日、民法典学习宣传等主题宣传活动。市政府办公室被评为“五五”依法治市规划（2016—2020年）先进集体。

【深化改革】 成立市政府办公室全面深化改革领导小组，制定出台《昆明市人民政府办公室关于公布第一批市级行政规范性文件制定主体清单的通知》，对全市14个县（市、区）人民政府报送的行政规范性文件制定主体清单进行备案。完成26个试点领域政务公开事项目录编制，在政府网站专栏中集中发布18个县（市、区）、开发（度假、园）区基层政务公开标准化规范化两级目录。向上级部门及市委改革办报送有关改革经验做法、改革信息共51篇。争取到国家级综合配套改革试点项目1项，国家级单项改革试点任务1项。市政府办公室被评为“2020年度改革工作完成优秀单位”。

【督办工作】 始终坚持围绕中心、服务大局、突出重点、狠抓落实，较好地发挥督查工作在抓落实方面的“利器”作用，有力推动全市各项决策部署和政策措施落地生效。对市政府23次常务会议涉及的427个议题764个决定事项进行分解督办，办结率98.95%。对484件市委主要领导批示、753件市政府主要领导批示跟踪办理，交办率、催办率、反馈率均100%。对360件人大代表建议、447件政协提案进行分解督办，办结率100%。对省10件惠民实事涉及昆明市的目标任务、市10件惠民实事进行分解立项督查，办结率达100%。对国务院、省政府“互联网+督查”平台转办的涉及昆明市的288条留言反映问题进行核查办理，办结率100%。组织对政府工作报告明确的231项重点任务进行分解督办考核，研究制定科学合理的考评体系，扎实做好2020年市级行政管理部门目标管理绩效考核工作。突出重点会议抓落实，对市政府主要领导6次重点专题会议确定的工作任务进行分解立项督查并提出工作建议。围绕滇池保护治理、城镇老旧小区改造工作、生态保护红线评估调整、城市道路灯光亮化设计方案、62条道路市容环境整治提升、中央环保督察“回头看”反馈意见等重点工作开展督查，报送督查专报109期，对全市13个项目24项任务进行跟踪督办，推动重大项目落地见效。

【值班应急工作】 及时制定出台《昆明市人民政府办公室关于进一步做好重要紧急情况信息报告工作的通知》《关于印发昆明市政府系统值班视频点名（会议）工作规范（试行）的通知》等文件，建立值班体制“市县乡双三一”新模式，先后得到省人民政府高度肯定并多次以会议形式在全省做交流发言。综合运用“五问四报六必清”工作法，严格执行24小时全时段、“1+2”双班倒值班带班制度，先后协助市疫情防控指挥部协调处置“疑似昆明海关扣留重庆网民口罩”“119名武汉籍曼德勒回国滞昆游客宾馆留观”等几十起重大突发情况和网络舆情；协助市领导妥善处理“2·16”安宁市青龙赵家庄森林火灾、“9·16”西山区车和线明朗路山体滑坡等多起重要紧急及敏感情况。截至2020年12月31日，共接报全市各类重要紧急情况（含突发事件）信息3 601起，其中，自然灾害71起、事故灾难996起、公共卫生事件97起、社会安全事件2 302起、其他事件135起，向省人民政府报送重要紧急情况信息199期，编发《值班报告》12期、《值班专报》8期。

【公文处理】 立足职责使命，自觉服务省、市发展大局，在公文办理方面树立排头兵和火车头意识和标准，不断提高公文办理和审核标准，不断压实公文实质性审核责任，不断推动形成办文工作齐抓共管新格局，全市政府系统公文办理工作取得明显成效，制发公文更加高效、标准、规范、专业。坚持高位统筹。昆明市高度重视公文办理工作，市政府主要领导、市政府秘书长多次就公文办理工作做出重要指示批示，要求改进质量、争先进位；市政府机关党组多次听取公文办理工作汇报，成立以市政府秘书长为组长，办公室主任为常务副组长、其他党组成员为副组长的领导小组，统筹推进公文办理工作。深入开展公文质量测评工作。在继续组织开展好市政府办公室公文提质增效活动的基础上，研究印发《昆明市人民政府办公室关于印发报送市人民政府公文质量测评办法（试行）的通知》，在全市政府系统正式建立起公文实质性审核把关工作机制，对报送市人民政府公文及市政府办公室制发公文严格开展质量测评，内外结合、以点带面，通过测评找短板、促提升。全年共测评各类文件1 635件，发现问题2 868个，印发公文点评6期，指导五华区、市交通运输局建立《公文质量红黑榜》等公文审核机制，提高公文源头质量和效率。2020年，昆明市连续4个季度在全省政府系统公文质量测评中排名州市第一。不断健全完善公文办理制度。严格对标对表省政府办公厅公文办理标准，努力加强制度建设，不断强化质量管控，制发《昆明市人民政府办公室关于严格规范公文办理工作的通知》《疫情防控指挥部公文处理工作规则》等18个制度规定，进一步推进公文办理的制度化和规范化。严格落实文件精简要求。通过修订《关于严格落实精简文件有关规定的通知》，强化过程管控，严把“三个关口”（上级配套文件制发关、本级文件制发关、议事协调机构文件制发关），加强“三个管理”（发文计划管理、超限额一事一请管理、预警预报管理），严控向县级以下发文及基层向上级报文报表数量，2020年共制发精简范围内文件243件，符合文件精简要求。加强业务培训、加大调研力度。通过视频会议＋现场会议的形式，全年共组织各单位1 190余人次参加省、市公文办理培训会议；选派业务骨干到五华区政府办公室、市应急局等单位开展“点对点”公文知识培训10余次；在市政府办公室内部，组织开展公文办理经验交流、公文点评、岗位练兵等一系列公文提质增效活动。同时，根据公文办理3年调研计划，对西山区政府办公室等11个单位开展调研，形成《关于切实改进全市公文办理质量和效率调研情况的报告》，印发全市学习借鉴。规范公报编发。印发《昆明市人民政府办公室关于进一步做好昆明市人民政府公报有关工作的通知》，优化政府公报编辑、审核、发行等各项工作制度，进一步做好政府公报刊登文件的公开属性审查，建立完善部门规范性文件报送刊登政府公报工作机制，努力推进政府公报编印、发行工作更加科学、规范。全年共编发《昆明市人民政府公报》12期，并第一时间将电子文本上传到昆明市政府信息公开门户网站主页刊载。

【**政务信息**】 紧扣国家、省、市领导的关注点和决策需求，把信息报送作为反映社情民意、推动科学决策的重要渠道，突出重大信息上报的时效性和准确性，广泛开展调查研究和信息资源的深入挖掘，不断提高政务信息在决策过程中的参与度和影响力，切实发挥政务信息服务决策的重要作用。2020年编辑各类信息刊物667期供领导参阅，采用各单位信息3 600余条；累计向省政府办公厅上报政务信息671条，被省政府办公厅采用110条，信息报送和采用数量排名位列前茅。其中，“昆明市优化营商环境、便利市场准入的成效和主要做法”被国务院办公厅单篇采用，33条信息经综合上报被国务院办公厅采用。

【**政务公开**】 深入贯彻落实《中华人民共和国政府信息公开条例》，坚持“以公开为常态，不公开为例外”，紧紧围绕市委、市政府中心工作，聚焦做好“六稳”工作、落实“六保”任务，严格落实法定公开要求，持续深化重点领域信息公开，不断加强公开平台建设管理，全面推进基层政务公开标准化规范化，以公开促落实、促规范、促服务，切实保障人民群众的知情权、参与权、表达权和监督权。市政府主要领导2次研究部署全市政务公开工作，市级各部门均明确本单位履行政府信息与政务公开工作领导职责的负责人，县级政府办公室均设置政务公开工作机构，印发《昆明市贯彻落实2020年云南省政务公开工作要点分工方案的通知》，统筹推进全市政务公开工作。2020年，全市主动公开政府信息37.93万余条，办理政府信息公开申请960件。市政府门户网站根据“立改废”情况公开规章和行政规范性文件清单，公开政府文件299件。全市各级各部门及时更新发布调整后的机关职能、机构设置、权责清单、政府信息公开指南等。完成全市政府网站“政府信息公开”平台规范改版工作及IPv6（互联网协议第6版）升级改造工作。规范管理政府系统政务新媒体700余个。全面推进基层政务公开标准化、规范化工作，全市基层政府于10月30日完成政务公开事项标准目录编制，并进行集中发布。组织开展全市政务公开培训800余人次。完成全市政务公开工作考核，持续开展政务公开第三方评估，加强结果运用。昆明市在全省政府信息与政务公开工作年度考核中排名前列。

【**后勤保障**】 进一步健全完善工作制度及规范，制定《昆明市人民政府办公室国内公务接待管理办法（试行）》《昆明市人民政府办公室公务用车管理规定》《昆明市人民政府办公室办公用品管理规定》《昆明市人民政府办公室报刊征订及管理规定》，列出国内公务接待（商务接待）正面、负面清单，用制度强化工作管理与监督。全年接待到昆明考察调研、检查指导、合作交流、洽谈投资的各级来宾和客商196批次。切实加强公务用车管理，通过使用“昆明市公务用车信息化平台”网站及“公务用车易”手机App，实现公务用车申请、审批、调度、交车全流程闭环信息化管理，全年使用公务用车496辆次，确保各项公务活动顺利开展。

【**脱贫攻坚**】 高位统筹，严格落实脱贫攻坚“一把手”责任。成立由市政府秘书长、机关党组书记任组长的精准扶贫精准脱贫工作领导小组，针对

3个对口帮扶村实际，明确由市政府秘书长、市政府办公室主任、市政府分管扶贫工作的副秘书长分别牵头开展1个村的帮扶工作。2020年，市政府办公室所属党支部与对口帮扶的3个村党总支签订“党建共建”协议书，着力把党建优势转化为扶贫优势。按照“四个不摘”工作要求，坚持帮扶不脱钩、不断档、不衰减，坚持“量力而行”“尽力而为”的帮扶理念，持续保持市级领导联县挂乡、驻村扶贫帮扶、职工结对帮扶工作关系的稳定性和延续性，持续配合牵头责任单位抓好迎检准备工作。选派5名党员干部驻禄劝县则黑乡民安乐村委会、贵城村委会和马鹿塘乡赊角村委会担任驻村工作队员，确保驻村干部“尽锐出战”。持续推进职工结对帮扶工作，及时调整职工结对帮扶建档立卡户关系，调整后市政府办公室211名职工结对帮扶3个对口村委会276户建档立卡户。市政府办公室主要领导专题研究帮扶工作4次，到点调研2次，到扶贫村开展帮扶走访工作5次。有效发挥市政府办公室自身资源优势，积极推进项目帮扶和产业帮扶，实施5个建设项目。2020年，市政府办公室积极整合各类帮扶资源，为对口帮扶的民安乐村委会、贵城村委会和赊角村委会争取帮扶资金544.06万余元，其中，单位直接投入资金5.06万元，行业专项投入503.60万元，协调引进资金35.40万元，解决3个村委会面临的一批突出问题和困难。

（市政府办公室）

参事·文史研究

【参事馆员队伍建设】 经过深入考察、重点遴选，新聘1位参事、1位馆员，续聘7位参事。2020年，有参事27人、特聘参事3人、馆员33人，参事馆员队伍得到充实和加强。

【参政咨询】 围绕“关于排水体系地下水入渗问题”“关于完善一城一头一网排水管理体制”“关于支持中医药高质量发展”“关于建立宝珠梨博物馆助力昆明历史文化名城建设”“关于加强新时代专门教育发展”“关于十四五规划补短板强优势”等调研主题，先后组织参事、馆员到高新区省高创园、昆明市规划馆、五华区长春小学、云南自贸区昆明片区综合服务中心等地开展市内课题集体调研，听取情况介绍，开展建言献策。同时，开展“云南昆明早期党史”课题研究，到云南省档案馆、云南早期共产党旧址等实地开展调研；继续完成“安江村国立艺专”等课题研究。通过认真调研和充分酝酿，全年呈报《参事馆员建议》12期，内容涉及城建、法制、历史文化保护等多个方面，特别是针对疫情防控，参事馆员认真研究，提出大量疾病预防、复工复产、防控项目投资、恢复民生等方面的意见和建议，得到市政府领导的高度重视及批转办理，实现100%批办率，其中5篇建议得到市长重点批示，2篇建议被列为市长批示督办件。

【聚焦疫情防控】 面对新形势、新挑战，室（馆）上下全力以赴，在全国抗击疫情的关键时期，组织参事馆员建言献策、开展研究和创作，郝小江特聘参事和谷欣参事的《关于做好新型冠状病毒疫情防控的建议》、季维智特聘参事的《关于疫情期间适当调整公园开放时间的建议》、陈增会参事的《关于谋划后疫情时期项目投资的建议》等为疫情防控做出积极贡献。充分利用居家防疫时间，组织馆员举办2期以“艺”抗“疫”主题创作作品网络展，用作品为守卫一线的勇士们加油助威，鼓舞斗志、凝聚力量，增强信心、温暖民心。“掌上春城”先后两期刊登馆员创作诗词10余首，创作书画作品50余幅，生动讲述抗疫一线的感人事迹，助推全国抗疫工作取得最后完胜，并以此向奋战在疫情一线的英雄们表达崇高的敬意。5月初，应四川省文史研究馆邀请，组织汪叶菊等4名馆员创作抗疫诗10首并入选四川文史研究馆诗集选。

【文史研究】 认真贯彻习近平总书记考察云南重要的讲话精神，将昆明历史文化名人作为重点研究对象，从历史档案资料中深入发掘历史，以此擦亮昆明历史文化名城的城市品牌。将视角对准云南共产主义先驱，编撰《少年战士——云南早期共产党人播火记》，经过前期大量走访调研，2020年12月成稿，计划2021年4月正式出版，向庆祝中国共产党建党100周年献礼。此外，积极资助馆员出版个人著作，《赵翼荣诗联文存稿》《孔雀蓝传奇——昆明〈都市周末〉创刊揭秘》等馆员创作成果出版，丰富昆明文史内涵。

【拓展对外交流】 认真组织参事参加国是论坛征文活动。尹红旗参事《从国家治理的高度推进公共卫生治理体系的建设》、潘祖和参事《推进“两新一重”建设　促进经济发展》、林怡平参事《加强业主委员会建设　有效提升基层社会治理能力》等7篇论文推荐上报国务院参事室。协调保障国务院参事室和省政府参事室“滇池保护治理”“分级诊疗”“防止返贫监测和帮扶保障机制”等多个课题组到昆明市调研考察。认真做好《参政咨询》刊物的组稿、编辑工作，共编辑出版2期刊物，全面反映参政咨询、研究、创作方面的成果。同时，继续在昆明信息港开设昆明市政府参事室、昆明市文史研究馆网页，加大宣传室（馆）和参事、馆员的力度。

（市参事室）

政务服务管理

【概况】 在昆明市新一轮机构改革中，市委、市政府着眼于营商环境建设的长足发展需要，将原分散在发改、编办、政务等部门的行政审批制度改革、营商环境工作职能全部划转到市政务服务局，统一归口负责全市行政审批制度改革和营商环境建设，进一步理顺全市营商环境“一盘棋”的工作格局。昆明市政务服务管理局作为市政府组成部门，加挂市公共资源交易管理局牌子，下设市政务服务中心、市公共资源交易中心、市投资服务中心和党群服务中心，形成“一局四中心”的工作格局，主要履行建立健全政务服务管理机制、公共资源交易管理、行政审批制度改革、优化营商环境等职责。

表5　昆明市市、县、乡三级政务（为民）服务中心2020年工作数据统计表

单位名称	接件（件）	其中		办结（件）	其中		办结率（%）
		行政许可事项	服务事项		行政许可事项	服务事项	
市政务服务中心	38 446	28 488	9 958	38 446	28 488	9 958	100
市级分中心合计	8 282 914		8 282 914	8 282 914		8 282 914	100
县（市、区）政务中心	8 590 826	1 528 520	7 062 306	8 590 826	1 528 520	7 062 306	100
乡（镇、办事处）为民中心	2 607 185	29 589	2 577 596	2 607 185	29 589	2 577 596	100
合计	19 519 371	1 586 597	17 932 774	19 519 371	1 586 597	17 932 774	100

【疫情防控中政务服务不放松】 2月13日，向社会发布公告，有序恢复公共资源交易活动。2月18日，制定出台《昆明政务服务20项举措》，采取网上办、电话询、快递达、预约办为主，现场办为辅的工作机制，特别是在行政审批、公共资源交易等领域服务加码，开辟绿色通道，以企业群众需求为中心，不搞“一刀切”式的暂停，坚持做到“疫情防控不松懈，政务服务不打烊”，全力推动网上办、网上开评标，不见面审批等服务，想方设法、千方百计为项目落地、企业开工复工赢得时间。2月26日，推出远程开标（不见面开标）服务方式，在全省率先实现远程开标常态化。受疫情影响暂停交易的139个项目于3月31日前全部完成开评标。

【营商环境提质增效】 出台《昆明市全面提升一流营商环境工作方案》《昆明市全面提升一流营商环境工作责任清单》，提出41条工作任务188项具体措施，并出台配套实施细则（方案），优化营商环境提升至2.0版。全年全市开展营商环境“红黑榜”评价4期。组织完成营商环境“国评”“省评”，在2019年第四季度、2020年上半年省营商环境“红黑榜”评价中均位居全省第一。10月16日，国家发改委召开《中国营商环境报告2020》发布暨全国优化营商环境工作推进会，正式发布《中国营商环境报告2020》，昆明市政务服务管理“政务服务”“招标投标”指标入选《中国营商环境报告2020》典型案例，获2020年“中国国际化营商环境质量十佳城市”等称号。

2020年8月30日，昆明市在第二届中国国际化营商环境高峰论坛上荣获“中国国际化营商环境质量十佳城市”

（市政务服务局　供稿）

【政务“七办”服务】 全市市、县、乡、村四级共设置综合服务窗口1 415个，17 753项事项进驻各级政务服务中心和网上平台实行一窗受理、集成服务。2020年，15 772项达到“网上可办”，14 634项达到“全程网办”和“零跑腿”，全市网上可办率达98.30%，全程网办率达91.50%。“一部手机办事通”昆明上线主题20个，事项555项，注册用户量134.90万个，累计办件量1 530.70万件，位居全省首位。整合市级38个部门、1 306项便民服务事项进驻市政务服务中心24小时“不打烊”政务服务专区。发布首批通过数据共享免于提交证明材料的事项413项。政务服务“好差评”实现评价事项、评价渠道、评价对象全覆盖，评价结果全公开。

【深化简政放权】 动态调整36家市级部门权力清单和责任清单，对标上海，精简、下放和调整市级行政许可事项48项。持续做好“互联网＋监管”，推进行政审批标准化，按照省统一要求，实现省、市、县、乡、村行政审批要素“五级十二同”，争取赋权中国（云南）自由贸易试验区昆明片区市级权限事项共48项，积极探索试点乡（镇、街道）赋权，强化社会治理和基层公共服务职能。推进基层整合审批服务改革试点。

【招标投标】 在全省率先推行“暗标”评审，实现远程在线开标常态化。积极开展房建和市政建设工程项目在公共资源交易中的专项整治，构建“全方位、多元化”的招投标金融服务体系，2020年，累计服务项目2 071个、企业8 596家次，盘活释放保证金18.54亿元。推进区块链技术在招标投标中运用，于6月23日正式启动运行“昆易链”。8月27日，中国物流与采购联合会在长沙举行第三届中国产业区块链峰会，“昆易链”获评“2020中国产业区块链创新奖”之“十佳案例”。11月6日，以“新基建·新生态·新格局”为主题的全国公共采购行业2020年会在深圳市召开，昆明市公共资源交易区块链平台“昆易链”获评“2020全国公共采购年度评选”之“优秀公共采购案例”。

【帮办代办服务】 将“保姆式”服务提升为“妈妈式”服务，2020年累计走访在昆投资企业119家，完成代办项目31项、帮办项目42项，完成咨询件53件。与市、县招商引资部门建立招商引资服务联动机制。助力特斯拉公司项目“零跑腿”选址落户盘龙区“都市车迷”。

【脱贫攻坚】 制订《昆明市政务服务管理局2020年“找弱项、补短板”巩固脱贫攻坚成果工作方案》，组织全体帮扶责任人入户遍访4次，入户走访500余户次，开展两轮脱贫人口“回头看”和巩固脱贫成效提升脱贫质量遍访专项行动，利用春节和建党节开展走访慰问，积极开展消费扶贫行动，通过“以购代捐”“以买代帮”等方式助力脱贫攻坚。

【助力文明城市创建】 以全国文明城市实地测评内容为重点，认真履行市政务环境整治指挥部牵头职责，形成条块结合、分类管理、协同推进的良好工作格局。定期召开调度会、推进会；组成专项巡查组，每季度对主城区、开发（度假、园）区政务服务中心开展全覆盖专项巡查；营造浓厚氛围，加强问卷调查的宣传引导，把创文指标融入政务服务大厅的建设和日常管理中，把深化创建工作转化为常态管理措施和日常巡查工作内容，巩固提升创建成果。

（付励达）

2020年11月，市政务服务管理局在2020年全国公共采购年度评选活动中，公共资源交易区块链平台“昆易链”获得优秀采购案例

（市政务服务局 供稿）

信访工作

【概况】 2020年，在市委、市政府的坚强领导下，在上级信访部门的关心指导下，通过全市各级各部门和全体信访干部的努力，全市信访形势总体平稳。全市县以上党政机关信访总量3.40万件次，同比上升34%；来访4 451批10 067人次，同比批次和人次分别下降22%和37%；来信（含网上信访）2.40万件，同比上升156%；呈现“信升访降”的态势，信访结构进一步优化。2020年度全省信访工作考评中，昆明市信访工作获得优秀等次；晋宁区、寻甸县成功创建全国信访工作“三无”县（市、区）；市信访局被人民网评为“2020年度人民网网民留言办理工作民心汇聚单位”。

【高位统筹协调】 市委、市政府对信访工作始终高度重视，市委常委会、市政府常务会议多次听取汇报，研究部署信访工作，坚持重要会议强调信访、中心工作不忘信访、重大决策和实施过程中考虑信访。1月15日，市委、市政府召开全市信访安保维稳工作电视电话会议，传达省委信访工作联席会议2020年第一次全体会议精神，市委常委、市委政法委书记李建阳部署全市信访安保维稳工作。5月21日，市委、市政府召开全市安全稳定工作电视电话会议，深入贯彻落实中央信访工作联席会议办公室、国家信访局，省委信访工作联席会议办公室、省信访局关于做好全国两会期间信访保障工作的要求部署，市委常委、市委政法委书记李建阳对重要工作再次进行安排部署。6月5日，昆明市第十四届人民政府第66次常务会议审议通过全国、全省信访局长会议精神贯彻落实情况及《2020年市级党政领导包案化解工作方案》。6月19日，昆明市十一届市委常委会第140次会议审议通过全国、全省信访局长会议精神贯彻落实情况及《2020年市级党政领导包案化解工作方案》。9月25日，中共昆明市委信访工作联席会议召开2020年第二次全体(扩大)会议，认真贯彻落实党中央、国务院关于信访工作的决策部署，按照省委、省政府工作要求，安排部署开展集中治理重复信访、化解信访积案专项工作。

【夯实信访基础工作】 落实市信访局班子领导接访下访机制。制订《市信访局2020年度带案下访工作方案》，明确在做好每月10日局长接待日工作的基础上，梳理筛选出进京、到省、市重访闹访缠访的疑难案件，由局领导带队开展“带案下访”“视频接访”“实地走访”，分析问题成因、提出解决思路督促协调责任单位化解信访问题。持续推动市、县两级领导干部接访下访机制。在做好疫情防控工作基础上，全市县(市、区)领导干部667人次接待上访群众898批2 493人次，市属部门领导干部322人次接待上访群众660批1 314人次。推动化解信访案件1 153件。各级领导干部把群众路线和法治理念贯穿信访工作全过程，亲自到群众中去，深入基层，问政于民，问需于民，面对面实打实解决问题，努力将矛盾纠纷吸附在当地，化解在基层。拓展第三方参与信访工作渠道。打造“门诊式联合接访机制”，市信访局接待大厅当值的信访窗口接待员、律师、政法窗口接待员、人民调解窗口接待员，组成“四大员”联合接访会商小组，用联合现场诊断、现场集中治疗、现场提出方案的方法，为来访群众提供可靠

局领导接待来访群众　　（市信访局　供稿）

优质服务。每周一至周四和每月10号由司法局协调律师事务所派遣专职律所1名，为信访群众提供法律咨询。

【信访制度改革】 推行“信访代理制，最多访一次”工作。依据国家信访局“最多访一次”的指导意见，围绕受理、转送、交办、督办、审核、回访等各个环节，通过深化“人民满意窗口”创建、办信基础错情通报、带案下访、视频接访、督查督办、选取试点(五华区、寻甸县)运行等方式，多位推进让群众“最多访一次”工作，简化工作流程，缩短办理时限，压实首办责任，不断增强人民群众在信访工作中的获得感。4月14日，昆明电视台K1频道《昆明新闻》播出《坚持‘五位一体’社会建设，昆明市信访系统始终保持为民初心，全力解决群众诉求》，宣传报道“信访部门积极探索‘信访代理制、最多访一次工作、采取代理员报告、信访部门吹哨、相关部门报道模式’，进一步深化信访服务工作，便民利民举措”工作情况；6月3日，《昆明日报》A05版刊登题为“昆明着力打造网上信访主渠道”文章，宣传报道“市信访局深化改革，让群众最跑一次”工作情况。年度信访领域全面深化改革工作经市委全面深化改革委员会审定并通报为改革工作完成优秀单位。

【信访法治化建设】 坚持用法治思维和法治方式，在法律政策框架内解决问题、化解矛盾。严格落实诉访分离要求，对可以通过行政或信访渠道解决的问题，主动纳入信访渠道，督促责任单位最大限度化解矛盾、解决问题。继续抓好依法逐级走访和依法分类处理信访诉求各项工作要求的落实，进一步规范复查复核工作。开展《信访条例》修订15周年主题宣传、“防控疫情、法治同行”专项法治宣传行动，营造“依法信访、理性上访、和谐社会、你我共建”的良好舆论氛围。

【多措并举综合施策】 继续开展信访矛盾化解攻坚。认真总结三年攻坚经验，周密安排，精心部署，确保取得实效，办理各级交办案件115件。深化党政领导包案化解信访案件工作机制。对疑难复杂信访问题，深入推进领导干部包案化解。对列入2020年市级领导包案化解的51件信访案件，明确责任单位和牵头部门并全部报告化解。开展集中治理重复信访化解信访积案专项工作，与各县(市、区)及部分重点单位签订责任书，建立工作台账，多措并举，综合施策，努力实现信访积案“清零”的工作目标。

（周　锐）

市长热线

【概况】 2020年，昆明市12345市长热线平台通过电话“12345”、书记工作电话“63197977”、市长工作电话“63166500”、书记电子信箱、市长电子信箱、市长热线电子信箱、“昆明市长”微博、“昆明12345市长热线”微博及邮政等渠道共受理群众来电（件）72万余个（件）。其中，书记工作电话及语音留言1 680件；市长工作电话及语音留言1 684件；书记电子信箱邮件2 385件；市长电子信箱邮件6 941件；市长热线电子信箱邮件800件。对具有明确诉求的22.10万案件通过业务办理系统交办（工单转交办），全年交办办结率99.83%，话务服务满意率99.99%。

【政务微博】 2020年，@昆明12345市长热线新浪微博共发布博文1 160条，拥有粉丝60万人。查看梳理私信、评论及@我的微博3.20万余条，与网友沟通互动、反馈办理结果5 500余次。共受理反映明确的民生问题2 801件，其中，直接答复网友76件，通过12345市长热线平台交办2 725件，较好地发挥政务信息公开及时，政民互动范围广泛的作用。

【加大督办力度】 2020年，对3.50万余件群众反映的热难点问题进行督办，并针对群众反映问题的疑难程度和紧急程度，有针对性地联合各职能部门到现场处理问题10次。通过督办督查工作，既解决人民群众反映的大量热点、难点问题，更使市长热线与各网络单位和市民拉近距离，提高群众满意率，提升市长热线的民生品牌。

【局长（主任）接待日】 加大对“局长（主任）接待日”工作的巡查力度，全年共巡查12次。对巡查中存在的问题及时进行批评指正，对极少数部门无人接待或接待不规范的情况进行通报，确保“局长（主任）接待日”各项措施落实到位，杜绝形式主义。

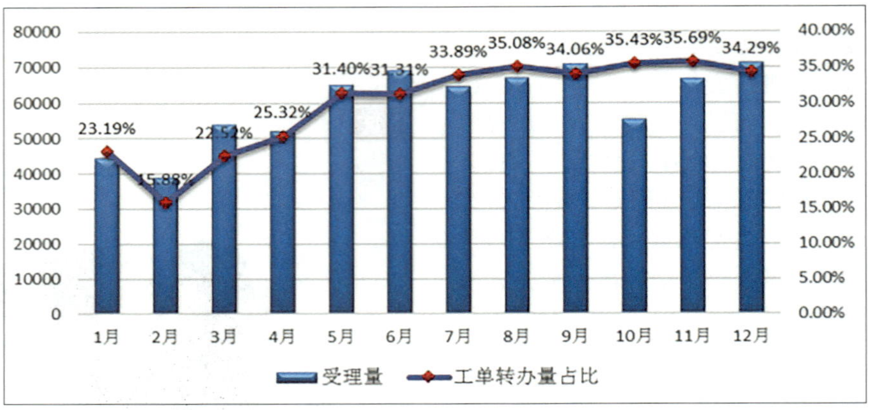

图1　2020年各月受理量和工单转交办量统计图

【市长热线电话】 按照《昆明市人民政府办公室关于印发昆明市领导干部接听12345市长热线电话实施方案和2020年昆明市领导干部接听12345市长热线电话工作计划的通知》要求，2020年已开展接听工作9次，共接听群众来电130个，通过云南网征集、“掌上春城”回答网友关心的问题45个。

（刘连进）

地方志工作

【“十三五”昆明市地方志工作总结】 2016年以来，在时间紧、任务重、业务要求高，人员少、队伍老化的情况下，昆明市地方志系统紧紧围绕国务院《全国地方志事业发展规划纲要（2015—2020年）》和省政府《云南省地方志事业发展规划纲要（2016—2020年）》明确的各项工作任务，尤其是国务院规定的“两全目标”刚性任务，攻坚克难、奋力拼搏，全面完成国务院、省政府、市政府部署的地方志工作任务，推动昆明市地方志事业健康快速发展。至2017年底，《昆明市志（1978—2005）》由云南人民出版社出版，市级二轮志书提前3年完成；至2019年底，昆明市属14个县（市、区）地方综合志书全部公开出版。至此，全市全面完成第二轮地方志书编修任务。至2019年，昆明市市、县地方综合年鉴全部实现“一年一鉴，公开出版的目标”。此外，“十三五”期间，昆明市地方志系统多业并举，全面推进刊、馆、网、地情资料开发利用、旧志整理、数字化建设等各项工作，取得明显成效。

【全面总结二轮修志经验】 昆明市第二轮修志过程中，在编纂的组织方式、运作模式和志书的框架、内容编排等方面，做积极探索，已积累一些成功的经验。2020年9月召开的昆明市县（市、区）志办主任会上，市志办要求全市地方志系统在做好志书发行、读志用志的同时，认真、全面总结二轮修志工作，将好的经验以一定形式予以固定，运用于三轮修志。

【提前谋划三轮修志】 2020年，市、县两级地方志机构根据新时代对地方志工作新任务、党和政府对地方志工作的新要求，提前主动谋划三轮修志工作，在修志理论、运作模式、队伍建设等方面进行思考、研究和探索。第二轮《安宁县志》下限至1995年，第二轮《禄劝县志》下限为2000年。两市县志书从下限时间至2020年，分别为25年、20年。按照国务院《地方志工作条例》“地方志书每

20年左右编修一次。每一轮地方志书编修工作完成后，负责地方志工作的机构在编纂地方综合年鉴、搜集资料以及向社会提供咨询服务的同时，启动新一轮地方志书的续修工作”的规定，市志办鼓励二轮志书下限时间距今已20年左右的禄劝、嵩明、石林、安宁等县市，实质性开展第三轮修志的理论、资料、队伍准备，为全市乃至全省做积极探索。

【安宁市启动第三轮志书编修工作】 2020年10月，安宁市下发征集《安宁市志(1995—2020)》资料工作的文件，11月5日，安宁市召开征集资料工作会议，正式启动《安宁市志(1996—2020年)》修编。昆明市地方志编纂委员会办公室主任母正荣，安宁市委常委、组织部部长马敏，副市长张纪辉参加会议，对市志编修资料征集做要求。安宁市(县)第二轮志书下限至1995年安宁市成立前。1996年安宁撤县改市，至2020年，安宁市已建市25年。会议提出，各相关部门要将安宁撤县设市以来区域内25年来各方面的情况，按照市志收资编目架构的基本规定，以及地方志修编资料规范要求，进行资料的搜集与报送稿的撰写。各部门、各街道和企事业单位确定1名分管领导和1名撰稿人员负责征集资料的组织协调和编写工作，形成市志修编工作网络。市党史地方志编纂委员会办公室负责市志资料征编工作的组织、协调、指导工作，确保市志资料征编工作全面、有效地组织实施。2021年底前，各单位要完成市志修编资料的收集、撰写工作，上报市史志办。工作会后，进行业务培训，由昆明市志办副主任字应军做收资、撰稿业务授课。

【市县两级年鉴全部于10月公开出版】 昆明市于2012年实现市、县两级地方综合年鉴编辑“一年一鉴、公开出版”全覆盖。2018年，由于多种原因，个别县区年鉴未公开出版。2019年，经努力，两级年鉴全部公开出版。2020年，一方面受疫情影响，收稿难度加大；另一方面，省志办要求公开出版时间提前，加之机构改革促使年鉴的板块结构必须做出相应调整，因此，2020版两级地方综合年鉴工作呈现时间紧、任务重、难度大的特点。市、县两级志办调动一切积极因素，积极协调撰稿单位、财政部门、编辑部、出版社、印刷企业，群策群力、攻坚克艰，全力突击年鉴工作。至10月底，全市市、县两级地方综合年鉴全部公开出版。

【安宁、官渡年鉴在全国年鉴评比中获奖】 在由中国地方志指导小组办公室组织的2020年第七届全国地方志优秀成果(年鉴类)评比中，《安宁市年鉴(2019)》获县级综合年鉴二等奖，是云南省获二等奖及以上奖励中唯一的县级年鉴。在该项评比中，《官渡年鉴(2019)》获县级综合年鉴三等奖。

【地情开发取得新成果】 昆明市地方志系统始终把地情资料的收集、整理、研究、开发作为中心工作的基础性工程来抓，并努力在研究深度上下功夫，在研究成果上求创新，充分发挥地情资料在领导决策、招商引资、文化建设、形象推介等方面的独到优势，积极为昆明市经济社会发展服务。在昆明市全面提升“历史文化名城”品牌工作中，市志办结合地方志工作特点，除主动向有关部门报送志书、年鉴、地情书籍外，多次为领导机关及有关部门、有关人员的市情信息咨询提供服务、提供市情专题资料。编撰的《昆明历史文化读本》被列为干部培训辅助读物，2020年由市委组织部出资加印；《新中国成立70周年昆明市大事记》，至年底已公开出版；开展方志文化进机关、进学校、进农村、进社区活动，传承地方文化、培育历史记忆；派遣专家到市委党校为相关培训班讲授昆明历史。2020年，根据省志办的统一安排，昆明市市、县两级积极参与省情系列微视频摄制。市志办通过会议、发文、电话等形式，动员、鼓励各县(市、区)地方志工作机构，积极申报项目。召开座谈会，与摄制团队就选题、脚本撰写等进行交流沟通。由分管领导牵头，组织专业人员，对各县(市、区)的脚本认真讨论、修改。年内，官渡区完成“官渡”地名微视频摄制，安宁市完成“安宁”地名微视频、“八街玫瑰”美食微视频摄制。市志办副主任多次应邀协助省志办对多集省情系列微视频审查、修改。此外，各县(市、区)地方志工作机构以不同的方式，进行地情研究开发。

【旧志整理形式灵活】 至2020年，昆明市一级旧志整理全面开展，产生一批成果。石林县、宜良县的县一级旧志整理完毕。由于旧志整理的特殊性，市志办对县(市、区)地方志机构未做硬性要求，只鼓励有人员、能力条件的县(市、区)通过各种途径进行旧志整理。2020年，市志办通过与院校合作、与县区合作的方式进行的嘉靖《寻甸府志校注》已完成校注，并通过专家审查，交付云南民族出版社。此外，富民、嵩明、东川、呈贡、安宁等县(市、区)产生一批旧志整理成果。

【建成全省第一个州市级地方志数字平台】 昆明市志办成立于1961年(后因故撤销)。当时，方国瑜、方树梅等云南鸿学大儒即为市志编委会成员，并为市志办提供一批珍贵的资料。市志办亦通过多种渠道收集一批珍贵的地方文献、市情资料。昆明市方志馆建成后，这批资料被珍藏在馆内。为更好地保护、利用这些珍贵资料，2019年，市志办决定建设昆明市地方志数字平台(数据方志馆)一期工程。2020年，在一期工程基础上，实施二期工程，完成10余万页数字文献资料上传和发布使用，实现收藏地方志文献数据化、信息化。10月该项目通过由省志办、省图书馆、省少数民族古籍整理办专家组成的验收组的验收。专家验收组认为，该平台是云南省内州市第一个开放共享的地方志数字平台，对全省州市级地方志数字平台建设有推广和复制意义。省志办主任杨建林做出的批示中，对该项成果给予充分肯定，云南地方志公众号、云南省情网、中国方志网对该成果做宣传报道。

【方志馆、网站运行平稳】 2020年，昆明市方志馆运行平稳。继续收集、购买一批地方珍贵文献，并登记上架收藏。继续展出昆明历史文化宣传展板。年内多次接待省内外兄弟单位的考察交流。“昆明市志信息”网运行平稳，更新及时。

【刊物编辑保持特色】《昆明史志》季刊在保持特色前提下，在封面、版式设计、栏目设置、稿件选择、图片登载方面进行优化和提升，更加突出时代气息。该刊物是全省唯一不曾中断的地方志刊物。

【与贵城村总支结为党建对子】 市志办根据市政府办公室的统一安排，认真做好扶贫“挂包帮”“走转访”各项工作。年内，多次组织职工到禄劝县则黑乡贵城村走访慰问。根据市政府办公室机关党委的安排，市志办党支部与贵城村总支结为共建单位。7月11日，市政府机关党委组织党员到赊角村、民安乐村、贵城村“走转访”，并在贵城村召开会议，由市政府秘书长、市政府机关党组书记郭希林讲授党课。在党课前举行贵城村总支与市志办支部共建协议签字仪式。市志办全体人员参加活动。

（字应军）

社科研究

【理论武装走深走实】 积极开展理论阐释。紧扣习近平总书记考察云南的重要讲话精神，从民族团结、绿色生态、滇池保护、发展理念、市域治理等视角对昆明取得的成绩进行深入阐释，形成《浇灌民族团结进步百花园》《奏响绿色生态发展主旋律》《迈出滇池保护新步伐》《握紧新发展理念方向盘》《写好市域治理现代化大文章》5篇理论文章，经《昆明日报》刊登后，被“云岭论坛”“学习强国”“云南学习平台”转载。认真抓好理论宣讲。市社科院研究员到寻甸县、东川区、禄劝县开展“2020年昆明市习近平新时代中国特色社会主义思想进农村暨决战决胜脱贫攻坚”理论宣讲活动，将习近平新时代中国特色社会主义思想特别是关于“三农”工作、脱贫攻坚、乡村振兴重要论述精神与当地实际紧密结合，把思想理论与群众关心关注的身边人、身边事深度融合，做到宣讲“接地气、沾泥土、带露珠”。

【社科研究工作】 聚焦热点、难点，发挥社科智库服务党委、政府职能作用。完成“昆明参与中缅经济走廊建设对策研究”“昆明以中泰铁路开通为契机深化面向东南亚开放对策研究”2项决策咨询课题。围绕疫情防控和经济社会发展，完成“公共安全舆论引导的治理思维研究”“昆明市生物安全形势及对策研究”和“疫情之后推动昆明投资经济回升对策研究”3项市级社科规划课题。完成《昆明市呈贡区“十四五”全域旅游发展规划》。

2020年10月，市社科院党组成员首次配齐。院党组主持修订、完善45个制度和管理办法，理顺工作机制，健全规章制度，加快推动市社科院全面深化改革步伐。整合专家、学者资源，按相关标准建立“昆明市哲学社会科学研究立项、评审专家库”，严把课题立项、结项关。制定《昆明市社科院智库项目管理办法》《昆明市社会科学院智库合作项目招投标管理办法》《昆明市社会科学院院外委托课题管理办法》等多项管理办法，完善科研项目管理程序。紧扣市委、市政府高质量推进区域性国际中心城市建设的战略目标，进行社科研究，立项开展“昆明应充分发挥‘智慧党建’在全省的引领作用”“加快昆明夜间经济发展研究”“完善昆明综合保税区政策研究”“近年来昆明经济增长的需求动力分析、未来变动趋势及对策建议”“昆明市基层民主协商机制研究”等13个院内研究课题。

【加快智库转型】 积极发挥智库职能，围绕统筹推进疫情防控和经济社会发展等重要现实问题，扎实开展调研，聚焦人民群众最关切的热点、难点问题，形成一批具有政策价值的智库研究成果。2020年，共向市委、市政府呈报《智库内参》15期。其中，“抓住机会补社区治理短板”“积极做好疫后促就业准备”“破解老旧小区物业覆盖难题迫在眉睫”“同城配送在巩固抗疫成果　推动复工复产中的作用值得关注”“破解居民小区治理困局”“引导地摊经济健康发展”“借鉴外地经验加快推进我市县级融媒体中心建设”“讲好聂耳和国歌的故事是我们义不容辞的责任”“加快健全完善昆明花卉产业链　努力打造世界第一花卉市场”“新冠疫情中我市舆情治理的实践探索和应对启示”等10项课题获市委、市政府主要领导和分管联系领导签批肯定。

【社科研究阵地建设】 开展《社科决策参考》和“昆明蓝皮书”系列出版工作。严格按照组织撰写编撰方案、开展院内评议和院外评审并确定编撰最终方案、招标等程序，完成《昆明市城乡社区治理发展报告(2021)》《昆明文化发展报告(2021)》《2021年昆明经济发展报告》《昆明建设区域性国际中心城市报告(2021年)》《昆明社会与小康建设发展报告(2021)》编撰出版工作。按期编辑出版《社科决策参考》内刊共4期，收集整理市社科院智库研究主要成果，供各部门交流参考。

【搭建交流合作平台】 接待郑州市社科院、太原市社科院、广州市社科院、南京市社科院等多个课题组到昆明市调研，就“一带一路”建设、智慧停车体系、社区养老、花卉产业发展、现代农业产业等多个课题开展深入探讨，邀请市政府研究室、市发改委、市委政研室、市农业农村局、市国资委等多家单位参与座谈交流。10月，参加中共郑州市委宣传部、郑州市社会科学院承办的全国城市社科院第三十次院长联席会议暨全国城市智库联盟第六届年会，并获全国城市社科院先进单位称号。11月，与中国农业大学国家乡村振兴研究院签订战略合作协议，与晋宁区教育体育局合作挂牌成立昆明市晋宁区思政课教师教育中心，与云南师范大学管理与经济学院联合设立研究基地，签订战略合作协议。

【脱贫攻坚】 加大扶贫帮扶力度，持续推进资金帮扶、产业扶贫和智力扶贫等工作。市社科院投入扶贫专项资金翻番。积极协调引入农业龙头企业参与扶贫工作，促成东川区桃源村100亩人参果种植项目落地。开展智力扶贫，组织实施“东川区拖布卡镇乡村振兴战略规划”“昆明民族自治县对脱贫农民产业支持政策及制度效果评估研究”课题研究2项。严格执行市脱贫攻坚领导小组关于脱贫攻坚走访联系要求，下派挂职干部1人，派驻村扶贫队员1人，并组织科研人员和职工每月深入桃源村走访贫困户、宣传扶贫政策。

（牛梦晨）

经济研究

【重要文稿起草】 完成2020年《政府工作报告》起草工作。市政府研究室在认真总结梳理多年《政府工作报告》起草工作经验的基础之上，坚持主动履职、敢于担当，创新性地谋划开展2020年《政府工作报告》起草调研工作。由室领导带队，会同市发改、财政、统计等部门人员，分组深入14个县（市、区）和重要职能部门开展政府工作报告起草专题调研。起草工作前后历时7个月，共13次征求部门意见和领导意见，征求部门意见累计351家，意见和建议达3 500条以上，修改20稿。报告被两会人大代表、政协委员评价为“政治站位高、把握方向准、主题主线清、政策措施实”。全力做好市委、市政府交办的文件和领导讲话稿等重要文稿起草工作。充分发挥以文辅政的参谋助手作用，根据市领导的要求，精心组织起草每一篇文稿，起草市长在市政府全会上的讲话、云南省决战决胜脱贫攻坚系列新闻发布会昆明专场新闻发布稿、市长在2020年市委理论学习中心组第一次学习上的发言提纲、市长在全市招商引资大会上的讲话、市长在开展脱贫攻坚挂牌督战现场调研座谈会上的讲话、市长在云南两会分组讨论的发言提纲、市长在全国人代会分组讨论的发言提纲等20多篇市政府主要领导重要讲话稿。

【自主调研】 贯彻落实中央、省、市重大决策部署，紧扣市委、市政府中心工作，围绕全市经济社会发展的重点、难点、热点问题，积极开展自主调研，完成多篇高质量调研报告。出台《自主调研工作管理办法（试行）》，组织全室以处室为单位进行自主调研工作。全年完成调研信息专报28篇，其中《关于“十四五”规划若干问题的建议》《关于推动富民县经济社会发展的调研报告》《昆明青少年活动中心提升发展调研报告》《当前昆明与北京、上海营商环境的对比分析以及持续改善昆明营商环境的对策建议》《关于发放消费券提振昆明消费的可行性论证及相关工作建议》《当前全市企业复工复产面临的主要问题及对策建议》等获省、市领导肯定性批示或直接转化到政策性文件中；《主动构建“双循环”新发展格局，昆明应当怎样做？》《着力将昆明培育建设为区域性国际消费中心城市》《“10件惠民实事”市民知晓率满意度调查报告（部分内容）》分别在《中国经济导报》《中国信息报》“学习强国·云南学习平台”上刊发，为科学决策提供依据。

【书刊编辑发送】 完成《昆明经济》编辑发行工作，全年共编发《昆明经济》4期。完成《2020·昆明·政府工作报告汇编》《2019·昆明市决策咨询研究成果汇编》《昆明市人民政府研究室2019年重要文稿汇编》等书籍的编辑发送工作。

（罗林麟）

咨询工作

【概况】 昆明市科学发展决策咨询中心贯彻落实习近平总书记考察云南重要指示精神，继续从服务昆明建设区域性国际中心城市大局出发，统筹市委政研室、市人大常委会办公室、市政府研究室、市政协研究室4个归口管理部门，开展重点课题研究46项，其中，党群口13项、人大口3项、政府口30项，为市委、市人大常委会、市政府、市政协提供一批有价值的决策参考。突出抓好课题研究质量和成果转化率，课题研究质量进一步提高，研究成果转化率达69%以上。在管理上严格落实制度要求，以规范求效益，所有立项课题均签订《昆明市决策咨询研究课题委托协议书》，明确委托研究、课题进度、经费使用、课题成果等方面的要求，坚持按照《昆明市市级部门课题经费管理办法》使用经费，做到厉行节约、专款专用。

【咨询研究】 严把成果转化关，促进研究质量和成果转化率的提升，《昆明市后脱贫时代构建防贫减贫机制对策研究》《昆明市新时代退役军人工作研究》《昆明市加快培育高素质农民对策研究》等课题研究成果形成文件下发执行；转化形成《关于加强气象保障大气污染精准高效防治的建议》《关于推进高原湖泊滇池生态健康评价助力河长制的建议》《关于建设电子诉讼平台优化昆明营商环境的对策建议》《关于对昆明区域性国际金融服务中心支撑指标的思考和建议》《关于推动企业"走出去"境外投资助力区域性国际中心城市的对策建议》等决策咨询报告，助力市领导的决策。

【咨询论证】 围绕昆明经济社会发展的重点、难点问题和市委、市政府中心工作，组织专家对市级决策咨询研究课题进行咨询评审。"云南自贸区昆明片区高质量发展战略研究""昆明市基础教育集团化办学的现状与对策研究""疫情背景下昆明市化危为机推动经济高质量发展对策研究""昆明工业发展机会及导向研究""依托'一县一业'示范创建探索县域经济发展新模式对策研究""加快'昆明市林业双中心'试点建设的对策研究"等一批课题，经过专家咨询论证，得到充实完善，为昆明经济社会发展提供决策支持。

（孙　斌）

机关事务管理

【深化改革】 根据《昆明市市级机关后勤服务社会化改革实施方案》精神，围绕市委主要领导关于2020年1月21日市级行政中心实行新的供餐标准的要求，局领导班子积极探索，借鉴省机关后勤社会化改革经验，结合昆明市实际，切实转变思路，紧紧围绕"管办分离"，从"划桨"向"掌舵"、从"办后勤"向"管后勤"这一改革方向，做实方案的调研起草、宣传引导、组织实施等各阶段工作，机关事务改革创新成效显现，初步实现机关事务"政事分开""管办分离"的目标。市后勤服务保障有限公司成立初期，暂不能正常运转，又面临突如其来的新冠疫情，为确保改革期间行政中心的服务不断档、不降质，机关事务管理局主动牵头，切实担负起过渡期间行政中心的餐饮、会议、物业、环卫等服务保障工作。在不到1周时间内紧急制作发放8 000余张红蓝卡，配制刷卡设施，优化供餐模式。紧急采购近万套餐盘餐具，安装调试炊具灶具，改造通风管道，落实食材采购渠道和安全检测，对参与服务保障企业的员工进行全面的服务培训，重新布置食堂餐厅布局，挖掘最大潜力增加服务保障能力。1月21日，新的供餐标准正式实施，质量较改革前有质的提升，受到行政中心广大干部职工的一致好评。疫情防控期间，多方听取意见，认真细化防控保供方案，全力保障行政中心正常运转、全力确保8 000余名职工安全用餐。疫情防控进入常态化后，全力支持新组建的后勤服务公司开展工作，根据市政府专题会议精神，自9月21日起，按照"人随事走、物随人走"的原则，8家划转单位的管理权限已有序移交后勤公司。

【疫情防控】 疫情期间，机关事务管理局坚决落实市委、市政府决定，一手抓疫情防控、一手抓后勤保障，认真贯彻落实市委常委会关于"机关事务局要严格办公场所通风、消毒、人员测温等措施，研究调整后勤保障方式，避免人群聚集，严防疫情传播"的指示精神，扛起疫情防控的政治责任，迅速成立工作领导小组，研究细化市级行政中心防疫和后勤服务保障措施。突出安全保卫、餐饮服务保障、清洁消杀重点环节，及时把市应对疫情指挥部分配的5吨多消杀药剂和90多台套消杀器材投放到一线，每天两次对市级行政中心各楼宇开展消杀作业，每次消杀作业面积达9.30万平方米，全力做好市级行政中心防控和保障工作；对参与保障服务的全链条人员进行全面排查，严格保障服务人员的健康安全，建立人员健康安全工作责任制，对用工安全责任明确到局领导。响应国家、省、市号召，积极支援湖北疫区，组织捐赠爱心蔬果，党员干部自愿捐款2.90万余元支援疫情防控。努力做到服务不断档、保障不缺位，有效保障疫情防控期间市级行政中心的安全顺畅运行。加强疫情防控常态化管理，严格行政办公区域"健康码"扫码准入制度。2020年，市级行政中心未发生疫情感染病例。

【厉行节约，反对浪费】 认真落实习近平总书记关于制止餐饮浪费的指示要求，迅速行动，制订出台厉行节约、反对浪费系列行动方案，联合相关单位在市级行政中心组织开展"制止餐饮浪费，节约从我做起"主题签名活动，营造节约光荣的浓厚氛围。突出重点，把制止餐饮浪费行为纳入机关食堂食材采购、配餐、用餐全过程，精准施策最大限度杜绝浪费。实行差异化的供餐，对市级行政中心职工在保证菜品品种和数量的基础上，按个人需要打餐。设立餐盘集中回收区和文明用餐监督员，及时提醒浪费行为。据不完全统计，食堂每天的大米统采量下降38%，泔水数量减少80%，省、市新闻媒体对此做了专题报道。

【绿色发展】 稳步推进党政机关生活垃圾分类工作。出台《关于做好全市党政机关等公共机构生活垃圾分类的通知》等文件，加强示范引领，行政中心实现生活垃圾分类投放、收集、运输全覆盖，配备垃圾密闭转运车7辆，做到垃圾密闭暂存和运转，建立生活垃圾分类奖励机制，引导职工正确分类投放垃圾。探索厨余垃圾就地化处置新模式，建立市级行政中心日处理能力达1吨的厨余垃圾就地化处理示范站，工作得到国家考核组的充分肯定。扎实推进公共机构节能建设，指导市市场监督管理局、昆明市儿童医院等2家单位通过全国"公共机构能效领跑者"国家级和省级评价验收，昆明市中华小学等12家单位通过省级节约型公共机构示范单位验收。牵头制订印发《昆明市节约型机关创建行动实施方案（2020—2022年）》，完成2020年度市本级第一批27家创建单位和县（市、区）节约型机关创建工作。大力推进公务出行绿色新机制。制订出台公务车领域推广新能源车的实施方案，超额完成党政机关新能源车购置目标。

【夯实机关事务工作基础】 积极借助外脑，推动机关事务管理迈上新台阶。为适应“十四五”时期对机关事务工作的新要求，与省机关事务研究中心合作，启动昆明市机关事务“十四五”规划的研究和编制工作，出台后将作为引领今后5年全市机关事务发展的指导性文件。同时，按照云南省机关事务标准化建设试点工作的安排，与第三方机构联合编制《党政机关会议服务规范》，正式出台后将成为云南省机关事务领域的第一个地方标准。依托专业机构，开发昆明市公务用车信息化管理平台车辆管理系统，实现对全市公务用车的安全管理、分布情况，运行轨迹的实时监管。大力构建智慧安防，保障行政中心安全有序运转。在市委、市政府的高度重视下，行政中心安全保卫工作实现人防专业化、物防可靠化、技防智慧化，尤其是随着二期视频监控建设项目的实施，行政中心实现高清视频监控全覆盖、警情火情早发现早处置。配合完成武警部队“智慧磐石”项目建设，进一步提升行政中心安保水平。圆满完成市委全会、市两会等重要会议期间的安保任务。积极推行线上采购，保证政府采购阳光高效。构建昆明市“政采云”电子卖场，优化采购流程，建立线上公开公平公正的采购环境，打造疫情后的阳光新采购模式，全年累计完成政府采购152次，节约预算采购资金2 700余万元。

【办公用房】 认真落实《党政机关厉行节约反对浪费条例》和《昆明市党政机关办公用房管理实施办法》，完成2家市级单位租赁办公用房的审核，完成48个单位办公用房改造方案审核。做好机关产权房、周转房的管理工作和机关住宅区公用部分维修相关事项的管理工作。落实《昆明市属党政机关及事业单位国有资产清理清查工作方案》要求，对房屋、土地登记在机关事务管理局名下的所有资产进行梳理、清查、核对。

【公务用车】 抓好《昆明市党政机关公务用车管理实施细则》的学习宣传和贯彻落实；做好公务用车编制管理，合规合理完成各类公务用车的审批购置，办理全市事业单位车辆报废；强化公务用车信息化平台管理使用，对全市公务用车信息化管理工作进行随机抽查检查，较好地完成市本级应急及综合服务保障任务和行政执法平台保障任务。完成事业单位车辆改革后续工作。

【爱国卫生“7个专项行动”】 市机关事务管理局聚焦党政机关爱国卫生专项行动，充分发挥引领示范作用，促进全市专项行动不断向纵深发展。向市级党政机关、各县（市、区）机关事务部门和文明办印发《昆明市党政机关带头开展爱国卫生“7个专项行动”实施方案的通知》，会同市文明办、市开展爱国卫生“7个专项行动”领导小组办公室共同推进市属党政机关的各项工作。结合行政中心现有设施设备，投入资金50万元对行政中心办公区域洗手间实施“六无四有”提升改造，并建立常态工作制度。因地制宜，在室外公共区域，增建2处公共洗手设施。全力做好食品卫生安全，结合疫情防控常态化的要求，通过全链条的食品卫生安全保障，保证市级行政中心每天近8 000人次的用餐安全。

【安全生产】 严格落实安全生产“一岗双责”，与驻市级行政中心80余家单位签订《2020年度社会治安和消防安全责任书》，开展社会治安和消防安全隐患排查检查，对部分消防设施进行更换。督促外包物业、餐饮服务用人单位加强工作人员岗位培训和安全知识培训。加强保密教育，提高对日常工作中泄密隐患的认知度，强化保密管理，从源头把控和防范失泄密风险，开展保密检查3次，开展保密知识竞赛1次。加强市级行政中心安全形势研判、预警，提高应急、处置能力，做到事故超前防范、有效应对。设立市级行政中心食品安全快检室，委托专业检测机构对进入行政中心各食堂的食材全天候进行安全抽样检测，有效保障行政中心食品卫生安全可靠。

【后勤服务保障】 完成设备维护、绿化管养、保洁服务、安保服务4个服务合同续签。督促外包物业服务企业认真履行服务合同，落实工作职责。做好行政中心设施设备的日常维护管理和大中修改造升级与应急维修工作，组织业务培训37次，开展应急演练5次，完成维修项目47个，及时排除安全隐患，处理故障21 984件，努力确保设施设备安全运行。做好市级行政中心绿化管护和室内外保洁工作，完成4 000余平方米老化地被更换和14万余棵苗木补种。结合疫情防控要求，提供合标准、高质量的会议服务，完成四小楼的会议保障2 794次，完成市两会、纪委全会、新冠肺炎疫情防控新闻发布会、疫情防控指挥部召开的各类型视频会议等接待会议1 117次。完成昆明会堂屋顶的全面维修，维修达到预期效果，并经过验收，彻底解决长期存在的屋面漏雨问题。

【党建工作】 全局上下始终保持坚定的政治信念，牢固树立“四个自信”，认真贯彻落实党的路线、方针、政策，把“两个维护”体现在坚决贯彻党中央决策部署的实际行动中，体现在履职尽责、做好本职工作的实际成效上，体现在日常工作生活中的一言一行上。自觉做到不踩“红线”、不闯“禁区”。充分发挥基层党组织战斗堡垒作用，严格落实“三会一课”组织生活会，党员活动日等制度，强化党性教育，切实提高党支部战斗堡垒作用。扎实开展党员干部培训，领导干部上党课、书记上党课等一系列学习活动，积极配合开展“万名党员进党校”活动，组织机关事务系统党性教育培训班和业务能力培训班2期。全局党员在疫情防控阻击战中冲锋在前，主动请战，在餐饮保障、安保管控、卫生消杀、设备维护等一线，有10个党组织、9名党组织书记、74名党员干部直接投入疫情防控一线，成立3支党员志愿服务队投入疫情防控工作，4个党组织发出疫情防控倡议书，制作疫情防控工作手册，处处体现党员的先锋模范带头作用，不折不扣地做好行政中心运转的各项服务保障和疫情防控工作，确保疫情期间行政中心稳定有序高效运转。推进党员志愿服务常态化，结合“在职党员进社区双报到双报告”制度和“关爱滇池·春城志愿者”活动，在职党员208人到常住地社区注册报到，并按时报到参加社区安排的志愿者活动。2020年度市直机关党组（党委）书记抓基层党建工作述职评议考核综合评价等次为“好”，基层党建考核得分为100分。

全面落实党风廉政建设两个责任。落实全面从严治党政治责任，局党组带头改进工作作风，认真落实个人重大事项报告、述责述廉述法等各项要求。党组书记认真履行党风廉政建设第一责任人职责，坚持重要工作亲自部署，重大问题亲自过问，重点环节亲自协调。局领导班子成员将党风廉政工作作为重要工作来抓，通过开展提醒谈话、与分管部门专门研究、讲廉政党课等方式抓实抓细党风廉政建设责任。

【扶贫工作】 局领导班子带队多次到挂联点进行帮扶调研，走访贫困户。以消费扶贫、产业扶贫为抓手，到挂联社区，推进扶贫项目，筹措扶贫资金60余万元，协调各方资金200余万元，全力巩固脱贫攻坚成果。对2名驻村队员进行轮换，有4名驻村队员作为工作队长、第一书记工作在寻甸县仁德街道4个社区，做到精锐尽出，助力脱贫。2020年6月，市机关事务管理局被市委、市政府授予“昆明市脱贫攻坚先进集体”称号。

【内部建设】 强化机关国资管理及财务管理，按市财政局、市国资委要求，顺利完成国有资产清理清查工作，彻底摸清资产家底，形成可盘活资产清单，共557项。完成2019年度行政事业单位国有资产年报编报及复审、企业国有资产统计工作。完成2021年新增资产配置计划编制工作。加强预算执行过程中的绩效运行跟踪监控管理，落实支出责任，聘请第三方对市机关事务管理局2020年财政资金支出绩效运行跟踪监控，完成2019年度部门整体支出绩效评价。牵头完成市本级党政机关运行成本调查、数据上报。局机关顺畅运转，继续推进政府信息和政务公开，完成信息公开8次，推进办理市人大代表、政协委员提案4件，及时、高效、准确处理报送各类公函文件，提高办文、办会、办事质量，流转公文5 298件，“12345”平台办件83件，加强内外沟通衔接，做好档案、保密、办公系统维护等工作。

（王　旭）

中国人民政治协商会议
昆明市委员会

编辑：陈智容

【政协昆明市第十三届委员会第四次会议】 会议于5月14～16日在昆明会堂召开。大会应到委员455人，实到委员426人。中共云南省委常委、市委书记、滇中新区党工委书记程连元，市委副书记、市长王喜良，市人大常委会主任拉玛·兴高等到会祝贺，并在主席台就座。大会执行主席熊瑞丽、刘绍安、朱燕、董林、胡炜彤、李冰晶、许绍忠在主席台前排就座。中共昆明市委、市人大常委会、市人民政府领导，市中级人民法院、市人民检察院、昆明警备区、滇中新区、高新技术开发区、经济技术开发区、滇池旅游度假区、市委党校、市延安医院、市第一人民医院、武警昆明市支队的领导，市委、市政府有关部门和市级各民主党派、有关人民团体的负责人应邀出席会议。市政协副主席刘绍安主持开幕、闭幕大会。市政协主席熊瑞丽代表政协昆明市第十三届委员会常务委员会做工作报告，副主席朱燕向大会做提案工作情况报告。会议选举焦林为第十三届政协副主席。与会委员列席昆明市第十四届人民代表大会第五次会议第一次全体会议，听取并讨论市长王喜良所做的《政府工作报告》，听取并协商讨论《昆明市中级人民法院工作报告》《昆明市人民检察院工作报告》，协商讨论其他报告。会议期间，市委、市人大常委会、市人民政府领导出席开幕、闭幕大会，参加联组协商讨论会，听取大会发言，到小组与委员互动交流，共商改革发展大计，共议民生改善大事。会议期间共收到提案材料561件，经审查立案456件。

【常委会会议】 第十六次常委会会议。1月17日，市政协召开十三届十六次常委会会议，会期1天。上午的会议由副主席刘绍安主持，下午的会议由副主席胡炜彤主持。市政协副主席刘绍安、夏静、朱燕、胡炜彤、李冰晶，秘书长许绍忠，市政协常委参加会议。会议应到常务委员会组成人员77人，实到50人。会议传达学习中共十九届四中全会精神，中央、省委、市委政协工作会议和市委十一届八次全会精神；听取市政府副市长赵学农关于市政府办理市政协十三届三次会议以来提案的情况通报，书面听取市委办公室关于督办党群政法系统办理市政协十三届三次会议以来的提案情况；会议表决通过有关人事事项；表决通过市政协十三届四次会议有关事项；审议通过市政协常委会工作报告和提案工作报告，决定两个报告的报告人；审议《政协昆明市委员会关于进一步提高提案质量的意见》；表彰2019年度市政协优秀提案；审议各专门委员会、办公室、研究室2019年度工作总结汇报。

第十七次常委会会议。5月13日，市政协召开十三届十七次常委会会议，会期半天。市政协副主席刘绍安主持会议。市委组织部副部长葛宁应邀到会做有关情况说明。市政协主席熊瑞丽，副主席夏静、朱燕、董林、胡炜彤、李冰晶，秘书长许绍忠，市政协常委参加会议。会议应到常务委员会组成人员73人，实到64人。会议学习习近平总书记考察云南重要讲话精神、关于统筹推进新冠肺炎疫情防控和经济社会发展讲话精神及市委贯彻要求；会议增补焦林为十三届市政协委员；同意夏静不再担任市政协副主席职务，在市政协十三届四次会议上向全体委员予以通报；同意李昆敏不再担任政协昆明市第十三届委员会常务委员。审议各专委会、办公室、研究室2020年工作计划（书面）。熊瑞丽强调，全市政协组织和政协委员要深入学习、深刻领会习近平总书记考察云南重要讲话精神、关于统筹推进新冠肺炎疫情防控和经济社会发展讲话精神及市委贯彻要求，围绕助力夺取全市疫情防控和经济社会发展双胜利履职尽责。要持续助力做好疫情防控常态化工作，把全市各族各界的共识最广泛地凝聚起来、信心最大限度地提振起来，共同筑牢群防群治抗击疫情的严密防线。

第十八次常委会会议。5月14日，市政协召开十三届十八次常委会会议，会期半天。市政协主席熊瑞丽主持会议。市委常委、市委组织部部长刘申寿，市委组织部常务副部长余祖林应邀到会做有关情况说明。市政协副主席刘绍安、朱燕、董林、胡炜彤、李冰晶，秘书长许绍忠，市政协常委参加会议。会议应到常务委员会组成人员72人，实到66人。会议听取中共昆明市委关于增补政协昆明市第十三届委员会副主席的情况说明；审议政协昆明市第十三届委员会副主席候选人名单（草案）；听取中共昆明市委关于政协昆明市第十三届委员会常务委员候选人名单（草案）的说明；审议政协昆明市第十三届委员会常务委员候选人名单（草案）；听取关于政协昆明市第十三届委员会第四次会议选举办法（草案）的说明；审议政协昆明市第十三届委员会第四次会议选举办法（草案）；提出大会选举总监票人、监票人建议名单（草案）。

第十九次常委会会议。5月16日，市政协召开十三届十九次常委会会议，会期半天。市政协主席熊瑞丽主持会议，市委组织部常务副部长余祖林应邀到会做有关情况说明。市政协副主席刘绍安、朱燕、董林、胡炜彤、李冰晶，秘书长许绍忠，市政协常委参加会议。会议应到常务委员会组成人员72人，实到65人。会议听取组织组汇报各讨论组协商讨论选举办法（草案）、候选人名单（草案）和总监票人、监票人名单（草案）的情况；通过选举办法、有关候选人名单、总监票人、监票人名单；听取各工作组汇报讨论审议常委会工作报告、提案工作报告的情况；听取各工作组汇报讨论会议政治决议（草案）的情况，审议会议政治决议（草案）；听取关于政协昆明市第十三届委员会第四次会议提案审查情况报告的说明。

第二十次常委会会议。6月29日，市政协召开十三届二十次常委会会议，会期1天。上午会议由市政协主席熊瑞丽主持，下午会议由市政协副主席刘绍安主持。副主席朱燕、董林、胡炜彤、李冰晶、焦林，秘书长许绍忠，市政协常委参加会议。会议应到常务委员会组成人员79人，实到69人。会议听取市政府关于昆明市应急管理和公共危机处置工作情况的通报；传达全国两会精神和省委、市委贯彻要求；围绕“加强应急管理机制建设，提高昆明市应对公共危机的能力”主题进行大会发言；审议通过《中国人民政治协商会议昆明市委员会委员履职工作规则（修订草案）》；审议通过《中国人民政治协商会议昆明市委员会提案工作条例（修订草案）》。熊瑞丽做重要讲话，强调，要深刻学习领会习近平总书记重要讲话精神，持续在建言资政和凝聚共识两个方面双向发力，全力以赴做好下半年各项工作任务。

第二十一次常委会会议。9月28日，市政协召开十三届二十一次常委会会议，会期1天。上午会议由市政协主席熊瑞丽主持，下午会议由市政协副主席刘绍安主持。副主席朱燕、董林、胡炜彤、李冰晶，秘书长许绍忠，市政协常委参加会议。会议应到常务委员会组成人员79人，实到64人。会议听取关于昆明市产业园区建设和发展情况的通报；围绕“提高产业园区在昆明市经济发展中的支撑作用”主题进行大会发言。熊瑞丽指出，产业园区是经济发展的引擎和载体，要发挥政协优势，凝心聚力，助力园区经济高质量发展；各级各部门要向改革要动力、向创新要活力，从体制机制、规划制定、扶持措施等方面加大支持力度；园区自身也要在优化营商环境、创新招商引资方式、完善设施配套等方面加大工作力度，政企合力、爬坡过坎。

【重要活动】 熊瑞丽调研昆明市部分企业复工复产情况。2月12～13日，市政协主席熊瑞丽率队赴昆明经开区、高新区调研部分企业复工复产情况。调研组先后来到云南锡业锡材有限公司、昆明雪兰牛奶有限公司、昆明百加利有限公司、云南省细胞工程中心有限公司、昆药集团股份有限公司，深入了解企业复工复产情况，现场协调解决物流、用工等方面存在的困难和问题。熊瑞丽对企业在疫情防控中表现出的大局意识、奉献精神给予充分肯定。她强调，各级各有关部门要坚持一手抓疫情防控，一手抓复工复产，精准科学地将各项防控措施落地落细落到位，全力帮助企业复工复产，按照疫情防控和企业复工要求，做好精细化管理，确保“一个人都不出问题”，同时坚定信心，用好用活各项政策，逐步解决存在的难题，助力全市经济按下“快进键”。市政协副主席董林，秘书长许绍忠参加调研。

2020年2月，市政协主席熊瑞丽（前排右三）率队调研部分企业复工复产情况
（市政协　供稿）

省政协到昆就“禁止非法野生动物及其制品交易革除滥食野生动物陋习”开展深入调研。3月6日，省政协副主席何波率调研组到昆明市部分县区，实地查看石林龙晖犀牛繁育中心、汤池凤曦蓝孔雀养殖基地、世博花鸟市场等。何波强调，云南是传统的野生动物养殖大省，种类繁多且具有规模。各级党委、政府要切实提高政治站位，把思想统一到中央、省委的决策部署上来，统一到全面贯彻全国人大做出的决定上来，加强野生动物管理，认真分析研判相关产业发展，一方面要科学引导养殖企业转型，一方面要给予合理有效支持，帮助企业渡过难关，扶持贫困户脱贫摘帽。市政协主席熊瑞丽陪同调研并表示，市政协将按照中央、省、市的安排部署，继续深入了解全市野生动物养殖情况，在产业发展和脱贫攻坚方面多做调研和思考，提出更有针对性的野生动物保护建议，保障人民生命健康安全，助推全市顺利打赢脱贫攻坚战。市政协副主席胡炜彤、秘书长许绍忠参加调研。

市政协召开推进“协商在基层”工作座谈会。3月24日，召开全市政协推进“协商在基层”工作座谈会，市政协主席熊瑞丽主持会议并讲话。会议贯彻落实中央、省委、省政协和市委部署要求，部署交流全市政协推进政协协商与基层协商有效衔接工作。副主席刘绍安、秘书长许绍忠参加会议。熊瑞丽强调，积极推进政协协商与基层协商有效衔接，把政协制度优势转化为参与社会治理的效能，是人民政协贯彻落实中共十九届四中全会和中央政协工作会议精神的重要举措，也是推动政协工作向基层延伸，搭建协商平台，服务基层群众，促进基层社会治理的积极探索。做好“协商在基层”工作，要围绕党政关注重点、改善民生痛点、社会治理难点等问题，精选协商议题，深耕细作，把党的重大政策部署宣传到基层群众，同时把涉及群众利益“急难愁盼”的社情民意反映上来，当好党政“连心桥”。主城区和相关县（区）政协主席、副主席参加会议。

市政协召开支持企业政策落实协商座谈会。4月7日，市政协召开支持企业应对疫情稳定经济增长相关政策落实情况协商座谈会。12位企业家政协委员代表围绕企业复工复产情况，以及现有政策的落实进行介绍和协商建言。与会的13家市级有关部门负责人介绍援企惠企政策出台、落实情况并现场回答提问。熊瑞丽主席出席会议并讲话，指出：要增强信心，坚定坚决打赢疫情防控阻击战、保持经济社会平稳健康发展的决心；企业家委员要把责任扛在肩上，把企业发展融入全市经济发展大局，为全市经济高质量发展做出积极贡献。熊瑞丽强调：要勠力同心，抓实抓细支持企业应对疫情稳定经济增长相关政策落实到位；企业要把政策学习好、领会好、运用好；市级相关部门要把工作做深做透做细，把服务送到企

2020年12月，召开全市政协系统“协商在基层”工作推进会　（市政协　供稿）

业，不遗余力推动政策的落实。副主席胡炜彤主持会议，副主席董林、秘书长许绍忠参加会议。

政协委员建言昆明市应对公共危机能力建设。6月29日，市政协召开十三届二十次常委会会议，会议围绕“加强应急管理机制建设，提高昆明市应对公共危机的能力”开展协商议政。会前，市政协领导带队，分为3个调研组围绕“加强公共卫生应急管理体系建设”“协同提高应对公共危机能力”“加强应急交通运输和物资保障”开展专题调研。会上，调研组牵头人，7名政协常委、委员做大会发言，20名委员进行书面交流，73名委员参与网络协商议政，42个市级相关部门负责同志列席会议。委员们提出构建集中统一权威高效的应急管理体制、健全协调顺畅专业高效的应急保障体系、建设专常兼备灵活机动的应急救援队伍、构建平战结合防处一体的应急服务体系、打造共建共享参与有序的防控阵地5方面20条意见和建议，为昆明市加强应对公共危机能力建设建言献策。

助力统筹疫情防控和经济社会发展。面对突如其来的新冠肺炎疫情，市政协紧跟市委部署，闻令而动，第一时间发出倡议，号召全市政协组织和委员投身疫情防控。广大委员和市海联会理事积极响应，或参与一线抗疫，或捐款捐物、建言献策，委员捐款650多万元，捐赠防疫物资120余万件，反映社情民意154篇，提出战“疫”建议300多条。市政协领导多次带队督导疫情防控和复工复产，召开企业家委员座谈会，凝聚发展共识，传递必胜信心，推动惠企政策落实。疫情防控常态化后，围绕革除滥食野生动物陋习、加快疫苗产业发展、做好“六稳”工作、落实“六保”任务等开展协商议政，助力经济社会长期向好发展。在战“疫”大考中，全市政协组织和委员体现家国情怀，交出政协答卷。

市政协成立专家库为昆明高质量发展建言献策。9月25日，市政协举行专家库成立仪式暨专家咨询会，会议宣读《政协昆明市第十三届委员会关于聘请市政协专家库专家的决定》，市政协主席熊瑞丽出席会议并为首批受聘的75名专家颁发聘书。熊瑞丽表示，爱昆明、建设昆明是大家义不容辞的责任，希望专家学者发挥“智囊团”作用，围绕区域性国际中心城市建设目标，为推进“一个枢纽、四个中心、三大品牌”建设以及“十四五”规划的编制建言献策，以专家库为平台积极开展调查研究，提出真知灼见，为昆明从外在风貌到内在品质的提升贡献“金点子”。市政协副主席刘绍安主持会议，秘书长许绍忠参加会议。

市政协启动“书香政协”读书活动。9月28日，市政协举办“书香政协”读书活动启动仪式，市政协主席熊瑞丽宣布活动启动，并为参加仪式的市政协委员代表、市级各民主党派人民团体领导、市政协机关干部职工代表赠送《习近平谈治国理政（第三卷）》《昆明读本》等书籍，引导广大委员自觉把读书活动向履职聚焦，把读书的收获转化为做好政协工作、履职尽责的过硬本领，为高质量推进区域性国际中心城市建设提供政协智慧。副主席刘绍安主持启动仪式，副主席朱燕、董林、胡炜彤、李冰晶，一级巡视员夏静，秘书长许绍忠出席活动。

政协委员建言昆明市产业园区发展。9月28日，市政协召开十三届二十一次常委会会议，围绕“提高产业园区在昆明市经济发展中的支撑作用”开展议政建言。7～9月，市政协分3个调研组，在分管副主席的带领下，采取实地走访、外出考察学习、座谈协商等方式开展一系列的调查研究，并组织政协委员进行网络协商议政活动。会议期间，3个调研组和来自不同界别常委、委员和党派团体代表共11人围绕主题做大会发言，12名委员进行书面交流。委员们提出完善规划定位、加快产业转型升级、实施创新发展战略、盘活存量建设用地、完善园区平台功能、强化人才支撑、完善园区管理体制机制、加大政策扶持力度等8个方面意见，为昆明市经济社会高质量发展提出意见和建议。

市政协召开委员座谈会助力“十四五”规划编制。11月2日，市政协主席熊瑞丽主持召开昆明市“十四五”规划工作政协委员座谈会，听取市发展改革委主任郭志宏介绍昆明市“十四五”规划纲要编制情况，来自市政协不同界别的9名委员围绕主题建言献策。熊瑞丽指出，“十四五”时期是中国在全面建成小康社会基础上开启全面建设社会主义现代化国家新征程的第一个五年，也是昆明市推进高质量发展、建设区域性国际中心城市的重要战略机遇期，做好“十四五”规划编制意义重大。各位委员要更好地发挥联系面广、专业性强的优势，抓住全市经济社会发展中的难点、热点、痛点问题，多开展前瞻性、系统性的调查研究，汇聚“金点子”，提出更多针对性、可行性强，有价值、有水平的意见和建议，确保“十四五”规划成为推动昆明高质量发展、建设区域性国际中心城市的行动总纲。副主席刘绍安、朱燕、董林、胡炜彤、李冰晶，一级巡视员夏静，秘书长许绍忠参加会议。

“书香政协·委员阅读研学基地”挂牌成立。11月12日，昆明“书香政协·委员阅读研学基地”在花千谷阅读小镇挂牌成立。花千谷阅读小镇是由市政协常委、新知集团董事长李勇创建的特色文化小镇。市政协在此建设“书香政协·委员阅读研学基地”，在全国政协系统尚属前列。市政协一级巡视员夏静出席挂牌仪式并参加首场委员交流研学活动。夏静要求，政协委员要深刻理解“书香政协”读书活动的精神内涵，时刻牢记承担的政治责任，把读书作为终身追求的一项基本功。要深刻体会“共建共享共用”的关键要义，利用委员资源、整合社会资源联动建设阅读研学基地。要把研学成果转化为参政议政的履职成果，发挥委员的主体作用，致力打造

"书香政协·委员阅读研学基地"建设昆明模式。

合力创建全国文明城市。市政协机关和广大委员深度参与创文工作，开展民主监督、社情民意反映、志愿行动等形式多样的活动。按照市委部署，对创文工作开展专项督查，组成由市政协领导带队、各部门参加的3个督查组，采取"线上＋线下、明察＋暗访、督查＋推动"等方式，到主城各区，针对市容市貌、交通秩序、城市精细化管理和爱国卫生"七个专项行动"等工作开展现场督查，先后督促检查40多次，发现问题、督促整改，对突出问题形成专报，促进解决难题。开展"文明城市齐心创·人民政协在行动"活动，就执法管理、文明社区建设等30项具体工作把脉开方，全力推动昆明市创建为第六届全国文明城市。

市政协集中督察东川区全面深化河长制工作。11月30日，市政协主席、市级河长制副总督察熊瑞丽率队对东川区开展全面深化河长制工作的集中督察。督察组现场查看小江东川段河道治理、尾矿库治理、小江中段水质情况，走访小江上游主要支流水污染防治工程项目，了解入江主要河道雨污分流、农业面源污染防治、人工湿地建设等工作。熊瑞丽指出，治理小江就是保护长江，是保证东川人民生命财产安全的需要，是保障广大人民群众基本口粮的需要，是协调流域治理开发保护与经济社会发展的需要，也是保障龙东格高速公路安全畅通的主要措施。她要求，要提高认识，增强政治自觉，深入学习贯彻习近平生态文明思想，转化为保护治理的具体思路、举措和办法；要压实各级河长责任，加强对各级河长履职的督察督导；要全面做好反馈问题的整改落实，确保按时按序全面整改到位，以"绿我涓滴、会它千顷澄碧"的决心，全力以赴、持之以恒地抓好小江流域保护治理工作。副主席刘绍安、朱燕、董林、胡炜彤，一级巡视员夏静，秘书长许绍忠参加督察。

全市政协贯彻落实中央、省委、市委政协工作会议精神推进会暨全市政协工作经验交流会召开。12月9日，全市政协贯彻落实中央、省委、市委政协工作会议精神推进会暨全市政协工作经验交流会召开。上午，与会人员实地参观市政协委员书屋（新知集团花千谷阅读小镇）。下午，7家县（市、区）政协和市政协民宗委围绕不同主题做会议交流发言，从不同角度介绍贯彻落实中央和省委、市委政协工作会议精神的创新举措、进展成效和经验体会，以及开展读书活动、"协商在基层"等方面的情况。熊瑞丽指出，全市两级政协组织不断深化做好新时代政协工作的思想认识，党委强化领导责任，为加强和改进人民政协工作营造良好氛围，政协组织聚焦主责主业，专门协商机构建设取得新进展，广泛凝聚共识工作有序推进，委员在政协工作中的主体作用更加突出，县（市、区）政协"两个薄弱"问题逐步得到解决，全市政协事业发展呈现新格局新面貌新气象。她要求，要毫不动摇坚持党对政协工作的全面领导，在发挥专门协商机构作用上更加有所作为，在广泛凝聚共识上更加富有成效，不断扩大"协商在基层"工作的影响力，推动中央和省委、市委政协工作会议精神落地、开花、结果。副主席刘绍安、董林、胡炜彤，一级巡视员夏静，秘书长许绍忠参加会议。

附：2020年度重点提案简介

一、关于严控和防范网约车以租代购模式引发地方性金融风险的建议

提案人：市民革

承办单位：市交运局

协办单位：市公安局、市市场监管局、市商务局、市金融办

主要内容：近年来，网约出租汽车行业发展迅猛，网约车"以租代购"模式开始出现，并有不断扩大的趋势。据了解，目前昆明市取得网约车经营许可的网约车平台公司共18家，其中7家平台公司涉嫌"以租代购"，共涉及合作租赁公司67家、车辆6 398辆、金额9.46亿元，其中未还款总金额4.95亿元。这一问题如不及时有效应对，极易引发地方性金融风险，触发新的社会不稳定现象。针对存在的问题，市民革提出进一步完善联合监管工作机制、开展对非法宣传专项整治行动、加强对采用"以租代购"模式新增的网约车在融资贷款环节进行管控、妥善处理现存"以租代购"车辆可能产生的金融问题、严厉打击涉金融犯罪专项行动等建议。

二、关于加强红军长征过昆明遗存保护利用工作的建议

提案人：市政协文史委

承办单位：市文化和旅游局

协办单位：市委党史研究室、市自然资源规划局

主要内容：昆明是一个具有光荣革命传统的城市，红军长征两次过昆明，留下了珍贵的革命遗存。保护利用好这些遗存，具有重要的历史价值和现实意义。目前，红军长征遗存保护及利用存在着遗存的保护仍然有差距，尚有14处遗存未列入文物保护单位进行保护；红军长征遗存保护利用缺乏整体规划；部分遗存管理的责任主体不够明确；保护和维修经费仍然缺乏；对红军长征的研究及遗存的保护利用不足的问题。针对存在的问题，市政协文史委提出高标准编制红军长征过昆明遗存的保护利用规划；突出做好红军巧渡金沙江历史的挖掘和纪念馆的建设；建设红军二、六军团长征过昆明纪念馆；高水平设计红军长征旅游线路，助力禄劝、寻甸、东川脱贫巩固提升；切实加强红军长征过昆明历史的研究和宣传力度等建议。

三、关于推进昆明市工业固废综合利用助力打好污染防治攻坚战的建议

提案人：市民盟

承办单位：市工业和信息化局

协办单位：市发改委、市生态环境局

主要内容：工业固废综合利用是指将大宗工业固体废物用于提取有价组分，进行资源化、减量化和无害化的过程，主要可用于生产建筑材料、环保材料和其他材料，填筑路基，建筑工程回填，生产肥料，改良土壤等。昆明市工业固废产生主要以磷石膏、尾矿和冶炼废渣为主，在处置和综合利用当中存在种类多、数量大、处理难度大，磷石膏的处置严重制约昆明市工业固体废物资源化水平，各行业资源化利用水平不均衡，资源化利用存在地区差距的问题。针对存在的问题，市民盟提出加快固体废物综合利用研究；制定健全的产业政策，促进工业固废综合利用健康发展；推动工业固废综合利用生态园区建设，强化创新驱动；严格进行环境影响评价工作；建立健全并落实资源化综合利用激励政策机制；建立一般工业固体废物贮存、处置及资源化利用技术信息共享模块等建议。

四、关于在昆明市加快开展长期护理保险制度试点的建议

提案人：闫晓陵

承办单位：市医保局

协办单位：市民政局、市卫健委

主要内容：当前快速老龄化成为无法回避的现实，“一人失能，全家失衡”成为百姓的生活常态。如何对失能人员进行保障，为失能家庭解除烦恼，已成为社会的客观需求。根据国家医疗保障局的统计，自2016年实施试点以来，长期护理险15个试点城市和2个重点联系省2019年的参保人数达8 854万人，享受待遇42.60万人，年人均基金支付9 200多元。2020年是试点工作的第4年，试点进展顺利。从全国整体情况来看，失能人员4 000多万人，长期护理保障还有很大缺口，开展长期护理险工作已成为人民群众的刚需。昆明市是云南省的省会城市和唯一的特大城市，开展长期护理保险试点意义重大，是建设“中国健康之城”的必然要求。目前，昆明市开展长期护理保险制度存在昆明护理产业发展相对滞后，护理服务机构数量较少，服务能力不足，服务供给体系及需求评估体系尚未建立，商业长期护理险产品保障责任设置和履行都缺乏基础的问题。从全国试点城市来看，长期护理保险目前还是以医保基金划拨和财政补贴为主，筹集资金渠道单一，而且尚未建立健全相关的政策法规，不利于医保基金的安全稳定运行。针对存在的问题，结合全国试点城市的做法和经验，闫晓陵委员提出创新经办服务与管理机制，长护保险实行管办分离。市医疗保险经办机构负责长护保险的监督管理工作，通过购买服务方式，委托商业保险公司等第三方机构负责长护保险的失能人员认定、费用审核、结算支付、稽核巡查、定点机构日常监管、居家护理服务提供情况监管、失能人员生存认证、待遇支付等业务经办工作。加快长期护理保险系统平台建设，推进“互联网+”创新技术应用；长护定点机构的管理与服务要建立健全对长护定点机构和从业人员的协议管理和监督稽核等制度。市医疗保障局会同市卫生健康委、市民政局等部门，采用遴选方式，确定长护保险定点机构。医疗保险经办机构与长护定点机构签订服务协议，实行协议管理。长护定点机构按照服务协议约定，提供长期护理服务，由负责经办的商业保险公司进行日常的监督管理。长护定点机构应履行长护保险服务信息公开的义务，并切实提高服务水平，完善服务流程，建立一整套的服务标准、长期照护服务体系，为广大失能人员提供适宜的、专业的、满意的长期护理服务等建议。

五、关于促进住宅物业法制化、标准化、信息化建设的建议

提案人：市民建

承办单位：市住房和城乡建设局

协办单位：市委社工委

主要内容：住宅物业服务是和城市居民接触最紧密的行业，物业管理工作已经成为联系千家万户并受到全社会关注的焦点。目前，部分小区物业服务存在着法律、法规、规章体系不配套；小区、物业企业基础信息不清；公共区域权属不清、公共收益管理混乱，管养维护缺失，部门监管乏力；业主主体意识不强，业委会成立比例低，成立周期长，业委会运作不规范等问题，不仅影响了物业小区的和谐稳定，更制约了物业行业的健康发展。针对存在的问题，市民建提出出台一项法规，尽快制定出台《昆明市物业管理条例》；建立一个物业诚信体系平台；培育业委会和物业企业两个主体；解决两个主要矛盾，即一个是出台小区公共收益管理办法，明确并细化公共收益的范围、内容，明确公共收益的使用范围、使用的流程和要求，使用后的验收评价，确保公共收益合理使用。另一个是建立有效的物业收费调控机制，既解决“调价难”，也限制“任性涨”；下沉物业监管，推进各部门工作覆盖，形成联动运行机制等建议。

六、关于健全民营经济统计监测指标体系的建议

提案人：董林

承办单位：市统计局

协办单位：市工商联、市工业和信息化局

主要内容：昆明市民营经济已成为昆明市经济增长的重要动力、解决就业的重要渠道，在稳定增长、促进创新、增加就业、改善民生等方面发挥了重要作用，在昆明市经济社会发展中的作用日益凸显。及时统计民营经济涉及的各项统计数据，是党委、政府和相关部门进行科学决策的重要

依据，也是推进民营经济发展的一个重要保障。但目前对民营经济的统计监测指标体系还未规范，没有完整的民营经济统计监测制度，各项数据分散于各职能部门分管的领域，造成相关部门的统计指标不规范，统计内容不完整，不能及时准确地反映全市民营经济发展的真实状况；民营经济的统计监测还存在资源整合与信息共享不充分，统计调查队伍建设滞后，民营市场主体上报数据不及时、不完整、不真实、不准确等问题，相关部门的统计截止时间和发布时间也不统一，且准确度较低，时效性较差，信息共享度不高。针对存在问题，董林委员提出健全民营经济统计监测指标体系；统一相关部门的统计口径；整合资源实现信息共享；加强统计调查队伍建设等建议。

表6　市政协2020年度优秀提案表（47件）

序号	提案号	提案人	案由	主办单位	协办单位
1	134014	杨晓冬	关于疫情后进一步支持昆明市中小微企业发展的建议	市工业和信息化局	市工商联、市财政局、市政务服务管理局
2	134026	市政协教科卫体委	关于加强我市乡镇卫生院医疗卫生服务能力建设的建议	市卫生健康委	市财政局、市人力资源和社会保障局、市医保局
3	134030	毕晓芬	关于让灯光秀项目助力昆明夜经济发展的建议	市城市管理局	市文化和旅游局、市商务局
4	134032	段　伟	关于在市场监管制度中充分吸纳社会中介组织力量科学推进减证便民的建议	市市场监管局	
5	134036	钟佳文	关于从优秀村干部中培养选拔乡镇少数民族干部的建议	市委组织部	市委统战部、市民族宗教委、市人力资源和社会保障局
6	134050	民革昆明市委	关于促进“夜经济”新动能发展的建议	市文化和旅游局、市商务局	
7	134059	陈　嵩	关于推动绿色食品品牌经济发展的建议	市农业农村局	市市场监管局、市工业和信息化局
8	134061	汤　萍	关于加大对昆明签约文艺家制度扶持力度的建议	市委宣传部	市文联、市财政局
9	134064	民革昆明市委	关于严控和防范网约车以租代购模式引发地方性金融风险的建议	市交通运输局	市公安局、市市场监管局、市商务局、市金融办
10	134066	市政协社法委	关于进一步支持检察机关落实好公益诉讼制度的建议	市检察院	市司法局
11	134077	者培仙	关于将石林县圭山申报为云南省红色旅游爱国主义教育基地的建议	市委宣传部	市文化和旅游局
12	134081	市政协人资环委	关于加快推进“春城高原绿道网”建设，助力“中国健康之城”品牌打造的建议	市自然资源规划局	市住房城乡建设局、市卫生健康委
13	134091	王　杰	关于提升昆明普惠幼儿园教育品质的建议	市教育体育局	市发展和改革委、市财政局
14	134112	杨昆慧	关于完善昆明市审计制度，加强内部审计的建议	市审计局	
15	134114	杨　成	关于在昆明历史文化名城建设中加大对非遗项目所属地基层投入的建议	市委宣传部	市文化和旅游局
16	134131	严　英	关于在昆明市城区街道办事处以党建带群建深入推进基层治理的建议	市委组织部	
17	134140	市侨联	关于推进公益性体育设施建设，加快实施“15分钟体育建设圈”的建议	市教育体育局	
18	134141	毕娇娇	关于培育和发展体育产业的建议	市教育体育局	市文化和旅游局
19	134148	杨　慧	关于建立昆明市涉税专业服务机构备选库的建议	市税务局	

续表

序号	提案号	提案人	案由	主办单位	协办单位
20	134153	市政协外事委	关于加强我市疫情防控国际合作的建议	市外办	市工业和信息化局、市财政局、市商务局、市卫生健康委
21	134166	民进昆明市委	关于将昆明建设成为区域性国际优质医疗服务中心城市的建议	市卫生健康委	市发展和改革委、市工业和信息化局、市科技局
22	134174	民进昆明市委	关于进一步推进我市“互联网＋”模式在基层社会治理中应用的建议	市委社会工委	市工业和信息化局、市政务服务局、市民政局
23	134192	唐　翀	以长水航空枢纽交通规划建设为引擎，全面强化昆明作为区域性国际中心城市的地位的建议	市交通运输局	官渡区政府、市商务局
24	134206	朱彬彬	关于加强昆明市社会治理体系工作，打造平安和谐昆明的建议	市委政法委	市法院、市公安局、市司法局、市委社会工委、市民政局、市财政局
25	134222	民盟昆明市委	关于探索利用线上线下教育融合模式提升薄弱县区薄弱学校教育质量的建议	市教育体育局	
26	134239	杨利勤	关于我市都市驱动型县域经济发展战略的对策建议	市委农办	市扶贫办
27	134242	市政协文化文史和学习委	关于加强红军长征过昆明遗存保护利用工作的建议	市文化和旅游局	市委党史研究室、市自然资源规划局
28	134243	市政协民宗委	关于创新发掘民族团结进步示范品牌资源，打造民族文化最新文旅项目的建议	市文化和旅游局	
29	134248	邓水云	关于深入推进我市市域社会治理现代化工作的建议	市委社会工委	市委政法委
30	134251	市政协经农委	关于积极申报国家新能源汽车推广示范城市，促进新能源汽车产业健康发展的建议	市工业和信息化局	市发展和改革委、市商务局
31	134256	朱书生	关于科技创新发展林下中药材产业助力乡村振兴的建议	市农业农村局、市林草局	
32	134261	民盟昆明市委	关于推进我市工业固废综合利用助力打好污染防治攻坚战的建议	市工业和信息化局	市发展和改革委、市生态环境局
33	134281	农工民主党昆明市委	关于昆明市发展全生命周期健康管理产业的建议	市卫生健康委	市工业和信息化局、市医保局、市大健康办
34	134284	市台联	关于构建昆明市农业社会化服务体系的建议	市委农办	市发展和改革委
35	134305	闫晓陵	关于在昆明市加快开展长期护理保险制度试点的建议	市医保局	市民政局、市卫生健康委
36	134313	致公党昆明市委	关于加强移民搬迁中保护民族文化的建议	市发展和改革委	市文化和旅游局、市民族宗教委
37	134349	九三学社昆明市委	关于发挥我市智慧停车技术优势，解决医疗机构停车难及道路拥堵问题的建议	市交通运输局	市公安局、市卫生健康委
38	134357	民建昆明市委	关于促进住宅物业法制化、标准化、信息化建设的建议	市住房和城乡建设局	市委社会工委
39	134373	刘　凌	关于规范行政执法行为、切实优化营商环境的建议	市政务服务局	市司法局、市工商联
40	134375	毕春华	关于培育昆明市未成年人司法社工队伍的建议	团市委	市司法局、市委社会工委、市人力资源和社会保障局
41	134377	九三学社昆明市委	关于将昆明市打造为区域性国际绿色会展之都的建议	市商务局	市发展和改革委

续表

序号	提案号	提案人	案由	主办单位	协办单位
42	134388	民建昆明市委	关于加强昆明市主城区餐厨垃圾收集处置及运行管理的建议	市城市管理局	市发展和改革委
43	134400	段昌群	关于顺势而为谋划“十四五”，优化昆明发展格局，为滇池水环境持续好转和昆明市跨越发展提供强有力的永续支撑的建议	市自然资源规划局	市发展和改革委、市生态环境局、市滇池管理局
44	134420	阮鸿献	关于充分发挥昆明市零售药店慢病服务价值的建议	市医保局	市市场监管局、市卫生健康委
45	134454	董　林	关于健全民营经济统计监测指标体系的建议	市统计局	市工商联、市工业和信息化局
46	134456	市工商联	关于设立昆明市“企业家日”的建议	市工业和信息化局	市市场监管局、市工商联、市商务局
47	134465	市政协提案委	关于构建中国（云南）自由贸易试验区昆明片区金融开放创新服务体系的建议	自贸区昆明片区（经开区）	市发展和改革委、市金融办

（尹丽花）

中国共产党昆明市纪律检查委员会
昆明市监察委员会

编辑：陈智容

【概况】 2020年，在省纪委省监委和市委的坚强领导下，全市各级纪检监察机关增强“四个意识”、坚定“四个自信”、做到“两个维护”，忠实履行党章和宪法赋予的职责，一体推进疫情防控、经济社会发展、监督执纪执法，一体推进不敢腐、不能腐、不想腐，一体推进纪检监察“三项改革”，着力肃清白恩培、仇和特别是秦光荣流毒影响，充分发挥监督保障执行、促进完善发展作用，全市纪检监察工作在高质量发展上迈出坚实步伐，党风廉政建设和反腐败斗争不断向纵深发展。

【市纪委十一届五次全会】 2020年1月19日，中共昆明市纪律检查委员会召开十一届五次全会，出席会议的市纪委委员32人，列席103人。省委常委、市委书记、滇中新区党工委书记程连元出席全会并讲话，市委常委、市纪委书记、市监委主任杨正晓主持并传达学习习近平总书记重要讲话和十九届中央纪委四次全会、省纪委十届五次全会及十一届市委八次全会精神，总结2019年纪律检查工作，部署2020年任务。会议审议通过杨正晓代表市纪委常委会所做的《牢记初心使命 忠诚履职担当 为推动区域性国际中心城市建设迈上新台阶提供坚强保障》工作报告。市委常委，市人大常委会、市政府、市政协领导，市中级人民法院院长、市人民检察院检察长出席会议；有关方面负责人参加会议。

【政治建设】 把党的政治建设摆在首位。2020年，市纪委常委会牢牢把握纪检监察机关政治属性，一以贯之学习贯彻习近平新时代中国特色社会主义思想，重点围绕习近平总书记考察云南重要讲话精神、《习近平谈治国理政（第三卷）》等主题，开展8次集中学习研讨，发挥领学促学作用。持续跟进学习习近平总书记重要讲话、重要指示批示精神和党中央、中央纪委国家监委有关会议、文件精神，召开常委会会议专题传达13次，切实把思想和行动统一到党中央的决策部署上来，践行“两个维护”坚决有力。认真学习贯彻党的十九届五中全会精神，深刻领会把握新发展阶段对纪检监察工作的新要求，以新理念引领新实践。

【政治监督】 突出重点开展政治监督。严明政治纪律，坚决纠正政治意识淡化、政治功能缺失等问题，查处违反政治纪律案件29件32人。紧紧围绕贯彻“三个定位”“五个着力”、区域性国际中心城市建设等重大决策，打好“三大攻坚战”、滇池保护治理、生物多样性大会筹备等重大工作部署强化政治监督，把“两个维护”落到实处。开展历史文化遗产保护工作专项监督，督促全市集中开展自查自纠，推动城市更新改造项目规划增设“历史文化遗产保护专篇”，擦亮昆明历史文化名城“金名片”。

【疫情防控监督】 稳慎有效做好疫情防控监督。自觉服从服务于疫情防控工作大局，针对疫情防控不同阶段特点，坚持派单出击、一线监督、联席办理，统筹兼顾、张弛有度开展监督检查，对一般性问题以警示教育和督促整改为主，提醒谈话、批评教育占追责处理人数的92.70%，推动党员干部凝心聚力、众志成城、共克时艰，市纪委市监委被评为“云南省抗击新冠肺炎疫情先进集体”。

【创新监督工作理念方式】 推动“两个责任”贯通融合。把履行协助职责和监督专责有机结合，组织县（市、区）、开发（度假、园）区党（工）委书记专题报告履行主体责任情况，协助市委开展党风廉政建设责任制检查考核，对考核评定为基本合格的单位党政主要负责人、纪委书记（纪检监察组长）进行约谈，严肃问责落实“两个责任”不力的党组织27个、党员领导干部389人，推动履职尽责。加大对同级和下级党组织特别是“关键少数”的监督力度，开展市管干部任前廉政谈话11批412人次，回复党风廉政意见171批5 634人次，查处“一把手”违纪违法58人。

提升监督科学性精准度。深化运用“1+4+2+X”单元制监督机制，整合力量，实现联合、联谋、联动，强化“动车组”效应。出台监督工作分色管理办法，对监督单元组和人员按考核分值高低，划分为蓝、绿、黄、红四种颜色予以激励或惩处，以有形量化提升监督质效。充分运用信息技术手段构建监督支点，建成使用覆盖市、县两级的检举举报平台处置子平台和覆盖派驻纪检监察组、乡镇一级的检举举报平台基层版，整合“单元制监督管理系统”和“节假日纪律作风监督检查报表系统”等分散资源，打破“信息孤岛”，实现监督成果共享互通。优化升级“昆明市党风政风监督管理平台”，收录全市100多家责任单位“廉情”数据，形成《“廉情画像”分析报告》。构建以科技为支撑、以制度为保障的“智慧监督”新模式。

深化政治巡察和巡视巡察整改。紧扣“三个聚焦”监督重点，穿插使用常规巡、“专项”巡、统合巡等方式，提前一年完成本届市委任期内巡察全覆盖任务，全市村级巡察覆盖率达100%。研发“巡视巡察数据分析系统”，提升巡察质效，受到中央巡视办、省纪委省监委肯定。落实巡察反馈“双汇报”“双出席”制度，针对巡察发现的领域性和突出性问题，向相关市级领导印送《“一岗双责”提示函》，压实分管领域整改责任。全力做好省委巡视昆明11个县（市、区）有关工作，督促抓好巡视反馈意见整改落实。

推动监督既有力度又有温度。坚持惩前毖后、治病救人，综合考虑事实证据、思想态度和量纪执法标准，准确妥善运用“四种形态”处理4 943人次，第一、第四种形态分别占65.30%、9.90%，惩治极少数、管住大多数的成效更加显现。推进政治关爱式谈话，提高与监督对象见面率，增强监督仪式感、神圣感。统筹用好教育、帮扶手段，帮助干部变“有错”为“有为”。

【坚持标本兼治】 坚持“严”的主基调不动摇。突出重点削减存量、零容忍遏制增量，全市各级纪检监察机关立案1 668件，留置164人，处分党员和公职人员1 524人，移送检察机关201人，挽回经济损失5.60亿元。把留置点建设作为反腐败斗争的基础性工作来抓，完成市级留置场所建设并投入使用，组建省、市共用留置看护支队，晋宁区建成市级留置分点。制定留置场所管理办法，探索研发“留置业务综合管理平台”，实现监管分离、全程管控。创新留置数据分析系统，可视化研判全市职务违法犯罪基本情况，为审查调查插上科技翅膀。出台办案成本核算管理规定，建立“‘两书’督办＋提醒约谈”督促机制，提高问题线索处置率，助推审查调查提质增效。

坚决肃清秦光荣流毒影响。严格落实“八个坚决肃清”要求，持续开展“肃流毒、除影响、清源头、树正气”专项行动，在全市深入推进警示教育和家风教育“三个一”系列活动，组织12.41万名党员、干部观看《政治掮客苏洪波》《围猎·行贿者说》等警示片，会同妇联等部门开展“传承好家风、好家训”“廉政家访”等主题活动。协助职能部门制定《昆明市构建亲清政商关系行为清单》，斩断“围猎”与甘于被“围猎”的利益链，修复净化政治生态持续向深层发力。

推进系统综合施治。深挖案件背后的深层次问题，向有关职能部门发出纪检监察建议338份，督促堵塞漏洞、健全制度。加大典型案例剖析和宣传力度，《“天网”下终结的漫漫逃亡路》警示教育片在中央纪委国家监委网站、云南卫视《清风云南》栏目同步播出，引起强烈反响。举办面向公众开放的“清风沐春城·廉韵润人心”廉洁文化展，观展人数达3.73万人次。深入挖掘廉政资源，在全市提升打造基层党风廉政建设示范点108个，以点带面，放大廉政教育效果。制订《重要敏感舆情应对处置预案》，组建专职信息员队伍，建立黄、红、橙三色预警制度，定期分析研判，强化网络舆情监督。改版升级“清风春城”微信公众号，融合运用网报刊媒体平台，及时发布信息，通报典型案例，讲好反腐倡廉“昆明故事”。

【深化专项治理】 助力巩固脱贫成效。持续深化扶贫领域腐败和作风问题专项治理，处置办结问题线索1 789件，问责209人，党纪政务处分227人。紧盯中央专项巡视“回头看”、脱贫攻坚成效考核等发现问题整改情况开展“小巡查”，市纪委市监委班子成员带队对脱贫摘帽县开展蹲点监督，现场协调处置问题255个，督促有关部门解决76个，推动脱贫成效不断巩固提升。

深入整治群众反映强烈问题。坚决铲除涉黑涉恶腐败和“保护伞”，自扫黑除恶专项斗争开展以来，受理问题线索2 961件，立案439件，党纪政务处分334人，移送司法74人。开展人防系统腐败问题专项治理，处置问题线索193件，追责问责94人，立案47人，留置4人。坚持分行业分领域深入排查，常态长效治理“微腐败”，聚焦与群众生活息息相关的食品药品安全、教育医疗、生态环保等方面突出问题，查处侵害群众利益问题1 421件，处理1 974人。

【持续纠治“四风”】 持之以恒落实中央八项规定精神。紧盯重要时间节点，列出问题清单，在全市开展“交叉式”“推磨式”检查，持续纠治违规发放津补贴、收送红包礼金、私车公养等问题，查处违反中央八项规定精神问题249个，追责392人，通报曝光典型案例52起，释放越往后执纪越严的强烈信号。认真贯彻落实习近平总书记重要指示精神，严查享乐、奢靡问题，坚决制止餐饮浪费行为。坚持整治突出问题和堵塞漏洞并重，制订贯彻落实中央八项规定精神正负面清单实施方案，督促主责部门积极作为，织密监督网。

坚决整治形式主义官僚主义。深化治理贯彻党中央和省委、市委决策部署只表态不落实、维护群众利益不担当不作为、困扰基层的形式主义等突出问题，查处形式主义、官僚主义问题69件，处理107人，查处在重大改革、重要工作中推拖滑绕、敷衍塞责等不作为、慢作为、乱作为问题461个，处分141人。持续深化政风行风“春城热线”工作，组织43家单位上线，收到市民反映问题718件，办结率达到99%。

2020年11月6日，市委常委、市纪委书记、市监委代理主任杨大庆对89名新任职或交流任职的领导干部进行任前廉政谈话 （市纪委办公室 供稿）

激励干部担当作为。认真落实“三个区分开来”要求，坚持实事求是、依规依纪依法精准问责，对近3年来问责件办理质量大起底、大检查，及时纠正、解决问责泛化虚化随意化问题，旗帜鲜明为实干者“撑腰”。进一步健全完善澄清保护机制，综合运用书面、会议、通报、当面等方式，为218名党员干部澄清正名。

【自身建设】 深化纪检监察体制改革。出台深化市纪委市监委派驻机构改革实施意见，赋予派驻机构监察权，逐步配齐配强市管企业、市属院校纪委书记。制定派驻机构监督检查审查调查措施协作配合办法，加强联动协作，推动监督全覆盖从“有形”走向“有效”，规范化法治化水平不断提升。

推进工作流程再造。建立市纪委市监委机关每月工作例会制度，健全责任落实机制，有计划、有重点地推进工作稳步有序落实。以定期报送工作要点的形式，督促各县（市、区）纪委书记、各派驻纪检监察组组长聚焦主责主业。规范公文审批流程，梳理汇编内部管理制度，出台工作经费支出管理办法，健全重大事项报告和请假报备制度，推动按规定、按原则、按程序开展工作。

从严自我监督管理。全面落实机关党建工作责任制，规范执行“三会一课”制度，出台临时党支部管理办法，市纪委市监委22个党支部全部完成标准化规范化达标创建，战斗堡垒作用充分发挥。建立纪检监察干部廉政档案和干部日常考核评价制度，制定干预执纪执法工作备案和责任追究办法，围绕纪检监察干部队伍建设开展“蹲点式”调研，14个县（市、区）单独设立纪检监察干部监督室，切实强化自我监督。市纪委市监委选聘10名特约监察员，主动接受社会监督。坚持刀刃向内，常态化整治纪律作风，严肃查处纪检监察干部违纪违法行为，严防“灯下黑”。

建设高素质专业化队伍。坚持以高素质队伍促进高质量发展，持续深化全员学习、全员培训、全员考试、全员大练兵，广泛开展传帮带、青老共建，对典型案例复盘辨析，提升技战术水平，孙小果案专案组受到中央、省表彰，4名先进个人受到省纪委省监委表彰，宣传报道综合考核全省排名第一。加强机关文化建设，建立干部荣誉退休制度，分级开展谈心谈话，增强队伍凝聚力，营造团结干事的良好氛围，市纪委市监委机关成功创建“全国文明单位”。

（马　栋）

民主党派·工商联（总商会）

编辑：陈智容

中国国民党革命委员会昆明市委员会

【思想政治建设】 以习近平新时代中国特色社会主义思想为指导，进一步深入学习贯彻中共中央、省委、市委有关会议精神。3月17日，民革昆明市委召开工作会，安排布置2020年度学习工作；8月7日，民革昆明市委召开专题会议，传达中共昆明市委十一届九次全会精神，同时对深入开展学习习近平总书记考察云南重要讲话精神、习近平总书记在党外人士座谈会上的重要讲话精神做出安排，并在全市民革党员中兴起学习《习近平谈治国理政（第三卷）》的热潮。10月30日，民革昆明市委召开八届十次常委会会议，第一时间组织中心学习组专题深入学习贯彻中共十九届五中全会精神。12月18日，在民革昆明市委“组织建设年”专题民主生活会前，专题部署把学习好、宣传好、贯彻好中共昆明市委十一届十一次全会精神作为当前一项重要政治任务，采取切实有效的措施，扎实做好各项工作，把全会精神贯彻落实到位。

【组织建设】 民革昆明市委在严格落实党员发展程序的同时，坚持有计划有步骤发展党员，全年完成新党员发展45人。截至2020年12月31日，民革昆明市委有党员1 101人，平均年龄58.07岁。其中，女党员449人，占46%；研究生及以上学历105人，占10%；高级专业技术职称162人，占15%。2020年，新建立47名代表人士信息数据库，并做到动态管理，及时更新。2020年下半年，直属、西山、五华、盘龙4个基层委顺利完成届中调整工作，民革昆明市委内部监督委员会、市委组宣处、区委统战部组成联合考察组，对届中调整候选人人选进行考察。10月，修订完善《民革昆明市委内部监督工作制度》《民革昆明市委领导班子民主生活会制度》。11～12月，9个基层委、1个总支陆续召开领导班子民主生活会，内部监督委员会均安排委员对会议程序和内容进行全程监督。

【参政议政】 围绕中心，服务大局，扎实做好调查研究和提案培育，坚持抓好参政议政。在昆明市两会期间，民革昆明市委及党员提交人大个人建议案1件、政协个人提案17件、政协集体提案9件。各级组织、专委会开展工作调研、界别视察活动5次。民革昆明市委各基层委、总支共向昆明市各县（市、区）政协提交提案22件，其中9篇被评为优秀提案。创新参政议政工作机制。2020年，按照昆明市政协印发《关于征集2021年度重要提案培育参考选题的通知》，民革昆明市委、市政协社法委联合提交《昆明市进一步完善诉前调解工作的对策研究》的选题，并被确定为重要提案培育课题。履行民主监督职能落到实处。民革昆明市委严格按照有关规定派员参加市政府常务会议、专题协商会等相关重要会议或活动；完成党派对口联系政府部门工作制度要求的工作目标。顺利完成脱贫攻坚民主监督工作全部工作内容，2次前往禄劝县转龙镇政府及中槽子村委会开展脱贫攻坚民主监督工作，查看台账，了解产业扶贫模式，并针对扶贫工作中的疑难问题展开交流和讨论。政党协商能力显著提升。民革昆明市委对《中共昆明市委办公室关于印发市委十一届八次全体会议报告稿（征求意见稿）》《中共昆明市委办公室关于印发市委十一届九次全体会议报告稿（征求意见稿）》《中共昆明市委办公室关于印发市委十一届十一次全体会议报告稿（征求意见稿）》，进行深入学习和研究，所提出的修改建议均得到采纳。建言献策水平不断提高。按照市委统战部工作安排，民革昆明市委全年共向中共昆明市委统战部提交《关于规范实习律师参与诉讼活动的建议》等10篇建言献策材料。围绕为昆明市“十四五”规划建言献策，向中共昆明市委提出相关建议，并在2020年11月14日召开的昆明市“十四五”规划工作暨2020年度市级各民主党派、工商联、人民团体专题调研协商座谈会议上进行专题汇报。

【社会服务】 创新完善社会服务品牌。民革昆明市委发动全市民革党员开展“我为扶贫下一单”活动，实际购买湖北、贵州农产品近3万元。5月18日，由普瑞眼科医院承办的“同心送光明健康公益行”活动正式启动。民革昆明市委对口帮扶禄劝县转龙镇中槽子村，给予3万元经费支持，用于村委会30户无厕户的户厕改建工作。开展特色法律服务活动。民革昆明市委社法委联合昆明市公共法律服务中心成立“疫情防控和复工复产专项法律服务团”，服务团分设“复工复产法律服务”“党委政府法律服务”“医护人员法律服务”“农民工法律服务”“政策法规宣讲法律服务”5个分团，为受疫情影响的中小企业提供“免费法律顾问活动”。12月4日，“法润春城·民革同行”民革昆明市委2020年宪法宣传活动在桃源广场举行，活动号召全体民革党员自觉成为宪法的忠实崇尚者、自觉遵守者、坚定捍卫者。突出民革社会服务传统特色。1月16日，民革昆明市委组织中山书画院6位书画家前往禄劝县九龙镇为现场群众书写祝福春联、传承非遗技艺，活动历时3个小时，深受当地群众欢迎。11月29日，民革盘龙区基层委组织民革党员到东川、禄劝开展“决胜脱贫攻坚·春融同心下乡”公益行活动。赴东川红土地镇花沟村“诚信·爱心超市”进行调研并对“爱心超市”进行爱心捐款。11月30日，赶赴禄劝县，详细了解以代块彝族村农业脱贫工作，并捐赠扶贫爱心款。

【疫情防控】 2020年初，民革昆明市委响应各级党委、民革中央和民革省委的号召，倾尽全力投入到“抗疫”行动中。据不完全统计，民革昆明市委机关干部职工，各基层委、总支党员捐款人民币共10.07万元，捐赠口罩1.50万个、医用面罩1 000个、酒精600升、消毒液750升、84消毒液1 250千克。在民革昆明市委助力协调下，石林县农户捐赠的30吨萝卜驰援武汉洪山区，10吨蔬菜免费配送至昆明市10余个小区，15吨黄白菜支援到一线防疫部门，将晋宁区花农捐赠的鲜花送到抵（离）昆旅客手中。12月9日，在民革中央召开的十三届四中全会上，民革昆明市委获民革抗击新冠疫情先进集体表彰。

【参加台情报告会】 11月24日，民革昆明市委祖统委和各基层委、总支党员、机关工作人员共50余人参加民革云南省委2020年台情报告会。报告会指出：祖统工作是民革的特色与重点，要认真学习贯彻习近平总书记对台工作重要论述，全面落实民革中央祖统工作的“三个坚持”指导方针。参会人员决心继承传统，发挥优势，突出祖统工作特色，进一步提升

2020年12月4日，“法润春城·民革同行”民革昆明市委2020年宪法宣传活动在桃源广场举行
（民革昆明市委员会　供稿）

民革祖统工作整体水平，为实现祖国完全统一贡献力量。

（金　漫）

中国民主同盟昆明市委员会

【概况】 截至2020年12月31日，全市共有盟员2019人，有区委1个、基层委6个、支部（小组）75个，盟员中有省、市、区政协委员83人，正科级以上实职干部32人。民盟昆明市委机关工作人员12人，其中副县级实职1人，为专职副主委李霞。2020年，民盟昆明市委获民盟中央“思想政治建设和宣传工作”“社会服务工作”“《群言》征订工作”3项先进集体表彰，获民盟云南省委“组织工作优秀集体”“思想政治建设和宣传工作先进集体”“社会服务工作先进集体”“云南民盟抗击新冠肺炎疫情工作先进盟组织”4项先进集体表彰，连续第7年在中共昆明市委统战部目督考核中名列前茅。

【思想建设】 强化思想政治教育。把理论学习与深入开展“不忘合作初心，继续携手前进”主题教育活动结合起来，开展市委会领导班子“走基层、学典型、悟初心”理论宣讲习近平总书记考察云南重要讲话精神、中共中央关于加强参政党建设“三个文件”和中共昆明市委全会精神共13场次，在思想上、政治上、行动上与以习近平同志为核心的中共中央保持高度一致。

勠力同心抗击疫情。响应盟中央号召，贯彻中共昆明市委决策部署，第一时间发出倡议，及时报道盟员在一线抗疫履职事迹22篇，组织全市各级盟组织和盟员捐款10.36万元，捐物价值32.62万元，向中共昆明市委、市政府专报做好疫情防控建议1篇，反映社情民意22期，提出意见和建议101条，对刘旭等12名抗疫先

2020年12月1日，民盟中央副主席张平参加“美美与共　天下大同——纪念费孝通先生诞辰110周年美术作品展”开幕式　（民盟昆明市委　供稿）

进盟员进行表彰。

丰富活动形式内容。开展“崇尚英雄、关爱英雄”主题活动；以纪念民盟昆明市委会成立40周年为契机，开展“不忘合作初心，继续携手前进”主题教育恳谈会和书画笔会等活动；与中共昆明市委统战部联合承办全国性纪念费孝通先生110周年诞辰“从《乡土中国》到乡村振兴”主题研讨会和“美美与共　天下大同”美术作品展。助推民盟中央在昆明的传统教育基地组群建设，闻一多公园被命名为“春融同心·昆明市统战文化基地”。

【组织建设】 抓班子，建机制。强化领导班子政治理论武装，开展中心组理论学习7次；修订完善主委、常委、全委会议议事规则、基层换届等7项制度，新出台民主生活会、内部监督、述职评议、机关纪律、考核考评等8项制度。全年共召开主委会6次、常委会2次，集体研究决定事项51项，按季度督查通报重点工作完成情况19项次，为圆满完成全年目标任务提供有力保障。

抓质量，建队伍。全年发展盟员61人，发展率达3%，平均年龄

2020年8月13日，民盟昆明市委调研监督组到东川区开展“代表委员议政日”暨民盟界别政协委员活动　（民盟昆明市委　供稿）

37.10岁，主界别占60%，其中，硕士及以上学历12人（含博士1人），占19.70%；副高级及以上职称8人，占13.10%。健全骨干盟员数据库及梯次储备人才库，建立现任班子、后备干部、代表性人士动态管理信息库；举办为期3天的盟务干部培训班，探索建立新盟员训练班，选派160名盟务骨干参加省、市统战系统盟内外学习培训；指导、服务盘龙基层委、西山基层委完成换届工作；率先在市属高校建基层组织，成立民盟昆明铁道职业技术学院支部；调整充实民盟昆明闻一多支部，新组建昆明李公朴支部；组建成立8个专委会。在参政议政、社会服务等领域开展“大调研、议政日”“党盟同行·情暖乡村”“云上黄丝带”“阅享·书香民盟读书分享会”“学习传统技艺、乐享多彩生活”等颇具特色、盟员参与感强的主题活动，提升民盟组织的社会影响力。验收西山基层委、官渡基层委“盟员之家”，实现主城区“盟员之家”全覆盖。

抓监督，重创建。制定《民盟昆明市委会内部监督工作实施细则（试行）》《民盟昆明市委会民主生活会制度（试行）》、领导干部述职评议办法等，按组织程序在基层委设监督委员；制订《民盟昆明市委会机关学习计划》，开展机关干部能力素质提升等专题学习6次。

【参政议政】 课题调研精准提质。全年下达6个重点调研课题，其中，“昆明市中医养生保健服务机构现状与规范化管理研究”课题研究获得2020年度党群口市级决策咨询研究课题立项支持并通过评审，“云南自贸试验区昆明片区科技创新的关键点研究”课题获得民盟省委会课题立项，课题“昆明市实施集团化办学促进义务教育优质均衡问题及对策研究”由中共昆明市委统战部专报中共昆明市委，“昆明市促进法律服务产业集聚发展研究”等课题转化成“十四五”规划专题建议报中共昆明市委、市政府，得到重视采纳。

建言献策屡获肯定。昆明市两会期间，市委会共提交市政协集体提案10件，提交代表建议和个人提案31件；各基层组织在各县（市、区）两会上提交集体提案10件、人大代表建议和委员个人提案70余件。市委会《关于加强昆明高铁南站旅客安全应急疏散配套设施建设的建议》等4件提案获得市政协优秀提案表彰。6名盟员政协委员就助力脱贫攻坚、支持中小微企业发展等重点领域进行大会发言和界别联组重点发言。《关于推进我市工业固废综合利用助力打好污染防治攻坚战的建议》列为市政协重点提案，助推安宁市工业资源综合利用基地建设。全年向民盟中央、民盟省委、政协系统、统战系统报送信息56篇次，被采用40篇次，《关于以微改造推动城市“颜值革命”的建议》等被省、市领导批示。

民主监督持续深化。开展脱贫攻坚民主监督，将脱贫攻坚民主监督与线下“烛光行动”教育帮扶活动有机结合，赴东川区开展“代表委员议政日”调研活动。开展文明城市创建专项民主监督，民盟昆明市委会和安宁、西山基层委组织100多名志愿者开展文明城市创建专项监督调研4次。持续开展日常民主监督，认真履行人民监督员、人大代表、政协委员职责，对昆明市安全生产、住房维修基金的收取管理使用、民事执行监督程序、公益诉讼工作等提出监督意见和建议12条，为扎实推进“六稳”“六保”工作献计出力。

协商质量不断提高。落实年度政党协商计划，组织市委会领导班子、盟员按要求参加政党协商、人大协商、政府协商、政协协商以及经济建设、党风廉政建设、自贸区建设、行政区划调整、文化建设、社会治理等领域的重要工作进行协商，为全市立法工作和经济社会发展建言献策，提出意见和建议30多条并被重视采纳。组建成立民盟昆明市委会基础教育研究院，搭建省内外教育交流合作平台，为推动教育改革发展建言献策。

【社会服务】 创新“线上线下烛光行动”融合模式。积极应对疫情，联合市教体局、五华区教体局和长水教育集团，组织23名盟内外专家名师精心备课，有针对性地开发录制18个中高考学科和5个专题复习备考讲座视频，第一时间分送到3个教育资源相对薄弱的县区使用。组织名师志愿者赴东川开展“烛光行动”线下中考备考教学辅导，9个学科的500名师生参加培训，受到东川区委统战部、区教体局和教师的一致好评。

持续助推脱贫攻坚。联合中共昆明市委办公室赴寻甸县凤合镇、东川

2020年4月15日，民盟昆明市委和昆明市教育体育局携手举行2020年“烛光行动”教育扶贫暨薄弱县区中高考复习备考教学辅导活动启动仪式

（民盟昆明市委 供稿）

区红土地镇为260余名群众、学生开展义务诊疗、法治宣讲，持续助力乡村振兴工作。民盟东川区委多名干部驻村助力脱贫攻坚。

主动参与市域治理。民盟法律宣讲团围绕宣讲《中华人民共和国民法典》，联合盘龙文化支部与西山区白马东区社区签订"法治社区"共建协议，在弥勒寺等社区持续开展普法系列讲座，助推社区治理工作。与中共昆明铁道职业技术学院党委统战部共同挂牌"春融同心·法律讲坛"。

拓展"云上黄丝带"帮教工作。为五华监狱开展线上"黄丝带"帮教，组织盟员律师志愿者录制视频开展线上法律宣讲和咨询服务。选派盟员名师赴省第三女子监狱参加监狱警察教师公开课竞赛指导并担任评委，开展"线下黄丝带"帮教活动，推动监区文化帮教工作再上新台阶。

（徐　萍）

中国民主建国会昆明市委员会

【思想建设】 坚持把"讲政治、守规矩"放在首位，狠抓政治理论学习。制订全年学习计划，坚持主任委员会议、常委会会议集体学习，通过多种形式及时深入学习宣传贯彻习近平新时代中国特色社会主义思想、习近平总书记考察云南重要讲话精神和中共十九大及历次全会精神。深入推进"不忘合作初心，继续携手前进"主题教育活动常态化长效化开展。通过"课堂面授、现场教学、参观调研、交流座谈"相结合的模式，营造浓厚的学习教育氛围，全年共组织理论中心组学习4次，各类理论学习活动4次。选送班子成员和骨干会员30余人次参加中央和省、市各类学习培训，教育和引导全市会员进一步增强责任感和使命感。大力探索"以文化共识促进政治共识"的工作新方法，结合民建成立75周年的契机，组织开展主题征文、书画摄影作品展、第八届"风华杯"演讲比赛、第三届"团结杯"运动会等系列纪念活动，持续增进认同，巩固政治共识。大力推进"春融同心·昆明市统战文化基地""民建之家"申报创建工作，不断擦亮民建文化品牌，云南皓珺博物馆和呈贡区青年创业创新协会被民建云南省委授予"民建之家"称号。云南皓珺博物馆还成功创建为昆明市统战文化基地，云南鸿雁内画艺术研究院被评为优秀创建单位。强化"会刊、微信公众号"线上线下同频共振的宣传平台建设，内聚人心，外树形象，唱响昆明民建好声音。全年向民建中央、民建省委、中共昆明市委统战部等上报信息238篇，被采用173篇，其中，被民建中央采用10篇，被民建省委会网站采用88篇，被市委统战部"春融微语"公众号和微博刊用43篇，被昆明统战信息刊用6篇，被省政协报报道7篇，被《昆明日报》和"掌上春城"采用7篇，市政协网站刊用12篇。"昆明民建"微信公众号发布文章70余篇。

【组织建设】 引领示范，班子建设常抓不懈。根据市委会实际情况，修订完善《领导班子民主生活会制度》和《"三重一大"集体决策制度》，切实做到集体领导、民主集中、会议决定，增强决策的民主性和科学性。2020年12月，组织召开领导班子民主生活会，民建省委专职副主委马夏林、市委统战部常务副部长陈铸武到会指导。拓宽渠道，组织发展稳步推进。新发展会员45人，其中，经济界人士10人，公务人员4人，其他人士31人；平均年龄35岁；大学专科及以上学历占比94%。截至2020年12月31日，有会员1 042人，其中，经济界会员205人，占19.60%；企业高级管理人员868人，占83.30%；大专和本科学历825人，占79%；研究生及以上学历62人，占6%；具有中高级职称201人，占19%；实职副处级及以上13人；省、市、区三级人大代表和政协委员115人次。

强基固本，队伍建设不断加强。市委会加强与市、县两级党委及统战部门的沟通协调和联系联络，按照《基层组织后备干部选拔、培养办法（试行）》，抓实做细"五表工作法"，分层次、分类别建立90多名的后备人才队伍档案，做好后备干部的推荐使用。多措并举，机关服务全面提升。市委会机关坚持正向激励主基调，以实绩论英雄，落实好干部标准，树立讲担当、重担当的鲜明导向，有效推进"五型"机关建设。2020年，完成机关中层干部全面轮岗，面向全省公开遴选1名公务员和基层组织2名优秀会员充实到机关工作，畅通市委会向基层一线吸纳优秀人才的渠道。与珠海、兰州、西安、曲靖等地民建市委开展组织交流，互相学习，共同进步。以创建市级文明单位为抓手，开展春节写春联、书香机关、专题培训、参观廉洁文化主题展览等形式多样的活动。丰富机关文化生活，在市级民主党派机关中首家获评"市级文明单位"。激发活力，专委会效能持续发挥。各专委会工作坚持"创新、开放、合作、共享"的理念，不断推动5个专委会向"专、实、特、智、新"发展。老龄委以网络直播表演的方式，与老会员共庆重阳佳节；妇委会为抗疫贡献突出的女企业家开展"送健康"免费体检活动；青工委组队参加市房协第二届足球联谊赛等。规范推进，会内监督扎实开展。监委会通过加强对市委会领导班子民主生活会、述职评议、"三重一大"事项和各基层组织全体会议的监督，扎实开展对基层组织和机关的日常检查，强化与纪监部门的工作联系和业务合作，推动会内监督制度日益健全、监督工作日益规范。

【履职建设】 聚焦两会履职尽责。两会期间，市委会省、市、区三级人大代表和政协委员共提交市人大建议2件、市政协提案33件。集体提案《关于促进住宅物业法制化、标准化、信息化建设的建议》被列为市政协2020年6件重点提案之一；《关于加快推进昆明市工业园区高质量发展的对策建议》等2件提案被市政协评为优秀提案。围绕中心务实建言。市委会组织会员深入全市经济、教育、社会、金融等领域调研并形成一批优秀成果，其中，《疫情影响下加强金融风险防控的建议》转化为市政协全会大会发言，得到市委主要领导的肯定性批示，《促进民宿健康发展》等5件提案转化为市政协联组协商发言。在调研报告专题协商会提出的《修订完善昆明市物业管理办法的建议》得到市政府主要领导的批示，提前列入市人大立法调研计划。《促进昆明市夜间经济发展的建议》《加强餐厨垃圾收集处置及运行管理的建议》被市政府相关部门采纳并出台全市性实施意见。集中会内专家、学者、企业家智慧，提出"推动昆明纳入国家中心城市培育建设规划"和"以现代服务业为抓手，推动经济社会高质量发展"等意见和建议，助推昆明市"十四五"规划编制工作，为实现昆明未来发展美好蓝图贡献智慧，汇聚力量。

调查研究精准提质。市委会主动申报并高质量完成中共昆明市委政研室委托的"加快推进中国（云南）自贸试验区昆明片区金融发展与金融体系建设的对策研究"调研课题，为党委、政府决策提供强有力的理论支持。反映社情民意亮点纷呈。市委会充分发挥会内专家的智力优势和骨干作用，积极反映社情民意和百姓呼声。2020年被民建中央、省政协、民建省委、市政协采用社情民意8条。向市委统战部报送建言献策11篇，其中，《统筹解决住宅小区"住改商"问题的建议》被民建中央采纳《对疫情影响下云南花卉产业发展给予扶持的建议》被省政协采用，得到省委副书记和分管副省长的批示；《加快推进直接融资的建议》等6篇社情民意被市政协采用，通过各类平台较好地保持与政府部门的沟通联系，提升建言献策的实效。民主监督落地见效。先后2次赴寻甸县先锋镇、东川区乌龙镇马店村开展实地调研，通过入户走访，查问题、找短板、提对策，切实履行民主监督职能，着力推动中共中央和省委、市委有关脱贫攻坚各项安排部署落实落细，推动全市如期完成脱贫攻坚目标任务。积极发动会员企业筹集资金，向省委统战部"同心工程"捐款，树立起新时代优秀企业家、昆明民建人的良好形象。

【社会服务】 凝心聚力助力疫情防控。市委会第一时间向全市发布倡议书，号召全体会员弘扬民建优良传统，与中共昆明市委、市政府并肩作战，与疫情严重地区同胞守望相助，助力疫情防控工作。各级基层组织迅速响应市委会号召，及时向当地医疗部门运送各类防控物资和生活必需品，积极投身疫情防控第一线，充分展现昆明民建人心怀家国天下的情怀。据统计，在2020年疫情防控阻击战中，会员累计捐款27.16万元、捐赠物资价值60.33万元；会员企业积极支持复工复产，主动减免租金累计1 000余万元。同心协力帮助会员企业复工复产。市委会充分挖掘和利用会内智力、技术、信息等优势，从实际出发制定帮扶工作的指导思想和工作目标，实地调研多家会员企业复工复产情况和实际困难，收集整理会员企业反映的意见和建议20余条。积极协助2家民建会员企业成功申报昆明市疫情防控物资生产及保供企业，助推企业开足马力生产，全力保障疫情防控重要物资供给。2020年7月，联合呈贡区委统战部举办企业融资专题讲座，为疫情后企业资金紧张、融资难等问题提供解决的方法和渠道，促进会员企业健康发展。2020年11月，联合市商务局召开服务会员企业座谈会，真实掌握企业家面临的问题和困难，帮助企业破解发展难题。扎实有力开展社会服务。市委会充分发挥组织优势，主动承担社会责任，深入基层一线开展社会服务；市委会联合民建省委昆医等直属支部在西山区永昌街道开展爱心义诊活动；机关干部职工踊跃参加"昆明市第五届公务员献血月"活动；安宁市基层委积极参加全国文明城市创建统战人士志愿服务活动，到社区开展卫生死角垃圾清运、居民楼小广告清除，捐赠物资助力青龙山火扑救；西山区基层委为团结乡龙潭镇、吴井路和民航路社区群众举办"送医送药送法""环境保护、垃圾分类"等爱心公益活动。

【获评荣誉】 2020年2月，民建昆明市委机关获评"市级文明单位"。

2020年12月，民建建会75周年全国优秀会员和先进集体表彰暨抗击

2020年12月18日，民建昆明市委举行"民建之家""春融同心·昆明市统战文化基地"揭牌仪式暨"纪念民建成立75周年·书画摄影作品展"

（民建昆明市委　供稿）

新冠肺炎疫情先进个人和先进集体表彰大会在北京举行，民建昆明市委被表彰为“民建全国先进集体”，会员曹荣根获2020年全国优秀会员称号。

2020年12月，民建云南省委举行中国民主建国会成立75周年暨民建云南省委成立40周年纪念大会，民建昆明市委获“抗击新冠肺炎疫情先进集体”“州市会务工作先进集体”称号，获评“参政议政先进集体一等奖”“社情民意先进集体一等奖”“理论研究工作先进集体一等奖”“新闻宣传工作先进集体一等奖”。民建五华区、盘龙区、官渡区、西山区、呈贡区基层委获“民建云南省委成立40周年先进集体”称号，民建东川区、安宁市基层委和晋宁支部获“五好基层组织”表彰，60余名会员受到各类表彰。

（廖柏森）

中国民主促进会昆明市委员会

【自身建设】 以庆祝中国民主促进会成立75周年和昆明民进成立40周年为契机，组织开展征文活动、主题诗歌创作及朗诵活动、传承民进优良传统座谈会等系列活动。以学习党史、新中国史、改革开放史、社会主义发展史等“四史”为主题，组织会员在云南解放纪念馆和云南起义纪念馆开展“不忘合作初心，继续携手前进”爱国主义主题学习教育活动。在云南省红色教育学习基地——朱德故居开展红色经典诵读系列主题教育活动。以民进市委书画艺术界会员为主体，开展中国共产党成立100周年历史题材艺术创作座谈会，邀请党史专家专门做云南党史发展历程专题授课。联合盘龙区委统战部在秀才书苑民进会员之家开展4期“书香悦读，共创文明”学习读书交流分享活动，围绕多党合作、历史文化名城保护、红色经典诵读等主题开展学习交流。经过多次调研、协调申报，在冰心默庐挂牌成立昆明市委统战部“春融同心·昆明市统战文化学习教育基地”，完善布置“冰心与多党合作事业回顾”展览，进一步突出会史教育功能。民进市委获评“民进全国会史工作先进集体”称号。

【宣传工作】 民进市委在新华网、人民网、《人民政协报》、《团结报》刊载信息7篇，在民进中央网站刊载信息43篇，在《中国时报》、《中国青年报》、凤凰网、网易、云南网、《春城晚报》、《云南日报》、《昆明日报》、《云南政协报》等主流媒体上报道登载消息60余篇次，会员个人与企业被会内外媒体宣传报道16篇次。编印《昆明民进》会刊4期，发布微信平台信息63条，刊登新闻报道、学习心得与理论文章40余万字。

【组织建设】 切实加强领导班子建设，修订完善《民进昆明市委领导班子民主生活会制度》《民进昆明市委会内监督工作实施办法》，改进工作作风，完善决策机制，全年召开全会1次、常委会会议3次、主委会会议6次。加强组织工作规范化，起草制定《民进昆明市委组织发展工作规程》《民进昆明市委2020年组织发展规划》。根据民进中央、民进省委2020年发展会员规划要求，全年共发展新会员84人，其中，教育文化出版传媒等主界别58人，占69%；其他界别26人，占31%；新会员平均年龄37岁。截至2020年12月31日，全市民进会员达到1 947人。加强青年后备干部队伍建设，建立健全《民进昆明市委骨干会员表》《现任领导班子和后备领导成员分析表》《后备干部表》等人才数据库，并按照省委统战部和市委统战部的要求，推荐州（市）级层面民进代表人士人选13人，在昆明市委党校举办为期3天的骨干会员履职能力专题培训班。

继续深化民进中央基层组织建设主题年工作成果，不断推进基层活动开展。如：五华基层委开展参观红色遗迹爱国主义教育系列活动，盘龙基层委开展“书香悦读，共创文明”学习读书交流分享活动，西山基层委联合爱心企业到曲靖开展“同心·春暖”特殊教育学校智慧校园系统爱心捐赠活动，官渡基层委在海口林场开展“不忘合作初心，继续携手前进”主题活动，呈贡基层委组织会员开展“保护滇池”志愿服务活动，东川基层委对全区中小学生开展3期书法和美术培训，高新总支和教育、文化专委会到玉溪、曲靖、大理等地开展“1+4”教师学习培训交流活动，安宁总支组织会员积极参加安宁市创文志愿活动，昆明学院总支组织会员开展社会调研活动，金融支部成立“染香岁月艺术团”积极参与文艺表演活动，非公支部以会员之家为平台开展传统文化保护传承“议政沙龙”，联合支部开展《中华人民共和国民法典》专题学习，延安医院支部发挥优势，组织会员积极参与抗击疫情，长水教育集团总支联合民盟支部开展共建活动，老龄委和文史学习委员会开展纪念民进成立75周年诗歌朗诵暨敬老节庆祝活动，社会与法治工作委员会以议政调研为载体凝聚会员力量，民进书画院创作抗击疫情主题作品20余幅，开明文学院在嵩明县和安宁市挂牌建立创作基地并向农村书屋捐赠图书和开展文化讲座等。民进市委获评“民进全国履职能力建设先进集体”称号。

【参政议政】 民进市委确定把“关于提高我市中小学生公共卫生和健康素养水平的研究”“关于在昆明历史文化名城建设中，大力提升非物质传统文化作用的建议”等23个课题作为市委会2020年基层组织立项课题。积极向政府对口联系部门、相关专家征询调研选题，其中“关于昆明市主动积极融入大滇西旅游环线的对策研究”课题获得2020年度党群口市级决策咨询研究课题立项支持，“关于立足我市特色产业链加强科技创新体系建设的对策研究”列为市委统战部立项的政党协商课题，“关于依法保障劳动者合法权益——疫情后对企业劳动用工情况的调研”“疫情过后细化做实基层网格化管理，加强基层社区治理的调研”等5个课题获得民进省委课题立项支持。

在2020年昆明市政协十三届四次会议上，提交集体提案11件、个人提案15件，有2名委员代表民进做联组协商专题发言，《关于推进我市文化产业园区优化升级转型的建议》被评为市政协优秀提案。在市政协2020年两次议政性常委会会议上，民进昆明市委专门做“关于在昆明建立国家公共卫生医疗物资战略储备体系的建议”“加快科技创新孵化平台发展，提升我市产业园区创新能力”的大会发言。参加中共昆明市委召开的昆明市“十四五”规划工作暨2020年度市级各民主党派、专题调研协商座谈会上，民进市委书面汇报“关于加强我市产业链协同创新体系建设的对策建议”专题调研成果。2020年，参加市政协专题协商会、专题视察监督活动8次，分别就《昆明市历史文化名城保护条例》《昆明市城乡规划条例》《昆明市爱国卫生工作条例》《昆明市老年人权益保障条例》《昆明市经营燃放烟花爆竹安全管理规定》等修订稿进行专题协商，提出30余条修改意见和建议。根据经济社会发展的热点难点问题，开展专题讨论，及时向民进省委、市委统战部和市政协报送100余条信息，其中15条被民进省委、市政协采用编辑报送给各级领导和相关部门参阅。如：上报的社情民意信息《关于对小额信贷的失信贫困户进行信用评估重建建议》被全国政协采用；《关于建立儿童、青少年抑郁症防治体系的建议》被市政协采用上报市领导，市委书记程连元专门批示请相关副市长考虑采纳；市委会上报的2019年重点调研成果《关于“一带一路”背景下云南高端国际化媒体融合发展的建议》被民进省委以政党协商专报形式报中共云南省委，

2020年11月26日，民进昆明市委开展2020年“同心春暖”社会服务助力石林教育爱心捐赠活动
（民进昆明市委 供稿）

得到省委宣传部主要领导的批示。

【社会服务】 开展教育帮扶“同心·春暖”活动，向东川区芋头塘小学捐赠一批防寒衣服、学习用品，帮助石林县石林中学建设起校园道路照明设施，切实关爱帮扶农村中小学生。联合普瑞眼科医院分别在昆明市第一中学、中华小学、西山区侨光小学和东川区的10所学校开展“同心·送健康”活动，为学生免费开展义诊和眼科残疾体检筛查，还为东川区学校提供20个免费手术援助的名额，其中10人（8个斜视，2个上睑下垂）到医院顺利接受免费手术援助。继续举办“花都粽香·浓情端午”民间优秀传统文化传承展演暨“同心·幸福列车”社会服务活动。

【疫情防控】 民进昆明市委募集接收民进会员、红河县迤萨镇群众和社会爱心人士捐赠的现金13.67万元、价值4万多元的口罩和消毒用品，捐赠到抗疫一线。由民进市委委员李莹波

2020年12月2日，民进昆明市委荣获“民进全国抗击新冠肺炎疫情先进集体”称号
（民进昆明市委 供稿）

和会员李智梅、马俊伟等组成抗击疫情志愿者爱心工作组，在广大爱心会员的共同努力下，协调捐赠210余吨新鲜蔬果等生活物资，并及时运送到武汉9家抗击疫情的一线定点收治医院。同时为昆明市的3家医院和官渡区、西山区抗击疫情的一线单位协调捐赠蔬菜、鸡蛋、水果等生活物资60余吨。

围绕疫情防控工作，开展微信群内专题讨论。围绕复工复产助力小微民营企业等社会关注度较高的问题，收集社情民意信息。针对疫情防控和患者安置、节后物资供应等问题，组织会员积极撰写提供信息，及时向民进省委、市政协报送信息60余条，其中，12条被民进省委、市政协采用，编辑报送各级领导和相关部门参阅；3条被省、市领导批示，引起高度重视。《关于在疫情之下鼓励中小微企业生存稳岗并持续经营的建议》被市政协采用上报市领导，得到市长王喜良的批示，并批示其他市级领导和相关部门阅处。上报民进云南省委的社情民意《关于我省尽快立法禁止野生动物买卖或食用的建议》被省政协采用上报省领导，得到中共云南省委常委、省委政法委书记张太原批示。上报市政协的社情民意《关于在云南建立西南区域国家战略物资储备（公共卫生防疫物资）体系的建议》被市政协采用上报市领导，得到市长王喜良批示，并批示其他市级领导和相关部门阅处。

从3月开始，民进市委抗击疫情志愿者小组配合各区县教育体育局，带领民进会员，并联合一些社会爱心企业，针对昆明市五华、盘龙、西山、官渡等主城区和嵩明、石林、寻甸等县的689所中小学、幼儿园开展助力复学免费消毒、杀菌公益活动。联合"云南大课堂"面向全市中小学教师推出系列"名师公益直播课程"，通过线上公益直播或录播的形式，为教师提供语文、数学等科目优质教学教研资源，全市1 000多名教师参加线上培训。民进昆明市委获评"民进全国抗击新冠肺炎疫情先进集体"称号。

（向　茜）

中国农工民主党昆明市委员会

【思想政治建设】 理论学习常抓不懈，政治素质稳步提升。年内，农工民主党昆明市委会努力践行中国共产党领导的多党合作和政治协商制度，不断增进对中国共产党和中国特色社会主义的政治认同、思想认同、理论认同、情感认同。围绕统筹推进"五位一体"总体布局，协调推进"四个全面"战略布局，贯彻落实新发展理念，紧扣健康中国和美丽中国建设两条主线，全面实施五大战略、深入推进五大建设、努力实现五大目标，高质量推进中国特色社会主义参政党建设，以优异成绩庆祝农工党成立90周年。发出"文明城市齐心创 · 农工党员在行动"助力昆明市"创文"工作倡议书，在新亚洲体育城举办120余人参加的"我为文明添光彩　昆明因我更精彩"定向活动，旨在增强农工党员体质，提高自身免疫力，彰显广大农工党员齐心抗疫的风采，以实际行动为昆明创建全国文明城市出力。以执政党为师，重温光辉历史，弘扬优良传统，进一步夯实团结合作的共同思想政治基础，组织各基层支部主委、副主委、委员90人赴寻甸开展爱国主义教育活动，赴柯渡红军长征纪念馆和红色爱国主义教育基地进行学习教育；举办100余人参加的农工党昆明市委第六期党员学习培训班，请有关专家做民法典专题讲座，实地到海口林场进行现场教学，观看农工党党史纪录片。以庆祝中国农工民主党成立90周年为契机，继续开展"不忘合作初心，继续携手前进"主题教育活动，组织庆祝中国农工民主党成立90周年文艺演出，表彰62名优秀党员和46名优秀支部委员。

【组织建设】 年内新发展党员14人。截至2020年12月31日，全市有农工党党员957人，其中，中高级职称775人，占党员总数的81%；女党员649人，占党员总数的67%；医卫界党员590人，占党员总数的61%；大学及以上学历760人，占党员总数的79%；有各级人大代表、政协委员71人。不断加强领导班子建设，完善主委会会议议事规程，规范组织领导行为，向基层组织收集整理主委班子和班子成员民主生活会意见，就领导班子的工作作风、工作效能、德能勤绩廉等方面广泛征求意见，全面记录来自基层组织的意见和建议。认真查找农工党昆明市委领导班子和班子成员存在的不足和问题，改进工作作风，提高工作水平。进一步加强农工党昆明市委基层组织建设，提高党务工作水平。召开基层组织经验交流和党务实作培训会，10个基层组织做交流发言，对组织发展、经费报销等党务实作进行培训，取得促进基层组织开展好活动和规范党务支出的效果。组织市委会委员赴西柏坡进行爱国主义教育和多党合作历史学习，与农工民主党石家庄市委会和保定市委会开展党务交流，学习"不忘合作初心，继续携手前进"的先进经验。

农工民主党昆明市委获农工民主党中央"先进集体"表彰，农工民主党盘龙区基层委获农工民主党中央"优秀基层组织"表彰，五华区基层委、西山区基层委、官渡区基层委、东川区基层委、呈贡区支部、市中医医院总支、市二院支部、市文化艺术支部获农工民主党云南省委"优秀基层组织"表彰，马涛获农工民主党中央"优秀党员"表彰，戴彬等20名党员获农工民主党云南省委"优秀党员"表彰，徐辉获农工民主党云南省委"优秀党务工作者"表彰。

【参政议政】 农工民主党昆明市委领导应邀参加中共昆明市委、市政府召开的协商会、座谈会、通报会82次，就重大事项进行协商，并就昆明市建设区域性国际中心城市和经济建设、政治建设、文化建设、社会建设以及生态文明建设等重大问题提出意见和建议，许多意见和建议得到采纳。在政府部门担任实职的党员领导直接参与政府的决策和管理；农工党党员中的各级人大代表、政协委员以及“特约员”，认真履行职责和参政议政，提出许多有价值的意见和建议，得到中共党委和政府的高度评价。年内，农工党市委向各级两会提交9件集体议（提）案，提交个人建议和议（提）案70余件。市级集体议（提）案分别是《关于全面推进健康昆明建设的建议》《关于开展昆明市学龄前儿童眼保健工作的两点建议》《关于对昆明市公立医院具有高级职称的女性专业技术人员提前退休的建议》《关于发展互联网＋居家养老的建议》《关于昆明市发展全生命周期健康管理产业的建议》《关于推动昆明市医养结合向乡村延伸的建议》《关于将昆明市计划生育伤残家庭住院护理补贴保险纳入市级财政解决的建议》《关于理顺昆明市妇幼健康工作机制的建议》和《关于昆明市应对突发性传染病应急防控的建议》。由主委马涛领衔组织课题组开展课题调研，2020年的研究课题是“关于编制《昆明市传染病疫情处置应急预案》的建议”，课题组在对市内基本情况深入调研的基础上完成调研报告，专题向市委、市人大、市政府、市政协主要领导进行成果汇报。市委会召开参政议政工作会暨人大代表、政协委员界别活动，组织省、市、区各级人大代表、政协委员实地调研滇池湖滨湿地、学习生物多样性相关知识，对建议、议（提）案等进行征集、整理、研究、讨论，认真做好2021年两会动员工作。

【社会服务】 2020年疫情期间，组织全市农工党党员积极投身到疫情防控工作中，农工党昆明市38个基层组织中有21个基层组织直接参与抗疫工作，其余支部以不同形式支持、支援一线抗疫工作；全市农工党党员共295名医务人员直接奋战在抗击疫情一线。全市农工党党员不断提高政治站位，提升疫情防控意识，主动请缨，发挥自身界别优势，运用专业知识，立足本职岗位，积极响应中共党委、政府以及医院的号召，严格落实加班、值班制度，尽职尽责，积极投身到疫情防控工作中。全市其他行业的农工党党员也在后方积极筹措、慷慨解囊，通过各种途径为抗疫前线捐资捐物，共克时艰。截至2020年4月1日，全市农工党党员共捐款2.61万元，捐赠各类医用、生活物资价值41.60万元。组织农工党昆明市委会班子成员、内部监督委员会委员和东川区基层委党员26人到对口帮扶的东川区铜都街道小牛厂村，民主监督2018年帮扶的花椒种植项目、2019年帮扶的村“诚信超市”和生态厕所建设项目。配合做好农工民主党辽宁省委对口昆明市开展脱贫攻坚民主监督工作，完成农工民主党辽宁省委与昆明市有关领导座谈会和赴东川区开展脱贫攻坚民主监督“回头看”相关工作。开展2020年“环境与健康宣传周”活动，组织12名医疗专家和4名法律专家到呈贡区吴家营街道柏枝营社区开展义诊看病、送医送药和法律咨询服务。当天现场诊疗、答复咨询社区群众500余人次；组织“国学文化·法律知识”进富民县第一中学活动。通过活动宣传中国共产党领导的多党合作制度，同时围绕“健康中国”和“美丽中国”两条主线，在校园宣传中国传统书法文化和增强学生法治观念，丰富校园文化生活。为巩固“不忘合作初心，继续携手前进”主题教育活动成果，以实际行动庆祝中国农工民主党成立90周年，响应农工党中央推进“健康中国、美丽中国”建设工作主线的部署，8月27日，农工民主党昆明市委承办中华全国体育总会“历经风雨，终见彩虹”主题定向活动。活动以抗击疫情为主题，在东川区开展城市穿越定向赛事。活动邀请昆明市统一战线、对口联系单位和东川区社会各界共150人参与，获得广泛好评，新华网、《光明日报》、《云南政协报》等主流媒体竞相报道，扩大中国农工民主党服务社会的影响力和知名度。

（陈　琦）

中国致公党昆明市委员会

【思想建设】 致公党昆明市委员会按照致公党上级组织的部署和要求，不断巩固和深化“不忘合作初心，继续携手前进”主题教育活动成果，开展纪念中国致公党成立95周年暨重阳节“致公情怀”主题活动，老中青党员代表讲述自己的“致公故事”，表达对致公党的热爱和祝福，激励全市党员为昆明市经济社会发展做出贡献。为深入学习贯彻中共十九届四中、五中全会精神，强化思想政治引领，激发致公党员参政议政热情，以课堂教学、现场教学和体验式教学的形式组织市委会委员、骨干党员赴陕西省照金干部学院开展为期5天的培训活动。参训学员先后学习习近平新时代中国特色社会主义思想，陕甘边根据地的地位及贡献、当前世界经济形势与中国的战略应对等课程，并在现场教学、体验式教学中，先后到照金纪念馆、陈家坡会议旧址、薛家寨革命旧址、海升集团现代化农业基地、新型示范村马咀和耀州窑文化基地参观学习。

主委会会议研究审定《领导班子民主生活会制度（试行）》和《领导班子理论学习中心组学习制度（试行）》2个制度，不断提高工作规范化水平。领导班子召开2020年度新一届领导班子“抓作风建设、强履职能力”主题民主生活会，班子成员统一思想，增进团结，查清问题，明确整改措施，着力提高履职能力和成效。召开领导班子理论学习中心组学习会议，认真学习中共十九届五中全会精神和致公党中央主席万钢在第二届中国致

2020年10月16日，致公党昆明市委举行纪念中国致公党成立95周年暨重阳节“致公情怀”主题活动 （致公党昆明市委 供稿）

公党地方委员会工作会议上的讲话精神。

位于昆明春雨路937文化工业遗产园区的937滇缅公路体验馆，经致公党昆明市委推荐和申报，成功创建为“春融同心·昆明市统战文化基地”。该项目是以滇缅公路历史背景为主线索，通过点与面体验和感受，了解抗战中修建滇缅公路历史，让后人永远铭记那些南侨机工、中国远征军、来华支援抗战的飞虎队和艰苦筑路的20万云南各族民众的感人故事。

2020年12月，致公党云南省委员会授予致公党昆明市委员会及所辖基层组织共8个集体“致公党先进集体”称号，授予致公党昆明市委员会35名党员“致公党优秀党员”称号。各基层组织以纪念中国致公党成立95周年为主题，开展丰富多彩的活动。

【组织工作】 2020年9月12～13日，致公党昆明市委员会召开第七次代表大会。会议审议通过《致公党昆明市第六届委员会工作报告》，选举产生致公党昆明市第七届委员会，董辉（女）当选致公党昆明市第七届委员会主任委员，高云龙、阮勇、魏明、杨旭东当选副主任委员，冯武、冯潇、阮勇、李蔚（女）、杨旭东、余志明、谷欣、陈晓鸥、姜雯（女）、高云龙、黄新、董远革、董辉（女）、戴春萍（女）、魏明当选致公党昆明市第七届委员会常委。会议还选举产生致公党昆明市第七届委员会监督委员会，高云龙当选主任；董远革、张志能当选副主任；包雪红（女）、张志能、张春芹（女）、胡静文（女）、姜彦含（女）、高云龙、董远革当选监委会委员。会议号召，致公党昆明市各级组织和广大党员要以习近平新时代中国特色社会主义思想为指导，更加紧密地团结在以习近平同志为核心的中共中央周围，在致公党云南省委和中共昆明市委的领导下，牢记致力为公宗旨，模范履行党员义务，以争做新时代高质量参政党为标准，凝心聚力，同心同行，为决战脱贫攻坚、决胜全面小康、高质量推进区域性国际中心城市建设做出新的贡献，以优异成绩庆祝中国致公党成立95周年。

2020年，共发展新党员15人，全市致公党员总数为625人。

【参政议政】 致公党昆明市委员会研究立项26个课题，其中确定“推进昆明市对外劳务合作平台建设”“加快建设高标准市场体系构建以信用为基础的新型监督机制的对策研究”为重点课题进行调研。以基层课题调研为依托，向上级组织提供2020年省政协会议集体提案素材3篇，被采纳1篇；申报省级课题4个，被立项2个；申报市委决策咨询课题3个，被立项1个。致公党昆明市委会、各基层组织和党员向昆明市人大、政协会议提交集体或个人议（提）案81件，其中，提交集体议（提）案10件。陈晓鸥代表致公党昆明市委员会做题为《打造生物多样性科研产业基地助力中国健康之城建设》的联组发言，致公党昆明市委员会《关于完善昆明市主城区饮用水源区生态补偿机制的建议》被纳入联组发言。致公党昆明市委员会在市政协十三届三次会议上提交的《关于解决昆明农村学校饮水安全的建议》被评为市政协2019年度优秀集体提案。谷欣提交的《关于进

2020年9月12日，中国致公党昆明市第七次代表大会召开 （致公党昆明市委 供稿）

一步加快在基层社区卫生服务中心和零售店为参保慢病居民提供慢病药品的建议》获评市政协2019年度优秀个人提案。通过扎实的调研，先后对中共党委、政府工作和地方性法规等文件的修改发表意见，就教育卫生、滇池治理、招商引资、转变经济增长方式、提高自主创新能力等重大问题提出建议，为昆明市经济社会发展贡献力量。

【联谊工作】 致公党昆明市委员会加强与"涉侨、涉外、涉台"单位和部门的联系，分别与市外办和市投资促进局开展对口联系。分别参加致公党中央各部以及其他省、区、市致公党组织在北京市、海南省、陕西省等地举办的工作总结和研讨交流会议，加强与市外致公党组织的经验交流和友好往来，并接待致公党贵州省委员会、云南省委员会课题调研组。在与市外致公党组织开展交流合作中，致公党昆明市委员会切身感受到全国各地致公党组织大好发展形势，进一步增强加快发展的紧迫感，坚定加快发展的决心和信心。

【社会服务】 开展"不忘初心，书香致远"活动，分别在石林县、禄劝县的学校援建"致公爱心读书角"92个，捐赠图书9 761本，价值近19万元。自2015年以来，致公党昆明市委员会累计在禄劝县、寻甸县、石林县的学校援建"爱心读书角"149个，赠书1.60万本，价值37万元。11月，致公党四川省委员会、云南省委员会、昆明市委员会与四川省科技扶贫基金会脸盆计划项目组在昆明举办"致美云南 & 快乐脸盆计划"启动仪式。活动中，志愿者为学生们讲解禁毒、防艾、女童卫生、男童卫生、防性侵等方面的知识。

2020年，致公党昆明市委员会向全体党员发出倡议书，发动各基层组织和党员积极参加昆明市创建全国文明城市工作，凝聚创文共识，汇聚创文力量。各基层组织与党委、政府中心工作同频共振，同心协力，共创全国文明城市。各级党员积极参与所在辖区创文工作督导、志愿者服务活动，致公党昆明市委员会机关干部每周到街道社区参与卫生、市容环境、交通综合整治工作，组织机关干部和青年党员到宜良开展环保志愿者行动，为昆明市创建全国文明城市贡献力量。

【疫情防控】 新冠疫情发生后，积极响应中央号召，第一时间向全体党员发布《关于积极参与坚决打赢疫情防控阻击战的倡议书》，医卫界党员及时奔赴防控新型冠状病毒感染的肺炎疫情的第一线。在海外疫情扩散蔓延的情况下，作为具有侨海特色的参政党，致公党昆明市委员会成员积极参与"致公爱心小包裹"活动，以实际行动表达与海外侨胞心手相牵、共克时艰的责任与担当。据不完全统计，市委会共向"致公爱心小包裹"活动捐款2.47万元，通过相关渠道参与抗疫爱心捐款、捐物合计17.43万元。

2020年12月，致公党中央授予致公党昆明市委员会"致公党抗击新冠肺炎疫情先进集体"称号，授予姚为群"致公党抗击新冠肺炎疫情先进个人"称号。

（杨　杰）

九三学社昆明市委员会

【思想建设】 九三学社昆明市委员会持续以"不忘合作初心，继续携手前进"主题教育活动为抓手，精心组织召开"不忘合作初心，继续携手前进"主题教育总结会，总结成效和经验，持续抓实主题教育，以政治理论学习、主题宣讲、知识竞赛、"九三学社创建75周年座谈会"等活动为抓手，引导社员回望来路，坚守初心，传承弘扬长期以来同中国共产党风雨同舟、休戚与共的优良传统，使社员们不断增进对中国共产党和中国特色社会主义的政治认同、思想认同、理论认同、情感认同，夯实多党合作的共同思想政治基础。

【组织建设】 九三学社昆明市委员会主要围绕领导班子建设、干部队伍建设、社员发展和培训、关爱社员、指导基层组织政治交接和机关建设等工作，不断加强组织建设，使社各级组织焕发出新活力。加强领导班子建设。九三学社昆明市委员会制定或完善"三重一大"制度及常委会、主委会议事规则，认真落实民主集中制原则，重大决策、重要干部任免、重要

2020年4月21日，九三学社昆明市委召开"不忘合作初心，继续携手前进"主题教育总结大会

（九三学社昆明市委　供稿）

项目安排和大额度资金的使用，都经集体讨论，在主委会或常委会上做出决定，并形成会议纪要。推进代表人士队伍建设。牢固树立“人才强社”思想，根据中共中央关于加强民主党派建设3个相关文件的精神，及时全面更新社员信息，整理汇总各类信息资料，完成市委统战部统战工作“五张表”，完成九三学社昆明市委员会代表人士数据库更新工作。提高组织发展质量。按照社中央质量优先的原则，九三学社昆明市委员会在组织发展中严把政治关、标准关、程序关和廉洁关。对基层组织进行组织发展专题培训，出台《九三学社昆明市委员会发展社员工作流程》和《九三学社昆明市委员会社费收缴管理制度》，以工作手册的形式印发各基层组织，指导基层组织发展平稳健康有序。2020年，九三学社昆明市委员会审批新社员2批，发展新社员31人，保质保量完成年度的新社员发展任务。完成社官渡区委和社安宁支社换届工作。按照市委统战部基层组织换届的新要求，九三学社昆明市委员会研究制定基层组织换届指南及换届工作安排，做好社官渡区委和社安宁支社现任领导班子及后备干部任职分析，并及时与基层组织推动换届各项工作，指导帮助社官渡区委、社安宁支社顺利完成政治交接。

【参政议政】 2020年，九三学社昆明市委员会紧紧围绕中共昆明市委、市政府的中心工作，以助推昆明市建设区域性国际中心城市为目标，聚焦疫情防控工作，充分发挥人才优势，创新工作机制，细化工作举措，积极探索，以多种形式开展建言献策工作，参政议政工作取得新突破。建议建言获省、市领导多个批示。九三学社昆明市委员会根据课题研究成果，结合“两会聊天室”和主题议政智慧沙龙开展成果转化，共有9件次议政建言材料获省、市领导肯定性批示。提案培育工作有新突破。围绕全市中心任务，九三学社昆明市委员会向社各基层组织遴选课题调研线索96条，所征集线索数量创历年征集之最，通过线上两轮投票遴选，并经社昆明市委主委会议和常委会审议通过，确定2020年重点课题12个和备选课题3个。为进一步提高调研课题的质量和水平，借力“外脑”，两次邀请相关单位领导及专家对2020年度立项的参政议政调研课题开展中期和结题评审，为成果转化和提案培育打下坚实基础。为社员议政搭建新平台。九三学社昆明市委员会先后组织开展3场主题议政智慧沙龙，经整理完善，形成市政协议政性常委会发言2篇和中共昆明市委与各民主党派团体专题调研协商会发言1篇。为提升社员参政议政意识、能力和水平，社昆明市委创新开展参政议政“路演活动”，激发社员的议政热情，为社员议政搭建全新平台。联合调研工作有新收获。为加强与九三学社省外地市组织联动交流，社昆明市委先后组织社各基层组织课题组成员和参政议政骨干、机关工作人员赴湖南郴州国家可持续发展议程创新示范区进行考察学习，并形成考察报告；与社长沙市委赴官渡街道开展联合调研，了解街道近年来在应急指挥救援体系建设工作的情况和困难问题；赴楚雄州参加九三学社滇中五市（州）第四届参政议政联合调研会议并开展联合调研，做交流发言。

【社会服务】 九三学社昆明市委员会针对民主党派社会服务活动的形式、内容缺少政党属性、活动缺乏创新、缺乏新时代特点的内涵等问题，结合九三学社的党派特色，大胆创新特色社会服务工作。构建“党建+党派+”社会服务模式，创新探索社会服务履职新抓手。社昆明市委采取党建引领，党派参与，企业配合，在“大统战”工作格局下主动融入“大党建”，创新探索出“党建+党派+”新模式，打造九三学社昆明市委“九·五善星”社会服务活动品牌，分别于1月和7月开展九三学社昆明市委“九·五善星”进社区活动，促进九三学社昆明市委社会服务工作提质增效。该社会服务模式被市委统战部评为统战工作经典案例。构建“警心”关爱计划，提升民主党派参与社会治理的工作实效。社昆明市委通过联合社员所在医院、企业拟订九三学社昆明市委“警心”关爱计划，引荐思贤心理咨询公司为五华公安干警开展主题为《民警心理压力与调试》的培训讲座活动，加强和推进五华区公安干警心理健康服务工作，助力公安干警做好防控和维稳工作，助力社会治理精细化，提高民主党派参与社会治理的工作实效。发挥科技人才优势，助力服务乡村振兴。社昆明市委赴东川区开展“春融同心·科技之光——九三学社昆明市委2020年百名专家科技下乡活动暨第三十二届国际科学与和平周主题活动”，邀请社农科专家到洗尾嘎村开展果树栽培及病虫害防治讲座培训及现场指导咨询，为当地村民指导急需解决的果树管养难题，充分发挥九三学社科技人才优势。

【疫情防控】 新冠肺炎疫情发生后，九三学社昆明市委员会坚决贯彻落实中共中央精神，积极响应九三学社中央、省委的号召，认真按照中共云南省委、省政府和中共昆明市委、市政府的工作要求，把疫情防控工作作为全社最重要、最紧迫的政治任务，在市级各民主党派中第一家向社员发出倡议书，多渠道汇聚力量，动员各基层组织与广大社员全力参与到这场没有硝烟的战役中。1月29日，第一篇《抗击疫情，昆明九三人在行动》通过微信公众号发送给广大社员，此后系列推文共发送28篇。第一时间将九三学社中央、新华社、昆明市新冠肺炎防控指挥部的有关精神、通告推送给广大社员；第一时间应对公众疑问，推送有关科学防控知识，围绕疫情防控工作积极做好科普宣传；第一时间将社员敢于担当、主动作为，全力配合、支持、保障疫情防控工作，

2020年9月3日，九三学社昆明市委召开庆祝九三学社创建75周年座谈会
（九三学社昆明市委　供稿）

为抗击疫情贡献智慧和力量的故事进行讲述。在全市社员的共同努力下，九三学社昆明市委员会抗击疫情成绩突出，被九三学社中央评为“九三学社抗击新冠肺炎疫情先进集体”，社员李超、杨春艳被评为“九三学社抗击新冠肺炎疫情湖北抗疫一线优秀社员”，社员彭俊被评为“九三学社抗击新冠肺炎疫情先进个人”。

【创新举措】 2020年，九三学社昆明市委员会抓住重点，勇于创新，凸显民主党派特色。高质量召开庆祝九三学社创建75周年座谈会。座谈会选取老中青社员代表进行交流发言，回顾入社初心，恳谈成长历程，坚定做“优秀九三人”的决心，与会人员还用歌声唱出与中国共产党风雨同舟的坚定信念，用诗歌吟诵出“只有中国共产党的正确领导、人民至上的国家意志和全社会的力量与支持，才有抗疫胜利”的中国人民的心声。座谈会上，表彰参政议政工作、思想宣传工作、社会服务工作、抗击新冠肺炎疫情先进集体和双岗建功、业绩突出60名先进个人。周培源旧居打造获得省、市统战部门高度重视。经过3年的持续打造，2019年，社中央将周培源旧居列为九三学社全国第二批传统教育基地；2020年，全国政协原副主席、九三学社中央原主席韩启德到昆明周培源旧居考察，对旧居保护和建设所取得的阶段性成果给予高度肯定，并就下一步更好地推动基地建设、改善周边环境提出期望。随后，省委统战部领导、社省委领导、市委统战部领导和市级相关部门多次专门赴昆明周培源旧居调研，将周培源旧居列为统战基地建设，召开专题协调会，制订周培源旧居提升改造方案，帮助协调解决周培源旧居周边环境提升相关问题。持续强化信息宣传工作，引领时代旋律。充分发挥“昆明九三”微信公众号宣传主阵地作用，分期刊载中共中央、社中央和省、市党委、政府重要讲话、重大活动、重要工作，弘扬正能量，唱响主旋律，筑牢抗疫战役广大社员思想堡垒。2020年，九三学社昆明市委员会共对外报送宣传信息198篇，被社中央采用48篇，被市委统战部采用39篇，超额完成2020年度宣传工作考核目标。九三学社昆明市委员会与时俱进，将《昆明九三》升级为电子版杂志，更加高效、及时地将九三学社昆明市委员会的各项信息动态传递到广大社员。

（王玉珏）

昆明市工商联（总商会）

【概况】 昆明市工商联全面贯彻习近平新时代中国特色社会主义思想和习近平总书记考察云南重要讲话精神，突出疫情防控这一重点，以贯彻落实习近平总书记在民营企业座谈会上的讲话精神为主线，按照市委十一届九次、十次全会和省工商联的安排部署，秉持政治建会、团结立会、服务兴会、改革强会，牢牢把握“两个健康”工作主题，推动政商关系“清”上加“亲”，引导民营经济人士担当社会责任，一手抓疫情防控，一手抓复工复产，不断增强工商联凝聚力、影响力和执行力，为全市疫情防控、经济稳定、深化改革、扩大开放，高质量推进区域性国际中心城市建设做出积极贡献。

【教育培训】 围绕学习贯彻习近平新时代中国特色社会主义思想和习近平总书记考察云南重要讲话精神，积极克服疫情影响，开展线上教育培训。指导1 700余名民营企业家完成线上学习和贯彻2020年两会精神专题领学1～7讲。在湖南大学举办2020年昆明市民营经济人士国内知名高校研修班，在深圳经理进修学院举办昆明市年轻一代民营企业家高级研修班。组织所属商会会长、党组织书记到西柏坡开展理想信念教育实践活动。以学习贯彻习近平总书记考察云南重要讲话精神和民营企业法律风险防范为专题，举办民企大讲堂2期。

【新闻宣传】 构建新闻宣传融媒体平台，即“两微一网（微博、微信、网站）、一刊物（《昆明商会》）、N传媒（《中华工商时报》、昆明信息港、《昆明日报》、云南电视台和昆明广播电视台）”，加强民营经济和工商联工作典型宣传。创办《春融同心共战疫情昆明民营企业在行动》抗疫专刊，在市两会期间作为会议材料送阅市人大代表和政协委员。

【代表人士队伍建设】 推荐4名非公有制经济人士担任政协昆明市第十三届委员。对市工商联执常委班子进行届中调整，增补执委23人、常委9人、总商会副会长3人。推荐2名非公有制经济企业家担任市侨联代表和委员；推荐1名非公有制经济企业家担任市妇联副主席。建立民营企业家代表信息库，首批入库200人。协助市委统战部开展465名民营经济人士的综合评价。

【精准扶贫】 广泛动员会员企业为全市脱贫攻坚积极献计出力，参与精准扶贫帮扶活动。动员民营企业（商会）到贫困地区"结对认亲、爱心扶贫"，积极开展村企共建、结对帮扶。执委会对参与"万企帮万村"精准扶贫行动的75家优秀民营企业、35家先进驻昆商会、10家先进县级工商联进行表彰。

【消费扶贫】 开展消费扶贫，建成五华区桃园家具城、西山区云品荟等消费扶贫示范点16个，吸引参与消费扶贫企业200余家，投入消费扶贫资金1 300余万元。

【疫情防控】 组织打好打赢疫情防控阻击战，第一时间向广大非公有制经济人士发出积极参与疫情防控"公开信"，发出全力抗击疫情的"倡议书"，下发助力打赢疫情防控阻击战通知的"动员令"。各县（市、区）工商联、驻昆商会和民营企业积极响应，积极投入到"春融同心共战疫情民营经济在行动"中。以向抗疫一线捐款捐物、加班加点保障防控物资供应、协同参与基层防控、全力保障市场稳定等形式，参与疫情防控阻击战。据不完全统计，1 200余家民营企业及50余家商会组织通过各种渠道捐款捐物合计9 620万余元，各商场、市场减免商户租金1.67亿元。

【执委会】 10月15日，工商联（总商会）召开十二届四次执委会。会议深入学习贯彻习近平总书记考察云南重要讲话精神和关于做好民营经济统战工作的重要指示精神，全面回顾2019年全市工商联主要工作，安排部署下一步工作和任务。会议对市工商联执常委班子进行届中调整，增补执委23人、常委9人、总商会副会长3人。通报表扬"春融同心·共抗疫情"和"万企帮万村"精准扶贫行动涌现出的先进民营企业和先进集体。

【民营企业复工复产】 及时发出《致全市广大民营企业复工复产的倡议书》，引导民营企业落实科学防控措施，用足用活各项惠企政策，一手抓疫情防控、一手促复工复产。促

2020年10月15日，昆明市工商联（总商会）十二届四次执委会召开（市工商联 供稿）

成《昆明市金融支持餐饮企业复工复产实施意见》《昆明市餐饮行业互助应急贷款实施细则》出台，推动政策落实支持餐饮企业复工复产，推荐1 233家餐饮企业形成“互助白名单”，提供担保公司和银行贷款融资授信3.37亿元。开展应对疫情政策宣讲，编印《应对疫情稳定经济发展企业扶持政策简编》，发放2万余份。组成政策宣讲小分队开展宣讲80余场，覆盖商会100余家。

【法律服务】 组织“法律三进”暨民营企业法律风险防范专题培训，邀请市检察院检察官主题授课，与市人民检察院开展“服务‘六稳’‘六保’护航民企发展”、检察开放日暨“春融同心·民营企业家进检察院”活动，与市对外经济协会合作组织企业学习境外合规经营风险防范培训，增强民营企业法治意识、维权意识，提高民营企业法律风险防范能力。

【参政议政】 在市政协全会上，提出团体提案4个；组织界别政协会员，围绕全市社会经济生活中的重大问题，提出委员个人提案30个，其中，《关于健全民营经济统计监测指标体系的建议》被列为重点提案，取得较好的办理效果。为全市“十四五”经济社会发展规划建言献策，收集整理上报民营企业家规划编制意见和建议9篇，反映社情民意信息12篇。

【“亲”“清”政商关系构建】 制定出台《市工商联领导班子成员联系民营企业制度》和《市工商联领导班子成员和机关干部联系商会制度》，明确定期走访企业、商会的职责任务。贯彻落实省、市《关于构建“亲”“清”新型政商关系的实施意见》和《关于促进民营经济高质量发展的实施意见》，拟写《昆明市构建“亲”“清”政商关系行为清单》初稿，最后以“两办”名义发文实施。举办“春融同心·民营企业家进机关”活动，走进市政务服务管理局，20名民营企业家被聘任为全市首批营商环境监督员。走进市人民检察院，32名民营经济人士代表参与检察开放日活动。

【民营企业“法治体检”】 联合市司法局开展民营企业“法治体检”活动，61家律师事务所为112家民营企业提供法治体检帮扶，出具法律意见320条，进行政策宣传74次，开展企业法治体检82家，企业电话咨询解答186次，出具法治体检报告112件。

【民企维权】 依托民营企业法律维权领导小组办公室、市民营企业投诉中心和民营企业法律服务中心，为民营企业提供法律服务；在工商联建立法院、检察院、公安局、司法局服务民营企业工作站。通过发挥1个小组、2个中心、4个工作站的作用，帮助协调解决昆明海湘石笼网厂等民营企业生产经营困难问题20余件。联合市中级人民法院、市司法局、市人社局在官渡区、五华区成立商会调解室；在昆明市昭通商会等22家商会成立劳动争议调解委员会，推动民营企业维权机制建立，化解涉企纠纷。

【驻昆商会建设】 以平安商会创建活动为抓手，加强商会组织建设、规范商会运作管理、推进商会健康发展。推荐昆明市青年企业家商会等6家商会评选为省工商联优秀商会，推荐6人评选为省工商联优秀商会工作者。制定《关于规范所属商会换届工作的通知》及会长、监事长、秘书长任职考核登记办法，进一步规范对商会协会的指导、服务和管理。

【商会协会党建】 以提高两个覆盖、提升组织力为重点，进一步强化商会党建工作的抓手作用。推进“党建入章”，引导商会把党的建设工作写入商会章程。不断扩大党的工作和党的组织在驻昆商会的覆盖面。提醒督促党委所属2020年任期届满的18家基层党组织完成换届，帮助选准配强班子，指导完善制度，确保各支部工作的正常开展。确立11家商会协会党建示范点建设目标，每家给予5 000元工作经费支持，开展党支部规范化建设达标创建。截至2020年12月31日，市商会协会党委批准组建成立的商会协会党组织共有100家，其中，党委1家、党总支1家、党支部98家，在册党员781人。联系指导异地商会流动党支部34家。

【调查研究】 疫情期间，市工商联通过实地走访、座谈、问卷调查等方式，分行业对民营企业存在的困难问题进行调查，形成一批专项调查报告报送市领导及相关职能部门。创办昆明市工商联《民企之声》刊物，及时反映民营企业的困难和问题，为市委、市政府和相关部门出台复工复产政策提供依据。

【经济服务】 协调组织全市1 183户民营企业完成民营企业评议省、市政府职能部门工作。助推优化营商环境工作。组织完成会员企业参加上规模民营企业调研及云南省民营企业100强评选工作。推进昆明政商直通车线上平台升级改版，在“和采网”开通政商直通车窗口，扩大服务企业覆盖面，向全市民营企业宣传中央、省、市及各级部门抗击疫情各项政策措施共70余项，各类资讯近700条，帮助解决企业困难问题10余件。组织开展“春融同心·招商引资进商会”活动5次，组织63户企业赴义乌市场开展采购考察。组织民营企业参加“民企入桂”投资合作洽谈会和缅甸线上天然有机产品国际博览会。组织30家企业、60余人参加第三届中国国际进口博览会。参与市协调劳动关系三方工作机制，共同推荐6家民营企业评为“云南省劳动关系和谐企业”。

【自身建设】 全面落实管党治党主体责任，突出政治属性，加大机关自身建设力度。深入推进“模范机关”创建暨“四标”行动，在对标对表中争先进位，不断转变机关作风建设，提升服务民营经济发展能力。按照“一制四化”要求，即“统战工作责任制和人本化、项目化、精准化、品牌化”，全力推动责任落实、政策落实、工作落实，不断提高机关执行力。

【创新工作】 打造“春融同心”民营经济统战工作品牌。紧扣“两个健康”工作主题，以“春融万物、海纳百川”“春风化雨、润物无声”的理念，推动工商联工作人本化、项目化、精准化、品牌化，打造“春融同心”民营经济统战工作品牌，制订《昆明市创建全国新时代民营经济统战工作示范市三年行动方案》。将招商引资与招才引智相结合，开展“春融同心·招商引智昆明行”，举办进县区、进商会、进埠外活动20多场次，促进项目签约30个，投资额321.70亿元。举办“春融同心·民营企业家进机关”活动，走进市政务服务管理局、市市场监管局、市检察院等。通过组织相关行业、相关产业的民营企业家走进机关，与政府部门领导“面对面”交流座谈，达到在制定落实政策中听取民营企业意见和建议，在推动发展中凝聚民营企业智慧和力量，在政商互动中解决民营企业实际困难和问题的目的。举办“春融同心·民企大讲堂”7期，以世情国情党情教育、重大政策解读、科技创新发展、企业管理提升等为主要内容，邀请国内外知名专家学者到昆明讲学，为民营企业家提升理论水平和整体素养搭建学习平台。组织开展“春融同心·共战疫情”行动，据不完全统计，全市1 250余家民企、商会通过各种渠道为抗击疫情捐款捐物9 620余万元，减免商户租金1.67亿元。开展“春融同心·亲商惠企”行动，助推企业复工复产，形成4个专题报告报送市委主要领导并得到批示，促成《关于支持企业有效应对疫情稳定经济增长若干政策》《昆明市金融支持餐饮企业复工复产实施意见》等文件出台，推荐餐饮企业获得银行融资授信3.37亿元。编印《应对疫情稳定经济发展企业扶持政策简编》，开展政策宣讲80余场。

（陈桓国）

2020年12月23日，全国工商联第二联系调研组到昆明市官渡区调研 （市工商联　供稿）

工青妇·人民团体

编辑：陈智容

总工会

【概况】 昆明市总工会紧扣高质量推进区域性国际中心城市建设的决策部署，围绕夺取疫情防控和实现经济社会发展目标双胜利的奋斗目标，履职尽责，推动工会各项工作取得新的进展和成效。其中，助力疫情防控、“72行大练兵·360行出状元”劳动和技能竞赛、维权“两书”“两新组织”中“八大群体”建会入会、工会社工队伍建设、产业工人队伍建设、职工文体服务中心建设等多项工作，受到全国总工会、省委、省政府及省总工会的表扬；工会资产监督管理、文化宫公益场地管理2项工作在全总做经验交流；困难职工解困脱困、易地扶贫搬迁安置点建会建站、工会社工队伍建设3项工作在省总做经验交流；市总工会被全国总工会授予“全国工会电子职工书屋应用示范单位”称号。

【思想建设】 印发《昆明市总工会加强职工思想政治引领工作三年行动计划（2020—2022年）》，各级工会通过举办职工大讲堂、开设专题讲座等多种方式，引导广大职工坚定不移感党恩、听党话、跟党走。深入推进工会创文“十大行动”，组织全市广大职工群众积极参与全国文明城市创建。持续深化“中国梦·劳动美”教育活动，联合市委宣传部等单位广泛开展以“决胜小康，奋斗有我”“抗击疫情，劳模在一线”等为主题的系列宣传活动，全方位展示工人阶级时代风采。进一步提升职工书屋建设质量，命名10个职工书屋、8个阅读站点，投入10余万元配送书籍。落实意识形态工作责任制，在全省工会系统中首家搭建完成宣传媒体矩阵，在市总“两微一网”等各类平台推送各类信息4 793篇，在市级以上新闻媒体发布宣传稿件799次（篇）。其中，国家级新闻媒体、国家级网络媒体报道312次（篇），省级新闻媒体、省级网络媒体报道128次（篇）。

【抗疫援企】 新冠肺炎疫情发生后，在除夕当天就到市第一人民医院、延安医院、儿童医院等8家单位，代表市委、市政府对春节期间坚守防疫一线的医务人员开展送温暖慰问。多方筹措防疫专项资金643万元，会同各县（市、区）总工会为奋战在疫情防控一线的医务工作者、执勤人员和守护城市生命线的快递小哥、送餐员等群体送去慰问金以及防护用品；通过嵩明县1名蔬菜企业家筹集100吨爱心蔬菜驰援武汉，经由武汉市总工会分发给东湖高新区、武昌区、洪山区、青山区的企业、学校、社区等，武汉市民盛赞来自昆明的爱心蔬菜让他们隔离不缺关爱、封城不感孤单，更加坚定了战胜疫情的信心和决心。组织机关全体党员干部与昆明市133名援鄂抗疫医疗队员及其家属进行结对，通过寄送水果、电话探访等10项举措进行“一对一”帮扶；第一时间获悉昆明市援鄂医疗队队员何美娇的父亲突发疾病去世，当天即安排工作组赶赴蒙自，代表市委、市政府向其家属表示慰问，并积极帮助处理善后事宜；《工人日报》、人民网等20多家媒体进行跟踪报道。助力企业复工复产，集中40天时间，对省、市出台的应对疫情、稳定经济发展的各项政策文件进行讲解和宣传74场次，下发《政策文件汇编》2.42万册，覆盖率达84.70%。实施助力复工复产聚福利和提振消费赠福利行动，直接带动消费3 000余万元；开展“援企稳岗，助力增长”直播活动，吸引61万人在线观看，当场线上成交金额13.54万元。成立6个工作小组，到各县（市、区）和20多家企业，全面了解各级工会做好“六稳”工作、落实“六保”任务情况，以及企业在复工复产、劳动用工、政策申请等方面存在的困难，形成调研报告呈送市委、市政府。

【建功立业】 会同云南省总工会和各有关单位，及时到乌东德水电站建设一线开展慰问活动，激发全体参建单位和参建职工开拓进取的强大动力；聚焦滇中引水、地铁建设、滇池治理等重点工程项目，组织开展形式多样的主题劳动竞赛活动。持续深化“72行大练兵·360行出状元”竞赛活动，联合市人社局等单位，组织开展44次、110余个工种（项目）的职工职业技能竞赛。组织“求学圆梦”活动，为符合条件的747名职工提供学费补助共30余万元；组织10 621名职工（农民工）参加省级、市级职工职业技能提升培训，组织2 360名职工参加“昆明职工教育网”在线学习。继续推进产业工人队伍建设改革工作，全面抓好昆明市产业工人队伍状况统计调查和“产改”配套政策出台情况摸查工作，大力推广云内动力“职工晋升双通道”、安宁市“产教融合”等试点经验。广泛开展群众性技术创新活动，累计开展技术革新1 119项、发明创造250项，推广先进操作法461项，提出合理化建议7 909条、实施6 742条。发挥先进典型示范作用，选树技术状元96人、优秀技术标兵223人、技术标兵473人；推荐产生5名全国劳模和先进工作者，推荐产生27名省级劳模和先进工作者候选人；推荐产生劳动竞赛项目、易地扶贫搬迁安置工作、脱贫攻坚领域云南省五一劳动奖章候选人9人、省五一劳动奖状3个、省工人先锋号4个；新创建市级“劳模创新工作室”5个、“昆明市工人先锋号”130个；创建10个第四批“昆明市职工创新工作室”、9个“昆明市职工技师工作站”，推荐10名“第三届昆明工匠”、100名“昆明市金牌工人”、10对“昆明市十佳师徒结对”和30项“五小”岗位竞赛优秀成果项目。

【维权维稳】 以“两书”制度为抓手，持续加强工会法律监督工作，全年累计发出工会维权意见书975份、建议书42份，职工各类诉求均得到圆满解决。积极为职工、农民工提供法律咨询，讲解政策法规，普及法律知识，全年累计受理法律援助案件31件。疫情期间对全市企业发起共同约定倡议并签订495份“共同约定书”，涉及职工人数3.08万人；开展云南省首家环卫工人集体协商试点工作；截至2020年11月，全市共签订各类集体合同2 953份，覆盖企业职工72.97万人，已建会企业集体协商建制率达89.12%。深化和谐劳动关系创建工作，评选出5家劳动关系和谐企业、园区；进一步规范基层工会法人资格登记管理工作，全市全年共办理社团法人证1 668份。着力提高非公有制企业厂务公开、职代会建制率，在全市已建工会的47 035家非公有制企业中，职代会和厂务公开建制率分别达到97%和95.30%。着力维护职工安全健康权，组织3 701个单位、2.32万个班组、35.10万名职工参加“安康杯”竞赛活动。扎实开展劳动关系发展态势监测和分析研判工作，认真完成16个企业样本点监测表填报工作；组织开展全市职工队伍风险专项排查化解工作，并向省总工会提交相关情况报告。畅通职工信访渠道，年内，接听热线电话2 153个，处理职工来信来访280件；办结省总工会、市长热线、春城热线转督办件12件。

【扶贫帮困】 继续做实节日送温暖、“四个一四关爱”等传统服务品牌，筹措各类帮扶资金3 968万元，慰问、救助一线职工、困难职工等7.90万人次。组织56.90万名职工参加第16期省职工医疗互助活动，为6.01万人次患病住院职工发放医疗互助金4 843.59万元。举办“春风行动”和农民工劳务交流会8期，网络推送及发布岗位信息7 335个；举办电工操作等职业技能培训班18期，培训失业人员和农民工2 268人；发放“贷免扶补”141笔2 009.50万元，发放小额担保贷款432笔6 505万元。大力开展普惠服务，全市“工惠卡”办卡量突破57万张，激活率达48.74%，实体服务网点达1 256个，开展“工惠卡”线上线下会员专享活动共42场。加强服务阵地建设，累计建成“职工驿站”323个、“工惠母婴空间”117个；命名职工文体活动服务中心1 078个。组织昆明市649名一线医务人员、驻村工作队员、公安干警、技术能手、劳模等一线职工开展疗休养活动；组织100名全国、省部级和市级劳动模范进行体检；春节、“五一”节和中秋节、国庆节前后，共对1 457人次的全国、省级和市级劳模发放各类帮扶慰问金391万元。深入开展“户户清”行动，截至2020年12月31日，共有1 506户困难职工实现解困脱困。

【强基固本】 全面深化“党建带工

建、工建服务党建”行动，选树中北出租车公司工会等13个市级“党工共建”示范点；新建“两新”组织工会14 288家，发展会员276 040人。推出华润圣火药业等一批具备较强组织活力、服务意识、创新能力的工会组织新样板。持续推进工会社会工作者专业人才队伍建设，完成第二批140人的招录、培训及分派工作。探索在东川区易地扶贫搬迁安置点和禄劝县云龙水库移民搬迁安置点建立移民新区工会联合会和工会服务站，吸引搬迁安置点群众积极加入工会组织，参加工会活动，享受工会服务。加强工会干部队伍建设，在中国劳动关系学院举办1期新时代工会干部能力素质提升培训班，在昆明市委党校举办2期工会干部岗位培训班，共有438名各级工会干部参加培训。

【从严治党】 建立健全“不忘初心、牢记使命”主题教育长效落实机制，选定北京等先进地区工会作为样板开展寻标对标达标工作。严格落实党风廉政建设责任，切实加大工会系统十大廉政风险点管控力度，坚决杜绝在评优评先、大病救助等工作中优亲厚友。加强对基层工会经费收支管理的监督指导，随机抽查56家，进一步规范基层工会的经费使用、工作开展和活动组织。加强对外交往交流工作，年内共接待全总、省总和省内外工会考察团13个。

（袁 媛）

共青团市委

【基本情况】 截至2020年12月，昆明市14～35周岁户籍人口共有1 545 392人，其中，有共青团员21.73万人，团委431个、团工委99个、团总支1 107个、团支部9 725个，少年队员58.76万人。共青团昆明市第十四次代表大会共有360名代表，其中，基层一线青年299人，占代表总数的83.06%；共青团昆明市第十四届委员会共有委员41人，基层一线21人，占51.22%；常务委员会委员11人，基层一线3人，占27.27%。

【疫情防控】 运用“三通”工作模式，发动青年群众力量投身疫情防控工作。贯通社会化抗疫力量网格，组建疫情防控青年突击队411支，协同发动510家市级青年文明号、72家市级青年安全生产示范岗参与疫情防控工作；迅速向全市发出《关于号召全市广大志愿者和志愿服务组织积极有序参与疫情防控》的倡议，出台专业工作指引；运用“线上＋线下”社会化动员方式，动员广大团员青年积极投身打赢疫情防控阻击战。全市参与疫情防控青年志愿者组织244个，参与志愿者1.75万人，设置志愿服务岗位1 388个，累计志愿服务时长78.14万小时，由昆明市推荐的1名青年志愿者和1个志愿服务集体获评全国“抗击新冠肺炎疫情青年志愿服务先进个人（先进集体）”。开通多元化物资筹集路径，通过市青基会开展疫情一线物资募集工作，广泛动员社会力量捐款捐物，疫情期间募集到善款和物资价值共216.08万元，其中，口罩6万余个、防护服2 560件和84消毒液、额温枪等物品，在3月份全部捐赠至市卫健委、市公安局、县（区）等一线工作人员和志愿者，并对口援助湖北咸宁抗疫防护服1 700件。畅通科学化宣传教育氛围，组建2支宣传志愿者队伍450余人，积极开展互联网思想舆论引导，坚决遏制谣言扩散，积极发掘推送抗疫过程中涌现的青年典型事迹，联合新华社制作“战疫特别策划——微光”宣传片，联合中国网制作《昆明新青年　时代新担当》H5抗疫图鉴，微信公众号特别开设“团助复工”留言栏目，为企业复工提供法律咨询、金融支持等服务。

【思想引领】 团结凝聚青少年听党话、跟党走。线下组建“昆明青年讲师团”，开展各类线下宣讲8场，推荐2名青年讲师参加省级青年讲师团。开展爱国主义教育“进学校　进社区”活动，通过集中性入团仪式、18岁成人礼、祭奠革命英烈等主题团队日和仪式教育活动，强化青少年思想道德建设。推进共青团媒体融合发展。线上成立春城青年新媒体中心、昆明青年新媒体联盟，持续扩大宣传影响覆盖。大力推进智慧团建，利用志愿者网对全市志愿者进行管理统计，开发“青春昆明”小程序，实现团建数字化、培训在线化、就业信息化、活动平台化。实施产品化战略和影响力工程，将党的理论、路线、方针、政策和团的工作、活动、声音进行深度解读和精心包装形成文化产品体系，通过每周一期的“青年大学习”的视频方式呈现，总学习人次达36万余人次。推动新媒体传播提质增效，坚持“正能量＋阅读量”的运维导向，微博平台、官方微信公众号信息阅读量居云南团属公众号榜首，各类各平台新闻报道昆明共青团工作共157条，其中，中国网、《中国青年报》等中央级新闻报道45条，推送“学习强国”客户端信息4条。

【助力防范化解重大风险】 按照市委书记程连元在2019年底提出的关于要特别重视青年与互联网工作的指示精神，5月率先发起成立昆明青年新媒体联盟，全市73家较有影响力的新媒体单位或自媒体个人加入，召开青年网络人士座谈会，发布《昆明市网络人士自律公约》，加强与青年网络人才的联系，通过搭建平台、建立机制，真正将各类网络人才凝聚在共青团周围。适应网络直播发展新形势，建立青年网络主播实训基地，培育孵化昆明青年网络主播，相继开展扶贫产品销售直播、招聘直播、“团团陪你游昆明”系列直播活动。招聘直播活动推出覆盖300余家企业的1.06万个岗位，为疫情期间的待业青年搭建方便快捷、精准高效的求职服务平台。“团团陪你游昆明”通过抖音直播的方式对各县（市、区）当地风景名胜、特色小吃、文创产业进行推介，观看人数累计达20余万人次。

【助力精准脱贫】 作为寻甸县鸡街镇脱贫攻坚巩固提升定点督战牵头单位，组织召开工作推进会议，带领其他挂钩单位做好稳脱贫、稳增收各项工作。印发《昆明共青团助力决战决胜脱贫攻坚总攻行动五大工程的实施方案》并组织实施“富脑袋、富口袋、防返贫、大扶贫、暖人心”五大工程。开展616春城福利节消费扶贫公益直播活动，团市委副书记直播带货，涵盖土鸡蛋、荞麦茶等各类扶贫农产品11种，浏览总人数达28万人次；组织市青联委员、青企协会员等参与“青力扶贫·联创梦想”志智双扶走基层等活动，组织全市“青年文明号”集体开展“教育扶贫路　青年志愿行”公益捐赠活动。团市委全年投入扶贫工作经费10余万元，组织开展集中入户走访13次。

【助力污染防治】 深化“滇池卫士”志愿服务工作，健全“市民河长”考核评价退出补充机制，表彰奖励优秀“市民河长”10个，新增补“市民河长”团队8支，并创新招募首批由少先队员及家庭成员组成的“小小河长”。年内，百名“市民河长”、550支“爱湖志愿服务队”、8万余名“滇池卫士”和一批“滇池驴友”共开展滇池保护志愿服务活动300余场。团市委获评全国“母亲河奖”优秀组织奖。

【助力市域治理现代化工作】 根据《昆明市市域社会治理现代化试点工作方案（2020—2022年）》工作部署，团市委印发《昆明共青团切实提高大局贡献度　助力市域社会治理现代化试点工作实施方案（2020—2022年）》，提出思想引领根本任务、大抓基层工作体系、社会治理群团助推、服务青年成长发展、联系服务工作机制等五大重点任务，助力市域社会治理现代化。依托街道团建联盟、区域化团建联合体、区域青年工作共建委员会等方式，开展区域化团建联盟试点工作，在五华区、盘龙区、官渡区、西山区、呈贡区、安宁市、空港经济区等地大胆探索、创新实践，建立由15家民航系统团组织组成的空港经济区民航系统团建联盟、以校地合作为基础的青春领航 Ing 计划、云农职慧农时邦产教联盟等联盟示范，逐步形成全覆盖、网格化、立体式的区域化团建组织体系，夯实助力市域社会治理的组织基础，并在全市大力开展团组织、青年文明号集体到街道、社区报到工作，引导青年在共建共治共享中展现青春作为。

【青年社会组织服务管理】 起草《昆明市青年社会组织管理办法》，促进青年社会组织健康有序发展。以推进《昆明市中长期青年发展规划（2019—2025年）》实施为抓手，出台建立昆明市青年工作联席会议制度，切实做好青少年服务工作。开展“护航青春·珍爱生命”免费公益生命教育30场，覆盖学生4 000余人，探索解决青少年因学习压力过大、家庭教育不足、遭受校园欺凌、认知能力和自我调适能力不足等多重因素导致的青少年抑郁、自杀及发生危机行为等问题。助力全国文明城市创建工作。充分发挥社会志愿服务工作指挥部办公室职能作用，巩固提升“1+X+N+Z”的创文志愿服务工作动员体系。在制度上，不断推动志愿服务工作的大数据建设和信息化管理水平，实名注册志愿者117.11万人，服务团体4 770个；制定《关于昆明市志愿者登记注册、服务记录、关系转接及褒奖激励等制度的通知》等文件，出台社区志愿服务工作流程，探索建立《昆明市志愿服务组织和志愿者开展疫情防控应急志愿服务工作指引》。围绕社区服务、文明劝导、助老扶弱、卫生整治、环境保护、扶贫帮困、乡村振兴等方面组织开展市级志愿服务集中活动72场，持续巩固提升学雷锋志愿服务站点2 517个，发布志愿服务项目8.69万个，全市志愿服务活跃度69.88%，完成指标任务140%。打造昆明“春城志愿行”系列志愿服务活动品牌，推动服务常态长效，举办昆明志愿服务地方赛，并推荐特色项目角逐中国青年志愿服务项目大赛。发挥协同作战的团队精神，叫响“文明城市齐心创　社会各界在行动”口号，深入贯彻落实市委书记程连元做出的“在志愿者、出租车司机等中加强典型标杆选树、充分发挥激励作用”的指示要求，发动广大团员青年、社会各领域、各阶层立足岗位争当文明志愿者，持续开展寻找最美志愿者、最美志愿者故事分享会、学雷锋志愿服务先进典型选树表彰工作，特别是发挥出租车司机、文明劝导员等群体作为城市文明“流动名片”的作用，广泛参与创文志愿服务，让春城志愿者为全国文明城市这块金字招牌增光添彩，助力“创文”常态长效。

【创新工作】 作为全国唯一承办地方社会实践活动主办方，在统筹疫情防控工作要求和高校学生个性化、特色化暑期社会实践需求的大背景下，策划实施“青才倾智耀春城”大学生暑期社会实践活动。全力搭建驻昆高校与全国高校“云上”合作平台和云南籍高校人才社会实践“线下”服务平台，精心设计“青研究、青实践和青传播”3项活动内容，重点发动各驻昆高校和全国高校间跨校、跨地合作组建68个高质量课题研究团队，578名高校人才参与实践，形成《青年在服务昆明区域性国际中心城市建设中的作用研究——以创新创业领域为例》《社会治理视角下智慧社区建设模式的探索研究——以昆明市盘龙区为例》等高质量课题报告30余篇。7支实践队伍、55名大学生在昆明乡村实地开展志愿服务活动，服务留守儿童和贫困儿童400余名，另外8支实践队伍、72名大学生在网上开展公益直播课程教学52场次，教学内容涵盖少数民族文化、课业辅导和艺术鉴赏等方面，近3 000名少年儿童观看网课直播。此项活动得到《中国青年报》、"学习强国"客户端的关注并连续进行专题报道，团中央青年发展部专门派出部领导参加总结大会，团中央书记处书记傅振邦对活动做出肯定性批示。同时，发挥上合组织青年交流中心作用，建立团市委与中国—上合组织青年交流中心联络处定期联系制度，制订"模拟上合"活动工作计划，围绕青年发展、创新创业等领域做好青年对外交流交往工作。积极对接教育部国际司，"相聚七彩云南·上合国家在华留学生文化交流周"项目通过答辩顺利获批。

【自身建设】 以党的政治建设为统领，全面加强团市委机关党的建设。打造"奉献青春·火热服务"党建品牌，紧扣基层党建工作重点任务和"智慧党建年"重点任务，构建工程式推动、项目化管理、清单制落实的党建工作机制，扎实推进机关党支部标准化、规范化建设。依托"云岭先锋"客户端，实现基础党务智慧化管理，争创"模范机关"。抓实在职党员到社区"双报到双报告"工作，机关党支部到前卫营社区报到，并开展"契约化"共建。"关爱滇池·春城志愿者在行动""万名党员进社区"党员志愿服务活动形成常态化。印发《共青团昆明市委日常实绩公示及考核方案》探索实施绩效考核（KPI）制度，推动解决"干和不干一个样，干多干少一个样，干好干坏一个样"的问题。

（李宣达）

妇女联合会

【思想引领】 围绕"巾帼心向党"和"建功新时代"两大主题，通过"昆明女声"微信公众号，强化妇女思想政治引领，形成"一呼百应"的发动效应，团结引领广大妇女坚定不移听党话、跟党走。微信公众号发布推文1 252条，阅读量35万余人次；澎湃号发布推文1 133条，点击量24万余人次；头条号发布推文620条，阅读量12万余人次。落实意识形态工作责任制，深入推进"两学一做"学习教育常态化、制度化，组织党组中心组（扩大）理论学习8次，各党支部集中理论学习51次。4个党支部在职党员100%参加"万名党员进党校"培训，切实坚定理想信念、增强党性、提高素质。

【妇女维权】 依托"12338"热线和妇女议事工作室、家庭教育工作室、婚恋指导工作室"一线三室"综合服务平台，全年接待、处理各类妇女儿童维权案件1 713件。线上线下加大法治宣传力度，全年线上开展普法竞赛活动3期，参加网上答题5.79万人。线下开展"建设法治昆明·巾帼在行动""法入家门"法治宣传活动1 300场，参与的妇女群众达13万余人。编印《昆明市妇联婚姻家庭纠纷调解工作指南（试行）》，进一步规范家庭矛盾纠纷化解工作流程，提高调解实效。组织专家团队赴全市各地开展婚姻家庭矛盾纠纷排查化解专题巡回培训31场，培训4 139人。命名40个妇女维权岗和40个零家庭暴力示范社区（村）。

【创业创新】 采取线上线下方式，全年举办28期"巾帼创业创新讲坛"，参学人数2.33万人次。组织678户企业，举办为期1个月的"网上招聘会"，提供有效就业岗位4 481个，关注人数达1万余人次。针对疫情调整的新政策，把贷款额度从15万元提升到20万元。继续推动"贷免扶补"、创业担保贷款政策向贫困地区贫困妇女倾斜。全年发放创业担保贷款1 289户，金额1.90亿余元，带动就业3 162人。发挥昆明巾帼家政联盟、巾帼农特产品联盟的作用，举办新媒体运营能力提升培训，在安宁市八街镇凤仪村、石林县西街口镇路花村进行现场教学直播带货3 000多单，激发妇女创业热情。

【好家风好家训主题活动】 持续深入开展注重家庭、家教和家风主题活动，累计评选市级"最美家庭"216户、全国"最美抗疫家庭"4户、省级"最美家庭"22户。结合"寻找最美家庭""我家年味·宅出精彩""家庭随手拍""同悦书香·相伴成长""家风故事汇""爱在春城人家"传承好家风好家训等主题宣传活动，广泛宣传好家风、好家训，以良好的家风促进良好的社会风气。2020年，遴选昆明市市级"亲子阅读"体验基地20个、"家风家教"实践基地20个。召开昆

2020年5月9日，市妇联举办传承好家风好家训书画展活动 （市妇联 供稿）

明市家庭教育促进会会员大会，与云南师范大学教育学院联合举办“家庭教育新视角——全国城市家庭教育论坛”，推进各县（市、区）妇联建立家庭教育专家库，全年开展家庭教育讲座200余场，帮助全市家庭树立正确的家庭教育观，促进家庭全面发展。

【关爱行动】 开展“农村贫困母亲两癌救助”项目，争取全国妇联、省妇联资金87万元，救助农村贫困“两癌”妇女118名。巾帼助学活动全年资助贫困女生150名，发放助学金30万元。继续推进“春蕾计划”的实施，全年拨付财政资金234.70万元，资助1 040名女童完成高中和职业教育。

【组织建设】 2020年8月18～20日，昆明市妇女第十六次代表大会召开，来自全市各族各界、各行各业的462名正式和特邀代表，肩负着全市300多万妇女姐妹的嘱托出席会议。会议选举产生昆明市妇联第十六届执行委员会主席、副主席、兼职副主席。市妇联第十六届二次执委会选举产生挂职副主席。制订实施《昆明市妇联深化组织建设改革实施“破难行动”工作方案》《昆明市妇联执委履职管理办法》，明确执委“四个一”履职制度。新建非公有制经济和“两新”组织妇联648个，累计建立非公有制经济和“两新”组织妇联1 053个。举办首期昆明市“两新”组织妇女干部培训班、市级新任执委培训班，全市各级妇联组织对执委、妇联干部培训20余场，近6 000人次参训。

（戴张溶）

科学技术协会

【昆明市科协第八次代表大会】 2020年9月16～17日，昆明市科协第八次代表大会在昆明会堂召开，市委副书记杨正晓出席会议并讲话。市人大常委会副主任毕惠芝、市政协副主席刘绍安等有关领导出席开幕式，全市500余名科技工作者代表参加会议。杨正晓向中国工程院院士苏君红颁发昆明市科学技术协会顾问聘书。

大会选举产生昆明市科协新一届领导机构，通过《昆明市科学技术协会第八次代表大会关于第七届委员会工作报告的决议》，明确未来5年四大工作方向：始终坚持正确政治方向，团结引领广大科技工作者与党同心同德；牢牢把握国家创新型试点城市建设，充分集成科技资源激发创造活力；坚决贯彻《全民科学素质行动计划纲要》，努力提升科普公共服务水平；坚持紧扣新时代科协改革发展要求，全面加强科协“三型”组织建设。

【科普基础设施建设】 “中国流动科技馆区域常态化巡展昆明站”项目正式落地。争取中国科技馆提供的主题展览5套、云南省科技馆提供的主题展览1套，价值约1 200万元。确定东川、安宁、富民、宜良、嵩明、禄劝6个县（市、区）6 000余平方米优质场地作为巡展场地，并且6个县（市、区）都挂牌自己的科技馆。与云南省科技馆签订项目协议，制订市级巡展工作方案，每地落实20万元巡展经费，按要求如期启动全市流动科技馆的区域常态化巡展。

推进“科普小镇”项目。对东川区、安宁市、宜良县、石林县、寻甸县2019年“科普小镇”项目进行跟踪问效。确定晋宁区、嵩明县、富民县、禄劝县实施2020年“科普小镇”建设项目，着力加强当地公共科普资源供给。

各类科普创建示范工作有序开展。2020年，昆明市第一职业中等专业学校等9家学校获评昆明市科普教育示范学校，昆明普瑞眼科医院等10家单位获评昆明市青少年科普教育基地，昆明市第一中学等8家单位成立昆明市青少年科学工作室；组织已获“昆明市青少年科学工作室”认定的15个单位参加年度考评，官渡区南站小学等单位获评优良。组织13个县（市、区）申报创建2021～2025年度省级科普示范县（市、区）。组织开展“科普示范社区”评选，共评审出30个市级科普示范社区，推荐昆明市五华区华山街道圆通社区等10个社区参加省级科普示范社区评选。新成立云南省细胞工程中心有限公司、昆明融创海世界等5家昆明市科普教育基地，并依托原有基地，组织开展第九届县华寺牡丹花展暨花潮会、云南珍稀鸟类科普展等科普惠民活动。

【“抗疫”应急科普】 面对新冠肺炎疫情，昆明市科协发挥自身人才智力和组织网络优势，团结带领全市广大科技工作者积极投身疫情防控和复工复产战役。开展应急科普，面上全力发动。利用昆明市已建设的2 244个（农村、社区）科普中国e站，累计推送“抗疫”科普信息近11万条次，做到“疫情不解除，科普不掉线”。通过《昆明科技》、昆明市科协网站等开设《防疫科普》专栏，积极反映昆明市各级基层科协组织多举措助推疫情防控工作的动态和典型事例。动员科技工作者，点上倾力行动。昆明市老科技工作者协会、昆明健康长寿研究会、昆明市心理学会等市科协所属10个学会专家志愿者队伍在新型冠状病毒肺炎疫情防控期间积极开展“一对一”联系服务。关爱科技工作者，积极组织抗疫风采宣讲活动。在昆明市第一人民医院甘美医院举行“援鄂抗疫风采”宣讲活动，致敬最美逆行者。围绕2020年科技工作者日的主题“科技为民、奋斗有我”，对昆明医学会、昆明心理学会、昆明市农学会等10个优秀抗疫学会的工作给予肯定。多措并举，助力企业复工复产。参与主办云南省2020年绿色能源发展论坛，以“新形势下绿色能源跨界合作与生态圈建设”为主题，探讨疫情影响之下，行业的创新发展、协同合作、生态圈建设等问题，为企业搭建交流合作平台。扩展企事业科协组织网络，新成立云南桑尔特新能源科技有限公司等3家企业科协。新成立昆明云大新能源有限公司、富民品原农业科技开发有限公司等4家科技专家服务站。加强疫情防控监督检查，主动防控风险。印发《关于做好新型冠状病毒感染肺炎疫情防控工作的通知》《关于进一步加强疫情防控监督检查工作的通知》，全面排查假期人员流动情况，强化个人和办公场所防疫管理。印发《昆明市科协关于疫情防控期减少人员往来的通知》，创新办公方式方法，减少人员聚集。组织党员自愿捐款支持新冠肺炎疫情防控工作。

【开展科普品牌活动】 线上成功举办第35届昆明市青少年科技创新大赛终评决赛。为保障第35届昆明市青少年科技创新大赛决赛工作在疫情期间有序开展，昆明市首次尝鲜“云答辩”，终评决赛采用网络问辩方式举办。经此次终评决赛及为期1个月的公示，第35届昆明市青少年科技创新大赛最终评出获奖作品881项，其中，小学生科技创新成果126项、中学生科技创新成果90项、科技辅导员创新成果119项、青少年科技实践活动137项、少年儿童科学幻想绘画409幅。

完成“科普日”“三下乡”“科技周”等活动。2020年昆明市暨富民县文化科技卫生“三下乡”活动以“提升基层文化树新风　助推乡村振兴奔小康”为主题，市科协结合农村实际向当地群众免费发放春联、“福”字、科普宣传折页、课程表、环保袋等科普宣传资料与节日用品共3 000余份，现场爱心捐款1万元扶持富民县基层农村脱贫攻坚项目。2020年昆明市科技活动周启动仪式在安宁举行，通过组织科普大篷车巡展及现场发放科普宣传资料等，把优质科普资源送到基层。以“防疫知识小百科”为主题的2万份宣传册及相关宣传物资均提前发送至各县（市、区）科协，在全市范围内免费发放，上下联动，营造良好宣传氛围。2020年全国科普日活动紧扣“决胜全面小康，践行科技为民”主题，设置“2020年全国科普日市级系列活动”“县（市、区）科普日系列活动”“科普日10大系列联合行动”等板块，开展400余项“多阵地、多战线、广覆盖、齐参与”、线上线下相结合的科普活动，市、县两级开展活动面达100%，活动期间参与群众约30余万人次，进一步提高全国科普日活动的影响力和参与度。

积极组织青少年科普竞赛公益类活动。推选33名师生参加2020年全国高校“云上科学营”活动。组织10个县（市、区）的23个学校申报云南省“大手拉小手——科技传播行动”科普报告活动。组织科技教师参加云南省2020年青少年科技辅导员专业水平认证，组织青少年参与全国科学影像节、全国中学生生物学联赛、全国中学生天文知识竞赛、青少年科学调查体验等全国范围内的科普活动，充分发掘青少年科学兴趣爱好，切实提高在校师生的科技实践能力。

【金桥工程】 优选云南茂湾水产养殖有限责任公司鳔浪鱼养殖及水质净化体系建设关键技术研发、云南红梨科技开发有限公司“彩云红”梨现代生产模式示范与推广、亮风台（云南）人工智能有限公司易地扶贫搬迁大数据平台建设等5个项目进行扶持，探索具有科协特色的科技助推精准扶贫模式，推进科技成果转化。

【农业科技教育培训】 稳步推进农函大培训。全市农函大全年共培训学员1万余人次，涉及蔬菜、花卉、果树种植和畜禽养殖实用技术培训等专业，并结合城镇化发展开办物业管理、农产品市场营销等培训，受到群众欢迎。认真开展“百名专家科技下乡”教学活动。在各相关县（市、区）开展31场活动，服务群众3 500余人次。继续开展昆明市农民技术职称评定工作。全年共收到各县（市、区）农民技术职称申报材料190份，经专家评审，通过153人，其中，农民高级技师53人、农民技师100人。加大对农技协扶持力度，支持16个农技协实施市级科普资助项目，促进农技协转型升级。印发《关于组织实施2020年云南省科普惠农兴村计划项目的通知》，支持6个农技协、5个农村科普示范基地和4个农村科普带头人实施省级农村科普惠农兴村计划项目。推荐优秀农技协参加全国农技协的典型选树活动，安宁市八街食用玫瑰协会被评为全国十佳党建强会农技协；推荐2019年度科技助力精准扶贫工作成绩突出的农技协及带头人参加全国科技助力精准扶贫工作先进评选，东川区农技协联合会被评为先进团体，禄劝县波棱瓜种植协会保兴德和寻甸县库森草莓协会赵文平被评为先进个人。组织农技协领办人培训，提升农技协可持续发展能力。开展涉农课题调查研究，围绕实施“乡村振兴战略”“科技服务一带一路建设，创新支撑云南自贸试验区发展”等主题，向所属学会征集生物医药和大健康产业、高原特色现代农业论文74篇，供第十届云南省科协学术年会交流。开展“寻甸县发展畜禽养殖产业现状调查”课题调研，加快推进寻甸农村畜禽养殖现代化进程。

【学会改革创新】 创新学会项目管理制度。规范开展2020年学会创新与服务能力提升项目，出台《昆明市科学技术协会补助所属学会项目管理办法（试行）》，引入第三方机构参与评审，对学会服务、创新与服务能力提升项目的申报、遴选立项、检查、评审验收等程序步骤进行明确规范。全年共有20个学会申报7个类别共41个项目，经评选，31个项目立项，5个项目进入备选库，19个学会获得经费补助。

推进行业协会脱钩改革。按照《昆明市全面推开行业协会商会与行政机关脱钩改革工作方案》要求，指导昆明市包装技术协会、昆明市机电工业科技协会全面完成行业协会“五分离、五规范”改革任务。

开展生物多样性科普活动。昆明市科协生态文明建设联合体采取“小集中、大分散”原则，开展“美丽昆明 我是行动者”科普昆明志愿者服务活动。组织学会参加“第六届昆明科普（教育）产业博览会”主场馆——生物多样性展区联展，展示生物多样性与生态文明建设成果。

【宣传科协亮点】 严格落实意识形态工作责任制，加强对自办媒体和各类报告会、研讨会、讲座、论坛等意识形态阵地的管理，充分利用《昆明科技》杂志、昆明科协网、“掌上春城”科普专栏、官方微博、微信、室内LED屏等媒介，多渠道、全方位宣传、报道全市的科协工作和科普活动。与省、市媒体加强联系合作，开办科普专栏（专版），多渠道反映昆明市各级科协的亮点工作。据不完全统计，截至2020年12月31日，《昆明科技》共选编文章472篇，并制作2019年《昆明科技》合订本，“昆明科协网”共上传稿件744篇。印制《昆明市科协网站稿件精选集》，促进县区学习交流。推动《昆明科技史话》的编印、出版工作。

（吴 芮）

文学艺术界联合会

【制度建设】 2020年，制订《昆明市文联文艺精品创作三年行动计划（2020年—2022年）》，为14个艺术门类创作引导明确具体目标；通过《昆明市文艺家协会文艺作品及活动立项扶持实施细则》，对文艺作品及活动进行立项扶持；试行《昆明市文学艺术界联合会签约制文学艺术创作扶持办法》，2019～2020年，签约14名文艺家，扶持《滇越铁路——在高原与大海之间》《阿力的太阳》《花鹿坪手记》《生命的工厂》《孔雀蓝》《书绘论语》《民族团结花似锦》《阿卡贝拉》《又见花都十大姐》等一批文艺精品创作。出台《昆明市区域性国际艺术交流（交易）平台认定管理办法（试行）》，搭建文艺精品创作交流平台；加强《昆明市文联及各文艺家协会举办文艺活动的管理办法（试行）》的执行，规范各类文艺活动健康有序开展，打造文艺品牌活动；制定《昆明市文联文艺志愿服务管理办法》，促进昆明市文艺志愿服务规范化、常态化、制度化；印发《昆明市文学艺术界联合会经费支出审批管理办法》《昆明市文联文艺家协会财务管理办法》，规范昆明市文联及文艺家协会财务管理工作。

【文艺精品创作】 开展“防疫、战疫、抗疫”主题文艺创作，创作各门类战“疫”文艺作品5 000余件。以文艺力量助力脱贫攻坚战。开展宜良创意农业彩色水稻种植的打造，安宁玫瑰花田的摄影宣传，禄劝崇德小学的艺术帮扶。围绕“脱贫攻坚”主题开展文学作品征集、摄影大赛、书画创作展、剪纸展、小戏小品小舞蹈创作、话剧小品创作、《新阿诗玛》影视剧本创作、《花开的声音》广播剧剧本创作。举办“印证昆明——昆明百位历史名人篆刻作品展”“新时代新作为新篇章——昆明市市直机关职工美术书法摄影作品展”“光影履痕——昆明市首届摄影艺术展”、昆明新世界“腾龙杯”摄影大赛、“发现舞蹈之美”金孔雀杯摄影大赛、“西部如此好看”摄影展、“永不重复的赛道”摄影展，组织文学、摄影、美术、戏剧等门类的文艺家开展为期4天的“走进乌东德”采风创作，展现群众共筑移民梦的场景。

共争取到273.50万元的项目资金，主要扶持以脱贫攻坚为主题的书法美术摄影展览、影视剧创作、文学作品征集、小戏小品小舞蹈创作等。报告文学《犀鸟启示录》入选2020年中国作家协会重点作品扶持项目。扶持戏曲舞蹈《兰花指》，脱贫攻坚舞蹈《热土》，歌曲《云边有座城》《长联畅想》《翠湖的风》《花城》，方言小品《李老三脱贫》《脱不脱》，花灯小戏《好事成双》等文艺精品创作。

面向全国公开发行《滇池》文学刊物12期，增刊《昆明作家》1期，刊登220余万字的文学作品；全面改版市文联内刊《昆明文艺》和《春城少年》，《昆明文艺》获“云南文学优秀内刊”称号。举办滇云网络文学大赛、滇池文学奖及滇池华文文学奖等活动。探索“互联网＋文艺”工作模式，促进传统文艺与网络文艺融合发展，建立健全“春城文艺”网站、“文艺春城”微信公众号、微博，宣传推介昆明文艺家和文艺作品、文艺活动。

创新开展“美在春城——昆明文艺周活动”，包括民乐、交响乐、民间文艺、戏剧、舞蹈、曲艺等专场展演，书法美术现场交流，摄影作品展、剪纸艺术展、“脱贫攻坚”主题影视片展映，诗歌散文朗诵与讲座、“名家与好书”推荐会、音乐舞蹈专场讲座、网络文学专场讲座，超过10万人次群众参加，网络点击阅读量达到125万多次。文艺周活动的内容丰富多彩，具有较强的社会影响力、吸引力、凝聚力，将逐步培育成昆明市文联特色鲜明的文艺品牌。组织创作《滇池治水记》《脱贫攻坚文学作品集》等一批具有昆明特色的重大主题文学作品；展播《洋娃娃》《撒花坡》《石板谣》等微电影。弘扬廉政文化，编著《明清两代滇籍谏官录》，成为全市党员干部的廉政教育读本。

完成“昆明市文学艺术资源普查报告”“昆明市文联协会人才队伍建设调研报告”等课题，为宣传和文艺系统抓重点创作、抓精品创作提供依据。

【对外文艺交流】 在国际上与日本藤泽市和韩国浦项市开展儿童绘画交流活动；助推《滇池》文学刊物品牌国际化，通过外贸书店把《滇池》文学杂志推广到东南亚国家；组团出访泰国清迈、马来西亚槟城等城市，与东南亚华人华侨社团以及民间专业文化社团开展文化交流活动。在国内与北京市朝阳区文联缔结友好文联，签署《北京朝阳·云南昆明友好文联协议》，组织开展“日月同辉迎国庆，又见大观庆中秋”文化交流活动。组织职工赴北京市朝阳区文联开展考察学习交流活动。在杭州、昆明分别举办“美好生活、光影双城”摄影联展，加强杭州、昆明两地文化合作交流。在省内，与昭通市、保山市文联开展文艺交流活动，与昭通市文联缔结友好文联，签署《昆明·昭通友好文联协议》，组织开展“滇池之约——昆明·昭通文艺交流采风创作活动”，召开“滇池之约”昆明·昭通文艺创作交流座谈会、开展环滇池采风创作活动。参加“七彩云南·磅礴乌蒙”云南省州市摄影联展。组织全市14个基层文联赴腾冲市学习基层文联工作。在市内认定合虚民族民间文化传习馆、留筠馆等12家文化机构为2020年昆明市区域性国际艺术交流（交易）平台相应类别的中心和场馆，通过政策引领、平台建设、品牌打造，集聚、整合文化艺术领域要素资源，打造和推出一批集国际文艺交流、艺术品交易为主的文化机构，探索推动民间文艺交流纵深发展，形成以政策为支持，以机构为基础的艺术交流和交易服务平台，通过活动和交易逐步培育昆明形成艺术交流和交易的活跃地，加快落实昆明人文交流中心战略部署建设。

【文艺志愿服务】 全市已有近2 000名文艺志愿者。组织文艺志愿者开展文艺惠民活动，以志愿服务形式开展文化科技卫生“三下乡”“送欢乐下基层”“文化进万家”“主题采风”“为老百姓拍摄全家福”“书法进校园”“文艺进军营”“戏曲进社区”“艺敬劳动者·梦圆新时代”等文化惠民活动160余场，吸引20万余名基层群众参与，创作书画作品2 000余幅赠送人民群众，为群众写春联、赠送年画、拍摄全家福照片等2 000余幅，捐赠扶贫经费和物资20余万元，加强文艺工作者与人民群众的紧密联系，丰富昆明城市和乡村精神文化生活。组织文艺家开展“崇德尚艺，潜心耕耘，做有信仰有情怀有担当的新时代文艺工作者”活动。参加中国文联服务下基层交流笔会、中国民盟纪念费孝通100周年诞辰创作笔会。市书协被中国书法家协会授予“中国书法进万家先进集体”。

【队伍建设】 着眼于培养各领域文艺领军人物，加大对中青年文艺人才的发现举荐、教育培训、资助扶持、宣传推介力度。选派文艺家和文艺工作者到中国文艺研修院、鲁迅文学院等进修深造；举办云南儿童文学作家培训班，推荐参加省级各类文艺培训班300余人次；组织文艺工作者、文艺爱好者380余人参加中国文联和中央文明办举办的“圆梦工程”书法、美术、音乐、舞蹈培训，308人获得“结业证书”。建立昆明网络文学协会，挂牌成立“新文艺群体之家”；吸纳优秀文艺人才加入各文艺家协会，完成作协、剧协、曲协、儿研会等8家协会换届，推选德才兼备、热心协会工作、具有较强组织协调能力的人员作为主席团成员，新一届协会领导班子老、中、青梯次搭配，平均年龄49.70周岁，其中，年龄45周岁以下的中青年占23.70%、35周岁以下的青年占5%、新文艺群体占10%。

【获奖情况】 据不完全统计，2020年，昆明市文联10余个文艺作品获得“第八届云南省文学艺术创作奖”，其中，文学类特别荣誉奖1个、文学类一等奖1个、文学类二等奖3个、文学类三等奖3个、纪实摄影作品奖3个、曲艺百合奖表演奖1个、戏剧山茶花奖1个。作协、影协、儿研会的作家出版发表文学作品100余部（篇），获得“云南十大好书奖”“南方文学盛典年度文学评论家奖”“青铜葵花儿童小说奖”“冰心儿童图书奖”“儿童文学金近奖”等奖项。获得唱响昆明原创歌曲大赛二等奖1个。获得“奋斗杯”云南省群众文艺作品大赛三等奖2个。获得“2020云南民间故事展演”三等奖2个。摄影作品在省级以上的摄影展览、摄影大赛中获得72个奖项。

（陈　蓉）

归国华侨联合会

【思想政治建设】 以习近平新时代中国特色社会主义思想为指导，巩固深化“不忘初心、牢记使命”主题教育成果，持续推进“两学一做”学习教育制度化、常态化。加强理论学习，开展学习宣传贯彻习近平总书记考察云南重要讲话精神宣讲活动，组织干部参加多种形式的学习教育，参学率100%。市侨联党组开展中心组理论学习8次，领导班子成员带头讲授专题党课。以党建、廉政建设强化作风建设，与各部室负责人签订责任书，安排部署党建工作和党风廉政建设工作。深入推进“主题党日”活动，开展网上党支部规范化建设，党员在线进行阅读、学习、交流、测评，“互联网＋党建”模式形成。开展创建服务型党组织、党支部和党员实现“双报到双报告”活动，常态化开展“关爱滇池·志愿者在行动”活动。将传承“侨”爱国红色基因融入党建内容，组织开展“寻访侨的印记·感悟华侨华人爱国精神”主题活动，市侨联“党建带侨建、侨建为党建”获批昆明市第三批党建品牌。

做好“网上侨联”建设，线上线下服务融合，内刊《昆侨之窗》、昆明市侨联官方网站、@昆侨之窗官方微博、“昆明侨联”微信公众号的关注度进一步提高。发布原创宣传稿件102篇，出版《昆侨之窗》4期，发布政务微博1 520余条，推送微信137条。政务信息工作在全市统战系统排名前列，信息化建设和网络宣传工作经验在全省侨联系统得到推广。动员侨界力量捐款捐物共同抗击疫情，做好疫情防控的政策宣传和舆论引导，协调解决侨资企业面临的问题，助力复工复产，引导侨界群众不信谣、不传谣，稳定情绪、增强信心，自觉落实防控措施，维护社会和谐。

【服务经济发展】 发挥桥梁纽带作用，组织500余名海外侨胞、在昆侨资企业参加中国（云南）自由贸易试验区招商引资线上线下专场活动，促成北京市海淀区国际商会组织落户海淀区的17家知名企业（其中，10家企业上榜世界500强、1家企业位列世界100强）来昆考察调研中国（云南）自由贸易试验区昆明片区、呈贡信息产业园和云南白药集团。建立海外侨团侨社及代表人士数据库，为构建统战海外联络处奠定基础。吸纳115名新归侨和归国留学人员担任青年委员会委员，支持青委发挥新侨优势开展创新创业和公益活动，服务社会事业。市侨联青年委员马明星博士获得第八届"中国侨界贡献奖"一等奖和2020年"创客中国"云南省中小企业创新创业大赛一等奖。

【维护合法侨益】 接待来信来访群众30余人次，接收办理信访件4起，办结4起，办结率100%。依托华侨事务预算专项经费，建成"法律服务站"2个、涉侨纠纷多元化解试点1个，开展侨法宣传、法律进基层活动6场，为近1 000名归侨侨眷和社区居民提供侨法、法律法规宣传教育和法律咨询。开展普法教育，向基层侨联发放侨法宣传册等普法资料，全市各级侨联普遍专题部署侨法学习和宣传工作，做到与业务工作同部署、同检查、同落实。

【参政议政】 围绕文化、经济、公共设施建设、城市管理等百姓关注的热点和难点问题开展调研，在市两会期间提交侨联界别集体提案5个，组织侨界政协委员撰写个人提案11个，1件集体提案、2件个人提案被评为市政协优秀提案。2名侨联界别政协委员被推选所做的大会发言，均得到市委主要领导批示。组织侨联界别政协委员开展学习交流、调研视察、收集和反映社情民意等经常性活动，联合台联、无党派界别政协委员到呈贡信息产业园调研考察昆明跨境电子商务发展情况。开展"昆明市红色旅游现状及发展策略研究"课题研究，促进昆明旅游产业结构调整，为相关部门提供决策参考。

2020年9月12日，市侨联在昆明书城举办"书香致远·悦读春城"昆明侨界2020年迎国庆主题读书会活动 （陈敏 摄）

【拓展海外联谊】 弘扬中华文化，推进海外"昆明书屋"项目建设，在缅甸东枝兴华中学、马来西亚吉隆坡中华独立中学、泰国四色菊侨南学校、老挝寮北学校新建4所"昆明书屋"。截至2020年12月31日，中国昆明市已在泰国、缅甸、马来西亚、老挝、印度尼西亚、柬埔寨6个东南亚国家具有较大影响力的华文学校捐建海外"昆明书屋"15所，累计捐赠图书6万余册（套），投入资金150.40万元，成为昆明主动服务和融入国家"一带一路"建设的有力举措。挖掘整理昆明侨历史文化资源，在云南陆军讲武堂历史博物馆举办昆明市首个"中国华侨国际文化交流基地"授牌仪式，国立西南联合大学旧址、昆明侨光小学分别申报成为"中国华侨国际文化交流基地"和"春融同心·昆明市统战文化基地"。突出社会主义精神文明建设，举办以"书香致远·悦读春城"为主题的昆明侨界2020年迎国庆主题读书会，在社区"侨胞之家"开展多场"我们的节日"主题文化活动，推荐289篇昆明高中学生、海外华裔青少年作品参加第21届世界华人学生作文大赛。重组昆明市侨联书画诗词协会，用文化的力量推动思想道德建设和精神文明建设。承办第六期中国侨联"亲情中华·为你讲故事"网上夏令营云南昆明营，来自美国、英国、西班牙、泰国等国家6个海外华文教育机构365名华裔青少年"云端"学习中华古典名著、成语寓言、风景名胜、人文历史，感受中华优秀传统文化的独特魅力。

【扶贫工作】 持续做好定点帮扶工作。2020年，结对帮扶寻甸县倘甸镇骂秧村贫困家庭42户，组织开展脱贫攻坚调研5次；支持村委会发展农业产业、整合流转土地，引进企业发展花卉种植、规模化生猪养殖等项目；拨付专项扶贫资金5万元为骂秧村委会建设蔬菜大棚、支持生产道路拓宽工程；引进有机高产水稻种植项目落地，企业累计收购稻谷约90吨，支付收购款30余万元。走访慰问困难归侨侨眷、扶贫点困难群众295人，传递党和政府的温暖。

【服务基层侨胞】 狠抓基层组织建设，争取中央华侨事务工作经费86万元，新建9个“侨胞之家”，安宁市成立侨联组织，五华区金鼎科技园唐工坊文创园成为全省首家楼宇侨联。对困难归侨侨眷进行帮扶和救助，开展“侨看昆明”活动，丰富侨胞文化生活。举办“侨爱心”归侨侨眷技能培训班2期，60名困难归侨侨眷和群众接受中式面点和彝族刺绣培训。在东川区、盘龙区、安宁市开展3场“送医送药”活动，为800余名归侨侨眷和社区周边3 000余名居民提供疾病诊疗和检查。引进美国“妈妈联谊会”公益项目，向石林县、禄劝县乡村学校捐赠价值46.20万元的多媒体教学设备21套，促进少数民族地区教育发展。

（陈　敏）

台湾同胞联谊会

【思想政治建设】 坚持以习近平新时代中国特色社会主义思想为指导，认真贯彻落实习近平总书记考察云南重要讲话和对云南工作的重要指示批示精神。举办2020年第七届理事学习培训班；组织开展庆祝建党99周年演讲暨朗诵比赛；录制“礼赞建党99周年——昆台两地青年话生活”微视频；举办“春融同心·昆台大讲堂”，邀请专家学者为近300名台胞台属代表做学习习近平总书记考察云南重要讲话精神、十九届五中全会精神、民法典解读、市委十一届九次全会精神及昆明市惠台78条政策解读，以及中老年人健康知识专题讲座。全年编发《昆明台联简讯》75期，在昆台网上发布工作信息64条，微博620条，公众号135期511条，《都市时报》“一点关注”发布67条，被中央统战部、中国台湾网、《明天视野》、省委统战部、省台办、市政协和市委统战部采纳53条。进一步推动学习活动深入人心，在台胞台属中落地生根，开花结果。

【作风建设】 以巡察整改为契机，进一步定位职能职责，强化工作纪律约束，在党组的领导下，制定完善17项规则、制度、规范，其中，新制定9项，修订完善5项，沿用3项。实现用规则约束、用制度管人、用规范示范的内部管理机制，台联机关做到工作有规则、管理有制度、流程有规范，丰富和规范联谊活动内涵，加强作风建设和党风廉政建设，达到工作效果。

【拓展昆台交流新动力】 创新开展台胞台属进社区服务系列活动。2020年，呈贡区王家营社区创建成为第六家“昆明市台胞台属公益服务站”。成立理论宣传、参政议政、经济合作、文化交流和青年联谊5个专委会，进一步充实新力量、增加新动力，使联谊服务工作更有针对性、专项性。在官渡区巫家坝社区和盘龙区桃源社区挂牌“台胞台属之家”。

【搭建昆台文化艺术交流平台】 与中国（云南）自由贸易试验区共同主办“两岸一家亲·创意自贸区”2020（首届）昆台青年文创作品大赛，主办首届昆台少数民族书画展和“春城花都·两岸花事——昆台首届创意花卉展”，主办“爱在金秋·编织梦想”“扬帆‘十四五’奋斗正当时——昆台青年共绘未来分享会”等文化艺术交流活动，参与组织“精版提名——2020昆明国际版画展”、2020年昆台花植设计嘉年华等活动，搭建两岸文化交流的平台和渠道，彰显两岸同根同源的文化和两岸一家亲的情谊。

【为台服务】 市台办、市台联共同召开2020年昆明市台胞台属春节慰问座谈会，分组赴14个县（市、区）开展走访慰问困难台胞台属及涉台重点工作对象72户；聘请法律顾问，在台胞台属中加强法律宣传，为涉台服务提供法律咨询和保障作用，维护台胞台属的合法权益；受理台胞台属来信来访7件9人次，做到件件有答复，

2020年9月15日，市台联举行昆明市台胞台属2020年迎中秋·庆国庆联谊活动

（市台联　供稿）

事事有回音。多方联动开展为台公益服务活动。联合民主党派和普瑞眼科医院，开展“同心送光明 健康公益行”公益普查活动，为超过1 000名台胞台属、统战成员免费进行眼健康体检；联系昆明柏德口腔医院为翠湖社区居民和台胞台属开展口腔、义诊服务；携手中国狮子联会云南代表处开展第30个“全国助残日”“春融同心 温馨工程”——爱老济困助残中秋、国庆等慰问帮扶活动，为近千名台胞台属、困难群众、残疾人捐赠价值11.30万元的慰问物资；在昆明市台胞台属公益服务站翠湖、水晶宫、状元楼、永胜路和龙街等社区开展“情暖重阳·我们的节日”系列活动，看望慰问社区台胞台属、生活困难老人627人，发放价值12.50万元的慰问金和慰问物资，营造敬老、亲老、爱老、助老的社会风尚。

【参政议政】 在昆明市政协第十三届委员会第四次会议上提交提案12件，其中，集体提案6件、个人提案6件。上报社情民意36篇，其中向省政协反映社情民意3件。完成8项调研课题，其中，“关于促进昆蓉经济协作的研究”列为市委决策咨询研究课题，“关于后疫情时代加大我市疾控机构科学化建设的对策研究”列为市政协2021年重点培育提案线索，“后疫情时代促进昆明台资企业发展的对策和建议”研究成果得到市长签阅。

【品牌创建】 以“六个一”为抓手，在桃源社区创建全国台联系统首个以台湾民族文化为主题的宝岛风情展示馆，建立“昆明市台联昆台民族文化交流基地”，以传承和弘扬中华优秀传统文化精髓和社会主义核心价值观为主要内容，开展“春融同心·昆台大讲堂”系列活动。11月20日，该基地成功创建为市级“春融同心·昆明市统战文化基地”。

【经济服务】 努力为台胞台属搭建更高更广的经济交流平台，组织台企参加昆明市2020年庆祝“中国农民丰收节”暨金秋消费季优质农产品展销活动；成功举办“首届昆台美食商品展销周”和“首届昆台美食节”活动。各类产品销售收入近23万元。

【疫情防控】 昆明市台湾同胞联谊会发出《统一思想 坚定信心 同舟共济 攻坚克难 携手全市台胞台属助力打赢疫情防控阻击战的倡议书》，发动全市台胞台属、机关干部捐款4.64万元，捐赠口罩2.13万个、医用检查手套3 000双和一批医用酒精。先后赴18家台资企业走访调研，了解台商台企疫情复工复产情况。

【脱贫攻坚】 建立“社会力量参与脱贫攻坚”工作机制，牵线搭桥慈济慈善事业基金会开展“寒冬送暖·冬令物资爱心发放”活动，对寻甸县联合乡8个村643户共2 091名困难群众发放价值200万元的冬令物资，充分体现市委、市政府对困难村民的关爱，切实减轻和克服疫情对贫困地区带来的影响，鼓舞贫困村民勤劳致富的信心，确保昆明市高质量稳定脱贫攻坚成果，夺取脱贫攻坚战的全面胜利。

（李 艳）

2020年10月10日，“昆明市台联昆台民族文化交流基地”在桃源社区揭牌成立

（市台联 供稿）

计划生育协会

【疫情防控】 积极参与疫情防控，发出倡议书，号召全市各级计生协、广大会员、志愿者、工作者积极投入疫情防控工作。先后安排4万元经费支持五华、官渡、西山、安宁、嵩明、东川、寻甸7个县（市、区）计生协抗击疫情，协会机关党员踊跃捐款支持疫情防控。机关干部下沉呈贡区洛龙街道碧潭社区、五华区文化巷社区，配合参与疫情防控，积极参与爱国卫生“七个专项行动”。

【宣传教育】 强化宣传教育，发挥计生协组织引领作用。1月8日，组织参加2020年全市文化科技卫生“三下乡”活动。5月22日，召开中国计生协成立40周年暨昆明市计生协成立34周年座谈会，省计生协常务副会长李善荣，市政府副市长、市计生协会会长周红斌出席会议并讲话。5月29日，在禄劝县崇德小学开展“壮阔四十年 奋斗新时代”纪念中国计生协成立40周年暨昆明市计生协“5·29会员活动日”活动。7月10日，在石林县开展“7·11”世界人口日宣传服务慰问活动。全年在微信公众号发布信息143条，上报信息110条被省计生协采用，被《人民日报》、中国计生协、新华网、云南网、昆明电视台、《昆明日报》等媒体采用信息20余条，信息工作在全省位列第二名。

【青春健康工作】 注重品牌效应，持续推进青春健康教育工作。在昆明市第十一中学、云南水利水电职业学院、云南经济管理学院项目点指导新创建设青春健康俱乐部，开展家长专题讲座9场、学生专题讲座12场、师资培训4场、同伴教育12场、青春健康三行诗比赛1期、“9·26世界避孕日”大学生户外大型宣传2场，在14个县（市、区）继续开展青春健康知识进校园巡讲活动。

【家庭健康宣传服务】 深入开展家庭健康促进行动，不断提升健康素养。在安宁市举办以健康生活方式养成等内容的“健康大讲堂”和“关注健康饮食，助力乡村振兴”专题讲座。在石林县圭山镇开展“关注生殖健康 助力乡村振兴”专题讲座。在嵩明县小街镇举办中老年男性健康知识专题讲座。利用九九重阳节、家庭健康促进活动推进仪式等时机，提倡“三减三健”、杜绝餐饮浪费、保护环境卫生、垃圾分类、共建美丽庭院等健康生活方式。对特困老龄家庭、高龄老人、贫困户、“三留守”人员等弱势群体发放慰问金、健康包、急救包及意外伤害保险等。积极开展“健康家庭”评选，发挥示范带动榜样力量，不断提升家庭健康素养和水平。

【优生优育工作】 依托中国计生协优生优育指导中心，在“5·29会员活动日”、六一儿童节、“7·11世界人口日”、医师节、“9·1全民健康生活日”、中秋节等时间节点，开展丰富多彩的系列亲子活动期。举办0～3岁婴幼儿能力训练指导培训班。编发优生优育线上微课堂7期、知识宣传手册7 000本、挂历4 000份，赠送健康包400个。协调早教专家把优生优育知识送进幼儿园，有效促进儿童生长发育“医教结合”融合促进。开展“进机关”“进企业”学龄前儿童免费口腔涂氟诊疗服务。组织妇幼保健院医疗专家到石林县、禄劝县、昆明公交集团开展0～3岁婴幼儿免费体检、义诊咨询、带教活动。全年惠及育龄群众及婴幼儿5 000余人。在全省率先开展国家级0～3岁婴幼儿照护服务示范创建项目工作，不断探索协会参与婴幼儿照护服务发挥作用的途径和服务模式，为促进昆明市婴幼儿照护服务发展起到良好的宣传倡导和示范带动作用。

【计生特殊家庭关爱帮扶】 成功申报并启动中国计生协2020年“暖心家园”项目。在东川区铜都街道实施计生特殊家庭帮扶项目。按时完成市人大代表建议、政协委员关于计生特殊家庭关爱提案办理工作。持续做好失独家庭父母公交（地铁）爱心卡、乘车保险及住院护理险办理相关工作。年内，办理爱心卡1 562张，累计办理爱心卡3 349张；购买意外伤害险3 349份；办理住院护理险4 952份。全年完成计生保险收入1 192.68万元，惠及计生群众11.93万人，赔付金额755.56万元，平均赔付率达到63%，切实提高计生家庭抵御风险能力。

【脱贫攻坚】 继续做好“挂包帮”“转走访”工作，2020年共开展6次实地走访，累计投入资金10.90万元。1月，与中国人寿昆明分公司联合组织开展春节前慰问，为71户结对帮扶贫困户发放大米和食用油。4～12月，先后开展入户走访活动5次，动员职工捐款为帮扶贫困户购买大米和食用油等生活物资、赠送意外伤害保险，组织贫困群众免费体检等。

【队伍建设】 为进一步提升全市计生协系统宣传工作水平，6月11～12日，在市委党校举办2020年宣传员培训班，各县（市、区）分管计生宣传工作领导，各乡（镇）计生宣传员共50余人参加培训班。9月21～25日，在市委党校举办2020年度基层秘书长能力提升班，全市各县（市、区）48名基层秘书长参加培训。市计生协机关于3月、7月、9月、12月完成4轮公务员职务职级晋升，有10名干部得到职务提拔或职级晋升。大力推动计生协系统改革，截至2020年12月31日，全市15个县级计生协（含阳宗海管委会计生协）已全部出台改革方案，有11个县级计生协出台“三定”方案，新增人员编制22名，有力推动县级计生协改革任务落实。

【工作创新】 市计生协服务中心大局，主动融入乡村振兴战略和“中国健康之城”建设，连续3年争取中国计生协家庭健康促进行动示范项目落地昆明，加强对儿童、青少年、育龄人群及中老年人群健康指导服务，取得明显成效。11月21日，中国计生协在西安举办2020中国家庭健康大会，第十届全国人大常委会副委员长、中国关心下一代工作委员会主任顾秀莲，全国政协人口资源环境委员会副主任、中国计生协常务副会长王培安出席会议并做重要讲话，昆明市计生协登上“中国家庭健康守门人2020年度团队榜单”，并作为西南地区计生协系统唯一代表，就家庭健康促进工作在大会上做经验交流。

（褚庆存）

外事·侨务·港澳台事务

编辑：陈智容

外　事

【加强党对地方外事工作集中统一领导】 完善党管外事工作有效机制。健全完善市委外事工作委员会直接领导、市委外办统筹协调、各地各部门协同联动的外事工作机制，建立市委外办对口联系基层党委外事部门工作机制。召开市委外事工作委员会（扩大）会议、市委外事工作委员会全体会议，深入学习中央和省有关会议、文件精神，安排部署全市重点外事工作。落实请示报告制度和重要外事信息专报机制，重大涉外事项、涉外活动第一时间向市委外事委请示报告。

【融入和服务国家总体外交大局】 深化与国际组织、机构务实交流合作。

2020年6月11日，市委书记程连元（右四）会见北京韩国人会会长朴镛熙（左四）一行 （市外办　供稿）

全面深化与上合组织秘书处、上合组织睦邻友好合作委员会、中国—东盟中心、驻昆总领馆等国际组织、机构的交流，凝聚共识，务实开展好机制性项目合作。8月28日，昆明市委书记程连元会见上合组织秘书长诺罗夫先生，就进一步丰富同上合组织秘书处及上合组织各成员国交流形式、拓宽合作领域、提升合作层次，举办上合昆明国际马拉松赛、拍摄赛典赤·赡思丁纪录片、缔结国际友好城市等达成共识；12月，邀请上合组织秘书长、上合国家驻华使节及上合国家青年代表访昆，以“上合组织青年人才职业教育——贡献智慧力量、展现青春风采”为主题，开展2020年昆明上合青年人才交流活动。

持续拓展友城关系。10月，省委常委、市委书记程连元带队赴京拜访全国友协会长林松添，就昆明市对南亚东南亚友城工作及国际友城大会筹备等进行交流。完成与孟加拉国加济布尔市缔结国际友好城市，与马里首都巴马科市缔结国际友好交流城市工作。涵养和发展与乌兹别克斯坦布哈拉市、老挝琅勃拉邦市、多米尼加伊圭市的友城关系，指导并推动中国晋宁与印尼卡罗县、中国安宁与缅甸皎漂发展友城关系。

做好“两个大会”筹备工作。统筹推进中国国际友城大会方案报批、工作架构建立等工作，强化与全国友协常态化沟通联系机制。有序推动各项筹备工作，结合省、市及全国友协工作要求，逐步理顺工作机制，构建外事服务工作团队。配合大会的召开，开展公务员英语培训，道路标示标牌英文翻译、校对，研究提出昆明市迎COP15国际化提升项目清单及组织保障建议。

持续深化对缅工作研究。与云南大学国际关系研究院签订战略合作协议并挂牌成立昆明市南亚东南亚合作研究中心，以对缅工作为研究重点，提出《拓展昆明市与中缅油气管道沿线城市合作交流的对策》《提升昆明与曼德勒、仰光友城合作质量》咨询研究报告。

成功处置友城关系新问题。针对澳大利亚瓦加瓦加市少数议员通过断绝与昆明市友城关系的动议事宜，在上级外交外事部门和市委、市政府坚强领导下，冷静应对，迅速果断开展应对处置工作，两市友城关系重回正轨。

【同心抗击疫情】 全力开展境外疫情防输入工作。服从国家、省、市防范境外疫情工作大局，全体职工奔赴一线开展境外疫情防输入工作，形成“5+1”工作模式。截至2020年12月31日，共留观、转运44个国家的外籍人员488人，解除留观468人，正在留观18人，转运至昆明市第三人民医院留观2人。配合拟定《致入境和从其他城市入境来滇旅客告知书》，完成疫情防控有关政策文件的8国语言翻译，建立多语种24小时翻译服务机制，协助市长热线咨询解答境内外公民涉疫情防控问题等100余次，向7国驻昆总领事馆赠送防护物资2 000余套，向39家驻昆和领区涵盖昆明的驻重庆、广州、成都领事馆发送昆明市疫情防控工作通告，多方式保障外国驻昆机构和外籍人士健康安全。市外办在疫情防控工作中被全国妇联授予“2020年度抗击新冠肺炎疫情全国三八红旗集体”称号。全省2家集体获该称号，全国外事系统独此1家。

携手抗疫，共克时艰。新冠肺炎疫情暴发后，共争取到25个国际友城以实物捐助、信函慰问和视频声援等形式给予昆明市宝贵物资援助和精神支持。随着疫情蔓延，昆明市先后分4批次向15个国家19个城市援赠总价值373.41万元的医疗防护物资。在老挝疫情防控关键时期，向万象市与琅勃拉邦市捐赠2辆监护型救护车、4台双水平正压呼吸机、200支红外额温计，为共建中老命运共同体做出贡献。

参加国际青少年讲述抗疫故事短视频活动获佳绩。市外办、市教体局、市友协精心策划，积极组织昆明市中小学参加中国人民对外友好协会“全球抗疫，我们在一起”国际青少年讲述抗疫故事短视频活动。各参展学校积极响应，共收到视频作品830余件，筛选参评210件。经专家评审，从全国范围参评作品中共评选出一等奖2名、二等奖4名、三等奖6名、优秀奖10名、“百佳作品”100名。昆明市获得二等奖1名、优秀奖1名、组织奖2名、入选“百佳作品”27名的好成绩，获奖作品数量、质量居全国前列。

2020年8月7日，中国昆明市向老挝万象市和琅勃拉邦市医疗物资捐赠仪式
（市外办　供稿）

【开创对外交流新渠道】 积极探索线上交流新模式。与德国迪岑巴赫市、法国南锡市、美国丹佛市、瑞士苏黎世市以及西班牙、美国国际友好人士开展线上交流合作，协助做好“庆祝中华人民共和国和缅甸联邦共和国建立外交关系70周年”“庆祝中泰建交45周年滇泰友好主题展”等线上展示活动。助力举办“藤泽市民马拉松赛”“湘南的宝石”彩灯节；推荐中国昆明市西南联大附中与日本高山市开展青少年文化交流活动，与韩国浦项市开展“非接触式”文化交流；向中瑞建交70年、日本藤泽建市80周年庆祝交流活动发送祝贺视频。组织参加第九届中国—南亚国际文化论坛云展览、视频会议等线上活动，参加2020年环太平洋国家艺术展等活动。

【助力全市国际化建设】 聚力国际化建设系统谋划。开展2020年昆明市国际化建设重点项目和任务考核工作。市外办主要领导带队，赴西安、深圳、成都调研城市国际化建设，启动编制昆明市第二阶段国际化建设工作规划，优选合作机构，确保方案及项目可实施、可操作、可落地。

探讨国际化社区指标体系构建。携手华东理工大学专家组，对全市近40个外国人聚集区进行实地调研，了解分析昆明市建设国际化社区基础条件现状、存在的问题及对策建议，探讨提出构建国际化社区基本指标体系发展思路。

筹建翻译人才库。对省内省外高校、翻译机构充分调研，广泛了解昆明市翻译人才及翻译市场现状，于12月邀请中央编译局、中国翻译协会和北京、昆明等高校专家学者举办2020年首届昆明南亚东南亚语种翻译发展论坛，共商昆明市南亚东南亚外语翻译人才库发展建设。

搭建平台凝聚留学生资源。充分利用留学生民间对外交往这一重要资源，搭建沟通交流平台，策划举办首届在昆留学生活动VLOG（微录）大赛，对外讲好昆明故事，更好地营造留学生在滇学习生活氛围。

【强化外事服务管理】 以市“两办”名义出台《关于进一步加强和改进因公临时出国（境）管理工作的通知》；按照省、市对疫情防控的总体安排和部署，以“一案一报”方式共审批团组4批，其中2批取消执行，2批赴澳门执行，结合企业复工复产需要，赴老挝执行2019年度推迟计划1批；启动二级申报系统暨昆明市因公出国（境）管理服务平台建设前期工作。

（李　佳）

侨　务

【思想政治建设】 年内，进一步加强党对全市侨务工作的领导，履行“三统”职能，推动构建全市“大侨务”工作格局，形成市委统一领导、市委统战部统筹管理、协调联系有关部门参与的涉侨工作格局。指导市侨联组织召开第十次昆明市归侨侨眷代表大会，完成换届。举办2020年昆明市涉侨代表人士培训班，加强对全市归侨侨眷重点人士的思想引领。通过对涉侨企业、涉侨纠纷的调研，进一步摸清情况、凝聚侨务工作合力，探索侨务工作切入口，向党委和政府献言献策提供基础资料。

【为侨服务】 认真实施“双百计划”，精准帮扶困难归侨侨眷。2020年“双百计划”共对全市14个县（市、区）306户次散居困难归侨侨眷进行帮扶，下拨市级资金达32.82万元。通过多层次全覆盖的帮扶，传递党和国家对困难归侨侨眷群体的关注和扶持。提升为侨服务能力，扎实做好依法维权护侨工作。对归侨侨眷进行身份认定37人；接待涉侨来电来访64件，办结率在95%以上。强化为侨公共服务意识，深化“放管服”改革。按照办理市级政务服务事项统一要求，清理规范归侨侨眷身份认定和华侨回国定居事项，对接云南省政务服务平台，明确行政职能、简化手续、规范流程。

【打造侨务品牌】 结合侨的特点，发挥侨的优势，开展以“春融同心”为主题的昆明市侨务工作品牌创建活动，深挖和整合“南侨机工”“飞虎队”等历史人文资源，打造昆明特色侨务工作品牌。依托已挂牌的“春融同心·昆明市统战文化基地”，进一

2020年9月21日，昆明市2020年“双百计划”困难归侨侨眷帮扶慰问座谈会召开

（市侨办　供稿）

步挖掘统战侨文化内涵，提升侨文化品质，扩大统一战线侨的影响力。落实“双百计划”涵养涉侨高端人才，实施昆明新侨创新创业基地建设。进一步发挥国内外侨商和高层次海归人才财力智力资源优势，培育和拓展海内外联谊、合作、交流的渠道，促进以侨引资、以侨引智，打造有效的项目平台和工作载体。云南最后一位南侨机工罗开瑚老人于2020年11月12日在昆明去世，享年102岁。

【华文教育和对外交流】 围绕国家大局，深化华文教育和对外文化交流。落实中央“双稳”部署，积极投入抗击疫情，做好昆明市派赴泰国、缅甸、老挝外派教师的跟踪服务工作。围绕文化建设，深化“昆明书屋”品牌，拓展项目内涵，牵头筹集资金40万元用于新建缅甸东枝兴华中学、马来西亚吉隆坡中华独立中学、泰国四色菊侨南学校、老挝寮北学校4所海外“昆明书屋”。

【扩大涉侨宣传渠道】 借助“春融同心·e+”互联网统战工作品牌建设，通过昆明市统一战线融媒体矩阵平台宣传涉侨工作，2020年改版的“春融微语”官方微信增设微讲堂、侨动态等栏目，全景式、多角度展现近年来昆明市侨务工作。借助“世界华人学生作文大赛”“中国华侨国际文化交流基地”等平台，传播昆明声音，讲述昆明故事。

（市委统战部）

港澳台事务

【概况】 2020年，在市委、市政府的坚强领导下，全市统战系统紧紧围绕服务中央港澳台统战工作和建设区域性国际中心城市两个大局，秉持合作共赢、两岸一家亲理念，深入推进“春融同心·两岸一家亲”系列文化交流品牌，克难前行，开拓创新，不断争取港澳台人心，推动两岸经济社会融合发展，港澳台工作取得新突破。

2020年12月29日，“山珍海味　记住乡愁——2020昆台美食文化”线上线下交流活动启幕

（市委统战部　供稿）

【强化党的领导】 4月28日，十一届市委第134次常委会会议专题传达学习2020年中央、省委对台工作会议和省委常委会会议精神，研究昆明市贯彻落实意见。5月13日，召开2020年市委对台工作会议，传达学习2020年中央、省委对台工作会议精神和省委、市委要求，总结2019年全市工作，分析当前台海形势，安排部署2020年全市对台工作任务，推动中央、省委、市委关于对台工作重大决策部署的贯彻落实。推动落实14个县（市、区）党委统战部加挂台湾工作（事务）办公室牌子，强化对台工作机构的组织保障。同时，将完善县（市、区）对台工作领导小组议事协调机构的工作纳入年度考核任务，督促各县（市、区）加强对台工作的领导。修订《昆明市进一步加强对应邀赴台管理工作的通知》，并在全市范围内实施，进一步规范全市应邀赴台交流管理工作。

【深化人文交流】 积极应对两岸交流面临的新情况、新问题，不断探索新形势下对台交流新理念、新路径，精心筹划交流活动，努力开创工作新局面。成功组织以鲜花和美食为主题的“山珍海味　记住乡愁——2020昆台美食文化”“山海云上云·2020昆台花植设计嘉年华”线上线下交流活动，通过“云”活动，推动两岸经济融合发展，增进同胞亲情，增强台湾同胞国家认同、民族认同、文化认同，厚植两岸同胞精神纽带。策划开展“春融同心　黄埔情深”昆明黄埔同学短视频拍摄制作文化项目，用视频方式挖掘健在黄埔同学事迹，激励广大青年爱国、奉献、创新。全年共接待3个港澳团组25人来昆明开展交流座谈、参观考察、洽谈合作、扶贫助学等活动。

【推动经贸合作】 2020年，新设立港资企业60家，同比增加100%；合同利用港澳台资金14.71亿美元，实际利用港澳台资金6.25亿美元，香港与昆明贸易总额3.31亿美元。新设立澳资企业1家，合同利用资金15万美元，实际利用资金100万美元，澳门与昆明贸易进出口总额190万美元。新设立台资企业15家，同比增加66.67%，合同利用资金5 837万美元，实际利用资金26万美元，台湾与昆明贸易进出口总额8 019万美元。

截至2020年12月31日，香港在昆明共投资设立企业1 319家（现存续486家），投资总额339.18亿美元；澳门在昆明共投资设立企业34家（现存续7家），投资总额1.67亿美元；台湾在昆明共投资设立企业402家（现存续49家），投资总额6.64亿美元。

邀请台资企业敏实控股集团来昆明考察云南自贸区昆明片区、经开区、滇中新区的招商环境和招商项目，促成敏实控股集团投资10亿元人民币的云南省台商总部——云台（南亚国际）产业孵化园项目签约落地。石林台创园获批为“全国农村创新创业孵化实训基地”，新增入园企业5家，累计接待游客62.80万人次。截至2020年12月31日，园区入驻项目53个，其中台资企业9家，亿元以上项目10家；企业协议投资额65亿元，完成投资约30亿元；年产值达8亿元，构建农业、旅游、文化、休闲等多产业聚合的农业综合体，得到省领导的充分肯定，并在全省推广学习“农旅”融合发展经验。

【制定惠台措施】 为认真贯彻落实国台办“31条措施”“26条措施”和云南省“75条措施”精神，让台湾同胞共享大陆发展机遇，市委、市政府分管、联系领导多次召集相关部门研究昆明市惠台政策措施，于2020年6月10日在全省州（市）首家出台《关于促进昆台经济文化交流合作的若干措施》（简称“78条措施”），得到时任省委常委、省委统战部部长张国华的肯定性批示：“昆明的好做法可推广到全省。”同时，在中央台办主办的《台湾工作通讯》第8期刊登，在全国推广。昆明惠台78条措施内容包含昆台经贸交流合作，社会文化交流，台湾同胞在昆学习实习、就业创业、居住生活3大类，涉及数十个领域，力度之大、范围之广、涉及部门之多前所未有，为台湾同胞在昆明市投资、创业、就业、学习、生活提供与昆明居民同等待遇和便利条件，共享大陆发展机遇和昆明发展机遇，在昆明对台工作史上具有里程碑的意义。

【凝聚思想共识】 加强学习培训。举办昆明市港澳台工作干部培训班，认真学习习近平总书记对港澳台工作的重要论述、港澳台业务知识、台海形势等内容，加大港澳台工作干部队伍培训力度，不断提高干部队伍素质和能力水平。与省委统战部联合举办港澳台代表人士国情省情研修班，加强港澳台代表人士对云南自由贸易区建设、中央对港澳台相关政策、红色传承等内容的学习，夯实港澳台工作思想基础，凝聚港澳台人心，汇聚统一战线力量。

加强代表人士的工作。认真落实市级领导与统一战线代表人士联系交友工作制度，通过市级领导开展交心谈心、委托课题调研、定期走访调研、解决相关问题等工作，凝聚统战各界代表人士人心。做好港澳台代表人士的政治安排和向侨联、台联、工商联、海联会、青联、妇联等有关组织的推荐、安排。

加强台联建设。举办2020年第七届台联理事学习培训班，开展庆祝建党99周年演讲暨朗诵比赛，录制“礼赞建党99周年——昆台两地青年话生活”微视频；举办4次“昆台大讲堂”，组织台联理事、台胞台属专题学习习近平总书记考察云南重要讲话精神、十九届五次全会精神、民法典解读、市委十一届九次全会精神、昆明市惠台78条政策措施解读和扫黑除恶专题讲座。积极抗击疫情。坚决贯彻省、市关于防控新冠肺炎疫情重要部署，认真了解排查在昆台商、台胞台属、台企员工、港澳代表人士及其亲属疫情情况，向港澳台同胞宣传抗疫知识。

调动全市台企、台商、台胞台属积极参与抗击新冠肺炎疫情的工作，引导台胞台属做好疫情防范，积极协调台商台企开展物资捐赠和复工复产活动，台商台企累计捐赠现金和口罩、防护服、护目镜、防护手套、酒精等各类抗疫物资价值人民币89.31万元，携手两地同胞共同为抗击疫情做出积极贡献。

【加强宣传引导】 加大中央对台方针政策，习近平总书记对台工作重要论述、在《告台湾同胞书》发表40周年纪念会上的重要讲话精神和考察云南重要讲话精神在台胞台企台属中的宣传力度，跟踪台海形势和岛内舆

2020年7月28日，昆明市召开新闻发布会发布出台惠台78条措施
（市委统战部 供稿）

情，强化反“独”舆论引导。加大惠台政策措施在台商台胞台属中的宣传力度，采取线上线下相结合的方式，运用全媒体平台开展宣传活动。召开新闻发布会、制作宣传手册，全面解读“78条措施”的背景、特色、亮点和内容；以举办专场政策宣讲会、台商座谈会、走访台企送政策上门等多种方式，邀请专家学者、律师和市级部门负责人对“78条措施”条款进行细化解读，让广大台湾同胞提高对政策的知晓度。充分发挥新媒体和网络平台等优势，采取线上线下推送形式宣传重点涉台工作和活动。到昆明各县（市、区）台资企业，精心拍摄制作台胞台企融入地方经济社会发展、民族团结进步、脱贫攻坚和在昆明生活、经营发展情况以及昆明惠台“78条措施”等内容的28个长短视频，在2个为期一周的“山海”系列文化线上线下交流活动期间，通过新浪网、中央电视台海峡两岸、中国台湾网、华厦经纬网、新华网、学习强国，台湾联合报、中时新闻网、“U台说”微信公众号等近20个各级主流媒体网站、平台、微信公众号进行推送，充分展示昆明区域性国际中心城市的魅力和各县（市、区）的优势特色，观看和阅读量超过30万人次。同时，参加活动的台湾嘉宾采取自媒体直播方式，将活动盛况同步传播到台湾岛内，引起岛内的关注。编撰制作《2019年昆明对台工作纪实手册》《2019年昆明市应邀赴台交流考察报告汇编》和“2019年两岸一家新作文大赛”汇编杂志《滇池·大美昆滇》，送达市委对台工作领导小组成员单位和14个县（市、区）、开发（度假、园）区、台创园，加强交流学习与宣传。

【提升服务质量】 2020年，昆明市台办共受理涉台投诉件13件，协助台湾亲属办理台胞2人死亡后火化、骨灰寄存等善后事宜，办理台胞子女入学9件、中考加分证明10件。截至2020年6月，昆明市累计招收台胞学生119人，年内有在校台胞学生63人。为台胞台属提供法律咨询服务工作，邀请法律顾问分析研判来信来访案件，协助台胞台属解决困难。经过多年协调，办结历史积案台胞杨某某土地纠纷案件，落实征地补偿款及利息81万元，杨某某送来感谢牌匾“海峡半世纪难相见，祖国台办为台胞造福骨肉亲”。

【走访调研】 认真完成中央统战部三局和省委统战部来昆调研港澳台统战工作情况相关工作任务。做好调研组到澳资企业、昆明台资企业协会、石林台创园、台资企业实地调研相关活动安排；在省委统战部召开的调研座谈会上，昆明市作为州、市代表汇报昆明开展港澳台统战工作的相关情况，提出工作建议，得到省委统战部领导的充分肯定。配合完成上级对涉台法律政策的调研督查和省委督查室对昆明市出台落实“78条措施”情况的督查相关工作。陪同全国人大、省人大、省政协调研组完成“落实惠台政策，促进云台经济交流”界别活动和涉台法律政策视察工作，到康师傅（昆明）方便食品有限公司、昆明统一生物科技有限公司、经开区昆明统一企业食品有限公司等台企调研，听取企业负责人关于生产经营的情况介绍，特别是疫情期间台资企业为保障民生产品供应积极复工复产情况，人大代表和政协委员们对昆明市的工作给予充分肯定。加强与港澳台相关社团和代表人士的沟通联系，走访调研在昆港澳台代表人士及相关企业。召开2020年昆明市台胞台属春节座谈会，听取各县（市、区）和与会台胞台属代表对昆明市对台工作的意见和建议，到14个县（市、区）入户走访慰问困难台胞台属、生病台商等共75人，了解他们的生活、工作、家庭、困难和他们在台湾亲属的相关情况等，帮助解决实际困难和问题。到9个县区两次走访慰问2019～2020年昆明市健在黄埔军校同学49人次，送去慰问金29.18万元，将党委、政府对黄埔同学的关心落到实处。到10个县区走访调研港澳台工作，了解县区开展港澳台工作的基本情况和下一步开展港澳台工作的思路和举措，为更好地服务港澳长期发展稳定大局和对台工作大局夯实工作基础。到台资企业协会和6家台企台商调研台资企业生产经营情况及疫情期间企业复工复产情况，帮助台商台企解决实际问题，深化服务保障，助力台企发展。

（唐顺琼）

军　　事

编辑：陈智容

昆明警备区

【概况】 警备区各级深入学习习近平新时代中国特色社会主义思想和习近平强军思想，深入贯彻上级党委的决策部署，坚持强军思想的旗帜引领、聚焦应对强敌的备战牵引、确立反思倒逼的问题导向、强化争创一流的精品意识、秉持真抓实干的忠诚担当，年度各项工作任务稳步推进，保持持续发展的良好态势。

【思想政治建设】 常委17次集中学习，突出抓好学习十九届五中全会精神等创新理论。组织4个季度党委中心组带机关理论学习，10次参加省军区师团职领导干部理论培训集中辅导，扎实开展深化“传承红色基因、担当强军重任”主题教育和疫情防控“五看五增强”专项教育。紧紧扭住习近平主席“政治方向是党生存发展第一位的问题”“旗帜鲜明讲政治，既是马克思主义政党的鲜明特征，也是我们党一以贯之的政治优势”“始终把备战打仗作为第一要务”“无论我们走的多远，都不能忘记来时的路”等重要论述强化政治素质，党员干部的政治判断力、政治领悟力、政治执行力有较大提高。开展庆祝建党99周年系列活动，组织党务工作培训，学习贯彻《中国共产党军队党的建设条例》，2个干休所选举产生新一届党的基层委员会。推进党管武装工作，制度落实成效明显，党管武装考核全省第一。针对中美战略博弈、疫情防控等重大现实问题，开展形势政策教育5次，举旗铸魂的思想根基更加牢固。

【发挥民兵作用】 统筹克服疫情影响，坚持党委领训、机关先训，严密组织每月“训练周”活动，累计动用民兵13万余人次参与疫情防控、森林灭火、城市排涝、应急演练等任务。疫情防控期间，围绕“六项任务”，每日出动民兵参与道路卡口盘查、社区网格筛查、物资储备运输、助力复工复产等任务，有效发挥民兵生力军、突击队作用。4季度，组织第一批民兵在西双版纳州3个县（市）的执勤点开展疫情防控。涌现出杨灿辉、钱志军、尹贤两等一批先进典型和先进分子。

【国防动员建设】 深入开展“十三五”规划国防动员准备检验评估，制订昆明市国防动员预案。完成全市基干民兵和普通民兵编建任务，出动教官安全顺利组织16万名学生的军训。3次组织市国动委成员单位研究国防潜力调查方案和实力会审。针对新冠疫情

2020年11月，昆明市民兵支援边境疫情防控（昆明警备区　供稿）

影响，及时研究制定出台大学毕业生参军入伍激励措施，组织精准动员，压实高校和县（市、区）征兵责任，严把体检政考关，严肃廉洁征兵纪律规定，规范组织新兵役前教育训练，高标准完成直招士官和新兵征集任务，征兵工作持续走在全省前列。

【基础建设】扎实抓好新修订的《军队基层建设纲要》等条令法规学习贯彻，2次组织“三支骨干队伍”培训。周密组织49所高校专武干部任职考核，指导抓好乡（镇、街道）武装部和民兵应急营（连）部规范化建设。严格落实值班、安全管理形势分析、风险评估、隐患排查等制度，突出抓好重要敏感期安全防范。过细做好大项活动安全风险评估，4次组织安全大检查，排查60余个安全隐患。

【从严治党】扎实开展党风廉政教育和形势分析，及时传达违纪违规问题通报，一人不漏地组织传阅《忏悔录》教育材料，2次开展纪律党课教育，6次集中组织观看《国家监察》等纪录片。认真贯彻执行《军队行业部门廉政主管责任规定》，扎实开展政治领域官僚主义清除纠治、师职干部待遇清理、领导干部个人事项报告审查、8个行业领域清理整治、社会聘用人员清查整治等活动。狠抓巡视巡察反馈问题整改“回头看”，不遮不掩通报，指名道姓批评，想方设法清退绩效奖。10余次派出明察暗访组，层层传导纠风治弊的压力动力。

【提升服务保障质效】持续巩固“八清”“八治”成果，扎实开展“四清一查”活动。开展账户资金及执行新规专项检查，积极落实军委决策部署，上缴家底经费。严肃认真开展后勤重点行业整肃治理、打击非法制售军服、做好停止有偿服务下篇文章等专项活动。严抓枪弹安全管理，制定相关规定，圆满完成退役报废武器销毁试点观摩任务。干休所深入开展“三真”服务，扎实搞好精细化、亲情化、个性化服务，车辆保障、营房维修，组织郊游、上门送医、上门疫情防控等制度得到老干部高度赞誉。

（昆明警备区）

武　　警

【概况】中国人民武装警察部队昆明支队，1950年4月由中国人民解放军第二野战军第四兵团留守处警卫连全连与原保安警察大队合并改编组建。2005年6月，由原昆明市支队、东川区支队与原第一支队三大队和五中队合并整编组建旅级支队。2018年1月1日零时起，支队紧跟武警部队指挥体制调整改革步伐，启用新番号为中国人民武装警察部队昆明支队，主要担负昆明市党政机关、重要目标安全警卫和昆明地区的守卫、看守、看押、城市武装巡逻、处置突发事件等任务。

【思想政治建设】坚持以习近平新时代中国特色社会主义思想特别是习近平强军思想为指导，深入贯彻武警部队党委三届三次全会、总队党委四届五次全会和基层建设会议精神，牢牢把握稳中求进总基调，在抓政治强引领、抓备战谋打赢、抓法治建安全、抓基层打基础、抓保障提效能、抓班子强队伍上持续用力，确保维稳维权任务圆满完成，确保部队高度集中统一和安全稳定，为决胜全面建成小康社会营造安全稳定环境。

【执勤战备】 严格“十六字”执勤思路，全面推进执勤隐患治理和“智慧磐石”工程建设，有效提升执勤设施“五防一体化”建设水平。以维护昆明社会稳定为主线，突出“扫黑除恶”行动，重点加强社会面巡逻管控和火车站、高铁站武装驻守警戒。强化战备训练演练和战术战法研究，全年圆满完成敏感期战备维稳、执勤安保和要点驻守、武装押解、武装押运等临时勤务，切实发挥维护昆明社会稳定的“压舱石”作用。

【后勤建设】 深入贯彻习近平强军思想和新时代军事战略方针，紧紧围绕总队和支队党委工作部署，始终坚持打基础、管长远、促发展的工作指导，聚焦备战打仗抓保障，借力改革重塑抓转型，紧贴服务基层抓质效，注重标本兼治抓生态，刚性落实疫情防控制度规定，为建设“四铁”先进支队提供坚强保障。

【支队党委全体(扩大)会议】 1月15～16日，支队召开党委一届五次全体(扩大)会议，传达学习武警部队党委三届三次全会、总队党委四届五次全会和基层建设会议精神，总结分析2019年度部队建设形势，研究部署2020年度工作任务。支队党委书记、政治委员孙伟明代表支队党委做题为《沉下心来打基础，埋头苦干抓落实，厚实底蕴稳中求进不断推进支队建设全面进步全面过硬》工作报告。党委副书记、支队长陈志刚围绕“强化使命担当，持续固本开新，努力争创新时代全面过硬先进支队”做讲话。纪委书记、副政治委员杨玺做纪委工作报告。

7月22日，支队召开党委一届六次全体(扩大)会议，分析上半年部队建设形势，谋划下半年工作任务，明确工作需要重点把握的问题。支队党委书记、政治委员张献红代表支队党委做题为《持续转作风打基础抓落实，不断厚实部队内涵底蕴，为实现争创“四铁”先进支队目标砥砺奋进》工作报告。党委副书记、支队长陈志刚围绕“紧跟发展形势，把控重点环节，在反复抓落实中实现年度建设目标任务”做讲话。

【抢险救援】 4月1日17时，昆明市西山区武家箐突发山林大火。支队迅速启动预案，及时调整兵力，连夜赶赴一线全力扑救，连续奋战30余小时，累计运水50余吨，清理余火、发烟点450余处，值守火场3千米，圆满完成任务。

【巡逻勤务】 坚持抓点稳面、以面保点，以昆明核心区的安全稳定维护全省稳定。紧盯“四区两场七站一线”，织严织密巡逻网络，构建“网格交叉，全域覆盖”的立体防控布势。常态担负联勤武装巡逻任务，节假日及敏感期启动加强部署，加大全市巡逻力度密度，提高街面见警率和碰撞率，有效震慑和打击不法分子。5月22日，支队执勤一中队西北部客运站巡逻组协助特警成功抓获1名网上通缉犯。9月28日，支队执勤一中队大观商业城巡逻组成功处置一起持刀企图砍人事件。

【脱贫工作】 支队全面推进“五位一体”精准扶贫后续帮扶和巩固提升工作，开展力度、力量、政策只增不减，调拨党建、产业、文化教育、健康医疗专项扶持资金10万元；协调东川移民新区共同建设军地红色书屋，面积约20平方米，协调滇东老兵公益团队捐赠400余册党建书籍及学习用品，价值5万余元；协调在大地坡村集中搬迁点设立便民医疗点，邀请昆明民营医院免费开展卫生防疫宣传和巡诊，赠送2万余元卫生防疫物资及药品；定期与移民新区铜源社区举办“文化进农家”图书捐赠。

【荣誉获奖】 受到武警部队表彰的先进单位和个人：教导队蔡成龙被评为武警部队“十大标兵士官”，特战中队战士司元元被表彰为“极限训练勇士”。

受到总队表彰奖励的单位：执勤一大队、执勤三大队被评为“四铁”先进营级单位；执勤五大队西山中队被评为2020年度“强军先锋”集体；参谋部机要科、政治工作部组织科、保障部战勤计划科被评为总队“五好一先”先进单位。

受到总队表彰奖励的个人：执勤四大队东川中队班长孙建通妻子被评为总队“十佳军嫂”；信息通信科赵航、执勤五中队张文飞、呈贡中队黄梦辉、西山中队林春龙、特战中队马星东、机动一中队李贵航、机动二中队黄志亮、卫生队刘成、教导队杨勇被评为“五好一先”先进个人；执勤十二中队张滔、特战中队余泽猛被评为“总队优秀教练员”。

参加总队比武竞赛和集(培)训获奖单位：支队在“锋锐—2020”比武中获得团体第二名，在机要专业比武中获得团体第二名。

参加总队比武竞赛和集(培)训获奖个人：特战中队司元元在“锋锐—2020”比武中获得个人第二名；机动大队教导员付新波在总队“论剑—2020”指挥员、参谋人员比武中获得个人第三名；机动一中队李贵航在“锋锐—2020”比武中获得个人第三名；特战中队司元元、吴金浩、罗志营、马星东4人被评为“极限训练勇士”。

受到支队表彰奖励的单位：参谋部作战训练科、政治工作部组织科、保障部财务科被评为“服务基层先进科”；执勤一大队执勤一中队、执勤一大队安宁中队、执勤二大队执勤四中队、执勤二大队执勤五中队、执勤二大队执勤七中队、执勤三大队执勤十二中队、执勤四大队执勤十三中队、执勤五大队西山中队、机动大队特战中队被评为“四铁”先进连级单位；执勤一大队执勤一中队五班、执勤二大队执勤五中队六班、执勤二大队执勤六中队六班、执勤三大队执勤十一中队应急班、机动大队特战中队四小队被支队记集体三等功。

（钟殿龙）

人民防空

【专业队伍建设】 整合全市各相关部门专业队伍力量，组建抢险抢修、医疗救护、消防、治安、防化防疫、通信、运输、信息防护、心理防护、伪装设障10支人防专业队伍，为推进新型防护力量建设打下坚实基础。11月20日，市人防办组织10支人防专业队伍负责人进行专业技能培训。

【重要经济目标防护】 完成昆明市重要经济目标分级分类管理工作，并将三级重要经济目标上报省人防办审批。制订重要经济目标防护培训工作计划，会同发改委编制昆明市重要经济目标防护总体发展规划。

【城市综合防护体系建设】 人防工程质量监管全过程电子化。依托昆明市人防工程建设管理平台对工程建设实施全过程、动态化监管，加强对建设工程五方责任主体落实质量责任和义务的监督。办理人防工程建设质量监督备案361件；进行质监项目473项；共进行现场执法质量监督管理2 940次，切实保证人防工程建设质量，提升防护效能。地下疏散干道初步实现连通。落实城市地下交通干线兼顾人民防空需要的规定，督促指导地铁等工程建设按照人防战术技术标准建设管理，促进地下空间连片成网，提升人员密集区的人员掩蔽和疏散能力。社会投资人防工程提升城市品质。2020年8月9日，昆明市首个引入社会资金投资建设的人防工程白云路公共工程建设完成，投入平战结合使用。项目同时对城市地面、道路淹积点和道路路面进行改造，提升城市品质。三市街公共人防工程按照地铁、市政、人防同步设计、同步施工，在增强城市核心区防护能力的同时，对于缓解交通压力、重塑城市中轴线，将起到重要作用。

【培训演练】 组织全市人防队伍综合培训。为深入贯彻落实《人民防空训练与考核大纲》要求，进一步加强全市人防系统干部队伍建设，提升干部队伍整体素质能力，11月2～4日，市人防办在市委党校举办2020年人防系统综合培训，全市人防系统共95人参加培训。培训安排信息化战争与人民防空、人防工程质量监督、职务犯罪的有效预防、人防数字化转型发展、新行政诉讼法解读、队列训练、体能训练、拓展训练等课程。通过培训，全市人防队伍对人防现代化发展、数字化转型的认识更加深刻，取得提高专业素质，提升防范意识、廉洁自律意识和团结协作意识的成效。

组织专业队伍培训。11月20日，昆明市人防办组织抢险抢修、医疗救护、消防、治安、防化防疫、通信、运输、信息防护、心理防护、伪装设障10支人防专业队伍负责人进行专业培训。这是昆明市人防专业队伍开展的首次培训，是根据各专业队伍专业特长和防空袭任务分工进行针对性训练，此次培训旨在提升人防专业队伍的业务素质，增强参训人员的国防观念和人防意识。

组织市人防机动指挥通信系统跨区域综合演练。11月9～12日，昆明市人防办组织14个县（市、区）人防办开展为期4天的跨区域综合演练，途经会泽县、昭通市、水富市、宜宾市等地，全程约1 360千米，参训59人，出动车辆17辆。本次演练以“城市遭受空袭”为模拟背景，按照《人民防空训练与考核大纲》要求，坚持高标准、严要求，贴近实战。演练机动途中，各机动指挥车辆之间使用短波电台、超短波电台进行通信联络，进一步规范通信联络用语和通信设备操作使用。到达宜宾市后认真组织各县（市、区）人防办开展野外通信训练。本次演练严格分组练习，将所有参训人员按单位进行4G图传现场音视频图像采集汇报，重点训练4G图传信息采集传输训练等科目。训练过程中，各县（市、区）人防办、昆明市人防指挥信息保障中心技术人员认真进行实操训练，演练队伍还与所途经的州市人防办互相交流在指挥通信、队伍训练等方面的经验。此次训练提高业务技能，同时也增强团队协作能力，确保人防指挥通信在平时和战时“拉得出、联得上、用得上”。整个拉练过程贴近实战，规范有序，既锻炼人防专业队伍，又检验装备器材，充分展现人防部门的应急反应能力、快速机动能力和综合保障能力，提高遂行任务能力水平，强化作风，为切实履行“战时防空、平时服务、应急支援”使命任务提供坚强保障。

【推进“放管服”改革】 进一步简政放权。推进人防部门行政审批“放管服”改革，推动人防部门职能向“减审批、强监管、优服务”转变，出台《昆明市中心城区人防行政审批监管服务分级管理实施细则》《昆明市房屋建筑和市政基础设施工程竣工联合验收工作细则》等制度文件，规范人防审批、监管、竣工验收等工作，与住建、消防部门实施施工图设计文件多图联审，与住建、自然资源与规划等部门实施联合勘验、联合测绘、联合验收机制，切实减轻企业负担，简化办事程序。向县区下放审批权限，对县区开展审批培训，确保权力下放“接得住”。

【依法行政】 全面清理批而未建项目和未验收项目，分析原因提出对策，切实提升监督管理质量水平。全面整理出2013～2019年批而未建项目，并完成135个项目的《执法项目提示》文书拟制，下发行政执法教育规范告知书5份，下发行政劝勉建议书2份，催办5个项目补缴人防易地建设费。推动修订法律法规。全面梳理人防法律法规政策与现行工作实际不相适应的具体条款，组织分析研究，提出修改意见和建议，提请上级有关部门对法律法规和相关政策进行修订。对行政审批、行政管理中政策规定不明确、不统一、不清晰的内容，向制定机关请示，请予明确适用政策。完成《云南省实施〈人民防空法〉办法》、云价综合〔2014〕42号文件修改意见整理，并上报省人防办。

【人防知识宣传教育】 按照省、市人防系统法治宣传教育的部署和要求，以宪法、人防法、云南省实施办法等人防法律法规和依法行政法律法规为重点内容，加强人防系统职工学习培训，广泛开展法治宣传教育，进一步增强法治观念、法治意识，提升全市人防系统依法行政的能力和水平，营造遵法守法学法用法的良好氛围。继续推进人防宣传教育“五进”工作。加大人防宣传教育进机关、进学校、进企业、进社区、进网络的工作力度，经与市委党校协商，同意将人民防空政策法规和人民防空知识教育列入市委党校干部培训班课程，5月28日印发《指导各县（市、区）人防办落实人防知识宣传教育“进党校”的通知》，推进人防知识宣传教育“进党校”。按照《昆明市应急知识进校园工作方案》的要求，完成人防知识进校园工作任务，采购教材6万册，发放全市主城区初一年级，实现覆盖率100%。结合“9·18”人防宣传周活动，正常开展防空警报试鸣。广泛组织学校、社区开展防空疏散演练。做好网站维护。完成门户网站改版，明确专人负责网站维护和信息发布。通过网站、微博、微信开展主题宣传活动7次，组织微话题11次。

【腐败问题专项治理】 按照中央和省、市纪委关于人防系统腐败问题专项治理工作要求，扎实开展全市人防系统腐败问题专项治理。全力支持配合省、市专项治理工作领导小组和派驻纪检组检查工作。对省巡视组指出的20个人防工程审批违反法律规定的问题和问题线索、审计厅派出审计组指出的7个方面17项具体问题、省人防办开展跟踪指导指出违规审批的7个项目、昆明市委专项巡察组查找出的5个方面31项具体问题、人防系统自查自纠发现的328个问题，层层压实责任，逐项整改落实。

（林　梓）

法　治

编辑：陈智容

综　述

【疫情防控】 及时启动应急响应程序，第一时间组织政法干警投入疫情防控现场，在全市重要道口设置113个检查点，采集各类信息3.05亿条次；对机场口岸24小时开展查缉管控，完成入境转运留观1 647批次3.50万人次；全覆盖实行“入滇登记”“入城信息申报”“云南健康申报”“云南抗疫情”扫码登记工作，推行“1+3+X”网格化社区管理模式，严防境内扩散、境外输入，确保全市疫情未发生规模传播。在全市部署开展防控疫情“三查三告知一宣传”专项整治，确保全市疫情平稳后不发生反弹。印发《关于充分发挥政法机关职能作用应对疫情保障经济社会平稳健康发展的通知》，出台疫情期间便民利民措施24条、应对疫情服务经济社会发展措施20条，全力助推复工复产复商复学；严打借疫诈骗、哄抬物价、妨碍防疫秩序等违法犯罪；强化涉疫涉企矛盾纠纷排查化解，防范化解“疫后综合征”。

【维护社会大局稳定】 立足“稳”这个大局，建立健全风险研判、防控协同、防范化解机制，强化保安全、护稳定各项措施，全力防范化解重大风险，坚决维护全市政治安全和社会大局稳定。有力防范化解政治安全风险，全面贯彻总体国家安全观，加强国安专案侦办工作，推进严打整治暴恐活动常态化，严防渗透破坏活动，守住不发生暴恐案（事）件的底线。深入开展防范打击邪教组织专项行动，最大限度压缩邪教生存空间，有效遏制邪教反宣渗透破坏活动。有力防范化解重大社会风险。健全社会稳定风险评估机制，深化涉稳风险源头治理，确保风险隐患做到早发现、早控制、早化解，圆满完成一批重大敏感案（事）件的处置工作，有效防范化解一系列重点领域的突出矛盾风险。在全省率先引入安保风险评估机制，确保重大安保维稳任务“零失误”。有力防范化解网络安全风险。推进关键信息基础设施专项保卫和大数据安全专项整治，有力维护网络安全和数据安全。制定昆明市网络安全监测预警与通报联动协作规范，大幅提升网络安全事件监测预警和应对处置能力。推广运用昆明市“金钟罩”反诈系统和“东风大数据反诈平台”，强化案件侦办和专案打击，保护人民群众财产安全。严格落实“三同步”要求，完成一批重大案件的舆情应对和审判工作。

【平安昆明建设】 推进市域社会治

理现代化试点创建，夯实筑牢平安建设根基。创新制定市域治理现代化测评体系，推动建设全省领先、全国一流的试点示范城市。昆明创建经验得到中央政法委肯定，在全国工作推进会上做交流。创新实施病残吸毒人员收治管控，实现全员收治收戒。持续提升治安防控质效，建成“智慧安防小区”2 181个，“零发案”小区占比由70%提升至90%以上。高位统筹专项斗争，推动扫黑除恶取得决定性战果。扫黑除恶专项斗争开展以来，全市共打掉涉黑组织23个、涉恶犯罪集团（团伙）119个，战果居全省首位。2020年，全市110“两抢”警情超225天“零接报”，命案发案同比下降29.35%，治安状况呈现“11降9升”良好态势，交通安全“四项指标”全面下降，未发生重特大安全生产事故，昆明市群众安全感满意率94.95%，为历年最高，平安昆明建设迈上新台阶。

【法治昆明建设】 发挥全面依法治市委员会办公室“一个统筹”作用，不断健全完善法治督察、法治考核和评价制度体系。编制《昆明市2020年度政府规章规范性文件立法计划》，推动落实人大立法计划和政府规章制定计划；完善疫情防控相关地方立法，重点推进《昆明市牛羊屠宰管理办法（修订草案）》的立法调研工作。组织开展“昆明市依法行政示范单位”创建，推进第二批市级行政执法部门执法主体资格公示；规范行政执法证件管理，共审核8 100余人次行政执法证件。推动行政复议体制机制改革，依法办理行政复议，行政负责人出庭应诉率为92.23%。全面推行行政执法“三项制度”，加强对执法行为的制约监督，建立营商环境“红黑榜”和政务服务“好差评”制度，在全国率先实现“互联网+政务服务”从“+1”到“+4”的提升，法治营商环境持续优化。扎实推进司法体制综合配套改革，不断提高司法公信力。全面落实司法责任制，加大司法公开力度，狠抓司法规范化建设，司法办案质效不断提高。实现市、县、乡三级法律顾问100%配备，建成市公共法律服务中心1个、县（市、区）公共法律服务中心15个、乡（镇、街道）公共法律服务中心140个、村居（社区）公共法律服务站1 687个，实现市、县（市、区）、乡（镇、街道）、村居（社区）四级公共法律服务实体平台全覆盖。

【政法智能化建设】 加快推进政法跨部门大数据办案平台建设、政法跨部门涉案财物集中管理中心建设和执法办案智能辅助系统研发应用。深入推进司法公开四大平台建设，加大智能辅助办案系统的深度运用，全市292个法庭实现庭审实况“一键直播”。在全省率先成立“云南省反电信网络诈骗中心暨昆明市分中心”，构建打防结合、科技支撑、精准掌控的电诈侦防体系。制订《智慧检务·昆明总体思路和初步建设方案》，全面部署智能语音识别系统，分类建设远程提讯室和远程科技法庭，完成环境公益诉讼协作平台建设，逐步应用出庭一体化子系统、案件线索智能分析推送平台、刑罚变更执行智能辅助办案系统、阳光检务平台、智能移动检务平台等智慧辅助办案系统。探索建立“一站式”纠纷解决服务机制，“云解纷”平台有效运行，政法智能化潜能进一步释放。

【政法队伍建设】 抓实政法机关政治思想建设，创新建立政法队伍经常性思想政治工作机制，加强全市政法队伍政治轮训工作力度，以支部大会、主题党日、党组中心组学习、党校培训、开办大讲堂等多形式、多层次组织政法干警开展理论学习，不断夯实筑牢政法干警思想政治基础，教育引导全警不断增强“四个意识”、坚定“四个自信”、做到“两个维护”。抓实政法队伍素质能力建设，印发《中共昆明市委政法委员会2020年人才工作要点》，不断健全完善政法人才建设制度机制，强化选育用管，大力推进全市政法人才革命化正规化专业化职业化建设。组织政法政治轮训、政法基层党组织书记培训、乡（镇、街道）政法委员教育培训、“2020年昆明市政法系统干部业务能力提升培训班”，加大对重点岗位、基层一线的领导干部、业务骨干培训力度，切实提升全市政法系统领导干部履职能力和综合素质。持续抓好全警实战大练兵，累计开展全警基本训练152期1.08万人次，警种专业训练315期4.83万人次，队伍整体素质和战斗力持续提升。抓实政法系统党风廉政建设，印发《昆明市政法系统党风廉政建设联席会议制度（试行）》，深入开展政法队伍突出问题集中整治、清理“两面派”“两面人”专项行动、政法队伍纪律作风督察巡察、以案促改专题活动。全面正风肃纪，严查政法系统中的涉黑涉恶腐败和“保护伞”，严惩执法司法腐败，坚持刀刃向内，清除一批害群之马，整治一批顽瘴痼疾，政法系统政治生态持续向好。

（黄林芝）

社会治安综合治理

【打赢扫黑除恶专项斗争收官战】 昆明市各级各部门紧紧围绕三年为期工作目标，聚焦深挖根治，着眼长效常治，全面决胜专项斗争收官战，侦办一批黑恶犯罪案件，依法打掉一批黑恶犯罪团伙，查处一批涉黑涉恶腐败分子和“保护伞”，为推动扫黑除恶常态化打下坚实基础。专项斗争开展后，全市共打掉涉黑组织23个、涉恶犯罪集团（团伙）119个。依法侦办一批重大涉黑涉恶案件，参与查办在全国有重大影响的孙小果案，依法查处涂力军等一批涉黑涉恶腐败分子和“保护伞”，将扫黑除恶与基层党建工作紧密结合，村组干部任职资格联审，净化村（社区）“两委”干部队伍，基层组织不断筑牢，党风政风明显好转。持续推进重点行业领域专项整治，清除一批行业领域顽疾，有力净化经济社会环境，保障人民群众生命财产安全，全市社会治安形势不断向好，群众安全感、满意度和获得感不断提高。聚焦重点线索抓推进，加强市级线索核查中心建设，拨付专项经费，推动18个县（市、区）、开发（度假、园）区全面建成县级线索核查中心，通过加强研判分流、督查督办、进度通报、限时催办等措施，全力推动“线索清仓”行动。聚焦重点问题抓整改，结合昆明实际确定17个重点行业领域进行整治，发出“三书一函”660件，有效督促行业监管部门依法履职，有力助推行业领域整治。聚焦长效常治抓创建，体制机制进一步健全，共建立健全扫黑除恶长效机制132项，推进扫黑除恶工作法治化、制度化、常态化。建立政法部门之间的办案协作机制，研究制定扫黑除恶专项斗争系列协同工作机制，进一步完善重大黑恶势力犯罪案件信息通报、“一案三查”、检法提前介入和协调会商等机制，实现重大疑难复杂案件同步立案、同步查处，确保案件办理的政治效果、法律效果和社会效果有机统一。

【健全矛盾排查调处体系】 坚持和发展新时代“枫桥经验”，推进基层矛盾纠纷多元化解机制建设，加强诉调、检调、公调相互衔接、协调联动，推进大调解体系建设，推动行业性、专业性人民调解组织建设，全市共成立79个企事业单位人民调解委员会，73个行业性、专业性人民调解委员会；落实矛盾纠纷排查调处月报制度和月通报制度，从源头上预防和减少矛盾纠纷的产生。组织开展涉疫情矛盾纠纷集中排查化解专项行动，通过源头预防、及时发现、妥善处理各类涉疫情矛盾纠纷，努力把风险苗头化解在萌芽状态，维护人民群众合法利益和全市社会大局持续稳定。2020年，昆明市人民调解共排查调处矛盾纠纷41 806件，成功调处41 614件，成功率99.54%；行政调解共排查调处矛盾纠纷32 042件，成功调处26 678件，成功率83.26%；司法调解、撤诉案件30 241件。持续深化市、县两级领导干部接访下访机制，努力将矛盾纠纷吸附在当地，化解在基层。年内，在做好疫情防控工作基础上，全市县（市、区）领导干部667人次接待上访群众898批2 493人次，市属部门领导干部322人次接待上访群众660批1 314人次。

【创新基层社会治理体系】 制定《关于提升基层社会治理精细化水平的意见》，提出提升基层社会治理精细化水平的20条举措。深入推进市、县、乡三级综治中心建设，成立昆明市社会治安综合治理中心，推动综治中心及网格化服务管理一体化运行。持续推进网格化服务管理，全市14个县（市、区）、4个开发（度假、园）区共划定网格4 900个，配备网格员8 361人，实现全市网格化服务管理全覆盖，有效提升基层社会治理精细化水平。全力推动第四轮禁毒人民战争，创新病残吸毒人员收戒收治“昆明模式”，实现应收尽收，收戒总量居全国第一。完成《昆明市流动人口服务管理条例》《昆明市居住房屋租赁管理办法》立法，成立专职“流口办”，不断提高人口管理法治化、组织化程度。组建常态5万人、战时10万人的群防群治志愿者队伍。

【健全社会治安防控体系】 以争创“全国社会治安防控体系标准化示范城市”为契机，全面实施基础提升工程。深入推进严打突出类案、命案攻坚和打击整治跨境违法犯罪专项行动，持续开展社会治安重点地区和突出问题排查整治工作，启动新一轮巡逻防控勤务改革，组建“春城骑警”，屯警街面、动中备勤，见警率、管事率大幅提升，跃居全国前列。针对昆明市命案高发易发的不良态势，研究制订《昆明市加强命案防控工作三年行动计划（2020—2022）》，全面建立市、县、乡三级党委、政府平安建设领导机构统筹推进命案防控工作的体制机制。抓住引发命案的重点问题、重点区域、重点环节，完善工作体系、明确防控责任、整合资源力量，切实打好命案防控攻坚战。健全落实综治领导责任制相关规定，综合运用通报、约谈、挂牌督办、一票否决等措施，督促命案防控不力、恶性命案高发、发案率上升的地区及时整改落

2020年10月5日，市委政法委书记李建阳（左）检查昆明市值班值守和安全保通、应急等工作情况
（市委政法委 供稿）

实。全面加强社会治安分色管理，以刑事警情、大规模集体上访、重大群体性事件、民事纠纷调解、安全生产事故5项指标为量化评分点，对全市乡（镇、街道）按照“绿、黄、红”3种颜色区分等级并季度通报，全市治安状况良好的乡（镇、街道）达90%以上。深入推进“雪亮工程”建设，大幅提升视频监控覆盖率。深入推进“智慧安防小区”“零发案小区”建设，分级督促指导物管落实防范责任，建成“智慧安防小区”2 181个，“零发案”小区占比由70%提升至90%以上；推广运用“智慧内保”系统平台，完成全市3 914个重点单位基础信息采集录入，推动安全防范由无序化向规范化转变。

（黄林芝）

公安安全保卫

【概况】 2020年，昆明市公安局在市委、市政府和省公安厅党委的坚强领导下，以习近平新时代中国特色社会主义思想为指引，深入学习贯彻中共十九届五中全会精神和习近平总书记考察云南重要讲话等系列重要讲话、重要指示精神，以对党忠诚、服务人民、执法公正、纪律严明“十六字”为总要求，以不断提升人民群众获得感、幸福感、安全感为总目标，以贯彻执行《中共昆明市委关于加强新时代公安工作的实施意见》为重点，以重大安保、改革创新、主题实践和教育整顿为主线，坚持总体国家安全观，不断开拓创新、砥砺奋进，圆满完成市委、市政府和省公安厅党委部署的各项任务，为维护全市政治社会大局稳定和促进经济社会发展做出积极贡献。

【捍卫政治安全】 牢固树立总体国家安全观，把维护国家政治安全置于首位，统筹国际国内两个大局、防控疫情和防范应对“疫后综合征”两条战线、网上网下两个战场，严防严控突出风险，有力维护国家政治安全。成立市局国安委，建立市局国家安全情报机制，握牢维护国家政治安全的主导权。始终保持对邪教违法犯罪严打高压态势，抓获大批邪教骨干成员，教育转化信徒100余人，查清并摧毁昆明地区邪教组织体系。出台反恐工作机制方案，推动形成反恐工作责任体系。年内，办理反恐行政执法案件1 345起，罚款525.97万元，守住全市不发生暴恐案事件的底线。全面强化涉恐涉宗教极端案件线索核查侦办工作，核查完结涉恐线索94条，查获传播暴恐音视频案件17起，成功侦破重大涉嫌偷越国边境团伙案件。

【维护社会稳定】 坚持和发展新时代“枫桥经验”，通过建立健全战时矛盾纠纷排查化解工作机制，深入推进司法入所和信访接访两项工作制度，落实联勤联动、包保责任、责任倒查3项措施，全力做好矛盾纠纷排查调处和风险防范化解工作。年内，共排查社会矛盾纠纷6.68万件（民间纠纷4.85万件），调解6.54万件（民间纠纷4.74万件），矛盾纠纷调解率为97.89%（民间纠纷调解率97.87%），确保问题不积累、矛盾不升级、风险不扩散。制定3人以下非正常访人员管控和肇事肇祸等严重精神障碍患者管控工作机制，细化完善重点人员管理工作责任和管控措施；在敏感节点、重要会议召开期间，严格落实“一人一策一专班”管控要求和涉稳风险应急处置机制。

【110接处警】 2020年1月1日～12月31日，市局110报警服务台接报警情205.08万起（日均5 603起），有效报警141.42万起（日均3 864起），其中，刑事警情5.36万起（日均147起）、治安警情7.42万起（日均203起）、交通事故21.93万起（日均599起）、灾害事故430起，受理警务监督投诉4 884起。处警91.77万起，其中，群众求助33.94万起、调解矛盾纠纷20.55万起、走失寻人1.95万起，挽救自杀者1 495人。接听办理12345市长热线12 629件，96 128电话38件。按照市政府安排部署，2020年3月20日，昆明市社会应急联动指挥中心在昆明市公安局110指挥中心挂牌并投入运行；截至3月底，全市18家分县局均已依托本级公安110指挥中心挂牌成立应急联动指挥中心。2020年，市、县两级社会应急联动指挥中心接报非警务类报警求助19.11万起，其中，由市、县两级应急联动指挥中心分流处置13.59万起，分流率为71.12%。

【疫情防控】 新冠疫情暴发后，市公安局坚决扛起政治责任，第一时间启动应急响应机制，组建315支党员先锋队，成立65个临时党、团组织，每日投入1.30万名警力、2.50万名群防群治力量参与疫情防控工作。在全市重要道口设置113个检查点，拉网式开展入昆人员检测，采集各类信息3.05亿条次；对机场口岸24小时开展查缉管控，完成入境转运留观1 647批次3.50万人次；全覆盖实行“入滇登记”“入城信息申报”“云南健康申报”“云南抗疫情”扫码登记工作，推行“1+3+X”网格化社区管理模式，确保全市疫情未发生规模传播。出台疫情期间便民利民措施24条、应对疫情服务经济社会发展措施20条，强化涉疫涉企矛盾纠纷排查化解，全力助推复工复产复商复学；严打借疫诈骗、哄抬物价、妨碍防疫秩序等违法犯罪，办理涉疫情案件604起，确保疫情期间全市社会大局安全平稳。在全市部署开展防控疫情“三查三告知一宣传”专项整治，确保全市疫情平稳后未发生反弹。

【文明城市创建】 围绕争创第六届全国文明城市的目标，以创则必成的信心、务实高效的举措、决战决胜的姿态，认真履行市社会环境整治指挥部办公室职责和公安机关使命任务，高质量、高标准完成文明城市创建各项工作。制发市公安局创建全国文明城市督察、宣传、志愿者服务、爱国卫生运动、校园及周边整治、出入境办证大厅提质、城市路面秩序整治提升、文明养犬整治提效等工作方案和问责问效办法，全面压实各级各部门责任链条。制定《昆明市公安局创建全国文明城市工作任务清单》，明确123项任务指标，实行项目化管理，清单式推进落实；组建9个督察组滚动督察，对公安机关“创文”工作开展常态化巡察，督促专项整改、实行挂账销号；下沉600名机关警力叠加援战，强化社会面治安秩序管控。狠抓交通秩序整治，对主要交通路口、路段加大警力投入，对交通路口路段及周边不文明交通行为开展视频巡查，全省首创电子眼抓拍电动自行车交通违法举措，共查处各类交通违法229.70万起，利用交通诱导屏、网络、广播、电视等媒体平台，对典型交通违法人员深度曝光，全力整治不文明交通行为。在全省首创“昆明市养犬管理服务信息平台”并免费使用，办理犬证8.20万份，街面犬只乱跑扰民和随地大便污染环境现象得到有效遏制。

【扫黑除恶专项斗争】 坚持“以六清为靶向、以长效长治为目标”工作思路，围绕“线索清仓”“逃犯清零”“案件清结”“伞网清除”“黑财清底”“行业清源”6项重点工作，持续深入推进“六清”行动，充分发挥“主力军”作用，举全警之力决战决胜扫黑除恶专项斗争。2018—2020年三年扫黑除恶专项斗争，全市公安机关共接收、核查线索6 495条，核查完结6 454条；核查处置涉黑涉恶涉公职人员举报线索684条，涉及举报对象845人（个）；打掉涉黑组织23个，涉恶集团、团伙119个；累计刑拘2 345人，逮捕1 994人，破获各类刑事案件1 730起，查扣、冻结涉案资产39.59亿元，抓获目标逃犯26人，黑恶案件实现打财断血战果“全覆盖”；对发现的行业领域监管漏洞问题向相关职能主管部门发出《公安提示函》379份，促进行业主管部门共同整治。3年专项斗争，昆明市涉黑涉恶战果数、查结线索数全省第一；涉恶战果数排名全国32个省会城市（计划单列市）第13位。

【打击刑事犯罪】 以“严打整治风雷行动”“查庸治庸禁庸·打防管控”擂台赛等为载体，组织开展打击传统“盗抢骗”犯罪、打击整治跨境违法犯罪、命案攻坚、严打突出类案和职业犯罪群体“5·15”专案行动等多个专项行动，严打突出违法犯罪，成功侦破一系列大要案件。全年立刑事案件8.20万起，破3万起，抓获犯罪嫌疑人4.10万人，逮捕8 098人，治安拘留3.80万人，强戒3 346人，110“两抢”警情实现225天零接报，全市社会治安形势持续向好。狠抓命案攻坚，连续3年保持命案现案100%破获。严厉打击电信网络诈骗犯罪，破获电信网络诈骗案件1 702起，抓获犯罪嫌疑人1 791人；围绕“宣传、拦截、止付”3个关键，推广全市202万余人注册使用防范电信网络诈骗“金钟罩”系统，对12.90万起预警信息进行人工外呼劝阻，劝阻诈骗案件7.11万余起，保护群众财产安全25.90亿元；止付涉案账号1.23万个2.97亿余元，冻结涉案账号2.74万个4.84亿余元，协助资金返还1 148起1 228.80万元。大力开展逃犯缉捕攻坚，抓获逃犯942人，其中潜逃境外逃犯10人。严厉打击跨境违法犯罪，侦办跨境网络赌博刑事案件33起，刑事打处276人，办理涉网赌博行政案件285起，行政处罚1 081人，扣押、冻结涉案资金2 300万余元，查封价值1 500万余元房产18套；查获走私案件116起，抓获犯罪嫌疑人278人，案值约3.04亿元。查办各类野生动物案件601起，查处594人，收缴野生动物1万余只、野生动物制品1 372件。组织开展“5·15”专案行动，打掉盗窃机动车燃油团伙6个、盗窃车内物品团伙8个、入室盗窃团伙16个、盗窃电动自行车团伙31个，抓获犯罪嫌疑人1 541人，扣缴涉案财物总金额763.40万元。

2020年2月21日，市公安局全面排查入昆车辆，坚决防止疫情蔓延

（市公安局　供稿）

【打击经济犯罪】 围绕防范化解金融风险攻坚战、服务保障“六稳”“六保”、服务民营经济发展等重大工作部署，组织开展“打非打传”“云端”“猎狐”“歼击”“百城会战”“昆仑”等系列专项行动，侦办“3·25”“5·20”“6·03”“6·25”

等一批涉经济犯罪大要案件。全年共立经济犯罪案件2 578起，破2 043起，打击处理违法犯罪嫌疑人2 240人，为群众挽回经济损失5.09亿元；立非法集资案件107起，破77起，同步化解涉众历史积压案件62起；立传销案件42起，破32起；立侵权假冒案件139起，破93起；立假币案件5起，破7起，缴获假人民币5.50万元；立涉烟案件213起，破117起，缴获假私非烟1 722件、烟叶927.80吨，涉案价值4 172万元。深入开展境外猎狐追逃工作，从英国、美国和柬埔寨各追回境外逃犯1人。争取市委政法委支持，出台《昆明市打击和防范涉众型经济犯罪工作办法》，构建“党政牵头、部门联动、各司其职、共同防范”的打防涉众型经济犯罪立体化格局。与市金融办密切协作，推出昆明市地方金融风险监测预警平台，在前期累计摸排全市2.30万家类金融机构基础上，将重点风险企业全部纳入昆明市地方金融风险监测预警平台开展全天候监测，确保重要敏感节点期间社会面大局稳定，守住不发生区域性系统性金融风险的底线。

【禁毒】 以创建全国文明城市和创建全国禁毒示范城市“双创”工作为统领，组织开展“2020净边”“鹰眼3号”“集群打零”等专项行动，全力打好第四轮禁毒人民战争收官战，查获数、收戒数、强戒数3项指标排名全省第一。侦办“2020-94”部级目标案件、“4·06”集群打零专案；联合云南普洱、湖南郴州、河北唐山侦破“2020净边”专项行动“1号专案”，一案缴获毒品甲基苯丙胺400千克。争取上级支持，市委办公室、市政府办公室联合下发《昆明市整治毒品突出问题的实施方案》，市政府与县（市、区）签订禁毒工作责任状，层层压实责任；各县（市、区）实行“双主任制”，党政主要领导同时兼任禁毒委主任、常务副主任，强化党和政府对禁毒工作的领导；增加禁毒辅警编制，全市禁毒专职工作人员达到1 124人，与现有吸毒人员配比达到1：26。深入推进社区戒毒社区康复“8·31”工程，全市134个乡（镇）、街道办事处成立社戒社康领导小组及办公室，组建社区工作小组806个，工作人员2 140人，共创建22个社区戒毒社区康复示范单位，全市共安置戒毒康复人员1.40万人，就业安置率达71%，落实管控措施1.30万人，戒断3年未复吸1.80万人。推动官渡区禁毒重点整治工作深入开展，2020年10月，官渡区挂牌整治成功“摘帽”，昆明市下辖各县（市、区）均没有被国家禁毒委列入挂牌整治。加强禁毒宣传和毒品预防教育，充分发挥全市14个禁毒教育基地、19个禁毒志愿者大队和2万余名禁毒志愿者力量，面向全市104万在校中小学生和700余家娱乐服务场所从业人员开展识毒拒毒防毒教育，创建42所省级、市级“毒品预防教育示范学校”，持续保持中小学生“零吸毒”。

【病残吸毒人员收治收戒】 深入推进病残吸毒人员收治管控工作，建立全省示范、全国领先的“公医＋公卫”双向治疗合作模式，做到病残吸毒人员应收尽收、应治尽治。建立全国首家“即参即保、即保即结算、全员参保”工作机制以及病残吸毒人员医疗费用“社会保险报销＋民政救助＋当地财政兜底”的保障制度，实现“全

2020年6月23日，省委常委、省委政法委书记张太原（中）参加昆明市毒品实验室揭牌仪式 （市公安局 供稿）

员参保”“即参即保”“即保即结算”，已产生的3 400余万元医疗救治经费中，医保承担约2 000万元，有效破解医疗经费保障难题。在昆明市第三人民医院、市公安强戒所设立“重症及传染性疾病医疗救治专区”和“公安强制戒毒所医院”，设置床位210张，突破戒毒场所医疗能力水平低下、病残吸毒人员收戒收治难的瓶颈。投入专项资金7 000余万元，完成病残吸毒人员二期羁押场所的改造扩容以及病残吸毒人员的搬迁安置，场所收治管控容量由原有1 000人扩大至2 800人。制定《昆明市病残吸毒人员转戒工作流程》，明确病残吸毒人员通过戒断康复治疗后转至司法强制隔离戒毒所继续进行戒断巩固，实现公安、司法强制隔离戒毒分段实施的有效衔接，累计移送司法强制隔离戒毒所83批次、7 269人。出台《昆明市公安强制隔离戒毒所（昆明市病残吸毒人员救治中心）病残戒毒人员诊断评估考核办法（试行）》，完成救治且强制隔离戒毒期满通过诊断评估考核，经司法强戒所审批后即可办理解除强制隔离戒毒手续。年内，共收治管控病残吸毒人员2 729人；公安强制隔离戒毒所恢复病残吸毒人员收戒职能后，累计收治管控病残吸毒人员10 078人，为病残吸毒人员提供门诊治疗28.44万人次，住院治疗6 868人次。

【治安行政管理】 重拳开展专项打击整治行动，全面净化社会治安环境。全年共办理治安行政案件6.10万起，查处违法人员4.60万人次，治安拘留3.80万人次。重拳打击黄赌违法犯罪，全年共办理黄赌刑事案件535起，刑事拘留1 058人，办理行政治安案件6 504起，行政处罚1.76万人，打掉赌博窝点和流动赌场190余个。严厉打击枪爆违法犯罪，办理涉枪涉爆刑事案件101起，打处113人；查破涉枪涉爆治安案件96起，处罚98人；检查涉枪涉爆单位1 084家次，发现整改隐患68起，处罚涉爆从业单位6家，排查涉爆从业人员639人次、军械枪迷257人次；共收缴各类枪支824支、子弹2.90万发、炮弹16发、手榴弹9枚、炸药44.40千克、雷管716枚、非法烟花爆竹1.50万件。强化旅馆业治安管理，登记上传旅客入住信息4 873.90万条，持续推进“刷脸入住旅馆”便民服务新举措，确保群众入住旅馆未带身份证可100%刷脸入住。强化汽车客运企业日常管控，采集乘客实名购票信息2 255.80万条。强化娱乐服务场所治安管理，全市歌舞娱乐场所、桑拿洗浴场所（含大型足疗按摩场所）、游艺场所等483家行业场所人脸识别设备100%安装并接入公安网络。深入推进社会治安重点地区整治，将全市42个派出所确定为市局挂牌整治的治安重点地区，通过集中重点整治，市局挂牌整治派出所刑事警情整体同比下降15%，涉黄涉赌警情整体同比下降10%。完成43项112场次大型群众性活动安全保卫及安全监管工作，活动项数同比减少12%，场次同比增加7%。组织开展“三查三告知一宣传”专项整治行动922次，切实摸清基础要素、落实管控措施、整治突出问题。大力推进平安小区建设，在全市组织开展“零发案”小区和“两区一村”智慧安防建设，全年智慧安防小区建设完成数2 351个，每月刑事警情零接报居民小区，占比由2019年的70%上升至2020年的90%以上，群众安全感进一步提升。强化单位内部安全防范，对辖区9 769家次重点单位和学校开展安全隐患大检查大排查，发放告知书4 475份，共发现安全隐患153处，督促现场整改139处，限期整改14处，办理内保案件253起。推进基础信息采集，“智慧内保”信息系统采集录入4 006家治安重点单位和学校基础要素信息。推进单位内部治安防控体系建设，26家三级以上医院完成人脸识别前端建设，110～500KV变电站“一站一警”全部配备到位；478座加油站严格落实散装汽油实名制购销“4个100%”要求，上传散装汽油销售实名信息50.20万余条。推进全市校园安全防范建设，纳入“一校一警”的学校联校警力全部配备到位，护学岗设置、专职保安配备、校园封闭化管理和一键式紧急报警、视频监控系统建设4个100%指标完成进度达100%；开展高校“四进”防范电信诈骗宣传230场次，接受宣传教育学生69万余人，高校内电诈警情同比下降51.60%。

2020年3月25日，市公安局组织“打防违法犯罪，构筑平安昆明”活动
（市公安局 供稿）

【食药环旅安全】 组织开展“昆仑2020”专项行动、非洲猪瘟专项打击整治行动，全年共侦办“食、药、环、假”及侵犯知识产权案件425起，打击处理715人；办理行政案件1 440起，行政处罚1 501人。深入推进“污染防治攻坚战”，办理污染破坏环境刑事案件73起，逮捕56人，移送起诉30人，直诉47人，一审做出有罪判决131人；办理行政案件251起，行政拘留332人。组织开展打击整治长江流域非法捕捞违法犯罪行动，走访居民户1 779户、场所284家，摸排重点人员58人、重点场所94个，收缴渔船3条、渔网渔具487副，劝离钓鱼人员188人次，发放、张贴宣传材料5 283份，办理非法捕捞水产品刑事案件8起，抓获嫌疑人20人，行政案件10起，抓获违法人员14人。联合相关职能部门对涉旅购物场所开展专项整治行动，依法关停违法违规涉旅购物店；及时侦办一批典型的涉旅大要案件，刑事打处397人，行政打处794人，坚决维护广大游客的合法权益。

【基层综合治理】 树牢“大抓基层、大抓基础”的导向，研究出台《关于调整昆明市公安基层基础工作委员会及办公室相关设置的通知》《昆明市公安机关全力攻坚冲刺派出所基层基础工作建设三年规划任务工作方案（2020—2021）》等文件，调整完成市、县两级基础委员会及办公室职责，充实两级“基础办”力量，推动派出所规范化、精细化建设水平整体提升。深入推进“枫桥式派出所”创建，打造培育23个派出所参与“枫桥式公安派出所”创建，择优推荐五华分局茭菱所、西山分局金碧所参加省级“枫桥式公安派出所”评选。深入推进新“五小工程”，做一批为群众破小案、办小事、解小忧、帮小忙、助小康的好事、实事，拉近警民关系、加深警民感情。启动开展全要素、全覆盖、全纵深的“三查三告知一宣传”治安基础要素“大起底”专项工作，COP15安保9个主战分局划分222个责任网格开展工作，做到清理整治一片、基础信息核清一片、社会治安扭转一片。组织开展“防电信诈骗”“邻里守望”“百万警进千万家”“文明养犬”等多种形式的社会治安志愿者活动，对志愿者进行服务打卡177.43万小时，志愿者工作活跃度达76.50%。

【人口服务管理】 进一步放开昆明市主城区户口迁移政策，取消原昆明市需缴纳社会保险、居住证办理等限制条件，实施以合法稳定住所（含租赁）或合法稳定就业为条件的户口迁移政策；推进易地扶贫搬迁人员户口迁移工作，精简办理户口迁移材料，凭户口簿、易地扶贫搬迁业务部门提供的安置点人员名单和群众签字的书面申请，即可直接办理户口迁移；制发推进农业人口落户城镇的通知，取消昆明市主城区落户限制，完善以居住证为载体的城镇常住人口基本公共服务运行机制。全市户籍人口城镇化率达68.70%，较2019年提高6.20个百分点，圆满完成“十三五规划”纲要中户籍人口城镇化率任务指标。2020年，全市户籍人口总户数为2 100 699户，户籍人口总数为5 828 761人，其中，城镇人口4 005 534人，占68.72%，乡村人口1 823 227人，占31.28%；男性2 914 101人，女性2 914 660人，各占50%；汉族4 866 568人，占83.49%，少数民族962 193人，占16.51%；全市出生户籍人口61 890人，死亡户籍人口41 627人，户籍人口自然增长20 263人，自然增长率为3.48‰；迁入人口126 516人，迁出人口92 756人，户籍人口机械增长33 760人，机械增长率为5.79‰。持续深化户政“放管服”改革，将14类29项户籍业务放到互联网，群众足不出户可办理出生落户、购房落户、补办身份证等业务，在全市建设自助便民服务超市24个，实现身份证办理“7×24小时”服务。完成市、县两级流动人口和出租房服务管理工作领导小组的调整，设立流动人口服务管理中心131个，服务管理站890个，配备专职协管员2 308名。研发推广“安家昆明”微信小程序，全市共注册有效用户344.70万个，申报出租房51.90万间，申报租客信息152.30万条，申报单位28.80万家，申报从业人员信息266.90万条。推出电子化“云南省居住证”，全市申领电子化居住证147万件。

【出入境管理】 2020年，全市共受理中国公民出国（境）申请55 102人

2020年，社区民警认真开展入户走访和人口普查工作（市公安局　供稿）

次，占全省受理量的29.28%，其中，护照31 309人次，往来港澳通行证及签注18 370人次，往来台湾通行证及签注5 401人次，前往港澳通行证22人次；异地办证申请受理13 607人次。共查处涉外案（事）件575起1 373人，其中“三非”案件451起1 294人，其他案（事）件124起124人，共遣送出境1 064人。贯彻落实国家移民管理局22项移民出入境便利措施，为49 992人次中国公民、4 473人次外国人缩短办证时限；受理省内就近人员出入境证件申请8 497人次，为5 110人次省外申请人提供异地办证服务；为33 062人次申请人提供免费照相服务，为群众节约办证费用101万余元；为1 921人次申请人提供周六办证服务，为210人次申请人提供紧急办证服务；为215名外籍华人、40名外籍高层次人才及家属提供签证便利。为59名符合条件的外国人签发长期签证和居留许可，申请并获发在华永久居留人员1人。

【交通安全管理】 紧盯重点车、重点人、重点路和重点违法，全面推动源头监管、隐患治理、路面管控措施落实。2020年，全市共受理一般程序处理交通事故1 321起，造成314人死亡、956人受伤，财产损失370.63万元，其中发生一次死亡3人较大交通事故5起。优化城市缓堵保通，全面排查主城区道路交通堵点乱点，先后对城区211个路口路段实施微改造、微整治，全面取消路口“右转”信号控制，设置机动车提前掉头点87处、右转专用车道106处，非机动车“蓄水池”71处、掉头通道55处，新式过街安全岛16个，并对700个主要路口进行1 400余次配时调整，打造北京路、环城南路等29条绿波示范道路，不断提高道路通行效率，全年路网交通平峰时段、高峰时段平均车速达30.20千米/小时和26.99千米/小时以上，年度交通拥堵排名退出全国前十，道路交通环境持续改善。强化交通秩序管理，开展涉酒、小型客车摩托车违法、电动自行车非法营运、渣土运输车辆违法等10余项专项行动，共查处酒驾1.30万起、醉驾7 264起、无证驾驶1.40万起。加强车辆及驾驶员管理，截至2020年12月31日，全市机动车保有量为299.52万辆，净增14.56万辆，机动车驾驶人为365.89万人，净增17.87万人；全年共办理各类车驾管业务830.30万起，完成驾驶人“两个教育”11.80万人次，公告驾驶人记满12分、驾驶证作废等26.70万件，接收转递小（微）型面包车“户籍化”档案10.20万份。全面推进公安交管“放管服”改革，推出租赁车交通违法处理简捷快办等3项便民利企措施，推出“网上办、快捷办”15条便民措施，窗口群众排队时长由原来的2小时降至10分钟以内，车驾管业务、交通事故网办率超过90%，昆明车管所连续9次被公安部评为“全国一等车管所”。

【巡逻防控勤务】 持续深化新一轮巡逻防控改革，构建“巡特合一、三网叠加、分级设防、联动响应”的一体化防控新格局，时刻护卫春城安全。按照“全市统一、主城一体”原则，以特警支队为主要力量，打造市局层面反应迅速、能巡能控能处的反恐应急处置网；以主城分局巡特警为主要力量，打造分局重点覆盖、整体辐射的重点区域控制网；以城区派出所为主要力量，打造专群结合、守土有责的基础防控网，主城区每天投入防控警力3 900余人，布警密度由2.40人/千米^{2}跃升至11.60人/千米^2。立足反恐标准，在城区人员密集场所、重点要害部位划定快速处置区域，全市重大敏感警情3分钟到达率94.50%，实现实战状态下3分钟见警、10分钟全城响应、30分钟封控合围，社会面见警率、治安控制力、应急处突能力大幅提升。市、区两级巡特警“有警处警、无警巡逻”，动中备勤、接警处警一体化防控，累计处置各类警情60万余起，救助服务群众10万余人次，接处警任务量达全市总量70%以上，纠纷、求助类警情70%在街面消化，派出所接处警负担明显减轻。健全完善圈层防控部署，以COP15安保维稳为主线，制订《昆明市公安局COP15城市圈层防控工作方案》《智慧公安检查站勤务工作规范》，在原有三道防线卡点基础上，向外、向内全面延伸，增设查缉卡点；着眼主城区社会面整体防控，突出“1分钟处置区”和会场、驻地、警卫线路周边重点防控，分类构建城区核心防控层、动态防控层和基础防控层，形成“3网3层9+N”的战时安保城区圈层防控布局。2020年，全市巡逻防控、设卡盘查工作中共核查录入信息4 780.80万条，其中，核查人员2 452.40万人次、机动车1 226.90万辆次、电动自行车1 101.50万辆次，为打防管控提供数据支撑；全市刑事警情同比下降14.90%，110“两抢”警情实现225天零接报，巡逻防控成效明显。

【“情指勤督”建设】 坚持“情报导勤、专业调勤、规范执勤、全程督勤”思路导向，构建全警种业务覆盖、三级公安协调统一的警务运行新模式。在全省率先推行接处警领域“情指勤督”一体化实战警务机制，在深化新一轮巡逻防控勤务改革基础上，聚焦“接警、调警、出警、处警”四个环节，组建情指中心，强化平台支撑，完善流程规范，闭环监督管理，着力构建“接警更高效、调警更顺畅、出警更高效、处警更规范”工作模式，有效解决接处警工作中突出问题。机制运行以来，市局110指挥中心接报接触类、可防性案件警情和群众投诉同比大幅下降，未发生执法不规范炒作事件。

【网络安全监管】 以维护网上政治安全和网络安全为目标，深入开展“净网2020网上秩序整治”等专项工作，全力维护网络空间主权、安全和发展利益。严打网络违法犯罪活动，共办理主侦案件46起，抓获357人，侦办省厅督办案件12起；配合侦办违法犯罪案件1 915起，抓获1 498人；会同刑侦、禁毒等部门侦破多起重特大案件。做好电子数据鉴定及勘验工作，对2 170起案件3 700部各类涉案电子物证开展勘验、取证，出具相关取证报告1 753份。强化网上违法信息处置，共处置违法信息181条，违法网站3条，违法栏目1条，对违法有害信息问题突出的3家网站责令限期改正。对昆明市2 399家单位开展网络与信息安全检查，下发整改通知书1 666份，对134家单位给予行政处罚。以"昆明网警巡查执法"账号为载体，在新浪微博、微信、百度贴吧、抖音等多个平台开展宣传运维工作，从公安宣传、防范、警示、打击、服务群众等方面多点出击，发布和转载主题帖文910余篇。推进网络违法行为警示及打击工作，警示轻微违法网民200余人次，批评教育、行政、刑事处罚网民46人，有效控制谣言扩散传播，全力维护清朗的网络环境。强化网络安全态势感知通报预警，依托部、省、市关键信息基础设施安全防护管理平台，向293个单位和部门通报7 824个安全威胁通报，对昆明市138个重要网站发现的网络安全漏洞、加挂暗链、木马网页等83个隐患情况，及时通报41家单位开展处置，有力维护了网络安全和数据安全。

【公安大数据建设】 按照"信息化、智能化、集成化"要求，大力推进智慧感知基础设施建设，加快大数据支撑系统和治理平台搭建，数据采集、汇集、治理能力进一步提升。加快智能感知前端建设，共建设、联网视频6.30万路；建设车辆卡口4 012套，日均采集车辆图片数据1 700万条；建设电子信息前端设备872套，累计采集数据538亿条。构建"视频图像综合应用平台"，日均产生视频图像综合线索近5万条。优化警务云计算平台功能，整合服务器和存储阵列，开通虚拟机，支持业务模块应用。加强数据汇集治理，优化数据治理、汇聚系统工具，升级数据存储构架，新建Tbase集群存储标准数据。加快数据融合共享，推广应用政法大数据办案平台，实现公检法办案业务网上流转、办案系统互联互通、数据资源共享共用；共转换、采集各类数据8亿条，制作生成法律文书417万份。强化公安"放管服"业务支撑，开发电子支付程序模块，实现非税缴费、缴款高效便捷服务；研发"万能采集"小程序，实现各警种不同业务、不同种类、不同标准数据的定制化采集录入。

【法治公安建设】 持续推进昆明公安执法监督"1671"体系建设，开发应用"执法监督大数据平台"，盯牢人、案、物、场、卷执法要素，在8个关键领域构建65个风险监督模型、114项执法风险点，对执法自动监控、自动预警和分层次推送，形成执法风险第一时间发现、第一时间整改的高效闭合监督。截至2020年12月31日，平台已汇聚系统信息60类8 132万余条，预警推送105万余条执法风险，受案平均用时下降94.19%，立案平均用时下降68.75%。推进执法办案场所升级改造，建成执法办案管理中心12个，智能化升级改造执法办案区26个，3个基层所（队）被确定为全省公安机关执法示范单位，3个智能办案中心、1个案管中心以及市局执法监督大数据中心、涉案财物管理中心被确定为全省公安机关示范点。开发"智能取证辅助系统"，构建海量执法文本库、图片库、指纹库、笔迹库，实现证据电子化和智能化，运用系统制作证据176万份。聚焦执法实战强服务，从民警执法办案所急所需出发，制定下发依法处理"涉港""涉政治谣言"等案事件执法指引66份、防控执法安全9项机制，下发严格规范公正文明执法"十必须""十注意"执法指引，编印下发《群体性事件处置手册》《执法实战手册》等，服务基层执法执勤。聚焦执法示范固成效，编制昆明市公安机关《重大活动安保工作指引》等7册法治公安建设丛书，让基层民警执法办案事前有指引、事中有对照、事后有总结、全程有规范。

【公安队伍建设】 牢牢把握对党忠诚、服务人民、执法公正、纪律严明总要求，以"四个铁一般"标准，大力推进公安队伍革命化正规化专业化职业化建设。狠抓政治建警，建立党组织会议"第一议题"学习制度，编制《习近平总书记涉及公安工作重要讲话、重要论述、指示批示精神摘要汇编》，组织开展"五史"和《习近平谈治国理政（第三卷）》专项学习教育，举办领导干部政治轮训班24期，建立逢训必学、必考、必谈"三必"教育培训机制，教育全警树立正确"三观"，坚定理想信念。市局召开38次党委会会议、11次党委理论学习中心组学习会，各级党组织集中开展学习5 000余次，组织全市公安机关党组织书记讲授忠诚专题党课800余场次，切实以习近平新时代中国特色社会主义思想武装全警。强化制度管警，制定党组织书记抓党建工作责任清单和负面清单，完善党建工作和党风廉政建设"两个细则"和"两个责任清单"，出台基层党建工作问责办法，确保各级党组织抓党建工作责任清晰、目标明确。修订市局党委会议议事规则，规范细化"三重一大"事项清单，确保科学、民主、依法决策。持续推进63个党支部达标创建，新增19个"四星级""五星级"党支部，实现8个基层软弱涣散党组织后进变先进；扎实开展"昆明公安党旗红"活动和"寻标对标达标创标"行动，创建省级党建示范点1个、区域化党建联盟5个。围绕机构调整优化党组织设置，撤销1个党委、30个党支部，2个党总支升格为党委；完善干部选拔任用"五考"办法，配齐5城区分局党委副书记，增设配备21名基层党委纪委书记，选拔科级领导干部673人，交流调整科级领导干部225人，党组织功能和领导结构进一步优化。持续抓好全警实战大练兵，制定6方面20个专项练兵机制，累计开展全警基本训练152期1.08万人次，警种专业训练315期4.83万人次，队伍整体素质和战斗力持续提升。建立表彰奖励联审工作机制，市局"8·30"专案组和市局疫情防控指挥部办公室2个集体荣立一等功，1人获"全国公安系统二级英雄模范"称号，全市358个集体、1 091名个人受到中央、省、市各类表彰，获表彰规格和数量达近年最好水平。

【教育整顿】 聚焦"三个绝对""四个铁一般"目标要求，扎实推进"治庸懒、强担当、树新风"主题实践和"坚持政治建警全面从严治警"教育整顿，努力打造过硬公安铁军。成立市局党委全面从严管党治警领导小组，机关党委、机关纪委实体化运行，制定《市局党委主动接受派驻监督实施意见》，出台"以案促改"常态化实施办法，全覆盖开展贯彻执行"三个规定""回头看""四个讲清"和执行政治纪律规矩、违纪违法情况"两个大排查"等专项工作，开展违规经商办企业和在企业入股及违规借贷问题专项整治，打造7个党风廉政示范点，组织全警观看《警钟》警示教育片，积极营造海晏河清的警营新风尚。始终保持惩治腐败高压态势，严肃查处民警违纪违法案件61起77人，给予党政纪处分30起40人；精准运用监督执纪"四种形态"，对1 191人运用"第一种形态"，及时解决苗头性、倾向性问题；开展"10·19"专项工作，最大限度"惩前毖后、治病救人"。启动第6轮政治巡察，统筹发挥内部警种监督和外部社会监督作用，基本实现内外联动的"大监督"格局。在高位、高频、高质推动下，140项重点任务全部验收销号，建立健全260项制度机制，创建61个"经验品牌"，3项做法被公安部肯定推广，全警听党指挥、忠诚使命的思想根基更加夯实，履职尽责、担当作为的精气神不断提振。

【公安改革创新】 围绕市委、市政府中心工作，统筹推进全面深化公安改革各项任务。出台《昆明市公安局贯彻落实政法领域全面深化改革2020年任务管理台账》，对承担的56项改革任务逐一细化压实责任。修订《昆明市公安局执法勤务警员和警务技术职务任免和升降办法（试行）》，进一步打通公安民警职级晋升渠道。推动派出所所长进乡（镇、街道）党（工）委班子，落实社区民警进社区（村）"两委"班子，全市117名派出所领导兼任乡（镇、街道）党（工）委委员，692名社区（责任区）民警进入社区（村）"两委"班子。推进《昆明市公安机关警务辅助人员管理条例（草案）》立法工作，进一步提升全市公安机关警务辅助人员管理的规范化、制度化、法治化水平；为市本级全体警务辅助人员全员购买"五险一金"以及人身意外伤害险，最大限度保障警务辅助人员享受社会保险的权利。持续深化公安"放管服"和"互联网+公安政务服务"改革，结合常态化疫情防控需要，深入推进"深化网上办、降减窗口量"工作，134项公安政务服务事项进驻政务服务中心，69项实现全程网办，51项公安政务服务事项纳入云南省"一部手机办事通"掌上服务平台，"掌上办"受理业务44.90万件，全市公安政务服务事项"网办率"同比上升28%、"窗办率"同比下降40%，"全程网办"四级深度事项比例由原来的67.26%增加到100%，群众通过互联网、不见面办事逐步成为新常态；在24个派出所设立7×24小时公安便民服务超市，在五华区、西山区建成2个治安、户籍、交警、禁毒、出入境业务"五合一"公安综合服务站，全面消除主城区业务办理盲区；在高新、经开、度假、西山区建成公安政务服务综合窗口，让群众"只进一扇门"即可办理户政、交管、出入境、治安等各类服务事项，持续提升群众获得感。自主研发开通一批掌上服务渠道（电子支付模块、"万能采集"中间件、"安家昆明"小程序、"云南省居住证"电子化、"昆明交警星级服务""昆明市机动车客运行业从业人员治安备案管理系统""电子犬证"等），为群众提供方便快捷服务；大力推行户政服务、出入境证件办理"智慧受理"和办事手册二维码，通过"昆明警方发布"广泛宣传，提高群众知晓率和使用率；截至2020年12月31日，全市通过手机小程序办理电子居住证147万份、"电子犬证"7万余份、交管业务195万件、机动车从业人员备案1.20万件，出租车辆备案8 000余件。

（阮云鹤）

检　察

【刑事检察】 2020年，昆明市检察机关共依法批准逮捕各类犯罪嫌疑人8 234人，提起公诉17 033人。打好扫黑除恶专项斗争收官战。2018—2020年，依法严惩黑社会性质组织犯罪集团22个，恶势力集团、团伙120个，批准逮捕1 664人，提起公诉1 688人，涉黑涉恶涉伞案件全部办结。强化"一案一分析"，针对监管漏洞制发检察建议151份，均得到回复和整改，助推"行业清源"。切实履行刑事诉讼中的主导责任。办案中适用速裁程序2 630件、简易程序5 793件；认罪认罚从宽制度适用率82%，量刑建议采纳率95%，一审服判率99%，最大限度节约司法资源。努力让每一起案件进入检察程序后尽可能一次性办结，将全市"案—件比"降低为1∶1.28，低于全省平均水平12%。加大打击职务犯罪力度。牵头相关部门制定《办理职务犯罪案件工作办法》，促进监、检衔接更加顺畅规范；提前介入职务犯罪案件调查190件，依法起诉165人；严格依法查办涉嫌职务犯罪的司法工作人员

11人，办案数量位居全省前列。

【民事检察】 受理不服民事生效裁判、调解书监督案件522件，同比上升37%，提出抗诉8件，提请省检察院抗诉28件；发出再审检察建议71件，被采纳44件，同比上升100%；市检察院牵头与昆明市公安局、昆明市人力资源和社会保障局联合出台的《关于整治拖欠农民工工资问题加强协作的实施意见》，应对农村务工人员“讨薪难”，支持起诉926件，同比上升206%，1件案件入选省院“协助解决拖欠农民工工资问题专项监督活动”典型案例；办理虚假诉讼监督案件数54件，同比上升45.95%；以最高检5号检察建议的跟踪落实为抓手，制定出台《昆明市检察机关健全深挖虚假诉讼案源长效机制的指导意见（试行）》，建立诉源治理警示机制。

【行政检察】 受理不服行政裁判、调解书监督案件32件，提请抗诉5件，同比上升150%；受理行政执行活动监督516件，提出检察建议516件，同比上升70%，行政机关100%采纳并纠正。市检察院与市中级人民法院、市司法局会签《成立昆明市行政争议调解和解及检察监督中心的实施方案（试行）》，已实质化解行政争议54件，其中2件入选全省检察机关第一批典型案例。办理涉及进城务工人员工资问题行政检察专项监督案件26件，督促行政机关帮助农民工追回欠薪5 600余万元，使“劳有所获”在法治轨道内得到妥善解决。1件案件入选全国检察机关“发挥行政检察监督职能保护农民工合法权益八件典型案例”。

【公益诉讼检察】 牢固树立“双赢多赢共赢”的检察新理念，立案审查案件644件，向行政机关发出诉前检察建议548件，同比上升49%，行政机关已采纳456件，以最少的行政、司法投入获得最佳的社会效果；提起民事、行政公益诉讼39件，同比上升129%；提起刑事附带民事公益诉讼31件，同比上升107%；已经审结的案件法院均判决支持检察机关的诉讼请求。在公民信息、安全生产、文物保护等领域拓展公益诉讼，办理案件107件。组织开展食药安全“四个最严”专项行动、“公益诉讼守护美好生活专项监督活动”，围绕农贸市场、药品零售、校园食品、饮用水源地保护、网络餐饮等领域深入开展公益诉讼检察，将提起诉讼与督促履职、支持起诉有机结合起来，共办理食药品安全领域公益诉讼案件106件，发出诉前检察建议82件，提起公益诉讼2件，织牢群众“菜篮子”和“药箱子”的安全防护网。

【加强诉讼监督】“在办案中监督、在监督中办案”，昆明市检察机关监督侦查机关立案153件、撤案174件，对侦查机关违法取证、适用强制措施不当等提出纠正意见516件次；对认为确有错误刑事裁判提出抗诉64件。组织开展监管场所交叉巡回检察，监督纠正减刑、假释、暂予监外执行不当1 218人，监督纠正监外执行罪犯脱管、漏管332人。针对刑事执行监督重点不明确、标准不统一、流程不清晰、监督滞后被动等问题，以“全程同步监督”为标尺，制定4大类127项办案指引，引导检察人员从凭经验“办事”向按制度“办案”转变。先行先试会同市中级人民法院制定《健全民事、行政、执行案件法律监督机制实施意见》，实现对卷宗正副卷电子化一并调阅，初步构建全面履职与重点监督有机统一的“检察监督制度群”。

【服务保障“六稳”“六保”】 保障企业正常生产经营活动。昆明市检察机关坚持平等保护原则，严厉打击侵犯企业合法权益犯罪，依法起诉破坏经济秩序犯罪1 286人；坚持审慎办案原则，慎用强制措施，不批准逮捕47人；对涉民营企业家刑事案件，逐案进行羁押必要性审查，变更强制措施20人；坚持精准服务原则，与市工商联会签《关于建立健全沟通联系机制的实施意见》，开展“护航民企发展”检察开放日活动，邀请企业家走进检察机关面对面交流，倾听企业家心声。保障打赢疫情防控阻击战。通过远程提讯、“云办案”等非接触方式，提前介入涉疫刑事案件12件，批准逮捕37人，提起公诉62人。制定《依法促进疫情防控的指导意见》，化解涉疫涉企矛盾纠纷17起，助力疫情期间企业复工复产，发布“涉疫征收征用相关法律问题解答”，主动为防控中可能存在的行政争议提供法律服务。立案办理防疫物资监管处置、野生动物资源保护等涉疫公益诉讼案件47件，向行政机关发出诉前检察建议44件，促进完善治理措施，消除监管空白，为疫情“源头”防控贡献检察力量。

【打造昆明检察版“枫桥经验”】 通过完善12 309检察服务中心，全面提供“信、访、网、电、视频”综合性便民服务，审查处理群众控告、申诉、举报等各类信访3 154件；设置“民营企业法律服务”“未成年人司法保护”“律师执业权利保障”绿色通道；采取领导包案、挂牌督办、优化工作流程等一系列措施，做好及时反馈、释法说理工作，实现到期回复率、答复率、办结答复率3个100%；市检察院民事、行政检察监督案件的受理已完全做到“现场递交、现场审查受理、现场送达”，体现“小信件”办理中承载的民生“大情怀”；对因案致贫的刑事被害人“应救尽救”，发放救助金362万元。抓实抓细听证制度，组织公开听证502件，将释法说理、和解息诉融于听证当中，确保案件审查的透明度和公正性，赢得当事人对处理决定的尊重和认同，架起检察机关和人民群众沟通联系的“连心桥”，通过个案的公平正义维护党的领导、引领社会进步。

【未成年人检察工作】 落实双向保

护原则，起诉侵害未成年人权益犯罪601人；起诉涉罪未成年人456人，不起诉和附条件不起诉265人；以“保护、教育、管束”的理念精准帮教涉嫌轻微犯罪未成年人。持续抓好“一号检察建议”落实，制定《昆明市检察官担任法治副校长工作实施办法》，全市177名检察长（副检察长）和检察官担任218所中小学（幼儿园）法治副校长，开展法治宣传教育167场，受教育师生6万余人，获全国“法治进校园先进集体”称号。实施重罪未成年人重返社会研究项目，被确定为全国未成年人检察创新“实践基地”；《重罪未成年人重返社会问题研究》和《罪错未成年人分级干预》2篇论文获得中国法学会论文评比一等奖。

【服务“三大攻坚战”】 围绕“防范化解重大风险”，依法严惩危害金融安全的涉众型经济犯罪、电信网络诈骗犯罪以及“套路贷”、非法传销等犯罪活动，批准逮捕523人、提起公诉669人；拍摄《守护》微视频，加强防范非法集资宣传；认真落实“三号检察建议”，结合办案向行政机关发出检察建议51份，促进对重大金融风险做到早发现、早处置、早化解，从源头为群众扎紧“钱袋子”。围绕“加快发展和脱贫攻坚任务”，综合实施“依法打击＋司法救助＋精准帮扶”，惩处向扶贫资金伸手的“蝇贪”“蚁贪”17人，追赃挽损2 500余万元；建立扶贫领域涉案财物快速返还联动机制，返还资金1 700余万元。围绕“防范污染”，以保护滇池母亲河为牵引，起诉破坏环境资源犯罪360人，办理生态环境资源领域公益诉讼案件367件，发出检察建议333份，督促修复林地、耕地4 565亩，关停整治31家污染企业；启动“6·5世界环境日检察公益诉讼宣传周活动”，邀请全国、省、市三级人大代表、政协委员开展实地巡滇活动，受到代表委员高度好评。

【检察改革】 市检察院与中国（云南）自由贸易试验区昆明片区管委会签订框架协议，设立“派驻自贸试验区检察室”，聚焦“法律监督、法律政策研究咨询、法制宣传、司法合作”四个领域，为“自贸区昆明片区”量身定制检察产品，努力形成“服务、监管、执法、办案”一体协作流程，共同打造法治化、国际化、便利化的一流营商环境。认真贯彻落实中共中央办公厅《关于深化司法责任制综合配套改革意见》要求，推动行政检察司法标准化规范化建设，制定《昆明市检察机关行政诉讼监督案件办理流程规定（试行）》；聚焦执法司法制约监督体系建设，联合市公安局制定《侦查监督衔接配合工作办法》，全市两级检察院全面完成派驻公安机关执法办案管理中心检察室工作。强化科技支撑，自主研发的“案管小智”，获评2020全国政法智能化建设智慧检务“十大创新案例”“十大创新产品”；建成公益诉讼快速检测实验室，打造昆检慧视办案辅助系统，把“案件现场”搬到“法庭上”。“3D实景全景影像技术督促松花阁文物保护行政公益诉讼案件”入选最高检公益诉讼技术支持典型案例。

【队伍建设】 昆明市检察机关坚持更高更严标准，按照革命化、正规化、专业化、职业化要求，淬炼“四个铁一般”昆明检察队伍。突出抓好思想政治建设，持续巩固“不忘初心、牢记使命”主题教育成果，抓牢抓实意识形态工作，在全市政法领域意识形态工作会上做经验交流；从严从长正风肃纪，压实管党治检主体责任，扎实开展“庸懒散乱”专项整治、“孙小果案”专项警示教育，严格执行“三个规定”；深入实施检察人才队伍建设中长期规划，跨院、跨层级组建涵盖涉众型经济犯罪、知识产权、网络金融、滇池保护治理等领域的11个核心团队；坚定对人大负责、受人大监督的宪法自觉，向市人大常委会专题报告落实认罪认罚从宽制度、开展扫黑除恶专项斗争等工作，并认真贯彻执行审议意见。全市29个集体、70名个人受到市级以上表彰，两级检察院全部成功创建文明单位，其中昆明市检察院和安宁市检察院继续保持“全国文明单位”称号，昆明市检察院在全市党风廉政考核中获得优秀评定，在全省执法办案考评中获得第一名。

（雷　珺）

审　　判

【案件受理】 2020年，全市法院受理案件239 321件，审执结221 008件，同比分别上升2.41%和4.52%。其中，市中级人民法院受理案件41 010件，审执结34 989件。

【刑事审判】 全市法院受理刑事案件15 300件，审结14 456件，同比分别下降4.18%和3.98%，其中，市中级人民法院受理2 152件，审结1 913件。紧扣三年为期扫黑除恶目标任务，审结涉黑恶案件186件1 654人，重刑率47.10%；审结涂力军、马海昆、邓伟等涉黑案件，对罪犯孙小果执行死刑；铲除黑恶势力经济基础，执行财产刑3.67亿元，追缴、没收违法所得0.71亿元。深入开展禁毒斗争，审结毒品犯罪案件885件。坚决维护人民群众生命财产安全，审结故意杀人、强奸、抢劫等严重暴力犯罪案件590件，盗窃、抢夺、诈骗等多发性侵财犯罪案件2 897件。严厉打击跨境犯罪，审结走私、妨害国（边）境管理等案件983件。严惩破坏市场经济秩序犯罪，审结集资诈骗、非法吸收公众存款等涉众型经济犯罪案件228件。稳妥审结社会高度关注的李心草案，有序推进“泛亚有色”案件涉案财产处置，“泛亚有色”案办理被最高人民法院载入2020年全国两会工作报告予以肯定。严惩贪污腐败犯罪，依法审结贪污、贿赂、渎职等职务犯罪案件193件，判处原厅级干部7人、县处级10人。坚持宽严相济刑事政策，判处缓刑、管制、免予刑事处罚6 155人；审结减刑、假释案件8 926件。深化以审判为中心的刑事诉讼制度改革，持续推进刑事案件律师辩护全覆盖，指定律师为357名被告人提供辩护。审结国家赔偿案件12件，充分保障各类主体的权利救济。

【民事审判】 全市法院受理民商事案件129 933件，审结117 218件，同比分别上升3.41%和4.70%，结案标的额411.16亿元。其中，市中级人民法院受理21 406件，审结16 812件，结案标的额213.15亿元。保障民生权益。审结教育、就业、医疗、消费等民生案件9 506件；审结房屋买卖、房屋租赁合同案件12 577件，结案标的额20.03亿元；妥善化解婚姻、继承等家事案件8 578件，会同市妇联建立保护未成年人合法权益合作机制，与昆明市第三中学西山学校共建青少年法治教育基地；对生活困难当事人发放司法救助金117.69万元。优化营商环境。依法为民营企业诉讼开辟绿色通道，审结物权、股权等案件2 886件，合同纠纷案件81 589件；加强破产审判工作，审结企业强制清算及破产案件43件，加强企业破产案件府院联动，涉“同仁堂”案件稳步推进，云南仁泽房地产开发有限公司破产重整案处理受到市委高度肯定；强化知识产权司法保护，与市知识产权局共同签订合作框架协议，深化知识产权行政与司法保护协作机制，公开发布典型案例，审结知识产权案件2 684件。

【服务大局】 服务“三大攻坚战”。着力防范金融风险，审结金融借款、保险、证券纠纷等案件25 997件、民间借贷案件14 792件，深化金融审判与银行业金融监管联系协调工作机制，调撤金融纠纷9 816件；着力服务精准脱贫，妥善审理土地承包经营权、宅基地使用权等案件180件；着力护航生态文明建设，发布环境资源审判白皮书及典型案例，审结环境资源案件299件，成功审结全国首例野生动植物保护预防性公益诉讼案件“云南绿孔雀”案，转变有损害才有救济观念，向社会传递严格生物多样性司法保护强烈信号。助力自贸区昆明片区建设，出台昆明法院《关于为中国（云南）自由贸易试验区昆明片区建设提供司法服务和保障的意见》，打造高质量投资贸易法治环境。在自贸区昆明片区设立诉讼服务中心和分调裁审、多元解纷中心，为涉自贸区案件提供多元化解渠道。坚持平等保护各方当事人合法权益，中院审理各类涉外、涉港澳台民商事案件150件。助力法治政府建设，受理行政案件2 278件，审结1 909件。妥善处理土地征收、房屋拆迁等案件182件，促进城中村改造和重大民生工程建设。推动行政机关负责人出庭应诉，实现“告官能见官、出庭又出声”。与市司法局、市检察院共建行政争议调解和解及检察监督中心，促进行政争议实质性化解。发布行政审判白皮书，开展行政审判“模拟法庭”进党校活动7期，3 000余名党政领导干部参训，促进政府依法行政能力提升。

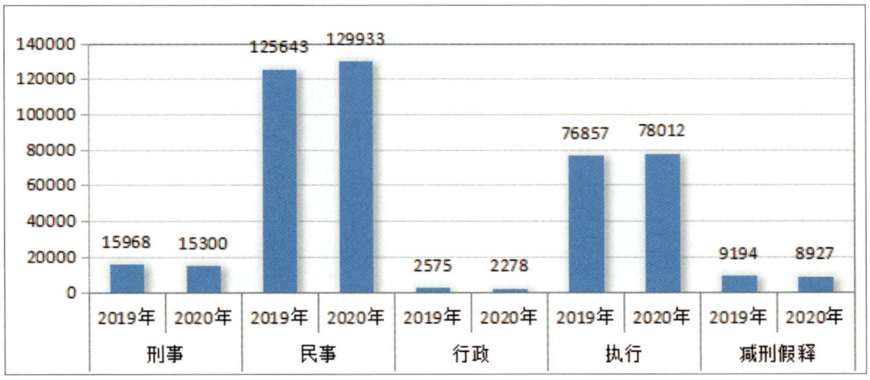

图2　全市法院各类案件受理情况对比（单位：件）

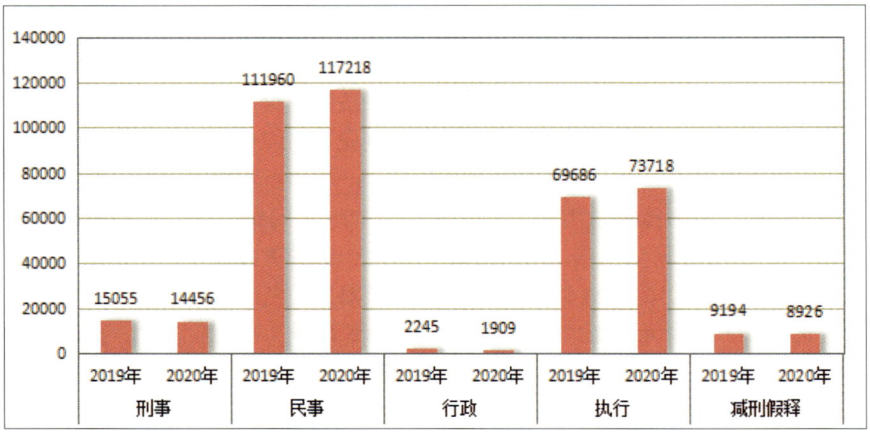

图3　全市法院各类案件审执结情况对比（单位：件）

【司法为民】 全面推进一站式多元解纷和诉讼服务体系建设，推广诉讼服务网、移动微法院、电子送达平台，完成网上立案32 975件、自助立案1 787件、跨域立案592件，网上缴（退）费86 874件，让群众享受“指尖上”的诉讼便利。继承发展新时代“枫桥经验”，完善诉调对接机制，诉前调解纠纷17 826件，司法确认5 172件，诉中调撤民商事案件43 281件，五华、富民等5家法院新收民商事案件量有所下降。拓展人民法庭职能，方便基层群众诉讼，关上法庭、龙泉法庭、昆钢法庭、汤丹法庭创建为全市首批特色人民法庭。全面推行民事诉讼程序繁简分流

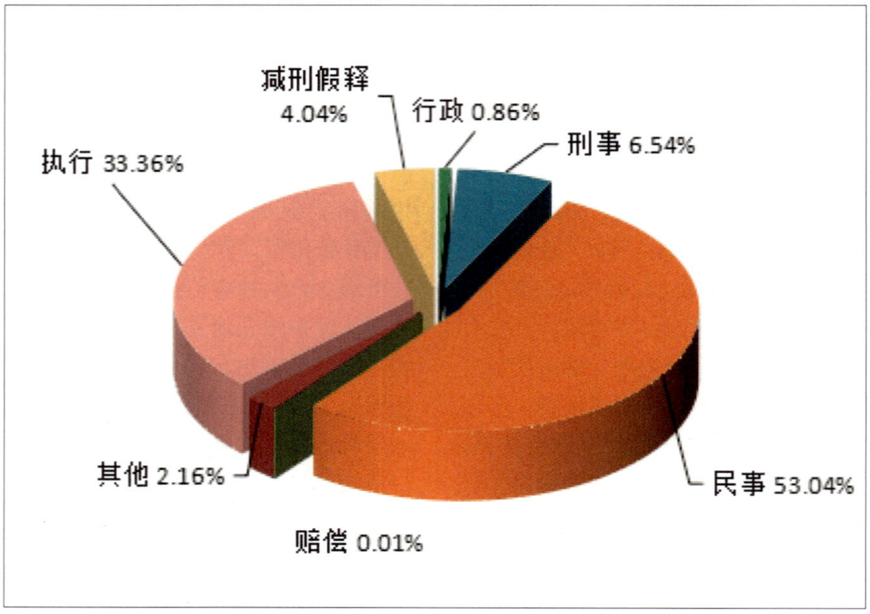

图4　2020年全市法院审执结各类案件构成图

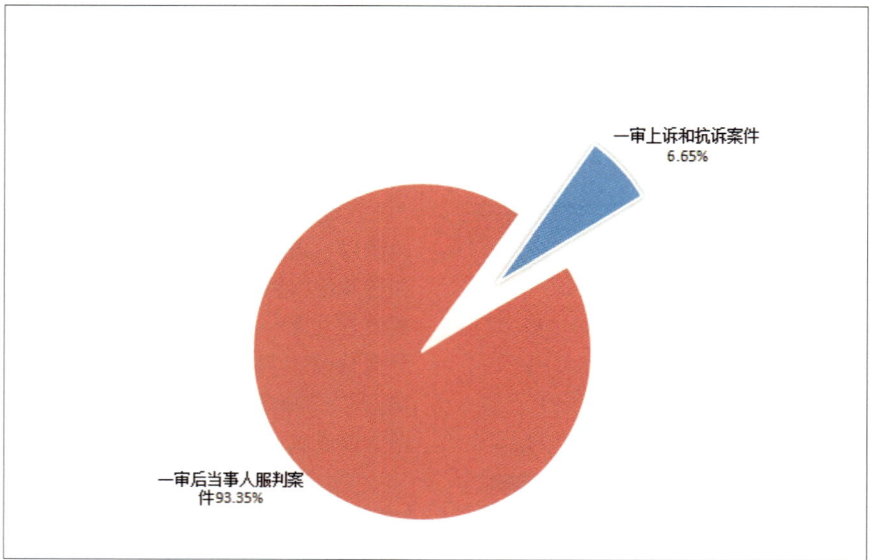

图5　2020年全市法院审结案件效果图

改革，全市法院共设立速裁快审团队26个，审结案件63 653件，占民商事案件结案总数的54.30%，适用小额诉讼和简易程序审结案件占比分别为4.94%、55.80%，平均审理周期仅为法定审限一半左右，改革成果两次被最高法院《司法改革动态》刊载推广。巩固提高执行质效，全市法院共受理执行案件78 012件，执结73 718件，执行到位金额197.33亿元，其中，市中级人民法院受理6 212件，执结5 283件，执行到位金额125.30亿元；加大执行综合治理，与不动产登记中心、公安、税务等部门建立执行联动机制，与市发改委协力推进失信被执行人联合惩戒；加大规范执行力度，全面开展执行指挥中心实体化运行改革试点，积极推进信用修复机制建设，依法及时删除失信名单51人次，网络司法拍卖成交额42亿余元，节省佣金1.50亿余元；加大专项执行力度，持续开展涉民生案件专项执行工作，执结进城务工人员工资、抚养费、赡养费等案件7 383件，执行到位金额4.50亿元。持续加强司法公开，裁判文书上网143 800份，庭审网络直播44 561件，点击量超2 700万次；举办新闻发布会、公众开放日活动，与昆明广播电视台等媒体合作，传播法治正能量，官渡法院抖音号、嵩明法院微信公众号被评为全国法院百优新媒体账号。做好民法典实施准备工作，开展民法典专题培训24期，主动进企业、进机关、进社区为群众宣讲民法典。禄劝、寻甸等法院将法治文化与民族文化有机融合，推行双语调解、双语审判，送法进民族村寨。晋宁、宜良等法院强化巡回审判，将庭审搬到田间地头，就地开庭，当庭调解。

【队伍建设】 强化思想政治建设。扎实开展“坚持党对司法工作的绝对领导，坚持中国特色社会主义法治道路”专题教育，组织政治轮训27期1 615人次；深入贯彻《中国共产党政法工作条例》，严格落实重大事项请示报告制度；坚持抓党建带队建促审判，把基层党组织建设成坚强战斗堡垒，呈贡、石林法院获评全市城市基层党建示范点；自觉接受市委巡察、市委政法委政治督察和省高院司法巡查，把整改工作作为一项严肃的政治任务，全面整改落实。锤炼过硬司法本领。开展分级分类培训，组织各类培训113期2.71万人次；建立行家里手工作机制，深化院校合作，加强岗位练兵、技能竞赛和传帮带，着力培养高层次审判人才；加强应用法学研究，51篇论文、40篇调研案例获国家和省、市级奖励，昆明市中级人民法院连续两年获评全国法院优秀案例先进组织单位。抓好党风廉政建设。严格执行中央八项规定精神，严防“四风”问题反弹；加强廉政警示教育，完善廉政风险防控机制，建立健全对外委托、轮岗回避、执行工作“一案双查”等规章制度，筑牢廉政风险“防火墙”；扎实开展防止干预司法“三个规定”专项整治和司法巡查、审务督察活动，持之以恒正风肃

2020年3月10日，全市法院2020年工作部署暨党风廉政建设和反腐败工作会议召开（市法院　供稿）

纪；坚持对司法腐败零容忍，严格监督执纪问责，营造风清气正的干事创业氛围。推进司法体制综合配套改革。落实员额动态调整机制，有序推进第五批法官遴选工作，计划增补法官109人；坚持让审理者裁判，由裁判者负责，全市法院员额法官人均收案414件，人均结案383件，其中，主城5区法院人均结案634件，西山区法院人均结案达750件。加强对审判权监督制约，细化权责清单，强化院庭长监管职责，建立“四类案件”识别监管机制，完善违法审判责任追究和法官惩戒机制，全面落实司法责任制。全市法院审判质效核心指标持续向好，结收案比101.81%，一审案件服判息诉率达93.35%。

【**接受监督**】 向市人大常委会专题报告“一站式”建设、扫黑除恶专项斗争工作，积极接受监督。认真办理代表建议8件、政协提案5件，代表委员满意率100%。市中级人民法院连续五年获评全市代表建议、政协提案办理先进单位。及时对代表、委员提出的意见和建议分解立项督查，抓好落实。主动邀请代表委员旁听庭审、见证执行，常态化向代表委员通报法院工作情况。依法接受检察机关法律监督，邀请检察长列席审判委员会22次，与市检察院联合出台健全各类案件法律监督机制的实施意见，促进事中监督常态化。认真落实司法民主，组织914名新任人民陪审员岗前培训，全市法院1 851名人民陪审员共参审案件20 212件。首次聘任25名特约监督员，丰富人民群众监督方式，促进司法公正。

（张若楠）

司法行政

【**法制宣传教育**】 2020年，开展“疫情防控、法治同行”专题法治宣传教育，围绕企业疫情防控产生的复工复产、劳动人事、合同履行等热点问题，以法律实务问答和案例解析的形式编写《疫情防控，你关心的法律问题在这里（防控措施篇）（物资保障篇）（企业复工篇）（劳动者权益保护篇）（法律责任篇）》，利用主流媒体及普法网站、微信、微博等途径在网络上发布。省、市、区普法办联合制作系列“精准防控复工复产云南普法宣传海报”，通过“学习强国”客户端，“云南普法”“云报”客户端，“云旅头条”微信公众号和县区融媒体送法到企业，普法到员工、培训到法人，解读疫情防控中突出的法律问题，营造众志成城打赢疫情防控战的良好氛围。推进法治乡村建设，对2020年度市级民主法治村（社区）115个给予命名，27个通过审核命名“省级民主法治示范村（社区）”，全市所辖村（社区）中民主法治村（社区）覆盖率已达80%。利用“3·15国际消费者权益日”“4·15全民国家安全教育日”“12·4宪法宣传日”等重要节点开展主题性法治宣传教育活动30场次。制作《普法进行时》电视普法栏目50期，营造全民自觉守法、遇事找法、解决问题靠法的社会氛围。

【公共法律服务】 推动“三大平台”融合发展，全市已建成市级公共法律服务中心1个、县（市、区）级公共法律服务中心15个、乡（镇、街道）级公共法律服务中心140个、村居（社区）级公共法律服务站1 687个，实现四级公共法律服务实体平台全覆盖。完善智慧平台功能，开通“法律服务扶贫”“智慧司法所”和“农民工绿色通道”等特色栏目。提档升级“12348”热线平台，每天6名专业律师24小时不间断接听热线，有效解决服务群众“最后一公里”问题。全市各级法律服务平台累计办理各类法律服务事项23.14万件，其中，“12348”法律服务热线接听3.50万件，咨询8.88万人次，办理各类法律援助案件1.43万件、公证事项7.15万件，调解4.48万件，律师服务1.77万件，其他服务927件。

【律师工作】 落实律师“以党建促所建、以党务促所务、以党风促行风”的工作思路，截至2020年12月31日，已建立185家律师事务所独立党支部和31个联合党支部，覆盖120家律师事务所。积极支持律师参与涉外法律服务，打造涉外法律服务昆明品牌。积极引导律师参与法治社会建设，组织27家律师事务所632名律师参与法院、检察院、公安局窗口值班，共参与接待案件718件，化解案件395件，发现问题案件49件；组织14家律师事务所派出律师448人次参与信访局窗口值班，接待来访群众675批4 633人次。昆明市有律师事务所396家，其中，合伙所299家、个人所89家、国资所8家；执业律师6 140人，其中，专职律师5 698人、兼职律师203人、公职律师191人、公司律师14人、法律援助律师34人。全年律师共办理刑事案件代理、民事案件代理、行政案件代理、代理申诉、非诉讼法律事务、法律事务、咨询和代书、仲裁业务共14.66万件。

【公证工作】 持续开展公证机构便民服务活动，5个试点公证机构共办理“最多跑一次”公证事项11.67万件。持续推进明信公证处改制工作，完成明信公证处整体改制，省司法厅已颁发新的公证机构执业证书。组织全市公证行业开展集中警示教育活动，从日常监督管理、公证业务指导、公证队伍教育培训等方面入手，排查自查梳理出有关内部管理制度、公证收费管理、卷宗归档管理、公证质量检查、教育培训、投诉处理等6个方面的问题点；全市公证员通过对照典型案例全面分析排查，梳理出风险防范意识培养、公证收费管理、办证流程规范、新型业务能力、风险点审查等5个方面的问题点，针对排查出来的问题点进行专项整改。全市共办理各类公证事项176 171件，其中，国内公证事项16 725件，涉外6 266件，涉港澳台180件。

【司法鉴定】 组织开展司法鉴定领域“关系案、人情案、金钱案”等违法违规行为整治专项行动，完成对44家鉴定机构88次自查和实地检查，查实违法违规案件4件，依法依规做

2020年12月4日，昆明市国家宪法日宣传活动暨宪法主题公园揭幕仪式举行（市司法局 供稿）

出整改和行政处理。加强日常管理，共受理73家司法鉴定机构有关事项的行政许可，组织全市44家鉴定机构951名鉴定人集中开展名册登录及公告、司法鉴定业务登记、诚信登记提交。全市共办理各类鉴定业务4.34万件。

【法律援助】 继续推进律师参与以审判为中心的刑事诉讼制度改革工作、律师参与刑事辩护全覆盖工作，不断加大对农民工的法律宣传及法律援助服务、拓宽农民工法律援助维权渠道、配合人社部门做好根治拖欠农民工工资工作。开展“法援惠民生助力农民工”暨《保障农民工工资支付条例》宣讲活动。持续做好妇女儿童、未成年人、流浪乞讨人员、退役军人、残疾人等特殊群体的法律援助工作。全市共受理法律援助案件10 066件，其中，刑事案件9 034件，民事案件1 031件，行政案件1件；接待来访群众法律咨询6.69万人次，接听“12348”热线电话2.41万件。

【人民调解】 建立市、县（市、区）、乡（镇、街道）、村（社区）解决群众诉求“四级联动”工作机制，在市、县两级挂牌成立“群众诉求中心”，在130个乡（镇、街道）、1 600余个村（社区）挂牌成立群众诉求受理中心。落实矛盾纠纷排查调处工作协调会议纪要月报制度、“民转刑”命案专项行动工作月报制度和考评联络制度，构建大排查大调处工作格局。在全市推广应用“6995”信息服务平台，建立起“村（社区）综治中心＋网格员＋中心户长＋居民”的网格化服务管理联动机制，全市14个县（市、区）、4个开发（度假、园）区网格化服务管理覆盖率达到100%。全市共建有各级各类人民调解委员会2 017个，其中，乡（镇、街道）调委会141个，村（居）调委会1 681个，企事业单位调委会78个，行业性、专业性调委会94个，个人调解室31个。全年共调解各类矛盾纠纷5.08万件，成功5.06万件，成功率达99.55%。

【社区矫正】 对全市社区矫正人员全面开展疫情排查，重点排查社区矫正对象有无疑似、确诊为新型冠状病毒感染情况、有无密接或次密接人员情况。同时，强化电子定位等监管措施，实时掌握社区矫正对象位置信息，严防出现社区矫正对象脱管、漏管现象。全市社区矫正对象重新犯罪率优于标准要求。社区矫正信息化建设试点工作平稳推进，全市6个县区参与第一批社区矫正一体机试用工作，在用社区矫正定位手环383台。9个县（区）26个乡镇司法所被列为全省社区矫正执法交通装备试点单位，采取租赁、购买服务等方式保障社区矫正执法用车。

【强制隔离戒毒】 始终把制度落实作为场所安全稳定的治本之策，持续通过现场检查、视频巡查、警务督察等方式，督促落实“513”“310、135”“五重管理”、警察直接管理等制度落实，全力做好戒毒场所持续安全稳定，特别在疫情防控期间建立健全疫情防控责任机制、日常防控机制、警务模式动态调整机制、服务保障机制以及“日分析”“日研判”工作机制，结合不同时期疫情形势变化，及时调整勤务执行模式，合理调配警力，科学进行防控，切实筑牢防疫情、保安全的坚固防线。

（蒋大胜）

法治建设

【统筹安排部署】 印发《市委全面依法治市委员会2020年工作要点》和《工作要点重点任务分工方案》，明确60项依法治市重点工作及责任单位，有序推进各项工作。4月15日，省委常委、市委书记、滇中新区党工委书记、市委全面依法治市委员会主任程连元主持召开市委全面依法治市委员会第二次会议，深入学习贯彻中央全面依法治国委员会第三次会议和省委全面依法治省委员会第二次会议精神，研究部署当前和今后一个时期全面依法治市工作。会议审议通过《昆明市关于加强法治保障力度依法做好疫情防控工作的意见》《关于加强综合治理从源头切实解决执行难问题的实施意见》《2020年法治督察工作计划》等文件，对2020年依法治市工作进行统筹部署。

【加强法治督察】 制订《昆明市2020年法治督察工作实施方案》。10月26～29日，对14个县（市、区）、4个开发（度假、园）区和10个市级部门贯彻落实“五五”依法治市规划、“七五”普法规划、法治政府建设实施方案、党政主要负责人履行推进法治建设第一责任人职责以及相关法律法规情况进行实地督查，对督查中存在的问题提出整改建议。年内，市委依法治市办牵头，组织开展迎接省依法防控疫情督察、法治政府建设、党政主要负责人履行法治建设第一责任人职责、民生权益保护和公共法律服务体系建设、营造法治化营商环境等多项专项督察，对存在的问题进行认真整改。

【提升法治能力】 7～9月，举办行政机关负责人应诉能力和水平提升专题培训班，采取现场授课和庭审实践相结合的方式分批对全市14个县（市、区）、4个开发（度假、园）区、市级行政管理部门县处级领导，以及137个乡（镇、街道）科级领导干部进行系统培训。9月13～19日，举办2期“法治能力提升暨法治风险防控专题培训班”，全市14个县（市、区）、4个开发（度假、园）区、司法部门以及市级75个部门参与法治工作的领导干部，106人参加培训。培训以党的十九届四中全会精神解读、法治建设重要论述、法治风险防控、新媒体普法等内容为主，采取专题授课、现场教学、学习交流等方式开展教学。

【强化法治保障】 制订《昆明市全面提升一流营商环境工作方案》《昆明市优化提升法治营商环境实施细则》，有针对性地制定和实施优化法治营商环境工作举措，全力构建一流法治环境。印发《关于加强综合治理从源头切实解决执行难问题的实施意见》，从加强执行联动机制建设、加强和改进人民法院执行工作、加快社会信用体系建设、加强组织领导和工作保障四个方面提出29项目标任务，为进一步加强和完善昆明市执行难综合治理格局，深化执行联动机制建设提供有力保障。制订《昆明市2020年生态环境法治保护活动工作方案》，在全市开展生态环境立法、执法、司法、普法保护活动，为全市生态环境质量持续好转提供有力的法治保障，助力经济高质量发展。设立昆明法院自贸试验区诉讼服务中心，昆明法院自贸试验区分调裁审、多元解纷中心，昆明市人民检察院派驻自贸试验区检察室，不断提高中国(云南)自由贸易试验区昆明片区的法治化水平。年内，昆明国际商事仲裁服务中心带领律师事务所向社会提供法律服务所涉企业241家，受理法律咨询1 200余次。

【加强地方立法】 制订《昆明市人大常委会2020年度立法工作计划》和《昆明市2020年度政府规章立法计划》，加强对涉及复杂利益关系立法问题的协调，确保法规内容科学合理，切实防止部门利益和地方保护法制化，确保地方立法能够站得住、行得通、真管用。针对昆明市社会治理重点难点问题，用足用好地方立法权，加强社会治理领域立法，完成《昆明市商品交易市场管理办法》《昆明集贸市场管理办法》等2件政府规章的立法工作。完成《昆明市公安机关警务辅助人员条例》等4件地方性法规和《昆明市土地储备管理办法》等4件政府规章的起草。全面开展清理地方性法规、市政府规章和规范性文件工作，现行有效的地方性法规72件，政府规章83件，政府规范性文件51件。

【推进法治政府建设】 组织开展《昆明市法治政府建设实施方案(2016—2020年)》贯彻落实情况、2020年“昆明市依法行政示范单位”培育对象的创建工作检查验收，对2016—2019年命名的“昆明市依法行政示范单位”进行复核，确保法治政府阶段性目标基本实现。制定《昆明市政府部门权力清单和责任清单动态管理办法》《关于清理规范精简市级行政许可事项转变政府职能工作方案》，采取取消、冻结、下放、合并、调整类别、纳入省级下放目录管理“六个一批”措施，进一步完善权责清单动态管理机制。全市政府各部门共有行政职权6 212项(不含行政许可)，减少585项。严格按照《昆明市全面推行行政执法公示制度执法全过程记录制度重大行政执法决定法制审核制度工作方案》，认真抓好督查落实。

【推进公正司法】 完善法官、检察官员额动态调整机制，建立常态遴选补员机制，将员额向基层院和人案矛盾突出地区倾斜。印发《昆明法院诉讼程序繁简分流改革试点五个实施细则(试行)》等一系列文件，落实“分调裁审”改革要求，有效应对民事案件快速增长的问题。以办案为中心，综合运用立案监督、审查逮捕、审查起诉、追捕追诉、抗诉、纠正违法、侦查职务犯罪以及民事行政抗诉、再审检察建议等办案方式，找准依法服务和保障民营经济高质量发展的切入点，着力构建精准化打击犯罪、多元化监督执法、专业化依法办案、社会化治理协同、法治化服务保障相结合的工作格局。采取扁平化管理和专业化建设相结合，将市法院审判执行部门划分为刑事审判、民商事审判、专业审判、综合审判、执行工作5个板块，组建17个审判团队，按照1∶1配置法官和书记员，明确法官、法官助理、书记员工作职责，规范审判团队工作流程。

【加强法治社会建设】 制定《2020年全市普法依法治理工作要点》，为全市各级各部门做好法治宣传教育和基层依法治理提供指导和参考。全市已建成省级青少年法治宣传教育基地9个，每年开展活动达30次以上。开通“昆明法治号专列”，将防诈骗七言诗、防范非法集资六言诗、平安出行以及获取公共法律服务方式等接地气和关注度高的内容分别在列车的6节车厢中进行宣传展示，每天有近10余万人通过“昆明法治号专列”接受法治宣传教育。12月4日，举办以“深入学习宣传习近平法治思想大力弘扬宪法精神”为主题的2020年国家宪法日宣传活动暨宪法主题公园揭幕仪式，市委常委、市委政法委书记李建阳，市委常委、市委宣传部部长金幼和等市级有关领导为“昆明市宪法主题公园”揭幕。印发《关于开展民法典巡回宣讲活动的通知》，组建由法官、检察官、律师等法律专家组成的昆明市法律服务进校园志愿者、民法典宣讲团，组织7场民法典巡回宣讲的昆明专场活动，深入昆明市基层乡镇、社区、学校、企业开展民法典宣讲，全市有1 300余人参加宣讲活动。

（马松华）

经济管理与监督

编辑：方玉红

宏观经济管理

【疫情防控】 制定全国首个新冠肺炎疫情防控领域地方标准，在全省率先设置集中留验站。推动落实社会防控工作“四有”“七到位”，有效阻断疫情扩散蔓延。全面开展爱国卫生“7个专项行动”，运用“大数据+网格化”手段抓好“外防输入、内防反弹”常态化疫情防控工作。在全国较早实现本土确诊病例、疑似病例动态“双清零”，实现确诊病例动态零死亡、医务人员动态零感染。根据疫情防控需要进一步完善应急物资保障供应体系，启动昆明市疾病预防控制能力提升和重大传染病救治能力提升工程，获评《2020城市应急能力报告》A级城市。

【稳增长政策措施】 全面落实省稳增长22条、支持实体经济17条，积极出台昆明市应对疫情稳增长20条、支持实体经济发展20条等一揽子助企纾困政策，积极筹措稳增长政策资金，确保政策效应高效释放。编制印发了《云南省和昆明市应对疫情、稳定经济发展政策文件汇编》，成立分别以市工业和信息化局、市商务局、市住房城乡建设局等部门为牵头单位的12个政策宣讲组深入企业进行政策宣讲，指导企业用足、用好、用活政策，并根据全市经济发展实际对部分稳增长政策进行延期，有效应对疫情冲击，有序推进全市复工、复产、复商、复市工作，稳住全市经济发展的基本盘。及时召开经济运行分析会、投资工作大会，明确稳增长工作目标和重点任务，抓好贯彻落实。积极构建经济运行监测分析指标体系，加强宏观经济分析研判，及时发现全市经济运行中存在的苗头性倾向性问题，有效破解发展难题，实现疫情冲击下的全市经济稳步复苏向好发展。

【“六保”工作】 坚持减负、稳岗、扩就业并举，出台“稳就业”“保就业”系列政策措施，提供有效就业岗位18.43万个，完成农村劳动力转移就业16.56万人，城镇新增就业14.68万人。基本民生保障有力。全面落实保价稳供各项措施，居民消费价格指数逐月回落，居民消费价格总水平上涨3.10%，低于控价目标0.40个百分点；城市、农村低保标准分别提高到640元/人·月、4 920元/人/·年；落实社会救助和保障标准与物价上涨挂钩联动机制，发放临时价格补贴8 873.52万元，惠及困难群众135.67万人次。市场主体逆势增长。全面落实税费减免缓等各项纾困惠企政策措施，全年降低企业负担200亿元以上；清理拖欠民营企业、中小企业无分歧账款11.22亿元，完成进度100%；全年市场主体逆势增长16.24万户。粮食能源供应稳定。将“米袋子”“菜篮子”保障作为头等大事，全面落实粮食安全行政首长责任制，粮食总产量103.65万吨，增长1.40%；煤电油气实现安全稳定供应。产业链供应链恢复畅通。开展产业链固链行动，着力协调解决企业原材料供应、物流运输、要素保障等困难问题，推动上下游、产供销、大中小企业协同复工达产；创新开展“不见面”招商、“线上”招商，做到疫情防控期间招商引资节奏不乱、项目跟进不断。基层运转稳定有序。全面推进专项资金清理，压缩一般性非重点非刚性支出，优先保基层运转，切实帮助基层兜实兜牢“三保”底线。

【改革创新】 重点领域改革力度加大。启动市属国企整合重组，积极探索“两制监管”体制；持续深化简政放权，承接省政府下放和属地化管理行政权力78项；医疗卫生、交通运输、科技、教育等领域市以下财政事权与支出责任划分改革稳妥推进；全面完成422个行业协会商会与行政机关脱钩改革工作；嵩明县小街镇行政管理体制改革试点稳步推进。营商环境不断改善，1.80万项政务服务事项进驻各级政务服务中心和网上平台，全程网办率超过91%。开办企业全省率先实施“一窗通”，实现最快1个工作日“零成本”开业；获评网上政务服务能力高的重点城市、中国国际化营商环境质量十佳城市和全国政务服务“智慧赋能金数奖”。深入实施质量强市战略，公共服务质量满意度测评位居省会城市第二位。科创能力稳步提升。新增云南（昆明）院士专家工作站12个、国际（对外）科技合作基地11个，首次引进1个诺贝尔奖获得者创新团队。高新技术企业数量达到1 166家，科技服务业营业总收入超过500亿元，R&D经费支出增长14.40%。入选国家知识产权运营服务体系建设重点城市。

【对外开放】 全球贸易伙伴增至173个国家（地区），实现进出口总额160.59亿美元，同比增长21.80%，其中出口大幅增长114.80%。获国家全面深化服务贸易创新发展试点、国家第五批市场采购贸易方式试点城市。实际利用外资6.62亿美元，占全省的87.30%，同比增长2%；引进市外到位资金1 490.41亿元，增长14.29%，新批外商投资项目163户，比2019年年增加45户。稳步推进中国（昆明）跨境电子商务综合试验区建设，跨境电商交易额增长180%。中国（云南）自由贸易试验区昆明片区发展提速，新增注册企业1.49万户，实现进出口额278.50亿元，固定资产投资增长22.89%。新开通昆明—曼谷、昆明—拉合尔等国际航空货运航线；缔结国际友好城市、国际友好交流城市各1座。

【城乡区域发展】 制定实施城乡融合与乡村振兴“双轮驱动”三年行动计划，积极构建城乡融合发展新格局。城市功能品质不断提升，成功创建为第六届全国文明城市；安宁市、石林县荣获“云南省美丽县城”称号。制订昆明城市更新改造行动计划，完成341.60万平方米老旧小区改造，整治拆除违法违规建筑2 502.60万平方米，完成62条城市道路整治提升，建设海绵城市34.88平方千米，新增机动车停车泊位2.36万个。城乡基础设施更加完善。宜石高速、武倘寻高速建成通车，新增高速公路里程125千米，实现“城际双高速、县县通高速”。地铁4号线、6号线二期开通运营，运营总里程达139.40千米。昆明西客站“站城一体化”项目启动建设，昆明火车站南北广场改造项目顺利完成。东川港开工建设，滇池草海夜航试运营。新建改建农村公路370公里，实施1 710千米农村公路生命防护工程。城乡公共交通运输服务均等化水平不断提升，全市建制村通客车率达100%。乡村振兴战略深入实施。战略制度框架基本形成，6个都市驱动型乡村振兴实验区加快建设。农村人居环境整治成效明显，乡（镇、镇区）生活垃圾处理设施覆盖率、村庄生活垃圾有效治理率、非正规垃圾堆放点整治完成率均达到100%。区域融合发展提速。推动昆明市与滇中新区加快融合发展，与玉溪市签订同城化发展合作框架协议，加快构建昆玉1小时经济圈。

【三大攻坚战】 全面小康成色底色得到提升，全面小康指数位列全国省会城市第15位。脱贫攻坚任务高质量完成。深入开展决战决胜脱贫攻坚总攻行动，投入财政脱贫攻坚资金82.19亿元，实现“户户达标、村村提升、县县清零、整体巩固”目标。全市35.05万建档立卡贫困人口“两不愁三保障”和饮水安全稳定达标，无返贫人口和新增贫困人口，404个出列贫困村基础设施、公共服务、集体经济全部达标，3个摘帽县顺利通过国家脱贫攻坚普查检验，东川区“四全”模式入选全国“十三五”时期易地扶贫搬迁典型案例。生态环境质量持续提升。完成162个中央、省环保督查反馈问题整改。深入推进以滇池治理、长江流域（昆明段）大保护为重点的水污染防治，滇池全湖水质保持Ⅳ类，阳宗海水质稳定保持Ⅲ类。完成营造林59.38万亩，全市森林覆盖率达到52.62%。积极开展大气污染防治攻坚行动，全市环境空气质量达到国家二级标准，空气优良率100%，为2013年国家实施环境空气质量新标准以来最好水平。完成495个重点行业企业用地土壤污染状况基础信息调查，完成工业固废堆存场所整治9家、“清废行动”问题点位整治18个。重点领域风险防范处置效果明显。强化政府债务预期管理，有效防范政府债务逾期风险，严格落实政府投融资前置审查制度，严禁新增政府隐性债务，各级政府债务余额均控制在法定限额内。P2P网络借贷机构专项整治、小额贷款公司行业整治取得实效，建成地方金融风险大数据监测预警服务平台，牢牢守住不发生系统性风险的底线。

（杨万鑫）

国有资产监督管理

【市属国资监管企业资产及融资状况】 2020年，市属国资监管企业资产总额9 254.97亿元，净资产总额3 760.56亿元，实现营业收入942.43亿元。国资监管企业资产总额同比增长5.87%，净资产总额同比增长3.24%，实现营业收入同比增长36.50%。市属国资监管企业完成到位融资1 406.67亿元，其中投融资公司完成到位融资1 242.39亿元，到位融资同比增长14.58%，非投融资公司完成到位融资164.28亿元。市属监管企业完成固定资产投资902.89亿元，其中投融资公司完成固定资产投资890.87亿元，完成市政府下达目标任务的113.92%，全部超额完成目标任务；非投融资公司完成固定资产投资12.02亿元。

【公用类国资企业经营指标】 2020年上半年，昆明市国资企业经营受疫情冲击较大，公用类企业千方百计全力保障城市居民出行、生产生活用水用气及污水处理需求，为全市企业复工复产创造良好条件，三季度在企业的努力下，城市公交、供水、供气及污水处理逐步恢复，整体运行稳定。1～12月，市公交公司、地铁运营公司共完成城市客运量5.95亿人次，公交地铁出行分担率20.25%，同比下降13.05个百分点；市自来水公司完成供水量4.33亿吨，同比下降2.14%；市煤气公司完成天然气供应3.23亿立方，同比增长8.40%；滇池水务公司完成达标污水处理5.81亿立方米，同比下降0.61%。

【规范国资监管工作】 进一步健全完善企业法人治理结构，任职3人；免职4人；批复1户企业3名非职工监事，实施精准委派外部董事试点工作，调整外部董事3人。完成20户监管企业中层管理人员选拔工作方案的审核备案工作；开展监管企业产权代表综合考核，结合考核结果测算确认企业负责人2019年薪酬，按程序开展企业负责人薪酬备案、兑现及公示；推进“改革国有企业工资决定机制”各项政策落地，完成监管企业工资增长机制挂钩经济指标审批、工资总额管理办法备案和工资总额清算结算工作。积极应对新冠疫情影响，支持“六保”“六稳”政策落地，市属监管企业共招录高校毕业生987人；加强企业国有产权登记管理。2020年，办理产权登记6户；完成国有产权界定7件；批准国有资产报废核销5项，涉及金额467.74万元；审批同意国有资产转让10项，涉及金额7 452.36万元；审批同意国有资产租赁50项，涉及金额1.06亿元；组织召开国有资产评估项目专家评审会议10次，完成资产评估项目备案63项，核准8项。

【财务监管】 完善财务监管制度，出台修订完善后的资金结算账户管理制度，拟制《关于加强昆明市国有企业资产负债约束的任务清单》，修订完善借款和担保管理办法，调整年报审计中介机构选聘模式，由市国资委委托相关组织实施；完成24户（含子企业共405家）监管企业2019年年度财务决算审计的审核认定工作，针对审计发现的问题，要求企业报“三会”研究，并在60日内整改完毕；完成2019年度市本级及各县（市、区）67户（含子企业共703家）企业国有资产的统计年报的审核、汇总和上报工作；积极组织企业编制2021年国有资本经营预算编制工作，完成2020年国有资本经营收益收缴工作。2020年，市本级共收取国有资本经营预算收入2 033.64万元，扣除按35%的比例调入一般公共预算的711.77万元，安排市本级国有资本经营预算支出的资金1 321.87万元；做好全市月度财务快报统计报送和监管企业各月度的经济运行情况统计工作，企业整体运行情况按季度进行分析，向市委、市政府提供决策依据。

【疫情防控　复工复产】 2020年，面对新冠肺炎疫情带来的影响，市国资委迅速制定出台“1+3”政策：出台实施1个发展行动方案——《2020年“3331”发展行动方案》，确保市委、市政府下达给国企年度目标任务圆满完成，努力创造条件支持企业复工复

2020年2月29日，由昆明建投承建的应急病房项目完成预验收并移交投入使用

（市国资委　供稿）

产，坚决打赢疫情防控条件下稳定经济增长硬仗。配套制定3个工作措施：出台《昆明市国资委关于支持监管企业做好新冠肺炎疫情防控工作相关措施的通知》，对企业经营业绩考核、工资总额、捐赠、租赁、融资、法律服务等提出12条支持措施，统筹做好疫情防控和复工复产；出台《关于贯彻落实省市国有企业减免租金等事项的通知》，支持企业有效应对疫情、稳定经济增长。对市属监管企业符合条件的2 699户承租户共免除租金1.02亿元；出台《关于规范监管企业选聘中介机构有关事项的补充通知》和《关于进一步明确市属监管企业投资项目开展财务审计和资产评估工作有关事宜的通知》，将部分原由市国资委审批的事宜授权企业履行内部决策程序后自行实施，帮助企业提高投融资、运营效率。通过实施“组合拳”，全力以赴助力企业复工复产，统筹推进新冠肺炎疫情防控和经济社会发展。

【国资国企监管制度供给侧结构性改革】 加强科学监管，积极探索吹哨式监管、柔性监管、权力下放与召回制度，修订印发《昆明市企业国有资产交易工作指引》《昆明市国有企业不动产租赁工作指引》，实现对市属国企的赋权放活、动态评估、优者扩权、劣者限权。加强市场化监管，主动积极探索实践昆明市属国企“两制监管”体制，推行市属企业两种监管，即第一类是现行规制下的监管不变，第二类是业绩对赌，即充分授权下的自主自律监管；探索昆明滇池水务股份有限公司深化市场化改革试点工作，支持并指导云内集团稳步推进混改工作。有序推进国企3年改革，按照明确的整合重组目标，通过访谈相关部门和人员、研究材料、反复论证和修改完善，形成《昆明国资发展现状诊断报告》《昆明国资布局与国企整合重组整体方案》和8家企业“一企一策”组建方案及配套方案（共48个方案）。

积极推进市级党政机关（事业单位）所属企业经营性国有资产集中统一监管工作。截至2020年12月，共完成41户企业的集统工作。

【清理拖欠账款工作】 按照国务院、省政府及市政府关于拖欠民营企业、中小企业账款相关工作部署，市国资委组织市属国有企业努力克服疫情影响，着力开展清欠工作。2020年，昆明市属国有企业拖欠民营企业、中小企业无分歧账款余额18.99亿元，已于2020年9月30日提前实现全面清零。

【强化投资监管】 强化预算管理，组织监管企业总结2019年度投资情况，结合公司战略规划和财务预算，科学合理编制2020年投资计划。及时组织专家评审会议，提高投资计划审核的科学性；严格审核投资计划外项目，对未履行完投资前期工作、投资风险分析及防范措施不足的投资项目，一律提出改进意见，要求企业进一步修改完善；加大对投资项目的跟踪管理力度，对于投资效果不及预期的项目，要求公司及时采取措施，必要时进行清理整顿。

【强化融资管理】 提前谋划融资需求，组织监管企业根据年度债务偿还、项目投资、补充流动资金、化债任务，编制2020年融资计划；严格开展融资审批，督促指导监管企业加强融资成本控制，提高抵质押物利用效率，规范资金用途，着力提升监管企业融资质量；做好高成本融资置换，要求监管企业抓抢融资相对宽松机遇期，积极主动开展高成本融资业务置换工作，进一步优化企业债务期限结构、降低融资成本，防范化解公司债务风险。疫情期间，昆明城投公司成功增发2亿美元境外高级固定利息债券，为昆明市属平台首笔债券增发。昆明轨道公司成功发行超短期融资券，票面利率仅为2.90%，创发行利率新低。昆明交投公司、高速公路公司2家企业共成功申报金额7亿元的抗疫特别国债；建立银政合作长效机制，加强与金融机构沟通对接，市国资委提前汇总梳理市属监管企业融资项目资金需求，并积极向金融机构推介，组织开展业务培训，帮助企业扩宽融资渠道，拓展融资工作思路。

【国企退休人员社会化管理】 加快推进退休人员社会化管理工作。印发《昆明市国有企业退休人员社会化管理工作实施方案》，明确先现状移交再核查、先线下移交再线上导入、先进门再分家的“三先三再”线下原则，全面开展昆明市国有企业退休人员社会化管理移交工作。截至2020年12月30日，全市移交驻昆中央、省属以及市级、县（市、区）级国有企业退休人员20.59万人，完成率100%，涉及驻昆央企9.21万人、省属企业9.64万人、市属企业1.40万人。及时构建管理服务平台，将国有企业退休人员基本信息、党员信息、档案信息及社会化管理服务等内容纳入网络化、信息化、规范化管理。

【开展合规性检查】 2020年，市国资委对24户市属监管企业及其下属380家二级公司、160家三级公司、30家四级公司、5家五级公司共599家企业，开展2019年度“三重一大”决策制度执行情况、财经纪律执行情况、制度完备性及有效性检查，并抽查部分重点工程建设项目全覆盖的审计工作。市国资委印发《关于进一步规范昆明市国资委对监管企业开展年度重点工作审计评价的办法（试行）》，引入第三方中介机构开展监管企业年度重点工作审计评价常态化、制度化和规范化管理，为国资监管工作提供智力支持，提高国资监督的客观性、公正性、独立性和专业性。

【提高服务效率和水平】 2020年，市国资委积极开展“双检查双诊断双促进”调研。通过“三下、三看、三转变、一实现”（即下到企业、下到基层、下到现场；看服务水平、看监管漏洞、看作风差距；转变思路、转变作风、转变形象；实现国有资产保值增值，不折不扣完成市委、市政府下达的各项目标任务），规范“调研、评估、服务”方式，达到“双检查双诊断双促进”调研目的，在市国资委与监管企业之间互相“照镜子”，最终实现互相检查诊断、互提工作意见、共同促进发展。下发《关于进一步改进机关作风提高服务效率和水平的通知》，建立“一周一会一审批”制度、“特事特批”制度、“开门审批”制度，变“被动等审批”为“主动催审批”，变“坐堂等审批”为“上门把脉问诊积极批”，实行处室首问负责、一次性告知，深入推进机关标准化、规范化、精细化“三化建设”，把中央和省、市委的重大决策部署转化为做好各项工作、服务监管企业发展的自觉行动。

【助力脱贫攻坚】 认真落实“挂包帮”定点帮扶工作。市国资委及市属监管企业按照“两进两出两对接一提升”的总体要求和部署，聚焦国资国企人、财、物、智、业等资源投向贫困地区，累计拨付资金4 049.60万元，负责挂包乡镇11家企业，负责挂包到村9家企业，实际完成投资额9.70亿元，完成率148.56%，助力打赢国资国企脱贫攻坚战役。

【信访维稳工作】 2020年，市国资委共办理“12345市长热线”交办235件，办结235件；云南省信访信息系统交办件71件，办结69件。主任接待日接待来访群众15起57人次；平时接访共接待群众89起209人次；收到10封信访件，解决10件；电话接访12次，解决12次，做到“事事有安排，件件有落实”。

【国企党建工作】 全面安排部署国企党建工作及党风廉政建设工作，分别签订国有、非公两类党建目标考核责任书，要求各级党组织层层传导压力，进一步压实管党治党责任。拟制下发《2020年度市属国有企业党委书记抓基层党建工作责任清单》《2020年度中共昆明市国有企业工作委员会班子成员抓基层党建工作责任清单》和《2020年度中共昆明市国有企业工作委员会智慧党建工作方案》等指导性文件，进一步推进国有企业“党建入章”工作。调整完善市委国企工委领导干部联系企业党建工作制度，持续推进国企帮带民企党建工作，指定挂点领导开展国企民企“党建双向共促”工作，搭建企业间互学互鉴互补的工作平台，进一步提升党建工作成效。持续推进“云岭先锋”手机App安装及网上党支部活动工作，智慧党建工作稳步推进；完成全覆盖417个党支部规范化建设达标创建工作；完成45个党支部换届工作。按照《关于开展昆明市“新时代、新作为、新篇章”主题教育学习活动的通知》要求，认真组织下属63家企业开展相关活动，共收集征文80余篇，推荐上报征文13篇，推荐上报学习强国学习平台推广优秀单位1个、先进单位3个。

（杨泽飞）

海关·检疫

【综合监管】 深化综合治税。2020年，昆明海关两税入库77.17亿元。持续推进关区120个监管作业场所（场地）完成优化整合及达标整改工作，30家指定监管场地完成达标化建设，关区监管基础薄弱问题得到有效改善。安全生产专项整治成效明显。采取清单管理方式，持续加强对跨境电商、快件、邮递物品、旅检等监管；加强风险联防联控，有效提升精准布控能力，快件、贸易渠道人工分析布控查获率分别为12.66%、13.64%。加大稽查力度，引导企业开展主动披露，全年稽查作业有效率72.90%，稽查追补税入库增长239.20%。全年，关区共监管进出境货物3 551.70万吨、货值1 852.50亿元、运输工具753.30万辆（架、艘、节）次、人员926.60万人次。

【查缉走私】 昆明海关立足口岸现场，深入开展“国门利剑2020”“蓝天2020”等专项行动，全年共办理各类案件1 962起，案值20.50亿元，涉嫌偷逃税3.70亿元，抓获犯罪嫌疑人349人，打掉走私犯罪团伙71个。其中侦办刑事案件103起，有14起案件被列为署局挂牌督办案件；缴获毒品152.38千克，缴获制毒物品155.24吨；在口岸查获“12·28”“9·30”系列走私毒品案和“3·22”特大走私弹药案等一批有特点的大要案件。缉私主要业务指标进入全国海关第一方阵，执法质量考评连续2年取得“双优”。反走私综合治理工作持续巩固，全省边境沿线管控力度空前强化，规模性走私活动得到有效遏制。

【检验检疫】 强化动植物疫情、疫病口岸防控，采取措施有效防止非洲猪瘟、高致病性禽流感、沙漠蝗、艾滋病、登革热等疫情、疫病传入、传出和外来物种入侵，全年截获检疫性有害生物种类数和种次数排名全国海关第十三和第二位。严格落实“四个最严”要求，全年检验、检疫进出口食品、化妆品5.70万批，动植物及其产品14.60万批，分别增长13.80%、9.50%，连续8年被评为A级优秀单位；检验进出口工业品1.40万批。推行知识产权海关保护与打击假冒伪劣商品协同执法，全年查获涉嫌侵权商品数量、货值分别增长149%、123%。

【海关业务改革】 研究制订18项措施推动“海关改革2020”方案有效落地，“五个两”改革举措扎实推进，空港业务现场全部实现“两段准入”作业，“两区优化”制度措施落地见效，“两步申报”应用率位居全国海关前列。细化关区业务执行岗位配置实施细则和配置清单，隶属海关岗位配置和岗位说明书编制完成并施行。昆明长水机场先期机检试点有序推进，原产地证书实现智能审核。深入推进"多查合一"，探索实施分类核查，后续监管持续强化。行政审批事项实现"一网通办"和"不见面审批"。积极参与云南自贸试验区建设，推动"一口岸多通道管理"等2项改革举措并获总署备案实施，全年自贸区内企业实现进出口增长91.40%。

【支持云南外向型经济发展】 2020年，昆明海关建立优化营商环境15项评价指标体系，推动口岸营商环境更富效率、更加便利。聚力"六稳""六保"，制定实施促外贸稳增长工作措施23项，调研走访外贸企业188家，帮助解决问题137个，支持企业复工复产，多措并举全力保障境外农产品集中返销高峰。牵头建立"海关、管委会、企业"联合保障机制，服务各类开放平台建设，推动自贸试验区、综保区等成为拉动云南外贸增长新引擎。支持跨境电商、市场采购等新贸易业态从无到有、快速发展，全年跨境电商进出口8.80亿元、市场采购贸易出口7.10亿元。畅通产业链供应链，推动缅甸大米、蚕茧和越南乳制品获得准入，帮扶云南特色农产品扩大出口，主动服务中缅油气、种猪、花卉种球种苗等进口。强化外贸统计分析和监测预警，报送各类统计分析报告39篇次。落实国家减税降费政策，全年减免税款47.71亿元。全年云南外贸进出口2 680.40亿元，增长15.40%。

（田　洁）

市场监督管理

【疫情防控】 2020年，昆明市市场监督管理局坚决落实中央、省、市疫情防控决策部署，强化防疫物资、食品药械等重点领域监督检查，严禁非法野生动物交易，产品质量把控关口前移，严打价格违法、假冒伪劣等违法行为，查办各类涉疫违法案件744件。制定全国首个新冠肺炎疫情防控领域地方标准，在全省率先设立进口冷链食品集中监管仓区，快速推广"云智溯"追溯平台。扎实做好"六稳"工作，落实"六保"任务，多措并举助企纾困。在全省率先出台支持企业复工复产26条措施，免征计量强检收费1 699.28万元，打通快速检测绿色通道，推行不见面审批服务，实现企业登记全程网上办。全系统在疫情防控中表现突出，市场监督管理局获"云南省抗击新冠肺炎疫情先进集体"称号，空港分局获"全国抗疫先进集体"称号，一大批基层单位和个人受到各级表彰。

【市场主体总量及注册资本总额】 2020年，昆明市新登记市场主体16.24万户，在疫情冲击之下逆势增长0.83%，其中企业同比增长4.08%；全市市场主体总量达89.60万户，同比增加10.05万户，增长12.64%。全市实有各类市场主体注册资本总额32 698.88亿元（含外商投资企业注册资本且折算为人民币），同比增长19.64%，均创历史新高。

【创优市场准入】 深入推进"放管服"改革，持续优化审批流程，大力简化注销程序，市场准入门槛进一步降低，审批便利化、退出精简化，市场主体活力不断激发。持续深化企业开办便利化改革，实现企业开办最快1个工作日办结，2个工作日办结成为常态，开办企业指标在全省营商环境"红黑榜"评价中位列第一，助力昆明营商环境进入全省"红榜"。中国（云南）自贸区昆明片区"证照分离"改革全覆盖试点工作在省级部门第三方评估初评中排名第一。深化产品准入改革和食品药械许可审批改革，推进市场监管行政许可规范化和便利化。在全省率先推行行政许可"告知承诺制"，大幅压减审批事项目录，行政许可事项下降44.40%。

"十三五"时期，商事制度改革获得新突破。"多证合一""证照分离""登记便利化"改革深入实施，商事制度改革成为"放管服"改革的"先手棋"和"突破口"，制度优势不断转化为改革效能。五年年均净增市场主体14.51万户，全市市场主体总量较"十二五"期末增长40.15%。产品准入更加便捷，重要工业产品生产许可目录由61类压减至10类，压减幅度83.60%。一系列改革措施助力营商环境大幅改善。

【严守食品、药品等产品安全底线】 突出防范和化解风险，牢牢守住不发生系统性、区域性风险的底线，切实保障人民群众生命财产安全。食品监督抽检合格率达98.04%，省、市级药品抽检合格率达99.07%，查办各类食品、药械违法案件770件。在全省率先实现3.59万户城区餐饮单位"净餐馆"行动全达标，游客集中区、学校食堂实现"明厨亮灶"全覆盖。查处特种设备违法案件66起，全市126.48万只气瓶信息全记录、可追溯。市级产品质量监督抽查11类1 602批次产品，不合格产品处理率达100%。

"十三五"时期，市场安全形势开创新局面。全市食品安全评价性抽检合格率稳定在96%以上，市级食品检验能力达90%以上，食品检验量达4份/千人·年，药品安全评价性抽检总体合格率稳定在98%以上。全市生产企业工业产品质量监督抽查合格率达94%以上，万台特种设备事故率逐年递减，连2年实现特种设备零事故。

【公平竞争监管】 不断强化市场监管执法力度，扎实推进市场监管整治，严厉打击违法行为，市场竞争环境公平有序。全市查办市场监管领域各类违法案件1 834件，罚没金额2 711.65万元。全市公平竞争审查4 931份政策措施文件，创建无传销社区（村）524个；核查网络市场主体9.14万户次，监测各类广告18.78万

2020年，昆明市市场监督管理局组织质量开放日活动　（市市场监管局　供稿）

条次，违法率下降至0.03%。强化旅游市场整治，责改旅游市场乱点问题37个；开展涉企违规收费和水电气等行业收费专项整治，清退违规收费2 192.75万元。提升改造集贸市场292个，“管集市”专项行动获省级通报表扬。全市“双打”工作、部门联合“双随机、一公开”工作均在全省考核中位列第一。市场监管局被推荐为云南省扫黑除恶专项斗争县区级先进单位。

“十三五”时期，市场竞争环境建立新秩序，信用约束不断增强，5年年报率由75.21%提升至90.38%。监管能力逐步提升，审查、清理公平竞争文件4.03万件，创成无传销社区（村）1 032个。加强价格、广告、网络、旅游市场等重点领域执法，清退违规收费3.38亿元。

【推进质量强市战略】 深入实施质量强市战略，扎实开展质量提升行动，经济体系优化升级基础不断夯实。出台2020版市长质量奖管理办法，连续2年在全省州（市）政府质量工作考核中位列第一，公共服务质量满意度测评位居全国第七、西南地区第一。完成昆明市地方标准发布、备案7个，引导企、事业单位参与制（修）订国家标准42个，抽查企业产品标准281个。在全省创新编制强检计量器具应用指南，强检计量器具21.46万台，同比增长448%。956家规模以上企业管理体系认证覆盖率达64%，检验、检测服务业统计数据填报率达100%。

“十三五”时期，质量提升行动迈上新台阶。全面开展质量提升行动，全面提高质量标准，全面加强质量管理，大质量工作格局初步形成。质量强市战略纳入城市核心发展战略，昆明市创建“全国质量强市示范城市”通过省级验收，新增711个国家级、省级质量激励项目。制定36个高质量地方标准，建成119个国家级、省级、市级标准化示范试点项目。重点用能单位（一级）能源资源计量器具配备达标率从85%提升至100%。连续5年实现检验、检测服务业统计数据填报全覆盖，并开展检验、检测服务业统计分析。

【推进知识产权战略】 大力支持创新驱动发展，把实施知识产权战略作为激发企业创新活力，增强企业核心竞争力的重要抓手。新增专利授权1.84万件，同比增长28.47%，每万人发明专利拥有量达16.89件。注册商标新增4.05万件，全市有效注册商标量21.70万件。新增省级知识产权示范园区4家，累计达9家；新认定市级知识产权试点示范企业27家，累计达273家。中国（昆明）知识产权保护中心获国家知识产权局批准建设；昆明市入选国家知识产权运营服务体系建设重点城市，获国家1.50亿财政资金支持；中国（云南）自由贸易实验区昆明片区知识产权运营服务中心建成并投入运行。

“十三五”时期，创新驱动发展呈现新面貌。为知识产权护航，为创新驱动赋能，知识产权对创新发展的支撑力明显增强。每万人发明专利拥有量超全国平均水平，提前2年完成“十三五”规划目标。专利、商标等知识产权质押融资11.52亿元，覆盖市、县、乡的三级知识产权管理体系逐步形成。南亚、东南亚知识产权服务（昆明）中心、西部第一个国家原创认证中心等一批知识产权运营平台相继建成，昆明成为国家知识产权示范城市，昆明商标受理窗口被国家知识产权局评为先进窗口。

【监管能力提升】 始终把党的领导贯穿于市场监管工作的各方面、全过程，党的领导全面加强，基层基础建设不断强化，干部作风持续改进。以提升组织力为重点，基层党的建设不断加强。以监督执纪为抓手，全系统党风廉政建设和反腐败工作持续深化。梳理全局行政权力事项366项、风险点2 627个、防控措施8 000余条。以能力提升为重点，队伍教育培训深入开展，组织开展各类培训33次，参训4 772人次。以法制建设为抓手，组织学习法律法规20余部，专题讲座2场，清理地方性规章及规范性文件18件。新建制度15个，修改完善制度2个，编印《昆明市市场监督管理局制度汇编》，收录制度59个。

“十三五”时期，市场监管体系形成新格局。建立完善市场监管领域重大制度39个，梳理行政执法权责清单事项1 067项。整合制定随机抽查事项清单210类504项，联合抽查事项38类78项，基本实现日常监管“双随机、一公开”全覆盖。建成一批信息化系统和大数据实验平台，实现省、市、县、所四级市场监管专网贯通、互联共享。市场监管局被评为全国市场监管系统先进集体。

（周　艺）

审　计

【年度审计成果】 2020年，全市审计机关共完成审计项目793个，出具审计报告和专项审计调查报告921篇。查出违规问题金额24.68亿元，审计促进增收节支19.86亿元，调账处理金额43.82亿元，移送违纪违法问题线索73件，提出审计建议2 217条，被采纳1 768条；推动被审计单位制定整改措施12项；促进被审计单位建立健全规章制度58项；提交审计信息858篇，被批示、采用180篇次。向社会公告审计结果379篇。全市审计机关4个项目获选2020年全省优秀审计项目。

市本级完成审计项目97个，出具审计报告121篇，查出违规问题金额3.91亿元，移送违纪违法问题线索13件，审计促进增收节支3.98亿元，调账处理6.88亿元。

【财政管理和预算执行审计】 2020年，市审计局按照促进规范公共财政管理的目标要求，开展市本级2019年度财政决算草案编制情况审计、市级部门2019年预算执行情况审计和审计调查，促进财政资金发挥绩效。扩大审计全覆盖范围，有序开展对重点二级预算单位财政财务收支审计，促进预算单位财务收支、内控管理进一步规范。揭示结余资金、非税收入未上缴财政等问题，查出应上交财政资金2 944.49万元，归还原资金渠道2.24亿元，有力凸显审计监督作用。

【重大政策措施落实情况跟踪审计】 开展全市重大政策措施落实情况跟踪审计、全市减税降费跟踪审计，出具综合报告8篇，发挥审计助力重大政策落实的建设性作用。开展昆明市2019年“历史文化名城”专项工作政策措施落实情况审计调查和2019年全面提升“世界春城花都”的城市美誉度专项工作政策措施落实情况审计调查，推动政策落地见效，促进规范管理，提高资金使用绩效。

【脱贫攻坚审计】 开展东川区、禄劝县、寻甸县产业扶贫审计，昆明市2019年度沪滇扶贫协作资金专项审计，昆明市2019年度教育扶贫资金专项审计，督促扶贫政策贯彻落实，促进提高资金使用绩效。开展2016～2019年东川区、禄劝县、寻甸县3个集中脱贫县区脱贫攻坚审计发现问题整改情况审计，建立动态整改清单，实行“对单销号制”，推动2016年以来扶贫审计发现的128个问题整改清零。

【疫情防控资金和捐赠款物专项审计】 开展全市疫情防控资金和捐赠款物专项审计，采取“边推进、边审计、边规范、边整改”方式，发现防控资金支出进度缓慢、管理不规范等问题，督促相关单位部门及时整改，加快分配下拨使用资金1 917.09万元、追回财政资金41万元，及时分配调拨物资4.49万件，促进相关部门出台和完善制度17项，确保疫情防控应急物资及时、有序、高效分配和使用，为昆明市打赢新冠肺炎疫情防控阻击战提供保障。

【领导干部经济责任审计】 经市、县两级审计委员会批准，全市共对136名领导干部开展任期经济责任审计，其中县（市、区）党政主要领导2人、园区管委会主任1人、市属部门（单位）主要领导8人；县、区、乡（镇）党政主要领导37人、部门（单位）主要领导63人、事业单位主要领导4人、人民团体主要领导4人、国有企业主要领导人员12人、村组干部（社区负责人）5人。审计发现问题557个，涉及问题金额73.16亿元；移送问题线索20件，涉及人数4人，涉及金额245.90万元；提出审计建议399条。完成新任和转任领导干部任前告知以及党政主要领导干部和国有企事业单位主要领导人员履行经济责任年

2020年3月16日，省审计厅领导实地检查疫情防控物资管理仓库　（市审计局　供稿）

度报告工作，规范权力运行的监督和制约，促进领导干部依法、秉公、廉洁用权和担当作为。

【自然资源资产审计】 全市审计机关共对19名领导干部开展自然资源资产离任审计，其中县（区）长2人、市级部门主要领导1人，乡（镇、街道）党委、政府主要领导11人，县级部门主要领导5人。根据《云南省地方党委和政府主要领导干部自然资源资产离任审计评价办法（试行）》，审计评价为“好”的1名，评价为“较好”的18名。共查出涉及贯彻执行中央生态文明建设方针政策和决策部署、遵守自然资源资产管理和生态环境保护法律法规、履行自然资源资产管理和生态环境保护监督责任等方面的问题70个，提出加强监督管理的审计建议61条。对审计查出的违规问题，市、县两级审计机关依照法律法规的规定做出处理。

【政府投资项目审计】 2020年，全市审计机关全面加强政府投资项目审计，在发现问题的种类和数量方面取得新突破；在聚焦主责主业、健全完善制度、杜绝以审代结、规范聘请中介机构行为和审计经费管理等方面进行新规范；在继续坚持依法审计、严格现场审计要求，加强资料收集和严格审核等方面取得新进展。全市共完成政府投资审计项目283个，审计金额565.38亿元，通过审计，核减金额47.40亿元，核减率8.38%，提出审计建议856条。其中，市本级完成政府投资审计项目26个，审计金额486.97亿元，发现问题156个，核减金额39.85亿元，核减率8.18%，提出审计建议112条。

【其他审计项目】 2020年，市审计局开展2019年度全市专项债券资金管理使用情况审计、全市新增财政资金直达市县基层直接惠企利民情况专项审计、全市财政部门存量资金及往来款项管理情况专项审计调查，促进政策落地；开展12个县（市、区）和空港经济区2019年度棚改和公租房跟踪审计，查出资金分配管理、使用等方面的问题76个，提出审计建议54条，规范资金管理使用，提高安居工程的使用绩效；开展9个县（市、区）及阳宗海管委会2013～2019年人防工程项目及资金资产管理使用情况审计，查出人防系统政策措施落实不到位、资产管理使用不规范等问题，促进人防系统规划编制和项目建设，规范资产管理和专项资金使用；开展消费券财政补贴专项资金审计，揭示消费券发放管理中存在的问题，促进专项资金合规高效使用；开展全市清理拖欠民营企业中小企业账款专项审计调查，揭示拖欠账款典型案例，推动责任单位和部门对已确认无分歧欠款做到应清尽清。

【审计整改公告情况纳入考核体系】 2020年初，市委办、市政府办印发《关于进一步加强审计整改工作的意见》后，市审计委员会办公室印发《昆明市审计整改督查实施暂行办法》《昆明市审计整改约谈暂行办法》和《昆明市审计整改责任追究暂行办法》3个配套制度，通过制度化、程序化形成审计整改闭环系统，切实提升审计监督效能。将审计整改纳入全市2020年度工作目标考核体系，对35家市级部门、15个县（市、区）、开发（度假）区审计整改情况进行考核评分；将审计发现问题整改结果向社会公告情况列入政府信息公开考核内容，对列入考核范围的部门（单位）的审计整改公告情况进行检查考核。

【内部审计】 年内，市审计局继续健全完善内部审计制度，完成《昆明市内部审计条例》地方性法规立法调研工作。开展内部审计调研，加强对内部审计工作的服务和监督。开展内部审计质量检查，强化内部审计质量控制。强化日常监督指导服务，规范内部审计行为。开展业务培训及理论研讨，提升内审人员专业技能和业务素质。

【法治建设】 落实局党组学法制度，先后集中学习《中华人民共和国民法典》《中华人民共和国密码法》等法律法规。完成行政复议、行政应诉工作，切实履行好工作职责。贯彻落实行政执法"三项制度"，规范审计执法文书，开展2020年度审计执法检查工作。开展规范性文件清理，提出《昆明市环保审计办法》的废止清理意见。编印下发《审计常用法律法规汇编》，建立审计电子法规库。开展普法工作，组织党员干部进社区开展疫情防控法律宣传活动，组织43人参加行政执法证培训，开展《中华人民共和国民法典》专题培训讲座。积极开展法治创先争优，市审计局被评为2020年昆明市依法行政示范单位。

【荣誉】 2020年，市审计局被表彰为昆明市脱贫攻坚先进集体和昆明市创建全国民族团结进步示范市工作先进集体。在昆明市2020年度党风廉政建设责任制检查考核中，被评定为优秀单位。

【队伍建设】 年内，市审计局加强对下级审计机关的领导，采取定性与定量相结合的方式对14个县（市、区）审计局进行综合考核，考核结果向当地党委、政府通报，促进结果运用。按照"五好"干部标准，多渠道加强审计干部队伍建设。局党组严把选人用人关，组织完成一级主任科员、三四级调研员职级晋升工作；对9名中层干部进行岗位调整，对新提拔的18名副科级干部进行试用期满转正考核；对转隶的正科级干部进行实名制管理备案；吸收5名军队转业优秀干部进入审计系统；完成遴选公务员招录工作。严格落实年度培训计划，组织全市审计干部参加各类培训2 934人次。健全人事管理制度，修改完善《昆明市审计局人事管理规定》《昆明市审计局实习人员管理规定》等制度，废止与干部职工教育培训规定不符的相关文件。

（尚　明）

统　计

【思想建设】 始终坚持和加强党对统计工作的领导，深入学习贯彻习近平新时代中国特色社会主义思想，广大党员干部"四个意识"更加牢固，"四个自信"更加坚定，践行"两个维护"更加坚决。树立鲜明的选人用人导向，选拔任用8名科级干部，职级晋升36人。畅通干部晋升渠道，农调队增加正科职数1个，计算站增加3名专技岗位编制。扎实推进党支部规范化建设，机关第四党支部获省级"规范化建设示范党支部"荣誉称号。持续巩固"不忘初心、牢记使命"主题教育成果，扎实开展"庸懒散滑"专项整治，健全干部职工定量考核管理制度，不断激发干事创业精气神。

【人口普查】 2020年，昆明市人口普查工作从以下方面进行：组织领导有力。各县（市、区）、开发（度假）园区高度重视人口普查工作，成立高规格的人口普查机构，高位统筹推进工作，及时研究解决问题，党政主要领导带头参加现场登记。市、县二级统计机构共落实普查经费1亿多元，全市选聘普查员和普查指导员5万余名，"四落实"不折不扣落实到位。氛围营造浓厚。各县（市、区）、开发（度假）园区集中开展人口普查宣传月活动，"大国点名，没你不行"深入人心。普查登记顺利。大力推动人口普查自主填报登记，建立人口普查信息多维核查机制，充分利用公安、卫健、教育等部门行政记录，有效提升人口普查登记信息精准度，全面完成普查摸底、入户登记、比对复查、质量抽查等阶段性重点工作。普查亮点纷呈。省级相关试点安宁综合试点、官渡区行政记录和大数据利用专项试点及"七人普"宣传工作获得省人口普查领导小组通报表扬，全市主要指标质量和进度位列全省前列，制作选送的《放牦牛的小卓玛》等多个视频被国家统计微讯采用。

【统计督察】 对标对表抓整改，对照国家统计督察反馈意见和云南省整改方案要求，结合昆明实际制定37项整改措施，以市委、市政府办公室名义印发。建章立制抓整改，制定出台防范和惩治统计造假、弄虚作假责任制实施办法，数据质量责任制度等10余项办法制度，推动宜良、晋宁等9个县区成立统计执法监督机构。2020年，市统计局组建工作组，对各县（市、区）整改情况开展实地督察，推动各项整改任务落实落地。云南省整改方案涉及昆明市18项工作任务、云南省统计局整改方案涉及昆明统计系统15项整改任务，均高质量整改完成。

【基层基础建设】 2020年12月29日，市委编办、市统计局党组联合发文，将乡（镇、街道）统计负责机构和人员编制以专编专用的形式固化下来，按照经济总量和人口规模核定编制。提请市政府办公室印发《关于进一步加强新时代统计基层基础建设的通知》，全方位夯实基层基础。采用政府购买统计服务方式，加强社区统计力量。将部门统计工作纳入市委、市政府督查检查考核事项，纳入全市目标责任制考核，推进部门统计规范化建设。加强统计业务培训，年内，组织开展统计业务培训30余次，实现统计系统业务培训全覆盖；采取部门牵头、联合培训等方式，对部门统计人员开展培训，提升其业务素质，确保数据质量。

【统计执法】 加强普法宣传，推动习近平关于统计工作重要讲话指示批示精神和《关于深化统计管理体制改革提高统计数据真实性的意见》《统计违纪违法责任人处分处理建议办法》《防范和惩治统计造假、弄虚作假督察工作规定》（简称《意见》《办法》《规定》）纳入全市各级党委（党组）理论学习中心组专题学习内容，纳入各级党校必修课，纳入干部培训内容。年内，市统计局到各部门、县（市、区）宣讲统计法律法规40余次，培训4 000余人。严格执行领导干部违规干预统计工作记录制度，修改、废止涉嫌违反统计法精神文件27份，切实保障统计职权行使。动真碰硬执法，扎实开展“双随机”统计执法，对343家企业进行现场执法检查，经验做法在全市进行交流。创新开展执法检查整改“回头看”，对2018～2019年统计执法检查差错额较大的91家企业整改情况进行回访。全市立案查处统计违法案件13起，5个县区统计执法实现零突破，加强以案释法，推动以案为鉴、以案促改，对统计造假、弄虚作假形成有力震慑。

【统计服务】 市统计局认真贯彻落实昆明市主要经济指标预报制度等四项制度，加强预警监测，做好统计分析研究和资料提供。完成《昆明统计年鉴》电子化并在统计官网发布，方便公众查阅；上报全市、滇中新区每日一报80期，全市、滇中新区主要数据简报11期，27个省会城市主要经济指标对比材料4期，统计分析242篇、政务信息390期、统计专报34篇。《2019年昆明市经济形势分析及2020年展望》等35篇重点工作报告及统计分析获得市委、市政府主要领导批示。牵头协同市工商联、市工业和信息化局等单位认真办理政协《关于健全民营经济统计监测指标体系的建议》重点提案。

【统一核算改革】 2020年，国家实施GDP统一核算改革，自3月份起，市统计局草拟《昆明市地区生产总值统一核算改革实施方案》，以市政府办公室文件印发实施；到县（市、区）开展统一核算改革宣讲6次，组织统一核算改革培训，开展基层4次和部门2次业务培训；积极向市委、市政府领导汇报，撰写《昆明市地区生产总值统一核算改革情况报告》《全国地区生产总值统一核算改革对昆明市GDP核算影响分析》等统计专报9篇、统计分析7篇，其中有5篇专报、1篇分析获得市委主要领导批示。召开3次核算工作部门联席会；积极参与全省2020年前三季度地区生产总值统一核算，实现各县区汇总数与全市数据基本衔接。

【统计宣传】 市统计局注重发挥传统媒体阵地作用，同时新媒体“两微”政务宣传成效显著。2020年5月，昆明多家主流媒体专版刊登《提高统计数据质量　在昆明高质量发展中作出“统计之答”》，取得良好的社会效益。“昆明统计”微信公众号持续5个月荣登全国市级统计调查系统微信公众号综合影响力月榜前50强。昆明统计原创《一段鲜为人知的普查历史》等4篇推文被国家统计局“统计微讯”公众号转发。“昆明统计”政务微博拥有粉丝3.97万人，全年发布政务微博361条，累计发布微博3 238条。市统计局还充分利用各类大型普查和调查宣传活动，综合传统媒体、新兴媒体、政务平台、宣传标语等媒介扩大统计宣传，打造昆明统计特色品牌，不断提升统计影响力。

（市统计局）

资源管理

【耕地保护】 2020年，市自然资源和规划局严格落实永久基本农田补划工作，积极开展永久基本农田核实整改准备工作，核查储备补充耕地，落实耕地占补平衡。截至10月底，共落实占补平衡项目9个，涉及耕地面积234.75公顷、水田规模80.09公顷，粮食产能226.01万千克。推进全域土地综合整治试点，宜良县匡远街道、西山区海口街道等4个试点通过省级审查并上报自然资源部。

【国土空间生态修复】 深入推进滇池流域及西山重点保护区域矿山整治和生态修复，至2020年底，累计完成滇池流域及西山重点保护区范围内72个关停矿山治理修复8 835.96亩，占采损总面积1万余亩的88.05%。加快推进长江经济带（昆明段）废弃露天矿山生态修复，按照《昆明市长江经济带废弃露天矿山生态修复工作方案》，向东川区、禄劝县下达中央财政补助资金共1 488.83万元，指导督促两地落实治理修复任务，治理修复任务已全部进场施工。加大自然保护区及饮用水源地保护区内矿山恢复治理力度，全市涉及自然保护区及饮用水源地保护区矿业权51个，需治理恢复面积共4 262.46公顷，已完成3 704.77公顷。51个矿业权中与自然保护区范围重叠需开展治理恢复面积1 470.74公顷，已完成1 346.99公顷，完成率91.59%。

【地质灾害隐患防治】 2020年，市资源局全面排查地质灾害隐患点共1 699个，其中，特大型15个，大型27个，中型431个，小型1 226个，威胁户数3万户，人数16万人，潜在经济损失约60亿元。针对排查出的地质灾害隐患点发放“两卡一书”3.73万份，落实监测人员3 341人。进一步完善地质灾害气象风险预警预报体系，通过联席会议、电子政务专网、传真等方式，健全完善信息共享与会商机制，不断提高预警预报的及时性、准确性和覆盖率，一旦发生险情，及时发出预警，与群测群防体系互联互动，迅速采取防灾避灾措施。全年共开展地质灾害应急演练2次，参加人员140人；开展地质灾害防治培训10次，参加人员674人。通过多形式、多层次、全方位宣传培训和应急演练，切实提高基层干部和广大群众识灾、防灾和避灾能力，进一步提高昆明市应对突发地质灾害事件的组织、协调、应急处理方面的能力和水平，努力做到防患于未然。

【矿产资源开发管理】 矿业权管理方面。2020年，共办理采矿权出让收益征收11件，涉及合同约定征收总金额2.70亿元，其中实际已缴纳金额为7 733.38万元，剩余分期缴纳金额为1.93亿元。落实矿山生态环境综合评估和联勘联审制度，完成矿业权联勘联审18个，矿山生态环境综合评估15个。严格执行矿产资源储量备案及登记统计制度，完成12个矿业权储量核实报告评审备案工作；完成90个建设项目压覆矿产资源的查询和审查工作，11月4日，对1个建设项目用地压覆矿产资源进行备案。矿业权审查方面，按照《昆明市矿产资源总体规划（2021—2025年）》对昆明市80个拟申请矿业权进行合规性审查。开展绿色矿山建设方面，2020年，昆明市上报自然资源部绿色矿山5个。

【统筹年度新增建设用地计划指标】 2020年，昆明市（含滇中新区）共批转征转用地108件2 242.35公顷，重点保障“五网”、“四个一百”、“十三五”高速公路、易地扶贫搬迁等项目用地。

【土地节约集约利用】 坚持开源与节流并举、保护与开发并重，严格贯彻最严格的耕地保护制度和节约集约用地制度，以土地利用为闸门，引导资源利用由粗放型向集约型转变，不断创新制度管理，全面推进节约集约用地，深化土地供给侧结构性改革，促进经济结构的优化调整和改善。2020年5月，昆明市作为“土地集约节约利用成效较好、闲置土地少且用地需求量较大的地方”喜获国务院通报表扬，获奖新增建设用地计划指标2 000亩。

【年度土地供应】 2020年，收储土地3.35万亩，共完成土地供应11.62万亩，完成出让总收入1 237.38亿元。完成市政府下达的2020年全市实现土地出让收入1 000.04亿元目标任务。

【自然资源统一确权登记】 2020年是全市不动产登记“营商环境提升年”。市自然局采取4项工作举措：实行交易税收登记“一窗办”和抵押登记不见面服务，让“群众跑腿”变为让“信息跑路”，实现贷款客户在不动产登记机构“零跑腿”；通过先期介入指导开发企业、提前开展前期审查，持续推进新建商品房“交房即交证”；实施新建商品房首次登记后个人可自行申请登记，推动开发企业履行办证义务，避免购房群众被强制代理；扩大预告登记覆盖面，防范开发企业一房二卖、再次抵押，最大限度地保护购房人的合法权益。在全省登记财产营商环境“红黑榜”评比中，昆明市以0.79天的记录位列红榜第一。

农村不动产方面，围绕宅基地使用权确权登记颁证工作，顺利完成历史已发证数据建库、云宅调信息采集、实地落宗及三级认定工作，为后续农村不动产“房地一体”登记发证、农村产权制度改革打下坚实基础。

【自然资源督察执法】 建立市、县、乡镇三级土地执法共同责任制度，明确土地执法共同责任主体和职责分工，加强土地联合执法监管，把发现、制止、报告、处理每个工作环节责任落实到县（市、区），将违法行为制止在初始、消灭在“萌芽”。采取“人防”和“技防”并重，把原来立案查处的工作重点，转变到发现、制止、消除违法上来。积极调动“人防”管控，深入开展动态巡查，及时发现、消除违法用地行为，2020年，全市动态巡查6 848次，巡查发现、处置违法行为292起。充分运用卫星遥感影像，通过年度、季度和自主卫片执法检查，共向各县（市、区）下达监测图斑7 010个，对判定违法行为及时督促查处、整改。全年通过快速反应机制制止违法违规行为173起，有效提高执法效率，减少执法成本和违法当事人的经济损失。

【自然资源调查监测】 按时序开展昆明市第三次全国国土调查。2020年5月30日，昆明市顺利完成14县（市、区）县级初始调查成果调查，调查成果省级、国级核查，“互联网＋”在线互联核查，国家级督察整改，初始调查成果整改，县、市两级数据成果接边，草地核实，种植属性核实，坡度图赋值等多项阶段性工作。10月27日，完成全市统一时点更新调查整改完善成果，上报国家三调办复核；开展勘测定界验收及备案工作。9月，在昆明市国土空间规划智慧审批服务平台上进行勘测定界数据迁移，实现市、县两级联网审批，优化勘测定界市级检查和县区验收工作流程，提高勘测定界验收及备案审查速度，制定内业检查和外业实地踏勘相结合的检查制度。通过内外业相结合的检查，确保勘测定界资料的完整性、规范性及准确性。至2020年底，共收到勘测定界成果资料198宗，总面积为3 527.13公顷。其中，市级验收64宗，总面积为2 081.63公顷；市级备案共134宗，总面积为1 445.50公顷。

（洪思琪）

开发区建设

编辑：唐荣华

昆明国家级高新技术产业开发区

【概况】2020年是全面建成小康社会、完成“十三五”规划收官之年，也是为“十四五”开局起步、全面建设中国特色社会主义现代化国家新征程打下坚实基础之年。面对百年未有之大变局，百年未遇之大疫情，昆明国家级高新技术产业开发区（简称“昆明高新区”）党工委、管委会深入学习贯彻总书记习近平考察云南重要讲话精神及总书记习近平在统筹推进新冠肺炎疫情防控和经济社会发展工作部署会上的讲话精神，按照市委十一届八次会议、市委经济工作会部署，紧扣“经济建设主战场、产业增长主力军、科技创新排头兵”发展定位，迎难而上推进经济高质量发展，夺取疫情防控和经济社会发展的“双胜利”。年内，园区主营业务收入2 407.90亿元，规模以上固定资产投资同比增长9.80%，其中工业固定资产投资同比增长34%；争取地方政府专项债券资金6 000万元、争取国家及省资金超4亿元；一般公共预算收入24.41亿元；引进市外资金155亿元，闻泰昆明智能制造产业园项目一期、云南城投医药健康产业园项目、昆明高尚电子药物生产基地项目、招商物流二期项目、拓东年产5万吨调味品生产项目等项目全面开工，开工率为100%。

【创新能力提升】2020年，昆明高新区安排2.20亿元财政资金专项支持企业研发创新、转型升级、提产扩能。年内，全社会R&D经费投入9.59亿元，累计获上级支持资金4亿余元（中国医学科学院医学生物学研究所、昆药等6户企业获中央应急物资保障体系建设补助资金1.094亿元），获省、市各类科技计划项目202个；新增省级、市级企业技术中心10个，通过复审新认定高新技术企业72户，拥有院士工作站35个、专家工作站10个、博士后工作站14个，保有省级以上科创载体107个，贝泰妮生物科技集团有限公司被认定为省级工业设计中心。以云南省高层次人才创新创业园为载体，大力引才聚智，建园至今累计引入企业49户，引进高层次人才135人，其中国家级人才29人、省级人才87人、市级人才34人，省级创新团队7个，全区人才总量达38 484人。围绕生物医药、新材料、细胞领域，引入院校科技资源30多项。举行“2020昆明高新杯”创新创业大赛，承办“广聚贤才·共创滇峰·数字云南”新基建院士网络论坛暨第一期“云南省园区人才服务工作站”授牌仪式，承办并参与第四届“中国创翼”创新创业大赛云南选拔赛暨第二届“创翼云南”创业大赛。园区荣膺云南省知识产权示范园区等殊荣，93户企业进入2020年国家科技型中小企业名单，卓印科技、丰普科技在第九届中国创新创业大赛全国总决赛中获成长组优秀企业奖，13户企业在2020年省创新创业大赛中获奖。

【疫情防控与复工复产】 2020年，面对新冠肺炎疫情，昆明高新区成立由党工委、管委会负责人为组长，党工委、管委会班子成员为副组长，各部门主要负责人为成员的疫情防控工作领导小组，建立街道、社区属地“网格化”防疫体系，通过挂图作战、联防联控、群防群治，有效遏制疫情蔓延。建立党员干部包防疫防控、包复工复产稳增长的“双包保”机制，组建30多个包保企业小组，规范指导企业开展防疫工作。围绕抓“六稳”、促“六保”，出台《抗疫情、保生产、促发展的若干措施》《抗疫情、保生产、促发展贷款贴息实施细则》《疫情期间企业复工复产部分银行支持政策摘编》等纾困政策，从税收、金融、社会保障、入园门槛等维度减轻企业经营负担，对冲疫情负面影响。围绕抗疫情、保生产、促发展，组织金融机构力量为企业提供融资支持，安排2.2亿元财政资金扶持企业复工复产，拨付贴息资金52.23万元，向申报贷款贴息的企业放贷2.30亿元。聚焦稳就业、降成本，发布企业急需岗位1 600余个，为企业减税6.72亿元。

【发展环境改善】 以打造“净、绿、亮、美、畅”城市环境为目标，大力建设基础设施。2020年，园区投入基础设施建设资金12.06亿元，新增绿地15.4公顷，新建花卉主题小游园2个，提升改造花卉主题公园绿地2个；改造提升乡村道路5条（段），总长约9千米；新建01号、33号等市政道路8条（段），总长5.7千米；对梁峰路、文兴路、塔山路开展智慧交通改造；提升整治海源路、昌源路、滇缅大道等道路市容环境。深入开展入滇河道整治，南冲河等4条入滇河道水质均达市级考核标准。空气质量常年保持优良，优良率为99.20%。供应土地1 796.24亩，供地率达86.31%。按照“互联网＋政务服务”思路，整合高新区政务服务中心、政府网站、移动客户端（App）、自助终端、服务热线等线上线下政务服务资源，构建线上线下融合发展的政务服务体系，政务服务平台“一门进驻率”达100%，“最多跑一次”率达98.82%，四级深度“全程网办”率达94.08%，基本实现服务事项“应上尽上，一网通办”。深化实体大厅“一窗受理、集成服务”改革，将81项行政审批事项归口纳入省政务服务平台，压缩简化审批流程，形成“一窗受理、分类审批、一口发证”的行政审批政务服务新机制。聚焦打造文明高新，深入开展全国文明城市创建，开展病媒生物消杀，实施爱国卫生“7个专项行动”，组织辖区群众、学校、直属企（事）业单位参与“昆明好人”“最美家庭”“道德模范”“新时代好少年”等申报评选。继续推行“厕所革命”，园区卫生环境持续改善，文明程度不断提高。聚焦打造平安高新，开展安全生产大排查大整治攻坚行动，完善危化品、工贸等企业基本安全信息；开展打击“黄赌毒”“盗抢骗”专项整治，深入推进扫黑除恶专项斗争，长效做好反恐安保维稳，妥善处置历史遗留问题。

【全面改革工作】 按照市委编办《关于调整昆明高新技术产业开发区管理机构有关事项的通知》精神开展园区机构规范调整，搭建“8+1”部门架构，完成管委会内设机构“三定”方案，构建“精简高效、职责清晰、小机构、大服务”的“扁平化”园区管理体制。推行岗位聘任聘用制，开展竞争上岗，激发职工干事创业激情。创新招商引资机制，成立全省首个招商公司，打造专业化招商引资队伍，探索市场化招商引资方式，尝试企业化管理模式。突出经济发展职能，全面剥离社会事务，优化人岗资源配置，着力让懂业务、会谈判、擅招商的优秀人才向招商引资部门倾斜，经济部门人员占比达70%。突出奖勤罚懒、奖优罚劣，完善KPI绩效考核（关键业绩指标）办法，突出重点指标、重大项目、重要工作，建立以项目数量、工作业绩、质量效果为核心的分配制度和薪酬体系，打破分配上的“大锅饭”、岗位上的“铁交椅”，重奖一线和为经济发展作出突出贡献的单位和个人，让优秀职工受激励、得实惠、有前途。创新园区智慧管理模式，搭建“产业大脑”网络平台、“人才e家”数据平台、“企业服务中心”智能化平台，运用大数据、云计算、人工智能等新技术，以智能化手段推进全区经济运行分析、产业结构调整、人才引育、政务服务等各项工作，促进园区从“治理”向“智理”转变。

【党建工作】 围绕学习宣传贯彻习近平新时代中国特色社会主义思想及党的十九届四中、五中全会精神，组织中层以上干部赴市委党校培训。以“党课开讲啦”为载体，深入学习总书记习近平考察云南重要讲话精神。围绕锻炼党性，组织157名党员干部赴井冈山接受革命传统教育。深入推进党风廉政建设和反腐败工作，组织党员职工观看《政治掮客苏洪波》《守望家风》等警示教育片，全面肃清白恩培、仇和余毒和秦光荣流毒；专项整治领导干部违规借贷问题，长效开展政治巡察，对2名党员干部违纪问题给予党纪处分，对疫情期间极个别单位和个人工作不到位给予通报批评，广大党员“政治忠诚”更加纯粹，园区风气更加清朗。疫情期间，3 247名党员捐款327 357元，下拨党费20万元。完成104个党组织规范化达标创建，累计创建达标党组织311个，达标率100%。探索“党建＋社会治理”实践途径，启动“街乡吹哨、部门报到”。深入调研社区“两委”运行情况，积极筹备2021年社区“两委”换届工作；建强党建活动阵地，推进“1+1+6”党群服务中心建设；注重典型引路，大营社区党委书记、居委会主任张洪被表彰为“昆明好支书”。坚持选优配强干部，明确28名干部职务（职级），任命副县级干部8名，提拔正科级干部2名，调整交流干部21名，免职和解聘职务干部6名；坚持递进培养干部，通过外派跟班学习、交流挂职、平级轮岗、专题讲座、在线学习等手段，全面提升干部能力素质。坚持从严监督干部，专项整治疫情防控工作中十种“履职不力”情形。用好第一种形态，在党工委班子成员间、党工委班子与各部门正副职间开展谈心谈话79次，做到“育”好人、“用”对人、“管”住人。常态抓好新闻宣传，组织主题报道29次，在央媒发稿15篇，在省媒发稿478篇，在市媒发稿463篇，在各类网媒发稿527篇，转载量1 209篇；建成融媒体中心，打造融媒“中央厨房”。用好社会精英力量，推荐党外知识分子增补为市工商联执委。整合民营企业力量，组织规模以上民营企业对政府职能部门进行评议。发挥社会组织力量，动员民营企业向高校毕业生提供就业岗位。发挥群团关爱力量，加强对群团工作的领导，充分发挥群团组织桥梁纽带作用。

（王平聚）

中国（云南）自由贸易试验区昆明片区 国家级昆明经济技术开发区

【概况】 中国（云南）自由贸易试验区昆明片区（简称“昆明自贸片区”）与国家级昆明经济技术开发区（简称“昆明经开区”）实行“两块牌子、一套班子”的管理体制，中国共产党中国（云南）自由贸易试验区昆明片区工作委员会与中国共产党昆明经济技术开发区工作委员会、中国（云南）自由贸易试验区昆明片区管理委员会与昆明经济技术开发区管理委员会合并设立。昆明自贸片区（昆明经开区）党工委、管委会原推行“大部制”，主要是以职能整合为基础，设置党群工作部、经济发展部、建设发展部、城乡发展部、社会发展部、办公室5部1办。2020年9月，根据《中共昆明市委机构编制委员会关于调整昆明经济技术开发区、中国（云南）自由贸易试验区昆明片区管理机构有关事项的通知》精神，昆明自贸片区（昆明经开区）党工委、管委会内设综合管理部、党群工作部、制度创新部（加挂政策研究室、全面深化改革委员会办公室牌子）、经济发展局、招商合作局、规划建设局、工业和科技局、商务金融服务局（加挂出口加工区管理局牌子）、行政审批局〔加挂政务服务中心、公共资源交易监督管理委员会办公室、中国（云南）自由贸易试验区昆明片区综合服务中心牌子〕、城市管理局、社会事务局、机关党委，党的基层组织以及工会、共青团、妇联等群团组织按有关章程和规定设置。

2020年，昆明经开区（昆明自贸片区）认真贯彻中央和省、市关于统筹推进新冠肺炎疫情防控与经济社会发展的决策部署和指示精神，落实网格化包保，分区分级防控，及时出台“暖心十条”帮助企业纾困解难，抽调190人组成工作队上门服务，帮助企业复工复产，经济实现逆势增长。年内，全区实现主营业务收入2 344.49亿元，同比增长10.10%；规模以上工业增加值、规模以上固定资产投资、限额以上社会消费品零售总额分别增长5.70%、17.50%、3%；一般公共预算收入42.30亿元，增长3%；外贸进出口总额269亿元，较2019年增长了13倍；新增规模以上企业56户、国家级高新技术企业15户。

【自贸区建设】 紧紧围绕94项国改和47项省改试验任务，特别是101项主试任务、10项首创任务，按照第一年完成60%的要求，针对试验任务采取“一个方案、一套标准、一组案例”方式，针对76项试验任务形成对应的工作方案，逐项建档立卡、挂图限时作战，实施区级动态自评和第三方评估，做到“试成一项、推广一项”。与官渡区、昆明综保区和空港经济区建立联合发展机制，每周召开制度创新联席会议，实施信息共享、政策互通、项目互补和监管闭环运行。梳理报送26项可复制推广实践案例，其中“以国际法律服务综合体创新自贸试验区商事仲裁调解服务供给模式”和“多国多点、港港联动国际运贸一体化新模式”入选“最佳实践案例”上报商务部，“党建引领双创高质量发展”入选“首届全国自贸片区党建创新案例”。推动片区与云南大学等高校合作共建自贸研究院。加入全国制度创新联盟，与全国各自贸片区开展合作交流，举办“自贸创新引擎新兴产业高地”高端发展论坛，重点针对制度创新广纳各方良策，凝聚各方智慧。

【产业发展】 围绕促进产业结构转型升级、提质增效，出台“1+3+N”高质量发展系列政策，形成重点产业发展“一产一策”，推动高端制造、航空物流、数字经济、总部经济加快发展。年内，跨境电商、干细胞等新业态加速聚集，跨境电商“1210”查验线及场所正式投入使用，O2O新零售保税展示交易中心正式运行；全国首个全产业链国际工业大麻产业园挂牌开园；产品展示中心、总部企业中心等“七中心”落地建设；宝能汽车制造、普洛斯环普产业园等进展顺利；围绕打造现代产业体系，推动支柱产业向中高端迈进，现代服务业总量大幅提升，基本形成第二产业为主导、第三产业协同共进的产业结构，二、三产业结构优化为66∶34；云南建投主营业务收入突破500亿元；获批“国家新型工业化示范基地”。

【招商引资】 坚持党政主要领导用主要精力抓招商。年内，党政主要领导外出精准招商9次、举办专题推介活动6次、考察拜访优质企业40户，引进华为数字经济、阿里巴巴淘宝大学、中冶交通集团、嘉浩供应链、新希望等多个重大项目，签约项目79个、总投资495.8亿元，开工项目45个、总投资398亿元。世界500强及分支机构扩大到58个，吸引37家金融机构入驻。温德姆、喜来登、德尔塔3个国际五星级酒店入驻开业。成立招商服务公司，开展企业化、专业化招商；设置3个省外招商联络点，聘请12名“招商大使”，设立招商平台15个。联合官渡区、昆明综保区、空港经济区，联动红河片区、德宏片区、中国老挝磨憨—磨丁合作区、临沧边合区开展协同创新。与云南民族大学合作建设澜湄职业教育基地，举办了一批有影响力的论坛和峰会。年内，全区引进内资170亿元，占全市的11.4%；实际利用外资2.39亿美元，分别占全省的32%、全市的36%；招商引资工作连续10年位居全市开发区板块第一。

【深化改革工作】 严格执行中央和省、市下达的改革任务，将全面深化改革工作纳入党工委重要工作事项，高位统筹、协调各方。年内，组织召开6次全面深化改革领导小组会议，传达学习中央和省、市改革会议精神，全面研究出台改革方案，狠抓贯彻落实；重点推进“放管服”在内的10项区级改革任务，全部改革任务均已完成，取得阶段性成果；按照全面深化改革的阶段性新特点新任务，将制度创新与全面深化改革深度融合，自贸试验区76项改革试验任务100%实施、完成率87%，出台方案57个，2个“最佳实践案例”上报商务部，改革成果获省、市主要领导肯定批示；开展全面督察2次、专项督察6次，针对政府职能转变、平行进口汽车、O2O跨境新零售、高端装备制造、保税仓储物流和总部经济聚焦6项重点内容开展专题调研，形成高质量调研报告6篇；紧跟改革工作进程，营造良好氛围，累计报送《改革快报》12篇，在中央及省、市新闻媒体刊发新闻报道40余篇；全区全面深化改革连续3年获得“优秀单位”称号，被市委改革办通报表扬。

【商务金融】 全力推进片区金融领域开放创新任务实施方案制订和案例配套工作，出台支持金融服务发展措施，引导金融企业入驻，逐步形成金融产业聚集效应。搭建政银企对接平台，促进银税互动，加强与金融机构交流对接，丰富金融产品，联合搭建“银税互动”信息共享桥梁，着力解

2020年8月18日，中国（云南）自由贸易试验区昆明片区招商大会签约仪式现场 （昆明经开区管委会 供稿）

决企业融资难等问题。充分利用好区位、交通、政策等优势，拓展空乘培训、跨境电商1 210和9 610业务、保税加工等新业态发展。积极申报并通过验收，获批为昆明市首批“跨境电子商务产业园区”。以跨境电商新业态为突破口，大力培育数字化、网络化、智能化、融合化新兴市场主体，加速新业态新模式集聚。推动“线上＋线下”、B2B、B2C等多种交易模式为一体的跨境电商综合服务平台建设，助力区内跨境电商企业健康发展。提升现代物流产业发展质量，通过座谈、走访和制定扶持措施等方式，与物流企业建立良好沟通，提升产业发展质量。不懈推进王家营铁路口岸临时开放申报工作，积极融入国家物流枢纽发展战略。

【科技创新】 不断完善和优化科技创新政策体系，整合各类创新政策，出台《云南自贸区昆明片区（昆明经开区）支持科技创新政策》。年内，全区投入科技资金4.20亿元，占同级财政支出比重的13%；企业研究与试验发展（R&D）经费投入16.98亿元，同比增长25.20%，研发投入（R&D）强度达3.50%，连续多年位居全市前列；新增省级院士专家工作站2个、省级众创空间1个。年末，全区共有国家级高新技术产业化基地5个，国家高新技术企业180户，科技企业孵化器9个（国家级5个）、众创空间17个（国家级5个），市级以上研发机构156个，其中院士专家工作站24个（省级18个、市级6个），工程技术研究中心20个（省级8个、市级12个），重点实验室12个（省级7个、市级5个），产业技术创新战略联盟1个，公共科技服务平台1个，国际对外科技合作示范企业1户，国际孵化器1个；深入实施人才战略，不断优化人才发展环境，出台《支持人才发展措施》，兑现发放601名高层次人才生活补贴119.64万元；投资1.62亿元建成396套人才公寓；设置“云南自贸区昆明片区外国人来昆工作服务窗口”，办理外国人工作许可证业务30件，持有效工作许可的外国人才共28人，其中A类人才（高端外国专家）5人、B类人才（外国专业技能人才）23人，分别来自16个国家和地区。

【园区建设】 完成新增建设用地报批2 995.60亩，投入基础设施建设资金11.70亿元，加快推进安石公路市政化改造工程等11个重点项目建设。年内，完成春漫大道、顺通大道等4条道路整治提升；石龙路经开区段建成通车；新增绿地面积16.50公顷，建成区绿化覆盖率达41.60%；深入开展城乡环境综合整治，拆除违法违规建筑266.50万平方米，违法用地整治取得成效；城市更新改造工作提速。

【营商环境】 加快转变政府职能，全面推行“互联网＋政务服务”模式，打造综合服务中心“2.0服务品牌”，建成“24小时不打烊”自助服务区，在昆明市营商环境第三方评价“红黑榜”中2次位列红榜第一。提供“线上＋线下”企业开办服务、纳税申报“套餐式服务”和社会保险“五险合一”服务，工程建设审批事项由87项精简至主流程30余项，时限压缩至30～50个工作日；推进“证照分离”全覆盖，在全省率先推行连锁药店“行业综合许可证”，启动“全类型市场主体刻章政府买单”服务，市场主体1.50个工作时即可拿照及免费取得全套印章。深化投资贸易领域改革，成立“云南省外经贸投资贸易服务中心”，为企业提供法律法规、贸易环境等咨询服务。设立知识产权运营服务中心，开展知识产权许可、转让、质押、维权等服务。成立中小企业（双创）服务中心，形成“专精特新”和“小巨人”企业培育库。设立外籍人员来昆工作服务窗口，为外国人来滇就业提供指导和服务。进一步加速营商环境市场化、法治化和国际化进程，在昆明国际商事仲裁服务中心的基础上组建昆明中级人民法院自贸区诉讼服务中心和分调裁审、多元解纷中心，成立市检察院派驻自贸区检察室；与南亚、东南亚国家10余个法律机构建立争议解决合作关系，设立8个国际商事争议服务联络点，为10余起国内外商事争议案件提供法律服务。

【生态环保】 扎实开展环境执法，依法查处环境违法案件78件，受理办结环境污染投诉件517件，完成整改中央、省环境保护督察及“回头看”转办件57件并通过市级验收。加大

2020年9月14日，举行昆明国际工业大麻产业园揭牌签约仪式

（昆明经开区管委会　供稿）

空气监测力度，大力整治排污企业，全年有效监测355天，其中，优良天数349天，剔除臭氧等不可抗力因素外，空气质量优良率100%。全面落实河长制，加强水污染防治，新增污染负荷削减量超额完成目标任务，区内3条主要入滇河道水质均达标，在全市水环境质量综合评价中多次排名第一。督促重点企业开展风险隐患排查，组织开展辖区固体废弃物和重金属专项整治，全面完成地下油罐改造，危险废物处置率达100%，全区无重大环境污染事件、生态破坏事件发生。成功创建成为全省首个“国家生态工业示范园区”。

【社会事业】 2020年，昆明自贸片区(昆明经开区)民生支出25.10亿元，占一般公共预算支出的77%。着眼于构建高质量教育体系，“名校融校”工作继续推进，全区中高考主要指标进入全市“第一梯队”。推进国家区域性肿瘤治疗中心建设，与北京大学肿瘤医院、云南省肿瘤医院合作办医取得积极进展。开展“公共就业人才服务进校园”“金秋招聘月”“送岗下乡”等专项行动，提供有效就业岗位7 000余个。实施失业保险“免、减、缓、延”政策，有效降低5 624户企业用工成本6 751.28万元。社会保障不断加强，医保、养老保险覆盖率达97%以上。受理劳动人事争议案件281件，调裁金额1 101.15万元；处理信访案件382件，为3 633人追回工资2 735.62万元。创建全国文明城市工作成绩突出，爱国卫生“7个专项行动”扎实开展。扬琴说唱《钢铁初心》获云南省群众文化艺术最高奖项“彩云奖”金奖。积极推进市域社会治理现代化试点工作，搭建街道、社区及行业网格1 615个。全力做好农村人居环境整治，投入850万帮扶资金用于禄劝县撒营盘镇路面修复、马铃薯种植等项目。

（张孝勤）

昆明滇池国家旅游度假区

【概况】 昆明滇池国家旅游度假区(简称“昆明度假区”)是1992年经国务院批准成立的全国12个国家级旅游度假区之一，是唯一位于内陆省的国家级旅游度假区。2009年实体化管理后，度假区辖区面积由10平方千米扩大为47.50平方千米，其中海埂片区22.50平方千米、大渔片区25平方千米；常住人口11万余人。昆明度假区党工委、管委会始终把稳增长作为经济工作的主旋律，积极探索昆明度假区加快发展的突破口和着力点，大力发展湖滨度假、体育休闲、娱乐体验、文化创意、康体养生等核心产业，不断提高旅游度假品牌在国内外的知名度、美誉度和吸引力，发展速度连续保持两位数的增长。2020年，昆明度假区增加值实现201.50亿元，同比增长1.90%，其中第三产业增加值194.50亿元，同比增长1.20%；地方一般公共预算收入实现147 484万元，同比增长2.50%；税收收入实现130 139万元，同比增长3.80%，税收收入占一般公共预算收入比重为88.20%；规模以上固定资产投资完成117.50亿元，同比增长20.50%，增速高于全市12.40个百分点，在全市19个县(市、区)和开发(度假、园区)中排名第7位；招商引资实际到位内资63.30亿元，同比增长13.10%；服务业总收入完成1 112.70亿元，同比增长10.50%；接待游客1 138.20万人次，旅游收入实现36.27亿元。

【旅游品质提升】 2020年，昆明度假区党工委、管委会围绕建设“旅游产业转型示范区”“康养产业创新基地”的发展目标，制订度假区旅游业高质量发展3年行动计划，促进度假区旅游产业高质量发展转型。将发展夜间经济作为旅游业转型升级重点，集中力量打造公园1903、海埂公园、云南民族村和摩根道4个夜间经济集聚区。提速智慧旅游建设，用好省、市扶持政策，引导鼓励景区景点开展智慧景区建设，发挥“一部手机游云南”平台中心作用，实现线上和线下的智慧监管对接、业务衔接，实现政府服务“无处不在”，游客出行“自由自在”。

【产业培育】 力推重点项目，积极推动绿地滇池国际健康示范城、派拉蒙昆明国际度假区、锦慧金融中心、南方电网调度中心等重点项目建设。培育大健康产业，创新构建以旅游度假、高原体训、休闲娱乐、总部经济、文化创意、养老养生、商务会展、商务服务业为主的“大旅游”“大健康”产业体系，推动昆明度假区健康医疗事业向产业化、专业化方向加快发展。做强总部经济，积极创建宜业环境，充分利用昆明度假区优势，陆续引进大型企业如大唐电力云南有限公司企业总部落户度假区；以发展细胞产业为抓手，筹备大渔片区总部经济基地建设，打造具有昆明度假区特色的总部经济品牌。

【民生保障】 坚持优质教育，推进城镇小区配套幼儿园治理，开展小学生课后服务，努力破解课后“三点半”难题，解决284名招聘教师入编。全力脱贫攻坚，投入扶贫资金235.80万元对口帮扶寻甸县羊街镇、甸沙乡脱贫攻坚，开发农村公益性就业岗位110个，定向帮扶乌蒙乡引水工程顺利完工，彻底解决困扰乌蒙乡基鲁村约2 000户村民生产用水困难。做好重要会议、重大活动节点社会维稳工作，深入开展扫黑除恶专项斗争，确保社会和谐稳定。

【城市品质提升】 开展道路提升改造，对总长33.67千米的滇池路、广福路、红塔东(西)路等11条主要市政道路进行提升整治，擦亮金字招牌，方便市民出行，保障重要会议召开。实施城市更新改造，加快全域城市化建设，推进西南海项目重整，完成公建配套设施建设、移交及产权办理。严格网格管理，开展无人机巡查执法，形成快速联动机制，全年受理城市管理平台案件79 571件，处置动态案件200余件。深入开展城乡人居环境提升，落实“四治三改一拆一增”工作要求，扎实开展在建工地质量安全监管、市政道路交通设施维护和城市排水相关工作，切实提升和改善人居环境。

【生态环境改善】 聚焦绿化品质提升。2020年，昆明度假区新增城市绿地12.11公顷，种植乔木9 615株；新建主题小游园2个，提升改造花卉主题公园绿地2个，设置立体花坛2组，长效摆花157万盆；建设道路绿化喷雾设施4条，立体绿化示范点2个，建成区绿地率54.08%，绿化覆盖率58.05%，人均公园绿地66.10平方米，道路、河道绿化率均为100%。聚焦滇池保护治理，制订《度假区滇池草海及周边水环境提升综合整治工作实施方案》《度假区2020年滇池保护治理目标任务分解实施方案》等，确定滇池保护治理的具体实施项目和目标任务。年内，对800亩捞渔河湿地进行提升改造，建成381亩海洪湿地，于2020年元旦对外开放；各级河长巡河196次，发现问题31件，全部整改落实；投资7 500万元实施海埂片区河道补水工程，投资2 332万元完成海埂片区水环境综合整治；扎实推进“美丽河道”建设及申报，深入开展河道“清四乱”等专项行动，清理河道保护范围复耕菜地7 860平方米，打捞河道垃圾、漂浮物、水草等1.50万吨；完成“四退三还”大湾村搬迁313户；实施城市雨水集蓄利用和再生水设施建设，推进海绵城市建设。全面落实中央和省、市环保督察整改任务，建立健全污染天气应急响应机制，空气质量达标率为98.91%。加密盘龙江、船房河、捞渔河水质监测，对昆明市第七、第八水质净化厂和捞鱼河污水处理厂运行情况进行监督检查，确保水环境质量安全。

【疫情防控】 积极落实一级响应，迅速成立昆明度假区领导机构和办事机构，制订工作方案，组织动员全区上下落实防控措施，抗击疫情。加大宣传力度，落实联防联控，多措并举，分级分类管控。年内，昆明度假区召开工作例会70余次，应急处理事项126件，上报报表17种（份）、3 000余份，制作发放各类宣传资料12.60万份；完成76名湖北入昆、114名外籍入昆人员的集中留观工作，及时答复处理防疫事项200余件；投入疫情防控专项资金216.63万元，采购、发放各类防控物资14万余个（副、套）。坚持党建引领，充分发挥党组织的核心引领作用和党员的责任担当。年内，度假区划拨15万元党费用于一线慰问；下辖的5个党（工）委、234个基层党组织2个月无休协调各方、调配资源、精准防控；57名党员干部职工参与无偿献血，3 467名党员自愿捐款32.70万元。坚持稳中求进工作总基调，在加强疫情防控的同时，结合实际出台实施应对疫情稳增长12条措施，积极落实各项优惠扶持政策，帮助企业保就业、稳经营、促发展，分区域、分行业、分时段推进复工复产。

【文明城市创建】 把创建全国文明城市作为推动经济和社会发展的重要抓手，努力构建“宜居、宜业、宜养、宜游”的国家级旅游度假区。强化组织领导，分级分类推进创建任务，结合网格化管理，打通服务基层“最后一公里”。强化宣传动员，精心设计、制作以城市景观风貌相融合，与度假区产业特点相承接，与市民欣赏习惯相契合的公益广告，发挥“魅力海埂、耀动滇池”“激情大渔、华丽蝶变”的品牌效应。激发创建活力，组织动员61个驻区单位参与创建，开展形式多样的宣传教育和主题实践活动，壮大志愿者队伍，注册志愿者人数9 915人，累计发布活动项目1 255个。坚持创建为民。年内，深入推进“厕所革命”，建成旅游AAA标准直管公厕40座；新建200余个停车位，更换235块店招店牌；筹措776万元，完成16个小区整治提升工程，探索社区管理新模式，形成“华都模式”。

【干部管理】 坚持用习近平新时代中国特色社会主义思想和总书记习近平考察云南重要讲话精神武装全区党员干部，依托理论学习中心组、党课、“主题党日”等开展学习教育。配合市委组织部完成8名副县级部门正职的任免及18名市管干部职务职级套转工作，完成国投集团公司党委、纪委班子和大渔街道班子调整配备等27名干部的聘任工作。做好巡视反馈涉组涉干问题整改、超职数配备干部检查、领导干部因私出国（境）清理、“带病”提拔检查、领导干部在社会组织（企业）兼职清理整顿等专项工作。切实做好离（退）休干部关心关爱和服务工作，落实离（退）休干部各项政治待遇，走访离休干部5人。

【党建工作】 严格落实党建责任，构建一级抓一级、层层抓落实的工作格局。严格落实党的组织生活基本制度，发展党员72人，处理党员25人，其中开除党籍8人。深入实施“基层党建创新提质年”及基层党建基础保障工程，整顿提升软弱涣散党组织52个，164个党支部完成规范化达标创建，申创市级“四星级”党支部11个、“五星级”党支部8个、省级示范党支部1个。实施社区优秀人才回引计划，建立回引人才库57人，加强38名社区后备干部管理使用，为2021年社区“两委”换届做好准备。注重基层党建分领域提升，统筹做好社区、机关、国企、事业单位、“两新”组织党建工作。持续推动品牌创建，组建旅游出行业联合体，重点发挥观光业联合体和旅游接待业联合体作用；探索创建“云南民族村团结进步党建示范园”，完成捞渔河湿地公园阵地建设。加强人才体系建设，拨付专项资金14万元，组织实施人才工作项目7个，全区地区人才总量达到12 488人。

【机构优化】 制订和实施《度假区优化调整机构设置实施方案》，制定和实施环保职能上划垂直管理，在大渔街道增设1名政法委员。启动机关事业单位岗位设置管理工作，完成32名机关事业人员聘用工作。协调市人社局、市委编办新增义务教育教师事业编制239名，完成机关41名人员分流聘用和13名人员分流安置工作。推进机关公务员职务与职级并行工作，完成97名科级及以下职级套转。完成171名机关干部的档案数字化整理，补充资料1 000余份，做好教育和卫生系统561名人员干部人事档案专项审核。

（韩华飞）

昆明空港经济区

【概况】 2020年，昆明空港经济区完成房地产投资113亿元，占任务数101.50亿的111.33%；空港住建局实施的3条道路初步通过验收实现通车；建成污水处理厂1座、再生水处理站1座；辖区内在建项目128个，有20个项目申报市级、省级标准化工地，建设工程质量安全形势总体平稳。

【规划编制】 完成《昆明国际印刷包装城一期配套居住用地控制性详细规划修改》《云南省昆明空港经济区板桥—西冲片区控制性详细规划》《空港经济区杉松园片区控制性详细规划》（对已经新区规委会审议成果的修改）、《昆明新机场生产生活配套服务区控制性详细规划修改》《云南省昆明空港经济区村庄规划》5个规划成果编制工作，配合滇中新区规建部、云南机场集团及昆明焦化制气厂完成《云南东盟产业城控制性详细规划》《昆明长水国际机场南工作区控制性详细规划修改》《板桥西冲南片区控制性详细规划》的编制工作。其中，《昆明国际印刷包装城一期配套居住用地控制性详细规划修改》《云南东盟产业城控制性详细规划》已获得滇中新区管委会批复，《空港经济区杉松园片区控制性详细规划》（对已经新区规委会审议成果的修改）和《昆明新机场生产生活配套服务区控制性详细规划修改》《板桥西冲南片区控制性详细规划》《云南省昆明空港经济区村庄规划》于年内完成专家论证及空港规委会审议。

【建设项目审批】 完成建设项目（含市政项目）行政审批事项102件，其中，“建设项目选址意见书”16件、“建设用地规划许可证”42件、“建设工程规划许可证”26件、“建设工程规划核实意见书”18件，核算需缴纳城市基础设施配套费共1.53亿元。

【市政基础设施建设】 昆明空港经济区空港70号路（K0+665.668至K2+757.87段）、77号路（空港70号路—空港2号路段）、96号路通过初步验收实现通车，建设完成新机场生产生活配套服务区空港70、75、78号路等11条16米以上规划道路的交通、照明、绿化工程，建成昆明空港经济区南污水处理厂二期工程、昆明空港经济区南片区再生水处理站。

【海绵城市建设】 完成《海绵城市中期评估报告》《云南省昆明空港经济区海绵城市建设监测系统方案》编制。涉及海绵城市建设的项目有新加坡丰树（昆明）综合物流产业园、中国石油秧田冲煤油库、云南民开电气设备有限公司标准化厂房等38个，完成昆明市下达的海绵城市建设面积0.38平方千米，安装了海绵城市建设监测系统1套，对片区雨水流量进行监测。

【园林绿化管理】 完成绿色图章审批项目5个，新增城市绿地75 677.5平方米。滇中商务广场规划建设占地面积约53亩的城市景观公园已完成施工，进入验收管养阶段。配合空港水务局组织实施螺蛳湾防洪渠工程建设项目（申报绿地面积为185 577平方米）和漕河水环境综合整治工程项目（申报绿地面积为44 802平方米）建设，按要求完成在规划建成区范围内新增城市绿地（除新增公园绿地）3公顷、新增公园绿地2公顷的目标任务。

【燃气安全管理】 加强燃气安全管理，制订《昆明空港经济区瓶装液化石油气安全专项治理工作方案》，明确落实各燃气企业风险源位置、风险类型、管控措施、管控责任部门及责任人等相关事项。定期对大板桥集镇片区进行检查、联合检查。开展辖区内的瓶装燃气供应站的“供应许可证”的审批、发证、年度审验等管理服务和液化燃气行业日常管理工作。年末，区内有燃气企业4户，涉及危险化学品主要为液化石油气和液化天然气2种。

【房地产管理】 2020年，全区有空港时代中心、长水航城等16个房地产项目，其中续建项目10个、新开工项目6个。至年末，共完成投资113亿元，占云南滇中新区下达任务数101.50亿的111.33%。

【民生工程】 根据棚户区改造目标责任，积极推进云南省2013～2017年城市棚户区改造省级统贷项目（九期），项目分为8个地块建设。至年末，基本建成7 082套（A-1地块858套、A-2地块817套、C-1地块1 055套、C-2地块773套、C-3地块1 497套、B地块1 392套、A-3C-4地块690套）；C-1地块剩余1 581套正在施工阶段；C-5地块（808套）正在开展征地拆迁工作，计划2021年6月启动项目建设。回迁房安置完成地铁6号线项目50户146人、秧田冲油库1户1人的安置工作，全部安置在棚改项目（九期）A1地块1栋，共分配安置房144

套约14 550平方米。先后建成昆明新机场生产生活配套区公租房一、二期5 639套，官渡工业园区2 021套。至年末，累计分配公租房6 477套，分配率84.56%。全力开展脱贫攻坚危房改造，5月25日完成涉及的14个社区485户建档立卡户的住房安全鉴定工作。至年末，鉴定为C等级（房屋需修缮加固）且符合条件的42户已全面竣工验收，投入使用；鉴定为D等级（房屋需拆除重建）且符合条件的17户已开工建设16户，未开工建设1户，目前该17户暂住在亲朋好友家中，待竣工验收后交付使用。启动“村村通”路面硬化改造工程，计划总投资1.40亿元对16个社区98条道路的路面进行硬化提升改造。至年末，已完成项目可研审批、设计招标工作。

【建筑质量安全监管】 结合疫情防控、文明施工，对辖区内128个房屋、市政工程开展了各类专项检查，每月完成日常监督检查全覆盖，督促辖区各项目工地严格按照标准化工地要求，强化安全生产及文明施工管理，共下达质量安全生产检查巡查记录单803份，对检查出的质量安全隐患要求各参建单位进行整改并跟踪督促落实，辖区内无质量安全生产责任事故发生，空港经济区建设工程质量安全形势总体平稳。

【建筑工地扬尘防治】 加大建筑工地扬尘治理力度，督促辖区内在建工地和新增项目严格按照《建筑工地安全检查标准》《建设工程施工现场环境与卫生标准》等相关规定实施，落实“六个百分百、八个必须”和文明施工、绿色施工有关要求。安装实时监控系统，对建筑工地实时监控，并对辖区内建筑工地扬尘防治情况进行逐一现场量化评分，根据评分高低对项目进行“红黑榜”公示。在空气预警期间切实做好预警应急处置工作，及时通知辖区内各建筑工地按照《昆明市扬尘防治空气质量预警应急预案》采取措施。

【环卫一体化】 对昆明空港经济区范围内的22条二级道路、20条四级道路的清扫保洁、5条河道的保洁清淤、20个社区98个村民小组250个垃圾清运点的垃圾清运、14座公厕的运营实行一体化管理，生活垃圾收运率达100%，无害化处理达100%。按照爱国卫生“7个专项行动”要求，编制完成《推进爱国卫生“裸露垃圾全消除”实施方案》，组织环卫工人加大环卫清扫保洁力度，协调各社区参与宣传、动员人员，力争做到裸露垃圾全消除，努力改善农村人居环境。

【垃圾分类】 制订并印发《空港经济区2020年城乡生活垃圾分类工作实施方案》，增加设备设施，完善环卫基础设施，实现生活垃圾设施全覆盖。年内，新建改建垃圾房20座，已全部完工并投入使用；新增50组分类垃圾桶至20个社区和相关单位；积极开展垃圾分类宣传工作，引导居民准确对生活垃圾进行分类。

【公厕建设管理】 2020年，昆明空港经济区新建公厕9座，提升改造公厕7座。按照爱国卫生“7个专项行动”要求，编制完成《推进爱国卫生“公共厕所全达标”实施方案》，各社区的公共厕所均已达到“三无三有”管理标准（无粪便、无臭味、地面无水渍，有手纸、有洗手液、有香薰）。

【道路桥梁管养维护】 开展了辖区范围内乡村道路违法广告及安全隐患整治及日常养护工作，开展了沪昆线K2 600+054李其村铁路上跨公路桥、金秧岔线K7+695双龙至黑波村立交上跨公路桥的安全隐患整治工作。

【“放管服”改革】 加强与相关部门协同配合，推行联合验收，全面推进项目前期“一件事一次办”改革，实行施工许可审批事项“一事一次告知、一次办成”。按照省住房和城乡建设厅《关于统一印发住房城乡建设部取消证明事项清单的通知》等文件要求，简化办事材料，对质量监督注册、安全措施备案及施工许可逐步实施合并审批、同时办理。积极探索推行告知承诺制和终身负责制改革，缩短办理时限，严格依法遵规履程做好各项审批服务工作。年内，为辖区内37个项目办理施工许可证、34个项目办理质量监督注册、36个项目办理安全措施备案、7个项目办理竣工验收备案，完成21个项目消防验收，办理空港经济区辖区内塔式起重机安装告

2020年，昆明市官渡区大板桥街道办事处获“云南省抗击新冠肺炎疫情先进集体”称号

（昆明空港经济区管委会　供稿）

知146台，塔式起重机拆卸21台，物料提升机、施工升降机、施工电梯安装126台，物料提升机拆卸、施工升降机、施工电梯18台，通过5个项目的绿色图章审批，完成办理物业服务合同备案2份、物业服务收费备案1份。

【疫情防控】 认真贯彻落实中央、省、市、滇中新区疫情防控工作的要求和部署，1月25日（大年初一），空港经济区设立第一个新型冠状病毒感染肺炎防疫留观酒店，在维也纳酒店安置第一批130名滞滇旅客。年内，全区共接纳服务留观人员15 071人次，为留观人员供餐近5万份，提供医疗服务2万余次，尽最大努力保障旅客安心留观，尽最大可能降低疫情传播风险。成立现场工作指挥部，构筑严密防线，全力抓好疫情防控工作，实现排查全覆盖，不留死角和盲区，坚决做到“内防扩散、外防输入”，最大限度防止疫情蔓延。制定《云南省昆明空港经济区共抗疫情支持中小企业发展的措施》《关于明确新冠肺炎疫情防控期间企业复工复产工作中相关事项的通知》，以细致高效的工作为复工复产保驾护航，携手企业共抗疫情。大板桥街道办事处被省委、省政府授予“云南省抗击新冠肺炎疫情先进集体”。

（李梦涛）

嵩明杨林经济技术开发区

【概况】 2020年，嵩明杨林经济技术开发区（以下简称“杨林经开区”）认真学习贯彻总书记习近平考察云南重要讲话精神，坚持新发展理念，以供给侧结构性改革为主线，统筹推进疫情防控和经济社会发展。坚持存量挖掘和增量拓展并举，发展壮大以汽车及零部件配套、数控机床为主的先进制造、新材料、食品饮料、商贸物流产业。把以汽车及零部件为主的先进制造业打造为支柱产业，推进北汽新能源汽车、东风云汽实现量产，江铃新能源汽车项目完工，中汽中心高原实验室项目建成营运，形成“新能源汽车杨林造”的共识。发挥整车生产企业的示范、引领、集聚效应，构建以北汽新能源汽车、东风云汽、江铃新能源汽车为主的整车生产企业与零部件生产、生产性服务等中小企业协同创新、共享资源、融合发展的产业生态。把机械设备、食品饮料、新材料打造为优质产业。推进机械设备、食品饮料、新材料等传统产业的转型升级、改进技术、研发新品、开拓市场、焕发新的活力，打造更多优质企业，培育更多知名企业家，制造更多名牌产品。把商贸物流产业打造为新兴产业，培育和发展商贸物流产业，启动铁路物流园前期工作，做好与铁路部门的对接，争取将铁路物流杨林经开区规划为交通枢纽。年内，全区新增规模以上工业企业8户，新增“入限”企业1户；主营业务收入250.20亿元；工业总产值112.97亿元，同比增9.31%；规模以上工业增加值增速4%；规模以上固定资产投资完成57.64亿元，同比增8%，其中规模以上工业固定资产投资21亿元；地方财政总收入5.80亿元，同比增28.80%；地方一般公共预算收入2.16亿元，同比增120%；招商引资实际到位内资79.05亿元，同比增114.60%；实际利用外资1 018.50万美元。

【产业集聚】 2020年8月，杨林经开区的云南瑞宝生物科技股份有限公司、云南建投钢结构股份有限公司2户企业入围“云南省知识产权优势企业”。年末，全区现有发明专利60件、专利授权319件、发明专利授权45件、注册商标535件、地理标志1个、获省专利奖企业2户，成功创建为省级知识产权示范经开区。开展产业“增品种、提品质、创品牌”行动，创建为省级高新技术产业开发区。年末，全区拥有省级企业技术中心8个、高新技术企业25户、市级以上企业技术中心16个、新三板上市企业3户，拥有市级以上名牌产品19个、中华老字号1个。全面评估“十三五”规划执行情况，制订“十四五”规划编制工作方案，主动对接国家、省战略层面的新兴产业、先导产业、国民经济支柱产业，深度谋划一批具有前

北汽昆明基地首批地产车批量交付（杨林经开区管委会 供稿）

瞻性和实效性的重大重点项目，科学编制“十四五”规划，明确导向，重点打造汽车产业；转型升级，着力提升传统产业；创新驱动，优先培育新兴产业；平衡效益，大力发展现代服务业。积极引导企业提升创新研发能力，提高企业应用新技术、新产品能力，推动产业转型升级。完成省级“绿色经开区”创建工作并将成果上报国家工信部，东风云汽创建为国家级“绿色企业”“康师傅”饮品创建为省级绿色工厂，伊利乳业、源瑞制药申报材料已通过省级专家评审并进行公示。产业进一步聚集，金属制品业、食品饮料制造业、化学原料化学制品制造业、造纸和纸制品业、汽车制造业分别占规模以上工业总产值的24.57%、30.95%、9.41%、5.13%、6.53%。年末，杨林经开区已建成国家级产业基地1个、省级产业基地4个，即“中国包装印刷产业基地”“云南省装备制造(数控机床、汽车)新型工业化产业示范基地”“云南省林产品加工基地”和“汽车及零部件生产基地”“云南省文化创意产业经开区”，产业集群基本形成。

【招商引资】 聚焦重点区域、优势行业、龙头企业，紧紧围绕“抓招商、调结构、推项目、促投资、稳增长”，逐步构筑起务实、有效的招商体系。围绕主导产业，制作招商清单，瞄准重点项目招大引强，梳理汽车及零部件配套产业、大健康产业、商贸物流产业的公司、协会、商会，逐一联系对接；优化招商服务，完善项目落地服务流程，建立规模以上工业企业挂钩联系服务工作制度，制定企业入驻标准厂房服务流程，建立部门联动工作机制。年内，引进鑫永高、安生工贸、丰超亿食品、穿山机甲、邦友油脂、滇杰食品、福高耀热固塑粉、苏和建桥、海宇家私，凯瑞特、恒益实业、智创包装12个项目，总投资13.76亿元。其中，亿元以上项目7个，总投资约12亿元。

【要素保障】 科学定位，精心编制，积极推进杨林经开区总体规划修编和调整报批工作，启动中心商务区控制性详细规划修编工作。2020年，全区完成中建云港苑、浙商总部、安生工贸等18个项目规划设计方案审查，办结企业往来文件、出具规划意见及证明材料58项，组织项目批前公示41个，出具规划条件73个，办理项目规划核实3个。认真落实“一书三证”制度，受理行政审批事项92件。加强企业质量安全生产排查治理，下达建设安全隐患整改指令书72份，督查安全隐患及问题680条。发展要素有效集聚，完成天创路延长线10千伏电力线路迁改、景观大道一期工程雨污管道改造工程、园内部分土地平整，水、电、气、路等保障要素齐备。年内，上报供地资料115宗，供地面积1 827.40亩；完成供地33宗，面积1 237.82亩，土地成交总价款39 379.84万元；协助返回土地成本12 882.93万元；处置批而未供土地736.32亩、闲置土地71.66亩；协助办理不动产权证24个。泰佳鑫公司实现营业收入1.73亿元，同比增长60.19%；利润总额4 833.49万元，同比增长61.64%；负债总额43.67亿元，资产总额114.49亿元，资产负债率37%；公司备案发行的15亿元非公开发行公司债券已发行12.20亿元；与中远融资租赁合作开展1亿元的融资租赁业务；完成鑫桥融资租赁9.75亿元展期；与湖北金租开展2亿元融资租赁业务，正在报批；与长城融资租赁租赁开展3亿元融资业务，正在报批。

【营商环境】 发挥“县区融合”管理体制优势，聚焦主责主业，整合各方面资源，扎实推进杨林经开区机构职能改革，促进运行机制更加科学、规范、高效。以深化“最多跑一次”改革为引领，完成综合服务大厅建设，推进“不见面审批”服务标准化、规范化。落实营商环境“红黑榜”考核评价各项要求，健全完善政务服务“好差评”制度。健全完善政企沟通渠道和联系机制，制定完善政商交往“负面清单”。落实综治维稳及生产、消防、道路交通、森林防火、食品等安全责任制，排查处置矛盾纠纷，办结市(县)长热线及来信来访168件，实现非访、越访和安全事故“零指标”。推行“多证合一”等“放管服”改革，制作办事指南，照“单”审批，建设务实高效经开区。按照“小政府大社会、小机构大服务”的要求和“精简、统一、高效”的原则，完成杨林经开区社会事务移交，充分体现了嵩明县与杨林经开区融合发展的思路。全面提升平安经开区建设水平，持续开展危化物品、建筑、特种机械设备、有限空间等行业领域的专项整治及安全生产大检查，年内未发生安全、交通、消防、食品等重特大安全事故。

【疫情防控】 认真贯彻落实中央和省、市(新区)、县疫情防控工作部署要求，将疫情防控工作作为压倒一切的政治任务来抓，在抓实抓细疫情防控各项措施的同时，积极研究制定恢复生产的有力举措，制定印发复工复产企业疫情防控“十个一”措施，确保在疫情防控到位的前提下稳步推进企业复工复产。对承租泰佳鑫标准厂房的公司给予3个月的租金减免，全区200多户企业在2020年2月底全部复工复产，其中工业企业达189户，65户规模以上工业企业全部复工复产。扎实开展爱国卫生“7个专项行动”，组织全区企业开展周五大扫除，落实扫码亮码工作。

【党建工作】 杨林经开区党工委领导班子成员以身作则读原著、学原文、悟原理，带头讲党课，发挥“学习强国”网上平台、“云岭先锋”App、网上党支部、夜校等聚合和引领作用，持续推进习近平新时代中国特色社会主义思想的学习。制作微党课，开展2期“万名党员进党校”培训学习活动，共培训党员、发展对象、入党积极分子260人，党员参训率达63.33%。开展宣贯会4次，购买《习近平谈治国理政（第三卷）》120余册。新成立江铃新能源昆明分公司党支部等党组织4个，其中国企党支部1个、非公有制企业党组织3个，工作覆盖国有企业1户、非公有制企业15户。东风云汽党委下属5个支部完成设置变更及换届工作，欧诺斯门业等2个支部完成换届工作。申报四星级示范党支部2个、三星级示范党委1个、县级“红色物业”党支部1个并全部通过市、县2级初步验收。向党工委下属所有党组织派出36名党建指导员，按照发展党员5个阶段25个步骤要求，34名积极分子、12名发展对象取得培训合格证，12名发展对象进入党员纳新程序，13名预备党员如期转正。落实民主集中制，修订完善党工委会、委务会议事规则，制定并严格执行“三重一大”集体讨论决策制度，共召开党工委会议15次，研究议题98项、通报议题26项。坚决肃清白恩培、仇和特别是秦光荣等严重违纪违法案件影响，通过组织机关及下属基层党组织到市博物馆参观学习“清风沐春城　廉韵润人心”廉洁文化展、组织收看《政治掮客苏洪波》等警示教育片、通报各领域党员干部违纪违法案例等形式，提醒全体党员特别是领导干部自警自律、规范用权、廉洁履职。结合十届省委第十一轮巡视对嵩明县巡视工作及十二届嵩明县委第十三轮巡察对杨林经开区党工委巡察工作，班子成员深入剖析自己和班子存在的问题，分析产生问题的原因，制定改进工作措施，真正体现巡视巡察“党性会诊”“政治体检”“廉政把脉”和“全面检阅”功效。

（叶权娜）

昆明阳宗海风景名胜区

【概况】 昆明阳宗海风景名胜区（以下简称“阳宗海名胜区”）位于昆明市东南部，毗邻昆明市主城区，管委会驻地距昆明市级行政中心10千米、昆明市主城区18千米，下辖3个镇（街道）、39个村（社区）、178个村民小组、181个自然村，总面积546平方千米，居住人口12.50万人。区域内的阳宗海是云南省九大高原湖泊之一，为天然淡水湖泊，流域面积为192平方千米，湖面面积为31.90平方千米，总蓄水量6.17亿立方米，属珠江水系南盘江流域，素有“明湖澄碧、高原明珠”之美誉。

2020年，阳宗海名胜区积极应对疫情影响和经济下行压力，认真落实援企稳岗、减税降费政策措施，经济社会呈现出平稳发展的良好态势。年内，全区完成一般公共预算收入7.03亿元，增长5.80%；规模以上固定资产投资完成62.3亿元，增长28.90%；规模以上工业增加值完成27.30亿元，增长22.40%；规模以上工业主营业务收入583亿元，增长12.10%；社会消费品零售总额增长47.90%；旅游主营业务收入13.15亿元，恢复至2019年的19.98%；招商引资内资完成47亿元，增长11.10%；招商引资外资完成4 888万美元，增长244%；全区规模以上企业达到51户；各类市场主体达5 970户，增长21.70%。

【园区建设】 把项目建设作为经济工作重点，持续优化营商环境，强化领导挂钩联系项目服务，狠抓85个重点项目建设，定期召开重点项目推进会暨优化营商环境会办会，及时破解企业发展难题。清风明月、意思桥大健康、恒大华侨城湖山半岛等旅游地产项目进展顺利，深国际物流、汇江水泥等项目建成投产，中添美辰、三川电缆二期等项目主体工程已封顶，济阳泰达二期、百年嘉合等重点工业项目建设加快，中通物流、文华学院二期等项目稳步推进，两水PPP（政府和社会资本合作）项目、薄弱学校改善工程、农村环境综合治理工程等重点基础设施项目快速推进。加大招商引资力度，围绕六大重点产业，强化精准招商，推进产业转型升级，发展后劲显著提升。积极支持华侨城、云南铝业、阳宗海电厂等企业转型发展，紧扣延伸产业链开展以商招商。年内，共接洽新加坡丰树集团、京东集团、陕西汉华集团等客商500余人次，洽谈项目75个，明超绿色电力科技产业园、鸿彤实业马头山绿色科技园等5个项目成功签约，协议投资30亿元。积极抢抓国家政策机遇，储备涉及农业、教育、环保、医疗卫生、文化旅游、棚户区改造、园区基础设施等项目11个，拟申请地方债券资金额度约45亿元。

【生态建设】 全面深化河（湖）长制，全力推进“十三五”规划项目实施，18个规划项目全部完工，累计完成投资7.37亿元。省级阳宗海“一湖一策”方案29个项目全部完工。持续抓好中央环保督察及“回头看”、九大高原湖泊专项督察等反馈问题整改销号工作，严格落实“整改销号制”，问题整改已完成90个，按时序推进1个，整改完成率达98.9%。使用2.5亿专项债券，完成流域52个村庄农村污水治理提升改造，实现污水入管网，清水进河道。加强农业农村面源污染治理，对阳宗海上游农业种植结构进行调整，完成23 530亩土地流转，建成1 603亩明湖湿地，完成52个村庄“清污分流”项目建设，有效削减阳宗海入湖污染负荷，阳宗海全湖平均水质持续55个月稳定在Ⅲ类，并成功通过市级“美丽河湖”评审。加强面山生态修复，完成面山绿化造林、低效林补植改造、义务植树等工作，成功创建4个省级森林乡村，修复阳宗海流域植被2 000余亩。全面实施乡村振兴战略，主攻村庄规划管理、农村垃圾污水治理、农村厕所革命、村容村貌提升和建立人居环境长效管护机制等硬任务，统筹协调推进美丽宜居村庄建设，整合各方力量和资源，农村人居环境持续改善提升。

【基础设施建设】 着力抓好基础建

设，协调推进“三清高速”“福宜高速”复工建设，稳步实施20.60千米农村公路路面硬化工程，饮马池—脚步哨线、华新寨线实现竣工通车。完成草甸集镇道路沥青路面更换、汤池集镇龟背桥匝道大修，园区9号路实现通车。稳步实施水利基础设施建设，三家村再生水厂主体工程全部完工，瑶冲河河道治理工程顺利推进，茶花箐水库电力工程、摆依河河道治理工程、病险水库除险加固工程、农村饮水工程等重点水利工程进入审计验收阶段。强化要素功能保障，全力推进姜家山10千伏输变电项目建设，完成全区电力安全隐患整改6处，完成中通物流项目强弱电迁改事项，推动项目顺利动工建设。全力推进旅游度假区整改提升，投入资金2 500余万元，完善旅游度假区内外部标识系统，完成阳宗海大道至旅游度假区西北部入口和3个镇（街道）重要节点景观提升改造工程，极大地提升了阳宗海旅游度假区整体形象。

【民生保障】 2020年，阳宗海名胜区累计投资1.50亿元，建成校舍、运动场11.60万平方米，3所异地新建完小投入使用，改薄工程全面收官；协调宜良县解决阳宗海名胜区100名初升高学生就学问题，8所“一村一幼”村级幼儿园投入使用，新增学前教育学位720个；补充卫生院专业技术人员11名，购置救护车2辆，进一步提升基层医疗机构服务能力和应急保障能力。认真做好农村劳动力转移就业工作，实现农村劳动力转移就业3 003人。提供有效就业岗位4 549个，新增城镇就业人数1 103人。努力提升社会保障和医疗保障水平，5大类基本社会保险参保20.5万人。147名建档立卡人员100%参加城乡居民基本养老、医疗保险和大病保险。扎实开展扶贫工作，安排扶贫资金30万元，因地制宜指导挂钩扶贫点禄劝县皎平渡大荞地村发展花椒特色产业种植，帮助镇雄县母享镇阳光村进行办公场所建设，助力当地政府打赢脱贫攻坚战。积极争取省、市支持，推动阳宗镇区划调整工作，已通过省委全会研究审议，依法按程序稳步推进。加大流动人口及出租屋管理力度，积极推进“平安创建”，全面落实矛盾纠纷排查化解机制。

【改革创新】 加大“放管服”改革力度，深化供给侧结构性改革，扎实推进产业园区优化提升，聚焦园区产业定位，改造提升传统产业，做大做强主导产业，培育提升特色产业，辖区经济整体竞争力全面提高。出台贯彻落实《优化营商环境条例》配套措施，认真抓好三期营商环境测评反馈的52个问题整改工作。推行企业开办服务“一窗通”“互联网＋政务服务”建设，建立项目施工手续容缺审批、承诺审批、会办制度，政务服务便利度进一步提升。认真落实国家减税降费政策、疫情防控和经济社会发展税收优惠政策及涉企收费清单制度，全年累计实现减税3 819.80万元，实质性降低企业税费负担。扎实推进农村集体资产清查及产权制度改革、土地制度改革、农业农村综合改革，持续激发农村发展活力。

【自身建设】 压实从严治党政治责任，狠抓基层活动阵地建设，投入600余万元完成15个社区、居民小组活动场所达标建设，完成67个党支部规范化建设，7个软弱涣散基层党组织完成整顿提升。抓好典型选树，组织选树“昆明好支书”1名、阳宗海“十佳好支书”9名，申报市级“红色物业”2个，选树区级“规范化建设示范党支部”6个，申报“示范乡镇”1个，“达标乡镇”2个。巩固创建成果，打造已有党建品牌，创建“双提升”示范点10个。加强品牌培育，扎实抓好书记抓基层党建6个特色项目落地。深入实施“党组织服务群众项目认领工程”，建立基层党建重点任务清单，不断夯实基层党建基础。组织开展“党员领读马拉松”“阳宗海大讲堂”“社区名师工作室”等培训教育工程，让学习教育常态化、制度化。成立物业行业党委和阳春社区居委会，以物业行业党建、“街乡吹哨、部门报到”“双报到双报告”等工作为抓手，压实城市党建工作责任，筑牢4级网格工作战线。深入推进农村“领头雁”培养工程，完成39个村（社区）党组织及班子成员全覆盖分析研判，加强后备力量培养，成立青年人才党支部3个，储备村（社区）后备力量102人，开展村（社区）“两委”助理选聘，回引农村优秀人才55人，为村（社区）干部队伍建设充实新鲜“血液”。高质量开展39个村（社区）“两委”换届各项工作，扎实做好离任经济责任审计，夯实换届工作基础。狠抓意识形态工作，定期分析研判意识形态领域情况，组织开展党工委理论中心组学习9次，开展各类宣讲活动150余场次。坚持主动发声，在中央和省、市主流媒体刊播外宣稿件1 000余篇，发布信息800余条。加大巡察力度，分3轮对38个村（社区）开展基层党组织巡察工作，同步完成人防系统专项巡察、市委统合巡察、煤炭领域专项巡察，发现各类问题1 403个、问题线索54个，年内实现问题全面整改到位，线索办理清零，切实增强政治巡察实效。

（龙瑞萍）

农·林·水

编辑：唐荣华

农业及农村工作

【概况】“十三五”期间，以实施乡村振兴战略为总抓手，以农业供给侧结构性改革为主线，扎实推进各项工作，全市农业农村经济呈现良好发展态势。2016～2020年，全市农业增加值由200.51亿元增加到312.35亿元，年均增速均保持在7.70%，超过《昆明市国民经济和社会发展第十三个五年规划纲要》提出的到2020年达250亿元的目标；农林牧渔业总产值由349.69亿元增加到519.50亿元，年均增长5.90%，超过“十三五”农业发展规划提出的2020年达到400亿元的目标；农村常住居民可支配收入由11 444元增长到17 719元，年均增长9.10%。2020年，全市农业农村部门多项工作受到国家和省级表彰，其中受到国家级表彰奖励10项、省级表彰奖励5项。

【复产保供】认真落实省政府应对新冠疫情稳定经济运行22条措施，制定5个方面20条支持农产品稳生产保供应政策，向上推荐126户企业共25.59亿元贷款需求，积极为蔬菜、肉、蛋、奶、粮食等疫情防控保供重点企业2.08亿元贷款本金争取到省、市级财政贴息资金共473.09万元。将全市农业龙头企业纳入复工复产监测，复工复产率100%、工人返岗率100%。2020年疫情期间，全市日均屠宰生猪4 400头以上，宰杀活鸡3.50万羽、活鸭1万羽以上；主城区日均蔬菜上市量达2 000吨，基本保障了市场供给；组织向湖北咸宁捐赠猪肉40吨、鸡肉56吨，总价值300万元；积极协调蔬菜生产大县和保供重点企业向广东、江浙、深圳、上海、成都、武汉调运蔬菜逾20万吨，在打赢疫情防控阻击战中彰显了昆明农业人的担当。

【乡村振兴】深入贯彻落实《中国共产党农村工作条例》，健全市、县、乡抓落实的农村工作推进机制，在全省率先制定市、县、乡、村4级书记抓乡村振兴的责任清单和工作推进机制，明确4级书记的责任。制定乡村振兴会议、宣传、督查、考评工作机制，强化市乡村振兴工作领导小组、办公室及其8个专项组作用发挥，构建了“责任清晰、各负其责、合力推进”的责任体系。强化政策研究，制定《以乡村振兴为统领　巩固脱贫攻坚成果如期实现全面小康的实施意见》《昆明市推进脱贫攻坚成果巩固同乡村振兴有效衔接示范创建工作方案》《昆明市都市驱动型乡村振兴创新实验建设工作方案》等一批政策文件，推动乡村振兴实施。强化督查问效，加强乡村振兴规划的督导落实，指导县(市、区)出台县级乡村振兴规划，全市97%以上乡(镇)、87%左右的行政村编制本级乡村振兴规划或方案。建立季度督导制，对乡村振兴存在的问题进行整改督导，将乡村振兴战略纳入市级目标管理考核，将抓党建促乡村振兴列入年度党建目标考核内容予以推动。扎实推进都市驱动型乡村振兴实验区建设，制订《昆明市都市驱动型乡村振兴创新实验区到村涉农资金统筹整合使用工作方案》，在呈贡万溪冲、宜良麦地冲等6个村开展都市驱动型乡村振兴实验区建设，实验村围绕产业增值收益留村哺农、生态资源价值实现、乡村特色文化传承保护、村政服务体系和乡村善治、闲置宅基地和农房处置盘活、涉农资金统筹整合、组织动员以及新农人、新乡贤、新村民培育八大机制开展探索实践。年内，实验村新产业新业态逐步凸显，乡村价值功能不断提升，农民主体作用更加突出，都市驱动型乡村振兴取得阶段成效。加强学习宣传，抓好《中国共产党农村工作条例》的学习贯彻落实，组织开展“听党话、感党恩、跟党走”宣讲活动，组织参与中国农大国家乡村振兴研究院“三级书记谈乡村振兴”活动，编印《基层探索与实践——昆明市乡镇书记谈乡村振兴》，上线并改版“昆明乡村振兴网”，建立月通报和常态化评估制度；广泛宣传乡村振兴好经验好做法，在新型融媒体刊发宣传稿件20余篇，全年编发简报43期，开展宣讲75场次，参加人员2 000余人次。

【农产品稳产保供】 全市粮食播种面积350万亩，粮食总产量103.65万吨，同比增加1.45万吨、增长1.41%；粮食单产294.45千克/亩、增长0.81%。全市能繁母猪存栏20.21万头，生猪存栏194.44万头、出栏311.98万头，猪肉产量28.71万吨，生猪产能正逐步恢复。全市牛肉产量4.19万吨，羊肉产量1.93万吨，禽肉产量10.93万吨，奶类产量7.83万吨，禽蛋产量8.20万吨，畜牧业产值148.5亿元。全市蔬菜播种面积169.22万亩，同比增长1.20%；产量359.37万吨、同比增长6.60%，产值80.86亿元，同比增长11.97%。全市花卉园艺总面积37.13万亩，同比增长11.30%；鲜切花产量91.93亿支，同比增长7.97%，产值147.02亿元。开展水产绿色养殖“五大行动”，完成稻鱼综合种养1.41万亩，总产量560吨；完成水产总产量3.40万吨，产值7.50亿元。改善天然水域环境，安排50万元实施增殖放流，投放各类苗种396万尾。全市烤烟种植面积50万亩，收购烟叶135.80万担，实现烟农售烟收入21.84亿元，户均收益达4.93万元。全市中药材种植27.80万亩，同比增长6.50%；产量3.68万吨，同比增长7.10%；产值26.50亿元，同比增长8.20%。全市水果在园面积61.41万亩，同比增长30.41%；产量52.48万吨，同比增长74.82%。全市茶叶面积1.25万亩，同比增长160.44%；产量113吨，同比增长75.91%；产值2 000万元，同比增长44.47%。

【“绿色食品牌”打造】 聚焦花卉、林果、蔬菜、山地牧业、特色水产、中药材及茶叶、咖啡精深加工“6+2”重点产业，着力抓好“一县一业”创建，加大农业龙头企业扶持力度，加快推动“绿色食品牌”打造，带动高原特色农业整体提质增效。大力优化营商环境，制定《昆明市推进“一县一业”打造世界一流“绿色食品牌”指导意见》《昆明市打造世界一流“绿色食品牌”支持“一县一业”发展政策措施》。大力开展示范创建，为晋宁区、寻甸县2个省级“一县一业”示范县争取市级财政配套资金，组织省、市2级肉牛、花卉产业专家对2个县、区的市级配套项目实施方案进行评审。年内，全市有14户企业获得2020年云南省“10大名品”称号、同比增长27%，5户企业入选云南省“10强企业”、与2019年持平，8户企业入选云南省“20佳创新企业”、同比增长166%，共获得奖励资金3 380万元；全市共推荐上报产业基地350个，建议认定为省级、市级、县(市、区)级产业基地分别为45个、75个、90个，建议纳入产业基地储备库的140个。经省农业农村厅认定，全市共有123个“绿色食品牌”产业基地被认定，其中省级21个、州(市)级36个、县(市、区)级产业基地66个。按季度调度普洱茶博物馆、斗南花卉特色小镇项目建设，推动重点项目实施。

【农业综合执法】 按照市委办公室、市政府办公室《昆明市农业综合行政执法改革实施方案》的通知要求，市农业农村局、全市14个县(市、区)农业农村局涉及农业综合行政执法改革的相关单位全部完成改革任务，整合组建成立的10支执法队伍均进行独立法人登记，共锁定编制425人，初步确定整合323名执法人员到对应的执法队伍开展工作。其中，市农业农村局和昆明市主城区的五华区、盘龙区、官渡区、西山区、呈贡区通过整合昆明市动物卫生监督所、昆明市渔业行政执法局、昆明市农业机械化监理所、昆明市盘龙区农机管理监理站、昆明市西山区农机安全监理站、昆明市呈贡区农机监理站成立昆明市农业综合行政执法支队，锁定编制160名，统一行使主城区的行政执法职权；主城区外的晋宁区、东川区、禄劝县、安宁市、寻甸县、石林县、嵩明县、富民县、宜良县9个县(市、区)各自行组建成立一支农业综合行政执法队伍，统一行使本行政区域内的行政执法职权。围绕春耕备耕、新冠防控、食品安全监管、长(珠)江禁渔、水生野生动物保护等重点工作，全市执法人员主动作为，制订工作方案，及时启动农资打假春雷行动、长(珠)江禁渔以及春节前食品安全联合检查等，严厉打击制假售假、套牌侵权、违法添加、私屠滥宰、非法捕捞等违法行为，维护市场秩序，保护了农民和消费者权益。年内，全市共开展行政执法检查1 610次，出动执法人员7 331人次、车辆2 656车次，发放法治宣传资料2万余份，办理一般程序案件92件，罚没款126.40万元。

【“十年禁渔”工作】 贯彻落实习近平总书记关于长江禁捕的重要指示批示精神，成立市长任组长的昆明市金沙江（昆明段）流域重点水域“十年禁渔”工作领导小组，印发《关于金沙江（昆明段）流域、滇池水域等重点水域“十年禁渔”的联合公告》《昆明市金沙江（昆明段）流域重点水域“十年禁渔”工作制度（暂行）》等制度规定，印制、发放、张贴各类宣传资料2.10万份，在各类媒体宣传30余次，在昆明广播电视台“普法进行时”专题制作“知法守法　爱鱼护渔”宣传节目，通过各种途径向社会公布禁捕举报电话，发动广大群众提供违法犯罪线索。持续开展“法律六进”和“我承诺、我践行、做最美昆明人”等系列主题宣传活动，市农业农村局联合市、区法院在水警码头开展公开审理非法捕捞水产品罪和刑事附带民事公益诉讼案暨阳光司法、巡回法庭活动，有效提升广大人民群众生态环境保护意识，对偷捕等违法犯罪行为产生了极大震慑。为提高执法能力，市“十年禁渔”工作领导小组组织禁渔禁捕工作执法培训2期，培训200人次；对重点禁捕区域开展联合执法行动48次，出动执法人员1 125人次、执法车辆487辆次，检查水产品销售经营市场56个次、水产种质资源保护区13次，查获非法电鱼案1件。全市各级市场监管部门出动执法人员4 199人次，检查水产品交易市场1 086个次、涉渔餐饮单位5 644户次、从业人员6 913人次；在滇池流域内出动执法人员379次、执法艇152艇次、执法车辆21辆次，行政处罚35人次，收缴船只、轮胎、筏子79只，取缔船只134条次，收缴各类违法网具15 340个（张）。公安机关查办非法捕捞水产品案件4件，有力震慑涉渔违法犯罪活动。

【农村综合改革】 开展集体产权制度改革，核查2019年度全市农村集体资产408.64亿元、农村集体土地总面积2 691.79万亩；完成全市343.20万人的农村集体经济组织成员身份认定任务，12 330个村（组）全部成立农村集体经济组织；宜良县、富民县及安宁市、石林县先后完成全国第二批、第三批、第四批农村集体产权制度改革试点县任务，宜良县集体产权制度改革经验、陈家渡社区集体产权制度改革做法在全国推广。开展农村承包地管理改革，规范和加强农村土地承包数据的管理和使用，加强农村土地经营权流转合同管理，保持农村土地承包关系稳定并长久不变。年内，先后开展专题调研、座谈交流5次，指导晋宁区做好试点工作，确权承包地面积5 739 617亩，颁发土地承包经营权证书71.32万本，颁证率98.22%，基本完成农村土地承包经营权确权登记颁证工作。培育家庭农场，出台《昆明市家庭农场培育实施方案》，将纳入统计且符合条件的种养大户、专业大户等规模农业经营户纳入名录管理，全市共录入家庭农场名录系统10 249户，名列全省第一名。制定《昆明市市级示范家庭农（林）场评定办法》，组织开展2020年市级示范家庭农场评审，评定20户。规范农村产权流转交易，建立健全市、县、乡、村4级农村产权流转交易体系。年内，全市进入昆明南亚农村产权流转服务股份有限公司流转的农村土地为503宗，成交面积47 920.90亩，成交金额2 101万元；农村房屋成交278宗、农村闲置房屋成交3宗，成交金额166.80万元；林权成交12笔，成交金额816.33万元。搭建政银合作协议平台，积极与金融机构对接开展富民县农村承包土地经营权抵押贷款试点工作。加强农村宅基地管理，开展农村宅基地管理业务培训，实行农村宅基地联审。全市开展农村宅基地审批管理工作的乡（镇）19个，收到宅基地申请2 630户，审批申请2 345户。经层层推荐，宜良县作为云南省新增深化农村宅基地制度改革试点县上报国家，并组织编制《宜良县深化农村宅基地制度改革试点实施方案》报审。

【产业扶贫】 实施种植业提质增效、养殖业规模带贫、农产品加工和冷链物流增值等8大提升行动，全市有脱贫攻坚任务的9个县（区）共实施产业扶贫项目194个，整合涉农资金总额125 711.97万元，产业扶贫投入金额73 035.34万元、投入占比58.10%、项目覆盖率99.44%。至年末，194个项目100%开工，已完成192个、完工率98.97%；完成投入的财政资金71 630.46万元，财政资金支出率达98.08%。组建8个督战小组和42个督战小分队下沉到3个摘帽县、42个乡（镇）和5个千人以上易地扶贫搬迁集中安置点定点挂牌督战400余人次，督促指导服务全市基层完成了11个方面、135个具体问题的整改。对口帮扶贫困村7个、派驻村工作队员7人，选派帮扶责任人359人，结对帮扶贫困户737户，投入扶贫资金173.2万元；入户走访3 200户次，帮助群众解决困难30次，化解矛盾纠纷17次。

【农产品质量安全监管】 坚持农产品质量“产出来”和“管出来”两手抓，完善体系建设，强化农产品质量安全监管各项工作措施，全市农产品质量安全保持稳中向好的良好态势，主要农产品质量安全合格率均保持在96%以上。加大“昆明市农产品质量安全管理互联网+应用大数据平台”建设，充分利用信息的先导作用，提升农产品质量安全监管“未病先治”能力。安排40万元专项资金，补助4个县（区）推进检测站“双认证”工作。加强市级农安中心检测能力提升，将检测项目从45项扩至80项，基本涵盖了蔬菜、水果、茶叶等农产品禁止、限用农药检测。开展畜禽产品检测工作，有效提升农产品质量安全检测能力。全市各级农业农村部门共定量抽样检测农产品6 992批次，完成省食安办下达的1批次/千人农产品定量检测任务，加权平均合格率99.59%。其中，水果蔬菜等种植类产品抽检2 823批次，综合合格率99.50%；肉蛋奶等畜禽产品抽检3 140批次，合格率99.68%；水产品抽检1 029批次，合格率99.51%；开展农残快速检测86 061个，合格率为99.91%。

【农业农村面源污染治理】 大力开展受污染耕地治理，印发《昆明市农用地土壤质量类别划分工作方案（实行）》《昆明市受污染农用地安全利用工作实施方案》《昆明市严格管控类耕地种植结构调整或退耕还林还草工作实施方案》，全面完成全市受污染耕地安全利用工作任务。加强农田污染治理，全市完成测土配方面积36.77万亩，完成率122.57%；完成农作物病虫害绿色防控农药减量示范面积17 880亩，完成率119.20%；完成辐射带动绿色防控示范面积19.90万亩，完成率165.83%；秸秆还田完成124.20万亩，完成率102.22%；秸秆饲料化利用完成32.28吨，完成率102.47%。实施养殖污染治理，全市畜禽粪污产生量1 060.65万吨，利用量1 005.14万吨，利用率94.77%；规模养殖场设施配套率99.63%，大型规模养殖场设施配套率100%。

【农村人居环境整治】 对标3年目标任务，狠抓农村人居环境整治，研究出台《昆明市2020年农村人居环境整治工作实施方案》等4个专项文件，年内共完成行政村公厕改造新建456座，占目标任务325座的141.23%；无害化卫生户厕完成158 999座，超额完成15万座的年度目标任务，一类县无害化卫生户厕覆盖率和二类县卫生厕所覆盖率全部达标。印发《昆明市农村生活垃圾分类试点方案（试行）》，因地制宜开展农村生活垃圾就近分类试点工作，以点带面，逐步扩大农村生活垃圾就近分类覆盖范围，加快推进全市农村生活垃圾减量化、资源化处理，农村面貌得到较大提升。

【"美丽乡村"建设】 按照"统一标准、按分定级，村级申报、分级审核，统一公布、分级授牌"的程序，全市共创建"美丽村庄"51个（其中，省级7个、市级20个、县级24个），摸索出一批可供复制借鉴的典型经验做法。

【农田质量提升】 开展"十二五"以来高标准农田建设评估，上图入库高标准农田建设项目256个、面积108.13万亩，为统筹推进全市高标准农田建设奠定了基础。2019～2020年，共投资41 712.79万元建设高标准农田27.45万亩，全市高标准农田保有量达到153万亩，占耕地面积的26.10%。印发《2020年昆明市耕地质量长期监测点建设实施方案》《2020年昆明市耕地质量等级调查与评价实施方案》，完成耕地质量监测点建设59个，取土化验605个，田间肥效试验25组，耕地质量监测点取土化验23次，耕地质量评价区域15个。推广耕地质量提升推广应用面积528.51万亩。其中，完成测土配方施肥推广面积230.90万亩（其中，滇池流域测土配方施肥技术推广面积36.80万亩、测土配方施肥核心示范面积38万亩、水肥一体化技术推广面积17.29万亩），有机肥部分替代化肥（堆肥+商品有机肥）施用面积123.80万亩（其中部级果菜茶有机肥替代化肥核心示范面积0.20万亩），高效新型肥料（包括缓释肥料、水溶肥料、生物肥料等）推广面积16万亩，耕地质量保护绿肥种植推广面积24.21万亩，农业固体废弃物秸秆还田技术推广面积124.20万亩，耕地轮作休耕技术推广面积9万亩，耕地酸化土壤治理推广面积0.40万亩。

【数字农业】 依托昆明农业大数据中心存储、运维、开发资源及优势，采集动物卫生监督、农产品质量安全、农村经营管理、种子、动物疫病预防控制等行业数据，对基础数据进行深度分析，建立数据模型，为数据运用奠定基础。结合"一县一业"示范县建设，在晋宁区、宜良县、寻甸县持续推进农业物联网应用示范，建设物联网种植基地158亩及寻甸县肉牛产业大数据平台，重点推进"数字云花""数字云果"大数据运用系统建设。

【农业防灾减灾】 立足抗灾保丰收，及早做好应对准备，切实抓好抗旱、草地贪夜蛾、沙漠蝗、非洲猪瘟防控等农业防灾减灾工作。指导各县（市、区）加强农业生产用水调度，加大节水技术推广，将旱情损失降到最低。开展草地贪夜蛾统防统治和联防联控，全市建设草地贪夜蛾监测点248个，设置自动监测仪20台、高空测报灯2台，以性信息素监测成虫与田间幼虫调查相结合，在全市进行了100%防控。加强非洲猪瘟、高致病性禽流感等重大动物疫病监测，落实集中免疫、"春防"等防控措施，确保全市重大动物疫情不反弹。

【农业金融保险】 认真贯彻落实中央农业保险政策，积极实施农业保险。按照《昆明市地方性特色农业保险试点工作方案》中"逐步扩大保险品种范围"要求和每年新增2个地方特色险种及石林县人参果产业发展的领导有关批示精神，在2019年开展马铃薯、能繁母羊、当归、稻田鱼地方特色保险试点工作的基础上，新增寻甸县肉牛养殖收入保险、晋宁区花卉种植自然灾害保险及石林县人参果种植自然灾害险3个品种地方特色保险试点工作。全市地方性特色农业保险保费补助资金预算1 980万元，完成相关新增保险险种公开招标工作。

【农业标准化生产】 大力在全市推广

绿色食品标准化生产技术规范与管理模式，加强“三品一标”认证与农产品质量安全追溯有机融合，将“三品一标”生产企业全部纳入国家农产品质量安全追溯平台管理，推行信息诚信公开管理，初步实现生产可管理、质量可追溯、监管可定责。加大“三品一标”认证工作方法创新，通过服务上门、现场办公，改进评审工作方式，开展市级材料集中评审，大大提升省、部级评审通过率。年内，全市“三品一标”通过省级评省企业45户，产品148个。印发《昆明市试行食用农产品合格证制度方案》，组织开展合格证制度培训18场次，开具食用农产品合格证6 400余张。全市有蔬菜、水果、中药材、粮食、茶叶、畜禽及加工产品等“三品一标”有效认证登记企业（单位）161个、产品516个，总产值78.50亿元；有地理标志商标13件，52户企业获得88张有机认证证书。

【新型农业经营主体培育】 制定《促进重点农业龙头企业培育提升奖补办法》《昆明市2020年高素质农民（职业农民）教育培训工作实施方案》《昆明市加快推进新型农业经营主体高质量发展三年行动计划》，实施高素质农民培育计划，培养一批有文化、懂技术、善经营、会管理的高素质农民，全年完成培训3 000人，择优遴选一批致富带富的优秀学员典型。全市有农业产业化龙头企业467户（国家级9户、省级112户、市级283户、县级63户），共录入家庭农场名录系统10 249户（新增8 893户）；有各类农民专业合作社4 675个，其中市级示范合作社169个、省级示范社117个、国家级示范社17个。

【种业管理】 组织开展全市第三次全国农作物种质资源普查与收集行动，申报并通过第一批省级畜禽遗传资源保种场、保护区和基因库认定3个。完成国家现代种业（昆明）产业园创建方案、创建导则编制和核心区选址、项目库拟定工作。完成国家级《云南省寻甸县区域性良种繁育基地建设项目》建设工作，编制印发《2020年昆明市种业市场监管工作方案》《2020年春季种子市场专项检查工作方案》《2020年秋季农作物种子市场监管工作方案》，组织开展全市种子市场专项检查和种业执法监督检查，收集并公布一批假劣侵权种子典型案件，提高执法监管震慑力。

【农业机械化】 全市中央农机购置补贴和农机深松整地作业补贴使用3 313.03万元，使用比例110.72%；结算资金1 629.18万元，结算比例54.44%；深松整地资金159万元，完成100%；新增农机总动力3.70万千瓦，完成148%；新增作业面积4万亩，完成100%；主要农作物耕种收综合机械化指标率51.80%，农机安全生产责任制落实100%。全市各类农机具拥有量达到46.11万台（套），较上年同期增加8 618台（套），农机总动力达到334.70万千瓦。

【产销对接】 全市发布农产品供求信息等413条，通过产销对接信息交易额3 915万元。先后组织245户次企业参加第十四届中国昆明新春购物博览会、2020年第十五届东亚国际食品交易博览会、第十七届中国（厦门）国际食品交易博览会、第十八届中国国际农产品交易会、“云南特色+冬农魅力”2020年云南绿色食品牌（北京）展示推介活动。1月20日下午，总书记习近平视察春博会年货街（7号馆），向参展企业仔细询问高原特色农产品销售、春节市场保供以及昆明市贫困地区脱贫攻坚情况。9月22～26日，组织省、市“十大名品”、十强企业、绿色食品企业开展“庆丰收、迎小康、金秋消费季”昆明优质农特产品展销会，对接企业72户，参与直播企业45户；对无法满足直播平台条件的商家采取品牌宣传的方式进行宣传，实现优质农特产线上销售，帮助农户打开销售渠道。

【产业融合】 全市一、二、三产业高度融合发展，石林县被评为国家数字乡村试点地区，宜良县、石林县被评为国家2020年电子商务进农村综合示范县，市农业农村局被评为第十八届中国国际农产品交易会最佳支持单位。抓好农业产业园区建设，9个市级以上重点现代农业园区产值达41亿元。

【农业污染源普查】 组织完成全市第二次全国农业污染源普查工作，市农业农村局被国务院第二次全国污染源普查领导小组办公室评为第二次全国污染源普查表现突出集体，韩峰、杨伟被评为突出个人；《云南省昆明市第二次全国污染源普查技术分析报告》被国务院第二次全国污染源普查领导小组办公室评为优秀技术报告二等奖。

【农业科技创新推广】 紧扣22个省级现代农业产业技术体系，围绕“八大重点产业”发挥昆明产业技术优势，开展非洲猪瘟综合防控技术等研究应用，选育产业发展主导品种和粮油、蔬菜、花卉、水果、马铃薯、中草药、畜牧水产等突破性新品种，集成种植、养殖等技术，试验示范病虫害防疫技术要点等，促进科技创新成果转化应用推广。依托现有各级各类农业科技示范基地、试验站等开展农业科技示范展示基地创建活动，创建一批农业科技示范展示基地，为加快全市农业农村现代化步伐、决胜全面建成小康社会提供更为有力的科技平台支撑。聚焦省级现代农业产业技术体系和各级农技推广单位的科研成果和专家智慧，广泛征集主导品种和主推技术，推荐上报省农业农村厅遴选发布年度主导品种和主推技术，全年申报农业主导品种和主推技术单位6个、品种3个、技术3项，农业主推技术到位率达95%。开展全国“最美农技员”“互联网+农技推广服务之星”“最受欢迎的特聘农技员”评选工作。

（刘德勇）

林业和草原工作

【概况】2020年，坚持和加强党对林草工作的全面领导，推进党的政治建设、思想建设、组织建设、作风建设、纪律建设以及制度建设，坚决把党中央和省、市关于林业和草原工作的决策部署落到实处，为林草事业高质量发展提供坚强的政治保障。认真贯彻落实市委、市政府实建设区域性国际中心城市、“美丽中国”典范城市等战略部署，坚持以重大工程为抓手，保护优先协调发展，深化改革创新推动。围绕资源保护、生态修复、产业发展三大林草主要任务，推进全市林草事业发展，各项任务和指标基本完成，为“十四五”时期林业和草原发展奠定良好基础。年末，全市森林覆盖率达到52.62%，森林蓄积量6 057万立方米；自然湿地保护率达到69%；实现林业和草原产业总产值190亿元，年均增长率16%。

【森林资源管护】推进全市2020年度森林督查和打击非法侵占林地种茶毁林等破坏森林资源违法违规行为，完成5 218个图斑核查工作，全市1 136万亩天然林得到有效管护，保存古树名木5.85万株。实施古树名木复壮管护措施，完成天保工程森林管护1 082.47万亩。抓好森林灾害防控，2020年度防火期，全市扑灭森林火灾14起，火灾受害率为0.10‰；林业有害生物发生面积25.42万亩，成灾率0.19‰，防治率98.86%，各项灾害指标均在省级控制指标内。抓好野生动植物的保护，主要保护物种得到有效保护。年内，全面禁止食用野生动物，完成合法野生动物养殖企业的合理补偿1 248.93万元；严厉打击乱捕滥猎、非法经营交易等违法行为，收容野生动物2 395只(条)；在轿子山国家级自然保护区多次监测到林麝、白腹锦鸡、赤狐等珍稀野生动物活动，观察到的鸟类比保护区设立前多62种，国家Ⅰ级保护动物黑颈鹤种群数量从2015年的31只增至73只；规定5年野生动物禁猎期，全面完成野生动物禁食工作；开展红嘴鸥的新冠病毒检测并显示阴性；认定一般湿地10块，全市湿地面积达到93.60万亩。加强自然保护地的保护管理，推进自然保护地整合优化工作。年内，完成全市自然保护地调查评估和保护空缺分析，编制市(县)2级保护地整合优化预案并通过省级技术预审，自然保护地管理不断规范；建立森林公园、自然保护区、风景名胜区、地质公园等类型的保护地14个，面积225万亩。

【生态建设】全市林业生态建设主要以滇池流域面山、城镇村庄面山、交通廊道、“四沿”绿化美化为重点，以点带面推进国土山川增绿补绿。年内，全市各县(市、区)累计完成营造林任务59.38万亩，超额完成市政府任务，任务完成率118%；义务植树1 182万株，完成率100%。其中，造林绿化工程完成人工造林面积14.91万亩，包括国家新一轮退耕还林6.66万亩，陡坡地生态治理1.30万亩，天保工程人工造林1.10万亩，中央财政造林1.50万亩、防护林工程造林1.80万亩，“四沿”绿化造林1.27万亩。实施森林质量提升工程，全市提升森林质量44.47万亩，包括低效林改造10.72万亩，森林抚育14.90万亩，封山育林6.73万亩，提质增效12.12万亩。打造“美丽公路”，完成林草部门牵头的昆丽、昆磨高速昆明段绿色廊道及可视范围增绿复绿5 525.40亩，完成率103.90%。积极创建森林乡村，大力推进全市国家森林乡村创建工作，确定2020—2022年3年完成300个国家森林乡村评价认定的目标，共完成20个国家级森林乡村、206个省级森林乡村的评价认定工作。抓好乡土树种苗木培育保障，围绕生态建设树种乡土化的目标，建设乡土树种苗木基地1 352.50亩、珍稀苗木基地300亩。

怡然湿地 （王爱红 摄）

【产业发展】 积极推进全市特色林产业发展。年内，完成特色经济林果建设5.80万亩；通过实施退耕还林工程，发展以核桃、板栗为主的特色经济林面积达到223万亩，年产量13万吨；举办“2020年第七届中国昆明国际观赏苗木展览会”“第一届西南坚果博览会”；观赏苗木达到33.06万亩，产值48.60亿元；宜良观赏苗木成为全国五大苗木基地之一。大力发展林下经济。推广“包山拾菌”经营模式，晋宁区新增推广“包山拾菌”经营林地面积2.50万亩；发展以林菌、林药、林下养殖、森林景观利用主要模式的林下经济面积达到98万亩；评定市级森林庄园30个、林下经济示范基地100个；加快林产交易市场建设。云安国际林产品交易市场一期建设完成主体工程建设，完成投资近10亿元；寻甸林业产业园区新引进企业17户，新增投资6亿元，规模以上企业达到6户；木制品加工产业发展迅速，全市加工企业达3 081户，其中，省级以上林业龙头企业172户，产品品种达160多种，解决就业4.28万人。

【林草科研】 完善全市科研项目库及科技转化。年内，围绕资源保护、生态建设、产业发展需要，筛选出科研项目入库16个，达到项目库存量不低于50个；从库中提取项目35个开展立项研究或推广示范，野生干巴菌保育促繁技术、鸡枞仿生态培育技术、林下中草药高效栽培技术等项目取得初步成果。加强与在昆大专院校、科研机构、企业、社会组织的科研合作，成立院士工作站、博士工作站，实施了“珍贵乡土树种引种与繁育”等一批科研项目。推进智慧林草建设，对接国家、省“林业大数据中心和林权收储中心”和昆明市“智慧城市”资源平台，推进智慧林草系统集成、数据入库、应用系统开发和应用，完成森林防火视频监控系统试点建设45个。

【林草改革】 以推进第二轮国家集体林业综合改革试验示范区工作为主要抓手，深化集体林权制度改革。年内，以宜良、石林、晋宁等县（区）为试点，开展盘活集体林地经营权改革试点，累计发放林木权证197本，发证面积1.58万亩，林下经济经营权证面积18.86万亩。在确保生态安全的前提下，继续深化国有林场改革，利用林场资源禀赋，在乡土树种培育、科研示范推广基地方面发挥作用，推进国有森林资源分类经营管理和合理利用。推进林草减证便民改革。全面梳理市林草局权责清单，落实涉及林草指标的营商环境第三方评价红黑榜通报制度工作；完成核批工程建设项目使用林地申请200件、林地面积1.29万亩，完成定额指标的232%；林草“放管服”改革成效明显，使用林地项目由法定审批时限的20个工作日压缩至10个工作日，审批服务事项90%以上实现“网上办”“手机办”。

（陈美静）

水　务

【概况】 2020年，昆明市水务系统认真践行“节水优先、空间均衡、系统治理、两手发力”的新时代治水方针，贯彻落实“水利工程补短板、水利行业强监管”的水利改革发展总基调，加快小康水利建设步伐，提升城乡供水保障水平，推进水生态文明建设，严格水资源管理和水法治建设，加强城乡防汛抗旱减灾能力建设，为全市经济发展、社会进步、人民生活改善和决战决胜脱贫攻坚、全面建成小康社会提供了重要支撑。年内，积极争取中央和省级资金9.09亿元，市级安排水利建设资金5.16亿元，成功申报地方政府专项债券和抗疫特别国债项目资金13.58亿元，完成涉水固定资产投资78亿元；安宁市被确定为全国第一批深化小型水库管理体制改革样板县；落实最严格水资源管理工作，省级考核昆明市为优秀，“获得用水”指标在2020年上半年营商环境“红黑榜”评价中位列全省红榜第一名，在昆明市2020年第三期营商环境“红黑榜”评价中获红榜第一名。

【雨情】 全市降雨量总体正常略偏少，降雨时空分布不均。前期降雨偏少，气温偏高，雨季偏晚，较多年平均偏晚20天左右。6月中旬后，单点强降雨场次偏多，共出现8次大范围强降雨天气；降雨量主城区域偏多，寻甸、东川、宜良等县、区偏少，降雨最多为主城（1 024.20毫米），最少为东川（560.90毫米）。年内，全市平均降雨量867.80毫米，比2019年同期多71.40毫米、增长9%，比历史同期少56.80毫米，下降6%。

【水情】 主汛期前受降雨偏少影响，金沙江流域除昆明站受牛栏江－滇池补水工程人工调水影响水量偏多外，松华坝上游、牛栏江干流、南盘江流域各干（支）流来水量均偏少。进入主汛期后，短时强降雨过程偏多，造成部分河道水位迅速上涨，主城盘龙江、大清河、采莲河、宝象河、海河，安宁鸣矣河，盘龙冷水河，富民大营河等均出现超警戒水位。由于降雨分布极不均匀，各地蓄水情况也不尽相同。其中，嵩明上游水库、寻甸凤龙湾水库、五华红坡水库出现超汛限水位运行的情况，上游水库甚至2次超汛限水位；安宁车木河水库降雨仅510毫米，蓄水738.30万立方米，比2019年同期1 949万立方米少1 210.70万立方米，下降62%。至年末，全市库塘蓄水12.36亿立方米，比2019年同期少0.31亿立方米，下降3%，比历史同期多0.31亿立方米，增长3%。“七库一站”蓄水37 004万立方米，比2019年同期少8 105万立方米，下降18%。其中，云龙水库蓄水20 756万立方米，比2019年同期少7 964万立方米，下降28%；松华坝水库蓄水8 412万立方米，比2019年同期多783万立方米，增长10%；

清水海水库蓄水5 316万立方米，比2019年同期少1 736万立方米，下降25%。

【抗旱】 全市雨季开始前气象干旱快速发展。至6月上旬，禄劝、富民、安宁、呈贡、晋宁、五华、西山、盘龙、官渡、宜良、寻甸11个县（市、区）出现重度气象干旱，其他县（区）出现中度气象干旱。面对严峻的旱情，全市实行旱情周报制度，加强汛前的城乡供需水情况动态平衡分析和抗旱保供水调度；积极争取850万元抗旱应急工程建设补助，市级安排资金300万元用于农村饮水拉水送水补助；全市共投入抗旱资金2 182.22万元、抗旱人员9.26万人、抗旱用电128.57万千瓦·时、机电井60眼、泵站138处、机动抗旱设备2 810台套、机动运水车辆3 479辆，临时解决15.27万人、5.84万头大牲畜饮水困难和10.45千公顷（次）受旱农田抗旱浇灌。

【防汛】 2020年主汛期，全市出现了8次大范围的强降雨天气过程，造成主城区牛街庄下穿段、二环东路金马立交至大树营立交辅道、春雨路石咀段、珥季路大湲堂段、云大西路等点（片）出现不同程度淹积水，寻甸、安宁、嵩明、阳宗海、宜良、富民等县（区）不同程度受灾，全市14个县（市、区）和开发（度假）区52个乡（镇、街道）受灾人口592人，农作物受灾面积5.39万亩，造成直接经济总损失2.59亿元，其中水利工程设施直接经济损失738万元。

为有效应对严峻的防汛形势，为进一步加强防汛抗旱工作的组织领导，市政府调整了市防汛抗旱指挥部和市城市防汛指挥部的指挥长，指挥长由市政府主要领导担任，市政府分管领导分别任第一副指挥长；强化汛期指挥部成员单位集中办公会商制度，加强防汛应急指挥调度；严格落实防汛工作责任制，加强防汛抢险队伍建设，市级新增1 000万元抢险物资和设备，修订完善各类防汛预案816件，组织开展演练20余次，深入开展防汛安全检查，及时消除隐患，完成水毁修复工程28件；加强水（雨）情监测，严格水库汛限水位执行，做好水利设施防洪调度和山洪灾害防御工作，无水库垮坝和人员伤亡事件发生，确保安全度汛。针对主城易淹水点修订完善“一点一策”，强化内涝淹水点责任和措施，继续实施城市防汛排涝整治工程，严肃防汛纪律，落实遇强降雨时县（区）主要领导进入县（区）指挥室调度指挥的工作要求，有效处置8次强降雨造成的内涝淹积水，保障城市的正常运转。

【水利规划和项目前期工作】 编制完成《昆明市“十四五”水安全保障规划》《昆明市水利基础设施空间布局规划》和《昆明都市核心区供水水源安全保障规划》等。完成滇中引水昆明段二期工程可研报告修改完善。完成罗泊河（清水海二期）工程可研审批，新庄水库可研报告审查，小河、本业等小型水库可研初设批复，滇中引水配套工程昆明主城东南片区输水净配水工程可研批复，牛栏江引水—七水厂、牛栏江引水—清水海引水线路2件应急供水工程初设批复，阳宗海瑶冲河、寻甸果马河河道治理工程初设批复等一批重点水网前期工作。

【重点水利工程建设】 全力实施全市水利骨干工程，滇中引水一期工程昆明段累计完成征地7 471.25亩，占目标任务的94.90%；柴石滩水库灌区工程完成年度投资5.20亿元，开工168个施工工作面；石林片区于2020年11月试通水。中小型水库建设扎实推进，轿子山、箐门口水库实现大坝封顶，鱼龙水库顺利推进；续建小型水源工程14件，完成年度投资2.60亿元；完成中小型水库蓄水验收4件及除险加固项目竣工验收17件；新开工铁厂箐、迎新和茶花箐3件水源工程建设；完成小型病险水库除险加固项目16件；新开工河道治理工程2件，完成工程验收8件。

【移民搬迁安置】 全市重点水利水电工程移民搬迁安置工作成效明显，完成寻甸县罗泊河水库工程（清水海二期）、宜良县新庄水库工程建设征地移民安置规划大纲及规划报告的审批审核工作。完成东川区轿子山水库工程下闸蓄水阶段建设征地移民安置专项验收；完成乌东德水电站移民搬迁安置1 195户4 162人，确保1月15日按期顺利下闸蓄水，5月1日进入第二阶段蓄水，实现7月1日首批机组投产发电的工作目标，8月1日开始进入第三阶段蓄水，水库水位从945米升至965米；白鹤滩水电站完成移民安置房屋建设和基础设施工程施工。移民后期扶持和产业发展不断加强，完成54 212人3 252.72万元后期扶持直补资金兑付，下达移民后期项目60个，涉及资金7 665万元；完成安宁市龙凤村移民新村建设项目可研编制、批复并获省级竞争性立项。

【农村饮水安全保障】 印发《关于进一步加强农村饮水安全保障工作的实施意见》，规范工程建设和管理，建立纵向到底、横向到边的行业监管体系。投资1.97亿元，实施农村饮水安全巩固提升工程569件，巩固提升23.25万农村人口供水保障水平。成立7个农村饮水安全监督检查组，组建工作专班，开展问题整改排查等“六个专项行动”，全方位推进农村饮水安全工作。制定和完善了县级农村供水工程运行管理办法和水价政策，全市5 876件农村集中供水工程实现收费全覆盖。东川区、禄劝县、寻甸县顺利通过国家脱贫攻坚普查，农村饮水安全4项指标全面达标。

【灌区建设和小水电清理整改】 编制全市大中型灌区续建配套实施方案，晋城灌区、拖布卡灌区续建配套与节水改造项目已纳入2021～2022年国家项目库，开展嵩明灌区、晋宁晋城灌区、石林三角水库灌区等5个灌区标准化规范化管理试点达标创建。分解下达全市年度农业水价综合改革计划和经费，编制大中型灌区供水计量设施实施方案，逐级核定了农业用水总量，开展灌区供水成本核算工作，进一步提升灌区供水计量条件。制订了长江经济带小水电清理整改“一站一策”方案、综合评估报告等系列文件，完成73座小水电站生态下泄设施和监控设施安装并统一接入市级监管平台，完成14座退出类小水电站的退出工作，依法完善整改类电站手续，建立监督管理长效工作机制。

【河长制工作】 印发《关于贯彻落实进一步强化河（湖）长履职尽责的实施意见》，进一步压实各级河（湖）长、联系部门、属地政府责任。年内，全市各级河（湖）长累计巡河（湖）5.66万次。修订市级河长制联席会议、信息共享、信息报送、协调会办、日常巡查、工作督察、考核问责和激励等8项制度，完善河（湖）长制度体系。组织编制滇池、阳宗海保护治理规划年度实施方案，启动全市9条重点河流、5个重点湖泊岸线保护与利用规划编制工作。印发河湖“清四乱”专项行动方案，开展地毯式排查，加强整改落实，年内新增的116个问题已全部清理销号。完成阳宗海、凤龙湾水库、车木河水库、张家坝水库、黑龙潭水库、王家滩水库、洛武河水库、松茂水库和船房河、大观河、洛龙河、捞鱼河、洗马河、盘龙江（盘龙区段）、盘龙江（官渡区段）、小清河（官渡区段）、普渡河（安宁市青龙峡段）、采莲河（度假区段）、马料河（呈贡区段）、巴江（石林县城段）市级美丽河湖评定工作，盘龙江（盘龙区段）、洛龙河、捞鱼河、巴江（石林县城段）、张家坝水库、凤龙湾水库、车木河水库、黑龙潭水库成功申报省级“美丽河道”。在全市范围内开展了91个河段（沟渠、断面）的明察暗访巡查检查，深入问题水体现场追根溯源，下发整改督办通知，并对整改完成情况进行跟踪。

【水土保持】 加大水土流失治理力度，全市新增水土流失治理面积241平方千米。完成禄劝县芝兰河、民安乐小流域综合治理2件国家水土保持重点项目竣工验收，积极推进禄劝县高安、寻甸县治租河、东川区乌龙河小流域综合治理3件国家水土保持重点项目建设。严格生产建设项目水土保持方案审批，落实生产建设项目自主验收备案制度，加强生产建设项目水土保持监管，严格水土保持执法。全市审批生产建设项目水土保持方案862件，受理水土保持设施自主验收备案559件、自主验收核查74件。

【水资源管理】 严格监管，全面实行取水许可和水资源有偿使用制度，严格执行限批禁批制。年内，全市办理取水许可30件，征收水资源费7 316万元。加强管控，强化落实水资源管理刚性约束，完成长江流域803件取水工程设施整改提升和珠江、红河流域635个取水口核查登记；最严格水资源管理制度“三条红线”及“双控行动”各项指标全面完成，省级考核为优秀；更新完善水资源监控信息系统建设，完成手机App研发，实现对78个中小水电站的在线监控，提高水资源管理信息化、科技化水平。开展牛栏江、滇池生态流量保障方案和洗马河、巴江水量分配方案编制，统筹生活、生产、生态用水。加强地下水管理保护，严格执行《昆明市地下冷水禁采区、限采区划定报告》，持续开展地下水清理整顿。

【饮用水源保护】 制定印发2020年集中式饮用水源地管理保护实施意见，梳理分解年度饮用水源保护管理各项重点工作，明确全市饮用水源保护目标、措施、工作重点、保护措施和年度实施项目清单。开展《昆明市主城饮用水源区扶持补助办法（2016—2020）》实施情况评价，形成《昆明市主城饮用水源区基础信息系统调查及扶持补助办法绩效评估报告》，研究拟定新一轮主城饮用水源区生态补偿办法。推进水源地安全保障达标建设，全市22个县级以上集中式饮用水源地达到“水量保证、水质合格、监控完备、制度健全”标准。着力改善不达标水源水质，重点开展云龙水库水质波动原因分析，制订《云龙水库水质提升行动方案（2020—2025年）》，实施云龙67个重点村庄和双化水库一级保护区14个村庄水环境整治工程，大河、柴河等12个水源地保护工程完工并投入使用，启动双化水库清淤及库周水环境治理生态修复工程前期工作。高度重视中央环保督察工作，统筹推进并完成21个水源地10类问题整改和验收工作。

【供水管理】 针对全市降雨偏少、城市供水水源蓄水不足的实际情况，加强会商研判和供水调度，制订《昆明城市供水应急调度方案》，组织实施瀑布公园和上对龙连通应急工程2件城市应急供水项目，提高城市供水保障能力。主动协调长江委减少德泽水库下泄生态水量1.7亿立方米，编制《德泽水库2020年12月至2021年6月应急供水调度方案》，有效保障了城市供水安全和滇池生态补水。继续委托国家城市供水水质检测网昆明监测站对昆明市主城公共供水水质定期进行监测，全部达到《生活饮用水卫生标准》，监测结果于每月在《昆明日报》及市水务局信息公开网站上向社会发布《昆明市主城城市公共供水水质通告》。持续开展城市公共供水水质监督性监测工作。加大对困难企业二次供水设施的清洗消毒工作力度，让困难群众用上放心水。

【海绵城市建设】 制订《昆明市海绵城市建设2020年目标任务实施方案》，年内实施海绵城市建设36.25平方千米，超额完成20.50平方千米的开工建设目标任务。编制完成《昆明市2020年度海绵城市建设自评估报告》，并顺利通过国家、省级海绵城市建设中期评估，基本实现“到2020年建成区20%以上面积达到海绵城市建设要求”的近期目标。强化建设管控，加强对新、改、扩建的城市道路与广场、公园与绿地、建筑与小区等工程项目的审查和监督管理，要求建设单位在主体工程建设时必须同期配套建设海绵设施。充分结合“世界水日”和“中国水周”等活动，大力宣传海绵城市建设，组织开展了昆明市首届“小手牵大手海绵城市模型”制作活动，进一步提高公众对海绵城市建设的认知。

【节水宣传和管理】 制订《昆明市进一步加强节约用水工作的实施方案》和《昆明市2020—2021年节水宣传工作方案》，充分运用各种载体、场所和新闻媒体开展线上线下宣传，覆盖人群达80%以上，多篇节水信息被全国节水办采用，其中《昆明多年累计节水总量约半个滇池》被转发各省(区、市)水利部门学习。制定《2020年昆明市节水行动目标任务分解》，统筹推动全市节水工作。积极推进新一轮节约用水规划编制工作，编制完成《昆明市节约用水专项规划(2020—2035年)》初稿。开展昆明市再生水利用问题及对策研究课题，编制完成《昆明市再生水利用研究课题报告》。切实加强计划与定额用水管理，建立节水数据统计工作机制，年内收取非居民超计划累进加价水费约979万元。将月用水量1 000立方米以下的非居民用水户水量平衡测试管理权限下放各县(市、区)，完成水平衡测试145户，创建节水载体146户，实现市级机关和全市水务行业节水单位创建全覆盖，编制完成《昆明市节水型工业园区创建指南》。严格落实节水“三同时”制度，修编了《建设项目节约用水措施方案编制指南》和《节水措施方案审查、节水设施备案和竣工验收工作指南》，中心城区新建成分散式再生水利用设施35座和雨水综合利用设施41个。强化再生水利用设施5级监管机制责任落实，全市再生水利用量为4 427.20万立方米(其中，集中式城市杂用水1 413.44万立方米，集中式景观河道补水1 704.21万立方米，分散式再生水1 309.63万立方米，不含集中式景观补水未收费水量)，发放再生水利用补助资金507.34万元。

【水法规建设】 积极推进6件立法项目的立法调研和条文起草等相关工作，重点做好《昆明市城市供水用水管理条例(修订草案)》的起草工作，就二次供水管理有关问题进行研究。落实法律顾问制度，法律顾问共参与决策论证、提出法律意见或建议10件，起草或审查合同、协议30件。调整完善部门权力清单、责任清单，对外公示权责事项187项。制定“双随机、一公开”实施细则，组织开展生产建设项目水土保持等6项随机抽查和对外公开。坚持“谁执法谁普法”原则，把普法作为推进水法治建设的基础性工作，深入开展法律“六进”，加强涉水法律法规的普及宣传。

【水行政执法】 修改完善行政处罚等裁量权标准，强化日常巡查和违法案件的查处。年内，全市共依法立案查处水事违法案件71件，结案率100%，罚款662万元，切实做到了查处举报案件3个工作日内到现场、7个工作日内有办理结果，所查处的案件没有行政复议和行政诉讼。严格落实入滇河道联动监管执法机制，开展河湖“清四乱”、陈年积案“清零”、“长江十年禁渔”等专项行动，追缴水土保持补偿费2 132万元。

【水利工程运行管理】 全面开展水利工程产权明晰和水库大坝安全鉴定，完成800座水库管理和保护范围划定，完成到期水库大坝安全鉴定394座。认真落实水库安全度汛“三个责任人”并在媒体进行公示，督促落实水库安全度汛“三个重点环节”。切实抓好水库维修养护，完成71座小型水库维修养护，保证水库充分发挥效益。市级对55座水库开展“四不两直”专项检查，发现问题812项，制定问题清单和责任清单，督促整改落实。

【水利安全生产】 强化水利安全生产监管，落实安全生产责任，履行安全生产职责，修订全市水务行业安全生产责任清单，持续推进安全生产网格化监管，编制修订3项水务行业专项应急预案。加强安全生产专题教育培训，开展专题培训班2期；积极参与水利部安全生产网络知识竞赛，市水务局和东川区、安宁市被省水利厅通报表扬。创新监管模式，采用社会购买服务方式开展30件水利建设项目安全隐患排查，完成3个项目法人单位和6件中小型水库运行管理单位安全生产标准化达标及复核，完成省市2个水利行业安全生产试点县建设。建立水利建设项目稽查工作制度，开展10件水利建设项目稽查。

【水利科技和信息化】 开展《昆明市再生水利用问题及对策研究》《昆明城市暴雨监测预警体系研究》《水质目标与污染负荷削减目标“双目标”控制在牛栏江保护治理中的应用》《昆明市水资源监控能力建设成果在节水管理中的研究与应用》4项水利课题研究。整合部门资源，开展集智慧水务、智慧水环境、智慧防汛调度于一体的水务信息化指挥调度平台建设。

（渠　琦）

工　业

编辑：唐荣华

综　述

【概况】 2020年，受新冠肺炎疫情影响，昆明市全年完成规模以上工业总产值4 018.92亿元，同比增长-1.20%；规模以上工业增加值同比增长0.90%；全部工业增加值占全市GDP的19.70%，占全省工业经济总量的四分之一。“4+4”重点产业中，新兴产业增加值同比增长3.90%，占全市规模以上工业增加值的比重为14.90%，较2019年提高0.40个百分点。其中，先进装备制造业、新材料、电子信息分别增长16.40%、6.70%、2.50%，拉动全市规模以上工业增加值增长0.60个百分点；烟草、化工、冶金、非烟轻工4个传统产业增长-1.8%，占全市规模以上工业增加值的63.70%。全市规模以上工业企业户数为965户，约占全省四分之一。其中，云南中烟、中石油云南石化等5户企业产值超100亿元，云南滇金、云南白药、云内动力、贵研铂业等7户企业产值超50亿元，云铝、云天化石化、昆药集团等40户企业产值超10亿元。

【工业投资】 2020年，全市完成工业和信息化投资同比增长13.20%，其中工业投资同比增长8.1%。全面落实“项目经理制”“包保责任制”和“分级会办制”，重点加快“云上云”数字经济实验示范园区项目、“南天·智云”项目、醋酸纤维整体搬迁等38个前期项目选址及相关前期手续办理；加大信基中国酒店用品产业园、中国数码港大数据产业园、云南能投数字经济（呈贡）产业园、紫光芯云、闻泰智能终端等222个项目协调服务力度，促进项目尽快开工；推动武钢昆钢环保转型升级、云南绿色能源产业园（宝能）、贵金属新材料产业园、凝慧氮化镓微波功率器件、通盈药业生物医药基地建设项目（一期）等188个在建项目加快建设，促进项目早竣工。

【园区优化提升】 按照《中共昆明市委　昆明市人民政府关于印发昆明市各类开发区优化提升工作实施方案的通知》精神，积极开展全市产业园区优化提升工作。其中，晋宁工业园区、海口工业园区保留整合至云南安宁产业园区，石林生态工业集中区保留整合至云南宜良产业园区。优化提升后，全市以工业和信息化产业为主的开发区共有13个，其中，国家级开发区3个（高新区1个、经开区2个），省级产业园区10个。年内，全市园区实现主营业务收入9 695.96亿元，占全省园区主营业务收入比重为53.98%；昆明高新区、昆明经开区、五华产业园、安宁产业园主营业务收入分别突破2 450亿元、2 200亿元、1 340亿元和1 200亿元。2020年3月，昆明高新区生物医药（特色医药）示范基地成功创建为国家新型工业化产业示范基地（第九批）。年末，全市共有国家级新型工业化产业示范基地4个、省级新型工业化产业示范基地6个，认定国家级基地数量占全省的44.40%、省级基地数量占全省的28.60%。

【产业创新转型】 组织实施昆明市工业转型升级新开工、续建、竣工投产重点项目120个，总投资502.23亿元，年度计划投资110.23亿元；围绕数字化改造、网络化改造、智能化改造，云南能投浪潮科技有限公司的整机服务器生产线建设项目等7个项目列入云南省2020年云南省“三化”改造试点示范项目，昆药集团股份有限公司血塞通数字化生产平台建设项目等15个云南省2019年“三化”改造试点示范项目，完成省级现场验收。年末，全市共有国家级企业技术中心15个，省级企业技术中心252个，市级企业技术中心450个；国家级服务型制造示范企业（平台）6个，省级服务型制造示范企业（平台）23个；省级工业设计企业（中心）11个；国家级制造业单项冠军培育企业（产品）2个，省级制造业单项冠军示范企业（产品）14个，省级制造业单项冠军培育企业（产品）9个；国家级质量标杆2个，省级质量标杆9个；国家级技术创新示范企业6户，形成了以国家级为龙头、省级为骨干、市级为基础的三级企业创新体系。

【疫情防控保障】 2020年1月23日全国启动新冠肺炎疫情防控措施后，积极推动昆明本地5户防护用品、14户消杀产品生产企业提前复工复产。1月28日，全市所有口罩生产企业恢复生产，盘龙区双龙卫材、富民康业、保利康等本地企业生产一次性口罩能力提升到7万只/天，全部纳入省级调配；形成日产98吨各种消杀产品的产能，在供省级统筹调用的基础上，保障全市疫情防控需求。至5月末，累计筹集口罩414.06万只，累计发放口罩414.06万只；筹集消杀产品266.33吨，发放266.33吨；筹集测温设备5 261台，发放5 261台；筹集医用防护服（含手术衣）3.35万套、防护眼罩（护目镜）3.30万副、各种手套51.66万双，紧急采购70台红外体温筛检仪部署在机场、火车站、高铁站、地铁站、客运站和重点医院。

表7　2020年昆明市规模以上工业“4+4+3”产业相关数据一览表

“4+4+3”分类	工业增加值		工业总产值		
	工业增加值增长（%）	比重（%）	工业总产值（亿元）	工业总产值增长（%）	比重（%）
总　计	0.90	100	4 018.92	-1.20	100
一、新兴产业	3.90	14.90	1 010.42	5.90	25.10
（一）先进装备制造	16.40	2.70	210.28	23.10	5.20
（二）生物医药	-0.80	7.40	272.82	-6	6.80
（三）电子信息	2.50	1	97.47	-1.10	2.40
（四）新材料	6.70	3.80	429.84	9	10.70
二、传统产业	-1.80	63.70	2 337.34	-4.70	58.20
（一）化　工	-8.80	15.70	688.84	-21.40	17.10
（二）冶　金	3.60	15.60	786.71	8.10	19.60
（三）非烟轻工	-1.40	6.80	420.57	2.20	10.50
（四）烟　草	1	25.60	441.23	1.40	11
三、其他产业	7.30	21.50	671.16	1.20	16.70
（一）采矿业	-8.80	2.40	56.36	-11.80	1.40
（二）电力、热力、燃气及水生产和供应业	12.20	14.60	367.48	5.10	9.10
（三）传统装备制造及建材	2.10	4.50	247.32	-0.90	6.20

（市工业和信息化局）

装备制造业

【概况】2020年，全市装备制造业经受住突如其来的新冠肺炎疫情和国内投资不旺的双重挑战，在贯彻落实中央和省委、市委决策部署，统筹疫情防控和经济社会发展的推动下，省、市稳增长政策共同发力，实现逆势上扬。年内，全市规模以上装备制造业实现产值407.91亿元，同比增长10.60%，占全市全部工业产值的10.10%。其中，先进装备制造业实现产值210.28亿元，同比增长23.10%；增加值同比增长16.40%，占全市全部工业增加值的2.70%。

【行业情况】在全市装备制造业8个子行业中，金属制品业、通用设备制造业、汽车制造业、电气机械和器材制造业、计算机通信和其他电子设备制造业、仪器仪表制造业6个子行业实现正增长，专用设备制造业、铁路船舶航空航天和其他运输设备制造业为负增长。

表8　2019～2020年昆明市装备制造业细分行业增加值增速对比一览表

细分行业	2019年增加值增速（%）	2020年增加值增速（%）
金属制品业	−13.3	9.70
通用设备制造业	−16.3	8.90
专用设备制造业	13.6	−5.50
汽车制造业	−3.4	40.70
铁路、船舶、航空航天和其他运输设备制造业	6.3	−10.20
电气及机械器材制造业	11.1	0.10
计算机、通信和其他电子设备制造业	−13.8	4.70
仪器仪表制造业	−9.9	18

【重点企业】2020年，昆明云内动力股份有限公司生产发动机62.57万台，同比增长51.80%；产值107.06亿元，同比增长40.90%；销售各型柴油发动机61.47万台，同比增长45.60%；四缸柴油发动机市场占有率为18%左右，国内行业排名第一。云内动力成为支撑昆明汽车制造业高速发展的主要力量，也是支撑昆明市装备制造业较快增长的龙头企业。云南建投钢结构股份有限公司实现产值22.98亿元，同比增长20%。中国铁建高新股份公司实现产值10.97亿元。昆明船舶集团成实现产值27.41亿元，同比增长5.14%。昆明明超电缆有限公司实现产值23.78亿元，同比增长12%，连续第五年（2016～2020年）蝉联云南省非公有制企业100强、非公有制制造业20强。昆明电缆集团保持稳步增长态势，完成产值8.47亿元，同比增长20%。

【主要产品产量】2020年，昆明市生产金属切削机床1.25万台，同比增长26.40%；生产发动机62.57万台，同比增长51.80%；生产汽车1 940辆，同比增长15.30%；生产电线电缆20.49万千米，同比增长−23.70%。

【自主创新】昆明船舶集团成功中标工业和信息化部协同制造集成（流程型制造）项目，被工业和信息化部认定为2020年国家技术创新示范企业。中国铁建高新股份公司的TX-11Ⅱ铁路道床吸污车获2020年世界工业设计大会金奖，是云南省工业设计领域的首个金奖。云内动力智能制造及工业互联网建设项目持续推进，智能车间投入使用，年末建立从订单到产品、从客户到服务的供应链协同体系，通过引入大量智能装备和数字化技术，实现了产品的柔性化和定制化生产。昆明明超电缆集团连续第五年（2016～2020年）蝉联云南省非公有制企业100强、非公有制制造业20强，年内被认定为省级企业技术中心。昆明嘉和科技股份有限公司成为全国硫磷化工装置用泵品牌第一、石油化工泵供应前三名的特种工业泵提供商。

（市工业和信息化局）

消费品工业

【概况】昆明市消费品工业主要包括烟草及配套、非烟轻工两大产业。烟草及配套产业是昆明市支柱产业之一，长期以来为昆明市经济社会健康快速发展发挥了重要的支撑作用。2020年，全市烟草及配套产业工业增加值增长1%，占全市工业增加值总量的25.60%。非烟轻工业是全市工业经济的重要组成部分，经过多年的培育和发展，产品品种不断增加、品质快速提升、品牌带动力显著增强，形成了具有一定竞争力的产品供给体系。年内，全市非烟轻工业工业增加值下降1.40%，占全市工业增加值总量的6.80%。

【烟草及配套产业】 全市烟草及配套产业积极打造以五华区卷烟生产、昆明经开区烟草及配套装备为主导，周边园区为配套的布局体系。五华科技产业园以红云红河烟草集团为依托，促进卷烟产品结构调整，开发生态安全型卷烟等新型产品。昆明经开区充分发挥昆明船舶等单位的研发优势，加快烟草装备产业升级步伐；引导烟草配套产业向非烟市场拓展，促进烟草包装印刷向旅游商品包装、食品包装、医药包装领域延伸，向周边园区布局；支持一批为烟草配套的烟机制造、铝箔、造纸、纸箱、香精香料及包装印刷企业发展壮大。

红云红河集团昆明卷烟工商物流一体化建设项目，按卷烟年分拣配送能力38万箱、成品卷烟仓储能力9万箱规划建设，项目总建筑面积2.60万平方米，预计投资3.52亿元，计划2020年12月底完成场地平整，2021年1月完成建安工程招标，力争3月开工建设。红云红河集团昆明卷烟厂新建烟叶仓储设施项目按照存储复烤烟叶127万担、原烟22万担的规模进行规划设计，项目总建筑面积17.10万平方米，预计投资7.41亿元，已完成初步设计编制及上报工作，待评审批复，计划2021年二季度完成场地平整。云南中烟再造烟叶有限责任公司易地技改项目配置2条造纸法再造烟叶生产线，2条生产线年总生产能力为2.30万吨，预计投资7.83亿元，正在进行土建施工，预计2021年度前完成设备安装调试，投入试运行。

【非烟轻工业】 全市着力推动云南信基中国酒店用品产业园、国际胶粘包装绿色科技产业园(一期)、昆明拓东调味食品有限公司年产5万吨调味品等项目开工，推进云南恩惠塑业有限公司食品药品包转生产线项目、正大集团昆明东川300万只蛋鸡全产业链扶贫项目、云南潘祥记工贸有限公司烘焙食品和农副产品加工生产基地等续建项目建设，加快推进云南财基实业有限公司新型节能门窗及围栏加工基地、嵩明海傲家具制造有限公司全屋定制家具生产项目、云南伊利智能生产与互联网融合技术改造项目等竣工投产。

昆明卷烟厂打叶复烤车间 （市工业和信息化局 供稿）

【政策支持】 制定并实施《昆明市食品企业总部和食品加工产业培育实施办法》，从新引进项目奖励、固定资产投资奖励、高级人才奖励、招商中介奖励、生产服务保障、产业基金支持等方面扶持食品工业企业。组织收集31份申报材料参加2020年云南省绿色食品“10强”企业和“20佳创新”企业评选活动，合计争取省级奖励资金1 700万元。其中，嘉华食品、双汇食品、统一食品、雪兰牛奶、娃哈哈启力饮料5户企业入列云南省绿色食品“10强企业”，获奖企业数量较2019年持平；庆沣祥茶业、德和罐头、品世食品、冬冬食品、听牧肉牛、龙腾乳业、康师傅饮品、伊利乳业8户企业跻身云南省绿色食品“20佳创新企业”，获奖企业数量较2019年增加5户。开展2020年昆明市绿色食品“10强企业”和“10佳创新企业”评选活动，由第三方评选机构完成了申报材料专家评审和现场调研核实工作，获奖名单已由市政府常务会审定通过。

（市工业和信息化局）

材料工业

【概况】 2020年，全市材料工业面对全球疫情影响和错综复杂的国内外经济形势，坚决贯彻十九届五中全会提出的“构建以国内大循环为主体，国内国际双循环相互促进的新发展格局”要求，着力推进行业管理创新，努力化解过剩产能，行业经济运行总体保持平稳增长态势，产业结构调整取得新进展。全市冶金产业总产值增长8.10%，高于全市规模以上工业总产值10%；增加值增长3.60%，占比达15.60%。新材料产业总产值增长9%，高于全市规模以上工业总产值10.90%；增加值增长6.70%，占比达3.80%。

【产业布局】 持续整合全市新材料产业链上下游发展环节，加快推进新材料产业基地建设，促进生产要素聚集，着力打造一批规模大、链条长、拉动力强的新材料产业基地。高新区稀贵金属新材料、国家锗材料，经开区有色金属新材料，阳宗海铜、铝金属材料，安宁市石油化工新材料基地建设稳步推进，基本形成了以安宁为主的钢铁行业集聚区、以阳宗海为主的电解铝行业集聚区和以富民为主的钛产业集聚区。

以武钢昆钢、云铜股粉、云铝股份、贵研铂业、锡业锡材、云锗高新等一批国内外知名龙头企业为核心，引导企业逐步向铜、铝、锗、钛、锡、钢铁等产品的深加工和延长产业链转变。重点研究推动稀贵金属新材料，以及铝深加工、铜材加工产业链发展，加大钢铁企业技术创新力度，开发云南省内短缺的关键钢材品种，引导云铜股份、云铝股份等企业逐步向深加工提质增效，形成上下游产品配套的产业体系。深入武钢昆钢、云铜股粉、贵研铂业、云铝股份、中铜昆铜、云锗高新、锡业锡材等龙头企业调研，帮助企业在疫情期间复工复产。推动建成浩鑫铝箔动力电池箔、云锗10万片/年4英寸磷化铟单晶及晶片、年产10万片6英寸垂直腔面发射激光器用砷化镓单晶材料、立邦涂料水性涂料等项目，协调推进稀贵金属新材料产业园、云锗20万片/年F6″高效太阳能用锗单晶及晶片和年产3万片2~4英寸碳化硅单晶材料等重点项目建设，项目按计划顺利推进。6月，组织新能源电池产销、电力电气、缆线等上下游企业到昆明铜业现场参观座谈，推动铜产业链协同发展。完成全市钢铁行业兼并重组集群发展工作，钢铁行业整合成武钢和永钢两大集团。

【企业改造升级】 严格控制新增产能，鼓励推广先进适用技术，促进优质资源向优势企业集中。整合开采、冶炼延压、深度加工等产业链环节，推进黑色和有色金属冶炼产业实现由资源型初级产品向半成品、终端产品的延伸。以武钢集团、云铜股份、云铝股份、黄金集团、大互通钛业等一批国内外知名企业为重点，逐步引导企业生产的初级钢、铜、铝、金、钛等基础产品向下游延伸发展，不断延长产业链，形成上下游产品延伸配套的产业体系。积极推进化解过剩产能和企业重组，推动全市冶金产业集群发展，打造有特色的冶金产业发展及创新高地。以安宁工业园区为依托，整合区域性钢铁企业，加大钢铁企业技术创新力度，开发云南省内短缺的关键钢材品种；以呈贡工业园区、晋宁工业园区、宜良工业园区、东川再就业特色产业园为依托，重点发展铜铝冶炼压延加工、金银等贵金属加工、高端铜加工产品，促进冶金产业高端化发展。

【重点项目】 推动建成云南浩鑫铝箔有限公司铝材加工、立邦涂料（昆明）有限公司水性涂料生产等项目。积极推进贵研铂业股份有限公司贵金属新材料产业园、高新区国家级稀贵金属产业示范基地、浩鑫铝箔动力电池箔项目建设。紧紧围绕省、市政府“三张牌”的要求，大力推进云南锗业碳化硅项目建设。认真做好昆钢本部搬迁转型、云铜股份冶炼加工总厂搬迁、滇金公司异地搬迁等项目的前期相关工作。依托全市资源优势，充分考虑现有产业规模、结构和特色，集中力量对重点区域、重点技术、重点产品给予支持，做到特色资源重点开发，重点产品优先支持，促进全市材料产业结构优化改造提升。全市材料工业行业有“四个一批”重点在库项目34个，其中前期项目5个、新开工项目16个、在建项目12个、计划竣工项目1个，计划总投资136.35亿元，年内计划投资28.03亿元。

【政策支持】 结合全市材料工业发展情况，按照市政府年内出台的《关于印发支持实体经济发展的若干措施的通知》等相关政策，大力支持产业创新和技术改造。年内，对纳入工信部“重点新材料首批次应用示范指导目录”的企业产品，按照产品销售合同金额的10%给予不超过200万元补助；安排昆明东昊钛业有限公司综合节能技术改造项目补助资金67.92万元，安排云铜西南铜业分公司硫酸转化烟气余热回收项目补助资金39.60万元，安排补助资金95万元支持7户有色金属行业企业开展能源管理体系建设。

【节能减排和资源综合利用】 全市材料工业进一步在科学、合理、有效利用资源，实现对资源的规划开发、分级使用和综合利用上下功夫，不断推进昆明材料工业的清洁生产和节能减排。全面推进水泥生产装置配套低温余热发电，支持利用水泥窑协同处理城市生活垃圾、城市污泥和工业废弃物，推进建材工业与钢铁、有色等建立紧密结合的循环经济产业体系。鼓励利用钢渣等工业废弃物发展水泥或新型建材。积极按照国家和省、市相关要求，持续抓好严防地条钢“死灰复燃”工作。

（市工业和信息化局）

石油及化工产业

【概况】 2020年，受新冠肺炎疫情和油价暴跌影响，全市化工（含石化）产业规模以上工业总产值下降21.40%，增加值下降8.80%，增加值占比达15.70%。行业高质量发展稳步推进，云南祥丰石化有限公司以天然气为原料的30万吨/年合成氨项目建成投产，成为行业零排放标兵；云南磷化集团海口磷业有限公司7万吨/年食品级磷酸项目建成投产，成为磷化工转型升级和精细化工的示范项目；中石油云南石化有限公司、云南云天化氟化学有限公司被评定为第

中石油云南炼油项目厂前区全景（市工业和信息化局　供稿）

五批国家级绿色制造工厂，云南磷化集团海口磷业公司8种大量元素水溶肥料产品、昆明劲勋肥业股份有限公司7种复合肥料产品获得第五批国家级绿色设计产品称号。

【危化品企业搬迁改造】2020年，全市13户城镇人口密集区危险化学品生产企业搬迁改造任务，全部通过市级验收，并上报省级审查销号，按时完成省级下达的年度目标任务。已累计完成总任务22户企业中的20户企业搬迁改造任务，尚未完成的西南铜业和云南锌业2户企业搬迁改造工作取得了实质性进展，搬迁工作有序推进。

【环保问题整改】按照国家和省、市督查相关工作要求，2020年1月14日向省级牵头部门上报申请云南浩坤磷化工有限公司生态环境问题整改工作销号，并继续推进企业进一步提升改造，重点开展了黄磷尾气利用提升、无组织烟气治理、烟气净化系统提升、原料堆场三防措施提升和中央控制系统改造5项升级改造工程，实施了尾气净化、新建气柜、尾气锅炉改造、折流池无组织烟气改造、渣池无组织烟气、泥磷转锅烟气治理、烟气净化、原料堆场改造和中央控制系统改造9个项目。

（市工业和信息化局）

生物医药产业

【概况】2020年，全市生物医药产业有规模以上企业67户，工业总产值同比下降6%，工业增加值增速-0.80%。在12个细分行业中，化妆品制造、口腔清洁用品制造、卫生材料及医药用品制造、医疗外科及兽医用器械制造实现较快增长，产值增速分别为55.30%、11.80%、14.30%、23.40%；占比较高的中成药生产、化学药品制剂制造、中药饮片加工、基因工程药物和疫苗制造等均有所下降。

【产业培育】制订《昆明市生物医药产业发展五年行动计划》《昆明市发展工业大麻产业三年专项行动计划》《昆明工业大麻产业支撑平台建设总体方案》并组织实施。高新区加快建设医药产业园、科技创新园、基因科技园、医疗器械园四大产业园，2020年3月成功创建国家新型工业化生物医药产业特色示范基地；空港经济区依托滇中国家级新区及综合保税区的政策优势，吸引国药集团、波顿香料等行业龙头企业入驻，一批项目落地建设；经开区9月14日挂牌成立昆明国际工业大麻产业园，积极拓展生物医药外向型功能。加强龙头企业培育。健之佳、贝泰妮成功上市，生物医药领域主板、创业板、中小板上市企业7户，新三板6户；销售收入过亿元的企业22户，主营业务收入超过10亿元的企业6户。

【政策支持】进一步优化产业发展环境，为生物医药产业发展提供政策支持。年内，贯彻落实《云南省人民政府关于加快生物医药产业高质量发展的若干意见》，出台《昆明市高质量发展工业大麻产业八条措施》《昆明市促进生物医药产业高质量发展的若干措施（试行）》；争取中央应急物资保障体系建设资金2.68亿元、省级生物医药产业发展专项资金8 640万元，安排市级生物医药产业项目扶持资金2 000万元、新冠肺炎疫情防控物资仓储补助40万元、工业大麻产业发展扶持资金950万元。

【研发创新】引导产品结构调整和推动转型升级，昆药集团曲扎芪苷等一批新药品种获准开展临床试验研究；云南白药痛舒胶囊成为国内第一个获FDA批准进入临床研究的民族药，生物谷灯盏生脉胶囊进入国家基药目录；龙津制药在国内开展中药注射剂再评价；贝泰妮“薇诺娜”系列功能性护肤品产销高速增长。生物医药产业领域建成多层次创新支撑平台，包括46个企业技术中心、12个工程研究中心、5个工程实验室、37个工程技术研究中心、44个重点实验室、100个科技创新团队、51个院士工作站。

【疫情防控药品保障】国内新冠肺炎疫情发生后，红云制药等企业春节期间持续生产。昆明中药厂、金柯制药、植物药业、云南白药、龙发制药等企业春节后迅速恢复生产，确保清肺抑火胶囊、羚翘解毒片等治疗用中药的稳定供应。云南白药中药资源、鸿翔科技、新世纪药业等企业春节后迅速恢复生产，确保了麻黄、甘草、杏仁等中药饮片的稳定供应。云南省

昆药集团药品生产线（市工业和信息化局 供稿）

药监局开辟绿色通道，快速审批了云南中医药大学第一附属医院（云南省中医医院）的健体抗疫合剂、清瘟解热合剂，市中医院的七龙天胶囊、清肺解毒胶囊等医疗机构制剂，并在全省范围内的新冠肺炎定点救治医院调剂使用。植物药业的参脉注射液进入第六版诊疗方案推荐的在新冠肺炎临床治疗期使用的中药注射剂名单。疫情进入常态化阶段后，深入开展疫情防控物资保障体系建设，初步建立政府储备、产能储备、商业储备支撑的疫情防控物资保障体系。

（市工业和信息化局）

汽车产业

【概况】 2020年，全市规模以上汽车制造业增加值占全市规模以上工业增加值比重为1.10%，同比增长40.70%；全年生产汽车1 940辆。昆明云内动力股份有限公司成为支撑昆明汽车制造业高速发展的主要力量，累计生产发动机62.57万台，同比增长51.80%；产值107.06亿元，同比增长40.90%；累计销售各型柴油发动机61.47万台，同比增长45.60%；四缸柴油发动机市场占有率18%左右，在国内行业排名第一。

年末，全市有北汽云南瑞丽汽车有限公司昆明分公司、江西江铃集团新能源汽车有限公司昆明分公司、宝能汽车制造项目、东风云南汽车有限公司、昆明客车制造有限公司、云南五龙汽车制造有限公司、云南航天神州汽车有限公司、云南建筑车辆改装厂8户汽车制造企业（项目），其中前7户企业（项目）有新能源汽车生产能力，备案汽车产能29.50万辆，建成产能8.50万辆。除宝能汽车制造项目外，全市其他7户汽车整车生产企业均已投产或试生产，具有新能源城市公交车、市政环卫车、城市物流车、乘用车，以及传统燃油客车、货车、专用车等车型制造能力。

【重点项目建设】 北汽新能源汽车昆明项目位于滇中新区嵩明县杨林经开区，项目以北汽云南瑞丽汽车有限公司昆明分公司名义于2020年2月13日正式获取整车生产企业及EU5、EU300换电版、EX360车型公告。同年3月16日获得3C认证，6月11日获得EU7、EU300驾培版车型公告。至11月10日，完成EU7、EU5、EC5、EU300等8个车型国家工信部产品公告。

云南航天神州汽车有限公司整体搬迁项目位于滇中新区安宁市安宁工业园区麒麟片区，规划总建设用地875.24亩，总投资27.24亿元，建设内容为按已批准的年产5 000辆整车生产能力不变进行整体搬迁，租用厂房建设冲压、焊装、涂装、总装生产，研发测试、试制能力及零部件生产线。至2020年末，累计完成投资7.22亿元。

云南绿色能源产业园项目总投资50亿元，建设内容为工业生产厂房及附属配套用房，总占地面积1 795亩，作为观致汽车（昆明）分公司建设项目基础设施建设部分。至年末，已完成PACK车间和交检车间主体结构、屋面施工，正在进行消防、照明系统施工；已完成总装车间、涂装车间、焊接车间主体结构施工，正在进行地坪、屋面、管道系统施工；已完成冲压车间、倒班宿舍、试制实验车间、综合站房、中央厨房、试制车间1桩基施工，正在进行主体结构、管道系统施工。累计完成投资9.72亿元。

【新能源汽车推广应用】 制定出台一系列新能源汽车产业发展和推广应用政策措施。5月14日印发《昆明市加快推进电动汽车充电基础设施建设实施意见》，9月22日印发《昆明市加快新能源汽车产业发展和推广应用若干政策（试行）》。《昆明市加快新能源汽车产业发展和推广应用若干政策（试行）》明确：为加快推进新能源汽车推广应用工作，帮助新能源汽车企业应对疫情带来的影响，昆明市政府采用发放新能源汽车消费券奖励的形式鼓励新能源汽车消费，其中，新能源巡游出租车消费券不超过备案价格的40%，其他新能源乘用车消费券金额不超过备案价格的20%，新能源物流车消费券金额不超过备案价格的5%。新能源汽车消费券用于消费者购买并在昆明市落户上牌使用的新能源汽车，推广新能源汽车消费券所需资金除省级财政奖励以外部分，由汽车生产企业税收贡献所在市财政与县（市、区）、开发区财政各承担50%。10月28日市发展改革委印发《昆明市新能源汽车充电基础设施规划（2020—2025年）》，11月3日印发《2020年昆明市新能源汽车推广应用工作方案》，12月18日印发《昆明市新能源汽车消费券发放实施方案》。至2020年末，全市汽车保有量为263.16万辆，其中新能源汽车保有量为2.96万辆，占比1.10%。年内，全市新增新能源汽车8 500辆，占新落牌车辆总数的3.90%；新能源乘用车私人消费占比46%。

【新能源汽车下乡活动】 按照工业和信息化部、农业农村部、商务部《关于开展新能源汽车下乡活动的通知》精神，省工业和信息化厅、省农业农村厅、省商务厅、中国汽车工业协会，于12月3～6日在昆明国际会展中心和官渡大酒店举办以“绿色能源云南行，美丽生态乡村兴”为主题的新能源汽车下乡云南站活动，活动由云南滇中新区管理委员、昆明市人民政府承办。

【新能源汽车消费券发放新闻发布会暨启动仪式】 为深入贯彻落实《云南省人民政府办公厅关于印发云南省加快新能源汽车产业发展和推广应用若干政策措施的通知》等文件精神，大力倡导绿色出行，推动汽车消费升级，促进全市新能源汽车产业加快发展。2020年12月18日，市政府在昆明广播电视台新媒体发布中心召开昆明市新能源汽车消费券发放新闻发布会暨启动仪式。市政府副市长出席新闻发布会暨启动仪式并发表讲话，市政府新闻办、市工业和信息化局、市发展改革委、市公安局、市财政局、市交通运输局领导，昆明供电局、昆明发展投资集团、云南北汽瑞丽汽车有限公司昆明分公司、江铃集团新能源汽车有限公司昆明分公司、云南航天神州汽车有限公司、昆明特来电新能源开发有限公司、云南奥动新能源科技有限公司7户汽车生产企业及充换电设施建设和运营单位有关负责人，以及新华社、《人民日报》、《中国日报》、《经济日报》、中新社、新华网、腾讯新闻、凤凰网、《云南日报》、云南广播电视台全媒体新闻中心、云南广播电视台都市频道、云南广播电台、《春城晚报》、《云南信息报》、《云南经济日报》、云南网、云南旅游手机报、《昆明日报》、昆明广播电视台、《都市时报》、昆明信息港、掌上春城、无线昆明、一点关注24家中央和省、市级新闻媒体记者参加了发布会暨启动仪式。

【率先选购和使用新能源汽车倡议】 2020年11月，市工业和信息化局联合市发展改革委、市机关事务管理局、市直机关工委、共青团昆明市委面向全市共青团员，党政机关、国有企事业单位职工发出“率先选购和使用新能源汽车倡议书”。倡议：为节约能源和保护环境，践行绿色发展理念，倡导绿色出行和低碳物流，现向全市各级党政机关、国有企事业单位职工发出倡议，鼓励大家率先选购和使用新能源汽车，特别是广大青年职工要争做率先选购和使用新能源汽车的急先锋，率先用实际行动保护昆明碧水蓝天的良好环境，为云南“汽车梦”再贡献昆明力量，向参加COP15的世界宾朋展示美丽中国的昆明画卷。

（市工业和信息化局）

煤炭工业

【煤矿整治】 2020年，根据《中共昆明市委　昆明市人民政府关于推进供给侧结构性改革的实施意见》和《云南省人民政府关于整治煤炭行业加强煤矿安全生产的通知》《云南省人民政府办公厅关于推进全省煤炭行业整治工作的意见》要求，全市共关闭退出15万吨/年及以上规模煤矿8处，退出产能135万吨，煤矿关闭工作顺利通过省、市、县3级组织的验收。

【煤矿产能关闭退出政策】 根据《云南省人民政府办公厅关于推进全省煤炭行业整治工作的意见》，省政府对直接关闭退出的合法合规煤矿产能按照100元/吨的标准给予一次性补偿；符合条件的直接关闭退出煤矿继续执行国家关于产能置换的有关政策，鼓励通过相关平台集中交易提高产能指标折算比例；2020年底前关闭到位的煤矿，支持其申请工业企业结构调整专项奖补资金，省、市、县按照规定和比例给予配套，并按照关闭退出煤矿产能的30%计算产能指标；直接关闭退出煤矿剩余资源储量对应的矿业权出让收益（价款）按照国家和省相关规定进行退还。

为顺利推进全市2020年煤矿整治工作，市煤矿整治工作领导小组办公室于6月11日印发《昆明市煤矿整治工作实施方案》。《昆明市煤矿整治工作实施方案》明确：对主动申请纳入县级2020年煤矿关闭计划，自愿实施关闭退出，并在时限要求内完成县级关闭验收及公告工作的煤矿，市级按15万元/万吨产能（以关闭煤矿初步设计批复文件为准）的标准给予县政府、开发区管委会激励奖补。

【煤炭产能】 按照省政府煤矿整治要求，昆明市除寻甸县姚家村煤矿等5处资源禀赋好、安全保障程度高的露天煤矿被省煤炭产业集团（云南省国有大型煤炭产业集团）整合重组得以继续保留外，全市辖区内其余煤矿全部关闭退出。全市得以继续保留的5处煤矿中，2处为正常生产煤矿、1处为正常建设煤矿（预计2021年底可投入生产）、2处为正在办理相关手续的长期停产停建煤矿，待全部煤矿完成转型升级并投产后，预计可年产原煤215万吨，为当地经济建设和社会发展提供能源支持。

（市工业和信息化局）

电子信息产业

【概况】2020年，全市电子信息制造业产值增长2.50%。重点企业中，腾云"一部手机游云南"平台影响力进一步扩大；京东方产能100万片新型显示基地Micro-OLED产品成功下线，产品关联技术在全球具有领先地位；浪潮（云南）智能制造生产基地建成投产，PC与服务器实现"国产昆明造"。重点项目中，浪潮（云南）智能制造生产基地在昆明呈贡信产业落地投产，已搭建2条生产线，PC机年产能60万台，服务器年产能20万台；浪潮（云南）承接云南省委集成项目和省信创办公云项目，其中信创办公云项目实现全省厅级单位及16个州（市）机关办公类应用系统全部上云。

【AR/VR产业】按照"县（市、区）园区管委会申报、领导小组认定、资金扶持配套"的原则，审核认定授牌五华金鼎VR/AR产业园、盘龙871西区5G数字科技产业园、官渡大都摩天VR/AR产业园、呈贡云上小镇VR/AR产业园4个园区为昆明市首批VR/AR产业专业园区。会同昆明电信公司、昆明移动公司等部门和企业共同探讨、研究VR/AR产业发展建设云服务平台方案，充分整合各园区、联盟单位资源，形成优势互补、特色鲜明的联动机制。依托昆明电信或昆明移动等企业为主体搭建VR/AR产业市场营销平台和VR/AR产业云服务平台，有效拓展VR/AR产业场景应用和市场空间，引导VR/AR产业企业积极上云，降低VR/AR企业运营成本。将虚拟现实和联合国生物多样性公约第十五次缔约方大会（COP15）、第七届中国国际友好城市大会结合起来，策划在南博会、昆交会等重大活动中应用虚拟现实技术。

【招商引资】坚持市政府主要领导带队，采取多种形式开展招商引资工作。年内，分别在北京、上海、深圳、福州等地针对数字经济、AR/VR、智能制造专题开展招商引资，对接企业100余户，动员华为、浪潮、京东方、网龙、通号集团、艾铂科技、腾讯、紫光、闻泰科技、中关村电子城等行业知名企业落地昆明。发挥空港经济区临空优势，引入京东方OLED微显示器12英寸生产线等项目，延伸发展VR/AR产业链。

【政策支持】贯彻落实促进全市实体经济发展和支持数字经济发展若干政策，引导企业升规纳统，对2019年首次升规纳统的12户互联网、软件和相关服务业企业补助60万元，对2019年成长较好的34户企业按照增速、规模等分档次补助共535万元，进一步增强企业发展的信心。推动产业应用示范，以应用带产业发展，对开展关键核心技术应用、特色服务产品开发，提供先进信息技术产品和行业应用解决方案的29个示范投资项目补助资金790万元，形成一批具有自主知识产权的产品。

（市工业和信息化局）

中小企业

【中小企业培育】2020年，全市实施微型企业培育、成长型中小企业培育、民营小巨人企业培育三大工程，梯次培育，支持民营（中小）企业不断发展壮大。年内，全市共新增115户企业进入云南省成长型中小企业库，占全省新增户数的44%，使昆明市在云南省成长型中小企业库的企业达到632户。按照"企业主体、政府服务、梯度培育、精准扶持，要素聚集、合力推动"原则，加快培育一批处于细分行业领先地位的民营小巨人企业，鼓励和促进企业走"专精特新"发展道路，增强产业核心竞争力和产业升级转型。年内，全市44户企业列入云南省百户民营企业小巨人企业；新增12户工信部"专精特新"小巨人，占全省新增户数的44%，累计企业数达18户，占全省总户数得51.40%。

【企业创业创新】承办2020年"创客中国"云南省中小企业创新创业大赛，共有385个项目参赛，项目涉及生物医药与大健康、大数据、智能制造、工业互联网、疫情防控、新材料新能源及节能环保等，是"创客中国"云南赛区历史上涉及行业领域最广、数量最多的一次大赛。本次大赛发掘和培育了一批优秀项目和优秀团队，对获奖项目给予一定的资金奖励和政策扶持，对发展前景好的项目给予连续滚动扶持，催生新产品、新技术、新模式和新业态，提升中小企业专业化能力和水平。昆明市参赛企业数占全省参赛总数的65.20%，获奖企业数占全省获奖企业数的72.50%。在全国总决赛中，昆明全波红外科技有限公司项目获得全国优胜奖。

【服务体系建设】全市共设立1个市级中小企业服务中心、17个县（区）、开发（度假）区级中小企业服务中心，建成软件、光机电等13个专业化公共服务窗口平台，认定59个市级"中小企业公共服务示范平台"、25个"小微企业创业创新示范基地"，初步形成以市中小企业服务中心为枢纽，县（市、区）、开发（度假）区中小企业服务中心为骨干，专业化窗口、示范基地、示范平台为补充的中小企业公共服务体系。年内，通过网站、微信公众号等方式宣传发布各级政策信息4 321条，联合368个专业服务机构采取灵活多样的形式，针对辖区内中小微企业开展陪伴企业成长志愿服务，"专精特新"、上云上平台中小企业提升工程，政策与法律专项服务，小微企业金融知识普及教育、融资对接，从业人员服务能力提升、企业征信知识宣教等服务，举办活动1 231场，惠及企业9 345户。

【缓解融资难题】 加大全市“财园助企贷”支持力度。年内，帮助114户企业获得42 425万元贷款支持，为7户企业3 110万元的贷款办理无还本续贷、6户企业2 140万元的贷款办理展期的政策支持。同时，快速落实“财园助企贷”贷款贴息政策，对第一批申请的42户企业的1.47亿元贷款给予贴息资金159.8万元。加紧推进“昆明市中小企业智慧融资服务平台”建设，以新一代信息技术应用为支撑，整合全市现有支持中小企业融资政策和资金，加大金融支持力度，缓解全市中小微企业“融资难、融资贵”问题。

（夏春阳）

电力工业

【概况】 2020年，昆明供电局为南方电网公司所属的国有特大型企业，负责昆明市7区6县1市电力供应，供电面积2.15万平方千米，用电客户323.82万户（其中县级供电局112.45万户）。全局下设14个职能部门、13个直属机构和14户县级供电企业、64个供电所。年内，昆明电网最高负荷为568.85万千瓦·时，售电量连续3年突破300亿千瓦·时，达到334.99亿千瓦·时，创历史新高；全口径客户平均停电时间10.13小时/户，其中，“1”小时区域（主城区二环以内，包括西至西山区政府片区、南至日新路，以及呈贡市政府片区和呈贡大学城片区）客户平均停电时间0.998小时/户，综合供电可靠率99.77%；综合线损率4.50%，同比下降0.01个百分点。年末，全局共有员工5 220人（其中县级供电企业2 479人）；管辖35千伏及以上变电站216座（其中500千伏变电站7座，220千伏变电站24座、110千伏变电站96座、35千伏变电站89座），35千伏及以上输电线路1千米，公用配电变压器1.74万台。

表9　2020年昆明电网经济技术指标完成情况一览表

项目	单位	2019年完成	2020年完成	同期相比（%）
供电量	亿千瓦·时	335.31	350.38	4.49
售电量	亿千瓦·时	325.83	334.99	2.81
最高日供电量	万千瓦·时	10 732	11 307	5.36
最高日负荷	万千瓦	553.9	568.85	2.70
综合线损率	%	4.51	4.50	-0.22
综合电压合格率	%	99.526	99.68	0.15
综合供电可靠率	%	99.84	99.77	-0.07
负荷率	%	87.49	68.25	-22
电费回收率	%	99.99	99.98	-0.01
高技能人才占比	%	72	75.5	4.86
全员劳动生产率	万元/人·年	180.55	190.16	5.32

【安全生产】 深化安全生产治理体系建设，事故事件数量实现双下降。抓实八大基准风险145项管控措施，有效防控乌东德工程建设等重大电网风险。政企协同完成91件涉电公共安全隐患整治，被评为全市电力执法工作先进单位。完成“护网-2020”网络攻防演习，网络安全底线全面守牢。加大力度开展中低压设备故障治理，中压抢修工单同比减少56单/月，配网故障缺陷比同比下降26.92%，配网从“被动抢修”向“主动运维”转变的态势初步形成。开展供电质量暨停电时间“1”小时行动，强化综合停电管理，累计开展8 003次带电作业，减少客户平均停电时间31.29小时/户。有效应对低温雨雪冰冻、史上最严重山火等自然灾害，圆满完成国家领导人考察云南等三级及以上保供电323次。创新“秒分时”级管控策略，全力做好COP15保供电准备。

【供电服务】 积极培育用电增长点，做好昆明新型基础设施建设及自贸区发展用电服务，累计增供扩销电量4.10亿千瓦·时，全力保障5G覆盖、地铁4号线等重点项目落地，滇中新区、安宁、富民等政府部门，中石油、万科、昆钢等多个企事业单位来函感谢。建立客户投诉“四分”管控机制，压紧压实客户投诉管控责任，有力扭转客户投诉高发被动局面，客户问题处理及时率达到88.33%。试点开展“网格化”管理新模式，依托电视媒体、微信公众号等渠道大力宣传“办电不用跑”服务，“一部手机办事通”App办电业务上线推广，统一服务平台推广数量达到106.26万人，远程服务渠道绑定数量69.43万户，互联网业务办理比例98.82%，同比提升27.49%。累计完成158.57万用户智能交费覆盖推广，为人民群众用

昆明供电局职工在疫情期间开展供电设备检修　（史晋　摄）

电服务转型升级打下坚实基础。

【电网建设】 紧密衔接滇中城市群发展规划，编制完成“十四五”智能配电网规划。深入开展“迎峰度冬”高峰负荷分析暨2020年配电网“统一规划”工作，完成3 714项问题梳理录入，差异化实施项目储备及投资建设，中低压配网水平不断提升。全面推广“三精”模式，系统开展“一县一册”专题规划，推动偏远地区网架薄弱短板逐步弥补改善。开展“主网攻坚、配网提质”及“百日奋战攻坚”专项行动，重点项目如期投产，发挥效益。促成市政府与云南电网公司同步印发“行动方案”“行动计划”，政企协同助推重点电网工程落地。500千伏白邑、110千伏黄家庄、秧草凹等18个主网工程顺利投入运行，配网工程投产完成率96.11%，均创近年来投产纪录新高。建成全省首座35千伏预舱式智能变电站。

【科技进步】 坚持科技创新驱动，科技研发投资同比增长33%，打造云南电网首个科技信息领域专家团队，累计获得83项科技奖励，创历史新高。授权专利达402件，稳居全省各供电单位第一。完成5个科技成果转化，转化效益50万元。成功研制全国首个500千伏输电线路全工况走线机器人并实现现场应用。“基于龙芯CPU的数字式保护、测控及在线监测一体机研发”成为南方电网唯一入选全国总工会职工创新补助项目，并使昆明供电局获南方电网公司科技创新先进单位称号。智能设备全面推广，设备替代人工作业范围进一步扩大。213座变电站实现视频监控覆盖，变电站远方巡视比例逐步增加，占比超过34.27%。变电站断路器、重合闸远程操作常态化开展，人员操作风险大幅降低。无人机线路巡视里程突破2.30万千米，同比提升48.58%。1 095条线路完成配电自动化改造，设备在线使用率和遥控成功率分别达到90.30%、93.50%。智能电表和低压集抄实现全覆盖，客户远程服务更加智慧高效。

【经营管理】 落实“过紧日子”系列举措，可控供电成本不断降低，顺利实现降本增效年度目标。深化计划预算精准闭环管理，推进业财融合联动全过程管控，各项经营指标全面完成。加强资金安全管理，健全往来账款常态化管理机制，完成民营企业往来账款清理任务。充分发挥审计揭示经营管理风险、提高企业效益的独特作用。有序开展改革后企业瘦身健体、压层减户，企业法人户数有效压减。建立履约沟通协调机制，加强重点工程项目过程管控及督促检查，推进承接业务服务水平有效提升。深化昆电投公司管理主体定位，适度压缩管理层级，战略型集团管控模式初具雏形。推进高端装备制造转型升级，市场业务加速拓展，昆电投公司与中国移动等18个市场主体建立战略合作关系，高端装备制造自主品牌市场影响力和竞争力不断提升。

（任春晓）

昆明供电局工作人员在400米高空开展“跨江走线”验收 （卢显仑　摄）

商业贸易·投资促进

编辑：唐荣华

商　　贸

【概况】2020年，面对突如其来的新冠肺炎疫情，在市委、市政府坚强领导下，全市商务系统始终坚持稳中求进的工作总基调，扎实抓好“六稳”工作，全面落实“六保”任务，统筹推进疫情防控和商务发展，各项工作扎实稳步推进。年内，全市新增总部企业21户；甲级楼宇的空置率为34.72%，较上年下降4.44个百分点，呈现良好的发展态势。年末，全市有注册的总部企业共319户，保有税收千万元楼宇57幢，保有税收亿元楼宇48幢。

【步行街改造提升】2020年7月22日，五华区南屏步行街入围全国第二批步行街改造提升试点，12月21日被确认为首批全省示范步行街；12月21日，公园1903步行街被确认为首批全省示范步行街。

【夜间经济】据《第一财经》对昆明商业竞争力的大数据研究分析表明，以夜间灯光、夜间消费、夜间公交等为代表的夜间活跃度是昆明具有明显优势的一项，处于新一线城市的第8位。

【“老字号”企业评定】根据《“云南老字号”评定规范》和《“昆明老字号”评定规范》，2020年8月26日，昆明市商务局组织“云南老字号”“昆明老字号”认定专家委员会召开第六批“云南老字号”和第四批“昆明老字号”评审会议。经专家委员公正评审，新认定“昆明老字号”8户、“云南老字号”4户。至年末，全市已认定“老字号”企业55户，其中“中华老字号”14户、“云南老字号”22户、“昆明老字号”19户。从行业构成来看，昆明“老字号”主要涉及餐饮、食品加工、零售、医药、工艺美术等行业，但大多数“老字号”企业属于中小型商业企业。从区域分布上看，全市“老字号”主要集中在五华、盘龙、官渡、西山等中心城区。

【商贸服务型国家物流枢纽】2020年10月28日，国家发展改革委、交通运输部联合印发《关于做好2020年国家物流枢纽建设工作的通知》，公布2020年国家物流枢纽建设名单，昆明商贸服务型国家物流枢纽成功入选，成为西部地区第一个入选的商贸服务型国家物流枢纽。昆明商贸服务型国家物流枢纽区位优势突出、发展基础良好，由经开区王家营和晋宁区腾俊陆港2个片区构成。王家营物流片区拥有云贵高原地区唯一的大型集装箱物流中心，毗邻螺蛳湾国际商贸城和斗南花卉市场等大型商贸中心；腾俊陆港是联合国亚洲及太平洋经济社会委员会认定的、中国政府批准的全国17个国际陆港之一。2片区现有物流用地9.83平方千米，建成设施用地8.12平方千米，已建设铁路站场、多式联运、公共仓储、公路分拨配送、商贸物流、综合服务等8大基础设施。

【国家骨干冷链物流基地】 2020年7月6日，国家发展改革委发布《关于做好2020年国家骨干冷链物流基地建设工作的通知》，正式公布首批17个国家骨干冷链物流基地建设名单，西部省区仅有4个入选，昆明市为云南省唯一上榜城市。昆明国家骨干冷链物流基地申报范围包括昆明空港经济区宝象临空产业园万吨冷链港和昆明经济技术开发区云南东盟国际冷链物流中心2个片区。

【流通领域供应链体系建设】 全市自2018年开展全国流通领域现代供应链体系建设城市试点工作开展以来，始终坚持聚焦供应链“四化”（标准化、智能化、协同化、绿色化），以“五统一”（统一标准体系、统一物流服务、统一采购管理、统一信息采集、统一系统平台）的要求，采取了一系列措施，扎实开展流通领域现代供应链体系建设工作，2020年试点工作全面完成。昆明市流通领域现代供应链体系建设立足昆明特色产业优势，按照因地制宜、聚焦重点、突出特色的原则，确定高原特色农产品产业供应链、云南现代花卉供应链、汽车零部件现代流通供应链、昆明城乡快消品供应链4个链条，在22户企业实施试点。2020年11月，市商务局委托第三方服务机构中国仓储与配送协会组织项目验收组对试点项目进行验收，并出具了验收报告。最终4个链条、16户企业的试点项目通过验收，引导社会投入185 125.76万元。

【电子商务】 2020年，市委、市政府鼓励、支持电子商务企业健康发展，兑现省级稳增长电子商务奖励资金921万元。积极推动与阿里巴巴、京东等知名电商企业的合作，推进京东昆明运营中心等系列项目建设，禄劝、寻甸、东川3个县（区）电子商务进农村综合示范项目顺利通过验收，石林、宜良2个县成功申报电子商务进农村综合示范县，建成3个县级电子商务服务中心、67个乡（镇、街道）电子商务服务站、338个村级电子商务服务站。加大商务扶贫力度，电商企业合作助力精准脱贫成效显著。到贫困地区开展电商人才培训，积极和电商企业合作，引导贫困户参与到电商发展中来，3个贫困县带动1 400余人实现就业创业。通过“互联网＋合作社（产业大户）＋贫困户”“党总支＋乡村旅游＋入股分红＋贫困户”等模式获得入股分红，帮助贫困农户稳定增收。

（刘礼祥）

对外贸易及外经合作

【外贸新业态新模式】 2020年，全市积极应对中美经贸摩擦等风险挑战，着力培育外贸新业态新模式，支持外贸综合服务企业和服务平台发展。稳步推进跨境电商综合试验区建设，在疫情的大考下，跨境电商规模逐月扩大，全市2020年跨境电商进出口额完成7.90亿元，成为稳外贸稳外资的重要力量。9月，以昆明俊发·新螺蛳湾国际商贸城为依托，昆明市场采购贸易方式试点首单以转关模式首试成功。大力发展服务贸易，获国家深化服务贸易创新发展试点城市，催生外贸产业链升级。经贸平台载体建设稳步推进。昆明综合保税区区内企业完成进出口额11.20亿元，增长205.60%，其中出口8.20亿元、增长310.30%，进口3亿元、增长81.20%；中国（云南）自贸区昆明片区进出口额343.50亿元，占同期全市外贸额的31.10%；293户外贸企业参加第三届中国国际进口博览会，成交金额居全省首位。加大外贸扶持，共支持外贸项目283个，兑现各级各类资金1.51亿元，稳住了外贸基本盘，商贸辐射力和影响力不断扩大。年末，与昆明开展国际贸易的国家（地区）已达177个，其中“一带一路”沿线国家（地区）64个。

【外经工作】 受新冠肺炎疫情影响，2020年全市新增对外投资项目12个，协议投资总额5 347.50万美元；新签对外工程承包合作7项，工程承包合同金额7.25亿美元。此外，企业在缅甸、日本新设办事机构4个。推动昆明市驻老挝、泰国首批商务代表处落地，借助机构功能发挥，整合国内外优质资源，有力支持企业“走出去”。

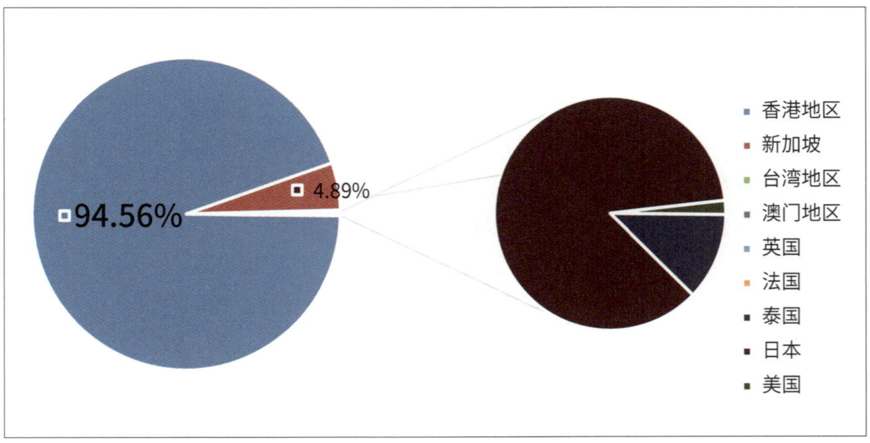

图6 2020年各国家（地区）在昆明投资情况

【稳国(境)外资金工作】 由于受新冠肺炎疫情、中美贸易摩擦以及全球经济持续衰退、国际投资大幅下跌等因素影响，全市利用国(境)外资金工作面临着前所未有的严峻挑战，实际利用外资下滑严重，1～7月降幅最高达50.56%。从8月开始，由于国家和省、市稳国(境)外资金稳国(境)外贸易政策贯彻落实到位，全市实际利用国(境)外资金止跌回升，降幅由2位数收窄至个位数，全年实际利用外资实现正增长。至年末，全市新设国(境)外投资企业163户，同比增长38.14%；合同利用国(境)外资金17.20亿美元，同比下降52.07%；实际利用国(境)外资金6.62亿美元，同比增长2.02%，占全省实际利用国(境)外资金的87.23%以上，完成全年目标任务。其中，第一产业实际利用国(境)外资金188.45万美元，占比0.28%；第二产业实际利用国(境)外资金1 816.86万美元，占比2.75%；第三产业实际利用国(境)外资金6.42亿美元，占比96.97%。第三产业利用外资中，实际到位国(境)外资金主要集中在房地产、农产品批发市场建设以及新零售业态超市的建设投资项目上，其中，房地产业实际利用国(境)外资金1.65亿美元，批发和零售业实际利用国(境)外资金2.40亿美元，租赁和商务服务业实际利用国(境)外资金1.14亿美元，分别占第三产业实际利用国(境)外资金总额的25.65%、37.38%、17.82%。

昆明市国(境)外投资主要来源于中国香港和新加坡等9个亚洲国家和地区。其中，实际利用中国香港资金6.26亿美元，占全市实际利用外资总量的94.56%；实际利用新加坡资金3 234.30万美元，占全市实际利用外资总量的4.89%；“一带一路”国家中有新加坡和泰国在昆明市进行实际投资，实际利用国(境)外资金合计3 262.50万美元，占4.93%。

表10 2020年昆明市实际到位国(境)外投资来源结构一览表

单位：万美元

国家(地区)	从列表国家或地区协议引进国(境)外资金总金额	从列表国家或地区引进国(境)外资金实际到位总金额	占全市同期实际到位国(境)外资金比重(%)	主要投资所属行业
香　港	145 656.51	62 570.257 3	94.56	卫生和社会工作、批发和零售业、租赁和商务服务业、房地产业、农、林、牧、渔业
澳　门	14.58	99.596 8	0.15	批发和零售业
台　湾	5 838.84	25.815 8	0.04	信息传输、软件和信息技术服务业、农、林、牧、渔业
新加坡	3 703.11	3 234.299 1	4.89	房地产业、交通运输、仓储和邮政业
泰　国	7 407.29	28.20	0.04	农、林、牧、渔业
印度尼西亚	300			
老　挝	79			
越　南	200.95			
马来西亚	1.41			
印　度	20			
孟加拉国	204.66			
巴基斯坦	8.71			
日　本	517.85	200	0.30	制造业
韩　国	6 181.28			
澳大利亚	14.58			
欧　洲	912.54	6.370 4	0.01	租赁和商务服务业
非　洲	7.23			
亚　洲	170 144.23	66 158.169	99.98	卫生和社会工作、批发和零售业、租赁和商务服务业、房地产业、农、林、牧、渔业、信息传输、软件和信息技术服务业、交通运输、仓储和邮政业
北美洲	896.72	4.499 2	0.01%	批发和零售业

区域全面经济伙伴关系协定（RCEP）成员国（东盟10国、日本、韩国、新西兰、澳大利亚）中，有9个成员国在中国昆明投资，合同引进外资共1.84亿美元，占比10.70%；新加坡等3个成员国在昆明实际投资共3 642.50万美元，占比5.23%。投资领域涉及批发和零售、房地产、住宿和餐饮、交通运输、仓储和邮政等第三产业。

全市各县（市、区）利用国（境）外资金主要集中在盘龙区，开发（度假）区利用国（境）外资金主要集中在中国（云南）自贸区昆明片区以及滇中新区。其中，中国（云南）自贸区昆明片区共设立55户外商投资企业，合同利用国（境）外资金共11.78亿美元，占全市合同利用国（境）外资金总额的68.49%；实际利用国（境）外资金2.60亿美元，占全市实际利用国（境）外资金的39.27%，自贸试验区利用外资主阵地和引领作用日趋凸显。

【自贸试验区建设】 制订印发《中国（云南）自由贸易试验区昆明片区实施方案》和10个专题工作组工作方案，出台《昆明市促进中国（云南）自由贸易试验区昆明片区高质量发展若干政策》，建立动态评估和联席会议制度，中国（云南）自贸区昆明片区高质量建设扎实推进。第一批省级73项、市级48项行政职权下放昆明片区，141项试点任务（94项国改任务、47项省改任务）按进度完成60%以上，2条创新经验案例获省级采纳上报商务部。至年末，昆明片区共新设企业17 104户，其中，内资17 031户、注册资本1 703亿元，国（境）外资金75户、注册资本13.34亿美元；实际利用国（境）外资金2.39亿美元，进出口总额387.40亿元，为主要经济指标“三年翻一番”奠定了坚实基础。

【国际班列运行】 2015年，为深度融入国家“一带一路”倡议，架构昆明通往欧洲的国际班列运输通道，昆明市政府与成都市政府签订中欧合作协议，开展中欧班列业务。随着业务的拓展，相继开行了中亚、中越及面向南亚、东南亚国际班列业务立体化发展的国际班列，为加强昆明市与南亚、东南亚、欧洲国家经贸合作开拓了新的渠道。2020年，昆明国际货运班列完成国际运输到发柜数量4 884标准箱（同比增长116%），货量81 310吨，货值234 842万元，刷新了昆明国际班列开行5年以来的到发量纪录。

（刘礼祥）

招商引资

【概况】 “十三五”期间，昆明市主动服务和融入国家及省发展战略，坚持“两型三化”的主攻方向，紧盯重点区域、重点产业持续招大引强，成功引进华为、阿里巴巴、恒隆广场、大华银行、渣打银行、普洛斯环普产业园、云硅智能科技特色产业园、阜外心血管医院、北汽新能源、华能新材料等一批具有引领示范带动效应的头部企业和项目，进一步优化了全市产业结构，并为全省新经济、新业态的发展发挥了引领带动作用。2020年，全市聚焦世界一流“绿色三张牌”及先进装备制造、数字经济等战略性新兴产业方向开展精准招商，市领导高位统筹、顶格推动，坚持一把手带队外出招商。市委、市政府主要领导先后赴省外招商9次，市级领导带队招商8次，会见投资客商216次，拜访重点企业73户，组织招商引资重点企业恳谈会6次；各县（市、区）、开发区“一把手”招商129次，会见投资客商3 001次；全市引进市外到位资金1 490.41亿元，完成年度工作目标1 420亿元的104.96%，同比增长14.29%；全市新批国（境）外投资企业163户，合同利用国（境）外资金17.199 5亿美元，实际利用国（境）外资金6.616 9亿美元，完成省招商委办公室下达的利用外资正增长目标任务6.616 9亿美元的100%，同比增长2%。“十四五”时期，全市累计引进省外内资6 808.79亿元，实际利用国（境）外资金28.91亿美元（商务部统计口径），超额完成目标任务。

【线上招商】 2020年，面对出现的新冠肺炎疫情给招商引资工作带来的影响，全市借助政务网、“投资昆明”网、微信公众号等信息平台发布招商信息，推介优质招商引资项目，确保了宣传推介不掉“线”、招商引资不断“链”。4月中下旬，相继举办昆明市“暖企行动”线上恳谈会和“昆明欢迎你，A Message from Kunming”外资招商网络推介会，新浪财经、腾讯

2020年7月17日，昆明市工业和信息化局与企业签订合作协议现场

（市投资促进局　供稿）

新闻、网易财经、《云南日报》客户端等20多家主流媒体平台同步网络直播，吸引海内外企业家、商界人士及驻华机构等线上观看逾百万人次，为广大企业家深入了解昆明、提振投资信心起到了积极促进作用。

【招商机构优化】 围绕国内外重点区域、城市产业转型升级趋势以及世界500强企业、行业龙头企业业务拓展需求，优化调整全市产业和驻外招商机构设置，集中优势资源推进重点产业和重点区域招商工作。研究制订《昆明市产业和驻外招商机构设置方案》，在原有11个市级产业招商分局基础上，精简合并设置大健康产业、数字经济和新基建、教育卫生事业、绿色食品、交通运输和现代物流、工业和信息化、商贸服务业、文化旅游8个产业招商组和由市招商委办公室负责的“综合保障组”，按照“8+1”模式，组织开展产业招商工作。其中，8个产业招商组围绕产业战略布局，负责做好市领导外出招商、企业来昆考察接洽和目标企业沟通联络工作；综合保障组重点落实目标企业对接、招商活动组织保障、市领导外出招商协调协调组织、签约项目跟踪调度和落地服务工作；调整原有4个驻外招商分局设置，在市驻北京联络处、市驻上海联络处、市驻深圳办事处分别加挂昆明市环渤海招商局、昆明市长三角招商局、昆明市粤港澳大湾区招商局；原成渝招商分局调整为昆明市西南和华中招商局。各驻外招商局实行“两块牌子一套人马”，在市招商委办公室的统一协调下，立足重点招商区域，整合市级招商资源，精准对接派驻地区重点招商领域企业，邀请企业来昆考察洽谈，并在派驻地区组织做好各类招商引资活动。同时，根据产业和驻外招商机构设置和工作任务，制定《昆明市产业和驻外招商机构招商引资工作实绩考评办法（试行）》，设置签约项目履约率、落地率等“硬指标”，对项目落地考评指标设置占比较大的权重分值，严考项目落地；设置“目标企业梳理、信息收集、招商活动”工作目标，推动驻外招商局紧盯派驻地区重点招商领域行业龙头企业，抓实精准招商；突出必达工作目标，明确各项工作目标的计分起点和标准，量化考评指标；根据驻外和产业招商机构工作职责的不同，对考核对象差异化设置考评指标及其权重分值，实行差异化考核。

【项目服务创新】 积极开展招商引资项目服务创新工作，通过市场化运作引入“外脑”专业机构，全年分2批推出150个重点策划招商引资储备项目。打造项目全周期服务机制，建立项目综合管理平台，对招商引资项目洽谈、签约、落地、开工、建设、竣工、投产等环节实行全周期、全方位、分级化精准管理。坚持全市重大招商引资项目定期集中调度，将省、市重点督办项目纳入调度范围，实现每月协调调度、季度联席会办、半年观摩通报。2016～2019年，全市新增招商引资项目1 636个，引入并投产企业累计实现税收收入485.69亿元，对全市税收收入贡献度达13.10%，带动从业人员10.30万人。

【实际利用外资】 坚持统筹谋划，充分发挥各县（市、区）、开发（度假、

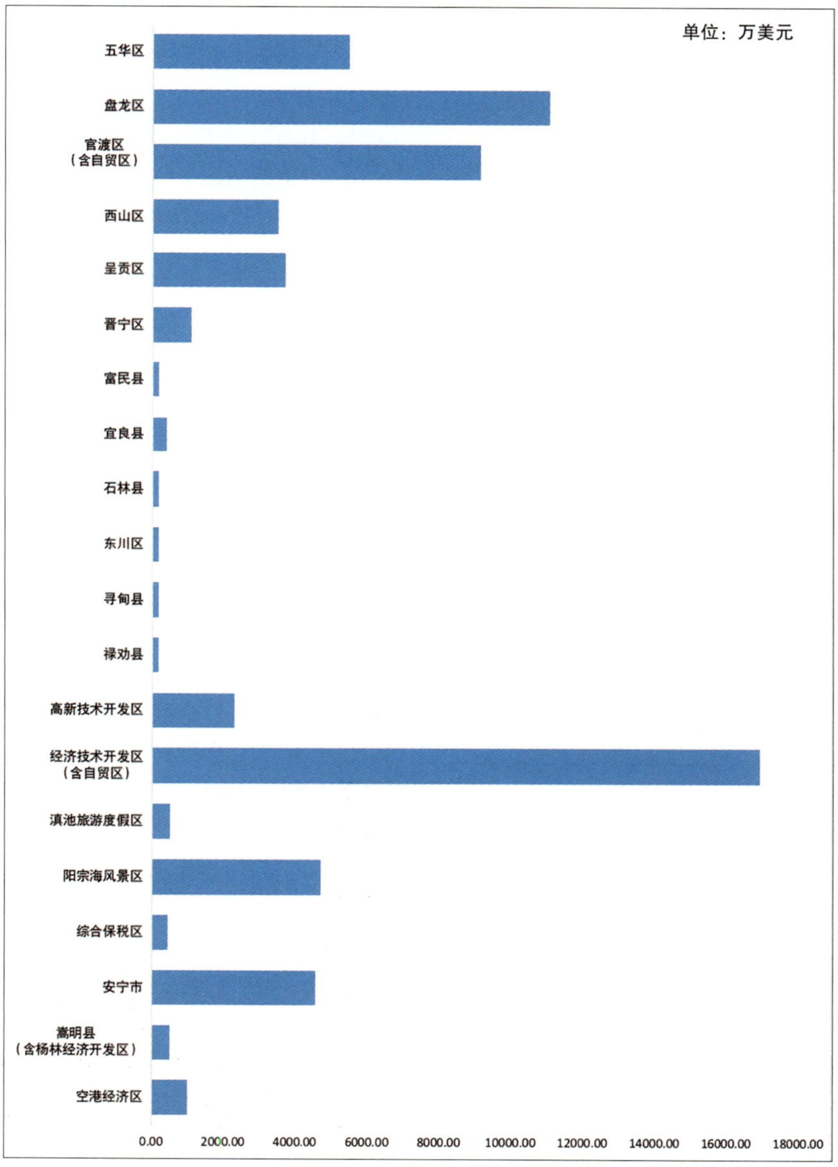

图7　2020年昆明市利用国（境）外资金情况分布图

园）区的主体作用，落实重点外资项目工作专班制，确保全市年度外资招商工作目标顺利完成。强化政策引领，出台市级奖励政策，根据《昆明市关于积极有效利用外资　促进外资增长　推动经济高质量发展的实施意见》关于兑现"实际利用外资支持奖励政策"的要求，牵头制定《昆明市鼓励外商投资奖励办法》，作为全市吸引外资的重要手段。加强政策宣传落实，充分利用举办各类招商活动的时机，通过多样化信息平台，加强对《云南省人民政府关于切实解决吸引外资"盲点""痛点""难点"　促进外资增长的意见》《昆明市关于积极有效利用外资　促进外资增长　推动经济高质量发展的实施意见》等政策宣传解读。组织符合奖励条件的企业赴省投资促进局对接奖励申报事宜，协助全市6户外商投资企业兑现云南省外商投资奖励金4 780万元。落实重大外资项目专班工作制，统筹推进普洛斯环普产业园、中通国际保利安宁、新加坡鹏瑞利国际大健康城等项目的外资到位，协调解决项目推进过程中的难题，实施重大项目"一个项目、一位领导、一套班子"全程跟踪服务，成功实现市属国企境外发债1.20亿美元纳入实际利用外资统计，为全市实际利用外资扭负为正、实现正增长做出了贡献。

（严　宇）

区域合作

【对口帮扶】 2020年，昆明市高层次推动昆（明）迪（庆）对口帮扶工作向纵深推进。4月20～21日，省委常委、市委书记、滇中新区党工委书记程连元率队赴迪庆藏族自治州考察，并召开2020年昆迪对口帮扶友好合作座谈会，提出深化两地合作倡议，安排部署帮扶工作。7月16～17日，香格里拉市委副书记、市长陈群率香格里拉市党政代表团及企业代表到昆明对接工作并前往云南白药集团总部、昆明中药厂、潘祥记工贸有限公司、中国（云南）自贸区昆明片区、西山区云纺科技园实地考察、座谈交流。年内，经昆迪双方数次对接，明确实施昆迪帮扶项目22项，投入帮扶资金3 150万元，其中，帮扶香格里拉项目9项，帮扶资金2 120万元，圆满完成了"十三五"期间的工作目标，确保了《"十三五"昆迪友好合作框架协议》各项内容的落实。

2020年4月21日，市委书记程连元（左四）率队到迪庆藏族自治州考察

（市投资促进局　供稿）

【对口支援】 根据国家、云南省对口支援三峡库区工作要求，昆明市拨付重庆市武隆区对口支援资金30万元，用于实施芙蓉街道柏杨村人行便道项目。同时，加强与重庆市武隆区、石柱土家族自治县的沟通互访。10月16日，重庆市石柱县三峡库区对口支援办公室一行赴晋宁区二街镇鲁黑村考察乡村振兴、乡村旅游项目。10月23～24日，省投资促进局领导率队赴重庆市石柱县、武隆区开展考察对口支援三峡库区项目活动，先后考察了西沱古镇、市级示范村南坪村、西沱镇公共服务中心、西沱镇移民会议中心等项目和武隆区实验二小、实验中学、芙蓉街道柏杨村人行道等项目。

（严　宇）

粮食购销

【概况】 2020年，是决战脱贫攻坚、决胜全面建成小康社会之年。面对年初出现的新冠肺炎疫情和错综复杂的国内国际形势，市粮食和物资储备局深入贯彻落实中央和省、市委关于粮食和物资储备工作的决策部署，牢牢守住安全、稳定、廉政3条底线，突出"深化改革转型发展"主题，聚焦粮食和物资储备职能任务，解放思想，担当实干，坚决扛稳全市粮食和物资储备安全重任，立足职责职能，把做好保障全市粮油供应作为最重要、最紧迫的政治任务，通过全面加强组织领导、健全保障机制、抓好粮源保供、助力企业复工复产、加强市场巡查检查，在补粮源、保供给、稳粮价、促复工、强宣传等方面做了大量工作，全面筑牢了全市粮食安全4道防线，做到了疫情防控与重点工作"两手抓、两手硬"。

【粮油及应急物资供应】 做好粮油保供稳价，全面实施4项监测联动机制，多次到超市卖场、粮油批发市场和粮食应急加工企业，对粮油供应、企业生产和库存情况进行巡查检查；组织市内3户规模较大的粮油应急加工企业随时待命，适时加工，增加市场粮油供给；全年共组织开展粮油市场巡查检查32批次，出动检查人员143人次。认真做好冻猪肉储备和监管工作，完成省级下达的900吨冻猪肉应急收储任务，做好疫情期间和重要节假日冻猪肉投放市场工作，全年先后共投放市级储备冻猪肉1 420吨保供市场；加强对冻猪肉储备企业日常监管，建立市级冻猪肉长期储备制度，10月将市级冻猪肉长期储备量增加到1 200吨，保障重要节点和各种突发事件情况下全市猪肉市场应急供应。

【粮食安全】 紧紧围绕确保全市粮食安全这一中心工作，全面落实2020年中央经济工作会议、中央农村工作会议、中央一号文件、国家和省粮食安全省长责任制考核工作动员部署会议精神，扎实做好“六稳”工作，落实“六保”任务，圆满完成了2020年粮食安全行政首长责任制各项目标任务。积极争取市委、市政府支持，成立了以分管副市长为组长、相关部门负责人为成员的考核工作领导小组，对全市粮食工作统筹部署；市政府主要领导与14个县（市、区）政府和4个开发（度假）园区管委会主要领导签订责任书，全面压实粮食安全责任；市领导专题听取粮食工作专题汇报，全面掌握工作开展情况；市政府组织召开2020年度粮食安全工作现场会议，分管副市长出席会议对全市粮食工作作出安排部署，并对粮食工作进行实地调研；将粮食安全行政首长责任制工作纳入乡村振兴办考评指标体系，按季度开展综合考评和通报，加强过程化管理考评和督办通报；对2016年以来省对市粮食安全行政首长责任制考核发现问题积极整改，确保问题整改到位、成效明显。

【粮食宏观调控】 继续实施最严格的耕地保护制度，紧紧守住安全、稳定和廉政3条底线，积极掌控粮源，确保口粮生产和保障能力不降低。严格按照《云南省农业农村厅关于印发2020年粮食生产底线指标的通知》，深入落实“米袋子”粮食工程，全面开展稳定粮食播种面积和产量工作。全市粮食播种面积358.44万亩，较上年增加了8.54万亩；粮食产量107.93万吨，较上年增加5.73万吨；全市纳入统计的粮食企业总购进（原粮）638.65万吨，完成市政府下达目标任务的327.51%；总销售626.20万吨，完成市政府下达目标任务的313.10%。严格实行粮食最低收购价政策，加强粮食收购市场监管，守住不发生农民“卖粮难”底线。积极筹措粮源，主动和省内、省外粮食主产区加强联系，开展粮食产销合作，与江苏省淮安市签订了长期粮食产销战略合作关系，60余名粮食企业代表出席了签字仪式，10余户粮食企业签订了产销合作协议；继续强化与黑龙江、吉林、河南、山东等地企业的产销协作，积极搭建产销协作平台。

【地方储备粮管理】 不断创新储备粮管理体系，优化品种结构和区域布局，完善收储轮换制度，坚决守住储备底线。全市地方储备粮总规模为34.81万吨（以原粮计），地方储备食用油脂规模为1万吨，市、县2级原粮和食用油脂规模均全面落实到位。健全成品粮管理机制，高标准落实成品粮储备任务。新冠肺炎疫情发生后，为有效防范化解粮食安全风险隐患，夯实粮油产品保供稳价物质基础，全市及时测算调整地方储备粮规模，并印发至各级政府抓好落实。全市5个主城区已落实到位成品粮储备任务40 350吨，已达到全市21天的市场供应量标准，有效增强了全市粮油市场供应保障能力。先后出台《昆明市市级储备粮油轮换竞价交易管理办法》《昆明市市级成品粮储备管理办法》等制度，为全市成品粮的管理提供制度保障。严格落实储备粮油品种、数量、质量安全要求，全市地方储备粮“一符”（账物相符）率和科学储粮率均达100%，“四无”（无虫害、无鼠雀、无霉变、无事故）储粮率达95%以上。

【粮食流通】 依托市粮库智能化升级改造项目和优质粮食工程建设，发挥优势、突出特色，推动粮食产业高质量发展。积极推进全市智能化粮库升级改造项目，昆明市粮库智能化升级改造项目总投资2 248.23万元，年内完成投资1 947万元，现已全面联通省级平台完成初验评审，进入试运行阶段。积极推动全市粮食仓储和物流设施重点项目建设工作。年内，禄劝正浩粮油加工厂及仓库建设项目全面完工；昆明国家粮食储备公司铁路专用线站台仓改造项目一期工程建成投入运营，目前正开展二期涉铁工程技术咨询及安全监管服务招标工作；安宁仓储物流中心建设项目已完成，正进行竣工验收。加快“优质粮食工程”建设。年内，昆明国家粮食储备有限公司和昆明市滇中粮食贸易集团有限公司被列入云南省“中国好粮油”示范企业建设，投资总额3 621万元；昆明市粮食质量安全检验监测体系建设项目总投资1 950万元，已完成验收。

【应急保障服务】 全面提升全市粮食突发事件应急处置能力，保障特殊情况下粮食有效供给。修订完善并印发《昆明市粮食应急预案》，组织完成了2020年全市粮食应急演练工作，有效提升了全市粮食应急队伍快速反应和高效处置能力。全市按要求设置了256个粮油应急供应网点，并配置19户应急加工企业、16个配送企业（中心）、13户联动储运企业，基本实现应急供应网点城乡全面覆盖且有效衔接。围绕“提升基层应急能力，筑牢防灾减灾的人民防线”主题，组织开展各项防灾减灾日活动。参与市抗震救灾指挥部防震应急办组织的联合检查，指导、督促县（市、区）做好救灾物资储备工作。

【粮食储备监管】 健全完善粮食监管机制，出台《昆明市政策性粮食出入库必检项目清单》《昆明市超标粮食处置实施方案（试行）》《昆明市信息化粮库远程巡查办法实施细则（试行）》等制度。严格履行粮食行政监管责任，开展疫情和节日粮油市场省、市、区联合巡查检查。全面推行粮食行业双随机抽查，规范事中事后监管。加强粮食出库监管，开展政策性粮食销售出库专项检查，查办案件1件，完成2020年全市粮食库存检查。用好“12325”监管热线，依法严肃查处涉粮涉储违法违规案件。开展信息化粮库远程巡查，积极探索储备粮监管新模式。完成2020年全市度新收获粮食质量调查、风险监测和品质测报。完成“优质粮食工程”质检体系建设，对现行脂肪酸值测定方法进行优化整合，攻克粮食脂肪酸值测定技术难题，进一步增强全市粮油质检能力。严格履行监管责任，完成首例超标粮食处置，开展超标粮食处置2件和协查案件办理2件，确保全市人民舌尖上的安全。

（袁春梅）

供销合作

【概况】 2020年，全市供销社贯彻落实党中央、国务院和省委、省政府深化供销合作社综合改革决策部署，全面落实总社、省社下达的工作目标任务，严格按照市委、市政府对全市供销工作的安排部署，牢记为农服务根本宗旨，抢抓机遇，主动作为，顺利完成综合改革目标任务。年内，市供销社出资企业完成营业收入7.52亿元，占年度目标任务的129.60%；完成汇总利润1 395万元，占年度目标任务的290.60%；销售化肥26.98万吨，占年度目标任务的103%；新建农民专业合作社40个，占年度目标任务的100%；完成各类人员培训1.43万人，占年度目标任务的133.60%；在全省年度供销合作社系统综合业绩考核中获优胜单位一等奖。此外，宜良县古城供销社、官渡区供销社三瓦村再生资源回收利用基地获全国供销总社授予的“2020年度金扁担改革贡献奖”，石林大可枇杷种植专业合作社、安宁香华玫瑰花农民专业合作社、寻甸县麦林农产品开发经营专业合作社成功认定为“2020年度农民专业合作社省级示范社”。

【体制机制改革】 2020年，先后召开市供销社六届四次、五次、六次理事会，六届三次监事会，完成了理事、监事的替补工作。12个县级社和部分基层社先后召开了社员代表大会，均选举产生了理事会和监事会。市供销社获编制部门批准配备专职监事会主任职数，设置了监事会办公室，7个县（区）供销社经编制部门批准监事会领导职数并配备监事会主任，3个县（区）供销社获编制部门批准设监事会办公室。市供销社和12个县级社全部修改完善了供销合作社章程，成立了社有资产管理委员会，组建了社有资产管理公司，出台《社有资产管理实施细则（试行）》《关于完善出资企业法人治理结构的指导意见》等系列文件，形成了具有供销特点的社有资产监管全覆盖、体系化制度。持续完善供销社依法依章治理结构，为推进综合改革提供坚强有效的机制保障。

【经营服务体系】 全市供销系统围绕《新时代助推乡村振兴战略的指导意见》，下大力“做强节点、打通堵点、扩大网点”，积极实施工业品下乡、农产品进城，服务乡村振兴、助推脱贫攻坚。年内，全市供销系统共建成市级农资配送中心1个、县级农资配送中心13个、配送网点446个，建成农产品交易市场30个、农产品流通企业14户，建成日用消费品配送中心7个、配送网点207个，建成废旧物资交易市场6个、分拣中心3个、回收站点124个；指导社有企业克服疫情影响，想方设法寻求新的经济增长点，市土产公司入股参与宜良县政府增信产业发展基金项目，提供“三农”金融服务；市农资公司主动开发农资销售市场，在8个州（市）建立经营部，提升了行业竞争力。

【合作社发展】 制定《昆明市农民专业合作社扶持资金管理办法（试行）》，加大政策、资金扶持力度。积极争取项目资金规范发展农民专业合作社40个，建成市级示范社20个（一类示范社10个、二类示范社10个）。通过招商引资、股权改造、合作开发等方式开展基层供销社、专业合作社“两社”融合，改造提升基层社，盘活存量资产。秉承“开放办社”发展理念，吸纳优质企业以社员身份加入供销合作社，先后吸纳云南乔利贝朗商贸有限公司、云南天外天天然饮料有限责任公司、云南木水花旅游文化城有限公司、昆明旭日丰华农业科技有限公司和昆明旺三农商贸有限公司5户企业为成员单位，实现优势互补、资源共享，进一步壮大了供销社实力，增强了为农服务的能力。至年末，全市供销社共领办创办农民专业合作社1 098个、综合服务社1 790个，入社成员69 491个，成员出资总额213 156.76万元，带动农户39 818户。

【乡村流通网络建设】 结合2020～2025年新农村现代流通服务网络工程建设规划，主抓流通网络建设，服务流通体系覆盖全市城乡范围。积极探索“供销＋电商”模式，全力畅通农产品进城流通渠道，推动电子商务进供销，全市供销社共成立4个电商服务中心，建立农村（城镇）电商服务站（点）13个、线上产品销售网点24户，销售农产品40余个，实现电子商务销售额611万元。培训农产品经纪人2 500人，在6个县（区）试点直播带货培训“快供快销”致富带头人500余人，成功举办“看直播·摘红梨乡村振兴巾帼行动”“2020年中国农民丰收节昆明金秋消费季活动”“昆

2020年，在昆明市供销合作社联合社举办的“中国农民丰收节”现场开展网络直播销售
（市供销合作社联合社　供稿）

明市2020年消费扶贫展销会”“云南首届高原特色农产品带货节”等多项活动，帮助农产品线上销售，促进了贫困地区农户和城市消费者之间的有效对接，取得了良好的效益。寻甸、富民、宜良、石林等县供销社借助京东、淘宝等电商平台开发农产品销售网店、公众号和小程序，线上销售特色农产品，实现电商精准扶贫，扩宽农产品销路。

【社有企业发展】 围绕促农增收、便农利民，积极拓展新型业态，培育新的经济增长点。市再生公司成立“昆明源生机动车报废有限公司”，开展废旧车辆报废业务；市土产公司主动参与宜良县供销社政府增信产业基金项目，提供“三农”金融服务；市禽蛋总公司增加外租冷库代保管增值业务；市农资公司着力构建综合性为农服务体系，举办新产品推广会和试验示范现场观摩会近2 000场，化肥供应量的市场占有率达80%以上，农药销售覆盖全省16个州（市），占全省农药市场份额45%。在实现企业经济效益增长的同时，市供销社出资企业全力提升企业管理水平，不断强化企业内部管理，初步形成了权责法定、职责明确、协调运转、有效制衡的社有企业法人治理结构，职工收入明显提高、职工队伍保持稳定。

【“三位一体”信用合作】 聚焦农民专业合作社、农业种养（殖）大户融资难题，搭建供销社信用合作平台。年内，市供销社与市农业银行、宜良县政府签订战略合作协议，选择宜良县作为政府增信风险补偿基金试点县，由市供销社、宜良县供销社、宜良县农业局等5个单位共同出资500万元成立宜良宜供农业产业发展有限公司，授信宜良供销社发放产业贷款5 000万元，逐步完善贷款工程项目评审、风险管理控制、贷后跟踪检查等制度，从启动“政府增信”贷款至今，累计实现“政府增信”贷款放贷35笔、1 056万元；安宁市供销社积极探索生产、供销、信用“三位一体”综合合作，累计发放贷款480万元，致力于解决合作社融资难、融资贵等问题，支持农民专业合作社做优做强。

【自身建设】 把加强党的全面领导写入市供销社和3个直属全资控股企业章程，对4个参股社有企业由市供销社党组提出议案，通过股东会审议把加强党的全面领导写入公司章程，从制度设计上为加强党的领导提供了坚实保障。以党建为引领，主动参与消费扶贫行动，指导农业企业、专业合作社入驻“扶贫832平台”，投入帮扶资金37万元，不断巩固脱贫攻坚成果。注重供销文化的发掘与传承，秉承“姓农、为农、务农”的供销底色，弘扬“背篓精神”“扁担精神”，强化供销文化宣传基地建设，加强供销社对外宣传力度，积极开展对外宣传，在省、市新闻媒体发布行业宣传稿件，在机关及直属单位制作和发布公益广告，全面客观报送和宣传供销社在服务“三农”中的工作进展和专项工作动态。增设市供销社监事会办公室，撤销机关党总支设立直属机关党委（纪委），调整优化机关机构设置和职数配置。通过机关交流调入、遴选、选拔任用、职级晋升等多种方式，干部年龄、学历等结构得到优化，整体素质得到了提升。有效整合全市供销系统社有企业中的优良资产，放大优质资源引领发展的效益，继续加大开放办社力度，吸纳有供销情怀的优质企业为成员单位，增强昆明供销实体化服务“三农”、助推乡村振兴的能力和实力。

（李　颖）

烟草专卖

【概况】 云南省烟草公司昆明市公司成立于1984年，云南省昆明市烟草专卖局成立于1985年。2020年，市烟草专卖局（烟草公司）机关内设办公室、企业管理科、专卖监督管理科（专卖稽查支队）、财务科、技术中心、烟叶基础设施建设办公室、人事科、卷烟营销中心、安全管理科、信息中心、烟叶生产经营科、纪检监察科、法规科、审计科（审计驻派办公室）、群团工作办公室（工会办公室）、党建工作办公室（机关党总支），下辖呈贡、安宁，五华、盘龙、西山、官渡、东川、晋宁、富民、宜良、嵩明、石林、禄劝、寻甸14个县（市、区）烟草专卖局（分公司）及1个物流分公司，年末全市烟草系统有在册在岗职工1 725人。2月，全市14个县级局全面打响“昆明卷烟销售保卫战”，推动卷烟市场专项整治取得开创性成效，查办案件数、查获卷烟数量、抓捕人数等指标大幅提高，起到了强有力的威慑作用，为卷烟营销高质量发展打出了市场空间，营造了良好营商环境和市场生态。年内，昆明烟叶质量持续在全省保持领先地位，昆明烟区已成为全国工业企业需求最旺盛的烟区之一；卷烟销售各项主要指标在省内均排名第一，销售收入、单箱销售收入增幅指标在全国36个重点城市排名第一，零售户盈利率上升到平均13%以上，市场状态保持良好；全市烟草系统实现“两烟”不含税销售收入160.66亿元，实现税利55.65亿元。

【烤烟生产】 2020年，全市种植烤烟50万亩，累计收购烟叶135.80万担，上等烟比例72.18%，收购均价32.16元/千克，同比提高0.18元/千克；实现烟农烟叶交售收入21.835亿元，烟叶税4.804亿元，烟农户均种烟收入4.93万元，同比增加4 200元。昆明烟叶质量持续在全省保持领先地位，在国家局工商交接检查中等级综合合格率为73.70%，位居全省、全国第一，昆明烟区已成为全国工业企业需求最旺盛的烟区之一。

【基础设施建设】 2020年，全市投入烟草行业补贴资金预算5 576.88万元，实施建设项目2 848个。其中，建设水池66个、6 250立方米，管网3条、37.34千米，提灌站1件，机耕路15条、12.27千米，烟草农用机械购置174台（套）及农机存放设施1件，改造生物质新能源烤房1 009座，新建生物质新能源烤房50座、烟夹购置配套烤房1 050座；建成高标准基本烟田项目区2个，覆盖面积0.70万亩。

【卷烟销售】 2020年，全市卷烟销售各项主要指标在省内均排名第一，销售收入、单箱销售收入增幅指标在全国36个重点城市排名第一。年内，全市累计销售卷烟35.14万箱，同比增加7 186箱，增长2.09%，其中一类烟132 721箱、增长16.85%，二类烟58 528箱、增长37.30%；实现销售收入140.68亿元，同比增加12.52亿元，增长9.77%；实现单箱销售收入40 033元，同比增加2 802元，增长7.52%；卷烟销售有效零售户共有38 298户，客户毛利率达到13%以上，同比提升2%。

【专卖管理】 2020年2月，全市14个县级局全面打响“昆明卷烟销售保卫战”。4月，市委书记亲自部署实施“昆明卷烟市场乱象专项整治行动”，成立由市委政法委书记李建阳任组长，省公安厅常务副厅长周建忠任常务副组长，市委市政府目督办、市公安局、市司法局、市交运局、市市场监管局、市税务局等17个单位为成员的“昆明卷烟市场乱象专项整治工作领导小组”，形成史上最强有力的“党委领导、政府主导、部门协同、多方参与”的打击涉烟违法犯罪综合治理机制。同时，将烟草市场乱象整

烟田（市烟草专卖局 供稿）

烤烟收购现场 （市烟草专卖局　供稿）

治纳入全市扫黑除恶专项斗争重点行业领域整治及年度考核范围进行结果运用，打击涉烟违法犯罪综合治理机制取得前所未有的重大成效，推动昆明卷烟市场专项整治取得开创性成效，查办案件数、查获卷烟数量、抓捕人数等指标大幅提高，起到了强有力的威慑作用，为卷烟营销高质量发展打出了市场空间，营造了良好营商环境和市场生态。年内，全市共查办各类涉烟案件4 638件，其中行政案件3 986件、大要案件652件（涉烟网络案件11件，其中1起受到省局贺电表彰）；查获卷烟16 306.44万支，其中假烟7 407.05万支、非烟8 402.07万支、走私烟（含专供出口）497.23万支；查获制假原料2 035.89吨；涉案物品总金额21 341.12万元。缴获制假设备59台，夺回卷烟市场空间9 208箱，完成夺回卷烟市场空间任务量的230%。涉案拘留165人，逮捕144人，判刑39人。

【社会公益】 2020年，市烟草专卖局（公司）共捐款1.95亿元用于各项社会公益活动。其中，按照市委提出的“提高政治站位，坚决打赢打好精准脱贫攻坚战”战略部署，向禄劝县捐款1 000万元，用于禄劝扶贫特色农产品生产示范基地建设；向石林县捐款500万元，用于石林扶贫特色农产品生产示范基地建设；按照省烟草专卖局对口帮扶要求，向昭通市财政局捐赠资金1.80亿元，用于昭通精准扶贫项目建设。全市烟草商业68名干部继续深入贫困乡（镇）、村开展扶贫挂包帮活动，巩固扶贫成果。市烟草公司工会、市烟草专卖局团委联合红塔银行昆明分行、市进出口公司为脱贫攻坚任务较重的区域提供力所能及的帮助，累计筹集价值2万余元的帮扶物资，在东川区汤丹镇中山村大坪子小学开展了“关爱山区儿童　助力脱贫攻坚”帮扶活动，为山区小学解决了生活办学设施缺乏的问题。

【党建工作】 制定印发《关于2020年规范化党支部达标创建有关事项的通知》，进一步明确创建步骤、创建重点及考核奖惩等具体推进措施，深入推进党支部标准化规范化建设，所属各级党组织全面完成2020年规范化建设达标创建工作。年内，全市初步建成了30余个“设计合理、功能齐全、环境良好、管理科学、标识统一”的基层党员活动阵地，形成一个体系化的大走廊。

表11　2020年昆明市烟草商业系统主要工作情况一览表

项目	数据
地市级局（公司）名称	昆明市烟草专卖局（公司）
主要负责人/法人代表	田泽华
所属县级单位	呈贡区、安宁市、五华区、盘龙区、西山区、官渡区、东川区、晋宁区、富民县、宜良县、嵩明县、石林彝族自治县、禄劝彝族苗族自治县、寻甸回族彝族自治县等14个县（区、市）烟草专卖局（分公司）
总资产（万元）	1 196 314.27
资产负债率（%）	13.53
从业人员（人）	1 725

续表

项目		数据
所属业务机构	营销机构	1 个营销中心，14 个区域市场部
	物流配送机构	1 个物流中心，4 个物流中转站
	专卖稽查机构	1 个稽查支队，14 个稽查大队，53 个稽查中队
	烟叶机构	53
实现税利	万元	276 581.61
	2020 年比 2019 年（%）	−0.15
实现利润	万元	556 547.94
	2020 年比 2019 年（%）	1.06
销售卷烟	亿支	175.70
	2020 年比 2019 年（%）	2.09
卷烟销售收入（万元）		1 406 791
查处涉烟违法案件（起）		4 638
查处涉烟违法案件案值（万元）		21 341.12
2019 年度烟草行业投入烟叶生产基础设施建设资金（万元）		5 576.88
全年烟叶生产基础设施新增受益面积（万亩）		0.70
烟叶种植（万亩）		50
烟叶收购（万担）		135.8
烟农户数（户）		44 303
实现烟农总收入（万元）		218 350
零售户数（户）		38 298
零售户销售毛利率（%）		13

（杨若诚）

红云红河集团

【概况】 红云红河烟草（集团）有限责任公司（简称“红云红河集团”）成立于2008年11月8日，由原红云烟草（集团）有限责任公司和原红河烟草（集团）有限责任公司红河卷烟厂、新疆卷烟厂合并组建，下辖昆明卷烟厂、红河卷烟厂、曲靖卷烟厂、会泽卷烟厂、新疆卷烟厂、乌兰浩特卷烟厂，控股山西昆明烟草有限责任公司（简称“山昆公司”）、内蒙古昆明卷烟有限责任公司（简称“蒙昆公司”）、红河烟叶复烤有限公司、曲靖天福烟叶复烤有限责任公司。公司产品以“云烟”“红河”为主要品牌。2020年，集团（含控股企业）生产卷烟481.65万箱，销售卷烟478.76万箱，实现税利699.44亿元、利润84.06亿元。年末，集团总资产为924.11亿元，其中，固定资产115.75亿元、流动资产619.87亿元，资产负债率为16.73%；集团本部下设生产制造中心、物资采购中心、物流中心、党政办公室（董事会工作办公室）、人力资源部、经济运行部（法律事务部）、财务部、审计部、工艺质量部、原料部、信息管理部、宣传策划部、基建技改部、安全管理部、党建工作部、纪检监察部（巡察办）、群团工作部（工会办公室）、调研室3中心15部（室）；从业人员（不含控股企业）10 110人，其中在岗职工10 085人。

【产品与品牌建设】 2020年，集团生产“云烟”“红河”“小熊猫”“钓鱼台”“红山茶”“茶花”“雪莲”“呼伦贝尔”“紫气东来”“冬虫夏草”“大青山”“MC”“CTOM”共13个品牌100个规格，国际合作生产“威斯”品牌

1个规格，国内合作生产“苏烟”品牌1个规格、“长白山”品牌2个规格，互动加工“红塔山”品牌4个规格、“红梅”品牌1个规格。建立“研产联席会”“产销联席会”机制，参与品牌文化宣传，配合开展“大重九品牌文化宣介”“工业体验”“市场助销”等活动，讲好品牌故事、传播品牌声音。年内，集团品牌商业销量469.32万箱，其中一、二类烟商业销量153.66万箱，比上年增长5.44%，占总销量的32.74%；“云烟”商业销量369.32万箱，比上年增长1.52%，其中“大重九”系列商业销量3.75万箱，比上年增长4.71%；“红河”商业销量81.19万箱，其中一、二类烟销量13.24万箱，比上年增长14.81%；创新品类商业销量46万箱，比上年增长11.2%，其中细支烟商业销量34.62万箱、比上年增长6.52%，中支烟商业销量10.82万箱、比上年增长39.94%，爆珠烟商业销量1.19万箱、比上年增长24.19%。

【生产管控】 强化生产组织，均衡合理安排生产，加强设备资源统筹规划，提高生产集中度，平衡软硬包产能，提升手包烟生产机械化水平，确保生产管理协同高效、生产计划执行到位、市场供给保障充分。加强生产制造全过程质量控制，健全完善质量管理体系，严肃工艺纪律执行及考核问责，全面开展质量隐患排查，针对常见的20类质量缺陷制订整改方案，抓好整改落实。梳理在产规格工艺技术标准，统一烟支规格、小包外观尺寸、产品钢印等，加强合作生产质量管控，提升产品均质化水平。强化产品提质维护，围绕卷烟燃烧锥掉落、切丝水分精准控制水平偏低等问题进行专项攻关，推进“大重九”专项提质工作，开展专线工艺验证，完成烟支圆度、彩膜定位等7个专项质量改进。强化物流保障，推进昆明地区物流仓库维修改造，提高物流精准供给水平，全年成品卷烟准时发货率99.99%，准时到货率99.95%。管好用好设备，全年设备净效率为87.70%。

【原辅材料保障】 深化原料基地建设，推动原料产区向优质核心产区聚集，推进大重九专属原料基地建设、“2260”高端特色烟叶开发，长期派驻人员介入田间生产，着力提升品种纯度，开展烟叶质量品牌符合性评价。抓好原料采购，全年完成国内烟叶调拨315.08万担，衔接落实进口烟叶采购14万担。开展“大重九”等高端品牌原料手撕精片选，持续做好工业分级，加强特色复烤模块组配，确保优质核心原料供给。强化物资保障，围绕云南中烟物资管理改革方案，梳理完善相关流程，加强物资安全库存管理，提升物资快速响应能力。年内，采购卷烟材料55.18亿元，采购烟机零配件1.82亿元，采购非烟用物资3.18亿元，公开招标金额占比均为100%。

【技术保障】 加强科技创新，全年获专利授权371件，8项成果获云南中烟科技进步奖。配合云南中烟ERP（企业资源计划）项目建设及上线运行，完成集团CPS智能制造平台、工业云平台和昆明卷烟厂智能制造项目建设，完善数字展厅建设，为探索智能制造和打造智能工厂提供技术储备。推进昆明卷烟工商物流一体化、红河卷烟厂易地技改、曲靖卷烟厂打叶复烤易地技改及新建烟叶仓库项目施工进度，做好昆明卷烟厂打叶复烤就地技改、新建烟叶仓储设施及红河打叶复烤易地技改项目初步设计等前期工作，启动红河卷烟厂新建烟草工商一体化区域物流配送中心项目，推动会泽卷烟厂就地技改、新疆卷烟厂易地技改项目竣工验收。

【企业管理】 初步构建集团“3+9”高质量发展落实体系，3份统领性文件和9个实施方案为推动集团高质量发展提供支撑和落实保障。分解细化集团年度重点工作任务196项，完成率100%。导入“净管理”理念，围绕生产组织、质量管理、成本控制、设备管理等重点，组织开展专项诊断，制订落实改进方案，促进理念落地、取得实效。打造“立即办”试点，形成一套“立即办”行动文化宣贯体系，一套“立即办”制度、标准、指标和评价体系，一个“立即办”任务管理平台“三个一”管理体系。深化授权管理，进一步厘清集团内部各级组织之间的职责权限边界和业务隶属

2020年9月16日，红云红河集团召开宣传贯彻《云南中烟管理大纲》及“立即办”工作推进会

（李佳晋　摄）

关系，梳理流程框架，确定一级流程118个、二级流程394个、三级流程430个。加强管理创新，集团全年形成管理创新成果24项，其中5项成果参加云南中烟评审，1项案例入选国家局提升企业核心竞争力典型案例。强化对标管理，构建完善净值对标指标体系，促进各项指标持续提升。突出降本重点，聚焦影响成本的关键环节和重点要素，加大专题研究、项目攻关力度，全年实现降本增效17.23亿元。坚持全面预算管理，构建费用开支有限额、资产配置有标准、成本耗用有目标的定额管控体系，推动实现财务业务一体化。规范样品烟生产、使用和管理，开展资金竞争性存放，完成“三供一业”分离移交，推进厂办大集体改革，抓好重大工程建设项目全过程跟踪审计。加强招标采购管理，全年公开招标金额占比工程类100%、物资类100%、服务类97.31%。加强风险管控，深入推进依法治企，扎实开展法治宣传教育。夯实安全管理，强化安全生产责任落实，严格执行安全检查和隐患排查治理，持续加强网络安全管理，全年实现7个为“0”的安全目标。

【队伍建设】 健全完善干部选拔任用和监督管理机制，推进15项干部人事制度“废改立”，理顺干部管理层级，规范职级晋升程序，优化机构编制，全年共任用、调整科级干部290人次。制订集团本部内设机构“三定”方案，确定集团本部及工厂关键岗位531个，有序推进交流轮岗，全年跨单位、跨部门交流轮岗87人。制定《优秀青年人才计划指导意见》，加大技术技能人才培养力度，完善选拔培养机制和竞赛资源保障配套政策，拓宽职称申报通道，核心技术技能人才占比16.06%，303人通过初级、中级专业技术职务认定，4人通过行业高级职称评审。年内，集团共招聘新员工191人，集团员工获“全国劳动模范”1人、“全国青年岗位能手”1人、“云南省五一劳动奖章”2人，被纳入“云南省高层次人才培养支持计划”首席技师1人，新增云南中烟技术能手2人。

【和谐建设】 坚持党管意识形态，树立底线思维，发扬斗争精神，加强风险评估预警、舆情防范处置，抓细抓实控烟履约、保密工作、网络安全等方面的风险防范、隐患排查、矛盾化解，确保集团安全稳定。搭建集团“立即办行动文化宣贯体系”，统筹推进云南中烟“突破”文化、“知行合一”管理文化和集团“立即办”行动文化宣传贯彻，扎实开展“奋斗有我”主题活动，弘扬“五种精神”、激发干事热情。坚持团结鼓劲、正面宣

2020年11月29日，云南中烟“2020大重九品牌文化宣介活动”在昆明陆军讲武堂举办（魏红文　摄）

传为主，挖掘宣传品牌文化内涵，开展“疫情防控 复工复产”“脱贫攻坚 不胜不归”等专题报道，营造强信心、暖人心、聚民心的环境氛围。专题片《六佰》获行业党员教育电视片观摩交流评比二等奖，新疆卷烟厂荣获“烟草行业抗击新冠肺炎疫情先进集体”。持续提升群团组织的政治性、先进性、群众性，推进办事公开民主管理、慰问帮扶、脱贫攻坚等工作和各类实践活动、劳动竞赛、文体活动，弘扬劳模精神、劳动精神、工匠精神，动员广大职工履职尽责、岗位建功，集团红河卷烟厂工会委员会被中华全国总工会授予“全国模范职工之家”。组织开展“新时代、新征程、新青年”系列活动，引导青年不懈奋斗、成长成才。推进退休人员社会化管理工作，做好政策宣传和落实，确保移交平稳有序。落实脱贫攻坚责任，确保政策落实到位、投入保障到位、队伍部署到位，集团挂联帮扶的3县9乡11村全部脱贫出列，会泽卷烟厂扶贫工作经验入选国务院扶贫办《企业精准扶贫案例》。

【党建工作】 坚持把党的政治建设摆在首位，持续开展理想信念教育、爱国主义教育、革命传统教育、先进典型教育，推进“不忘初心、牢记使命”主题教育“回头看”，扎实开展政绩观专题教育。年内，党委中心组学习4次、读书班专题学习3次，累计学时12天；党委班子成员讲党课9次、领题开展课题调研8个、深入基层联系点调研92次。强化“三会一课”，组织党务干部培训180余人，5 000余名党员学习教育全覆盖，“万名党员进党校”培训3年累计覆盖率100%，“学思践悟强理论 知行合一促发展”主题党日活动广泛开展。修订集团《党委工作规则》《总经理班子工作规则》等，进一步明确党委在决策、执行、监督各环节的权责和工作方式，正确处理党委和董事会、经理层等治理主体的关系，严格落实党委研究讨论是行政决策重大事项的前置程序，全年召开党委会43次、党建工作领导小组会议12次，专题研究党建工作15项，决策重大事项192项。制定集团党委、党委书记及班子成员落实全面从严治党主体责任清单33项，基层党总支、党支部、党小组责任清单12项，同时深化党建考核结果运用，确保压力层层传导、责任压紧压实，集团党委专题听取各工厂党委落实全面从严治党主体责任工作情况汇报2次。组织召开集团第二次党员代表大会，完成集团党委、纪委换届工作，对三产企业党的建设工作进行专项督导，持续推进党支部规范化达标创建，基层党支部达标率100%。

【党风廉政建设】 落实全面从严治党“两个责任”，集团党委全年研究部署党风廉政建设工作21次31项。坚持抓好作风建设，做好源头防控，抓实廉洁教育，开展警示约谈。加大风险排查，规范权力运行，深化系统性廉洁风险防治。坚持用好“四种形态”，严肃纪律审查，全年处置信访举报和问题线索34件，立案审查5件，给予党纪政务处分11人次。制订政治生态突出问题全面整改、中央巡视反馈问题整改方案，划定时间表、路线图、任务书，抓好整改落实；开展督导检查，严格对账销号，中央巡视反馈问题整改76项措施、行业政治生态突出问题全面整改67项措施项项有整改、条条有着落。坚持见事见人、标本兼治。年内，问责工厂党委2次，谈话提醒378人次，批评教育85人次，通报批评8人次，责令做出书面检查21人次，诫勉19人次，调整岗位7人次，制(修)订规章制度及标准文件70余项，管党治党责任进一步压紧压实。完成对曲靖卷烟厂、会泽卷烟厂、新疆卷烟厂、乌兰浩特卷烟厂党委的巡察，实现集团对工厂党委巡察全覆盖。

【领导成员】

第四届董事会

董事长：武　怡

董　事：武　怡
　　　　夏开元
　　　　陈哲平(至7月)
　　　　方　斌(至7月)
　　　　文华玖(至7月)
　　　　景　峰(11月起)
　　　　邓林昆(7月起)
　　　　周芳旭
　　　　许永明(7月起)
　　　　杨煜文
　　　　胡　霈(7月起)
　　　　徐　晖

监　事：罗建华(至7月)
　　　　左寿文(7月起)

党　委

书　记：武　怡

副书记：杨煜文

委　员：武　怡
　　　　杨煜文
　　　　王家寿(至3月)
　　　　李泓燊
　　　　罗建华(至3月)
　　　　胡　霈(3月起)
　　　　刘　豪(6月起)
　　　　张云飞(6月起)
　　　　王旭东
　　　　徐　晖(6月起)
　　　　左寿文(6月起)

总经理班子

总 经 理：杨煜文

副总经理：王家寿(至4月)
　　　　　李泓燊
　　　　　刘　豪(7月起)
　　　　　张云飞(7月起)
　　　　　王旭东(1月起)

纪　委

书　记：罗建华(至3月)
　　　　左寿文(6月起)

工　会

主　席：胡　霈(6月起)

其他领导

财务总监：周芳旭(至7月)
　　　　　徐　晖(7月起)

董事会秘书：吕家谋(10月起)

(杨裕萍)

城乡建设与管理

编辑：唐荣华

综　述

【市政基础设施建设】2020年，为进一步缓解昆明城市交通拥堵，提升城市交通基础设施，市住建局结合全市道路建设规划实施情况，加快推进城市道路建设。年内，完成已开工的滇缅快速路（一期建设工程）等21条道路建设；续建飞虎大道北段等25条道路，其中完工道路建设12条；完成西北三环自卫村等6座人行天桥建设；开工建设金碧路道路恢复提升工程并已完成项目初验；研究开展三环闭合工程、南北大道等项目前期工作。

【城市燃气管理】开展获得用气营商环境改革工作。市住房城乡建设局推动外线工程行政审批改革，形成获得用气外线工程并联审批机制，督促燃气企业打造获得用气“310”服务，开展供气延伸服务，提升用户办事体验，增强用户获得感，在2020年上半年全省营商环境红黑榜获得用气指标测评中，昆明市获第一名。做好燃气基础设施规划建设工作，完成《昆明市燃气专项规划（2020—2035）》编制，通过专家初评，正在深化与市国土空间规划部门的衔接工作。持续推动老旧小区天然气改造，完成爱地花园等98个小区约2.50万户居民户改造任务。抓好燃气保供及安全生产工作，专项开展疫情期间燃气安全供应调度管理，持续推进新一轮燃气安全生产3年行动，提升燃气安全管理水平。推动全市天然气利用工作，年内全市中缅天然气供应量11.40亿立方米，较2019年8.70亿立方米增长31%。开展液化燃气行业扫黑除恶治乱专项工作，牵头协调市城管局形成联动执法机制，签署违法钢瓶暂存协议，解决“黑门店”钢瓶查扣后的存放问题。开展全市燃气行业管理和安全管理信息系统建设，系统建成投入使用后，提升了燃气行业信息化管理水平。

【滇池流域外城镇排水污水治理】2020年，市住建局完成城镇污水处理厂配套管网建设135.26千米，超额完成省住房城乡建设厅下达管网建设任务52.56%；昆明市主城区污水处理率98.99%、污水收集率达93.60%以上，县城污水处理率91.89%，滇池流域外县城污水处理厂出水水质全面达到一级A标，滇池流域外乡镇污水处理设施基本实现全覆盖，各项指标稳居全省前列。争取2020年地方政府专项债券、2021年度中央污水提质增效资金、2021年中央排水防涝专项资金约1.80亿元，完成昆明市主城区1 115.82千米公共排水管网的功能状况、错接混接情况排查和昆明市主城区城市道路重点排涝区域排水管网系统调查和改造项目可研、勘察、设计招标工作，如期完成中央、省环境保护督察反馈问题及长江生态问题的整改。

（柳　润）

城市规划

【国土空间规划编制】 2020年，市自然资源和规划局按照国家、省对国土空间规划技术规程文件要求，坚持生态优先和绿色发展理念，围绕滇池和阳宗海流域的保护和治理，谋划昆明国土新格局，积极探索面向流域治理的湖泊型城市国土空间规划编制方法，不断深入完善已有规划成果，初步划定3条控制线并形成初步文本成果。

顺利完成14个县（市、区）统一时点更新成果的各项整改完善，基于三调数据的底图底数统一工作，强化基于自然地理格局的分析研究，加强双评价和双评估成果深化，通过多情景模拟和潜力分析，识别资源环境约束下昆明市域—流域内外协调区—滇池流域3个层次的生态保护极重要区、农业生产和城镇建设的适宜规模，并通过单要素问题与空间比对分析，提出规划中不同层次空间上需要优化和调整方向，支撑3线划定和指标分解下达。

【控规管理】 完成包括《昆明市盘龙区世博片区控规调整》《官渡区北京路向南延伸通道周边区域（广福路以南片区）控规调整方案》《官渡区羊甫郭家连片改造项目控制性详细规划调整方案》等12个片区控规修改审查工作。受理《五华区云南财经职业学院建设项目控规修改》《盘龙区昆明市第二人民医院迁建项目控规修改》《度假区海埂分区金河片区（金河二期“城中村”改造地块）控制性详细规划修改》等控制性详细规划修改项目19件，“控详规修改Ⅰ”类13件，“控详规修改Ⅱ”类6件。

【城市空间品质提升】 完成昆明阳宗海意思桥片区、春城湖畔度假村片区、胡家庄片区、官渡区北京路向南延伸通道周边区域、官渡古镇外围、五华区昭宗片区、晋宁区渠东与上蒜片区、西山区普坪片区、春雨路沿线片区等片区城市设计审查工作，完成《巫家坝片区中央公园建设项目修建性详细规划》《昆明城市交通主题休闲运动公园暨南绕城高速公路桥下彩云路路段空置场地利用项目概念设计方案》等方案审查，推进海埂大坝对岸可视范围景观提升改造规划，中国（云南）自由贸易试验区昆明片区空间规划，“一路”“一轴”专题研究、品质昆明提升计划方案等相关工作，完成《昆明市主城建筑风貌“美·丑”甄选调研报告》，做好“丑”建筑风貌整改工作。

【镇村规划建设管理】 印发《关于积极完成涉及村庄规划的2020年乡村振兴重点工作任务的通知》，继续推进《昆明市乡村振兴战略空间规划》、县域村庄布局和“多规合一”村庄规划编制，组织村庄规划业务培训，提升镇村规划管理水平。

【历史文化名城保护】 加快历史文化名城保护法制建设，完成《昆明市历史文化名城保护条例》修订工作，经云南省第十三届人大常委会第十六次会议批准，自2020年5月1日起施行，成为机构改革后，国内先行、省内首个历史文化保护利用方面地方性修订法规。结合昆明市机构改革实际，完善名城委工作职能及议事规则。开展《昆明市历史文化名城保护规划（2014—2020）》修编，《〈昆明市历史文化名城保护规划（2014—2020）〉评估报告》通过专家评审。组织开展《五华区文明历史文化街区保护规划》《呈贡区历史村镇乌龙村保护规划》等片区保护规划的审查工作。

【交通市政规划】 组织完成《昆明市交通影响评价技术标准》编制工作，完成轨道交通4、6号线的规划方案审查。配合相关部门完成《云南滇中新区（东片区）水资源配置规划》《昆明经济技术开发区城镇排水与污水处理规划》《关于昆明市城市内涝治理有关情况的报告》《新建铁路昆明西客站选址》《昆明主城区二环内清污分流实施规划》《昆明市主城区道路交通优化提升工作方案》《昆明市海绵城市建设2020年目标任务实施方案》和《海绵城市建设中期评估》等重要基础设施的规划、审查工作。

（洪思琪）

城市重点项目建设

【金碧路提升改造】 金碧路位于昆明市主城核心区，是昆明市重要的城市东西向轴线，为主城区“四纵三横二环”骨架路网的“三横”之一，承担着重要的交通集散、商业集聚和综合服务功能。2020年，金碧路恢复提升工程被列为市重点工程。工程起点为西昌路与金碧路交叉口（包含金碧路、拓东路和部分东郊路），终点为东郊路与二环东路交叉口，全长4.65千米，总投资5.34亿元。建设内容包括道路工程、雨水工程、污水工程、综合管线工程、交通工程、照明工程、绿化景观工程等。项目采取PPP模式进行建设，社会资本方为云南省建设投资控股集团有限公司，政府出资代表为昆明市城建投资开发有限责任公司。

按照“高标准、精细化、针对性、绿色道路”的设计要求，在全面复测地形、现状调查的基础上，通过提高道路平整、优化道路断面、统一铺装材质、梳理市政管线、完善交通设施、改善通行环境、优化渠化交通、

提升改造后的金碧路 （市住建局 供稿）

提高路面照度、合理布置公交站点、提升节点亮化和景观照明等针对性设计，全方位打造精品工程，达到改善通行环境、架空线入地、淹积水点整治、挖掘历史文化内涵、提升商业氛围、美化城市空间的目的。配合三市街人行下穿工程，将形成核心商圈，提升昆明城市活力。

【城市更新改造】 按照《昆明城市更新改造行动计划》，2020年全市须完成规划方案编制报批项目55个（不含微改造项目），完成拆迁整理面积693万平方米，启动回迁安置房建设项目12个，完成改造项目3个。截至12月31日，已完成五华区昭宗小村、昭宗大村、依禄村、河底村、小普吉村、吴家营村、林家院村、范家营村、王家桥村，官渡区前卫营村、上凹村，西山区杨家地村、李长官村、李家地村14个项目规划方案报批；完成规划方案编制、正在上报审批项目41个；已完成拆迁整理面积404.93万平方米，完成目标任务的58.43%。

全市计划启动回迁安置房建设项目12个，其中官渡区启动2个，其余10个（官渡区3个、西山区3个、高新区2个、经开区2个）均未启动。全市计划完成盘龙区麦地村、司家营和经开区高桥村（微改造）3个改造项目（2个拆除重建、1个微改造），截至10月31日，均已完成改造。

【烂尾楼项目和城中村改造项目历史遗留问题处置】 2020年，全市共有烂尾项目93个。其中，主城5区和3个开发（度假）区共有46个，占总数的49%；其他县（市、区）共有47个，占总数的51%。烂尾项目最多的是已动工、未交房而停工，占烂尾项目总数的68%。按照省住建厅《关于推进

张家营村城中村改造一期回迁房 （市住建局 供稿）

“烂尾楼”清理整治工作的通知》和市政府办公厅《昆明市房地产领域烂尾楼项目清理处置工作会议纪要》明确的2020年内完成烂尾楼项目化解率达到80%的要求，市住建局认真履行市烂尾楼处置领导小组办公室和城中村历史遗留问题化解领导小组办公室职责，于9月30日下发通知，要求各县（市、区）、开发（度假）区住建（城改）部门梳理上报进展情况。截至年末，全市93个烂尾项目中已完成化解22个，化解率23.66%（其中，五华区已化解1个，化解率11%；盘龙区已化解5个，化解率45%；官渡区已化解4个，化解率80%；西山区已化解4个，化解率40%；经开区已化解3个，化解率100%；东川区已化解1个，化解率14%；安宁市已化解1个，化解率10%；富民县已化解2个，化解率40%；石林县已化解1个，化解率8%）；已制订化解方案、正在化解50个；无实质性进展的项目21个。

【“洗手设施全配套”专项行动】2020年7月，省政府办公厅印发《云南省推进爱国卫生“7个专项行动”方案》，市住房城乡建设局高度重视，按照“节约高效，合理布局”原则，全力推进全市爱国卫生“洗手设施全配套”专项行动。8月，编制完成《昆明市推进爱国卫生“洗手设施全配套专项行动”实施方案》，明确责任单位和工作目标，市爱国卫生“洗手设施全配套”专项行动领导小组办公室设在市住房城乡建设局；市住房城乡建设局、市交通运输局、市教育体育局、市商务局、市城市管理局、市文化和旅游局、市卫生健康委员会、市市场监督管理局、市民政局等作为具体牵头单位，牵头所对应行业区域内洗手设施建设工作；由属地政府作为具体责任单位，负责具体组织洗手设施建设。编制印发《昆明市公共洗手设施建设技术指南（试行版）》，进一步明确公共洗手设施建设改造的基本规定、建设标准及管理和服务要求，并附设计意向图，科学指导全市洗手设施建设工作。8月上旬，市住建局率先带头启动五华区空间俊园、官渡古镇、翠湖公园西门、王府井小镇东门、盘龙区万宏路与联盟路交叉口、白云路与王旗营路交叉口6个洗手设施示范点建设工作，切实发挥示范引领作用。

年内，市住建局上报省住建厅全市洗手池建设任务由最初的2 461座增加至5 220座，后续增至5 812座。市住房城乡建设局成立以局长为组长的专项行动督察组，分别于10月22～29日、11月12～17日、12月7～16日对全市爱国卫生“洗手设施全配套”专项行动开展情况进行现场督查。按照《昆明市推进爱国卫生“洗手设施建全配套”专项行动实施方案》，洗手设施建设共12个分类，分别由9个市级部门和属地政府（管委会）分别牵头。全市自启动爱国卫生“洗手设施全配套”专项行动后，先后完成洗手设施改造升级1 884座，新建洗手设施6 599座，基本实现学校、医院、景区景点、高速公路服务区、车站、广场等公共场所洗手设施全覆盖。

（柳　润）

村镇建设

【保障农村住房安全】2020年，加强全市农村住房安全保障工作，完成动态新增的4类重点对象418户危房改造“清零”任务。结合昆明市农房抗震改造工作实际，市住建局印发《关于印发昆明市农房抗震改造试点实施方案的通知》，明确工作原则、目标任务、工作内容，加强组织领导、技术支持，加快工作进度，加强资金兑付、监管和档案管理，完成2020年农房抗震改造7 357户。深入开展建新拆危工作，印发《昆明市农村危房改造建新拆危实施方案》，压实责任，全市应拆危房27 731户已全部拆除。开展“两牌”贴挂工作，进一步规范完善4类重点对象“房屋安全等级认定牌”和非4类重点对象中不符合政策扶持范围的5类人员危房“不属于农危改政策扶持户”标识牌贴挂工作，贴挂“房屋安全等级认定牌”132 081户。开展3年行动信息检索系统填报工作，完成全市9.60万户建档立卡贫困户档案信息检索系统填报数据信息150万条。开展住房安全有保障核验工作，组织全市干部职工4 170人实地核验建档立卡贫困户住房安全9.60万户，更新数据信息90多万条。其中，鉴定安全11 879户，占比12.37%；改造安全82 380户，占比85.81%；保障安全1 653户，占比1.72%；死亡销户95户，占比0.1%。

【传统村落保护发展】着力保护传统村落文化传承，积极做好20个传统村落的保护和发展，传统村落得到有效保护，传统文化得到有效传承。如晋宁区夕阳乡打黑村的面具舞，村落的地域、民族、文化特色得到彰显。改善人居环境，完善村落的水、电、路、通信等基础设施，积极引导村民开展传统建筑节能改造和功能提升，改善居住条件，提高人居环境品质。如禄劝县撒老坞村属水库重点保护村落，周边的环境得到集中整治。助力传统村落发展能力提升，使村落形成特色产业，村民人均收入稳步增长，生活质量不断提高，民生状况进一步改善，自我发展能力进一步增强。积极开展中国传统村落数字博物馆建馆工作，成功申报2个中国传统村落数字博物馆。

【村容村貌提升】着力提升村容村貌，市住建局将农村危房改造工程与改造村容村貌相结合，与实施新农村建设的整体规划相结合，与拓宽乡村道路、改善人畜饮水、美化环境、农村卫生和农村文化等生产和社会事业发展相结合，有力地促进了群众建房观念的转变，极大地调动了农村群众建房积极性。对具有民族特色的危房尽可能采取修缮加固，保留原有的民居特色。

（柳　润）

城市管理

【疫情防控】 2020年，为做好新型冠状病毒肺炎疫情防控工作，市城市管理局制订《疫情防控工作方案》等疫情防控文件及倡议书13份，动员全局党员干部职工挺身而出、担当作为，做好城市环境卫生整治、城市垃圾清运、市级公园管理、共享单车消毒等防疫工作。在抗疫斗争中注重发挥基层党支部战斗堡垒和党员先锋模范作用，有序安排在职党员志愿服务。局领导班子成员带头将党课课堂设到社区防疫一线，讲授“疫情下的城市管理”党课。抗疫期间，共有106名党员奋战在环卫岗位第一线，为市民提供良好的工作生活环境；成立10个党员志愿服务队，党员506人次到关上社区蔬菜批发市场开展疫情防控志愿服务活动；全局640名党员自愿为抗击疫情捐款64 609元；指导市渣土行业协会党支部筹集捐款64.25万元，组织爱心车队向湖北运送蔬菜物资2批次，让党旗在疫情防控一线高高飘扬；增加环卫设施清洗及消毒频次，设置废弃口罩专用垃圾桶，定人定车定路线管理。坚持常态化运输处置和集中组织运输处置相结合，协调弃土消纳场和渣土运输企业做好渣土清运保障工作，服务项目建设；切实缓解中小企业生产经营困难，带头对承租国有资产类经营用房的中小微租户减免租金；执行公园门票优惠政策，局属金殿名胜区、黑龙潭公园、大观公园等各大公园景区在现行政府制定的指导价基础上优惠50%，对抗疫一线的医护人员实行门票免费政策。制定出台《关于加强城市精细化管理有序推进引摊入市工作的实施意见》，助力经济复苏。

【行政执法管理】 严格落实行政执法公示制度，明确公示内容和部门责任，对行政处罚、行政强制、行政检查等执法行为的基本信息、结果信息在局门户网站进行公示。推行执法全过程记录制度，将执法全程记录工作全面覆盖14个县（市、区）和5个开发（度假）园区，督促各县（市、区）城市管理部门严格落实“出勤必带、执法必录”。贯彻重大行政执法决定法制审核制度，严格落实责任追究，确保工作取得实效。注重行政执法队伍建设，坚持执法为民。加强城市管理执法队伍教育培训，认真践行“721”工作法，采取主动上门、教育劝导等方式，坚决杜绝掀摊子、踹篮子、抢担子等野蛮执法行为，化管理为服务，城市管理执法队伍形象进一步改善。

【城市绿地管理】 坚持以人为本，着力打造更加宜居宜业的城市环境。制定实施《昆明市城市精细化管理标准》，建立完善城市街巷、道路交通、园林绿化、城市管理执法等领域的精细化管理标准规范，制定管理清单、责任清单和网格清单，逐步实现城市管理领域标准规范全覆盖。年内，昆明市主城区（含晋宁区）属于城市管理部门养护的绿化面积共2 016.89万平方米、行道树40.10万株、时令花卉（含花箱花卉）面积3.75万平方米，其中上划市级绿化养护的北京路、一环路、机场高速入城段、广福路（庄家塘立交桥到滇池路）4条路（段）养护面积为67.82万平方米。全市绿化覆盖率达42.07%，绿地率达38.68%，展现四季常绿、全城有景、植物多样、环境优良的春城新风貌。

【城市道路景观提升】 按照创建全国文明城市标准要求，遵循“统一设计、统一标准、一路一策、一路一景”原则，重点对全市62条重要城市道路进行整治提升，以“美化”“净化”“绿化”“亮化”为抓手，通过治脏、治乱、治差、治堵等举措，完成460余千米道路“U”形断面的整治提升及建筑立面清洗翻新工作，全市道路通行条件、城市景观观赏性、市民休闲场地质量得到大幅提升，人居环境更加温馨舒适，大大提高市民满意度。

【世界春城花都打造】 牵头编制实施《昆明市推进世界春城花都建设2020年工作方案》，加快推进新建和花卉主题公园的提升和改造，积极打造“月季路”。扎实开展全市“增绿添彩”工作，加快“美丽街道”“美丽公园”“美丽河道”等建设，因地制宜对“口袋公园”、社区游园等进行改造，努力实现市民出行“300米见绿、500米见园”的目标。年内，全市新增城市绿地206公顷，完成新建花卉主题

云南省政府门口立体花坛（市城市管理局　供稿）

游园22个，建设立体绿化示范点13个，提升改造花卉主题游园22个，初步评定园林小区（单位）29个；主城建成区设置立体花坛66组，长效摆花2 032.08万盆，积极筹备昆明市立体花坛大赛；持续开展园林绿化巡查工作，抽调专业技术人员组成9个日常巡查组和1个集中巡查组，对各县（市、区）所有公共绿化范围内的绿化养护工作进行巡查，发现问题及时督促整改到位。

【城市公园管理】 按照“春城花都”品牌相关规划，结合公园“一园一特色”要求，加强城市公园管理。牵头推进大观楼景区连片及水环境治理整体提升项目，在市级7大公园组织开展丰富多彩的特色花事和主题游园活动共18次。全力打造四时花舞的花都城市空间，为市民提供休闲娱乐的舒适环境。

【城乡环境卫生管理】 2020年，全市录入国家系统的94个非正规垃圾堆放点全部整治完成，城市生活垃圾无害化处理率保持100%。新（改）建城市公厕132座，主城区、安宁市、晋宁区、石林县等11个重点旅游城市建成区达到7座/千米^{2}的公厕建设标准，其他县（区）达到5座/千米^{2}的公厕建设标准，为群众提供方便、快捷、舒适的如厕环境。持续开展生活垃圾分类工作，制订《昆明市2020年城乡生活垃圾分类工作方案》，编制《昆明市城市生活垃圾分类实施规划（2019—2035年）》，通过规划引领、配套项目建设，不断完善垃圾分类末端处理工作。全市所有党政机关、学校、医院100%强制分类，主城区城市生活垃圾分类收集覆盖率达90%、可回收物和易腐垃圾的回收利用率合计达35%以上。启动厨余垃圾就地处理两轮试点工作，在集中式处理厂处理能力满足餐厨垃圾处理需求后，分散式设施转型处理正确分类的家庭厨余垃圾。

【城市户外广告设施管理】 昆明市主城区有户外广告大牌1 100余块，户外LED大屏100余块。年内，对全市范围内公路、铁路产权范围外及主城区户外广告设施进行清理整治，共规范整治各类违法违规户外广告设施55 772块（条）。

【城市照明设施管理】 昆明市主城区有道路照明（路灯）143 190盏，总负荷3.36万千瓦；公共部分景观照明56处。年内，全市城市路灯平均亮灯率达99.61%，设施完好率平均达99.92%；完成对主城区重要节点及道路景观亮化建设；协调推进盘龙江航道夜游景观提升工作，努力营造城市夜间经济氛围。

【建筑垃圾运输处置和违法违规建筑治理】 全市新增审批开放弃土消纳场5个、弃土调拨点104个；查处各类建筑垃圾运输处置违法违规案件1 518件，罚款598余万元；治理拆除各类违法违规建筑2 502.60万平方米。坚持渣土行业治乱与规范行业管理、推进行业健康发展相结合，主城区全面推广使用智能渣土车；科技引领，创新推动，强化“人防＋技防”管理模式，依托不断完善的昆明市建筑垃圾北斗监控平台，全面实行电子处置备案卡核发，实现审核、办证信

盘龙区瀑布公园 （市城市管理局 供稿）

息化；通过远程监控管理渣土车，有效打击查处私拉乱倒，杜绝“黑土场”现象。

【市容环境综合整治】 全市清理整治占道经营17.80万起、夜市烧烤点2.30万起，在大观商业城、南强街等200余个引摊入市点位设置摊位近5 000余个，为1万多人提供就业岗位。至年末，全市有共享单车18.90万辆，其中自行车18万辆、助力车0.9万辆。

【便民服务】 优化城市管理领域营商环境，着力推动城市管理向城市服务转变。对涉及企业的5类许可事项审批程序进行优化，对1项许可事项建立告知承诺制，将4个许可事项纳入市工程建设改革项目实行并联审批。完成2个“一次办成一件事”主题集成服务配置上线，所有许可事项均实现“一网通办”“零收费”，承诺办理时限比法定时限缩减50%以上。

（文　波）

城市网格化管理

【“党建引领、吹哨报到”工作】 2020年，由市委组织部和市网格办牵头，以问题为导向，紧紧围绕群众反映强烈、长期得不到处理、反复多发的热点难点问题，将公众投诉举报、“12345”市长热线转办、媒体曝光、网格人员或其他人员巡查上报、卫星遥感图斑、经研判需要市级部门参与处置的事项、市领导批示7类问题作为哨源，各县（市、区）、街道、社区对哨源问题进行初步梳理，确定问题涉及的上级职能部门并征求有关部门意见，经网格中心审核后，由各级党委发起吹哨并通知上一级职能部门按时到达现场报到，共同研究问题解决方案，限期处置完毕。充分运用现代化信息技术手段，着力构建以城市网格化管理体系为基础的“党建引领、县区吹哨、部门报到”工作机制。通过整合各类资源，拓展问题收集渠道，明确吹哨标准和类别，科学制定工作流程，进一步丰富基层工作载体，突破部门壁垒，形成工作合力，不断激发基层治理能动性，促进一批重点、难点和多发问题有效处置，切实提升全市社会治理体系和治理能力现代化水平。年内，市网格化综合监督指挥中心按照《昆明市“党建引领、县区吹哨、部门报到”网格化综合监督体系建设实施方案（试行）》要求，共组织主城8区发起吹哨1.85万件，结案1.85万件，哨件处置结案率100%。其中，区级哨31件，街道哨1 473件，社区哨1.70万件。

【构建“接诉即办”服务机制】 坚持从群众需求、诉求出发，以群众身边的烦心事、操心事、揪心事有人办、马上办、能办好为工作目标，市网格化管理中心着力构建扁平化的诉求直派流程和快速响应机制。通过将群众拨打12345市长热线的诉求类问题作为“吹哨报到”的“哨源”之一，持续推进“接诉即办”和“党建引领、吹哨报到”工作机制互补融合，合理破解群众身边的重点、难点问题。2020年9～12月，市网格化综合监督指挥中心按照昆明市人民政府办公室《关于印发昆明市“接诉即办”工作实施方案（试行）的通知》要求，共受理“接诉即办”类群众诉求4 250件，办结率为90.90%，群众服务满意率为87.98%。通过一个诉求解决一类问题，一个案例带动一片治理，畅通解决群众诉求的“最后一公里”，切实提高基层城市治理能力和服务群众水平。

【助力全国文明城市创建】 结合昆明市创建全国文明城市重点工作，科学制定122类涉及“创文”工作的网格监督标准，成立专项检查组，每月至少3次对市容环境存在的突出问题和重点区域进行检查，印发《关于认真落实“创文”工作要求　切实加强网格化巡查监督的通知》和《创建全国文明城市实地测评工作网格化巡查检查实施方案》，组织市、区2级网格监督员开展重点巡查。同时，新增9类住宅小区管理问题，将住宅小区内部管理纳入网格化监督巡查范围。年内，市、区2级网格监督员共发现上报创建全国文明城市相关案件200余万件，有效处置率达99.87%。通过常态化巡查监督与重点专项检查相结合的方式，促进媒体曝光、持续多发、难处理、易反弹和“五进网格”等重点城市管理问题快速处置，确保以一个干净整洁的市容环境迎接全国文明城市创建检查。

【网格化立体监测】 运用卫星遥感监测技术，持续对昆明市主城区、滇中新区的7项生态环境内容和6项城市综合管理内容进行常态监测；按照城市管理重点工作要求，对建筑施工裸地和裸露土地、疑似采矿点、新增房屋建筑、入滇河道沿岸大型垃圾、渣土堆放点等问题进行重点监测。通过卫星遥感和图斑比对技术运用，丰富网格化管理监测手段，及时有效地发现各类生态环境和城市管理问题，实现对地域偏僻、人力到达困难等区域的立体化、全覆盖监测，最大限度地减少人力资源和时间成本的浪费。年内，通过卫星遥感监测发现并立案案件617件，结案602件，抽查445件，其中房屋建筑变化案件292件，结案285件，地面扬尘源案件316件，结案308件。

【构筑疫情防控阻击战网格】 2020年新冠肺炎疫情期间，依托全市城市网格化管理体系，建立“1+3+X”的社区（村）网格化管理模式，构筑严密的基层疫情防控网络。市网格化综合监督指挥中心制定56类疫情防控重点问题的巡查标准，研发上线城管通App疫情防控专项上报模块，并下发《关于加强新型冠状肺炎疫情防控网格化巡查工作的通知》，组织市、区2级网格监督员加强巡查上报力度，配合社区做好疫情防控工作。疫情期间，上报疫情防控相关案件8.46万件，向社区发放口罩、体温计等物资10余万件。

【建立城管部门与网格监督员快速联动机制】 2020年，市网格办在社区和管理网格层面，建立管理网格层面的闭环流程，网格监督员发现的问题可直接流转到同一网格中城管执法和环卫保洁人员的App中进行处置，网格监督员与城管人员之间实现高效联动；在市级层面，通过设置“城管执法人员和环卫保洁人员案件处置率”和“监督员与城管人员联动机制”等考核指标，持续督促城管部门与环卫工人在收到网格监督员上报的问题后及时处置。同时，以市级网格监督员上报的案件数为依据，按照网格内案发数与考核指标分值呈反比的关系，动态计算网格内环境卫生和市容市貌问题发案情况，积极引导城管人员主动开展网格自巡查和问题自处置，极大地提高了案件流转及处置效率。联动机制建立运行以来，网格监督员在主城8区（主城5区、3个国家级开发区）各网格中发现的环境卫生和市容市貌类问题共60余万件，案件快速流转至环卫工人和城管执法人员进行处置共59.90万件，案件快速处置率99.49%。

【城市综合管理服务试评价】 年内，市网格办组织开展对住建部《城市综合管理服务评价指标》试评价工作，并对考核指标中22项数据统计类和20项现场检查类指标征求相关部门意见和建议，配合住建部开展城市综合管理服务第三方试评价及对道路、车站、商场、河流、湖泊、社区等19项现场检查类指标开展实地抽查。组织研发13个数据接口，完成部件、网格、人员、组织机构4类基础数据的归类统计，加快推进城市综合管理服务平台建设和联通，各项工作均得到住建部的充分肯定和高度赞扬。

【市政重点基础设施普查】 按照市委、市政府工作部署和要求，会同公安、交警、通讯、电力和排水等部门研究制订窨井盖、光纤箱等重点基础设施普查工作实施方案，明确责任分工，细化工作标准，组织市、区2级网格监督员对主城建成区范围内的市政基础设施信息进行全面普查，共普查各类信息26.67万条。

【网格化管理考核指标体系】 充分总结前期网格化管理工作经验和不足，建立、健全网格员联动机制及催办、督办机制，强化城市管理问题处置考核力度，落实“党建引领、吹哨报到”重点工作及拓展网格化管理考核范围等多个方面，修订、完善昆明市主城区城市网格化管理考核指标体系。同时，严格落实月通报和季度点评制度，将网格化管理年度考核结果纳入主城区主要工作目标考核，强化考核结果运用。年内，共发布考核通报12期、考核周报50期，发布郊县（区）城市综合管理考核通报12期、环境卫生清洁指数12期。

（黄　飞）

建筑业和建筑市场管理

【概况】 建筑业是昆明市国民经济重要支柱产业，是吸纳农村剩余劳动力的重要行业。近年来，昆明市建筑业增加值占GDP比重均在11%以上，为带动上下游产业发展及经济增长提供了有力支撑。2020年，全市建筑业完成产值3 829.0亿元，同比增长7.60%；建筑业从业人员平均人数为111.46万人，占全省的57.50%；建筑业税（含增值税、企业所得税、城市维护建设税）占全市税收收入的8%以上，具有显著的经济效益。

表12　2017年四季度至2020年四季度全省与昆明市建筑业增加值一览表

时间	地区	建筑业增加值		
		数值（亿元）	增速（%）	占GDP比重（%）
2017年四季度	全省	2 130.91	18	12.90
	昆明	707.44	13.80	14.60
2018年四季度	全省	2 482.34	16.90	13.90
	昆明	771.82	9.10	14.80
2019年四季度	全省	2 664.64	12.90	11.50
	昆明	760.24	4.40	11.70
2020年四季度	全省	2 834.06	6.50	11.60
	昆明	778.53	3	11.60

表13　2018～2020年昆明市建筑业相关税收情况一览表

年度	昆明市全市累计收入（亿元）				其中：建筑业累计收入（亿元）			建筑业税收占全市税费收入比（%）
	税收收入合计	教育费附加收入	地方教育附加	税费合计	国内增值税	企业所得税	城市维护建设税	
2018年	1 015.43	15.47	10.32	1 041.22	50.19	17.58	3.09	6.80
2019年	985.25	15.04	10.03	1 010.32	55.16	23.92	3.8	8.20
2020年1～8月	666.87	9.68	6.45	683.05	35.31	20.06	2.45	8.46

【建筑业市场管理】 近年来，昆明市建筑业市场管理重点是借助省会优势，积极引进5户大型央企、国企子公司来昆明市落户，发展总部经济初有成效。2016年引入的中国中铁股份有限公司子公司中铁开发投资集团有限公司每年产值在200亿元以上，拉动在昆明注册的中铁二十局集团第五工程有限公司、中铁八局集团第六工程有限公司、中铁上海工程局集团第六工程有限公司产值高速增长。2020年引入的北京建工集团子公司京建建设发展（云南）有限公司，年内建筑业产值突破80亿元；建立与本地骨干企业沟通机制。全市统计入库的建筑业产值前10名企业超过全市产值的50%，建筑业产值前100名企业产值超过全市的80%。因此，做好骨干企业的服务，就是抓住了"牛鼻子"。通过与本地骨干企业建立良好的沟通机制，为企业排忧解难，为企业积极服务，增强政企互信，为调度建筑业产值打下基础。

【建筑工程质量监管】 全市建筑工程质量监管实行辖区住建部门网格化全覆盖监管，市质量安全总站实行分组划片，包干巡查、抽查的工作模式。开展安全生产大检查、安全隐患排查整治、汛期安全专项排查整治，以及重大活动、岁末年初、节假日专项安全整治等一系列完整的管控体系。通过安全月、安全生产万里行和安全生产、文明施工标准化工地创建和常态化全市观摩活动等方式，加强相关要求的宣传、贯彻和落实，通过标杆引领带动管理水平的提高。全面完成省、市"安全工程三年行动"各项工作任务，在省安委办2020年督查调研时得到充分肯定。编制印发《昆明市住建行业安全生产专项整治三年行动工作方案》，出台防高坠专项治理方案，加强对参建企业和管理人员履职行为的监管并延伸到分包单位的安全监管，通过规范发包，形成安全生产现场与建筑市场联动等一系列常态化管理制度。完成市级建筑施工应急队伍的调整补充，依托有实力的建筑施工企业新组建房建、市政、轨道、机动4支应急队伍，并将工作保障补助经费列入财政预算。完成《昆明市建筑工程事故应急预案》的修订完善工作。加强隐蔽工程、分部、分项工程、竣工各环节的验收管控，确保工程质量持续可控，管理水平逐步提升，实现连续数年未发生质量事故。通过加强服务，实现工程质量投诉处置回复率100%。全面推行工程质量标准化建设，通过省级质量标准化工地核查推荐、市质量标准化示范项目创建，以及开展多次全市范围的工程质量管理观摩学习活动等措施，营造创优争先、提高企业工程质量管理水平的工作氛围。

【扬尘防治监管】 印发《昆明市住房和城乡建设局关于进一步明确我市住建行业建筑工地扬尘防治常态化监管责任的通知》，将文明施工、扬尘防治纳入常态化质量安全监管职责范畴，基本形成建筑工程全体监管人员管扬尘的局面。制订年度建筑工地扬尘防治督查检查专项工作方案，陆续出台相关管理制度并有效落实，通过依法依规实行移交行政执法、媒体曝光、差别化监管和暂停"绿色通道"服务、信用管理、限制市场准入等方式，督促企业履责，市住建局与相关部门联合执法，加大企业违法违规成本，工作形势持续向好。年内，全市建筑工地文明施工、扬尘防治量化评分达标率实现动态保持在98%左右，建筑工地扬尘的PM10空气质量指标从2017年的57毫克/米^{3}下降到41毫克/米^3，为全市全年空气质量优良率100%提供有了有力保障。

【建筑节能】 2020年，市住建局审查民用建筑项目387个，绿色建筑标准设计阶段执行率达100%。经初步统计，城镇绿色建筑占新建建筑比重达79.49%，主城区绿色建筑占比达84.33%。

全市及各县（市、区）、开发（度假）区住房城乡建设局、施工图审查机构对设计审查和施工图审查中的项目，均实行建筑节能专项审查。2020年度，全市共审查新建民用建筑项目387个、2 601.49万平方米（市政项目、工业建筑不属民用建筑节能设计标准执行范围），执行建筑节能强制性标准的比例达100%。年内新开工装配式建筑面积208.54万平方米。

实施老旧小区改造时，同步实施节能改造，实施"一院一策"方案。

主要是在小区道路、住宅走道、楼梯间照明灯具采用LED灯，有条件的老旧小区设置建筑与太阳能一体化热水系统，并结合实际场地和室外条件合理采用太阳能光电照明。2019年、2020年，全市分别计划改造老旧小区179个、224个。截至2020年末，2019年的项目已完成253个小区（院落）、244.18万平方米的改造，其余项目处于收尾阶段；2020年的项目已完成15个小区（院落）、33.80万平方米的改造工作，172个小区、155.042万平方米处于施工阶段。

【建筑工程消防验收】 出台《昆明市建设工程消防设计审查及验收、备案和备案抽查实施细则（试行）》，将消防工程的施工质量监督融入日常质量监管过程中，降低工程竣工后消防验收风险和压力。同时，建立健全工作制度，优化工作方式，标准化、规范化、程序化消防验收工作流程，规避和减少消防验收工作中的随意性和操作性。年内，受理市级建设工程消防设计审查项目4个、消防验收备案项目18个、消防验收项目292个；协助县（区）开展验收技术指导70余次。

（柳　润）

住房建设与管理

【房地产市场管理】 2020年，面对突如其来的新冠肺炎疫情，昆明市始终夯实城市政府主体责任，坚持房地产因城施策、分类指导原则。为全力支持企业有序复工复产，市人民政府印发《关于应对新冠肺炎疫情保障房地产市场平稳健康发展的通知》；为建立健全商品房预售资金监督管理制度，市人民政府印发《关于加强商品房预售资金监管工作的通知（试行）》，并于2021年1月1日起施行；持续深化“放管服”改革，加快实现行政审批服务“全程网办”“一网通办”。年内，全市核发房地产开发企业资质624本，核发主城4区商品房预售许可证550本，办理房地产估价机构备案21个；全市房地产开发投资累计完成2 263.71亿元，全市商品房销售面积完成1 878.8平方米。

【保障性住房建设】 扎实推进全市城镇棚户区改造项目建设。年内，全市争取上级补助资金1.60亿元，完成投资20.60亿元，城镇棚户区改造开工2 990套，基本建成7 000套，圆满完成省政府下达目标任务，有效改善困难群众住房条件，维护房地产市场平稳健康发展，拉动全市固定资产投资增长，让千家万户稳稳实现“安居梦”。按照市委、市政府主要领导重要批示精神，全面统筹，积极争取专项债额度，抢抓地方政府专项债券的政策机遇，组织申报棚改专项债，争取专项债额度，充分发挥政府规范适度举债改善群众住房条件的积极作用。8月24日，经各级发改、财政、住建（城改）部门紧密配合，11个项目成功发行棚改专项债40.60亿元，占全省专项债发行额度的42.60%，为改善群众居住条件、拉动全市固定资产投资增长发挥重要作用。

【物业管理】 面对新冠肺炎疫情，组织物业服务居住小区落实疫情防控工作。启动分类防控措施，对居住小区开展人员排查、居家隔离、出入管控、体温检测、高频消杀作业等疫情防控工作，形成“治疗一线在医院、防控一线在社区”的网格式管理工作局面。进一步规范住宅专项维修资金管理工作，组织学习财政部《住宅专项维修资金会计核算办法》，印发《关于组织开展住宅专项维修资金续交工作的通知》，要求辖区住建部门针对账户余额不足30%的居住小区开展住宅专项维修资金续交工作。年内，全市共存储住宅专项维修资金101.68亿元，账面余额99.15亿元，审批使用2.53亿元。针对开发建设单位代收未移交维修资金开展追缴工作，探索建立跨部门工作联动、失信行为联合惩戒机制，不断加大代收未移交资金追缴力度，全年完成2.23亿元维修资金追缴工作。开展“平安小区”创建工作，年内全市共有94个小区被评为“平安小区”。推进居住小区生活垃圾分类工作，将居住小区生活垃圾分类工作纳入物业服务企业“双随机一公开”检查事项，建立住宅小区生活垃圾分类监督考评制度，印发《关于建立住宅小区生活垃圾分类监督管理考评制度的通知》，开展住建系统物业服务居住小区垃圾分类考核工作。落实物业服务居住小区“创文”工作，印发物业服务住宅小区巡查工作方案，对照物业服务住宅小区“创文”工作18个任务指标，以“创文”区域内有物业服务的住宅小区为重点，要求属地住建部门对本辖区内的物业服务居住小区开展“创文”工作落实情况全覆盖巡查；成立市级居住小区“创文”工作巡查小组，对照实地测评考察标准，开展437个物业服务居住小区实地巡查，向辖区住建部门、政府（管委会）印发“创文”工作提示104期，督促、指导物业服务企业或街道（社区）立即整改，保障物业服务居住小区“创文”工作顺利通过国家级检查。

【工程建设项目审批制度改革】 推进“一个系统”建设，“昆明市建筑工程施工许可审批专业系统”与省“工建”审批管理系统实现系统互通、数据推送。分别在市、县级政务大厅设置工程建设项目审批综合窗口，从2019年12月16起，在全市范围内全面启动“云南省工程建设审批管理系统”。落实“减、放、并、转、调”等措施，统一审批服务事项清单。实施分类审批，将工程建设项目统一形成11个类型审批流程。2020年7月15日，根据昆明市委、市政府《关于印发昆明市全面提升一流营商环境工作方案》的要求，以市“工改”领导小组名义印发执行《昆明市政府投资工程建设项目审批流程图（暂行）》，实现政府投资项目压缩至90个工作日的目标。划分4个审批阶段申报项目，减少审批环节。实行“多审合一”，开展施工图联合审查。7月，为进一步加强电子证照在工程建设项目审批制度中的应用，按照全国统一的电子证照生成全国通用的施工许可证书和证照。10月，云南省首张建筑工程施工许可证电子证照正式产生，在施工许可阶段实现审批工作“零跑腿”的突破。推行联合测绘、联合验收，实现“一次委托、联合测绘、成果共享、联合验收”，进一步提升测绘服务能力和建设工程竣工验收效能。建立与工程建设项目审批制度改革相适应的事中、事后监管体系。围绕“统一审批流程、统一信息数据平台、统一审批管理体系、统一监管方式”，实行省、市、县级统一的线上审批，实现“一张蓝图统筹项目实施、一个窗口提供综合服务、一张表单整合申报材料、一套机制规范审批运行”。2020年，全市共有640个项目、1 935个审批事项实现线上审批。

（柳　润）

城市测绘

【概况】 2020年，市测绘院承担的全市现代测绘坐标基准建设（一期）项目和昆明市卫星定位综合服务系统整合技术服务项目顺利通过验收，统一并融合昆明市已有城市坐标系、基准站网、GNSS大地控制网，获取坐标基准一致的地理信息产品，形成既与国家相关联，又能满足全市经济建设、重大工程施工需求的地方坐标系。编制的《昆明市工程建设项目联合测绘综合技术规程》（简称《规程》）顺利通过验收。《规程》统一了全市市级建筑工程项目涉及的多项测绘标准，切实做到测绘成果共享，对优化营商环境、促进测绘行业发展、提供高效服务、规范有序管理都具有积极作用。采用无人机倾斜测量技术，结合传统测绘方法，对昆明市规划区进行1∶500地形图年度更新。年内，完成建成区130余平方千米城市1∶500基本地形图（DLG）更新维护及入库任务，达到年初要求；完成市域范围2.10万平方千米0.50米分辨率卫星影像的采购及生产，成果通过省测绘产品检测站检验；市测绘院承担的“昆明市城市高程基准网与重力基准网建设”项目获云南省2020年度测绘科技进步奖一等奖。

【专项测绘】 为协助淹水点管网系统研究和有效改造，受市住房和城乡建设局委托，市测绘院提供昆明市32个淹水点整治方案16平方千米1∶500地形图。按照2020年10月12日召开的全市市容环境整治提升第二次领导小组会议要求，为做好昆石、昆安、昆曲、昆武高速公路及轿子雪山旅游专线等出入口的整治工作，受市容环境整治提升工作领导小组综合协调办公室委托，市测绘院提供高速出入口5平方千米1∶500地形图。为昆明市全国文明城市创建制作系列工作图并提供现场服务。为即将召开的联合国《生物多样性公约》缔约方大会第十五次会议（COP15）开发安保制高点分析平台。为昆明市主城区地下空间普查、轨道交通6号线2期、4号线的竣工测量等重点项目提供大量的测绘保障工作。

【质量监督】 根据《昆明市自然资源和规划局关于开展2020年昆明市测绘资质单位监督检查工作的通知》要求，2020年10月，受市自然资源和规划局委托，市测绘院院组织开展2020年昆明市测绘资质单位监督检查工作。应检测绘资质单位20个，其中1个单位在检查中申请注销测绘资质、1个单位暂不具备检查条件，实际检查测绘资质单位18个，包括测绘成果质量监督检查单位7个，结果均为合格；测绘管理体系检查及资质核查单位11个，其中8个符合、3个基本符合。

（张君华）

交通·邮政

编辑：唐荣华

交通综述

【概况】2020年，昆明市完成综合交通固定资产投资510.99亿元，完成年度预期目标的102.20%，同比增长1.30%；完成公路运输总周转量234.67亿吨千米，同比增长5.51%；昆明铁路客、货运总量分别达5 245万人次和14 213.80万吨，完成铁路运输总周转量558.86亿吨千米，同比下降16.80%；昆明长水国际机场旅客吞吐量达3 299万人次，货邮吞吐量达32.50万吨，完成航空运输总周转量10.31亿吨千米，同比下降40.50%；完成水上运输总周转量176.72万吨千米；同比下降47.44%；完成邮政业务总量82.97亿元，同比增长37.90%；完成交通行业多式联运和运输代理业营业收入14.04亿元，同比增长2.60%；完成汽车、摩托车维修营业收入1.28亿元，同比下降19.70%。

【交通建设】全力推进县域高速公路"能通全通"8条高速公路工程建设，其中武倘寻高速、宜石高速建成通车，年度新增高速公路里程125千米，实现了"县县通高速"，全市高速公路通车总里程从"十二五"末的554千米提升至1 160千米。实施农村公路新建改建工程370千米，完成农村公路生命防护工程建设1 710千米。优化调整城市公交线路47条，全市行政村通班车率达100%。新增停车泊位2.36万个，公共交通机动化出行分担率达60%。昆明铁路枢纽西客站项目开工，城市轨道交通4号线、6号线二期开通运营，全市轨道交通总运营里程提升到139.40千米。加快推进东川港项目开工建设，争取乌东德翻坝转运设施落地云南岸，滇池（草海）夜航投入试运行。

【疫情防控】2020年初，国内暴发新冠肺炎疫情，特别是1月21日昆明市确诊第1例病例后，全市交通运输行业按照启动重大疫情响应机制要求，认真落实市防控工作领导指挥部工作部署，防输入、防扩散、保春运、稳物流、畅路网，切实细化各项防控措施，强化汽车客运站、公交场站、轨道交通、高速公路收费站及服务区等重点区域防疫管控，建立健全专项应急预案，切实把好交通运输关，及时阻断疫情输入、扩散传播通道。疫情防控工作由全面防控阶段转向精准防控和复工复产阶段后，严格按照分区分级分类精准防控的要求，逐步有序恢复交通运输服务，提前统筹谋划复工复产客流运输秩序保障工作，及时有序恢复市域道路客运、轨道交通、城市公交、水上运输以及铁路、民航运输。从2月29日零时起，全市城市公交、轨道交通、出租车、水路客运全面恢复运营。

自3月4日起，市交通运输局会同市卫健、公安等部门和昆明公交集团，全力做好机场境外入昆留观人员转运以及在昆明市范围内医院至酒店留观人员的转运工作。至年末，全市共组织转运车辆1 802趟次，运送入境人员32 344人次。随着疫情防控常态化的进程，持续保持境外输入疫情防控高压态势，做好境内入昆人员分类管控，指导督促机场、火车站（高铁站）、高速公路服务区、汽车客运站、客运货运企业、水运码头进一步强化民航、铁路、公路、水路等运输领域的境外疫情输入防控，做好国内来昆人员分类管控和境外入境人员转运环节人员防护和运输运力保障等工作。在全面防控和精准防控阶段（至3月19日），全市交通运输行业〔含各县（市、区）交通运输部门〕投入一线职工182 531人次，累计检查公路、水运、城市轨道交通、出租汽车、道路客运等领域旅客6 834 412人次，其中，外省籍旅客98 435人次，发现发热等症状202例，移送就医48例；累计检查车辆1 333 144辆次，其中外省籍车辆55 737辆次，发现异常情况13例，移送就医9例；开设应急物资绿色专业通道75条，协助组织开展物资抢运车辆11 341辆；组织调运防疫物资3 689.48吨、应急物资38.20吨、生活物资3 118.44吨；累计分配发放防疫应急物资18批，其中，医用外科口罩114 589只、防雾霾口罩3 955只、便携式额温枪622支、“84”消毒液24 190千克、含氯漂白粉3 040千克、75%酒精8 983千克、喷雾器400个、一次性雨衣2 898件、游泳镜978副、厨卫手套13 475双、雨靴1 869双，2人获“全国交通运输系统抗击新冠肺炎疫情先进个人”，1人获“云南省抗击新冠肺炎疫情先进个人”，昆明市交通运输局被授予“云南省抗击新冠肺炎疫情先进集体”称号。

【综合交通体系规划】 紧紧围绕交通强国建设要求，立足昆明实际，坚持全面统筹、重点突破、联动开发、智慧创新的原则，强化全市综合交通规划与国土空间规划等规划体系的融合、衔接，以“通达全球、面向全国、辐射区域、建设枢纽上的中心城市、轨道上的滇中核心”为战略目标，高标准、高质量开展“十四五”综合交通规划编制工作。奋力推进国家和省交通强国战略在昆明的落地实施，研究并印发《中共昆明市委　昆明市人民政府关于贯彻落实〈交通强国建设纲要〉的实施意见》。充分发挥规划引领作用，紧密结合《中共昆明市委关于制定昆明市国民经济和社会发展第十四个五年规划和2035年远景目标的建议》精神，完成《昆明市综合交通体系规划（2018—2035年）》专家评审稿、《昆明市“十四五”综合交通发展规划》专家评审稿、《昆明市公路普通国道国土空间控制规划》和《昆明市公路普通省道国土空间控制规划（初稿）》，进一步明确未来一段时期昆明市综合交通发展的主要目标、战略任务、重大政策和重点项目等，逐步构建布局完善、规模合理、结构优化、资源集约、衔接高效、互联互通的区域性国际综合交通枢纽，为建设区域性国际中心城市提供可靠的规划保障和科学的政策指引，高质量推动昆明市经济社会实现跨越式发展。

（任　意）

交通建设

【高速公路建设】 2020年，全力推进高速公路“能通全通”8条高速公路工程建设。石泸高速（昆明段）、机场北高速（主线）、宜石高速和寻沾高速（昆明段）分别于2020年6月10日、6月16日、12月25日和12月28日正式通车，武（定）倘（甸）寻（甸）高速于年末建成并将于2021年1月10日通车，年内新增通车统计里程125千米，实现了“县县通高速”。至年末，全市高速公路通车总里程从“十二五”末的554千米提升至1 160千米。研究并印发《中共昆明市委办公室　昆明市人民政府办公室关于印发〈昆明市县域高速公路“互联互通”工程实施方案〉的通知》，启动各高速公路“互联互通”工程项目前期工作。

【铁路建设】 积极推进渝昆高铁昆明段征地拆迁和管线迁改前期工作，加快推进昆明铁路枢纽西客站项目征地

2020年12月28日，寻甸至沾益高速公路（昆明段）通车试运营　（市交运局　供稿）

拆迁工作，完成昆明火车站南、北广场提质改造，其中南广场改造项目于10月1日正式投入使用，北广场改造项目将于2021年1月16日完工投入使用。

【民航发展】 加快推进昆明长水国际机场航站区改扩建工程、行李及下穿通道配套工程等项目，S1卫星厅项目主体完工。

【枢纽场站及停车场建设】 重点推进昆明市综合交通国际枢纽、东南部及半岛公交停车保养场等在建项目。

【干线公路建设】 2020年，石安公路（安宁段）改造项目主线建成通车。加快推进寻甸易隆至白石岩公路一期工程（县城至G320段）、皎平渡至马鹿塘公路、G324、326石林段、G324经开段工程、宜良县纬七路、富民县东散公路建设，积极推进禄劝至则黑公路、G248寻甸至鸡街、G324阳宗段、G108富民至五华段等重点干线公路前期工作。

【农村公路建设】 全年安排市级配套补助资金1.50亿元，实施完成新建改建农村公路370千米，自然村路面硬化率达74%。出台《昆明市农村公路管理养护体制改革实施办法》，多渠道强化农村公路管理养护资金保障。通过此次农村公路管理养护体制改革，进一步提升了全市农村公路管理养护资金补助标准，实现农村公路县、乡、村3级路长制100%，农村公路列养率100%以及乡（镇）100%通客车，具备条件的建制村100%通客车，建制村100%通邮的目标。

【农村公路管养】 全年下达农村公路养护资金44 312万元，争取中央车购税、省级补助资金12 863万元，市级补助资金13 696万元；争取2020年农村公路省级养护工程补助资金5 890万元，争取中央、省级车购税补助安防建设、危桥改造资金6 973万元。安排大中修工程19个，隐患路段治理项目11.50千米，四、五类小桥改造项目1个，大桥特大桥养护工程16个，美丽农村公路创建132千米，生命防护工程1 710千米。年末，全市属地方管养道路在库列养总里程18 050.12千米（含市管高速）。其中，国道470.15千米、省道205千米、县道3 479.44千米、乡道7 113.65千米、村道6 417.53千米、专用公路364.35千米；高速公路395.70千米、一级公路55.03千米、二级公路293.75千米、三级公路309.71千米、四级公路14 571.02千米、等外公路2 424.91千米。桥梁总数为1 587座，其中特大桥43座、大桥380座、中桥305座、小桥859座。

【昆玉高速（鸣泉至马金铺段）提升整治】 昆玉高速（鸣泉至马金铺段）整治提升改造工程比原定100天工期提前45天完工，并于5月14日主线及部分节点开通，6月30日全面开放通行，有效消除原路面病害和桥涵安全隐患，道路整体景观、行车舒适度、安全性均得到大幅提升。为缓解城市拥堵，优化交通组织结构，保证交通运输的安全和畅通，自7月1日起临时性对载货汽车双向通行昆玉高速公路鸣泉立交至大渔立交段进行货运交通组织调整，每日7～9时、17～20时，核定载质量1 000千克（不含）以下的载货汽车不得在此路段上行驶。昆玉高速公路非现场治超执法系统于11月1日10点起正式运行后，共监测货运车辆1 335 818辆，超限车辆42 279辆，超限率3.16%，渣土车辆占比约4%，系统运行稳定、社会效益好，遮牌车辆识别率显著提高，与科技治超前相比超载车辆下降85%。

【禄大公路提升整治】 禄劝至大松树公路（禄劝至半角段）作为《云南省公路网规划（2005—2020）》“8619”网中第9条联络线中的重要组成路段，是全国第四座、世界第七座千万千瓦级水电站——乌东德水电站建设的主要进场道路。鉴于乌东德水电站于2020年7月完成机组组装并正式运行，为切实保障水电站顺利运行，保障沿线群众安全出行，急需对病害严重的禄大公路进行提升整治。2020年6月5日市政府第66期常务会议审议通过《关于研究禄劝至大松树公路（禄劝至半角段）提升整治工程实施方案》。项目起点位于禄劝县城旁接昆禄公路董家营处，止点位于皎西半角乌东德水电站进场公路起点，路线主线全长96.44千米，联络线长10.11千米，施工图预算总投资约为31 437.66万元。项目于9月23日进场施工，2021年1月实现主线通车试运营，主线工程比既定工期提前约3个月。

【轨道交通建设】 轨道交通4号线、6号线二期于9月23日开通初期运营，新增运营里程50.70千米，全市轨道交通运营里程达139.40千米。全面推进轨道交通1号线西北延、2号线二期、5号线建设，在建地铁线路总里程48.33千米、车站40座。其中，1号线西北延于2016年开工建设，线路起于教场北路站，止于环城南路站，全长7.59千米，设车站7座、停车场1个，总投资28.30亿元；2号线二期于2015年开工建设，线路起于环城南路站，止于海东公园站，全长14.29千米，设车站11座、停车场1个、主变电站1个，总投资104.80亿元；5号线于2016年6月开工建设，线路起于世博园站，止于福保村站，全长26.45千米，设车站22座、车辆段1个、停车场1个，新建1个主变电站，总投资228亿元。在建的3条线路完工后，国家发改委批复昆明市轨道交通的第一、二期建设规划项目全部完成。

【轨道交通运营】 2020年，昆明城市轨道交通线网日均客流量61.35万人次，其中，轨道交通1、2号线首期日均客流32.89万人次，3号线日均客流14.77万人次，4号线9.83万人次，6号线3.86万人次；全市轨道交通线网累计运送乘客9.25亿乘次，开通以来单日最高客流出现在9月30日，为82.22万乘次；线网列车正点率达99.99%，运行图兑现率达99.99%，整体运营平稳有序，各项指标均高于国家标准。年末，昆明城市轨道交通已投入运营线路5条，总运营里程达139.40千米，在全国44个已开通地铁运营的城市中排名第19位。5条开通运营线路分别是轨道交通1号线和2号线首期、1号线支线、3号线、4号线、6号线。其中，轨道交通6号线二期、4号线为2020年9月23日新开通线路；轨道交通4号线是昆明市第一条采取政府与社会合作（PPP）建设的线路，由北京城建、中铁电气化局联合体与昆明轨道集团组建的项目公司——云南京建轨道交通建设投资有限公司负责特许经营30年；其他线路由市国有独资企业昆明轨道集团公司下属昆明地铁运营公司负责运营管理；轨道交通1号线和2号线首期运营里程42千米、1号线支线运营里程5.30千米、3号线运营里程23.35千米、4号线运营里程43.40千米、6号线运营里程25.30千米。已开通运营线路车站共83座，其中换乘站9座，分别为火车北站、东风广场站、大树营站、东部汽车站、菊华站、塘子巷站、斗南站、联大街站、昆明南火车站。

（任　意）

交通运输管理

【货车违法超限超载治理】 2020年，全市在高速公路入口实行路政、交警重点时段值守、经营公司24小时值守的联合执法模式，严格对货运车辆进行称重检测，杜绝超限超载车辆驶入高速公路。严格执行定点与流动相结合的联合执法，路面管控持续加强。全市辖区正常运行的10个超限检测站严格24小时值守，6个治超站安装了入口抓拍系统，引导货运车辆自行进站检测。在未设置治超站的普通公路，各辖区治超办每周组织开展流动联合执法不低于2次，保持路面治理高压态势。治超专项行动期间，共查处违法超限超载车辆1 194辆。突出重点路段专项整治行动，在专项整治行动期间，市治超办分别安排部署108国道、G213、轿子山旅游专线、九石阿公路、老昆石公路、晋研线（S214）重点路段联合整治工作，严查违法超限超载车辆。开展为期7个月的货车非法改装整治，实现行驶在昆明市辖区公路货车车厢非法改装恢复原状率达90%以上的目标，基本消除货车车厢加高、加长、加宽等改装行为。在全省率先开展治超非现场执法试点，在昆玉高速公路入城段设置2套不停车称重检测系统，开展治超非现场执法，启动该系统后，管控路段货车超限数量下降97%。

【交通行业市容环境整治】 为全面提升“世界春城花都”城市品牌的影响力和美誉度，高水平做好COP15服务保障工作，围绕《昆明市市容环境整治提升行动方案（2019—2020）》涉及交通运输的工作内容及有关目标，深入推进交通运输行业市容环境整治工作。其中，青年路（含圆通北路、巡津街、南坝路）、春城路、白龙路、白塔路、南绕城（产权范围内）、昆石、昆曲、昆安出入城段、市容环境整治工作已基本完成；昆武出入城段、东绕城（产权范围内）市容环境整治工作正在抓紧实施道路、绿化、外立面整治等工作；全市高速公路、二环、西北三环持续做好设施维护、道路清洁等工作，确保整治成果常态保持；针对老旧小区存在车辆乱停乱放问题，积极配合开展净化人行道和公共开敞空间清理整治，同时加快推进公交专用道建设。

【智能交通建设】 结合全市交通运输行业信息化建设需求，提出“1个中心、6大平台、26个应用系统”的数字交通总体框架，全力推进《昆明市智慧交通建设三年行动计划（2019—2021）》的实施，优先开展了昆明市综合交通运输运行协调指挥系统（TOCC）、市智慧停车、市智慧公交、市出租车综合服务监管平台等智慧交运重点项目建设。10月，市交通运输局牵头开展的“提升昆明市综合交通运行效率智能化试点”“昆明市智慧停车促进静态交通资源共享试点”2个数字交通项目均成功申报为交通运输部的交通强国试点项目。市TOCC项目一期项目于年末投入运行。

【交通行业扶贫】 进一步提升3个摘帽县（区）交通基础设施服务水平，投入市级及以上补助资金4.50亿元，完成自然村通村公路路面硬化370.40千米，新增174个自然村通硬化公路，全市自然村通村公路通畅率达到74.80%。实施安全生命防护工程1 710千米，其中，东川区350千米、寻甸县214千米，禄劝县603千米，进一步提升3个摘帽县（区）自然村公路安全生命防护水平。实现全市乡（镇）、建制村100%通硬化路，建制村通客车率达100%，城乡公共交通服务均等化发展水平明显提高。

【海事管理】 印发《昆明市船舶和港口污染突出问题整治工作方案》，完成全市各类船舶的生活污水收集设施、含油污水收集设施、垃圾收集设施的配备工作，确保船舶污染物做到“一零三全”。投入资金232万元开展水上交通安全管控能力三年提升工程，完成水上交通安全监管中心建设。认真落实“十年禁渔”工作，全年共开展“十年禁渔”禁捕培训宣传3次，打非治违专项活动8次，行业治乱检查27次，发现并整改隐患178起，取缔“三无船舶”、排筏33艘次。完成水上应急队伍建设，联合滇池地方海事处、水上治安分局等部门开展水上应急救援综合演练2次。

【旅客运输管理】 推进全市“客运班线车辆自主选择起讫客运站和试点报

2020年12月26日，滇池草海恢复夜航（市交运局 供稿）

备中途停靠客运站”工作，已有20户班线客运企业、34条线路、近250辆客车自主选择起讫站点，23条客运线路、112辆客车中途停靠补员，全市客运行业平稳有序，未发生不稳定情况。继续做好包车客运行政审批工作，受理新增包车申请52份，发放行政许可决定书52份，许可运力总数1 041辆，办理未按期投入运力企业终止经营手续7份。加强网约车管理力度，有6个县（市、区）下发网约车经营许可证，运营车辆达到189辆，网约车管理工作进一步规范。

【货物运输管理】 切实做好全市道路危险货物运输行业管理工作，严把企业市场准入关、车辆资质准入关，严格企业从业人员管理，新增危货运输企业6户，扩大经营范围2户，依申请注销4户，共新增危货运输车辆616辆，注销124辆。继续推进道路危险货物运输安全综合治理工作，严格执行危货道路运输电子运单使用管理规定，全市危货运输企业共使用电子运单42.63万单。继续组织开展长江经济带危险废物道路运输排查工作，全市具有危险废物道路运输资质企业21户、车辆230辆，未发现违法违规运输行为。配合推进国家枢纽型货运物流园区建设工作，对昆明南亚国际陆港物流园区、云南腾俊多式联运仓储物流园区等重点综合货运枢纽建设提出行业管理意见，为构建服务规范、方便快捷、畅通高效、保障有力的国际物流节点打下基础。有序组织开展国际道路货物运输业务工作，有33户货物运输企业、330辆货车经营范围涉及国际道路运输，运力总吨位4 698.99吨。推进道路货物运输行业降本增效各项工作，对总质量4.50吨及以下普通货运车辆不再进行年度审验，为进一步降低运输业户经营成本、促进道路运输市场发展提供便利。

【车辆检修监管】 进一步推进“三检合一”工作，23个综检机构共检测认可安检报告1.15万份。开展“一站式”检测服务，统一窗口受理，优化服务流程，全面实现“一次上线、一次检测、一次收费”，不让车主往返跑、重复跑。加强机动车维修行业监管，重点检查不按规定备案、擅自改装机动车、篡改屏蔽OBD（车载诊断系统）等违法行为。年内，出动执法车辆695辆、执法人员1 914人次，检查维修企业1 696户，发放政策法规宣传资料2 083份，签订安全生产责任书692份；发现不规范经营189件、违规违法200件，当场整改201件，下发责令整改通知书184份，违法处罚4件，违规行为得到明显遏制。

【驾驶员培训监管】 坚持从源头抓起，严把市场准入关。认真受理群众投诉，对投诉进行分类、分析，查找管理工作短板，对群众投诉问题较集中的收费、服务、教练员管理和培训机构主体责任不能落实等问题，研究源头管控办法，年内共处理98件投诉，投诉回复率和办结率为100%，驾培市场环境得到进一步净化。年末，全市有驾驶培训机构166所，有教练车9 025辆。

【应急保障】 对全市原有突发事件应急预案体系进行完善和补充，编修完成《昆明市交通运输综合应急预案》《昆明市城市公共汽车客运突发事件应急预案》《昆明市公路水运工程生产安全事故应急预案》《昆明市公路交通突发事件应急预案》《昆明市水路交通突发事件应急预案》《昆明市道路危险货物运输事故专项应急预案》《昆明市民用航空器事故应急预案》《昆明市大面积航班延误事件应急保障预案》《昆明南站旅客滞留突发事件应急预案》《昆明市城市轨道交通运营突发事件应急预案》10部应急预案。依托行业内道路运输企业、养护施工单位和航运企业的各类设施资源，通过合理布局、统筹规划，将各类应急资源纳入应急物资储备体系中。年末，全市交通运输系统储备有应急运输保障运力4 857辆，水上交通安全事故应急反应可调用船只159艘，公交运营行业应急运力407辆，其中应急公交车辆400辆、专用拖车7辆。为进一步加强全市交通运输安全生产管理水平，强化预防和处置各类突发事件能力，市交通运输局成立了昆明市交通运输安全应急专家咨询委员会并聘任100名专家，对6支交通运输安全应急救援队伍授牌。专家咨询委员会包含安全应急综合管理专家8人、道路运输管理专家8人、水运管理专家8人、轨道交通管理专家

10人、公路（水运）建设工程管理专家66人，其中核心专家42人。成立专家咨询委员会，进一步完善全市安全应急管理体系建设，充分发挥咨询专家和应急救援专业队伍在行业安全生产应急管理和事故救援中的技术支撑，提高了应急救援保障工作能力。

【交通运输法治建设】 开展《昆明市机动车维修经营管理办法》的起草和《昆明市公共汽车客运条例》《昆明市人民政府关于加强昆明国际机场净空保护区域管理的若干规定》的立法调研工作，完善交通运输行业法制体系建设。制定《昆明市交通运输行政处罚自由裁量权实施若干意见》《昆明市交通运输局合法性审核实施办法》《昆明市交通运输局办理人大代表建议和政协委员提案规定》，推进制度建设。开展行政执法集中督查、行政执法案卷评查、行政执法人员法律知识学习培训，持续提升执法队伍建设。指导局属路政、运管部门开展做好“爱路护路宣传月”“珍爱生命、拒绝黑车”等法制宣传活动，落实普法责任制。审查合同协议99份，出具合法性审核意见17份，组织开展重大行政决策听证会4次，专家论证6次，提升决策的合法性、科学性。

【运输服务保障】 认真做好2020年春运服务保障工作，紧紧围绕打造“平安春运、便捷春运、温馨春运、诚信春运、绿色春运”，制订印发《昆明市2020年综合运输春运工作总体方案》《昆明市交通运输局2020年春运服务保障方案》，强化部门协作，加强统筹部署，在全面做好春运期间运输服务保障的基础上，全力应对新型冠状病毒感染肺炎疫情，及时对春运工作进行调整，全力保障旅客安全、便捷、有序出行。严格重大节假日运输保障例会制度，全力统筹做好清明、五一、国庆等小长假、重大节假日公共交通运营服务保障工作，统筹协调公交、轨道交通、出租车、班线客运等客运方式，积极会同民航、铁路部门全力做好节假日期间旅客疏散工作，主城各大客运枢纽未发生旅客大面积滞留情况。2020年节假日期间，全市累计运送乘客7 798.64万人次。

【城乡公交服务】 认真做好地铁4号线、6号线开通运营城市公交接驳线网优化工作，优化调整公交线路47条。协调昆明公交集团公司结合城市建设需要及人民群众意见、建议，适时优化调整部分公交线路及站点，全力保障人民群众公共交通基本出行需求。广泛听取群众意见、建议，认真受理群众投诉，办理落实“12345”市长热线各类交办件2 356件。2020年，主城5区7家城市公交企业的500余条公交线路、6 100辆在运车辆共运输旅客42 276.80万人次，受新冠肺炎疫情影响，运输量同比减少43.70%。

【新能源车推广】 全市新增和更新能源公交车104辆，其中，主城5区更新30辆，新增巡游出租汽车1 000辆，新增新能源网约车1 070辆。年末，全市共有新能源公交车3 340辆，其中主城5区共有新能源公交车2 578辆；新能源巡游出租汽车1 225辆，其中，主城5区1 154辆；新能源网约车2 400辆。

【客运市场秩序整治】 全市将道路运输市场秩序专项整治工作与新冠状肺炎疫情防控、安全生产、校园周边环境综合整治及打击非法运营有关工作紧密结合，认真抓好疫情常态化防控及道路运输市场、出租汽车市场秩序整治，全力保障旅客安全、便捷、有序出行，维护行业健康稳定。全年共出动执法人员69 167人次、执法（公务）车辆10 688辆次、路检路查车辆138 769辆次，抽查旅游客运车辆3 319辆次、出站客运车辆11 769辆次，核实旅客信息26 007人次；抽查货物运输车辆13 053辆次，其中危险货物运输1 900人次；检查出租汽车1 175 373辆次，现场教育整改22 156人次；检查网约车31 748辆次，查扣不合规网约车2 543辆；检查、劝离疑似非法客运车辆18 300辆次，查获违法违规行为3 119件，查扣违法车辆2 665辆，其中涉嫌非法营运行为2 484辆；配合公安部门和城管部门劝离喊客人员38 953人次，协助清理乱停乱放机动车辆10 156辆次，清理乱停乱放电单车3 453辆次。

【出租汽车行业管理】 以深化全市出租汽车行业改革为主线，以规范网约车监管为重点，不断健全完善全市出租汽车行业服务管理法规体系，强化基础设施建设，提高规范化、制度化、科技化管理水平，增强服务理念，强化市场监管，规范营运市场，营造文明诚信、整洁舒适的乘车环境，全面提高出租汽车行业整体服务能力和水平。年内，全市共办结出租汽车违章案件105件，核查处理投诉3 270件，同比下降57.85%。至年末，全市许可网约车平台19个，办理“网络预约出租汽车运输证”5 313本，发放“网络预约出租汽车驾驶员证”8 805本。

【“公交都市”创建验收】 2020年10月21～24日，交通运输部组织专家组对昆明市公交都市建设示范工程进行实地验收。经过核查资料台账、专家质询和现场考察，验收组高度肯定了昆明市公交都市创建工作，认为昆明市委、市政府高度重视，始终坚持交通引领城市发展的理念，持续高投入推动公共交通发展，全市公共交通的建设发展取得了难能可贵的成绩。交通运输部将于2021年1月21～28日对拟授予昆明市“国家公交都市建设示范城市”称号进行公示。

【停车场建设】 积极协调、鼓励多渠道投资建设公共停车场。经多次与投资意向人会商，推动大厂村、白云路淘宝城、马金铺立交等一批公共停车

2020年，市交运局开展“出租汽车车辆审验暨创建全国文明城市对标检查”活动
（市交运局　供稿）

场建成并投入使用。为规范管理全市机动车停车场规划、建设、管理等有关工作，起草并报市人民政府印发了《全面加强昆明市机动车停车管理工作的实施方案》。加快昆明市智慧停车信息系统建设，积极督促昆明市智慧停车建设运营有限公司实施全市智慧停车系统建设。2020年，全市累计新增停车泊位23 645个。

【地方民航发展】 2020年，昆明长水国际机场完成运输起降架次27.30万架次、旅客吞吐量3 299万人次、货邮吞吐量32.50万吨，旅客吞吐量居全国第6位；南亚、东南亚通航点达45个，居全国首位，成为全国辐射南亚、东南亚国家的重要门户枢纽和带动云南经济社会发展的重要引擎。机场口岸实行7天×24小时全天候通关保障，成为全国第6个实现全天候通关保障的航空口岸。积极开辟新航线，通过云南省、昆明市对新开国际航线的共同培育，大大激发了航空公司开辟国际航线的积极性和主动性，有效促进了昆明航空市场的快速发展。年内，先后新开中国昆明至马来西亚吉隆坡、中国昆明至巴基斯坦拉合尔、中国昆明至泰国曼谷等全货运国际航线，开通昆明至德里、昆明至旧金山、昆明至新加坡等“客改货”航班。

【优化营商环境】 取消全市交通运输系统政务服务事项5项，合并实施34项，下放县（市、区）实施7项。保留政务服务事项共37主项（含140子项及办理项），其中行政许可18项、行政确认12项、行政奖励1项、其他行政权力6项。2020年1月～12月14日，市交通运输系统政务服务事项共办理92 243件。按照“应上尽上”要求，市交通运输系统政务服务事项已在云南省政务服务事项管理平台上实现100%发布实施，100%达到四级网办深度。积极推动“一网通办”工作，安排专人帮助、指导办事群众和企业进行在线申请、在线审查、在线办理。

（任　意）

铁路运输及管理

【概况】 云南境内铁路交通运输由中国铁路昆明局集团有限公司负责。中国铁路昆明局集团有限公司（简称“昆明局”）于2017年11月19日由原昆明铁路局实行公司制改革后挂牌成立，是中国国家铁路集团有限公司下属和独立出资的铁路运输企业，管辖铁路线路主要分布于云南省境内，跨越四川省、贵州省、广西壮族自治区，共经过4省13个地（州、市）、56个县（市、区），有准轨（轨距1 435毫米）和米轨（1 000毫米）2种轨距，是全国18个铁路集团公司中唯一准、米轨并存的公司。

昆明局管辖沪昆高速、南昆客专、昆玉河线（昆明南至玉溪段）、楚大线、广昆线5条时速在200千米及以上的高速铁路，沪昆、南昆、成昆、元昆、威红、盘西、昆阳、安

2020年5月12日，昆明—吉隆坡全货运国际航线通航
（市交运局　供稿）

宁、羊场、东川、东王、昆玉、大丽、广大、水红、昆玉河（玉溪至河口北段）、大临线17条准轨普速铁路，昆河、蒙宝、昆石、昆小、草官线5条米轨铁路。其中，沪昆高速、南昆客专、昆玉河（包括昆明南至玉溪、玉溪至河口北）、广大、楚大、大丽、水红、大临8条属合资铁路。昆玉铁路属地方铁路。昆河铁路为国际联运铁路，在中越铁路大桥K464＋444处与越南铁路衔接。

2020年末，昆明局管内铁路线路总延展长度7 177.43千米（正线5 615.58千米），其中，国家铁路3 654.28千米（米轨758.42千米）、合资铁路3 523.15千米（米轨5.613千米、套轨0.80千米）、地方铁路74.10千米；铁路营业里程4 123.359千米，其中国家铁路2 122.69千米（米轨653.20千米）、合资铁路1 944.77千米、地方铁路55.90千米；电气化铁路3 076.43千米，其中，国家铁路1 304.01千米、合资铁路1 772.43千米，电气化率74.61%；复线铁路1 522.47千米，其中，国家铁路596.90千米、合资铁路925.57千米，复线率36.92%；高铁线路延展长度2 405.71千米（正线2 085.44千米），占总延展长的33.50%；高铁营业里程1 063.95千米，占总营业里程的25.80%。管辖车站226座，其中，国铁车站154座、合资及地方铁路车站72座；按等级分，特等站1座、一等站6座、二等站14座、三等站18座、四等站97座、五等站90座。拥有各种型号机车523台（准轨496台、米轨27台），其中，内燃机车192台（合资公司配属11台）、电力机车331台；配属动车121组985辆（其中分散式动车104组832辆、集中动力动车17组153辆），普速准轨客车1 512辆、米轨客车19辆，代管邮政车13辆。设基层单位44个，职工总数3.72万人。

【铁路客货运输】 2020年，昆明局管内有客运营业站52座，开行图定旅客列车222对（高铁动车174对），日均开行141对，完成旅客发送4 351.80万人，受新冠肺炎疫情影响，同比减少2 155.10万人，下降33%，超年度调整计划348.80万人，提前30天（12月1日）完成年度任务目标。其中，高铁发送3 409.30万人，占比78.30%，对客票收入贡献率达84.50%。管内货运营业站91个，准轨日均装车2 936车，同比减少45车，年内最高日（10月15日）装车3 513车；日均卸车5 103车，同比增加467车，最高日（12月1日）卸车6 080车，年内48次刷新卸车纪录，10月19日首次突破6 000车大关。货物发送6 032.40万吨，同比减少21万吨，下降0.35%，超年度调整计划132.40万吨，提前9天（12月22日）完成年度任务目标；货运周转量441.38亿吨千米，同比减少48.48亿吨千米，下降9.90%。年内，昆明局克服新冠肺炎疫情防控因素带来的不利影响，坚持算账开车、开车算账，实施“一日一图”，精准投放运力，灵活运用价格策略，实现应收尽收，担当列车客座率达57.50%，高于全路3.20个百分点。深化路企战略合作，全面落实大宗货物运量互保协议，稳住基础客户货源，完成协议运量4 300万吨，占货物总发送量的71.30%；推进落实55个重点营销项目，实现增运上量1 909.80万吨，同比增加478.90万吨；打造“云品”出滇铁路绿色物流品牌，加大卷烟班列运输、果蔬出滇冷链运输组织，组织开行卷烟班列22列592车、冷链班列34列164车，发送卷烟1.30万吨、果蔬鲜花2 208吨，带动“公转铁”运量352万吨。

【春运组织】 1月10日～2月18日（春运40天），昆明局累计发送旅客406.80万人次，同比减少463.20万人次，下降53.20%。1月10～24日（节前15天），日均开行客车186对，发送旅客318万人次，同比增加49.90万人次，增长18.60%；日均发送21.20万人次，最高日23.80万人次。1月31日后，受新冠肺炎疫情影响，根据国铁集团调度命令，陆续停运123对旅客列车，其中，直通普速列车9对、管内普速列车11对、直通高铁58对、管内高铁45对，最低时仅开行客车67对（直通普速16对、管内普速7对，直通高铁24.50对、管内高铁19.50对），免费办理旅客退票269.30万张。1月25日～2月18日（节后25天），日均开行客车87对，发送旅客88.80万人次，同比下降85.20%；日均发送3.60万人次，最低日0.90万人次，最高日10.70万人次。

【昆明至攀枝花“复兴号”动车开行】 1月9日11时26分，云南昆明至四川攀枝花间首趟“复兴号”动车D790次开行，列车运行时速160千米。该趟动车的开行，标志着历经6年建设的云南永仁至广通复线铁路正式开通运营，并实现与2013年12月竣工通车的广通至昆明复线铁路连接，也标志着成昆铁路云南境内段扩能改造工程全部完成并投入运营。动车开行后，昆明至元谋最快1小时29分、至永仁最快1小时38分、至攀枝花最快2小时07分，分别较公路压缩1小时、1小时30分和2小时，较原成昆铁路昆明至元谋、攀枝花普速列车压缩1.50小时、3小时。动车开行初期，“复兴号”动车昆明南站至攀枝花南站开行2对，昆明站至攀枝花南站开行1对，途经广通北、元谋西、永仁等站，加上既有4对普速旅客列车，为昆明至攀枝花方向旅客出行提供多样化选择。

【电子客票全面推行】 从2020年6月20日起，电子客票在全国普速铁路推广实施，昆明局管内普速旅客列车和曲靖、宣威、杨林、小新街、富源、红果、宜良北、石林、陆良、师宗、罗平、威舍12个车站同步推出电子客票业务。至此，管内40座客运车站及C、D、G字头高铁动车和Z、T、K字头普速旅客列车全部实行电子客票。实施电子客票后，实现旅客无接触购（取）票，旅客通过互联网即可自助完成退票和改签，进出站检票由持“身份证件+车票”简化为持有效身份证件“一证通行”并自助进（出）站，出（入）闸机检票速度由平均每人3.80秒缩短至1.30秒。至年末，管内累计发售电子客票4 604.40万张。

【“铁路e卡通”扫码乘车业务开通】“铁路e卡通”是由中铁银通支付有限公司发行的新一代中铁银通卡实名制电子卡片，由旅客在铁路“12306”手机客户端注册办理。开通“铁路e卡通”账户并与“12306”本人账户绑定，即可生成乘车码，在指定线路乘坐指定列车，无须提前购票，持二代身份证原件和“铁路e卡通”动态二维码扫码快速进（出）站乘车。从2020年12月16日起，昆明局管内昆明南至玉溪、昆明至曲靖、昆明至宣威、曲靖至宣威间管内动车组列车开通“铁路e卡通”扫码乘车业务，并预留部分二等座席位供“铁路e卡通”旅客使用，持续改善旅客乘车体验。

【务工专列开行】2020年春运前，昆明局主动联系劳务工用工企业，提前申报务工团体票，在昆明、罗平、曲靖、宣威等7个车站开设务工团体票专窗，赋权高铁无轨站办理务工团体票业务咨询、用工企业资质审核、购取票业务，为务工团体和个人就近购票出行提供便利。1月13日18时18分，昆明局与云南省、广东省人社厅合作开行2020年春运首趟“滇粤劳务协作返乡专列”D3 830次，近600名务工人员自广州南站抵达昆明南站。1月16日，与云南省总工会合作，相继开行广州南至昆明南D3 830次、珠海至大理D3 818次2趟务工专列，助力1 200余名云南籍在粤务工人员顺利返乡，旅途中组织开展歌舞表演、送“福”字和春联、安全知识宣传等活动，为推动云南省农村劳动力转移就业工作提供支持，助力精准扶贫。

2月，根据人力资源和社会保障部等部委和国铁集团关于做好农民工返岗复工“点对点”服务保障工作部署，主动对接地方政府和企业复工复产安排，定制开行“点对点、一站式”务工人员返岗专列，实行“按需开车”，并开辟务工人员进站乘车绿色通道，完善取票、进站、候车、乘车等环节疫情防控和服务措施，做好复工复产人员返程运输，促进经济社会平稳发展和就业稳定。2月18日，组织开行首趟昆明南至广州南D4 856次务工人员返岗专列，解决497名云南籍务工人员返程问题。2月23日，在昆明南站、曲靖北站组织开行3趟高铁和1趟普速旅客列车前往上海、广州、杭州、南京等地，2 000余名云南籍进城务工人员返岗复工。至3月26日，昆明局累计开行“点对点、一站式”返岗务工专列及包车66趟次，运送3.10万名务工人员前往长三角、珠三角等地区，助力当地企业有序复工复产。

【抗疫物资运输】坚持一手抓疫情联防联控、一手抓重点工作推进，持续发挥铁路运输大动脉、先行官作用，全力保障国民经济正常运行。按照国铁集团和云南省委、省政府部署，抽调专人分别驻点云南省应对疫情工作领导小组、云南省支援湖北抗击疫情农产品捐赠工作专班开展合署办公，及时协调捐赠物资铁路运输事项。制定铁路抢运防疫物资运输标准作业流程，对云南捐赠湖北的疫情防控物资和民生物资，采取全力确保、优先受理、优先配空、优先装车、优先挂运、优先卸车的“一确保五优先”措施，开启运输“加速模式”，全程做好跟踪服务。充分利用高铁动车组列车、普速旅客列车行李车和集装箱运输等多种方式，开辟绿色通道，克服疫情防控因素带来的装卸劳力不足、短途搬运不畅、部分车站卸车品名单一且集中到达等困难，优化组织列车开行，缩短运输时限，最大限度降低疫情防控因素带来的影响，履行社会责任，助力疫情防控和地方经济社会发展。2月18日，开行首趟云南省对口支援湖北省咸宁市农产品集装箱专列10 967次，装载230吨新鲜蔬菜、水果、鲜花、鸡蛋等，运程1 838千米，于2月20日抵达，用时29小时47分，较日常3天时间节约近2天。在新冠肺炎疫情防控阻击战中，昆明局累计抢运防疫和生活物资5 308.60吨，为打赢武汉保卫战做出了贡献。春耕期间，主动对接云天化集团等云南化肥生产重点企业，加大化肥抢运，助力春耕生产。2月24日，开行10 968次集装箱运输专列，云南省紧急捐赠咸宁市的2 500吨、价值602万元复合肥通过47辆车、94只20英尺（1英尺≈30.48厘米）通用集装箱从龙津沟站始发。年内，昆明局累计运输国内春耕化肥167.50万吨，同比增加14.50万吨，增长9.40%，在支援东北、华北、西北等地区春耕生产的同时，最大限度减轻疫情对云南省化肥生产企业的影响。

【暑期运输】坚持“算账开车、开车算账”，精准投放运能。抓住暑期学生流及旅游流叠加、跨省团体旅游回暖有利时机，加强客流趋势盯控分析，根据客流变化3次调整暑期运能，实施“一日一图”，做到应开尽开、能开多开，保障运力有效供给，满足旅客出行需求。7月1日，首次开行大理至成都、重庆高铁，实现滇西旅游资源富集地区与川渝人口密集地区互通直达；新增1趟昆明南至镇雄高铁动车。8月1日后，昆明南至杭州东G1 392/1次交路延伸为昆明南至芜湖。8月，日均开行客车从7月的132.50对增加到162对，最高开行客车169对，动车组运用率达87.50%。其间，加开管内普速客车1对、直通动车21对、管内动车270列次，加挂普速客车160辆次。7月1日～8月31日（暑期运输62天），昆明局发送旅客1 026.90万人，日均发送16.61万人，其中8月日均发送19.40万人，最高日（8月15日）发达23.60万人，管内客流恢复至上年同期的77.20%，客流恢复水平居全路第二。

全面提升服务质量，在全省范

围内开设400余个火车票代售点，推荐旅客下载“昆铁+”App，直接查询代售点，下单享受部分旅游景区门票、酒店住宿等折扣优惠；开通普者黑站至普者黑景区以及文山市城际直通车，方便旅客便捷换乘。发挥电子客票“一证通行”全面实施优势，加强购票组织和引导，大幅压缩旅客进（出）站时间，改善旅客出行体验。暑运期间，累计发售电子客票1 196.20万张。

【“双11”电商运输】 昆明局与电商“双11抢先购”同步，于11月1日凌晨起即启动电商物流运输，运输期限从往年10天延长至20天。针对电商运输流向，对昆明至北京、上海、南京、福州、贵阳等方向6列高铁动车组预留车厢进行快件装运，较上年增加2列；发挥21对普速旅客列车行李车定时发车与到达优势，推广蓄冷保温集装箱等运输新产品，助力鲜花、野生菌、冻品等“云”字号鲜货出滇，为云南贫困地区农产品野生菌、尼西鸡、昭通苹果等提供“当日达即送”等出省物流新服务，全面满足不同客户运输需求。11月20日，为期20天的铁路“双11”电商运输结束，昆明局累计运输快件包裹8.39万件、1 031.80吨，与2019年1.52万件、233.70吨相比，快件数量增长4.50倍、总运量增长3.40倍，均创下历史新高，铁路“双11”电商运输品牌影响力日益扩大。其中，高铁列车运输快件2.34万件、330.50吨，普速客车行李车运输快件6.05万、件701.30吨。

【中越米轨国际联运】 2020年2月3～7日，受新冠肺炎疫情影响，中越两国间国际联运货物列车停运，国际联运业务量下滑明显。加强与越南铁路总公司沟通协调，抓好中越铁路国际联运保量工作。2月8日12时，1211次国际联运列车恢复开行，556吨进口硫黄抵达山腰站，确保中亚班列硫黄、化肥对流运输。2月19日，按照中越两国铁路第43次议定书规定，经两国铁路部门协商，决定采用双机推挽、异地调配联运机车、口岸集结联运车辆等措施，提升单趟机车运力，减少列车开行频次，弥补因疫情影响而下滑的国际联运运量。2月27日，中越国际联运货物列车单趟运行重量突破1 000吨，较以往单趟列车运行重量增加300吨以上。7月1日，山腰站“数字口岸应用系统”投入使用，铁路部门与海关、货代公司数字化信息互联互通，电子信息流转代替人工申报和纸质单据填报，货主足不出户即可完成货物通关申报，海关监管货场人工作业环节大大减少，办理时间由原来半天左右压缩至近30分钟，货物申报放行时间大幅缩短，实现口岸电子化通关、国际联运全程无纸化组织，有效优化作业流程，提高通关效率。12月18日，云南开远至越南海防中亚班列开行满3周年，累计开行货物列车2 752列、34 743辆，完成货物运输107.63万吨。至年末，中越两国间累计开行国际联运列车802对、运输货物56.88万吨，同比减少105对、2.86万吨，下降11.58%、4.78%。其中，完成进口货物31.84万吨、出口货物25.04万吨，开行中亚班列869列10 835车、运输货物33.5万吨。

【石林南站专用线投入运营】 石林南专用线于2020年5月6日开工建设，6月15日竣工并通过验收，7月3日正式投入运营，新增日均1万吨装车能力，有效提升石林地区石材、石粉、农副产品等外运能力。石林南专用线位于南昆线石林南站，由中石浪都科技有限公司投资，云南宇恒铁路工程有限公司承建。专用线新建长1.05千米股道2条，新增道岔4组，硬化场地9 000平方米，新建灯塔5座和龙门吊、轨道衡等。采取集装箱吊装方式进行装卸作业，实现“门到门”集装箱运输，在提高装卸效率的同时，避免多次装卸带来的环境污染，解决石林县作为云南省沙石料生产大县（年产量达2 000万吨左右，受运输因素等制约达500万吨左右）沙石料散装运输汽车运费高、大部分产品仅能在当地销售等问题，促进当地经济发展，也促进铁路货运增运增收。8月29日，单日装车首次突破1万吨。至年末，完成运量122.30万吨，单日最高装车1.23万吨，较4月日均1 016吨、8月日均5 632吨实现较大增幅。

【动车冷链盒饭生产基地投产】 动车冷链盒饭生产基地位于昆明南站东北侧，占地面积3 000平方米，总建筑面积1 929.58平方米，建设总投资1 562.62万元，日生产能力1万份，推出5个系列、32个品种套餐盒饭，价格15～68元，满足旅客个性化餐饮需求。2020年6月1日，昆明局动车冷链盒饭生产基地投产运营，首批酸菜鱼、辣子鸡等10个品种、153份云南特色盒饭通过全程冷链运输，首次在昆明至上海、河口、攀枝花等方向11趟动车组列车上试销售。7月1日后，在昆明局管内始发动车上全面上线销售。至年末，累计销售47.30万份。

【铁路建设】 2020年2月15日，昆明局在玉溪召开玉磨铁路建设复工动员会议，坚持一手抓疫情防控、一手抓复工达产，全力克服新冠肺炎疫情防控给施工带来的不利影响，迅速全面恢复正常施工组织。3月15日，管内751个工点全面实现复工，施工返岗人数达5.30万人以上，返岗率超过110%。至年末，大临铁路建成通车，昆明站南广场提质改造完成，弥勒站站房建成投用，投产新线202千米，在建铁路1 085千米。年内，昆明局管内13个铁路基本建设项目完成投资328.07亿元，同比增长30.50%，创历史新高。其中，大理至临沧铁路完成45亿元，累计完成150.50亿元，完成设计量的100%；云桂铁路完成40.45亿元，累计完成484.95亿元，完成设计量的98.96%；永仁至广通铁路完成3亿元，累计完成109.80

亿元，完成设计量的97%；玉溪至磨憨铁路完成120亿元，累计完成483.50亿元，完成设计量的95.66%；丽江至香格里拉铁路完成18亿元，累计完成93.30亿元，完成设计量的90.42%；大理至瑞丽铁路完成18亿元，累计完成153.37亿元，完成设计量的64.98%；弥勒至蒙自铁路完成40亿元，累计完成74.15亿元，完成设计量的59.90%；重庆至昆明高速铁路完成2.30亿元，累计完成2.35亿元，完成设计量的0.26%；昆明南站房改造完成1.36亿元，累计完成25.56亿元，完成设计量的100%；云桂铁路引入昆明枢纽完成10.92亿元，累计完成99.32亿元，完成设计量的100%；广通至大理扩能改造工程完成18.41亿元，累计完成161.91亿元，完成设计量的100%；昆玉河铁路改造完成0.63亿元，累计完成6.93亿元，完成设计量的100%；暨有广通至大理铁路设备补强及电气化改造工程完成10亿元，累计完成10亿元，完成设计量的74.74%。

【昆明站南北广场改造】 为回应社会关切和群众期盼，昆明局、昆明市政府于2020年8月18日启动昆明站南广场提质改造工程，在昆明站南广场建设配套设施，开通售票、安检、进站等旅客服务功能，着力解决地铁站与昆明站换乘不畅问题。昆明站南广场提质改造工程总建筑面积约8 000平方米，主体建筑为2层高架旅客进站集散大厅，第一层为集散厅，第二层为安全检查和旅客进站通道，设有5部自动扶梯、2部垂梯、12台安检仪、18台自助售票机、17台实名验证闸机等旅客服务设备设施，开设4个测温、22个验证通道，新建16米宽连廊连接既有高架候车室，铁路出站厅至地铁A号出入口设风雨走廊，保障旅客出行安全有序顺畅。10月1日，改造工程完成，昆明站南广场正式投用，旅客进站流线得到优化，实现旅客乘坐地铁到昆明站无缝换乘列车，提升旅客出行体验，显著压缩旅客进站时间。10月10日，昆明站北广场改造工程全面启动，计划2021年春运前投入使用。此次改造，拆除既有安检作业棚、警务亭、自动售票棚等房屋、设施设备和广场东西侧既有环形高架匝道，新建一层面积6 200余平方米，具备售票、安检、验证功能的进站综合服务大厅，站前设6 600平方米集散广场，缓解昆明站站前交通不畅和拥堵等问题。

【普速铁路环境专项整治】 认真落实国铁集团《关于认真贯彻落实习近平总书记重要批示精神　全面加强普速铁路安全隐患综合治理工作的通知》要求，借鉴2019年云南省高铁沿线环境安全隐患整治成功经验，争取云南省委、省政府支持，于6月9日召开全省普速铁路沿线环境安全隐患专项整治行动工作部署会议，印发《云南省铁路环境安全隐患综合治理行动方案》，路地联手，推进普速铁路沿线环境安全隐患专项整治，整治全省地域内所有普速铁路沿线环境安全隐患，沿线地质灾害，平交道口和治安形势复杂、路外事故多发路段安全隐患，公跨铁桥梁、公铁并行地段安全隐患5大类问题，确保普速铁路运行安全。

组织开展线路环境安全及设备情况综合平推检查，排查发现各类隐患问题1 528个，实施“一处一档”管理，并将地方政府负责整改问题移交各州（市）、县（市、区）开展整治，7项重（难）点问题纳入云南省安委办实施挂牌督办。加强与省级牵头指导部门及相关职能部门、铁路沿线州（市）政府对接，落实路、地“双段长”工作责任制，分片区召开路、地“双段长”工作协调会，定期协调解决突出问题，确保各项工作按预期目标加速推进。12月11日，普速铁路1 528件安全隐患全部整治完成，完成率100%，其中，路内问题123件、路外问题1 405件，普速铁路安全环境有效改善。

【安全生产】 开展高铁安全环境专项整治“回头看”，对2019年整治销号的551个高铁和495个动车开行普速线路安全环境隐患进行复查验收，严防隐患问题整治不彻底和反弹。针对路外安全重点风险源点，安排专项资金，在管内沪昆线新建智慧安防系统100套，将广昆线现有77套综合视频升级成智慧安防系统，在元昆线88处大牲畜上道重点地段增设防牛桩，有效防范路外安全风险。以确保疫情防控和安全生产两不误为目标，加大重点关键风险管控，强化安全责任落实，加密关键时段、关键环节、关键场所的监督检查和把关，系统排查治理安全隐患，抓实职工防疫防护，实现春运和全国两会等关键时期安全稳定。加强高铁运营安全管理，制订公布关于进一步加强高铁运营安全管理的实施方案，组织研判高铁运营源头性安全风险，确定306个危险源、868个风险点，统筹考虑人、物、环境的不安全因素及管理缺陷，逐项细化制定“三防”管控措施，逐级加强管控，杜绝高铁和动客车一般C类及以上事故。加大汛期安全防控，3月31日18时进入防洪抗汛期，较往年提前45天，221个Ⅰ、Ⅱ级防洪看守点进入值守状态。坚持主动避险、以雨为令、严防死守。至10月31日18时汛期结束，在为期7个月内发布强降雨预警91次，启动应急响应2次。其间，发生各类水害455次、862处，其中影响行车安全水害144次、292处，累计中断行车836小时。有效应对昆河铁路“8·13”腊哈地泥石流灾害，实现第24个防洪安全年，做到有水害无事故，水害发现率和防撞率达100%。至年末，昆明局实现安全生产4 714天，杜绝客车C类及以上责任事故，行车事故、路外相撞事故同比分别下降45%和37%。

（吴立群）

民用航空

【概况】昆明市民用航空运输工作由云南航空产业投资集团有限责任公司（简称“集团公司”）承担。该公司成立于2019年8月20日，其前身为云南机场集团有限责任公司，为云南省政府直属的国有大型航空运输保障服务企业和省级开发性经营合作融资平台。按照省政府的授权，该公司对全省民用机场实行一体化管理，打造以昆明国家门户枢纽机场为旗舰，次区域枢纽、中型机场、小型机场、通勤通用机场等多梯次结构合理布局、互补相辅的机场群。2020年末，该公司一体化管理省内运行机场总数17个、在建机场3个，是全国拥有机场数量较多、等级较高、航空资源富集、机场一体化管理的省级集团公司。

2020年，集团公司全面深化推动企业改革创新，稳步推进安全、服务、运营、管理各项工作，确保生产运输止跌回升，企业经营企稳向好。随着云南省国有企业改革目标和云南民航强省战略的实施，云南航空产业投资集团（机场集团）将全面加快建设发展步伐，以持续发展推动云南经济社会进步，以优质服务回报国内、国外旅客，为全国民航交通运输事业发展做出更大贡献。

表14　2020年云南航空产业投资集团有限责任公司运输生产情况一览表

统计单位	统计指标	2020年	2019年	同比增长（%）	各机场所占份额（%）	2020年生产目标	完成目标（%）	目标增速（%）	对标差异（%）
集团公司	起降（架次）	445 851	559 250	-20.30	—	—	—	—	—
	运输起降（架次）	435 920	546 026	-20.20	100	416 465	104.70	-23.70	3.60
	国内航线（架次）	427 477	501 046	-14.70	—	—	—	—	—
	其中，地区航线	261	3 236	-91.90	—	—	—	—	—
	国际航线	8 443	44 980	-81.20	—	—	—	—	—
	旅客吞吐量（人）	49 837 162	70 517 930	-29.30	100	47 930 800	104	-32	2.70
	国内航线（人）	49 200 842	65 200 523	-24.50	—	—	—	—	—
	其中，地区航线（人）	25 060	424 461	-94.10	—	—	—	—	—
	国际航线（人）	636 320	5 317 407	-88.00	—	—	—	—	—
	货邮吞吐量（吨）	368 762.70	462 544.80	-20.30	100	374 202	98.50	-19.10	-1.20
	国内航线（吨）	344 226.90	417 762.90	-17.60	—	—	—	—	—
	其中，地区航线	224.10	2 625.20	-91.50	—	—	—	—	—
	国际航线（吨）	24 535.80	44 781.90	-45.20	—	—	—	—	—
昆明机场	起降（架次）	274 433	357 080	-23.10	—	—	—	—	—
	运输起降（架次）	272 809	355 931	-23.40	62.60	264 000	103.30	-25.80	2.50
	国内航线（架次）	264 877	313 423	-15.50	—	—	—	—	—
	其中，地区航线	237	2 812	-91.60	—	—	—	—	—
	国际航线	7 932	42 508	-81.30	—	—	—	—	—
	旅客吞吐量（人）	32 989 127	48 075 978	-31.40	66.20	32 000 000	103.10	-33.40	2.10
	国内航线（人）	32 396 043	43 013 093	-24.70	—	—	—	—	—
	其中，地区航线	22 949	381 155	-94	—	—	—	—	—
	国际航线（人）	593 084	5 062 885	-88.30	—	—	—	—	—
	货邮吞吐量（吨）	324 989.80	415 776.30	-21.80	88.10	332 600	97.70	-20	-1.80
	国内航线（吨）	300 460	371 010.20	-19	—	—	—	—	—
	其中，地区航线	224.10	2 614	-91.40	—	—	—	—	—
	国际航线（吨）	24 529.80	44 766	-45.20	—	—	—	—	—
丽江机场	起降（架次）	42 937	54 255	-20.90	—	—	—	—	—
	运输起降（架次）	42 799	54 231	-21.10	9.80	40 300	106.20	-25.70	4.60

续表

统计单位	统计指标	2020 年	2019 年	同比增长（%）	各机场所占份额（%）	2020 年生产目标	完成目标（%）	目标增速（%）	对标差异（%）
丽江机场	国内航线（架次）	42 765	53 868	-20.60	—	—	—	—	—
	其中，地区航线	24	424	-94.30	—	—	—	—	—
	国际航线（架次）	34	363	-90.60	—	—	—	—	—
	旅客吞吐量（人）	5 037 158	7 173 986	-29.80	10.1	4 760 000	105.80	-33.6	3.90
	国内航线（人）	5 033 916	7 136 188	-29.50	—	—	—	—	—
	其中，地区航线	2 111	43 306	-95.10	—	—	—	—	—
	国际航线（人）	3 242	37 798	-91.40	—	—	—	—	—
	货邮吞吐量（吨）	11 207.90	12 616	-11.20	3	10 090	111.10	-20	8.90
	国内航线（吨）	11 207.90	12 609.50	-11.10	—	—	—	—	—
	其中，地区航线	0	11.20	-100	—	—	—	—	—
	国际航线（吨）	0	6.50	-100	—	—	—	—	—
西双版纳机场	起降（架次）	35 152	43 034	-18.30	—	—	—	—	—
	运输起降（架次）	34 953	42 766	-18.30	8	33 600	104	-21.40	3.20
	国内航线（架次）	34 598	41 008	-15.60	—	—	—	—	—
	其中，地区航线	0	0	0	—	—	—	—	—
	国际航线（架次）	355	1 758	-79.80	—	—	—	—	—
	旅客吞吐量（人）	4 091 893	5 524 284	-25.90	8.20	3 874 000	105.60	-29.90	3.90
	国内航线（人）	4 061 786	5 344 171	-24	—	—	—	—	—
	其中，地区航线	0	0	0	—	—	—	—	—
	国际航线（人）	30 107	180 113	-83.30	—	—	—	—	—
	货邮吞吐量（吨）	8 592.40	8 418.20	2.10	2.30	8 418	102.10	0	2.10
	国内航线（吨）	8 586.50	8 410.80	2.10	—	—	—	—	—
	其中，地区航线	0	0	0	—	—	—	—	—
	国际航线（吨）	6	7.40	-19	—	—	—	—	—
芒市机场	起降（架次）	18 265	18 160	0.60	—	—	—	—	—
	运输起降（架次）	18 258	18 160	0.50	4.20	17 325	105.40	-4.60	5.10
	国内航线（架次）	18 136	17 809	1.80	—	—	—	—	—
	其中，地区航线	0	0	0	—	—	—	—	—
	国际航线（架次）	122	351	-65.20	—	—	—	—	—
	旅客吞吐量（人）	1 892 713	2 122 958	-10.80	3.80	1 819 000	104.10	-14.30	3.50
	国内航线（人）	1 882 826	2 086 347	-9.80	—	—	—	—	—
	其中，地区航线	0	0	0	—	—	—	—	—
	国际航线（人）	9 887	36 611	-73	—	—	—	—	—
	货邮吞吐量（吨）	12 429.80	10 758.90	15.50	3.40	12 100	102.70	12.50	3.10
	国内航线（吨）	12 429.80	10 756.90	15.60	—	—	—	—	—
	其中，地区航线	0	0	0	—	—	—	—	—
	国际航线（吨）	0	2	-100	—	—	—	—	—
大理机场	起降（架次）	13 734	17 331	-20.80	—	—	—	—	—
	运输起降（架次）	13 702	17 325	-20.90	3.10	13 000	105.40	-25	4.10

续表

统计单位	统计指标	2020 年	2019 年	同比增长（%）	各机场所占份额（%）	2020 年生产目标	完成目标（%）	目标增速（%）	对标差异（%）
大理机场	旅客吞吐量（人）	1 312 180	1 773 857	-26	2.60	1 229 000	106.80	-30.70	4.70
	货邮吞吐量（吨）	5 485.80	6 870.60	-20.20	1.50	5 400	101.60	-21.40	1.20
保山机场	起降（架次）	10 398	11 047	-5.90	—	—	—	—	—
	运输起降（架次）	10 397	11 046	-5.90	2.40	9 410	110.50	-14.80	8.90
	旅客吞吐量（人）	976 878	1 228 964	-20.50	2	956 300	102.20	-22.20	1.70
	货邮吞吐量（吨）	1 317.70	1 555.50	-15.30	0.40	1 280	102.90	-17.70	2.40
腾冲机场	起降（架次）	8 420	12 542	-32.90	—	—	—	—	—
	运输起降（架次）	8 420	12 537	-32.80	1.90	8 280	101.70	-34	1.10
	旅客吞吐量（人）	770 252	1 367 494	-43.70	1.50	820 000	93.90	-40	-3.60
	货邮吞吐量（吨）	1 800.40	3 005.70	-40.10	0.50	1 720	104.70	-42.80	2.70
普洱机场	起降（架次）	7 446	7 851	-5.20	—	—	—	—	—
	运输起降（架次）	6 178	6 212	-0.50	1.40	5 600	110.30	-9.90	9.30
	旅客吞吐量（人）	499 242	620 978	-19.60	1	448 000	111.40	-27.90	8.30
	货邮吞吐量（吨）	728	1 273.70	-42.80	0.20	700	104	-45.00	2.20
澜沧机场	起降（架次）	6 616	5 076	30.30	—	—	—	—	—
	运输起降（架次）	5 780	4 306	34.20	1.30	4 550	127	5.70	28.60
	旅客吞吐量（人）	454 713	453 411	0.30	0.90	382 000	119	-15.70	16
	货邮吞吐量（吨）	192.80	176.30	9.30	0.10	180	107.10	2.10	7.20
临沧机场	起降（架次）	4 996	5 028	-0.60	—	—	—	—	—
	运输起降（架次）	4 994	5 026	-0.60	1.10	4 840	103.20	-3.70	3.10
	旅客吞吐量（人）	456 729	470 174	-2.90	0.90	450 000	101.50	-4.30	1.40
	货邮吞吐量（吨）	955	720.20	32.60	0.30	900	106.10	25	7.60
迪庆机场	起降（架次）	4 696	6 852	-31.50	—	—	—	—	—
	运输起降（架次）	4 694	6 852	-31.50	1.10	4 100	114.50	-40.20	8.70
	旅客吞吐量（人）	383 441	617 941	-37.90	0.80	337 000	113.80	-45.50	7.50
	货邮吞吐量（吨）	602.90	772.10	-21.90	0.20	400	150.70	-48.20	26.30
昭通机场	起降（架次）	4 950	4 220	17.30	—	—	—	—	—
	运输起降（架次）	4 950	4 220	17.30	1.10	4 200	117.90	-0.50	17.80
	旅客吞吐量（人）	350 601	369 390	-5.10	0.70	280 000	125.20	-24.20	19.10
	货邮吞吐量（吨）	102.30	334.40	-69.40	0	100	102.30	-70.10	0.70
沧源机场	起降（架次）	3 398	2 944	15.40	—	—	—	—	—
	运输起降（架次）	3 398	2 944	15.40	0.80	3 160	107.50	7.30	8.10
	旅客吞吐量（人）	329 404	337 203	-2.30	0.70	331 500	99.40	-1.70	-0.60
	货邮吞吐量（吨）	153.50	98.80	55.40	0	144	106.60	45.80	9.70
文山机场	起降（架次）	8 826	11 662	-24.30	—	—	—	—	—
	运输起降（架次）	3 052	2 302	32.60	0.70	2 600	117.40	12.90	19.60
	旅客吞吐量（人）	170 903	165 426	3.30	0.30	118 000	144.80	-28.70	32
	货邮吞吐量（吨）	128.90	105.90	21.70	0	110	117.20	3.80	17.80

续表

统计单位	统计指标	2020年	2019年	同比增长（%）	各机场所占份额（%）	2020年生产目标	完成目标（%）	目标增速（%）	对标差异（%）
泸沽湖机场	起降（架次）	1 584	2 168	-26.90	—	—	—	—	—
	运输起降（架次）	1 536	2 168	-29.20	0.40	1 500	102.40	-30.80	1.70
	旅客吞吐量（人）	121 928	215 886	-43.50	0.20	126 000	96.80	-41.60	-1.90
	货邮吞吐量（吨）	75.40	62.40	21	0	60	125.70	-3.80	24.70

【基础设施建设】 2020年，集团公司共完成建设投资实物工程量32.54亿元，按要求完成省政府下达的年度投资目标，为提高机场运输保障奠定了坚实的硬件基础。其中，稳步推进昆明长水国际机场二期改扩建工程。扩建工程预可研报告获得军方同意，并向国家发改委上报预可研相关报告，计划于2021年初由民航咨询公司正式启动评审；同步开展改扩建可研报告编制、T2航站楼及附属工程设计工作；S1卫星厅主体工程完工并完成精装修，计划2021年4月申请行业验收；机场、高铁、地铁三方就综合交通枢纽（GTC）建设职责、投资分摊原则达成共识，并初步明确设计方案。全面落实州（市）机场改造提升工作，按照“四个全面”要求和“一机场一方案”原则，制订改扩建计划，分阶段推进实施。陇川通用机场于2020年9月28日正式通航，临沧机场新建航站楼于9月28日投用，保山机场改扩建新建航站楼封顶、飞行区于9月10日投用，迪庆机场四期改扩建工程全部完工，弥勒通用机场主体工程完工，凤庆通用机场、蒙自军民合用机场（军用部分）已开工建设，大理机场跑道盖被、加装停止排灯、特性拦阻系统工程等项目均一次性验收合格。此外，集团公司与西双版纳、芒市、腾冲、红河、普洱、昭通等地方政府签订建设合作协议，为后期加快机场建设打牢基础。

【客货运输】 面对突如其来的新冠疫情，集团公司在抓好常态化疫情防控的同时，全面做好航空客货运输保障工作。积极协调地方政府、基地航空公司搭建绿色通道，做好医护人员、医疗物资转运、复工复产包机等重点保障工作。安排七彩通航执飞航司复航意愿较低的泸沽湖和兰坪机场，完成省内所有机场保通任务。以省内环飞航线培育拓展作为服务航空市场和全省旅游业“国内大循环”的切入点，积极协调华夏航空入滇开展干支通结合的中转联程业务，探索云南省短途运输网络模式，全年开通26条环飞航线，同比增加17条，基本建成覆盖全省的环飞航线网络。贯彻落实民航局提升国际航空货运能力6项举措，鼓励支持航空公司“客改货”，协同全货机航空公司开通货运包机航线，全年累计开通18条国际货运（含客改货）航线，国际货运周航班量30余班。实现了集团公司起降（架次）、旅客吞吐量超过行业平均增速。年内，集团公司共保障运输航班起降43.60万架次，旅客吞吐量4 983.70万人次，货邮吞吐量36.90万吨，分别恢复至2019年同期的79.80%、70.70%和79.70%。其中，昆明机场完成运输航班起降27.30万架次，旅客吞吐量3 298.90万人次，货邮吞吐量32.50万吨，分别排名全国第7位、第6位和第12位；集团11座机场3项指标完成年度目标，澜沧、文山机场同比实现3项指标正增长，临沧、沧源、文山、泸沽湖、芒市5座机场货邮吞吐量同比增长超过15%。

【服务保障品质提升】 持续推进服务工作创新，加大服务品牌建设，服务管理质量得到全面提升。扎实推进爱国卫生专项行动、厕所革命、明厨亮灶等专项整治活动，各机场实现裸露垃圾全消除，412座公共卫生间全部完成改造提升，达到“三无三有”标准；新建投用44个公共洗手台；114户餐饮经营户全部实现“明厨亮灶”，其中航站楼餐饮经营户100%接入市场监管平台。下发《关于征集服务专家及服务改进建议的通知》，组建41人的服务专家团队开展213条服务改进意见评审，对服务差错事件进行督导；组织各机场及相关控股企业服务岗位人员10 028人开展服务岗位规范线上学习。严格投诉时限管理，组织安保类服务投诉和举报受理工作规范化专项检查；严格落实局方和政府要求，做到疫情期间服务工作不打折，及时处理由于疫情原因引发的投诉、抱怨、求助以及特情咨询。持续推进滇西机场群保腾芒空地联运协同运行一体化服务工作，制定《空地联运服务品质监测管理制度》。组织各机场参加外部服务评价活动，推进昆明机场ASQ测评及丽江机场ASQ模拟测评；腾冲机场《雨季运行新举措之“地面转运”》获得CAPSE2019年度优秀创新服务案例荣誉；组织昆明机场申报机场协会“民航旅客遗失物品全国统一查询平台”建设先行示范单位。通过国内一线机场、省内机场、航空公司多个渠道，全方位开展“一部手机游云南”宣传推广工作。完成全省机场游客退换货点位设置，倾力服务“旅游革命”。建设“绿色食品牌”10大名品展示营销中心，初步形成线上线下协同营销体系，加快在州（市）机场复制推广。年内，昆明机场10大名品展示营销中心全年销售额达1 418万元，取得社会效益、经济效益双赢；昆明机场航班放行正常率92.21%，同比增长2.76%，在十大机场中排名第三；昆明机场ASQ测评总体满意度为4.84分，较2019年提高0.06分；“保腾芒”机场群协同创新运行试点成功并被局方推广，昆明机场获“中国民用机场服务质量优秀奖”。

【行业治理体系建设】 不断强化行业治理体系建设，全面推进各项改革工作，确保企业经营企稳向好。优化组织架构，完成集团使命、愿景、战略等顶层规划设计，编制集团“十四五”发展规划；完成航产投集团的组织架构和职能部门设置，以全员竞聘选拔的方式配置集团总部人员，完成各业务板块牵头负责人选聘。健全管控体系，制定《集团领导职责分工和授权暂行规定》，构建起职责清晰、运转有序的集团班子履职行权体系；制定、修订制度150余项，初步建立航产投集团制度管理体系；重构再造集团建设指挥部组织架构和业务流程，提升投资建设效率和风控能力。提升综合实力，夯实发展基础，机场集团信用评级由AA+提升至AAA，打造国有资本投资公司更强大的融资功能。优化完善选人用人机制，规范干部选拔任用工作程序，以能力和业绩为导向推行公开竞聘。强化激励约束，建立健全员工职业通道管理和组织、个人绩效考核制度，促进职工担当作为。谋划产业发展，加快产业布局，制定各板块发展方向和举措，按照成熟一个推进一个的原则，组建云南临空产业开发有限公司，有序推进昆明机场商业中心、无缝星级酒店、酒店板块改革等重点项目。借航产投改革政策窗口机遇妥善解决东航云南公司土地出资问题，借力审计整改推动广电传媒、长水航城历史欠款问题解决；重启昆明机场货代招商项目，盘活闲置土地资源；依法合规突破空港航食治理僵局，实现对企业的有效管控，全面加强党对航食公司的领导；扎实推进企业办社会职能剥离工作，完成全体退休人员和泸沽湖、文山机场专用公路社会化管理移交。年内，集团公司实现合并收入33.41亿元，同比减少14.07亿元，降幅29.62%；集团（合并）成本费用45.62亿元，同比减少5.35亿元，降幅10.49%；合并利润总额-9.8亿元，较省国资委下达的年度利润目标-12.06亿减亏2.26亿元（不含租金减免、疫情防控、研发等视同利润成本）。航空服务延伸、航空保障、物流板块较好完成控亏任务，鲲鹏公司、丽江蓝天、空港航食、航信网络、飞机维修分公司、空港机务等公司实现盈利。

【科技创新工作】 对标国内先进机场，按照“枢纽先行、辐射州市”原则，投入1.20亿元用于智慧机场一期项目建设，全力打造具有云南“机场群”和“大民航”特色的智慧机场品牌。开展机场数字化转型咨询，从航空运营、非航、建设管理、职能管理4个维度，梳理省内机场群协同管理的业务能力框架，形成管理提升、流程优化、运行高效的数字化解决方案。持续推进刷脸乘机，昆明机场安检自助验证闸机项目建成投用，大幅提升旅客服务效率、降低运行成本，相关技术指标优于同类机场，项目得到局方的肯定和政策支持。在昆明机场先行实施“一张脸走遍机场基础平台及应用”“自助行李托运”“旅客全流程出行服务”等4个建设项目，2021年5月投入使用，为服务保障COP15提供强有力的信息化支撑，同时昆明机场行李全流程跟踪系统（RFID）将于2021年1月内完成竣工验收并正式投用。

【安全生产】 按照安全生产和疫情防控“两手抓、两不误”的要求，扎实开展工作，实现了“安全生产零事故、疫情防控零感染”的目标。完善安全管理体系，全面启动《安全管理手册》修编，邀请专家团队以咨询服务的方式参与昆明机场安全管理体系建设，对标行业发展方向，提高安全管理的专业化水平。建立安全隐患排查治理长效机制，制定“自查事项清单”，确保法定自查工作落到实处；选拔45名专业技术人员组建法定自查专家库，到上海浦东、山东日照等机场交流学习，系统开展法定自查政策研究；组织开展交叉推磨式安全检查，促进各机场安全管理水平的共同提升。完善问责处理机制，制定下发《安全生产党政同责实施办法》等制度，运用执纪问责等手段，加大对不安全行为的问责力度；认真开展不安全事件调查，组织工作组进驻相关单位开展现场督导检查，形成盯组织、盯系统的“双盯”监管机制。加大安全投入，年内完成基础设施建设投资32.54亿元，大理机场EMAS系统顺利完成铺装，昆明、丽江、迪庆、临沧等机场改扩建项目有序推进；航务管理系统、远程塔台等项目建设全面推进；统筹安排专项资金3 298万元，对驱鸟设备进行更新改造，同时深入推进威胁性鸟类防控中心建设，提高各机场的鸟害防治水平。强化重点管控，建立健全运管委机制，积极推进机坪运行统一规范，顺利完成昆明机场试点建设；启动“安全生产百日攻坚”专项活动，加强对鸟害防治、净空保护、FOD等重要风险的管控；落实民航安保“六严”工作要求，联合省公安厅制定《关于加强新时代机场公安工作的实施意见》，完善安保防控措施；开展消防岗位大练兵，提高消防保障能力；推进“安全工程三年行动”，加强对工程建设和不停航施工项目的监管力度，确保工程建设和不停航施工安全。年内，集团公司各机场和控股企业安全态势平稳，未发生生产安全事故以及飞行安全、空防安全和消防安全事故，机场责任原因民用航空器事故征候万架次率0.02，未超过年初预定的指标；集团整体放行正常率91.71%，同比上升2.14%，其中，昆明机场放行正常率92.21%，排名全国大型机场前列，顺利完成了年初预定的目标和任务，实现了航产投集团成立以来的第2个安全年和机场集团连续第17个安全年。

【疫情防控】 高效协同做好新冠肺炎疫情防控工作，落实测温扫码、专用机位、专用临时留观厅、专用中转候机区、专用行李转盘和专用摆渡车等措施，加强对候机楼重点区域、重点部位的消杀工作。加强员工队伍宣传教育，严格执行防护标准。强化入境人员全过程闭环管理，强化终末消杀，切实筑牢阻断境外疫情输入的航空防线。年内，共对4 491.85万名进出港旅客实施测温扫码，对国际入滇航班1 690架次共5.90万名入境人员实现全闭环管控，实现进出港旅客测温扫码全覆盖、入境人员全隔离、员工动态“零感染”；昆明机场党委被评为全国抗击新冠肺炎疫情先进集体，集团多个集体、多名员工受到国家、行业和省级表彰。

【“蓝天保卫战”工作】 圆满完成“蓝天保卫战”工作任务，36个蓝天保卫战项目全部建设完成，项目总投资8 804.80万元。其中，昆明、丽江、西双版纳3座机场完成国三及以下车辆尾气改造595辆，完成率100%，场内新增电动车占比达71.4%；桥载电源及空调替代设施实现廊桥全覆盖，桥载设备运行监控系统实现全面监控计量；与执飞航司桥载设备使用签约率达100%；已建成配套充电桩设施73套、充电枪头112个，各项工作均达到或超额完成目标；集团能源管理平台被西南地区管理局推荐参加民航局示范项目评选，昆明机场绿色建筑成果作为省住建厅唯一推荐单位参评全国“绿色建筑创新奖”获一等奖，昆明机场被评为民航局打赢“蓝天保卫战”先进单位。

（刘占嬴）

城市公交运营及管理

【概况】 昆明市城市公交运营及管理由昆明公交集团有限责任公司（简称“昆明公交集团”）承担。该公司的前身为1952年10月成立的昆明市公共汽车总公司，是省内最大的以城市公共客运为主业，集客车改装、车辆维修、团体包车、多种经营为一体的社会服务性国有大型骨干企业。2020年末，昆明公交集团下属营运公司7个（1～7公司）、修理分公司2个（东部修理分公司、西部修理分公司）、全资子公司8个、控股公司5个、参股公司9个，所属车队52个，共有营运车辆5 730辆，包括城市巴士公司417辆（含出租车）、城乡巴士公司173辆、滇骏公交247辆、富宏公交77辆、自行车公司和修理后勤等用车8辆、1～7营运公司4 808辆，共有员工14 691人，其中在职人员10 977人、离（退）休人员3 714人。2020年，集团公司客运量4.09亿人次，完成全年计划的100.82%；票款收入4.46亿元，完成全年计划的102.11%；行驶里程1.67亿千米，完成全年计划的97.21%。

【疫情防控】 按照“外防输入、内防扩散、排查预警”的总体要求，昆明公交集团相继制定《关于印发新冠肺炎疫情期间复工复产工作方案的通知》《关于印发新型冠状病毒感染的肺炎疫情防控期间公交定制出行的工作方案的通知》等文件，对内为员工配备口罩、测温仪等防护物品及消毒液、酒精等消杀用品，提高员工个人防护能力。对外在营运车厢内循环播放疫情防控宣传提示用语；指派专人进行清洁消毒工作的督导检查，抓实抓细营运车辆“一趟一扫、一天一洗、一趟一消毒”的卫生防疫工作。及时发布预警信息，做好疫情防控物资储备，形成联防联控、群防群控局面，对疫情传播苗头做到早预防、早发现、早报告、早处置。年初，各级基层党组织成立党员志愿服务队46个，854名党员主动写了请战书，1 694名党员积极响应党组织号召参加了抗击疫情自愿捐款活动，共捐款210 655元。为严防境外疫情输入，集团公司下属城巴公司党支部充分发挥基层组织战斗堡垒和党员先锋示范作用，挑选45名素质全面的优秀驾驶员，以最快速度组建了“防疫应急保障车队”，配备50辆机场大巴，专门负责长水机场入境旅客“点对点”无缝接驳转运。至年末，“防疫应急保障车队”累计运送旅客1 863趟次，安全转运境外旅客34 075人次。

【线网优化】 2020年，昆明公交集团先后新开线路14条，其中地铁接

昆明公交集团防疫应急保障车队 （市公交公司 供稿）

驳线路3条、社区专线9条（含7条社区巴士）、大站快线2条；优化调整局部走向线路68条，新增或取消局部停靠站点线路63条，优化调整营运时间线路11条，优化调整公交站台31个，暂停营运线路26条。其中，配合黄土坡车场搬迁，优化调整线路11条，变更管理车队线路7条；配合地铁4号线运营，优化调整公交线路5条，新增停靠站点线路3条，优化调整公交站点2个，调整营运时间线路1条。持续做好地铁接驳线网布设工作，根据不断变化的公交出行需求及城市轨道成网运营的公交客流变化，对公交线网的调整进行统筹规划，完善公交“快、普、支、微”四级线网构架，使线路设置更加合理、线路走向更加便民。

【安全生产】 2020年，昆明公交集团排查安全隐患及存在问题140件，限期整改复查，实现闭环管理，整改率100%。开展驾驶员压力问卷调查，针对问卷调查结果开展安全心理学、防御性驾驶培训及2020年安全生产知识和管理能力考核合格证取、复证培训，助力企业安全管理再上新台阶。年内，集团服务质量指标圆满完成，车厢服务合格率完成99.83%，上升1.83%；车辆整洁合格率完成98.44%，上升0.44%；违章率完成0.76%，下降0.74%；安全管理平均分完成98.90分，上升3.90分。

【车辆维保】 按照《2020年保修工作安排》，昆明公交集团东、西部修理分公司共完成一级维护62 828台次，同比降低23.43%；二级维护完成6 927台次，同比降低17.75%；小修完成38 111台次，同比降低28.07%；各类大修完成14台次，同比降低39.13%。一、二级维护台次随营运千米增减，落实达标率100%，大小修台次同比减少，在保证车辆技术保持良好的情况下控制了维修成本增加，保证了较高的车辆完好率。

在保障营运车辆维保的同时，昆明公交集团牢牢抓住复工复产期间私家车辆维护保养行业短期无法恢复生产的空当期，依托现有维修场地、设施设备和人员技术等资源优势，对外拓展车辆维保三产业务。至年末，集团东、西部修理分公司共完成修理三产产值4 557.42万元，同比增加4.17%，完成计划的132.10%。

【重大活动】 公交都市创建工作圆满完成。2020年8月，为配合做好当年公交都市创建前期验收工作，昆明公交集团协同深圳市城市交通规划设计研究中心有限公司到相关部门调研，协调整理公交都市验收相关台账资料，并于10月全力配合做好公交都市创建验收工作，包括线上线下宣传、客流集中站点志愿引导服务、乘车守则制作安装等工作，圆满完成市委、市政府以及市交运局交办任务。

积极开展文明城市创建工作，多形式、多渠道、多方位进行创文宣传，圆满完成文明城市创建任务。年内，昆明公交集团在公交候车亭累计

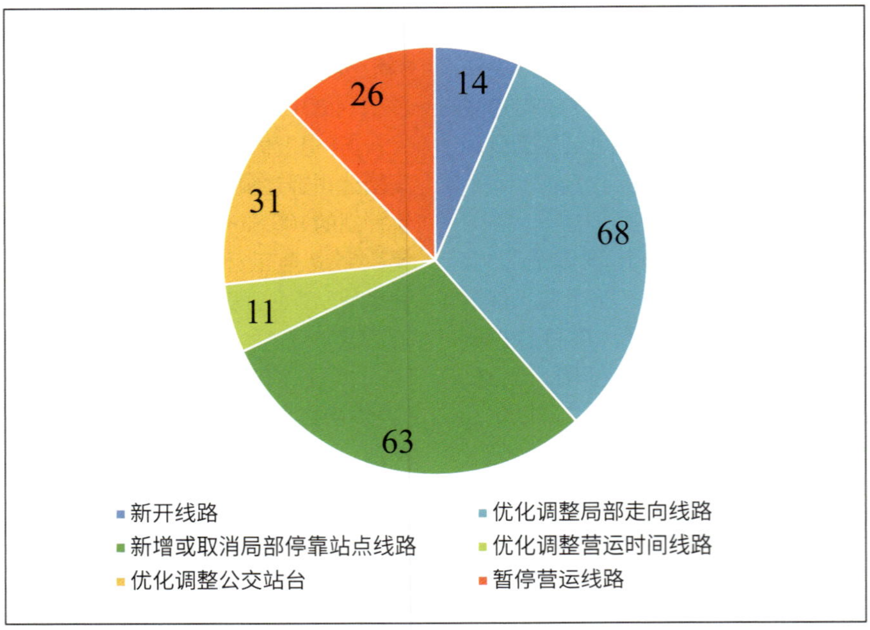

图8 2020年度昆明公交集团线网优化数据图

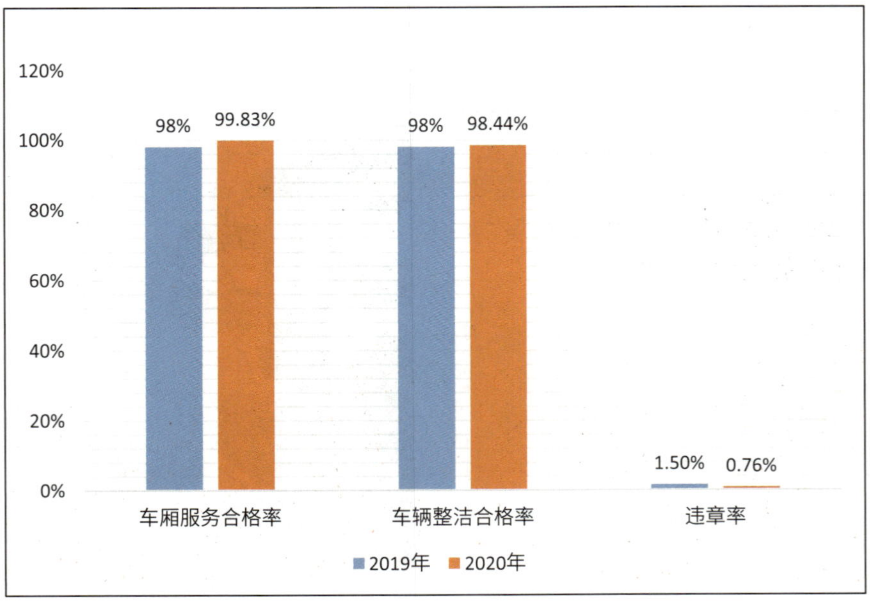

图9 2019～2020年昆明公交集团安全服务质量指标完成情况对比图

发布创文宣传公益画9 106块；在公交车内插片14 990幅，3 190块车尾LED显示屏每天不少于1 200次滚动播放创文宣传标语；在3 500台公交车载数字电视上发布10个公益宣传视频，全天高峰时段滚动播出；制作放置4 710块车前创文宣传牌；在二环以内公交站台上绘制967条排队乘车标线；购买设置分类垃圾桶512个；增加车内创文语音报站温馨提示9条；共出动志愿者3 200人次。

【绿色出行服务】 稳步推进全市公共自行车系统建设，切实为“解决人民群众出行最后一公里”助力。至年末，累计建设公共自行车服务站点748个，其中投运站点707个，投放公共自行车1.50万辆，配套锁止器2.10万个，建设配套管理亭2个、停车棚614个。投放使用的公共自行车线网主要分布在人员密集的公共场所。年内，受疫情影响，全市公共自行车累计租用人次425万次，同比下降14.60%，完成2020年全年计划人次任务的85.40%。

不断优化营运车辆结构。年末，昆明公交集团下属的1～7营运公司共有清洁能源车1 345辆〔LNG（液化天然气）燃气车121辆、CNG（压缩天然气）燃气车724辆、CNG含气电混合动力车500辆〕，占营运车辆的27.74%；新能源车2 446辆（纯电动车650辆含西部修理公司2辆，非插电式混合动力车680辆，插电式和增程式混合动力车有1 116辆，其中插电式含气电混合动力车500辆和油电混合动力车616辆），占营运车辆的50.45%。

【信息化建设】 加强集团公司大数据平台建设，依靠大数据指导完善ERP机务管理和CAN总线监控系统；利用数据大脑现有综合数据，对公交上下客流及城市交通出行OD分析等多维度进行数据分析，结合城市公交客运走廊及通行效率特性，进行“高峰大站快线”专题研究。年内，从线路选择、道路通行情况考量、站点取舍、OD规律、运营支撑等维度，完成昆明公交集团下属1～7运营公司开行的30条线路大站快线区间车数据分析、站点选靠工作。

充分发挥线上支付平台作用。年内，昆明公交集团“春城e路通”手机App下载量已达632万人次，注册量约135万人；通过“春城e路通”平台、支付宝、微信及银联卡手机扫码乘车人次累计6 693.39万人次、日均扫码21.95万人次，占集团公司同期总客运量32 550.14万人次的20.57%。

【企业文化】 紧紧围绕“服务大局，激发员工潜能”的工作思路，组织和开展各项员工活动。春节前夕，引

2020年4月11日，新螺蛳湾片区、黄土坡片区公交场站项目合作建设经营签约仪式现场 （市公交公司 供稿）

导全公司17个基层工会开展了游园、文艺汇演等迎新春活动；为有效缓解全体员工的身心压力，积极组织17个基层单位开展观影、垂钓等丰富多彩的员工活动，有效维护了员工的身心健康。严格落实“四个一四关爱”制度，昆明公交集团全年开展生病关爱671人、助丧关爱5人、生育关爱75人。为有效维护员工健康权益，昆明公交集团积极推进医疗互助工作常态化。年内，集团共有1 350名患病员工获省医疗互助会补助金额100.59万元；集团医疗互助会补助人次174人次，金额26.61万元。

大力营造正面的、积极向上的宣传舆论氛围，对内激发员工对企业的归属感和荣誉感，对外不断提高昆明公交服务的品质品牌形象，讲好公交“感人事”，传播公交“好声音”。年内，集团党委报送信息129条，在全市党委信息量化考核目标计分中位居第二名；在各类刊物发表文章30余篇，在省级电视台开展宣传141篇、市级171篇；在官网发布动态信息96条、微博发布信息90条，被主流媒体转载40余次；向市委国企工委微博报送信息150条、采用信息46条；微信订阅号发布信息57条。

【场站建设】 实施新建项目4项，完成产值6 351.18万元。其中，东南部公交停车保养场一期项目预验收合格，完成产值5 026万元；半岛公交车场项目完成产值90万元；大渔公交停车保养场项目完成产值991.37万元；大漾田临时公交车场建设完成并投入使用，工程造价为243.81万元；万溪冲临时公交车场、新册地坪项目正在施工中。实施车场维修改造，完成黄土坡临时车场地面维修、大观楼卫生间改造、高新车场供电工程、公交会堂照明线路维修等15项维修改造工程，总金额97.26万元。年内，公司维修预算为452.30万元，完成预算的21.50%，节余355.04万元，进一步巩固了“降本增效”的成果。

【服务质量提升】 昆明公交集团紧紧围绕安全行车、优质服务、车容车貌工作，以压实主体责任、提升服务品质、有效遏制事故为目标，实现服务质量标准化、服务方法规范化、服务过程程序化。年内，集团公司客服中心共受理服务业务26.69万件。其中，受理投诉3 064件，占总业务量的1.14%，投诉率为10.26件/百万人次；表扬电话共3 615件，占总业务量的1.35%，表扬率为12.44件/百万人次；包车业务790件，占总业务量的0.29%；建议电话3 991件，占总业务量的1.49%；其他咨询类业务25.54万件，占总业务量的95.7%。“文明公交即时拍”共受理不文明行为举报592件，审核通过26件。其中，斑马线未礼让行人15件，占审核通过件数的58%；未按规定车道行驶9件，占审核通过件数的35%；未二次进站2件，占审核通过件数的8%。年末，集团公司三星级（含）以上车长占车长总人数的60%，安全行驶里程20万千米（含）以上的车长占车长总人数的59.44%。

（赵　飞）

城市交通管理

【概况】 2020年，全市公安交管部门以“治慵懒、强担当、树新风”主题实践和“坚持政治建警全面从严治警”教育整顿为抓手，紧扣全市经济社会发展大局和年度重点目标任务，全面抓紧抓实各项交通安全管理工作，事故防控取得新成效、缓堵保通实现新突破、便民服务迈出新步伐、智慧交管建设迈上新台阶，在市公安局年度工作综合考评取得市局直属部门第一名的优异成绩。

【交通事故防控】 始终坚持“以人为本、生命至上”的理念，把事故防控作为公安交管工作的核心业务，紧扣事故预防“减量控大”目标任务，紧盯重点车、重点人、重点路和重点违法，结合各时期、各阶段交通运行规律特点，全面推动源头监管、隐患治理、路面管控、督导检查等措施落实，在机动车净增14.56万辆、上升5.15%，驾驶人净增17.87万人、上升5.17%的情况下，一般程序处理的交通事故“四项指数”全面下降，“减量控大”考核全省第一，事故防控工作取得10年来最好成效。年内，全市共受理一般程序处理交通事故1 321件，造成314人死亡、956人受伤，财产损失370.63万元，同比事故起数减少320件，下降19.50%；死亡人数减少5人，下降1.57%；受伤人数减少318人，下降24.96%；财产损失减少573.26万元，下降60.73%。其中发生一次死亡3人较大交通事故5件。

【城市缓堵保通】 紧扣COP15交通安保和创建全国文明城市目标任务，结合地铁建设、62条城市道路整治提升等系列市政基础设施建设保通工作，深化“情指勤督宣维”一体化勤务机制改革，优化警力部署，精准指挥调度，持续强化重要道路、关键节点和重点时段交通指挥疏导，全力保障城市交通正常运转，交通事故、交通拥堵等警情快反到达率、处置率保持在95%以上。全面排查主城区道路交通堵点乱点，组建交通组织优化专班和信号优控团队，按照“一路一策、一点一策”原则，先后对城区211个路口路段实施了微改造、微整治，全面取消了路口“右转”信号控制，设置了机动车提前掉头点87处、右转专用车道106处，非机动车“蓄水池”71处、掉头通道55处，新式过街安全岛16个，并对700个主要路口进行了1 400余次配时调整，打造了北京路、环城南路、广福路等29条绿波示范道路，不断提高道路通行效率。在机动车保有量增加、通行空间因道路施工进一步压缩的情况下，全年路网交通平峰时段、高峰时段平均车速达30.20千米/小时和26.99千米/小

交警支队精细优化交通组织，试点推出“右转弯盲区警示带”

（市交警支队　供稿）

时以上，年度交通拥堵排名退出全国前十，道路交通环境持续改善。

【科技信息化建设】 紧盯“全国先进、西部领先、全省标杆”目标，抢抓“昆明数字交通”建设有利契机，积极争取党委、政府和相关部门帮助支持，先期在滇池路、北京路、人民路等主要节点路口开展新型信号机和自适应信号控制检测设备的测试工作。同时，按照“边测试、边应用、边建设、边完善”的思路，加快推进“智慧交管·昆明大脑”平台建设应用，完成基础架构搭建、重点指标展示、重点工作提示、交通态势指数、拥堵道路研判、违法分析、事故分析、警情综合分析、车辆大数据迁徙、执法监督等30个功能模块的开发和数据测试，实现了路况信息专题分析、直观呈现，违法查处综合比对、强化关联，警力指挥实时调度、动态跟踪和综合评估，初步构建“事前研判、事中决策、事后评估”的全流程智能化覆盖应用格局。

【交通秩序管理】 坚持“严防、严控、严管、严治、严打”方针，紧扣COP15交通安保、“创文”等重点工作任务，围绕“风雷行动”“三查三告知一宣传”专项整治，持续开展涉酒、小型客车摩托车违法、电动自行车非法营运、渣土运输车辆违法等10余项专项行动，并在全市开展了70个文明交通示范路口、40条严管道路以及G320国省道文明示范路创建活动。同时，以高速公路、国（省）道为主战场，持续强化“逢五逢十”“周末夜查”专项行动，常态化开展“两客一危一货”“营转非”客车、面包车等重点车辆违法整治，不断净化交通环境。年内，全市共查处酒驾13 004起，同比上升8.51%；醉驾7 264起，同比上升22.19%；无证驾驶14 045起，同比上升79.86%。

【占道施工管理】 在积极会同市城管、住建、交运等部门严格占道施工审批的同时，进一步细化施工监管措施，明确监管职责任务，建立了常态化视频巡查、巡逻管控制度以及施工单位联系沟通机制，全面加大对占道施工的监管力度。在此基础上，出台《查处非法占道施工执法工作指引》，全面加强非法占道施工管理，对“围而不建、久占不还”或施工区域路面破坏、设施不完整的及时约谈，督促施工单位进行整改；对未经批准随意占道施工、擅自调整施工围挡的责任单位和责任人严格依法进行处罚；及时将擅自挖掘道路、占用道路施工或从事其他影响道路交通安全活动的案件线索移交道路主管部门进行调查处理，最大限度降低占道施工行为对路面正常通行秩序的影响。年内，全市共查处违规占道施工违法行为为59件，下发整改通知书236份。

【车辆及驾驶员管理】 严把“车驾管”业务关口，严格机动车检验、注册、过户、转籍、报废、注销和驾驶人考试、发证、审验环节审查，紧盯“两客一危一货”等8类重点车辆逾期未检验、未报废、违法未处理及驾驶人逾期未审验、未换证等突出隐患，持续推进“清分清违”和“隐患清零”。年内，全市共办理各类车驾管业务8 303 044件。其中，监销报废机动车2 903辆，公告机动车临界报废、连续3个周期未检验临界报废、强制报废、临界检验、逾期检验、校车标牌作废2 388 949件，完成驾驶人“两个教育”117 711人次，公告驾驶人记满12分、停止使用、驾驶证作废、逾期未提交身体条件证明、逾期未换发驾驶证、注销的准驾车型驾驶资格作废、校车驾驶资格作废266 833件，接收转递小（微）型面包车“户籍化”档案102 229份。年末，全市机动车保有量为299.52万辆，净增14.56万辆，增长5.15%；机动车驾驶人为365.89万人，净增17.87万人，增长5.17%。

【便民利民服务】 全面推进公安交管“放管服”改革，进一步精简办事流程，拓展服务渠道，提升服务质量。全力推进租赁车交通违法处理简捷快办、小客车转籍信息网上转递、交通安全导航提示服务3项便民利企新措施，积极推动机动车检验标志电子化、提供交通事故处理进度和结果网上查询等试点改革措施落地；自主推出了车驾证明在线申领、车驾管上门取件、交通违法办理须知推送、一般程序违法办理预约、交通事故责任认定网上复核申请、交通事故检验鉴定结论网上复核申请、警务通处罚决定书扫码缴纳罚款、拓展订阅提醒以及“一键报堵”9项“网上办”措施；结合疫情防控需要，推出了15条“网上办、快捷办”便民利企“战疫”措施，最大限度方便群众办事。上述便民利民措施的实施，使执法服务窗口群众排队时长由原来的2小时降至10分钟以内；车驾管业务、交通事故网办率超过90%；昆明车管所连续9次被公安部评为“全国一等车管所”；警邮互联网业务办理量全国排名前列，群众获得感、满意度不断提高。

【交通警(保)卫】 严格按照警保卫工作的相关标准和要求，精心组织、周密部署，圆满完成了省市两会、高考等各项警(保)卫任务581次，其中，一级警(保)卫任务4次，二级警(保)卫任务4次，三级警(保)卫任务12次，现场警(保)卫任务313次，路线警(保)卫任务268次。

【文明交通宣传】 围绕重要节日、重要时间节点以及疫情防控、创建全国文明城市等工作，充分运用电视、广播、报纸、网络和微博、微信、交通诱导屏等载体以及农村“村村通”交通安全大喇叭、各地交通安全宣传员、劝导员，集中开展“两公布一提示”及大曝光、大警示、大教育、大宣传，普及交通安全常识，倡导安全文明出行。年内，昆明交警官方微博、微信、星级服务平台粉丝数量分别为57.70万人、109.45万人、60.15万人，同比增长6.87%、29.78%、137.40%；共发放各类交通安全宣传材料145万份，各类媒体共刊播道路交通管理、交通安全及路况信息稿88 450篇，同比上升了16.47%；“右转弯盲区警示带”、非机动车“蓄水池”等亮点工作被《人民日报》、中国之声、新华社、中央电视台、《光明日报》《法制日报》《人民公安报》等央级媒体多次转载报道，得到了网民的一致好评。

交警支队民警在入昆高速公路收费站登记入昆人员信息

（市交警支队　供稿）

【疫情防控】 新冠肺炎疫情暴发后，全市公安交管部门按照总书记习近平“疫情就是命令、防控就是责任”的要求和各级党委政府、上级公安机关的部署安排，迅速启动战时机制，成立工作专班，动员1 247名党员民警组建7个临时党组织、84支应急突击队、10支小分队，第一时间在全市高速公路、国(省)干道以及其他主要公路布置完成108个疫情防控查缉卡点，并运用全市3 400套电子卡口精准高效完成重点疫区在昆车辆、人员信息筛查，为严防新冠肺炎输入扩散筑起坚实的“防火墙”。年内，全市共核查机动车228.20万辆次，其中来自重点疫区车辆1 734辆；核查人员442.10万人次，发现来自重点疫区人员4 985人、疑似病症72人；完成境外入昆人员转运44 283人次，累计协调移交并协助转运涉嫌偷渡人员13人，转运安置涉案在逃人员31人。

【公安交管改革】 严格按照市公安局党委部署要求，制订全面深化公安交管改革“1+12”方案，成立由市交警支队主要领导任组长的深化公安交管改革工作领导小组，组建11个专项改革组和交通组织优化专班，分别由支队分管领导牵头，各部门主要领导负责，全面推动各项改革措施落地落实，不断提高交通管理的主动性、精确性、实效性，努力提升城市交通的精细化、智能化治理能力水平。

【队伍建设管理】 坚持政治建警、从严治警，以“治慵懒、强担当、树新风”主题实践和“坚持政治建警全面从严治警”教育整顿试点工作为抓手，持续推进党风廉政建设和反腐败工作，常态化开展教育培训，规范执勤执法，严格监督管理，强化警务保障，整治顽瘴痼疾。同时，结合机构改革，进一步优化基层党组织设置，将原140个党组织调整为106个、127个党支部调整为98个，确保机构调整后各项工作不脱节、不失管，为推动各项工作落实提供强有力的组织保障。

（李　文）

邮政管理

【概况】 2020年，昆明市邮政业务总量完成92.99亿元，同比增长39.03%，超全省平均水平(33.62%)5.41个百分点，超市政府下达的指标任务(30%)

9.03个百分点。完成业务收入54.27亿元，同比增长20.05%。其中，快递企业完成快递业务量4.21亿件，同比增长50.63%；完成快递业务收入42.37亿元，同比增长25.66%。全市邮政业务总量、业务总收入、快递业务量、快递业务收入分别占全省的58.82%、50.06%、66.81%、57.45%。邮政、快递业务量和收入均排名全省第一。年末，全市有邮政普通服务网点279个和机要服务网点13个，946个通邮建制村，通邮率100%。快递有品牌快递企业23户，持证快递企业220户，分支机构263个，备案末端网点2 097个；有乡（镇）快递网点278个，乡（镇）快递网点覆盖率100%；有智能快件箱3 183组、格口294 105个，快递末端公共服务站447个，城市自营网点标准化率82.13%。全行业从业人数2.34万人。

【快递业提升工程】 深入贯彻落实总书记习近平关心关爱“快递小哥”重要指示批示精神，采取多种措施维护快递员合法权益，切实提升全市“快递小哥”的获得感、幸福感、荣誉感和归属感。在新冠肺炎疫情最严重的时候，市邮政管理局相关负责人多次深入防控一线企业督导检查企业防控措施等情况，加强与相关部门协调沟通，在防疫物资十分紧缺的情况下，为行业一线工作者及时争取到防护口罩、84消毒液、酒精、手套等防护物资5批、3 320件（套），切实守护勤劳的“小蜜蜂”，为全市“最美逆行者”撑起了“保护罩”；通过召开推进会、联合市人社局发文、深入企业帮助解决困难和问题、加强与培训学校的协调对接等方式有效推进职业技能提升工程。年内，完成快递从业人员职业技能提升培训2 338人次，争取补贴资金119.63万元，培训人次和争取资金数量均名列全省第一，超额完成上级下达的工作指标任务，大幅提升了全市从业人员的素质和技能水平，为促进全市邮政快递业实现高质量发展提供强有力的人才支撑；持续加强行业工程技术人才队伍建设，通过积极宣传组织企业报送，全市获得快递工程专业技术职务任职资格28人（中级1人，初级27人），占全省比重达53%；深入挖掘、积极推荐全市邮政快递业在抗击疫情中涌现出来的先进集体和个人，2名从业人员获“全国交通运输系统抗击新冠肺炎疫情先进个人”称号；推动全行业树立“学技术、练技能、比贡献”的新风尚，市邮政管理局通过积极沟通协调争取到竞赛项目及20万元项目资金，联合市人社局、市总工会成功举办“第四届昆明市名匠杯职业技能大赛”快递行业快递员技能大赛，对技能竞赛中评出的优秀团体、个人、教练颁发奖牌、奖状和奖金；联合团市委开展“快递从业青年服务月”活动，为全市快递从业青年提供劳动权益维护、侵权个案帮扶、职场适应、心理健康保持、疫情期间自我安全防护等咨询和服务，帮助他们解决实际困难和问题。

【争取政策资金支持】 市邮政管理局注重发挥中央和地方双重管理优势，通过主动加强与市委、市政府以及相关部门的工作汇报和协调沟通，推动出台《昆明市人民政府办公室关于印发昆明市交通运输领域财政事权和支出责任划分改革实施方案的通知》，全年争取到地方对行业的补贴资金和经费支持共800.48万元。加强与财政、税务部门的沟通协调，积极推进邮政、快递企业享受国家减税降费和疫情期间财税金融支持政策，全市邮政、快递企业享受国家减税降费7 145.87万元，获得金融等支持97.14万元，市邮政管理局无固定办公场所问题得到妥善彻底解决。

【疫情防控和复工复产】 2020年新冠肺炎疫情暴发后，市邮政管理局积极动员和组织全市邮政、快递企业第一时间开展疫情防控工作，捐赠防疫物资、开通“绿色通道”、保障物资运输，科学、有序推进复产复工，在非常时期发挥了邮政寄递渠道特殊的防疫保障积极作用。昆明邮政、顺丰、京东等企业春节期间一直坚持正常运营；2月中旬，全市各快递企业已科学、有序复工。1月23日至3月19日，全市进出港快件量达7 598万件，其中防疫应急物资及百姓生活必需品占60%以上。疫情期间，全市邮政、快递企业共运输口罩76.70万件、消毒液88吨、药品类物资51.40吨、蔬菜1 165吨、水果1 731吨、其他医疗类物资8.98万件、其他食品类物资909吨、其他物资1 037吨；在局内组织开展抗疫爱心捐款活动，共筹得爱心捐款3 050元。同时防止出现麻痹思想、松劲心态，将行业常态化疫情防控纳入市邮政管理局全年重点工作进行部署，及时下发《疫情防控期间邮政快递业生产操作规范建议》（1～6版），多次开展专项检查，并在“双11”、秋冬季等特殊节点专门对疫情防控工作进行再部署、再强调，有效督促企业抓紧疫情防控不放松，全面抓好常态化疫情防控工作。

【末端服务能力提升】 市邮政管理局结合邮政业更贴近民生实事相关工作，积极解决末端投递难题，扎实推动行业发展和更好服务群众用邮。积极促进“邮快合作”，分别在禄劝县、嵩明县组织召开推进会，成立3个军邮合作社快邮驿站。年内，全市快邮驿站累计完成系统建站731个，累计上线运营426个，完成总投递量389.45万件，其中代投民营快递108.62万件。主动与市商务局沟通对接，在嵩明县积极推进“快递共配+”项目，探索共配新模式，为本土电商发展及农产品上行做好服务和物流运输支撑。积极指导溪鸟等品牌，充分利用平台优势探索推进县、乡、村快递共配，进一步助力“快递进村”，全市已通快递的建制村数量为291个，“快递进村”率达31.22%。扎实推进“快电”合作，在嵩明县、经开区等地开展快递和电

2020年10月15日，市邮政管理局联合市人社局、市总工会举办第四届昆明市名匠杯职业技能大赛启动仪式暨快递行业快递员技能竞赛 （市邮政管理局 供稿）

信合作试点，着力从根源上解决末端网点生存困难问题。

【市场监管】 重点加强对菜鸟驿站等新业态落实安全制度的督导检查，责令企业切实把牢收寄安全关。认真谋划、整合资源，将疫情防控、春节服务保障、安全生产专项整治、“双11”旺季服务保障等专项行动有机结合。年内，全年检查分拨中心120个次、快递网点558个次，出动执法人员2 474人次，其中，“双随机、一公开”执法检查网点30个，出动执法人员60人；全市实名信息化率已稳定至99.80%以上，快递企业分拨中心安检机有效使用率达到100%。严厉查处未严格落实“三项制度”、未备案末端网点、不配合开展反恐工作等各类违法行为，下达责令改正通知书206份，约谈企业28户，查处各类违法行为55件。充分发挥行业监管合力，与市公安局进一步完善案件线索抄告机制，与烟草专卖部门健全查处邮政寄递渠道涉烟违法行为协作机制，与治安、国安、反恐、禁毒等部门定期开展联合执法检查行动，确保全市寄递渠道安全稳定。年内，全市通过邮政寄递渠道查堵管制刀具8件、易燃易爆物品139件、危险化学品1件、其他禁限寄物品75件；协助禁毒部门查处毒品案件52件，缴获毒品44.36千克，抓获嫌疑人20人；联合烟草专卖部门查获非法寄递涉烟案件41件，查获各类非法卷烟8 932条，案值138万余元。

【助力乡村振兴】 始终抓特色、优资源、强服务，充分发挥行业的优势和服务“三农”的作用，着力健全县、乡、村3级快递物流体系，积极推动“一市一品”项目，强力打造“快递+农特产品”项目，有效服务地方农特产品上行，带动全市农村经济发展，促进农民增收，助力精准脱贫和推动乡村产业振兴。2020年，全市花卉、鲜花饼、土豆、雪莲果、人参果等农特产品出港量达5 000余万件，其中全省唯一入选国家邮政局的金牌项目花卉出港量达2 818.23万件，同比增长36.80%。

【邮政普遍服务保障】 认真开展乡镇邮政局所和建制村直接通邮专项检查，巩固建制村100%直接通邮成果，全年共检查乡镇邮政网点50个、建制村76个。利用信息化手段开展建制村投递服务监管工作，全市946个建制村平均周投递打卡率达96%以上。严格督促邮政企业落实机要通信保密安全主体责任，完成2轮机要通信常规检查，共检查13个机要通信网点，覆盖率100%，下达整改通知书2份，确保机要通信万无一失。认真做好中央、地方重大专项工作专用邮政信箱寄递服务保障检查，按要求向省邮政管理局报备19组中央、地方巡视巡察举报专用邮政信箱设置情况。专项安排部署高考录取通知书寄递服务工作，对收寄、处理、运输、投递各环节开展全覆盖专项检查。认真做好邮票发行监督管理，对19个邮政网点开展《众志成城　抗击疫情》《中国人民志愿军抗美援朝出国作战70周年》等8套纪特邮票发行销售专项监督检查。

深入推动邮政综合服务平台建设，积极鼓励和支持邮政企业紧密携手昆明交警、昆明税局、昆明政务大厅全面推行警邮、税邮、政邮合作。至年末，全市有警邮合作网点134个，县（市、区）覆盖率100%，寄递业务量42万件；有税邮合作网点122个，县（市、区）覆盖率100%，代征税款4.30亿元，寄递业务量16.70万件；邮政入驻政务大厅12个，寄递业务量16万件。

【党建工作】 积极推动行业党建，在全省率先推动成立快递行业党委，将全行业113名党员纳入行业党委统一管理。以党建引领工会、团委等群团组织建设，全市行业党建工作跨入新的发展阶段。通过召开专题学习会议、发放学习书籍等方式，组织全局职工深入学习党的十九届四中和五中全会精神、《党委（党组）落实全面从严治党主体责任规定》等，切实提升理论水平。着力落实“三会一课”、党员活动日制度、党员积分制管理，积极开展党支部组织生活会、网上党支部活动和民主评议党员工作，全年开展“三会一课”18次、主题党日活动14次。扎实开展机关党组织和在职党员进社区“双报到双报告”工作，支部到社区报到服务4次，10名党员到常住地社区报到服务21人次。积极组织参加“万名党员进党校”及其他党员、党务干部培训，全年共14人次参加培训。组织党员干部职工参加市直机关工委征文活动，1名党员的投稿被评为第三等次。走进云南抗战胜利纪念堂重温入党誓词，开展“听党话、感党恩、跟党走”讨论活动。

【综合保障提升】 年内全市邮政业务总量同比增长39.03%，超额完成市政府下达的增长30%的指标任务。进一步强化统计数据运行分析，切实提高统计工作质量，向国家邮政局直报的服务农产品上行统计分析报告获国家邮政局高度肯定，在2020年全国邮政行业统计调查制度布置会议上得到国家邮政局政策法规司主要领导的点名表扬。

新闻宣传和政务信息公开工作成效明显，充分利用微信公众号、门户网站等平台开展好新闻宣传。年内，《中国邮政快递报》《昆明日报》、昆明电视台、掌上春城等媒体对全市行业正面宣传报道20余篇，共向省邮政管理局报送工作信息54篇，被国家邮政局采用4篇，微信公众号发布信息49条，官网发布信息456条，较好完成政府网站考核任务。年内，市邮政管理局收到消费者申诉信37件、处理37件，申诉处理满意度为100%。市邮政管理局主要领导亲自安排部署“创文”工作，深入实地开展督导检查，多次主持召开“创文”工作推进会研究解决工作中遇到的问题和困难，全面完成邮政营业厅“创文”各项工作任务，2人获昆明市委、市政府授予的“创文”工作先进个人。充分利用新能源汽车推广应用的契机，着力解决快递行业车辆通行难问题。年内，全市邮政快递行业新增新能源汽车194辆，全行业累计配置使用新能源汽车达501辆。

（李　虎）

2020年6月18日，市邮政管理局主要领导带队到禄劝县边远村委会推进“快递进村”工作

（市邮政管理局　供稿）

中国邮政昆明市分公司

【概况】 2020年，中国邮政集团有限公司昆明市分公司（简称“中邮昆明分公司”）以党的十九大精神和习近平新时代中国特色社会主义思想为引领，在云南省分公司党委领导下，围绕“快发展、增能力、补短板、活机制”的工作方针，实施金融与寄递业务双核驱动，推进专业经营与协同赋能双管齐下，在统筹做好新冠肺炎疫情防控工作的同时，连续攻克了经营发展的各个难关，全年完成邮政业务收入86 726万元，同比增长5.38%。年末，中邮昆明分公司共有邮政营业支局（所）279个，均为电子化支局（所）；有邮政代理金融网点108个，ATM（自动取款机）/CRS

（计算机预订系统）自助机具314台，揽投站点44个，邮政用车292辆；共有投递段道1 029条，其中城市段道652条、乡邮段道377条，机动车辆段道429条；城市投递段日均投递里程27 954.25千米，乡邮投递段日均投递里程10 468.49千米；共有从业人员2 037人，其中中层以上管理人员47人。在岗员工中，大专以上文化1 590人，占78.06%；高中、中专、技校生306人，占15.02%；初中以下文化141人，占6.92%；职工平均年龄38岁。

【疫情防控】 2020年新冠肺炎疫情发生后，中邮昆明分公司党委带领全体干部员工按照“关键时刻听指挥、拉得出，危急关头冲得上、打得赢”的要求，体现国企担当，坚持邮政服务“四不中断”，救援捐助“四免费办”。在疫情防控关键时期（1月26日至2月9日），调派运输支撑保障车辆1 122趟次保畅通，确保进出口激增下揽收和投递服务质量；打通药品专用通道，出口医药及防疫物资快递包裹86.60万件，其中出口湖北2.40万件（含免费378件）。一季度共服务一定规模的医药类客户100余户，发运药品1 031吨，收寄邮件48.94万件；联合税务部门开展网上申领发票线下寄递“非接触式”服务。截至5月，中国邮政昆明分公司共为客户免费寄递发票5万余件；针对疫情期间老百姓买菜难问题，充分发挥同城网优势为老百姓提供“足不出户，新鲜到家”同城生鲜配送服务，配送同城邮件273.19万件，其中同城生鲜物资配送16.81万件。

【电商扶贫】 积极开展电商扶贫工作，借助集团公司、邮乐平台、农业合作社等资源联合推广电商扶贫项目，通过线上线下联动推广，共帮助农户实现农产品销售额294.11万元；实现社会快消品零售额3 304.13万元；邮乐网线上零售收货维度交易额148.32万元；开设昆明邮政邮乐线上直播间，不断丰富销售渠道，精选呈贡宝珠梨、寻甸雪莲果、禄劝大洋芋等县域特色农产品进行直播销售，实现直播线上销售额6万余元，助力农产品进城，带动贫困户增收，助力精准扶贫、精准脱贫。

【线上邮政服务】 根据2020年疫情防控特点和要求，中邮昆明分公司积极开展线上邮政服务业态，全面加强线上邮政服务和品质提升，利用直播平台、公众号、朋友圈及线上微沙等方式，做到线上线下相结合，积极打通线上邮政品质服务模式和流程，有效促进线上邮政服务“生态圈”打造。先后开展斗南鲜花主题邮局“邮寄爱”、《玫瑰》特种邮票直播、520邮爱有礼、荣耀有礼、粽情端午等多场直播，全心全意为老百姓提供更加便捷、安全、更优质的邮政服务及环境。

【警邮合作】 深化警邮合作，不断叠加解抵押、警医邮、摩托车临牌和电动车注册登记等业务，全年警邮合作项目共办理各类机动车、驾驶证、互联网等便民业务近77.35万笔，服务近116万人次，业务量稳居全国前三，切实为广大车主提供了便利，赢得了人民群众一致好评。年末，全市警邮合作网点由前期的40个增加至遍布全市的143个，涵盖了10个县（市、区）及25个边远乡（镇），业务范围拓展到23项，涵盖了80%的车驾管业务种类。

【惠农合作】 充分发挥代理金融服务优势，立足农村、支持农业、服务农户，积极开展惠农合作项目，2020年，中邮昆明分公司、邮储银行昆明市分行与昆明市农业农村局签订了3方战略合作协议，积极走访合作社、家庭农场、特色种养殖大户，为其提供小额贷款辅助贷款邮政金融服务，推进惠农工作。积极开展乡村振兴金融支持，以金融扶贫“五大模式”为突破口，加大信用村建设，在以养殖、种植为主要经济来源的村开展宣传，结合“信用村”业务灵活便捷、无抵押无担保的特点，提升产业助农特色。积极联合各级地方政府、金融监管部门等力量共同推进贫困地区信用环境建设，结合建档立卡贫困户信息建立“贫困信用户”“贫困信用村”信息库，积极推进“信用村”建设，对“信用户”“信用村”实行“一次核定、随用随贷、利率优惠”政策，为当地经济发展提供了有力的支持。

【助力地方经济建设】 认真开展“七彩云南”之云花、云茶、云果、云玉、云药、云菌、云烟等电商生鲜市场、集群市场邮政服务。积极拓展电商带货市场，全力做好特色产品寄递服务工作，以邮政力量进一步拓宽云南地方特色产品市场渠道。积极主动服务、融入地方经济社会发展大局，助力“云品出滇”，助推地方经济社会发展。认真落实“三大攻坚战”，强化央企责任担当。以惠农项目为抓手，强化板块协同，积极开展辅助贷款邮政金融服务，大力实施电商扶贫，助力扶贫农产品销售寄递、贫困户脱贫增收。认真落实绿色邮政建设行动，推进绿色运输和绿色包装箱、环保胶带、免胶带箱等新包装。

【物流体系建设】 进一步完善昆明市农村电子商务物流配送体系建设，实现县、乡、村3级上下行电子商务物流配送的高效畅通，有效降低物流配送成本，重点解决县、乡、村上下行物流配送“最后一公里”的瓶颈问题，形成农产品进城与农资、工业品下乡双向流通高效的物流配送体系，中邮昆明分公司按照相关部署及要求，积极推进3级物流体系建设，在各级政府部门及上级单位的支持帮助下，积极开展禄劝县3级物流体系建设项目，建成1 180平方米物流共配中心，为推动“农产品进城，工业品下乡”，以及乡村振兴工作开展提供保障。

【邮政网点转型】 积极打造商圈旗

舰店，科技赋能升级客户体验，按照“科技赋能、创新发力、高效协同、开放互动”的思路，对吴井路邮政支局进行重装升级改造，提升网点科技感、客户体验感。加强邮政各专业间的协同和与异业间的资源共享，打造主题邮局，文化赋能创新传统业务，将正义路支局打造成为“邮政平台＋主题IP+文创产品＋云南人文”特色的“孔雀邮局”，为集邮与文化传媒专业转型探索创新发展之路。渠道叠加，丰富网点经营服务功能，与中石油合作开展联营站外店建设，“油、邮”双品牌运营，丰富网点功能，昆明站、北京路、菠萝村3个首批试点网点投入运营。聚焦平台开放，按照“一个叠加，四个打造”的建设模式，推进校园网点转型，为校园师生提供更加全面、更加便捷的邮政综合服务。

【党建工作】 持续推进中央巡视反馈问题整改工作，加强对整改推进情况的监督检查和跟踪问效，形成巡视整改长效机制，持续推进省分公司常规巡察反馈问题、集团巡视反馈问题的整改工作。组织开展2020年中邮昆明分公司党委常规巡察工作，加强内部巡察规范化建设，督促被巡察单位落实主体责任，圆满完成中邮昆明分公司党委对县分公司常规巡察全覆盖工作目标。坚持日常监督从严，加强对权力运行的制约和监督，对中邮昆明分公司疫情防控物资采购及13个经营单位物资发放情况进行监督检查。持续巩固和深化“不忘初心、牢记使命”主题教育成果，强化青年员工政治理论学习，持续推进“模范机关建设”。健全完善党的组织体系和基层党组织规范化建设，切实抓好强化政治机关意识教育和“灯下黑”问题等工作，党委的政治核心作用、党支部的战斗堡垒作用和党员的先锋模范作用得到有效发挥。

【邮政服务】 扎实履行“人民邮政为人民”的服务宗旨。年内，全市农村乡（镇）邮政局所覆盖率达到100%，建制村直接通邮率和打卡率达到100%，平信邮件丢损率、营业网点签到签退率、《人民日报》当日见报率等普遍服务重点管控指标全面达标，未发生普遍服务营业违反两条“红线”问题；邮政专用信箱寄递服务做到规范安全，机要通信工作保持质量全红，实现万无一失；强化业务视检视察，开展定期不定期专项检查，不断提升邮政普遍服务和服务质量工作能力和水平。

【企业文化】 围绕企业中心工作，以突出工会组织的先进性为着力点，以服务职工群众为出发点，积极开展评优选树、劳动竞赛、创先争优等工作。年内，中国邮政集团工会昆明市委员会获中华全国总工会授予的2020年度“全国模范职工之家”荣誉称号，中邮昆明分公司部分先进集体或个人获集团公司及省邮政企业抗击新冠肺炎疫情、云南邮政“五星闪耀”和网运重点指标“达标争先”劳动竞赛活动等多项表彰。坚持为职工办实事、做好事，组织开展3个“职工之家”、4个“职工小家”和7个“旱厕改造”建设，以及职工小家坏旧设施设备更换等工作。落实民心工程，组织开展节日慰问、职工生日慰问。积极参加体育健身年、职工文化艺术年等活动。宣传舆论发挥正面引导作用，在抗疫关键时期（1月24日至2月29日），中邮昆明分公司抓实疫情防控、帮助农户缓解滞销难题、履行社会责任等相关工作被昆明信息港、云南网、云南台新闻广播、昆明电视台、《都市时报》等主流媒体宣传报道70余次；“孔雀邮局”、吴井路智慧营业厅、邮政与薇诺娜跨界合作等多项经营管理亮点被《中国邮政报》及集团公司新媒体平台多次报道，《云南邮政报》、云南邮政官方微信以及春城晚报等媒体平台频现昆明邮政经营管理亮点。

（董　燕）

信息·通信

【概况】 2020年，昆明市加快区块链、AR/VR等新兴产业发展，着力打造产业聚集、应用创新、示范引领的全省数字经济总部基地。依托五华科技产业园，挂牌成立全国首个区块链中心——云南省区块链中心，推动“区块链＋农业”“区块链＋金融”“区块链＋旅游”等融合发展。引导昆明电信与趣链合作、昆明移动与BSN（区块链服务网络）合作，分别建成区块链基础平台。年内，全市有4户企业获得国家网信办区块链产品备案；易见区块链与普洱茶产业融合成效显著，荣获国家高价值奖；五华金鼎VR/AR产业园、呈贡云上小镇VR/AR产业园等4个园区评为昆明市首批VR/AR产业专业园区；推动信息消费专项工作，昆明荣获“2020年国家信息消费示范城市（生活类）”称号。

【电子政务】 2020年9月，昆明市政务云成为云南省唯一通过国家网信办评估的安全政务云平台。年内，昆明市政务云中心稳定地承载了市级单位47个、市属二级单位55个、县（市、区）单位15个共648套业务系统，市级具备上云条件单位的覆盖率为100%，市级已建业务系统上云率100%；在技术层面上，为国家、省、市三级打通数据通道，投入服务器、存储、网络、安全等配套设备，配置虚拟机等。建设完成昆明市政务信息共享交换平台，实现25个部门在内的822条目录确认，涵盖约7 400条信息项，目录内数据资源基于平台实现100%互联互通，累计实现4 706万条数据归集。

【信息基础设施建设】 2020年，昆明市已建成并投入使用5G基站超过8 000个，基本实现全市主城区和各县城主要区域的全覆盖。研究出台

《昆明市新型基础设施建设投资计划实施方案》，推动互联网、大数据、人工智能、区块链、5G等新一代信息技术与传统基础设施深度融合，梳理提出全市新基建领域重点项目394个，总投资10 011.80亿元。6月，昆明市从互联网通信基础设施建设方、运营方和用户体验方三个层面对全市涉农乡（镇）互联网通信基础设施建设覆盖情况进行核查统计显示：全市涉农乡（镇）有线电话入户数654 112户，入户率为90.16%；涉农乡（镇）有线宽带入户数770 929户，入户率为106.26%；全市9 046个自然村均能保证至少有1户以上基础电信企业入场，涉农乡（镇）互联网通信基础设施覆盖率100%，提前并超额完成了工信部“到2020年实现行政村4G覆盖率超过98%”的目标。

【“刷脸就行”工程】 在索菲特酒店、望湖宾馆等开展刷脸入住试点，刷脸即可完成快捷入住、开门、退房等酒店入住全流程服务，逐步开启全市住宿刷脸模式；在世博园、石林风景区、云南民族村、金殿风景区、九乡风景区、西山风景区等17个主要旅游景点开展刷脸入园、刷脸支付等刷脸旅游服务；在五华区南屏街、正义坊步行街打造“刷脸支付一条街”示范点；参保人经由国家医保局认证授权的支付宝等第三方渠道激活刷脸服务后，只需刷脸扫码就可以享受医保查询、住院结算、门诊购药等各类医保服务。年末，全市主要药店、医疗点均可通过医保刷脸设备进行刷脸认证支付；人脸识别技术已在刷脸入住、刷脸入园、刷脸支付、政务服务、智慧安防、智慧出行、刷脸就医、不动产交易等多个领域广泛应用，充分展现了昆明智慧科技城市形象。

（夏春阳）

中国移动

【概况】 2020年，中国移动通信集团云南有限公司昆明分公司（简称“昆明移动”）以习近平新时代中国特色社会主义思想为指导，全面贯彻党的十九大和十九届五中全会精神以及习近平考察云南重要讲话精神，以“创世界一流企业，做网络强国、数字中国、智慧社会主力军”为总体目标，以高质量发展为主线，围绕转型升级、改革创新2个着力点，实现融合、融通、融智，塑造能力、合力、活力。与时俱进，全面实施“5G+”计划，持续做大连接规模、做强连接应用、做优连接服务，统筹推进“四轮驱动”融合发展，保持通信行业领先优势，助力经济社会发展。加快转型，深化改革，主动担当，创新作为，全面开启新发展格局。年内，昆明移动完成通信运营收入超过60亿元，服务个人用户超过850万户，宽带用户超过140万户。

【网络建设】 加大通信基础设施建设力度。2020年，昆明移动共建设开通近6 000个5G基站，实现昆明县城以上城区室外道路及浅层居民区的连续覆盖，重点实现党政军、交通枢纽、核心商圈、COP15主（分）会场的室内覆盖。其中，城区主要道路测试覆盖率90%以上；地铁线路已完成地铁六号、四号线覆盖，覆盖率约95%；机场的航站楼、停机坪区域、机场停车场及跑道区域等的整体5G建设已完成建设并开通；同时完成对《生物多样性公约》第十五次缔约方大会（COP15）的主（分）会场及相关的50余家重点相关酒店的5G室内网络覆盖。

优化网络运营，以5G网络发展为契机，持续调优4G网络结构，不断提升网络品质。2020年，昆明城市MR覆盖率达到98.46%，农村MR覆盖率达到96.11%；分纤点密度达到5.94个/千米^2，即用户平均230米的距离内就有一个移动的分纤接入点，大大缩短了用户接入距离和开通时间。年末，昆明主城区22个网格全部评测完毕，测试指标全部达标，网格内5G平均下载速率基本达到800Mbps（兆位每秒）以上，成功向民众交付了一张“占得上、驻留稳、体验优”的精品5G网络，使昆明在全国率先进入5G SA网络商用时代。

2020年3月7日，昆明移动携手昆医附一院开通“互联网医院”

（中国移动　供稿）

【5G应用】 昆明移动聚焦云南省“三个定位”“三张牌”和“八大产业”等场景，务实推进5G+计划落地，构建“5G+”领先新优势，打造出空港“5G+”智慧园区、呈贡斗南智慧花卉小镇，通过“5G+网联无人机”实现二环“5分钟”快速处置能力，打造呈贡万溪冲中国移动云南大数据中心，联合昆明医科大学第一附属医院（简称“昆医附一院”）打造全省第一家综合性互联网医院并实现多个“5G+智慧医疗”创新应用的落地，助推创意昆明“5G+VR”云展馆正式上线等。其中，呈贡万溪冲中国移动云南大数据中心项目总投资超过20亿元，占地118亩，建筑面积15.60万平方米，可提供2.3万个机柜，出口带宽超过4 000G，是全省最大数据中心，可辐射南亚东南亚、面向各行业提供云服务和机房托管服务。

【疫情防控】 2020年新冠肺炎疫情发生后，昆明移动充分认识疫情防控形势，全力做好通信、服务、防控“三个保障”，有力支撑全市疫情防控工作有序开展，并通过5G创新服务，为全市复工复产、复学等提供服务保障。

医疗服务方面，昆明移动和昆明医科大学第一附属医院联合上线了新型冠状病毒感染肺炎在线诊疗平台，使广大群众足不出户就能问诊专家；与昆明市第三人民医院、云南大学共同建设的“云南省新型冠状病毒感染的肺炎CT诊断互联网协同会诊平台”在三方远程连线下正式启动，该平台可在有相关诊断经验的影像专家帮助下，以多方协同工作的方式支持、帮助基层医院输出高质量的新冠肺炎诊断，同时通过互联网方式实现远程互动，减少医生和患者传播感染的可能，减少现场支援成本和隔离防护的物资消耗；完成“5G+VR”远程探视系统建设，帮助昆医附一院医护人员不需要进入隔离病房就可以实时监测患者情况；运用数字三维AR技术开展了全国首例“AR+5G+三维数字”新冠肺炎远程会诊，开创了互联网医院的数字医疗、智慧医疗的新模式；携手昆医附一院正式开通“互联网医院”，将传统医疗手段与移动互联网技术进行有机结合，实现在线看诊、在线续方和预约检查。

网格化管理方面，通过“5G+无人机”巡查的方式，高空喊话对聚集人员进行劝离，进而实现了无人机远程云端调度、自动执飞，颠覆了无人机对人的依赖；结合中国移动5G和云计算能力面向低空域智慧城市全行业赋能，打造城市公共管理的“5分钟响应能力”。

2020年3月2日，云南推出首个新型冠状病毒肺炎“5G+AR”三维数字化远程会诊系统（中国移动 供稿）

政务服务方面，通过“5G+云视讯”，为各级政府提供统一指挥视频平台。同时，昆明移动还积极对接教育部门，在政企线条与网络线条做好联动，围绕各项教育需求，搭建“云平台”做好在线教育服务工作；免费为部分客户开通疫情防控视频彩铃，助力政府部门、医疗部门宣传正确有效的防疫知识；开通“漫游地查询”，实现人员轨迹溯源；推出“和易报”产品，实现疫情防控数据的动态搜集。

【助力脱贫攻坚】 以“党建是基础、资金和人员为保障、网络覆盖为重点、资费及信息化扶贫为突破”的工作思路，构建扶贫工作长效机制。2020年，昆明移动共对石林、禄劝、寻甸、东川、嵩明5个县（区）开展扶贫帮扶工作，定点帮扶6个贫困村，挂钩帮扶贫困户111户、贫困人口827人，投入2名驻村“第一书记”和90名兼职扶贫工作人员。11月，昆明分公司定点帮扶的6个贫困村均已脱贫出列，827名贫困人口完成脱贫，且无返贫，均实现了“两不愁三保障”。

此外，昆明移动持续加大对昆明地区贫困县通信基础设施的投资建设，在禄劝、寻甸、东川3个国家级贫困县、区投资1 537.79万元建设开通270个4G基站；以“资费扶贫、优惠下乡”为重要抓手，持续提供全网在售套餐5折优惠和建档立卡贫困家庭共同保底半价享“宽带+电视”融合产品的优惠，以资费让利助力精准扶贫。

（李正颖）

中国联通

【概况】 2020年，是全面建成小康社会和“十三五”规划收官之年，也是云南联通纵深推进国务院国资委“双百行动”改革的关键之年，是中国联合网络通信有限公司昆明市分公司（简称“昆明联通”）纵深推进混合所有制改革元年。昆明联通坚持以习近平新时代中国特色社会主义思想为指导，把国企红色基因党的政治优势、组织优势转化为企业的发展优势，深化理想信念教育，争做爱国敬业、守法经营、创业创新、回报社会“四个典范”。2020年5月20日，原昆明联通正式注册成立云南昆明誉联网络通信有限公司，实施全域委托承包运营改革。面对突如其来的新冠肺炎疫情影响，公司以人民至上、生命至上诠释人间大爱，众志成城抗疫。面对混改的不确定性，疫情加剧带来的结算巨大压力，通过公司全体干部员工齐心协力、团结一致、共同努力奋斗，超额完成混改元年盈亏平衡的目标。年内，昆明联通完成主营业务收入10.60亿元，受疫情影响略有下滑，降幅4.80%；利润同比改善9 525万元，增幅达347.30%，为2017年以来首次扭亏为盈。

【混合所有制改革】 2019年末至2020年一季度，公司面临要改革、谁来改、怎么改问题，公司领导班子勇于担当，不等待、不观望，快速确立考核规则，增量毛利分享，全员投入生产经营，坚持边发展、边改革的方针。二季度，按照董事长布局，分享机制升级迭代，确立“财务利润分享、奖励与现金流挂钩”。三季度至年底，基本对“财务利润”“现金流”“分享机制”达成共识，形成只争朝夕、立即行动的良好发展氛围。在所有制改革中，合伙制深入人心。入伙不是强迫，而是定规则，符合条件才能入，不是谁想入就能入，而且形成了一种文化。运营公司入股条件为业绩好、能力强、近2年考核称职及以上，活力曲线不低于10分→民主测评50%通过→单位推荐。面对混合所有制改革，公司500多名合同制员工从国企辞职，全部转隶到新成立的民企运营公司，合伙入股3 000多万元。

推进5年规划，一张蓝图干到底。建立以“财务利润和现金流”为核心的企业治理管控和运营管控体系，有效牵引以中长期业绩为目标，实现联通、投资方、运营公司、股东、员工目标达成，实现共同富裕目标。5年规划的初心是5年预算一次性下达，彻底解决“每年预算年年算，年初下去都不算”“鞭打快牛”“短期利益与长期行为”“内部博弈”“责权利对等”问题，让奋斗的人先富起来。以合伙制（过程中所有的经济指标都公开、所有的调整指标都会一视同仁的公告、所有的规则都会签字确认，充分体现公平、公正、公开的原则）推进县域5年承包工作，激活基层发展活力。

【治企能力提升】 建立责权对等、协调运转、有效制衡的公司法人治理结构，成立董事会，建立职业经理人制度、监事会制度，依据《公司章程》规定，拟定《股东会工作规则》《董事会工作规则》《监事会工作规则》《总办会工作规则》，进一步明确细化了股东会、董事会、监事会、总办会的职权、职责、议事规则和工作流程。

【互联网化转型】 强化互联网思维，“全面数字化转型”，推动高质量发展。加强5G、大数据、物联网等新技术培育及5G场景推广，加快发展数字经济。

【人才队伍建设】 2020年，昆明联通后备干部储备力量不断壮大，选拔产生后备干部25人，组建人力资源HRBP队伍25人。

【网络共建共享】 加快与电信“共建共享”。年内，与电信同步开通5G共建共享，共享开通站点2 642个；4G网络电信共享至联通1 280个小区，联通共享至电信890个小区，节省双方投资2 088万元；成立共建共享办公室，机构、人员到位，完善沟通机制。

【企业文化建设】 组织开展进行大家庭文化和企业核心价值观系列活动，从2020年8月至11月，公司组织全员学习企业文化—知识答题—全员演讲比赛，分4阶段推进企业文化重塑工程，凝聚每一名员工对家庭的责任，成为“懂感恩、重情义、识兄弟”的企业责任，用责任的力量温暖每个家庭的生活、投身共同的事业，构建企强、家富、人安生的事业命运利益共同体。

（冯志彪）

财税·金融

编辑：吴焰红

财　　政

【财政收入】2020年，全市一般公共预算收入650.50亿元，完成预算（下同）的100.70%，较上年决算数增长（下同）3.20%，加上级补助、调入资金、债务转贷等591亿元，收入合计1 241.50亿元。其中，市级一般公共预算收入317.60亿元，完成100.40%，增长2.90%，加上级补助、下级上解等608.20亿元，收入合计925.80亿元；市本级一般公共预算收入199.70亿元，完成100.30%，增长2.80%，加上级补助、债务转贷等624.40亿元，收入合计824.10亿元。

【财政支出】2020年，全市一般公共预算支出875.10亿元，完成预算的103.50%，增长6.60%，加上解上级、地方政府债券还本等366.40亿元，支出合计1 241.50亿元。市级一般公共预算支出318亿元，完成预算的104.30%，增长9%，加上解上级、债务还本等607.80亿元，支出合计925.80亿元。市本级一般公共预算支出220.20亿元，完成预算的103.10%，增长12.40%，加上解上级、债务转贷等603.90亿元，支出合计824.10亿元。

【政府性基金预算】2020年，全市政府性基金预算收入737.10亿元，完成预算的76.20%，下降22.90%，加上年结转、专项债务转贷等604亿元，收入合计1 341.10亿元；支出903.70亿元，完成预算的83.30%，下降3.70%，加专项债务还本、结转下年等437.40亿元，支出合计1 341.10亿元。市级政府性基金预算收入596.40亿元，完成预算的66.80%，下降28.70%，加上年结转、专项债务转贷等585.30亿元，收入合计1 181.70亿元；支出674.40亿元，完成预算的61.80%，下降10.30%，加专项债务还本、专项债务转贷等507.30亿元，支出合计1 181.70亿元。市本级政府性基金预算收入494.10亿元，完成预算的66.30%，下降32.10%，加上年结转、专项债务转贷等562.30亿元，收入合计1 056.40亿元；支出584.50亿元，完成预算的63.60%，下降4.90%，加专项债务还本、专项债务转贷等471.90亿元，支出合计1 056.40亿元。

【国有资本经营预算】2020年，全市国有资本经营预算收入1.40亿元，完成预算的176.90%，增长32.40%，加上级补助0.10亿元，收入合计1.50亿元；支出0.80亿元，完成预算的151.50%，下降59.80%，加上一般公共预算调出等0.70亿元，支出合计1.50亿元。市级国有资本经营预算收入0.50亿元，完成预算的101.90%，下降38%，加上级补助0.10亿元，收入合计0.60亿元；支出0.30亿元，完成预算的92%，下降48.90%，加补助下级、向一般公共预算调出等0.30亿元，支出合计0.60亿元。市本级国有资本经营预算收入0.20亿元，完成预算的100%，下降20.50%，加上级补助0.10亿元，收入合计0.30亿元；支出0.10亿元，完成预算的79.70%，下降40.40%，加补助下级、向一般公共预算调出等0.20亿元，支出合计0.30亿元。

【社会保险基金预算】 2020年，全市社会保险基金预算收入536.20亿元，完成预算的116.50%，增长48.50%；支出505.30亿元，完成预算的150.90%，增长69.40%。收支相抵，当年结余30.90亿元，加上年滚存结余451.30亿元，年末结余482.20亿元。

【规范政府债务】 全市政府债务年末余额2 124.60亿元，低于限额456.20亿元。其中，市级政府债务余额1 562.30亿元，低于限额335.40亿元；市本级政府债务余额1 183.30亿元，低于限额224.70亿元。各级政府债务余额均控制在法定限额内。发行再融资债券162.70亿元，有效缓释债务到期风险；争取新增政府债券185.70亿元，有力支持重点项目建设；压实化债主体责任，严格限额管理、预算管理和偿债计划管理，持续巩固政府债务化解成果。

【抗击疫情】 坚持人民至上、生命至上，启动疫情保障应急机制，统筹安排疫情防控资金10.80亿元，保障重点区域监测筛查和防控资源下沉基层，确保疫情防控、医疗救治、疫情防控人员补助、卫生应急体系建设、防控物资设备经费需求。优化资金分配测算方式，加强基层库款应急调度保障，按照“急事急办、特事特办”原则，开通资金拨付、医疗和社会保障、政府采购三条“绿色通道”，细化实施办法和措施，坚决贯彻落实中央和省、市疫情防控财税支持政策。

【支持经济社会恢复发展】 落实落细减税降费和省、市应对疫情稳增长政策措施，给予企业财政贴息、保供补贴、贷款融资、减免房租等支持。全市行政事业单位和国有企业减免企业和个体工商户房租4.90亿元，安排1亿元发放消费券，为115家疫情防控重点保障企业提供贷款贴息3亿元，下达创业担保贷款贴息及奖补1.50亿元，助力企业纾困发展。落实政府采购支持中小微企业发展政策，中小微企业获得订单占全市政府采购合同金额的75%。全市税收自3月份后持续恢复，全年完成515.40亿元，增长1.20%，占一般公共预算的79.20%。

【落实脱贫攻坚工作】 围绕决战决胜脱贫攻坚和全面建成小康社会奋斗目标，全市统筹投入脱贫攻坚资金82.10亿元，持续聚焦“两不愁三保

2020年7月14日，昆明市县(市、区)财政局长座谈会召开 （市财政局 供稿）

障”，着力支持农村基础设施补短板、农村饮水安全和产业扶贫项目等，推动脱贫攻坚和乡村振兴有效衔接。

【落实生态环境保护】 坚持绿色发展理念，统筹投入生态环保资金35.20亿元，重点支持牛栏江补水、水质净化厂提标改造、城市黑臭水体治理、阳宗海保护治理等。支持大气和土壤污染防治、林业生态保护修复、垃圾分类等。

【支持产业转型升级】 统筹投入38.40亿元，促进产业转型升级。支持产业链固链行动，推动产业链协同复工复产；注入资本金26.20亿元，支持做大产业发展股权投资基金，培育细胞产业、生物医药、信息产业、新材料、数字经济、节能环保等新兴产业。统筹投入5.80亿元，促进开放型经济发展。支持外贸、内贸稳增长，跨境电子商务综合试验区建设；统筹财力支持自由贸易试验区昆明片区高质量发展。统筹投入5.80亿元，促进科技创新发展。围绕区域性国际科创中心建设，优化整合科技创新资源，支持实施高企培育计划，支持重点实验室、科技创新平台等建设，保障院士专家来昆建设工作站，助推金砖国家技术转移平台、南亚东南亚科技合作交流平台建设。统筹保障“春城计划”等人才培引机制，支持建设高素质创新人才队伍。统筹投入1.10亿元支持知识产权运营服务体系建设，巩固国家知识产权示范市创建成果。

【推动城乡融合发展】 发挥财政资金稳预期促投资作用，市本级投入项目前期工作经费4.60亿元、土地储备资金70亿元、基本建设资金17亿元、“五网”专项资金47.30亿元，引导和扩大有效投资；争取抗疫特别国债17.90亿元，中央特殊转移支付10.60亿元；加强政府和社会资本合作，新申报入库项目14个，总投资378亿元；有力保障高速公路、农村公路、城市轨道等重点项目建设。市本级统筹投入10亿元以奖代补资金，支持重要节点灯光亮化和62条城市道路市容环境整治；投入4.30亿元支持全国文明城市成功创建；投入3.10亿元支持主城区集贸市场改扩建、公共排水设施维护运行、道路绿化管养、城市公厕建设、文化街区保护、公园免费开放等，提升城市管理精细化水平；投入16.20亿元支持城市公交、轨道运营；投入3.90亿元支持保障性安居工程、城镇老旧小区配套基础设施建设；下达农业转移人口市民化奖励1.10亿元，推动新型城镇化建设。

【支持农林水事业发展】 全市农林水支出较上年增长8.90%，市本级统筹投入农林水资金39.70亿元，着力推进乡村振兴战略落实落地，支持粮食生产，保障粮食安全，推进农村人居环境整治和农村“厕所革命”实施；落实“一县一业”“绿色食品牌”、壮大村级集体经济等扶持政策，支持省级森林乡村创建和林业生态建设，支持推进水源工程建设、城市防汛排涝工程实施和农村饮水安全达标。投入1.30亿元支持实施418户新增4类重点对象危房改造和7 357户农房抗震改造。

【保障基层运转】 即收即下上级直达资金118.60亿元；市对下财力性转移支付11.70亿元，较上年增长11%，高于全市支出增幅4.40个百分点；加强县级“三保”预算审核和运行监测，强化库款调度保障，履行市级帮助责任，确保财政收支平衡，促进区域财力均衡协调。

【保障民生和稳定就业】 全市民生支出635.80亿元，占一般公共预算支出的72.70%。市统筹投入64亿元，支持基本民生兜底保障。支持实施被征地人员基本养老保险改革；稳步推进划转国有资本充实社保基金，提高低保和特困供养标准，发放困难群众临时价格补贴和救助金；提高残疾人两项补贴市级补助、困境儿童生活补助标准，全市2.80万名困境儿童和农村留守儿童全部纳入关爱保护；支持兴办社会养老机构；支持“双拥”模范城市创建，全面落实退役军人保障政策。本级统筹投入4.30亿元，支持稳定和扩大就业。支持大学生、退役军人等重点群体就业创业和农村劳动力转移就业等；安排3.50亿元支持职业技能提升行动；加大失业保险稳岗返还力度，惠及企业2.30万户，稳定就业岗位77.80万个。

【支持健康昆明建设】 统筹投入49.60亿元，落实基本公共卫生提标政策，人均补助标准从69元提高至74元；加大医疗保险基金财政补助，城乡居民医疗保险人均补助标准从563元提高到612元；支持医疗卫生事业发展三年行动计划、疾控机构核心能力和重大传染病救治能力双提升工程、爱国卫生7个专项行动，保障公立医院综合改革和能力提升、疫情防控、基础设施建设等，不断提高医疗卫生服务能力；健全完善医疗保险和救助制度，提高医疗保障水平；启动长期护理保险试点，保障重度失能人员基本护理需求。

【支持教育发展】 统筹投入33.10亿元，落实生均经费保障和学生国家资助等政策；支持“一村一幼”乡镇公办和村级幼儿园建设，奖补普惠性民办幼儿园445所；支持推进义务教育优质均衡，为全市13.60万名城乡义务教育阶段家庭经济困难学生提供生活费补助，为33.50万名农村义务教育学生提供营养膳食补助；支持普通高中普及攻坚、职业教育改革发展、昆明学院转型发展；支持“三名”工程深入推进，扩大优质教育资源供给。

【支持文体旅游事业发展】 统筹投入10.50亿元，支持创建国家公共文化服务体系示范区，基层公共文化服务专项资金年人均标准从17元提升至20元；保障公共文化设施免费开放、文化遗产保护利用和文艺精品创作。支持全民健身、品牌赛事、“15分钟体育健身圈”、公共体育场馆建设等。争取省级“旅游革命”奖励资金2亿元，重点支持文旅产业融合高质量发展，推进重大文旅项目实施，促进旅游产业转型升级。

【支持社会治理】 统筹投入35.90亿元，支持扫黑除恶专项斗争、平安昆明建设、食品安全“六大放心工程”、质量强市、优化营商环境等，巩固民族团结进步示范创建成果，支持“两新”组织、村级活动场所改善等。

【深化财政改革】 全面实施预算绩效管理，实现市本级预算绩效事前评估全覆盖。稳步推进教育、科技、交通、医疗卫生领域财政事权和支出责任划分改革，进一步完善基本公共服务保障机制。深化政府采购制度改革，推广“互联网＋政府采购”模式，上线“政采云电子卖场”。推进预算单位账户电子化改革。加大“阳光云财一网通”运用推广，推行涉及市场主体项目资金网上公开办理，全市注册企业达3 509家，总申报项目数4 389个。

【财政法制建设】 贯彻执行预算法和预算法实施条例，坚持依法行政、依法理财。完善预决算公开考核机制，进一步规范全市预决算公开检查标准。落实政府过“紧日子”要求，压减非急需非刚性支出。完善预算执行动态监控，对市本级预算单位实有资金账户全面监控。开展疫情防控、直达资金、扶贫资金等专项检查。配合巡视巡察、审计、督查检查和问题整改。主动接受人大法定监督和政协民主监督，按时办结人大代表建议61件、政协提案49件。法治财政、阳光财政建设持续推进，财政治理效能不断提高。

（李小舟）

税　务

【税费收入】 全年累计组织税收收入、社会保险费收入及非税收入共1 344.35亿元。其中，税收收入966.8亿元；组织社会保险费收入257.64亿元，征收率达到99.15%；组织非税收入102.52亿元；组织其他收入（包括工会经费、职业年金）17.38亿元。税收收入中，全市一般公共预算收入423.92亿元，同比增长3.23%，增收13.28亿元。同时执行国家新出台的7批28项税费优惠政策，以及本省出台的支持经济发展的房产税、土地使用税优惠政策，督促主责部门强化对减税降费是政治责任、战略部署、民生工程的责任落实，守住不收过头税费的底线。

【依法治税】 稳妥推进法治政府建设，深入学习贯彻习近平法治思想，以约束税务机关权力、保护纳税人权益为重点，建立完善全市税务系统落实依法行政、推进依法治税、依法决策的制度规范，促进税法遵从和税收共治。优化税收执法方式，全面落实行政执法“三项制度”，深入推行“双随机一公开”监管，落实税收违法“黑名单”制度和失信联合惩戒机制。坚持规范公正文明执法，制定权力和责任清单及税务行政职权运行流程图并对社会公示，做到“清单之外无权力”；提升稽查治理能力，深入开展打击虚开骗税违法犯罪专项行动，持续整顿和规范税收秩序，充分发挥税务稽查以查促管、以查促改、以查促收、以查促廉等职能作用。加强稽查信息化应用，建设完成“1+3+1”稽查视频指挥系统。研究新形势下税警联动“新战法”，出台警税协作工作机制，正式挂牌昆明市警税联络机制办公室。密切协作“打财断血”，协同打赢扫黑除恶三年专项斗争“收官战”。获“贯彻实施《昆明市依法治市工作规划（2016—2020年）》先进集体”称号。

【强化征管】 提升税收征管质量，上线电子档案管理系统，开展商事主体登记信息共享及数据比对，用好5C监控评价系统，全面监控和综合提升征管业务水平。全年共治理20类31.50万条问题数据，推进征管数字化转型。完善人民法院不动产强制执行与税务机关税费征缴协同联动机制，并取得显著成效。加快推进“区块链＋发票”在生活服务行业的推广运用，开出全省首张公共交通领域区块链电子发票，全年开具区块链电子发票31.85万张，占全省的53.40%。提升税收风险防控质效，全年共承接、推送并完成风险应对反馈任务81批次，涉及8.10万户纳税人；加强各级税务系统对内部控制监督平台的运用，实现由人防向机控、由分散向集约、由现场检查向远程分析的变革发展，加强税收执法督察建议书和税收执法过错责任追究运用，建立风险疑点数据筛查整改反馈机制，落实内外部审计监督；统筹优化税收风险应对方式，健全税收风险管理运行机制，建立税收风险与税务稽查间的风险管理协调机制，充分发挥税收风险的预警作用，排查政策执行风险和纳税遵从风险初见成效。落实税种管理措施，进一步规范货物和劳务税、所得税、财产和行为税种管理。落实增值税专用发票电子化扩围工作安排，依托前期试点单位先进经验，提前预判局势，强化组织保障，扎实推进专票电子化扩围，落实出口退税相关工作。加快推进土地增值税清算，及时编印《土地增值税政策百问》，实现土地增值税管理“一个标准”“一把尺子”“一套程序”，不断提高管理质效，有效防范和化解税收执法风险；顺利完成首次个人所得税综合所得汇算清缴，完成企业所得税汇算清缴任务。实施网格化管理到户、责任化落实到人，全市累计有113.79万自然人纳税人办理个税汇算申报，其中，申报补税3.64万人、申报退税46.69万人、不补不退59.57万人、豁免3.89万人，税改红利精准兑现落实，纳税人获得感明显增强。累计有1 316户企业通过汇算享受企业所得税研发费加计扣除，完成全市9 773户2017～2019年企业所得税多缴退税处理工作；提升大企业管理质效，顺利承办总局大企业税收数据管理省级示范基地创建活动，进一步规范财务报表报送，形成总局、省、市局三级联动数据治理体系。开展数轮重点企业扩围名册梳理工作，全市重点企业、千户集团、规模以上工业企业、列名企业税收占全市比重达到65%以上；强化非居民税收管理基础性工作，准确规范税收协定执行，推进反避税暨特别纳税调整。首次向老挝发出专项情报，加强云南省与周边国家的国际税收征管联系和沟通，助推区域国际税收协调发展，助力"一带一路"建设；做好社保费征收工作，加强部门协作配合，协同做好应对疫情的阶段性减免企业社会保险费减、免、延、缓、退、降工作，征收好城乡居民社会保险费。顺利完成国家重大水利工程建设基金划转征收，做好水土保持补偿费、地方水库移民基金等非税收入项目划转前期准备工作。

【优化服务】 推进办税缴费便利化改革，深化市场主体准入和退出便利化改革，推行新办企业免费领用税控设备及技术运维服务，全年新登记信息确认7.50万户，有效降低开办企业办税成本。推行税务注销即办、"承诺制"容缺办服务举措，实现税务注销整合办理。搭建税务、不动产登记、住建等部门共同参与的不动产交易税收登记联审联办平台，实现"一窗受理、集成服务"，二手房交易缴税环节办理涉税事项提速到平均30分钟；做好昆明市营商环境"红黑榜"评价工作，立足昆明建设区域性国际中心城市的发展定位，做好税收领域"放管服"改革，持续优化营商环境，在2020年昆明市开展的3期营商环境"红黑榜"评价中，全部进入红榜并两次位居榜首；持续开展"税银互动"和纳税信用评价工作，全年银税合作累计投放信贷业务1.11万笔，贷款金额53.59亿元。全系统纳入纳税信用评价管理户数30.23万户，助推全社会诚信体系建设。

【抗击疫情】 大力推行"非接触式"办税缴费。推行办税缴费网上办、掌上办、自助办、邮寄办，发布"非接触式网上办税缴费事项清单"，285个税费事项实现"非接触式"办理。推广启用微信、支付宝、云闪付等第三方支付税费业务，全年通过第三方支付平台缴纳税款79万笔，金额17.18亿元。推行发票"网上申领线下送达"服务，全年有19.23万户次纳税人足不出户申领发票。学习贯彻税务总局关于落实减税降费和组织收入工作中违规违纪典型问题的通报，将政策落实情况作为政治监督重要内容，在对9个县区局重点监督检查的基础上，全面加强对疫情防控和税收优惠政策落实情况的日常监督检查，做好疫情防控，推动企业复工复产；落实疫情防控部署要求，压实内防内控和联防联控责任，坚决筑牢疫情防线。全市税务系统17个机关党委、129个党支部直接投入疫情防控和帮助企业复工复产第一线，共组织党员干部5 960人次下沉到企业和社区一线开展相关工作；发挥税收数据优势，服务科学决策，深入开展企业复工复产情况分析，市、县两级全年共形成成果65篇，其中，市局有17篇报告7次获得市委、市政府领导肯定性批示，3篇被列为市委督办件。常务副市长张斌应邀参加年末税务总局组织召开的7个地区市长座谈会，并交流发言。

【正风肃纪】 坚持把"严"的主基调贯穿始终，巩固深化"不忘初心、牢记使命"主题教育成果，重点整治党中央十八大以来税务人员违规收送礼品礼金和私车公养问题，深入推进中央八项规定及其实施细则精神落地生根。深入开展不作为不担当问题专项整治，坚决整治群众身边、纳税人身边的腐败和作风问题，对违规吃喝、餐饮浪费等突出问题长期监督，开展违规借贷问题专项整治，对顶风违纪行为严肃查处。全年共查处违反中央八项规定精神处理6人次。加大巡察力度，对6个县区局党委开展常规巡察、对4个县区局党委开展巡察"回头看"；扎实推进专项整治，针对宜良县税务局原劳务派遣人员违纪违法案件暴露出来的问题，第一时间启动"以案为诫防风险、化危为机促提升"专项整治，并一体推进总局现金税费征缴专项整治和省局"严制度防风险、严纪律促提升"专项整治，深化以案明纪、以案促改。在全市范围内开展为期50天的票证使用管理检查，把邮政代开点的票证和发票使用管理情况纳入自查整改范围，同步规范城乡居民社会保险费现金征缴。责成3个县区局党委针对存在问题召开专题民主生活会，给予7名干部党政纪处分，给予16名干部诫勉问责、提醒谈话。开展全覆盖的约谈提醒，以多种形式进行全员数轮的学习反思，以案为鉴，推动警示教育入脑入心。制定和完善相应制度规定15项，持续加强内控机制建设。

【队伍建设】 提升绩效管理水平，聚焦工作重点，以目标管理考核为导向，不断完善考评体系，加大量化考核数量和量化指标数量，发挥绩效考核的"指挥棒"作用，进一步提高数字人事理念、运用和操作水平；做好干部选拔任用工作，坚持正确的选人用人导向，强化政治标准，2020年共调整67名科级领导，消超科级领导干部79人，顺利完成昆明市税务系统首轮职级晋升工作，全市共有1 004名公务员进行首次职级晋升，251名公务员进行二次职级晋升，推进职务与职级并行政策落地。开展年度领导胜任力和业务能力升级"两测"工作，顺利完成市局稽查局及3个跨区稽查局人员遴选，有效充实稽查队伍力量；加强教育培训，大力推行“互联网＋教育培训”模式，做好全市税务系统学习兴税平台上线，完成素质提升“115”工程和年度练兵比武工作；大力培育和践行社会主义核心价值观，主动融入创建全国文明城市、决战决胜脱贫攻坚等工作大局，弘扬伟大抗疫精神和中国税务精神，在市局机关打造“一厅两史四室”，提高职工的归属感、荣誉感。市局机关顺利通过全国文明单位复查，继续保持全国文明单位称号。

（赵　娟）

金融综述

【概况】 2020年，面对错综复杂的国际形势、艰巨繁重的改革发展任务以及新冠肺炎疫情的严重冲击，全市金融工作部门坚持稳中求进工作总基调，坚持新发展理念，坚持以供给侧结构性改革为主线，加强统筹疫情防控和经济社会发展的金融支持工作，围绕“六稳”“六保”工作要求，推动各项金融支持政策措施落地见效，为全市经济持续稳定向好发展提供支撑和保障。

2020年12月末，全市金融机构（含外资）人民币存款余额1.63万亿元，同比增长9.49%；全市金融机构（含外资）人民币贷款余额1.97万亿元，同比增长10.56%，两项合计同比增速为10.08%。全市证券业资金账户开户197.10万户，客户托管资产总额3 281.92亿元，全年证券累计交易金额2.80万亿元，同比增长29.61%，超过全省平均水平1.57个百分点。全市保险业实现保费收入299.8亿元，同比下降0.15%。2020年，全市金融业增加值772亿元，同比增长3.40%，占GDP的比重为11.40%，占第三产业增加值比重为17.90%，对经济增长的贡献率为16.60%。

【强化金融服务中心建设领导】 推动成立推进昆明区域性国际金融服务中心建设领导小组，于2020年3月27日成功组织召开领导小组第一次会议，印发领导小组成立通知，进一步强化金融服务中心建设领导。年内，研究制定《2020年昆明区域性国际金融服务中心建设工作项目计划清单》《中国（云南）自由贸易试验区昆明片区金融专题工作实施方案》《昆明市建设区域性国际金融服务中心行动计划（2020—2025）》等制度文件，及时组织召开专题会议，推动领导小组成员单位落实相关工作措施。

【金融招商】 2020年，引进渤海证券、大通证券、昆明市新材料产业发展股权投资基金（有限合伙企业）3家金融机构落地昆明。昆明国际金融小镇首期示范点云投中心加大招商力度，年内共引进17家金融机构及金融服务（中介）机构，初步形成集聚效应。

【金融生态环境改善】 在2020年昆明市营商环境第三期“红黑榜”评价中，市金融办牵头的“获得信贷”指标获得红榜第二名。截至2020年12月末，昆明市普惠小微贷款余额近580亿元，普惠小微贷款同比增速为30.42%，昆明市普惠小微贷款余额增速均高出全省8.83个百分点，增速位列全省第一。

【举办2020国家金融与发展（昆明）国际峰会】 11月18日，2020年国家金融与发展（昆明）峰会举行。此次峰会以“双循环经济格局下的沿边金融发展：新挑战与新机遇”为主题，聚集国内多名著名金融经济专家和学者，就“‘双循环’新经济格局下，昆明如何更好建设区域性国际金融服务中心”等方面建言献策。昆明市委副书记、市长王喜良出席峰会并致辞。王喜良在致辞中表示，目前金融业已经成为昆明的重要支柱产业和重要发展引擎，昆明金融业占全市GDP比重达13%，昆明城市的价值、昆明城市的财富创造力在不断增加。中国社会科学院原副院长、国家金融与发展实验室理事长李扬以视频直播的形式，发表《抓住经济发展新格局下的新机遇》的主旨演讲。国家外汇管理局外汇研究中心主任丁志杰，博鳌亚洲论坛研究院副院长曹莉，人民银行昆明中心支行行长李波，云南银保监局党委委员、副局长杨民，云南证监局党委书记、局长韩卓，云南省地方金融监督管理局党组成员、副局长张霞，昆明学院党委副书记、院长丁文丽，富滇银行党委委员、行长助理沈强分别发表专题演讲，多家驻滇金融机构领导出席会议。自2016年昆明市政府与国家金融与发展实验室签署战略合作协议起，昆明市常态化举办金融论坛。近年来，峰会分别从主动服务和融入国家发展战略、构建绿色金融生态、优化地方金融资源、深化金融改革等方面多维度为昆明建设区域性国际金融服务中心提供发展方向和思路，见证和推动昆明区域性国际金融服务中心建设不断前行，逐渐成为国内外重新认识昆明的一张“金融名片”。

【防范化解金融风险】 紧紧围绕压缩总量、控制增量、监测预警、排查化解等方面有序开展工作，坚决推动打赢防范化解重大金融风险攻坚战，防范化解金融风险取得阶段性成效。市金融办牵头发挥处非协调机制作用，建立完善处非工作开展情况月报送、风险月研判、新立案件月统计、走访调研等工作机制。截至2020年11月，全市新立非法集资刑事案件60件，进一步保持打击处置非法集资活动的高压态势。建成地方金融风险大数据监测预警平台并投入试运行，全年发布风险提示37份，并对相关线索进行核查。加快P2P（网络借贷平台）专项整治，截至2020年11月末，已退出市场的锁定P2P网贷整治机构62家，较2019年1月末全市P2P锁定的网贷整治机构数量下降62.63%、业务规模下降40.27%、出借人数下降34.91%。市、县两级金融办持续加强小额贷款公司行业整治，稳妥推进小额贷款公司退出机制，小贷公司规模从2012年的130家缩减至43家，经营风险持续好转。推动昆明市5家资本管理公司成功转型为小额贷款公司，督促落实现场检查发现问题整改工作，有效规范新转型小贷公司稳健运营。接续做好“12·13”等重大案件资产处置相关工作，做好“中益信”“中业兴融”“小微”等重点机构风险化解，做好涉稳涉诉工作。利用城市LED、轨道交通、公交、出租车等宣传平台播放防范非法集资公益广告，提升群众防范金融诈骗的意识和自我保护能力。各县（市、区）处非协调机制作用发挥明显，上下联动效果显著。

【防疫期间金融服务】 新冠肺炎疫情发生后，市金融办全力协助驻昆金融机构做好各项防控工作，协调解决金融机构营业网点和一线工作人员防疫必备用品，引导金融机构加强主动防控、科学防控、联动防控，为打赢疫情防控阻击战提供金融服务保障。市金融办主动对接做好国开行应急贷款工作，推动昆明市相关行业获得政策性贷款支持。国家开发银行云南省分行快速响应，迅速完成向国药控股云南公司5亿元、云南国药控股东昌医药有限公司1亿元授信审批工作，用于支持两家企业采购应对新冠肺炎疫情使用的医用防护服、隔离服、口罩、医用护目镜、新型冠状病毒检测试剂盒、消杀用品、智能监测检测系统和相关药品等医用物资，助力云南省打赢疫情防控阻击战。1月31日，向全市金融机构发出关于防控新型肺炎疫情的倡议书。金融办主要领导带队深入金融机构营业网点，指导金融机构做好营业场所消毒和一线员工戴口罩等个人防护措施，鼓励引导各类金融机构尽快落实中央、省、市各项疫期金融扶持政策，特别是落实云南省、昆明市应对疫情支持企业稳增长渡难关若干措施。2月11日，市金融办为驻昆金融机构一线工作人员协调落实和发放口罩合计2.51万只、酒精消毒液2 000升、84消毒液1吨、次氯酸钠消毒液1吨、16升喷雾器20个、额温枪10只，确保疫情期间金融服务不缺位、不断档。督促落实疫情排查全覆盖工作要求，确保全市金融行业不发生重大疫情。

【疫情期间金融支持】 加大新冠肺炎疫情期间金融支持力度。市金融办牵头研究出台《昆明市餐饮行业互助应急贷款实施细则（试行）》。及时策划、先后深入5个主城区6大核心商圈开展政策宣讲及融资对接活动，共组织215家商贸餐饮企业代表参加活动，收集汇总商贸餐饮企业融资需求5.04亿元，驻昆银行业金融机构共有84家次到场对接金融产品。及时梳理汇总全市项目融资需求，先后分4批次向各驻昆银行业金融机构推荐融资需求项目900余个，融资需求近1 600亿元。组织召开昆明市支持中小微企业获得信贷专项融资对接会等银企对接活动5次，对金融支持稳企业保就业相关政策进行宣讲、解读及现场解答，搭建企业融资桥梁。会同市文旅局、市教育体育局等部门，研究探索并制定疫情期间金融支持文化、旅游行业、民办教育机构政策措施，力促相关行业、企业复工达产。

【“三农”金融服务】 “三农”金融服务向纵深推动。鼓励引导辖区内涉农金融机构支持农业农村农民发展，从整体上推动“三农”金融服务工作。督促农村信用社加大“三农”信贷投放。市金融办联合市农信社、市委农办印发《昆明市金融支持乡村振兴战略实施方案》《关于加强昆明市扶贫小额信贷风险补偿资金管理的通知》，助力昆明打好精准脱贫攻坚战和实施好乡村振兴战略。截至2020年11月末，全市农信社金融服务乡村振兴涉农资金投放达到284.70亿元，年内增加17亿元。稳步推进村镇银行支农支小，全市16家村镇银行发挥决策链条短、产品开发自主度高的优势，积极支农支小。截至2020年11月末，村镇银行各项贷款余额47.14亿元，其中支农支小贷款余额37.53亿元，占贷款总额的79.62%。坚持小额贷款公司支农支小监管要求，截至2020年11月末，全市39家小额贷款公司当年累计贷款余额47.94亿元，“支农支小”当年贷款余额占比81.35%。

【企业上市三年倍增行动】 “企业上市三年倍增行动”取得新进展。2020年，昆明市向省上市办申报6家“金种子”企业信息并成功纳入全省重点培育企业信息库。7月16日，昆明市金融办联合云南证监局、全国股转中心、市工信局举办昆明市2020年新三板精选层培训会。各县（区）金融办、全市近40多家企业参加此次培训。年内，推动北方奥雷德、昆明理工恒达科技、昆船智能技术等5家企业进入上市辅导受理阶段，生物谷药业成为云南首家精选层挂牌企业。云南健之佳和云南贝泰妮生物科技2家公司先后成功在主板上市。组织辖区内企业申报云南省资本市场发展专项资金，2020年获得省级奖补资金累计6 300万元。

【金融支持昆明市经济社会高质量发展座谈会】 9月16日，昆明市政府与人民银行昆明中心支行在昆明会堂举行金融支持昆明经济社会高质量发展座谈会。市委副书记、市长王喜良和副市长孙群出席会议。人民银行昆明中心支行及其分支机构、市发展改革委、市工业和信息化局、市财政局、市商务局等市级部门，34家商业银行负责人及部分市属企业代表参加座谈。会上，人行昆明中心支行行长李波、副行长经纬分别介绍金融支持昆明市复工复产及稳保工作相关情况，国家开发银行云南省分行、工商银行云南省分行、中信银行昆明分行、富滇银行、云南省农村信用合作社联合社分别做交流发言。王喜良介

2020年9月18日，中国（云南）自贸区昆明片区跨境金融业务培训会召开　（市金融办　供稿）

绍昆明市金融业发展情况和昆明市上下齐心、坚守底线、保持定力，维护全市经济发展和社会稳定大局、政策实施、银政合作等相关工作开展情况。昆明市政府与人民银行昆明中心支行签署《昆明市人民政府　中国人民银行中心支行合作备忘录》，备忘录从3个部分22条，就促发展、推改革、防风险、建机制做出安排。

【中国(云南)自由贸易试验区昆明片区跨境金融业务培训会】 9月18日，中国(云南)自由贸易试验区跨境金融业务培训会在昆明会堂举办。培训会由市金融办牵头举办，参训人员包括3个市级部门、2个县(区)政府、7家市属平台公司、4家在昆金融机构代表及40余家自贸区昆明片区企业代表，共90余人。经开区政研室主任张秋、人行昆明中支跨境办科长刘婷婷、招商银行昆明分行经理杨思佳作为主讲人为参训人员讲解自贸区发展的规划布局、最新的跨境金融政策导向、跨境金融业务的操作流程等相关业务，有助于企业运用好金融政策、金融工具发展跨境业务。

【昆明市金融发展能力提升培训】 10月12～17日，由市委组织部、市金融办主办的昆明市金融发展能力提升培训班在浙江大学举办。本次培训为全市年度干部培训主体班次之一，以金融业发展、金融风险防范、自贸区金融专项建设为重点内容，市级相关部门、各县(市、区)、开发(度假、园)区、驻滇金融监管部门、部分在昆金融机构的66名学员参加培训学习。市金融办党组书记、主任李俊民出席开班仪式并做动员讲话。

（尹造文）

银行　保险

【概况】 截至2020年末，全市共有法人银行业金融机构39家，营业性网点1 434个，从业人员数3.05万人；资产总额2.48万亿元，同比增长8.44%；负债总额2.40万亿元，同比增长8.63%；各项存款余额1.52万亿元，同比增长7.69%；各项贷款余额2.01万亿元，同比增长10.02%；不良贷款余额249.71亿元，不良贷款率1.25%。2020年实现净利润208.08亿元，增速较2019年回落49.71个百分点。

截至2020年末，全市共有保险法人机构1家，各级分支机构390家；保险公司职工7 917人，营销员3.77万人。全市保险业2020年实现保费收入299.80亿元，同比下降0.15%。其中，财险公司保费收入134.13亿元，同比增长1.33%；人身保险公司保费收入165.68亿元，同比下降1.32%。

（王虹霁）

【疫情防控和复工复产】 落实落细中央和地方党委、政府疫情防控要求，强化常态化管控，全省人民银行系统无一人感染，做到金融运行平稳有序，金融服务不间断、不降质。按照人民银行等部委强化金融支持防控疫情的30条措施以及省政府应对疫情稳定经济运行22条措施要求，及时制定云南省金融支持具体措施，当好金融机构“前台客户经理”，引导银行金融机构全力做好金融支持疫情防控和复工复产各项工作。发挥总行专项再贷款及再贷款再贴现专用额度政策作用，有力支持云南省抗疫保供。全省共81户全国性疫情防控重点企业获得优惠利率贷款30.94亿元，在西部地区排名靠前。开通资金汇划“防疫绿色通道”，推动防疫相关单位账户业务线上办理。做好财政抗疫资金拨付工作，确保资金快速直达基层，直接惠企利民。出台现金消毒安全行业标准，确保现金使用安全。为疫情防控工作期间特定人群、企业调整征信记录。推进公交、城乡客运等交通领域移动支付全覆盖。发挥惠农支付服务业务作用。

【金融支持稳企业保就业】 组织落实稳健的货币政策，灵活把握调控力度、节奏和重点，全省社会融资规模保持较快增长，各项贷款增量创历史新高，为实体经济快速恢复提供适宜的货币金融环境。12月末，全省金融机构本外币各项贷款余额3.51万亿元，同比增长11.10%；全省金融机构本外币各项存款余额3.57万亿元，同比增长8.10%。用好用足3 000亿元再贷款和5 000亿元、1万亿元再贷款再贴现等货币政策工具，支持银行加大对涉农、小微和民营企业的信贷投放力度，再贷款增速创历史新高，进一步降低企业融资成本。有效运用两项直达实体经济的货币政策工具，截至12月末，累计购买地方法人银行发放的普惠小微信用贷款本金17.50亿元，办理利率互换协议72.40亿元。截至12月末，全省比年初新增普惠小微信用贷款占比70.90%，稳居全国前三位；普惠小微贷款当月延期率62.80%。推广应收账款融资业务，截至12月末，平台开通用户位居全国第一，全年累计办理金额863.40亿元，同比增长117.90%。按照当好金融机构前台和客户经理的要求，开展稳企业保就业8大专项行动，推动政银企融资对接，深入企业调研，全省举办各类融资对接会235次，深入企业调查研究已成为基层人民银行工作常态；引导金融机构主动加大对名单企业的对接力度，金融机构累计对名单企业发放贷款2 536亿元。落实云南省政府稳外贸24条措施，形成进出口企业金融帮扶“白名单”，推动跨境贸易投资活动逐步回暖。全省金融支持稳企业保就业取得预期效果，其中，红河打造金融支持稳保样板县、推进“货物贸易电子单证审核”，玉溪试点上线区块链产业金融服务平台。

【金融支持脱贫攻坚】 牢记习近平总书记给怒江群众回信的精神，聚焦“三区三州”和尚未摘帽深度贫困地区，稳定实现“三区三州”深度贫困地区“两个高于”政策目标，全力以赴攻克脱贫攻坚最后的堡垒。截至12月末，全省金融精准扶贫贷款余额3 380.50亿元，同比增长13.61%。完善农村信用体系建设助力脱贫攻坚，完成全省独龙族、怒族等6个较少民族整乡建档整族授信，完成建档立卡贫困户信用信息档案建档全覆盖。昆明中心支行在全国精准扶贫电视会议上做交流发言，货币信贷处获云南省脱贫攻坚扶贫先进集体表彰。

【金融风险防控】 建立金融委办公室地方协调机制(云南省)，创新将省会城市人民政府拓展纳入协调机制成员单位，多层次全方位协调推动成员部门履职。截至12月末，反映金融配套政策落实的15项指标中有14项指标大幅向好，多项指标位居全国前列：全省财政贴息及政府奖励金额合计全国第一，国有企事业单位房屋租金减免金额名列全国第五；民企和中小企业账款清欠工作提前两个月完成，累计清欠金额名列全国第三；政府性融资担保费率全国第四低，融资担保放大倍数名列全国第六；省级公共信用信息共享平台、地方征信平台的企业信用档案覆盖面均达100%，两个平台的使用率超160%，中小微企业贷款风险补偿资金管理制度做出重大突破调整。构建“大金融”风险研判和决策评估机制，提高金融风险监测预警和应急响应能力。牵头协调银保监局、证监局，顺利接管“明天系”旗下在云南的风险机构。密切关注大型地方国有企业债券违约事件，及时研究并进行相关风险提示。建成全省金融风险状况信息化动态图谱，以新科技、大数据助力风险研判；建立议定事项销号管理和跟踪督办等5项措施。坚持市场化、法治化不动摇，加大问题机构化解处置力度，实现全省高风险村镇银行全部“脱帽出列”。强化风险防控“三个责任”，特别是推动落实地方政府金融风险防控属地责任，全省风险防控意识得到提升。在大理率先开展地方政府、金融监管部门、银行机构全流程集中取款应急演练，全面提升金融风险应对能力。成功遏制两起风险事件苗头。广泛开展存款保险宣传，做好存保标识试点和推广工作，提升储户信心。坚持底线思维，积极防范化解金融风险，守住云南省金融风险底线。

【区域金融改革】 区域金融改革取得新成效。按照习近平总书记考察云南提出的“三个定位”要求，在沿边金融改革基础上，持续深入推动自贸区金融改革。深化外汇管理“放管服”改革，出台文件有序推进贸易投资便利化，取消11项外汇管理证明事项，精简整合20类外汇账户；拓展外汇管理“互联网+政务服务”，全年全省通过网上渠道受理行政许可业务占全部业务的66.80%；边贸企业结算流程办理周期从原2～3天缩短至5分钟。推动自贸区外汇创新业务，简化自贸区企业办理名录登记手续。主动申请参与跨境金融区块链服务平台试点、贸易外汇收支便利化试点工作。密切关注金融机构改革进展，尤其是省联社改革、县域农信社改制，及时提出改革意见建议。积极推进跨境人民币业务。推动特许兑换业务健康发展。研究制订《边贸企业超额携带人民币现钞出入境实施方案》。规范境外边民银行账户管理和创新边民互市结算两项工作列为云南省自贸区建设重要案例，外籍人员金融消费权益保护“一站一台一阵地”模式成为第一批全省范围内复制推广试点经验。

【金融管理服务】 坚持金融为民，重点关注小微企业融资。难融资贵、跨境电诈赌博、拒收现金、支付便利化、征信服务、外汇服务、金融消费者权益保护和宣传、打击非法金融活动等社会关切，不断提升金融管理服务质效，将为民服务解难题落到实处。着力缓解民营企业小微企业融资难题，全省小微企业贷款实现“量增、面扩、价降、质优”的要求。顺利完成存量贷款定价基准转换工作，进一步畅通利率传导渠道。全力推动打击跨境赌博和缅北电信诈骗工作得到总行和公安部多方表扬。依法开展拒收现金整治工作。以地方特色项目、乡村民生场景、重点应用场景为突破，加快移动支付工程建设。全省惠农服务点建成1.49万个，业务量位居全国第一。成功上线二代征信系统，加大征信自助查询渠道建设，保障征信信息安全，规范辖区信用评级市场。打造“12 363暖心热线”，推进多元纠纷化解机制建设。加强银行外汇业务监管，增强事中事后管理能力，加大检查处罚力度，严厉打击虚假欺骗性外汇交易、地摊银行等外汇违法违规活动。

（人民银行昆明中心支行）

证券期货

【概况】 截至2020年末，全市共有境内上市公司27家，总市值5 710.05亿元；证券期货经营机构135家（含证券公司2家、证券公司分公司31家、证券营业部73家、证券投资咨询公司1家、期货公司2家、期货公司分公司5家、期货营业部21家）；新三板挂牌公司52家；完成登记的私募基金管理人75家，备案基金150只，管理资金规模1 237.99亿元。2020年度全市证券市场交易金额累计2.80万亿元，客户托管资产总额3 458.85亿元，资金账户数200.96万户；期货市场交易金额累计3.12万亿元，客户权益35.66亿元，期货账户数3.71万户。

【资本市场服务实体经济】 2020年，境内上市公司数量较2019年末25家增长2家，市值较2019年末4 767.53亿元增长942.52亿元，增长幅度为19.77%。增加的2家上市公司中，ST景谷系2020年10月由普洱市迁至昆明市，健之佳于2020年12月1日在上海交易所成功首发上市，首发融资金额9.66亿元；全市境内上市公司2020年度实现股票再筹资31.56亿元；企业通过交易所债券市场筹资374.87亿元；过会待发待注册及在辅导公司共6家，其中过会待发待注册2家，神农农业过会待发，贝泰妮创业板过会待注册，在辅导公司4家（赛诺制药、七彩云南庆沣祥、理工恒达、昆船智能）；新三板挂牌公司全年实施股票定向发行融资1.37亿元；完成登记的私募基金管理人75家，备案基金150只，管理资金规模1 237.99亿元。

【上市公司质量提升】 贯彻落实《国务院关于进一步提高上市公司质量的意见》，制订贯彻落实国发14号文件工作方案，印发通知并组织召开辖区提高上市公司质量工作会，引导上市公司深入领会文件精神；与相关部门签署合作备忘录并建立常态化协作机制，起草《云南省人民政府关于进一步提高上市公司质量的实施意见》，推动全市上市公司质量提升工作落地见效；解读资金占用和违规担保限期整改政策，扎实开展自查自纠，稳步推进上市公司治理专项行动。

【落实重大改革】 落实创业板注册制改革、新三板改革等各项部署，联合省、市各级政府及相关部门通过实施奖补政策、落实“放管服”改革、针对企业上市挂牌的痛点难点加强服务等方式有效挖掘潜力企业，凝聚合力实施《云南省推进企业上市倍增三年行动方案》，成效显著，贝泰妮成为创业板注册制改革后新申报企业中首家过审企业，生物谷成为全国首批精选层挂牌公司，神农农业过会待发，拟上市企业数量迎来历史最好水平。

【投资者保护】 完善投诉处理机制，办理质效进一步提升；开展投保专项检查，依法采取监管措施并进行监管通报，形成投保监管硬约束；推动“示范判决＋纠纷调解”落地，指导调解中心运用小额速调机制解决纠纷；与省教育厅签署合作备忘录，投资者教育纳入国民教育体系由高校延伸至中学，教育普惠性进一步增强；组织开展“5·15”投资者保护宣传日等大型投教和法治宣传活动，开展线上线下活动切实将金融法律知识和风险提示送到投资者身边，大力提升投资保教育活动的精准性和有效性。

【服务疫情防控】 针对疫情期间股市和期市剧烈波动情况，逐日紧盯股票质押、债券业务、信用业务风险，防范流动性风险，加强期货客户穿仓风险监测，保障辖区市场平稳运行；为辖区疫情防控做出积极贡献的拟IPO（首次公开募股）企业和上市公司争取首发和再融资“绿色通道”，2家公司成功发行疫情防控债募集资金28亿元，其中云南水务8亿元公司债为全国首单医疗废物处置疫情防控债，推动医药行业企业复工复产，有力支持全市疫情防控工作。

【重大金融风险防控】 化解上市公司存量风险，风险关口前移，及时“拆弹”；推动省政府印发通知部署公司债风险防控工作，确保公司债风险防控机制常态化，妥善化解公司债本息兑付风险，继续保持债券零违约。通过现场走访、约谈、监管系统排查、联合检查等方式，围绕涉非涉稳、逾期兑付等实现辖区私募机构风险排查全覆盖，逐步推动私募基金风险“出清”。

表 15　2020 年昆明市证券期货市场基本情况

项目		本月末数或本年累计数	数据填报口径
境内上市公司	已上市公司（家）	27	
	市值（亿元）	5 710.05	
	股票首发筹资金额（亿元）	9.66	本年累计数
	股票再筹资金额（亿元）	31.56	本年累计数
	在审在辅导公司（家）	6	
股转系统挂牌公司	挂牌公司（家）	52	
	在审挂牌公司（家）	0	
	发行股票筹资金额（亿元）	1.37	本年累计数
交易所债券市场融资	企业通过交易所债券市场筹资金额（亿元）	374.87	本年累计数，包括公司债、可转债、可交换债、资产证券化产品
证券经营机构	证券公司（家）	2	
	证券公司分公司（家）	31	
	证券营业部（家）	73	
	证券投资咨询公司（家）	1	
	证券市场交易金额（亿元）	27 985.53	本年累计数
	客户托管资产总额（亿元）	3 458.85	
	资金账户数（户）	2 009 606	
期货经营机构	期货公司（家）	2	
	期货营业部（家）	21	
	期货分公司（家）	5	
	期货市场交易金额（亿元）	31 222.13	本年累计数
	客户权益（亿元）	35.66	
	期货账户数（户）	37 058	
私募基金	私募基金管理人（家）	75	
	备案私募基金数量（只）	150	
	私募基金管理规模（亿元）	1 237.99	

（翟书晓）

科学技术

编辑：吴焰红

综　　述

【概况】 2020年，昆明市科学技术局聚焦区域性国际科技创新中心建设，着力培育企业创新主体，全市高新技术企业总量1 166家，高新技术产品收入同比增长12.47%。认定国家科技型中小企业489家、省级科技企业孵化器2家、省级众创空间6家。

【夯实产业发展高端人才基础】 积极构建《“春城计划”高层次人才引进和培养工程“高层次人才”等四个专项评价指标体系》，探索提出“春城计划”高层次人才、高端外国专家、高层次创新创业团队和科技领军人才等4个专项评价指标体系。受理“春城计划”高层次人才、高端外国专家、高层次创新创业团队和科技领军人才等4个专项申报35人(团队)。开展昆明市中青年学术和技术带头人及后备人选、昆明市科技创新团队年度和综合考核。全市新增省“万人计划”492人，新增省级青年学术和技术带头人后备人才及技术创新人才124人，其中，省级青年学术和技术带头人后备人才79人、技术创新人才培养对象45人。

【科普宣传】 2020年“三下乡”期间，献爱心捐款1万元，捐赠和发放各类科普宣传资料及科技农家历3万余册。围绕“科技战疫　创新强国”主题，指导全市14个县(市、区)开展内容丰富的科技宣传、展示、咨询等活动73场次，发放科普丛书6 000余册。“世界水日”“中国水周”期间，以“漫画说环保”“以鱼养水护生态”等为主题，普及与水有关的知识。组织60余名选手参加昆明市科普讲解大赛，选拔出10名优秀选手，代表昆明市参加云南省第六届科普讲解大赛，昆明市代表队有1名选手获得国赛二等奖、省赛二等奖。认定2020年度昆明市青少年科技创新实验室6个。认定2020年度昆明市科普精品基地6个。

【科技合作和科技创新平台建设】 国际国内科技合作特色鲜明，聚焦区域性国际科技创新中心建设，推动金砖国家技术转移中心平台、南亚东南亚科技合作交流平台建设，加强国际科技交流合作及成果转化。加强科技创新平台建设，500个全球优秀科技成果项目汇聚昆明。建立首批市级对外科技合作基地11个，认定院士专家工作站12个。

【脱贫攻坚工作】 巩固提升脱贫攻坚成果，有力推动乡村振兴工作，昆明市29人通过“三区”人才认定，获得国家科技专项拨款58万元，用于在边远贫困地区、边疆民族地区和革命老区开展创新创业。推荐认定2020年省级科技特派员112人。在禄劝县马鹿塘乡普德村和乌东德镇达作卧村、阿巧村3个挂钩扶贫点建设云南农鑫公司绿色出口蔬菜种植基地100亩。探索新能源技术在科技产业应用领域上的试点。继续实施脱贫攻坚扶智计划农民科技创新素质教育培训工作，重点在脱贫攻坚主战场“一区两县”开展培训，投入经费共25万元，农村实用技术培训共完成12 133人次，其中培训建档立卡户4 012人次。

（市科学技术局）

科研与运用

【概况】 聚焦区域性国际科技创新中心建设的主要目标，重点增强科技创新资源、技术、资金等要素的供给能力，推动昆明经济逐步走上主要依靠创新驱动、内生增长的轨道。2020年，昆明市科技进步贡献率达60.03%。全市2019年全社会研发投入强度达到1.73%。

【加大研发投入】 坚持问题导向和目标导向，整合创新资源，促进全社会加大研发投入。2020年，昆明市区域性国际科技创新中心建设持续推进，研发创新已逐渐成为企业发展的内生动力。省、市两级研发投入后补助政策稳定发力，政策效应不断显现。昆明市全社会研究与试验发展（R&D）经费投入呈上升趋势，昆明市产业结构调整向高质量发展态势可期。

【科技规划】 启动昆明市“十四五”科技创新规划编制工作。未来五年将构建具有国际化视野的昆明特色科技创新体系，加快建成立足西南、面向全国、辐射南亚东南亚的区域性国际科技创新中心。

（市科学技术局）

外国专家管理

【专家引进】 认真实施引进国外智力、管理人才项目，完成列入国家、省、市专项经费资助计划引进国外专家项目41个，柔性引进到昆执行项目专家95人，其中，国家级项目针对糖尿病治疗的细胞胰岛植入器械研发及应用项目外国专家为诺贝尔奖获得者。引进的外国专家来自美国、加拿大、俄罗斯、瑞典、瑞士、西班牙、葡萄牙、捷克、澳大利亚、新西兰、日本等国家，且长期在生物制药、材料研发、装备制造等领域造诣颇丰，具有国际先进水平。

【外国人来华工作许可办理】 稳步推进外国人来华工作许可办理工作，自2017年2月8日市科技局承接外国人来华工作许可事项后，不断探索便捷、优质、高效的运行机制，在依托区级政务服务平台基础上，按照“放管服”改革要求，昆明市“外国人来华工作许可”于2018年3月1日下放至五华区、盘龙区、官渡区、西山区、呈贡区5个区统一实施，形成区位布局、上下联动、全市协作的业务服务体系新格局。2020年6月10日，联合市人社局、市公安局出台《关于切实做好中国（云南）自贸区昆明片区外籍人员来华工作许可、签证及居留许可相关工作的通知》，创新优化中国（云南）自贸区昆明片区外籍人员来华工作许可、签证及居留许可的便利措施，探索建立“昆明经验”和“昆明模式”。截至2020年12月31日，全市共办理外国人来华工作许可审批业务1 353件；年内，持昆明市核发有效工作许可证外国专家997人，其中，A类高端外国专家42人，占总数的4.21%；B类外籍人才825人，占总数的82.75%；C类其他外国人员130人，占总数的13.04%。

（市科学技术局）

科技合作与交流

【参加“中俄科技创新年”活动】 9月17日，市科技局作为全国唯一的省会城市参加国家科技部举办的“中俄科技创新年”活动，会上昆明和俄罗斯圣彼得堡开展友好对话，介绍昆明的区位优势和产业特点。昆明和俄罗斯圣彼得堡共同表达开展国际科技合作的意愿。11月18日，俄罗斯下诺夫哥罗德州副州长IGOR NOSOV先生通过视频连线向此次会议的召开表示祝贺，并表达未来昆明建立更加畅通有效的科技合作渠道的意愿。2020年，昆明与俄罗斯的科技合作又增加新的合作伙伴，为昆明今后和俄罗斯圣彼得堡以及下诺夫哥罗德州建立更加深化务实的合作，共同建设“科技合作友城”完成第一阶段工作。

【“金砖国家技术转移中心”昆明技术成果展示交易会】 11月18～20日，举行首场“金砖国家技术转移中心”昆明技术成果展示交易会。项目主要聚集生物医药大健康领域，来自中科院生物物理所、微生物所、理化技术研究所、昆明植物所以及天津工业大学、长春中医药大学、江西国科医药工程科技有限公司、云南汉德生物技术有限公司、云南聚佰贤科技有限公司、云南肾脏病研究所等12家单位的路演项目和全市150家企业进行精准路演对接。云南聚佰贤科技有限公司和广州艾琳化妆品有限公司成功签署投资合作协议，超过40家企业对路演项目表达合作意向；超过70个中科院体系的先进技术成果落地昆明。3个金砖及南亚东南亚国家科技服务合作协议成功签署，与印中技术转移中心签订《关于共同推动金砖国家技术转移中国中心建设谅解备忘录》、与俄罗斯联邦技术转移协会签订《关于共同推进中俄两国金砖国家技术转移中心建设谅解备忘录》、与中意科技创新创业联盟签订《关于共

2020年11月18日，金砖国家技术转移中心（中国）2020年度科技创新开放合作工作会议在昆明召开　　（市科技局　供稿）

同推动金砖国家技术转移中国中心建设谅解备忘录》。

【发布《2020年南亚东南亚科技创新及技术需求白皮书》】 对南亚东南亚10个国家的科技创新及需求情况进行专业深度梳理分析，并对这些国家的100家企业进行科技需求的征集，11月18日，正式发布《2020年南亚东南亚科技创新及技术需求白皮书》，为昆明企业开展面向南亚东南亚国家为重点的科技合作提供重要依据，为汇聚到昆明的先进科技成果向南亚东南亚国家转移提供精准对接目标，为提升国际科技合作层次，拓展产业合作领域提供参考导向。

【扩大国际技术转移经理人队伍】 根据国家科技部颁发的《国家技术转移专业人员能力等级培训大纲（试行）》所要求的培训内容，11月19～20日，经科技部批准，由中国科学技术合作协会授权，市科技局联合昆明市委组织部共同组织第三届国际技术转移经理人培训工作。按照预计培训100人的计划，实际报名参训人数超过350人，为昆明建设区域性国际科技创新中心建设培养一批具有国际视野的技术转移专业人才队伍。截至2020年11月，在昆明培训并取得国际技术转移经理人资格总人数突破500人，除云南省，还包括四川、贵州、重庆、湖南、广西等地的近60名外省学员，为昆明未来科技服务业的快速发展提供专业人才队伍保障。

【推进昆明市高校联盟建设】 市委组织部、市科技局、昆明理工大学创新发展研究院三方于2020年10月签订《推进高校联盟工作合作协议》，年内有序开展具体工作。昆明市高校联盟按照“京津冀、珠三角、长三角”3个方向分别赴江南大学、浙江大学、北京理工大学、南方科技大学就科技服务产业发展、科技与产业对接经验及运营模式、高校科技成果转移转化进行调研学习，并初步达成合作意向，市科技局积极跟进与江南大学、浙江大学技术转移中心的合作交流，服务好昆明市高校联盟。

（市科学技术局）

科技成果与奖励

【技术合同登记】 截至2020年12月31日，昆明市共登记技术合同2 505项，合同成交总额达到35.66亿元，其中技术交易额23.18亿元。窗口共有咨询人次500余次，无投诉现象发生，顾客满意度100%。2020年，由于受新冠疫情影响，技术合同登记和成果登记总体呈下降趋势。针对疫情影响因素，科技局窗口持续优化服务，在疫情期间发布《关于疫情防控期间提供便利化技术合同登记和成果登记服务的通知》，结合疫情防控，为企业和技术交易单位提供优质便利的服务，极大地简化企业申报的手续，使技术交易市场逐渐恢复到正常状态。

【落实科技成果转化政策】 进一步落实《云南省人民政府关于印发云南省技术转移体系建设实施方案的通知》精神，继续构建昆明市成果转化、技术转移体系，推进载体培育。为进一步激发科研人员成果转移转化内生动力，深化科技成果三权改革，突破贯彻落实国家、省、市相关促进成果转化文件的堵点、难点，起草《昆明市加快区域性国际科创中心和中国（云南）自由贸易试验区昆明片区建设促进科技成果转移转化的若干政策》，进行多轮意见征求和修订，正在推进文件印发程序。

【县域科技成果转化】 年内，构建和培育县域科技成果转化中心，昆明市已实现14个县（市、区）县域科技成果转化中心全覆盖。重点围绕农牧林业、旅游业、工业建筑新材料、高原特色农业、生物科技产业、生物医药和大健康产业专项、数字经济、现代制造业、科技服务业等重点产业开展工作。据县区上报数据统计，通过县域成果转移转化公共服务，累计服务企业2 120家、涉及2.04万人次；开展科技政策解读与宣传、培训，科学技术普及活动101场、5.15万人次参与；跟踪服务成果202项；促进成果转移转化254项；促进成果转化金额2.02亿元；实现技术合同具体项目60项，技术合同额1.37亿元。

【构建昆明市科技成果转化服务平台】 2020年新增构建云南高校知识产权管

理服务有限公司、昆明学院、云南大学、云南电网有限责任公司电力科学研究院等10家第二批昆明市重点科技成果转移转化示范服务机构，全市重点科技成果转移转化示范服务机构共27家。根据第一批17家机构上报数据统计分析，这些机构成立后，累计服务企业2 519家、涉及1.37万人次；组织开展技术交流、成果转化活动181场、9 376人次参与；完成技术转移、成果转化共698项；促进成果转化金额1.83亿元；实现技术合同额2.48亿元、技术服务收入1.36亿元。昆明市重点科技成果转移转化示范服务机构建设形成“中国南亚东南亚国际技术转移交易网”“创遇网——协同创新服务平台”“在线工业云服务平台”等9个相关平台。

（市科学技术局）

防震减灾

【地震监测预报】 2020年，组织召开1～4季度震情跟踪工作会和年度地震趋势会商会；编制震情跟踪工作月报12期、震情月报12期、震情周报49期、震情汇报7期、宏微观零异常报告49期、典型异常干扰登记表49期；参加省地震局、协作区等各类会商会15次；编制《滇东地震预报协作区2020年度震情监视跟踪工作方案》《“昆明圈”2020年震情跟踪工作方案》，汇总《滇东协作区及“昆明圈”2020年下半年地震趋势研究报告》，组织召开震情跟踪视频工作会，做好滇东协作区和“昆明圈”牵头单位各项震情跟踪工作；召开紧急会商会，研究震情形势、提出预测意见，稳妥处置好1月15日寻甸县4.2级地震、7月8日东川4.2级地震，形成震情汇报，及时向市委、市政府和省地震局报告。针对3月25日呈贡区实力心城小区附近1.4级地震、3月30日晋宁区夕阳乡2.8级地震和5月18日昭通市巧家县5.0级地震等与昆明市息息相关的有感地震，做好舆论引导、消除群众恐慌。昆明市防震减灾局提交的《云南省2020年度地震趋势研究报告》获全省第一名。

做好震情值班工作，加强震情灾情报送工作。修订完善并严格执行《昆明市防震减灾局值班工作管理规定》，督促各县（市、区）每周上报震情值班表备案，不定期检查值班情况，落实好24小时值班值守制度。及时发送各类地震信息，2020年通过短信平台发送地震信息2万余条。

【地震监测台站建设与改造维护】 加强台站建设，完成测震台网和地球物理观测台网运行维护工作。采购1套高精度数字化两分量倾斜仪，完成嵩明九五水温水位仪器设备更换前期准备工作，初步选定小江断裂带地震监测项目建设地址；联合省地震局开展地震观测站选址论证会对台站的标准化建设进行论证；按照国家流体观测站标示牌统一标准，完成9家防震减灾部门的流体、形变观测站标示牌的制作及安装工作；先后到嵩明、宜良、东川、盘龙、西山、石林等县（区）检修仪器设备20台套，确保全市43个强震台、13个数字化前兆观测台站、18套前兆监测设备、14个观测项目运转正常。年内，全市未发生监测环境和地震监测设施遭受破坏的情况。

有序推进地震烈度与预警系统建设。向省地震局统计上报紧急地震信息发布终端位置信息表；完成68个预警示范学校预警终端设备安装；配合省地震局完成10个基准站和1个基本站的现场施工及质量检查；完成预警工程13个基准台、2个基本台和67个一般站现场初验工作。

【群测群防】 指导各县（市、区）根据《昆明市地震信息宏观联络员管理规定》制定管理规定和实施细则，拨付宏观联络员补助经费8万元，收集、核查处理和上报地震宏观异常4起；配备无人机，用于地震宏观异常调查落实，强化全市地球物理监测能力。

【建设工程抗震设防】 加强对全市新建、改建、扩建建设工程监管，做好建设工程选址避开活断层意见、建设工程抗震设防要求审核、建设工程抗震设防要求竣工验收3项审批工作。2020年，共收到报件700余件，全部办结，无投诉、超时现象发生。

推进《昆明市城市抗震防灾规划》编制工作。成立昆明市城市抗震防灾规划编制领导小组，收集基础资料20余份，与中标单位昆明市建筑设计研究股份有限公司签订编写合同，多次召开专题会议听取规划编制单位工作进展情况，编制工作取得初步成果。

推进《昆明市防震减灾“十四五”规划》编制工作。及时组织召开会议，对规划编制工作进行安排布置，积极推进市、县两级防震减灾“十四五”规划编制工作。市级防震减灾“十四五”规划编制经前期调研、可行性研究、规划编制政府购买服务项目报批等工作，已完成初稿。

做好全市地震安全监管检查工作。制订《昆明市建设工程地震安全监管检查工作方案》，召开全市建设工程地震安全监管检查工作动员布置会，书面核查2 600余个项目建设工程抗震设防采用情况，实地检查恒隆广场、春之眼商业中心、中海云著3个建设项目，全面进行自检自查，并督促各县（市、区）做好整改落实工作。

做好区域性地震安全性评价指导工作。按照上级相关文件要求，对滇中新区小哨国际新城国际经贸交流基地中心（三纵三横片区）等区域性地震安全性评价工作进行指导，并协调有关部门对评价成果进行技术审查。

【地震应急准备工作】 拟制印发《昆明市2020年防震减灾重点工作任务分解方案》《昆明市防震减灾系统2020年地震应急准备工作方案》《关

于开展2020年度地震应急准备工作自查和联合检查的通知》和《关于昆明市2020年地震重点危险区地震应急准备工作任务分解的通知》等重要文件，召开昆明市2020年地震重点危险区地震应急准备工作会议，并对地处小江断裂带上的东川区、寻甸县、嵩明县、宜良县地震应急准备工作进行检查，抓牢全市地震应急准备工作。

【健全完善应急预案体系】 针对昆明经济社会发展特点、地质地貌特征和近年来地震应急工作存在的问题，指导督促全市各级政府、各委办局、驻昆军警部队、企业、社会团体、学校、医疗机构等对《昆明市地震应急预案》进行修订，建立纵向到底、横向到边，上下衔接、左右相连的抗震救灾预案体系。

组织开展地震应急演练，强化实战能力。9月，在安宁市组织开展昆明市“2020-安宁使命”地震应急演练，开设抗震救灾前方指挥部、救护所、避难场所，桌面推演，人员疏散安置，生命救援救治，基础设施抢修抢通等科目演练，昆明市防震减灾局、市应急管理局等46家市抗震救灾指挥部成员单位，五华区、安宁市、富民县等7个县（市、区）500多人参加演练，动用装备100余台（套），进一步熟悉应急响应的组织程序、方法、工作内容，提高抗震救灾动员、组织、指挥能力，检验各级应急准备工作落实情况和各种救援力量训练质量，提升应对重大自然灾害应急处置综合能力，提高救援队综合救援能力。

【信息化建设】 推进地震系统应急通信保障工作。定期对县（市、区）震情会商与地震应急视频会议系统和乡镇短波电台进行检查和维修维护。6月，在晋宁举办全市地震应急通信和地震演练业务培训。全年采购24部卫星电话，确保全市各类地震应急信息能及时有效地传递。

2020年9月，市防震减灾局组织开展“2020-安宁使命”地震应急演练

（市防震减灾局　供稿）

【地震应急救援队伍能力建设】 市防震减灾局依托驻昆军警部队、民兵预备役部队、医院、水电气通交化建等企业组建1支共118人的地震专业应急救援队伍、5支共1万余人的军警部队综合应急救援大队、12支共4 000余人的医疗、交通管制、警戒、水利、电力、燃气、通信、交通、化工、机械等行业救援大队。全面加强县级政府应急救援志愿者队伍建设，全市共组建志愿者队伍122支共5 000余人，实现地震应急救援志愿者队伍乡（镇）全覆盖。为提高地震应急救援队伍的救援能力，制订年度训练计划，并按计划组织开展训练。10月，邀请省地震局11名专家分别举办昆明市地震“第一响应人”培训班和昆明市地震应急志愿者骨干业务及技能培训班，对相关地震应急救援队伍进行地震基础知识、地震应急救援知识等专业知识培训，并开展幸存者搜救、急救医疗技能、废墟救援、坑道救援、埋压救援等地震灾害救援实战救援技能训练，有效提升全市地震应急志愿者队伍的应急救援能力。

【地震应急避难场所建设与管理】 印发《关于开展文明城市创建地震应急避难场所实地测评专项巡查的通知》。4月，成立专项巡查工作组，对昆明主城区的地震应急避难场所进行实地巡查，针对地震应急避难场所功能设施运行和维护情况、物资储备情况、疏散安置方案等提出整改意见建议。各县（市、区）地震应急避难场所编制相应的地震应急疏散工作方案，与周边商场、医院等签订食品、医疗、供水、垃圾储运等协议，确保避难场所功能正常发挥。在Ⅱ类及以上地震应急避难场所储备帐篷、棉被、棉

2020年10月，昆明市地震“第一响应人”培训班开班

（市防震减灾局　供稿）

衣、工具等应急物资，确保地震发生时地震应急避难场所功能正常运转。为规范昆明市地震应急避难场所建设管理工作补助经费的使用，制定印发《昆明市地震应急避难场所建设管理工作补助经费》，明确补助经费的使用范围，确保专款专用。截至2020年底，全市共有Ⅲ类及以上避难场所51个，其中Ⅰ类2个，Ⅱ类20个，Ⅲ类29个，每个县（市、区）均有1个Ⅲ类以上避难场所。

【科普示范学校建设】 根据省地震局《关于开展省级防震减灾科普示范学校认定工作的通知》，全市开展省级防震减灾科普示范学校申报工作。年内，经昆明市各防震减灾部门和各级各类学校的共同努力，全市成功创建省级防震减灾科普示范学校8所。

【防震减灾科普宣传】 参与2020年文化科技卫生“三下乡”活动，推进防震减灾宣传教育“六进”活动。以“提升基层文化树新风　助推乡村振兴奔小康”为主题，开展防震减灾法律法规、科普知识宣传活动，组织有奖竞答活动，针对群众关心的地震相关知识进行详细解答，并现场捐款1万元用于扶持富民县基层农村脱贫攻坚项目。同时，分别联合双龙桥社区、明潭社区开展防震减灾宣传“六进”活动。

组织开展第三届全省防震减灾科普讲解大赛。及时宣传动员，组织人员通过视频会议平台参与全省防震减灾科普讲解大赛，昆明推荐的7名代表获奖，超过全省获奖名额半数，并推选选手代表云南省参加全国南部赛区比赛。

开展全民国家安全教育日普法宣传活动。组织“4·15有奖竞答”知识竞赛活动；号召职工通过“学习强国”、干部在线学习等平台，学习国家安全教育内容，加深对国家安全的认识；邀请法律顾问举办“防控疫情、法治同行”专题知识讲座，增强职工依法防控疫情、维护国家和公共安全的意识。

深入开展“5·12”国家防灾减灾日和“11·6”云南省防震减灾日科普宣传活动。以“提升基层应急能力，筑牢防灾减灾救灾的人民防线”为主题，部署全市防灾减灾宣传周任务，分别与西山区、五华区、盘龙区等6个防震减灾部门联合开展科普宣传教育活动，向社会公众普及防震减灾知识和应急避险技能，增强地震安全风险防范意识，营造全社会积极参与防震减灾的良好氛围。

法治政府建设工作推进有力。围绕维护人民群众的根本利益，以提高执法人员的素质为重点，不断健全和落实地震行政执法规章制度，加大依法行政水平，做好《市委全面依法治市委员会2020年工作要点》和《2020年法治建设目标管理责任书》各项内容的贯彻落实，不断提高服务社会的能力。高质量运维政务微博，发博量达3 602条，微博粉丝近5万人，被评为昆明市优秀政务微博。

（桂辉涛）

气象监测预报

【概况】 2020年，昆明市年平均气温较常年偏高，降水量略少，属于雨量充足、光热资源较好的年景。年内，春季初夏旱情接近常年至稍偏重，雨季开始期较常年偏晚至特晚，主汛期降水量偏少，秋季局部地区出现连阴雨天气。2020年属中等气候年景。

【降水量】 2020年，昆明市12个国家气象站年平均降水量为871毫米，年降水量较常年偏少53毫米，偏少幅度为6%；较2019年偏多75毫米，偏多幅度为9%。昆明主城区年降水量为1 062毫米，较常年偏多83毫米，偏多幅度为8%。

【气温】 2020年，昆明市12个国家气象站年平均气温为16.7℃，较常年平均值偏高1.0℃，较2019年偏低0.5℃。2020年昆明主城区年平均气温为16.5℃，较常年偏高1.0℃，较2019年偏低0.2℃。

【气候事件】 冬季昆明出现阶段性低温，2019年12月上旬昆明全市平均气温7.1℃，较历史同期偏低2.3℃，2月中旬全市平均气温10.0℃，较历史同期偏低1.1℃。12月7日全市出现低温霜冻天气，昆明主城、嵩明、宜良、石林和寻甸的当日最低气温打破建站以来12月上旬最低气温纪录。1月下旬多个县（市、区）出现降雪天

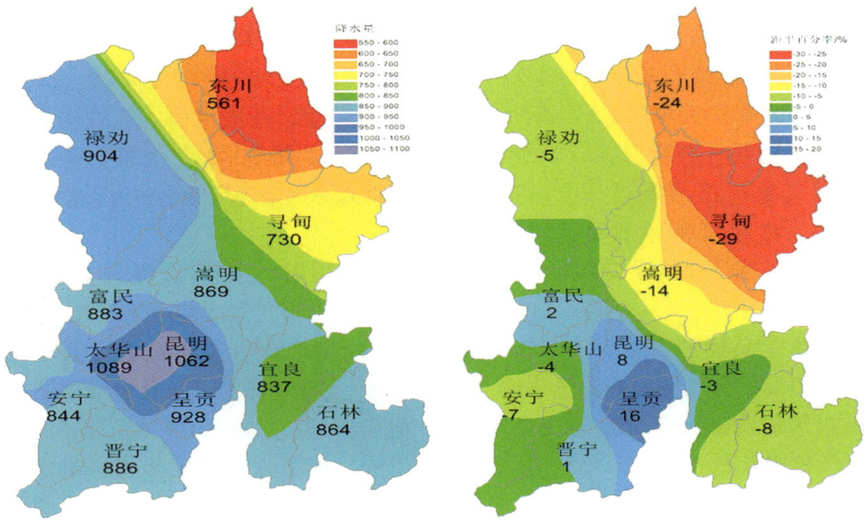

图10　2020年昆明市各县（市、区）年降水量（左　单位：毫米）与距平百分率（右）

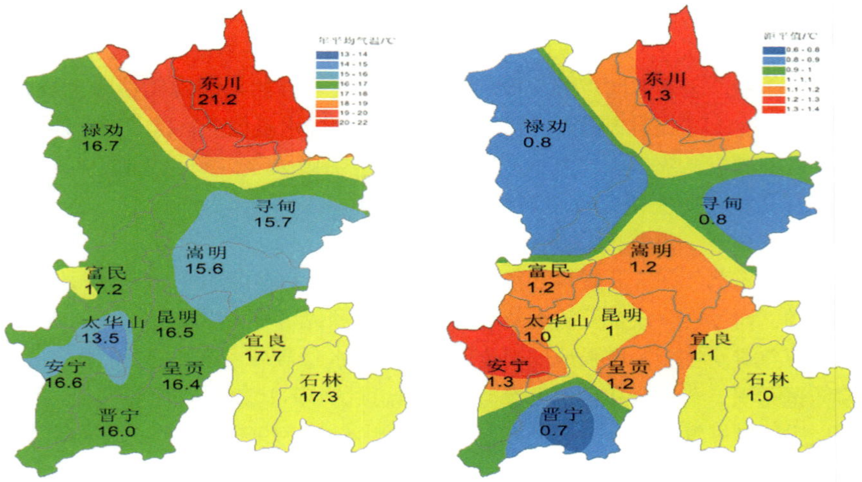

图11　2020年昆明市各县（市、区）年平均气温（左　单位：℃）与气温距平（右　单位：℃）

气。2020年入汛前（3～6月）全市平均降水量为167毫米，较常年同期偏少135毫米，偏少45%。雨季开始前昆明市出现不同程度的气象干旱，所有县（市、区）中禄劝、富民、嵩明、宜良、呈贡、东川和寻甸春季初夏干旱较常年稍偏重，其余县（市、区）接近常年。其中，嵩明、宜良、呈贡出现10天以上的重度气象干旱，禄劝和寻甸出现20天以上的特旱天气。主汛期（6～8月）强降水异常偏多，区域性特征明显，全市12个国家气象站共出现大雨（日降雨量≥25毫米）及以上天气过程106站次，较常年同期偏多37站次，其中暴雨（日降雨量≥50毫米）23站次，较常年同期偏多6站次。秋季前期降水过程频繁，导致全市雨日数较多，宜良和呈贡在9月下旬出现8天的连阴雨天气。2020年12月气温波动大，干冷天气过程明显。

表16　2020年昆明市气象站气象资料一览表

气象要素	昆明	禄劝	富民	嵩明	宜良	石林	呈贡	晋宁	安宁	太华山	东川	寻甸	平均
降水量（mm）	1 062	904	883	869	837	864	928	886	844	1 089	561	730	871
距平值（mm）	83	–52	20	–138	–24	–76	128	5	–65	–47	–181	–292	–53
距平百分率（%）	8	–5	2	–14	–3	–8	16	1	–7	–4	–24	–29	–6
平均气温（℃）	16.5	16.7	17.2	15.6	17.7	17.3	16.4	16.0	16.6	13.5	21.2	15.7	16.7
距平值（℃）	1.0	0.8	1.2	1.2	1.1	1.0	1.2	0.7	1.3	1.0	1.3	0.8	1.0

【气象保障服务】 落实“内响应外联动”工作机制，做好“6·13”“6·30”“7·19”等8次强降雨天气过程气象服务，启动气象保障服务特别工作状态3次，启动应急响应命令4次。全市制作发布决策材料1 531期，组织与各部门联合会商81次，各级政府根据气象预报预警召开会议16次，市委、市政府领导书面批示18次、短信批示63次。接受媒体采访90次，发布各类灾害性天气预警2 700余次。昆明市气象局被表彰为2020年云南省气象局重大气象服务先进集体，4人被表彰为2020年云南省气象局重大气象服务先进个人。

【抗旱气象应急服务】 认真监测旱情发展，及时启动森林防火和抗旱气象保障服务特别工作状态，制作发布《昆明市气象干旱监测报告》8期、《森林防火气象服务专题》30期。全市共设人工增雨作业点43个、地面烟炉10套，开展地面人工增雨作业549次，为缓解旱情、增加库塘蓄水、降低森林火险等级做出积极贡献。

【人工防雹效益持续提升】 制订2020年全市人工影响天气工作计划，编制《昆明市人工防雹增雨经验文集》，完成地方标准《火箭增雨防雹值守规程》编制，开展冰雹路径课题研究，提高人工增雨防雹科学化水平。对全市284名作业人员开展封闭式军事化培训，寻甸、禄劝、石林等9个县（市、区）布设64个防雹作业点，共开展610点次作业，有效减轻冰雹灾害。

【气象现代化建设】 呈贡区完成突发事件预警信息发布中心项目建设，晋宁区落实建设经费并启动建设。新建22个人工防雹标准化固定作业点，昆明市气象局、寻甸县、石林县的人工影响天气指挥平台通过验收并投入使用。气象基础业务质量持续巩固，各项业务指标全面达到或超过考核标准，完成气象观测质量管理体系建设，高质量通过ISO9001认证。

【乡村振兴气象服务专项建设】 助力推进农业农村现代化发展，组织昆明农试站和7个县开展2020年乡村振兴气象服务专项建设。推进全国农试站水稻区域联合试验，及时提供关键农时气象专题服务材料，发布农业气象服务材料62期。扶贫工作扎实有力，组织帮扶责任人走访慰问贫困户4次，协助帮扶乡村产业发展，加强贫困地区气象为农服务和防灾减灾工作，昆明市气象局被评为2020年度优秀帮扶单位。

【生态文明气象服务】 生态文明气象服务创新发展。与市滇管局签订战略合作协议，启动滇池湖面生态气象观测站建设。完成市政府决策咨询课题《滇池保护治理气象保障服务》研究，与云南省气象科研所合作开展臭氧污染气象条件课题研究，昆明市大气环境风险预警服务平台建设列入云南省生态环境厅项目库。制作《空气污染物扩散气象条件周报》52期，开展大气污染防治应急人工增雨作业共237点次。晋宁区成功申报“中国天然氧吧”，石林县通过复查。

【气象服务供给侧改革】 气象服务供给侧改革效益稳中向好。进一步加强乌东德水电站建设气象保障服务，与三峡集团乌东德工程建设部和三峡梯调昆明调控中心签订战略合作协议；进一步深化与排水公司的合作，开展城市内涝专项气象服务，与海事局推进开展滇池航运专项气象服务，旅游、铁塔、烟草专业专项气象服务持续加强，与经开区、高新区继续开展托管气象服务。推进区域性气候可行性论证工作，开展防雷安全检测技术服务，依法依规加强专业气象服务。

【气象科技创新】 组织全市14名选手参加全国测报竞赛选拔赛，1人获得全省第一名并代表云南参加全国竞赛。组织申报省级科技创新项目2项，获云南省科技进步二等奖1项，软件著作权登记3项；“王鹏云创新工作室”获云南省总工会命名。

【气象法治建设】 完善气象权力清单动态管理，推行“一个窗口”受理和网上审批。协调联合市、县（市、区）安委办和旅发委发文强调防雷安全工作，开展复工复产防雷安全生产抽查及防雷安全重点单位安全告知工作，开展28次抽查共30家单位，做好施放气球的安全管理。开展《中华人民共和国宪法》《中华人民共和国民法典》宣传活动和《中华人民共和国气象法》实施20周年纪念活动。

（于　璐　潘娅婷）

水文水资源管理

【机构】 云南省水文水资源局昆明分局成立于1961年，隶属于云南省水文水资源局，属公益性全额拨款事业单位。2008年4月，经昆明市机构编制委员会批准加挂“昆明市水文水资源局”牌子。年内，通过对昆明市辖区内水位、流量、降水量、泥沙、蒸发、地下水位及水质、墒情等水文要素的监测和分析，对水资源的量、质及其时空变化规律的研究以及对洪水和旱情的监测与预报，为昆明市国民经济建设、防汛抗旱、水资源的配置利用和保护提供基本信息和科学数据，对促进昆明经济社会发展发挥重要的基础性作用。

按照工作职责，市水文水资源局负责金沙江一级支流普渡河、牛栏江，滇池流域及南盘江宜良段的水文资料的收集，并进行整理和汇编，汛期提供普渡河、牛栏江、南盘江和滇池流域的水情报汛工作及水文情报预报工作，为区域内的防汛减灾提供决策依据，为促进辖区内的社会经济发展提供技术服务。定期监测主要河段、集中饮用水源地、水功能区的水质状况，组织调查和评价区域内地表水径流量和地下水资源蕴藏量，开展水文水资源调查评价、建设项目水资源论证、洪水分析评价、水文测量、水平衡测试、水文分析计算等基础服务工作。

【雨情水情】 2020年，昆明市水文气象年景总体偏差，主要表现在入汛较晚，枯季旱情严重，汛期降水偏少，单点暴雨频发，河道径流及水利工程蓄水不足，防汛抗旱矛盾突出。

【降水】 2020年，全市平均降水量782毫米，比多年均值偏少16.50%，比上年均值偏少4.10%，属枯水年份。

2020年昆明市降水呈现以下主要特点。

入汛较晚。全市大部分县区在6月中旬才开始进入雨季，较多年平均偏晚20天左右。

汛期降水偏少。5月1日～11月1日，全市累计平均降水量648.40毫米，比历年同期偏少19.80%。年内降水分配不均，枯季（1～4月、11～12月）降水量占全年降水量17.10%，汛期（5～10月）降水量占年降水量的82.90%；各月降水量年内分配上，1～4月平均降水量115.90毫米，较历史同期偏多44%；汛期（5～10月）平均降水量648.40毫米，较历史同期偏少19.80%，其中5月偏少最多，偏少44.70%；枯季11月偏少幅度为全年最大达63.60%。

空间分布不均。中部、北部偏多，东部偏少，东北部最少；主城区、东川区西部、禄劝县东部降水偏多，嵩明县中部、石林县、宜良县东部、寻甸县大部降水偏少，其中东部寻甸县最少；总体上河谷地区少，山区、城区多；金沙江干流及小江干流河谷地带明显偏少；在各监测站中，年最大降水量出现在东川区法者乡新炭房村雨量站，年降水量1 736毫米；年最小降水量出现在金沙江河谷地区的禄劝县雪山乡尼格村雨量站，年降水量338.50毫米，年最大与最小降水量相差5.10倍。

汛期单点暴雨频发，出现严重的旱涝并存现象，据统计，汛期1小时降水量超30毫米的有118站次，其中12个雨量站1小时降水量超过50毫米，最大为寻甸县功山镇河湾冲雨量站93.50毫米。

【水资源量】 2020年，全市水资源总量43.71亿立方米，折合径流深206.60毫米，比常年偏少29.50%，比上年偏少7.50%，属枯水年份。平均产水量20.70万立方米/千米^2，人均水资源量620立方米。其中，金沙江流域地表水资源量35.81亿立方米，折合径流深211.70毫米；南盘江流域为7.54亿立方米，折合径流深190.30毫米；红河流域为0.36亿立方米，折合径流深129.10毫米。与常年相比，金沙江、南盘江、红河流域分别偏少30.60%、24%和26.50%；与上年相比，金沙江、南盘江、红河流域分别偏少6.20%、12.90%和12.20%。

【河道水情】 2020年，受降水量偏少影响，河流径流量较常年同期整体偏枯。各大流域主要河道控制断面来水量除受水利工程调控影响的蔡家村水文站比常年同期偏多外（偏多56%），其余河道水文控制断面总体比常年同期偏少，偏少幅度为5.70%～55.30%；受强降水和水利工程调控影响，全市境内主要河道汛期共出现涨水过程82站次，其中，5月3站次，6月11站次，7月23站次，8月21站次，9月18站次，10月6站次。全市有10个县（市、区）11条河流12个水文（位）站出现14站次超警戒（保证）水位和超历史最高洪水。其中，8站次超警、3站次超保、3站次超过历史最高水位。从水文监测断面全年的径流过程来看，大部分涨水过程峰量较小，历时较短；8月中旬虽有多条河流出现涨水，但洪水过程持续时间不长；汛期其余时段主要河道长期维持中低水位，水情总体平稳。汛期全市65座库泊报汛站中滇池（外海）、滇池（中滩）、寻甸县凤龙湾水库、嵩明县上游水库、大石头水库出现超汛限水位。

【水库蓄水】 2020年末，全市水利工程总蓄水量12.36亿立方米，比上年少蓄0.82亿立方米。其中，云龙、松华坝、柴石滩、清水海4件大型水库总蓄水量7.05亿立方米，比上年少0.75亿立方米，其中柴石滩水库蓄水量比上年多0.17亿立方米，而3座昆明主城供水水源水库比上年少0.92亿立方米；大河、柴河、双龙、张家坝、车木河、凤龙湾、双化、封过、真金万、上游、大石头、八家村、宝象河、松茂、横冲、果林、坝塘、海马箐、黑龙潭、月湖、木戛利21件中型水库和金钟山等调水工程年末蓄水量2.10亿立方米，比上年少蓄0.12亿立方米；小型水库及小坝塘年末蓄水3.21亿立方米，比上年多蓄0.05亿立方米。

【水文情报预报】 2020年，市水文水资源局向国家防总、省、市防汛部门报送水雨情信息共223.80万组，编发水情日报184期、水情快报115期、水雨情短信1.40万余条，编写水情简报6期、水情周报26期。在“6·30”“8·17”等超标暴雨洪水过程中，根据降水情况实时开展滚动预报，开展达标预报15次，发布预警专报13期，发布山洪灾害气象预警专报9期，为昆明市防汛调度决策提供可靠的技术支撑。

【牛栏江—滇池补水工程水量监测】 根据滇池防洪调度、水环境治理、牛栏江－滇池补水工程调度运行的需求，市水文水资源局对牛栏江－滇池补水工程调入昆明及入滇池水量开展连续不间断的监测工作，为工程运行调度及工程评价效益、滇池防洪调度、水量分配、滇池水环境治理提供可靠依据。根据监测结果，2020年牛栏江补水工程向昆明调水总量为2.82亿立方米。

【滇池流域生态补偿水量监测】 为满足滇池流域河道生态补偿考核工作的需求，市水文水资源局按照《滇池流域河道生态补偿办法（试行）》《滇池流域河道生态补偿水量监测办法（试行）》及《水文测验规范》等现行相关规范的规定，对滇池流域34条河道60个考核断面开展水量监测工作，每月将监测成果按时上报市河长办，为昆明市深化河（湖）长制及滇池流域生态补偿机制实施提供重要考核依据。根据监测结果，34条入湖河道2020年入湖水量为5.96亿立方米。

（崔松云）

环境保护

编辑：吴焰红

生态文明建设与环境保护

【推进机构改革】 稳步推进生态环境机构监测监察执法垂直管理制度改革、生态环境保护综合行政执法改革，印发实施《昆明市生态环境机构监测监察执法垂直管理制度改革工作方案》，完成机构编制上划、人员转隶工作，上划行政编制146人、监察大队编制258人、监测站编制187人。

【生态文明建设】 严格贯彻落实生态文明体制改革领域内的重大决策部署，对生态文明体制改革专项小组42项改革任务进行细化分解、统筹推进。启动国家、云南省生态文明建设示范市创建工作，编制《昆明市创建国家生态文明建设示范市工作方案》，由市委办公室、市政府办公室印发执行。成立市委书记、市长任双组长的昆明市生态文明建设示范市创建工作领导小组，高位统筹推进创建工作。召开昆明市创建国家生态文明建设示范市动员大会，市委书记对创建国家生态文明建设示范市工作做安排部署，全面推进生态文明示范市创建工作。

市委、市政府印发《中共昆明市委办公室　昆明市人民政府办公室关于成立昆明市生态环境保护委员会的通知》。成立昆明市生态环境保护委员会，市委、市政府主要领导担任昆明市生态环境保护委员会主任，牵头贯彻落实中共中央、国务院、云南省委、省政府生态环境保护的决策部署和昆明市委、市政府有关工作安排；组织领导、统筹协调昆明市生态环境保护工作；研究制定生态环境保护重大政策措施和规划计划，推进生态环境保护工作体制机制改革创新，统筹协调、处理解决昆明市生态环境保护工作重点难点问题。委员会建立4项工作机制，对进一步落实生态环境保护“党政同责”“一岗双责”，统筹协调生态环境保护重大问题，深化生态环境保护体制机制改革，完善生态环境保护工作体系，不断改善生态环境质量，推动经济高质量发展，起到积极的推动和保障作用。昆明市14个县（市、区）先后成立生态环境保护委员会。

推进联合国《生物多样性公约》第十五次缔约方大会（COP15）筹备。2020年9月30日，习近平总书记向世界各国发出“欢迎大家明年聚首美丽的春城昆明，共商全球生物多样性保护大计，期待各方达成全面平衡、有力度、可执行的行动框架”邀请。2020年11月22日，国家主席习近平在二十国集团领导人利雅得峰会“守护地球”主题边会上提出：中方诚挚欢迎各方出席明年5月在昆明举行的《生物多样性公约》第十五次缔约方大会，期待大会为未来一个时期全球生物多样性保护设定目标，采取行动。昆明市切实把COP15筹备作为一项必须完成的政治任务，摆在一号工程、头等大事的位置抓好落实。全面推进昆明市市容市貌提升改造，抓好生物多样性展览展示、5G智慧城市建设，统筹推进酒店、交通、安保后勤运营、食品安全监管、医疗保障、志愿服务、宣传等工作。社会高度关注COP15，省委、省政府要求把COP15办成中国气派、云南特色、春城风貌、惊艳世界的大会，举办COP15对展示昆明市的生态文明建设成就、提高昆明的知名度，推进昆明市经济社会全方位发展是一次难得的发展机遇。

【环境质量】 2020年，昆明主城空气质量优良率100%，昆明市环境空气质量达到国家二级标准。可吸入颗粒物（PM10）42微克/米^3，超额完成国家二级标准70微克/米^{3}的40%；细颗粒物（PM2.5）24微克/米^3，超额完成国家二级标准35微克/米^{3}的31.43%；二氧化氮（NO_2）26微克/米^3，超额完成国家二级标准40微克/米^{3}的35%；二氧化硫（SO_2）9微克/米^3，超额完成国家二级标准60微克/米^{3}的85%；一氧化碳（CO）0.90毫克/米^3，超额完成国家二级标准4毫克/米^{3}的77.50%；臭氧（O_3）126微克/米^3，超额完成国家二级标准160微克/米^{3}的21.25%。6项指标均超额完成。

滇池全湖水质Ⅳ类，阳宗海水质稳定保持Ⅲ类。纳入国考（省考）的25个地表水断面水质全部达标，达标率100%，优良水体20个，优良率80%，劣Ⅴ类水体全面消除。加强土壤污染重点监管单位监管、建设用地土壤污染风险防控、典型污染场地治理与修复示范，完成495个重点行业企业用地土壤污染状况基础信息调查，土壤环境保持稳定。

【蓝天保卫战】 印发实施《2020年昆明市大气污染防治工作目标任务》，着力解决以颗粒物（PM10、PM2.5）、二氧化氮（NO_2）和臭氧（O_3）为主控污染物的大气污染问题。组织编制《昆明市大气污染防治条例》，经过人大论证、政协协商、领导小组会议、公平竞争审查、社会风险评估等，先后经昆明市政府常务会、市委常委会、市人大常委会审议后报云南省人大常委会审查通过，于2021年3月1日起正式施行，通过立法实现大气污染防治的权威性、强制性、可操作性。加强统筹调度，强化科学监测预警预判，开展周通报、月排名，发布空气质量周通报43期、预判周报43期、预警通知9期。开展春夏季大气污染防治攻坚行动，抓好火电厂超低排放、抓好燃煤锅炉淘汰、机动车遥感监测。加强主城区非道路移动机械的污染控制，市政府印发实施《关于划定高排放非道路移动机械禁止使用区域的通告》，对高污染燃料、机动车、非机动车使用区域进行划定，减少大气面源污染。与国内知名科研院所合作开展《昆明市环境空气臭氧污染来源解析及细颗粒物——臭氧协同防治路径研究》，印发实施《昆明市环境空气质量提升保障及臭氧防控工作方案》。印发实施《昆明市环境空气重污染应急预案》，统一预警分级，做好重污染天气应急工作。

【碧水保卫战】 严格贯彻落实水污染防治行动计划，深入推进以滇池治理、长江流域（昆明段）大保护为重点的水污染防治。印发实施《2020年度昆明市水污染防治工作目标任务》，市政府与各县（市、区）政府签订《2020年度昆明市各县（市、区）地表水断面目标责任书》。按月进行水质调度及通报，发送水质预警13次，水质通报10次。每日通过昆明市水环境质量平台，发送国考断面水质超标预警信息。加大劣Ⅴ类断面整治提升，组织召开昆明市政府螳螂川－普渡河流域水污染防治推进会。推进入河排污口溯源整治，针对昆明市水务局移交的377个入河排污口信息名录，开展进一步深入核查工作，并编制完成《昆明市入河排污口核查报告》和昆明市入河排污口信息表及名录，组织监测力量对金沙江干流及主要支流165个无责任主体入河排污口开展水质监测。持续推进集中式饮用水水源地攻坚战，制订《昆明市1 000人以上乡镇级集中式饮用水水源地保护区划定工作方案》，完成“千吨万人”饮用水水源地及“1 000人以上乡镇级饮用水水源地”划定工作，待省人民政府批复，强化水源地风险防控能力建设。2020年，滇池全湖水质Ⅴ类（其中，外海水质Ⅴ类、草海水质Ⅳ类），阳宗海水质稳定保持Ⅲ类。纳入国考（省考）的25个地表水断面水质全部达标，达标率100%；优良水体19个，优良率76%；超额完成国家和省下达40%的目标；劣Ⅴ类水体全面消除。

【净土保卫战】 强化“土十条”实施调度管理，印发实施《2020年度昆明市土壤污染防治工作目标任务》，加强土壤污染重点监管单位监管、建设用地土壤污染风险防控、典型污染场地治理与修复示范，开展23个地下水国考点监测工作。制定《昆明市建设用地土壤污染状况调查报告评审办事指南（试行）》，完成495个重点行业企业用地土壤污染状况基础信息调查。制订《推进昆明市农村生活污水治理实施方案》，开展县（市、区）农村生活污水治理专项规划编制，推进不同类别农村生活污水防治。完成地下加油灌防渗改造1 630个，改造完成率100%，停工停产16个。抓好新修订《中华人民共和国固体废物污染环境防治法》的贯彻落实，持续推进固体废物及重金属污染治理攻坚战，制定《昆明市固体废物及重金属污染治理攻坚战考核实施细则》。完成工业固废堆存场所整治9家、“清废行动”问题点位整治18个。加快东川区10个重金属项目建设，完工6个、正在开工建设4个。出台《昆明市城镇污水处理厂污泥处置环境影响跟踪监测技术规范》《昆明市城镇污水处理厂污泥处置环境监察规范》《昆明市城镇污水处理厂污泥处置环保竣工验收技术规范》3个地方标准。疫情防控期间切实加强新型冠状病毒医疗废物处理处置环境监管，收集处置医疗废物9 000余吨。

【生态环境保护督察整改】 加强统筹调度，每月调度整改落实进展情况，每季度组织召开1次整改落实情况调度会，每季度向市委常委会、市政府常务会汇报整改落实情况。制定《昆明市整改落实中央、省生态环境保护督察反馈和交办问题验收销号办法（试行）》，进一步规范整改验收销号工作。对部分重点难点问题制订推进工作方案，明确1名市级领导统筹协调整改工作。下发整改提醒通知（函）12份，督办通知3个、督办函13个，开展整改滞后、未完成整改事项、“件件清”群众举报投诉件现场督察、调度、销号验收35次。组织开展第二轮市级生态环境保护监督检查。中央、云南省环境保护督察交办的投诉问题，已全部完成整改验收。反馈问题，全部按时序推进。制定《昆明市生态环境局关于开展2020年环境监察稽查工作的通知》，对五华、官渡、盘龙、呈贡、晋宁、寻甸6县（市、区）及高新技术产业开发区、空港经济区进行环境监察稽查，重点稽查昆明市各县（市、区）开展“建设项目和污染源现场监督检查工作、生态和农村环境监察工作、环境违法行为查处工作、环境污染和生态破坏纠纷调解处理工作”等内容。

【审批服务】 帮助企业渡过难关，制订《昆明市生态环境系统关于支持企业有效应对疫情稳定经济增长的实施方案》，从实施环评审批特殊措施、优化环境监管执法方式、加大服务指导帮扶力度3个方面着手，采取11条措施支持企业应对疫情、稳定经济增长。持续优化审批服务，组织修订建设项目环境影响评价文件审批办事指南及业务手册。深入推进行政审批制度改革精简审批程序，提高行政审批效率，环评与选址意见、用地预审、水土保持等实施并联审批，在符合法律法规规定的前提下，不再将主管部门意见作为审批的前置。持续推进环评登记表备案制。严格项目环境准入，“三线一单”初步成果正与省级同步修改，守牢环境保护底线。全面贯彻排污许可管理制度，实现固定污染源排污许可全覆盖，提升企业履行环保手续的守法自觉。完成固定污染源排污许可清理整顿1.06万家。大力优化营商环境，制定实施《蓝天碧水净土森林覆盖指数优化提升营商环境实施细则》《蓝天碧水净土森林覆盖指数存在问题整改落实方案》，推进营商环境“红黑榜”工作。减轻和免除行政处罚，出台《昆明市生态环境局关于减轻和免除行政处罚的实施意见（试行）》，对轻微违法行为免除处罚。受疫情防控等不可抗力影响的不予处罚、主动消除危害的减轻处罚，落实“六稳”“六保”工作，全力支持企业有效应对疫情稳定经济增长。审批环评51个、排污许可证252个、辐射安全许可证267个，均在承诺时限内办结。

【环境监管执法】 加大《中华人民共和国环境保护法》及配套办法执法力度，从严从重查处各类环境违法行为，保持严厉打击环境违法行为的高压态势。建立分级分类管理机制、分级案审制度、全过程管理制度，编制印发《监察工作手册》，制定24个环境行政执法工作流程文件，切实开展依法行政示范单位创建，提升环境执法标准化水平。严格落实“双随机一公开”制度，加大对重点区域、重点行业、重点企业的执法检查力度，推进执法范围和过程全覆盖。昆明市共检查重点、特殊监管对象、一般污染源、其他执法事项1 140家次，向社会公开双随机监管信息505条。开展“千吨万人水源地”“三磷”专项排查整治等专项行动，对昆明市“三磷”专项排查整治核查开展验收，对120家核技术利用单位进行现场检查。出动环境监察人员1 000余人，巡查河道3 000余次，上报河道巡查专报37期。疫情防控期间，执法人员、监测人员深入疫情防控一线，对125家定点公立发热门诊医院、城镇污水处理厂进行现场监督检查，确保环境安全。加大“12345”交办件受理和办理力度，着力解决群众反响强烈的环境突出问题。对6类834家企业，免除现场执法检查，减少对企业的打扰，全力保障企业生产。2020年，办理行政处罚案件1 082件，罚款8 002万元。2020年3月，获“2019年全国生态环境信访工作表现突出集体”称号。

【环保宣教】 开展丰富多样的环保宣传活动，围绕COP15筹备，举办“我承诺　我践行　做最美昆明人”为主题的“6·5”世界环境日、国际生物多样性日、生物多样性保护环保公益海报征集大赛等主题活动，为COP15举办营造良好氛围。召开新闻通报会，发布《2019年度昆明市生态环境状况公报》。承办环保部在昆明举办的高校环保社团物种资源保护宣传专题交流会。在“掌上春城”开设“昆明环保”专栏，在《昆明日报》和昆明电视台发布空气质量。利用“云开放”+线下形式，推进环保设施和城市垃圾污水处理设施向公众开放，大力促进环保公众参与。门户网站发布信息1 607条，官方微博、微信发布信息5 200条、粉丝25万人。受理投诉198件，回复咨询、互动微博2 000余条。微博微信在云南省生态环境系统矩阵中稳定排名第一位。加强疫情防控宣传工作，及时发布疫情防控工作部署、政策法规和疫情防范知识，微信微博推送信息1.89万条，发放宣传资料3.50万余份，形成全民参与的抗疫合力。创新建立环保义务监督员制度，制定《昆明市环保义务监督员管理办法（暂行）》，鼓励市民

2020年6月5日，市生态环境局举行昆明市2020年“6·5世界环境日”主题宣传活动
（市生态环境局　供稿）

自愿义务协助开展生态环境保护和环境污染监督工作，发展环保义务监督员200余人，拓宽社会公众对环保工作监督的渠道。

【污染源普查试点】 昆明市作为两个开展全面普查试点的省会城市之一，全市共核定普查对象总数11 234个，其中，工业源普查对象6 448个，农业源普查对象2 940个，生活源普查对象1 487个，集中式污染治理设施普查对象344个，以行政区为单位的普查对象数量15个；摸清昆明市各类污染源基本情况和排放情况，健全重点污染源档案和污染源信息数据库。2020年9月，获得“第二次全国污染源普查表现突出集体”称号，《云南省昆明市第二次全国污染源普查技术分析报告》获优秀技术报告二等奖。

【生态环境监测】 印发《2020年昆明市生态环境监测工作方案》，编制《昆明市环境质量月报》《昆明市河长制水质监测月报》《滇池水质月报》等各类监测专报，对空气质量、水环境质量进行月排名。重点做好应对新型冠状病毒感染肺炎疫情生态环境应急监测、垃圾焚烧企业监督性监测等重点监测工作。

【环境科研】 开展以水、土、气为要素的环境科研，开展《昆明市长江生态环境保护技术与方案研究》《昆明臭氧气象特征和颗粒物后向轨迹分析》等科研项目20余项，昆明市生态环境科学研究院获第九届昆明市市长质量奖。切实推进大气、水主要污染物总量减排工作。

（市生态环境局）

滇池保护

【滇池水质】 2020年，滇池全湖水质保持Ⅳ类，在主要污染物指标中，化学需氧量、总磷浓度达到Ⅳ类，其他指标达到或优于Ⅲ类，纳入国家考核断面的12条河道全部达到滇池“十三五”规划水质目标要求。

【滇池治理项目实施】 滇池保护治理“三年攻坚”行动共实施项目322个，截至2020年底，已完工310个，完工率96.30%。其中，2020年实施八大类145个项目，已完工（包括完成阶段性任务）137个，完工率94.50%。滇池保护治理“十三五”规划项目总计101个，规划投资131亿元。截至2020年12月底，有95个项目完成建设，6个正在实施。累计完成投资107.19亿元，2020年完成投资21.72亿元。2020年，滇池保护治理“十三五”规划项目共争取中央资金1 770万元、省级资金6亿元。

【滇池流域河道管理】 编制35条主要入湖河道“一河一策”实施方案，签订《滇池流域全面深化河长制目标责任书》，推进河道整治工程项目实施。全面深化滇池流域河长制，继续实施滇池流域河道生态补偿机制，2020年滇池流域各区累计缴纳生态补偿金1.89亿元。推进昆明市滇池流域美丽河道建设，完成《昆明市35条入滇河道美丽河道规划建设管理指导意见（试行）》编制，印发《关于尽快开展滇池流域美丽河道（段）建设相关工作的通知》。2020年，组织开展盘龙江、大观河、金汁河、冷水河、牧羊河、小清河、虾坝河、宝象河（新宝象河）、船房河、采莲河、洛龙河、捞鱼河、东大河、茨巷河14条美丽河道建设，其中，盘龙江、捞鱼河2条河道申报省级“美丽河道”。

【滇池周边生态修复】 在滇池外海环湖湿地工程建设的基础上，以湿地生态环境效能、湿地布水系统为核心，开展滇池草海片区湖滨湿地建设和滇池湖滨湿地提升改造工作。2020年，完成滇池草海片区湿地建设2 430亩以及晋宁区大湾片区生态修复959亩，实施斗南、海东、宝丰、星海等湿地提升2 473亩，正在推进草海北片区1号、3号地块湿地建设。滇池湖滨已经初步构建出一条平均宽度约为200米的闭合生态带，形成一条以自然生态为主，结构完整、功能完善的湖滨生态绿色屏障，湖滨生态功能和生物多样性得到恢复。环滇池湿地植被覆盖率从2007年的13.10%提升到2020年的约81%，植物物种从232种增加至303种，鸟类从89种增加至

139种，共有鱼类23种。

【滇池流域城镇水质净化（污水处理）厂提标改造】 2020年，完成主城第六、第七、第八、第十二、第十三（一期）水质净化厂超极限除磷提标改造项目建设，完成环湖洛龙河污水处理厂超极限除磷提标改造项目；实施主城第三、第九水质净化厂超极限除磷提标改造二期工程，实施环湖白鱼口、白鱼河水质净化厂超极限除磷提标改造项目。

【法治保障】 为确保《云南省滇池保护条例》的贯彻实施，及时出台配套规范文件，颁布施行《昆明市滇池船舶准入管理办法》，编制完成《滇池湖滨湿地管护规程》《滇池湿地植物物种推荐名录》《城镇污水处理厂主要水污染物排放限值》等多个湖滨湿地建设管护、污水污泥处置地方性标准，增强滇池保护治理工作的科学性、规范性。市检察院与市滇池管理局等部门联合制定印发《关于保护滇池流域生态环境加强行政执法与检察公益诉讼协作配合的办法》，并在市滇池管理局挂牌设立“检察联络室”，加强行政执法机关与司法机关的协作对接，努力提升滇池保护治理法治化水平。

【滇池流域内新（改、扩）建项目审查】 严格按照《云南省滇池保护条例》《昆明市环滇池生态保护区规定》等有关规定，规范建设项目审查，坚守保护红线。2020年，共办理涉及滇池一、二级保护区项目审查105个，其中滇池一级保护区项目15个。

【依法严厉打击违法违规行为】 持续开展环保专项行动，统筹全市滇池管理执法队伍加大向滇池水体、入湖河道直排污水、违法建设等违法行为的查处监管力度，从严从重查处各类环境违法行为，保持严厉打击环境违法行为的高压态势，在全市形成齐抓共管、协调联动的强大合力。全年共出动执法人员5 011人次，巡查入湖河道（支沟）700条次，查处案件410件，立案122件，处罚金额共210万元，开展专项执法整治活动7次，对滇池一级保护区湖滨带、湿地进行执法监管338次；依法拆除清理滇池一级保护区建（构）筑物80个点（片），合计145.74万平方米；组织并参与入湖河道联合执法220次，出动执法人员236人次，巡查河道350条次，发现各类问题133起，对发现的违法行为进行立案查处，对涉及辖区政府（管委会）的河道管理问题督促整改处置。

【打击滇池偷捕】 2020年共出动执法船（艇）365艇次、车辆63辆次、执法人员992人次；收缴船只、轮胎筏子等偷捕工具158个，查获电捕器4套，收缴各类违法网具1 061个（张），行政处罚人数463人次；在取缔违禁渔具中共出动取缔作业船477船次，出动作业人员1 347人次，清理取缔各类违禁渔具（迷雾阵、地笼、虾笼等）4.57万套、拔除竹竿7 149根。2020年上半年组织联合执法14次。

【滇池十年禁渔工作】 为落实“十年禁渔”工作，出台《关于在滇池流域重点水域实施禁捕的通告》《关于在滇池流域重点水域实施禁捕工作方案》等文件，印制2.10万余份《昆明市滇池管理局关于在滇池流域重点水域实施禁捕的通告》、5 000份禁捕告知书、1 200个禁渔宣传环保袋、1 200顶禁渔宣传帽，分发到沿湖各区进行张贴宣传。自2020年7月长江流域全面实施禁捕以来，在巡查、执法工作中共出动执法艇353艇次，出动执法车辆61台次，出动执法人员953人次，收缴违法船只、轮胎、筏子318艘（个），小机头107个、各类违法网具1 106张，行政处罚202人次；与公安、海事等部门开展联合执法13次。2020年下半年，在“清湖、清网”工作中出动取缔船只557条次，出动作业人员1 596人次，收缴各类违禁渔具（迷雾阵、地笼、虾笼等）9.16万个（张），拔除竹竿8 826根。

【滇池渔业增殖放流】 2020年，向滇池投放鲢、鳙鱼鱼种1 052.50万吨，投放滇池高背鲫鱼苗943万余尾。

【滇池水上交通安全与船舶污染防治监督管理】 2020年，共开展安全及防污染检查54次，出动执法人员188人次，下发整改通知书23份，整改隐患和问题121个。严格落实《昆明市船舶污染物防治规定》，最大限度减少船舶污染物污染滇池水体，全年共规范处理生活垃圾4 257.50千克、生活污水251.10吨；淘汰船龄超过20年的柴油机船舶，按月合理调度滇池水质监测船舶。

【科学合理调控滇池水位】 优化外流域补水和入湖水资源调度，对年度滇池水位实施“高、低、汛限”三级水位动态调控，构筑健康水循环，满足滇池安全防汛、蓝藻水华防控、水生态恢复要求，助力滇池水质改善，并为下游的生态、工农业生产等提供用水保障。

【提升科学治理水平】 开展“滇池蓝藻富集生长预测分析研究”“牛栏江引水对滇池水生生态环境影响研究”“大泊口生态修复工程运行及效益监测研究”“滇池水生生物监测及系统功能研究”等科研项目。2020年，开展清华大学联合研究中心课题研究，按照研究计划完成《滇池水质与生态演化及其关联性研究》《滇池内源污染与水质指标响应模拟研究》《滇池蓝藻水华监控体系优化》3项课题；昆明市滇池高原湖泊研究院和中国科学院南京地理与湖泊研究所共同申报云南省科学技术进步奖，申报的《环湖污染控制湿地构建与修复技术及其应用》项目获得云南省科学技术进步二等奖。昆明市滇池高原湖泊研究院于2020年9月申报“云南（昆明）刘永定院士工作站”，12月28日获得昆明市科技局认定。

【水质监测分析】定时开展主河道、环湖湖滨湿地、河道支流、城市黑臭水体、污水处理厂进水、流域集镇村庄生活污水收集处理设施、环湖截污闸口泵站、牛栏江滇池补水通道水质的人工采样监测及配合滇池管理行政执法监测工作。加强对河道自动监测站的运维管理，进一步建立健全滇池流域水污染监测、预警和处置机制。

【提升信息平台运用功能】启动滇池综合信息管理平台二期建设，继续构建全方位、全覆盖的天空地立体监测体系，逐步完善滇池保护治理信息数据中心、监督管理中心和辅助决策中心建设。

【公众参与关爱环境】充分发挥传统媒体和新兴媒体作用，广泛宣传贯彻落实习近平总书记考察云南重要讲话精神、滇池保护治理"三年攻坚"行动工作任务、河湖保护治理工作成效，曝光河道排污等反面典型，主动接受社会监督。整合资源搭建平台，联动云南滇池保护治理基金会及各类社会组织，开展国际生物多样性日主题宣传、"6·5"环境日现场宣传、滇池保护治理宣传进社区进校园、滇池湿地公众教育、"滇池关爱日"观鸟、净滩活动等形式多样的宣传活动；开展滇池保护治理深入基层文艺巡演；发挥"市民河长""爱湖志愿服务队""滇池卫士""滇池驴友"等的作用，引导市民更多地关心、关注、关爱滇池，带动社会各界争当滇池保护治理的监督者、支持者和参与者。

（冯婧媛）

节能与减排

【节能减排指标】"十三五"期间，全国规模以上工业增加值同比累计下降16%，云南省同比累计下降约14%，昆明市累计下降23%以上，昆明市下降幅度远高于全国、全省平均水平，超额完成省政府下达的"十三五"工业节能目标。昆明以钢铁、水泥、电解铝、平板玻璃、铁合金、焦化、有色金属、磷化工等行业为重点，依法依规推动落后产能退出，推动149户企业175条生产线退出，共淘汰产能550万吨，腾退用能空间256.90万吨标准煤，减排二氧化碳667.90万吨。淘汰落后产能钢铁85.02万吨（含置换淘汰70万吨）、水泥207万吨（含置换淘汰125万吨）、造纸14.37万吨、玻璃236.10万重量箱、硫酸11万吨、有色冶炼20.42万吨（退出电解铝产能10.16万吨）、磷化工31.54万吨、焦化150万吨、冰醋酸落后产能0.80万吨，粗苯精加工落后产能5万吨，机械制造1万吨，砖瓦窑115座（轮窑98座、土窑17座），磷石膏粉18万吨，纸面石膏板2 100万平方米。其中，2020年，淘汰退出落后造纸产能1.50万吨，纸面石膏板2 100万平方米，磷石膏粉18万吨，砖瓦窑20座。

【节能管理】严格控制能耗过快增长，实行固定资产投资项目节能评估和审查制度，简政放权，指导县（市、区）工信部门对新、改、扩建工业和信息化领域固定资产投资项目实行节能评估审查。市级加强事中、事后监管，并对11个通过省、市节能审查的工业和信息化领域固定资产投资项目节能措施落实情况和能耗指标达标情况组织开展专项现场抽查。

推动先进节能技术和产品应用，鼓励企业加大先进节能技术应用，2020年共推荐5个技术应用案例。重点耗能设备生产企业申报全国工业和通信业节能技术装备，昆明电机厂有限责任公司YE3系列三相异步电动机上榜《国家工业节能技术装备推荐目录（2020）》，是云南省唯一上榜的企业产品。推动重点行业企业实施节能技术改造，共组织实施10个节能技术改造项目，补贴资金508.56万元。

督促重点用能工业企业加强节能管理，严格落实重点用能企业报送能源利用状况报告制度。支持企业建立能源管理体系，2020年，共35户企业建立能源管理体系，对33户企业建成能源管理体系建设补贴资金420万元。组织企业开展能效达标对标和能效领跑者活动，3户企业成为年度云南省钢铁、电解铝、磷铵行业能效"领跑者"，1户企业成为国家重点行业能效"领跑者"。

【节能督察】2020年，组织开展国家工业重大节能监察，对国家下达计划26户企业深入开展重点高耗能行业、阶梯电价政策执行、重点用能产品设备能效提升等专项现场节能监察，对昆明市钢铁、水泥、电解铝企业进行全覆盖书面节能监察。

开展市级专项监察，结合年度节能等专项工作重点，组织对31户有色金属企业、1户火力发电企业、1户化工企业开展专项节能监察，对近年开展了节能评估审查的新、改、扩建工业和信息化领域固定资产投资项目节能措施落实情况及能耗指标达标情况开展专项节能监察，对2户有色金属企业下达责令改正通知书。

【绿色制造体系建设】截至2020年底，安宁工业园区成功入列国家绿色园区示范名单，华新水泥（富民）有限公司、云南创视界光电科技有限公司、云南森翔包装材料有限公司等11户企业入列国家绿色工厂示范名单，云南太古可口可乐饮料有限公司入列国家绿色供应链管理示范名单，云南磷化集团海口磷业有限公司等4户企业的17个产品入列国家绿色设计产品名单；云南昊邦制药有限公司入列云南省绿色工厂示范名单，昆明电缆集团股份有限公司、昆明嘉和科技股份有限公司入列云南省绿色供应链管理示范名单。

（夏春阳）

文化·旅游

编辑：吴焰红

公共文化服务

【公共文化服务保障】 深入推进“基层公共文化服务包”。2020年，昆明市基层公共文化服务专项资金由人均17元增至人均20元，全市安排基层公共文化服务包专项资金从2019年的10 974万元增至12 911万元，年均增长17.65%。

加强文化队伍培训与学习交流。组织举办昆明市创建第四批国家公共文化服务体系示范区暨2020年文化队伍培训班，各县（市、区）创建办工作人员、文化部门工作人员，市级相关单位创建人员共110余人参加培训。组织相关人员赴上海市嘉定区学习和交流示范区创建与管理的先进经验。组织各级公共文化骨干80余人次参加省文化厅举办的“彩云之南等你来”夜间文化服务推广培训班、文化志愿服务培训班、深化公共文化和旅游融合研修班、文化馆评估定级培训班及文旅部的4期线上培训。组织傣族舞蹈《水姑娘》和石林县沙布玛组合参加在青海省西宁市举办的“文化动车——丝路情全国行”三省、五市、一州文化馆（群艺馆）优秀文艺作品巡演暨首届河湟文化艺术节。

【四级公共文化设施网络建设】 全面完成四级公共文化设施网络建设任务。2020年，市级累计下达1 154.50万元资金，支持3个县级馆、11个乡（镇、街道）文化站、112个行政村（社区）综合性文化服务中心实施新建（改扩建）工程，并将乡、村两级公共文化设施达标建设纳入2020年全市目标军令状，确保完成“十三五”期间乡（镇、街道）文化站、行政村（社区）综合性文化服务中心全部达标的目标。

开展图书馆进校园、进企业、进机关、进社区“四进”服务，完成昆明市级行政中心清风书屋分馆、昆明市图书馆军事检察分馆、昆明老街城市书房分馆、昆明市图书馆24小时城市书房的建设工作，盘龙区投放12组24小时智能书柜，为广大市民读者提供方便、快捷、轻松、愉快的全新公共阅读空间，点亮城市文明之光，实现公共阅读、图书借阅服务的“不打烊”。

全面完成第五次全国文化馆评估定级工作。完成市文化馆线上申报工作，组织专家对14个县（市、区）级文化馆进行实地和线上评估，经初评，14个县（市、区）文化馆均达到三级以上标准。

【文化馆、图书馆免费开放】 下拨全市美术馆、公共图书馆、文化馆（站、室）免费开放补助资金1 359万元，保障全市公共文化设施的免费开放工作。市文化馆共开展四类七项、44种免费服务。受疫情影响，文庙花园于3月16日恢复对外开放，开放时间调整为10：00～16：00；非遗展示馆装修改造，暂未对外开放；展览厅截至10月举办3场展览，6 000余人次到馆参观。按照疫情防控工作要求，各培训场地暂时未对外开放，免费培训工作由阵地培训转为深入延伸服务点开展，由线下转为线上培训。到延伸服务点西山区春雨路社区和西山区棕树营南区居委会社区，开展少儿美术书画培训和广场舞培训各1期，共培训100余人次。开展线上教学培训和慕课教学视频推广活动，组织老师开展线上教学，认真编排少儿中国舞、少儿啦啦操、少儿拉丁舞，以线上教学视频的方式为昆明市青少年提供学习课程，在昆港新闻站、头条号、搜狐号、官方微信以及彩龙社区App推出，3个类别的舞蹈课程视频在抖音上发布，少儿中国舞单条抖音阅读量超过10万次。组织拍摄《基础群众花灯舞蹈教学》《专业花灯唱腔技巧教学》《优秀花灯歌舞剧目片段教学》3个内容，并将在文化馆数字平台上进行推广。

市图书馆2020年新增图书1.81万种共4.34万册，馆藏总计115.99万册（不含电子书），接待读者53.70万人，外借书刊读者12万人次、39万册次，电子阅览室免费开放时长达600余小时，接待读者6 000余人次，接受个人及社会各界捐赠图书398种809册，完成272册3.84万页古籍数字化工作、168册2.24万页民国文献数字化工作、732册30万页地方文献数字化工作。全年开展全民阅读推广活动12场，参与人数20.15万人；举办讲座37场，受益听众1 623人次；展览14场，观展人数7.35万人；线上PC端展览400余场及每周更新一期微信端展览。

【提升公共文化服务供给能力】 2020年继续打造提升“春城文化节”系列群众文化活动，截至10月底，共组织开展各类群众文化活动4 380场次，惠及群众300余万人。顺利组织完成2020年昆明市元旦春节期间“我们的中国梦——文化进万家群众文化活动”启动仪式暨2020年“春城文化节”启动仪式、昆明市民族团结大舞台临沧专场演出、“花儿朵朵向太阳”春城少儿艺术节、“舞韵欢悦新时代——舞动春城广场舞大赛”、“文化动车——丝路情·全国行”两省、五市、一州文化馆艺术作品线上交流展示、2020年“书香助力战‘疫’，阅读通达未来——4·23世界读书日”全民阅读系列活动、“阅享欢乐·拥抱童年”六一儿童节全民阅读系列活动、“扣好人生第一粒扣子——相伴阅读携手成长——21天亲子阅读”等系列活动。

【特殊群体公共文化服务】 全市15个公共图书馆、16个文化馆、139个乡（镇、街道）文化站、1 676个行政村（社区）综合性文化服务中心向残疾人、农民工及外来务工子女、留守儿童、妇女等特殊群体免费开放，免费提供公共文化服务。

指导昆明市图书馆开展“国际残疾人日”阅读推广活动，举办“让世界因我而美丽”的庆祝活动，为金马街道捐赠1 500册期刊，为社区残疾居民带去丰富的精神食粮，丰富残疾人的精神文化生活。开展向社会各界免费赠送期刊活动，助力企业文化建设活动，全年共捐赠期刊8 000册。

组织开展文化和旅游志愿服务。指导做好2019年“阳光工程”和“圆梦工程”志愿服务工作，招募4名“阳光工程”文化志愿者，配备到东川、寻甸、禄劝3个贫困县（区）4个行政村，开展从2019年10月至2020年10月为期一年的文化志愿服务。招募8名有一定教学能力且热心社会公益的当地文化能人、文艺骨干、非遗传承人作为“圆梦工程”文化志愿者，输送到寻甸、东川、禄劝3个贫困县（区）开展文化志愿服务，根据乡村学校少年宫的活动安排和具体需求，定期对乡村学校少年宫学生开展艺术培训和辅导，志愿服务从2019年10月至2020年7月，共开展文化志愿服务320次，服务时长640小时以上，极大地提高贫困地区未成年人的文化艺术素养，满足农村未成年人的精神文化需求。组织实施2020年文化志愿服务项目“春雨工程”，市文化馆与市图书馆分别到贫困县——曲靖市会泽县开展“春雨工程”文化志愿服务。招募6名2020年“阳光工程”文化志愿者到呈贡区、安宁市、石林县3个全国新时代文明实践中心试点的基层文明实践所、站开展文化志愿服务。

与昆明市残疾人联合会、市新闻出版局共同印发《2020年度昆明市选聘农村贫困残疾人担任农家书屋管理员实施方案》。

【提升公共文化数字服务水平】 投资680余万元全面完成市、县两级公共图书馆文化馆总分馆和数字化建设，完成全市2个市级中心馆、28个县级总馆、139个乡（镇、街道）公共图书馆、文化馆分馆建设，实现总分馆体系的县、乡两级全覆盖，并积极向村级延伸，共打造村级公共图书馆服务点537个，文化馆服务点1 676个，构建起全市公共图书馆文化馆“市级区域中心馆—县级总馆—乡（镇、街道）分馆—行政村（社区）基层服务点”四级公共文化服务网络。建成全省首个、西部领先的覆盖14个县（市、区）文化馆、139个乡（镇、街道）文化站的昆明市文化馆数字文化服务平台。将全市农家书屋藏书编入全市图书借阅管理系统，实现县域范围内图书借阅的通借通还，市级投入300万元资金用于部分农家书屋的书目更新和书目录入设备购置。建成市文化馆、图书馆6个地方特色资源数据库。

【推进文化单位管理服务机制改革】 聚焦公共文化服务供给侧改革，全面完成文化事业单位法人治理结构改革。市级公共图书馆、文化馆和28个县级公共图书馆、文化馆建立有职有权、有位有为的理事会、监事会，形成职能清晰、权责明确、机制健全、运行科学有效的文化事业单位法人治理体系。

【群众文艺创作】 开展抗疫作品创作。新冠肺炎疫情期间，鼓励和组织广大文化工作者积极开展文艺创作，为共同抗击疫情传递精神力量。广大文化工作者潜心创作出一批饱含深情的艺术作品，有诗歌文学、歌曲舞蹈、书画摄影、小戏小品、剪纸面塑等，多个作品入选“大爱无疆”云南群众文化美术、书法、摄影抗疫作品网络展和“2020年文化动车——丝路情全国行群众优秀作品”全国线上展示，部分漫画作品入选云南省职工廉政家教家风漫画展。

组织群众艺术精品参加各类比赛。参加第四届云南省群众文化“彩云奖”比赛活动，昆明市共有11个音乐、戏剧、舞蹈、曲艺作品和36件书法、美术、摄影作品入围决赛，最终音乐类《禄海移民唱新歌》、戏剧作品《春暖花开》和《情满独龙江》、曲艺作品《钢铁初心》、美术作品《金柿飘香醉彝寨》荣获“彩云奖”，昆明市获奖总数位居全省第一。组织创作短视频《我的扶贫妈妈》、花灯小戏《爱的承诺》、话剧小品《幸福来敲门》、诗歌《奋斗吧，为云岭大地奏响时代奋进之歌》参加云南省“奋斗杯”文艺作品比赛，4类作品共获二等奖1个、三等奖2个。组织4个曲艺作品参加2020年云南省民间故事展演活动，最终《青春作伴》《款款昆明十八铺》2个曲艺作品分别获一等奖、三等奖。组织队伍和作品参加云南省花灯滇剧艺术周活动。

【推进第四批国家公共文化服务体系示范区创建】 2020年是昆明市创建第四批国家公共文化服务体系示范区的冲刺攻坚之年，昆明市立足保持全省文化建设排头兵的地位和建设领先西部、示范全国的公共文化服务体系示范区奋斗目标，成立市委书记、市长任双组长的高规格创建工作领导小组，不断加大创建工作的资金投入与工作力度。全市各级各有关部门对标创建、补齐短板，完善设施、丰富内容，在文化服务、管理和品牌创建等方面积极探索创新，打造公共文化服务“昆明模式”，实现示范区创建工作扎实有效、公共文化服务能力明显提升。国家创建办验收组初步认定昆明市高质量完成8个部分共31项51条创建指标，各项重大建设任务圆满完成，创建规划完成率100%，各项指标均达到优秀，顺利通过省级验收和国家创建办抽检。

【“云南省民间文化艺术之乡”申报】 市文旅局认真组织开展“云南省民间文化艺术之乡”的推荐申报工作，经云南省文化和旅游厅组织专家综合评定后，晋宁区双河彝族乡、官渡区、嵩明县小街镇被命名为“云南省民间文化艺术之乡”。

【公共文化服务体系建设】 探索推进文旅公共服务融合发展，官渡区文化馆被文化和旅游部确定为国家级文化和旅游公共服务机构融合试点单位，宜良县耿家营彝族苗族乡综合文化站、安宁市青龙街道赵家庄村综合文化服务中心、西山区融创文旅城被云南省文化和旅游厅确定为省级文化和旅游公共服务机构融合试点单位，为引领文化和旅游公共服务高质量发展提供新模式。推进昆明老街文化和旅游公共服务中心、市图书馆24小时城市书房、寻甸县凤龙湾旅游小镇孔雀书屋等为代表的公共文化旅游服务新地标，不断提升打造“春城文化节”“红色革命旅游线路”阅读打卡活动等文旅融合品牌。

（市文化和旅游局）

文化市场管理

【文化旅游市场整治专项行动】 制定印发《关于切实做好2020年春节期间旅游市场整治工作的通知》《关于开展火车站周边联合整治的通知》《昆明市2020年关于加强互联网上网服务营业场所管理的工作方案》《昆明市2020年整治中小学校周边环境工作方案》《疫情防控期间文化市场专项检查工作方案》等行业管理文件。重点开展以对涉旅企业及人员的证照核查、对线上旅游市场的集中专项整治、对“不合理低价游”的专项整治、对涉旅购物店的专项整治、对涉旅非法运营车辆的专项整治、对非法拉客揽客行为的专项整治、旅游安全工作检查、诚信市场经营体系建设、跨区联合执法和旅游行业疫情常态化防控专项检查为主要内容的旅游市场整治“十大专项行动”。对造成重大舆情影响的“大理茶花国际旅行社有限责任公司昆明分公司”，协调省、市、区三级文旅执法部门和公安、市场监管等部门，从重从快、严厉查处、顶格处罚，吊销大理茶花国际旅行社业务经营许可证，并对责任人罚款2万元，3年内不得从事旅行社业务，并纳入行业黑名单。截至11月10日，昆明市文化市场综合行政执法支队（原旅游监察支队）共立案调查旅游行政处罚案件226件，办结209件，处罚金额共230.98万元（旅行社罚款182万元、导游及从业人员罚款48.98万元）；有9家旅行社被吊销旅行社业务经营许可证；有5名导游被吊销导游证。

【消费维权】 结合“疫情防控”，在全系统、全行业制定发布《行业指南》，在《昆明日报》等媒体上通报9起2019年度昆明市文化市场综合执法典型案件和2019年涉旅典型案例。通过广泛宣传，维护未成年人合法权益、游客消费权益、知识产权保护以及规范文旅市场经营秩序，使市民和游客更直观地了解文旅市场执法的作用，熟悉监督的程序和方法，增强群众的法制观念和依法维护自身合法权益的意识。持续开展“30天无理由退换货”工作，截至2020年11月10日，共受理退货申请2 007起，退货申请涉及退款总计1 375.81万元，年内已全部处置完成。受理的退货申请涉及昆明市590起，退款共365.09万元。其他州（市）1 417起（其中，大理州663起、丽江市551起、西双版纳州150起、迪庆州20起、德宏州14起、保山市17起、楚雄州2起），退款总计1 010.71万元。退货申请受理渠道为电话退货受理32起，网络平台受理退货474起，现场服务点受理退货1 501起。服务质量得到游客的一致认可。

【完善文化市场准入和退出机制】 分类推进审批制度改革。审批事项分类改革实际完成率100%，其中，实行告知承诺1项，优化审批服务4项。对旅行社设立依法准确完整列出可量化可操作、不含兜底条款的经营许可具体条件，明确监管规则和违反承诺的后果，一次性告知企业，并提供告知承诺书示范文本及时更新办事指南；简化办理要素，优化审批服务的效果和质量，加强指导，最大程度实现区内企业就近办事；大幅精简经营许可要素，加强信息共享，压减审批时限1/3以上；及时更新办事指南；简化备案要素。

依法办理行政审批。扎实推进区域性国际中心城市建设，努力营造良好的营商环境，对标上海行政审批事项，认真梳理权力清单，结合“放管服”改革要求，扎实推进工作落实，全面压缩办理时限。2020年，核发电子导游证10 517份，办理换发电子导游证5 100余件。

结合职能职责，共梳理本部门行政职权7类251项，其中，行政许可2项，行政处罚216项，行政强制2项，行政检查8项，行政确认2项，其他行政职权15项，内部审批事项6项。共梳理出职权对应的责任事项有251项，追责情形有251项。

调整权责清单。按照《云南省行政许可事项通用目录》和市审改办印发的《昆明市市级部门行政许可通用目录清单》，重新逐条梳理行政许可审批和审核事项，按照规定程序调整、修改市文化和旅游局《权力清单和责任清单》并对外公布，严格按照行政许可标准化工作的有关要求，积极制定每项许可的办事指南和业务手册，确保行政职权公开、透明，规范运行。

对标上海应入尽入。对标上海市文化和旅游局行政许可事项，全面梳理审批事项，全部进驻政务平台，并结合昆明市区域性国际中心城市建设需求，积极与省文化和旅游厅对接，争取省级行政许可事项，不断提升昆明市营商环境。

【互联网上网服务营业场所监管】 针对中央督导组反馈的网吧市场存在超时营业、违规接纳未成年人等问题，按照《云南省文化和旅游厅关于进一步加强全省互联网上网服务营业场所监管的通知》的要求，全面加强互联网上网服务营业场所监管。各县（市、区）严格按照《互联网上网服务营业场所管理条例》和有关法律法规的规定方面严把准入关，加强事中事后监管，对网吧的经营活动进行规范管理。加强日常巡查，加大重点时段、重点区域的检查频率，重点查处接纳未成年人、利用网吧传播违法内容、无证经营等违法违规经营行为。

【文旅市场专项整治】 整治娱乐场所乱象问题。制订《全市文化娱乐场所专项整治行动方案》，积极开展全市文化娱乐场所专项整治行动；厘清市场监管职责，健全联合惩戒机制，联合公安、市场监管、生态环境、消防等相关部门开展执法联动；会同教育等部门开展中小学校周边专项整治行动；配合公安等部门开展“黄赌毒”专项整治行动，严厉打击各类违法违规行为，不断巩固行业乱象治理成果。

开展清理整治无证无照经营专项执法行动。加强对网吧、酒吧、KTV、歌舞厅等娱乐场所的无证无照经营违法行为的清理整治，对符合法定办证办照条件的，积极督促、引导其依法办理相应证照，合法经营；联合市场监管、公安等部门依法对应由文化和旅游部门查处的违法违规行为进行查处。

开展“强迫或变相强迫购物”专项整治。制订《旅游市场强迫及变相强迫购物专项整治方案》，开展专项整治行动，联合公安、市场监管等相关部门开展执法联动，严厉打击旅游市场强迫及变相强迫购物等违法违规行为。建章立制，建立健全行业管理长效机制，深入实施《昆明市旅游行业重点监管企业及不合格供应商管理暂行办法》《昆明市文化和旅游市场“红黑榜”制度》和《昆明市游客购物先行退货机制》等行业管理文件，建立风险隐患清单和违规违法多发企业“黑名单”，加强涉文旅企业诚信体系建设，完善电子合同备案制度，积极开展暗访工作。

【“三非”治理】 结合疫情防控工作要求，深入开展“三非”外国人专项整治，全力防范因非法入境、非法居留、非法就业“三非”违法行为，有力惩治“三非”外国人违法犯罪，切实维护昆明市涉外涉港澳台营业性演出秩序。年内未发现有未经许可擅自举办涉外、涉港澳台营业性演出和外籍演员非法务工的情况。

【“禁毒两打两控”专项行动】 牵头开展“禁毒两打两控”专项行动。制订印发《昆明市文化和旅游局“禁毒2020两打两控”专项行动实施方案》，深入娱乐场所、网吧、旅行社和景区（景点）等经营场所进行宣传教育，认真落实业主负责制，要求公开张贴和摆放禁毒宣传品，公布涉毒举报奖励办法，开展防范合成毒品禁毒承诺和教育培训活动，将禁毒宣传教育常态化，推动各类经营场所依法落实禁毒防范措施，预防毒品违法犯罪行为的发生；利用六月禁毒宣传月、重要文化、旅游活动等契机开展禁毒宣传教育活动，扩大宣传教育覆盖面。积极配合各地相关职能部门，加大对全市歌厅、舞厅、迪高厅等娱乐场所和网吧的日常巡查力度，加强对重点部位的清理整顿；加强对出入境旅游、边境游旅行团队的监管，发现有吸毒、涉毒人员及贩、吸毒品情况的，及时通报当地公安机关，并配合公安机关严厉查处；加强对辖区经营性互联网文化单位的监管，发现传播涉毒信息的及时清理、删除，并通报当地公安机关。

【校园周边文化市场整治】 为净化校园及周边文化环境，给青少年提供一个良好的学习和生活环境，制定印发《昆明市2020年整治中小学校周边环境工作方案的通知》，以着力抓好校园周边环境整治工作为目标，不断加大对文化市场的监管力度；通过不断规范文化市场经营秩序，努力为青少年的健康成长营造良好的教育环境和文化氛围，取得明显成效。

【预防青少年违法犯罪】 结合扫黑除恶专项斗争，组织校园周边专项检查。全面检查出版物市场经营秩序，收缴宣扬淫秽色情、暴力、恐怖、迷信等有害内容的非法出版的少儿出版物。对网吧违法违规经营等行为始终保持高压态势，以开展网吧专项整治为重要手段，加强日常监管，采取集中整治等方式加大执法监管力度，对清理整顿及日常管理中查出的问题，严格把握处罚标准，对网吧违规经营行为依法予以打击。严格印刷复制企业监管措施，对全市印刷复制企业开展专项检查，在查处印刷企业超范围印刷、未建立“五项制度”等的同时，专项检查企业印刷复制少儿出版物情况，加大对印刷复制非法、有害少儿出版物的违规企业的处罚力度。积极发动群众举报制售传播非法、有害少儿出版物及信息行为，反复公布12 318举报电话，切实做好举报线索受理、核查、反馈工作，为昆明市广大未成年人健康成长营造良好的文化环境。

【深化文化市场综合执法改革】 根据《中共中央办公厅　国务院办公厅印发〈关于深化文化市场综合行政执法改革的指导意见〉的通知》和《中共云南省委办公厅　云南省人民政府办公厅印发〈关于深化文化市场综合行政执法改革的实施意见〉等五个综合行政执法改革实施意见的通知》，昆明市积极推进深化文化市场综合行政执法改革工作，进一步加强文化和旅游市场管理，完善文化和旅游市场综合执法，推动现代文化和旅游市场体系建设。已形成《昆明市文化市场综合执法改革实施方案》，并征求市委宣传部、市委编办、市财政局、市人力资源与社会保障局、市广播电视局等相关部门及各县（市、区）文旅局的意见建议，将报请局党组会研究审定通过后，报市政府审定。

【稳定文化和旅游市场】 协助企业应对经营困难。针对疫情冲击引发的各类矛盾问题，及时印发《昆明市文化和旅游局关于暂退部分旅游服务质量保证金支持旅行社应对经营困难的通知》，及时办理申请退保的214家旅行社部分质保金8 949.60万元，免除注册导游2020年全年会费，并对全市在册1.09万名导游开展线上培训，建立关爱机制，有针对性地做好导游心理疏导工作；协调相关部门帮助文旅企业获得政策支持，科学制定文旅市场复工复业指南，稳妥有序推进文旅场所开放管理工作，采取预约、限流、错峰等方式开放。

稳妥有序推进场所开放管理工作。根据《云南省文化和旅游厅关于转发文化和旅游部市场管理司关于印发剧院等演出场所恢复开放疫情防控措施指南等的通知》要求，结合昆明实际，以县（区）为单位进一步制订完善《文化市场复业方案》和“一企一措施”，做好充分准备，严格落实预约、限流、错峰等开放（经营）方式。

不断加强文旅市场防控工作巡查，做好边督边改文旅场所开放存在问题。采取明察暗访、日常巡查和第三方检查等方式检查疫情防控工作，对发现的存在问题，责令企业立即整改，整改不到位不得开放；逐一走访企业，宣传相关政策，通报疫情形势，确保检查指导企业覆盖率为100%；注重加强与公安、卫健、市场监管、消防及电信等相关部门开展联防联动，各司其职，确保昆明市文化场所疫情防控落实到位。

【打击侵权假冒违法违规行为】 坚持以查办案件为抓手，牢牢把握音像制品和书刊出版物印制、储运、销售3大环节，并重点加大互联网打击侵权假冒工作力度，努力推动昆明市文化市场相关领域打击侵权假冒工作取得更好成效。结合“扫黄打非”工作要求，开展“剑网行动”专项整治，重点在信息网络传播权侵权、计算机软件侵权、卡拉OK版权侵权等领域继续加大案件查办；在音像制品市场整治非法音像制品储运批发；在出版物市场探索长效监管机制，并注重与相关部门协作，加强信息沟通，积极组织或参与联合行动，形成监管合力。4月22日，昆明市文化市场综合行政执法支队专案组在省版权局、省执法总队的指导下，根据“4·10涉嫌销售侵权盗版出版物”举报线索，依法对昆明市计某华办公室进行检查，执法人员在调查询问中发现新的线索，在计某华所租住的房间内检查出举报线索中的涉案出版物。经鉴定及确权证明，昆明某教育信息咨询有限责任公司未经著作权人许可，复制、发行“云南省高等职业技术院校”《招生考试说明（语文、数学、英语、政治）》共4 489册。

（市文化和旅游局）

文化遗产保护

【建章立制】2020年，依据上位法律、法规和昆明文物工作实际，制订并印发《落实关于加强文物保护利用改革的若干意见的任务分工方案》，明确全市2035年以前关于文物保护利用改革的任务分工；与市财政局联合印发《昆明市文物保护利用专项资金管理暂行办法》。

【文物申报】2020年2月，市政府公布第七批市级文物保护单位，共有47项县（市、区）文物保护单位列入名单。呈贡、安宁、石林、寻甸4个县（市、区）完成新一批县（市、区）文物保护单位申报及公布工作，新公布县（市、区）文物保护单位合计27项。全市各级文物保护单位共643项（646处），其中，全国重点文物保护单位27项（29处），省级文物保护单位73项（74处），市级文物保护单位153项，县（市、区）级文物保护单位390项。

【文物保护工程修缮】加大文物保护工程修缮力度，有计划、有重点地指导并监督各县（市、区）和直属单位做好文物的保护规划和修缮工作。严格按照“不改变文物原状”的文物维修原则制定专项保护规划，确定修缮方案，实施文物修缮工程。全年指导各县（市、区）文物部门开展20项文物保护工程项目，其中有启动和继续实施石龙坝水电站保护设施建设项目、严济慈蔡希陶旧居修缮工程、太华寺修缮项目等文物保护单位修缮工程；项目竣工验收有讲武堂旧址建筑群文物保护修缮工程、黄河巷杨氏公馆修缮工程、国立艺专旧址修缮工程（二期）、来青寺修缮工程、聚秀寺迁移保护工程、升庵祠安防系统工程等。

【规划、方案编制】启动编制河泊所遗址保护规划，修改完善石寨山古墓群保护规划、中央电工器材厂一厂旧址保护规划和石龙坝水电站保护规划等。

【打造博物馆群落建设】翠湖片区近现代历史博物馆群已基本成型。年内，开放博物馆纪念馆15个，在建博物馆4个（云南大学校史馆、王九龄旧居纪念馆、袁嘉谷纪念馆、云南方志纪念馆），博物馆群力争到2021年达到或突破20家，推出参观旅游线路4条。

【提升历史文化名城品牌吸引力】2020年，依据国家、省有关历史文化名城和文化遗产保护的法规政策和要求，经报市政府同意，印发《关于在城市更新改造中进一步加强历史文化保护的工作指引（试行）》。配合完成昆明市第四批挂牌保护历史建筑申报公示工作。参与《昆明市历史文化名城保护规划（2020—2035）》修编，提出符合昆明实际的意见建议。

【文物安全工作】2020年，昆明市级财政预算中安排文物巡查经费30万元，消防补助经费60万元。将文物安全工作纳入社会综合治理考核体系，开展年度文物安全工作考评。进一步加大文物巡查检查力度，和市消防救援支队联合印发《关于对全市文博单位开展安全交叉检查的通知》，在全市开展文博单位安全交叉检查工作，覆盖全市各级各类文物保护单位和博物馆、纪念馆，共检查670个文保单位和博物馆，发现问题95处，整改95处；根据省文物局统一安排部署，在全市开展全国文物火灾隐患整治和消防能力提升三年行动工作，全年全市共开展103次，出动人员1 103次，发现电气、用火、燃香烧纸、危险物品等隐患和消防安全管理问题226项，督查整改184项。督办、整改文物违法案件3起。

【市博物馆馆藏青铜文物修复】2020年，完成昆明市博物馆馆藏青铜文物保护修复项目结项验收，参加项目终期评审及结项会，参与验收修复后青铜文物；完成北京鉴衡文物中心进行修复后归还的相关青铜文物348件套（实际数354件）的清点、核查、整理、分类、入库、上架工作，规范办理相关交接手续。

【文物征集】截至2020年末，昆明市博物馆馆藏文物总号数10 257件套，实际数量21 147件，其中2020年度新增藏品107件套，新增实际数量189件。文物新增具体情况为：新增书画20件套，实际数量22件；新增近现代文物25件套，实际数量39件；新增瓷器文物27件，实际数量57件；新增杂项文物7件套，实际数量8件；新增陶器文物2件，实际数量2件；新增少数民族服饰20件套，实际数量55件；新增飞虎队文物1件；新增民俗文物5件。及时完成以上文物的整理、除尘、分类、编号、登记、上账、入库、入柜、上架等工作。

云南陆军讲武堂历史博物馆2020年文物征集工作主要以配合“碧血千秋——滇军60军出征抗战”展览为主，全年先后从藏家、省文物商店遴选一批符合征集范围的文物，经云南省文物鉴定站专家鉴定，征集文物实物22件套。全年接受古籍及藏品捐赠共2件，书籍共5本。

【展览陈列】2020年，昆明市博物馆充分发挥自身优势，结合自身特点，共引进和自办展览28个，包括“朵堂真意——张超书法作品展”“高原明珠·魅力滇池油画作品展”“‘云岭霓裳’——云南少数民族服饰展”“春融万物——昆明市博物馆馆藏捐赠美术作品系列展”“与时代的脉搏一起跳动——2020年文化遗产日纪念抗疫作品展”“‘清风沐春城　廉韵润人心’廉洁文化主题展览”“西部如此好看——张志刚李文静二十年祖国西部摄影作品展”；国际儿童节前夕，市博物馆与斐济中国文化中心合作，在文化中心社交媒体平台推出动物主题展览“地球肖像”“‘光影履痕’——昆明市首届摄影艺术展”“‘岁月、坚守’沙璘·甘家伟油画作品展”“传承与守望——笔画创作联展”“生物多样性保护主题系列摄影展”“‘美好生活光影双城’杭州·昆明两地摄影联展”“寄身烟村——周鹤林山水画作品展”“‘美美与共，天下大同’纪念费孝通先生110周年诞辰美术作品展”；由华侨博物院和昆明市博物馆联合主办的“巧工匠心——华侨博物院藏雕刻精品展”等，取得良好的社会效益。

为丰富云南陆军讲武堂旧址“国家国防教育示范基地”的军事文化内涵、展陈内容，拓宽新形势下开展国防教育工作内容和形式，自主承办“戎装威武　军章闪耀——中国人民解放军军服暨军章展”。

【观众接待】 昆明市博物馆全年引进和自办展览28个，接待观众17.21万人，其中，未成年2.45万人，外宾165人；提供预约讲解69次，惠及观众1 708人；为各级党政机关、企事业单位、院校、社会团体到馆开展主题教育活动提供讲解556场次。云南陆军讲武堂历史博物馆全年入馆参观人数56.49万人次，其中，未成年人2.90万人次，团队21.72万人次，部队官兵4 880人次，外宾1.79万人次，台湾团队40人次，发放免费资料（主题展）4.01万份、中国远征军资料3.43万份、宣传册813本，讲解561场次。

全市博物馆、纪念馆全年共接待各地观众350万人次，其中，免费参观人数295万人次；未成年观众98万人次。

【学术研讨和馆际交流】 2020年，昆明市博物馆职工在国内各级刊物共发表论文12篇，包括《云南宜良纱帽山墓地拔牙人骨初探》《金沙江中游楚雄地区史前考古发现与反思》《孙中山革命思想在云南的传播与影响》《地藏寺经幢数字化保护利用与创新展示》等。编辑出版《昆明琪季路火葬墓地报告》《明代沐氏家族与呈贡》，参与编著《云南考古学通论》（第一章至第四章）共3部书籍。市博物馆主持云南省哲学社会科学规划项目《先秦秦汉时期金沙江中游墓葬考古学研究》（QN2019031），年内已发表课题阶段性研究成果2篇，正在撰写结项报告。昆明市博物馆全体职工先后参加博物馆陈列设计与展览项目管理高级研修班、2020年全省文旅融合发展行政管理干部培训班、2020年全国文物安全防范线上培训班等线上、线下培训班学习。

云南陆军讲武堂历史博物馆自主开展“云南陆军讲武堂师生中的少数民族将领”“云南陆军讲武堂‘武’文化”两项课题的研究工作。聂耳墓文物管理所进一步挖掘研究杨升庵对云南文史哲等方面的贡献，会同云南杨学研究者编辑出版《杨升庵碧峣精舍诗词选》一书。

【考古调查、勘探】 2020年，昆明市博物馆考古部参加省、市、区联合调查工作组，对呈贡小古城文物保护单位进行文物保护区域论证工作、对呈贡龙潭山古人类遗址进行实地调勘；与呈贡区文物管理所联合，到呈贡王家营文物保护单位进行实地踏勘。

【对外宣传】 2020年，昆明市博物馆完成6期《博物馆信息》的收集、筛选、整理、编辑、印发工作。完成“昆明市博物馆”网站和“昆明飞虎队纪念馆”网站的更新工作，共更新信息200余条，昆明市博物馆网站当年访问量为754.84万人次，网站访问总量达到1 767.89万人次。昆明飞虎队纪念馆网站当年访问量为50.94万人次，网站访问总量达到194.41万人次。共更新发布新的微信信息70条，接收各部门报送信息350余条，博物馆对外宣传的窗口作用得到较好发挥。

云南陆军讲武堂全年在市级以上媒体、杂志发表文章共58篇，其中，在中央电视台、新华网、人民网等国家级媒体发表13篇，在《文化月刊》《军事史林》《云南日报》《云岭先锋》《中共云南党史研究杂志》《档案管理》等国家、省级报刊上发表9篇，被“学习强国”平台转载5篇，中国知网收录3篇；国际博物馆日云南昆明环翠湖15家博物馆群联合打造文旅融合新平台在中央电视台财经频道播出，《云南陆军讲武堂的“凤凰涅槃”——云南陆军讲武堂与二野军政大学第四分校之沿革》在《云南日报》刊载后被云南省人民政府“坚定不移沿着总书记指引的方向奋勇前进”贯彻落实要闻专题转载。

【获得表彰】 1月2日，经云南省旅游景区质量等级评定委员会评定，翠湖·讲武堂景区被公布为国家AAAA级旅游景区。

（市文化和旅游局）

旅　游

【重大项目建设】 2020年，争取和利用省、市产业扶持费政策，对文旅项目流动资金贷款累计1 000万元的贴息补助，有效缓解了企业生产经营资金压力。“三年行动计划”实施取得积极成效，昆明“旅游革命”考核名列全省第一名。全市共实施重大文旅项目75个，全年完成投资超过150亿元。牵头推进派拉蒙影视主题乐园、华强方特、恒大童世界、石林“七彩世界”等项目前期工作，出台派拉蒙项目产业扶持政策，起草市级平台公司参与重大文旅项目建设贷款贴息奖补支持政策。推进一批新开工项目，年内实现世博园提升改造、滇池南湾未来城、轿子山景区提升改造等项目开工建设。全年投入奖补资金2 500万元支持石林县全域旅游示范区和阳宗海风景区旅游基础设施建设；成功申请中央预算内资金项目3个，补助资金2 250万元；组织全市53个文化旅游项目申报政府专项债券，年内储备录入项目47个。推进夜游旅游项目开发建设，启动全市夜游项目策划，5个主城区依托成熟商圈和社区，年内累计包装推出近10个夜间游乐项目。全面融入大滇西旅游环线建设，完成全市23座半山酒店项目选址策划，年内推进古滇温泉、南湾未来城等5座半山酒店建设。加快精品自驾线路旅游设施建设，全年建成自驾营地2座，游客休息站5座。开展文旅招商工作，牵头赴珠三角地区开展文旅招商工作，年内引进晋宁区科工贸青山康养社区、晋宁区华侨城滇池文化旅游城等4个招商项目，协议引进金额超过300亿元。

【文化消费试点】 市级投入100万元引导资金，有效引导各县（市、区）投入近500万元推出各类文化消费惠民活动。申报各类文旅品牌，年内向省和国家申报昆明市申报首批国家文化和旅游消费示范城市和五华区申报国家文化产业示范园区，加快文化与旅游融合发展步伐。

【旅游区建设】 宜良县成功创建省级全域旅游度假区。乃古石林、翠湖·讲武堂、杏林大观园成功创建国家4A级旅游景区。昆明市2个旅游村入选国家重点乡村特色旅游村。昆明A级以上景区内旱厕消除率为100%，新建A级旅游厕所80个。

【旅游行业诚信体系建设】 扎实推进涉旅企业诚信评价工作，对旅行社、餐饮企业、住宿企业、旅游汽车公司、租赁车公司5类4万余家涉旅企业进行诚信评价工作。持续实施“红黑榜”制度，年内已发布红黑榜22期，共220家当月接待量排名前十且无投诉和违法违规行为的旅行社列入红榜，296家旅行社及60名导游和从业人员被列入黑榜向社会公布。加强信用信息归集工作，实现数据对接和共享，共推送9.06万条数据。

【游客购物退货工作机制】 建立“1+18+X”游客购物退货机制，在昆明长水机场、高铁南站设立云南省游客退货中心服务点，构建完善的游客购物“30天无理由退货”工作流程。年内共受理退货申请1 927起，退货申请涉及退款金额总计1 326万元。

【文明旅游】 广泛开展文明旅游志愿服务活动。联合云南省导游协会、昆明市导游协会共同举办“导游眼中的云南省博物馆”“历史在我心，文明伴我行”等系列活动，运用线上结合线下共同开展的方式在“喜马拉雅”App、网络平台“益企播”和云南省博物馆、昆明市博物馆现场为广大学生、市民以及外地游客提供义务专题讲解，服务人数3 000余人次。线上听众累计7 500余人次。

【行业标准化】 指导健兴利翡翠酒店等7家酒店申报星级酒店，对西驿酒店、徽商酒店、丽水云泉酒店、东怡酒店进行正式评定、推荐，完成32家三星级以下星级酒店复核工作。

表17 2020年昆明市各县（市、区）主要旅游指标完成情况一览表

县（市、区）	旅游人次（万人次）	同比（%）	旅游总收入（亿元）	同比（%）
五华区	1 148.64	-64.71	185.22	-63.61
盘龙区	1 437.96	-31.38	187.72	-49.54
西山区	1 908.63	-25.65	234.95	-34.81
官渡区	2 926.19	-27.65	329.31	-51.88
呈贡区	521.2	10.6	20.10	-10.9
东川区	180.8	2.3	6.78	2.2
安宁市	492.36	-58.12	27.15	-63.22
禄劝县	78.615 4	-29	3.512	11
富民县	221	-30	4.69	-35
寻甸县	295	-15.23	5.76	-20
嵩明县	123.95	-37.42	2.76	-38.72
石林县	790.4	-38.73	70.1	-27
宜良县	344.8	-28.90	3.46	-55.4
晋宁区	552.02	-37.47	5.26	100.14
阳宗海管委会	244.69	-32.26	13.15	-26.13
滇池旅游度假区管委会	1 138.2	-54	36.27	-24.72

表18　昆明市A级旅游景区

序号	名称	所属辖区	级别
1	昆明世界园艺博览园	盘龙区	AAAAA
2	石林风景名胜区	石林县	AAAAA
3	金殿风景名胜区	盘龙区	AAAA
4	云南野生动物园	盘龙区	AAAA
5	官渡古镇	官渡区	AAAA
6	西山国家级风景名胜区	西山区	AAAA
7	民族村	度假区	AAAA
8	大观公园	西山区	AAAA
9	九乡景区	宜良县	AAAA
10	轿子山景区	禄劝县	AAAA
11	杏林大观园	石林县	AAAA
12	翠湖·讲武堂	五华区	AAAA
13	乃古石林	石林县	AAAA
14	青龙峡风景区	安宁市	AAA
15	星河温泉旅游小镇	寻甸县	AAA
16	中国兵器房车温泉度假中心	度假区	AAA
17	黑龙潭公园	盘龙区	AAA
18	斗南花市	呈贡区	AAA
19	岩泉风景区	宜良县	AAA
20	万家欢蓝莓庄园	石林县	AAA
21	嘉丽泽旅游度假区	嵩明县	AAA
22	玉龙湾	安宁市	AAA
23	凤龙湾	昆明市	AAA
24	柯渡红军长征纪念馆	寻甸县	AA
25	海湾村自然营地	安宁市	AA
26	洛龙公园	呈贡区	AA
27	凤家古镇	禄劝县	AA
28	郑和公园	晋宁区	AA

（市文化和旅游局）

传　媒

编辑：吴焰红

广播电视管理

【公共服务】 2020年，昆明市广播电视公共服务标准化均等化体系不断构建完善。扎实推进广播电视公共服务基础设施建设，制订印发《昆明市广播电视无线发射台站规范化、标准化、智慧化、美丽台站实施方案》，完成寻甸县、石林县、富民县广播电视发射台站改扩建工程；在石林县鹿阜街道等4个街道建设2020年广播电视乡镇为民服务中心试点项目；着力扩大市、县级广播电视节目覆盖率，推动安宁、东川、晋宁等9个县（市、区）“省级广播电视节目无线数字化覆盖试点”项目，完成市级、县级各1套电视节目的无线数字化覆盖。加快推进昆明市应急广播体系建设，编制《昆明市应急广播体系建设工程可行性研究报告》，初步搭建起全市应急广播体系建设基本架构；指导东川区、石林县完成四级平台应急广播建设。加强广播电视公共服务运维保障，做好中央广播电视节目无线数字化覆盖项目自动化系统运行维护和9个县级主站、51个乡镇电视转播台站值班、监测工作。投入经费15万元，开展东川、禄劝、寻甸原建档立卡贫困户“户户通”坏损设备采购更换工作，切实保障贫困群众收听收看广播电视权益。

安宁龙山发射台　（市广电局　供稿）

【安全播出】 严格贯彻落实“字字千钧，秒秒政治，天天考试”要求，层层压紧压实意识形态工作责任制，守好管好广播电视意识形态阵地，全市广播电视安全播出管理水平不断提升。切实加强组织领导，强化责任落实。制订《昆明市“COP15”期间广播电视安全播出应急协调预案》，修订完善《昆明市广播电视安全播出应急预案》《昆明市广播电视安全播出突发事件应急协调预案》向全市印发，进一步规范昆明市广播电视安全播出应急处置流程，有效提升应急保障能力；在全市组织召开3次广播电视安全播出工作例会及1次专题培训；强化协调联动，凝聚安播合力。各重要保障期间狠抓责任落实，各级领导一线指挥，严格值班带班，圆满完成全年各重要保障期和疫情防控特殊时期广播电视安全播出保障任务；全市广电部门全年共配合公安、工信等部门查处“黑广播”案件23起；促推项目建设，筑牢技术防线。建设完成昆明市广播电视及视听节目融媒体数字化安全播出监测监管系统一期项目，实现对全市11个终端、198套电视节目、44套广播节目信号及广告内容全覆盖监测监管，消除盲区死角，确保监管到位；加强监听监看，守护内容安全。组建昆明市广播电视节目监听监看工作领导小组及其专家组，对全市各级广播电视媒体播出节目进行监听监看和分析研判，对突出问题和不良倾向进行预警，全年编发《昆明广播电视监听监看》8期，广播电视内容安全监管再添新军。

【行业监管】 有力有序规范广播电视行业秩序。落实节目内容及广告监管职能，严格广播电视广告及养生节目审核备案，受理群众对广播电视内容的投诉36件，发出电视广告整改通知7份，对1个广播频率和1个电视频道的4条在播广告进行停播和整改，切实纠正违规行为、不良风气，保障群众利益。全年依法办理广播电视节目制作经营许可证初审24件，年内，全市持有广播电视节目制作经营许可证机构达224家。编制《昆明市卫星电视广播地面接收设施管理工作手册》《昆明市境外卫星电视节目相关规章制度及用户使用手册》《昆明市卫星电视广播地面接收设施管理工作宣传手册》，并面向全市广电工作者和人民群众进行发放，有效宣传普及广播电视行政管理相关知识；办理境外卫星电视接收审核3起，协助完成境外卫星电视接收项目验收3家。通过履行职能、强化服务、规范管理，促进全市广播电视行业安全、平稳、有序、健康发展。

【宣传管理】 旗帜鲜明抓好主题主线宣传，督促指导全市广电系统持续做好习近平新时代中国特色社会主义思想、习近平总书记考察云南重要讲话精神、十九届历次全会精神、决胜全面小康、决战脱贫攻坚、扫黑除恶等主题主线宣传工作，脱贫攻坚宣传经验在全省进行经验交流。强化公益宣传，全市广电系统全年共播出公益广告30.24万次，有效传播主流价值，引领时代新风，市广电局被国家新闻出版广电总局评为“2019年度广播电视公益广告扶持项目优秀组织机构”。打好抗击新冠肺炎疫情“主动仗”。全市广电系统共播报抗疫信息16.61万条次，悬挂、张贴、播放宣传标语583万余条，发放宣传单876.30万份，字幕滚动播出3.34万条，向上选送2个防疫主题宣传先进典型和3名先进人物事迹；利用全市“村村通”大喇叭和应急广播系统各终端，每天向241.20万城乡居民播报具有民族、地方特色的疫情防控信息210分钟以上；指导基层广电部门综合运用“防疫顺口溜”、抖音短视频、花灯快板、山歌小调、流动宣传车等形式进行广泛宣传，成效显著，得到中央、省、市媒体及“学习强国”宣传报道；公益广告抗疫有力，疫情期间，全市共播出抗疫公益广告4.24万次，播出时长4.18万分钟，有力宣传抗疫知识和政策；指导网络视听服务机构做好抗疫宣传引导。昆明市新媒体“掌上春城”在全省率先研发“智能抗疫助手”，全平台浏览超300万人次，全网浏览量超千万次。完成2019年度昆明市广播电视奖、第九届“金孔雀杯”优秀影视作品评选，评出广播电视和优秀影视作品共103件。做好广播电视和网络视听作品创新推优工作，选送《挂壁公路，通往小康幸福路》《众志成城抗击疫情》《中国梦·劳动美》《春城桃花源》等77件作品参加国家和省级各项评选，着力推出精品力作，展现时代精神，讲好昆明故事，传播昆明声音。

2020年，石林县完成智慧化应急广播试点建设项目　　（市广电局　供稿）

【智慧广电与媒体融合】 促推媒体融合发展，在全市16家县级融媒体中心平台建设、运营过程中积极进行技术指导，并参与省级技术验收；依规受理已通过验收的县级融媒体中心办理信息网络传播视听节目许可证申请；全市县级融媒体中心于年内全部上线运营，在已结束的两批次省级验收中，昆明市6家县级融媒体中心被评为优秀。昆明报业传媒集团搭建起全媒体矩阵；昆明广播电视台初步构建起“蔚蓝云”媒体融合发布系统；昆明市独立研发具有自主知识产权和核心技术数据的融媒体中心综合管理服务“春融云”系统。推进昆明市参与全省有线电视网络整合工作，成立昆明市参与全省有线电视网络整合领导小组，制订《昆明市参与全省有线电视网络整合发展实施方案》并经市政府、市委审议通过，昆明市参与全省有线电视网络整合发展工作稳妥推进。

【人才队伍建设】 做好人才培养工作，采取业务培训、观摩实操、学习交流等多种方式强化全市广电系统人员素质。2020年，面向全市举办智慧广电和视听新媒体管理培训会，组织安全播出业务知识与实际操作培训2次，进一步提升专业素养和技术水平；完善人才考评监督机制，组织做好昆明市广播电视工程初级、中级专业技术职称评审工作，壮大广播电视技术人才队伍；对市广电局属一线技术人员进行实操考核，推行“合格上岗”制度；创新工作思路，积极借智聚才，统筹利用省、市、县广播电视人才资源，组建“昆明市广播电视节目监听监看专家组”“昆明市广播电视奖、‘金孔雀’杯优秀影视作品评选专家组”“昆明市广播电视事业发展专家组”，有效激发人才活力，盘活存量资源，让广播电视各类人才创造活力竞相迸发、聪明才智充分涌流，以队伍建设之功，图事业发展之本。

（范　佳）

广播电视事业

【主线主题宣传】 坚持把学习宣传贯彻习近平新时代中国特色社会主义思想作为首要政治任务，全平台持续策划推出10余个专栏专题，播发新闻600余条，大篇幅、高频次宣传报道习近平总书记考察云南重要讲话精神和中共十九届五中全会精神，全方位、立体化宣传报道全市各族人民的热烈反响、全市干部群众深入学习宣传贯彻的新举措、新成效和奋斗“十四五”、奋进新征程的新目标、新思路。策划推出20余个专栏专题、系列报道，大力宣传报道全市干部群众深入学习贯彻习近平新时代中国特色社会主义思想，全力推动区域性国际中心城市建设迈上新台阶的新气象、新成就。

【疫情防控宣传】 成立由台主要领导任组长的抗击疫情宣传报道组，高位统筹、统一指挥疫情防控宣传报道工作。全台中层以上管理人员、新闻采编人员260余人提前结束春节假期返岗投入工作。相继推出10余组系列报道、2万余条新闻、410余期专题节目、5.30万条次公益广告、8万余条次电视屏幕游动字幕信息、500余万条次人行天桥LED屏宣传标语、100余条视频短片，新媒体平台阅读总量7 000余万次，全力宣传新冠疫情防控。在全省率先推出防疫知识测试原创H5作品《来试试你面对病毒的战斗力吧》，点击数超过900万次，传播面覆盖全国及数十个国家和地区，分享次数超过50万次。

【重要会议报道】 圆满完成省、市两会，市委全会，市委常委会会议，线上南博会，上合昆明马拉松赛等重要会议、重大活动报道任务。创新报道市委十一届八、九、十、十一次全会精神，推出学习贯彻全会精神专栏、访谈，精准解读市委全会报告，全面反映全市干部群众学习贯彻全会精神的思路、举措、成效。推出多个专栏、多场线下宣传活动，播发新闻270余条、宣传片6 000余条次，充分反映联合国《生物多样性公约》第十五次缔约方大会（COP15）筹备工作。

【脱贫攻坚宣传】 聚焦脱贫攻坚主战场，策划推出多组专栏专题、系列报道，全媒体平台共播出新闻800余条。新媒体平台开设专栏，应用图文、短视频、图文直播等形式，与频道频率同频共振，全方位宣传报道打赢脱贫攻坚战的主要举措、辉煌成果、先进典型和励志故事。

【“创文”宣传报道】 策划推出10余个专题专栏、系列报道及人物专题节目，播发报道1 000余条。全平台播发公益广告18.60万条次。制作播出10余期《创文专题访谈节目》《市容环境整治提升督查讲评会》专题节目。“无线昆明”等新媒体平台与频道频率相互联动，推出专栏、新媒体产品，为“创文”营造良好舆论环境。先后15次上报“创文”台账，按时按质按量完成承担的“创文”台账任务，受到台账审核专家和市“创文”指挥部好评。

【对外宣传报道】 向云南台送播新闻403条，同比增长11%。向总台央视推送新闻13条。与云南台国际频道、总台国际广播电台分别合办《“一带一路”看昆明》电视专题节目、《全景中国——走进昆明》广播专题节目，分别播出26期。与全国城市电台联制联播《“一首歌温暖一座城”——百城联唱·激情战疫》公益歌曲展播特别节目，借力全国城市广播主流媒体发出昆明声音，展播活动成功登录“学习强国”平台。

【短视频专题片制作】 制作发布1 000余条视频短片。《英雄凯旋——云南援助湖北医疗队首批返回人员抵达昆明，欢迎回家》视频短片播放量达1 598万次，点赞量74.20万次。《我省边防民警大力打击偷越国境行为》《消防积极扑救火情》等短视频在抖音平台发布，总播放量达千万次，点赞、互动量超50万次。拍摄制作《不忘初心、牢记使命》等40余部专题片、宣传片、汇报片、教育片，其中《春城桃花源》获云南省2020年度广播电视网络视听节目创新创优作品扶持项目优秀网络节目作品。举办"'脱贫攻坚精彩瞬间'微视频大赛"活动。

【大型活动举办】 策划推出"特别的节目献给特别的你""同心战'疫' 春满大地""众志抗'疫' 善暖春城""第五届'春城创业荟'创业创新大赛""昆明市新能源汽车消费券发放新闻发布及启动仪式""东川区扶贫农特优产品展销活动"等10余个大型活动、晚会。精心承办"礼赞新时代 唱响春之城——2020'唱响昆明'歌曲征集"活动，15件作品从全国各地应征者369件作品中脱颖而出，分别获一、二、三等奖和入围奖。省、市主流媒体、国内权威新媒体平台，对颁奖晚会、获奖歌曲、定制歌曲作立体化报道、全方位展播。其中，抖音、蜻蜓FM等知名平台点击播放量超过20万次。

【热点难点引导】 持续关注复工复产、复课复学、地铁建设、道路整治提升、老旧小区改造垃圾分类、防汛排涝、人口普查、就医就学就业、物价、住房、出行等热点难点焦点问题。广播热线节目《春城热线》播出50期，48家单位领导走进演播室，就市民普遍关心关注的问题与听众、网友进行在线交流，听取意见，受理投诉，接到市民反映问题829件，办结率99%，满意率97%，一把手上线率77%。

【创新体制机制】 持续加大资源整合力度，继整合组建"三大中心"后，整合全媒体新闻中心、融媒体发展中心为融媒体新闻中心，形成"统一调度指挥、统一采访编辑、智慧信息分发、全员营销推广"的运行体系。推动阳光频道"自主经营、自负盈亏、成本核算"改革试点工作，完成部分频道中层管理人员再次竞争上岗工作。

【全网共融互通】 持续推进与权威媒体平台战略合作，整合全台内容资源，在人民号、央视频号、头条号、搜狐号、网易号、爱奇艺号等传播账号推进内容分发。"无线昆明"客户端采制发布新闻3万余条，累计下载用户数160余万次，总点击量1 100余万次，日均点击量3万多次，同比增长160%。官方网站年访问量已达800万次。台微信、微博矩阵关注用户突破700万户，微博、头条、抖音粉丝量600余万人。"8099999"官方微博、微信、抖音发布各类信息5万余条，粉丝量总数超300万人。探索"广播＋短视频"传播模式，利用抖音、听见广播等客户端推进广播节目可视化。汽车广播抖音号累计吸引粉丝近20万人，融媒体云端点击量居西南地区城市电台第一位。

【视频制播网络直播】 发挥视频音频制作优势，突出短视频制作分发，打造"K视频""K视点""K悦读""K夜读""主播观察"系列融媒产品。"无线昆明"客户端"K视频"发布新闻短视频900余条。"8099999"官方抖音号发布视频2 000余条，单条视频播放量最高达3 857万次。"无线昆明"客户端实施网络直播100场，累计观看人数超过100万人次。配合全市复工复产复学，以"8099999网络踏青大会"为主题，开展10场"云赏花"网络直播，总观看量超过13万人次。第五届"春城创业荟"创业创新大赛总决赛暨颁奖典礼在"央视频""新华社""今日头条""无线昆明"等客户端同步视频直播。

【技术升级改造】 推进电视频道高清项目二期工程建设，升级其余4套标清播出系统，强化演播室、网络系统、广播S1制播系统基础设施安全性。

【节目创新创优】 做精做优各类节目，共报送168件作品，分别参加国家、省、市22个奖项的评选。与全国43个城市电视台联制联播大型系

2020年11月26日，"唱响昆明"歌曲征集活动获奖歌曲颁奖晚会在昆明广播电视台1号演播厅举行
（昆明广电台　供稿）

列纪录片《四十城　四十年》获国家新闻出版广电总局首届（2017—2018年度）中国广播电视大奖；16件作品获省级奖，其中1件作品获一等奖；56件作品获市级奖，其中16件作品获一等奖；获奖总件数73件。

【节目视听率】 新闻频道晚间收视率、市场份额同比分别上涨55.56%和51.28%。春城频道晚间收视率、市场份额同比分别上涨6.84%和3.76%，109天位列昆明地区所有频道收视排名第一，全年排名第二，与2019年持平。广播频率收听率、市场份额同比分别上涨2.16%、1.50%。汽车广播和老年广播分别登“2019—2020全国广播收听市场风云榜”综合影响力指数城市电台汽车交通频率TOP10和城市电台广播频率融媒体成长性指数TOP10。

【经营创收】 调整经营结构，创新营销手段，开辟创收战场，有效应对疫情影响广告投放下降、经营创收下滑严峻形势，扎实推进“乐享种牙”“乐享家装”“乐享购房”“广视教育”“文创娱乐影城”等产业项目。推出系列餐饮、娱乐、生活、购物等创收节目。上线运营“蔚蓝云品”电商平台，推进主播直播带货。成功举办“首届云南数字企业生态大会”，与合作企业共同打造云南数字企业服务平台，探索媒体与数字化企业深度合作，探求新的增长极。与腾讯等头部网络媒体平台进行广告资源深度整合，面向客户搭建广告多元化传播渠道。“广视教育”项目被西山区政府首次升规纳入统计文化企业。

【精神文明建设】 广大党员充分发挥先锋模范作用，把抗击疫情作为践行“四力”的舞台，积极投身疫情防控宣传第一线。全台296名党员主动捐款4.11万元，支持新冠肺炎疫情防控工作。将5 300件价值76万余元碱性水送到抗疫一线人员手中。主动牵线搭桥，联合企业、社区、菜农、志愿者，将20吨蔬菜免费送进社区居民家中。2020年，2名职工获市精神文明建设指导委员会授予的2020年抗击新冠肺炎疫情“昆明好人”称号；昆明广播电视台获市委、市政府授予的“昆明市脱贫攻坚先进集体”称号；全媒体新闻中心获“昆明市创建全国民族团结进步示范市工作先进集体”称号；4人获昆明市“十佳”新闻工作者称号，2人获提名奖。

（王庆榆）

报　　业

【新闻舆论】 2020年，面对复杂严峻的形势，特别是突如其来的新冠肺炎疫情冲击，昆明报业传媒集团以习近平新时代中国特色社会主义思想为指导，全面贯彻落实中共十九大和十九届二中、三中、四中、五中全会精神，深入贯彻落实习近平总书记考察云南重要讲话精神，按照党中央和省委、市委的决策部署以及市委宣传部的工作安排，自觉担负起举旗帜、聚民心、育新人、兴文化、展形象的使命任务，推进新闻舆论、媒体融合、经营转型、改革创新和党的建设等各项工作高质量发展，为高质量推进区域性国际中心城市建设营造良好舆论氛围。

【主线主题报道】 发挥学习宣传贯彻习近平新时代中国特色社会主义思想主渠道、主力军、主平台作用，聚力“头条、首页、首屏工程”，集团各媒体先后开设《沿着习近平总书记指引的方向　接续奋斗谱写好中国梦的昆明篇章》《新时代新气象新作为——全力推动区域性国际中心城市建设迈上新台阶》《学习贯彻十九届五中全会精神》等专题专栏，推出系列报道、理论评论文章、新媒体互动产品，累计发稿1万余篇，深入宣传全省、全市及各级各部门贯彻落实习近平总书记考察云南重要讲话精神和中共十九届五中全会精神的生动实践。特别是习近平总书记考察云南期间，《昆明日报》推出长篇通讯和昆正平文章，推出24个版特刊《牢记嘱托　昆明答卷》，得到社会各界高度肯定和广泛赞誉。承办昆明市“新时代　新作为　新篇章”主题学习活动、“党的创新理论我来讲”理论宣讲大赛，带动全市近80万人次学习党的创新理论。

【抗击疫情报道】 全力做好统筹推进新冠肺炎疫情防控和经济社会发展的宣传报道。集团全媒体开设专题专栏20余个，刊发稿件7万余篇，推出直播、短视频、H5、疫情地图、机器人疫情播报等互动产品300余个，有关疫情防控稿件阅读量超过10亿人次。

【脱贫攻坚报道】 做好把握主基调，开展“决战脱贫攻坚、决胜全面小康”重大主题宣传。长期开设“打赢脱贫攻坚战全民共圆小康梦”“走进我们的小康生活”等专题专栏，全媒体刊发稿件8 000余篇，推出以“东川张顺东李国秀夫妇”等为代表的一批全国先进典型。

【创建全国文明城市报道】 全面做好昆明市创建第六届全国文明城市宣传报道和台账报送工作。各媒体开设专题专栏、网页专题、新媒体频道70余个，发稿3万余篇，举办承办各类“创文”系列活动数十场，报送“创文”台账照片3 200余张，推出系列报道、主流声音、系列专访以及48个版《春城——文明是最美的风景》庆祝特刊，得到社会各界的充分肯定。

【全媒体传播力】 集团各媒体全年刊发稿件30余万篇，累计阅读量（点击量）达200亿次，其中，“10万+”稿件1 300多篇，“100万+”稿件739篇，“1 000万+”稿件48篇（组），上亿阅读量稿件4篇（组）。抗疫期间昆明信息港门户网站浏览量同比增长近30%，“掌上春城”客户端在11个主流安卓应用市场下载量达616万次，位居全国市级党媒自办客户端第七位、西部地区第二位；“一点关注”客户端下载量超过300万次；《都市时报》已基本建设成为新型主流都市类媒体，每周全媒体阅读量均在2亿次以上，最高达3.80亿次。

【服务“两中心一平台”建设】 举全集团之力，积极服务全市“两中心一平台”建设。全市18个县级融媒体中心全部建成并通过验收，其中6个被评为优秀，排名全省第一；新时代文明实践中心“云平台”开展部署；“学习强国”昆明学习平台2020年11月25日上线至2021年1月25日，共推出稿件2 622篇，其中视频982条，占比37.45%；制图稿件302条，占比11.50%。累计被总平台、云南学习平台采用1 062篇，采用率40.50%，阅读量“10万+”稿件56篇；“昆明日报”学习强国号正式运行，媒体融合发展的基础不断夯实。

【软件著作权】 集团技术团队全年共执行技术保障项目400余个，响应需求上千个，昆明信息港再次通过高新技术企业认定。全集团新增软件著作权13个，软件著作权累计达68个。

【智慧媒体】 “掌上春城”完成7.0版本升级，“小明写稿”机器人2.0版本取得阶段性成果，昆明信息港数据中台建设初显成效，彩龙社区用户聚合能力不断增强。

【《昆明日报》改版】 历时5个月准备，《昆明日报》于2021年1月1日正式改版，改版后，《昆明日报》增加了报眉，报头更加美观，重大时政新闻报道更加规范，彰显了省会中心城市党报气质，以实际行动增强“四个意识”、坚定“四个自信”、做到“两个维护”。

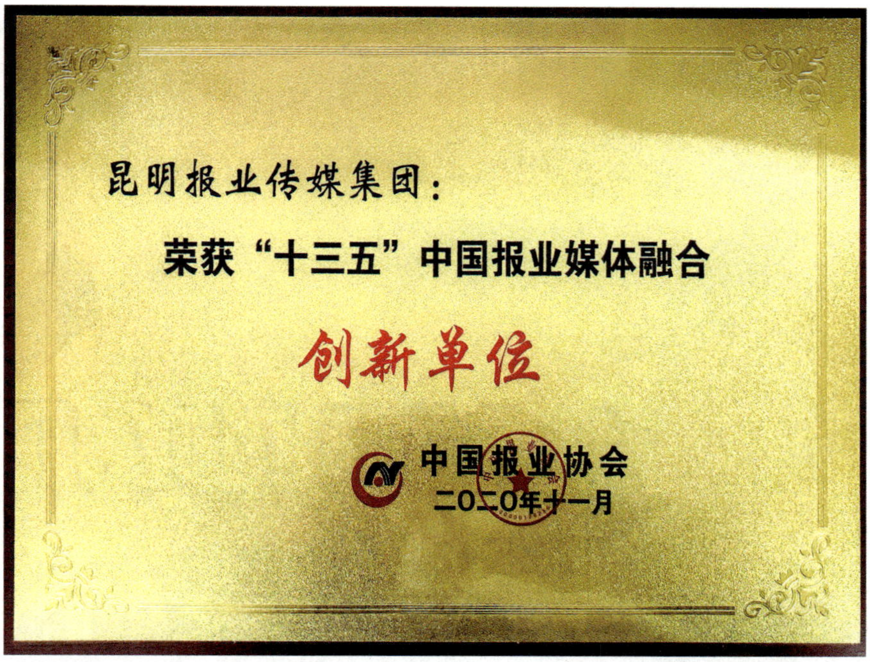

2020年11月，昆明报业集团荣获“‘十三五’中国报业媒体融合创新单位”称号
（昆明报业集团　供稿）

【获奖情况】 在2019年度云南新闻奖、云南新闻论文奖以及云南报业新闻奖评选中，昆明报业传媒集团共有70件作品获奖，同比增长40%，集团取得的这一成绩连续7年在全省各州（市）媒体中名列第一。同时，集团有10余件作品获全国各类荣誉。

在2020年中国报业协会技术年会上，昆明报业传媒集团获“十三五”中国报业媒体融合创新单位奖；在中国报业协会党报分会2020年年会上，集团获评“抗击疫情新闻宣传先进单位”。集团1人获“全国城市党媒抗击疫情新闻宣传先进个人”；1人在全省精神文明建设工作中成绩突出，获通报表扬；2人获评第二届云南省“优秀新闻工作者”；4人获评昆明市第七届“十佳新闻工作者”，3人获提名奖。

（宋　卫　秦聪俊）

昆广网络

【概况】 昆明广播电视网络有限责任公司（简称“昆广网络”）作为昆明市唯一具有全程全网覆盖能力的有线电视运营单位，在昆明地区建成一张上联国家骨干网，下能有效覆盖全市14个县（市、区）的多功能综合信息网。公司主营业务包括高（标）清数字电视、互动数字电视（包括VOD、时移回看等）、宽带业务、广告业务、数据专线（专网）和信息化业务等。2020年，全数字网共传输数字电视节目161套，基本包节目122套（87套标清+35套高清），付费节目33套（8套标清+23套高清+2套超高清）。

2020年，昆广网络共有5个城区分公司、6个县区分公司、1个全资子公司、5个参（控）股公司，在职员工752人。

【为疫情防控提供保障】 抓实疫情防控，履行“党媒政网”职责。新冠肺炎疫情暴发后，昆广网络及时成立疫情防控工作领导小组，指导疫情防控和生产经营工作有序开展，投入防疫资金约14万元，全面做好各区域的消杀防护和防疫宣传。为确保电视信号的畅通，把党和政府的声音图像及时传达到千家万户，让广大用户在家中通过电视了解最新的疫情动态，在

昆广网络面向社会做出郑重承诺——众志成城抗疫情　昆广网络不停机　（昆广网络公司　供稿）

特殊时期里看好电视、用好宽带，面对疫情，昆广网络全体职工牢记党媒政网的职责使命，始终坚守在广播电视网络传输的第一线，为电视传输及疫情防控提供坚强有力的保障。疫情期间，面向社会作出“众志成城抗疫情·昆广网络不停机”的承诺，同时开展“我是党员向我看齐”等活动，发挥支部战斗堡垒作用和党员先锋模范作用，对疫情期间的商业客户给予优惠政策，与客户携手共渡难关。

【网络安全播出】 2020年，按照上级要求，昆广网络公司完成2020年元旦、春节、清明节、五一节、省市两会、全国两会、端午节、中秋节、国庆节、北斗卫星建成开通仪式、反法西斯战争胜利75周年、中国国际服务贸易交易会、新冠肺炎疫情防控表彰会等国家法定节假日和重大会议、活动及日常的“三安”保障工作。全年没有发生重大安全播出事故，安全生产方面没有发生员工伤亡事故，信息与网络安全方面没有发生重大恶意攻击、篡改、破坏事件，确保公司全年安全播出重保工作零事故，为全市的广电网络事业发展提供安全保障。

【平台内容优化升级】 “爱点云TV”互动电视2016年上线后，系统、内容不断优化升级。2020年，爱点云平台版块累计更新节目内容58 597期。疫情期间，开设线上授课专区爱点学堂，涵盖新概念英语、英语、语文、数学，共更新500多期课程。通过平台大数据系统、尼尔森收视率采集系统，对用户收看频道的行为进行统计、分析，同时每月进行多种维度的点播分析图例，进行有效的互动节目内容编排、版块规划、热播节目推荐等行之有效的资产管理措施，对节目资产进行有效的管理操作。

【发展集客业务】 在稳定基础类业务收入的同时，积极发展智慧类业务，以“做项目”和“做产品”作为两个抓手。通过“做项目”逐步过渡到做行业发展、做服务，最终形成可持续性的业务收入，年内正在推进实施的有智慧党建建设项目。“做产品”，是以通过广电网络所具备的数据传输能力和宣传平台能力为切入，与合作伙伴共享商机、共享收益的方式，年内主要推动的产品有社区人脸识别建设项目，试点已实施52个小区。

【网络整合】 按照全国网络整合的工作要求，结合实际，协调推进。起草《昆明市有线电视网络整合发展实施方案》《整合方案起草说明》《昆明市有线电视网络股权等资产划转归集方案的实施办法》等文件报市整合领导小组。摸底统计昆明10个县(市、区)的基本情况报集团专班、市整合领导小组。落实整合工作的日报机制，及时对称工作进展信息，积极争取集团专班的工作指导。根据委托经营管理的实际，及时协同公司法律顾问提出工作方案，确保按时间要求推进昆明市网络整合工作。

【服务体系建设】 2020年12月25日，昆广网络面向社会做出7天 ×24小时服务保障承诺。昆广网络始终秉承

"客户至上，用心服务"的宗旨，为客户提供优质服务，实现问题处理率达到100%，客户满意率达到99%。为不断提高企业的服务质量和服务效率，同时提升客户服务的保障，昆广网络通过全面实施24小时客户服务承诺，致力于打造"昆广生活+"的服务生态圈，努力向所有客户提供更有力、更高效的服务。

2020年，96599呼叫中心客户总来电数量为108.11万个，接电量为103.13万个，接通率为95.39%。通过客服系统派发工单8.96万张，电话处理率为82.38%。关怀回访客户19.99万户，在回访过程中收集到客户意见、建议共5 826条，整体客户满意度为99%，多次受到市长热线、数字城管等市政单位的好评。

【参与云南省"智慧党建"项目建设】 昆广网络公司党委坚持围绕《云南省"智慧党建"三年行动计划》持续推进云南省智慧党建引领智慧广电，智慧广电服务智慧党建的建设，充分发挥广电网络"党媒政网""红网"在意识形态领域的重要作用。2020年9月26日、10月22日，云南省"智慧党建"可视化调度指挥副中心及党员教育制播运维中心建设项目成功落地昆广网络公司。

【"智慧广电战略合作"签约】 2020年11月3日，昆广网络公司举行"智慧广电战略合作"签约仪式。昆广网络与杭州海康威视，昆广网络子公司广程公司与固志网络科技（云南）公司进行合作签约。这是昆广网络公司开展"智慧广电"和"公共服务工程"业务的一个新起点。合作各方本着"优势互补、资源共享、相互促进、共同发展"的原则，充分发挥在网络、技术、产品、资源和人才等方面的优势，在"数字云南，智慧广电"领域所涉及的应急广播、智慧城市、智慧社区、智慧教育、智慧党建、乡村振兴等方面深入开展合作，实现互惠共赢。

【超高清业务上线】 2020年12月25日，昆广网络公司举行"享受超高清·体验新生活"超高清业务上线发布会。在广电网络全国整合大背景下，昆广网络坚持视频为王，推出超高清套餐，打造超高清专区，落地超高清频道，立足家庭，深耕视听，部署优化多场景服务。聚焦融合发展，通过与昆明联通、云南白药、云南腾药等优秀企业深度合作，强力推动"昆广生活+会员制"一站式服务，实现线上社群运营、电视商城和线下实体营业厅一体化运营。

（叶婷婷）

2020年12月25日，昆广网络公司举行"享受超高清·体验新生活"超高清业务发布会　　（昆广网络公司　供稿）

教育·体育

编辑：吴焰红

教　　育

【概况】 截至2020年末，全市各级各类学校2 634所，在校学生136.90万人，教职工10.53万人，专任教师9.19万人。其中，幼儿园1 448所，教职工3.28万人，专任教师1.72万人，在园幼儿26.83万人，学前教育毛入学率103.31%；普通小学758所，教学点249所，教职工3.29万人，专任教师3.18万人，在校学生52.43万人，小学毛入学率101.38%；普通初中201所，教职工1.99万人，专任教师1.88万人，在校学生22.29万人，初中毛入学率105.80%；特殊教育学校10所，教职工293人，专任教师274人，在校学生985人；工读学校1所，教职工43人，专任教师38人，在校学生46人；残疾儿童入学率98.95%；普通高中学校133所，教职工1.21万人，专任教师1.02万人，在校学生13.13万人；中等职业教育学校80所，其他中职机构12所，设有附设中职班学校41所，教职工0.52万人，专任教师0.40万人，在校学生18.14万人；高中阶段毛入学率98.36%；市属普通高等教育学校3所，教职工0.21万人，专任教师0.15万人，在校学生3.98万人。

【教育经费投入】 保证公共财政预算内教育经费增长高于财政经常性收入增长、生均公共财政预算教育事业费支出实现逐年增长、生均公共财政预算内公用经费支出实现逐年增长。2019年，全市公共财政预算总支出820.86亿元，其中教育支出136.26亿元。地区公共财政教育经费占地区公共财政比例16.60%，地区国家财政性教育经费占地区生产总值比例2.48%。

【综合改革】 全年综合改革任务5大类40项，安排专项经费60万元保障综合改革稳步推进，出台《昆明市贯彻落实〈新时代爱国主义教育实施纲要〉若干措施》《关于贯彻落实〈中共中央　国务院关于全面加强新时代大中小学劳动教育的意见〉实施方案》《昆明市减轻中小学教师负担进一步营造教育教学良好环境的实施方案》《贯彻落实云南省关于加快建设体育强省的意见实施方案》《昆明市家庭经济困难学生认定办法》和《关于创新推进教师队伍建设管理的实施意见》等改革文件。普通高中新课程新教材实施国家级示范区和示范校建设、国家体育消费试点城市两项国家试点工作有序推进；中等职业教育和综合高中、春季学期普职融合、义务教育县管校聘和校长职级制改革4项省级试点工作顺利推进。年内专题研究部署改革工作5次，签订责任书22

份；编辑改革工作简报36期，撰写综合类改革信息8篇，在国家、省、市级新闻媒体刊载、网络宣传等教育体育改革报道88篇次。开展改革调研8次，形成调研报告8篇；完成专项评估6次，形成专项评估报告6篇。实行以居住证为主要依据的低门槛随迁子女入学政策和凭本地学籍“平等升学”异地中考政策，保障随迁子女平等享受基本公共教育服务。不折不扣贯彻落实党中央、省委关于义务教育阶段招生改革的文件精神，落实义务教育免试就近入学全覆盖，提高一级高（完）中定向生招生指标，将综合性消防救援人员子女和援助湖北抗疫医疗队员子女纳入中考加分对象，规范全市招生秩序和学校办学行为，“择校热”问题明显降温。

【名校名师名校长工程】 持续加大开放办学力度，年内引进东北师范大学到昆明举办附属学校，本地昆一中、师专附小、书林一小等名校跨区域、一校多点拓展办学11所，新增加、拓展优质学位2.30万个。“三名”工程实施以来，累计引进22所省外名校来昆明合作举办30所学校，新增优质学位7万个，本地名校举办、领办、托管学校145所，拓展优质学位16万个，优质教育资源持续快速增加。突出招优师、引名师，协调新增“三名”工程专项编制200人，年内引进名师99人，其中银龄讲师24人，累计引进名师260人、名校长29人。

【教师队伍建设】 持续实施“十百千名师”工程，年内组建市级名校长基地10个、名师工作室44个，成功举办第三届昆明市校（园）长论坛。拓宽引才渠道，综合运用公开招聘、专项招聘、专项培养计划等8种方式补充教育人才，打好组合拳，年内补充各类编制内教师4 182人。实施教师队伍素质提升计划，完成市各级各类培训3 500余人。命名云南省“万人计划”教学名师15人，命名昆明教学名师99人、市级学科带头人和骨干教师199人、教坛新秀700人、名班主任698人。落实乡村教师生活补助政策，评选认定第十四届杰出、优秀园丁110人，推荐重奖优秀省、市级乡村教师110人。2020年，全市幼儿园、小学、初中、普通高中和中职专任教师学历合格率分别为99.07%、99.93%、99.94%、98.50%、86.86%。

2020年10月，昆明市骨干教师在国家教育行政学院参加教育信息化知识培训

（市教育体育局　供稿）

【集团化办学】 按照“党建引领、市级示范、优化布局、探索创新”工作思路，2019年底昆一中等7所市直优质龙头校率先与领办、联办、托管的其他成员校组建7个教育集团，集团内以党建为引领，以龙头校为核心架构基层党组织关系，打破党建属地界限，把集团业务和党建相融合，实现一体化管理。主城新建成区、东川、富民等教育薄弱地区，通过集团化办学相继覆盖优质教育资源。年内，武成小学、安宁中学等一批名校先后成立教育集团，全市公办教育集团18个，覆盖81所学校、9.60万名学生，优质教育资源覆盖面和受益面迅速扩大。

【智慧教育】 实现义务教育学校网络“千兆到校、百兆到班”，校校通覆盖率99%，“班班通”覆盖率85%，多媒体教室覆盖率92%。推进“昆明市智慧教育一期建设项目”，建成智能机器人实验室240间，市级教育大数据平台建设顺利，推进1+N教学模式，30间网络互动教学教室开工建设。年内全市小学接受过信息技术培训专任教师20 037人次，从事信息化工作人员1 339人；初中接受过信息技术培训专任教师10 531人次，从事信息化工作人员600人；高中接受过信息技术培训专任教师15 073人次，从事信息化工作人员621人；中等职业教育学校接受过信息技术培训专任教师1 513人次，从事信息化工作人员498人。

【开放教育】 贯彻落实《昆明市市属高校外国留学生政府奖学金管理暂行办法》，昆明学院100名外国留学生获市政府奖学金，合计金额74万元。承办基础教育特色课程研讨会，来自泰国、缅甸、美国以及中国的9名教育专家，对基础教育特色课程进行研讨，并在缅甸、泰国、马来西亚等国设6个海外分会场，120名国内外嘉宾参加研讨会。昆明市教育对外合作交流中心完成法人登记和对外交流合作项目库建设。与市外办等部门共同承办“住在昆明——留学生 VLOG 大赛”。截至2020年底，全市国际化学校6所，普通高中国际部6个，引入高中国际课程4个，华文教育基地学校8所，中英合作伙伴学校6所，39所中小学与国外及香港澳门地区学校缔结“姊妹学校”；全市基础教育学校外籍教师142人，外国籍学生367人，华侨学生5人，港澳台学生444人。市属高校昆明学院在校外国籍学生332人，年度毕业外国籍学生236人，招收新生213人。

【学前教育】 深入开展城镇小区配套幼儿园专项治理，纳入治理范围的134所幼儿园年内完成133所。全面推进“一村一幼”“一乡两公办”项目建设，年内新增各类公办幼儿园29所，累计新增公费学位0.52万个。开展幼儿园晋级升等工作，全市一级示范幼儿园178所。加强对口帮扶工作，19所支援校被省级授予帮扶先进集体。截至2020年底，全市幼儿园1 448所，其中民办幼儿园1 012所，有普惠性民办幼儿园486所、少数民族幼儿园5所。幼儿班9 279个，其中，民办幼儿班6 587个，有普惠性民办幼儿园3 042个。教职工3.28万人，其中民办2.46万人；专任教师1.72万人，其中民办1.18万人。在园幼儿26.83万人，其中民办19.01万人。在园幼儿中，女性幼儿12.86万人；进城务工人员随迁幼儿6.93万人；少数民族幼儿5.98万人；农村留守幼儿2 369人；残疾幼儿334人；年度死亡幼儿17人；华侨幼儿5人；香港籍幼儿24人，澳门籍幼儿1人，台湾籍幼儿30人；外国籍幼儿100人。2020年，全市学前教育三年毛入园率99.87%。

【小学教育】 2020年，全市建成区100%实现课后“三点半”服务，促进学生特长发展和素质提升，解决广大家长后顾之忧。全市小学有758所(其中民办77所)，有小学教学点249所。教学班1.28万个，其中民办2 032个。教职工3.29万人，其中民办4 534人；专任教师3.18万人，其中民办4 308人。在校小学生52.43万人，其中，就读民办学校学生7.80万人；女生24.91万人；少数民族学生11.64万人；寄宿生6.31万人；农村留守儿童1.02万人；农村户口学生29.14万人；享受营养餐学生21.10万人，享受城市低保学生1 671人；年度死亡学生66人；华侨学生0人，香港籍学生280人，澳门籍学生5人，台湾籍学生34人，外国籍学生120人；随班就读残疾学生1 361人，送教上门残疾学生360人。全市小学随迁子女在校学生20.31万人，在公办学校就读学生15.02万人，在公办学校就读学生占73.95%。进城务工人员随迁子女在校学生11.85万人，在公办学校就读学生8.24万人，在公办学校就读学生占69.4%。全市小学一年级招收新生94 488人，其中招收随迁子女3.75万人，招收进城务工人员随迁子女2.18万人。2020年，全市小学毛入学率101.38%，净入学率99.74%，毕业班学生升学率95.84%。

【初中教育】 全市普通初中学校201所，其中民办64所。教学班5 074个，其中民办1 511个。教职工1.99万人，其中民办5 164人；专任教师1.88万人，其中民办4 661人。在校学生22.29万人，其中，就读民办学校6.48万人；女生10.58万人；少数民族学生4.61万人；寄宿生10.62万人；农村留守儿童4 780人；农村户口在校生13.43万人；享受营养餐学生9.45万人，享受城市低保学生1 350人；随班就读残疾学生762人，送教上门残疾学生157人；年度死亡学生33人；华侨学生0人，香港籍学生38人，澳门籍学生0人，台湾籍学生15人，外国籍学生22人。随迁子女学生6.78万人，在公办学校就读的学生4.13万人，占60.87%。初中进城务工人员随迁子女学生4.17万人，在公办学校就读的2.72万人，占65.18%。初中一年级招收新生7.56万人，其中招收随迁子女2.45万人、招收进城务工人员随迁子女1.41万人。2020年，全市普通初中毛入学率105.80%、净入学率97.97%、升学率98.49%。初中三年完学率97.46%。初中三年巩固率98.26%。义务教育巩固率97.86%。

【高中教育】 推进普通高中普及攻坚、扩规提质，3所纳入全省普通高中建设的项目全部完工。全市被确定为“普通高中新课程新教材实施国家级示范区”，昆一中、安宁中学被确定为国家级示范校。制定出台三年工作规划，启动示范区示范校建设工作。加大特色高中建设，评选命名特色高中实验学校23所。推动普通高中晋级升等工作，省一级高完中36所。强化高中质量监测。2020年，全市4.29万人参加高考，高考一本上线率29.13%，700分以上38人(占全省700分以上考生的28%)；全省文理科前50名，昆明市34人，占34%；全省文理科前100名，昆明市70人，占35%；600分以上3 511人。全市普通高中学校133所，其中民办69所。教学班2 668个。教职工1.21万人，其中民办4 063人；专任教师1.02万人，其中民办2 841人。在校学生13.13万人，其中就读民办学校3.73万人。在校生中，女生7.14万人；少数民族2.61万人；残疾学生207人；寄宿生9.78万人；农村户口学生7.28万人；随迁子女学生3.75万人；重读生71人；年度死亡学生12人；城市低保学生880人；华侨学生0人，香港籍学生6人，澳门籍学生0人，台湾籍学生11人，外国籍学生6人。年度招收新生4.77万人，其中，残疾学生62人，随迁子女学生1.45万人，民办学校招生1.45万人。毕业学生3.86万人，其中，残疾学生48人，随迁子女学生9 728人，民办学校学生1.01万人。高中阶段毛入学率98.36%。

【中职教育】 年内安排资金6 566万

元用于职业院校基础能力建设。围绕经济社会发展和产业布局调整，编制完成《昆明市中等职业学校2020—2025年专业建设规划》。深入开展校企合作、产教融合，积极推进中高贯通和综合高中试点，11所职业学校55个专业实现“3+2”中高衔接，9所中等职业学校成为省级综合高中试点学校，完成中职招生计划2.40万人。支持五华区教体局与护国街道共建社区教育示范点。指导昆明幼儿师专做好教育部评估准备工作，将云南省邮电学校整体并入昆明铁道职业技术学院。禄劝职业高级中学“精准施策办职教，治愚扶智促脱贫”典型案例获2020年第五届中国世界职业技术大会优秀案例。全市中职学校80所，其他中职机构12所，附设中职班学校41所。国家示范性中职校1所、国家级重点中职校8所；省部级重点中职校17所、省部级示范性中职校7所。中职学校教职工5 220人，专任教师4 026人；附设中职班专任教师3 945人。全市中职教育在校学生18.14万人，其中，中职学校在校生5.91万人，附设中职班在校生12.22万人。全市中职教育招生新生6.57万人，其中，中职学校招生2.16万人，附设中职班招生4.41万人。

【高等教育】 在昆明高等教育学校53所，其中，普通高等教育学校52所、成人高等教育学校1所。教职工4.37万人，专任教师3.23万人。其中，普通高等教育学校教职工4.37万人，专任教师3.22万人；成人高等教育学校教职工85人，专任教师14人。在校学生91.12万人，其中，普通高等教育学校在校学生69.80万人，成人高等教育学校在校学生21.32万人。市属高等教育学校3所，在校学生3.98万人，教职工2 091人，专任教师1 509人。其中，昆明学院在校生3.22万人，教职工1 549人，专任教师1 099人；昆明铁道职业技术学院在校生4 112人，教职工227人，专任教师163人；昆明幼儿师范高等专科学校在校生1 745人，教职工315人，专任教师247人。

【民办教育】 贯彻落实《昆明市人民政府关于支持和规范社会力量兴办教育促进民办教育健康发展的实施意见》，统筹推进全市民办教育改革发展。联合8部门出台疫情期间扶持普惠性民办幼儿园发展措施，帮助普惠性民办幼儿园缓解疫情期间办学困难。印发《关于进一步规范校外培训机构发展的实施方案》，形成校内外协同育人机制。依法依规推进民办教育分类管理改革。运用信息化手段加强对民办学校的日常监管。优化民办学校年检评价体系，强化年检结果运用。年内下达市级民办教育专项奖补资金794.95万元；下达普惠性民办幼儿园奖补资金4 977.93万元，惠及486所幼儿园、9.30万名在园幼儿。2020年，全市各级各类民办学校1 245所，教职工4.03万人，专任教师2.48万人，民办学校在校学生48.96万人。

【特殊教育】 做好昆明市特殊教育第二期三年提升计划收尾工作，年内新增特殊教育学校4所，建成15个特殊教育资源中心，省特殊教育资源中心的培智教育和孤独症教育分中心分别设在五华区新萌学校和盘龙区培智学校，建成64个特殊教育资源教室，为辖区内适龄残疾儿童少年提供公共服务和保障。推动特殊教育向学前和高中阶段教育延伸，提升残疾学生受教育水平。探索专门学校改革发展路径，专门学校办学质量稳居全国前列。截至2020年底，全市特殊教育学校10所，教职工293人，专任教师274人，在校学生985人；专门学校1所，教职工43人，专任教师38人，在校学生46人。残疾儿童入学率98.95%。

【民族教育】 在全市各级各类学校中有重点、分层次、有针对性地加强民族团结教育，民族团结教育活动开展面100%。组织中小学师生参加省级民族团结教育系列活动，423名师生获奖，其中，一等奖88个，二等奖150个，三等奖185个。出台“十四五”期间普通高中“阿诗玛班”和“民族班”招生政策，2020年招收“阿诗玛班”和“民族班”少数民族学生174人，第二届面向民族县、贫困县招收的“民族班”和“阿诗玛班”毕业生本科上线率100%，一本上线率70%。

【德育】 全面落实立德树人根本任务，推进学校思政课改革创新和教师师德师风建设。实施中小学思政课教师素质提升工程，年内800名思政课教师参加培训。建立学校领导抓思政课机制，开展“名校长思政课堂”系列活动。疫情期间，开展网上“齐心战疫　我们在行动——昆明市大中小学思政课系列公益讲座”，“学习强国”平台同步推送。实行教师师德师风“零容忍”和“一票否决”，年内接到师德师风投诉件50件，调查核实50件，调查核实率100%；查实6件，处理6件，处理率100%。开展中小学德育主题教育实践活动，以“扣好人生第一粒扣子”为主题，开展各级各类活动2 300余场。深入开展文明校园创建活动。截至2020年底，共有国家级文明校园4所、省级文明校园16所、市级文明校园113所。“创文”期间，全市未成年人思想道德建设测评结果连续两年在4个省会申报城市中名列第一。

【智育】 严格监督按照国家课程方案和课程标准实施教学，强化课堂主阵地作用，优化教学方式，加强中高考备考，实施普通高中“三诊测一模拟”，开展学情分析和质量检测，坚决防止学生学业负担过重。组建中小学学科专家库，完善“市县校”三级分层、分重点的教育科研工作机制，市级重点加强高中教研，年内12项教育课题获得省教学成果一、二等奖。

【劳动教育】 全面贯彻落实《中共中

央 国务院关于全面加强新时代大中小学劳动教育的意见》和《昆明市关于全面加强新时代中小学劳动教育的实施方案》，开足开齐劳动课时，中小学劳动必修课每周不少于1课时；职业院校以实习实训课为主要载体开展劳动必修课教育，其中，劳动精神、劳模精神、工匠精神专题教育不少于16学时。开展校内劳动、校外劳动、家务劳动、公益劳动、劳动研学、志愿服务等劳动社会实践活动1 686场次，帮助学生树立正确的劳动观。

【心理健康教育】 全面贯彻昆明市中小学校心理健康教育实施方案，落实心理健康教育课程计划，迁建昆明市未成年人心理健康辅导中心，设置昆明市心理健康教育中心。以赛代训，加大骨干教师培训，开展昆明市中小学心理健康教育课赛。以评促建，评选首批中小学心理健康教育示范学校49所，设置专项资金对示范校进行奖补。截至2020年底，全市开展心理健康教育小学392所、中学225所，设置心理健康辅导室小学289个、中学228个，从事心理健康教育专任教师小学1 865人、中学1 013人。在疫情防控期间，组织开通2条心理健康免费咨询热线，开学前录制2期心理健康名师讲堂，帮助师生疏解心理问题。

【美育】 全面加强和改进学校美育工作，坚持以美育人，音乐、美术课开课率100%。开展高雅艺术和戏曲进校园活动，年内创建云南省美育特色学校118所。加强美育教师培训，年内200名美育教师参加培训，新招聘美育教师284人。强化措施，保障艺术教师在职称评聘、奖励、进修、培训等方面与其他学科教师同等待遇。组织昆明市第31届学生艺术节活动。深化美育评价机制改革，将音乐、美术科目纳入初中学业水平考试。截至2020年底，全市有中小学艺术教师53人，音乐教师1 997人，美术教师1 884人。

【学生资助工作】 全年享受学生资助政策59.49万人次，安排各级各类补助资金6.79亿元。91名学生获得中等职业学校省政府奖学金，奖励资金36.40万元；74名学生获得中等职业学校国家奖学金，奖励资金44.40万元；1 205名学生获得云南省优秀贫困学子奖学金和考入一本院校补助资金共704万元。14 373名在校大学生获得生源地信用助学贷款，发放贷款共1.13亿元。扶持108名大学毕业生自主创业，发放贷款共1 600万元，带动378名大学毕业生实现就业。

【营养餐改善工作】 全市822所农村义务教育阶段学校（含小学教学点）、30.53万名学生享受国家营养改善计划，下拨营养改善计划专项资金2.61亿元，其中，中央资金9 063.36万元，省级资金3 049.38万元，市级资金7 874.32万元，县级配套资金604.69万元。

【语言文字工作】 截至2020年底，创建国家级、省级、市级语言文字规范化示范校224所，市级语言文字规范化达标校310所，完成1.97万人次普通话水平测试，组织1 986人中小学教师普通话培训。加快推进民族地

2020年5月，昆明市第31届学生艺术节举行 （市教育体育局 供稿）

区国家通用语言文字普及工作，完成禄劝县翠华镇兆乌村36名少数民族劳动力普通话培训。成功举办第23届全国推普宣传周系列活动。弘扬中华优秀传统文化，参加“云岭杯”2020年云南省中华经典诵写讲大赛，603名师生获奖。选拔2名选手参加北京第六季中国诗词大会总决赛。

【依法治教】 制订《昆明市教育体育局2020年法治政府建设工作计划》，确保年度依法治教工作有序推进。实行法律顾问工作制度，年内出具法律意见书66份。落实重大决策听证制度，全年召开听证会4次。加强内部审计监督，依托第三方完成市教科院、省邮电学校和市电教馆原主要领导离任经济责任审计和昆明市足球管理中心财务收支及资产清查专项审计。2020年9月，在广州完成全国营商环境评价“基本公共服务群众满意度”指标考核任务。加强法治学习教育，局党组开展集中学法活动5次。组织全系统参与“云南省民法典学习线上答题”活动，推动民法典普法宣传。以“法律服务进校园”“模拟法庭进校园”“宪法小卫士”和“宪法宣传周”等系列活动为载体推进学校法治宣传教育。持续推进“放管服”改革，完成13项申请类政务服务事项100%“一网通办”；完成“互联网＋监管”工作，检查实施清单覆盖率100%。开展“双随机一公开”抽查工作，实现方案完成率100%、检查对象完成率100%。办理人大代表建议40件，其中，省级2件、市级38件。办理市政协委员提案54件。提案建议件面商率、答复率、满意率100%。

【教育督导】 年内五华区、盘龙区、东川区、宜良县履行教育职责，顺利通过省级评估，五华区、盘龙区被省政府认定为教育工作先进县，东川区、宜良县为教育工作合格县。推进义务教育优质均衡发展和县域学前教育普及普惠发展督导评估，完成14个县（市、区）283所样本校开展国家义务教育质量监测，昆明市人民政府教育督导团办公室、五华区等8个县（区）等被教育部基础教育监测中心授予“2020年义务教育质量监测实施优秀组织单位”称号。推进学校以评促建工作。年内，昆一中西山学校、官渡一中创建为云南省一级一等，云南民大附中创建为一级二等，禄劝一中、昆明三中呈贡学校（呈贡一中）、云南衡水呈贡实验中学创建为云南省一级三等高完中。全市省一级高完中36所，其中，一级一等10所，一级二等6所，一级三等20所；新增一级示范幼儿园3所，累计178所，其中，一级一等38所，一级二等30所，一级三等110所。创建省现代教育示范学校4所、幼儿园4所，认定市级现代教育示范学校10所、幼儿园4所，累计分别为157所、85所。

【校园安全】 成立昆明市学校安全委员会，督促指导协调各部门开展学校安全工作，组织公安、文旅、市场监管等部门开展校园安全检查和周边环境整治。召开全市春秋两季校园安全工作会，约谈工作不到位县（区）6次，扎实推动全市教育体育系统扫黑除恶专项斗争向深入开展，加强风险研判和维稳防控部署，做好重要时间节点的舆情引导和安全维稳工作，推进学生伤害事故预防与处置工作。加强安全应急知识宣传、开展校园安全培训和消防安全、反恐防暴等应急疏散演练。开展“平安校园”创建工作，命名市级“平安校园”15所。加快推进校园“三防”建设，年内投入校园安全建设经费2.57亿元，配备3 676名安全专干、6 741名保安人员，建立校园安全警备室1 566个，2 107所学校安装一键式紧急报警装置。

【教育基础设施建设】 年内投入经费33.18亿元，保障教育基础设施建设和重点项目发展。完成教育固定资产投资90.04亿元，争取上级资金9.79亿元。推进义务教育薄弱环节改善与能力提升计划，投入资金5.87亿元，其中，中央资金3.91亿元，省级资金3 900万元，市级资金8 170万元，县级配套资金7 530万元，批复开工校舍面积15.20万平方米，竣工8.50万平方米；批复开工运动场面积17.20万平方米，竣工12.30万平方米。有序推进时代俊园小区配套学校等5个直属学校建设项目，全面完成“厕所革命”专项工程，投入专项资金2 735.80万元，建设面积2.74万平方米。实施“洗手设施”专项工程，洗手设施新建2 651座、改造1 227座、升级256座。

2020年7月，东北师范大学盘龙实验学校揭牌仪式　（市教育体育局　供稿）

表19　2020年昆明市各类学校情况汇总表

序号	行政区划	幼儿园			小学			初中			高中			特殊教育学校			工读学校			基础教育学校			中职教育学校			总计		
		小计	公办	民办	小计	公办	民办	小计	公办	民办	小计	公办	民办	小计	公办	民办	小计	公办	民办	小计	公办	民办	小计	公办	民办	小计	公办	民办
0	昆明市	1 448	436	1 012	758	681	77	201	137	64	133	64	69	10	10	0	1	0	0	2 551	1 329	1 222	80	57	23	2 631	1 386	1 245
1	五华区	138	33	105	45	36	9	15	6	9	23	10	13	1	1	0	0	0	0	222	86	136	14	10	4	236	96	140
2	盘龙区	125	20	105	62	53	9	23	10	13	13	5	8	2	2	0	1	1	0	226	91	135	14	11	3	240	102	138
3	官渡区	215	25	190	91	61	30	28	7	21	30	13	17	1	1	0	0	0	0	365	107	258	10	7	3	375	114	261
4	西山区	158	25	133	72	61	11	22	13	9	19	8	11	2	2	0	0	0	0	273	109	164	11	4	7	284	113	171
5	东川区	34	9	25	36	36	0	9	9	0	3	3	0	0	0	0	0	0	0	82	57	25	1	1	0	83	58	25
6	呈贡区	65	8	57	20	15	5	4	3	1	13	4	9	0	0	0	0	0	0	102	30	72	4	4	0	106	34	72
7	晋宁区	63	11	52	19	19	0	12	10	2	2	2	0	0	0	0	0	0	0	96	42	54	3	2	1	99	44	55
8	富民县	40	5	35	26	25	1	6	6	0	2	1	1	0	0	0	0	0	0	74	37	37	2	2	0	76	39	37
9	宜良县	104	53	51	69	69	0	13	11	2	3	2	1	1	1	0	0	0	0	190	136	54	3	2	1	193	138	55
10	石林县	99	86	13	16	16	0	5	5	0	3	2	1	0	0	0	0	0	0	123	109	14	2	2	0	125	111	14
11	嵩明县	81	33	48	56	56	0	8	8	0	3	3	0	1	1	0	0	0	0	149	101	48	6	4	2	155	105	50
12	禄劝县	71	25	46	40	40	0	16	16	0	3	2	1	0	0	0	0	0	0	130	83	47	2	2	0	132	85	47
13	寻甸县	153	81	72	154	154	0	17	17	0	4	3	1	1	1	0	0	0	0	329	256	73	3	2	1	332	258	74
14	安宁市	55	12	43	12	8	4	10	9	1	8	4	4	1	1	0	0	0	0	86	34	52	3	3	0	89	37	52
15	经开区	29	4	25	16	9	7	9	3	6	4	2	2	0	0	0	0	0	0	58	18	40	2	1	1	60	19	41
16	阳宗海	18	6	12	24	23	1	4	4	0	0	0	0	0	0	0	0	0	0	46	33	13	0	0	0	46	33	13
备注		1. 2020年，全市小学教学点249所，其中，东川区24所、晋宁区8所、石林县54所、禄劝161所、阳宗2所，不计校数未纳入基础教育学校数统计。2. 2020年，全市中职学校其他机构12所，其中，五华区4所、官渡区4所、西山区2所、禄劝县2所，不计校数未纳入中职教育学校数统计。3. 2020年，全市普惠性民办幼儿园共486所。4. 2020年，全市所有中小学校（园）举办者类型代码为999的计成民办，其他举办者均视为公办																										

表20　2020年昆明市各类学校教职工情况汇总表

序号	行政区划	学前教育			小学			初中			高中			特殊教育			工读学校			基础教育			中职教育			总计		
		小计	公办	民办	小计	公办	民办	小计	公办	民办	小计	公办	民办	小计	公办	民办	小计	公办	民办	小计	公办	民办	小计	公办	民办	小计	公办	民办
0	昆明市	32 848	8 256	24 592	32 850	28 316	4 534	19 859	14 695	5 164	12 106	8 043	4 063	293	293	0	43	43	0	97 999	59 646	38 353	5 220	3 310	1 910	103 219	62 956	40 263
1	五化区	4 743	1 451	3 292	3 857	3 324	533	2 187	1 021	1 166	1 876	1 315	561	51	51	0	0	0	0	12 714	7 162	5 552	724	508	216	13 438	7 670	5 768
2	盘龙区	3 776	677	3 099	2 906	2 438	468	1 620	973	647	746	506	240	70	70	0	43	43	0	9 161	4 707	4 454	791	641	150	9 952	5 348	4 604
3	官渡区	6 744	1 100	5 644	6 236	4 407	1 829	2 653	1 479	1 174	2 012	952	1 060	34	34	0	0	0	0	17 679	7 972	9 707	570	298	272	18 249	8 270	9 979
4	西山区	4 712	938	3 774	3 263	2 428	835	2 001	1 193	808	1 253	523	730	75	75	0	0	0	0	11 304	5 157	6 147	626	140	486	11 930	5 297	6 633
5	东川区	804	115	689	1 543	1 543	0	985	985	0	442	442	0	0	0	0	0	0	0	3 774	3 085	689	57	57	0	3 831	3 142	689
6	呈贡区	2 190	620	1 570	1 668	1 265	403	1 334	574	760	1 258	528	730	0	0	0	0	0	0	6 450	2 987	3 463	340	340	0	6 790	3 327	3 463
7	晋宁区	1 451	415	1 036	1 277	1 264	13	868	828	40	320	320	0	0	0	0	0	0	0	3 916	2 827	1 089	148	117	31	4 064	2 944	1 120
8	富民县	405	83	322	777	740	37	594	538	56	261	135	126	0	0	0	0	0	0	2 037	1 496	541	46	46	0	2 083	1 542	541
9	宜良县	1 114	377	737	1 428	1 428	0	1 047	875	172	473	376	97	11	11	0	0	0	0	4 073	3 067	1 006	360	103	257	4 433	3 170	1 263
10	石林县	689	303	386	1 267	1 267	0	818	814	4	420	396	24	0	0	0	0	0	0	3 194	2 780	414	83	83	0	3 277	2 863	414
11	嵩明县	1 272	403	869	1 427	1 427	0	901	901	0	424	424	0	7	7	0	0	0	0	4 031	3 162	869	630	224	406	4 661	3 386	1 275
12	禄劝县	943	438	505	1 952	1 952	0	1 423	1 423	0	636	578	58	0	0	0	0	0	0	4 954	4 391	563	231	200	31	5 185	4 591	594
13	寻甸县	868	322	546	2 615	2 615	0	1 698	1 698	0	1 049	1 013	36	36	36	0	0	0	0	6 266	5 684	582	122	83	39	6 388	5 767	621
14	安宁市	1 813	717	1 096	1 369	1 272	97	1 040	891	149	739	438	301	9	9	0	0	0	0	4 970	3 327	1 643	383	383	0	5 353	3 710	1 643
15	经开区	976	140	836	773	465	308	419	231	188	197	97	100	0	0	0	0	0	0	2 365	933	1 432	109	87	22	2 474	1 020	1 454
16	阳宗海	348	157	191	492	481	11	271	271	0	0	0	0	0	0	0	0	0	0	1 111	909	202	0	0	0	1 111	909	202
备注		本表民办数按照学校（机构）举办者代码为999的，计成民办，其他举办者均视为公办																										

表21　2020年昆明市各类办学类型专任教师情况汇总表

序号	行政区划	幼儿园			小学			初中			高中			特殊教育			工读学校			基础教育			中职教育			总计		
		小计	公办	民办	小计	公办	民办	小计	公办	民办	小计	公办	民办	小计	公办	民办	小计	公办	民办	小计	公办	民办	小计	公办	民办	小计	公办	民办
0	昆明市	17 150	5 395	11 755	31 775	27 467	4 308	18 751	14 090	4 661	10 206	7 365	2 841	274	274	0	38	38	0	78 194	54 629	23 565	4 026	2 764	1 262	82 220	57 393	24 827
1	五化区	2 529	911	1 618	3 797	3 288	509	2 087	1 005	1 082	1 524	1 170	354	50	50	0	0	0	0	9 987	6 424	3 563	524	432	92	10 511	6 856	3 655
2	盘龙区	1 969	562	1 407	2 886	2 426	460	1 506	962	544	661	474	187	68	68	0	38	38	0	7 128	4 530	2 598	582	495	87	7 710	5 025	2 685
3	官渡区	3 605	782	2 823	6 070	4 352	1 718	2 509	1 462	1 047	1 429	846	583	33	33	0	0	0	0	13 646	7 475	6 171	416	261	155	14 062	7 736	6 326
4	西山区	2 313	565	1 748	3 169	2 375	794	1 909	1 155	754	1 066	471	595	67	67	0	0	0	0	8 524	4 633	3 891	436	130	306	8 960	4 763	4 197
5	东川区	368	73	295	1 529	1 529	0	952	952	0	418	418	0	0	0	0	0	0	0	3 267	2 972	295	52	52	0	3 319	3 024	295
6	呈贡区	1 045	367	678	1 638	1 243	395	1 238	546	692	993	466	527	0	0	0	0	0	0	4 914	2 622	2 292	254	254	0	5 168	2 876	2 292
7	晋宁区	657	209	448	1 230	1 217	13	819	789	30	299	299	0	0	0	0	0	0	0	3 005	2 514	491	139	113	26	3 144	2 627	517
8	富民县	187	69	118	749	715	34	573	517	56	236	118	118	0	0	0	0	0	0	1 745	1 419	326	40	40	0	1 785	1 459	326
9	宜良县	650	259	391	1 353	1 353	0	1 025	855	170	448	365	83	10	10	0	0	0	0	3 486	2 842	644	270	92	178	3 756	2 934	822
10	石林县	458	254	204	1 230	1 230	0	733	729	4	381	371	10	0	0	0	0	0	0	2 802	2 584	218	77	77	0	2 879	2 661	218
11	嵩明县	750	252	498	1 276	1 276	0	835	835	0	390	390	0	5	5	0	0	0	0	3 256	2 758	498	536	192	344	3 792	2 950	842
12	禄劝县	528	281	247	1 926	1 926	0	1 392	1 392	0	590	547	43	0	0	0	0	0	0	4 436	4 146	290	213	192	21	4 649	4 338	311
13	寻甸县	577	266	311	2 380	2 380	0	1 563	1 563	0	967	941	26	34	34	0	0	0	0	5 521	5 184	337	93	68	25	5 614	5 252	362
14	安宁市	882	384	498	1 353	1 257	96	979	846	133	619	399	220	7	7	0	0	0	0	3 840	2 893	947	330	330	0	4 170	3 223	947
15	经开区	456	83	373	740	456	284	373	224	149	185	90	95	0	0	0	0	0	0	1 754	853	901	64	36	28	1 818	889	929
16	阳宗海	176	78	98	449	444	5	258	258	0	0	0	0	0	0	0	0	0	0	883	780	103	0	0	0	883	780	103
备注	本表民办数按照学校（机构）举办者代码为 999 的，计成民办，其他举办者均视为公办																											

表22　2020年昆明市各类学校在校生情况汇总表

序号	行政区划	幼儿园			小学			初中			高中			特殊教育			工读学校			基础教育			中职教育			总计		
		小计	公办	民办	小计	公办	民办	小计	公办	民办	小计	公办	民办	小计	公办	民办	小计	公办	民办	小计	公办	民办	小计	公办	民办	小计	公办	民办
0	昆明市	268 293	78 208	190 085	524 322	446 307	78 015	222 867	158 106	64 761	131 289	94 001	37 288	985	985	0	46	0	0	1 147 802	777 607	370 149	181 395	61 952	119 443	1 329 197	839 559	489 592
1	五华区	34 234	10 557	23 677	66 809	58 070	8 739	27 662	10 476	17 186	19 725	14 985	4 740	140	140	0	0	0	0	148 570	94 228	54 342	50 934	15 505	35 429	199 504	109 733	89 771
2	盘龙区	27 309	7 259	20 050	57 074	48 395	8 679	18 939	11 067	7 872	8 431	5 078	3 353	187	187	0	46	46	0	111 986	72 032	39 954	11 214	8 205	3 009	123 200	80 237	42 963
3	官渡区	53 805	8 388	45 417	101 764	69 370	32 394	30 404	16 445	13 959	16 865	9 493	7 372	107	107	0	0	0	0	202 945	103 803	99 142	11 690	5 578	6 112	214 635	109 381	105 254
4	西山区	32 012	6 871	25 141	52 365	39 465	12 900	22 731	13 299	9 432	12 854	5 674	7 180	265	265	0	0	0	0	120 227	65 574	54 653	28 659	7 147	21 512	148 886	72 721	76 165
5	东川区	8 571	1 883	6 688	19 576	19 576	0	10 872	10 872	0	5 237	5 237	0	0	0	0	0	0	0	44 256	37 568	6 688	1 126	1 126	0	45 382	38 694	6 688
6	呈贡区	14 873	3 931	10 942	27 950	20 771	7 179	15 888	6 958	8 930	10 756	4 361	6 395	0	0	0	0	0	0	69 467	36 021	33 446	22 234	5 367	16 867	91 701	41 388	50 313
7	晋宁区	10 201	2 719	7 482	19 854	19 690	164	7 951	7 250	701	4 315	4 315	0	0	0	0	0	0	0	42 321	33 974	8 347	2 139	1 474	665	44 460	35 448	9 012
8	富民县	3 905	1 247	2 658	11 019	10 467	552	6 754	5 851	903	4 181	1 634	2 547	0	0	0	0	0	0	25 859	19 199	6 660	794	794	0	26 653	19 993	6 660
9	宜良县	10 254	4 765	5 489	21 814	21 814	0	11 879	9 481	2 398	6 476	5 490	986	74	74	0	0	0	0	50 497	41 624	8 873	6 043	1 542	4 501	56 540	43 166	13 374
10	石林县	8 875	5 143	3 732	16 863	16 863	0	7 879	7 868	11	5 513	5 422	91	0	0	0	0	0	0	39 130	35 296	3 834	933	933	0	40 063	36 229	3 834
11	嵩明县	13 989	4 600	9 389	25 061	25 061	0	10 252	10 252	0	5 795	5 795	0	32	32	0	0	0	0	55 129	45 740	9 389	27 095	1 881	25 214	82 224	47 621	34 603
12	禄劝县	10 281	5 404	4 877	25 414	25 414	0	13 307	13 307	0	8 333	7 858	475	0	0	0	0	0	0	57 335	51 983	5 352	3 461	3 215	246	60 796	55 198	5 598
13	寻甸县	16 950	8 265	8 685	34 406	34 406	0	19 080	19 080	0	13 290	12 364	926	163	163	0	0	0	0	83 889	74 278	9 611	1 458	992	466	85 347	75 270	10 077
14	安宁市	12 997	4 673	8 324	23 632	22 304	1 328	11 823	10 498	1 325	7 066	4 932	2 134	17	17	0	0	0	0	55 535	42 424	13 111	10 502	5 705	4 797	66 037	48 129	17 908
15	经开区	7 155	1 179	5 976	14 818	8 812	6 006	4 878	2 834	2 044	2 452	1 363	1 089	0	0	0	0	0	0	29 303	14 188	15 115	3 113	2 488	625	32 416	16 676	15 740
16	阳宗海	2 882	1 324	1 558	5 903	5 829	74	2 568	2 568	0	0	0	0	0	0	0	0	0	0	11 353	9 721	1 632	0	0	0	11 353	9 721	1 632
备注	本表民办数按照学校（机构）举办者代码为999的，计成民办，其他各类办学类型均视为公办																											

（宋永东）

体　育

2020年12月，昆明市广播体操比赛在春城中学举行　（市教育体育局　供稿）

【概况】 截至2020年底，全市公共体育场馆17个，其中体育馆7个，人均体育场地面积2.23平方米。社会足球场236块，其中，标准足球场96块，非标准足球场140块。中小学校园足球场460块，其中，标准足球场142块，非标准足球场318块。文体活动广场510个，健身活动广场205个。农民体育健身工程点1 193个，健身路径1 939条，健身步道53条，晨练晚练点927个。各类体育社团组织52个，体育俱乐部104个。1个市级国民体质监测中心，14个县级国民体质监测站。拥有社会体育指导员1.92万人，国际裁判员10人，国家三级以上裁判员1 098人。

【群众体育】 以品牌赛事为带动，打造健身活动名片，年内开展100人次以上各级各类全民健身活动108次，成功举办2020年春城体育节、云南华侨城杯2020年昆明市风筝公开赛、2020年第四届“昆明地标”穿越城市定向越野挑战赛、2020年昆明轿子山翻越挑战赛、2020年昆明市山地自行车公开赛等36项群众性品牌赛事活动。疫情期间，在全省率先举行“昆明定向越野联赛第一站居家定向设计赛抗疫情家庭定向赛”“2020年春城棋王赛网络海选赛暨中小学生象棋网络赛”“昆明市2020‘竞技二打一’大众网络扑克大赛”等线上网络赛事活动。将全民健身场馆、设施建设纳入各级政府的“惠民工程”，6个大型体育场馆获中央财政资金补助，公共体育场馆全部实现免费低收费开放。成功入选国家体育消费试点城市。年内建成全民健身路径50条，农民体育健身工程点50个，建成社会足球场46块，超额完成“十三五”社会足球场建设任务。城市社区“15分钟体育健身圈”初具规模，“市、县、乡、村”四级全民健身设施网络基本形成。城乡居民体质抽样测定合格率89.60%，全市经常参加体育锻炼的人口比例39.50%。

【学校体育】 严格执行学校体育课程标准，引进体育社团组织参与课后“三点半”服务，提高每天锻炼1小时活动质量。开展学生体质健康监测，2019年，全市学生体质健康达标率、优良率分别为94.30%、33.20%，学生总体健康水平逐年提高，体育考试对学生体质健康的导向作用明显。年内新增国家级校园篮球特色学校26所、网球特色学校21所、排球特色校17所、冰雪特色示范学校4所、“满天星”篮球训练营县（市、区）1个，6所学校被省教育厅认定为普通高中体育自主招生改革第一批试点学校。2020招收初、高中体育传统项目学校体育网点生345人。

【竞技体育】 完成新一轮市级联办点布局，全市布点74个，其中，一类项目16个，二类项目24个，三类项目32个。年内110人被授予国家二级运动员称号、1 308人被授予国家二级裁判员称号。协调五华区、盘龙区、官渡区、呈贡区、安宁市组队参加云南省第二届青少年运动会预赛，获金牌87枚、银牌78枚、铜牌95枚。组队参加云南省2020年18个项目比赛，获金牌114枚、银牌100枚、铜牌101枚，向省级运动队输送18名体育后备人才。配合省体育局完成中国足球协会女子超级联赛和中国足球协会乙级联赛。

【校园足球】 持续优化昆明市校园足球青少年足球队伍和教练员队伍，不断提升竞技水平和执教能力，校园青少年足球人数达到10万人。年内，新申报43所全国校园足球特色学校、33所足球特色幼儿园、2个校园足球试点县（市、区）和1个“满天星”训练营，国家级校园足球特色学校累计207所，足球特色幼儿园累计42所。参加云南省校园足球最佳阵容比赛，获得8个一等奖、5个二等奖、2个三等奖，入选省最佳阵容队员99人，入选全国校园足球最佳阵容训练营总营队员4人，入选全国校园足球最佳阵容总营教练员11人。

（宋永东）

医疗卫生

编辑：罗桂莲

卫　生

【概况】 2020年是“十三五”规划的收官之年。市卫生健康委贯彻落实新时期卫生与健康工作方针，紧紧围绕昆明打造中国健康之城、建设区域性国际中心城市的战略目标，提升医疗卫生服务能力和水平，为全市打赢疫情防控阻击战、实现卫生健康事业跨越发展提供有力保障。

经过全市卫生健康系统的不懈努力，全市人民健康水平显著提高，人均期望寿命提高至80.04岁，较“十二五”末期增加2.12岁，与发达地区的差距进一步缩小。孕产妇死亡率由2015年的21.05/10万下降至6.55/10万，婴儿死亡率由2015年的5.95‰下降至3.03‰，降幅分别为69%和49%，在西南处于领先水平。医疗卫生资源得到扩充，市属公立医院实现三甲医院全覆盖。卫生人员总数从2015年的6.40万人增加至11.20万人。每千人口执业（助理）医师数、注册护士数分别从3.41人、4.21人增加至3.96人、5.38人。市延安医院作为综合医院进入三级公立医院绩效考核全国100强，市儿童医院作为专科医院进入全国同类别前10名。在全国160个公共服务监测中，昆明市医疗服务居西南省会城市第一，位列全国城市第九位。

【新冠肺炎疫情防控】 2020年昆明市出现首例新冠肺炎病例后，市卫生健康委立即成立专门工作机构，取消全市卫生健康系统人员休假，并报告和提请市委、市政府成立应对疫情工作领导小组，启动重大突发公共卫生事件一级响应。通过采取关口前移、重点排查、小区封闭管理、“四类人员五级管控”、“两个提前”、设置留验站对重点人群进行集中隔离观察、规范做好滞昆旅客管理服务、发挥社区网格化管控作用等措施，迅速控制本土疫情蔓延，在全国较早实现本土确诊病例、疑似病例动态“双清零”，做到确诊病例动态零死亡、医务人员动态零感染。年内，全市卫生健康监督管理机构共出动3.24万人次，开展新冠肺炎疫情防控监督检查5.15万次。

探索患者院前快速转运流程，制定新冠肺炎疫情防控领域地方标准，获评《2020城市应急能力报告》A级城市。133名医务人员逆行出征湖北省咸宁市，34名卫生应急队员驰援云南镇康镇守国门。市疾病预防控制中心、市第三人民医院副院长白劲松分别获“全国抗击新冠肺炎疫情先进集体”和“全国抗击新冠肺炎疫情先进个人”称号。市卫生健康委等25个集体、市第一人民医院王胤佳等39

名个人分获云南省抗击新冠肺炎疫情先进集体、先进个人荣誉称号。截至2021年3月1日，全市连续375天无新增本地病例，累计开展核酸检测77.60万人次，完成高风险人群新冠肺炎疫苗接种13.08万人次。为全市50多起重大会议、大型活动做好疫情防控保障，确保疫情期间重大会务活动安全。

【脱贫攻坚】 实现贫困患者应治尽治目标。组织开展县、乡、村医疗机构和易地扶贫搬迁安置点医疗机构达标验收工作，全市14个县级人民医院、40个贫困地区乡（镇）卫生院、538个贫困村卫生室均已达到国家退出标准，41个易地扶贫搬迁安置点均能提供标准化医疗服务。做实做细家庭医生签约服务，全市共签约建档立卡贫困人口32.02万人，履约率99.99%。

实现重点疾病和风险控制目标。持续压实大病专项救治工作，2017—2020年，全市建档立卡贫困人口大病救治覆盖率高达98%以上。其中，2020年需大病集中救治2.16万人，已救治2.14万人，救治进度99%；县域内就诊率达96.05%。

实现基本医疗有保障目标。继续落实好“一站式”结算工作，加强全市贫困村卫生室药品配备，市政府举办的56个社区卫生服务站药品配备完成率达100%。全面落实精准识别和动态管理，全面实施“先诊疗后付费”和“一站式”即时结报，实现建档立卡贫困人口基本医疗保险和大病保险全覆盖。

【医疗卫生服务水平提升】 推动国家呼吸区域医疗中心和国家心血管病区域医疗中心成功落地昆明，建成国家级卒中中心5个、胸痛中心4个、创伤救治中心3个，优质医疗资源高质量发展。昆明市获评全国平安医院工作表现突出地区和全国无偿献血先进市。持续加强医疗服务管理，做好医疗机构不良执业行为记分管理。推进临床重点专科建设，开展第十四、第十五批优质护理病区（房）验收工作，完成3级公立医院等级复审和大型医院巡查。

深入推进互联网医院试点建设，促进优质医疗资源向基层延伸。继续开展乡（镇）卫生院和社区卫生服务中心等级评审，全市有12个机构达到国家推荐标准，24个机构达到云南省甲级标准。切实提高基层医疗卫生服务能力，完成33个基层慢病中心和12个心脑血管救治站建设并投入使用。

加快中医药事业和社会办医疗机构协同发展。开展县级公立中医医院综合服务能力提升工作，全市设有中医馆974个，乡（镇、街道）卫生院、社区卫生服务中心100%能够规范开展4类及以上中医药适宜技术服务。组织开展“民营医院管理年”活动和社会办医疗机构能力提升项目，提高社会办医疗机构心脑血管疾病及创伤患者的救治能力，对全市急救医疗救治体系形成有效补给。

【公共卫生服务】 启动重大传染病救治能力和疾控机构核心能力提升工程，拟订“双提升”工程实施方案，修订《昆明市突发公共卫生事件应急预案》和《昆明市突发公共事件医疗卫生救援应急预案》，切实加强和完善公共卫生服务能力，乙类传染病发病率166.20/10万，同比下降5.96%，低于全省平均水平。推进基本公共卫生服务项目宣传及建设，推动城乡基本公共卫生服务均等化。五华区、安宁市、呈贡区成功创建国家级慢性病综合防控示范区，全市国家级示范区总数达到6个，晋宁区、东川区、嵩明县通过省级慢性病综合防控示范区复审。全市完成艾滋病病毒抗体检测495万人次，占全市常住人口比例72.30%，昆明市成为全国首个实现艾滋病防控“三个90%”目标的省会城市。优化重点人群健康服务，重新修订《昆明市老年人权益保障条例》并印发实施，推进安宁市疗护试点建设，全市233所一级以上综合医院全部向老年人开通绿色就医通道。实施计划生育家庭奖励与扶助政策，开展“关爱妇女儿童健康行动”，推进4个危重孕产妇救治中心、2个危重新生儿救治中心建设。出台《昆明市关于促进3岁以下婴幼儿照护服务发展的实施意见》和《昆明市3岁以下婴幼儿照护服务机构卫生评价工作规范》，完成7个托育机构卫生评价和1个托育机构备案工作。开展职业病危害重点行业摸底调查和尘毒危害专项治理行动，对171户企业进行职业健康检查，完成职业性尘肺病人随访和调查核实4 102例。强化药品耗材采购监管，落实国家集中采购药品配备使用规定，强化短缺药品监测处置，持续巩固国家基本药物制度。年内，全市各级医疗机构完成网上采购高值医用耗材5.23亿元、药品23.05亿元。

【爱国卫生运动】 全面推进“7个专项行动”，全市人居环境进一步改善。“常消毒”专项行动中，在全省率先开展住宿场所清洁消毒可视化工作模式，在全省工作推进会上做重点交流发言，“八类”重点场所抽检率达100%。修订并实施《昆明市爱国卫生工作条例》，出台《昆明市人民政府关于推进健康昆明行动的实施意见》和《昆明市健康城市建设发展规划（2020～2025年）》，国家级、省级卫生乡（镇、街道）覆盖率达80%，安宁市率先实现国家卫生乡（镇、街道）全覆盖。

【“互联网＋医疗健康”建设】 持续推动昆明市人口健康信息平台建设，配合完成“一部手机办事通——我要看病”第二期项目建设前期调研，市域内12所医院发放电子健康码4.03万张。政务信息考核连续4年位居全省卫生健康系统第一名、全市政府系统第二名。

【卫生人才队伍建设】 持续推进公立医院薪酬制度改革，提高医务人员工作积极性。开展2020年度“春城计划”、名医、卫生科技人才“十百千”工程，遴选出“春城计划”名医23人、国内知名专家12人、省内知名专家34人、内设研究机构（技术中心）33个。引进副高级以上职称人员10人（其中博士4人），招聘博士研究生4人、硕士研究生170人。

【大健康产业发展】 积极谋划市儿童医院传染病诊疗中心、市三院吴井院区和市疾控中心滇池路办公区等卫生健康重点项目建设。市延安医院医技综合楼暨全科医师培训基地项目、市妇女儿童医疗保健中心一期项目已竣工。全年卫生固定资产投资完成35.04亿元，争取中央、省级资金7.58亿元。

（王　丹）

医疗保障

【医疗保障体系建设】 昆明市自2001年城镇职工基本医疗保险改革正式启动以来，经过20年的不懈努力，尤其是2019年3月昆明市医疗保障局正式挂牌成立后，全市医保系统致力于不断完善全市医疗保障体系建设，逐步建立起基本医保、大病保险、医疗救助“三重”保障制度体系，着力推进长期护理保险、补充医疗保险建设与完善，参保人的基本医疗保障得到进一步提升，全市形成多层次医疗保障体系基本框架。

不断完善基本医疗保险及重特病、大病保险体系，全市参加基本医疗保险（含重特病、大病保险）人数达到577.98万人。昆明市作为省会城市，在相关医疗保险待遇政策的制定中，着力于消除同城医疗保障差异，实现省、市医保同城同待遇。全力推进医疗救助体系建设，尽职履行原卫生健康委及民政部门负责的医疗救助人群待遇支付工作。2016年以来，全市城乡医疗救助实行县（市、区）统筹，由于各县（市、区）财力不同，制定的医疗救助标准和救助范围不尽一致，造成市域内医疗救助政策差异。为有效解决医疗救助存在的遗留历史问题，加强医疗救助托底保障，健全救助对象精准识别机制，分步统筹提高门诊和住院救助限额，进一步提升医疗救助制度和资金管理层次，市医保局全面推行医疗救助市级统筹，结束基本医保和医疗救助统筹层次“长短腿”的历史。开展长期护理保险制度试点。2020年9月，《国家医疗保障局　财政部关于扩大长期护理保险制度试点的指导意见》下发，明确将昆明市列为云南省唯一长期护理保险试点城市；12月29日，昆明市长期护理保险制度正式启动。该保险首先将昆明市城镇职工基本医疗保险参保人员纳入参保范围，重点解决重度失能人员基本护理保障需求。在筹资过程中不增加企业和个人缴费负担，通过调整基本医疗保险统筹基金和个人账户结构，建立个人、单位、政府三方共担的筹资机制，财政对退休人员单位缴费部分进行补助，既体现社会共济又体现政府责任，同时合理控制财政补助压力。建立风险准备金制度和失能高危人群预防、干预机制。积极应对人口老龄化加剧可能带来的基金支付问题，延缓失能进度。探索创新经办管理模式，委托第三方保险机构参与经办，建立健全第三方经办机构的绩效评价和考核监督机制。按照昆明市长期护理保险信息系统需求，及时建设信息系统及失能等级评定手机App。组建长期护理保险失能评定专家委员会，建立昆明市长期护理保险失能等级评定专家库及评定员，共有评定员及评定专家584人，其中评定员440人、评定专家144人。发挥商业保险补充作用，助推普惠型商业保险项目。根据《中共中央国务院关于深化医疗保障制度改革的意见》要求，结合昆明经济社会发展实际和参保情况，市医疗保障局对保险业最接近实现“参与多层次社会医疗保障体系建设”的普惠型商业补充健康保险项目进行充分调查研究，按照“政府指导监督，保司承保理赔，平台运营推广，市民自愿参保”的原则，指导助推普惠型商业补充健康保险发展，相关保险产品“春城惠民保”于2021年1月28日正式在昆明上线。该项目产品是昆明市基本医疗保险的有益补充，具有保障全面，与昆明市基本医疗保险制度完全衔接；“低门槛”，参保无任何前置条件，只要是昆明市行政区域内职工、居民医保参保人均可投保，实现统一保费、统一待遇、统一服务；药品目录特点突出；扩充保障内涵，向全体参保人提供包括关爱服务、就医服务和药品服务3个板块的医疗健康服务；创新承保运行模式，采取多个公司联合形成共保体、第三方提供平台服务的方式进行实际运营。

【医疗保险】 全市城乡基本医疗保险参保人数达到577.98万人（职工

2020年12月，昆明市长期护理保险制度实施　（市医疗保障局　供稿）

180.62万人、居民397.36万人)，同比增长2.60%，参保覆盖率达到99.92%，基本实现全民参保。2020年度城乡居民医保筹资标准为862元，个人缴费标准为250元，各级政府补助标准为612元，其中纳入大病筹资标准为95元。城镇职工参保缴费基数为社会平均工资5 720元的60%～300%进行核定，大病缴费基数为社会平均工资5 720元。全年基金收入93.85亿元，其中，职工统筹基金收入58.63亿元，居民统筹基金收入35.22亿元。

城镇职工、城乡居民每个自然年度报销上限分别增长到41万元、16.50万元。城镇职工、城乡居民政策范围内住院报销比例分别为81.38%、67.56%。贯彻落实国家、省医保局关于居民医保高血压、糖尿病“两病门诊”待遇，截至2020年末，昆明市城乡居民基本医疗保险“两病”参保患者在全市定点医疗机构高血压就诊人数为8 830人、2.52万人次，产生降血压药品费用99.90万元；糖尿病就诊人数4 651人、1.44万人次，产生降血糖药品费用161.76万元。全市有102个定点医疗机构开展“两病”登记工作。昆明市参保人罹患多项慢性病时，每增加1个病种增加1 000元的支付限额，年度统筹基金最高支付限额为5 000元。对既有特殊病又有慢性病的参保人，可享受特殊病待遇。2020年7月1日后，全市基本医疗保险门诊特殊病、慢性病与省本级同步实现职工、居民医保的病种统一、用药统一。将城镇职工门诊特殊病、慢性病及城乡居民门诊特殊病统一整合为昆明市基本医疗保险门诊特殊病、慢性病，其中特殊病15种、慢性病25种。昆明市城乡居民参保患者也可享受门诊慢性病待遇。

【落实医保新政策】 贯彻上级新冠肺炎疫情防治指示精神，落实医疗保障各项政策。实行基金专项预付政策，对全市共17个医保经办机构拨付备用金5.22亿元，用于对新冠肺炎救治的医疗保障；对定点救治医院共预拨3 910万元资金，确保定点医疗机构不因支付政策影响救治；扩大保障覆盖人群、实行全额报销、扩大报销范围、简化结算报销手续、开展政策宣传引导等多种举措，确保患者不因费用问题影响及时就医。全市29所收治医院累计收治1 914人次，累计上报医疗费用总额476.63万元。

出台“一减两延两不变”的阶段性医保政策，全力支持全市各类企业全面复工复产，促进经济持续健康发展与社会和谐稳定。为全市5.75万个单位减征基本医疗保险费7.72亿元，为超过8万户次参保企业退费3.87亿元，2项合计共减征、退费11.59亿元。倡议和宣传动员全市多户从事药品流通的企业向市政府捐赠疫情防控相关物资，共有14户药品配送企业及药店通过各种渠道筹集物资，向市政府捐赠了价值432万元的防控物资。

【医保基金监管】 维护群众合法权益，全市实现对定点医药机构监督检查全覆盖。年内，处理定点医药机构1 820个，暂停医保服务机构25个，解除医保服务协议机构24个，移交司法机关机构1个，行政罚款机构2个，追回医保基金7 836.29万元。查处违规参保人员91人，其中约谈49人、暂停医保卡结算4人、移交司法机关4人，追回基金42.51万元。通过媒体公开曝光医保违规违法案例204例。完善举报奖励机制，兑现举报奖励金额3 200元，医保基金监管工作成绩明显。

【医保电子凭证推广应用】 落实省委、省政府建设“数字云南”要求，加快医保电子凭证推广应用工作，推进“扫码就付”“刷脸工程”“指尖办理”等创新应用，提升群众使用体验，助力医保业务办理和支付更加方便快捷。年末，全市医保电子凭证激活人数达到204.01万人，占总参保人数35.57%，完成省局下达目标任务；158所定点医院、2 970多个定点药店可通过医保电子凭证提供就医、购药服务，其中1 831个连锁药店开通医保刷脸结算业务。

【建档立卡贫困人口参保】 全市建档立卡贫困人口100%参保缴费，贫困人口医保倾斜政策待遇100%落实，中央脱贫攻坚巡视“回头看”指出问题、中央对云南省2019年脱贫攻坚成效考核发现问题、省对市、县2019年脱贫攻坚成效考核指出问题、市脱贫攻坚问题整改清单100%“清零”销号。全市建档立卡贫困人口住院待遇享受7.36万人次，政策范围内基本统筹支付2.65亿元。符合转诊转院规范的住院医疗费用政策范围内经基本医保、大病保险报销比例达到80.49%；经基本医保、大病保险、医疗救助、兜底保障实际报销比例达到91.53%。实现基本医保、大病保险、医疗救助和兜底保障全覆盖，建档立卡贫困人口医保待遇得到全面落实。

【医疗救助】 全市各级医保部门认真贯彻落实《昆明市人民政府办公厅关于进一步完善城乡医疗救助制度的实施意见》精神，切实抓好医疗保险与医疗救助制度的有效衔接，全面依托医疗救助系统开展医疗救助工作，确保救助对象及时享受医疗救助待遇，充分发挥城乡医疗救助托底保障作用，最大限度减轻城乡困难群众医疗支出负担。年内，全市医疗救助资助参加城乡居民基本医疗保险12.91万人次，支付参保资金3 228.35万元；救助对象享受门诊救助4.40万人次(其中重特大疾病门诊救助5 400人次)，支付门诊救助资金847.97万元(其中重特大疾病门诊救助资金381.41万元)；享受住院救助4.31万人次(其中重特大疾病住院救助2 200人次)，支付住院救助资金5 265.47万元(其中重特大疾病住院救助资金797.44万元)，实现城乡居民医疗救助100%全覆盖，有效防范城乡困难群众“因病致贫、因病返贫”，切实保障城乡困难群众“病有所医”。

全市各县（市、区）医保部门加强与民政部门沟通协调，定期交换最低生活保障对象和特困供养人员认定信息，及时在医疗救助信息系统内进行救助对象信息更新。对新认定的救助对象及时纳入系统并做好标识；对救助对象信息出现异常情况的及时进行调整，确保信息准确、待遇享受不受影响。年内，全市各县（市、区）医保部门调整更新救助对象信息553条，保障救助对象正常享受待遇。

规范医疗救助服务流程，凡符合条件的医疗救助对象到定点医疗机构医疗后，凭医保卡享受“一站式”医疗救助服务，由定点医疗机构垫付基本医保、大病保险和医疗救助费用，个人只需缴纳自付费用，减少享受医疗救助对象多头跑路报销的麻烦。各县（市、区）医保部门加强对定点医疗机构的监督检查，定期或不定期到定点医疗机构，采取查看处方、调阅医疗救助信息等形式，对救助对象的住院情况、定点医疗机构医疗费用情况进行监督检查，发现问题及时处理，确保定点医疗机构医疗情况真实、医疗救助合理。

为推行医疗救助管理，统一救助政策、筹资水平、基金管理、待遇标准、经办流程的“五统一”管理模式，全面实现城乡医疗救助市级统筹，市医保局通过外出考察学习、组织专题调研、征求意见、专家论证、召开听证会，形成《昆明市城乡医疗救助管理实施办法（送审稿）》，分别上报市委、市政府、全面深化改革委员会审议并通过，将于2021年1月1日起正式实施。

（许歆滢）

大健康产业

【顶层设计】 2020年1月，围绕国际医疗合作、疫后经济复苏等内容，完成“昆明市健康医疗产业国际化”和“疫后经济应对”2个课题研究，形成《关于高质量推进昆明市健康医疗产业国际化的实施方案》《昆明市大健康产业复苏与健康之城建设相关经济政策建议》。

拟定《打造大健康健身体育产业“310+1”项目　发展昆明市体育数字经济建议书》，9月21日正式印发执行《昆明市大健康产业综合统计报表制度》，将依照有关统计制度，采取部门统计和抽样调查结合的方式，开展对大健康产业发展的统计分析。

【招商引资】 2020年3月，市大健康办对接市级相关部门及县（市、区）政府、园区管委会，收集储备大健康招商项目。6月后，市大健康办牵头组织赴北京，拜访北京体育大学产业管理集团、积善之家集团、寿山福海养老集团，商洽合作推进昆明大健康产业项目事宜，并形成招商报告报市政府。9月，与市发展和改革委员会共同组织开展“中关村科创新企业走进云南昆明站投资考察接待工作”，做好与来昆生物医药大健康企业的沟通对接工作；积极配合市投资促进局、市卫生健康委等部门赴北京、上海、深圳等地开展外出招商活动。

【细胞产业】 市委、市政府于2019年4月成立昆明市发展细胞产业工作领导小组，组长由市委、市政府主要领导担任，下设办公室在市大健康办公室。2020年7月，按照市委、市政府的工作部署，领导小组专题研究昆明市细胞产业发展相关工作，确定昆明发展细胞产业“一园一院六中心七要素胞十条”的总体框架。7月30日，经第69次市政府常务会审议，原则同意市发展细胞产业工作领导小组办公室关于昆明市细胞产业“一园一院六中心”建设有关事项的意见。10月15日，举行昆明细胞产业园开园及签约仪式。收集、研读各地细胞产业发展扶持政策和云南自贸区相关政策，形成《昆明市高质量发展细胞产业十条措施》，10月21日由市政府正式印发施行。

【重点项目】 加快推进与北京博奥生物、泰康人寿、复兴集团、爱仁医药科技等知名企业和机构的对接洽谈，研究有关项目优惠政策，做好重大项目的服务协调工作，积极争取签订战略合作框架协议。为做好项目服务，2020年6月建设完成“昆明市大健康产业地图”项目，通过数据平台掌握产业发展动态，及时对昆明市大健康产业运行情况进行分析研判，发布产业发展简报，指导全市健康产业科学布局、有序发展。泰康之家滇池国际生命健康城、博奥智慧健康综合体等项目正加快开展前期工作，北京通盈集团“双环铂”新药研发生产基地项目、昆药集团股份有限公司昆药生物医药科技产业园项目、国药中生云南血液制品产业基地等已开工，项目正加快工程建设。通过抓产业招商、抓项目服务建设，不断充实大健康项目储备，切实支撑产业发展。

（李金明）

社　　会

编辑：罗桂莲

人力资源和社会保障综述

【就业创业】 2020年，为应对新冠肺炎疫情对就业造成的冲击和影响，先后出台《昆明市2020年稳定就业工作的若干措施》《昆明市疫情防控期间农村地区贫困家庭及边缘户劳动力稳就业保收入十条措施》等政策，筹集就业补助资金4.31亿元。全市提供有效就业岗位18.43万个，城镇新增就业14.68万人，城镇登记失业率为4.22%。围绕支持企业复工复产，全力抓实农村劳动力转移就业，全年转移就业16.56万人（建档立卡劳动力2.52万人）。开发1.11万个岗位面向高校毕业生招录、招聘；投入资金2 000万元，针对高年级大学生和毕业生实施创业、技能培训1.05万

2020年12月2日，第五届“春城创业荟”创业创新大赛总决赛暨颁奖典礼

（市人社局　供稿）

人次；新增见习基地102个，新增见习5 673人；实施“泛海扬帆昆明大学生创业行动”项目和“春城创业荟”创业创新大赛活动，新增市级新型创业创新孵化服务园区12个，发放创业担保贷款8 481人（户），发放金

额13.09亿元；向6.28万名2021届高校（中等职业学校）毕业生发放一次性求职创业补贴6 284.10万元，实名登记高校毕业生就业率达到93.05%。全市共有3.61万名失业人员再就业，3.22万名城镇就业困难人员实现再就业，“零就业家庭”始终保持动态清零；为符合条件的43.66万人次发放临时价格补贴1.18万元，保障失业人员的基本生活不受价格波动影响。

【社会保险】 聚焦灵活就业人员、农民工、新业态从业人员等重点群体，实施精准扩面。年内，全市参加城镇职工基本养老保险、工伤保险、失业保险人数分别为205.81万人、152.09万人、125.24万人，参加城乡居民基本养老保险人数219.55万人。全市1 095个在建项目参加工伤保险，覆盖农民工人群17.60万人次。通过落实降费率、调基数等政策，年内全市共减轻缴费单位负担44.96亿元。全市累计受理3 167户企业延缴养老保险费备案申请、4 222户企业延缴工伤保险费备案申请、945户企业延缴失业保险备案申请，对2.33万户企业发放失业保险稳岗返还资金5.74亿元。出台《昆明市改革完善被征地人员基本养老保障实施意见》，被征地人员基本养老保险制度与国家规定的基本养老保险制度实现衔接并轨，29万名符合条件的被征地人员全部纳入基本养老保险制度保障范围。全市共接收工伤认定申请5 641件，完成工伤认定4 996件；接收劳动能力鉴定申请2 685件，完成鉴定2 397件。企业退休人员养老金实现“十六连调”，企业退休人员平均养老金达3 015元。连续5年同步调整机关事业单位退休人员养老金待遇，月人均养老金水平增长约5%。

【人才队伍建设】 大力实施人才强市战略，全市共引进高层次紧缺急需人才341人（其中，博士学历64人，硕士学历213人，副高及以上职称66人），对188人次高层次人才发放生活补助、164人次高层次人才发放租房补助，合计335.61万元。评选“春城计划青年人才”12人，“青年拔尖人才”25人，“春城首席技师”20人。面向全国开展基础教育学校和医疗卫生机构专项招聘4 062人，其中，教育系统招聘3 503人，卫生系统招聘559人；面向社会和大中专毕业生公开招聘工作人员2 180人。完成2020年度公务员考试录用、事业单位公开招聘、遴选公务员和“三支一扶”计划招募等考试考务组织工作。统筹推进2020年专业技术职称申报评审，全市网上职称申报量达到2.45万人，共有5名专业技术人员享受国务院政府特殊津贴（简称“国贴”），7名专业技术人员获得云南省有突出贡献优秀专业技术人员（简称“省突”）荣誉称号，5名专业技术人员享受云南省政府特殊津贴（简称“省贴”），50名专业技术人员获评昆明市有突出贡献专业技术人员（简称“市突”）称号。昆明市第四人民医院等3个单位成为昆明市第九批博士后工作扶持站设站单位，共扶持建立国家级、省级、市级博士后科研站（扶持站）34个。全市专业技术人员达35.50万人。全年开展职业技能培训51.42万人次，拨付补贴资金4.28亿元。共培养高技能人才1.06万人，组织开展职业技能鉴定704场次，鉴定合格人数5.04万人次。举办职业技能竞赛23场次，涉及职业（工种）51个，产生技术状元59人、优秀技术标兵9人、技术标兵201人。全市共有高技能人才28.26万人，共设立5个国家级技能大师工作室、30个省级技能大师工作室和52个昆明市名匠工作室。

【和谐劳动关系构建】 试点推行电子劳动合同线上签订工作，云南省首个带CA认证的电子劳动合同服务平台在官渡区率先上线运行。全市城镇各类企业签订劳动合同6.40万户，涉及职工174.74万人，劳动合同签订率达到98.16%；全市签订有效集体合同1.40万件，涉及职工142.12万人，集体合同签订率达到93.42%。全力做好根治农民工欠薪工作，维护劳动者合法权益，全市共对7.58万个用人单位及职业介绍机构实施劳动监察，查办各类交办、转办、信访件868件，处理举报投诉案件1 807件，追发1.43万名劳动者工资1.84亿元。强化行政执法与刑事司法衔接，全市共向公安机关移送案件20件。依法公平、公正、公开审理劳动人事争议案件，全市共处理案件9 156件，调裁金额3.09亿元。依法办结网上信访案件502件，复查案件20件。

【帮扶脱贫】 着力巩固提升扶贫成效，推进主城区精准帮扶“一区两县”贫困农村劳动力转移就业，全年完成农村劳动力转移培训16.95万人，实现建档立卡贫困劳动力转移就业2.52万人。主城区为“一区两县”收集并提供就业岗位11万余个，接收安置“一区两县”农村劳动力8 288人（其中建档立卡6 681人）。共建成就业扶贫车间125个，接收安置劳动者就业1.27万人。

围绕城乡居民基本养老保险“应保尽保、应缴代缴、应发尽发”扶贫目标，全市符合参保条件的建档立卡贫困人口27.36万人100%参加城乡居民基本养老保险，60周岁以上符合条件的建档立卡贫困人口5.47万人100%享受城乡居民养老保险待遇；全市符合参保条件的低保对象、特困人员7.35万人100%参加城乡居民基本养老保险，60周岁以上符合条件的低保对象、特困人员3.32万人100%享受城乡居民养老保险待遇。

【行政效能】 扎实推进“放管服”改革，抓实“互联网＋人社”建设，全年共梳理完成省政务平台办理事项167项，其中达四级办理程度146项，进入“一部手机办事通”事项88个。全面梳理确定权责清单事项138项，不断简化优化服务流程，其中行政处罚129项、行政给付1项、行政检查8项，“最多跑一次”事项全部受理、办结。以“练兵比武铸铁军、昆明人社暖人心”为主题，组织全市人社窗口工作人员2 000余人开展“日日学、周周练、月月比”活动。至2020年12月末，完成昆明市人社医保信息系统整体迁移上市政务云、昆明市退休人员社会化管理综合服务平台建设等工作，“昆明人社通”注册用户达到116万人，电子社保卡签发人数达到172.12万人。

（周耀标）

劳动就业和创业

【稳定就业】 2020年，面对复杂的宏观经济形势以及应对新冠肺炎疫情稳就业考验，市人力资源和社会保障系统建立24小时企业用工调度保障机制，为每户重点企业明确1名“人社服务专员”，实行“一对一”帮扶，执行企业用工缺口服务机制，为企业发展提供劳动者人手。“昆明智慧就业”信息系统投入使用并取得成效，让更多劳动者在与企业不见面的前提下成功就业。年内，通过智慧就业平台推送就业岗位39.61万个，有1.47万个用人单位发布招聘信息，招聘岗位点击数达181.69万次，关注找岗7.40万人。组织开展线下招聘会407场，累计发布就业岗位40余万个，服务企业2万余户。以“标准化”“信息化”“精准化”为内涵的昆明经验得到国家人社部认可，并在全国推广交流。昆明市牵头成立省内服务企业用工余缺调剂联盟，联合各州（市）就业部门、第三方机构和各用人单位，及时掌握富余劳动力、企业岗位缺口情况，促进全省各地富余劳动力和企业岗位缺口匹配协调，解决城乡劳动力“就业难”和企业“招工难”等问题。年内，全市城镇新增就业14.68万人，高出年度目标任务12.43万人18个百分点，连续4年保持在14万人以上；城镇登记失业率为4.22%，控制在年度目标任务5.50%以内，低于年度预期1.28个百分点；市场求人倍率达到1：1.80，招聘岗位数明显高于求职人数。

【稳就业政策措施】 面对突如其来的疫情，结合昆明就业、创业工作实际，及时研究出台《昆明市人民政府办公室关于印发昆明市2020年稳定就业工作的若干措施的通知》《关于印发昆明市疫情防控期间农村地区贫困家庭及边缘户劳动力稳就业保收入十条措施的通知》《昆明市2020年促进高校毕业生就业创业十条措施》等稳就业措施，减缓疫情对就业的冲击，加快推动社会经济恢复。及时下发《关于转发省级扩大失业保险保障范围文件的通知》和《关于转发省级部站调整失业保险金标准的通知》等政策文件，指导各县（市、区）和开发园区做好失业保险金、失业补贴金和临时价格补贴等工作，切实保障参保失业人员的基本生活。

【农村劳动力转移就业】 以建档立卡农村劳动力为重点，以东川区及寻甸、禄劝2县为主战场，根据劳动者就业意愿，着力打通跨省转移、省内转移、市内转移、县内转移和就地转移“5条路径”。实施“百企万岗”入昆计划和“百千万”劳务输出工程，多渠道收集开发岗位，发挥第三方人力资源机构作用，多渠道多形式开发省外岗位；依托省内服务企业用工余缺调剂工作联盟，多方开发收集省内岗位。年内，全市农村劳动力累计转移就业121.98万人，占全市农村劳动力总数175.31万人的69.60%，其中建档立卡户通过沪滇劳务协作转移就业2 440人。划片区指定企业相对密集的昆明主城区挖掘筛选合适就业岗位，帮助贫困地区富余劳动力成建制到主城区就业。年内，通过主城区精准帮扶贫困地区农村劳动力转移就业7 685人，其中建档立卡户6 237人；通过招商引资、建设就业扶贫车间等方式开发县内、乡内就地就近岗位，建成就业扶贫车间113个，共吸纳农村劳动力1.20万人。加强跨区域劳务协作，提升就业组织化程度，对省外具有一定规模的企业招工，指派专人帮助集中运送返岗就业人员至目的地，实现家门—车门—厂门无缝转移；对年龄偏大、文化较低、技能较弱等“三无”贫困劳动力，开发乡村保洁、治安巡逻等乡村公益性岗位5 300个托底安置。通过易地扶贫搬迁安置就业1.84万人，其中建档立卡户1.14万人。

【就业创业培训】 2020年，将农村

2020年2月18日，昆明南站欢送昆明籍务工人员到粤就业专列启程
（市人社局 供稿）

劳动力技能培训纳入“职业技能提升培训三年行动计划”中统筹实施，农村劳动力享受培训补贴次数由每年1次（建档立卡贫困劳动力每年2次）提高到所有群体每年都可享受不同工种、不同等级不超过3次的培训补贴，补贴标准由最高补贴1 600元/人细化到分类分档最高达6 000元/人，培训工种由原来的110余个扩展到580余个。夯实职业技能培训基础，创新开展职业技能师资培训；高校毕业生培训范围扩宽，线上培训实现零的突破；实施严格的培训过程监管，提升农村劳动力职业技能培训的针对性和有效性。年内，全市农村劳动力转移培训16.95万人，小儿推拿、育婴师、电焊工、挖掘机等580多个工种纳入培训范畴；加大创业主体培育力度，全市共组织农村劳动力完成创业培训4 840人，帮助有创业意愿和创业能力的劳动者提升创业能力。

【就业困难群体援助】 通过实施再就业援助行动、落实社会保险、开发城镇公益性岗位等措施，强化就业困难人员就业。全市登记失业人员等困难群体需要职业指导的都能得到及时的职业规划和政策解答，需要就业岗位的都能得到3个以上合乎需要的就业岗位，需要就业培训的都能得到合适的培训机会，确实无法通过市场实现就业的还能通过城镇公益性岗位予以安置。年内，全市共开发城镇公益性岗位5 177个，发放社保补贴7 310.60万元，共有3.60万名失业人员和3.20万名城镇就业困难人员实现再就业，帮助全市133户“零就业家庭”共139人实现就业，保持“零就业家庭”动态清零。

【助力企业复工复产】 面对新冠肺炎疫情给经济造成的影响，按照国家和省、市统一部署，打出“降、减、免、缓、延”组合拳，减轻生产经营困难企业资金负担。依据“应享尽享、应返尽返”的原则，对全市2.33万户企业发放失业保险稳岗返还金额5.74亿元，稳定就业岗位77.81万个。对在昆明市从事自主创业，且已进行市场主体登记注册并正常经营（含网络商户）的创业者，可提供20万元个人创业担保贷款；对当年新招用符合条件的、人员数量达到企业现有职工人数15%（超过100人的企业达到8%）并与其签订1年以上劳动合同的小微企业，可提供300万元的创业担保贷款。加大对小微企业的创业担保贷款扶持，年内共发放创业担保贷款8 533笔，发放金额13.30亿元，创业带动2.20万名人员就业。对毕业3年内（含毕业学年）在昆明市创业的大学生给予创业补贴扶持。年内，共发放一次性无偿创业补贴50人，发放金额150万元，带动就业人数670余人；拨付春节期间开工生产、配送疫情防控急需物资的23户企业一次性就业补贴840.57万元，惠及职工5.60万人次；兑现98户园商企业一次性补贴资金256.34万元，涉及新招用城乡劳动者5 900人；兑现9户非国有企业给予就业奖励资金37.76万元，涉及吸纳安置劳动者944人。落实“减免缓延补”，全市完成3.43万户企业的失业保险退费，涉及退费金额2.10万元，财政退费率为100%。对符合“减半”政策的大型企业及社会组织共减收失业保险费4 540.24万元，对符合“免缴”政策的中小微企业及个体工商户共免收失业保险费2.55亿元。落实失业保险费“缓、延”政策，按照“缓、延”政策申报、审批流程，全市有945户参保单位申报延缴，延缴金额3 794.57万元。扩大失业保险参保统筹范围，至2020年末，全市失业保险参保125.24万人，失业保险基金支出20.14亿元。为符合条件的43.66万人次发放临时价格补贴1.18亿元，缓解价格波动对失业人员基本生活的影响。

【高校毕业生就业】 整合全市岗位资源，调动全市各部门力量，千方百计开发岗位，合力推进高校毕业生就业工作。扩大机关事业单位招录（聘）规模，在省级专项招聘教师和医疗人员基础上，市级事业单位岗位再招聘2 000人，同时招录413名公务员补充党政机关。扩大基层就业岗位，为每个社区（村）至少招聘1名大学生；开发公安辅警、流动人员管理和基层服务项目等岗位，提供政策性岗位3 324个招聘高校毕业生。扩大国有企业招聘规模，市政府要求市属国有企业招聘高校毕业生不低于500人，招聘上岗859人，相比2019年增长73%。鼓励中小微企业吸纳高校毕业生就业，兑现企业吸纳高校毕业生一次性吸纳就业补贴。合理设定无固定经营场所管理模式，预留自由市场和摊点群，支持高校毕业生等群体灵活就业和新业态就业，全市共设置无固定经营场摊位5 203个，带动就业6 400余人。扩大培训见习规模，在省级见习补贴基础上，每人每月再补助市级补贴500元，对留用率达到50%以上的用人单位市级就业见习补贴标准提高为600元/人·月。年内，全市计划组织见习5 300人，新增见习基地102个（累计894个），新增见习5 673人。加大网络招聘力度，运用“昆明智慧就业”“昆明人才考试招聘网”等平台加强岗位归集，发布岗位信息20.50万个；加强政校合作，发挥“校园工作站”作用，开展高校毕业生就业招聘活动278场，提供就业岗位10.60万个，促进就业2.38万人。强化高校毕业生实名登记服务，加大对就业困难和困难家庭高校毕业生的就业援助和托底安置。实名登记高校毕业生1.29万人，其中实现就业8 511人，扣除出国留学、继续升学、应征入伍等3 739人，实名登记高校毕业生就业率为93.05%；全市建档立卡户高校毕业生725人，就业率98.40%。为6.28万名2021年届高校毕业生发放一次性求职创业补贴6 284.10万元，为应对疫情稳就业，首次对2020届1 038名湖北籍高校毕业生发放补贴103.80万元。支持企业采取协商薪酬、调整工时、灵活用工、在岗培训等措施稳定工作岗位，

2020年10月31日，举办第八届大中城市联合招聘高校毕业生昆明站巡回招聘会暨人社服务进校园活动 （市人社局 供稿）

对吸纳安置符合条件的劳动者就业的企业给予就业补贴。年内，全市共发放中小微企业招用高校毕业生一次性吸纳就业补贴644笔、1 474.70万元，发放非国有企业一次性吸纳就业补贴107笔、294.10万元。

【创业创新大赛】 举办第五届“春城创业荟”创业创新大赛活动，全市共有报名参赛项目812个。2020年12月2日，大赛总决赛暨颁奖典礼在昆明广播电视台演播大厅举行，46个项目分享百万资助金，获得“春城创业奖”。实施“泛海扬帆昆明大学生创业行动”九期项目，全市共有892个创业项目资料通过网络审核，经各县（市、区）和开发（度假、园）区初审、复审、专家集中评审、公示等程序，最终确定资助扶持202个创业项目。第九期202个资助项目平均年营业额2.53亿元，累计上缴税费325.74万元，带动就业2 582人。年内，全市新增市级新型创业创新孵化服务园区12个，推荐7个创业园区申报省级创业园示范基地和省级创业孵化示范基地；认定省级创业园示范基地2个、省级创业孵化示范基地1个。11月3日，以“推进就业创业可持续发展”为主题的2020年春城就业创业论坛在昆明会堂举办，中国劳动和社会保障科学研究院副院长莫荣、国务院发展研究中心宏观经济研究部研究员张立群应邀出席论坛做主旨演讲。在论坛活动上还同步成立春城创投俱乐部，整合调动国内创投资源，为全市优秀创业者提供投融资、商业规划、品牌提升等支持，为全市推进“双创”服务升级发展提供有益探索。依托昆明学院、昆明高级技工学校开展1 000名农村户籍在校学生、农村青年后备电商人才实训工作。

【职工安置】 按照省级要求，做好化解产能过剩企业职工分流安置工作。年内，全市经确认的化解过剩产能（煤炭整治）企业8户，涉及计划分流安置的1 679名职工已全部得到分流安置。

【外国人来昆工作行政审批】 联合市公安局、市科技局下发《关于切实做好中国（云南）自贸区昆明片区外国人来华就业许可、签证及居留许可相关工作的通知》，授予中国（云南）自贸区昆明片区管委会“外国人来华工作许可”行政审批权限。在全市已有五华区、盘龙区、官渡区、西山区、呈贡区“外国人来昆工作服务窗口”办理外国人来华工作许可审批基础上，增设自贸区昆明片区“外国人来昆工作服务窗口”。年内，持昆明市核发的有效期内工作许可证共997件，其中，A类（高端外国专家）42件，B类（外籍专业人才）825件，C类（其他外籍人员）130件。根据《云南省人民政府办公厅关于公布云南省州级及以下政务服务事项（2020年版）的通知》要求，市人力资源和社会保障局对接市科技局，承接昆明市外国人来华工作许可（C类）行政审批事项，并将该行政审批事项下放至五华区、盘龙区、官渡区、西山区、呈贡区人力资源和社会保障局、经开区社会事务局。积极引导优秀外国留学生在自贸区昆明片区就业创业，并提供相关服务。对接省教育厅，就近3年外语类（含通用语种、非通用语种）专业高校毕业生就业情况、在校外语类大学生基本情况进行专项调查，选取云南大学、云南师范大学、云南民族大学、昆明学院4所具有代表性的高校，对其开展实地走访调研和座谈，了解省内高校外语类学科设置、外语类（含翻译类）毕业生及在校生情况，分析其就业及发展现状，撰写完成云南省外语类高校毕业生情况调研报告。

（周耀标）

和谐劳动关系构建

【劳动关系】 按照昆明市人社局等9部门联合印发的《提升农民工劳动合同履行质量增强实效工作方案》，开展提升农民工劳动合同履行质量增强实效工作，广泛推行农民工简易劳动合同范本，扩大劳动合同制度覆盖面，规范全市农民工劳动用工管理。推行劳动用工网上备案，优化服务指导，提高劳动合同签订率及履约质量。试点推行电子劳动合同，在官渡区正式上线云南省首个带CA认证的电子劳动合同服务平台，企业和劳动者通过“云南人社12 333App”便可线上签订合法的电子劳动合同，改变了云南省劳动合同必须以纸质形式签订的历史，开启劳动合同云南省人力资源服务“互联网+”的新模式。年内，全市城镇各类企业签订劳动合同6.40万户，涉及职工174.74万人，劳动合同签订率达到98.16%；全市签订有效集体合同1.40万件，涉及职工142.12万人，集体合同签订率达到93.42%。

健全工资调控机制，开展企业薪酬调查。按照不同行业类别抽取4 137户企业开展薪酬调查，以便在汇总分析数据的基础上适时发布工资指导线和人力资源市场部分职位（工种）的指导价位，为企业合理确定职工工资、开展工资集体协商、调整职工工资收入提供依据。牵头做好城镇常住居民可支配收入增长5%的指标任务。2020年前3季度，全市城镇常住居民人均可支配收入为3.35万元，同比增长3.40%。按照《昆明市加强协调劳动关系三方机制的若干规定》要求，召开协调劳动关系三方机制会议，通报前期防范新冠肺炎疫情带来的劳动关系风险，分析研判全市劳动关系形势，安排部署促进劳动关系和谐稳定有关工作。发挥三方机制在保企业、保就业、保稳定中的独特作用，帮助企业解决发展中的困难，引导受疫情影响导致生产经营困难的企业完善企业内部协商民主机制，畅通与职工对话渠道，稳定劳动关系和工作岗位。开展劳动关系和谐企业评价，市级三方四家发挥各自职能职责，指导企业积极妥善处理受疫情影响带来的劳动关系问题，依法规范劳动用工，建立健全民主协商机制，提升企业和职工双方协商协调的意识和能力。根据云南省人力资源和社会保障厅等4部门联合印发的《关于开展云南省劳动关系和谐企业评价工作的通知》精神，全市共评价68户劳动关系和谐企业。对重点企业开展点对点监测，选取15户企业作为劳动关系风险监测企业，每户监测企业由三方四家明确1名责任领导开展点对点联系，对企业停工、减产情况，劳动用工情况，员工流失率以及工资按时足额支付等情况进行动态监测，同时根据企业实际情况开展用工指导服务和劳动纠纷隐患化解。

【劳动保障监察】 市人社部门通过开展日常巡查、专项检查、劳动执法年审、受理群众举报投诉、对各种督办件进行专查等方式，共对7.58万户用人单位及职业介绍机构实施劳动监察，涉及劳动者106.33万人次。接听劳动保障维权政策咨询和举报投诉电话1.59万个，发放各类宣传资料16.90万份，查办各类交办、转办、信访件868件，处理举报投诉案件1 807件，追发1.43万名劳动者工资1.84亿元，清退64名劳动者被收取的风险抵押金25.45万元，清退童工26名，督促用人单位为5名劳动者补缴社会保险费13.56万元，对374个严重违反劳动法律法规的用人单位进行行政处罚，共处罚款219.78万元。市人力资源和社会保障劳动监察支队被人力资源社会保障部办公厅、国家市场监督管理总局办公厅联合通报表彰为“2020年清理整顿人力资源市场秩序成绩突出单位”。

在全市启动开展《保障农民工工资支付条例》宣传活动，编印派发《保障农民工工资支付条例》小册子、《保障农民工工资支付条例（企业版）》折页、《致昆明市全广大农民工朋友一封信》共4.50万册，在车载电视、站台电视等持续滚动播放《保障农民工工资支付条例》宣传动漫视频，窗口工作人员结合投诉维权群众实际案例，“以案释法”宣解《保障农民工工资支付条例》，并提供法律咨询和援助，帮助进城务工人员学习《保障农民工工资支付条例》，知晓维权方式和渠道。

推进劳动保障一体执法和联合执法，畅通劳动者维权渠道，市、县两级共建立21个举报投诉窗口和21个举报投诉电话，市本级实现“7+24”全天接听举报投诉电话。完善劳动保障监察机构与“110指挥中心”和“12345市长热线”联动机制，实现“一点投诉、多点联动、统一调度、属地属事管理”的维权处理机制。对举报投诉和检查中发现的欠薪问题及时快速处理，在法定期限内办结。对新媒体如微博、短视频平台等网络媒体反映的欠薪、讨薪问题，第一时间调查处置。抽调434人次与市场监督管理部门联合开展清理整顿人力资源市场秩序专项执法，检查357个用人单位和职业中介机构，由劳动监察部门对存在问题的人力资源服务机构和用人单位现场下达“责令改正决定书”，要求限期整改。开展“两网化”管理及年审，全市劳动保障监察“两网化”覆盖率达到100%。将劳动保障执法网上年审、劳动保障执法信息采集建库、举报投诉、专项检查等业务下沉至四级网格，进一步发挥“两网化”管理制度作用和基层网格优势。年内，全市共发动和组织7.35万个用人单位参加年审，涉及劳动者105.71万人；共对164个缺审的用人单位予以处罚，处罚金额11.53万元。加强行政与司法对接，完善法律援助和司法协作，市法律援助中心、西山区法律援助中心分别在市劳动人事争议仲裁院、西山区劳动人事争议仲裁院挂牌成立法律援助工作站。盘龙区司法局、总工会共同建立盘龙区“职工（农民工）维权岗”。

市人民检察院、市公安局、市人社局联合印发《整治拖欠农民工工资问题　加强协作的实施意见》，从建立办案程序衔接、协作机制、加强办案协作和保障等方面，进一步加强市、县2级检察机关与公安机关、人社部门之间的协作，共同开展拖欠农民工工资问题整治工作。2020年6月15日～8月31日，以工程建设领域和其他易发生欠薪的行业为重点开展根治欠薪夏季专项行动，着重检查政府投资工程项目、国有企业作为建设单位或施工总承包单位的工程项目，以及有欠薪记录的其他在建工程项目。严格贯彻落实新冠肺炎疫情防控期间暂缓缴存农民工工资保证金要求，及时印发通知要求各县（市、区）贯彻落实，确保政策实施期间（2020年3月18日～2020年6月30日）所有房屋建筑和市政基础设施工程建设项目农民工工资保证金暂缓缴存，新缴存的尽快返还，符合条件的应退尽退；落实农民工工资保证金差异化缴存规定，及时通知企业前来办理保证金返还手续，助推建筑企业复工复产。开展根治欠薪冬季专项行动，全市累计检查用人单位1 221个，涉及人数15.44万人，其中农民工14.48万人；办结欠薪案件118件（立案查处34件、通过协调等非立案方式解决84件），追讨补发2 448名农民工工资3 632万元。8月，全国农民工工作第七督察组对昆明市农民工工作开展督察，其中由安徽省牵头负责的保障农民工工资支付工作督察组对昆明市2019年度保障农民工工资支付工作开展实地督察。督察组随机抽取昆明市8个在建项目，累计调阅各类文书资料200余份，问询和电话回访农民工80余人，核对涉及7 500余名农民工的工资台账，对37个用人单位、720余名农民工保障工资支付的实名制管理、劳动合同、工资专用账户、用工打卡考勤、工资发放流水、银行代发工资等情况进行抽验比对，未发现农民工工资被拖欠的情况，60项督察考核项目中无直接扣分和一票否决项目。

【劳动人事争议仲裁】 2020年，全市共处理劳动人事争议案件9 156件，调裁金额为3.09亿元，结案率达98.20%，法定期限内结案率为100%。

坚持“预防为先、调解优先”工作方法，高效完成年初市政府下达的考核目标，全年通过调解方式处理案件5 750件，调处率达63.09%。做好农民工工资争议调解仲裁，坚持快调快处绿色通道，将农民工争议处理程序“化三为一”。强化一裁终局，提高终局裁决比例，最大程度化解劳动争议，发挥仲裁便捷高效优势，年内全市仲裁裁决案件2 690件，一裁终局923件，终局裁决率为34.31%。严格落实人社部及省人社厅疫情防控期间关于劳动关系的相关决策部署，结合疫情防控期间工作实际，及时发布业务办理公告并采取相应防控举措，推进劳动人事争议仲裁工作及时有序开展，做到案件处理和疫情防控两不误。做好政策宣传解读和风险排查化解，讲好规范用工有序管理专项课程，搭建劳动者和用人单位沟通桥梁，落实特殊时期惠及劳动者和用人单位政策办法，有效防范和及时化解矛盾风险。

积极开展“线上调解”和“线上开庭”，确保调裁服务不拖延、不打烊、不停滞。市劳动人事争议仲裁院及主城5个区各仲裁院积极研发推行线上调裁小程序，五华区仲裁院推行“劳动纠纷求助”小程序，开展线上线下同步调解；官渡区仲裁院建立“疫情防控期间官渡区劳动人事争议处理”线上咨询平台及劳动仲裁申请线上服务平台。加强裁审衔接，会同法院研究疫情防控期间争议处理涉及劳动保障法律适用突出问题，共同印发《关于审理新型冠状病毒感染肺炎疫情防控期间涉及劳动争议案件有关问题的会议纪要》，科学指导县（市、区）仲裁机构和基层法院审理劳动争议案件，实现政治效果、法律效果、社会效果相统一。

畅通法律援助渠道，与市法律援助中心联合印发《关于建立劳动争议调解仲裁与法律援助联动机制的意见》，与省法律援助中心合作设立便民服务法律咨询窗口，合法合理引导劳动者诉求，依法妥善处理劳动争议。加强与劳动监察、工伤、社保、司法、工会等多部门对接，开展“重点企业”劳动领域矛盾纠纷摸排，联合多部门强化工作力度，管控矛盾源头，扼制纠纷苗头。编写《劳动仲裁办案实用手册》，整理收录近100种常用法律文书模板，进一步提升仲裁工作标准化、精细化水平。对于调解案件努力实现“三个当场”（当场调解、当场出具调解书、当场履行），不断优化服务效能。与监察部门建立工作联动并行、信息共享互通联动办案机制，为事实清楚、争议不大的简单仲裁案件开辟“快速调处通道”，为涉及多部门共同处置的争议开通“优化移送捷径”，确保争议处理不绕路、不耗时。与社保部门建立社保信息查询机制，对涉及劳动者申请补缴社会保险的案件进行及时调查和跟进，对接上级业务指导部门，审慎稳妥处理社保领域新问题，切实维护劳动关系和谐稳定。

（周耀标）

劳动保险

【城镇职工养老（工伤）保险】 2020年末，全市参加城镇职工基本养老保险人数205.81万人，完成年度目标181.78万人的113.22%。其中，城镇职工参加基本养老保险149.64万人，完成年度目标126.98万人的117.85%；城镇职工参加工伤保险152.09万人，完成年度目标117万人的129.99%。城镇职工基本养老保险、工伤保险参保人数比2019年末分别净增29.89万人、35.63万人。

【社保降费减负】 继续执行降费率、调基数等社会保险政策。年内，全市为参保企业和职工减少养老保险缴费负担39.79亿元，其中，为企业减负33.80亿元，为职工减负5.99亿元；为参保企业减少工伤保险缴费负担3.37亿元。疫情期间，快速落实社保费减免缓延等惠企政策，按照“应享尽享、应兑尽兑”原则，加大宣传力度、注重分类施策、优化工作流程、主动服务企业，推行减免“不用办”、缓缴延缴“不用跑”等便利措施，减轻企业负担，帮助企业恢复生产，渡过难关，助力保市场主体、稳就业和保就业工作。年内，全市共为6.29万户参保企业减免企业养老保险费66.14亿元；为6.37万户参保企业减免工伤保险费2亿元；3 167户企业申请养老保险延缴，延缴金额14.90亿元；4 222户企业申请工伤保险延缴，延缴金额1 584万元。

【落实社保各项待遇】 企业退休人员养老金实现"十六连调"，连续第5年同步调整机关事业单位退休人员养老金待遇，月人均养老金水平增长约5%，惠及全市40.61万退休人员。养老金待遇调整后，全市企业退休人员人均增资167元，平均基本养老金水平达到3 015元；机关事业单位人均增资199元，平均基本养老金水平达到5 184元。年内，全市累计发放企业离（退）休人员基本养老金128.27亿元、丧葬抚恤补助支出3.26亿元、工伤保险待遇支出3.79亿元，月均支付率为100%。

【企业退休人员属地管理】 按照省人社厅、省社保局通知要求，下发《昆明市社会保险局关于进一步做好国有企业退休人员移交工作的通知》，推进企业退休人员移交街道社区实行社会化管理。每星期五向省社保局报送调度表，加强与省局的请示汇报和市国资委的沟通协调，保障移交平稳有序推进。全市直接管理的1 822名退休人员（市本局直接管理411人）已基本完成基础信息采集，移交协议待市政府及市国资委出台具体移交细则再签订。

【退役士兵养老保险接续补缴】 成立昆明市退役士兵养老保险接续补缴工作领导小组，配备"专班人员"，做好退役士兵养老保险接续补缴。积极配合退役军人事务管理局有序做好退役士兵养老保险核查、补缴等相关工作。至年末，全市4 035名在退役军人事务部门申报核定补缴的退役士兵全部完成养老保险补缴工作；对完成补缴的退役士兵做好后续转移接续工作，按规定向符合人员支付享受养老待遇，切实维护退役士兵的合法权益。

【社保经办转型线上办理】 全市社保经办部门化疫情之"危"为经办服务转型之"机"，依托云南省社保网上办事大厅实行网上办理、不见面办理。社保窗口设置预约服务，科学安排业务办理，实现"零跑腿、零接触"。至年末，全市网厅注册数5.02万户、注册率85.40%，网厅办理占比超过50%，"不见面"办理模式初见成效。积极扩展社保卡应用场景，举行"昆明市新增社会保险待遇领取人使用社会保障卡领取待遇启动仪式暨合作银行签约仪式"。从6月起，全市7 070名新增的养老、工伤保险待遇领取人使用社保卡银行账户领取待遇，有近40万待遇领取人逐步引导过渡到使用社保卡银行账户领取待遇，领取社保待遇人员资格认证工作实现全覆盖。同步开展机关事业单位和企业领取待遇人员认证工作，构建信息比对、资格确认、社会化服务相结合的待遇领取资格确认新模式，全面推广利用手机App开展自助确认，实现待遇领取资格确认"指尖办""自助办"，全市手机认证率超过80%。

【工伤保险重点预防】 率先在全省开展2020年昆明市工伤保险预防项目，组织重点领域工伤预防项目线下培训58场，培训4 011人，组织现场工伤危险因素风险评估51次。针对非重点领域参保企业更大规模的工伤预防项目已通过政府采购招标程序，于11月初启动，扩大工伤保险的覆盖面。

扎实推进尘肺病高风险企业参加工伤保险工作，对照各县（市、区）卫健部门提供的尘肺病危害重点行业用人单位登记情况及职工名单对辖区内尘肺病高风险企业进行逐一核实排查，筛查出未参保单位及人员，通过走访宣传、电话告知、下发参保通知等多种方式，积极引导和督促企业参保。推进尘肺病重点行业工伤保险扩面专项行动，切实保障尘肺高风险企业职工工伤保险权益。

【社保经办风险防控】 加大数据稽核，对省下发的45万条社保数据质量进行稽核整改。对疑似死亡冒领、重复领取、在押服刑人员领取养老金近2 000条疑点数据开展核实整改。按照全省半年工作会通报的养老保险、工伤保险参保稽核情况，因用人单位未如实申报缴费基数造成少缴的600万元社会保险费于11月全额补缴完成。对审计署驻昆办审计出的"2019年昆明市共有4.05万户企业已办理工商注册但未进行社保登记数据"的问题进行核实整改核查，建立与市场监管部门信息共享机制，推动全市参保扩面工作有效开展。开展违

2020年11月26日，昆明市2020年城市工伤预防项目启动仪式

（市人社局　供稿）

规领取社保待遇追回，对省级下发的省内重复领取养老保险待遇、工伤保险待遇人员进行核实整改。依据不同人员情况采取“点对点、一对一、面对面”的方式进行催告和约谈，送达“退回违规领取社保基金告知书”，建立违规领取人员跟踪台账，实行动态监督。通过与市中级人民法院协调，打通“非诉强制执行”追讨路径，全额追回省内重复领取养老保险待遇、工伤保险待遇25.62万元。探索社会保险信用建设，通过把欺诈冒领社保待遇行为列入失信黑名单并实施联合惩戒，在全社会树立起社保基金“高压线”意识，维护基金安全完整。

【城乡居民养老保险】 2020年，全市城乡居民基本养老保险参保人数219.55万人，完成目标任务的103.30%，领取待遇人员54.56万人，发放率达100%，超额完成全年城乡居民养老保险参保目标，确保符合参保条件的建档立卡贫困人员100%参加城乡居民社会养老保险。

按照国家、省级人社部门关于完善基本养老保险制度的总体部署和要求，市政府办公室印发《关于昆明市改革完善被征地人员基本养老保障实施意见》，于2020年3月1日正式实施，对符合条件的原被征地人员全部纳入基本养老保险制度保障范围。全市各级政府成立由人民政府和公安、财政、自然资源规划、农业农村、审计、人社等部门组成的工作领导小组，明确责任主体，稳步推进并轨工作实施。下发个人账户信息数据，各县（市、区）对参保人员信息、个人账户及政府补助金额、待遇人员等数据进行比对，并与城乡居民基本养老保险参保数据及参保状态进行核查，为财政部门合并被征地基金提供精准翔实的资金总额。印制政策解读宣传册15万份，结合疫情防治工作，做好参保群众的咨询解答，帮他们算经济账、算实惠账。按照相关文件要求，市财政局、人社局对原被征地人员养老保险进行数据归集和资金测算。经核对整理原被征地人员基本养老保险参保人员信息，至年末，原被征地人员已参加基本养老保险31.25万人，完成29.78万人（含退保）制度衔接工作，其中参加灵活就业等原因退保1.30万人，因市外参保等各类原因封存状态人员需进一步核实处理9 300人，原参保人员与城乡居民基本养老保险制度衔接基本完成。

为确保完成城乡居民基本养老保险“应保尽保、应缴代缴、应发尽发”各项扶贫目标，全市各级经办机构持续推进落实社保扶贫“清零行动”。至年末，全市符合参保条件的建档立卡贫困人口数27.47万人，参保率达100%；符合城乡居民基本养老保险60周岁以上领取待遇的建档立卡贫困人口5.45万人，已100%享受城乡居民养老保险待遇；全市符合参保条件的低保对象、特困人员7.53万人，参保率达到100%；符合城乡居民基本养老保险60周岁以上领取待遇的低保对象、特困人员3.36万人，已100%享受城乡居民养老保险待遇。与市财政局联合印发《关于下达2020年建档立卡贫困人口、低保对象和特困人员参加城乡居民基本养老保险市级财政代缴资金的通知》，下达代缴资金到各县（市、区），要求6月底前完成年度代缴工作，确保符合条件的建档立卡贫困人口、低保对象、特困人员等困难群体100%由政府代缴100元的城乡居民基本养老保险费，确保60周岁以上贫困人员100%按时足额享受待遇，确保符合条件建档立卡贫困人口100%参加城乡居民基本养老保险。

做好全市劳动能力鉴定工作，包括工伤伤残等级鉴定、劳动能力鉴定、康复和辅助器具配置确认、延长停工留薪期确认、伤病关联性鉴定、工伤康复审批等鉴定。至年末，全市共做出劳动能力鉴定2 397件，其中，工伤初次鉴定1 775件，延长停工留薪期确认18件，辅助器具配置确认25件，工伤康复确认228件，疾病与事故伤害关联确认43件，因病（非因公）劳动能力鉴定308件。

（周耀标）

人才队伍建设

【事业单位计划招聘】 2020年，按照《云南省应对新冠肺炎影响大幅增加名额面向全国开展基础教育学校和医疗卫生机构专项招聘优秀高校毕业生工作方案》，开展基础教育学校和医疗卫生机构专项招聘。年内，全市教育系统计划招聘岗位人数3 675人，发布岗位351个，实际招聘人数3 503人；全市卫生系统计划招聘人数1 170人，发布岗位542个，实际招聘559人；教育、卫生系统共招聘4 062人。

全市事业单位面向社会和大中专毕业生开展2批公开招聘工作。第一批招聘人员1 464人。其中，市属事业单位招聘617人，县（市、区）招聘847人；教育系统招聘435人（其中“双一流”大学专项招聘133人），卫生系统招聘246人（其中抗疫一线专项招聘24人），其他招聘783人。第二批招聘人员769人。其中，市属事业单位招聘579人，县（市、区）招聘190人；教育系统招聘163人，卫生系统招聘335人，其他招聘271人。全市定向招聘大学生村官到事业单位178人。积极推进全市岗位设置管理，提高“云南省事业单位岗位设置管理系统”使用率，审核63个市属事业单位岗位设置。为84名市属事业单位工作人员办理调动手续，完成2020年度全市事业单位工作人员统计工作。

【专业技术人才】 2020年，全市网上职称申报数2.45万人，其中1.08万人申报中级职称、7 048人申报高级职称，全市非公有制经济专业技术人员和自由职业者申报职称数达1.45万人，占全年申报量的60%。将中级职称破格评审权下放到各职称评委会。

在市人才服务中心组建非公有制经济组织工程系列初级职称评委会，共有1 476人申报职称。全力支持自贸区建设，在经开区组建中国（云南）自由贸易区昆明片区建筑工程中级职称评审委员会，共有354人申报职称。完成高层次专业技术人才选拔和博士后工作扶持站建站工作。开展2020年度享受国务院政府特殊津贴专业技术人员推荐选拔，最终5人入选。开展云南省有突出贡献优秀专业技术人员、享受云南省政府特殊津贴专业技术人员推荐选拔，最终7名专业技术人员入选"省突"、5名入选"省贴"，50名专业技术人员获评"市突"称号。昆明市第四人民医院、中国前寒武系省级地质自然保护区管护局、昆明市城市排水监测站3个单位，经申报和评审，成为昆明市第九批博士后工作扶持站设站单位。昆明市推荐的昆明龙津药业股份有限公司被批准新设为省级博士后工作站，2个单位被省委组织部和省人社厅批准设立专家基层科研工作站。完成全市"春城计划"高层次人才培养工程"春城青年拔尖人才"专项工作，最终评选出25名候选人上报市委组织部。

表23　2020年昆明市副高级及以上专业技术人员分类一览表

单位：人

专业类别	副高级	正高级
高校教师	723	139
中专教师	160	4
中学教师	9 527	76
小学教师	8 953	2
技校教师	87	1
自然科学研究	37	22
社会科学研究	14	6
工程技术	3 882	279
卫生	2 723	763
农业	1 589	99
经济	297	5
会计（审计）	199	7
统计	59	
档案	63	
新闻	42	1
文物博物	47	4
出版	2	
图书	208	10
工艺美术		
教练员	33	4
翻译		1
艺术	154	12
播音	4	
律师、公证	6	7
实验技术	21	
小计	28 830	1 442
合计	30 272	

【职业技能人才】 根据《中共昆明市委办公厅　昆明市人民政府办公厅关于印发"春城计划"高层次人才引进实施办法等五个文件的通知》和《昆明市人力资源和社会保障局关于印发"春城计划"高层次人才引进工程青年人才专项实施细则（试行）等三个文件的通知》要求，评选出20名昆明市"春城计划"首席技师推荐人选，上报昆明市人才工作领导小组审定。发挥全市名匠引领示范作用，积极营造尊重劳动的社会风尚和精益求精的敬业风气。在滇江俊发广场举办"第四届昆明市名匠杯职业技能大赛"启动仪式暨快递行业快递员技能竞赛，来自全市邮政、顺丰、京东、中通等10个品牌快递企业的优秀选手展开激烈角逐。在大观公园开展"我们的节日·中秋暨2020年昆明市名匠进社区"活动，将全市高技能人才工作与"我们的节日"主题活动有机结合，以传统节日为载体，既为全市名匠搭建一个技术交流、展示创新成果的舞台，又丰富了主题党日活动的内涵；大力弘扬劳模精神和工匠精神，为国际性中心城市发掘和储备优秀高技能人才。

【职业技能培训】 以高技能人才队伍建设为核心，优化高技能人才成长环境，激发人才创造能量和活力，着力建设知识型、技能型、创新型劳动者大军，为全市跨越发展提供人才保证和智力支持。年内，完成高技能人才培养1.06万人，其中，高级工9 328人，技师、高级技师1 250人；完成高技能人才培养任务1万人的105.78%，新技师培养任务600人的208.33%。全面实施职业技能提升行动，印制下发《昆明市人力资源和社会保障局关于下达2020年技师培养计划的通知》，通过送政策进企业，对多户企业、行业协会进行政策宣传、答疑解惑。按照《云南省财政厅　云南省人力资源和社会保障厅关于技师培训项目补贴资金使用管理有关问题的通知》要求，对2020年新技师培训补贴资料进行审核，审核完成4户企业、149.80万元的培训补贴申报资料，并完成拨付工作。

【人力资源流动管理】 制订印发《昆明市人力资源和社会保障局关于充分发挥市场作用促进人才顺畅有序流动的实施方案》《昆明市事业单位工作人员调配管理办法》《关于进一步做好高校毕业生服务基层项目有关工作的意见》，引导发挥市场秩序促进人才有序顺畅流动，规范事业单位人员调配，引导和鼓励高校毕业生到城乡社区就业创业。落实高层次人才引进工程青年人才专项评审推荐及高层次人才服务工作，根据《"春城计划"高层次人才引进工程青年人才专项实施细则（试行）》，经组织申报、专家评审、实地评估等程序，推荐11名高层次人才项目入选2020年度"春城计划"高层次人才引进工程青年人才专项。根据《昆明市促进高层次人才创新创业实施办法》，经组织申报和评审，认定2户研发能力强的企业在发达地区设立研发中心入选2020年度资助名单。收集和发布全市海内外高层次紧缺急需人才需求信息，组织参加以"2019海交会"为代表的赴外人才交流招聘等活动，全年共引进高层次紧缺人才343人（博士64人，硕士213人，副高及以上职称人才66人），发放高层次人才项目扶持资金和生活租房补助767万余元。积极为引进人才提供人事档案代理、户籍迁转、配偶随调、社保接转、子女就学等服务，营造人才"引得进、留得住、用得好"的良好氛围。促进人力资源服务业发展，规范人力资源服务机构服务行为，指导人力资源服务机构投入疫情防控，号召人力资源服务机构紧密团结、齐心协力提供形式多样、精准有力的服务内容，助力企业渡过难关。发挥人力资源服务行业价值助力脱贫攻坚，主动参与农村劳动转移输出、就业服务精准对接、战疫情促脱贫专场招聘、创业指导、贫困地区技能扶贫5个行动，组织部分人力资源服务机构赴东川区再就业特色园区，为园区企业介绍人力资源服务内容，宣传社会保障政策，提供人力资源咨询服务，从组织领导、扶持政策等方面积极推进人力资源服务业发展和产业园建设。2020年，全市新招募"三支一扶"人员54人，至年末"三支一扶"有在岗人员108人；拨付"三支一扶"人员生活补贴和社保补助资金130余万元，做好服务期满"三支一扶"人员聘用为事业单位人员和就业

2020年7月15日，昆明市2020年"7·15"世界青年技能日暨"12333"全国统一咨询日活动举行
（市人社局　供稿）

创业各项服务工作。开展第三轮高校毕业生“三支一扶”计划总结评估工作，对2016～2020年招募人员、管理服务、待遇保障、就业安置等58项内容进行资料收集和总结。

【高校毕业生就业服务】 2020年，昆明市人才市场着力抓好疫情期间高校毕业生就业服务，拓宽就业渠道，创新就业服务形式，做好高校毕业生就业登记、提供政策咨询、职业介绍等服务，并推送招聘会信息。年内，为9 020名毕业生办理就业报到登记手续；1 087户企业通过视频面试专区参加线上招聘活动，提供就业岗位3.23万个；6 732名求职者入场与心仪的企业进行线上对接，累计投递简历8 590份。随着疫情逐渐稳定，开展各类线下招聘活动，组织企业先后到云南师范大学、云南农业大学、昆明医科大学、昆明学院等院校举办专场校园招聘会4场，招聘单位273个，提供岗位6 800余个。10月31日，成功举办第八届大中城市联合招聘高校毕业生昆明站巡回招聘会暨人社服务进校园活动，共有省内外220余个单位参加，提供就业岗位1万余个，进场求职人数达1万余人次，收到简历9 000余份，达成初步就业意向700余人。现场设置政策咨询区，对全市高校毕业生就业创业、“三支一扶”、档案管理、社会保障、劳动关系及人事争议仲裁等政策进行集中宣传和讲解。发挥校园工作站作用，牵头促使昆明龙津药业有限公司与昆明医科大学、云南中医药大学签订政校企三方实习基地协议，全市51个校园工作站共举办线上线下各类招聘活动3 680场次，提供岗位66.83万个，6.52万人实现就业。完成省外高校毕业生到昆明就业创业的租房补贴和岗位开发补贴申报工作，受理274人的租房补贴和569个岗位开发补贴的申报。

2020年6月后，针对驻昆高校毕业前2年的高年级学生群体（含技工院校和特殊教育院校职业教育类学生）开展职业技能提升培训，全年共完成130个培训班、6 815人次的培训任务。培训内容包含电商运营管理、小儿推拿、育婴师、保健按摩培训、劳动关系协调员等21个工种。

【人事代理服务】 强化公益保障，提升人事代理工作服务水平。提高档案管理服务质量，着力加强档案规范化、标准化、信息化管理。年内，共接收档案2.10万份（其中，学籍档案1.90万份，流动人员档案1 979份），转出档案8 582份，个人材料归档902份。签订单位及个人人事代理管理合同258份，开具政审证明636份、存档证明1 387份，出具档案接收函1 326份，接受人事代理综合业务政策咨询3万余人次。做好人力资源集体户管理服务，为人力资源集体户落户人员提供落户政策咨询解答、申请材料报批及户口页保管及利用等服务，单位人力资源集体户落户403人。重组昆明市非公有制经济组织工程技术初级职称评审委员会，扩大原有非公有制经济单位工程技术初级职称评审范围，规范评审流程，组织召开2020年昆明市非公有制经济组织工程技术初级职称评审会，有548人通过评审，获得初级专业技术职务任职资格。为98人办理中、高级职称证书补办及确认手续。

【人事人才考试】 加强规范管理，稳步开展人事人才考试工作。年内，完成云南省2020年度考试录用公务员昆明考区笔试和面试考务组织工作。其中，笔试共设置30个考点、1 601间考场，工作人员4 000余人次，完成4.80万人的笔试考试任务；面试共有841人参加。开展昆明市2020年事业单位公开招聘笔试工作，有52个单位参加统一考试，涉及810个岗位，招聘人数941人，共5.87万人成功报名，其中，综合类4.69万人，教育类1.05万人，卫生类1 321人，免笔试研究生228人，在主城区及晋宁区、安宁市、嵩明县共设立22个考点、1 564个考场，工作人员4 000余人次。完成一级建造师资格考试1.57万人、4个科目累计4.96万人次的笔试考试任务；完成一级造价师昆明考区考试5 730人、4个科目累计1.70万人次的笔试考试任务；完成执业药师职业资格考试昆明考区9 401人、4个科目累计3.13万人次的笔试考试任务；完成国家经济专业技术资格考试（初级、中级）昆明考区机考12场次、7 832人次的考试任务；完成昆明市市级机关及各相关县（市、区）遴选公务员、“三支一扶”计划招募和市人社局局属6个事业单位公开招聘及公开选调面试等考试的考务组织工作，参考人数1.10万人。

【人事人才信息平台建设】 对网站进行日常监测，定期备份网站数据，保障人才中心依托网站开展的业务平稳有序运行，全年昆明人才招聘考试网访问量达500余万次。加强线上人事人才服务保障，开展多渠道线上发布，昆明市人才服务中心官方微信公众号于3月6日正式上线。拟定《昆明市人才服务中心微信公众平台信息发布管理规定（试行）》，有序开展微信公众号运营，全年共发文246篇。探索人才人事信息化创新，初步形成以手机App、微信小程序、微信公众号、网站、各业务经办系统建设规划。

深入了解高层次人才的具体需求，征集人才服务需求信息，听取用人单位和人才群体意见，实地走访60余人，梳理人才意见建议40余条。建立“春城计划人才群”，及时发布相关政策和通知，每天12小时在线解答人才引进政策、职称评审、资金使用、税务法规等问题。年内，共完成89名高层次人才的个人信息采集、证书校对、盖章发放工作；采用购买服务的方式，为符合办理绿色通道服务证的6名高层次人才提供机场、高铁贵宾通道服务；为56名高层次人才提供在昆明市延安医院体检中心的体检服务。

【流动党员管理】 增强服务意识，规范流动党员管理服务。用好党群活动中心服务阵地，一楼招聘专区从5月至年末共组织各类招聘会28场，进场人数6 000余人。各流动党员党支部在党群活动服务中心开展“三会一课”活动39次，参加党员690人次。在市委党校市人才服务中心教学点完成10批次、1 096人次“万名党员进党校”培训工作。加强流动党员跟踪管理，对接流出地与流入地党组织，确保不产生新的失联党员。党员统计系统及纸质党员名册数据及时更新，做到底数清、情况明，动态管理规范，转化流动党员党支部“蓄水池”为“中转站”的功能，流动党员总数呈下降态势。年内，党员组织关系转入16人、转出91人；云南省党统数据库中党员1 283人（含失联停止党籍和出国保留党籍人员），实际管理流动党员935人。

（周耀标）

城乡居民生活

【人均可支配收入】 2020年，昆明市城镇常住居民人均可支配收入4.80万元/人，比全国4.38万元高4 184元，比全省3.75万元高1.05万元；收入增幅为3.70%，比全国3.50%高0.20个百分点，比全省3.50%高0.20个百分点。昆明市农村常住居民人均可支配收入1.77万元/人，比全国1.71万元高588元，比全省1.28万元高4 877元；农村收入增幅为8.30%，比全国6.90%高1.40个百分点，比全省7.90%高0.40个百分点。

2020年，昆明市城镇和农村常住居民人均可支配收入在全省各州市中均排名首位，分别比第二名的玉溪市高出5 893元/人和884元/人，分别是排名最末的怒江州的1.75倍和2.27倍；昆明市城镇常住居民人均可支配收入同比增长3.70%，在全省16个州市中排名第八；农村常住居民人均可支配收入同比增长8.30%，在全省16个州市中排名第二。昆明市农村常住居民人均可支配收入增速快于城镇常住居民人均可支配收入增速4.60个百分点，城乡居民人均可支配收入倍差由2019年的2.83降为2.71，城乡收入倍差进一步缩小。其中，寻甸、东川、禄劝3个国家扶贫开发重点县（区）农村常住居民人均可支配收入增幅分别为8.70%、8.80%、8.90%，比全市农村居民收入增幅8.30%分别高0.40、0.50和0.60个百分点。

表24 2020年昆明市各县（市、区）城乡居民收入情况一览表

行政区划	城镇常住居民人均可支配收入		农村常住居民人均可支配收入	
	绝对额（元/人）	增幅（%）	绝对额（元/人）	增幅（%）
昆明市	48 018	3.70	17 719	8.30
五华区	48 942	3.70	22 790	8.20
盘龙区	49 177	3.70	22 954	8
官渡区	48 997	3.70	24 073	7.60
西山区	49 015	3.80	23 595	8.20
东川区	36 610	3.80	10 243	8.80
呈贡区	48 427	3.70	23 298	8.20
晋宁区	44 423	3.60	18 679	8
富民县	43 930	3.60	17 374	8.10
宜良县	45 015	3.80	17 701	7.70
石林县	45 213	3.40	17 440	7.90
嵩明县	44 583	3.60	17 239	7.90
禄劝县	36 807	3.40	10 553	8.90
寻甸县	38 634	3.70	10 847	8.70
安宁市	48 021	3.90	21 410	8.40

【城乡居民收入结构】 2020年，全市城镇常住居民可支配收入中4大项占比分别为工资性收入56.10%、经营净收入7.20%、财产净收入18%、转移净收入18.80%；农村常住居民可支配收入中4大项占比分别为工资性收入49.20%、经营净收入37.30%、财产净收入6.80%、转移净收入6.70%。

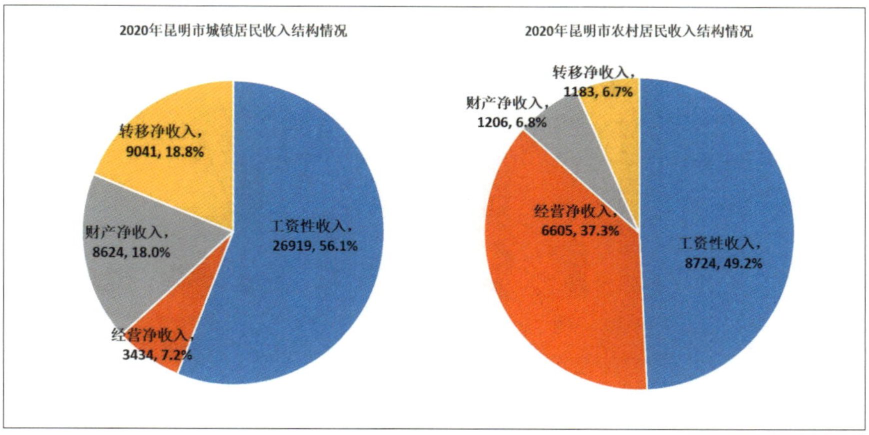

图12　2020年昆明市城镇和农村居民收入结构情况图

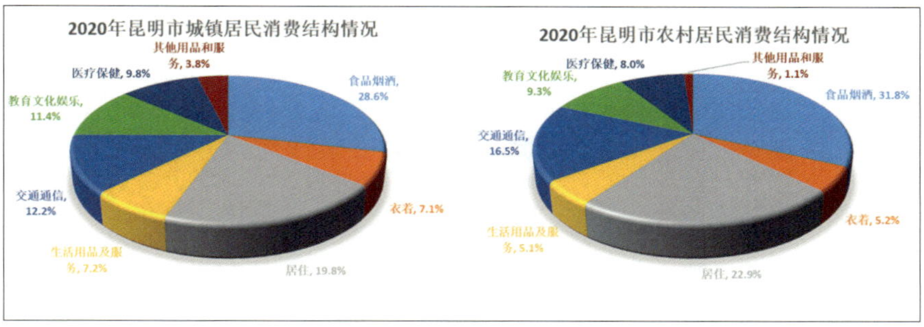

图13　2020年昆明市城镇和农村居民消费结构情况图

【城乡居民收入增长因素】 为应对新冠肺炎疫情影响，市相关职能部门指导帮助企业用足国家和地方在疫情防控期间出台的《关于进一步强化金融支持防控新型冠状病毒感染肺炎疫情的通知》《关于支持新型冠状病毒感染的肺炎疫情防控有关税收政策的公告》《昆明市人民政府关于印发支持企业有效应对疫情稳定经济增长若干政策的通知》等一系列红利政策，全力保供稳价，多措并举促涉农企业复工复产，农业龙头企业复工复产率达99.48%。出台《稳就业保收入十条措施》《稳定经济增长若干政策》，压实市、县、乡、村4级责任，全市提供各类就业岗位近30万个，发放稳岗补贴5.45亿元；组织培训机构进乡入村实施职业技能提升行动，拨付培训资金1.20亿元，组织培训班689个，培训10.50万人次。促进高校毕业生就业创业，开展高校毕业生创业和职业技能培训1.05万人次，扶持268名高校毕业生创业，发放创业担保贷款3 933万元；兑现高校毕业生求职创业补贴4.82万人，发放补贴4 821.60万元。

规范有序做好引摊入市工作，设置临时摊点5 200余个，提供就业岗位6 000余个。收集招聘单位信息5 356个，开发有效就业岗位2.19万个，组织返岗务工20.58万人，其中转移就业4.85万人。发布《昆明市疫情防控期间农村地区贫困家庭及边缘户劳动力稳就业保收入十条措施》，主城区帮扶“一区两县”（东川区、寻甸县、禄劝县）完成转移就业和接收安置7 500名农村劳动力，其中贫困家庭农村劳动力6 000人，提供有效就业岗位信息8万个。全市首批12户企业获得失业保险稳岗返还资金1 167万元。

【恩格尔系数】 2020年，全市城镇居民家庭中食品烟酒支出占消费支出比重（恩格尔系数）为28.60%，农村居民家庭中食品烟酒支出占消费支出比重（恩格尔系数）为31.80%。受新冠肺炎疫情影响，全市城乡居民恩格尔系数有所提高，但城乡居民生活水平理论上仍为国际认可的富裕水平。

【居住配套条件】 2020年，全市城镇居民人均住房建筑面积为47.42平方米，水电燃料及其他支出551.03元，人均居住支出7 344.76元，同比下降2.10%。全市农村居民人均住房建筑面积为52.67平方米，水电燃料及其他支出300.16元，人均居住支出3 159.33元，同比增长1.20%。住房配套设施进一步提高，城镇居民有38.90%的家庭炊用燃料使用管道天然气和管道煤气，有41.80%的家庭选择用电作为主要炊用能源；农村居民有74.30%的家庭选择用电作为主要炊用能源。

【消费状况】 2020年，全市城镇居民人均消费性支出3.71万元，同比增长4.80%，增速高于全国8.60个百分点；全市农村居民人均消费性支出1.38万元，同比增长7.70%，增速高于全国4.80个百分点。

【居民消费特点】 农村居民人均消费支出增速高于城镇居民，城乡居民消费结构趋同。全市农村居民人均消费支出同比增长7.70%，高出城镇居民2.90个百分点。从消费结构来看，食品烟酒和居住是全市城乡居民的主要消费支出部分。受新冠肺炎疫情影响，全市城乡居民食品烟酒、居住、交通通信、教育文化娱乐支出占比有所波动，但从整体来看，城乡居民消费结构基本保持稳定，消费结构趋同。

全市城镇居民消费支出中，除居

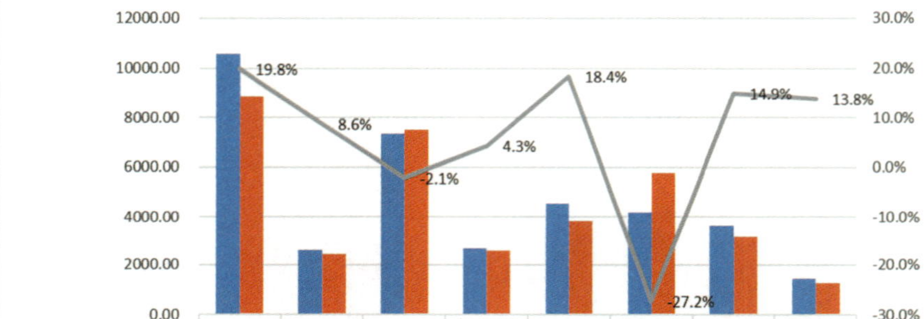

	食品烟酒	衣着	居住	生活用品及服务	交通通信	教育文化娱乐	医疗保健	其他用品和服务
2020年	10586.89	2630.57	7344.76	2674.36	4539.32	4206.53	3647.57	1426.62
2019年	8834.32	2423.31	7503.18	2564.71	3834.54	5775.11	3175.34	1253.34
2020年同比增幅	19.8%	8.6%	-2.1%	4.3%	18.4%	-27.2%	14.9%	13.8%

图14　2020年昆明市城镇居民消费结构情况图

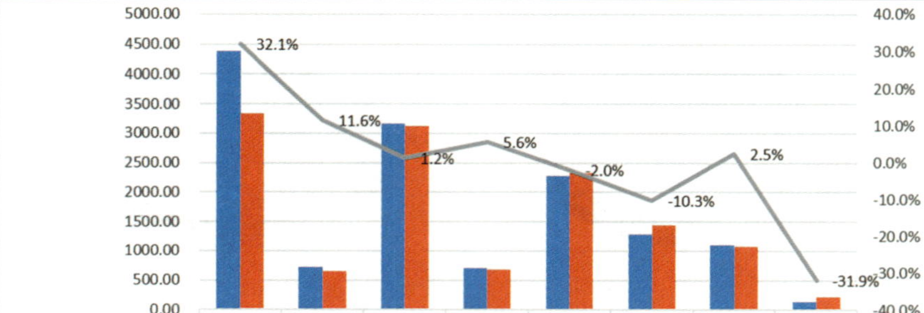

	食品烟酒	衣着	居住	生活用品及服务	交通通信	教育文化娱乐	医疗保健	其他用品和服务
2020年	4395.66	721.12	3159.33	708.25	2283.63	1291.20	1101.99	149.05
2019年	3327.62	646.11	3120.77	670.45	2330.62	1439.21	1074.98	218.79
2020年同比增幅	32.1%	11.6%	1.2%	5.6%	-2.0%	-10.3%	2.5%	-31.9%

图15　2020年昆明市农村居民消费结构情况图

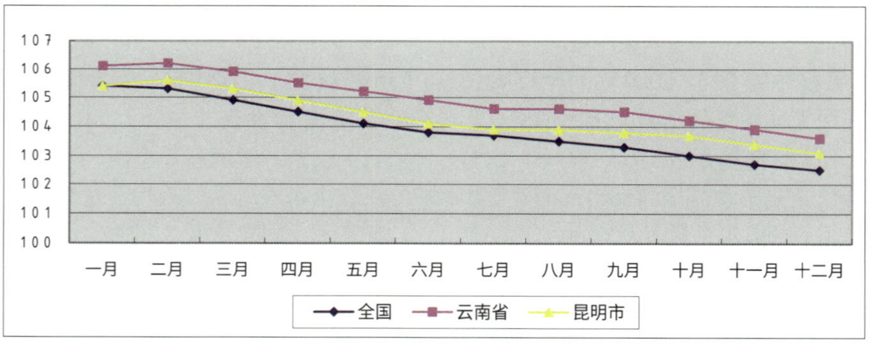

图16　2020年居民消费价格指数走势图（上年同期 =100）

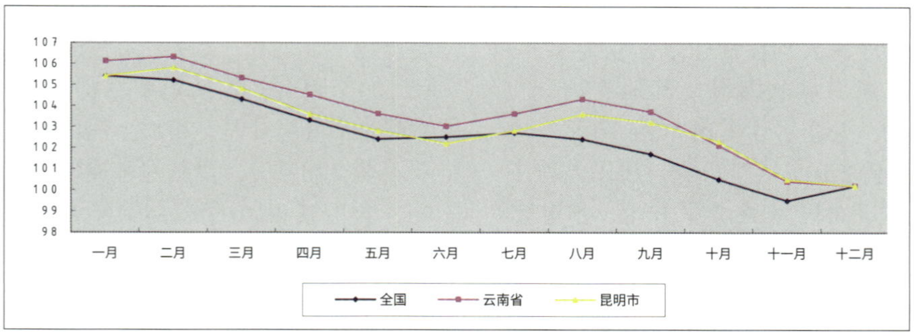

图17　2020年居民消费价格指数走势图（上年同月 =100）

住及教育文化娱乐支出外，其余6类消费支出均较上年同期增长。其中，城镇居民人均食品烟酒、衣着、生活用品及服务、交通通信、医疗保健、其他用品和服务支出同比分别增长19.80％、8.60％、4.30％、18.40％、14.90％、13.80％；居住和教育文化娱乐支出同比分别下降2.10％和27.20％。

全市农村居民消费支出中，除交通通信、教育文化娱乐及其他用品和服务支出外，其余5类消费支出均较上年同期增长。其中，农村居民人均食品烟酒、衣着、居住、生活用品及服务、医疗保健支出同比分别增长32.10％、11.60％、1.20％、5.60％、2.50％；交通通信、教育文化娱乐及其他用品和服务支出同比分别下降2％、10.30％和31.90％。

受新冠肺炎疫情影响，全市各行业特别是服务业等文娱消费场所前期大面积关停，居民消费预期受限，特别是享受型和发展型消费受到抑制。与2019年同期相比，全市城乡居民消费行为模式发生变化，生活型消费占比提高，享受型消费受到压缩。城镇居民消费结构变动最大的分别是教育文化娱乐类占比下降5个百分点、食品烟酒类占比增加3.60个百分点，其余6大类占比变动均在1.50个百分点以内；农村居民消费结构变动最大的分别是食品烟酒类占比增加5.90个百分点、教育文化娱乐类占比下降1.90个百分点、交通通信类占比下降1.60个百分点，其余5大类占比变动均在1.50个百分点左右。疫情防控进入常态化阶段后，在扎实严密的防控网络下，全市社会经济运行秩序正加快恢复，城乡居民教育文化娱乐、生活用品及服务等享受型消费潜力还有待释放，各种线上“云消费”的新型消费潜力有待挖掘，结构优化需强力后劲推动升级。

（李璐宇）

【居民消费价格变动】 与上年相比，2020年昆明市居民消费价格总水平

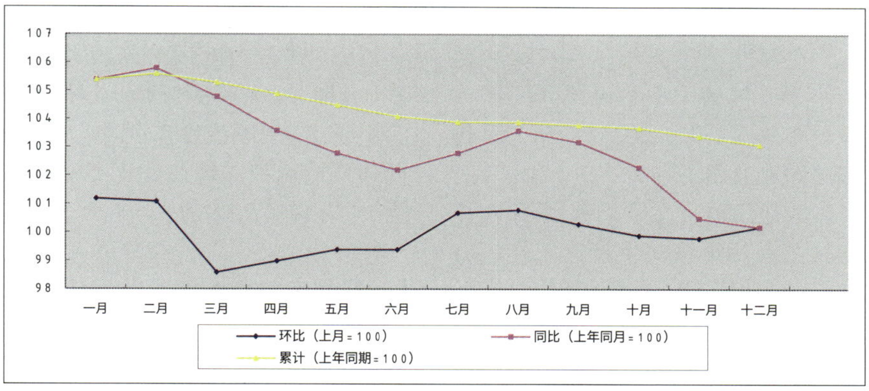

图18　2020年昆明市居民消费价格指数走势图

上涨3.10%，其中，食品价格上涨14.10%，非食品价格上涨0.20%，消费品价格上涨4.30%，服务价格上涨1.10%。从8大类别看，食品烟酒类价格比上年上涨10.10%，其中，食品价格上涨14.10%，茶及饮料价格下降5.60%，烟酒价格上涨0.80%，在外餐饮价格上涨4.30%。衣着类价格比上年上涨0.80%，其中，服装价格上涨1.60%，服装材料上涨0.80%，其他衣着及配件下降0.20%，衣着加工服务费上涨0.30%，鞋类价格下降1.30%。居住类价格比上年下降0.70%，其中，租赁房房租下降0.80%，住房保养维修及管理价格下降0.40%，水电燃料价格下降0.50%，自有住房价格下降0.90%。生活用品及服务价格比上年下降1.10%，其中，家具及室内装饰品价格下降0.10%，家用器具价格下降5.20%，家用纺织品价格下降6.40%，家庭日用杂品价格下降0.20%，个人护理用品上涨2.90%。交通和通信类价格比上年下降3.50%，其中，交通价格下降5.80%，通信价格上涨0.40%。

教育文化和娱乐价格比上年上涨4.70%，其中，教育价格上涨0.50%，文化娱乐价格上涨8.50%。医疗保健价格比上年上涨0.70%，其中，药品及医疗器具价格上涨1.50%，医疗服务价格与上年持平。其他用品和服务价格比上年上涨4.01%，其中，其他用品类价格上涨6.90%，其他服务类价格上涨1%。

（林　涛）

民族工作

【少数民族概况】 2020年末，全市有3个自治县、4个民族乡、341个少数民族聚居行政村；少数民族户籍人口96.22万人，较2019年末增加1.55万人，占全市户籍总人口的16.50%，增加0.13个百分点；少数民族流动人口51.40万人。全市有55个民族（无塔塔尔族）、9个世居少数民族（彝族、回族、白族、苗族、傈僳族、壮族、傣族、哈尼族、布依族），在全国省会城市中，昆明市是辖民族自治地方最多、世居少数民族最多、少数民族人口总数位居第二的城市。全市9个世居少数民族人口排序为：彝族49.42万人，占少数民族人口的51.35%；回族17.45万人，占少数民族人口的18.13%；白族9.85万人，占少数民族人口的10.23%；苗族5.92万人，占少数民族人口的6.14%；傈僳族2.19万人，占少数民族人口的2.27%；壮族2.07万人，占少数民族人口的2.14%；哈尼族2.06万人，占少数民族人口的2.13%；傣族1.88万人，占少数民族人口的1.95%；布依族5 744人，占少数民族人口的0.59%。

【"全国民族团结进步示范市"创建表彰】 2019年12月9日，国家民委命名昆明市为"全国民族团结进步示范市"。2020年1月19日，在云南民族村民族团结广场举办"守好民族团结生命线·续写民族团结誓词碑"主题活动，国家民委监督检查司副司长李钟协宣读国家民委命名昆明市为"全国民族团结进步示范市"的决定，并向昆明市授予"全国民族团结进步示范市"牌匾，昆明成为首个"全国民族团结进步示范市"省会城市。

2020年9月15日，在云南省第八次民族团结进步表彰会上，昆明市2个模范集体和5个模范个人受表彰。12月17日，召开昆明市创建全国民族团结进步示范市表彰大会，对全市50个先进集体和100名先进个人进行表彰。

【"民族团结进步示范单位"命名】 继续实施云南省第三轮"十县百乡千村万户"示范创建工程，完成12个示范点的创建任务。石林县等70个单位被命名为第一批云南省民族团结进步示范单位，云南陆军讲武堂等17个单位被命名为第二批云南省民族团结进步示范单位。

深入开展民族团结进步创建"十进"活动，实施省、市、县3级联动创建命名机制。世博集团、市委党校被国家民委命名为"全国民族团结进步示范单位"。做好少数民族特色村寨的创建工作，寻甸县草海子社区额秧村、钟灵社区小海新村获国家级命名，宜良县德马社区起底村获省级命名。

2020年10月9日，昆明市与德宏州签订《昆明市德宏州共创民族团结进步联盟框架协议》；12月29日，与怒江州签订《昆明市怒江州共创民族团结进步联盟框架协议》，通过共创跨区域民族团结进步联盟，创新推动民族团结进步示范区建设。

【城市民族工作创新】 以铸牢中华民族共同体意识为主线，坚持"融荣与共、同心同行"，以促进民族交往交流交融为根本途径，创新引领，从工作的高度、广度、深度、温度入手，精心、精准、精致、精细推动昆明城市民族工作。分别与玉溪市民族宗教局、曲靖市民族宗教委就推动少数民族流动人口服务管理工作，签订《少数民族流动人口服务管理跨区域联动协作协议》，建立少数民族流动人口流入地和流出地对接协作机制，让各族来昆群众在幼有所育、学有所教、劳有所得、病有所医、老有所养、住有所居、弱有所扶方面不断取得新进展，促进城市民族群众广泛交往、全面交流、深入交融。《昆明市城市民族事务治理能力提升调研报告》被评为全省民族宗教系统优秀调研报告一等奖。

【民族聚居区发展】 昆明民族聚居区“一村一品、一乡一业、一县一示范”工程蓬勃发展，培育发展石林台湾农民创业园、斗南国际花卉产业园、禄劝茂山高原特色农业示范区等一批特色园区，民族聚居区产业结构调整步伐持续加快。自2017年实现民族聚居区“县县等级化、乡乡油路化、村村都硬化、小组通达化”目标后，累计建成美丽乡村626个。

【脱贫攻坚】 全市坚持推进脱贫攻坚与民族团结进步“双融合、双促进”，寻甸、禄劝、东川3个国家级贫困县（区）相继脱贫摘帽，404个贫困村全部出列，34.46万贫困人口实现脱贫，实现民族聚居区整体脱贫。石林、禄劝、寻甸3个民族自治县2019年地区生产总值分别是2015年的1.41倍、1.76倍、1.75倍，年均分别增长10.30%、19%、18.60%。

【民族聚居区工作事务】 2020年，全市开展民族文化抢救保护项目7个、民族文化百名人才项目1个。“民族班”“阿诗玛班”的招收学校在原有云南师范大学附属中学呈贡校区、昆明市第一中学、昆明市第三中学、云南民族大学附中4所学校的基础上，增加了昆明市第十中学、昆明市第八中学、昆明西南联大研究院附属学校3所学校，其中云南民族大学附中只招“阿诗玛班”。年内，“民族班”“阿诗玛班”共招生174人。

在禄劝县民族小学、石林县民族小学开展铸牢中华民族共同体意识教育试点工作。根据《中华人民共和国国家通用语言文字法》和《云南省国家通用语言文字条例》，深入开展国家通用语言文字推广工作，出台了《昆明市推广国家通用语言文字方案》。

【民族宗教事务管理】 规范民族宗教事务管理行政行为，全面梳理界定涉及宗教事务的权责清单事项20项。着力提升“一网通办”，11个行政许可事项和3个其他行政权力事项实现办事人全程不见面办理，1项只跑1次。积极协调推进全市公民民族成分登记变更行政审批权限换转移交衔接规范工作。创新法律咨询服务工作，续签“聘请法律咨询服务专家合同”“法律咨询服务协议”。年内，法律服务专家提供重大决策、合同协议、纠纷调解、法制宣传服务120余次，不断推动民族宗教事务治理工作规范化、法制化。

（唐江新　冯　萍）

宗教工作

【宗教中国化方向昆明实践】 2020年，举办佛教道教文明敬香、伊斯兰教“卧尔兹”演讲比赛以及天主教、基督教中国化研讨等活动，鼓励宗教界参与社会公益活动，进一步增强宗教界坚持中国化方向的思想自觉和行动自觉，引导宗教界牢固树立国家意识、公民意识、法治意识。在新冠肺炎疫情防控工作中，全市宗教界严格落实“双暂停、一延迟”，并为抗疫捐款捐物折合人民币297万元。至年末，全市宗教活动场所累计创建各级民族团结进步示范单位63个、法治宣传示范点3个、和谐寺观教堂125所。

12月9日，在市伊斯兰教协会召开2020年全市宗教团体联席会议。会议以“践行‘四条标准’主题教育暨‘春融书香　崇德尚学’学习活动”为主题，并做交流发言，同时向宗教团体发放法律法规及文化类书籍20类、350套共7 000册。

【互联网宗教事务管理】 宣传贯彻《宗教团体管理办法》《云南省宗教活动场所法人登记专项工作实施方案》，推进宗教活动场所法人登记工作。按照“互联网＋政务＋监管”要求，推进民族宗教政务服务和监管平台共享工作，完善资源共享目录清单。严格执行权力清单和责任清单制度，进一步规范行政审批，积极推动综合执法、联合执法。做好“互联网＋政务＋服务”“互联网＋督查”“互联网＋监管”“双随机一公开”等有关工作。

【教职人员培训】 深入学习新修订的《宗教事务条例》，加强宗教工作队伍建设。2020年7月6～9日，市民族宗教委在市委党校举办宗教教职人员及财务管理人员培训班，全市各宗教团体和县（市、区）宗教干部、宗教教职人员等130余人参加培训，提高了宗教教职人员综合素质。7月9日，组织开展宗教场所消防知识培训及应急逃生演练，全市各宗教团体和县（市、区）宗教干部、宗教教职人员等130余人参加，参训人员在掌握理论知识的基础上参加实战演练，不仅增强了消防安全意识，应急自救能力也明显提高，有利于进一步规范宗教场所消防安全管理。11月23～28日，举办宗教界代表人士培训班，全市宗教界代表人士、市属宗教团体班子成员以及宗教活动场所管理人员共103人参加培训，提升了宗教界人士理论知识水平。

【宗教慈善周活动】 2020年11月2～8日，组织开展以“五教携手同心　共筑中华大爱”为主题的“宗教慈善周”活动。

（唐江新　冯　萍）

住房公积金管理

【住房公积金缴存】2020年，全市新增住房公积金缴存职工11.49万人；新增住房公积金175.68亿元，同比增长10.04%。至年末，全市共有住房公积金实缴单位1.59万个，住房公积金实缴职工91.52万人，累计归集住房公积金1 386.56亿元。住房公积金缴存单位中，国家机关和事业单位占16.39%，国有企业占9.68%，城镇集体企业占1.11%，外商投资企业占1.32%，城镇私营企业及其他城镇企业占58.38%，民办非企业单位和社会团体占3.16%，个人自愿缴存占0.03%，其他占9.93%。

住房公积金缴存职工中，国家机关和事业单位占17.86%，国有企业占32.32%，城镇集体企业占1.03%，外商投资企业占2.33%，城镇私营企业及其他城镇企业占34.82%，民办非企业单位和社会团体占2.92%，灵活就业人员占0.01%，其他占8.71%。

住房公积金新增缴存职工中，国家机关和事业单位占5.82%，国有企业占19.20%，城镇集体企业占1.80%，外商投资企业占2.38%，城镇私营企业及其他城镇企业占56.01%，民办非企业单位和社会团体占4.75%，灵活就业人员占0.05%，其他占9.99%。

【住房公积金提取】2020年，全市住房公积金提取额为161.95亿元，同比增长11.51%，占当年缴存额的92.14%，比上年增加1.03个百分点。至年末，全市住房公积金提取总额为1 010.21亿元，比上年末增长19.09%。

2020年住房公积金提取金额中，住房消费提取占85.15%，其中，购买、建造、翻建、大修自住住房占64.74%，偿还购房贷款本息占17.98%，租赁住房占2.43%；非住房消费提取占14.18%，其中，离休和退休提取占9.33%，完全丧失劳

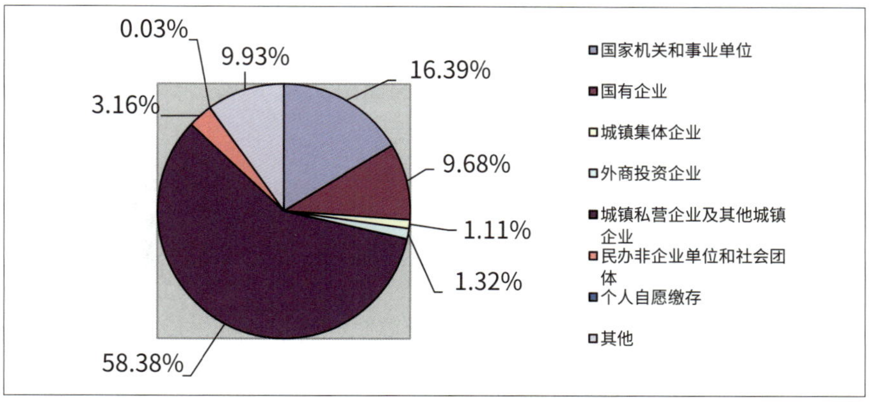

图19 2020年昆明市住房公积金缴存单位分布图

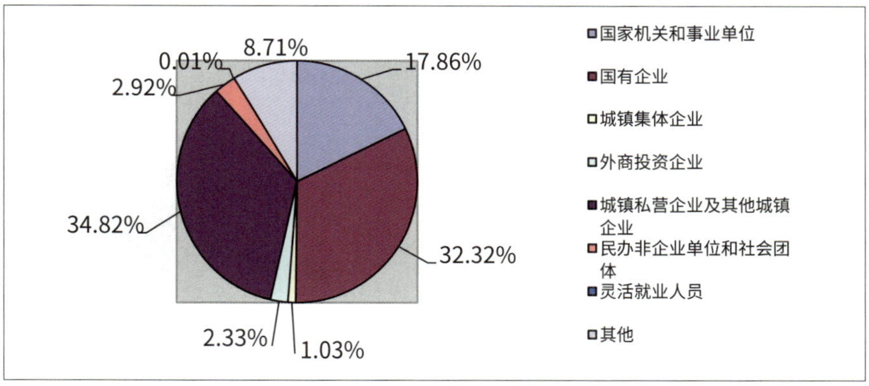

图20 2020年昆明市住房公积金缴存职工分布图

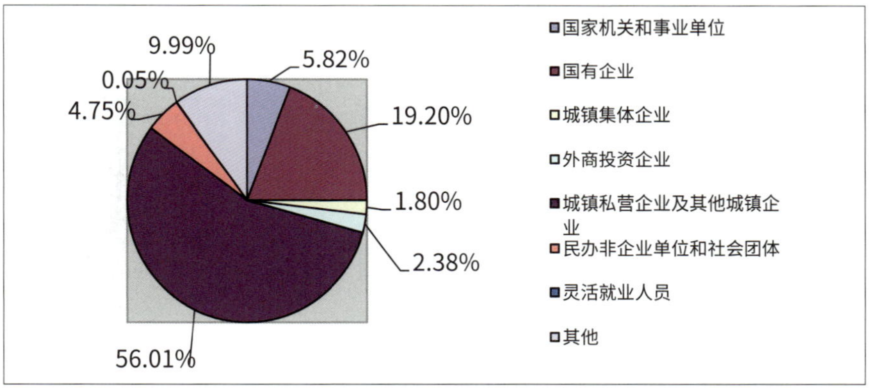

图21 2020年昆明市住房公积金新开户职工分布图

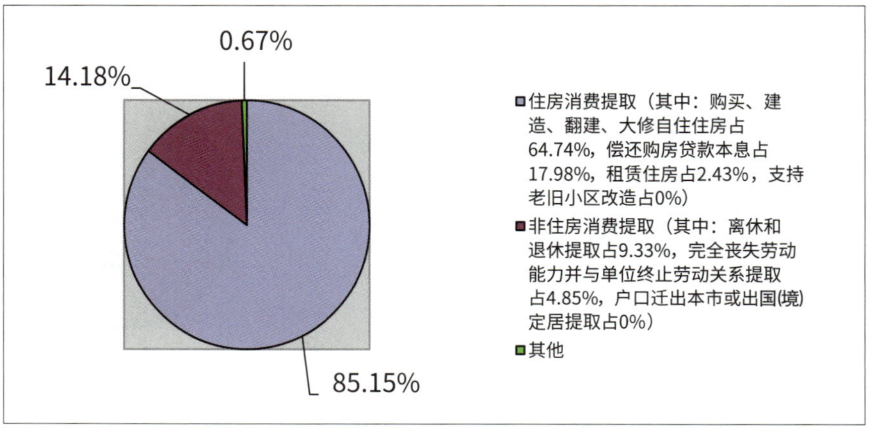

图22 2020年昆明市住房公积金缴存职工提取金额分布图

动能力并与单位终止劳动关系提取占4.85%，户口迁出本市或出国（境）定居提取占0%；其他占0.67%。

【住房公积金贷款】2020年，全市发放住房公积金个人住房贷款8 700笔、29.57亿元，同比分别增长3.57%、4.90%。至年末，累计为21.46万户职工家庭发放住房公积金个人贷款554.25亿元，贷款余额为279.60亿元，个贷率74.29%，个人住房贷款逾期率为0.02%，信贷资产质量良好。年内职工贷款笔数中，购房建筑面积90（含）平方米以下占24.10%，90～144（含）平方米占67.28%，144平方米以上占8.62%；购买新房占53.43%，购买二手房占29.92%，其他占16.65%。

年内职工贷款笔数中，单缴存职工申请贷款占38.34%，双缴存职工申请贷款占59.21%，3人及以上缴存职工共同申请贷款占2.45%。

年内贷款职工中，30岁（含）以下占44.51%，30～40岁（含）占35.52%，40～50岁（含）占15.96%，50岁以上占4.02%；首次申请贷款占96.12%，二次及以上申请贷款占3.88%；中、低收入职工占98.73%，高收入职工占1.27%。

【住房公积金增值收益】2020年，全市实现住房公积金增值收益5.58亿元。

【管理制度创新】2020年，修订完善《昆明市住房公积金管理中心系统应急协作方案》《昆明市住房公积金管理中心信访应急处置预案（2020修订）》《昆明市住房公积金管理中心公务车辆使用管理暂行规定》《昆明市住房公积金管理中心业务档案管理规范（暂行）》《昆明市住房公积金管理中心不动产登记资料查询暂行规定》5项内部管理制度。为应对新冠肺炎疫情，印发《昆明市妥善应对新冠肺炎疫情实施住房公积金阶段性支持政策的通知》和《昆明市妥善应对新冠

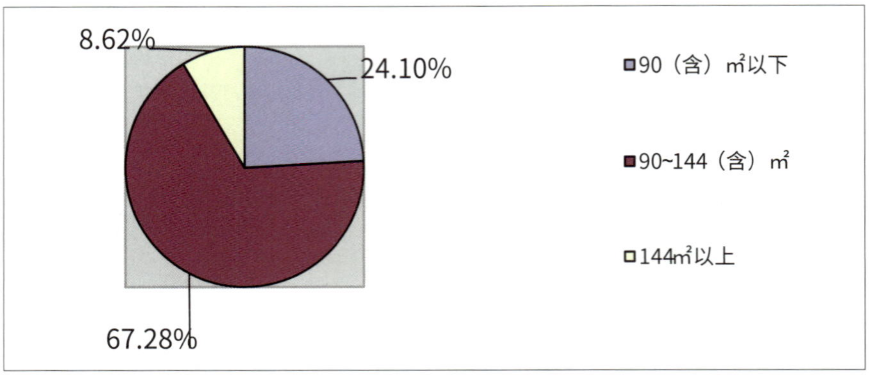

图23　2020年昆明市住房公积金贷款职工购房面积分布图

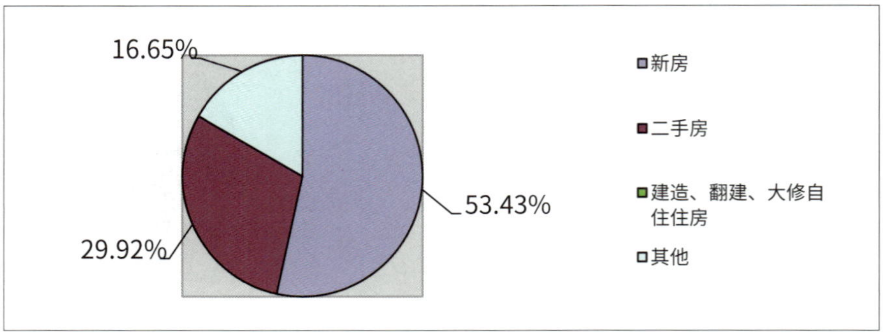

图24　2020年昆明市住房公积金贷款职工购房类型分布图

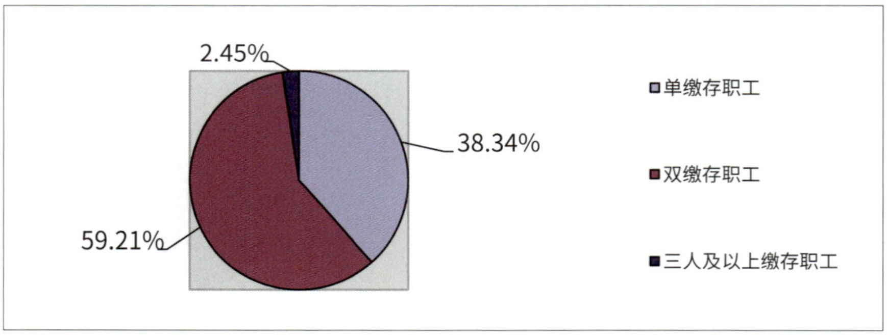

图25　2020年昆明市住房公积金贷款职工人数分布图

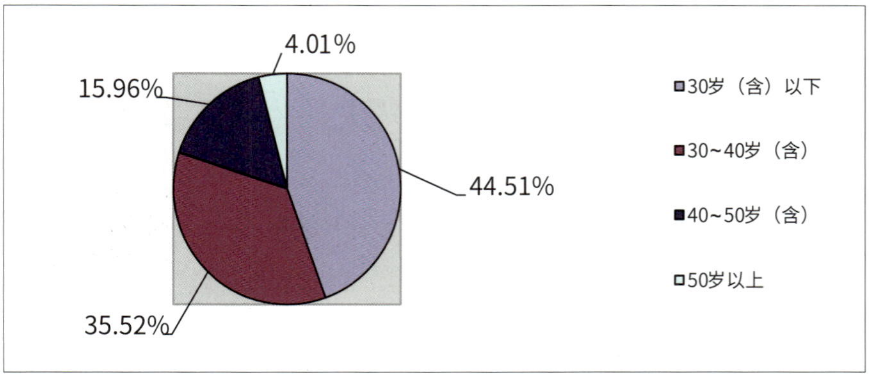

图26　2020年昆明市住房公积金贷款职工年龄分布图

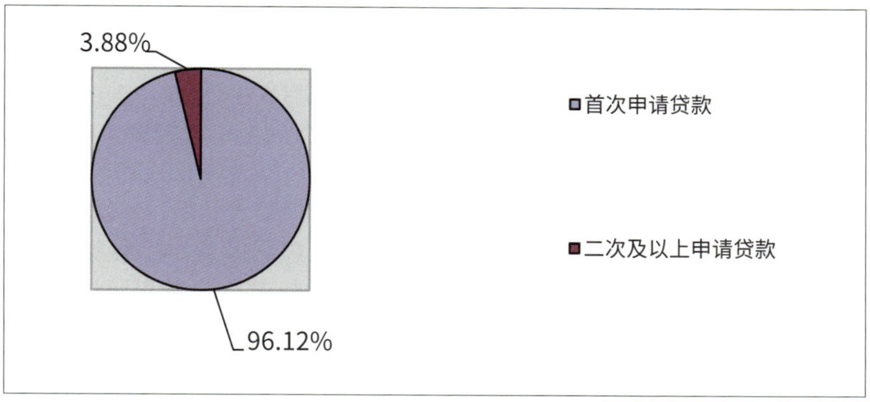

图27　2020年昆明市住房公积金贷款职工贷款次数分布图

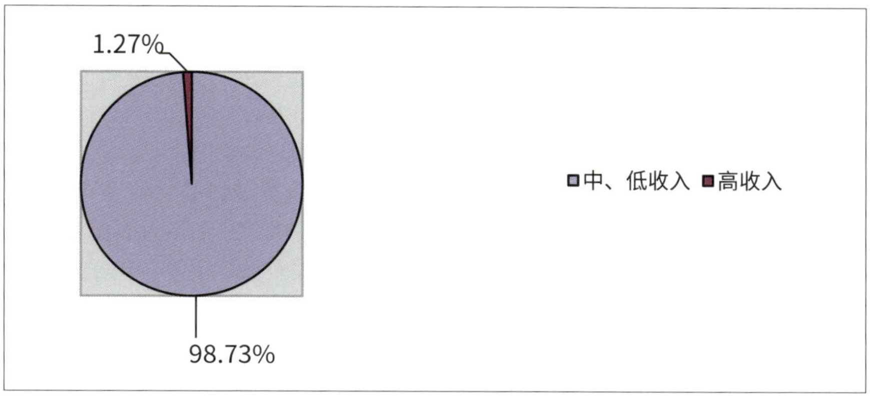

图28　2020年昆明市住房公积金贷款职工收入分布图

肺炎疫情实施住房公积金阶段性支持政策实施细则》，出台住房公积金阶段性支持政策措施，帮助受疫情影响生产经营困难企业及缴存职工渡过难关，积极贡献住房公积金抗疫力量。

印发《昆明市住房公积金管理中心关于公积金个人住房贷款政策调整的通知》，调整贷款政策为“职工开户满6个月（含）且连续足额缴存住房公积金6个月（含）以上，可申请住房公积金个人住房贷款；住房公积金贷款对象为购买首套自住住房或第二套改善型普通自住住房的缴存职工；不得向购买第三套及以上住房的缴存职工家庭发放住房公积金个人住房贷款”。

印发《昆明市住房公积金管理中心关于明确租房提取住房公积金有关事项的通知》，明确在昆明市行政区域内市场租房、租住公租房、廉租房提取住房公积金相关条件和所需材料等事项。印发《昆明市住房公积金个人住房贷款管理办法》和《昆明市住房公积金缴存管理办法》，均自2021年2月1日起正式施行。

【服务效能提升】 2020年，市住房公积金管理中心在云南政务服务网“我的公积金”主题上线，内容包含住房公积金缴存、提取、贷款、查询4大类、29小类业务受理，实现政务服务事项“应上尽上”，实现全市范围内同一事项同标准受理、同材料提交、无差别办理，全程网办政务服务事项比例达到100%。制定“系统应急协作流程”，在系统发生故障时，实现整体联动、统一协同，有效提升客户服务满意度。完成财务对标系统升级改造，精简账户，缩短科目级次，提质增效，为实现“全程网办”奠定基础。在云南省“一窗通”服务平台上线“单位住房公积金开户登记”业务，进一步优化营商环境，提升服务效能。上线“好差评”系统，通过缴存单位及缴存职工对住房公积金业务办理体验的评价，助推从业人员不断提高综合素质及业务水平。通过“一贷通”项目建设搭建数据共享交换平台，为规范安全实现数据共享交换奠定系统基础。

【党建工作】 加强党务工作者和党员教育培训，组织50名党员干部前往扎西干部学院开展理想信念教育，组织44名党员到昆明市委党校开展集中培训，组织党支部书记和党务干部参加机关基层党支部书记示范培训班，县（处）级干部参加市级主体培训班，提升党员干部党性修养。夯实基础党务工作，制定年度党建工作要点，出台加强党的政治建设、创建模

2020年12月22日，昆明市住房公积金管理委员会第四届第一次全体委员会议召开
（市公积金管理中心　供稿）

范机关等重点工作实施方案，定期召开党建工作专题研究会，严格党内制度。压实党建工作主体责任，出台《中共昆明市住房公积金管理中心党组关于加强党的政治建设实施方案》，制定中心党组书记、机关党组织书记抓基层党建工作“责任清单”，层层抓落实。强化党的政治建设和班子成员“一岗双责”，推动管党治党责任向基层延伸。有序组织开展“智慧”党建，实现基础党务信息化“云岭先锋”App实名登录率、支委会完成率、党员大会完成率、党课完成率、主题党日完成率、党费缴纳登记率均达到100%，党务公开总数12个，领导干部上讲堂讲党课完成率100%。以抓党建促脱贫为重点，深入实施党建、扶贫双推进，干部职工进村入户走访贫困户，聚焦重点问题，集中帮扶力量，全年开展入户走访5次、166人次，开展讲评活动2次，为全市3个贫困县脱贫摘帽贡献公积金力量。

【意识形态工作】 领导班子完成9次党组理论学习中心组集中学习研讨，积极引导职工坚定政治立场。抓牢抓实意识形态工作，印发《昆明市住房公积金管理中心2020年意识形态工作任务分解》，每季度召开意识形态专题会议，分析研判意识形态领域情况。严格落实对外发布信息审批审查制度，强化舆情监管，积极弘扬正能量，抵制负面信息，有效掌控意识形态工作主导权和主动权。强化思想及理论武装，组织职工学习习近平新时代中国特色社会主义思想和党的十九大、十九届各次全会精神，加强舆论引导、对外宣传和精神文明建设，为全市住房公积金事业发展提供良好的舆论环境和强大的思想文化保证。

【党风廉政建设】 组织签订“昆明市住房公积金管理中心2020年度落实党风廉政建设责任制责任书”，召开年度党风廉政建设工作会和反腐败工作专题研究会，研究部署党风廉政建设工作，根据市纪检监察组《关于做好专题研究党风廉政建设前期准备工作的通知》，梳理问题并制定和落实解决措施26条。落实党内谈话制度，运用监督执纪“第一种形态”开展责任提醒谈话，对苗头性、倾向性问题及时提醒及纠正，年内共开展提醒谈话102人次，其中，领导班子成员42人次，部门负责人60人次。严格执行廉洁制度和工作纪律规定，开展禁收“红包”“违规借贷”及利用名贵特产特殊资源以权谋私等专项整治，开展实地检查、账务凭证调阅抽查，有效纠正和防范隐形变异问题。加强组织领导，制订《昆明市住房公积金管理中心落实党廉政建设和反腐败主要任务分解方案》和《昆明市住房公积金管理中心关于着力打造基层党风廉政建设示范点的工作方案》，加强对党风廉政建设、作风纪律、脱贫攻坚等工作的监督检查，将党风廉政建设工作贯穿于公积金管理全过程，扎实完成各项工作目标任务。

【队伍建设】 严把选人用人政治关、廉洁关，完成2名副县级、8名正科级、14名副科级领导干部选拔任用工作，完成18名职工岗位轮换工作。加强对新提拔领导干部的廉政教育管理，主要领导及班子成员对新提拔领导干部进行任前考察、集体廉政谈话。持续提升职工业务技能，提高业务办理效率，年内开展多次业务和法律知识专项培训。坚持“以人为本、诚信为先、服务至上、造福百姓”的宗旨，年内开展3次单位专管员培训、1次昆明市落实惠台公积金政策宣讲活动，为缴存单位和缴存职工提供更优质、更便捷服务。

（唐嘉琳）

民政事务

【城乡低保和特困供养】 2020年，昆明市城市低保标准调整提高到每月640元/人，农村低保标准为每月410元/人，特困供养标准统一调整提高到每月832元/人，乡（镇、街道）临时救助金审批额度由1 000元提高到3 000元。将3.99万名建档立卡贫困人口纳入低保、特困供养范围，共发放低保金、特困金6.92亿元，发放临时价格补贴8 873.52万元，惠及111.26万人次。面向因受新冠肺炎疫情影响的困难群众发放爱心消费券983.48万元，支出临时救助金8 873.52万元，切实保障特殊困难群众的基本生活。加强和改进生活无着流浪乞讨人员救助管理服务，救助各类流浪乞讨人员4 174人次。

【困境儿童及残疾人福利】 进一步健全儿童关爱服务体系，将全市8 531名农村留守儿童、1.95万名困境儿童全部纳入关爱保护范畴。加强儿童督导员、村（社区）儿童主任业务培训，全市共有儿童之家1 567个。持续提升困境儿童生活补助标准，为全市431名机构供养儿童每人每月发放基本生活费补助2 074元、935名社会散居儿童每人每月发放基本生活费补助1 374元，全年共发放孤儿、事实无人抚养儿童等困境儿童基本生活补助费2 623万元。

加强残疾人福利工作，组织实施“福康工程”“义肢助残”项目，困难残疾人生活补贴由每人每月50元调整为每人每月70元，重度残疾人一级护理补贴由每人每月100元调整为每人每月110元，重度残疾人二级护理补贴由每人每月50元调整为70元，全年共发放生活困难残疾人生活补贴和重度残疾人护理补贴7 157.68万元，惠及3.52万名困难残疾人和5.44万名重度残疾人。

【婚姻登记】 扎实开展加强婚姻管理引领婚育新风专项行动，优化婚姻登记管理，培育健康婚育观。年内，全市办理国内结婚登记3.89万对、离婚登记2.01万对，办理涉外及涉港澳台结婚登记88对、离婚登记22对。

【儿童收养】 年内共办理收养登记100件，收养安置弃婴弃童9人。

【养老服务】 出台《昆明市关于加快推进养老服务发展的实施意见》，推进养老机构线上办理备案工作，对92个养老机构进行等级评定。推进城乡社区居家养老服务中心建设。年内，全市居家养老服务中心新建23个、提质增效改造18个，建成民办养老服务机构11个，新增各类养老床位2 132张；发放高龄补贴1.34亿元，惠及15.88万人次。

【社区建设】 清理、补齐配强村组干部580人。组建工作专班，指导做好村（社区）“两委”换届工作。推进城乡社区协商，全市城乡社区协商率达90%以上。完成2个省级、7个市级、30个县级村（社区）建设试点工作。

【社会组织】 依法做好社会组织登记。至年末，全市有各类社会组织5 101个。其中，基金会5个，社会团体1 892个，民办非企业单位3 204个；社区社会组织3 173个；3A级以上社会组织189个。推进行业协会商会与行政机关脱钩改革工作，开展“七覆盖一畅通”行业协会商会收费清理规范工作。加强社会组织党建，强化社会组织监督管理，规范社会组织行为。

【社会工作服务】 2020年，全市共有各类社会工作者1.72万人，建设社会工作服务站534个，开展社工服务类95项。志愿者注册人数118.60万人，占常住人口的17.30%，志愿服务总时长1.02亿小时。志愿服务组织4 611个，开展服务项目6.80万个。孵化基地7个。

【区划地名】 继续推进嵩明撤县设市相关工作，完成澄江市阳宗镇划归呈贡区管辖、晋宁区晋城镇撤镇设街道行政区划调整组件上报工作。完成2条市级、3条市内县级行政区域界线联检。推进全市“大、洋、怪、重”不规范地名清理整治工作，命名、更名道路地名22条。完成《昆明市少数民族语地名录》初稿编撰。

【殡葬改革】 2020年，全市平均火化率达99%以上，殡葬节地生态安葬率达30%。全面落实惠民殡葬政策，投入资金300余万元，补助困难群众3 000余户。持续开展“三沿六区”大墓、豪华墓、活人墓专项整治行动，平毁活人墓136冢，整治大墓、豪华墓7 212冢，栽种各类植物17万余株。共有红白理事会5 500余个。

【慈善事业和福利彩票】 2020年，全市39个慈善组织收到捐赠款物9 731.44万元。福利彩票销售电脑票12.15亿元、中福在线即开票3 264万元、网点即开票1 787万元。

（丁　悝）

扶贫工作

【概况】 2020年，全市在实现3个贫困县全部摘帽，404个贫困村全部出列，9.58万户、35.05万建档立卡贫困人口全部脱贫的基础上，以决战、决胜脱贫攻坚总攻行动为工作统领，以“防返贫、防新贫、稳脱贫、稳增收”为重点，创新16条稳贫举措，投入专项扶贫资金8.69亿元（中央、省级资金5.19亿元，市级资金3.50亿元），全面推进“百日总攻、百日提升、百日巩固”行动，全面完成“户户达标、村村提升、县县清零、整体巩固”目标任务。全力克服新冠肺炎疫情影响，落实产业扶贫、就业扶贫、消费扶贫和兜底保障等帮扶措施，3个摘帽县农村常住居民人均可支配收入增幅均超过8.70%。

全覆盖入户开展攻坚巩固提升“回头看”互检自查专项行动，健全动态监测和帮扶机制，对脱贫不稳定户、边缘易致贫户开展动态监测和针对性帮扶，全市无返贫人口和新增贫困人口，3个摘帽县顺利通过脱贫攻坚普查检验，11个非贫困县参考国家脱贫攻坚普查指标开展脱贫攻坚成效专项调查，被核查对象均符合脱贫标准，决战脱贫攻坚取得决定性胜利。

【巩固脱贫成果】 巩固脱贫成果，各项工作责任不变，指挥组织机构不变。市农村扶贫开发工作领导小组高位统筹，市委、市政府主要领导任双组长全面领导，市脱贫攻坚巩固提升工作指挥部直接调度，市委分管领导、市人大主要领导靠前指挥，全面加强党的领导贯穿于脱贫攻坚全过程、各方面。责任落实不松，落实市、县、乡、村4级书记抓扶贫责任制，摘帽县党政正职保持稳定，深入推进4级书记遍访贫困对象行动，市级领导联县挂乡及部门包村全覆盖，市委、市政府与9个有脱贫任务的县（区）、14个市级部门签订脱贫攻坚责任书。政策支撑不减，制订实施《昆明市决战决胜脱贫攻坚总攻行动工作方案》，全面落实脱贫攻坚挂牌督战、决战决胜脱贫攻坚百日总攻、百日提升、百日巩固行动等重点工作。

【巩固脱贫基础】 围绕教育、医疗、住房、易地扶贫搬迁和农村饮水等民生保障要点，持续巩固脱贫基础政策不变。教育保障方面，健全学生资助制度，下达各级各类资助补助资金4.45亿元，惠及学生59.26万人次，确保符合条件的贫困学生“应助尽助”；严格落实“双线十人制”和“动态归零督查制”，开展户籍、学籍、在校情况和建档立卡户的核查比对和控辍保学法治宣传，对拒不送适龄儿童、少年就学的监护人认真开展宣传教育—责令改正—行政处罚—提起诉讼或申请强制执行“四步法”，实现建档立卡贫困家庭适龄子女辍学人数动态归零，全市义务教育阶段无因贫失学辍学学生。

医疗保障方面：严格落实常态化

东川区对门山安置点 （市扶贫办 供稿）

疫情防控，全市建档立卡人口、扶贫干部、驻村工作队新冠肺炎“零感染”。全市建档立卡贫困人口基本医保、大病保险、“四类慢病”患者家庭医生签约和服务率均达100%；继续实施建档立卡贫困人员在乡（镇）卫生院住院“零起付线”“一站式”结算等“方便看病”政策，全市建档立卡人口符合转诊转院规范的住院医疗费用在政策范围内经基本医保、大病保险报销比例达到80.29%，经医疗救助、兜底保障后实际报销比例达到91.54%。全市脱贫地区乡（镇）卫生院均达到基本标准，贫困村的538个村卫生室全部达到标准。

安居保障方面：在17.91万户农村C、D级危房改造任务全面完成、摘帽县危房全部清零的基础上，开展农村危房改造巩固成果提升质量专项工作，排查改造43个乡（镇）4类重点对象动态新增危房418套，27 731套危房“应拆尽拆”；开展农房抗震改造试点，完成7 357户农房抗震改造工作。

易地扶贫搬迁方面：6 263套安置住房全部完工并搬迁入住，旧房拆除率、复垦复绿率均达100%；印发《昆明市易地扶贫搬迁“稳得住”实施方案》，投入各级各类资金1.17亿元，补齐易地扶贫搬迁集中安置点基本公共服务设施短板，57个集中安置点就医、就学保障保障率及安全饮水到户、生活用电、通信和广播电视信号覆盖率均达到100%；1.27万名建档立卡搬迁劳动力实现转移就业1.14万人，搬迁贫困劳动力“零就业”家庭全面“清零”。

饮水安全保障方面：在实现贫困地区饮水安全全部达标的基础上，强化贫困地区水利基础设施建设，全面推进农村饮水安全和水窖替代工程项目建设，完成投资1.94亿元，建成巩固提升工程501件，巩固提升23万农村人口饮水安全。

【持续强化帮扶力量】 增强帮扶后劲，持续推进东西部扶贫协作。上海市普陀区在派出援滇干部7人的基础上，又增派4名干部到市、县2级参与沪滇扶贫联络工作；投入帮扶资金1.16亿元，帮助建设项目30个。深化中央、省级单位定点扶贫，4个中央定点帮扶单位派出挂职干部4人、驻村第一书记4人，直接投入帮扶资金1 590万元；6个省级帮扶单位持续围绕医疗卫生、消费、教育等项目开展特色帮扶。市级124个帮扶单位扎实开展定点帮扶，404支驻村扶贫工作队、1 239名驻村工作队员出战，4.44万名职工全覆盖结对帮扶建档立卡贫困户。广泛动员全市脱贫攻坚致富带头人帮扶联合会4个行业分会、256个入会单位（个人）带动建档立卡群众脱贫致富。

【脱贫攻坚宣传】 积极营造攻坚氛围，激发贫困群众脱贫致富奔小康的内生动力。开展市级脱贫攻坚奖评选工作，表彰先进集体50个、先进个人100人次。召开昆明市“决战脱贫攻坚、决胜全面小康”系列新闻发布会和应对新型冠状病毒感染肺炎疫情防控专题新闻发布会，开展“决胜全面小康、决战脱贫攻坚”等重大主题宣传，开展脱贫攻坚宣传报道共3 000余篇（条），刊播脱贫攻坚公益广告2.90万条次，张贴公益广告、海报11.70万幅。转变帮扶方式，对有劳动能力的贫困家庭实行“按劳取酬、优先优酬”，杜绝简单给钱给物或无条件送股分红，让贫困群众在参与中增强能力、树立信心。开展驻村工作队员讲帮扶措施、评帮扶成效，村组干部讲履职情况、评工作成效，贫困户讲脱贫情况、评内生动力的“三讲三评”活动，9个有脱贫任务的县（区）、404支驻村扶贫工作队、4 222人次驻村工作队员、1.40万人次村组干部、7.40万人次普通群众、9.50万名贫困户参与“三讲三评”活动3 282场次，提升群众满意度、认可度。

【稳定群众增收】 安全有序抓好企业复工复产，57户扶贫龙头企业、97个扶贫车间复产率100%。扎实推进就业扶贫，全市22.02万名建档立卡劳动力完成转移培训16.95万人次，实现贫困劳动力转移就业15.78万人，较上年13万人增加2.78万人，提高21.39个百分点。设置光伏公岗吸纳建档立卡人口就业4 136人，吸收贫困劳动力护路员730人、自然村保洁员4 321人，帮助“无法离乡、无业可扶、无力脱贫”的贫困劳动力实施兜底就业安置。全力抓好产业扶贫，依托13个有地理标志商标的农产品打造世界一流“绿色食品牌”，52户企业获得88张有机认证书，稳步推进3个摘帽县10个特色产业发展，1 780个新型经营主体带动8.50万户、32万余名脱贫人口发展产业，有产业发展条件的建档立卡户产业发展覆盖率达100%。持续推进2019年度100

个村级集体经济强村工程项目建设，全面实施已脱贫地区2020年110个村级集体经济强村工程项目，村级光伏扶贫电站实现发电收益4 305.79万元，增加253个贫困村集体经济收入。推进脱贫地区农产品销售，3个摘帽县全部入围国家电子商务进农村综合示范县，电商扶贫覆盖189个贫困村，促进38种农产品上线销售，认定6个县（区）75户企业的152款扶贫产品，协同推进消费扶贫进机关、进企业、进社区、进市场，帮助销售“扶贫产品”1亿余元。持续深化生态扶贫，推进低产低效林提质增效工程，实施退耕还林面积6.66万亩，选聘2 691名建档立卡人口就地转化为生态护林员。统筹用好兜底保障，加强全市农村居民防疫期间的收入支出情况动态监管，统筹用好低保、临时救助等政策，全市对纳入农村低保4.58万户、6.50万人（其中建档立卡户2.50万户、3.57万人），特困供养对象7 698人（其中建档立卡户1 712人），开展临时救助3.68万人次（其中建档立卡1.42万人次）。

【帮扶机制动态监测预警】 完成问题整改“清零”，健全风险防控和动态预警帮扶机制。全面完成问题整改，中央脱贫攻坚巡视“回头看”、2019年脱贫攻坚成效考核、民主党派脱贫攻坚民主监督、国务院扶贫办2020年脱贫攻坚督查反馈、中央纪委对云南省开展扶贫领域腐败问题和作风问题专项治理调研反馈意见，以及近年来各类监督检查考核发现的问题均按时限整改完成。完成2轮动态管理，消除边缘易致贫户2 361户、6 652人，脱贫不稳定户3 776户、1.24万人；新识别边缘易致贫户2户、8人，脱贫不稳定户1户、3人。在3个摘帽县创新开展脱贫攻坚巩固提升“回头看”互检自查专项行动，通过县（区）交叉互检、县内自查，完成505个行政村（377个贫困村、128个非贫困村）、10.50万户（脱贫户8.82万户、一般农户1.68万户）信息核查核准工作，没有发现疑似漏评户、错退户。开展“账账相符、账实相符”专项行动，对2014年以来有建档立卡人口的14个县（市、区）、98个乡（镇）、989个行政村、7 892个自然村开展核实工作，共排查修改“账实不符”信息2.80万条、“账账不符”信息13.10万条，进一步提高数据信息质量。健全完善动态监测帮扶机制，出台《昆明市精准防贫监测预警及动态帮扶工作方案》，构建“昆明市精准扶贫大数据信息共享平台”，通过农户自主申报、监测员监测识别、综合评价3种识别方式，重点对脱贫不稳定户、边缘易致贫户开展动态监测，实施5级分类管理，全市无Ⅰ级预警户（返贫致贫户），识别Ⅱ级预警户（社保兜底脱贫户）327户、1 036人，Ⅲ级预警户（收入低于脱贫标准1.50倍且有致贫风险的农户）573户、2 025人，Ⅳ级预警户（发展能力一般的农户）384户、1 021人，每户均提前采取针对性帮扶措施，全市无返贫人口和新增贫困人口。

【项目库建设】 加强项目库建设业务培训，落实“村申报—乡审核—县审定”项目库动态管理程序，项目成熟一批入库一批。开展脱贫攻坚项目推进情况调研检查。年内，全市审核入库项目667个，预算投资17.73亿元；实施项目667个，完成投资17.71亿元；新增扶贫小额信贷1.25万户、5.92亿元。

【脱贫攻坚普查】 成立市级党委、政府主要领导任双组长的脱贫攻坚普查领导小组，抽调普查员882人、普查指导员109人、普查引导人员5 980人，按照“本地回避、互不交叉”原则组建3个派驻普查工作组，于2020年7月20日～8月10日完成3个摘帽县、42个乡（镇、街道）、508个村（社区）、8.82万户建档立卡贫困户的现场登记数据采集及上报工作，被普查对象均达到脱贫标准。

（张　赟）

应急管理

【机构建设】 2020年12月，中国共产党昆明市应急管理局党组改设为中国共产党昆明市应急管理局委员会（党组性质党委），党委委员7人，其中党委书记1人。

【安全生产指标】 2020年，全市共接报各类生产安全事故254起、死亡257人，同比事故起数下降5.90%、死亡人数下降1.90%；接报较大道路运输事故4起、死亡12人，同比事故起数上升33.30%、死亡人数上升9.10%；未发生重大以上事故。

【安全生产责任制落实】 召开市委常委会会议4次、市政府常务会议7次研究部署安全生产工作，书记、市长和副市长带队调研检查，增补全部副市长为市安委会副主任，成立16个安全生产行业监管指挥部，实现安全生产统一指挥、专业管理、协同作战。按5%的权重将安全生产工作纳入全市目标管理考核，列入“一票否决”和“一票否优”事项。年内，市政府通报表扬124个安全生产先进单位、129名先进个人，对3个县（区）政府分别实行安全生产“一票否决”和“一票否优”，以严格的考核奖惩推动“属地党政领导责任、部门监管责任和企业主体责任”3个体系得到全面落实。

【市安全生产行业监管指挥部成立】 2020年3月11日，市政府调整市安全生产委员会组成人员，增补全部副市长为市安委会副主任，成立16个安全生产行业监管指挥部，分别为非煤矿山安全监管指挥部，危险化学品和烟花爆竹安全监管指挥部，冶金、有色、建材、机械、轻工、纺织、烟草行业安全监管指挥部，消防安全监管指挥部，油气输送管线安全监管指挥部，道路交通安全监管指挥部，大型群众性活动安全监管指挥部，农业和水利安全监管指挥部，城市管理安全监管指挥部，公路、铁路、水路、民航、城市轨道交通安全监管指挥部，建设施工、城镇燃气安全监管指挥部，煤矿、民爆物品安全监管指挥部，特种设备安全监管指挥部，文化和旅游安全监管指挥部，医疗卫生安全监管指挥部，学校和体育安全监管指挥部。2020年4月28日，市安委会印发《昆明市安全生产委员会及行业监管指挥部工作规则》。

【安全生产专项整治三年行动】 2020年，采取“1+3+11”（1个总体方案、3个专题和11个重点行业领域）体系部署落实安全生产专项整治三年行动，成立以市长任组长、常务副市长任常务副组长、各分管副市长任副组长的领导小组，高位推动“三年行动”。在全市组织开展安全生产帮扶工作，将助力帮扶与严格执法相结合，各级各部门投入1 000余万元购买第三方服务或聘请专家成立帮扶工作组，发挥专业力量，助力帮扶企业开展安全生产“体检”，共聘请482名专家帮扶企业单位2 909户，整改隐患问题5 601个。

全市应急管理系统共执法检查企业5 217户次，行政处罚立案205件，处罚罚款1 741.78万元；市政府挂牌督办整改重大隐患11件，非煤矿山总数压减至359座，公告销号尾矿库41座，54户涉及重大危险源的危化品企业全部完成自动化和仪表系统改造，对2个危化品重点县进行3轮危化品专家指导服务，全面摸清冶金工贸企业底数，夯实安全生产基础，以实际成效打好“三年行动”开局战。

【重点领域安全治理】 制定化工医药制造企业安全监管分类标准，确定4个大类、21个中类、65个小类的化工医药行业安全监管范围。对864户化工、医药制造企业和设立危化品储存设施的379户使用企业逐一进行现场核查，并对危化品储存设施逐一核查登记，健全完善全市危化品储存设施风险管控档案。全面推行储存设施定置安全管理，梳理统计危化品固定仓储设施200余个，完成71户涉及“两重点一重大”企业重大危险源评估。完成对晋宁区和西山区3轮市级专家指导服务工作，深度排查19户危险化学品企业，查处问题隐患1 333个，确定4户标杆培育示范企业。完成9户危险化学品企业搬迁改造，推进28户危化品企业安全仪表系统建设，推进7户黄磷企业系统治理。

持续开展非煤矿山专项整治工作，组织市、县2级应急管理部门完成2轮安全检查，对22座矿山、68座尾矿库安全隐患进行全面排查，查出问题和隐患170余个，淘汰关闭非煤矿山12座，对全市41座已闭库的尾矿库进行梳理并发布公告销号。完成中央、省环保督察及长江经济带生态环境问题等3项牵头整改事项的整改验收销号工作。制定印发《昆明市尾矿库安全监管包保责任制规定》《昆明市防范化解尾矿库安全风险工作实施方案》，不断压实企业主体责任、部门监管责任和政府包保责任。

开展污水罐体专项整治，全市完成44户企业共79个污水罐体的整治工作。制订“三级动态巡查和四级预警”工作方案，确定105户企业作为首批开展三级动态巡查四级预警的示范企业。核查8万余户企业安全生产数据信息，建立健全工贸行业企业安全监管动态基础台账。通过深入化解重大安全风险，促进全市安全生产形势持续稳定。

【疫情防控】 2020年，新冠肺炎疫情暴发伊始，立即摸清全市生产酒精、次氯酸钠、84消毒液、口罩等医疗防控物资的12户企业紧急复工情况，逐一开展安全指导服务。制定疫情期间企业安全生产行政许可到期后自动顺延的工作举措，牵头组织开展全市安全生产集中整治和疫情期间复工复产安全大检查，向全市9 946个疫情防控布卡点紧急调拨应急救灾防控物资，其中帐篷1 600顶、棉被1.10万床、大衣1.20万件、折叠床2 500张、床上用品2 500套、彩条布1 400件，为全市打赢新冠疫情防控阻击战提供物资保障。

【国家安全发展示范城市创建】 制订《昆明市建设国家安全发展示范城市实施方案》，聚焦以安全生产为基础的城市安全发展体系建设，部署创建工作“路线图”。实施源头治理、风险防控、监督管理、安全保障、应急救援“五项行动”140项工作任务，力争3年成功创建国家安全发展示范城市。制定“城市安全风险评估指南”，完成主城5区和3个国家级开发区922个风险点的第一轮辨识评估，形成“红、橙、黄、蓝”城市安全风险4色图，明确风险清单对应的风险管控责任单位。

【应急管理体制机制建设】 2020年4月，印发《昆明市自然灾害应急管理委员会及办公室工作规则》和《昆明市自然灾害应急管理委员会各专项指挥部组成人员及工作职责》，理顺委员会运行机制体制。确定市抗震救灾指挥部、市森林草原防灭火指挥部、市防汛抗旱指挥部、市城市防汛应急指挥部、市地质灾害应急指挥部5个专项指挥部组成成员，并细化工作职责，统筹各专项指挥部分工协作，形成各方齐抓共管、协同配合的自然灾害防治格局。

【应急预案体系建设】 统筹完成37个市级专项应急预案的印发工作。启动数字化预案项目和《昆明市应急预案导则》编制工作，采取情景构建的方式，将文本化预案转变为结构化、流程化、图表化的数字化预案和工作流程，实现应急预案的可视化、简洁化、实用化，全面提高应急预案的实用性和操作性。

【应急演练】 推进应急演练常态化，建立月训练、季演练、年度综合演练机制。年内，市应急局共组织全市性综合应急演练3次、专项应急演练7次、训练5次，实现应急演练从常态向非常态的转变，推动应急演练实战化。在组织应急演练过程中，按照背景实战化、科目实用化、流程实景化的要求，多次采取不预先通知、不组织预演、不编制脚本的“双盲”实战演练，实现从“演”到“练”的转变。探索演练信息化，演练过程中全面使用图像传输、远程调度、图上作业、视频指挥等方式，不断积累信息化条件下的指挥救援经验，全面适应科技信息化发展大势，实现从人工操演向信息化演练的转变。

【应急管理信息化建设】 推动全市智慧应急项目建设，完成《昆明市应急管理信息化发展规划》和《昆明市应急管理信息化可行性研究报告》编制工作。依托应急部、省应急厅信息化业务系统和大数据平台，全面汇聚全市安全监管基础信息，重大危险源、三等级以上尾矿库监测数据100%接入监测预警系统，全市应急物资仓库所有物资全部通过应急部应急物资平台系统进行调度。搭建“云视讯”视频调度系统、应急值守协同系统、图像融合系统，基本实现应急通信纵向贯通、横向联通，突发事件前端图像、音视频实时回传至后方指挥部、应急指挥中心。应急值守协同系统用户涵盖各县（市、区）应急部门、市级应急联动部门、基层安全专干等3 500多个用户，突发事件报送、批示、查阅、流转、回复等工作实现线上闭环管理，天气预报、监测预警信息通过系统实现扁平化管理。

【自然灾害】 2020年，全市先后发生雪灾、低温冰冻、地震、干旱、森林火灾、风雹、洪涝、滑坡、生物灾害等自然灾害事件27次，12个县（市、区）、70个乡（镇、街道）不同程度受灾。全市受灾人口33.41万人，因灾紧急转移安置人口135人；农（经）作物受灾面积2.41万公顷，成灾面积1.81万公顷，绝收面积3 553.81公顷；倒塌房屋11间，严重损坏房屋52间，一般损坏房屋129间。各类自然灾害导致全市直接经济损失3.67亿元，其中农业损失2.72亿元、工矿企业损失4 318.64万元、基础设施损失2 968.80万元、家庭财产损失979.04万元。

【救灾救助】 2020年，全市统计上报灾情27次，现场处置灾情13次，紧急转移安置受灾群众135人，紧急避险受灾群众749人次。下拨自然灾害救灾资金1 994万元，其中抗旱救灾资金300万元、旱灾生活救助资金200万元、中央冬春生活救助资金1 494万元。发放冬春救助物资棉被8 300床、大衣7 100件、飞行服1 100套、帐篷170顶，对全市18.04万因灾生活困难群众进行生活救助。

加大救灾物资储备力度，采购救灾物资折叠床5 000张、棉被5 000床、大衣5 000件、衣服5 000套、毛毯5 000床、床上用品5 000套、地质灾害防治应急救援装备46套，为救灾救助工作提供有力有序的物资保障。

推进救灾和物资保障应急体系建设，成立昆明市接受自然灾害救灾捐赠办公室，并开设专用账户。建立“昆明市应急物资储备保障联席会议制度”，修订完善《昆明市应急物资保障预案》《昆明市自然灾害救助应急预案》和《昆明市救灾救助工作规程》。

【应急救援队伍建设】 2020年4月9日，在协调调度国家综合性消防救援队伍的基础上，整合全市灾害事故救援处置和保障力量，成立由常务副市长任队长、市应急局局长和昆明警备区领导任副队长的昆明市灾害事故紧急救援队，作为全市应急队伍体系的核心，由市安全生产委员会和市自然灾害应急管理委员会指挥，市应急局进行日常管理和调度。该救援队下设指挥协调、民兵应急、卫生应急、危化救援、矿山救援、隧道救援、地震救援、红十字救援、社会救援、通信保障、运输保障、环境监测、气象监测、建筑工程抢险、燃气抢险、道路交通抢险、城市防洪、防汛抢险、供水抢修、供电保障、油气管道抢险、工程机械抢险共22支分队、3 000余人，主要承担昆明市辖区内的灾害事故应急救援和救援保障任务，同时按国家、省、市的统一调派，承担昆明辖区外的灾害事故应急救援和保障任务。市安全生产委员会和市自然灾害应急管理委员会可根据工作需要调整相关专业分队，整合全市灾害事故应急救援和保障力量。

市应急局采取市、区共建的模式，依托市应急局和五华区、西山区、呈贡区的应急救援队伍组建昆明

2020年7月1日，昆明市灾害事故紧急救援队成立大会暨授旗仪式在市级行政中心昆明会堂前广场举行

（市应急管理局　供稿）

市直属应急救援队，主要承担灾害事故发生后第一时间的抢险救援任务，担负应急救援快速反应分队角色，提升全市应急救援快速反应能力。该应急救援队由市应急局局长张洪安任队长，副局长昂浩、雷炳成任副队长，队员由市应急局、五华区应急救援队、西山区应急救援队、呈贡区应急救援队4支分队的300人组成。应急救援队由市政府统一指挥、市应急局调度。区级救援分队实行准军事化管理，平时由所在区政府负责指挥，区应急局管理调度，负责一般灾害事故和险情的应急处置工作；发生较大及以上灾害事故和险情时，由市委、市政府指挥，市应急管理局统一调度，发挥整体合力。应急救援队实行24小时值班制度，确保信息指令畅通。同时结合灾害事故的特性，在易发期、多发期、预警期进行在岗备勤，确保第一时间拉得出、用得上、救得了。

【森林火灾扑救】 2020年，全市共发生森林火情火灾48起，其中较大森林火灾2起、一般森林火灾12起、火情34起，违规用火82起，总过火面积956.60公顷，总受害面积103.40公顷，受害率0.10‰。全市扑救森林火灾共出动人员1.61万人次，动用车辆2 050辆次、大型工程机械120余台次，出动直升机221架次。市应急局参与协调处置森林火灾9起，协调驻地解放军、武警部队官兵820余人次，武警某部交通二支队大型工程机械20余台次参与扑救森林火灾；协调市森林消防支队参与扑救森林火灾11起，出动人员2 158人次、车辆257辆次；协调调用昆明航空救援支队、南方航空护林总站出动飞机221余架次实施吊桶洒水扑救森林火灾。任务中均实现“任务完成好、人员无伤亡”的总体目标，全年未发生重特大森林火灾和人员伤亡事故。

【防汛救灾】 与市自然资源、水务、水文、气象等部门建立会商研判、监测预警、风险排查、联动处置、应急保障等机制。强化监督检查和应急救援，组织7个督查组对各县（市、区）防汛抗旱、防灾减灾和应急处置准备工作情况开展专题督查检查。对全市22座非煤矿山、68座尾矿库开展汛期安全检查，督促174项安全隐患和问题全部完成整改。开展西山区团结街道小墨雨村和车家壁村洪涝、山体滑坡应急救援处置。年内，全市未出现较大以上旱涝灾害。

2020年6月1日，2020年“安全生产月”活动启动　（市应急管理局　供稿）

【应急管理专家库组建】 2020年，为有效预防和应对安全生产类、自然灾害类突发事件，充分发挥专家的咨询参谋和智力支持作用，市安全生产委员会办公室、市自然灾害应急管理委员会办公室联合组建应急管理专家库。按自然灾害、安全生产、应急救援、物资保障、综合咨询5个类别进行统一建库管理，下设高级别专家组和31个专项（行业）专家库。专家征集采取“信息共享为主，公开选聘为辅”的方式进行，主要由昆明市自然灾害应急委员会5个专项指挥部及昆明市安全生产委员会16个行业指挥部结合工作实际直接选聘推送入库，市应急委办公室在各指挥部推送的基础上同步开展公开选聘。专家名单实时更新，已收录专家627人，为全面提升全市应急管理专业化水平提供智力保障。

【宣传教育】 2020年，组织开展第十九个全国“安全生产月”活动。共举办各类安全宣传咨询日活动67场，参加活动人数3.35万人次；通过县（市、区）电视台播放安全警示教育片、宣传片、安全宣传标语的频次超过1 000余次；印发宣传品10万余份，发送公益宣传短信近4万条；组织开展全国安全知识网络竞赛参与人数12万余人次，答题积分累计63.03万分；全市3 000余户企业、30余万人企业职工参与“安康杯”竞赛活动。开通“昆明应急”抖音号及“今日头条”政务新媒体平台，同时完成微信公众号和门户网站的改版工作，微信公众号关注人群10万余人，推送信息932条；微博关注人群4万余人，推送信息1 100条；抖音关注人群30万余人，推送视频90条，获得点赞364万余次，总播放量达5亿余次，应急管理工作的社会关注度与日俱增。

因疫情影响，“5·12”防灾减灾日宣传活动以线上为主、线下为辅，市应急局与市总工会联合开展防灾减灾及安全生产原创作品征集活动，评选出优秀获奖作品72件，相关新闻报道40余篇；线下活动以小型社区活动为主，通过发放宣传单、现场教学等方式开展集中宣传，普及相关法律法规、知识，提高公众自救互救能力，全市共发放宣传单7万余份，发放家庭用小应急包15万个，提高全民参与度与关注度。

（杨雪莺）

红十字会

【抗疫募捐】 2020年新冠肺炎疫情期间，积极组织动员全市红十字系统干部、会员、志愿者全力投入新冠肺炎疫情防控阻击战，以实际行动彰显使命和担当。全市共接受款物8 160.74万元，市本级支出率100%。红十字志愿者参与联防联控工作1 260人次，志愿服务总时长近2万小时。3名志愿者分别被省、市文明办评为新冠疫情防控优秀志愿者，全市红十字系统被评为中国红十字会新冠肺炎疫情防控工作先进个人1人，被评为云南省抗击新冠肺炎疫情先进个人1人。

【人道救助工作】 开展“红十字博爱送万家”“5·8”世界红十字日等活动，对3 591户贫困家庭、麻风病休养员、弱势人群进行慰问。开展红十字人道救助工作，对重病造成家庭困难、因灾造成家庭困难、贫困学生、无偿献血者、遗体捐献者家庭、突发事件受伤害者等进行救助3 579人次。积极筹集资金开展救助工作，对70人（户）患大病困难、特困家庭进行救助，发放救助金29.34万元。对口帮扶寻甸县海尾村，送去价值13.61万的衣物3 888套；救助先心病患儿4人，救助金额待手术完成后按报销金额核算；救助白血病患儿11人，救助金35万元。

【备灾救灾工作】 制订《组建昆明红十字救援队赈济分队暨救灾物资应急管理合作实施方案》，整合昆明红十字救援队总队、各县（市、区）分队、云南黑豹救援队的力量、装备和保障资源，新编组成立编制200人的昆明红十字救援队赈济分队，其中市级60人、各县（市、区）140人。发生重大灾害（疫情）时由昆明市红十字会根据预案响应级别，组织调动各县（市、区）分队（组）与市级队整合统一开展行动。主动寻求与专业医药物流企业合作，成功促成与一心堂和云南腾俊两户企业的战略合作，进一步增强昆明红十字系统突发事件应急处置能力。集中整治备灾仓库，全面清理库存物资，组织分发省红十字会下拨教具至各县（市、区）红十字会，帮助各县（区）开展应急救护培训和救援队日常服务工作。组织200余名红十字救援队和赈济救援队志愿者在昆阳综合训练基地开展年度集中训练，提升灾害应急响应和赈济救援能力。

【应急救护】 举办应急救护师资培训班，为基层红十字会开展卫生救护培训奠定基础。以“防灾减灾日”为契机，到社区开展防震减灾知识普及宣传活动，为社区居民发放应急救护知识手册和急救宣传品2万余份；为市政府办公室、诺仕达集团、市应急局等多个单位开展应急救护知识培训，完成公益性应急救护员培训并发证4 952人；受市人社局委托，对昆明市技术工人“公考”和企业职业技能提升的相关企业工人业务进行培训，共开展培训15期、3 000余人次。组织开展“世界急救日”主题宣传活动，发放急救宣传手册3 000册、医用口罩1.50万个，科普服务市民超过5万人次；在全市大中小学校园中开展应急救护及灾害逃生知识培训53场、1.70万人次。

【血液人体捐献】 疫情期间，为云南昆明血液中心送去一次性医用隔离衣150件，支持血液中心工作。累计接受人体器官捐献43例，捐献大器官134个、角膜81枚；完成遗体捐献登记115例，完成捐献33例。为推进全市干细胞捐献相关工作，积极探索工作路径和方法，将呈贡区设为干细胞捐献工作试点区。全年共开展无偿献血宣传活动76场，宣传人数达3.50万人。

【宣传工作】 组织2 600名市、县2级红十字会工作人员和志愿者参加总会报刊社举办的“抗击新冠肺炎疫情暨红十字应急救护知识竞赛”。通过新闻媒体搭建与市民良好沟通的平台，网站发布全市红十字会工作动态380条，官方微博发布310条，官方微信发布130条，在掌上春城发布信息122篇。充分利用新媒体，结合传统筹资方式进行宣传筹资，全年网络筹资203万元，网络筹资工作取得进展。

（漆一桦）

退役军人事务管理

【“全国双拥模范城”创建】 2020年，出台《昆明市拥军支前军地协调机制实施细则》等文件，严格落实“双拥”工作领导小组会、党委议军会等机制。命名49个国防教育基地，开展国防和双拥主题教育活动100余场次，组织军地座谈会、文艺晚会等300余场次，打造“双拥”特色文化街8条。接收安置退役军人8 080余人，安置随军家属150余人，协调2 800多名军人子女及9名抗疫一线军人子女入学。召开军地协调会32次，协调解决60余个军地困难问题。

扎实做好“双拥”创建考评迎检工作，全市轨道交通等“双拥”宣传氛围和安宁市鸣矣河村“双拥饭票”做法在全国“双拥”工作会议上作为“双拥”典型经验进行推广。完成全市20万余名退役军人和其他优抚对象信息采集和光荣牌悬挂工作，全市“双拥”工作基础得到全面夯实。10月20日，昆明市第八次被命名为“全国双拥模范城”。

【退役军人安置】 始终把计划分配军队转业干部安置作为重要政治责任来抓，按照“积极接收、认真培训、阳光安置、合理使用”的原则，切实做好服务后援，铺实安置后路，激发军人后劲。采取“横向到边、纵向到底”的工作方式，充分发挥市委退役

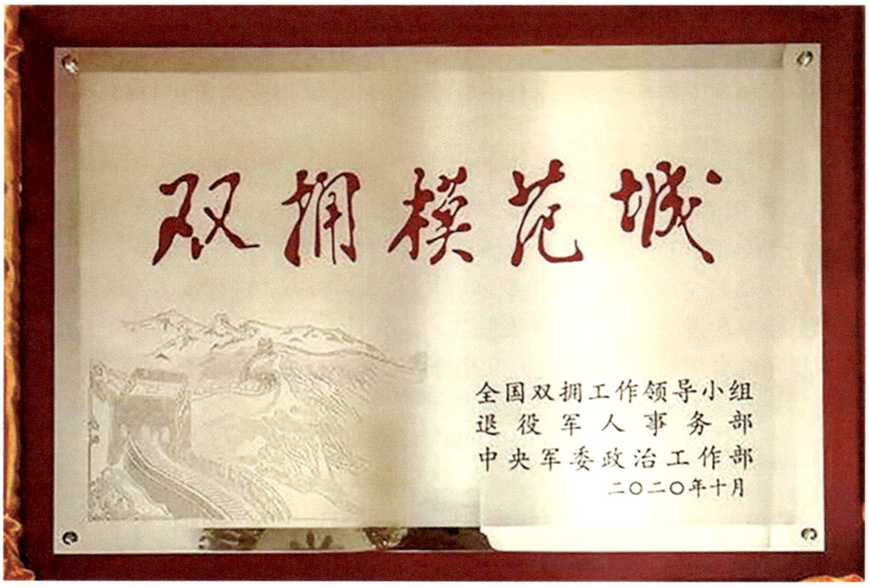

2020年10月20日，昆明市荣膺“第十一届全国双拥模范城”

（市退役军人事务局　供稿）

军人事务工作领导小组办公室联结左右、协调各方作用，横向对接市级部门，纵向联系县（市、区）党委、政府，及时解决“疑难杂症”，以议事协调机制保障军转安置工作深入持续开展、力度有效增强。加强军地协作，注重与驻昆部队互通情况、沟通进展，共同研究解决安置过程中的矛盾困难，确保各项工作顺利推进。加强过程管理，依规行动，坚持“阳光运行”，做到“安置政策、安置办法、安置计划、考核考试成绩、选用条件、选岗情况、安置结果”7个全面公开，市人大、市政协、市纪委、驻昆部队、新闻媒体参与全过程监督，持续增强工作透明度与公信力。年内，全市共提供行政机关、参公单位岗位186个供92名计划分配军转干部选择，实际行政岗位安置56人、参公岗位安置36人；提供12个企（事）业单位岗位供6名随调家属选择，军转干部、随调家属安置率均为100%。全市接收符合政府安排工作条件士兵415人，共提供安置岗位661个，其中事业单位岗位241个、国有企业岗位420个，占符合政策安置人数的159%。

【退役士兵保险接续补缴】 高度重视符合政府安置退役士兵保险接续补缴工作，逐级压实各级领导主体责任、具体责任，定实经办人，利用微信、视频会议等开展业务培训和经验交流，提升业务水平。市、县2级专班按照省退役军人事务厅攻坚目标责任路线图要求定目标、抓协调、催缴费、录系统、盯办结、抢进度。7月，全市接续补缴工作收官。至年末，全市受理6 292人，初审6 032人，养老保险办结6 032人（完成缴费3 990人），办结率达100%。

【退役军人就业创业】 探索建立“军、政、企＋高校”新时代退役军人就业创业工作“昆明模式”。引入清华启迪、云南大学等企业、高校的优势资源嫁接服务于全市退役军人就业创业；吸纳关爱退役军人、热爱军创事业的企业家和专家学者组建军创导师团，构建就业、培训、创业帮扶信息综合资源库。同时，通过建立“政府主导推动、军队支持响应、高校企业参与、企业搭台落地”的4维互动模式，建立灵活、机动的工作沟通、互动体系，在扶持退役军人就业创业方面各尽其责，发挥积极作用，为全市新时代退役军人就业创业工作开辟新的发展思路。济南、郑州等省会城市及省内多个州（市）到昆明市交流学习经验。年内，全市举办线上线下招聘会3次，提供岗位7 000余个，达成就业意向700余人；全市军创企业获国家级创业大赛三等奖1个、优秀奖1个，获省创业大赛奖15个，其中一等奖2个、二等奖3个；用好用实“职业技能提升3年计划”，开设10个班次，培训退役士兵500余名；开设线上就业创业培训课程9门，2万余人次观看。

【建立服务保障体系】 下发全市退役军人服务保障体系规范化建设实施细则，按照有机构、有编制、有人员、有经费、有保障的“五有”要求，扎实推进服务中心（站）规范化建设。创新落实服务中心（站）基层基础工作，全市1个市级退役军人服务中心、14个县（市、区）退役军人服务中心、140个乡（镇、街道）服务站和1 707个村（社区）服务站挂牌开展工作，覆盖市、县、乡、村4级的退役军人服务保障体系全面建立。

高标准推进全国示范型服务中心（站）创建工作，省退役军人事务厅下达昆明市示范型服务中心（站）创建任务91个，实际完成152个，超额完成61个。在“两站两中心”规范化建设中，引进社会组织在退役军人服务工作中发挥辅助补充作用，在市、县、乡、村4级建立1 861个“军人之家”，实现市、县2级服务中心（站）与若干“军人之家”融合发展服务格局。年末，全市14个县（市、区），140个乡（镇、街道）服务站完成示范型创建任务。

【维护退役军人合法权益】 着力化解和解决自主择业军转干部增资、部分退役士兵安置、军休干部售房等矛盾和历史遗留问题。年内，全市收到信访件835件，接待来访1.03万人次；市级解决困难退役军人帮扶援助61人，下拨援助资金63.80万元；主动与退役军人进行深入沟通、增进了解、促进理解；开展春节、“八一”

等时间节点慰问走访工作。

【军休干部服务】 切实做好军休系统疫情防控工作，全市军休中心第一时间实行全封闭式管理，坚持24小时值班制度，每天坚持消杀、检测体温、人员排查。及时下拨军休干部和无军籍职工、管理机构经费10.98亿元。全年接收军休干部126人，超额完成省退役军人事务管理厅下达的接收任务。举办全市军休系统工作培训班，各县（市、区）退役军人事务局分管领导和工作人员共120人参加。组织开展昆明市军休系统第二届体育运动会，共设置8个体育项目，展示了军休干部的精神风貌，进一步提升军休干部的幸福感和获得感。

（陈思元）

残疾人事业

【疫情防控】 加强对县（市、区）新冠肺炎疫情防控工作的督促指导，印发“昆明市五个专门协会致全市残疾人朋友的倡议书”“关于做好盲人按摩行业疫情防控的倡议书”。通过公众号发布手语视频、疫情防范指南、残联系统抗疫行动消息131条，引导残疾人科学防范疫情。携手昆明心之光社会工作服务中心开展“增强心理能量，抗击疫情”心理援助志愿服务无接触辅导活动，帮助残疾人防范疫情。

【稳岗就业】 协助县（市、区）残联开展稳岗就业工作，向全市87个规范化按摩机构发放慰问金71.70万元。利用互联网平台组织以“就业帮扶、真情相助”为主题的残疾人就业网络招聘会和残疾人线上就业政策宣讲会，13户企业提供就业岗位121个，共有497位残疾人注册参与，岗位浏览量达5 049人次。

【惠民实事】 对774名持有第三代残疾人证重度精神残疾人进行集中托养，超过700名的预定目标。资助839名0～14岁有康复需求的残疾儿童进行康复治疗，超过600名的预定目标。在市人大组织的实地检查考核中，位列2020年10件惠民实事检查考核第二名。

【脱贫帮扶】 投入180万元开展农村种植业、家禽家畜养殖技术和计算机等生产实用技术培训，助推脱贫攻坚。年内，共开展残疾人职业技能和生产实用技术培训48期，培训3 759人。投入资金190万元扶持市级残疾人扶贫基地9个、省级扶贫示范基地4个，安置残疾人就业300多名，辐射带动残疾人家庭1 000多户。

推进教育脱贫，投入40万元对431名残疾人进行扫盲培训。投入大中专教育经费210万元资助680名考入大中专的残疾学生。投入70万元对全市全日制高中阶段在校残疾学生和残疾人子女进行一次性补助，受益残疾人及残疾人子女483人。投入10万元用于资助昆明市5所特教学校，支持特殊教育事业发展。

促进残疾人就业创业脱贫，投入100万元扶持289户残疾人自主创业。以“送政策、送岗位、送服务、送温暖”为主题，开展残疾人就业现场招聘会6场，推荐就业76人；协同市就业局，采取“一对一”方式，协助高校残疾人毕业生参与中残联组织的网络招聘活动，帮助实现108名高校残疾毕业生就业66人、15人返校继续深造。完成残疾人现场求职登记41人，电话推荐残疾人就业357人次，帮助实现就业45人次；投入资金54万元，选聘150名残疾人担任农家书屋管理员，帮助部分困难残疾人实现基本就业；投入慰问资金15万元，慰问福利企业员工、残疾人“零就业家庭”、就业困难人员、就业困难残疾人员300名。加大“助盲脱贫”行动推进力度，投入补助资金62万元，完成30个盲人保健按摩机构规范化建设；投入补助资金12万元，用于57个盲人保健按摩机构量化分级年审评定工作；投入补助资金20万元用于扶持5个盲人保健按摩机构；组织88位盲人医疗按摩人员进行国家级、省级继续教育培训。

开展残疾人中长期职业技能培训3期，培训56人；对2个省级残疾人就业创业示范基地和2个省级残疾人辅助性就业示范基地的残疾职工开展在岗培训，培训人数合计72人；开展灵活职业技能培训，全年审核残疾人驾驶培训补助203人。举办第五届昆明市残疾人职业技能竞赛暨第三届昆明市残疾人就业服务机构工作人员职业指导竞赛，61名选手参赛。参加云南省残疾人岗位精英职业技能竞赛暨残疾人就业服务机构工作人员职业指导竞赛，获团体第一名。

【社会保障】 与市财政局、市民政局联合印发《关于昆明市残疾人“两项补贴”标准提高方案》，提高困难残疾人生活补贴和重度残疾人护理补贴标准，全年为8.26万人残疾人发放“两项”补贴1.09亿元。其中，困难残疾人生活补贴3.09万人、3 682.66万元，重度残疾人护理补贴5.17万人、7 244.06万元。按100元/人的补助标准，投入140万元，为2.38万名三、四级城乡居民残疾人社会养老保险个人缴费部分进行补助。按250元/人的补助标准，投入664.39万元，为4.45万名三、四级城乡居民残疾人医疗保险个人缴费部分进行补助。

投入495万元托养智力、精神、重度肢体残疾人2 198人。协调市卫健部门推进残疾人家庭医生签约服务工作，将残疾人精准康复服务行动与家庭医生签约服务有机衔接。投入康复专项补助经费505.90万元，残疾人精准康复服务率97.86%。开展第四次全国“残疾预防日”活动，重点针对残疾预防相关知识、儿童康复知识、残疾儿童康复救助政策进行宣传。投入儿童康复专项补助经费940万元用于各县（市、区）开展残疾儿童康复救助工作。投入522.27

万元，采购残疾人辅助辅具3 497件，残疾人精神康复系统辅具适配率达99.10%。开展“金龙鱼假肢助行”捐赠项目，定向捐赠昆明市59条残疾人大小腿假肢，受益贫困下肢残疾人58人，合计46.70万元。投入10万元推进UFE（患者—家属—专家）精神障碍社区康复服务模式在西山区的试点工作。做好春节走访慰问残疾人工作，投入慰问资金199.98万元，走访慰问6 666户贫困残疾人家庭。投入246.97万元救助资金救助临时困难残疾人2 001人（户）。

【扶残助残宣传】 播出手语新闻52期，播出“星星点灯”专题节目52期，在《昆明日报》“同一片蓝天”专栏刊登6期专版，编辑《昆明残疾人》杂志6期，通过市残联公众微信号编辑发布各类简报、信息共313条。制作障碍儿童公益宣传短片、发布自闭症儿童公益短片《星星宝贝》及残疾儿童康复训练视频。开展关爱听障人士公益行动，为听障人士免费提供AI发声及实时语音转文字服务。围绕“创文”工作开展助残志愿服务活动5场，820名残疾人参加活动。围绕“助残脱贫决胜小康”主题开展走访慰问、就业行动、文艺展演、助残惠残政策线上宣讲、疑似残疾人办证、儿童康复救助等助残日志愿服务活动30余场。投入9万元开展“五个一活动”，帮扶315户残疾人及家庭。投入10经费万元开展“参观一次展览”“参加一次游园活动”“看一次电影”“读一本书”等12场活动，活动累计时长达20.50小时，累计服务残障儿童及其家长987人次；动员青年志愿者90名，总志愿服务时长183小时。开展残疾人体育工作，建成盘龙区双龙街道残疾人体育健身示范点和嵩明县残疾人联合会健身示范点，为残疾人提供免费的残疾人专用训练器材、无障碍场地及健身指导专员。开展三级社会体育指导员培训，共培训126人。

【残疾人权益保障】 加强基层组织建设，全年对1 236名专职委员和残疾人联络员下拨228.08万元补贴经费，每人每月补助150元。规范昆明市户籍残疾人残疾评定工作，加强对残疾评定的监督和管理。至年末，全市持证残疾人数共15.73万人，发放第三代残疾人证（智能卡）11.74万张；为全市734辆残疾人机动轮椅车发放燃油补贴19.10万元。

做好信访、应急管理以及市“12345”非应急服务“一号通”平台工作，共接待来访348人，接听来电633次，处理来信交办126件，受理“一号通”件81次，“12385”交办17件。运用“12385”残疾人热线服务解决残疾人诉求，完成专项任务4项，累计工作名单数1.43万个，外呼4 945次、发短信1.13万条。发展残疾人信息化建设，投入308万元用于残疾人服务状况和需求调查以促进残疾人信息动态更新，市残联被省残联、省统计局等部门通报表扬。

开展2020年度全市残疾人就业和职业培训状况实名制统计管理工作。至年末，城镇新增就业录入完成率为103.70%，农村新增就业录入完成率为86.62%，城乡新增培训录入完成率为62%。加强残疾人服务队伍建设，开展就业服务、就业年审、残疾人托养培训、残联系统康复实名制培训等业务培训。全市完成按比例安排残疾人就业年审用人单位1 543个，核定残疾职工3 916人。提升残疾人无障碍环境建设，出台《昆明市贫困残疾人家庭无障碍改造暨居家环境改善项目管理办法》和《昆明市残疾人无障碍环境建设（2020—2022年）实施方案》。年内，投入资金180余万元，完成300个残疾人家庭无障碍建设；投入170万元对5户集中安置残疾人的企业实施建设改造。对公共服务场所和城市主次干道的无障碍设施建设、管理情况开展调查体验活动。

（朱　敏）

消费者权益保护

【投诉举报渠道】 畅通“12315”投诉举报渠道，全年共受理投诉、举报、咨询20.09万件，较2019年增长25.91%。其中投诉、举报6.65万件，投诉同比增长13.19%，举报同比增长141.53%。加强“12315”投诉举报处置与消协调解机制建设，为消费者挽回经济损失1 134.08万元。

【市场消费环境】 深入开展放心消费创建，创建全市“诚信经营放心消费”承诺企业843户。抓住消费热点、难点，加强消费教育引导，发布消费提示21个、消费维权典型案例20个。“3·15”期间，全市进行主题宣传2 622条次，发布消费提示警示信息5 043条、公益短信46 697条次，营造全社会积极关注消费维权氛围。针对汽车维修投诉较多、调解工作人员相关专业知识不足问题，建立全市首个消费维权专业委员会——汽修汽配消费维权专业委员会，专线受理和调解汽修汽配消费纠纷。在七彩云南·古滇名城建立昆明旅游康养消费教育基地，有效融合“诚信经营放心消费”创建、“12315”消费维权服务站等工作，打造让消费者维权无忧、消费放心舒心的消费环境。

（周　艺）

人　物

编辑：李　震

劳动模范

2020年全国劳动模范和先进工作者

肖曙芳（女）　昆明市儿童医院 PICU 科主任

邹路遥　特警支队五大队大队长

王清红（女）　安宁公交有限公司书记、总经理

蒋秋香（女）　云南纺织（集团）股份有限公司纺织事业部副经理、直属工会主席

张　良　晋宁昆阳张良花卉专业合作社社长

（市总工会）

云南省第二十三届劳动模范和先进工作者

沈长虹　云南奥斯迪实业有限公司总经理

欧毕华　中交云南高速公路发展有限公司党工委书记、总经理

唐天明　云南中建西部建设有限公司党委委员、副总经理、总工程师

许剑锋　昆明安保（集团）有限责任公司

丁光波（女）　昆明联盟大酒店副总经理

唐露平（女）　云南京环盘宸环境资源管理有限公司事业二部副经理

李春云　云南云之叶生物科技有限公司仓储中心经理

刘全光　昆明排水设施管理有限责任公司第二官网分公司班长

李剑峰　云南苏理生物医药科技有限公司技术总监兼总经理

陆国雄　云南铜业股份有限公司西南铜业分公司融炼分厂钳工组长

马旭国　中铁建工集团北方工程有限公司昆明地铁线网控制工程项目经理

赵英爽　昆明地铁建设管理有限公司土建一部部门经理

李艾奚（女）　昆明云安会都有限责任公司总经理

孙鸿雁（女）　云南鸿雁内画艺术研究院、创新工作室负责人

张韶维　长水教育集团董事局主席、总裁云南衡水实验中学、云南长水外国语中学总校长

杨金方　云南交通运输有限责任公司叉车工

马顺高　东川区拖布卡镇象鼻村党支部书记
黄铭姜（女）　寻甸铭姜饲养专业合作社
王　春　宜良县金三元畜禽养殖场场长
何　洁（女）　昆明市城市排水监测站书记兼站长
高　民　昆明市应急管理局安全生产综合协调处处长
余祖林　中共昆明市委组织部常务副部长
张进松　昆明市社会扶贫开发服务中心副主任
朱石祥　寻甸县回族彝族自治县人民政府扶贫开发办公室党组书记、主任
汪　峰　昆明市公安局刑事犯罪侦查支队副支队长
张　洁（女）　昆明市五华区疾病预防控制中心主任
周　旭　昆明市延安医院心血管内科党支部书记、远程心电会诊中心主任

（市总工会）

2020年云南省五一劳动奖章

万太寅　第七、第八水质净化厂厂长、工程师
李建南　昆明滇池项目管理有限责任公司副总经理、副高级工程师
袁　果　云南建投第六建设有限公司第十七直管项目部副经理（主持工作）、工程师
张　翔　昆明滇池建设管理有限责任公司项目管理、建筑施工工程师
王顺帮　云南省昆明市东川区舍块乡人民政府党委副书记、代理乡长
黄荣武　云南省昆明市禄劝县发展和改革局三级主任科员
明福鸿　云南省昆明市寻甸县发展和改革局办公室主任
肖云锋　东川区残疾人联合会副理事长
肖伟明　禄劝县工业园区经济发展局副局长

（市总工会）

巾帼人物

抗击新冠肺炎疫情全国三八红旗手

段沁伶　云南省昆明市西山区德缘社区党总支书记兼妇联主席

（市妇联）

一线女医务人员抗击新冠肺炎疫情全国三八红旗手

丁　怡　云南省昆明市妇幼保健院护理部干事

云南省三八红旗手

姚　娜　昆明力行儿童发展支持中心主任
张桂兰　昆明市中医医院党委委员、护理部主任
何玉萍　云南仁青贸易有限公司总经理
李云秋　昆明市宜良县第一人民医院副院长
李丽玲　昆明市西山区人民法院执行局副局长
袁继芬　昆明市安宁市金方街道晓塘社区党委书记、居委会主任

（市妇联）

云南省三八红旗集体

昆明雄达茶文化城有限公司
昆明森蓝文化传播有限公司
昆明师范高等专科学校附属小学
昆明市五华区妇联

（市妇联）

抗击新冠肺炎疫情云南省三八红旗手

高　瑾　昆明儿童医院新生儿科（书林）副主任、副主任医师
李海燕　昆明市培训师协会心理健康专业委员会主任
田志禾　昆明市第二人民医院护理部主任、副主任护师
吴艳涛　昆明市晋宁区融媒体中心全媒体记者部主任

（市妇联）

抗击新冠肺炎疫情云南省三八红旗集体

昆明市第三人民医院
昆明市安宁市妇联

（市妇联）

教育战线先进人物

昆明市第十四届“杰出园丁”名单

朱志红　女　昆明市官渡区第一中学
高富英　女　昆明第一中学西山学校
窦艳波　女　昆明师范高等专科学校附属小学
周　影　男　昆明市东川区第二中学
朱其伟　男　宜良县第一中学
杨顺福　男　禄劝彝族苗族自治县秀屏中学
徐利华　女　云南省人民政府办公厅大观幼儿园
谷艳春　女　昆明高新技术产业开发区第一小学
徐　芬　女　寻甸回族彝族自治县仁德镇第一小学
李　琪　女　昆明市艺术学校

（市教育体育局）

昆明市第十四届“优秀园丁”名单

车应森　男　昆明市第十四中学

李红星　女　昆明市第一职业中等专业学校
普周康　男　昆明市第二十四中学
张　芳　女　昆明市五华区红旗小学
金　蕊　女　昆明市五华区武成小学
黄新娜　女　昆明市五华区龙泉路小学
江　瑾　女　昆明市五华区春城小学
杨映霞　女　昆明市五华区第二教工幼儿园
文永福　男　昆明市五华区第一幼儿园
张　琼　女　昆明市五华区华山中学
向　燕　女　昆明市盘龙区新迎第一幼儿园
李鲲华　女　昆明市盘龙区新迎第二幼儿园
高嵘嵘　女　昆明市盘龙区云波小学
田雪芬　女　昆明市盘龙区新迎第一小学
段　薇　女　昆明市盘龙区金康园小学
鲁家秀　女　昆明市盘龙区金辰中学
刘庆兰　女　云南省昆明市第十中学
陈德志　男　昆明市盘龙职业高级中学
王学先　男　云南省财经大学附属中学
张亚东　男　昆明市官渡区第五中学
胡树平　男　昆明市官渡区云南大学附属中学星耀学校
余仕涛　男　昆明市官渡区教师进修学校
杨　燕　女　昆明市官渡区职业高级中学
杨春林　男　昆明市官渡区金马中学
高　华　女　昆明市官渡区和平幼儿园
卢燕秋　女　昆明市官渡区曙光幼儿园
陈　慧　女　昆明市官渡区东站实验学校
李婷婷　女　昆明市官渡区关上实验学校
李鹏秀　女　昆明市官渡区矣六实验学校
杨春梅　女　昆明市官渡区子君中心学校
杨晶华　女　昆明市官渡区关上第二小学
张　燕　女　昆明市第十七幼儿园
徐　红　女　昆明市西山区春苑幼儿园
胡维群　女　昆明市西山区棕树营小学
陈文敏　女　昆明市西山区芳草地国际学校
姜　萍　女　云南师范大学附属润城学校
董雪梅　女　昆明市西山区西华园小学
黎　佳　女　昆明市西山区书林第一小学
陈志娅　女　昆明市西山区书林第二小学
陈　霞　女　昆明市西山区海口建磷中心学校
胡廷春　女　昆明市东川区第一小学
施宇萍　女　昆明市东川区第三小学
马跃华　男　昆明市东川区红土地镇中心学校
毕　军　男　昆明市呈贡区第一中学
郑子荣　男　昆明呈贡新区第二小学
刘　培　女　云南衡水呈贡实验中学
马王福　男　昆明呈贡新区第五小学
矣玉莲　女　昆明市晋宁区昆阳第一小学
赵春珍　女　昆明市晋宁区教育科学研究与教师专业发展中心
徐　波　女　昆明市晋宁区晋城第一小学
窦　敏　女　安宁市昆钢第一小学
李福莲　女　安宁市实验学校
冯彦玲　女　安宁市基础教育发展中心
田云霞　女　安宁市第一幼儿园
王爱华　女　宜良县清远小学
李明桐　男　宜良实验学校
李俊蓉　女　宜良县第一幼儿园
郭兆松　男　云南衡水宜良实验中学
李　娜　女　嵩明县实验中学
普永平　男　嵩明县杨林镇中心学校
杨俊杰　男　嵩明县小街镇中心学校
王凤平　男　嵩明县牛栏江镇第二初级中学
郭映波　男　石林彝族自治县第一中学
邓永芝　女　石林彝族自治县民族幼儿园
张志娇　女　富民县散旦中学
王　俊　男　禄劝彝族苗族自治县秀屏中学
卓梦琳　女　禄劝彝族苗族自治县秀屏小学
姜源金　女　禄劝彝族苗族自治县思源学校
刘　莹　女　禄劝彝族苗族自治县屏山小学
张进梅　女　禄劝彝族苗族自治县幼儿园
伍　冈　男　寻甸回族彝族自治县仁德街道第一初级中学
周恩翠　女　寻甸回族彝族自治县鸡街镇初级中学
保佳惠　女　寻甸回族彝族自治县金所乡初级中学
肖红才　男　寻甸回族彝族自治县六哨乡中心学校
吴占梅　女　寻甸回族彝族自治县联合乡中心学校
李金全　男　寻甸回族彝族自治县金源乡中心学校
和丽华　女　昆一中度假区分校（金岸中学）
尹　娟　女　昆明高新技术产业开发区第一小学
宋轶卓　女　昆明经济技术开发区实验小学
李秋璇　女　昆明市五华区江滨幼儿园
白　蕊　女　昆明市盘龙区盘龙小学
郭庆辉　女　昆明市呈贡区第一幼儿园
李　见　男　安宁中学
孙云龙　男　石林彝族自治县鹿阜中学
廖福平　男　嵩明县嵩阳一小
张凤琴　女　富民县幼儿园
滕莉飞　女　寻甸回族彝族自治县民族中学

张红平　男　昆明滇池国家旅游度假区大渔小学
刘　莉　女　昆明经济技术开发区第五小学
马俊芳　女　宜良县汤池镇草甸中学
杨春福　男　呈贡区七甸学校
唐开莉　女　云南大学附属中学
唐思和　男　云南民族中学
左雪成　男　云南师范大学附属小学
陈雪玲　女　昆明高级技工学校
李瑞林　女　昆明铁道职业技术学院
李永平　男　昆明市第三中学
赵娅婕　女　昆明市教工第二幼儿园
罗浩宇　女　昆明市教育科学研究院
王　荣　男　昆明市电化教育馆（昆明教育电视台）

（市教育体育局）

市长质量奖

"第九届昆明市市长质量奖"

昆明市生态环境科学研究院

云南师范大学附属小学

云南昆明血液中心

"第九届昆明市市长质量奖提名奖"

云南昆船电子设备有限公司

安宁中学

昆明三川电线电缆有限公司

（摘自《昆明日报》）

县（市、区）概况

编辑：罗桂莲

五　华　区

【自然地理】五华区是昆明市主城区之一，位于主城区西北部，东经102°33′～102°44′、北纬25°02′～25°18′。东起盘龙江，与盘龙区隔江相望；南连金碧路、西坝路经环城西路转人民西路，与西山区毗邻；西与西山区团结街道接壤；西北与富民、嵩明两县交错相接，并在富民县境内有两块飞地(迤六、瓦恭村)。

【区划　人口】2020年，五华区辖区面积381.60平方千米，其中建成区面积40.86平方千米。下辖护国、大观、华山、龙翔、丰宁、莲华、红云、黑林铺、普吉、西翥10个街道、102个社区、214个村(居)民小组。区机关驻华山西路1号。

全区常住人口88.17万人，常住人口自然增长率为6.52‰；城镇人口86.62万人，城镇化率100%。有户籍人口(不含高新区)60.97万人。其中，男30.23万人，占49.58%；女30.74万人，占50.42%。在户籍人口中，城镇人口60.97万人，占100%；少数民族人口9.06万人，占14.86%。户籍人口自然增长率为2.91‰。

【资源概况】五华区地势西北高、东南低，地形地貌复杂多样，海拔1 670～2 527米，平均海拔1 887米。区内有玉带河、沙朗河、西北沙河、迤六瓦恭河等7条主要河流。年平均气温16.50℃，比历年平均偏高1℃，较2019年偏低0.20℃。降水量为1 062.20毫米，较常年偏多82.90毫米，较2019年偏多222.40毫米。

主要风景名胜区及旅游景点有云南陆军讲武堂、朱德旧居、节孝巷中共云南地下党建党旧址、抗战胜利纪念堂、聂耳故居、翠湖公园及周边博物馆群、昆明动物园、圆通寺、筇竹寺、虚宁寺、文庙、郊野公园、西游洞、莲花池公园、月牙潭公园、篆塘公园、隅山公园以及长虫山、荷叶山、眠山、昭宗等多处生态公园和西翥乡村旅游景点。

五华区是云南省政府所在地，驻区中央和省、市机关，企事业单位众多，科教、文卫、商贸、金融、通信等机构云集。辖区有11所高校、20多个科研机构，汇集云南铜业、云南冶金、云南煤化工、红云红河、昆明联想、昆明国家广告产业园、王府井、金鹰、沃尔玛、家乐福、百盛、国美、苏宁等一大批国内外知名企业，有昆明医科大学第一附属医院、昆明医科大学第二附属医院，云南阜外心血管病医院等重点医疗机构，有全国首个区块链中心、九机网、猪八戒网等网络企业，有南屏步行街、祥云街等全国示范步行街和昆明老街、南强街等都市夜经济示范街区，有西城时代、吾悦广场、首创奥特莱斯等娱乐购物场所，有渣打、马来亚、汇丰、恒生、东亚、大华银行，普华永道、安邦保险等金融机构，形成商务楼宇聚集的都市经济。

【经济综述】 2020年，是“十三五”计划实施的收官之年，也是全面建成小康社会的决胜之年。面对新冠肺炎疫情的严峻形势，区委、区政府团结带领全区职工众志成城，一手抓疫情防控，一手抓经济社会发展，各项工作取得明显成绩。成功入围“胡润中国最具投资潜力区域百强榜”，位列“全国主城区竞争力指数排名”第六十九位。11月13日，在2019年度全省县域经济发展分类考核综合评价中，五华上榜重点开发区（县）第一位。年内，全区实现地区生产总值1 242.35亿元，同比增长2.65%，占全市GDP比重的18.50%。其中，第一产业增加值2.59亿元，同比下降5%；第二产业增加值491.86亿元，同比增长2.40%；第三产业增加值747.90亿元，同比增长2.80%。三次产业结构为0.20：39.60：60.20。非公有制经济实现增加值469.33亿元，同比增长2.40%，占全区GDP比重的37.80%。完成财政总收入132.04亿元，同比增长4.10%。实现一般公共预算收入45.81亿元，同比增长2.54%；完成一般公共预算支出51.74亿元，同比下降2.10%。完成固定资产投资251.87亿元，同比下降5.40%。全年实现社会消费品零售总额596.12亿元，同比下降4.50%。实现城镇常住居民人均可支配收入4.89万元，增长3.70%；农村常住居民人均可支配收入2.28万元，增长8.20%。城镇登记失业率5.30%。

【疫情防控】 2020年1月下旬，面对突如其来的新冠肺炎疫情，区委、区政府积极采取应对措施，制订《五华区新型冠状病毒感染肺炎疫情防控工作方案》，全力应对。1月23日成立领导小组，发布应对通告，要求市民不外出、不走亲访友、不聚餐，并将春节假期延长至2月2日。25日关闭辖区公园、影院及各种娱乐场所，指定辖区昆明医科大学第一附属医院、昆明医科大学第二附属医院、云南省第一人民医院、云南省中医医院、昆明市妇幼保健院、五华区人民医院等开展特殊治疗。28日，关闭辖区高速公路，停止客运。30日，除火车站、机场、长途汽车站以外的公交车、地铁大部分停运，至2月21日后才逐步恢复。

2020年1月30日，辖境2个小区出现确诊病例；2月2日，辖境又有3个小区发现确诊和疑似病例。区政府立即采取措施，对上述小区实行隔离封闭管理，其他所有小区实行半封闭式管理。2月12日后，对市区居民小区实行全封闭管理，直到3月下旬主城区疫情缓和才逐步恢复市民正常生产生活秩序。坚持“外防输入、内防反弹”策略，构建起部门联防联控、社会群防群控工作格局，较早实现本土确诊、疑似病例暂时“双清零”。

按照省、市要求，从区内抽调黄艳萍、何彬等4名医务人员驰援武汉，在汉阳体校方舱医院开展医疗救治工作；辖区昆明医科大学第一附属医院、昆明医科大学第二附属医院、云南阜外心血管病医院、云南省第一人民医院、云南省中医医院等医疗机构也抽调大批医护人员援助湖北咸宁抗疫。驰援医务人员回昆后，多名队员受到省政府表彰奖励。

在2020年的疫情防控工作中，辖区累计报告疑似病例268例，进行留滞观察6 588人，采集标本8 753人、1.73万份。12月28日，在云南省抗击新冠肺炎疫情表彰大会上，五华区疾病预防控制中心获先进集体称号，疾控中心党总支获先进基层党组织称号，龙翔街道党工委委员严俊获先进个人、优秀党员称号。

【复工复产】 在做好疫情防控工作的同时，及时出台《五华区支持企业应对新冠肺炎疫情共渡难关十条措施》《推动五华区经济高质量发展若干措施》等文件，为企业和单位兑现疫情防控补助和稳增长扶持资金8 000余万元，惠及企业350余户，推动复工复产、复商复市。采取“银行＋担保＋互助金”新模式，为餐饮企业开辟融资渠道，帮助辖区企业争取到金融机构贷款5 000多万元。积极落实减免政策，减免参保企业养老保险费13.63亿元、工伤保险费3 570万元，发放失业补助金2.58亿元，惠及5.41万人。

研究制订复工复产方案，在确保安全的情况下，分批次、分行业有序复工。落实区领导挂钩帮带制度，分行业全面摸底，开展重点帮扶。对受疫情影响较大的重点行业、企业、项目，坚持进行“一企一策”“一企多策”精准帮扶。完成行业协会商会与行政机关脱钩改革，进一步增强市场活力。经努力，全区生产总值高于全市平均水平0.30个百分点，成为全市唯一实现4个季度全部正增长的县（区），连续2年获得云南省县域经济重点发展考核第一名。

【产业结构调整】 夯实工业发展基础，形成有效支撑。组织实施工业攻坚三年行动计划，抓好重点工业企业经济指标月度运行分析，做到早计划、早安排，确保工业平稳运行。引导支持企业技术创新、产业升级、做优做强，稳步推进昆明卷烟厂工商物流一体化及烟叶仓储物流项目建设，垃圾焚烧发电厂实现老厂关停、新厂建成投运，德和罐头厂异地建设进展顺利。深入实施乡村振兴战略，云南国际高原特色农产品交易中心建设稳步推进，林奇花卉基地初具规模，观光采摘、休闲农业、创意农业等都市农业新业态不断涌现。5户企业产品获得省、市“绿色食品名牌”“十大名品”称号。

引导企业转变经营模式，拓展网上业务，开展线上经营，促进消费复苏。南强街夜间经济示范街区率先复苏，跻身云南省首批5个“夜间经济地标”行列。首创奥特莱斯建成开业，吾悦广场、西城时代商业综合体日趋成熟，昆明首个家乐福精选超市——和谐世纪商城建成营业，街区品质和消费体验感不断提升。按照“四个一批”发展思路，积极做优做精楼宇载体，全区亿元楼宇达16幢，千万元楼宇有44幢，吸引40户世界500强企业、46户中国500强企业在辖区设立总部或分支机构。加快发展联合办公、共享办公业态，推动线上线下深度融合。持续盘活存量楼宇，对国资银佳、护国大厦等老旧楼宇进行更新改造，整合中铁云时代广场，降低楼宇空置率。

【营商环境】 深入推进“放管服”改革，清理取消37项行政审批，275项审批事项纳入“最多跑一次”清单。推行“一窗式”综合审批服务，实现4省6地58个事项“跨省通办”“互联网+政务服务”取得实效，政务服务“一张网”持续向街道延伸。推广“政务服务联络官”制度，实现投资建设项目“帮办代办”全流程精准服务。持续优化营商环境，3月23日正式启动“昆明市24小时政务自助服务专区”。五华区不动产第二签约中心建成营运，在主城区率先开通水电气过户一门通办，连续2次进入“营商环境第三方评价红榜”。深化财税金融体制改革，成功争取到5.31亿元土地储备专项债券资金支持。高新区社会承接工作进展顺利，224项社会事务全部移交五华区实现属地管理。

加大招商引资力度，由区领导带队赴北京、深圳、浙江等地招商引资12次，考察接洽浙商银行等企业20余户，与今鼎文化有限公司等企业签订合作协议，省电力配售公司等总部企业落户五华。全年包装推介项目23个，签约28个，协议投资361.75亿元。全年申报到位市外资金153.19亿元，实际利用外资5 476.41万美元，分别完成目标任务的127%和100%。

【重点项目建设】 努力克服疫情对项目建设的冲击和影响，坚持项目全周期推进服务机制，加快重点项目建设。安排前期研究经费1 000万元，争取上级前期研究经费1 500万元，重点支持道路交通、水环境治理、园林绿化、教育卫生等民生领域的25个项目。统筹推进141个重点项目及滇缅大道快速路一期、莲华小学选址新建、春城名苑等18个亿元以上重大项目建设。对涉及工业、城市更新改造、教育基础设施的16个项目进行集中开工。争取到地方政府专项债款3亿元、抗疫特别国债5 000万元，将五华区水环境治理、昆明二十八中改造纳入国家PPP项目建设。

计划安排政府投资项目54项，年内完工18项、在建15项，占计划总数的61%，完成年度投资8.17亿元。西昌路云大医院、龙泉路金太阳电脑城人行天桥，石盆寺、老青山滞蓄防洪截污工程，新老运粮河水质提升工程，五华区2019年老旧小区改造，社区和街道党群服务中心建设等工程已完工。白云路道路新建、西翥片区3条道路建设、二十四中校园改造、西翥片区农村安全饮水提升工程正在进行之中。

【城乡品质提升】 持续巩固文明城市创建成果，垃圾分类实现100%全覆盖，连续13个月全市排名第一。39个老、旧小区完成“微改造”；30条重点道路进行改造提升，实现“一路一景”；对104幢建筑物进行景观美化，新增城市绿地16.65公顷。扎实推进翠湖周边历史文化片区整治提升，洗马河公园及16个博物馆建成开放，“小三山一水”格局初显。文明街建成省级历史文化街区，南屏步行街被省商务厅认定为全省示范步行街。

持续推进农村人居环境整治，累计绿化美化村庄11个，西翥街道陡坡社区获评首批省级美丽宜居乡村。完成773万平方米“大棚房”“违建别墅”治理整顿。大力开展“厕所革命”，持续提升农村人居环境，获评人居环境整治考核省级一类县第三名、市级一类县第一名。持续抓好中央和省环保督察“回头看”整改，整改落实问题50个。在全市率先进行双层河道建设，盘龙江、新运粮河、大观河水质达标率100%。修复“五采区”面积1.24万亩，植树70万株，全区森林覆

龙泉路金太阳立交桥　　（五华区史志办　供稿）

盖率达56.29%，获“云南省生态文明区”称号。

【园区建设】 深入推进56个重点项目建设。建立区政务服务中心园区分中心，全面提升园区“一站式”公共服务平台，服务环境持续优化，全年对77户企业和42个项目给予奖励扶持资金1 208.39万元，帮助园区17户中小企业获得银行贷款5 750万元，有效缓解企业融资困难。年内，五华科技产业园完成主营业务收入1 346亿元；实现规模以上工业增加值260亿元，同比增长6%；完成固定资产投资110亿元，完成目标任务的55.08%；实现临商税1 274万元，完成目标任务。完成土地收储330.28亩，为全年任务的62.32%；完成土地供应483.78亩，为全年目标任务的42.03%。

引进阿里巴巴云南分公司、能投缘达集团、云康集团、博奥生物、蓝光地产等企业和年销售额达10亿元的云南盛荣物流科技有限公司。1月17日，五华区与阿里巴巴本地生活服务公司签署“智慧商圈建设”合作框架协议。携手对“四街一城”（即昆明老街、顺城街、南强街、南屏街和大观商业城）进行数智化升级，推进智慧综合体、智慧终端、智慧门店、智慧营销、智慧品牌建设。停工多年的联想科技城A13地块启动重建，爱琴海地块商业项目相继开工，国家心血管病医疗中心升级项目和云南省知识产权示范区建设稳步推进，学府创新创业走廊建设进展顺利。依托园区各类双创平台，组织开展线上线下创新创业活动24场，300余户企业、1 300余人参与活动。园区昆明阳光事达科技公司和云南拾翠旅游文化开发公司分别被认定为省级孵化器和省级众创空间。广告产业园建设提质增效，已有载体面积50余万平方米，核心区实际物业空间23万平方米，可入驻企业1 000余户。

【扶贫攻坚】 累计投入经费3.57亿元用于扶贫攻坚。对辖区已脱贫的14户、46名建档立卡贫困人员继续进行重点帮扶，防止重新返贫。年内完成104户低收入户的危房修缮改造。由区劳动就业局牵头，多次开展“送岗位、送政策、送服务”活动。3月13日，区劳动就业局组织万科物业、政民家政等5个用人单位赴东川区开展易地搬迁农村劳动力转移就业招聘会，现场提供就业岗位1 305个，20人达成转移就业协议。组织万科物业、政民家政、五华北控、强尼农业科技等10余个用工单位赴东川区进行易地搬迁和农村劳动力转移就业招聘，累计接收3 068人次到城区就业，进行劳动力转移就业帮扶。累计向禄劝县提供帮扶资金8 572万元，引进2个产业项目，帮助他们脱贫致富。对口捐赠德钦县扶贫资金1 000万元，助力脱贫。

【创业就业】 面对新冠肺炎疫情巨大压力，全力做好高校毕业生、城乡就业困难人员等人群的创业就业工作。全年提供有效就业岗位3.07万个，新增城镇就业2.51万人，100%完成年度目标任务。其中，城镇下岗失业人员再就业6 132人，就业困难人员就业5 508人，农村劳动力转移就业1 054人，实现农村劳动力转移就业收入1 574.67万元。开展城乡劳动力技能培训1 372人，创业培训129人，其他培训9 177人。开发公益性岗位470个，新增见习大学生1 361人。进行“贷免扶补”扶持创业75户，完成创业担保扶持创业182户，实行小微企业创业贷款担保3户，全年发放创业担保贷款5 707万元。12月26日，由五华区、东川区、富民县联合举办的2020年“退役不褪色，就业再启航”退役军人招聘会在金鼎退役军人就业创业基地举行，闻泰科技、俊发物业、融达汽车等50余户企业提供就业岗位4 000余个，48人达成就业意向。城镇登记失业率为5.30%，全区就业形势保持总体稳定向好。认真做好企业失业保险稳岗返还工作，为辖区5 616户符合条件的企业（含暂时性经营困难企业）发放资金1.79亿元，惠及职工17.76万人。为1.44万户参保企业减免养老保险费13.63亿元，减免工伤保险费3 600万元。为831户企业申请养老保险延缴，涉及金额4.42亿元，延缴工伤保险420万元。

【民生保障】 按照“全覆盖、保基本、多层次、可持续”要求，织密社会保障民生网。全区养老保险实际参保42.10万人，完成目标任务的129.26%。其中，包含机关事业单位职工参保8 600人，企业参保职工35.70万人。企业养老保险缴费人数为26.92万人。工伤保险参加人数28.50万人，失业保险参保31.70万人，基本医疗保险68.34万人，参保率达到96%以上。参加生育保险人数达33.32万人，8 264人次享受生育保险待遇。严格贯彻落实疫情期间各项社会保险费减、免、缓政策，为企业减免养老保险费13.63亿元、减免工伤保险费3 570万元。落实《五华区改革完善被征地人员基本养老保障工作实施方案》，已衔接并入1.22万人，改革工作顺利推进。9月18日，举行国有企业退休人员社会化管理移交仪式，将条件成熟的28户国有企业、1 138人接收到五华区管理。按照云南省人社厅要求，辖区退休人员已完全移交区社保局管理。开展全区1 090名退役士兵的养老保险接续补缴工作。按时完成离退休人员养老金调整和发放工作。年内，全区企业退休人员人均增资167元，平均养老金为3 015元；机关事业单位人均增资199元，平均养老金达到5 184元。持续提高城乡低保对象、特困供养人员、特殊困境儿童等困难群体的基本生活标准。新建养老机构5个，新增社区居家养老服中心13个，养老床位1 166张。全省首个社区型专业长期照护机构落户新闻里社区。配建公共租赁住房2 688套，为559户低收入家庭发放住房租金补贴110.67万元。

【科技创新】实施创新驱动战略。3月12日，五华区与昆明理工大学签订战略合作协议，坚持政、产、学、研一体化发展道路，依托昆明理工大学成立五华区水电硅科技创新中心、水电铝科技创新中心和科技创新研究院，“学府路创新走廊”初见成效。“高校＋双创基地”等政校企合作进展顺利，高延性混凝土、虾青素等一批科研成果实现产业化生产。深入推进科技创新，举办“翠湖之畔·科技文化融合发展”高端论坛。辖区有省、市级院士工作站86个，国家和省、市级重点实验室96个，有各级孵化器17个，孵化面积30余万平方米，入驻创新团队达1 500多个。全社会研发投入达29.23亿元。至年末，辖区有国家级科技中小型企业170户，信息产业规模超过50亿元，居全市14个县（市、区）之首。兑现扶持资金171万元，推动信息技术、文化创意等11个现代服务业聚集发展。充分发挥龙头企业示范带动作用，促成科大讯飞南亚东南亚总部、能投缘达等企业入驻五华区。利用全国首个区块链中心落户五华区的契机，吸引阿里巴巴、杭州趣链等97户优质区块链企业加入。正式发布首个升级区块链溯源商品“孔雀码”，成功打造区块链产业发展试验、聚集区。大力发展信息化产业，着力推进辖区5G通信网络的建设，年内建成5G站点965个，5G信号已覆盖95%的市区道路，党政机关、重点医院、区司法行政中心、科创大厦、昆明老街、钱王街等区域做到5G网络室内深度覆盖，全区涉农区域实现无线信号100%覆盖、互联网100%通达。

【教育　体育】制定下发疫情防控和开学相关工作指导文件，对全区公（民）办中小学、幼儿园教师和学生的健康及旅居情况进行排查，做到“一人一档”。组织全区77所中小学、2 300个班级、10.70万名学生以及9 480名教师参与线上教学。通过网络点播学习、网络直播课堂、学生自主学习和学校现有课程资源，做到“停课不停学”。组织辖区各学校积极开展复学复课，进行3次开学疫情防控培训，并通过线上视频推送资料，普及新冠肺炎疫情防控知识。采取错峰上课、放学，稳步恢复教学活动。建立联防联控机制，保证每所学校有1名社区医生担任卫生网格员。深入实施“三名”工程，引进名师6人，组建名校长基地2个，开设名师工作室49个。坚持教育优先发展战略，在全省率先启动人工智能因材施教示范区建设，新成立春城小学、红旗小学2个教育集团。9月1日，五华区第一所少数民族公办幼儿园——五华区迎龙幼儿园开园。年内，辖区学前3年毛入园率保持99%以上；区属小学教学质量监测及格率达到95.21%，优秀率达29.85%；区属初中学业水平考试优秀率64.28%，连续16年位列全市第一；区属中学高考一本上线率53.75%，本科上线率79.18%，贡献率分别为34.35%、21.85%，连续五年获得昆明市教育质量管理考核一等奖。12月2日，五华区新萌学校老师代建获“2020年度中国残疾人事业新闻人物”称号。

组织开展各项体育教学和竞赛，开展羽毛球、跆拳道、空海模、无线电定向、棋类等项目的基础培育，提升和打造项目特色，丰富校园文化。在做好疫情防控的前提下，视条件开展社区体育与全民健身活动，“五华跑团”彰显特色。在云南省第二届青少年运动会预赛中，五华区16个参赛项目共获金牌37枚、银牌39枚、铜牌26枚，列全省第一。

【文化　旅游】围绕“一山、一湖、两街、多园”业态布局，推进旧厂“腾笼换鸟”，促进商旅文融合发展。深入实施文化服务“零距离”工程，加强社区文化活动基地设施建设，顺利通过第四批国家文化服务示范区验收。依托云南民族电影制片厂及电影历史博物馆，着力打造滇缅大道文化产业轴，争创国家文化产业示范园。“海鸥文化节”“蓝花楹文化节”“五华讲坛”等文化品牌影响力不断扩大，翠湖·讲武堂成功创建4A景区，马家大院、莲花池等庭院剧场蓬勃发展。环翠湖博物馆群继续打造，年底前已建成开放16个专业博物馆。2020年6月13～14日，在昆明老街开展“文化和自然遗产日”非物质文化遗产展示展演活动，进行皮雕、押花、糖画、染色等技艺的非物质文化遗产代表项目展示。9月25日，在南屏步行街举行庆祝“中国农民丰收节”活动，其间举行乡村振兴论坛、特色

文明街夜市（五华区史志办　供稿）

民俗文化展示、农耕文化体验、摘梨、割稻摸鱼、调子会、乡村志愿公益行等多项活动。12月15日，五华区廉政家教家风漫画书法作品巡展在区行政中心开展，展出80幅装饰精美原创漫画书法作品。

4条旅游精品线路发布。受疫情严重影响，2020年五华区累计接待游客895.50万人次，同比下降70%；旅游综合收入140亿元，同比下降70%。辖区住宿业营业额同比下降46.10%。

【医疗卫生】 深化医药卫生体制改革，确保公立医院的公益性。建立以基层医疗机构首诊为基础、区级公立医院为枢纽和核心的分级诊疗和双向转诊"绿色通道"，推进三级医院—二级医院—基层医疗机构双向转诊机制，区医院年内转诊713人次。全面深化公立医院改革，取消药品加成，减轻病人负担。住院患者年内均次费用4 689元，较2019年同期下降4.20%；门诊平均处方费用334.64元，比2019年同期下降2%。加强公共医疗服务体系建设，家庭医生签约率为98.89%，全科医生签约覆盖率达100%。稳步推进医疗卫生共同体建设，五华区人民医院暨康养中心建设速度加快。成功创建国家级"慢性病综合防控示范区""国家紧密型医疗卫生公共服务共同体建设示范区"，获"全国计划生育优质服务先进单位"称号。

【基层社会治理】 创新探索"以诉为哨、接诉即办、未诉先办"工作机制，全区累计吹哨4 662件、部门报到5 254次，直接服务群众达55万人次。"协商在基层"试点取得进展，通过居民协商，为旧小区加装电梯38部，为20个无人管理老、旧小区引进物业。"民事民提""民事民议"机制逐步完善，创建全国"民主法治示范村（社区）"2个、省级"民主法治示范村（社区）"5个，实现市级民主法治街道创建全覆盖。健全完善矛盾纠纷线上、线下多元化解机制，成立律师调解中心、诉前委派调解服务中心，建成智慧安防小区303个，"平安五华"建设取得新成效。扫黑除恶专项斗争收官，在全市率先实现案件线索"双清零"，刑事警情下降44%，群众安全感提高到93.60%。应急安全体系健全完善，无重特大事故。五华区成为全省基层社会治理试点县（区）。

（杨连国）

盘 龙 区

【自然地理】 盘龙区是昆明市主城区之一，地处昆明市主城区东北部，介于东经102°41′40″～103°01′57″、北纬25°01′48″～25°27′51″之间。东、南面与官渡区相连，北接嵩明和富民2县，西临五华区，西南与西山区接壤，辖区面积861.04平方千米；主城建成区面积60.96平方千米，水源保护区629.80平方千米，水源保护区占辖区总面积的73%。

【区划 人口】 2020年，盘龙区辖拓东、鼓楼、东华、联盟、金辰、青云、龙泉、茨坝、松华、双龙、滇源和阿子营12个街道，下辖71个城市社区、32个行政村。

全区户籍人口59.45万人，均为城镇人口；流动人口36.91万人。户籍人口中，男性29.38万人，女性30.07万人；汉族人口52.28万人，占总人口的87.93%；少数民族人口7.18万人，占总人口的12.07%；60岁以上老年人12.61万人，占全区户籍人口的21.22%，100岁以上高龄老人79人。少数民族中人口上万的有彝族、白族、回族，上千的有壮族、傣族、苗族、哈尼族、纳西族、满族，上百的有傈僳族、拉祜族、佤族、瑶族、藏族、布朗族、蒙古族、布依族、朝鲜族、侗族、土家族、黎族、土族、仡佬族，其中，回族、彝族、苗族为世居少数民族。

【自然概况】 盘龙区海拔1 891.60～2 589.50米。东部、北部为中山、丘陵地貌，约占全区面积的80%。北部山峦起伏，夹有山间盆地，山脉属滇东北高原梁王山山脉支系，大部分呈北—南走向，主要分布在东部、北部，山体以中山为主，海拔2 000～2 500米；区域内有中低山416座，主要有石头山、祭天山、马鞍山、青龙山、刺梨山、狮子山、骑马山、中石山等。西南部为滇池断陷溶蚀盆地的一部分，地势平坦，约占全区总面积的20%，是昆明市主城区的一部分，区内经济发达、人口众多。盘龙区有盘龙江、清水河、羊青河、东大沟、金汁河、明通河、西干渠、麻蛇沟、马溺河9条主要入城河道，盘龙江是区内的最大河流，也是流经昆明城区内的主要河流。占全区面积约80%的北部、东部山区为松华坝水源径流区，地下水资源丰富，共有地下暗河6条、龙潭泉水160多个，出水量大的有青龙潭、黄龙潭、白邑黑龙潭、马军龙潭、双桥龙潭等117个，总排量8 852.63万米^3/年，为河川总径流量的45.34%。2020年，全区平均气温16.50℃，降水量975毫米。

【经济综述】 2020年，全区地区生产总值928.16亿元，比上年增长2.60%。其中，第一产业增加值5.95亿元，增长2.20%；第二产业增加值188.74亿元，下降6%；第三产业增加值733.47亿元，增长5.50%。一般公共预算收入44.99亿元，较上年决算数增长2.69%；一般公共预算支出52.37亿元，较上年决算数增长2.22%。全年固定资产投资（不含农户）374.84亿元，比上年增长22.30%。社会消费品零售总额625.84亿元，比上年增长3.50%。其中，限额以上社会消费品零售总额225.28亿元，增长3%。

抓实"一把手"招商，创新开展"书记、区长营商记"活动，开展"云招商"，举办外资招商网络推介会，成功引进特斯拉、SKP、旭辉集团、北京中建、中交二航局、华泰保险等企业或项目，雪力国际大厦打造成为新电商产业园，实际利用外资1.55亿美元、市外内资161.24亿元。完成工业总产值204.87亿元，全年工业增加值同比增长2.50%。城镇常住居民人均可支配收入4.92万元，同比增长3.70%；农村常住居民人均可支配收入2.30万元，同比增长8%。城镇登记失业率控制在4%以内。

龙泉古镇、世博园门前区等70个项目开工建设，车行天下二期全面建成，红星美凯龙投入运营，健之佳在上海交易所主板成功上市，旭辉集团、SKP、特斯拉、北京中建、中交二航局等知名企业和项目落户盘龙区。推进汽车企业间互助合作和资源整合，加强政府与企业之间的信息沟通，全面提升辖区汽车服务业整体竞争力，打造“购车就到盘龙”品牌效应，鼓励规模较大的车企牵头成立汽车产业联盟。以限上汽车服务业企业为主体，以促进汽车消费为主线，以“政府引导、企业主导、市场运作”为模式，举办具有盘龙特色和影响力的盘龙汽车消费促进活动。

楼宇总部经济品牌效应不断凸显，全区投入使用楼宇96栋，其中税收千万元楼宇达50栋、亿元楼宇达到16栋，楼宇入驻企业4 633户，其中世界500强和中国500强企业30户、各类总部集团型企业70户，获“2020中国楼宇经济领军发展城区奖”，恒隆广场获“2020中国楼宇经济TREND地标大奖”。出台支持实体经济促进经济平稳增长政策措施24条，建立部门、街道联动协同服务经济发展工作机制。全力支持民营企业发展，帮助10户企业获得“财园助企贷”贷款2 830万元，减、免、返企业社保费10.75亿元，发放就业、失业补助3.02亿元。推动智慧旅游发展，全面推广“一部手机游云南”，落实景区门票优惠政策，提振市民复旅复游信心。全年接待游客1 437.96万人次，实现旅游总收入187.72亿元。

【疫情防控】 2020年1月，面对突如其来的新冠肺炎疫情，全区干部群众坚守岗位，履职尽责；广大医务工作者坚守阵地，勇担重任，4名医护人员先后驰援湖北，逆行出征，不辱使命；广大党员干部、人民警察、社区工作者、志愿者战斗在第一线，从城市到乡村、从企业到机关、从社区到校园，构筑起坚固的抗疫防线。年内，全区未发生本土聚集性病例，未出现陆路边境、航空口岸输入性二代病例；医疗机构未出现医务人员感染，无院内聚集性病例发生，辖区内未发生本土聚集性病例。按照“外防输入、内防反弹”要求，建立“街道包保人员+社区（村）包保人员+机动队伍”工作模式，常态长效防控措施扎实有效，疫情形势总体稳定。组建“应急、留观、救治、消杀”4支专业队伍，全面完成辖区排查，统筹抓好应对疫情各项工作。紧急采购疫情防控设备，集中储备一批防护、消杀物资，全面提升区域防控能力。年内，全区累计排查监测重点人员1万余人，隔离留观6 000余人，及时封闭管理3个重点区域；安排抗疫经费3 650.76万元，接收各界捐赠抗疫款物270余万元；在应对处置1例境外输入无症状感染者复阳工作中果断处置，经受住了考验；区疾控中心获云南省抗击新冠肺炎疫情先进集体和先进基层党组织称号，4人被授予省、市先进个人称号。

出台15条措施支持企业应对疫情，兑现区级各类奖励扶持资金4 014.42万元，为承租区属国有经营用房的中小微企业及个体工商户免除租金1 588.59万元，全面推进复工复产、复商复市，全力稳物价、稳市场、保供应，全区生产生活秩序快速有效恢复。

【营商环境】 扎实开展“营商环境提升年”活动，高质量打造市场化、法治化、国际化一流营商环境。打造为民、便民、利民政务服务，深化“一窗式”3级联动综合办理，推广“一部手机办事通”“一部手机办税费”。持续推进“放管服”改革，57个事项下放街道、社区，827个事项实现“不见面审批”，行政许可、公共服务及内部审批事项网上可办率达100%，全程网办事项达94%。公布“最多跑一次”事项清单，累计办结“最多跑一次”事项55.67万件。免费EMS（中国邮政速递）邮寄办理1 875件，为3 300余户企业免费刊刻印章1.34万枚。整合874个事项进入“24小时政务服务超市”自助设备。交三桥不动产登记处投入使用，在全市实现“全城通办”。企业开办流程进一步精简，设立登记“零见面”，开办全流程8小时内办结，最快2天可营业。启动全市首个社会保险“综合柜员制”办理服务，打造“进一门、取一号、一窗办、一站服、一次好”社保综合窗口。精准落实援企稳岗政策，稳岗返还6 936.59万元。省级重要引智项目北航云创院落地世博片区并建成运营。奖补各类创新主体51个，兑现奖励680.15万元，新增高新技术企业24户，以优秀等次通过省级科技成果转化示范区验收。

【城乡建设与管理】 全年实施重点建设项目309项，农科南路、冷水河东片区灌溉管道工程、龙溪华庭等37个项目已完工，国家植物博物馆项目加快征迁，龙泉古镇、世博园门前区等70个项目如期开工，国博大道、国博西路、国博东路启动拆迁，茨坝片区正从“睡城”迈向“沸城”。云南广播电视台中波发射台迁建工作取得决定性进展，为北部山水新区核心区域开发建设创造了有利条件。红星美凯龙顺利开业，春之眼商业中心、雅龙花园、俊发名城等76个续建项目进展顺利。大力推进存量用地清理和盘活，全力做好土地收储供应，收储土地1 586亩，供应土地4 384.64亩，实现土地出让收入164.84亿元。

加快城市有机更新，有序开展小庄村、任期营等18个项目修详规编制，实质性启动麦溪村等13个项目改造。聚焦金刀营、青龙山、白龙寺等重点片区，率先实施三旧连片开发模式，着力提高片区整体开发品质。完成长地梗、白龙寺村改造项目征拆，马家营、金刀营等24个项目实现土地交易，启动虹桥村等3个项目安置房建设，完成环球阀门厂、龙池村、大波村等项目安置房交付。启动东华小龙组团、金辰天祥社区等19个老旧小区改造。建成农科南路、北京路北端连接西北绕城高速立交工程、沣源路龙头街过街人行天桥、农大西校区过街人行天桥等，建成5G通信基站935个。

不断提升城市管理水平，大力整治“脏乱差堵”，提高人居环境舒适度，推进城乡生活垃圾分类试点。坚持系统治理，落实“上截、中疏、下排”治水方式，形成“三横三纵一面”治水体系。推进“雨污分流”清水网格入滇试点工作，得到市委、市政府高度肯定。统筹推进环卫一体化功能优化，促进资源有效整合、高效利用，综合整治提升二环路、北京路、东三环、机场高速两侧辅道等23条道路，市容环境进一步改善。做好景观亮化提升工作，完成相应市政配套、绿化工程建设，打造绚丽多彩、四季花开、景观各异的“最美城市道路”。汇都国际三期、云润天阳启动破产重整，栗树头、桃园村复工复建，马家营、任旗营、省机械行业协会启动回迁安置房建设，唐家营完成回迁选房。龙泉花园三院、金江小区共8 710户交付房屋取得不动产权证，多年的历史遗留问题得到解决。新建及提升改造小游园11个，新增城市绿地15公顷。空气质量优良率99.70%。

提升农村人居环境，提升巩固农村污水治理。建成农村生活污水处理设施268座，覆盖43个行政村、284个自然村，集镇、村生活污水处理设施覆盖率100%。推进农村生活垃圾精准治理，全年清运生活垃圾1.19万吨，涉农街道生活垃圾处理设施覆盖率达到100%。推进农村“厕所革命”，提升改造不达标公厕3座，改造建设公厕6 662座。推进示范村建设，完成松华街道小河社区小河小组、滇源街道中所村中所小组、白邑村新庵小组、阿子营街道铁冲村、甸头村甸下小组5个2019年乡村振兴示范村建设及验收，创建阿子营街道甸头村、滇源街道老坝村、松华街道小河社区为市级乡村振兴农村人居环境整治激励示范村，滇源街道创建为市级脱贫攻坚与乡村振兴有效衔接示范创建乡镇，双龙街道麦冲社区、滇源街道中所村创建为市级人居环境整治示范村。

【农业农村工作】 全年农林牧渔业总产值9.51亿元，扣除物价因素比上年增长1.50%。其中，农业产值7.22亿元，下降1.80%；畜牧业产值1.20亿元，增长2.70%。全年粮食播种面积7 593公顷，比上年增长4.20%；总产量3 210万千克，比上年增长3.80%。蔬菜播种面积3 995公顷，增长12.90%；总产量9 830万千克，增长5.20%。禽肉产量49.7万千克，增长58%；禽蛋产量82.2万千克，比上年下降45.90%。肉类总产量263.7万千克，比上年增长18.50%。

全面提升农产品质量水平和农产品附加值，打造松华坝“绿色食品牌”。年内，全区共有“三品一标”企业8户，有机认证产品283个，绿色认证29个，无公害产品认证2个，欧盟有机认证2个，有机种植1.65万亩，13户企业的产品录入到云南省农产品质量安全追溯信息平台系统。

建立重大动物疫病防治常态常效、应急处置工作机制，加强非洲猪瘟疫情防控，确保辖区未发生非洲猪瘟疫情，春防重大动物疫病免疫应免密度均达100%。年内，全区非洲猪瘟防控排查村组1.93万个次、散养猪养殖户4.23万户次、生猪59.36万头次。

全面完成农村集体产权制度改革工作，成立集体经济组织419个。开展村级、组级债务调查摸底工作，对11个街道、62个行政村、380个村小组涉及集体资产开展调查摸底。此次债务调查时间节点为2019年12月31日，所调查村组中农业人口10.21万人，资产总额6.57亿元。

【教育　体育】 全区共有各级各类学校（园）240所，其中普通中学36所、中职教育学校14所、普通小学62所、特殊教育学校2所、工读学校1所、幼儿园125所。各级学校（园）专任教师7 710人，其中，普通中学2 167人，中职教育学校582人，普通小学2 886人，幼儿园1 969人，特殊教育学校68人，工读学校38人。全区所有在校、在园学生12.32万人，其中普通中学在校学生2.74万人、中职教育学校在校学生1.12万人、普通小学在校学生5.71万人、在园幼儿2.73万人、特殊教育学校在校学生187人、工读学校46人。

全区小学一年级共招收251个班、1.11万人，其中，公办197班、9 347人，民办54班、1 766人；本地学生6 722人，外来学生4 391人。外来随迁子女共487人安排到民办学校公费学位。小升初共8 919人，其中，参加分配人数8 396人，不参加分配523人。全区初中学校录取7 251人。截至2020年9月份学籍数据，公办中学入学4 022人，其中，本地学生2 573人，外来随迁学生1 449人。

促进优质教育资源向新开发片区延伸布局，更好满足群众优质教育需求。羊街小学配套设施、中小学幼儿园“厕所革命”等工程完工投入使用，俊发城中小学二期、清水河城中村改造配建中学、羊肠小村城中村改造配建幼儿园开工。成功引进东北师范大学合作办学，东北师范大学附属盘龙实验学校成为盘龙区继黄冈中学后引进的又一所省外名校。盘龙小学、明通小学将分别入驻白水泥厂、虹桥龙池改造项目。在云南省对县级人民政府履行教育职责督导评估中被评为优秀。

开展以“明德惟馨、见德思齐、

立德树人”为主题的优质思想政治课系列展示活动，活动覆盖全区200余所学校（园），全区417名思想政治课教师和88所学校的书记、校长参加活动。年内，高辉、王玉兰被命名为昆明市第四届名校长培育基地主持人，袁蕾、谢晓玲等7人被命名为昆明市第五届名师工作室主持人，17人被评为第五届昆明教学名师。

指导学校、幼儿园新冠肺炎疫情防控工作，做好对全区11.60万名师生的每日健康状况跟踪工作和人员流动跟踪工作。全年投入2 600余万元用于安保队伍建设，形成专（兼）结合、以专为主的校园安全保卫队伍。全区103所公办学校全部纳入人脸识别系统，采集的人脸抓拍数据必须接入公安视频专网，并进入公安人脸视图库。

完成“十三五”期间社会足球场地建设任务，超额完成2块5人制社会足球场。推进“15分钟健身圈”体育基础设施建设，新建健身路径3条，更换健身路径设施1条，新建农村篮球场2块。完成2020年云南省体育场地统计调查盘龙区常态普查工作，全区体育场地面积更新为165.66万平方米，人均体育场地面积1.82平方米。

【科技】 盘龙辖区高校科研院所高层次人才聚集，34个科研院所和单位共有4名院士、7个院士工作站、82名中高级人才、科技创新平台载体101个，科技创新能力持续增强。充分发挥高层次人才作用，助力茨坝生物小镇、国家植物博物馆建设。年内，新增高技术企业24户，茨坝生物科技创新中心入驻企业12户，奖补各类创新主体51个、兑现补助资金680.15万元。全社会研发投入29.65亿元，科技进步贡献率达60%，以优秀等次通过省级科技成果转化示范区验收。开展第七届盘龙区优秀专业人才考核工作，推荐12名辖区内企业院所科技人才申报“春城计划”高层次人才和春城科技领军人才。发动辖区内企业申报盘龙区“人才之光”项目，推荐的5个项目进入立项评审，3个项目获得立项扶持。推荐88户科技型企业申报高新技术企业认定，73户企业通过专家评审、公示，申报总量、通过率、通过量等指标位居全省首位，超额完成目标任务。向上争取政策和资金，组织推荐11个单位、18个科技项目争取到省、市奖补资金605万元。871西区VR/AR数字科技产业园项目被列为市级重点项目。年内，与盘龙移动公司签订战略合作协议；全区实现全光纤网络和4G覆盖，5G基站已建成907个，主城区已实现5G网络覆盖。

【文化　旅游】 创建第四批国家现代公共文化服务体系示范区，健全公共文化服务设施网络，完成3个街道综合文化站、41个社区（村）综合性文化服务中心达标建设，累计建成12个城市智能阅读书柜，启动区级文体中心建设项目。推进龙泉古镇建设，打造西南联大文化，充分发挥龙泉古镇历史文化资源聚焦、精神文化资源富集的优势。依托龙头街片区的历史渊源，以及梁思成、林徽因、朱自清等抗战名人故居、35位院士第二故乡等品牌，利用他们的影响力吸引国内建筑界、艺术界大师前来开发创意产业集聚区。

动员辖区广大文艺工作者和文艺志愿者开展“抗击疫情文艺在行动”主题创作活动，先后创作歌曲《前行之光》、新编京剧《送瘟神》、快板《元宵节好》、锅碗瓢盆“筷”板《防疫宣传顺口溜》，以及配乐诗朗诵《情牵江城》《加油，武汉》《共生死，全民送瘟神》等6首。同时，转载系列广播情景剧《丁丁与爸爸》等疫情防控宣传作品，全力做好防疫宣传，充分发挥文艺“暖心”、文艺“聚力”的重要作用。办好第40届盘龙江文化艺术节，举办盘龙区2020年“文化和自然遗产日”暨第40届盘龙江文化艺术节启动仪式、专家研讨会和第34届学生艺术节“小小昆明人”少儿美术、书法、摄影获奖作品展。开展盘龙区精品五星级群艺团队线下评选和“寻找盘龙江畔最美读书声”评选工作，遴选精品项目参加云南省第二届传统戏剧曲艺会演、云南省民族赛装文化节等非遗展演。全国第15个“文化和自然遗产日”，在昆明同德广场开展以“非遗传承，健康生活”为主题的非遗活动，邀请草编、传拓、滇式风筝、剪纸、锔瓷、斑铜、面塑、皮雕、糖画、瓦猫、呜嘟等12位非遗传承人到现场进行技艺展示，呈现“非遗之美”。

完成盘龙文旅Morelife全新改版，完善线上线下文旅融合服务，建立公众需求征询反馈机制，探索“菜单式”“订单式”精准惠民文旅服务，全面破解文旅服务资源利用率低、群众知晓率低、群众参与率低难题。推出《抗疫英雄谱》《抗疫文旅产业复工复产系列报道》《盘龙美好乡村图鉴》《五星级群艺团队展演》《街道书记主任晒文旅》《文旅党建红》等专题报道82期，以良好的运营成绩获昆明市委网信办“2019年度政务新媒体奖”、新浪微博2019年“云南政务微博优秀案例”、新浪微博2020年政务官方优秀基层奖。

【卫生】 辖区共有各级各类医疗卫生机构635个，其中区卫健局审批605个，卫生技术人员1.10万人。卫生技术人员中，执业医师（助理）4 305人、注册护士5 438人。辖区总床位7 125张，每千人拥有床位数8.46张。开展水源保护区“健康大篷车”巡回医疗活动，深入推进分级诊疗和双向转诊制度，构成“基层首诊、双向转诊、急慢分治、上下联动”机制，区人民医院与昆医附一院等省、市6所三甲医院以及39个基层社区卫生服务机构签订转诊协议，按签署协议内容开展相关转诊工作。深化医药体制改革，着力解决看病贵问题。

加快补齐医疗卫生服务短板，启动重大传染病救治能力及疾控机构核心能力“双提升”工程，健全突发卫生事件应急体系。巩固“全国中医药特色社区卫生服务示范区”成果，将中医临床科室延伸到卫生院集中设置。结合新冠肺炎疫情防控工作，及时修订完善相关预案，组建80人（AB角）卫生应急队伍，遴选突发公共卫生事件处理和临床救治工作经验丰富专业技术人员11人成立区级卫生应急专家库。打造“互联网＋医疗”健康服务模式，为人民群众提供全方位生命周期健康服务。推进盘龙区人民医院互联网医院建设，上线“银医通”自助系统，实现网上预约挂号和看病就医服务；上线盘龙区人民医院云南省电子健康卡，实现医疗健康服务“一卡（码）通”，投入使用自助设备8台，有效缓解病人排队等候问题。

【民生保障】 强化基层社会治理，深入推进“5+1”社区（村）示范点建设，建立“六方会谈”治理联盟和“跨部门、跨区域”议事协调机制，实施“民生小实事”83项，“民生小实事”模式入围全国创新社会治理典型案例。着眼于社会救助体系建设，城乡困难居民生活得到全面保障。年末，全区城市低保累计保障6.38万人次，累计支出金额3 703.89万元。全区共有养老机构9个，其中公办养老机构3个、民办养老机构6个，床位2 200张。共建有居家养老服务中心15个。开设“爱心食堂”服务老年群众，解决部分高龄、独居、空巢等老年人吃饭难问题。年内，新建爱心食堂4个；新增城乡社区居家养老服务中心2个、爱心食堂6个。设立知识产权、劳动仲裁、退役军人等公共法律服务站，开办退役军人复产复工创业贷款站（点）和“军邮合作社”，在全市开展首期线上职业技能提升云培训，搭建网络招聘求职云桥梁。

全年提供有效就业岗位2.90万个，新增城镇就业2.63万人，帮助5 729名就业困难人员实现就业，开发公益性岗位402个；城镇登记失业率控制在3.28%以内。开展技能培训864人，其中培训建档立卡贫困人员514人，其他培训8 075人，创业培训175人；发放培训补贴4 676.59万元、个人创业担保贷款2 490万元、“贷免扶补”创业小额贷款883万元、稳岗返还资金6 936.59万元。全区参加城镇企业职工基本养老保险24.71万人、工伤保险企业职工18.47万人、城乡居民基本养老保险9.85万人、失业保险19.57万人。助力贫困户增收，投入产业专项扶贫资金1 251.41万元用于阿子营环水有机种植项目建设，覆盖阿子营街道393户建档立卡户，提供就业岗位增加农民收入。组织农村劳动力转移4 312人，其中建档立卡373人，实现农村劳动力转移收入6 745.07万元。

（吴焰红）

官　渡　区

【自然地理】 官渡区是昆明市主城区之一，介于东经102°40′30″～103°02′55″、北纬24°54′22″～25°15′46″之间。东接宜良县与呈贡区，南濒滇池（湖岸线长17.60千米），西南与西山区相连，北接盘龙区与嵩明县。区境最东端为大板桥街道沙井社区，最西端为六甲街道星海社区，最南端为矣六街道王官社区大、小罗家营村，最北端为大板桥街道上对龙社区。

【区划　人口】 2020年，全区辖关上、太和、吴井、金马、小板桥、官渡、矣六、六甲、阿拉、大板桥10个街道，其中大板桥街道由滇中产业集聚区托管，阿拉街道由昆明国家经济技术开发区托管。10个街道下辖116个社区。全区面积为552.21平方千米，实管面积为128.85平方千米。

全区有户籍人口54.39万人，其中少数民族户籍人口5.81万人，占全区户籍总人口的10.70%。纳入统计的少数民族流动人口7万余人，占流动人口总量的13.70%。

【自然概况】 区境地势东北高、西南低，中低山区、半山区及丘陵占全区面积的75%。西南部城市近郊及滇池东北岸属昆明断陷溶蚀盆地地段的平坝，区内各河道均汇入滇池尾段。区内乌纳山、野猫山是梁王山的2个主峰。区内第一高峰乌纳山（又名老爷山）海拔2 730米，呈东西走向；区内第二高峰野猫山海拔2 589米，呈北南走向。滇池沿岸东侧的金太塘、五甲塘等为全区最低点，海拔1 884.50米，相对高差845.50米。区内河流水系属长江流域金沙江段的普渡河与牛栏江2条支流，以老爷山、老巴山、竹根山、大五山的山脊为分水岭。辖区内有主要河（沟、渠）道34条，总长302.37千米，径流面积290.60平方千米，其中区境内237.60平方千米，年平均产水量7 858万立方米。上游区境内有沙井大河、沙井小河小（一）型水库2座。

全区主要土壤分为黄棕壤、红壤、石灰土、紫色土4个土类，黄棕壤、黄红壤、红壤、红色石灰土、紫色土5个亚类，成土母岩有砂岩、页岩、玄武岩、花岗岩、片岩、石灰岩等。由于受地貌、气候和植被的影响，森林土壤垂直分布地带不明显，相互交错。

【自然资源】 2004年行政区划调整后，区域金属矿种减少，已发现的金属矿产仅有大板桥西冲口铝土矿，主要产地大板桥矿区有16个矿层，储量215万吨。赤铁矿产地有祭虫山、青水沟、长地埂、小哨、小石坝、小康郎、水塘子、大麦地等10余处。

区域非金属矿产种类较多，主要有石灰岩、陶土、磷块岩、褐煤、泥炭、硫铁矿，但难以开采或使用价值不大，属于贫矿地区。石灰岩分布广，储量丰富，含矿层为中石炭统威宁组，已勘探的有大麦溪、小麦溪、小康郎3处。砖用黏土及陶土有宝云、羊方凹、宝象桥等20多处，黏土储量100万吨；金马磷矿储量1 058万吨，已开采，矿石销往省外。

辖区地表水主要有盘龙江（境内长41.50千米）、宝象河（长48.30千米）、东白沙河（长16千米）、对陇河（境内长19千米）、花庄河（境内长24千米）、沙井大河（长8千米）、沙井小河（长6千米）等河流组成，均属长江流域金沙江水系之普渡河、牛栏江2支流，年径流量3.06亿立方米，全区多年平均径流量298.80毫米。地下水资源多年平均8 580万立方米，水深度普遍在100.90～419.40米，占总产水量的21.84%。有地热水面积约90平方千米，储量20亿立方米，有地下热滇池之称。储热层覆盖良好，埋度东浅西深，一般500～1 000米，温度多为48～49℃，矿化度0.54克/秒～0.87克/秒，含K、Na、Mg离子和CO_2，已开采温泉30多眼，年采热水量400万立方米，主要用于沐浴。

【经济综述】 2020年，制订《昆明市官渡区2020年经济工作重点任务分工方案》，将主要经济指标分解落实到相关部门。组织发动全区之力打好新冠肺炎疫情防控阻击战，及时出台应对疫情助企解困12条措施，兑现2019年稳增长政策，对符合条件的企业进行补助，共兑现资金3 812.09万元。创新个体工商户复工复产“码上办”，发布楼宇经济、总部经济、会展经济、数字经济等扶持政策，建立区级领导包保联系重点企业、企业专管员、商会联动等机制，推进复工复产、复商复市、复学工作。“常态化”疫情防控和经济社会发展“两手抓”取得阶段性成果，经济发展趋稳回升，全区主要经济指标基本扭负为正。年内，全区实现地区生产总值1 383.47亿元，同比增长1.80%，增速较上年同期的7%下降5.20个百分点；一般公共预算收入49.65亿元，同比增长2.60%，绝对值居全市核心区第一；规模以上工业增加值增长2.60%；固定资产投资完成652.10亿元，同比增长16.50%，完成年度目标任务104.34%，绝对值居全市第一；社会消费品零售总额601.90亿元；在中国城区综合竞争力百强中排名第四十位，居西南地区第二；争取地方政府专项债券资金共23.30亿元，排名全市前列；争取中央项目资金5.20亿元，完成全年目标任务的104.08%；城镇常住居民人均可支配收入4.90万元，增长3.70%；农村常住居民人均可支配收入2.41万元，增长7.60%。

【疫情防控】 全面落实新冠肺炎疫情防控各级各项工作任务，制订《官渡区卫生健康局新型冠状病毒感染的肺炎疫情防控总体工作方案》，成立官渡区卫生健康局防控新型冠状病毒感染的肺炎总体工作领导小组，下设办公室、疫情监测和处置组、医疗救治组等8个工作组，确保防控工作有序扎实开展。健全应急处置机制，明确由区医疗卫生单位主要领导为第一责任人，建立日报告、“零”报告制度，完善信息沟通渠道。区疾病预防控制中心成立11个疫情流行病学调查处置组、1个流行病学调查专家组，卫生应急队伍24小时待命。对全区医务人员进行培训，成立3个专家组轮流值守。全面加强后勤、物质储备等工作。做好排查工作，对疑似病例采取隔离观察、密切监测措施。对辖区各医疗机构强化培训，规范工作流程，进一步严格落实发热门诊处置程序。选派官渡区人民医院4名护理骨干人员，组建医院首批援鄂护理团队赴湖北支援抗击疫情，圆满完成任务。

【农业农村工作】 全区有耕地面积6 822亩，主要种植花卉和蔬菜。全年累计完成产地蔬菜农残检测468批次，其中定性检测407批次、定量检测61批次，综合合格率100%。花卉、蔬菜秸秆累计产生4 900.10吨，秸秆还田及清运综合利用处置4 577.50吨，综合利用处置率93%。废旧农膜产生量110.60吨，回收量106.40吨，回收率96%。农药包装废弃物产生5 943.50千克，回收5 280.80千克，处置率89%。全年农用化肥施用量1 658.60吨，比上年同期下降8%；农药使用量42.80吨，比上年同期下降6%；农药和化肥使用量实现负增长。建立3个土壤监控点，为农用地土壤环境质量类别划定提供基础依据。

开展省、市级打造绿色食品牌“十大名品”评选、申报、推荐工作，云南英茂花卉产业有限公司“英茂牌”康乃馨种苗被评为云南省“十大名花”第七名，云南山里红生物科技有限公司“山里红”铁皮石斛被评为云南省“十大名药材”第八名，分别获得奖金100万元；云南英茂花卉产业有限公司“英茂牌”康乃馨种苗被评为2020年昆明市绿色食品“十大名花”第一名，云南山里红生物科技有限公司“山里红”铁皮石斛评为2020年昆明市绿色食品“十大名药材”第四名。

完成农村集体产权制度改革组织成员认定、折股量化、股权设置等工作。完成清产核资村组267个，其中社区52个、小组215个，完成率为100%。完成成员身份认定和股份量化工作村组247个，其中社区49个、小组198个，完成率为100%；确认成员身份14.82万人。完成村组股权设置、股权量化234个，其中社区36个、小组198个，完成率为100%。成立集体经济组织村组247个，其中社区49个、小组198个，完成率为100%。已登记赋码的村组247个，其中，社区49个，小组198个，完成率100%。

开展农村人居环境整治，年内新建公厕9座，改造提升公厕7座。完成省、市2020年下达1 136座（户）厕所改造任务。按照“户分类、组保洁、村收集、镇中转、区处理”的原则集中处置农村垃圾，生活垃圾收运率100%，无害化处理100%。完成滇池流域农村生活污水处理设施建设项目。继续实行“门前三包”制度，动员农村居民参与整治清理农村生活垃圾、村内池塘沟渠障碍物、墙壁“小广告”等行动，明确村民维护村庄环境的责任和义务；完善村庄公共环境保洁制度，加快改善农村生活生产环境，不断提升群众生活质量。

建立农村土地承包经营纠纷调解仲裁机制，成立官渡区农村土地承包经营纠纷仲裁委员会，下设办公室在区农业农村局，仲裁办根据相关规定聘请仲裁员23人，并设立农村土地承包经营纠纷调解仲裁庭、案件受理室、档案室；完善《官渡区农村土地承包经营纠纷调解委员会章程》《官渡区农村土地承包经营纠纷调解委员会规范》等规章制度。年内，官渡区仅有矣六街道的5个社区有承包耕地的情况，根据工作实际，成立矣六街道农村土地承包经营纠纷调解委员会，聘用6名调解员。同时，以社区为单位划分基础网格5个，由社区负责人担任责任人，配备调解员10人负责开展相关调解工作，年内未发生农村土地承包经营纠纷。

【城市建设与管理】 计划实施城市道路建设项目84个，其中，巫家坝片区14条道路由昆明市城投公司承建，东连接线金马片区5条道路由昆明市交投公司承建。区属计划自建项目65个，其中续建47个、新建18个，总长76.72千米，概算投资约230亿元。年内完成投资25亿元。其中，天文台南段（十里铺路南端铁路下穿船槽工程）总投资1.19亿元，于3月开工建设；人民东路、东风东路、北京路、一环（含环城东路、环城南路）、春城路、民航路、日新路、昌宏路南段8条道路市容环境整治提升改造工程于3月开工，年内项目完成产值8 909万元；昌宏路南段（广福路至环湖东路）提升改造项目概算总金额为2.20亿元，于6月开工建设，年内完成辅道雨水管提升改造、主道沥青铺筑。投入1.20亿元改造提升老旧小区93万平方米，惠及群众1.04万户，涉及金马、吴井和太和3个街道，项目分2批次进行改造。第一批为金马街道曙光东区，改造面积11.48万平方米，涉及改造住户1 116户，于3月15日开工，并于年内完工；第二批为金马街道、吴井街道曙光小区与太和街道和平路社区，改造面积45.53万平方米，涉及改造住户4 822户，于5月开工、12月完工。2020年市级下达官渡区老旧小区改造任务35万平方米，实际完成36万平方米（涉及改造住户共4 445户），涉及太和、吴井和关上3个街道。开展管网混接改造工作，新亚洲体育城清水入滇工程于3月开工、8月30日完工；投资3 741万元在曙光东区、平路社区、金马街道曙光小区、吴井街道曙光小区、日新小区、董南社区、黄家庄社区、和平路社区8个老旧小区进行雨污分流改造，改造排水管网9.76万米，于9月30日全面完工。年内实施建筑质量监督工程项目81个，其中房建项目67个（面积788.97万平方米）、市政项目14个；完成房建工程竣工验收项目5个、56.17万平方米，一次性竣工验收合格率100%。办理建设工程质量监督备案项目12个，查验办理施工许可中质量监督手续13项，办理建设工程安全生产措施备案19项，查验保证安全施工具体措施资料项目40个，办理深基坑工程设计方案评审申请审批32项。

推进全国文明城市创建工作，运用“书记吹哨、部门报到”机制，联动各街道、各部门开展综合整治，全年办理吹哨案96件，办结率100%。结合盘龙江河岸景观工程，在官南立交至日新路补装照明灯141组，在巫家坝路、彩云北路部分人行路段（道）补装照明灯1 399组。审批商铺、店招店牌424件，拆除违规广告牌677块，清理、移除布标布幔1 995条，拆除超出天际线楼顶标识39块，整改破损店招店牌401块，拆除违规店招店牌120块、商铺违规粘贴广告1 059块、商铺自行设置电子滚动条14块，整治商铺水牌2.07万块、各类宣传栏18块。落实“门前三包”责任3.04万件，规范非机动车乱停乱放14.27万辆次，检查引摊入市点312次，规范摊位设置163次，回复市民投诉引摊入市摊主占道经营16件，下发督察通报共12期、督办通知37份。召开渣土运输企业安全生产工作会议5次，开展检查4次，共检查工地2 332个次，检查渣土运输车辆8 364台次，查处各类违章车辆700台次。对住建部门移交的露土未覆盖、不文明施工等涉及大气污染的4个在建工地项目进行立案调查，罚款15万元。完成道路冲洗30万平方米，清洗交通隔离栏约5万千米，冲洗公交站台1.80万个，清洗果皮箱（桶）18.20万只次，清理暴露垃圾1 222处，清理卫生死角1.60万处，日清运

云南省博物馆、大剧院夜景　（王正鹏　摄）

垃圾1 600吨，铲除小广告8.70万条，清理乱堆物料1 783处。新建城市公厕5座，清掏粪便3 928吨，检查公厕1 210座次，发出督办通知2 240期次，运送生活垃圾61.88万吨，收运厨余垃圾2.80万吨。修复道路破损路面2.42万平方米、路缘石和流水石1 472.10米，更换人行道隔离墩和便道桩225个。

【生态环境保护】 多次开展大气污染防控专项整治，通过3D可视激光雷达进行扫描，实时精准锁定污染源头，快速分析污染成因。24小时运行全区7个空气自动监测站，实时发布各街道空气质量监测数据，为大气污染防治工作提供依据。及时查处使用高污染燃料行为，抓好在建工地、拆迁工地扬尘防控工作。整治居民楼下餐馆油烟扰民和露天烧烤油烟扰民问题，重罚违规运输渣土行为。全面开展VOC_S（挥发性有机物，导致城市灰霾和光化学烟雾的重要前体物）专项整治，省生环厅目录库官渡区涉及一类汽修企业15户，针对排放VOC_S（挥发性有机物）大于1吨的4户重点工业企业制订《昆明市重点气污染物排放企业特殊气象条件应急响应“一厂一策”实施方案》，应对在恶劣天气条件下避免或减少VOC_S等污染物排放进入厂界外大气环境。开展加油站、储油罐油气回收大气污染综合整治工作，全区43座加油站全部完成油气回收综合治理工作，并全部办理竣工验收手续存档备查。年内，官渡区关上博物馆环境空气质量国控监测点有效监测342天，其中优级184天、良好158天，空气质量优良率为100%；臭氧日最大8小时平均值为81微克/米^3，可吸入颗粒物（PM10）浓度均值为44.25微克/米^3，细颗粒物（PM2.5）浓度均值为22.41微克/米^3，空气质量优于国家二级标准。

开展河道沿线水环境综合整治专项行动，加大执法、巡查力度，打击违规、违法排污行为。出动执法人员200余人次、执法车辆50余辆次开展海河黑臭水体整治提升专项行动，使河道沿线的排污企业达到建设标准化、排污规范化、管理服务优质化的目标。完成水环境质量监测任务，每月按时完成地表水共61个断面的水质监测分析工作，其中国控断面4个监测、26个项目，市控断面8个监测、20个项目，河长制断面3个监测、6个项目及区控监测断面46个监测、4个项目，形成水质监测专报，为全区河道治理工作提供有力的技术支持。对辖区内部分排污企业和餐馆进行监督性监测，确保排放废水指标达标。制订土壤污染防治工作方案，启动土壤污染防治工作，在区内布设3个土壤污染地块实时监测点位，与区环境统计中涉及危废产生的3户企业分别签订土壤污染防治责任书；编制《昆明市土壤污染防治与修复规划》。年内，区域内未发生利用用地非法排污、倾倒有毒有害物质的环境违法行为。按照《昆明市官渡区环境监管网格化实施方案》要求，构建覆盖全区、责任到人、执法有序的网格化环境监管体系，实现“联动式执法、全

海东湿地公园（王正鹏　摄）

方位覆盖、网格化定位”的监管目标，全年辖区污染源开展环境监理186频次，其中现场检查重点污染源58频次，一般污染源128频次。依法查处违法建设、违法生产、违法排污等环境违法行为，年内行政处罚立案61件，累计处罚金额420余万元。结合《官渡区应对新冠肺炎疫情分级分类防控工作的实施方案》，制订并下发《官渡区关于进一步做好新型冠状病毒感染肺炎疫情期间的医疗污水和城镇污水监管工作方案》，加强对城镇污水、医疗废水、处理后水质的监管力度。

【“放管服”改革】 深化“放管服”改革，推行“一网通办”服务模式，全程网办事项920项，占比84.56%。公布首批24项“容缺审批”事项清单，核发首张“三证合一施工许可证”，实现电子劳动合同全程网办。引入第三方服务机构，投资项目全程免费代办，建成2个“24小时不打烊”政务自助服务专区。开办企业“1个工作日”办结企业登记、申领税票等所有事项，2天可营业成为常态。扩大“银税互动”受惠面，帮助2 541户企业获得贷款24.38亿元，成效居全市首位；减税降费25.21亿元，减轻实体经济负担。全面推进自贸试验区建设，承接实施94项国改试验任务和47项省改试点任务，启动实施率100%。螺蛳湾国际商贸城获批国家“市场采购贸易方式”试点。建立金融创新联合实验室，建成昆明片区展示中心。建立行政争议调解和解中心，推进昆明片区法律服务园区建设，引进商事调解昆明片区分中心、市仲裁委等机构入驻。“创新数字服务，助力商贸产业数字化”案例在全省复制推广，康乐茶文化城确定为“国家级知识产权保护规范化市场”。推进数字官渡建设，举办数字经济产业大会，发布数字经济产业地图和楼宇经济数字地图，筹建数字自贸港产业园区和城市智慧大脑指挥中心，建成市场主体智能分析平台，官渡电商产业园被列为“国家小微型企业创业创新示范基地”。

【教育】 2020年末，官渡区、昆明空港经济区地域范围内有各级各类学校（园）369所（含民办学校258所），在校学生20.58万人，在职教职工1.69万人。其中，幼儿园211所（公办幼儿园25所），在园幼儿5.04万人，教职工6 472人；小学90所（公办小学60所），在校学生9.87万人，教职工5 514人；初中28所（公办初中7所），在校学生2.86万人，教职工2 474人；普通高中30所（公办高中13所），在校学生1.62万人，教职工1 906人；特殊教育学校1所，学生93人，教职工24人；中职学校9所（其中公办中职1所），在校学生1.17万人，教职工475人。

大力发展公办幼儿园，扶持民办幼儿园，扩大公办幼儿园和普惠性民办园覆盖率。进一步规范学校教学过程管理，对各学段的教育目标、课程实施、学校考核、督导、评价等方面提出指导性意见。加快推进普通高中优质特色发展，建立政府主导、社会经济发展规划引导的职业教育专业建设，与大项目建设结合，完善就业准入制度，执行“先培训、后就业”“先培训、后上岗”的原则。年内，中职毕业生1 031人，就业率95%以上。

按照“以流入地政府为主，以公办学校为主”的原则，保障外来务工人员随迁子女公平接受义务教育。年内，全区小学一年级招生1.85万人，其中，本地学生5 841人，外来务工人员随迁子女1.27万人，安排到公办学校就读1.15万人。对1 127名外来务工人员随迁子女采取委托民办学校接收，按照人均2 000元的标准由区政府购买公费学位，并全额承担学费和书费的方式安排到优质民办学校就学，确保每个适龄儿童依法入学。

全区面向全国高校毕业生专项招聘基础教育学校教师1 600余人，全区编制内教师达6 000余人，临聘教师1 000余人。组建官渡区第六届教育人才培养基地45个（其中，名校长工作室5个，后备干部培养基地4个，名师工作室24个，骨干教师培养基地10个，班主任培养基地2个），遴选基地学员626人。发挥名师工作室、校（园）长培养和骨干教师的辐射、引领作用，以点带面，促进名师、名校长、骨干教师的成长。

落实《官渡区教育人才发展规划》，以“万千百十”教师队伍培养工程为重点，开展名师工作室、后备干部培养基地、骨干教师培养基地工作以及新教师培训，全年共培养市级骨干、学科带头人33人。引入专家指导，聘请北师大专家团队对全区校级领导和骨干进行培训。采用名园领办、名校融校的办法整合教育资源，引进优质品牌教育办学。南开大学日新学校、上海师范大学官渡实验学校、昆明市师范高等专科学校附属小学彩云城校区、云南大学附属中学星耀学校小学部9月份招生办学。

推进重点项目建设，完成21个区级重点建设项目年度任务。到年末，官渡区职业高级中学三期改扩建项目、昆十六中校安工程、塔密片区配套108班中学二期工程、塔密片区KCGD2019-2-A9地块小学建设项目、官渡区文化生态新城一片区KCGD2019-6-A3号地块中小学建设项目、俊云峰小区A1地块学校建设项目、五腊城中村改造项目A1地块小学建设项目（二期）、幸福邻里小区配套建设18班幼儿园提升改造项目均投入使用，薄弱学校基本办学条件提升改造及校舍修缮项目全部竣工并投入使用。完成全区学校教学、办公设备配置，智能安防系统、智慧图书馆、现代实验室建设等工作。实施区属学校（幼儿园）校舍排危修缮及提升改造，缩小新建与老旧学校之间的办学条件差距。年内，完成官渡区和平幼儿园校园提升改造工程、官渡区小板桥小学篮球场提升改造工程、官渡区金马中心学校室外改造工程等3.40万平方米校舍修缮改造工作。完成官一中智慧教室、智慧LED系统、创客、3D打印实验室、VR、数字化实验室、校园电视台和宇宙探索馆等建设；先后完成关锁中心学校智能安防系统建设、昆十六中综合楼智慧化建设、昆十二中智慧图书馆建设及矣六实验学校、曙光小学珥季路校区、昆十二中环湖校区现代实验室建设，推进官渡区职业高级中学平安校园项目建设及官渡区第二中学智慧教室建设等10个智慧教育示范学校建设。

2020年，全区高考一本率42.29%，超上年9.48个百分点；本科率达85.41%，超上年7.63个百分点。

【体育】 建设“智慧体育”，区教体局与云南怡动体育科技有限公司签订战略合作框架协议，共同建设“大数据应用管理与体育基础设施系统”，搭建校园数字体育大数据综合服务平台。继续打造“15分钟健身圈”，新建13条全民健身路径，其中10条健身路径属区政府财政预算资金，其余3条向市级争取。13条路径经过政府采购相关手续，到11底全部建成投入使用。在矣六街道王官社区和小板桥街道海云社区新建2个“农民健身工程点”（标准篮球场等体育设施），并于年内投入使用。在大板桥街道园艺农场果香园新建7人制社会足球场1个，并于年内投入使用。在大板桥街道中对龙社区蛤蚂咀村新建11人制标准社会足球场1块、5人制社会足球场4块。在矣六街道俊发彩云城新建体育运动公园1个（含5人制社会足球场1块、篮球场1块）。完成官渡区体育馆主馆篮球场维修改造项目。在官渡区段拓东路至日新路河岸建设完成一条长2.15千米的健身步道。至年末，全区共有健身路径233条、晨（晚）点169个、“七彩云南”全民健身工程13个、“农民健身工程点”27个、气功站点13个，体育协会、体育俱乐部11个，体育场地面积共107.50万平方米，人均体育场地面积1.18平方米。

【科技】 修订《昆明市官渡区科技计划项目管理办法》《昆明市官渡区科技计划项目资金管理办法》《官渡区学术和技术带头人培养管理办法》和《官渡区科技创新团队培养管理办法》。把科技创新融入“十四五”规划编制中，编制完成《官渡区助推区域性国际科技创新中心建设深化研究》和《官渡区“十四五”科技创新规划》。落实科技创新驱动发展政策，兑现科技企业孵化器、众创空间、重点实验室、工程技术研究中心、院士专家工作站等补助经费900万元。区财政部门安排科技和信息化经费超过1 000万元，完成社会研究与发展（R&D）经费20.78亿元，认定高新技术企业51户（含空港经济区）。至年末，全区有重点科技服务业的企业20户，域外业内知名科技服务机构3个。开展人才基地建设，申报云南省高层次人才引进计划5人、高层次人才培养支持计划41人、云南省科学家工作室2个。年末，全区共有省、市院士工作站8个，专家工作站3个。全面承接省、市下放的外籍及港澳台人才省级管理权限，在区政务服务中心设立专门窗口受理相关业务申请。采取“先承诺，后补交”全程网办方式，简化外国人来区工作许可办理程序。成立云南（官渡）科技成果转化中心，面向市场实施成果转化中心实体化运营，联合21个科技服务机构、金融机构、高等院校、科研院所等成立官渡区科技成果转化服务联盟，打通科技成果转化的“最后一公里”。建设国家知识产权强县工程，搭建知识产权服务协作网络，在全省搭建“知识产权超市”，开展区域知识产权运营和服务。组织开展国家级知识产权保护规范化市场培育创建工作，加强专业化市场知识产权保护和管理。助力云南滇创科技孵化器企业有限公司被认定为全国知识产权服务品牌培育机构，官渡区南站小学列为全国中小学知识产权教育试点学校，10所中小学被列为首批云南省知识产权教育试点学校，中国铁建高新装备股份有限公司被列为国家知识产权示范企业。

推进官渡数字经济建设，出台《官渡区支持数字经济发展的若干政策措施》，组建区级大数据工作专家顾问团，编制《“数字官渡”发展规划》和智慧官渡总体建设方案，出台信息资源共享管理、数据共享交换绩效评估等制度。围绕“用、聚、通、用”，以政府数据资源的跨部门汇聚共享和开发应用为切入点，运用大数据技术，构建“五位一体”的政府治理大数据平台，开发宏观经济预测、宏观经济健康评价、营商环境评价、菜篮子价格指数、米袋子价格指数、医疗负担指数等系列应用。至年末，大数据汇聚平台共享官渡区13个职能部门共57个数据目录、122个数据集、近2 000个数据文件，数据总量超过400万条。同时，通过区块链技术建立13个节点，每个节点监控的文件活动记录超过5 000条，发布菜篮子指数、米袋子指数190期。出台《官渡区5G产业实施方案》，结合官渡本地发展特色，从网络建设、融合应用、产业发展等方面对区域5G发展进行研究和部署，与云南移动、云南电信、云南联通和云南铁塔签署“共同推进官渡区5G示范区建设战略合作框架协议”，与云南省信息产业投资集团有限公司签署“数字官渡”战略合作框架协议。滇池国际会展中心、昆明长水国际机场、昆明火车站、官渡古镇、学校、医院实现5G室外覆盖，重点楼宇、办公场所实现5G室内覆盖。至年末，全区建成5G基站1 356座，实现在巫家坝、滇池会展中心、螺蛳湾国际商贸城、官渡古镇等重点片区5G信号连片优质覆盖。

【文化　旅游】 组织创作发布抗疫文艺作品48部（件），组织“4·23世界读书日”线上经典诵读比赛，举办“中国（昆明）官渡第十届非物质文化遗产宣传展示系列活动”。加强文化品牌建设，太和街道与所辖8个社区的居民开展“邻里节”和“文化节”系列活动，吴井街道开展“沁心吴井”系列活动，金马街道开展“腾飞金马”文化艺术节系列活动，关上街道开展“乐享关上”文化艺术节系列活动，官渡街道开展“古渡新景　我家官渡最幸福”文化艺术节系列活动，矣六街道开展“和谐矣六　幸福花开”社区文化艺术节，六甲街道开展“锦绣六甲”文化艺术节等品牌建设。

全国重点文物保护单位完成“四有”工作2项，省级文物保护单位完成“四有”工作3项，市级文物保护单位完成“四有”工作9项，区级文物保护单位“四有”工作全部完成。年内，新办娱乐（KTV）6户、变更2户，娱乐延续10户，互联网上网服务新办3户、变更5户，演出26件（其中，审批26件，备案10件），年检221户。年末，全区有文化和旅游经营场所共860户，其中网吧272户、电子游戏42户、歌舞娱乐场所126户、电影院65座、娱乐表演团体2个、印刷厂91户、出版物零售商店165户、旅行社147个。

全年出动执法人员8 626人次，检查文化旅游企业6 206户次，停业整顿11户次，下达消防整改通知160余份，并及时进行督促检查。

按照《官渡区推进“旅游革命”暨“一部手机游云南”工作行动方案（2019—2021年）》和《官渡区旅游业高质量发展三年行动计划（2020—2022年）工作方案》，加快健全现代产业体系建设。以官渡古镇为重点，通过提档升级，逐步完善基础功能设施，合理布局街区结构，全面调整旅游业态。2020年5月，官渡古镇景区成功入选“云南省旅游名镇”。推进旅游厕所建设，打造高标准、高品质的智慧旅游厕所。依托“一部手机游云南”项目，加大官渡古镇景区智慧化建设力度，改造景点停车场闸道系统，实现停车智慧车牌识别、实时推送车辆出入数据及车位使用状态；增加景区大数据平台系统及紧急救援等景区智慧化设施。完成全区涉旅企业诚信体系专业性评价工作，评价涉旅经营户1.13万户、涉旅企业870户。加大旅游宣传推介力度，利用“古韵官渡”微信和抖音公众号推销官渡区旅游资源。将历史文化和旅游产品开发结合起来，打造特色餐饮和网红打卡点，推动文化传承研学体验活动，提高古镇的吸引力和竞争力。年内，全区累计完成旅游重点项目投资2.41亿元，其中，云旅旅游服务中心项目累计投资1 200万元，昆明滇池城市湿地项目累计投资1.50亿元，昆明滇池国际会展中心项目累计投资7 928.63万元；全区（含空港经济区）累计接待游客2 926.19万人次，同比下降27.65%；旅游总收入（含空港经济区）累计完成329.31亿元，同比下降51.88%。

【卫生与健康】 在金马街道凉亭片区实施区域国际呼吸中心项目。推进官渡街道世纪城片区云南省妇女儿童医院建设项目，协议投资1.50亿元，按照三甲医院标准建设，净用地面积72.96亩，编制床位数1 100张，业务面积17.60万平方米，项目估算15亿元。持续推进官渡区人民医院迁建项目，年内完成主体封顶断水，并开展医疗专项工程建设和周边路网及市政基础设施建设。

推进“昆明市第一批医养结合工作试点单位”和“官渡区安宁疗护试点”工作，完成妙音老年公寓与官渡区人民医院、柏寿老年公寓与六甲街道卫生服务中心开设老年护理病床合作项目，融合医疗、康复、养老为一体。投资1 200万余元建设卫生健康信息化平台，建立健康档案60余万份，实现对医疗卫生情况整体监控。完成卫生信息统计、分析，9个街道社区卫生服务中心实现电子化数据流转和业务管理。

加强卫生健康人才综合培养，年内引进人才4人，在全区建设40个省、市级专家基层工作站，每个工作站建设周期（3年）15万元。建立区级医师工作室23个，每个名中医工作室建设周期（3年）10万元。选派35人至省内、外三甲医院进修。选拔学科带头人15人、骨干医师25人。落实职称评聘工作，内部聘任57人，兑现经费20.50万元。区财政投入100万元用于卫生人才培养，局属各医疗卫生单位年收支结余的5%作为本单位人才培养经费的保障机制。建立官渡区卫生人才培养基地，开展继续医学教育项目12个，培训2 000人余次。

公立医院综合改革全面推进，落实《官渡区建立现代医院管理制度实施方案》，开展公立医院提质达标工作。依据《官渡区公立医疗机构药品采购“两票制”实施方案（试行）》对工作情况进行追踪。区医院落实推进省、市医保支付方式改革，省级医保按病种付费共有100个病种，市职工居民按病种付费有104个病种。以鼠疫、霍乱、麻疹、结核病、新冠病毒肺炎等重大传染病为重点，强化传染病疫情报告管理，加强传染病监测预警、疫情研判和防控能力，完成国家免疫规划疫苗接种共28.52万剂次，报告接种率99.90%；新建卡、建证7 498人次，建证率100%；完成60岁及以上老年人免费接种23价肺炎疫苗1.02万人。稳步开展职业病防治、职业性尘肺随访与回顾性调查工作，完成83户企业法人或负责企业职业健康工作专（兼）人员培训，培训率占在营业90户的92.22%。完成20户职业病危害因素检测和145户职业病危害防治情况现状调查。年内，各街道通过孕情排查出未建册的孕妇3 274人，其中户籍孕妇658人、流动孕妇2 616人；开展孕前优生健康教育1 278人，完成国家免费孕前优生健康检查1 269对，为年度任务数的101.52%；孕产妇死亡率实际完成0/10万（市级目标任务10/10万）；婴儿死亡率实际完成1.35‰（市级目标任务3.50‰）；居民健康档案电子建档率为60.76%（省级目标任务80%）；婚检率完成率为90.69%（市级目标任务90%）；妇女常见病筛查完成率为90.01%（市级目标任务80%）。

【民生保障】全区纳入低保2 642户、3 294人，累计为4.08万人次低保对象发放低保金2 385.13万元，累计人均补差585元。供养特困78人，累计发放901人次供养金及护理照料补贴82.97万元。全年累计为低保对象、特困人员、困境儿童共3.87万人次发放临时价格补贴324.32万元。“残疾人两项”补贴在册4 000人，累计保障4.79万人次，共支出“两项”补贴343.66万元；临时救助困难人群共338人，累计支出金额137.73万元；推动街道办事处全面建立临时救助备用金制度，下拨32万元用于各街道建立街道临时救助备用金；引入第三方机构对全区8个街道1 028户享受最低生活保障的家庭和14户特困家庭开展经济状况入户核查、邻里走访及相关部门调查工作，年内完成1 042户的入户核查工作；对申请低保对象经济状况核对率达到100%。

建立集养老服务示范、监督和服务功能为一体的区级养老综合服务中心1个，面积4 581.54平方米。完成小板桥街道和官渡街道级社区居家调度中心。社会力量兴办养老机构16个，机构、居家共建有养老床位4 683张，每千名老人拥有床位39张。全年累计为1.45万名80岁以上老人发放高龄补贴及长寿补贴2 113.16万元。

面向全国高校毕业生专项招聘基础教育学校教师1 647人，面向全国高校毕业生专项招聘医疗卫生机构医护人员37人。全区提供有效就业岗位2.50万个，新增城镇就业2.63万人。其中，城镇下岗失业人员再就业5 733人，就业困难人员实现就业5 113人。开发公益性岗位450个，农村劳动力技能培训5 623人，创业培训105人，引导性培训3 000人，其他培训8 728人；新增农村劳动力转移就业440人，新增转移收入550万元。全区就业经办机构“贷免扶补”扶持创业69人，小额担保贷款扶持创业160人，城镇登记失业率为3.91%。大板桥街道沙井社区创建农业创业示范村通过市局统一验收。开展各职业技能培训班次1 797个，涉及各类培训对象9.99万人，拨付培训补贴资金4 429.83万元。

全区社会保险参保66.22万人（不含医疗保险），其中城镇职工基本养老保险参保20.81万人、城乡居民养老保险参保人数11.15万人、工伤保险参保15.10万人、失业保险参保19.16万人。

全区城镇职工基本医疗保险参保参保单位有1.30万个，参保总人数为24.10万人，比上年同期增长6.03%；全区城乡居民基本医疗保险参保人数为33.46万人，比上年同期增长2.61%。受新冠疫情影响，2020年城镇职工医疗保险（含生育保险）实收12.05亿元，比上年同期12.15亿元减少1 000万元。落实医疗保障待遇和大病保险政策，2020年全区职工就医基金支出3.57亿元，其中重特病统筹支出2 466.62万元；城乡居民医疗保险基金拨付金额1.06亿元，其中大病支出1 507.14万元。开展医疗救助工作，有效缓解困难群众因病致贫、返贫现象，全年医疗救助基金支出254.48万元，重特大疾病医疗救助基金支出58.66万元。

按照“最多跑一次”工作模式，提高参保企业网办率。至年末，全区参保企业中1.12万户运用医保网上申报业务系统办理参保业务，网办率85.96%；推进定点医药机构按国家统一的编码规则维护医保信息，形成全国“通用语言”。推进国家谈判药品带量采购工作，辖区内13个定点医疗机构整体完成3批带量采购，均按中选价格执行。

（加三益）

西山区

【自然地理】西山区是昆明市主城区之一，位于昆明市西边的滇池盆地西部，介于东经102°21′～102°45′、北纬24°41′～25°36′之间。东临滇池，与五华区和官渡区相连，与呈贡区隔滇池相望；南与晋宁区接壤；西与安宁市及楚雄州禄丰县交界；北与富民县、五华区毗邻。东西横距38千米，南北纵距53千米。辖区总面积881.32平方千米。其中，山区面积660.49平方千米，占74.94%；坝区面积220.83平方千米，占25.06%。辖区有滇池湖岸线68千米，滇池水域面积111.34平方千米。

【区划　人口】2020年，全区辖马街、金碧、永昌、前卫、福海、棕树营、西苑、碧鸡、海口、团结10个街道和西山国家级风景名胜区管理局，下辖社区111个、居民小组393个。区政府驻西苑街道秀苑路188号。

全区常住人口96.10万人，其中户籍人口57.64万人。户籍人口中少数民族人口9.60万人，占总人口的16.70%。主要世居少数民族有彝族3.66万人、白族2.36万人、回族1.55万人。人口出生率为11.98‰、死亡率5.56‰、自然增长率6.42‰。

【自然概况】辖区总体地势西北高、东南低，整个地势微向滇池倾斜。境内最高点为位于团结街道的风摆山山峰，海拔2 622米；最低点为团结街道蔡家社区，海拔1 750米。主要山脉有西山、玉案山、风摆山、笔架山、状元山、如空山、卷毛洞山等；山峰有棋盘山、卧云山、观音山、大青山等。境内河流属长江流域金沙江水系，有大小河流20余条，多数汇于滇池和螳螂川。

全区气候属北亚热带半湿润季风气候，冬无严寒，夏无酷暑，年平均气温13.80℃，年日照2 470小时，无霜期坝区239天、山区257天，年均降雨量1 014.80毫米。2020年，西山区气温较历史平均偏高，降水量、日照偏多，属于一个雨量、光热资源充足的年景；年降水量为1 062.20毫米，年平均气温为16.50℃。

【自然资源】西山区辖区内有磷矿、石灰岩、白云岩、玄武岩、凝灰岩、硅石、玛瑙及铁矿、钛铁矿、铝土矿、铜、铅、锌、钼、煤、地热水、矿泉水等20种矿产。已开发的矿产有磷矿、地热和矿泉水，磷矿为优势矿业。完成云南磷化集团白塔村磷矿、尖山磷矿松山矿段和汤家山矿段3个采矿权矿山生态环境综合评估工作。

全区土壤有棕壤、红壤、紫色土、水稻土4个土类，棕壤、棕红壤、红壤、黄红壤、酸性紫色土、淹育型水稻土、潴育型水稻土、潜育型和沼泽型水稻土9个亚类及28个土种。植被类型属中亚带植被，以高原湿润常绿阔叶林和针阔混交林为主，植被覆盖率为60%，共有亚热带半湿润常绿阔叶林、暖性针叶林、温性针叶林、落叶阔叶林、灌木林5个植被类型。

【经济综述】2020年，西山区完成生产总值903.98亿元，同比增长3.60%。一般公共预算收入46.73亿元，增长2.66%；一般公共预算支出52.50亿元，增长2.28%。政府性基金预算收入553万元，预算支出4.05亿元。国有资本经营预算收入896万元，支出273万元。规模以上工业总产值156.51亿元，同比增长2.20%；规模以上工业增加值增速同比下降1%；规模以上固定资产投资同比增长8.50%。社会消费品零售总额456.92亿元，同比下降4.20%；限额以上社会消费品零售额239.38亿元，同比下降3%。城镇常住居民人均可支配收入4.90万元，同比增长3.80%；农村常住居民人均可支配收入2.36万元，同比增长8.20%。

三次产业结构比优化为0.50：16.80：82.70。其中，第一产业增加值4.81亿元，同比增长3%；第二产业增加值152.23亿元，同比增长8.50%；第三产业增加值746.94亿元，同比增长2.60%。营商环境不断优化，制订出台9个领域质量提升行动方案。积极应对新冠肺炎疫情影响，出台实施一系列援企惠企政策，累计兑现各级稳增长政策扶持补助资金1.42亿元。

实施投资建设项目共83项，完成投资36.77亿元，其中，完工49项，完成投资13.13亿元；在建34项，完成投资23.64亿元。完成首支专项债券“海口工业园区新区污水处理厂（含配套管网）工程项目”申报，发行规模3 400万元；申报抗疫特别国债“昆明市西山区二环外春雨路至成昆铁路水环境综合治理项目——新运粮河水质提升工程”项目5 000万元。一般公共预算安排民生支出37.91亿元，占一般公共预算支出的72.21%。累计拨付疫情防控资金5 367万元。

【疫情防控】新冠肺炎疫情期间，对全区111个社区开展来昆（返昆）人员排查，共排查2.10万人；交通卡点排查各型车辆18万余辆、驾乘人员约72万人。共接诊患者792人次，隔离留观治疗126人次，专家组共会诊患者203人，累计报告确诊病例6例。累计管理密切接触者1 031人，完成医学观察910人，累计管理境外入滇人员4 526人。开展核酸采集共3 250人次，排查出确诊病例9例。分类做好重点场所复工复产督导检查工作，拨付各级稳增长政策扶持补助资金1.42亿元，发放稳岗返还补贴7 547万元，帮助企业渡过难关。检查238个社区及机构疫情防控工作272次。发挥稳投资在稳增长中的关键作用，争取中央和省、市级资金12.11亿元、专项债券32.14亿元、抗疫特别国债5 000万元。对辖区119所幼儿园、42所小学、33所初高中、5所高等院校的疫情防控工作进行督导。西山区马街街道德园社区总支书记段沁伶获“抗击新冠肺炎疫情全国三八红旗手”称号。

【金融业】吸引省金控集团、产投基金、信永中和等12户金融及金融服务企业入驻，新增各类金融机构55户，全区金融业实现增加值148.13亿元，同比增长1.80%。年末，全区金融机构人民币存款余额1 192.67亿元，同比增长10.41%；贷款余额938.45亿元，同比增长11.04%。全区金融机构为辖内中小微企业减免利息共425万元，区政府给予减免利息的金融机构补助奖励20余万元。全区有云南省投资控股集团、富滇银行云南总部等12户知名金融及金融服务企业入驻金融小镇。结合全区经济发展情况，制订西山区融资工作计划，其中包含专项债券、区属国有公司融资项目等共34个项目。

2月27日，召开2020年西山区金融联席会，向参会20余个银行机构推荐西山区社会性投资建设项目62个、计划总投资300亿余元，推荐近期有融资需求的中小企业15户。3月3日，在西山区项目融资推荐会上，向参会15个银行机构重点推荐西山区拟融资项目，同时向参会银行推介西山区专项债储备项目28个，涵盖市政建设、生态修复、教育、农林水利建设、其他建设5类，资金概算57.13亿元，涉及8个单位部门（含国有公司）。为辖内26户中小微企业争取资金9.80亿元。

【商贸　旅游】全区社会消费品零售总额完成456.92亿元，同比下降4.20%。批发业商品销售额（区域）完成1 989.50亿元，同比增长14.90%。零售业商品销售额（区域）完成269.38亿元，同比下降0.20%。组织60户企业申报并拨付2019年“22条政策”扶持补助资金1 022.51万元，组织25户企业申报并兑现2020年应对新冠疫情“20条政策”中的减租和保供补贴1 068.26万元。

引进市外到位资金完成145.87亿元，完成市下达目标任务130亿元的112.21%；实际利用外资3 501万美元，完成市下达目标任务5 476万美元的63.93%。在第三届进博会云南省交易团主题活动“云签约”仪式上，西山区与云南锦博置业有限公司签订龙湖锦鄰天序项目。该项目位于西山区前卫街道，紧邻万达广场，占地5.40万平方米，总投资额69亿元。

全区保有税收千万元以上楼宇22幢。其中，亿元楼宇7幢（10亿元楼宇1幢），完成目标任务（6幢）的116%；税收千万元楼宇15幢，完成目标任务（15幢）的100%。至年末，全区共有商务楼宇72幢，入驻企业5 000余户，税收千万元以上楼宇22幢，占总楼宇数量31%。有总部企业45户，其中省属企业一、二级总部共12户，占总部企业总数的27%。新认定总部企业2户（云南祥鹏航空有限责任公司、昆明市建筑设计研究院股份有限公司）。有电子商务企业1 200余户、店铺2.10万个，累计实现网络零售额44亿余元。

全年接待游客1 908.63万人次，同比下降25.65%；实现旅游收入234.95亿元，同比下降34.81%。全区共有旅游景区（点）12个（市属2个），其中A级景区2个、星级宾馆酒店7家；有乡村旅游经营户近300户；开展云南海航广场皇冠假日酒店、“春雨937”2个旅游项目建设，已投资1 787万元。

【工业】 全区有规模以上工业企业58户，年内新增6户，规模以上工业总产值完成156.51亿元，同比增长2.23%；规模以上工业增加值增长-1%；工业和信息化投资完成13.31亿元。规模以下工业增加值同比增长-0.60%。新开工亿元项目2个（云南正邦科技有限公司4.70万吨年环保型胶粘剂技术改造项目、云南磷化集团海口磷业有限公司柳树箐渣场扩容改造项目），竣工亿元项目1个（云南磷化集团海口磷业有限公司7万吨/年食品级磷酸项目）。协助企业争取国家、省、市扶持资金共4 183万元，扶持企业18户次。云南磷化集团有限公司尖山磷矿松山矿段和汤家山矿段2座矿山入选2020年国家级绿色矿山。11月13日，西山区云南正邦科技有限公司入选国家工业和信息化部第二批“专精特新”小巨人企业。

【非公有制经济】 全区非公有制经济实现增加值371.82亿元，比2019年同期增长0.80%，占GDP比重41.10%。年末，全区登记正常的私营企业共有4.41万户，其中注册资本在500万元以内（含500万元）的3.65万户，占总量的82.79%；登记正常的个体工商户共有6.82万户。

【信息化建设】 全区规模以上互联网软件和相关服务业主营业务收入实现7.89亿元，增长-0.90%。区内（不含旅游度假区）规模以上互联网软件和相关服务业实现主营业务收入7.04亿元，增长5.37%。全区规模以上互联网、软件和相关服务业企业中，能投信息、云南港电主营业务收入首次突破1亿元，腾云信息主营业务收入达2.80亿元。推进互联网基础设施建设，全区行政村宽带网络和无线通信信号覆盖率已达100%，自然村（20户以上不搬迁的）宽带网络和无线通信信号覆盖率达98.50%；主城区共建成5G基站1 227个，基本实现主城区范围内信号连续覆盖。20个区级职能部门申报信息化项目28个，安排财政资金3 000余万元，较2019年增加900余万元。西山区通过政府网站累计公开政府信息9 836条。10月30日，西山区云南光谷光机电科技孵化基地入选国家工业和信息化部小型微型企业创业创新示范基地。

有效实施疫情期间在线教育教学活动，通过中央电教馆“全景学习”、省电教馆“云上课堂”和西山区“1+N”（实现异地两个或者几个班级的师、生、媒体等多边、多向的互动）互动课堂3个在线平台，全区（含度假区剥离移交学校）32所初中、179个初三班级的7 456名学生，13所高中、66个高三班级的2 824名学生于2月10日完成在线教学首日学习活动。疫情期间，组织全区中小学生参加昆明市第十九届电脑绘画比赛，62件作品全部获奖。完成14所城乡学校“1+N”互动教室的建设及教师培训，3月开展城乡互动课堂教学。5月，西山区“1+N”互动课堂正式入驻云南省教育厅“滇教云”直播平台，西山区每周的直播课堂均可通过该平台向全省进行直播；8月，西山区“1+N”项目正式入选国家“基于教学改革、融合信息技术的新型教与学模式”实验区（简称国家级信息化教学实验区）。12月17日，成功协办云南省2020年教育信息化工作会，西山区春苑小学、棕树营小学被指定为本次会议的现场观摩点。

【基础设施建设】 全力支持“两个大会”配套基础设施项目建设，投入资金3.80亿元，推进23条城市道路整治工程、昆安高速下层道路提升整治工程等。6月，渝昆高铁终点站昆明西客运站在西山区马街片区选址建设。投入资金7 667万元保障老旧小区改造工作。辖区共建设5G基站1 227个，主要覆盖辖区重要党政机关、商圈、酒店、医院及海埂大坝等周边，为全区COP15网络通信稳定提供安全保障。辖区22条一般性道路中，开工建设5条，已完成前期工作4条，正在开展前期工作的13条。草海片区道路16条，主路已通车3条，已进场施工9条。

城市更新改造共完成净用地579.80亩土地交易，实现土地出让收入126.71亿元。实施土地征收与房屋拆迁补偿安置工作，完成101.48万平方米征迁。实现3个片区37.72万平方米、3 834套回迁安置房交付。累计临违建筑治理拆除1 263宗，面积220.15万平方米，完成率100.05%。对辖区内45座总长2 085.15米、总面积4.89万平方米桥梁进行日常管养维护工作。做好明波立交桥及人民路周边片区、广福路片区、滇池路片区建筑景观亮化，总投资1.60亿元。

完成滇中引水工程建设属地征地拆迁工作，永久征地和临时用地共1 253.40亩。完成“五小”水利工程172件、人畜饮水管网建设37.60千

西山区草海融创文旅城（西山区史志办 供稿）

米，完成投资1 413.86万元，新增蓄水能力3.14万立方米，改善灌溉面积660亩，受益人口1.07万人。实施大墨雨水库、茨沟水库和富善大闸水库除险加固工程建设，完成投资478万元。全区农村饮水安全工程第一批实施15件，设计概算总投资为885.86万元。完成西山区农村污水综合治理示范工程、西山区明朗水库饮用水源保护区污水处理设施建设项目、团结街道4个建制村“清洁水源”工程、螳螂川（海口河段）青鱼社区雨污分流及设施建设、螳螂川沿线村庄污水收集项目5个农村污水收集治理项目建设。投入农村人居环境整治资金1 579万元，全面完成各美丽宜居乡村建设项目49件。年内，西山风景区猫猫箐社区、碧鸡街道西华社区红映村（西华街村）被评为省级美丽村庄，海口街道中平社区、碧鸡街道龙门社区被评为州市级美丽村庄。

【农业农村工作】 全区农林牧渔业总产值现价7.72亿元，现价增长9.40%；农林牧渔业总产值可比价7.19亿元，可比价增长1.90%；农林牧渔专业及辅助性活动产值现价4 000万元，现价增长3.70%。完成粮食作物播种面积2 489.10公顷，粮食总产1 214.97万千克。种植经济作物2 422.77公顷，其中，种植蔬菜1 490.60公顷，种植花卉园艺691.97公顷，推广魔芋种植41.53公顷、中药材种植56.67公顷，示范种植羊肚菌1.73公顷、花椒95.33公顷、油菜46.67公顷；推广种植食用菌香菇182.50万棒，生产鲜菇109.50万千克。引进水果新品种21个，新建水果标准化种植基地33.33公顷；推广苹果矮化密植栽培技术示范13.33公顷，完成果园提质增效技术示范266.67公顷，推广草莓优质高效栽培技术78.47公顷。11月15日，在“木美土里杯”中国好苹果大赛2020年总决赛中，西山区组织选送的团结街道昆明果然果树种植有限公司获第四届中国好苹果大赛“最甜苹果奖”和基地组优胜奖。通过申报审批，完成市级批复农庄12户，完成投资4.72亿元。

全区出栏生猪3.51万头、肉牛632头、肉羊6 350只、肉禽71.62万羽（含鹌鹑），肉类总产471万千克，奶产量50万千克，禽蛋产量60万千克，畜牧业产值2.07亿元。全年共免疫猪瘟7.03万头次、高致病性猪蓝耳病7.03万头次、猪口蹄疫6.63万头次、牛口蹄疫6 310头次、羊口蹄疫3.26万只次、高致病性禽流感74.91万羽次、小反刍兽疫2.71万只次，应免畜禽免疫密度达到100%。完成生猪定点屠宰检疫22.99万头，生猪定点屠宰检疫率达100%；无害化处理生猪1 242头，检疫出的不合格动物及动物产品无害化处理率100%。检测蔬菜样品2 446个，蔬菜样品检测合格率为99.90%。

有农业龙头企业42户，其中，省级龙头企业4户，市级龙头企业23户，区级龙头企业15户，农业龙头企业总产值100.37亿元，销售收入97.45亿元，带动农户10.65万户。英茂糖业（集团）有限公司、云南鲲鹏农产品电子商务批发市场有限公司等一批农产品加工企业年产值均达亿元以上。新增区级家庭农场8户。完成太阳能热水器推广安装671套、节柴灶示范推广1 125眼。开展农作物秸秆综合利用，完成秸秆还田1 748公顷。西山区团结街道乐居村、白石岩村分别列为云南省第二批、第三批中国传统村落名录。2020年8月，乐居村完成数字化建馆工作，上线入驻中国传统村落数字博物馆。9月27日，在团结街道龙潭社区乐居小组举办西山区2020年农民丰收节“庆丰收、迎小康”活动。

【生态环境保护】 全区11条出入滇河道水质年均值及综合评定均达市级考核要求，7条河道、2个饮用水源地水质年均值及综合评定达到或优于Ⅲ类标准，优良水体比例达63.64%；船房河、大观河被评定为市级“美丽河道”。污染负荷化学需氧量削减3 578.38吨、总磷削减143.58吨、总氮削减1 053.39吨，滇池保护治理水质和污染负荷削减“双控”目标全部完成。6月，4条河道通过国家黑臭水体在线监管系统整治评估审核，评定结果为“长制久清”。投入资金2.58亿元，推进滇池西岸面山洪水拦截、水源地保护、河道生态补偿等项目建设；投入资金3 961万元，支持农村饮水安全、水体治理等项目；投入专项债券资金3 400万元，保障海口工业园区污水处理厂建设，持续推进生态文明建设。

完成国家、省、市营造林2 700.89公顷，完成治理修复任务1 213.79亩，完成海埂大坝对岸可视范围山体景观提升2 355.75亩。全面落实河（湖）长

草海5号片区湿地 （西山区史志办　供稿）

制，网格化清水入滇微改造、新运粮河水系水质提升等49个水环境保护治理项目全面完成，建成2.82平方千米海绵城市，总修复湿地面积2 143亩，全区累计建成环滇池湿地2.12万亩。新增湿地面积2 732亩，河道水质全面达标。建立大气扬尘污染防治“红黑榜”制度，全年空气质量优良率达99.70%。滇池一级保护区公共单位搬迁工作取得突破性进展，“三磷”企业专项排查整治任务全面完成，海口工业园区污水处理厂投入运行，中央、省级环保督察294个投诉件、63个反馈意见、8个长江经济带生态环境问题全面整改。

【教育　科技】 全区（含度假区剥离移交学校）有各级各类学校284所。其中，公办学校113所，民办和其他部门办学校171所；幼儿园158所、完全小学72所、中学41所、特殊教育学校2所、中等职业学校11所。在职教职工1.19万人，其中专任教师8 960人。在校（园）学生14.89万人。侨光小学、书林二小、南坝中心学校3所排危新建学校以及西山区城中村改造26号片区、35号片区2所配套新建学校建成并投入使用，完成固定资产投资14.66亿元。新设立书林二小福海校区等8所学校（园），昆一中西山学校晋升一级一等完中，新增优质学位6 500余个。成立西山区首个公办托育机构——昆明市西山区第一托育园。8月，西山区芳草地国际学校教师张春旺获第十四届全国小学英语教师教学基本功大赛优秀课例展评说课大赛一等奖。12月，昆一中西山学校3名学子参加由城乡统筹发展研究中心、中国人工智能学会举办的第18届全国中小学信息技术创新与实践大赛（NOC）编程大赛全国决赛，获一等奖1个、二等奖2个。年内，教育部认定西山区4所学校入列“全国青少年校园冰雪运动特色学校”，6所学校入列“全国青少年校园足球特色学校”，2所幼儿园入列“全国足球特色幼儿园”。国家财政性教育经费投入12.19亿元，同比增长5.63%。

区级支持研发经费275万元实施科技计划项目28项，带动企业投入项目资金2 891万元，实现产值1.27亿元，销售收入1.21亿元，上缴税收844.48万元，新增就业150人，申报专利25项，培训科技人员120人次，撰写科技论文32篇。区级科技创新中心建成，新增各级科技创新平台9个（省级1个、市级8个）。全区2019年全社会科技研发投入（R&D）13.60亿元，R&D经费投入强度为1.58%，同比增长25%。云南光谷光机电科技孵化器扩容升级成光学光机电产业聚集区，新认定高新技术企业34户、企业技术中心7个，实施创新科技项目28个。加强知识产权保护，新培育商标3 684件，规模以上互联网软件和相关服务业主营业务收入实现7.89亿元。新增企业8 321户、个体工商户1.08万户，全区非公有制经济增加值增长2%。根据《云南省人民政府关于2019年度科学技术奖励的决定》，西山区共有25个项目获奖。

【文化　卫生】 举办自然和文化遗产日、七夕、中秋、国庆、重阳等节日主题文化惠民演出17场次。西山区图书馆免费向各街道赠送杂志1 100册，展出红色经典优秀图书200册，赠送山冲社区图书200册，开展全民阅读活动17场次。安排戏曲演出团体到基层开展30余场演出和戏曲艺术培训，弘扬戏曲传统文化，助推乡村文化振兴。完成区境内55项各级文物保护单位和登记不可移动文物基础信息的采集和上报。

辖区有省级公立医院2所、市级公立医院2所、区级公立医院4所、部队医院2所、民营医院41所、基层公共卫生服务机构109个、个体医疗机构628个、门诊部32个，各级医疗机构实际开放病床1.42万张，每千人口拥有医疗卫生床位数17.86张；有各类卫生技术人员2.26万人。国家财政性卫生健康经费投入2.42亿元，同比增长19.87%。基层医疗机构经费投入9 868.63万元，同比增长24.77%。疫情防控资金共投入1 305.69万元。9月，草海中医馆项目开工建设。全年报告突发公共卫生事件3件，全区基层公共卫生服务机构109个全部设置中医科，10个公立社区卫生服务中心均开展中医药服务工作，覆盖率100%；全区59个社区卫生服务站均能提供中医药服务，覆

2020年4月28日，西山区第一届女性创新创业大赛暨新时代女性振兴乡村经济创新创业大赛举行　（西山区史志办　供稿）

盖率100%。创建永昌、福海等5个省级甲等社区卫生服务中心。

【民生保障】 全年收集有效就业岗位2.37万个，实现城镇新增就业2.66万人，城镇登记失业率3.98%，控制在4%的目标之内。开发公益性岗位482个，安置就业困难人员上岗315名，发放公益性岗位补贴350万元；完成农村劳动力转移就业3 410人，实现新增转移就业收入4 453.41万元；职业技能提升培训累计开班874个，培训43 851人，发放失业保险支持参保职工技能提升补贴3 187万元。发放小额担保贷款196人、2 940万元，发放"贷免扶补"贷款75人、991万元。实现1.16万套安置房分配交付，改造老旧小区112.91万平方米，完成274户农村危房及抗震安居工程建设，惠及群众3万余人。

全区基本社会保险参保71.48万人次，其中城镇职工养老保险参保27.74万人、城乡居民养老保险参保10.06万人、失业保险参保17.82万人、工伤保险参保15.86万人。新增退休人员1 838人，累计发放养老金17.73亿元。为897名死亡离（退）休人员审核发放"两费"3 653万元、2 008名工伤人员支付工伤保险待遇2 141.40万元、1 561名享受工伤保险定期待遇人员支付工伤保险待遇319.72万元。开展社保基金疑点数据核查4期，涉及22个单位、1 104人，发现违规领取待遇4件、4人，涉及违规领取资金79.84万元，追回违规领取社保待遇15.19万元。为辖区1.03万户企业减轻养老保险缴费负担1.91亿元、工伤保险缴费负担1 500万元、失业保险缴费负担1.60亿元；按政策退还6 920户企业已缴养老、工伤保险费6 758万元；延缴报备企业582户，延缴保费2.36亿元。至年末，全区有公办养老机构1个、民办养老机构22个，床位数2 681张。

全区参加基本医疗保险52.25万人。其中，城镇职工基本医疗保险参保单位1.07万个，参保人数25.64万人；城乡居民基本医疗保险参保人数26.61万人，参保覆盖率保持在96%以上。全年支付医疗保险费6.50亿元，其中城镇职工医疗保险费支出4.91亿元、城乡居民医疗保险费支出1.59亿元。参加生育保险人数为18.31万人，全年支付生育保险待遇5 754人次，拨付基金8 032.08万元。"一站式"医疗救助1 900人次，临时医疗救助140人次，共支付医疗救助金509.90万元。全区有"建档立卡"贫困人口589人，"建档立卡"贫困人员100%参保，为479人次"建档立卡"人员支付住院医保基金521.06万元。

全区共有低保户4 466户、5 510人，特困供养人员255人，困境儿童32人，孤弃儿童58人，累计发放低保金、特困供养金等各类生活保障补助金达4 232万元、价格临时补贴600余万元。对578户困难群众开展救助，救助资金达108.40万元。对5 497名残疾人累计发放"两项"补贴434万元。年内，备案、注册登记民办养老机构4个，改扩建1个，新增床位531张。改扩建、提升改造居家养老服务中心3个。发放残疾人2项补贴5 575人、482.30万元；为全区城乡居民中的三、四级残疾人购买医疗保险4 678人、116.90万元，养老保险1 154人、11.50万元。

（郑　航）

东　川　区

【自然地理】 东川区为昆明市辖区之一，位于昆明市最北端，介于东经102°47′～103°18′、北纬25°57′～26°32′之间。东邻曲靖市会泽县，南倚寻甸县，西与禄劝县毗邻，北连昭通市巧家县，与四川省会东县隔金沙江相望，总面积1 858.79平方千米。区政府所在地铜都街道海拔1 254米，距昆明市区公路距离135千米。2020年，全区年平均气温21.20℃，年总日照数为2 057.30小时，年总降水量为560.90毫米。

【区划　人口】 2020年末，全区辖铜都、碧谷2个街道，汤丹、拖布卡、因民、阿旺、乌龙、红土地6个镇和舍块乡，下辖130个村、39个社区。

全区户籍总人口31.64万人。其中，城镇人口13.83万人，乡村人口17.81万人；少数民族人口2.60万人，占户籍人口总数的9.13%。人口自然增长率5.56‰。

【经济综述】全区实现地区生产总值125亿元，同比增长4%。一般公共预算收入完成6.23亿元，同比增长6%；一般公共预算支出37.56亿元，同比增长2.50%。规模以上工业增加值增长15%，固定资产投资完成89亿元。三次产业结构比调整为8∶26∶66。社会消费品零售总额46亿元，同比增长1%。城镇常住居民人均可支配收入3.67万元，增长4%；农民常住居民人均可支配收入1.02万元，增长8.80%。年末，全区金融机构各项存款余额155.55亿元，增长9.07%；各项贷款余额109.63亿元，增长6.73%。

【农业】全区划定粮食功能区12.40万亩，全年粮食生产面积底线指标19.37万亩，产量3 900万千克。全年小春粮食作物完成3.75万亩，产量400万千克；大春粮食作物种植20.32万亩，完成18.58万亩，占91.40%；蔬菜播种面积5.60万亩，产量1.43亿千克，年产值3.66亿元；水果种植面积3.10万亩，产值1.96亿元；中药材种植面积4.70万亩，年产值近5 000万元；花卉园艺面积2 239.50亩，年产值730万元。全年引进玉米良种48个、水稻良种10个、蔬菜新品种5个。农林牧渔业总产值完成21.19亿元，同比增长6.40%。其中，农业产值完成10.59亿元，增长48%；林业产值完成1.21亿元，增长5.40%；牧业产值完成8.31亿元，下降30.10%；渔业产值完成2 065万元，增长6.20%；农林牧渔专业及辅助性活动产值完成8 683万元，增长3.10%。全区农林牧渔业增加值完成11.64亿元，同比增长6.40%。第一产业增加值完成11.39亿元，同比增长6.50%。全年实施“开花薯1号”不同级别种薯试验1个、马铃薯特色小品种示范种植品种33个、马铃薯新品种联合体试验1个、水稻自主试验1个、多年生稻种植技术及品种示范2个、水稻新品种试验示范11个、玉米新品种试验示范10个。大力推进耕地轮作制度试点项目，全区耕地轮作种植面积3.53万亩，其中，绿肥2.90万亩，豌豆5 565亩，蚕豆800亩；发放豌豆种子4.35万千克，其中，甜脆珍珠台湾长寿仁1.22万千克，硬壳干籽大白豌豆3.20万千克；发放蚕豆种子8 000千克，其中，宾川绿皮豆4 000千克，芸豆早7、早8号4 000千克；发放绿肥种子21.30万千克，其中，光叶紫花苕21.10万千克，紫云英2 000千克，有机肥593.64吨。

全年生猪存栏9万头，牛存栏3.40万头，羊存栏14.50万只，家禽存栏71.20万只；生猪出栏11.50万头，牛出栏1.20万头，羊出栏10.10万只；全年肉类总产量1.96万吨，禽蛋总产量2 400吨。全区冻改站（点）8个，购进液氮8 000升、牛细管冻精（西门达尔、云岭牛）9 000支，完成肉牛冻改配种任务5 500头，完成全年任务5 000头的110%。引入种羊410只，完成羊杂交改良2.10万只，完成全年任务2万只的105%。推进重大动物疫病防控，免疫密度达90%以上。各乡（镇）农业综合服务中心领取猪耳标5.06万套、羊耳标4 400套、牛耳标1.05万套，经动物疫病防疫及动物卫生监督云平台溯源统计猪戴耳标1 824头，免疫1 632头。

【工业】全区33户规模以上企业累计产值78.25亿元，同比增长21.70%；全部工业增加值21.70亿元，同比增长14.80%；规模以上工业增加值同比增长16%，规模以下工业增加值增长6.90%。积极培育接续替代产业，扎实推进非煤矿山转型升级工作，对30座矿山进行达标保留、升级改造和淘汰关闭，完成率为100%。按照“一企一策”原则对园区24户“僵尸”企业进行分类处置，全年新增完成处置3户，初步实现园区工业用地二次出让和“腾笼换鸟”。现有资源综合利用企业45户，通过推动园区深化改革、优化提升、产业集聚、高质量发展，稀贵金属、资源综合利用、新型建材、新能源等产业加快形成新的经济增长点和产业竞争优势，为东川高质量转型奠定基础。

【招商引资】新引进签约项目22个，其中亿元项目2个；在谈项目31个。园区上报省外投资项目8个，投资规模6.81亿元，实际到位资金5.30亿元，完成年度目标任务的106%；上报市外投资项目10个，实际到位资金7.50亿元，完成年度目标任务的125%。完成包装招商引资项目164个，引进项目68个，实现开工项目54个，开工率80.59%；竣工项目11个，竣工率20.37%。

全年引进省外内资40.21亿元、市外内资52.31亿元。争取中央、省、市资金25.80亿元、专项债券资金2.08亿元。

【扶贫帮困】积极推进防返贫、防新贫、稳脱贫、稳增收各项任务，整合资金4.05亿元，实施扶贫项目68个。投入资金5 467.49万元实施东西部扶贫协作、定点帮扶项目19个。采取“双绑一联合加金融”措施，向7 345户农户发放扶贫小额贷款3.59亿元。146个贫困村实现村集体经济收益711.52万元。消费扶贫采购金额累计达2 219万元。建立精准防贫监测预警和帮扶工作机制，76人纳入兜底保障，向51户监测预警户发放防贫救助资金88.60万元。职业教育雨露计划补助通过资格审核学生共3 330人次，补助资金499.50万元。全年发放农户贷款7 142户、3.49亿元。光伏发电收益1 641.53万元。设置公益性岗位2 509个，吸纳贫困人口就业2 509人，发放公益性岗位工资125.45万元。

制订《东川区农村人口精准防贫监测预警和帮扶工作方案》，严格对照“一达标两不愁三保障”标准，对全区农村人口全部实施防贫监测预警。通过系统筛查比对识别、农户申报识别、监测员监测识别等渠道，收集防贫监测预警户信息，按照Ⅰ级（红色）、Ⅱ级（蓝色）、Ⅲ级（紫

白鹤滩水电站东川库区象鼻岭移民安置点 （唐祖发 摄）

色）、Ⅳ级（黄色）、Ⅴ级（绿色）5个等级进行规范管理。开展动态管理、脱贫人口“回头看”，精准排查和“两摸底一核查”，共核查出“两摸底人员”3 232户、1.06万人，其中，脱贫监测户2 426户、8 110人，卡外边缘户806户、2 502人。年内无返贫人口和新增贫困人口，通过国家脱贫攻坚普查和国家东西部扶贫协作成效考核检查。

【教育 体育】 全区共有学校83所，其中幼儿园34所（其中，公办9所，民办25所），小学36所，初中9所，完中3所，中等职业学校1所。在校学生4.54万人，其中，幼儿园8 571人，小学1.96万人，初中1.09万人，普高5 237人，职高1 126人。在职教职工3 831人，其中，幼儿园804人(其中，公办115人，民办689人)，小学1 543人，初中985人，普高442人，职高57人；专任教师3 319人，其中，幼儿园368人，小学1 529人，初中952人，高中418人，职高52人。年内，招聘教师172人，其中急需人才引进24人，专项招聘111人，免费师范生37人；与昆明市第三中学、中华小学、教工一幼签订办学帮扶协议，主城区学校派出25名优秀教师到东川进行教学帮扶。引进昆明市第三中学领办昆明市第三中学东川学校，9月招收高一新生120人。全区应届生一本上线率13.69%。按照“划片招生，就近入学”原则，2020年全区初中共招收新生3 371人，其中东川明月中学招收初一新生556人，小学一年级共招收新生3 000人；义务教育阶段学校接收外来和进城务工人员子女356人，外来和进城务工人员子女安排入学率100%。

全区共有体育场地516个，其中室内篮球场3个、标准足球场3块、羽毛球馆1个（含10块羽毛球场和6块乒乓球场）、游泳池3个（体委游泳池为公共体育场所），总占地面积43.07万平方米，人均体育场地占地面积1.51平方米。2020年1月14日，东川区举行首届残疾人运动会，来自全区7镇1街道的8个代表队、70余名运动员参加2个大类、7个项目的角逐，比赛项目有气排球、乒乓球、1分钟跳绳、定点投篮等。

【文化 旅游】 向上级争取资金新建村综合性文化服务中心4个，改扩建社区综合性文化服务中心1个。开展文化惠民演出160场次，观众4.28万人次，发放文化旅游宣传手册（宣传单）8 000余册。完成第四批全国公共文化服务示范区创建任务。成功申报红土地景区、乌蒙巅峰运动公园基础设施中央资金共2 000万元，用于建设红土地、乌蒙巅峰运动公园观景亭（台）、游步道等基础设施。7月1日，选址重建的东川区拖布卡镇树桔红军渡长征纪念馆正式开馆，并免费开放。纪念馆占地面积1.93万平方米，建筑面积5 363平方米，总投资2 862.27万元，是全省规模最大、内容最全的红军长征纪念馆。展厅由序言厅、红军长征全国概况、红军长征过云南、红军长征过昆明、红军长征过东川5个部分组成。室内展板130块图片529张；墙壁浮雕2组、雕塑3组、长征路线沙盘2个，重现红九军团在树桔渡口渡金沙江、树桔群众为红军做饭等2个场景。

成功申报旅游名村2个（碧谷街道李子沟村、红地镇花沟村），成功创建省级旅游扶贫示范村1个（碧谷街道李子沟村）。举办全民健身、滑翔伞飞行体验、牯牛山登山挑战赛、千鼓彝寨民俗体验等国庆文化系列活动，协办“李子沟开花洋芋”代言直播、乌龙镇第三届农民丰收节暨摸鱼节等活动，吸引游客参与。全年累计接待游客180.80万人次，同比增长2.30%；完成旅游综合收入6.78亿元，同比增长2.20%。推进国家级电子商务进农村综合示范县项目建设，完成区级公共服务中心、物流配送中心及85个镇、村级服务站建设，初步形成区、镇、村3级农村电商物流体系格局。培育农产品品牌9个，孵化电商企业6户，淘宝店东川特色馆、微店特色馆、花城农夫东川特色馆、工行融E购商城东川特色馆上架产品96个，建成农产品带货直播间6个，产品网络销售突破2 200万元。

【医疗卫生】 东川区人民医院整体改扩建工程顺利开工，新建的东川区妇幼保健计划生育服务中心建设项目竣工运营。人民医院成功创建省三级公立医院，省级重点学科建设工作稳步推进，区、乡、村各级医疗机构救治能力和服务水平得到全面改善。7月

8日，云南中医药大学东川区人民医院教学医院在东川人民医院挂牌。校院合作模式的开启，把医疗教学与临床实践紧密结合起来，实现双方优势互补、共同发展。

【基础设施建设】 全区累计投入资金29.37亿元实施道路交通、市政基础设施等城乡建设重点工程，主城建成区面积扩展到13平方千米，城镇化率达43%。全区165个社区和行政村实现4G或有线宽带网络覆盖，年内完成5G基站建设188个，实现城区全覆盖。2020年7月24日，举行5G网络开通仪式，标志着东川通信网络正式迈进5G时代。城区累计建成新能源充电桩50个，新建村级无害化卫生公厕93座，新建、改造标准化洗手设施284套。轿子山水库、水井山水库工程完成建设。实施农村饮水安全巩固提升工程和集镇供水工程，农村集中供水率、自来水普及率、水质达标率均达100%。积极推进“美丽县城”建设，完成东起路入城口绿化美化建设，6个老旧小区改造工程一期基本竣工。深入实施人居环境改造提升工程，完成新增绿地5.66公顷，城区绿化覆盖率43.14%，垃圾收集清运率100%。投入资金2 747.70万元，全面实施爱国卫生“七个专项行动”和农村人居环境整治三年攻坚行动。12月17日，东川首个标准化农贸市场——勋业农贸市场提升改造竣工开业。该市场内设固定摊位62个、扶贫爱心摊位10个。

【生态建设】 加快矿山转型升级，围绕生态修复示范区建设，累计投资12.31亿元建设绿色矿山，全面完成矿业权退出工作。大力推进乡村振兴绿化及森林乡村创建工作，完成各类林业生态建设5.55万亩。投资43.90亿元，推动小江流域东川段（支流）水污染防治、东川区水环境综合治理、金沙江干流岸线生态修复及小江流域绿化美化、小江河道及面山绿化等项目建设。整合投入资金1.35亿元实施营造林5.25万亩，建设河道生态护岸17千米，综合治理水土流失33.30平方千米。累计成立36个扶贫造林合作社，设立15个草原监测点，完成人工种草、围栏封育、改良草地3万亩。森林覆盖率提高到39%，空气环境达标率98%。

【社会治安综合治理】 全年共受理各类法律援助案件479件，挽回经济损失200余万元。全面开展重点区域、重点行业、重点单位安全生产专项整治行动，交通事故发生率下降30.50%，火灾发生率下降51.35%，较大事故“零发生”。完成“119”指挥中心建设。4月10日，东川区举行集中公开销毁非法营运车辆活动，对2014～2016年查扣的167辆非法营运车辆予以公开销毁。加快推进“雪亮工程”“平安东川”建设，命案破案率连续15年保持100%，打掉恶势力犯罪集团2个、团伙1个；侦办“九类”涉黑涉恶刑事案件68件，打掉3人以上共同犯罪团伙35个。开展18个村（社区）民情驿站试点建设。调解处理各类矛盾纠纷2 007件。

2020年7月1日，东川区拖布卡镇树桔红军渡长征纪念馆开馆

（宿爱秋 摄）

【民生保障】 抓实昆明主城区精准帮扶贫困劳动力转移就业工作，新增城镇就业3 238人，实施援企稳岗社会保险“免减缓延”、落实企业稳岗补贴等政策共3 042.01万元，惠及企业297户、1.70万人。完成农村劳动力培训2.92万人，转移农村劳动力就业2.79万人，实现就业收入5.80亿元。开展“引岗、送岗、稳岗”到户、到人服务，实现全区农村实有劳动力就业11.88万人，转移就业率91.10%。发放创业担保贷款2 965万元、企业稳岗补贴3 042.01万元，实现零就业家庭动态清零。年内，全区共有城乡低保对象2.90万户、4.51万人，特困供养1 074人，累计发放低保、特困供养、临时救助等各类保障资金3.74亿元。城镇企业职工基本养老保险参保3.46万人，基本医疗保险参保人数达30.48万人，养老保险、工伤保险参保率达95%，基本医疗保险实现应保尽保、参保待遇100%兑现。

（聂东丽）

呈贡区

【自然地理】 呈贡区为昆明市辖区之一，位于滇池东岸，介于东经102°45′～103°00′、北纬

24°42′～25°00′之间。东临宜良县、玉溪市澄江县，南接晋宁区，西隔滇池与西山区相望，北接官渡区。全区境内地势东高西低呈三级台阶状。西部为滇池东岸湖滨平原，是昆明断陷盆地东区，处昆（明）勐（腊）公路以西至滇池湖岸，该地域地势平坦，大部地区海拔1 888～1 910米。中部有浅丘。南部多海拔2 000～2 070米孤山，该地域地表波状起伏，大部分海拔1 910～2 000米，多低山与浅丘分布。东部为石灰岩山地，属梁王山系余脉，海拔2 000～2 820米，主要有向阳山、乌纳山、盐臼山、西路山、支锅山、凤凰山、蛇山、对歌山、风口山、菠萝山、拖磨山、小团山、杨家大山诸峰。2020年，全区年平均气温16.40℃，年日照时数2 302.80小时，年降水量927.70毫米。

【区划 人口】 呈贡区辖区面积510.20平方千米。呈贡区政府实际管理龙城、斗南、吴家营、乌龙、洛龙、雨花6个街道，实际管理面积200.89平方千米；洛羊、大渔、马金铺、七甸4个街道分别委托昆明经济技术开发区管委会、昆明滇池旅游度假区管委会、昆明高新技术开发区管委会、阳宗海管委会管理，托管面积共309.31平方千米。

2020年，呈贡辖区常住人口65.06万人，其中，城镇常住人口58.27万人，实际管辖区户籍总人口14.19万人。出生率9.50‰，死亡率5.29‰，自然增长率4.21‰。

【经济综述】 2020年，全区实现地区生产总值（GDP）508.59亿元，比上年增长5.10%。其中，第一产业增加值5.97亿元，增长2.70%；第二产业增加值202.32亿元，增长3.90%；第三产业增加值300.30亿元，增长6.10%。三次产业结构比调整为1.17∶39.78∶59.05。全区农林牧渔业总产值9.83亿元，比上年增长1.80%；实现农林牧渔业增加值6.05亿元，比上年增长2.70%。全区规模以上工业增加值比上年下降3%。规模以上工业企业实现营业收入915.57亿元，同比增长8.60%；实现利润总额58.97亿元，增长123.10%。全区实现社会消费品零售总额160.17亿元，同比增长8.40%。全区城镇居民人均可支配收入4.84万元，增长3.70%；农村居民人均可支配收入2.33万元，增长8.20%。

【征地拆迁】 2020年，全区完成省、市重点项目滇中引水呈贡段永久用地（10号洞）、黄马高速42号路等13个项目2 820.62亩的土地征收工作（含临时用地），完成呈贡光明电力有限公司等4宗、21.72亩国有土地收回补偿及土地登记注销工作。积极开展省、市重点项目及重大基础建设项目在征地过程中涉及的土地权属争议调处工作，全年共完成调处6件土地权属争议，为推进项目征地工作奠定了基础。全力保障16个重大基础设施项目建设和重点招商引资项目落地，共完成拆迁项目58个，拆除建（构）筑物5.46万平方米，搬迁苗木358.37亩。3月2日，呈贡区启动斗南街道殷联社区涉及859户、2 200余人的村庄搬迁，全区抽调区级部门机关干部，街道、社区干部共200余人组成10个专项工作组、40个入户组参与搬迁工作。年内，全区完成江尾社区房子湾村、殷联社区、吴家营社区、七步场社区4个村庄整体或部分搬迁工作，搬迁群众1 045户、2 535人，拆除建（构）筑物4.11万平方米。

【农业】 农林牧渔业总产值9.83亿元，其中，农业产值8.66亿元，林业产值8 117万元，渔业产值1 597万元，农林牧渔服务业产值2 059万元。粮食作物播种面积241亩（杂交玉米），产量13.06万千克。蔬菜播种面积6.37万亩，产量1.08亿千克，产值2.29亿元。鲜切花种植面积755亩，产量5 050万枝，产值4 500万元。水果种植面积2.26万亩，产量1 540万千克，产值1.27亿元。养鱼水面858亩，产量17.10万千克，产值239万元。完成认证无公害农产品5个。昆明杨月季园艺有限责任公司的“杨月季”牌绣球鲜切花、昆明力煌经贸有限公司的缪家营“古树庄园”宝珠梨均获得市级“10大名品”称号。新增省级龙头企业1户。4月18日，区委、区政府与“抖音”联合发起“斗南花卉产业抖音直播扶持计划”，启动全国首个花卉产业抖音直播示范小镇“Douin鲜花小镇”。

【工业】 全区完成工业总产值532.46亿元。实际管辖区有规模以上工业企业19户，新培育规模以上工业企业6户。全区行政区域范围内有规模以上工业企业158户。工业和信息化固定资产投资16.15亿元。

【生态建设】 全区绿化覆盖率46.86%，人均公园绿地面积22.06平方米。深入推进滇池保护治理工作，编制“一河一策”方案，实施400千米管网清淤维护和5段河道清淤，新建海绵城市2.42平方千米，滇池全湖水质保持Ⅳ类，滇池保护治理“三年攻坚”行动圆满收官。积极推进大气污染防治工作，辖区建筑工地落实“六个百分百”规定，全域推广使用新型智能渣土车，落实禁燃区管理规定，空气质量总体保持良好，优良率超市级下达目标任务0.39个百分点。逐步推行生活垃圾分类市场化运作，新增垃圾分类示范小区11个，垃圾分类示范街道覆盖率100%、示范社区覆盖率100%、示范小区覆盖率73.70%。持续开展固废、危废排查整治，加强呈贡垃圾焚烧发电厂等重点固废、危废产生单位监管，实现辖区工业固废处置率达100%。全面完成第一轮中央、省环保督察反馈呈贡区64个问题和交办的71件群众投诉件整改并通过市级验收，市第一轮生态环境保护监督检查反馈呈贡区9个问题已立行立改。8月6日，呈贡区召开乌龙古渔村保护与生态治理项目移交暨项目推进会，区政府、区城投公司、昆明华侨城美丽乡村发展有限公司三方进行项目移交签约。

【商贸　旅游】全年引进市外内资95.20亿元，实际利用外资3 685.09万美元。社会消费品零售总额160.17亿元，同比增长8.40%；限额以上社会消费品零售总额16.74亿元，同比增长12.30%；限额以上批发业销售总额360.02亿元，同比增长17.60%。6月20日，全区首个夜间经济示范区七彩云南·第壹城亮灯仪式在乌龙街道七彩云南·第壹城举行。6月30日，昆明呈贡信息产业园2020年“新基建”项目集中签约和开工仪式在昆明呈贡信息产业园万溪核心区云南能投数字经济（呈贡）产业园项目地块举行，集中开工的5个项目总投资76.28亿元。

开通全市首条旅游公交专线“花都巴士”串联呈贡区著名景区景点，完成斗南花卉小镇旅游标识标牌安装。积极推进旅游厕所革命，建成3A级旅游厕所，实现全区范围内旅游景区无旱厕，成功打造呈贡区文旅创意展示中心。2020年1月1日，呈贡区在斗南花卉市场举办以“相约花都游遍呈贡”为主题的2020年呈贡区旅游宣传推介会暨旅游公交首发仪式。3月20日，呈贡区第八届万溪梨花节开幕式在呈贡新城展示中心举行。本届梨花节采取线上线下相结合的方式，开展直播互动、网红演绎、情景出发、活动串联、音画融合等形式多样的“云赏梨花”活动。

【科技　教育】全社会研究与发展投入15.95亿元，同比增长34.18%，投入强度达3.34%。新增高新技术企业12户，现区域内在库高新技术企业共32户。全区域内获国家、省、市众创空间认定的科技众创空间共23个，其中国家级3个、省级8个、市级7个，省、市级孵化器5户，新增孵化面积7.20万平方米。坚持教育优先发展战略，新增公办学校3所、公办学位3 510个；云南民族大学附属中学通过省一级二等高（完）中区级初评和市级终评，昆明三中呈贡学校、云南衡水呈贡实验中学通过省一级三等高（完）中区级初评和市级终评；配套“三名工程”专项经费1 880万元，把美育教学渗透到学校“三点半课堂”，开展音乐、美术、书法、国学、诵读等兴趣班，区域内义务教育由基本均衡向优质均衡发展。6月18日，举行呈贡区洛龙学校、云南民族大学附属呈贡学校合作办学签约暨揭牌仪式。9月17日，呈贡区召开2020年教育改革发展大会，会上对全区第三届5所“名校（园）”、33名“名师”、6名“名校（园）长”进行表彰。11月26日，中国关心下一代工作委员会及全国27个城市关工委领导组成的考察组一行，到呈贡区云上小镇青少年科创教育示范基地及斗南花卉小镇参观考察。

【文化　卫生】全年共举办343场各类惠民演出丰富群众文化生活。2020年12月31日，呈贡文庙儒学博物馆及西南联大清华大学国情普查研究所纪念馆在呈贡文庙建成开馆，并正式对外开放。完成王家营聚秀寺片区民俗博物馆对外开放。签订呈贡区文体活动中心项目投资协议暨PPP项目合同，全力推进区文体活动中心项目建设。

认真落实国家、省、市关于防疫工作各项要求，成立呈贡区新型冠状病毒感染的肺炎疫情防控工作领导小组，下设17个工作组。下发《昆明市呈贡区人民政府关于做好应对新型冠状病毒感染肺炎疫情防控工作的通告》。安排基本公共卫生服务和疫情防控资金4 472.71万元，累计采购口罩27.33万个、发放26.80万个，并采购额温枪、消毒液、防护服等物资发放一线部门及防控点。坚持全社会全面动员，在各单位、社区（居民小区）等重点区域悬挂、张贴宣传标语1.95万条（幅），发放各类疫情防控宣传资料70余万份（张），疫情防控知识覆盖20余万人次。2月20日，区境内出现1例新冠肺炎确诊病例，由省120转运至市定点医疗机构隔离治疗后，立即启动应急预案，对患者居住小区实施封闭隔离管理15天，及时阻断疫情传播。

深入开展爱国卫生“7个专项行动”。继续推行国家基本药物制度。不断增强中医药辐射能力，社区卫生服务中心100%设置中医科和中药房，71%的社区卫生室能够提供中医药服务，云南中医药大学名医馆基本建成。全区组建131个家庭医生签约团队。推进基层医疗卫生机构标准化建设，所有社区卫生室的业务用房面积均在60平方米以上。

【民生保障】开展农村转移就业劳动力技能培训1 207人，完成农村劳动力转移就业4 015人。提供有效就业岗位4 106个，开发公益性岗位323个。坚持保基本、全覆盖、惠民生，持续开展养老基本社会保障参保扩面。机关、事业单位、企业职工和城镇自谋职业人员参保3.50万人，征缴机关、事业单位养老保险费8 042万元，征缴企业职工基本养老保险费2.13亿元。城乡居民基本养老保险共完成参保11.08万人（含托管区）。全区机关、事业单位离退休职工1 423人，发放退休金7 708万元；企业离（退）休人员3 428人，发放养老金9 456万元。按时足额为4 160人次失业人员兑现失业保险待遇625.50万元。强化劳动保障服务，为1 041名劳动者追讨工资1 276.88万元；受理劳动争议仲裁申请270件，受理率为100%。

【扶贫帮困】持续推进结对帮扶全覆盖，全区59个单位、530名挂包职工结对帮扶643户贫困户做到全覆盖，各单位捐助给各定点帮扶贫困村帮扶资金43.96万元。制订年度巩固提升脱贫成果挂包帮扶工作方案，细化7个重要帮扶措施，明确责任单位，安排帮扶资金334万元落实项目6个。精准帮扶劳动力转移就业，累计为禄劝县提供就业岗位数9 120个，累计接收安置禄劝县农村劳动力992人，拨给禄劝县精准帮扶农村劳动力转移就业岗位补贴480万元。在禄劝县转龙镇开展田间蔬菜种植、畜禽养殖、面点制作技术培训292人次，不断提升贫困人口劳动技能。动员全区各级各部门帮助贫困地区农特产品拓宽销售渠道，全区各单位、职工购买贫困地区农特产品价值75万余元，采购扶贫产品91万余元。在“万溪宝珠梨采摘节”活动中开展扶贫产品展销，积极助力帮扶地区农特产品提升知名度，拓展销售渠道。落实为寻甸县引进“年存栏4 000头优质商品肥猪养殖基地建设”产业项目，项目投资4 800万元，已投入使用。

（呈贡区史志办）

安宁市

【自然地理】 安宁市是昆明市所辖县级市，位于昆明市西南32千米处，介于东经102°8′～102°37′、北纬24°31′～25°6′之间。东北与西山区相连，东南接晋宁区，西邻玉溪市易门县、楚雄州禄丰县，南北长66.50千米，东西宽46.40千米，总面积1 301.81平方千米，平均海拔1 800米。

【区划　人口】 2020年末，安宁市辖9个街道、63个村、37个社区、338个村民小组、179个居民小组，全市户籍人口28.36万人，比上年末增长0.30%。其中，乡村人口7.31万人，占总人口的25.80%；城镇人口21.05万人，占总人口的74.20%。户籍人口中，男性为14.15万人，女性为14.21万人，所占比重分别为48.89%和50.11%。0～17岁人口4.73万人，18～34岁人口5.71万人，35～59岁人口12.11万人，60岁以上人口5.81万人，占总人口的比重分别为16.70%、20.10%、42.70%和20.50%。

【自然资源】 安宁历史悠久，被誉为“螳川宝地，连然金方”。地理优越、交通发达，320国道直通缅甸，昆安、安楚高速，成昆铁路等穿境而过，安晋高速、昆广铁路复线已完成建设，柏油路直达各行政村。安宁是通往滇西8个州（市），并经畹町直接与缅甸相连的交通重镇。

矿产资源主要有磷、盐、铁、钛、锡、铜、锌、铝、硅、铝土矿、石英砂、石灰石、白云石及花岗岩等诸多矿藏。境内盐矿储量居全国内陆型盐矿第二，平均品位58.80%，仅次于青海；钙芒硝储量76亿吨，平均品位23.30%，居全国储量前列；磷矿储量9.20亿吨，铁矿储量5 200亿吨。安宁特产丰富，有八街食用玫瑰、禄脿葡萄、县街红梨、浅水藕、大弯葱、海湾茶叶等知名品牌。

【气候】 2020年，全市平均气温16.60℃，比上年下降0.30℃；年降雨量844.30毫米，比上年增加95.20毫米，同比增长12.80%；日照时间3 296小时，比上年增加1 036.10小时，同比增长45.80%。

【经济综述】 2020年，面对百年未有之大变局和突如其来的新冠肺炎疫情叠加影响，全市上下统筹做好疫情常态化防控和经济社会发展各项工作，全年经济运行持续稳定恢复，主要指标逐月回升。年内，全市实现地区生产总值（GDP）572.36亿元，比上年下降2.10%。在地区生产总值中，第一产业实现增加值20.96亿元，比上年增长2.40%；第二产业实现增加值344.61亿元，比上年下降4.50%，其中工业实现增加值336.44亿元，比上年下降4.10%；第三产业实现增加值206.79亿元，比上年增长3.30%。一、二、三产业增加值比重分别为3.66%、60.21%和36.13%。非公有制经济实现增加值146.77亿元，增长3%，占全市地区生产总值的24.50%。

【农业】 全市实现农林牧渔业总产值36.04亿元，比上年增长3%。其中，农、林、牧、渔业及农林牧渔服务业分别完成总产值18.73亿元、0.98亿元、15.29亿元、0.19亿元和0.85亿元。实现农林牧渔业增加值21.21亿元，比上年增长2.40%。

全年粮食产量达3 280万千克，比上年增长5%；平均亩产量达466千克，比上年增长6.10%。烤烟产量达103.5万千克，比上年增长1.50%。蔬菜总产量3.09亿千克，比上年增长0.80%。水果总产量为3 090万千克，比上年下降2.50%。油料总产量251.90万千克，比上年下降3%。绿化造林稳步推进，全年完成造林面积4 198亩，比上年增长66.40%。全市森林覆盖率达51.60%。

全市畜牧业产值达15.29亿元，比上年下降7.80%，占农林牧渔业总产值的42.40%，所占比重较上年下降2.10个百分点。肉类总产量3.26万吨，比上年下降2.40%，其中猪肉产量1.45万吨，比上年下降11.40%。全年出栏生猪17.72万头，比上年下降5.90%；家禽出栏911万只，比上年下降1.50%。禽蛋产量1 770万千克，比上年增长3.40%；牛奶产量26.6万千克，比上年下降20.10%。年末，全市大牲畜存栏6 962头，比上年末增长5.90%；生猪存栏9.69万头，比上年末下降7.10%；羊存栏3.11万只，比上年末增长1.01%。

【工业】 全市实现工业增加值336.44亿元，比上年下降4.10%。规模以上工业增加值比上年下降4.50%。分门类看，采矿业增加值比上年下降19.90%，制造业增加值比上年下降5.30%，电力、热力、燃气及水的生产和供应业增加值比上年增长7.60%。在规模以上工业中，石油、煤炭及其他燃料加工业增加值比上年下降7.10%；黑色金属冶炼及压延加工业增加值比上年增长9.60%；化学原料及化学制品制造业增加值比上年下降7.50%；电力热力生产和供应业增加值比上年增长15.40%；非金属矿物采选业增加值比上年增长2%。

全市主要工业产品产量为粗钢501万吨，比上年增长6.70%；钢材494万吨，比上年增长6%；生铁470万吨，比上年增长10%；农用氮、磷、钾化学肥料（折纯量）19万吨，比上年下降55.30%；煤气83.92亿立方米，比上年增长3.20%；磷矿石521万吨，比上年下降16.60%；水泥373万吨，比上年增长1.70%；自来水供应1 849万吨，比上年增长8.60%；发电量35.92亿千瓦·时，比上年下降5.80%。

【交通　通信】安宁市在建公路33.02千米，青龙禾华公路、禄脿清朱公路等一批美丽乡村配套路网建设全面启动，二专线螳螂川至龙山立交改造、温泉桥异地新建项目有序推进，和平村立交改造、320国道（建丰城至新哨湾）改造工程、石安公路（安宁段）改扩建项目主线竣工通车。公共交通继续完善，公交车营运线路达99条，公交车辆达550辆。全市公路通车里程达1 217千米。交通运输邮政业增加值达27.74亿元，比上年增长3.40%。全市货运周转量11.50亿吨千米，比上年增长4.90%；客运量周转量为5.31亿人千米，比上年下降3.50%。

全市邮政业务总量达2 388万元，比上年下降9.30%。通信业高质量发展，全市拥有固定电话2.56万部、在网移动电话用户44.92万户、宽带互联网在网用户13.46万户，建成5G基站456个。

【财政　金融】全市地方财政总收入221.93亿元，比上年下降7.30%。其中，一般公共财政预算收入50.10亿元，比上年增长6.30%；上划中央“四税”收入160.78亿元，比上年下降11.70%。全市地方财政支出126.11亿元，比上年增长30.50%，其中一般公共财政预算支出62.39亿元，比上年增长23.60%。

全市金融机构年末存款余额为488.58亿元，比年初增长7.20%。其中，非金融单位存款余额124.77亿元，比年初增长1.70%；住户储蓄存款余额为268.49亿元，比年初增长12.30%。金融机构年末各项贷款余额为447.89亿元，比年初增长17.30%。其中，非金融单位贷款余额315.87亿元，比年初增长12.10%；住户贷款余额132.02亿元，比年初增长31.70%。全市保险机构保费收入5.54亿元，比上年下降11.90%。

【市场交易】全市批发零售业商品销售总额达1 292.99亿元，比上年增长15.30%。其中，批发业实现销售额1 224亿元，比上年增长15.70%；零售业实现销售额68.99亿元，比上年增长8.60%。全市住宿业实现营业额3.06亿元，比上年下降11.70%；餐饮业实现营业额9.82亿元，比上年下降13.60%。全市社会消费品零售总额达151.54亿元，比上年增长0.60%。

【招商引资】全年共引进内资项目170个，外资项目3个。协议引进内资563.44亿元，实际到位内资180.97亿元；协议引进外资5 000万美元，实际到位外资4 564万美元。全年接待游客492.36万人次，旅游综合收入27.15亿元。

【固定资产投资】全市固定资产投资（不含农户）同比增长22.50%。分产业看，第一产业固定资产投资同比增长403.20%，第二产业固定资产投资同比增长91%，第三产业固定资产投资同比增长8.30%。从重点领域看，基础设施投资同比增长81.70%，占全市投资的比重为11.10%；民间投资同比增长20%，占全市投资的比重为53.90%。从重点行业看，工业投资同比增长91%，交通投资同比增长83.30%。

全市房地产开发投资同比增长6.80%，其中，住宅投资增长13%，办公楼投资增长734.30%，商业营业用房投资下降42.30%，房屋施工面积（561.90万平方米）增长12.40%，商品房销售面积（167.50万平方米）增长24.50%。

【科技　教育】安宁市科技成果转化中心顺利通过云南省科技成果转化示范县（市、区）验收。全市用于科学技术支出的财政资金达972万元，获市以上科技成果数量2个，认定高新技术企业17户。

继续推进教育质量跨越行动计划，深化教育综合改革，培育名校长8人，建成名师工作室29个。安宁一中、安宁一小、连然小学扩改建项目加快推进。全市学龄儿童毛入学率102.14%，初中学龄人口毛入学率101.64%，初中毕业升学率98%，普通高中录取率68.50%，高考综合上线率达100%，高考录取率99%。全市幼儿在园人数1.30万人，小学在校学生2.36万人，初中在校学生1.18万人，高中在校学生7 066人。职教园区初期规划建设目标基本实现，办学规模和办学质量显著提升。职教基地入驻职业教育院校10所，专任教师4 072人，在校学生11.48万人。

【卫生】全市共有卫生机构224个，卫生机构床位达4 406张，专业卫生技术人员4 685人；5岁以下儿童死亡率3.59‰，新生儿死亡率1.49‰。全市共创建国家级卫生镇6个、省级卫生村127个。实行全民健康体检，建立户籍人口电子健康档案20.80万份。启动突发公共卫生事件应急能力提升，公共场所经常性监督覆盖率达100%。市人民医院提升改造、市医共体科研教学大楼等项目加快推进，国家紧密型医共体试点县建设稳步推进，现代医院管理、分级诊疗制度进一步完善。

【文化】启动摩崖石刻博物馆等项目建设，武庙古建筑群保护性建设、市文化馆、图书馆、博物馆总分馆建设及数字化建设有序推进。城市文化中心正式启用。完成昆明市创建第四批国家公共文化服务体系示范区创建工作，推进安宁市公共文化服务走向快车道。实现街道文化综合服务中心、行政村（社区）综合性文化服务中心达标建设。新增“乡愁书院”2个，实现街道“乡愁书院”全覆盖。有文物保护单位56个。全年出版发行报纸48万份，公共图书馆藏书31.03万册，全市广播人口覆盖率达100%，电视人口覆盖率100%。

【民生保障】 全市居民人均可支配收入4.08万元，比上年增长4.70%；城镇居民人均可支配收入4.80万元，比上年增长3.90%；城镇居民人均消费性支出2.95万元，比上年下降1.50%。全市农村居民人均可支配收入2.14万元，比上年增长8.40%；农村居民人均生活消费支出2.19万元，比上年下降28.60%。

全市社会保障和就业财政资金支出4.06亿元。城乡居民基本养老保险参保率达98.16%，城镇登记失业率4.89%。全市享受城镇居民最低生活保障人数2.33万人次，全年共发放保障金1 181万元；享受农村居民最低生活保障的人数1.12万人次，全年共发放保障金418万元；全市参加城乡居民医疗保险人数达18.22万人。全市办社会福利院9个，床位1 870张。

【生态环境】 全年水环境治理国控鸣矣河通仙桥断面，省控螳螂川温泉大桥断面、青龙峡交界断面全面达标，车木河水库集中式饮用水达到Ⅱ类水质。实施12个省级大气减排项目，34个磷矿石料堆场整改达标，实施矿山生态修复1 100余亩。城市生活污水处理率达96.70%，城镇生活垃圾无害化处理率达100%。城市绿化覆盖率达42.02%，人均绿地面积达14.11平方米。

（李　波）

晋宁区

【自然地理】 晋宁区是昆明市辖区之一，位于昆明市西南部，介于东经102°12′～102°52′、北纬24°23′～24°48′之间。东邻玉溪市澄江县，南连玉溪市江川区、红塔区，西与玉溪市峨山县、易门县、昆明市安宁市交界，北与西山区、呈贡区接壤。区政府驻地昆阳距昆明老城区50千米。区境东西横距66千米，南北纵距33千米，全区面积1 336.66平方千米。其中，山区、半山区占70.70%，坝子、谷地、湖泊占29.30%。最高海拔2 648米，最低海拔1 340米。辖区内有滇池湖岸线53千米，涉及晋城镇、上蒜镇、昆阳街道3个镇（街道）、401个自然村，滇池水域84.91平方千米。

【区划　人口】 2020年，全区辖昆阳、宝峰2个街道，二街、上蒜、六街、晋城4个镇，双河、夕阳2个彝族乡。下辖129个村，8个社区，617个村民小组。

年末，全区常住人口34.63万人，其中，城镇人口17.50万人，乡村人口17.13万人。户籍总人口28.88万人，其中，城镇人口14.72万人，乡村人口14.16万人；少数民族人口3.54万人，占12.30%。世居少数民族主要有彝族、回族、哈尼族等。年末户籍人口城镇化率50.96%。

【自然概况】 晋宁区域呈北东部较大、南西较小，北东走向较长的不规则形状。全区属滇中高原浅切割的中山地带及断陷湖盆区，最高点为东南部的大梁子山，海拔2 648米；最低点为夕阳西部的小石板河出境处，海拔1 340米。全区可分为3大水系，分属4个流域，北东区属金沙江水系滇池流域，北西属金沙江水系螳螂江流域，南西区属元江水系绿汁江流域，南部则属珠江水系南盘江流域。全区地貌分为侵蚀地貌、岩溶地貌和堆积地貌三大类型。

全区属低纬高原北亚热带季风气候。区内大部分地区气候温暖，春冬稍有低温，夏季无高温酷热现象。地形地貌复杂多样，高低相差达1 308米，有明显的“立体气候”特征。2020年，全区年降水量为885.70毫米，比历年平均值（879.60毫米）多6.10毫米；年平均气温为16℃，较上年16.50℃偏低0.50℃，与历年平均值15.30℃偏高0.70℃；全年日照时数3 349.30小时，较历年平均值（2 315.20小时）偏多1 034.10小时。

【自然资源】 区境内自然资源丰富，植物类有900余种，动物类有120余种，矿产资源有磷、铁、煤、铜、硅、锰、铅、锌、铀、泥炭、黏土、石灰石、白云岩、玄武岩、高岭土、建材沙石料和矿泉水等18个矿产，其中，磷矿储量多，品位高，有害元素低，是全国“三阳”磷矿之一。

全区土壤成土母质有石灰岩风化母质、板岩、砂岩、紫红色泥质砂岩、冲积物、洪积物、坡积物、老冲积、湖积物等。全区属亚热带季风气候，地域性的森林植被类型为半湿性常绿阔叶林，区域均属中山地形，植被水平垂直分布差异不明显，小地域和小气候的差异树种名类较多，植被名类167科900多种。

【经济综述】 2020年，全区生产总值完成194.77亿元，同比增长2.40%。其中，第一产业增加值完成31.73亿元，增长6.50%；第二产业增加值完成39.88亿元，同比下降4.90%；第三产业增加值完成123.17亿元，同比增长4.70%。三次产业结构比优化为16.30∶20.50∶63.20。全区规模以上固定资产投资（含省、市部分）同比增长8.50%，在全市19个县（市、区）、开发（度假）园区中排第11位。完成地方财政总收入26.13亿元，同比增长7.30%。完成一般公共预算收入15.76亿元，增长2.60%；一般公共预算支出31.47亿元，增长7.20%。全区实现社会消费品零售总额66.18亿元，同比下降13.80%。全年批发零售业实现增加值18.22亿元，增长13.10%；住宿餐饮业实现增加值1.95亿元，下降3.20%。城镇居民人均可支配收入4.44万元，比上年增加1 544元，增长3.60%；农村居民人均可支配收入1.87万元，比上年增加1 389元，增长8%。年末，全区金融机构存款余额235.45亿元，增长15.90%；金融机构贷款余额123.03亿元，增长15.70%。

【疫情防控】 年初新冠肺炎疫情暴发后，晋宁区在全市率先成立领导小组及指挥部，设置12个区级卡点，组建61人的应急队伍，实行网格化防控机制。设立定点救治医院及留观点，对2 005名有疫区旅居史、境外入境人员及密切接触者实施隔离观察，开展核酸检测4.10万人次，抢建区人民医院感染性疾病楼并投入使用。加强医疗和生活物资采购调拨，筹措拨付专项资金2 360万元，收到社会各界捐款、捐物（折价）共609万元，筹集59吨蔬菜供应到防控一线。选派4名优秀医务人员驰援武汉。疫情防控取得阶段性成果，辖区内无确诊病例。获云南省抗击新冠肺炎疫情表彰先进个人1人、先进集体1个。

【工业】 全区工业增加值同比下降7.70%，居全市第13位，其中规模以上工业增加值同比下降9.60%。采矿业增加值同比下降9.30%，制造业增加值同比下降4.50%，电力、热力、燃气及水生产和供应业增加值同比下降30.20%。三大门类增加值结构占比由上年末的36.90：57.60：5.50调整为37.50：58.50：4。全区规模以上工业企业102户。其中，产值上10亿工业企业1户，累计完成工业总产值33.99亿元；产值上亿工业企业27户，累计完成工业总产值73.07亿元。新增规模以上工业企业11户。引进“铂锐磷石膏综合利用”等5个重大项目。官房新型建筑材料等8个亿元以上工业项目顺利开工，全波红外、霞云成等项目建成投产。15户企业获批国家高新技术企业。

【园区建设】 完成园区主营业务收入267.03亿元。完成规模以上工业总产值131.56亿元。完成工业投资15.04亿元，同比增长4.22%；完成限额以上批发业商品销售额75.54亿元，同比增长174.50%。完成招商引资内资23.77亿元。完成地方财政总收入3.62亿元，地方一般预算收入1.998亿元，其中税收1.997亿元，同比增收990万元。完成38宗储备用地挂牌出让，累计出让土地1 608.30亩，成交金额5.10亿元。帮助15户企业成功办理“财园助企贷”融资5 510万元。推荐3户企业进入云南省疫情防控重点保障企业名单，获1.43亿元优惠信贷（融资）支持。完成乌龙标准化厂房项目1.20亿元专项债券申报工作。指导企业做好入库及报统工作，完成19个项目入库，其中5 000万元以上项目10个。贯彻上级经济稳增长政策及措施，支持企业开工复工。全年完成基础设施投资2.25亿元，完成目标任务的110%。

【招商引资】 建立健全区级主要领导带头抓招商的常态化机制，区领导带队到上海致达集团、汉华集团、海螺集团、日昌升集团、绿地集团、华侨城集团、乐聚（深圳）机器人技术有限公司、中南集团、新城控股集团等公司开展招商考察6次，会见客商100余次。全年储备土地1 967亩，供应土地1.20万亩。引进市外内资78亿元，实际利用外资1 073万美元。召开招商引资项目评审（会签）会议2次，评审通过8个园区内亿元以上项目。开展3次集中开工仪式和3个大型项目开工仪式。引进东方今典产业新城、绿地古滇云境健康城等21个重大项目，协议投资903亿元。吾悦广场大商业综合体等21个项目顺利开工，计划投资790亿元。成功申报2020年第一批地方政府专项债券项目4个，资金4.81亿元，申报成功数量全市第一。

【农业】 全区农林牧渔业总产值完成51.17亿元，同比增长8.90%。其中，农业产值43.49亿元，增长3%；林业产值0.39亿元，增长56.90%；牧业产值6.47亿元，同比增长72.20%；渔业产值0.26亿元，同比下降24.10%。以蔬菜、鲜切花为代表的特色农产品产量均有不同程度的增加。完成粮食播种面积8.16万亩，粮食产量2.25万吨；蔬菜种植26.88万亩，产新鲜蔬菜5.32亿千克；花卉种植5.50万亩，产鲜切花42.16亿枝，鲜切花种植面积、产量均居全省第一；种植烤烟1.60万亩，收购烟叶4.03万担。肉类产量1 330万千克，禽蛋产量1.19万吨，鲜奶产量543.78万千克。

持续推进云南省“一县一业”示范县创建，通过省级第三方动态评估。入选云南省花卉产业集群项目建设县，成功筹办全国产业集群现场观摩会。启动晋宁区现代花卉产业园和国际花卉综合物流中心建设。投入930万元，建设高标准农田6 200亩。

晋城杨柳冲水库完工，双河铁厂箐水库开工建设。完成“十三五”以来农村饮水安全巩固提升工程竣工验收。完成3件高效节水项目建设；完成六街水厂提升改造、管网延伸工程建设。争取到上级资金8 161.98万元，累计完成水利固定资产投资7.51亿元。

实施完成营造林项目1.65万亩，其中完成四沿绿化造林3 000亩、滇池流域水环境综合治理面山森林抚育3 000亩、省级低效林改造4 000亩、市级低效林改造500亩、省级陡坡地治理2 000亩、省级木本油料林提质增效4 000亩，完成区级政府样板林600亩，完成义务植树任务87万株。森林病虫害监测面积110.24万亩，监测覆盖率100%。全年共投入森林防火资金2 840万元，森林火灾受害率控制在0.80‰以下。创建省级森林乡村20个，完成林业生态建设营造林5.65万亩，森林覆盖率50.66%。

【城乡基础设施建设】 完成“晋城一乘片区控制性详细规划”等8个重点区域控规编制，保障全区重大项目落地建设。完成富有、牛恋收费站改扩建，磷都路西段建成通车，彩云南路三标段初步验收，有序推进余家海收费站改扩建。加快“美丽县城”建设，完成郑和文化广场、永乐大街、东凤路提升改造项目。昆阳西片区及月山北片区棚户区改造项目回迁安置房竣工，启动晋城北门片区、镇政府片区城市更新改造项目回迁房建设。龙潭路片区提升改造（一期）等市政工程建设快速推进。完成528个5G基站建设。开展生活垃圾分类工作，处置城乡生活垃圾7.70万吨，消除裸露垃圾点位457个。新建、改造公厕82座，洗手设施684座。开展城区餐馆环境卫生改善行动，达标率100%。昆阳南门标准化农贸市场建设完成并投入使用。完成全区乱占耕地摸排1.56万宗，处置批而未供土地7 280亩、闲置土地212亩。整治违法用地387亩，拆除违法违规建筑119.8万平方米。完成佳和小区、警苑小区等5个老旧小区改造。打造晋城福安、昆阳旧寨等11个乡村振兴示范项目，二街鲁黑村成功创建为“云南省旅游名村”。

【教育　文化】 全区共有各类学校（园）105所，其中，幼儿园61所（公办9所、民办50所、集体办2所），小学27所（含校点8所），初中10所（公办9所、民办1所），九年一贯制学校2所（公办1所、民办1所），普通高中2所，中等职业学校1所（民办），普通中专1所（公办），晋宁区教育科学研究与教师专业发展中心1所；培训机构38个。全区在校在园学生4.45万人，教职工3 894人（含民办1 243人）。全区体育场地总数755个，其中室外702个、室内53个。

保障教育经费投入达到法定增长。一般公共财政预算教育经费共投6.76亿元，增幅为7.98%。义务教育优质均衡发展，全面融入主城区统一招生。全区高考一本和本科上线人数比上年增加82人。培育名校2所、名校长2人、名班主任10人、名师30人。推进晋宁二中搬迁新建、晋宁职中三期改扩建工程，完成31所小学、初中薄弱环节提升改造工程。区职业高级中学升级为晋宁中等专业学校。专项招聘教师123名，成立晋宁区教科研与教师专业发展中心。

完成“国立艺专旧址”一期、二期修缮工程，推进石寨山国家考古遗址公园项目建设。完成第四批国家公共文化服务体系示范区创建工作。成功申报第五批市级非遗项目7个，“双河秧佬鼓舞之乡”成功申报为云南省民间艺术之乡。社区健身中心32个，体育馆3个。共建成农民健身工程点137个、村级农村文化体育活动广场31个、全民健身路径点133条、骑行道1条（二街镇鲁黑骑行道）、健康步道2条（郑和文化广场、和璟苑公园）。

【卫生】 全区共有各级各类医疗卫生机构250个。其中，医院15所（综合医院12所，中医医院1所、专科医院2所），基层医疗卫生机构232个〔（其中社区卫生服务中心、站4个，乡镇卫生院9个，村卫生室132个，门诊部7个，诊所（医务室、卫生所）80个〕，专业公共卫生机构3个（疾病预防控制中心、妇幼健康中心、卫生执法监督局各1个）。全区卫生技术人员1 978人，有执业医师（含助理医师）672人，注册护士849人；全年实际开放病床2 036张，其中，公立医疗机构1 236张，民营医院800张。完成省级慢性病综合防控示范区创建复审，全国“紧密型医共体”试点区挂牌启动运行。区人民医院顺利通过新一轮二甲医院省级评审和提质达标评审，区妇幼健康中心通过省级能力提升评审，基层卫生医疗机构全部通过等级创建。区二院搬迁新建项目加快建设，启动区妇幼健康服务中心搬迁新建项目。全区获国家、省、市科技项目49个，获得国家、省、市资助资金1 757.54万元。

【商贸　旅游】 完成商贸固定资产20.38亿元，超额完成争取目标385.20%。完善晋宁区物流园区布局规划，明确青山工业基地、宝峰工业基地“两园区”定位。推进腾俊国际陆港项目、晋宁国际花卉综合物流中心项目建设。服务指导好区内的8个电子商务服务站（服务中心）工作，推动跨境电子商务工作。

申报创建省级全域旅游示范区，制订《昆明市晋宁区创建省级全域旅游示范区实施方案》。参加云南省“一部手机办事通”旅游消费券促销活动，带动当地旅游恢复。全区共接待游客552万人次，恢复至上年同期的63%；实现旅游综合收入5.26亿元，同比增长100.14%，成功创建为“云南省旅游强区”。

【民生保障】 全区提供有效就业岗位2 409个，新增城镇就业人员2 236人，其中城镇失业人员再就业790人、就业困难人员就业730人；新增农村劳动力转移就业6 544人，新增农村劳动力转移就业收入8 339万元。开发公益性岗位204个，帮扶东川区提供就业岗位4 023个，城镇登记失业率为3.46%。失业保险参保2.59万人。降低区内800余户企业失业保险费2 335.11万元。发放失业人员失业保险金6 214人次、788.44万元，发放价格临时补贴8 884人次、356.38万元，发放失业补助金5 726人次、2 090.90万元。城乡居民基本养老保险累计参保率97.40%，基本医疗保险参保率98%。完成4个居家养老服务中心和1个养老互助站建设。推进全国示范型退役军人服务中心（站）建设，健全退役军人服务保障体系。社会治安环境持续向好，全年刑事立案同比下降10.10%，命案连续8年保持全破。配齐一村一警、一校一警，实现全区村级警务助理全覆盖。成立社区社会组织66个，社会组织参与社区治理实现全覆盖。全区村（居）委会换届选举工作圆满完成。成功创建14个市级民主法治村（社区），三合小区成为市级“百佳小区”。

【生态环境建设】 投入3.38亿元，完成水环境治理项目45个。国考地表水断面水质全部达到“十三五”阶段保护目标。全区8条入滇河道均达到“十三五”规划考核目标。滇池流域401个自然村生活污水处理设施覆盖率达到100%。完成中央、省环保督察反馈问题整改。加强取水许可管理，编印下发《晋宁区节水行动实施方案》，推进水源地保护区工程建设，完成投资2 700.83万元。完成一级保护区退耕租地资金702.01万元兑付。完成海绵城市建设3.83平方千米。持续推进河（湖）长制工作向纵深发展。完成8条入滇河道、2条滇池流域外河道及4座水库的河（湖）管理保护范围线划定，推进入滇河道精准网格化管理。开展美丽河道建设评选，洛武河水库被评为市级美丽水库。推进大气污染防治，环境全年空气优良率99.70%。

（王　俪）

富民县

【自然地理】 富民县是昆明市辖县之一，位于昆明西北部，地处东经102°21′~102°47′、北纬25°08′~23°36′。东与盘龙区、寻甸县相邻，南靠五华区、西山区，北和禄劝县相连，西连楚雄州禄丰、武定2县。南北长50.60千米，东西宽44.20千米，最高海拔金铜盆2 817米，最低海拔东村乡沙坪村普渡河与木板河交汇处1 455米，相对高差1 362米，平均海拔1 683米。螳螂川水穿城而过，将县城一分为二，地势南高北低，东坡缓，西坡陡，县境中部的望海山脉把县域分为东部龙泉河和西部螳螂川流域，自古为四川入滇中重镇昆明之要津，素有“滇北锁钥”之称。县城永定街道距昆明城区23千米。

【区划　人口】 2020年末，全县面积993平方千米，全县辖永定、大营2个街道，罗免、赤鹫、款庄、东村、散旦5个镇，下辖75个村、512个自然村、137个城镇居民点。

户籍总户数5.32万户，户籍总人口15.29万人。其中，男性7.57万人，占总人口的49.50%；女性7.72万人，占总人口的50.50%；城镇居民6.15万人，占总人口的40.20%；农村居民9.14万人，占总人口的59.80%；少数民族人口2.59万人，占总人口的16.90%。县境内居住着汉、彝、苗、回、白等民族，其中，彝族1.39万人、苗族8 477人，回族625人，白族1 210人，其他少数民族1 692人。全年出生人口1 516人，出生率9.80‰；死亡人数1 009人，死亡率6.50‰，人口自然增长率3.30‰。人口密度154人/千米^2。

【自然资源】 县境已探明具有工业开发价值的矿产资源有硝盐矿、钛砂矿、铝土矿、硅矿、铁矿、磷矿，方解石、彩玉石、大理石、石灰石等20余种。其中，硝盐矿储量达32亿吨以上，氯化钠含量54%；钛矿为特大型钛金沙矿床，储量1 000万吨以上；铝土矿储量2 500万吨；硅石矿储量约为504万吨，可开采储量为458万吨；大理石储量200万立方米；彩玉石储量170万立方米。

境内12条河流均属金沙江水系。主要河流螳螂川（普渡河）源于滇池，县境内长64.30千米，河床平均宽约65米，平均流量27.50米^3/秒。地下水径流3 320万立方米，露出泉水50余处，总流量0.71米^3/秒。全县水资源总量为13.09亿立方米，其中客水入境水资源量10.74亿立方米、地表自产水资源量1.50亿立方米、地下水资源总量为0.85亿立方米。境内多年平均降雨量为856毫米。

【资源特产】 富民县是典型的农业县，因气候温和，加之土壤多以红壤为主，适宜种植多种作物，土特产品众多，尤以茭瓜、淮山药、野生鸡枞、大树杨梅、苹果、冬桃颇具盛名。

【经济综述】 2020年，全县实现地区生产总值105.73亿元，同比增长2.50%；人均生产总值6.86万元，同比增长8.90%；一般公共预算收入6.02亿元，同比增长3.70%；一般公共财政预算支出14.61亿元，同比增长1.20%；社会消费品零售总额40.09亿元，同比增长1.50%；规模以上固定资产投资同比增长6.70%；实现农林牧渔业总产值25.50亿元，同比增长6.30%；农村常住居民人均可支配收入1.74万元，同比增长8.10%；城镇居民人均可支配收入4.39万元，同比增长3.60%。实际到位市外资金50.60亿元，到位外资200万美元；争取地方政府专债资金13.14亿元、抗疫特别国债资金2 500万元、中央预算内资金补助1.07亿元、市级项目前期费1 800万元，合计争取市级以上项目资金9.16亿元。实施重点项目82项，完成投资59.34亿元。三次产业结构为15.20：38.40：46.40。

【疫情防控】 第一时间成立县应对新冠肺炎疫情工作领导小组、指挥部及12个工作专班，建立953个网格化单元格，压实疫情防控责任。全面排查，外防输入、内防扩散，实现本地疫情动态“零输入、零传染、零发病”。2020年2月15日，派出4名护理人员驰援湖北抗疫。设置集中留观隔离点4个，接收留观人员297人次。全力做好5户医疗物资生产企业的服务保障工作。坚持统筹推进疫情防控与经济社会发展，全面落实国家、省、市经济稳增长相关政策，及时出台支持企业（项目）复工复产政策措施11条。

【工业】 年内新增规模以上工业企业6户，累计达54户，实现规模以上工业总产值达69.39亿元，园区主营业务收入达130.10亿元。启动大营五金建材园三期、大白坡片区建设。华新水泥熟料技改、中宸建材混凝土制品项目等4个亿元项目竣工投产，东昊钛业、龙腾钛业、大互通钛业3个钛白粉技改项目稳步推进。编制《云南富民工业园区优化提升工作实施方案》，确定开发区功能定位和主导产业。完成清洁生产审核验收4户，实施园区基础设施建设项目4个，完成投资2.01亿元，共争取国家专项债券5 500万元，9户企业获得“财园助企贷”3 580万元。“品世”食品入选省绿色食品“20佳创新企业”，云南济生药业、云南上药医药等20户药品批发企业入驻康龙医药物流园。实现进出口总额6 606万美元。建成农产品网络销售平台5个，总产值同比增长20%。

【农业】 全县农林牧渔业总产值25.50亿元，同比增长6.30%；农林牧渔业增加值16.64亿元，同比增长6.30%。全县粮食播种面积20.10万亩，实现粮食产量6 310万千克；生猪、羊、家禽存栏分别为9.66万头、4.90万头、122.42万只，出栏分别为7.56万头、2.64万头、147.66万只。畜牧业产值达7亿元，比上年增长0.30%。种植烤烟1.82万亩，收购4.90万担，烟农收入8 950万元，烟叶税1 889.83万元；种植蔬菜6.10万亩、水果9.80万亩；种植花卉园艺4 656亩，园艺种植总产值1.27亿元。6月28日，富民县采用无人机对罗免镇者北、小甸、麻地3个村委会受纵坑切梢小蠹危害的2 423亩云南林纯林进行防治。6月30日，富民县与云南省农业科学院签订富民县高原特色都市现代农业发展战略合作协议；与阿里云计算有限公司、云南唯恒基业科技有限公司签订数字农业三方框架合作协议；与上海万果联实业发展有限公司签订农业品牌营销框架合作协议，并发布《第二届云果高峰论坛云果共识》。

【城乡基础设施建设】 完成富民县国土空间规划（2020—2035年）大纲编制。黎阳时代广场、科技馆建成使用，拆除班张村、东城河棚户区房屋9.10万平方米，完成7个老旧小区改造。加快推进美丽县城建设，启动黎阳路、农贸路等15条市政道路提质改造，实施湿地公园、武昆高速富民出入口等8个节点绿化景观提升。新建5G基站124个、智慧灯杆144根，县医院、客运站等9个公共场所免费WiFi全覆盖。实施县城灯光亮化提质改造，县城主干道、主街区及标志性楼宇灯光亮化率达100%。新建3A级旅游厕所10座，A级城镇公厕3座；建设公共洗手设施204个；推进环卫保洁市场化运营，机械化清扫率、冲洗率70%以上，城镇生活垃圾无害化处理率100%；完成小营盘农贸市场提质改造，建成上河院标准化农贸市场。煤山公路、108国道白沙坡段等4条农村公路完成大修。划定木板河等6条河流、新桥水库等26座水库管理范围。实施各类水利工程683件，农村饮水安全工作全面达标，普渡河赤鹫大桥上段河道治理工程完工。持续推进农村人居环境综合整治，新（改）建行政村公厕17座、无害化卫生户厕1.86万座。

【重点项目建设】 实施重点项目82项，完成年度投资59.34亿元，完成率92.20%。其中，实施政府投资项目44项，完成年度投资30.44亿元，投资完成率99.56%；实施社会投资项目38项，完成年度投资28.90亿元，投资完成率85.55%。开工项目40个，开工率93.02%；竣工项目29个，竣工率74.36%。争取地方政府专债资金13.14亿元，争取市级以上项目资金9.16亿元。新签约亿元以上项目23个，签约资金159.88亿元。完成实际到位市外资金50.60亿元，实际利用外资200万美元。

【生态环境建设】 完成50个中央、省环保督察及“回头看”交办问题整改，4个长江经济带和金沙江流域生态环境突出问题销号。螳螂川富民段水环境综合整治项目进度达90%，新增污水收集管网30千米。完成石坝、烂泥田村污水收集处理工程项目，实施螳螂川沿岸农用地土壤污染治理省级试点项目。4个镇级污水处理站建成投用，实施污水治理自然村165个，自然村生活污水治理率32.85%，自然村保洁员覆盖率达到100%，垃圾设施覆盖率达100%。完成千吨万人和镇级水源地保护区划定。螳螂川国控断面水质稳定达Ⅴ类。加强扬尘专项整治，空气质量优良率达100%。推广测土配方施肥技术12万亩，完成秸秆还田6.03万亩。实施森林抚育2万亩、义务植树40.80万株，森林覆盖率达60%。制止土地违法行为76起，矿产资源违法行为为17起。73宗“大棚房”完成整改65宗，正在整改8宗。实施森林抚育2万亩、义务植树40.80万株，森林覆盖率达60%。东核等22个行政村创建为“云南省省级森林乡村”。

对县城周边易产生扬尘采石场、磨粉厂等企业开展排查整治，督促整改问题6个。华新水泥、金锐水泥综合脱硝率分别达74.31%、69%。按照“一库一策”推进14座尾矿库污染防治，重点行业重金属排放量比2013年下降13%。处理生活污水253.08万吨，削减化学需氧量484.03吨、氨氮42.20吨。完成5个乡镇级饮用水源地保护区划定。完成中央、省环保督察反馈50个问题整改，并通过市级验收。国家、省推长办移交昆明市涉及富民县的4个生态环境问题均完成整改销号。

【深化改革】 完成县档案局等事业单位承担的行政职能划转工作，实施县自来水公司转企改革工作。完成县交通、农业、文化、市场领域4支综合执法队伍职能整合，实现人员集中办公。推进政务服务事项“一窗办成”，确保企业开办3个工作日办结；梳理“最多跑一次”清单535项，落实全流程“最多跑一次”。落实农村综合改革，完成流转土地3 184亩，办理经营权抵押贷款登记28笔，抵押面积784亩，贷款金额493万元。深化社会事业改革，与市第一人民医院优质医疗资源联合推进医联体合作，推进分级诊疗和双向转诊；推行DRGS支付方式改革，实施“证照分离”“多证合一”改革，实现“五十证合一”。持续推进增量配电试点改革，为企业节约用电成本6 129万元。加大失信行为联合惩戒力度，营造守信社会环境，评选“诚信经营户”“文明摊位”27个。

【财政　金融】全县一般公共预算收入完成6.02亿元，完成调整预算数5.98亿元的100.60%，同比增长3.70%。全县一般公共预算支出完成14.61亿元，同比增长1.20%。年末，全县金融机构存款余额100.25亿元，较年初增长19.50%；贷款余额53.44亿元，较年初增长3%。

【交通　通信】2020年末，全县公路通车里程1 123.19千米；行政村客运班车通车率100%；城乡公交运营线路45条，营运客车124辆，其中公交车69辆，出租汽车23辆，比上年减9辆。全县固定电话装机13.08万部，比上年增加789户；全县移动电话用户16.42万户，比上年增加8 750户，增5.3%；宽带用户4.42万户，比上年增8 201户，增18.54%；移动互联网固定用户6.89万户。其中：4G网络用户10.63万户，3G网络用户3.59万户。移动互联网接入流量183.99万G，比上年增长69.5%。

【巩固脱贫成果】2个省级贫困村全部出列，841户、2 666名建档立卡人口全部脱贫。实施产业扶贫项目95个，完成1 853名贫困人口技能培训，转移就业2 020人次，累计发放小额贴息贷款1 425.91万元。改造农村危房4 460户，义务教育阶段学生动态零辍学，贫困人口家庭医生签约服务率达100%。投资2 000余万元实施农村饮水安全工程，贫困人口饮水安全全达标。246户、505人纳入社会救助兜底保障。9月2日，富民县与五华区合作开展教育结对帮扶。2020年11月3～4日，富民县10户建档立卡易地扶贫搬迁户获首批不动产权证书。

【教育　文化】全县共有各级各类学校和教育机构76个，各级各类学校共有在校学生（在园幼儿）2.58万人，其中高中在校学生4 181人、初级中学在校学生6 754人、小学在校学生1.10万人、在园幼儿3 905人。全县在职在编教职工共有2 083人，幼儿园劳务派遣合同制教师5人，民办学校教职工541人。疫情期间开展线上教学。2020年2月10日，全县实施“停课不停学”线上教学，全县参与率高中98%以上、初中98%以上、小学96%以上、学前教育95%以上。昆明市第一中学富民学校挂牌成立，建成中民、热水、仓前、松林4个村幼儿园。东村中心小学改扩建项目完工，完成云南林业职业学院建设项目征地拆迁。一本录取率为3.86%。

开展文化惠民活动70余场，民族文化广场（五馆）项目主体工程全部竣工，科技馆对外开放。完成县图书馆、文化馆为总馆，7个镇（街道）文化站为分馆，75个农家书屋为基层服务点的总分馆体系建设。完成5块社会足球场建设，建成“15分钟体育健身圈”农民体育健身工程4个、全民健身路径5条，行政村（社区）体育设施覆盖率达100%。

【卫生】2020年末，全县有各类医疗卫生机构128个，其中民营44个；卫生健康系统编制总数为372人，实有在编人员369人。投入223万元为卫生院配置医疗设备，投资65.50万元对73个村卫生室进行提升改造，6个卫生院通过市级复审和省级验收，达到国家基本标准卫生院。县医院核酸检测实验室建成投用，国家级胸痛中心获授牌，危重孕产妇救治中心和新生儿救治中心通过验收。

【民生保障】全县841户建档立卡贫困户生活保障和饮水安全稳定达标。整合财政涉农资金6 914.69万元，实施产业扶贫项目17个，建成电商平台1个、基础设施项目16个。组织开展职业技能提升培训1万余人次，提供就业岗位2 809个，发放创业贷款7 980万元，新增城镇就业905人，安置退役士兵11名，安置就业困难人员111人，城镇登记失业率为2.90%。完成保障性住房分配3 526套，城镇低收入家庭住房困难保障覆盖面达100%。城乡居民基本医疗保险参保14.35万人。建成民办养老机构2个、居家养老服务中心20个。发放低保金、救助金等社会补助资金3 048万元，临时救助847户。减免企业标准厂租房租金和职工公租房租金28.99万元，发放民营中小微企业贷款金额5 700余万元。切实保障45项基本民生支出，民生支出占一般公共预算支出的84%。2020年3月1日，富民县城镇职工生育保险实现“一站式”联网结算。

城镇居民人均消费支出2.24万元，下降5.50%；农村居民人均消费支出1.48万元，增长6.30%。城镇居民人均居住面积68.30平方米，农村居民人均居住面积65.10平方米，住房面积及质量明显改善。

【社会治安】深入开展“平安富民”建设，打掉涉黑、涉恶犯罪团伙7个，破获涉黑涉恶刑事案件102件。推进村（社区）专职人民调解员制度，受理民事纠纷1 250件，调解成功率达100%。综治视联网平台建成投用，886路基层视频监控与“雪亮工程”并网，创建智慧安防小区37个。全力推动市域社会治理现代化建设，“人人有责、人人尽责、人人享有”的社会治理共同体初步形成。

（李志宝）

宜 良 县

【自然地理】 宜良县是昆明市辖县之一，属昆明市东部新区，位于东经102°58′22″～103°28′5″、北纬24°30′36″～25°17′2″。辖区东临曲靖市陆良县、昆明市石林县，南接红河哈尼族彝族自治州弥勒市、玉溪市华宁县，西与玉溪市澄江县、昆明市呈贡区和官渡区毗邻，北同昆明市嵩明县、曲靖市马龙县相连。东西最大横距51.50千米，南北最大纵距85.30千米。全县总面积1 913.53平方千米(含汤池街道)，其中，山地占88%，盆地占8%，谷地占3%，水域约1%。县城建成区面积11.40平方千米，海拔1 536米。县人民政府驻地匡远街道距昆明市主城区52千米。全县年平均气温17.20℃，年降雨量965.70毫米。

【区划　人口】 2020年，全县辖匡远、南羊、汤池(已托管)3个街道，马街、北古城、狗街、竹山4个镇，耿家营彝族苗族乡、九乡彝族回族乡2个乡，下辖88个社区(含汤池街道下辖22个社区)、50个行政村、906个自然村(含汤池街道103个自然村)。年末，全县户籍人口14.05万户、43.52万人(含汤池街道)。其中，男性21.57万人，女性31.95万人；乡村人口11.05万户、36.87万人；全年出生人口3 783人，死亡人数3 694人。在乡村人口中，男性18.54万人，女性18.34万人。

【自然概况】 县境地势北高南低，山地与盆地相间。境内山脉多为东北至西南走向，东北部磨盘山属马龙台地牛头山西坡的南延；西北部的老爷山为梁王山系；县南的竹山系由断块抬升隆起形成呈南北走向。主要山岭有老爷山、大黑山、土主山、东山、云泉山、竹山等。老爷山主峰海拔2 730米，为全县最高点。最低点为南部竹山镇老熊箐尾巴，海拔1 270米。全县平均海拔1 500～1 800米。盆地错落于群山间，山间盆地较大的有宜良、马街、汤池、草甸4个坝子，宜良坝子较大，东西宽3～5千米，南北长约30千米，面积110平方千米；草甸坝子较小，面积仅12平方千米。山峰与平坝相对高差一般300～800米，最多1 280米。全县土壤以红壤为主，占土壤总面积的85.10%；其次是水稻土和黄棕壤、紫色土、冲积土等，水稻土为县内粮食生产的主要土类，占土壤总面积的8.66%。

【自然资源】 县境内矿产资源主要有煤、铁、铅锌、磷、铜、钴、石膏、重晶石、石灰石、建筑砂、陶土等，已探明矿产资源有煤矿、磷矿、铜矿、硫铁矿、铅锌矿、石灰岩、石英砂、石膏矿、页岩等。有丰富的地热水资源，主要分布在小狗公路沿线、匡远街道、北古城镇北羊街社区及马街镇。

【经济综述】 2020年，全年实现地区生产总值(GDP现值)211.26亿元，比上年减少0.50%。其中，第一产业增加值70.34亿元，比上年增长6.70%；第二产业增加值39.66亿元，比上年下降11.70%；第三产业增加值101.26亿元，比上年增长1%。一、二、三产业比重为33.30∶18.80∶47.90。非公有制经济增加值完成94.20亿元，占GDP比重44.60%。全年财政总收入(不含汤池街道)13.97亿元，比上年增长4.60%。地方公共财政预算收入8.81亿元，比上年增长2.60%，其中税收完成6.28亿元，比上年下降5%；一般公共预算支出完成28.18亿元，比上年增长24.40%。财政预算支出中8项支出合计18.57亿元，比上年增长11.50%。

全县完成固定资产投资(不含农户)比上年增长29.20%，其中完成工业投资比上年下降53.10%。三次产业投资占比为3.20∶6∶90.80。民间固定资产投资占全县固定资产投资比重为38.70%。基础设施投资增长99.38%，占全县固定资产投资比重57.30%。

全县房地产开发投资18.04亿元，比上年增长60.10%。其中，商品住宅投资15.15亿元，增长69.70%；办公楼投资7 100万元；商业营业用房投资9 600万元，增长1.90%。全年商品房施工面积143.59万平方米，比上年增长315.10%；全年商品房销售面积32.10万平方米，比上年增长25.80%；商品房销售额16.02亿元，比上年增长14.10%。

全县实现社会消费品零售总额76.71亿元，比上年下降9.10%，其中限额以上单位实现2.51亿元，比上年下降57.60%。实现商品销售(营业)额92.80亿元，比上年下降5.70%。其中，批发业销售额实现46.82亿元，比上年下降4%；零售业销售额实现37.11亿元，比上年下降5%；住宿业营业额实现2.42亿元，比上年增长1.40%；餐饮业营业额实现6.45亿元，比上年下降21.40%。招商工作取得突破，实际到位内资68.02亿元，实际利用外资384.56万美元。全县金融机构年末各项存款余额246.12亿元，比上年增长7.83%（其中个人储蓄存194.10亿元，比上年增长10.48%）；全县金融机构年末各项贷款余额124.86亿元，比上年增长5.35%。

争取上级资金18.53亿元、抗疫特别国债7 383万元支持实体经济复工复产。出台惠企稳企16条措施，形成较为成熟的推进县域经济发展的工作机制。出台相应的扶持措施，发放第五批惠商绿卡33张，表彰“亩产英雄”、十强纳税企业和星级工业企业21户。为企业减免各类税费1.23亿元，社保降费8 297万元，受益5 300户次；清偿民营和中小企业账款5 643.15万元。为259户企业授信4.26亿元，发放贷款1.80亿元。通过“贷免扶补”和创业担保贷款扶持创业250户，发放贷款3 885万元。40户建筑企业、23个建筑项目复工，53户规模以上工业企业、48户食品生产企业复产，23户限额以上批零商贸企业、212户住宿企业恢复营业。

【农业】2020年，全县农林牧渔业总产值（现价）115.24亿元，比上年增长7%（可比价）。其中，农业产值58.01亿元，比上年增长8.30%；林业产值为5.19亿元，比上年下降11%；畜牧业产值为39.47亿元，比上年增长10.20%；渔业产值4.04亿元，比上年下降6.80%；农、林、牧、渔专业及辅助性活动产值8.53亿元，比上年增长9.10%。农林牧渔业增加值73.48亿元，比上年增长6.80%（可比价）。

全年乡村劳动力资源总数23.95万人，比上年下降1.75%。粮食播种面积3.07万公顷，比上年下降4.70%；粮食总产量1.68亿千克，比上年增长11.29%。其中，秋收谷物产量1.20亿千克（其中稻谷产量2 760万千克，下降3.44%；玉米产量9 070万千克，增长3.50%）；夏收谷物产量1 350万千克（其中小麦产量1 190万千克，下降7.39%；豆类产量1 570万千克，增长2.82%）。蔬菜产量4.51亿千克，增长6.66%。水果产量1 130万千克，下降7.46%。苗木花卉种植面积16.62万亩，年均总产值38亿元。烤烟产量1 000万千克，比上年下降2.70%。主抓“2260”高端优质烟叶生产，全面普及“红大”种植，完成烟叶收购94.39万担，烟农交售收入14.74亿元，实现烟叶税收3.24亿元，烟叶收购均价、烟农种烟收入、烟叶税收实现五连增，获云南省首届最具影响力烟区第三名。1月25日，宜良县狗街镇普降暴雪，辖区内21个村（社区）受灾。其中，蔬菜、葡萄、花卉、苗木受灾1.95万亩，房屋受损21间，农贸市场倒塌1 400平方米，超市倒塌1 500平方米，农庄倒塌2 400余平方米，养殖场受损20.82万平方米。雪灾造成经济损失2.30亿元。2020年4月14日，拼多多集团考察宜良县九乡麦地冲农产品出村进城试点战略合作事宜。8月26日～9月11日，宜良县配合省、市部门在昆明市农科院宜良成果转化中心大薛营村基地举办云南省第六届夏秋蔬菜品种展示会，共展示蔬菜新品种1 606个。9月28日，昆明都市驱动型乡村振兴创新实验区现场推进会在宜良县九乡麦地冲村召开。

全年生猪存栏27.66万头，下降11.83%；生猪出栏41.96万头，下降13.18%。牛存栏3.35万头，增长1.29%；牛出栏1.36万头，增长0.49%。羊存栏10.53万只，增长3.55%；羊出栏7.83万只，增长3.01%。肉类总产量7 300万千克，增长2.25%；禽蛋产量750万千克，增长26.13%；牛奶产量5 080万千克，增长8.45%；水产品产量1 630万千克，增长5.88%。

【农村工作】累计投资25.82亿元实施土地整治、高标准农田、柴石滩大型灌区等重大农田水利设施工程，整治土地2.50万亩，建设高标准农田1.27万亩。全县有省、市级农林业龙头企业43户，国家级、省级合作社示范社达13个，“三品一标”农产品40个，5个农产品入选省、市绿色食品“十大名品”，宝洪茶制作技艺入选农业农村部“能工巧匠”名单。圆满承办第五届云南省夏秋蔬菜品种展示会，创建为全国农业综合开发试点县、全国“平安农机”示范县、国家林下经济示范基地、省级农产质量安全县。完成80.84万亩农村土地承包经营权确权登记颁证工作，入选全国20个农村集体产权制度改革典型单位（县），成为第二批全国农村宅基地制度改革试点县。探索实施“金融入乡”机制，政企联动推行“惠农E贷”进村入户，对367户发放贷款2 464万元；成立“政府增信”产业基金，全省首次实施“县域普惠金融”项目，授信5.67万人，授信金额超过7.83亿元。陈家渡村成功申报昆明市乡村振兴综合试点，麦地冲村成为昆明市都市驱动型乡村振兴创新实验区。2020年2月1～19日，因1月25日雪灾和新冠疫情防控影响，全县近8 000吨蔬菜滞销，县农业农村局发布滞销信息，开具疫情防控（蔬菜）应急物资运输通行证36份，蔬菜种植企业和农户捐赠蔬菜286吨，其中捐赠湖北疫区189吨。7月20日，国家“三农”问题专家、中国人民大学教授温铁军及其团队到九乡七彩梦乡麦地冲开展乡村振兴工作专题调研。7月22日，中国农业大学副校长龚元石及其团队到宜良九乡七彩梦乡麦地冲、天生桥调研乡村振兴工作。8月27日，农业农村部、省农业农村厅领导调研北古城镇农村集体产权制度改革情况。10月23～24日，中国农业大学党委书记姜沛民一行考察宜良县都市驱动型乡村振兴示范区建设工作。

【生态建设】成立全省首个县级林权收储中心，办理林木权证抵押4 242亩，贷款金额1亿元；累计实施林业贴息项目贷款2.98亿元，发放贴息补助资金1 145万元；完成3个国有林场改革。宜良县林草局获得“全省绿化先进集体”荣誉称号；狗街镇小哨社区，北古城镇贾王社区、清水塘村，九乡乡月照村、铁厂社区等20个村（社区）获得全国第一批国家森林乡村认定；狗街镇高古马村、北古城镇米户村获得全国第二批国家森林乡村认定。全年共完成林业有害生物监测面积354.60万亩，监测率100%，测报准确率94.60%；全县林业有害生物完成防治面积4.94万亩，防治率100%；林业有害生物成灾面积0.25亩，成灾率0.15‰；完成种苗产地检疫3.12万亩，种苗产地检疫率100%。5月10日，国家林草局副局长李春良率队调研宜良禁食野生动物和春季造林绿化森林草原防火工作。9月3日，国家储备林建设一期PPP项目开工仪式在匡远街道老东山举行。

【脱贫攻坚】全县原有建档立卡贫困户1 463户、4 580人，省级建档立卡贫困村4个，脱贫监测户14户、49人，边缘户59户、159人，2018年实现全部贫困人口脱贫退出、贫困村脱贫出列，贫困发生率“归零”。2020年，县委常委会专题研究脱贫攻坚工作5次，县委书记8次到脱贫攻坚作战室开展专题调研；8个乡（镇、街道）、15个分指挥部、64个帮扶责任单位向县委、县政府递交责任状；在“县乡村三级书记”遍访工作带动下，全县2 000余名领导干部深入基层走访6 000余次。扎实开展“百日总攻”“百日提升”“百日巩固”行动，全力排查“两不愁三保障”和饮水安全漏项弱项，通过省、市级成效考核。

产业发展巩固脱贫攻坚成果。全县1 463户建档立卡贫困户中，至少有1项产业收入的有869户，有2项产业收入的有657户，有3项以上产业收入的有301户。落地产业扶贫项目22个，下达产业扶贫财政专项资金1 107万元。在北古城、竹山、九乡共投入350万元发展肉鸡养殖产业，建设肉鸡养殖基地80余亩，增加建档立卡人口就业60人次；在九乡投入130万元建设辣椒加工车间、农产品交易市场，带动118户建档立卡贫困户种植辣椒，户均增收4 500余元。对建档立卡户全覆盖开展小额信贷调查及评级授信工作，建档立卡贫困人口评级授信通过795人，通过率54.23%，累计发放140户，发放贷款金额合计556万元。

就业扶贫巩固脱贫攻坚成果。完成建档立卡户贫困劳动力转移就业316人，其中党员连心户贫困劳动力转移就业287人。完成技能培训382户、360人次，引导性培训1 235户、600人次。同时，扎实做好精准帮扶寻甸县农村劳动力转移就业工作，为寻甸县农村劳动力提供有效就业岗位信息6 387个，完成目标任务的128%。

消费扶贫巩固脱贫攻坚成果。建立“菜速鲜——互联网＋社区生鲜配送”网上平台，引导全县群众购买扶贫产品，参与消费扶贫行动。仅国庆、中秋节期间，全县58个单位、157所学校的7 863名工会会员购买消费扶贫产品235.89万元。与云南省国土资源学院签订结对帮扶协议，让贫困地区、贫困群众的农产品进入高校食堂、超市，累计在云南省国土资源学院销售宜良县农特产品价值达200余万元。

健康救助巩固脱贫攻坚成果。建档立卡户100%缴纳医疗保险（含大病保险），建档立卡贫困人口家庭医生签约4 504人，签约率98.34%，履约率100%。开展大病救治183人，救治率100%；慢病随访管理554人，管理率100%。建档立卡贫困人口在县域内定点医疗机构住院1 077人次，医疗总费用462.92万元，其中医保支付361.70万元、医疗费用兜底61.83万元、患者自付39.39万元，自付比例8.50%。

住房安全保障巩固脱贫攻坚成果。开展农村危房改造房屋安全大排查和整改“清零”行动，投入428.40万元完成新排查出204户4类重点对象危房改造工作。开展“两牌”贴挂工作，贴挂5类不符合农村危房改造扶持政策标识牌4 782块，改造达标的房屋安全认定牌9 205块。

饮水安全保障巩固脱贫攻坚成果。争取农村饮水安全巩固工程项目74个，完成390个农村集中供水水源点的保护划定，制作安装水源地保护区警示牌390个、农村饮水安全明白卡736张。

社会保障兜底巩固脱贫攻坚成果。全县建档立卡贫困对象中，纳入低保保障641户、1 119人，月发保障金41.09万元；纳入特困供养23户、24人，月发保障金1.99万元，发放护理补贴3 000元；实施临时救助72户、76人，发放临时救助资金13.53万元。党员连心户中，纳入低保保障253户、407人，月发保障金14.84万元；实施临时救助39户、40人，发放临时救助资金9万元。

生态补偿巩固脱贫攻坚成果。全县建档立卡贫困户573户，生态补偿金11.60万元。257户建档立卡贫困户涉及退耕还林、陡坡地生态治理等项目，补助资金64.13万元。

【工业　建筑业】 全县工业增加值（可比价）比上年下降3.50%，其中规模以上工业增加值（可比价）比上年下降1%，规模以下工业增加值（可比价）比上年下降20.40%。规模以上工业企业实现利税13.67亿元，比上年增长119.40%，其中利润总额11.27亿元，比上年增长219.70%。主要工业产品饲料149.36万吨，比上年增长37.80%；人造板5.01万立方米，增长52.6%；机制纸及纸板（外购原纸加工除外）10.73万吨，下降22.50%；硫酸（折100%）4.54万吨，下降16.10%；农用氮、磷、钾化学肥料（折纯）2.34万吨，下降44.30%；磷肥（折五氧化二磷100%）2.34万吨，下降39.90%；塑料制品1.99万吨，增长1.20%；水泥706.93万吨，下降7.20%；硅酸盐水泥熟料538.51万吨，下降6.50%；玻璃包装容器8.10万吨，增长36.6%。发电量23.96亿千瓦·时，增长39.30%。其中，火力发电量23.06亿千瓦·时，增长44.9%；水力发电9 000万千瓦·时，下降30.10%。

建筑企业（扣除汤池片区）完成总产值26.21亿元，比上年40.36亿元下降35.10%。全年完成房屋建筑施工面积97.31万平方米，比上年124.22万平方米下降21.70%，其中新开工面积76.77万平方米，比上年117.89万平方米下降34.90%。

【科教　文化】 全县拥有国家高新技术企业18户，省科技厅认定的“云南省科技型中小企业”44户。县域科技成果转化中心历经2年的建设，已完成线上网站开发和线下展厅建设并投入试运行。滇王食品有限公司“万亩板栗产业化建设扶贫项目”和茂湾水产养殖有限公司“鳙浪鱼养殖及水质净化体系建设关键技术研发”项目参加省绿色产业和高原特色产业项目申报，获得省科技厅立项扶持。茂湾水产养殖有限公司被省科技厅获准设立云南省陈昌福院士专家工作站，“天元国际数学交流平台”通过国家发改委审批列项。

全县有各类学校（不含汤池街道）193所，其中，普通高中3所，普通初中13所，小学69所，中等职业学校3所，幼儿园104所，特殊教育学校1所；在校学生人数5.65万人，其中，普通高中6 476人，中等职业学校6 043人，普通初中1.19万人，小学2.18万人，幼儿园在园人数1.03万人，特殊教育学校74人；专任教师数3 756人，其中，普通中学专任教师1 473人（其中，初中1 025人，高中448人），职业中学专任教师270人，小学专任教师1 353人，幼儿园专任教师650人；学前3年儿童毛入园率98.27%，小学学龄儿童入学率99.68%，初中学龄人口入学率99.52%，普通初中巩固率99.71%。清远小学通过省现代教育示范学校评估验收。全县高考本科上线率达59.03%，高考600分以上人数31人。2020年8月3～6日，省文化和旅游厅、省财政厅主办的2020年“中国梦·云南情——文化大篷车·千乡万里行”惠民演出走进宜良县。

【卫生】 全力以赴抓好新冠肺炎疫情防控，全县第一时间构建指挥体系、启动应急响应机制。累计投入抗疫力量38.29万人次、抗疫资金2 499.59万元，社会各界捐款700余万元；建成核酸检测实验室，检测1.87万人次；4名医护人员援鄂抗疫，2批次600名民兵对口支援景洪边境疫情防控，“四级联动网格化疫情防控”经验在全市推广。

全县有卫生机构265个，卫生技术人员2 392人，卫生机构床位数2 300张。各种传染病发病率为475.27/10万，农村卫生厕所普及率85.58%。全年诊疗人数为144.03万人次。入院人数6.31万人次，出院人数6.32万人次。引进名师7人。天奇医院项目主体工程完工。2020年11月12日，省卫健委慢病复审专家组到宜良开展省级慢性病综合防控示范县复审工作。

【交运　通信】 全县道路运输总周转量27.51亿吨/千米，其中客运周转量1 716万吨/千米（售票477万吨/千米，公交1 239万吨/千米），货运周转量27.34亿吨/千米。行政村公路路面硬化实行全覆盖，开通城乡公交线路68条，投入公交车452辆。邮政业务完成5 122万元，比上年增长2.20%；电信业务完成营业收入4.26亿元，比上年增长20.50%。

【城建　环保】 全县云南省“美丽县城”69项指标达标，爱国卫生“7个专项行动”接受省级考核。改造老旧小区2.14万平方米，拆除违法违规建筑65.82万平方米。投资3.30亿元的“一厂三网”开工建设，4个集镇污水处理厂和22个自然村污水处理站建成投入使用。纬七路、“三路一厂”开工建设，投资4 000万元完成海马箐水库进出场道路修建和马街镇战备公路硬化，新建150千米农村公路。推进农村人居环境综合整治，新（改）建无害化卫生户厕2万座，成功创建“全国村庄清洁行动先进县”，创成省级卫生乡（镇）4个、卫生村（社区）51个。完成第三轮园博园和三角梅主题公园建设，县城建成区绿地面积达500公顷，新增城市绿地50公顷，2次通过国家卫生县城复审，创成国家园林县城。开展违法用地清理整治，完成“大棚房”问题整改66宗，土桥、匡山、清远棚户区改造累计完成投资30.25亿元，拆除违法违规建筑142.87万平方米。投资2亿元完成城乡环卫一体化PPP示范项目和宜石垃圾处理厂建设，县城实现主（次）干道机械化清扫保洁，垃圾收集及无害化处理率达100%。推进“数字城管”建设，受理城市管理案件3.84万件，结案率100%。工业废水排放达标率100%，工业废气处理率100%，工业固体废物综合利用率100%。新增造林面积1.60万亩，森林覆盖率55.83%。

【旅游】 全县旅游业受新冠肺炎疫情影响较大，全年接待游客人数344.80万人，旅游总收入3.46亿元，收入比上年下降55%。大九乡旅游区完成投资17.30亿元，华强方特、古城文旅小镇开工建设，入选云南省首批全域旅游示范区、云南省旅游强县。4月2日，举办2020年昆明·宜良第五届宝洪茶文化旅游节。4月21日，由联合国世界旅游组织专家委员会委员、教授贾云峰带领的德安杰环球顾问集团专家组到钱穆著书纪念馆、68道拐、樱花谷等地考察宜良县乡村旅游资源。7月9日，文化和旅游部发布《关于公示第二批全国乡村旅游重点村名单的公告》，九乡乡麦地冲村拟入选第二批全国乡村旅游重点村。

【社会生活】 全县城镇常住居民人均可支配收入4.50万元，比上年增长3.80%；农村常住居民人均可支配收入1.77万元，比上年增长7.70%。全县城镇职工基本养老保险参保3.51万人，城乡居民养老保险参保20.74万人；失业保险参保1.33万人，工伤保险参保2.31万人。城镇新增就业2 020人，“贷免扶补”和小额担保款扶持创业250户，企业职工劳动合同签订率达96%，农村劳动力转移就业1.61万人。年末，城镇登记失业人口863人，城镇失业率3.57%。有社会福利收养性单位3个，城市居民最低生活保障家庭数2 122户、2 417人，农村居民最低生活保障家庭数3 864户、5 265人。登记结婚2 997对，登记离婚1 344对。7月10日，云南省森林康养标准化基地建设发展规划调研组调研宜良县九乡慢生活休闲体验区建设工作。

（田瑞翠）

嵩明县

【自然地理】 嵩明县是昆明市辖县之一，位于云南省中部，位于东经102°54′～103°19′、北纬25°5′～

25°27′。东与曲靖市马龙县接壤，南与宜良县、官渡区毗邻，西与盘龙区相交，北与寻甸县相连。县政府驻地嵩阳街道。

【区划 人口】 2020年，全县辖3镇、2街道、76个村（社区）、593个村民小组、424个自然村。年末户籍总人口31.31万人，比上年增1 547人。其中，男性15.59万人，女性157 037人；乡村人口10.92万人，城镇人口20.39万人；汉族人口28.65万人，少数民族人口2.66万人。少数民族人口中，回族1.70万人，彝族5 045人，苗族1 562人。全年出生3 583人，死亡2 066人，人口自然增长率4.85‰。

【自然概况】 嵩明县地处云贵高原西缘，地势由西北向东南倾斜，起伏较缓，呈中低山与盆地、河槽相间地形。县境东部为广阔平坦的湖积盆地，俗称“嵩明坝子”，面积414.60平方千米，为云南省第七大平坝。境内主要山峰有梁王山、草白龙山、药灵山（秀崧山）、五龙山等。最高峰梁王山主峰大尖山位于境内北部，海拔2 840米；最低点位于东南部牛栏江镇大箐村委会洼子村，海拔1 770.50米。境内主要河道有牛栏江、石子河、果马河、普沙河、弥良河、对龙河、杨林河、匡郎河、肠子河等。最大河流为牛栏江，自西向东北流经境内海子口、果子园、古城、达龙出境入寻甸县，长25千米。县境属北亚热带季风气候，其特点是冬无严寒，夏无酷暑，季节干湿分明，气温年内变化小、日内差异大。多年平均气温14.20℃。2020年，平均气温为15.60℃；最高温度6月8日达32.10℃，最低温度1月27日达-1.90℃；年降水量869毫米，比上年减少74.50毫米；最大降雨量8月17日达86.10毫米。

【经济综述】 2020年，统筹推进疫情防控和经济社会发展，全县经济社会向高质量发展。全年完成生产总值152.67亿元，其中第一产业完成22.86亿元、第二产业完成43.46亿元、第三产业完成86.35亿元。三次产业结构比由14.10∶29∶56.90转变为14.97∶28.47∶56.56。一、二、三产业结构相对稳定。

全县财政总收入完成23.48亿元，其中地方公共财政预算收入完成13.11亿元，财政总支出44.81亿元。规模以上工业总产值完成143亿元，规模以上工业增加值增长2%；固定资产投资增长8%；社会消费品零售总额增长3.50%；农村常住人口人均可支配收入1.72万元，增长7.50%；城镇常住居民人均可支配收入达4.46万元，增长4%。

【疫情防控】 坚持外防输入、内防反弹，构建统一指挥、全面部署、立体防控的新冠肺炎防控工作格局，动员组织全县广大志愿者、社区工作者、公安民警、机关干部职工和全县医务人员投入疫情防控工作。同时，因时因势调整防控策略，落实一系列纾困惠企政策，加速推动复工复产、复商复市。细化排查管控，设立10个隔离观察点，30个部门近百名职工持续值守一线，完成市级转运入境1 591人隔离观察任务。强化疫情防控宣传，加强自我保护意识，戴口罩、测温扫码成为群众共识。县医院杨金慧获“全省抗击新冠肺炎疫情先进个人”称号，福海村委会柏文迪被授予“全国抗击新冠肺炎疫情优秀城乡社区工作者”称号。

【爱国卫生专项行动】 聚焦公共卫生优化提升工作，实行清扫保洁市场化管理模式，县城全面推行环卫一体化、机械化清扫作业，实现生活垃圾日产日清。大力推进公共厕所规范化建设，134座城镇公厕全部达标。着力解决农贸市场“脏、乱、差”等突出问题，在重点公共场所新建、改造洗手设施783座。压实行业主管部门监管责任，公共场所清洁消毒实现全覆盖。建立爱国卫生大扫除常态机制，推广健康文明生活习惯，推行爱国卫生“7个专项行动”。国家卫生县城省级技术评估验收通过。

【城乡设施建设】 完成县城特色风貌、灯光亮化、主题街区等7个专项规划编制。实施玉明路、水真路、盟台路3条主要干道路面提升工程，改造环城西路、文昌路、南岔街等6条市政道路。新建蓝花楹、入城口2个小游园，完成12千米主要市政道路绿化提升工程。打造兰茂广场商业街、银杏广场特色街区。完成3个小区4.50万平方米老旧小区改造，实施21栋建筑特色风貌提升工程。金山水

2020年新建成的公共洗手台 （杨加祥 摄）

厂投入使用，第一自来水厂二期加快推进。干河水库扩建、小新街片区供水工程等项目开工建设。建设5G基站499个。拆除违法违规建筑298宗、65.70万平方米，整改违法用地137宗、5 901.46亩，完成批而未供土地整改8 669.87亩。2020年9月16日，嵩明县城兰茂路北段建设项目竣工验收并通车。该项目起于丹凤桥，止于213国道与文昌路交叉口，全长2 359.29米，红线宽60米，总投资2.40亿元。创建省级森林乡村10个、市级美丽村庄1个。大力推进农村“厕所革命”，新建、改造农村无害化卫生户厕4.08万座、行政村公厕15座。

【脱贫攻坚】 持续做好“三大攻坚战”，着力全面建设小康社会，持续提升“两不愁三保障”成效。投入资金2 892万元，实施扶贫项目27个，完成年度农村饮水安全巩固提升工程，脱贫攻坚工作通过2020年国家和省市成效收官考核验收。持续开展生态环境保护和治理工作，县第一污水处理厂二期、第三污水处理厂、肠子河水环境治理一期工程稳步推进；建设生态廊道9.50千米，建成湿地67.17亩；牛栏江流域“一江八河”水质明显改善，崔家庄断面平均水质达到Ⅲ类，10个监测断面水质总体达标率提升至60%。着力防范和化解金融风险，将一般债务、专项债务纳入预算管理，对债务风险进行动态监管，推动政府综合债务率大幅下降。完成国有企业办社会化职能移交，国企改革方案基本编制完成。争取专项债券资金6.10亿元，中央预算内投资2 554万元。

【产业发展】 着力项目建设提速增效，产业转型升级初见成效。中汽中心高原实验室二期进入设备安装调试阶段。北汽新能源、东风云汽、江铃新能源整车产量达到1万辆，新增产值5.50亿元。模具产业园、澳度智能家居等61个项目实现开工。浙商科技产业园、大清环保等加快建设，嘉鼎博实建材、伊利智能改造等投产达效，海傲家居、雄鑫汽车等11户企业升规入统。文旅健康、现代物流产业加快聚集。得胜温泉小镇、华侨城滇中乐活城等顺利推进；苏宁电商智慧产业园、中云东港二期实现开工。成功举办2020年嵩明“兰茂文化节”暨第五届“花博会”，全年接待游客123.95万人次，实现旅游收入2.76亿元。现代农业发展平稳。启动绿色食品产业园规划编制；新引进绿色食品企业2户；全县农产品加工业总产值达68.63亿元，农业增加值增长5%。2020年11月4～5日，经市林草局实地检查和评估，嵩明县2020年营造林项目通过市级验收。全年共实施营造林项目4 500亩，其中，“四沿”绿化造林1 000亩，市级低效林改造500亩，省级低效林改造3 000亩。

【营造发展环境】 持续营造创新开放发展环境，继续深化改革开放。启动政务服务大厅搬迁，公布实施“最多跑一次”改革事项清单472项，实现电子证照运用覆盖100%，全市营商环境第三方评价排名稳步提升。减税降费2.64亿元，减免各项社保1.11亿元、企业电费2 097.91万元、房屋租金2 113.19万元。新增市场主体4 943户，增长6.12%。举办4次集中开工、4次集中签约，55个项目签订正式协议，全年实际到位内资156亿元。稳步推进省级科技成果转化示范县创建。全县7户企业通过高新技术企业认定，申报科技项目52个。小街镇被确定为全省经济发达镇改革试点，杨林经开区社会事务管理职能顺利移交。

【社会事业】 全面落实稳就业系列政策，提供有效就业岗位2 384个，新增城镇就业1 821人，完成农村劳动力转移就业1.55万人。全面启动教育质量提升攻坚行动，推动昆明市第一中学、昆明市第三中学、中华小学“三名”工程合作，嵩阳一小被认定为省级现代教育示范学校，嵩明县培智学校建成使用。9月16日，县直机关幼儿园圆山馨苑园区、嵩兰馨苑园区正式开园。圆山馨苑幼儿园位于圆山馨苑小区旁，总建筑面积4 296.49平方米，建筑占地面积1 642.46平方米，有活动室12个。嵩兰馨苑幼儿园位于嵩兰馨苑小区旁，总建筑面积4 719.35平方米，建筑占地面积1 828.86平方米，有活动室15个。启动县医院救治能力提升工程，提高乡（镇）卫生院保障水平。社区“15分钟健身圈”全覆盖。创建文化特色示范村3个，小街镇哈前村获“全国文明村”称号。完成智慧安防小区、

改造后的嵩明县城南入口 （杨加祥 摄）

人脸识别系统及“雪亮工程”项目建设。抓实重点行业和领域安全生产隐患排查治理，持续提高应急管理能力。

【精神文明建设】 在各级文明单位、部分临街单位、客运站，各级文明村、进村主道路墙面、县城施工围挡及县城临街商家、出租车，以喷绘印刷标语、墙画、LED电子显示屏、嵩明电视台等方式宣传社会主义核心价值观。建设社会主义核心价值观主题广场，创作主题花灯小戏、歌曲，实现教育引导有阵地、有载体。

选树抗击新冠肺炎疫情“昆明好人”2人、新时代好少年2人、2020年“昆明好人”1人、最美志愿者2人，拍摄录制“身边好人”专题片3期在全县集中展播。围绕“扣好人生第一粒扣子”主题活动，持续开展“开学第一课”、传承红色基因、传承优秀传统文化、“小手拉大手”志愿服务等活动。组织志愿者开展清洁家园行动等活动，集中整治卫生死角、清理城市小广告、文明劝导等志愿服务活动100余场次。

创建国家级文明村2个（太平龙村、哈前村），做好5个省级文明村、13个省级文明单位、29个市级文明单位、13个市级文明村、4所市级文明校园、15个县级文明单位、31个县级文明村的届内日常管理与监督。年内建成新时代文明实践中心1个、所8个、实践站75个，开展“百姓宣讲”“先进典型三巡六讲”等活动。利用媒体平台向全县广大干部群众发出嵩明县关于全面开展城乡环境卫生清扫消毒的倡议书、“文明餐桌行动”新时代文明实践倡议书、致全县人民的一封公开信、嵩明县清明节文明祭扫倡议书、“致敬·2020清明祭英烈”网上祭扫倡议书、“文明健康有你有我”——使用公筷从下一顿饭做起、向不卫生不文明的饮食陋习宣战、文明养犬等倡议，累计阅读量10余万人次。

（杨加祥）

石林彝族自治县

【自然地理】 石林彝族自治县（简称“石林县”）是昆明市辖县之一，位于昆明市东南部，东经103°10′～103°41′、北纬24°30′～25°03′。东南与红河哈尼族彝族自治州泸西县毗邻，东北与曲靖市陆良县接壤；南与红河哈尼族彝族自治州弥勒市相邻；西北与昆明市宜良县相连。县境东西最宽57.30千米，南北最长58.80千米，县域面积1 719平方千米，距省会昆明老城区78.07千米。石林县地处滇中城市群的交汇面，是广东、广西等沿海地区及滇东、滇东南3州（市）、18县进入昆明和滇中的要冲，也是越南等东南亚国家入境中国的重要通道，昆石高速、石锁高速、西石高速、宜石高速、石泸高速、九石阿旅游专线与过境的南昆铁路、云桂高铁构成现代交通网络。

【区划　人口】 1956年成立路南彝族自治县，1998年更名为石林彝族自治县。2020年末，全县辖鹿阜街道、石林街道、板桥街道、圭山镇、长湖镇、西街口镇、大可乡7个乡（镇、街道），巴江社区、昌乐社区、东城社区、东海子社区、大屯社区、小乐台旧社区、大乐台旧社区、南门社区、西北社区、龙泉社区、东门社区、北大村社区、板桥社区13个社区，83个行政村，534个村（居）民小组，384个自然村。

县境内居住着汉族、彝族、苗族、壮族等20多个民族。2020年末，全县总户数9.68万户，户籍人口25.52万人。其中，男性12.80万人，女性12.72万人；城镇人口10.92万人，占总人口的42.80%；少数民族人口9.32万人，占总人口的36.50%；彝族人口8.93万人，占总人口的35%，占少数民族人口的95.80%。全县出生2 557人，死亡1 816人，人口自然增长率为2.90‰。

【自然概况】 石林县地处云贵高原的滇中腹地，地势起伏平缓，由东向西呈阶梯状逐级倾斜下降，山脉河流基本上由北向南伸展，全县被分割为喀斯特（岩溶）、山地、盆地3种主要地貌类型，喀斯特是石林县最具特色的地理景观，全县2/3的地区属喀斯特地貌。东部圭山峰巅海拔2 601米，为全县最高处；西部巴江河谷大叠水瀑布跌落处海拔1 500米，为全县最低点；平均海拔1 730米，县城海拔1 668米。全县森林面积7.08万公顷，森林覆盖率42.11%，全年干湿分明、四季如春，获“中国天然氧吧”称号。2020年降水量为864毫米，年平均气温为17.30℃。

【资源特产】 县境内有世界自然遗产、世界地质公园、国家5A级景区石林风景名胜区，国家级圭山森林公园，彝族撒尼语口传叙事长诗《阿诗玛》、“彝族三弦舞（撒尼大三弦）”、“彝族（撒尼）刺绣”、“摔跤（彝族摔跤）”4项国家级非物质文化遗产保护名录，“石林甜柿”“圭山山羊”“石林乳饼”“石林人参果”4项国家农产品地理标志认证产品，“路南卤腐”国家地理标志保护产品；成功创建为国家卫生县城、国家园林县城、生态文明建设示范县、全国民族团结进步示范县、全国文明城市；有寺背后村、糯黑村2个“中国少数民族特色村寨”。名优土特产有石林彩玉、圭山山羊、路南卤腐、石林乳饼、撒尼刺绣、大可枇杷、石林人参果、板桥血桃。

【经济综述】 2020年，全县完成地区生产总值117.07亿元，同比下降2.20%；完成地方一般公共预算收入6.22亿元，同比下降9.70%；规模以上固定资产投资同比下降30.20%；规模以上工业增加值下降26.10%；完成社会消费品零售总额44.98亿元，同比下降2.70%；完成城镇常住居民人均可支配收入4.52万元，同比增长3.40%；完成农村常住居民人均可支配收入1.74万元，同比增长7.90%；城镇登记失业率为2.93%。实现第一产业30.72亿元、第二产业16.17亿元、第三产业70.18亿元，三次产业结构比由23.10：17.80：59.10调整为26.20：13.80：60。

【疫情防控】 2020年新冠肺炎疫情发生后，全县上下闻令而动、向疫而行，划分556个网格区，设置334个堵卡点，运用大数据手段，实现人、物排查管控全覆盖。社会力量协同参与、无私奉献，全县共接收110.57万元的爱心捐款和价值292.29万元的物资捐赠。因时因势组织复工复产、复商复市、复学复课，改造完成2个核酸检测试验室，天奇医院新建综合病房、县中医医院搬迁新建项目投入使用，县妇幼保健院创建为二级甲等妇幼保健院。抓好爱国卫生“7个专项行动”，清理裸露垃圾200余吨，新建洗手设施254座，改造无害化卫生户厕3.18万座，为常态化疫情防控营造良好环境。

【工业】 有序推进生态工业集中区优化提升工作。建立“一对一”帮扶机制，推动规模以上企业复工复产。园区小微综合服务中心、34号路加快建设。华润中药饮片及配方颗粒项目、昆明梓橦宫全新生物制药技改项目开工建设，维他源新型食品添加剂项目投产达规。完成煤矿关闭工作，推进非煤矿山线上监管，云南石林石材特色产业园前期工作加快推进，并列入省“双百”重点项目，全县沙石料实现“公转铁”运输。全县万元GDP能耗增长0.04%。新增规模以上工业企业5户，规模以上工业增加值下降26.10%，规模以上工业总产值达29.14亿元、主营业务收入29.81亿元、利税总额2.79亿元。

【农业农村工作】 石林台湾农民创业园新增入园项目5个，全年接待游客62.80万人次。锦苑花卉改扩建项目、云彩金可二期项目加快建设。“石林人参果”入选“2020年最受欢迎的果品区域公用品牌100强”。完成千亿斤粮食生产能力规划田间工程6 000亩、高标准农田建设1.56万亩、粮食绿色优质高效示范基地建设6 000亩、土地整治5 600亩。粮食产量达14 230万千克，烤烟种植11.23万亩、收购28.60万担、均价34.38元/千克，实现烟叶税1.08亿元，获评云南省“最具影响力烟区”。畜牧业加快发展，东辉肉鸡标准化养殖场、温氏一体化养殖基地加快建设，云南神农优质仔猪扩繁基地及养殖场、牧原生猪产业化养殖项目、老农民牧场基本建成，畜牧业产值18.89亿元，增11.50%。实现农林牧渔业总产值达55.32亿元，增长5.40%，增加值31.62亿元，增长5.60%。

推进防返贫、防新贫、稳脱贫、稳增收各项任务，安排专项扶贫资金4 203万元推进产业发展、危房改造、兜底保障等重点工作，完成贫困劳动力转移就业1 521人，改造危房2 736户，就医、就学保障率达100%，全县建档立卡贫困户1 308户、4 184人全面脱贫。乡村振兴稳步推进，实施示范村污水治理，推动矣美堵村乡村创新试验区建设。探索“党总支＋公司＋农户”模式，投入资金1 250万扶持村集体经济发展项目25个，27个集体经济“空壳村”顺利“摘帽”。新增农民专业合作社33个、家庭农场26个。创建4个平安乡（镇、街道）、20个平安村（社区）。

【旅游】 巩固提升国家全域旅游示范区创建成果，制订全域旅游发展实施方案和打造国际知名旅游目的地实施方案，推进全域旅游“十个一”工程建设。乃古石林、杏林大观园创建为4A级旅游景区。石林县被命名为云南省特色旅游城市、云南省旅游强县；石林街道、彝族第一村（五棵树村）、糯黑村被命名为云南省旅游名镇（村），糯黑村入选全国乡村旅游重点村名录。有序推进景区旅游恢复开放，实行大、小石林景区、乃古石林景区门票散客半价优惠、团队免票和医护人员免票政策。石林风景名胜区接待游客219万人次，旅游直接收入1.40亿元。

【城乡环境建设】 宜石、石泸高速公路实现通车，国道G326和G324线石林县城过境公路及配套设施工程开工建设。实施安全生命防护工程209千米和“四好农村路”示范路72.70千米，行政村公交出行分担率达45.70%。柴石滩水库石林提水灌区工程提水试运行，地下水库实现蓄水，鱼龙水库加快建设，圭山水库、威黑水库水处理厂供水试运行。应急广播智慧系统实现终端全覆盖，建成5G基站170个。城镇化率达45.10%。统筹推进美丽县城建设与创建全国文明城市工作，完成双龙小街改造提升、县城风貌改造、城市夜景亮化等项目。巴江带状公园、城市管理大数据平台等项目加快推进，美丽县城创建指标达标率为91.30%。完成2019年16个老旧小区改造。实施爱国卫生“7个专项行动”，新建洗手设施254座，改造无害化卫生户厕3.18万座，治理“两违”55.75万平方米。石林县被命名为首批“云南省美丽县城”。

【民生保障】 巴江幼儿园建成投入使用，长湖镇中心幼儿园主体和圭山中心学校餐厅完工，启动小乐台旧小学扩建和堡子幼儿园、板桥中心幼儿园建设。实施义务教育教师县管校聘，兑现各类教育惠民补助资金3 231万元。高考一本上线人数182人，同比增长38.90%。天奇医院新建综合病房楼、县中医医院搬迁新建项目投入使用，县妇幼保健院搬迁新建项目加快建设。出台《云南省石林彝族自治县阿诗玛文化传承与保护条例实施办法》，新增石林摩崖石刻群、板桥大砂石桥、五棵树云南起义会谈旧址3个市级文物保护单位。多措并举稳就业，投入就业培训经费1 450.42万元，培训3.76万人次，城镇新增就业2 406人，农村劳动力转移就业1.63

万人次，转移就业收入2.20亿元，落实创业担保贷款626户。

（鲁建宏）

禄劝彝族苗族自治县

【自然地理】 禄劝彝族苗族自治县（简称“禄劝县”）是昆明市辖县之一，地处滇中北部，位于东经120°14′00″～102°56′10″、北纬25°24′30″～26°22′00″。东与寻甸县、东川区相连，南与富民县接壤，西与楚雄州武定县毗邻，北接金沙江与四川省会理、会东两县相望。

【区划　人口】 2020年末，全县辖屏山街道、崇德街道、翠华镇、茂山镇、团街镇、中屏镇、撒营盘镇、皎平渡镇、乌东德镇、九龙镇、转龙镇、云龙乡、汤郎乡、马鹿塘乡、则黑乡、乌蒙乡、雪山乡共17个乡（镇、街道），194个村（社区），2 610个村民小组，2 374个自然村。户籍人口48.78万人。其中，男性25.08万人，女性23.71万人；城镇人口11.68万人，农村人口37.10万人。境内居住人口有彝、苗、汉、傈僳、傣、壮、哈尼、回等民族，其中，汉族32.63万人，彝族11.36万人，苗族1.64万人，傈僳族1.67万人，傣族5 515人，壮族3 460人，哈尼族2 213人，回族1 355人，白族868人，拉祜族138人，佤族115人，其他民族1 243人，少数民族人口占比33.12%。全年新出生人口4 398人，出生率8.79‰。

【自然概况】 全县面积4 234.78平方千米，山区面积占总面积的98.40%。耕地面积85万亩，占总面积的13%。基本农田68万亩，占耕地面积的80%。森林覆盖率61.62%。县域内最高海拔4 247米，最低海拔746米；属亚热带季风气候，年平均气温16.90℃，平均相对湿度68%，极端最高气温34℃，极端最低气温零下1.40℃。全年日照3 191.50小时，同比增长39%。全年降水量904.10毫米，同比下降5.10%；雨季于7月1日开始，较常年推迟，于10月11日结束。

【资源特产】 境内林木有云南松、华山松、云南油杉、冷杉、旱冬青、白杨、栗数、桉树、樟树、椿树等，经济林木有板栗、核桃、花椒、橘子、黄果等，绿化防护林有梧桐、香樟、柳树、圣诞树、竹等，有属国家二级保护植物苏铁、急尖长苞冷杉和三级保护植物黄杉、三尖杉、大王杜鹃等珍稀树种。野生食用菌品种众多，鸡枞、松茸、牛肝菌、虎掌菌、青头菌、谷熟菌、奶浆菌、红菌等较为常见。

境内矿藏丰富，主要有铁、铜、铅、锌、银、硫铁、钛、磷、芒硝、石棉、石膏、石灰石、砂岩等。有轿子雪山、云龙水库、马鹿塘杜鹃花海、金沙江大峡谷、普渡河大峡谷等自然风光，有营盘山新石器遗址、凤家城遗址、三台山高浮雕摩崖造像（又称“石大人”）、镌字岩彝文摩崖石刻（中国最古老的彝文摩崖石刻）等历史文化景点和九龙红军洞、木克红军壁画、普渡河铁索桥战场烈士墓园、毛主席长征路居纪念馆、皎平渡红军长征纪念馆等革命纪念胜地。

禄劝地方名特产品有撒坝火腿、乌骨鸡、黑山羊、丝绵被、核桃、野生菌、轰隆隆黄果、甲岩橘子、中村花椒、岔河脐橙、马鹿塘土豆、皎平渡红糖、云龙板栗、阳光玫瑰葡萄、林下乌天麻等。

【经济综述】 2020年，全县地区生产总值完成146.50亿元，增长6.90%。其中，第一产业增加值41.64亿元，增长5.60%；第二产业增加值22.04亿元，增长39.50%；第三产业增加值82.82亿元，下降0.30%。三次产业结构比为28.40∶15.10∶56.50。规模以上固定资产投资82.10亿元，下降6.10%。全年非公有制经济增加值完成59.10亿元，占GDP比重40.40%，同比增长0.70%。招商引资到位市外内资60.02亿元，实际利用外资183万美元。城镇居民人均可支配收入3.68万元，同比增长3.40%；城镇居民人均消费支出2.43万元，同比增长27.40%。农村常住居民人均可支配收入1.06万元，同比增长8.90%；农村居民人均消费支出9 417元。

【农业】 农林牧渔业总产值65.74亿元，比上年增长7%。其中，农业产值31.21亿元，同比增长8.80%；林业产值5.06亿元，同比增长12.60%；牧业产值28.72亿元，同比增长3.30%；渔业产值1 635万元，同比下降10.60%。农林牧渔服务业产值5 789万元，同比增长2%。

全年种植粮食作物4.99万公顷，增长3.85%；粮食总产量2.29亿千克，增长2.61%；蔬菜种植7 563公顷，产量1.92亿千克；烤烟种植6 765.40公顷，产量1 170万千克，烤烟收购数量1 140万千克，金额3.51亿元，均价30.84元/千克；核桃种植2.37万公顷，产量524.3万千克；板栗种植1.18万公顷，产量1 090万千克；松子种植3 132.20公顷；中药材种植4 531.50公顷，产量1 250万千克，实现中药材产值10.60亿元。主推7个品种中药材共完成种植1.73万亩，其中，当归3 149亩，党参3 820亩，草乌2 637亩，天麻2 156亩，紫丹参861亩，山药3 891亩，波凌瓜759亩。园艺花卉种植7 600亩，实现总产值（包括二、三产）13.93亿元。鲜切花种植5 775亩，总产量3.75亿枝，建成鲜切花标准化示范点8个。特色水果种植4 220亩，其中，樱桃李300亩，蜂糖李400亩，西柚1 160亩，蓝莓320亩，草莓200亩，苹果650亩，柑橘类水果350亩，黄桃350亩。完成雪莲果种植3 000亩。全县水果在园面积4.10万亩，种植面积100亩以上的品种有24个，挂果收获3.07万亩，产量2 220万千克，实现产值1.79亿元。禄果红唇葡萄、禄果甜太阳葡萄、禄果草莓、美香葡萄、黄桃、阳光玫瑰葡萄、无花果、禄劝青花椒（干品）、乌东德青花椒（鲜品）9个产品获绿色食品认证，活鸡、鸡肉、鸡蛋3个产品获无公害产品认证。“禄果”阳光玫瑰葡萄获2020年昆明“十大名优农产品”称号，彝道滇重楼、轿子雪山乌天麻获2020年昆明市“十大名中药材”称号。

全县生猪存栏60.05万头，出栏100.04万头；肉牛存栏15.03万头，出栏10.53万头；肉羊存栏41.27万只，出栏30.59万只；肉禽存栏121万羽，出栏260.12万羽。猪肉产量8 000万千克，牛肉产量1 270万千克，羊肉产量700万千克，禽肉产量490万千克，禽蛋产量250万千克。实施稻田养鱼1 998亩。

全县共有林地面积497.02万亩。全年义务植树140万株，完成营造林13.95万亩。其中人工造林2.25万亩、封山育林3.33万亩、低效林改造500亩、提质增效8.32万亩。全年共有森林面积363.33万亩，森林覆盖率61.62%。中央专项退耕还林还草工程补助2 135万元，已退耕还林还草面积1.44万公顷。全县监测森林病虫害面积167.25万亩。绿化美化村庄23个，成功申报国家森林乡村7个、省级森林乡村26个。对全县1 331株古树名木实施挂牌保护。全县湿地面积6 906.09公顷，其中自然湿地面积3 057.77公顷、人工湿地面积3 848.32公顷，全县湿地保护率43.12%。2020年4月22～23日，国家林业和草原局驻云南森林监督专员办专员史永林带队到禄劝督查森林资源案件查处情况。11月25～29日，第一届西南坚果博览会在禄劝举行。其间，第一届西南坚果博览会坚果发展论坛在县城举行。

全县有库塘、水窖8.75万个，年末蓄水5 493.36万立方米。年内建成各型水库84座、坝塘1 026个、抽水站149个，引水灌溉渠道103条。全县库塘总库容5.55亿立方米，除去云龙水库调水量，实际可控水库总库容4 095.30万立方米，兴利库容3 131.50万立方米，有效灌溉面积37万余亩；到位水利建设专项资金2.01亿元。建成农村集中式供水工程2 492件，其中，千吨万人规模供水工程9件，千人以下集中供水工程2 359件，分散式供水工程124件。全县农村供水人口43.19万人，其中，集中式供水人口41.42万人，水窖供水人口1.77万人，集中供水率96%，农村饮水“四项指标”达标率100%。完成人畜饮水工程234件，投入资金7 466.42万元，改善人饮6.50万人、畜饮1.50万头。

英茂公司大花蕙兰生产基地建设项目（苏辛　摄）

【工业】 全县规模以上工业在库企业20户，总产值完成25.82亿元，同比增长190.40%。全部工业完成增加值14.55亿元，同比增长190.70%，占GDP比重10%。规模以上工业企业增加值同比增长267.10%，规模以下工业增加值同比下降52.60%。全年建筑业总产值7.57亿元，同比下降40%。主要工业产品为水泥，产量345.97万吨。在库限额以上商贸企业29户，限额以上社会消费品零售额2.85亿元，批发业商品销售额5.43亿元，零售业商品销售额33.84亿元。建筑业增加值同比下降42.20%，占GDP比重5.10%。为5户企业争取补助资金80万元。其中，固定资产投资补助1户、45万元，升规模企业补助3户30万元，清洁生产补助1户5万元。培育规模以上工业企业2户。2020年3月24日，一季度9个重点项目县中医院整体搬迁、团街至云龙公路工程建设、本业水库建设等项目集中开工，总投资额14.75亿元。8月13日，三季度10个重点项目香港铜锣湾禄劝城市综合广场、乌东德特色小镇、东绕城线建设、牲畜交易市场暨冷链物流、武倘寻公路征地拆迁安置等集中开工，总投资额110.20亿元。

【交通　通信】 全县公路通车里程4 368.72千米，同比增长0.30%。境内二级及以上高等级公路里程196.50千米，新增及改扩建公路里程13.50千米，绿化里程2 935.75千米，公路绿化投资20万元，植树5万株。运营货运车865辆，客运车525辆。客运车中，出租车238辆（含网约车），农村公交车139辆，行政村沥青（水泥）路和客运班车的通达率100%。完成自然村通村公路路面硬化工程项目9个，硬化路面46.20千米。完成窄路基路面农村公路改造项目4个，投入资金450万元，建设里程34.67千米。完成安全生命防护工程建设，修建波形护栏和混凝土防撞墙165千米，整治隐患里程633千米。

全县邮政业务收入2 160.87万元，邮政邮路总长3 261千米，邮政函件4 800件，包裹8.49万件，特快专递1.11万件，汇票3 700件，报刊296.92万份，邮政储蓄年末余额8.39亿元。宽带用户6.05万户，移动电话用户34.93万户。其中，城镇电话用户10.09万户，农村电话用户24.85万户，电信业务总收入2.75亿元。行政村电话通达率100%，宽带通达率100%。

【财税　金融】 全县地方财政总收入7.31亿元，同比下降7%。其中，一般公共财政预算收入5.01亿元，同比下降5.70%。全县财政总支出45.02亿元，同比增长0.70%。其中，一般公共财政预算支出38.27亿元，同比下降3.20%。8项支出合计3.11亿元，下降47.60%。年末，全县金融机构人民币存款余额130.73亿元，同比增长5.38%。其中，单位存款40.21亿元，同比下降3.94%；个人存款89.91亿元，同比增长9.80%；财政存款5 022万元，同比增长59.11%。全县金融机构人民币贷款余额122.61亿元，同比增长9.99%。其中，短期贷款22.76亿元，同比增长11.63%；中长期贷款79.91亿元，同比增长9.66%；个人消费贷款余额21.62亿元，同比增长29.54%；票据融资19.94亿元，同比增长10.10%。

【劳动就业】 全年提供有效就业岗位1 903个，城镇新增就业人员1 904人，城镇失业人员再就业621人，就业困难人员再就业411人，开发公益性岗位371个。组织高校毕业生就业服务月活动招聘会1场，提供岗位433个，提供就业指导120人次，促进就业112人。设立就业创业服务窗口，为高校毕业生提供创业服务，接受各类咨询200余人次。14个见习单位新增见习人员112人，累计在岗人员172人。城镇登记失业率3.95%。实名登记高校毕业生1 095人，实名登记就业1 020人，实名登记就业率93%，困难高校毕业生就业率100%。农村劳动力转移就业2.81万人，转移就业收入4.19亿元。

发放创业贷款346户（“贷免扶补”放贷165户、创业担保贷款放贷180户），发放贷款5 465万元，带动就业548人，小微企业贷款1户。“禄劝青年移民大学生创业园”有入驻企业122户，新入驻企业19户，成功孵化出园32户，累计带动就业728人。“禄劝特色农林众创孵化园”成功创建为市级优秀创业园，获得资助10万元。九龙镇教务营村“无量药谷农业创业示范园”创建成功并通过市级验收，获得补助资金20万元。推荐32户创业户参加第九期“泛海扬帆昆明大学生创业行动”评审，成功通过初审29户，9户企业获得资助34.50万元。推荐39个创新创业项目参加“春城创业荟”创业大赛，6个项目进入前十名。推荐参加“中国创翼”创业大赛项目6个，其中2个获得昆明地区选拔赛第二名、第三名。

农村劳动力转移就业2.81万人，新增转移就业4 801人，转移就业收入4.19亿元，转移培训2.69万人，“零转移就业家庭”实现动态清零。向上海转移建档立卡贫困劳动力53人，向昆明主城区对口转移3 315人。3月18日，130名农村劳动力到新疆务工。5个省、市级创业园区，4个返乡创业园区，3个农业创业园区和1个农业创业孵化基地带动农村劳动力就业创业1 243人，吸纳建档立卡贫困劳动力255人。优化使用乡村公益岗2 958人，开发使用扶贫特岗1 030人，城镇应急公共服务岗92人。累计创建就业扶贫车间34个，吸纳农村劳动力就业4 035人，其中建档立卡贫困劳动力1 366人。

【城乡设施建设】 新建住宅及公共建筑项目16个，建筑面积56.19万平方米。完成县城英子龙至屠宰场段2.20千米的城市污水管网建设。对老政府住宿区等12个老旧小区进行改造，共涉及45栋、828户，建筑面积9.48万平方米，投入资金827.43万元。在县城城市主干道、公园、广场、学校、医院、客运站、室内公共场所等新建洗手设施591座、改造1 103座，投入资金645.47万元。办理工程报建项目7个，审批发放施工许可证7个。受理建筑业企业资质申请8户，其中增项4户、新申请资质4户。紫溪星谷、秀河映锦一期项目竣工验收，面积18.85万平方米。三溪鼎晟温泉城六期、南塘公园里、迦南苑项目、秀河映景二期开工建设，面积26.38万平方米。争取2020年农房抗震改造指标，组织实施农房抗震改造649户，下拨农房抗震改造补助资金1 235万元。

【乡村建设管理】 投入资金4 500万元，完成巩固提升、水窖替代项目

2020年4月9日，禄劝县民族广场举行第三批赴疆务工人员欢送仪式

（禄劝县人社局　供稿）

2个批次，解决17个乡（镇、街道）、124个村、220个村小组安全饮水问题。加强饮水安全工程管护维护，全面排查解决因年久失修、老化严重、水源枯竭、水质退化、建而不管、建而不用、水利设施损毁损坏、淤堵、漏水、工程性缺水等影响饮水安全的问题，保障17个乡（镇、街道）饮水安全。持续完善农村饮水工程“管理机构、管理制度、管理经费”和“有偿用水”等长效机制，覆盖全县194个村、2 556个村小组，覆盖率96.30%。

实施农网升级改造、农村低电压台区改造，全县贫困村均通10千伏以上动力电和网络宽带，广播电视覆盖率100%，4G网络覆盖率100%，完成5G基站建设136个。在实现行政村100%通硬化公路、安全隐患路段防护设施全覆盖的基础上，完成进村道路硬化77千米，农村公路安全生命防护工程建设603千米，全县公交“镇镇通”覆盖率100%，建制村通客车率99.82%。

加强农村生活垃圾治理，17个乡（镇、街道）生活垃圾收运设施100%全覆盖，2 601个自然村农村生活垃圾得到有效治理。推进农村厕所革命，建设行政村村委会所在地公厕38座，农村无害化卫生户厕改建4 557座。开展农村生活污水治理，933个自然村完成污水处理，17个自然村纳入城镇和乡（镇）污水管网，364个自然村完成集中或分散污水处理设施建设，552个自然村生活污水得到有效管控，农村生活污水治理率35.87%，生活污水乱泼乱倒减少率48.44%。381个自然村建设污水处理设施，设施正常运行率100%。完善村庄规划编制和管理，全县17个乡（镇、街道）已完成县域村庄布局规划编制，乡村建设规划管理覆盖率100%，村庄土地规划建设专管员覆盖率100%。全县2 601个自然村达到农村人居环境整治一档标准，占比100%。

【生态环境保护】 集中式饮用水源地云龙水库平均水质达到Ⅱ类水标准，桂花箐水库水质为Ⅲ类水达标，地表水国控断面普渡河桥平均水质为Ⅲ类达标。城区环境空气质量有效监测天数341天，优良天数341天，优良率100%。环境空气质量综合指数2.80，细颗粒物（PM2.5）平均浓度24微克每立方米。全年处理污水392.50万吨，耗电量91.67万度，絮凝剂耗量9 400吨，脱水干污泥量501.62吨。完成COD（化学需氧量）削减量780.49吨，氨氮削减量193.74吨。实施水泥生产新型干法窑烟气脱硝项目，脱硝系统投运率81.10%，氮氧化物平均排放浓度363.27毫克/米^3，综合脱硝率54.59%。开展全县农村污水治理工作，481个自然村完成污水处理，农村生活污水治理率18.49%。对全县25个卫生医疗机构、3个疫情防控留观隔离点的医疗废物处置情况及医疗污水处理情况进行监督检查。

【科技】 全年科技经费投入939万元，占财政支出的0.25%。实施重大科技计划项目1个，获专利授权58件，其中发明专利3件。全年组织科技培训192期，培训4.89万人次。发展科技示范户65户，累计2 538户，户均收入1.15万元。组织企事业单位申报科技计划和各类补助项目8个，其中国家科技部1项、省科技厅2项、市科技局2项。组织乡村科技带头人培训，培训1 450人次。组织3户企业申报省、市“星创天地”，获得省级认定1户、市级认定2户。建成6个成果转化示范基地和6户成果转化示范企业。推荐申报16名云南省科技特派员，全部获得聘任。引进15名边远贫困地区、边疆民族地区和革命老区人才到企事业单位开展科技服务。

【教育　体育】 全县有幼儿园71所（民办幼儿园46所），在园（班）幼儿1.03万人，幼儿园专任教师528人，学前3年毛入园率90.60%。有义务教育阶段学校56所（小学40所、初中16所）、教学点161个，在校生3.87万人（小学2.54万人、初中1.33万人），小学适龄儿童入学率99.85%，初中毛入学率107.02%；小学专任教师1 926人，初中专任教师1 392人。有完全中学2所、高级中学1所，高中毛入学率89.89%，在校学生8 333人（民办高中1所、在校生475人），高中专任教师590人。

全县义务教育阶段适龄（6～15周岁）残疾儿童少年496人，实际在校就读489人（含县外就读65人、县内就读6～17周岁424人），其中随班就读395人、送教上门94人，毛入学率99.51%。组织撒营盘民族小学、皎平渡中心小学、则黑中心小学、中屏中心小学、九龙中心小学利用特殊教育资源教室开展特殊教育。禄劝特殊教育学校已完成装修，有编制46人。

全县有民族实验中学、民族小学、九龙镇文林民族小学、翠华镇兆乌民族小学、茂山镇丽山民族小学、云龙乡民族小学、撒营盘镇民族小学、思源实验学校8所民族学校，少数民族在校生2.48万人，全县有职业教育学校3所（2所公办，1所民办），其中教师进修学校1所、职业高级中学1所，在校学生3 215人，职业学校专任教师192人。县级财政投入资金2.46亿元实施职业高级中学改扩建和实训基地建设项目，学校占地面积202亩，总建筑面积8万平方米，新建教学楼、实训楼、科技楼、报告厅、运动场、学生食堂、标准化宿舍、汽车4S店、幼儿园、五星级酒店等，大部分已投入使用。

拨款653.67万元继续实施高中免费教育，惠及7 173人。年内，国家、省、市、县政策资助学生15.42万人次，补助资金8 653.88万元。其中，建档立卡户学生资助2.28万人次，资助资金1 289.43万元；签订大学生生源地助学贷款合同2 204份，发放助学贷款1 735.50万元；大学生各类资助2 669人，资助资金1 846.70万元，其中建档立卡户大学生1 104人，资助资金763.87万元。高考本科上线

937人，上线率42.46%；专科上线1 269人，上线率57.50%。

投入资金2.46亿元发展职业教育，改扩建禄劝职业高级中学实训基地，年内新招生1 700人，有在校学生4 298人（其中建档立卡户学生1 346人）。引进云南新兴职业学院，新建禄劝校区，新招生1.20万人。开展贫困学生资助救助，落实"雨露计划""营养改善计划"，设立3 200万元/年的县级教育扶贫基金，落实义务教育阶段各项扶持资助政策。实施县域内职高、高中阶段农村学生"两免一补""三免一补"政策，加大学前、中专、大学阶段农村困难学生资助救助力度，全年教育资助17.63万人次（建档立卡学生8 594人），发放教育补助资金8 817.34万元。

全县从事文化体育工作专职人员2人，有体育运动场（馆）6个。参加县级以上体育运动会5次，参赛运动员317人，获得奖牌65枚，其中金牌15枚。完成73条健身路径安装和6块足球场地建设。配合第一届西南坚果博览会活动，组织开展2020年昆明市定向越野联赛第三站暨第一届"禄劝地标"穿越城市定向赛。组队参加昆明市第五届青少年校园足球比赛暨校园足球特色学校联赛、昆明市2020年中小学生运动会、2020年昆明市广播体操比赛、2020年昆明市外来务工人员运动会、2020年社会体育指导员技能大赛，参赛代表队均取得良好成绩。

【文化】 全县有数字电影院1个、文化馆1个，有综合文化站的乡（镇）16个，有文化活动室的村189个。全县从事文化工作专职人员共81人，其中电影放映人员3人、图书馆工作人员7人、文化馆工作人员17人、文物管理所工作人员3人、集体经济文化站工作人员51人。

争取公共文化服务资金730万元，完善"基层公共文化服务包"。投入35万元完善乡（镇、街道）公共电子阅览室建设，对县文化馆和图书馆排练室、录音室、陈列室、服装室、阅览室等进行升级改造，县文化馆通过评估定级为国家三级馆，禄劝图书馆网站建设完成，网站具有信息发布、文献检索、数字文献阅览、视频阅览、读者服务、信息咨询等功能。基本实现村（社区）农家书屋与乡（镇、街道）综合文化服务站、县图书馆的资源整合和互联互通。11月1日，县档案局（馆）正式从县级机关大院内整体搬迁至新建的禄劝国家综合档案馆。

开展文化惠民演出361场次，其中县文化馆45场次、17个乡（镇）文广中心和业余文艺团队演出316场次，受惠群众37.04万人。举办阅读推广读书活动5次，参加人数1 580人，送新书700册。举办展览5次，参加人数1 700人。开展文化、科技、卫生"三下乡"活动，为群众送去年画、春联800余份、书籍200余份、过刊500余份。举办讲座5期，132人参加，举办文化志愿者培训1期，开展农家书屋图书管理员培训1期。开展"书香禄劝"全民阅读，发出"悦读卡"5 000张。图书馆每天为读者开放8.50小时，外借册次7 031册，流通人次6 653人。

整理禄劝民歌80首、谚语100条。组织编写《中国少数民族大辞典》"禄劝傈僳族"条。创作抗疫作品6个、扶贫作品3个，歌曲《最美的承诺》《情怀》，小品《代价》，快板《抗疫翻身战》《抗疫跟党走》等受到好评，抗疫快板《抗疫翻身战》《抗疫跟党走》翻译成傈僳语版拍摄视频进行宣传。扶贫作品有小品《厚养薄葬》，歌曲《蓝图》《号角声声》。《欢乐的傈僳人》参加市民族民间歌舞乐展演获优秀奖和二等奖，《傈僳族口弦舞》《欢聚一堂》《雁落背弓》获市民族民间歌舞乐展演优秀奖，《阿德乐》获传承奖，《彝家转转酒》获三等奖，《禄劝傈僳族舞》获省级三等奖。2020年9月30日，禄劝音乐家协会暨禄劝文联音乐创作基地揭牌成立。

开展"文化和自然遗产日"非遗展示活动，展示彝族刺绣、苗族芦笙舞曲、傈僳族口弦演奏、彝族月琴演奏、花灯戏剧演唱等，展出非遗作品30余件，32名传承人参加活动。组织传承人对外培训10期，培训500余人。完成3名申报县级传承人视频、图片拍摄，5名申报市级传承人视频、图片、文字数据采集，完成禄劝蚕丝被制作过程的视频、图片拍摄，禄劝羊毛毡制作、羊毛毡画染数据采集。新建皎平渡镇杉乐村傈僳族传统文化传习所，展示作品50余件。非遗传承人游定美当选年度中国纺织非遗推广大使。

开展文物安全管理，检查省级文物保护单位4个、2次，市级文物保护单位9个、6次，县级文物保护单位15个、9次。争取文物保护资金112.50万元。完成三台山摩崖石刻、彝汉文摩崖石刻维修方案编制规划。"普渡河铁索桥维修工程"通过省、市文物专家实地验收。完成24个县级文物保护单位保护范围、建设控制地带的划定工作。完成县级文物保护单位周恩来长征路居旧址、团街红军总部驻地旧址调查工作，开展周恩来长征路居旧址抢救性维修工作。开展国家级文物保护单位金沙江皎平渡口纪念设施迁建前期的各项准备工作和红色文化公园建设项目规划工作。2020年4月9～11日，国家文物局专家组到禄劝开展皎平渡红军长征纪念馆迁建选址调研。

【新闻　广电】 全县从事广播电视工作专职人员8人。全县家用电视拥有量2.75万台，公用电视拥有量948台，电视卫星接收器10.89万台。全县建成广播站15个，电视综合覆盖率100%，广播综合覆盖率100%。7月1日，禄劝电视台自办节目正式开播，日播17小时，改变20多年来禄劝只有一档新闻节目的局面，实现本地电视台播放新闻、天气预报、电视剧、电影、动画片等节目的功能。全年采编播出电视节目182组、825条新闻，国家级媒体采用稿件31条，省级媒体采用稿件302条。录制彝语、苗语、地方语言、国家通用语言4种版本的音频，通过全县2 460个“村村响”喇叭宣传脱贫攻坚、疫情防控、环境卫生整治等相关知识，总播时长1.60万小时。“禄劝融媒”App、掌上融媒平台系统上线使用，“禄劝融媒”App客户端下载量14.60万次，发布信息3 300余条，阅读总量超200万人次。开展彝绣、杀猪饭、西南坚果博览会、名师公开课等特色内容直播活动27场，在线观看1万人次的超过10场。新华网·云南通官方账号年发稿300余条。微博年发稿8 000余条，粉丝11万人，累积浏览量超1 600万人次。手机报年发稿3 000条。政府门户网站年发稿量4 000余条，月平均浏览量4万余人次。禄劝抖音官方账号发布作品222个，粉丝5.30万人，累积点赞量超52.30万人次，累积浏览量超千万人次。

【旅游】 全县有旅游景点7个，全年共接待游客78.60万人次，实现旅游综合收入3.52亿元，同比增长10.90%。完成《禄劝彝族苗族自治县十四五旅游文化产业发展规划》《禄劝彝族苗族自治县旅游业高质量发展三年行动计划》编制工作。轿子山大酒店投入运营，银杏假日酒店主体建设完成。设立禄劝彝族苗族自治县红色文化培育和发展工作办公室。红色旅游环线年接待游客10万余人，旅游综合收入超过4 000万元。转龙镇、中屏镇、九龙镇、乌蒙乡成功创建为云南省旅游扶贫示范乡（镇），中屏镇火本村、转龙镇桂泉村成功创建为云南省旅游扶贫示范村。全年接待自驾车露营、农业生态观光等游客8万余人，旅游经济综合收入3 000余万元。凤家古镇申报创建为2A级景区。彝族“土司府礼仪乐”“罗婺神鼓舞”“彝族刺绣”等参加创意云南文化产业博览会。成功举办第一届西南坚果博览会。组织旅游从业人员培训达500余人次，对60%以上的旅游直接从业人员进行业务技能和相关知识的培训。完成2 201户涉旅企业的诚信评价工作。2020年3月31日，省文化和旅游厅复核组到禄劝普渡河开展云南长江经济带生态环境自查问题整改复核销号工作。9月20日。禄劝彝族（撒尼）刺绣非物质文化遗产传承人游定美当选“2020年度中国纺织非遗推广大使”。

【卫生与健康】 全县共有各类卫生机构273个，其中医院、卫生院30所，共有卫生床位2 611张。有卫生技术人员2 873人，其中执业医师和执业助理医师779人、药师70人、技师123人、注册护士1 187人、其他卫生技术人员714人。有政府办卫生院乡（镇）16个，都有全科医生，16个乡（镇）卫生院均有卫生厕所和污水处理系统。

申报市级继续医学教育项目9个。2020年9月17日开始举行线上培训，年内完成8个。组织医疗机构实验室管理人员参加新冠病毒核酸检测采样与病原微生物实验室安全管理培训27人次，组织医务人员到上级医疗卫生机构进修学习47人次。完成医疗机构病原微生物实验室二级备案5个，分别是县级发证的县第一人民医院、县中医医院、县疾控中心、忠爱医院（秀屏分院）和市级发证的忠爱医院（新院）。医师资格考试审核通过150人，护士资格考试现场确认通过102人，完成医师定期考核141人。县中医院“中医药封包联合石膏固定治疗急性踝关节扭伤的临床对比研究”获准立项，申报名中医工作室“朱勤庄基层名老中医药专家传承工作室”经省卫健委获准立项。县中医院纳入全国二级公立中医院绩效考核。12月24日，昆明市延安医院禄劝医院正式挂牌，昆明市延安医院开始全面管理县第一人民医院。

全县各医疗机构报告传染病1 948例，报告率100%。无甲类传染病发生，乙类传染病发病777例，发病率158.62/10万。报告乙、丙类传染病2 034例，发病率415.22/10万。突发公共卫生事件报告2件，调查处置2件；聚集性事件5件，调查处置5件，调查处置率100%。完成手足口病采样送检34份。4月2日，县社会应急联动指挥中心挂牌成立。落实新冠肺炎疫情防控措施，采集标本679人次。其中，疑似病人9人，确诊病例密切接触者27人，无症状感染者密切接触者3人，其他地区入禄和高风险人群环境监测集中留观人员592人，看守所羁押人员27人，国外入境人员1人，其他20人。完成返禄人员排查1 331人，完成标本采集226份。流调组派出流行病学调查人员323人次，出车107辆次，处置相关疫情108起，流行病学调查3 543余人。消杀组派出189人次，出车26辆次，消毒117场次。开展全县留观点选址工作10余次。

全年妊娠活产数4 572人，孕妇住院分娩4 571人，住院分娩率99.98%。年内孕产妇死亡1人，孕产妇死亡率21.87/10万；婴儿死亡30例，婴儿死亡率6.56‰。组织开展优生优育和农村妇女“两癌”检查工作，免费孕前优生健康检查2 501对，完成率100.04%。免费婚前医学检查3 231人，完成率98.29%。开展宫颈癌和乳腺癌免费检查项目，完成宫颈癌检查1.26万例、乳腺癌检查1.28万列。实施农村妇女免费增补叶酸预防神经管缺陷，增补叶酸3 550人，完成率109.56%。新生儿听力筛查2 908人，筛查率95.41%。全年承保计生系列保险1.84万人，收取计生家庭意外伤害保险150.10万元，完成市下达目标任务的127.18%；理赔金额99.88万元，赔付率99.87%。

开展大病集中救治，36种大病专项救治1 613名，救治率100%。对符合转诊转院规范住院治疗费用单人单次实际补偿比例达不到90%、个人年度支付符合转诊转院规范的医疗费用超过农村居民人均可支配收入的部分进行医疗费用兜底，县域内定点医疗机构兜底1.05万人次。完成撒营盘镇升发村卫生室和崇德街道角家营社区卫生室建设并投入使用。组建家庭医生团队255个，完成家庭医生签约18.95万人，履约78.82万次，履约率100%。

【脱贫攻坚】 原县脱贫攻坚指挥部调整为县脱贫攻坚巩固提升工作指挥部，下设11个分指挥部、65个成员单位。继续落实17名县级领导包乡、187名科级领导包村、1.32万名职工包户制度。派出驻村工作队员480人、第一书记179人，187个出列村驻村队员全覆盖。6月8日，全县2020年驻村工作队长（第一书记）培训班在县城开班，187个村（社区）驻村扶贫工作队长（第一书记）参加培训。2020年11月8～13日，云南农村干部学院决战决胜脱贫攻坚“激发内生动力”专题研讨班在禄劝举行，来自全省各县（区）130名扶贫干部参加培训。全县扶贫投资总额2.07亿元，其中，中央财政扶贫资金1.12亿元（含少数民族发展资金600万元），省级财政安排的扶贫资金3 081万元，其他扶贫资金6 399万元。扶贫资金投向村通公路（通畅、通达工程等）6 131.90万元，农村中小学营养餐计划1.46亿元。全县186个行政村实施扶贫项目，项目覆盖农户8.91万户，扶持人口29.35万人。整合涉农资金3.99亿元。

全年累计对贫困户发展产业和务工增收、新型经营主体带贫益贫、规模经营、品牌提升给予资金奖励850.51万元，惠及企业97户，贫困群众575户、2 013人。培育新型经营主体，扶持和培育市级以上重点农业龙头企业23户（其中省级4户）。成立县、乡、村3级脱贫攻坚致富带头人帮扶协会219个，指导新注册登记合作社42个，培育189个村级重点合作社，全县有注册登记农民专业合作社1 061个。培育产业扶贫带头人及经营管理型、专业生产型等高素质农民（职业农民）200余人。12户企业、19个产品被省级认定为扶贫产品。

【东西部扶贫协作】 投入帮扶资金3 300万元，实施帮扶项目共7个，7个项目已全部开工，累计报账资金3 088.56万元，报账率93.59%。选派2名干部、10名专业技术人员（教师、医生各5人）赴上海挂职学习，上海市普陀区选派3名党政干部、1名医生和1名教师赴禄劝挂职交流。普陀区4个街（镇）、2户国企、32户民企与禄劝县83个贫困村、4所学校、2所医院开展结对帮扶协作，捐赠帮扶资金915万元，捐物折资21.64万元。深化中央单位定点帮扶，投入帮扶资金454.55万元，选派1名副县长、1名驻村第一书记支援贫困地区，围绕智力、科技、消费、教育等项目开展特色帮扶。深入开展对口帮扶，省、市49个帮扶（挂联）单位直接投入帮扶资金3 761万元。

【民生保障】 2020年末，全县城乡居民养老保险参保人数29.03万人，城乡居民养老保险参保率102.55%。城镇职工基本养老保险参保人数2.60万人，其中机关事业单位职工参保人数为9 106人，参保率100%。城镇职工失业保险参保人数1.16万人，参保率96%；农民工参保2 940人。城

乌东德新村移民安置点 （姜超　摄）

镇职工工伤保险参保人数2.30万人，其中机关事业单位职工参保人数为9 106人，参保率100%。参加医疗保险职工人数1.98万人。参加居民医疗保险人数42.62万人，居民医疗保险参合率96.32%。全面推进医疗保险、大病保险全员参保，建档立卡贫困人口和低保、特困、残疾人员等特殊群体实现100%参保。建立1 000万元的大病、慢性病救助基金，36种大病专项救治1 512人次，救治率100%。组建家庭医生团队255个，签约18.90万人，履约率100%。

城镇居民最低生活保障人数247户、366人，农村最低生活保障人数7 883户、1.43万人，城乡特困供养人数1 537人，城乡临时救济人数2.37万人。中央拨付低保资金4 190.32万元，其中城镇180万元、农村4 010.32万元。年末有农村敬老院7个，床位750张。全县有60岁及以上的人口7.76万人，占总人口的15.90%；65岁及以上的人口5.98万人，占总人口的12.30%；80岁及以上的老年人1.05万人，其中，80～89岁9 211人，90～99岁1 292人，100岁以上23人。办理“云南省老年优待证”934本。完成失能老年人评估工作，核准贫困老年人1.43万人，核准失能老年人813人，大数据研判失能高风险老年人2 263人。

开展农村危房改造“回头看”查缺补漏工作，重点排查新增危房、标识标牌不全、改造质量不高、建新房住旧房、因灾受损等问题。投入资金1 233.10万元对649户农户开展农房抗震改造工作，其中建档立卡户38户，投入资金72.20万元，户均补助1.90万元。易地搬迁户560户、1 949人全部搬迁入住，其中，3个集中安置点安置建档立卡贫困户99户、370人，同步搬迁25户、116人，12个乡（镇、街道）分散安置建档立卡贫困户436户、1 463人。易地搬迁旧房全部完成拆除，复垦复绿土地162亩，3个集中安置点配套基础设施及公共服务设施已建成并投入使用。开展易地搬迁劳动力技能培训、就业安置，拓宽增收渠道。

强化“六类人员”的比对和摸排，精准落实社会保障政策。新增低保对象454户、1 297人（其中，A类9户、20人，B类219户、585人，C类226户、692人），特困对象24人，给予临时救助979人，不符低保和特困保障条件需采取其他扶贫措施14 192人。落实农村低保和社会救助动态管理，截至10月20日，全县共发放各类社会救助资金9 739.26万元，精准落实农村低保8 020户、1.46万人，其中建档立卡户5 360户、9 969人，享受特困供养1 534人。实施享受残疾人“两项补贴”人员动态管理，截至10月20日，全县享受困难残疾人生活补贴人数3 329人，重度残疾人护理补贴人数5 991人，累计拨付资金2 491.71万元。5月16日，全县残疾人评定、办证启动仪式在撒营盘镇举行。居民养老保险实现城乡一体化，符合参保条件的7.25万名建档立卡贫困人口全部参保，1.58万名符合条件的建档立卡贫困老人按照政策领取待遇。优化简化审核审批程序，乡（镇、街道）临时救助资金审批额度由1 000元提高到3 000元，实施临时救助2.24万人次，其中建档立卡户8 349人次，发放临时救助资金2 875.61万元。落实云南省健康扶贫30条，贯彻执行“先诊疗、后付费”“一站式”结算，惠及建档立卡贫困患者1.11万人次，规范转诊转院1 177人次，其中建档立卡患者374人次。继续巩固标准化乡（镇）卫生院和卫生室建设成果，丰富药品配备品种，每个村卫生室药品配备达80种以上，确保满足群众常见病基本用药需求。

（李　欢）

寻甸回族彝族自治县

【自然地理】 寻甸回族彝族自治县（简称“寻甸县”）是昆明市辖县之一，位于昆明市北部，横跨金沙江、南盘江两流域，辖区介于东经102°41′～103°33′、北纬25°20′～26°01′之间。东连曲靖市马龙县、沾益区，西接富民县、禄劝县，南邻嵩明县、官渡区，北依昆明市东川区、曲靖市会泽县。县境东西宽（横距）84.50千米，南北长（纵距）75千米，总面积3 588.38平方千米。境内昆曲高速公路、沪昆高铁斜跨东南，东川铁路支线、嵩待高速公路南北向穿境而过，寻倘武高速、寻沾高速连通东西，7 204公路贯通西部，交通方便，区位优越，是昆明市北出四川、东北出贵州的重要通衢。

【区划　人口】 2020年，全县辖仁德、塘子、金所、河口、七星、羊街、先锋、柯渡、鸡街、六哨、甸沙、功山、倘甸、凤合、联合、金源16个乡（镇、街道）（2017年12月19日托管的4个乡镇回归寻甸县管辖）、175个行政村（社区）、1 577个自然村。

截至2020年末，全县户籍总人口57.64万人。其中，农业人口45.13万人，占总人口的78.30%；非农业人口12.51万人，占总人口的21.70%；少数民族人口13.84万人，占总人口的24.01%。少数民族人口中，回族7.27万人，占总人口的12.61%；彝族5.47万人，占总人口的9.50%；苗族7 360人，占总人口的1.30%。常住人口46.07万人。全县人口出生率9.28‰，死亡率5.12‰，自然增长率4.16‰。

【自然概况】 县境地势西北高、东南低，呈西北向东南倾斜阶梯状，最高海拔位于金源乡与东川区交界的花石头（东川区称巨龙梁子）主峰，海拔3 294.80米；最低点位于金源河谷的小树棵，海拔1 445米。全县共有10个土类，15个亚类，36个土属，72个土种。全县自然地貌条件下形成的各种土壤所占比例为棕壤占5.66%，黄棕壤14.61%，红壤占45%，沼泽土占0.17%，冲积土占3.35%，紫色土占3.35%。县境气候温暖湿润，山地面积辽阔，森林资源丰富。1986年全县森林资源调查结果显示，境内有种子植物153科、416属、800余种。境内属国家一级保护树种有红豆杉、大树杜鹃两种；属国家二级保护树种有黄杉、冷杉、银杏3种，残存于县域部分地区，数量极少。境内针叶林主要有云南松、华山松、滇油杉3种，阔叶林与常绿相间，以旱冬瓜、各种栎类、杨梅、杜鹃为主。

区域水资源总量主要由地表水和地下水两部分组成。境内受小海梁子等山脉的切割由东至西形成牛栏江、小江、普渡河3大干流共20余条支流和1个天然湖泊（清水海）。全县多年平均水资源总量为16.69亿立方米（不含过境水量5.15亿立方米），其中地下水资源量为4.47亿立方米。全县共有水库94座（在册），其中大型水库1座、中型水库2座、小（一）型水库17座、小（二）型水库74座；建有小水窖3.38万件，小水池1 700件，小型引水堰闸65件，小型泵站63件，小型渠系工程1 850件，小型机电井4件，小型排水沟道495件，高效节水灌溉工程5件，地下机井10眼。全县水资源开发利用率为17%，水利化程度达63.50%。

县境属低纬度高原季风气候，冬、春两季大陆性季风气候明显，干旱少雨；夏、秋两季受太平洋和印度洋暖湿气流控制，潮湿多雨。2020年，全县平均降水量为730毫米，平均气温15.70℃。

【自然资源】 县境内矿产资源主要有褐煤、磷矿、硅藻土等，矿产储量大，品位高。全县共发现煤（褐煤、无烟煤）、磷、硅藻土、水泥用石灰岩、石膏、玄武岩、大理石、硅石、水泥配料用白云岩、重晶石、建筑用沙石料、砖瓦用黏土页岩、铅、锌、铁、铜、铝（铝土矿）、锰、钛（钛砂矿）、钴（钴土）、矿泉水、地下热水等22种矿产，已开发利用褐煤、磷、石灰岩、石膏、硅石、白云岩、铁、钛（钛砂矿）、砖瓦用黏土、页岩、沙石料、矿泉水、地下热水13种，占总矿种的54.16%。褐煤资源储量3.60亿吨，为露天煤矿；磷以Ⅱ、Ⅲ级品矿石为主，资源储量1.26亿万吨；硅藻土与褐煤共生，为富含有机质、高烧矢量型易选硅藻土，主要分布在先锋镇，资源储量1.90亿吨。

【经济综述】 2020年，全县完成地区生产总值（GDP）143.77亿元，比上年增长4%。其中，第一产业完成增加值38.35亿元，比上年增长6.90%；第二产业完成增加值24.32亿元，比上年增长21.50%，其中工业实现增加值17.48亿元，比上年增长26.60%；第三产业完成增加值81.10亿元，比上年下降2.30%。三次产业结构由上年的23.60：15.20：61.20调整为26.70：16.90：56.40。人均GDP 31 219元（按常住平均人口计算）。非公有制经济创造增加值64.76亿元，比上年增长4%，占全县地区生产总值的45%。全年实现社会消费品零售总额62.86亿元，比上年下降4.40%。其中，限额以上企业完成1.90亿元，比上年下降17.30%；限额以下企业完成60.97亿元。全县招商引资实际到位内资64.17亿元，实际利用外资183万美元。全县固定资产投资（不含农户）比上年下降15.10%。全年房地产业投资比上年下降73.10%；商品房销售面积9.60万平方米，比上年下降7.90%；商品房销售额4.79亿元，比上年增长5.20%。

全县完成一般公共预算收入7.03亿元，比上年增长7.50%，其中税收收入5亿元，比上年增长8.40%；一般公共预算支出38.94亿元，比上年下降6.60%，其中一般公共服务支出3.82亿元，比上年下降12.20%；社会保障和就业支出4.83亿元，比上年下降3%。

年末，全县金融机构人民币存款余额161.33亿元，比上年增长5.60%，其中住户存款余额124.62亿元，比上年增长11.90%。全县金融机构人民币贷款余额108.22亿元，比上年增长0.20%，其中住户贷款余额52.47亿元，比上年增长5.20%；企（事）业单位贷款余额55.75亿元，比上年下降4%。

【农业】 全县实现农林牧渔业总产值65.70亿元，比上年增长7.10%（可比价）。其中，农业总产值30.76亿元，比上年增长16.80%；林业总产值1.09亿元，比上年下降33.40%；畜牧业总产值31.45亿元，比上年下降2.90%；渔业总产值1.72亿元，比上年增长30.90%；农林牧渔专业及辅助性活动产值为6 889万元，比上年增长8.40%。实现农林牧渔业增加值38.60亿元，比上年增长6.90%。全年粮食播种面积86.28万亩，比上年增长0.10%；经济作物播种面积58.87万亩，比上年增长10.50%。全年粮食总产量2.35亿千克，比上年增长0.30%；烤烟产量2 000万千克，比上年下降0.10%；蔬菜产量4.26亿千克，比上年增长51.30%；肉类总产量6.23万吨，比上年下降0.50%，其中猪牛羊肉产量5.78万吨，比上年下降3%。2020年2月23日，省肉牛产业专家组到寻甸县调研“一县一业”示范创建工作并召开座谈会。6月23～24日，农业农村部畜牧兽医局局长杨振海一行到寻甸县调研畜牧业发展情况。

【工业　建筑业】 全县规模以上工业总产值完成51.53亿元，比上年增长25.70%（现价）；规模以上工业增加值比上年增长35.60%；实现利税6.49亿元，比上年下降479.50%，其中利润总额4.48亿元，比上年下降265.80%。

全县资质内建筑企业实现产值11.28亿元，比上年增长10.10%；实现增加值6.84亿元，比上年增长7.80%；实现利润3 550万元，比上年下降24.60%；上缴税金6 150万元，比上年增长56.90%。2020年2月26日，寻甸县举行2020年一季度重点项目暨园区项目、凤龙湾省级特色小镇项目集中开工仪式，重点项目暨园区项目共涉及37个项目，总投资26.60亿元。

【生态建设】 自然保护地整合优化工作有效推进，自然保护地面积由7 217.32公顷增加到9 949.83公顷，占总面积的比例由年初的2%提高到2.70%。初步完成国土“三调”的草原调查工作。凤龙山国家草原公园试点创建通过国家林草局审核同意，正式列入国家草原自然公园第一批试点名单。全年完成天保工程人工造林3 000亩，国家级退耕还林1.53万亩，国家石漠化治理人工造林2 400亩，封山育林5 000亩，森林抚育1万亩，“四沿”绿化1 000亩，异地造林3 000亩，村庄绿化美化40个。

【环保建设】 全年县城建成区空气质量（境外输入污染物、臭氧等自然因素除外）达标率100%（按GB 3095—2012《环境空气质量标准》日均值二级标准评价）；县城建成区声环境质量总体平均值为49.7dB（分贝），城市区域声环境质量等级为一级，评价为“好”；牛栏江（寻甸段）出境断面（河口）断面水质总体达Ⅲ类水保护要求，清水海集中式饮用水源水质总体评价为Ⅱ类。

全年共审批环境影响报告书（表）59份（6份为告知承诺审批项目）、登记表备案项目453个，对选址不符或技术评估未通过的14个项目不予审批，环评执行率达100%。年内，对执法过程中发现的环境违法行为，共下达县环境监察现场处理决定通知书39份、环境保护局责令改正违法行为决定书42份，并对62件严重环境违法行为进行行政处罚。全年共受理群众投诉95件，所有投诉件均在办结期限内办结，处置率、回复率均达100%。完成云南省排污许可证核发2户和国家排污许可证核发783户，完成企业排污许可证年检18户。

【文化　旅游】 有序推进创建第四批国家公共文化服务体系服务区，全县建设特色分馆16个、基层服务点174个。开展“送戏下乡”巡回演出84场次，举办县级文化活动43场，惠及人民群众9.80万人次。在新冠肺炎疫情影响下，创新开展民俗文化线上展示活动2次，共上传图文、视频展示8篇，1.14万人阅读线上展示作品。2020年10月26日，寻甸县文化馆总馆、图书馆总馆正式挂牌。10月27日，寻甸县创建第四批国家公共文化服务体系示范区通过国家的验收（省文化和旅游厅代验）。县图书馆全年馆外流通图书2.74万册，接待读者3.50万人次。县文化馆活动室接待参与娱乐的市民6 000余人次，非遗（民俗）展厅接待参观的团体6个、800余人次，自主参观2 000余人次。县美术馆举办美术书法摄影主题作品展2次，全年共接待参观群众5 000余人次。2月，羊街三圣宫、羊街磨盘寺会谈旧址成功申报为市级文物保护单位。3月，鸡街红军长征纪念亭、七星军民团结大桥、嘎里山马氏古墓群、乐朗李家宅院、乐朗村石拱桥、瓦房村土法炼铁炉、大转湾水轮泵站7项不可移动文物被公布为第六批县级文保单位。红军长征柯渡纪念馆从3月16日恢复开馆，全年共接待观众12.45万人次。3月启动徐霞客游线标志地认证工作，12月完成徐霞客游线标志地揭牌。申报地自然文化遗产获荣誉15项，节选入申报文本的非物质文化遗产项目共12个，其中，省级5个、市级4个、县级3个。12月2日，举办2020年寻甸县“决战脱贫攻坚·决胜全面小康”美术书法摄影作品展。

推进凤龙湾特色小镇、柯渡红色小镇、北大营旅游项目、一丘田善态庄园4个重大旅游项目建设，全年接待游客295万人次，比上年下降15.20%；实现旅游综合收入5.76亿元，比上年下降20%。寻甸县成功创建为省级旅游扶贫示范县，塘子街道创建为省级旅游扶贫示范乡，柯渡镇丹桂村创建为省级旅游扶贫示范村。2020年6月18～20日，第五批徐霞客游线标志地专家组到寻甸县实地考察。中国徐霞客研究会副会长、云南徐霞客研究会会长、云南大学历史系教授陈庆江一行13人参加考察。

【教育　卫生】 全县共有普通中学21所，其中，普通高中4所，初级中学17所，小学154所，幼儿园153所，中等职业学校3所，特殊学校1所。年末，全县普通中学在校学生3.24万人，其中，高中在校生1.33万人，初中在校生1.91万人，小学在校学生3.44万人，幼儿园在园幼儿1.70万人，职业中学在校学生1 458人，特殊教育学校在校学生163人；小学学

2020年9月20日，第五批徐霞客游线标志地寻找与论证专家组考察座谈会在寻甸县召开
（寻甸县史志办　供稿）

龄儿童毛入学率101.70%，初中学龄人口毛入学率110.20%，高中阶段毛入学率84.99%；有专任教师5 614人，其中，中学专任教师2 530人，小学专任教师2 380人，幼儿园专任教师577人，职业中学专任教师93人，特殊学校专任教师34人。

年末，全县共有卫生机构288个，其中，医院16所，基层医疗卫生机构269个（含卫生院15个），妇幼保健院1所，疾病预防控制中心1个，卫生监督所1个；实有病床床位3 299张；卫生技术人员2 819人，其中，执业医师和执业助理医师917人，注册护士1 409人；婴儿死亡率7.76‰，孕产妇死亡率30.42/10万。2020年2月5日，寻甸县确诊1例新型冠状病毒感染肺炎病例（系寻甸县塘子街道麦场社区小瓦匠村村民），县委、县政府高度重视，经请示上级部门同意，对塘子街道麦场社区小瓦匠村进行隔离封闭管理，并及时到塘子街道麦场社区小瓦匠村检查指导疫情防控工作。2月18日，积极开展在疫情防控一线牺牲的鸡街镇黑山村党员张正光的善后、家属安抚及先进事迹宣传工作。11月3日，举行县中医医院新院搬迁仪式及县民族中学学生宿舍楼落成仪式。

【民生保障】 全县城镇常住居民人均可支配收入3.86万元，比上年增长3.70%（现价）；人均消费支出3.44万元，比上年增长86.20%。农村常住居民人均可支配收入1.09万元，比上年增长8.70%（现价）；农村人均生活消费支出1.27万元，比上年增长27.10%。年末，全县城镇职工基本养老保险参保3.43万人，城乡居民养老保险参保33.56万人；城镇职工基本医疗保险参保2.57万人，城乡居民基本医疗保险参保50.40万人；工伤保险参保2.06万人，生育保险参保2.02万人，失业保险参保1.77万人。2020年4月3日，寻甸县举行社会应急联动指挥中心揭牌仪式。

【巩固脱贫攻坚成效】 全年组织召开巩固脱贫成效和推进乡村振兴工作例会16次，研究工作议题90余项。整合产业发展资金7 820万元，扶持肉牛、功山羊、寻甸苗家鸡等特色产业发展，全力推进省级“一县一业”肉牛产业示范县等重点项目建设。投资5 915万元建设村级光伏扶贫电站43座、6 900千瓦，直接带动贫困户1 308户、4 817人增收。兑付生态补偿资金811万元，其中退耕还林8 315亩补偿资金261万元（建档立卡贫困户1 311户、5 265人）、生态护林员补助资金550万元。开展农村危房改造“回头看”，启动并完成98户新增危房改造，累计完成建新拆旧1.72万户。投入教育补助资金4 901.50万元，累计补助学生10.98万人次。为全县8.57万名建档立卡人员代缴保费831.26万元（不包含既是重残又是建档立卡人员的资金，其资金由省财政代缴）。投资3 286.81万元实施农村饮水安全工程72件，工程均已完工投入使用。小额信贷放贷8 641户、6.46亿元，做到户贷户用。开展城乡低保动态管理工作。截至2020年10月，新增城乡低保1 638户、2 136人，特困供养1 363户、1 363人，新增192人。全县9 292户、1.20万人城乡低保人口实现应保尽保。5月11～21日，省、市档案局领导赴寻甸县指导脱贫攻坚档案收集整理，采取以乡（镇、街道）为单元进行现场培训指导。10月13～16日，北京市朝阳区东风乡党委副书记、乡长谷昆鹏一行到寻甸县调研帮扶成果和帮扶实效，考察寻甸经济社会发展。

（李巧梅）

寻甸县苗家鸡特色产业　　（寻甸县史志办　供稿）

附　录

2020年昆明市国民经济和社会发展统计公报[1]

2020年，面对国内外形势深刻复杂变化特别是新冠肺炎的严重冲击，昆明市坚持以习近平新时代中国特色社会主义思想为指导，全面贯彻党的十九大和十九届二中、三中、四中、五中全会精神以及习近平总书记考察云南重要讲话精神，统筹做好疫情常态化防控和经济社会发展各项工作，扎实推进“六稳”工作，全面落实“六保”任务，全年经济运行呈现加快恢复，稳定向好态势，决胜全面建成小康社会取得决定性胜利，高质量建设区域性国际中心城市迈出坚实步伐。

一、综合

初步核算，全年地区生产总值[2]6 733.79亿元，按可比价格计算，比上年增长2.30%。其中，第一产业增加值312.35亿元，增长5.60%；第二产业增加值2 102.93亿元，增长1.40%；第三产业增加值4 318.51亿元，增长2.50%。三次产业结构为4.6∶31.2∶64.2，三次产业对GDP增长的贡献率分别为9.80%、22.50%和67.70%，分别拉动GDP增长0.2、0.5和1.6个百分点。

全年非公有制经济实现增加值2 656.07亿元，比上年增长0.60%，占GDP比重为39.40%。全市新登记市场主体16.24万户，同比增加1.34万户，增长0.80%，其中企业新登记5.67万户，增长4.10%；个体工商户10.53万户，下降0.80%。市场主体总量达89.60万户，增长12.60%。

全年居民消费价格比上年上涨3.10%。其中，食品烟酒类上涨10.10%，衣着类上涨0.80%，居住类下降0.70%，生活用品及服务类下降1.10%，交通和通信类下降3.50%，教育文化和娱乐类上涨4.70%，医疗保健类上涨0.70%，其他用品和服务类上涨4.10%。全年商品零售价格比上年上涨2.30%；工业生产者出厂价格上涨0.10%；工业生产者购进价格下降3.40%。

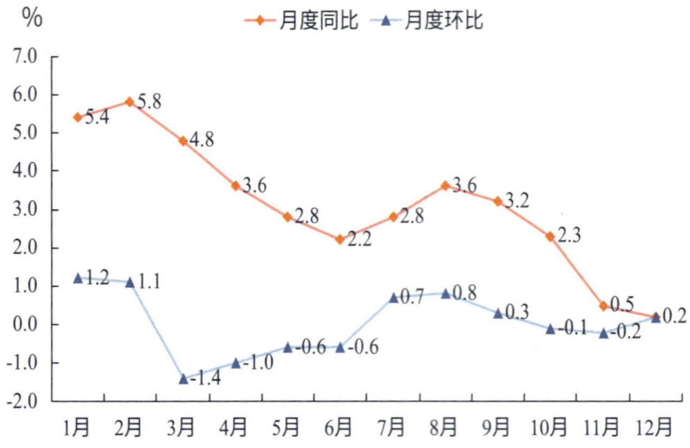

图29　2020年昆明市居民消费价格月度涨跌幅度

全年一般公共预算收入650.47亿元，比上年增长3.20%。其中，税收收入515.38亿元，增长1.20%，占一般公共预算收入的比重79.20%。一般公共预算支出875.05亿元，增长6.60%。其中，民生支出635.82亿元，占全市一般公共预算支出的比重72.70%。

全年城镇新增就业14.68万人，城镇下岗失业人员再就业3.61万人，年末城镇登记失业率为4.22%。农村劳动力转移就业16.56万人次。

二、农业

全年农林牧渔业总产值519.50亿元，按可比价计算，比上年增长5.7%。其中，农业产值299.58亿元，增长8.50%；林业产值22.54亿元，增长0.60%；牧业产值170.88亿元，增长0.20%；渔业产值8.12亿元，增长1.20%；农林牧渔专业及辅助性活动产值18.39亿元，增长7.80%。

图30　2016～2020年农林牧渔业总产值

全年粮食种植面积23.34万公顷，产量103.65万吨；蔬菜种植面积11.54万公顷，产量332.46万吨；花卉种植面积1.51万公顷，鲜切花产量75.71亿枝。

表25　2020年主要农产品产量及其增长速度

	单位	2020年	比上年(±%)
粮食	万吨	103.65	1.4
油料作物	万吨	1.47	6.4
烤烟	万吨	6.80	0.3
蔬菜	万吨	332.46	7.8
鲜切花	亿枝	75.71	13.1
水果	万吨	37.20	32.5

全年猪出栏178.26万头，增长0.20%；牛出栏21.51万头，增长0.10%；羊出栏100.37万只，增长4.60%。牛年末存栏42.89万头，增长2.30%；猪年末存栏145.20万头，增长24.70%；羊年末存栏121.89万只，增长3.70%。

全年肉类总产量30.46万吨，增长5.80%；禽蛋产量5.75万吨，增长24.20%；牛奶产量14.11万吨，增长13.10%。

全年农村用电量12.52亿千瓦·时，增长3%。年末农业机械总动力24.65亿瓦特。大中型拖拉机6 451台。农村自来水普及率99.84%，农村卫生厕所普及率91.66%。

三、工业和建筑业

全年全部工业增加值1 324.98亿元，比上年增长0.70%。规模以上工业增加值增长0.90%。分经济类型看，国有企业增加值下降3.50%，股份制企业增长1.20%，外商及港澳台商投资企业增长4.30%，集体企业下降7.40%，股份合作企业下降5.40%。分门类看，采矿业增加值下降0.50%，制造业下降0.80%，电力、热力、燃气及水生产和供应业增长12.20%。

图31　2016～2020年昆明市规模以上工业增加值增速

全市38个大类行业中，有25个行业工业增加值保持同比增长。重点行业中，烟草制品业增加值增长1%，石油、煤炭及其他燃料加工业下降9.50%，化学原料及化学制品制造业增长11%，冶金工业增长2.30%，装备制造业增长8.50%，医药制造业下降15.50%，电力、热力生产和供应业增长21.10%。六大高耗能行业增加值增长2.40%。工业新兴产业发展迅速，增加值同比增长3.90%，其中先进装备制造业增加值增长16.40%，生物医药下降0.80%，电子信息制造业增长2.50%，新材料制造业增长6.70%。

表26 主要工业产品产量

	单位	2020年	比上年（±%）
粗钢	万吨	501.48	6.7
钢材	万吨	592.41	1.5
生铁	万吨	469.91	10.0
金属切削机床	台	12 509	26.4
汽车	辆	1 940	15.3
水泥	万吨	1 988.35	3.0
商品混凝土	万立方米	2 197.74	-2.7
磷矿石	万吨	1 665.16	-9.4
化肥	万吨	58.99	-37.4
卷烟	亿支	796.01	0.6
复烤烟叶	万吨	39.92	0.5
十种有色金属	万吨	86.16	-6.7
饮料	万吨	279.42	-0.1
饮料酒	万吨	34.19	-16.0
饲料	万吨	291.03	28.4
自来水生产量	万立方米	37 701.87	-0.3
原盐	万吨	160.30	3.5
乳制品	万吨	20.70	2.7
中成药	万吨	2.43	0.3
光学仪器	万台	824.25	24.7
电力电缆	千米	204 879.32	-23.7

全年规模以上工业企业实现营业收入4 719.01亿元，比上年下降1.30%。营业收入利润率5.99%，同比提高1.4个百分点；工业企业产品销售率99.70%，同比提高1.3个百分点；每百元营业收入中的成本80.38元，同比增加0.77元；企业资产负债率54.50%，同比提高0.9个百分点。

全年建筑业总产值3 829.00亿元，比上年增长7.60%。其中，建筑工程产值3 463.63亿元，增长5.80%；安装工程产值228.03亿元，增长3.50%。全市总承包和专业承包建筑业企业房屋建筑施工面积10 328.22万平方米，下降1.30%。其中，本年新开工面积2 393.22万平方米，下降31.90%；房屋建筑竣工面积1 987.72万平方米，下降17.60%。

四、固定资产投资

全年固定资产投资（不含农户）比上年增长8.10%。分产业看，第一产业投资增长35.80%，第二产业投资增长7.90%，第三产业投资增长7.80%。从重点领域看，工业投资增长8.10%，基础设施投资增长13.30%，房地产投资增长8%。从重点行业看，农业投资增长20.60%，水利投资增长27.80%，教育投资增长1.20%，交通投资增长1.30%，文化投资下降9.60%，商贸投资下降1.10%。

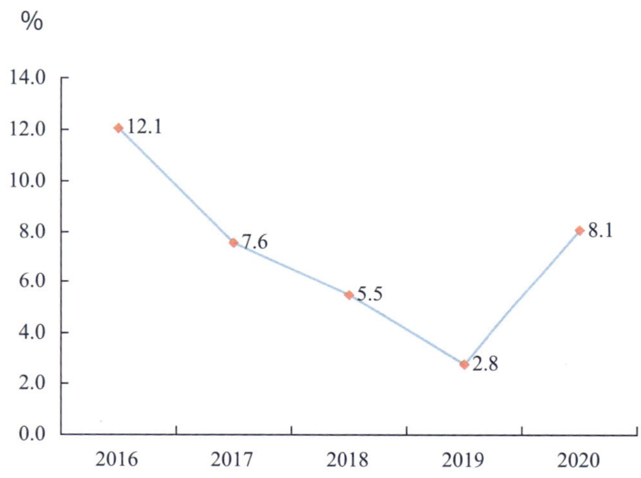

图32 201～2020年固定资产投资（不含农户）增速

全年民间投资增长10.50%，增速高于全市投资增速2.4个百分点，占全部投资的比重为53.20%，比上年提高1.2个百分点。

全年房地产开发投资中，住宅投资增长10.10%，办公楼投资下降1.10%；商业营业用房投资增长8.60%。

全年房屋施工面积11 359.07万平方米，比上年下降7.20%；房屋竣工面积293.04万平方米，下降39.70%；商品房销售面积1 878.80万平方米，下降2.00%。

五、国内贸易和对外经济

全年社会消费品零售总额3 070.44亿元，比上年下降3.60%。按经营地统计，城镇消费品零售额2 873.78亿元，下降3.50%；乡村消费品零售额196.66亿元，下降5.70%。按消费类型统计，商品零售2 547.92亿元，下降1.60%；餐饮收入522.52亿元，下降12.40%。

图33　2016～2020年社会消费品零售总额及增长速度

在限额以上企业商品零售额中，粮油、食品类零售额比上年增长7.40%，饮料类增长16.00%，烟酒类下降0.90%，服装、鞋帽、针纺织品类下降13.60%，化妆品类下降0.70%，日用品类下降5.60%，家用电器和音像器材类下降2.60%，中西药品类增长6.80%，家具类下降3.10%，通信器材类增长7.70%，建筑及装潢材料类下降19.00%，石油及制品类下降17.80%，汽车类下降2.30%。

全年海关进出口总额160.59亿美元，比上年增长21.80%。其中，出口77.45亿美元，增长114.80%；进口83.15亿美元，下降13.20%。

全年新批外商投资企业163户，比上年增加45户；实际利用外资6.62亿美元，增长2.00%。

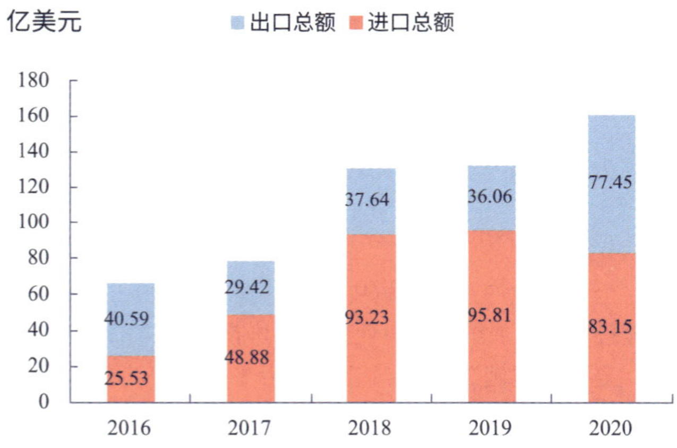

图34　2016～2020年海关进出口贸易总额

六、交通运输、邮政电信和旅游业

全年货物运输周转量425.12亿吨公里，比上年下降1.50%。其中，铁路货物周转量176.66亿吨公里，公路货物周转量247.48亿吨公里，水运货物周转量43万吨公里。旅客运输周转量213.84亿人公里，下降33.30%，其中铁路游客运输周转量46.59亿人公里，公路游客运输周转量47.75亿人公里，水运游客运输周转量402万人公里。

表27　各种运输方式完成运输量及其增速

	单位	2020年	比上年（±%）
货物运输总量	万吨	37 489	6.5
#铁路	万吨	1 723	-3.7
公路	万吨	35 743	7.1
水运	万吨	17	44.3
民航	万吨	6	-28.8
旅客运输总量	万人次	7 239	-22.6
#铁路	万人次	2 082	-35.2
公路	万人次	4 172	-8.1
水运	万人次	29	-76.2
民航	万人次	956	-35.0

昆明机场全年运输起降27.3万架次，比上年下降23.40%；旅客吞吐量3 298.9万人次，下降31.40%；货邮吞吐量32.5万吨，下降21.80%。全年共开通航线375条，其中国际航线59条。

年末全市机动车保有量297.01万辆，比上年增长5.20%。其中，本年新注册机动车27.27万辆，增长0.90%。汽车保有量263.16万辆，增长5.70%。其中，本年新注册汽车22.16万辆，下降7.30%。年末个人汽车保有量238.32万辆，增长6.00%。

主城五区公交运营线路519条（含定制公交线路），新增公交线路3条；公交日均客运量215.6万人次，公共交通机动化出行分担率60%。年末全市实有出租车10 237辆，其中，主城区实有出租车9 137辆。拥有公共交通车辆15 167.8标台，行政村客运班车通达率100%。

截至年末，昆明地铁运营线路共5条，分别为地铁1、2号线首期工程，1号线支线，3号线，4号线，6号线。地铁通车总里程139.4公里，运营车站83座。开通运营至2020年底线网累计客运量9.25亿乘次，2020年全年线网累计客运量1.59亿乘次，日均客运量43.6万乘次，日均客运周转量494.51万人次公里。

全年邮政业累计完成业务收入54.27亿元。其中，快递业务收入42.37亿元。邮政函件业务302.79万件，包裹业务13.01万件，快递业务量4.21亿件。

全年电信业务收入101.2亿元，比上年增长1.60%。年末拥有固定电话用户107.3万户，比上年减少5.6万户。拥有移动电话用户1 149.0万户，比上年减少11.1万户。固定互联网宽带接入用户[(3)]298.4万户，比上年增加23.1

万户。5G网络用户185.6万户，4G网络用户955.8万户，3G网络用户12.2万户。

全年接待国内外游客13 641.36万人次，比上年下降26.80%。其中，国内游客13 631.45万人次，下降26.30%。

全年旅游总收入1 900.57亿元，比上年下降30.50%。其中，国内旅游收入1 896.51亿元，下降29.10%。

七、金融

金融市场保持平稳。年末金融机构（含外资）人民币存款余额16 324.65亿元，比年初增长9.50%。其中，住户存款余额5 962.79亿元，比年初增长11.30%；非金融企业存款余额5 359.12亿元，比年初增长5.70%。

图35　2016～2020年金融机构（含外资）人民币存款余额

年末金融机构（含外资）人民币贷款余额19 740.44亿元，比年初增长10.60%。其中，住户贷款5 034.88亿元，比年初增长21.10%；企（事）业单位贷款14 647.30亿元，比年初增长7.40%。

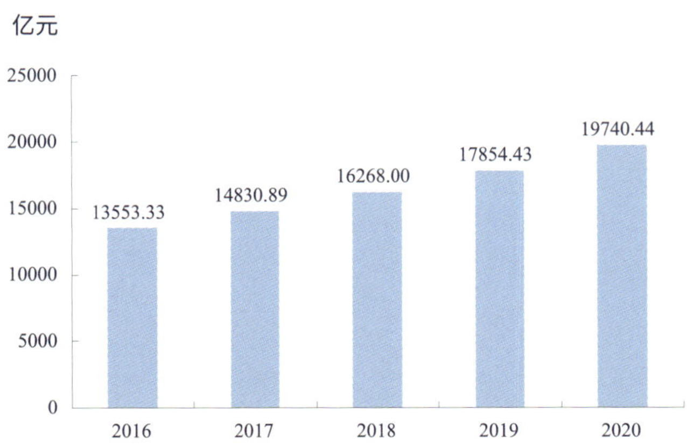

图36　2016～2020年金融机构（含外资）人民币贷款余额

全年保险公司原保险保费收入299.80亿元，比上年下降0.20%。其中，财产险原保险保费收入112.91亿元，下降3.20%；人身险原保险保费收入186.89亿元，增长1.80%。

全年赔款与给付支出107.16亿元，比上年增长6.00%。其中，财产险赔款支出61.18亿元，增长5.30%；人身险赔款支出45.98亿元，增长6.90%。

八、教育、科学技术和文化体育

年末全市共有普通高等院校52所，在校生69.80万人，专任教师4.37万人；中等职业教育学校80所，在校生18.14万人，专任教师4 026人；普通中学334所，在校生35.42万人，专任教师2.90万人；普通小学758所，在校生52.43万人，专任教师3.18万人；幼儿园1 448所，在园幼儿26.83万人，专任教师1.72万人；特殊教育学校10所，在校学生985人，专任教师274人。

高中阶段毛入学率98.36%，普通初中毛入学率105.80%，小学学龄儿童毛入学率101.38%，学前教育三年毛入园率99.87%，残疾儿童入学率98.95%。

全年实施科技计划项目567项，其中重大科技计划项目41项。获专利授权18 372件，有效发明专利拥有量11 736件。全年登记技术合同2 505项，技术合同成交额35.66亿元。全年共登记科技成果170项，其中基础理论类12项，应用技术类157项，软科学类1项。全市高新技术企业1 166家，其中本年新认定140家。各级重点实验室133个，其中国家级6个。各级工程技术研究中心176个，其中国家级4个。

全市注册博物馆37个，公共图书馆15个，文化馆16个，文化站141个。专业文化艺术表演团体2个，年末登记在册的业余文化艺术表演团体3 447个。

年末全市有线电视实际用户73.05万户。全市电视综合覆盖率99.94%，广播综合覆盖率99.94%。

全年昆明运动员在国家级比赛中获金牌3枚，银牌1枚，铜牌2枚。

九、人口、人民生活和社会保障

年末全市户籍总人口582.87万人。其中，城镇人口400.55万人，占户籍人口比重为68.70%。

全年城镇常住居民人均可支配收入48 018元，比上年增长3.70%；农村常住居民人均可支配收入17 719元，增长8.30%。

年末全市参加城镇职工基本养老保险人数205.81万人，比上年末增加29.88万人。参加城乡居民基本养老保险人数219.55万人，增加7.07万人。参加城镇职工基本医疗保险人数208.57万人，增加9.66万人。参加城乡居民基本医疗保险人数441.48万人，减少10.08万人。城镇参加失业保险人数125.24万人，增加6.22万人。参加工伤保险的职工人数152.09万人，增加35.63万人。

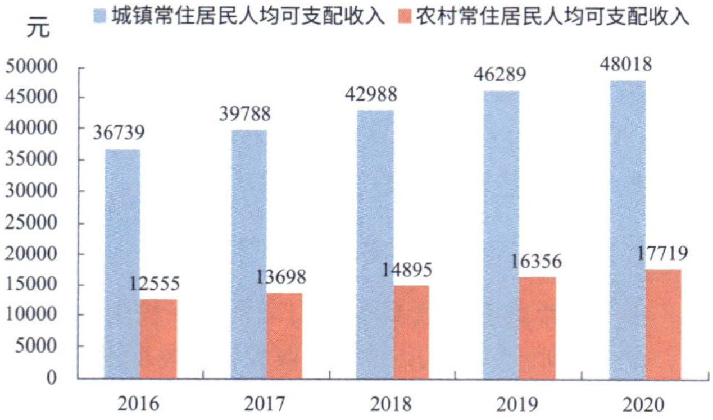

图37　2016～2020年居民人均可支配收入

年末享受城市居民最低生活保障人数4.99万人，农村居民最低生活保障人数6.42万人，农村五保供养5 081人。全年资助城乡居民参加基本医疗保险人数为77.43万人。

脱贫攻坚战取得全面胜利。昆明在全省率先完成脱贫攻坚总目标，按照国家统计局每人每年生活水平2 300元（2010年不变价）的现行农村贫困标准测算，全市9.6万户35.05万名建档立卡贫困人口全部脱贫，3个国家级贫困县全部摘帽，404个贫困村全部出列。农村地区全面消除C、D级危房，建成57个易地扶贫搬迁集中安置点，脱贫攻坚成果不断巩固拓展。

十、卫生和社会服务

全市共有卫生机构5 527个。其中，医院322个，乡镇卫生院95个，社区卫生服务中心（站）391个，诊所（卫生所、医务室）3 125个，村卫生室1 263个。卫生技术人员9.28万人。其中，执业医师和执业助理医师3.35万人，注册护士4.55万人。医疗卫生机构实有病床6.57万张。年末共有社区服务站783个。

全市拥有农村敬老院30个，床位3 658张。城市公办养老机构11所，床位3 271张；社会力量兴办养老机构73个，床位1.55万张；城乡社区居家养老服务中心（站）364个，床位5 031张。

十一、资源环境和安全生产

全年昆明地区年平均降雨量1 062.8毫米，较历史平均值偏多84.1毫米；年平均气温16.5℃，较历史平均值偏高1.3℃；年平均日照时数3 307.6小时，较历史平均值偏多1 188.9小时。

全市森林覆盖率52.62%。全年完成营造林3.96万公顷，其中，人工造林0.99万公顷，森林抚育及改造提升2.52万公顷；义务植树1 182万株。全市拥有水库849座，水库库总量29.49亿立方米，库塘蓄水12.36万立方米。

全年主城区空气质量优良天数达到366天，空气质量优良率达到100%。主城区区域环境昼间噪声平均值53.9分贝。地表水达标率100%。

各污染物年平均浓度中，二氧化硫9微克/米^3、二氧化氮26微克/米^3、可吸入颗粒物（PM10）42微克/米^3、细颗粒物（PM2.5）24微克/米^3。

全年主城五区取水总量41 340.46万米^3。其中，工业取水量4 597.29万米^3。万元地区生产总值取水量8.37米^3/万元，万元工业增加值取水量5.71米^3/万元。

初步核算，全市规模以上工业综合能源消费量1 255.78万吨标准煤，增长10.90%。其中，焦炭消费量213.23万吨，增长11.10%；天然气消费量9.74亿米^3，增长61.30%；电力消费量216.05亿千瓦·时，增长1.60%。规模以上工业增加值能耗同比上升9.90%。全社会用电量376.38亿千瓦·时，与上年持平。规模以上工业发电量289.48亿千瓦·时，比上年增长44.30%，其中，水力发电量183.95亿千瓦·时，增长77.60%；火力发电量69.96亿千瓦·时，增长12.80%；风力发电量31.40亿千瓦·时，增长2.80%；太阳能发电量4.17亿千瓦·时，下降8.00%。

各类生产安全事故死亡人数257人，交通事故死亡人数314人，火灾事故死亡人数20人。全市亿元GDP生产安全事故死亡率0.038。

注释：

（1）本公报数据为初步统计数，正式统计数据以《昆明统计年鉴》和各部门正式公布数据为准。部分数据因四舍五入的原因，存在总计与分项合计不等的情况。

（2）地区生产总值（GDP）、分产业增加值、农林牧渔业总产值绝对数按现价计算，增长速度按不变价格计算。

（3）固定互联网宽带接入用户是指报告期末在电信企业登记注册，通过xDSL、FTTx+LAN、FTTH/0以及其他宽带接入方式和普通专线接入公众互联网的用户。

资料来源：本公报中，价格指数、居民收入数据来自国家统计局昆明调查队；市场主体登记数据来自市市场监管局；财政数据来自市财政局；林业数据来自市林业和草原局；农机数据来自市农业农村局；进出口数据来自昆明海关；公路运输数据来自市交通运输局；铁路运输数据来自昆明铁路局；民航运输数据来自云南机场集团；地铁运输数据来自昆明轨道交通集团有限公司；机动车数据来自市车管所；邮政数据来自市邮政管理局；电信数据来自省通信管理局；文化、旅游数据来自市文化和旅游局；金融数据来自中国人民银行昆明中心支行；保险数据来自云南银保监局；教育、体育数据来自市教育体育局；科技数据来自市科技局；有线电视用户数据来自云南广电网络集团有限公司；卫生数据来自市卫生健康委员会；社会保障和就业数据来自市人力资源和社会保障局；医疗保险和生育保险数据来自市医疗保障局；社会福利数据来自市民政局；环保数据来自市生态环境局；取水量、用水量数据来自市节水办；安全生产数据来自市应急局；外资数据来自市商务局；气象数据来自市气象局；户籍人口数据来自市公安局；库塘蓄水数据来自市水务局；其余数据均来自市统计局。

统计资料摘编

表28 2019～2020年昆明市人口主要指标一览表

指标	2019 年	2020 年
户籍人口情况		
总户数（户）	2 076 343	2 100 699
总人口（人）	5 784 684	5 828 761
按性别分		
男（人）	2 897 193	2 914 101
女（人）	2 887 491	2 914 660
性别比（以女性为 100）	100.34	99 ： 100
按民族分		
汉族（人）	4 837 978	4 866 568
少数民族（人）	946 706	962 193
迁入人口（人）	129 699	126 516
迁出人口（人）	93 805	92 756
出生人口（人）	70 974	61 890
死亡人口（人）	33 656	41 627
自然增长人口（人）	37 318	20 263
自然增长率（‰）	6.45	3.48

索　引

说　明

一、本索引采用主题分析法编制，索引范围为全书各部类条目。

二、本索引按主题词首字汉语拼音音序（同音字按音调）排列。若首字拼音相同则按第二字音序排列，以此类推。首字为阿拉伯数字或英文字母者，作“非音序”排在本索引前。

三、读者可从主题入手按索引款目标示查找自己所需资料在本书中的位置。索引款目由主题词加修饰词或说明词组成，并采取主题词在前，修饰、说明词在后的形式。索引款目后的阿拉伯数字表示该主题内容在本书中的页码；a、b、c 字母表示在该页码的栏别（从左至右）。

四、同一主题词的不同内容采取“参见”形式标示。索引款目后两个以上页码的为该主题的“参见”。

五、机构、单位名称，除正文中出现的全称外，在不产生歧义的前提下，本索引一般使用简称。

六、凡部类、栏目名称直接用作索引款目的以黑体字标引。

数　字

A

B

C

D

E

F

G

H

J

K

L

M

N

P

Q

R

S

T

W

X

Y

Z